Alexander Salvanos

Professionell entwickeln mit Java EE 8

Das umfassende Handbuch

Rheinwerk

Computing

Liebe Leserin, lieber Leser,

ich freue mich, Ihnen dieses Kompendium zur Java Enterprise Edition vorstellen zu dürfen. Wenn Sie Java als Sprache beherrschen, aber noch keine Erfahrung mit der Entwicklung von Geschäftsanwendungen und mit der Enterprise Edition haben, liegt einiges vor Ihnen – auch über den Java-EE-Standard hinaus: Wie ist eine Webanwendung aufgebaut, wie greifen Sie auf eine Datenbank zu? Was müssen Sie über http wissen, und warum arbeiten Projektteams mit Scrum? Dieses Lehrbuch geht den ganzen Weg mit Ihnen, bis zu den neuesten APIs und Technologien.

Dabei gehen Sie von den »Low-Level-Technologien« zu den »High-Level-Technologien« vor, bis Sie den Standard in vollem Umfang nutzen. Sie verwenden nicht überall gleich ein Framework, sondern lernen, den Job auch manuell zu erledigen – und sei es nur dieses eine Mal.

Alexander Salvanos nutzt seine vielfältigen Projekterfahrungen mit Java EE, um die Konzepte und Tücken dieser Plattform nicht nur lernfreundlich, sondern auch praxisnah für Sie aufzubereiten. Dazu enthält das Buch eine durchgehende Beispielanwendung, die leicht nachzuvollziehen ist. Der entscheidende Code ist immer abgedruckt, das gesamte Projekt finden Sie in den »Materialien zum Buch« unter *www.rheinwerk-verlag.de/4243*. So können Sie auch selektiv damit arbeiten, falls Sie sich nur für ein bestimmtes Kapitel interessieren. Anleitungen zum Server und zur Entwicklungsumgebung machen Ihnen den Einstieg leicht.

Dieses Buch wurde mit großer Sorgfalt begutachtet, lektoriert und produziert. Sollten sich dennoch Fehler eingeschlichen haben oder Unklarheiten auftauchen, zögern Sie nicht, mit uns Kontakt aufzunehmen. Ihre Anregungen und Fragen sind uns willkommen.

Ihre Almut Poll
Lektorat Rheinwerk Computing

almut.poll@rheinwerk-verlag.de
www.rheinwerk-verlag.de
Rheinwerk Verlag · Rheinwerkallee 4 · 53227 Bonn

Auf einen Blick

Wir hoffen, dass Sie Freude an diesem Buch haben und sich Ihre Erwartungen erfüllen. Ihre Anregungen und Kommentare sind uns jederzeit willkommen. Bitte bewerten Sie doch das Buch auf unserer Website unter **www.rheinwerk-verlag.de/feedback**.

An diesem Buch haben viele mitgewirkt, insbesondere:

Lektorat Almut Poll, Anne Scheibe
Fachgutachten Björn Saxe, Nicolas Bost
Korrektorat Petra Biedermann, Reken
Herstellung Nadine Preyl
Typografie und Layout Vera Brauner
Einbandgestaltung Barbara Thoben, Köln
Coverbilder Can Stock Photo: 7411342 © monkeybusiness; Fotolia: 44339157 © peshkova; iStock: 118307909 © warrengoldswain
Satz SatzPro, Krefeld
Druck Beltz Bad Langensalza GmbH, Bad Langensalza

Dieses Buch wurde gesetzt aus der TheAntiquaB (9,35/13,7 pt) in FrameMaker.
Gedruckt wurde es auf chlorfrei gebleichtem Offsetpapier (80 g/m²).
Hergestellt in Deutschland.

Bibliografische Information der Deutschen Nationalbibliothek:
Die Deutsche Nationalbibliothek verzeichnet diese Publikation in der Deutschen Nationalbibliografie; detaillierte bibliografische Daten sind im Internet über *http://dnb.d-nb.de* abrufbar.

ISBN 978-3-8362-4353-7

2., aktualisierte und erweiterte Auflage 2018
© Rheinwerk Verlag, Bonn 2018

Informationen zu unserem Verlag und Kontaktmöglichkeiten finden Sie auf unserer Verlagswebsite **www.rheinwerk-verlag.de**. Dort können Sie sich auch umfassend über unser aktuelles Programm informieren und unsere Bücher und E-Books bestellen.

Inhalt

1   Überblick   29

3   Planung und Entwurf   175

4   Servlet 4.0

5 Java Server Pages 329

6 Die relationale Datenbank

8   Die Java Persistence API

9   Java Server Faces

10   Enterprise JavaBeans

11   Webservices und JSON

Materialien zum Buch

Auf der Webseite zu diesem Buch stehen folgende Materialien für Sie zum Download bereit:

▶ **alle Beispielprogramme**

Gehen Sie auf *www.rheinwerk-verlag.de/4243*. Klicken Sie im Abschnitt **Materialien zum Buch** auf den Link **Zu den Materialien >**. Es öffnet sich ein Fenster, in dem Sie die herunterladbaren Dateien samt einer Kurzbeschreibung des Dateiinhalts sehen. Klicken Sie auf den Button **Herunterladen**, um den Download zu starten. Je nach Größe der Datei (und Ihrer Internetverbindung) kann es einige Zeit dauern, bis der Download abgeschlossen ist.

Geleitwort

Knapp 20 Jahre nach Entstehen der Java Enterprise Edition – damals noch unter dem Namen J2EE – wurde Java EE 8 im Herbst 2017 veröffentlicht. Als eines von nur zwei JCP-Mitgliedern war ich durchgehend in sämtlichen Java EE-Umbrella-Expertengruppen seit Java EE 6 (JSR 316) als Individual vertreten.

Es freut mich, dass mit Alexander Salvanos ebenfalls ein Individual Member einer Java EE-Expertengruppe dieses Buch aus der Sicht der Community geschrieben hat statt primär aus Sicht von Herstellern, die, selbst wenn sie an Standards und einem größeren Ganzen mitwirken, zumeist doch in erster Linie ihren eigenen Verkaufszahlen oder Aktionären verpflichtet sind und versuchen, ihre Produkte in besonders gutem Licht darzustellen. Selbständige, unabhängige Entwickler und Java-Experten befinden sich hier in den meisten Fällen in einer neutralen Position, da sie nicht den Interessen von Softwarehäusern und -anbietern sowie deren Produkten verpflichtet sind.

Dieses Buch bietet einen sehr gelungenen praxisnahen Einblick in die Java Enterprise Edition, inklusive Java EE 8. Mit vielen Hands-on-Beispielen, von denen besonders jene Entwickler und Teams profitieren, die zumindest teilweise agile Methoden adaptiert haben. Jene, die es noch nicht tun, dürfte das Buch auch auf den Geschmack bringen.

Als langjähriger Agile Coach, Scrum Master und Berater für DevOps und agile Methoden finde ich die konkreten Beispiele als Agile-Musterprojekt samt Sprints und User-Storys besonders gelungen.

Damit gewinnt das Buch einen praktischen Nutzen und hebt sich von anderen Büchern, die oft mehr theoretischer Natur sind, angenehm ab. Mancher Leser mag sich dadurch separate Lektüre und den Erwerb weiterer Bücher zu agilen Methoden sogar ersparen.

Viel Spaß bei der Lektüre dieses Buches.

Werner Keil

Über dieses Buch

Stellen Sie sich dieses Buch wie ein Seminar vor. Dieses Kapitel ist dann Ihre Begrüßung und der erste Überblick. Sie haben Ihren Mantel abgelegt, an Ihrem Sitzplatz den üblichen Schreibblock vorgefunden und möchten nun wissen, welche Themen Sie erwarten und wo es in der Pause Kaffee gibt. Nun, Getränke kann ich Ihnen nicht anbieten, aber schauen Sie bitte im Downloadbereich unter *www.rheinwerk-verlag.de/4243* nach den Materialien zum Buch. Und jetzt zu Ihnen, und zu den Themen:

Dies ist ein Praxisbuch zu den Java EE-Technologien. Die Java EE-Spezifikation definiert alle Technologien und Dienste, die im Java EE-Standard enthalten sind. Für Sie als Java-Entwickler ist es wichtig zu wissen, welche dieser Technologien als Programmierschnittstelle für Ihre Geschäftsanwendung benötigt werden und welche davon die wertvollsten sind. Dieser Priorisierung habe ich im Buch Rechnung getragen. Um die richtigen Java EE-Technologien für Sie auszuwählen, habe ich Statistiken der verbreitetsten Stellenportale zugrunde gelegt und genau diejenigen Java EE-Technologien beschrieben, die Ihnen mit größter Wahrscheinlichkeit in der Praxis begegnen werden. Darüber hinaus gehe ich auf das »Drum und Dran« eines Java EE-Projekts ein. Beispielsweise erfahren Sie, wie Sie eine Java EE-Anwendung mit AMDD/XP entwerfen und mit Scrum planen.

Damit Sie die Übungen ausnahmslos nachvollziehen können, zeige ich Ihnen auch, wie Sie einen Java EE Server, eine relationale Datenbank und Ihre Entwicklungsumgebung einrichten und konfigurieren können. Denn all das werden Sie ebenso benötigen, wenn Sie als Mitarbeiter eines professionellen Java EE-Projekts eingesetzt werden.

Mein Ziel ist es, Sie hierbei an die Hand zu nehmen, Ihnen jeden einzelnen Schritt genau zu erklären und zu allen Techniken hilfreiche Beispiele und praktische Übungen anzubieten. Ich habe Wert darauf gelegt, dass Sie Schritt für Schritt Kenntnisse erlangen, die bausteinartig aufeinandergesetzt werden können. Gleichzeitig habe ich die Technologien so sortiert, dass sich die didaktisch sinnvollste Reihenfolge ergibt.

Fühlen Sie sich angesprochen? Dann sind Sie hier richtig, denn wir (die Fachlektoren, die Korrekturleser, die Sachverständigen und ich) sind davon überzeugt, dass Ihnen dieses Buch in Ihrem Arbeitsumfeld nützlich sein wird.

Die Kapitel dieses Buches

In **Kapitel 1** lege ich zu Beginn den Fokus auf den Java EE-Standard und die Java EE-Spezifikation. Ich erläutere, wofür die Java EE-Technologien erfunden wurden. Dieser Einstieg ist für Java EE-Neulinge wichtig, da sie hierdurch den Zweck des Java EE-Standards erfahren. Danach befassen wir uns mit den Java EE-Anwendungsszenarios und der Softwarearchitektur von Java EE-Anwendungen. Zuletzt gebe ich Ihnen einen Rundumblick über die Java EE 8-Technologien.

In **Kapitel 2** richten Sie Ihre Entwicklungsumgebung ein. Hierbei installieren Sie Ihren eigenen Java EE Server und die Entwicklungsumgebung Eclipse. Danach programmieren Sie auch eine kleine Java EE-»Hallo Welt«-Anwendung, denn durch das aktive Programmieren wird die erste Lernhürde optimal überwunden. Keine Sorge: Hierbei werden Sie auf einfache Kenntnisse zurückgreifen. Außerdem erklären wir die einzelnen Schritte genau.

In jedem wenn auch noch so kleinen Projekt beginnt man mit der Planung und dem Entwurf. Genau das ist das Kernthema von **Kapitel 3**. Hier erfahren Sie, wie Sie Java EE-Projekte im professionellen Umfeld planen und wie Sie eine Java EE-Anwendung von Grund auf designen. Die Techniken hierzu nennen sich Scrum und AMDD/XP. Während dieser konzeptionellen Arbeit entstehen auf dem Whiteboard (oder auf dem Papier) sogenannte User-Storys, die Sie für die Erstellung von UI-Prototypen nutzen werden. Die UI-Prototypen werden mit HTML5 und CSS3 angefertigt und in Eclipse ausgeführt. Wir zeigen auch das sogenannte HTTP-Monitoring, mit dem Sie eine detaillierte Auskunft über die Kommunikation zwischen Client und Server erhalten.

In **Kapitel 4** veranschaulichen wir die grundlegende Low-Level-Programmierung mit Servlets.

Kapitel 5 erklärt, wie Sie für die Präsentation der Geschäftsdaten JSPs programmieren.

In **Kapitel 6** installieren Sie die *Oracle Database* als relationale Datenbank und erzeugen in ihr die Datenbanktabellen für die Beispielanwendung des Buches. Hierbei werden Sie ANSI SQL-92 einsetzen.

In **Kapitel 7** greifen Sie mit der Low-Level-Technologie JDBC auf die Datenbanktabellen zu.

In **Kapitel 8** entfallen manuelle Kodierungen von eigenen JDBC-Anweisungen. Stattdessen werden die Geschäftsdaten als einfache Java-Klassen entworfen. Das Persistieren erfolgt hierdurch komfortabel über einen Automatismus des JPA-Frameworks.

Kapitel 9 zeigt, wie Sie die Java EE-Anwendung, die im Buch bislang mit den althergebrachten Servlets und JSPs realisiert wurde, nun mit der High-Level-Technologie *Java Server Faces* programmieren. Besonders Eilige können die Servlet- und JSP-Programmierung überspringen und sich direkt in diesen Teil des Buches stürzen. Bedenken Sie aber, dass gute Kenntnisse in der Low-Level-Programmierung eine Voraussetzung dafür darstellen, die High-Level-Frameworks von Grund auf zu verstehen.

In **Kapitel 10** werden Sie *Enterprise JavaBeans* kennenlernen. Dabei wird die Programmierung von *Session Beans* und *Message Driven Beans* mit der Technologie *Java Message Service* erklärt.

Kapitel 11 behandelt die WebServices-Technologien *JAX-WS* und *JAX-RS* sowie *JSON-P* und *JSON-B*, die das Einlesen und Erzeugen von JSON vereinfachen.

Was setzt dieses Buch voraus?

Java EE 8- und Java-OpenSource-Technologien setzen fundierte Kenntnisse der *Java Standard Edition* 8 (Java SE 8) voraus. Dieses Buch geht selbstverständlich nur in sehr begrenztem Umfang auf die Java-SE-Themen ein. Ich gehe davon aus, dass Ihnen die objektorientierte Programmierung mit Java SE keine Probleme bereitet. Aus der Sicht des Java EE-Entwicklers werden die Technologien der Java SE gewissermaßen als Untermenge des Java EE-Standards betrachtet.

Das Betriebssystem

Ob Sie ein Unix-basiertes Betriebssystem (wie Linux, Solaris oder macOS) oder ein Microsoft-Betriebssystem (Windows) einsetzen, spielt eigentlich keine Rolle. Es ist nur wichtig, dass Sie sich mit Ihrem Betriebssystem auskennen. Für den Java EE-Entwickler sind Linux und Solaris von besonderer Bedeutung, da sie in der Produktion meistens die Zielplattform für den Java EE Server darstellen. Dies betrifft aber nicht den Arbeitsplatz des Entwicklers in den Unternehmen. Erstaunlicherweise werden Java EE-Entwickler fast immer an einen Microsoft-Windows-Rechner gesetzt. Dies liegt meistens an dem geringeren Aufwand für das Netzwerk- und Rechner-Pflegepersonal: Microsoft Windows ist pauschal gesagt »einfacher gestrickt«. In der Praxis sieht es dann so aus, dass der Java EE-Component-Developer, der seine Aufgabe auf einem Microsoft-Windows-Betriebssystem vollbracht hat, seinen Quelltext in ein Versionierungs-Repository über Subversion oder Git eincheckt, sodass sich auch der Java EE-Deployer daran erfreuen kann. Der Deployer checkt den Quelltext des Java-Developers auf einem Linux-Betriebssystem aus, kompiliert ihn und installiert die Java EE-Anwendung auf einem Server, der häufig entweder auf einem Linux- oder einem Unix-Betriebssystem basiert.

Weil der Java EE-Component-Developer aber meistens lediglich mit dem Betriebssystem Microsoft Windows in Berührung kommt, reichen diese Kenntnisse häufig aus. Andererseits werden immer häufiger virtuelle Maschinen auf den Windows-Rechnern genutzt, auf denen ein Linux-Derivat wie Ubuntu oder Mint betrieben wird. Deshalb werde ich die Beispiele aus dem Buch auch unter Linux testen, sodass die Screenshots und die Erläuterungen in manchen Fällen diese Variante zeigen. Achten Sie als Unix-Nutzer auf die Dateipfad-Unterschiede zwischen Unix- und Windows-Betriebssystemen. Als Unix-Nutzer werden Sie u. a. das *C:* entfernen und den Backslash durch einen Slash ersetzen. Auf einem Unix-System (also Linux, Solaris oder macOS) sollten Sie ferner darauf achten, dass Sie über ausreichende Benutzerrechte verfügen, um die in diesem Buch beschriebenen Vorgänge durchführen zu dürfen.

Java Development Kit

Als *Java Development Kit* setzt Java EE 8 das JDK 8 ab dem Update 144 voraus. Java SE 9 wird nicht unterstützt. Dabei sollten Sie auch die Umgebungsvariablen `JAVA_HOME` und `PATH` angepasst haben. Die Umgebungsvariablen werden Sie in diesem Buch an der Schreibweise `[GROSSBUCHSTABEN_IN_ECKIGEN_KLAMMERN]` erkennen. Wenn zum Beispiel im Buch *[JAVA_HOME]/bin* steht, ist somit der Dateipfad (das Installationsverzeichnis von Java) und darunter das Unterverzeichnis */bin* gemeint.

Der Java EE Server

Während der Drucklegung dieses Buches stand nur ein einziger Java EE 8-Server zur Verfügung, der vollständig Java EE 8-konform war, und das ist *GlassFish 5*. Deshalb werden wir GlassFish 5 in den Kapiteln 1–10 einsetzen. Der GlassFish Server erfüllt die Voraussetzungen eines vollkonformen Java EE Servers aber auch deshalb optimal, weil er seit dem Jahre 2006 die Referenzimplementierung eines zertifizierten Java EE Servers ist. Weil die Oracle Corporation bereits seit November 2013 die kommerzielle Unterstützung des GlassFish Servers eingestellt hat, könnte der Payara Server eine gute Alternative für Unternehmen sein, die den GlassFish Server produktiv einsetzen und auf eine technische Unterstützung angewiesen sind. Denn die Lücke der fehlenden Unterstützung wurde durch das Unternehmen C2B2 Consulting im Jahre 2014 geschlossen. Payara ist ein neuer Java EE Server, der vom GlassFish Server abgeleitet (geforkt) ist und dabei gleichzeitig auch eine telefonische 24/7-Unterstützung anbietet. Dabei werden BugFixes regelmäßig eingearbeitet.

Obwohl andere Java EE 8-Server während der Entstehung dieses Buches noch nicht verfügbar waren, ist es aus heutiger Sicht so, dass die baldige Entwicklung folgender bedeutender Java EE 8-konformer Server mit Full Profile zu erwarten ist:

► Oracle WebLogic

► IBM WebSphere Application Server

► JBoss Application Server

Wenn Sie einen dieser Java EE Server in der Java EE 8-konformen Version verwenden, sollten die Beispielprogramme ebenso ausführbar sein, da die in diesem Buch eingesetzten Technologien unter den zertifizierten Java EE 8-Servern kompatibel sind.

Die Entwicklungsumgebung

Die Beispiele in diesem Buch sollten Sie mit einer integrierten Entwicklungsumgebung (*IDE*) programmieren. Die bekanntesten IDEs sind *Eclipse, NetBeans und IntelliJ*. Ich setze voraus, dass Sie bereits mit einer dieser IDEs gearbeitet haben. Gemessen an den Stellenanzeigen gehört *Eclipse* zu den gängigen Voraussetzungen, die ein Java EE-Mitarbeiter mitbringen muss. Deshalb wird in diesem Buch Wert auf dieses Know-how gelegt.

Die relationale Datenbank

Die Java EE-Spezifikation sieht vor, dass Anwendungsdaten dauerhaft gespeichert werden. Die Persistenz erfolgt in der Regel in einer relationalen Datenbank. Seit jeher verwenden geschäftskritische Systeme die Datenbankmanagementsysteme *IBM DB2* und *Oracle Database*, weil diese von Beginn an für den Betrieb auf Großrechnern ausgelegt waren. Sowohl IBM DB2 als auch die Oracle Database liegen, was Hochperformance und Hochverfügbarkeit betrifft, weit vor der Konkurrenz. Beide Datenbankmanagementsysteme stehen sich in Zuverlässigkeit und Datendurchsatz in nichts nach. Deshalb ist es auch kein Wunder, dass Geldinstitute und Großindustrie fast ausschließlich mit diesen Datenbankmanagementsystemen arbeiten, wenn es um ihre monetären Belange geht. Weitere Konkurrenten wie *Informix*, *Sybase* oder *MS SQL Server* sind – gemessen an ihrem Marktvolumen – gegenüber DB2 und Oracle kaum nennenswert.

Ein weiteres sehr beliebtes Datenbankmanagementsystem ist das Open-Source-Produkt *MySQL*. Seit vielen Jahren gewinnt MySQL als Datenbankmanagementsystem Marktanteile. Als die *Oracle Corporation* das Unternehmen *Sun Microsystems* übernahm, ging auch die Weiterentwicklung von MySQL an den neuen Eigner über. Obgleich MySQL eine vielversprechende Zukunft vorausgesagt wird, ist es in der Finanzwelt und generell im Einsatzbereich geschäftskritischer Unternehmensanwendungen noch nicht angekommen.

Zur praktischen Arbeit mit einer Datenbank in diesem Buch habe ich mich für die Oracle Database entschieden, weil in den Stellenbörsen vor allem nach Entwicklern mit Oracle-Kenntnissen gesucht wird.

Das durchgehende Programmierbeispiel

Viele der Programmierübungen dieses Buches haben einen sehr minimalen Charakter – so ähnlich wie die bewährten »Hallo Welt«-Programme. Andere wiederum sind Teil einer Java EE-Anwendung für einen Onlineshop. Diese Java EE-Anwendung wird im Buch immer wieder genutzt, um die Technologien auch im realen Umfeld zu zeigen. Dadurch lernen Sie praxisnah, wie in einem Java EE-Projekt gearbeitet wird.

Bei dem durchgehenden Programmierbeispiel »Onlineshop« bieten Kunden eigene Artikel an. Gleichzeitig können Kunden Artikel anderer Kunden erwerben. Ansonsten habe ich den Onlineshop so einfach wie nur möglich gehalten, denn die technologischen Finessen sind komplex genug, und wir sollten uns nicht in der Fachlichkeit verlieren. Beispielsweise besteht die Beispieldatenbank aus nur zwei Tabellen. Auf diese Weise geht der Fokus auf das Lernziel nicht verloren.

Beim Entwurf des Onlineshops lernen Sie darüber hinaus, wie Sie die sogenannten agilen Methoden nutzen, um ein Java EE-Projekt zu planen und die Java EE-Anwendung zu entwerfen.

Den bestmöglichen Nutzen ziehen Sie aus dem Buch, indem Sie die Übungen auf Ihrem Rechner ausprobieren, denn durch die selbständige Kodierung lernen Sie optimal, wie man die Java EE-Technologien einsetzt. Auf diese Weise entwickeln Sie sich Schritt für Schritt vom Java EE-Neuling zum Java EE-Profi. Dies ist der Weg, um anschließend überzeugend behaupten zu können, dass Sie die Technologien nicht nur verstehen, sondern Java EE-Anwendungen auch selbst programmieren können. Und genau das wird von Projektanbietern und Arbeitgebern verlangt.

Zu jedem Kapitel liegt ein entsprechendes Beispiel vor. Dieses Beispiel wird von Kapitel zu Kapitel immer wieder erweitert, sodass es häufig auch die Technologien des letzten Kapitels mitführt. Versuchen Sie, das Programm mit dem Buch fortführend weiterzuentwickeln. Fühlen Sie sich aber auch frei, die Quelltexte dieses Buches für Ihre eigenen Zwecke zu nutzen. Die Java-Gemeinde ist eine Open-Source-Gemeinschaft, die von der Begeisterung jedes einzelnen Java-Entwicklers lebt und sich ständig vergrößert. Diesem Gedanken gemäß dürfen auch die in diesem Buch gezeigten Quellen benutzt und weitergegeben werden.

Code Conventions

Die Les- und Wartbarkeit von Quelltexten spielt bei kritischen Geschäftsanwendungen eine große Rolle. Eine komplexe Java EE-Anwendung eines Großkonzerns ist teuer und wird von vielen Entwicklern gewartet. In diesem Umfeld spielt es eine große Rolle, ob die Variablennamen oder Zeileneinschübe einheitlich gesetzt sind. Aus diesem Grund wird eine solche Kodierungskonvention auch in den meisten geschäftskritischen Projekten vorgegeben. In der Regel entsprechen solche Kodierungskonventionen der Vorgabe des ehemaligen Herstellers. Sun Microsystems, also der Erfinder von Java, hat die empfohlenen Kodierungskonventionen in folgendem Dokument festgelegt: *http://www.oracle.com/technetwork/java/codeconventions-150003.pdf*.

Die gute Nachricht ist, dass die Code Convention von Sun Microsystems auch in den gängigen IDEs (Eclipse, NetBeans, IntelliJ etc.) voreingestellt ist. Halten Sie diese Formatierungsregeln ein, denn dann müssen Sie sich im beruflichen Umfeld seltener umstellen. Auch in diesem Buch versuche ich, mich stets an diese vom Hersteller Sun Microsystems vorgegebenen Code Conventions zu halten. Ausnahmen stellen Listings dar, bei denen hierdurch eine eingerückte Zeile außerhalb des druckbaren Seitenrands ragt.

Danksagung

Mein allergrößter Dank gehört den zuständigen Lektorinnen Anne Scheibe und Almut Poll sowie den Fachlektoren Björn Saxe und Nicolas Bost. Zusätzlich bedanke ich mich bei den zahlreichen Korrekturlesern und Bearbeitern vom Rheinwerk Verlag, die ich nie zu Gesicht bekomme und die dennoch fleißig im Hintergrund mitgearbeitet haben. Letztlich ist es das

Team des Rheinwerk Verlags als Ganzes, das durch seine besonders professionelle und sehr partnerschaftliche Art so ein großes Buch ermöglicht hat.

Die bedeutendste Stütze aber war meine Frau Susanne, die mich auch über die Dauer dieser Neuauflage erneut mit ihrer übermenschlichen Geduld begleitet hat.

Alexander Salvanos, Bonn 2018

Die Gutachter

Björn Saxe ist als IT-Berater im öffentlichen Sektor tätig. Als Software Engineer konzipiert und implementiert er Anwendungssysteme mit Java EE und Spring.

Nicolas Bost ist Experte für die Architektur komplexer Systemlandschaften mit SAP-Beteiligung. Aktuell begleitet er für SAP als PaaS-Berater Unternehmen auf ihrem Weg in die Cloud.

Kapitel 1
Überblick

»Die Neugier steht immer an erster Stelle eines Problems,
das gelöst werden will.«
Galileo Galilei (1564–1642)

In diesem Kapitel gebe ich Ihnen einen Überblick über den Java EE 8-Standard und die Java EE 8-Spezifikation. Dabei erfahren Sie,

▶ welche Technologien der Java EE 8-Standard definiert,

▶ in welchen Anwendungsszenarien sie eingesetzt werden und

▶ wie man die Softwarearchitektur von Java EE 8-Anwendungen konzipiert.

1.1 Einführung

Am 18. September 2017 erschien der Java EE-Standard in der Version 8. Mit der Veröffentlichung von Java EE 8 stellte sich für die IT-Welt erneut die Frage, was die Java EE Expert Group verbessert und welche Probleme sie mit dem aktualisierten Industriestandard gelöst hatte. Die besondere Herausforderung wird jährlich auf IT-Messen und in IT-Magazinen sichtbar, denn fortschreitend etablieren sich mobile Endgeräte und Single-Page-Anwendungen als unverzichtbare Bestandteile einer modernen Webanwendung. Dementsprechend baut ein großer Teil aller geschäftskritischen Unternehmensanwendungen seine Clients mittlerweile mit Angular 2 auf, das unter der Haube TypeScript und somit wiederum JavaScript laufen lässt. Und selbst im geschäftskritischen Umfeld kommt man nicht mehr umhin, diese Evolution gleichermaßen ins Auge zu fassen.

Und stetig drehen sich die Uhren der IT-Welt mit erhöhter Geschwindigkeit weiter. Immer deutlicher zeigt sich, dass nicht nur Menschen mit einem Server kommunizieren, sondern auch Dinge wie Geldautomaten, Fahrzeuge, Ausweiskarten, Türschlösser, Biometrie-Leser oder Herzschrittmacher. Der Fachbegriff hierfür lautet *Internet of Things* (IoT), denn es soll überhaupt keine Rolle mehr spielen, welche Technologien in den Endgeräten zum Einsatz kommen. Der Gedanke ist nicht neu, denn bereits im Jahre 1996 wurde er unter dem Begriff *Service-Oriented Architecture* (*SOA*) vom Marktforschungsunternehmen *Gartner* beschrieben. Schon damals hatte man die Vorstellung, dass zukünftig Geschäftsprozesse in einem weltweiten Verbund miteinander kommunizieren. Dabei sollte es sich um Internetdienste handeln, die ganz unabhängig voneinander Dateninhalte und Dienste anbieten und konsumieren. Dieser Vision sind Webservices sehr nahegekommen, denn mit ihrer Hilfe findet die Kommunikation ganz unabhängig von der verwendeten Programmiersprache oder dem verwendeten Betriebssystem statt. Auf diese Weise wird plattformübergreifend eine lose Kopplung ermöglicht. Ob nun also Handy oder Getränkeautomat, spielt keine Rolle mehr. Immer üppiger wurde das Angebot mit Echtzeitverarbeitung von Industrie, Wirtschaft und Bankenwelt. Und auch Behörden haben sich mit E-Gouvernement und Open Gouvernement längst zum Ziel gesetzt, Informations- und Verwaltungsdienste über das Web zugänglich zu machen. Die Vorteile liegen auf der Hand, denn eine digitale Prozessautomatisierung mit zentraler Datenhaltung ist wesentlich effektiver als die altbewährten Kartonregister vergangener Tage.

Eine weitere Herausforderung entspringt der Welt des Onlinestreamings, wo eine Unternehmensanwendung nicht mehr nur als großes, alleinstehendes Programm entwickelt, sondern in zahlreiche kleine Dienstanwendungen aufgeteilt wird. Der Fachbegriff hierfür lautet *Microservice-Architektur.*

Die Vorteile der Microservice-Architektur sind:

▶ Sie dient der besseren Skalierung von Systemen, die einen überhöhten Ressourcenbedarf erfordern.

▶ Funktionen können unabhängig weiterentwickelt werden, ohne immer wieder den ganzen Monolithen deployen zu müssen.

▶ Die Gesamtanwendung ist stabil, auch wenn ein Microservice ausfällt.

▶ Es besteht die Möglichkeit, jeden Microservice durch ein eigenes Entwickler-Team umzusetzen. Die Entwickler dieses Teams können sich dadurch sowohl technologisch als auch fachlich voll auf die Funktionalität dieser einen Dienstanwendung spezialisieren, um ihre Umsetzung bestmöglich zu beherrschen.

▶ Sie optimiert die Zugriffszeiten von Anwendungen, die wie bei Netflix Millionen von weltweiten Endgerätanfragen gleichzeitig beantworten müssen.

Bei der Microservice-Architektur wird jeder Dienst auf einem eigenen Server betrieben. Ein wichtiges Produkt für die Erstellung solcher Anwendungscontainer nennt sich *Docker.* Docker erstellt minimale Serverinstanzen und automatisiert hierbei das Anwendungs-Setup und die Konfiguration der Serverinstanz.

Der Java EE 8-Standard sollte all diese Entwicklungen berücksichtigen. Die Herausforderungen waren also sehr groß. Technologisch haben sich JSON und RESTful Webservices längst durchgesetzt, wobei der Wunsch nach einer verbesserten Multi-Channel-Kommunikation zwischen Client und Server immer deutlicher wird. Der Java EE 8-Standard unterstützt diese Entwicklung durch die Integration des neuen Protokolls HTTP/2. Ferner wird die API wichtiger Java EE-Technologien verbessert, indem Java SE 8-Funktionalität (Lambda Expression, Stream API und Neue Date-Time-API) und optimierte CDI-Annotationen zur Verfügung gestellt werden.

1.1.1 Die Key-Features von Java EE 8

In Abbildung 1.1 sehen Sie die Key-Features der veröffentlichten Java EE-Versionen.

1999	2001	2003	2006	2009	2013	**2017**
J2EE 1.2	J2EE 1.3	J2EE 1.4	Java EE 5	Java EE 6	Java EE 7	**Java EE 8**
Servlets	CMP	Webservices	Annotations	JAX-RS	JAX-RS 2.0	**Servlet 4.0**
JSP	JCA	JAX-RPC	EJB 3.0	CDI	JSON-P	**JSON-P 1.1**
EJB		Management	JPA	Servlet 3.0	WebSocket	**JSON-B**
JMS			JSF	Web Profile	JMS 2.0	**JAX-RS 2.1**
RMI/IIOP			JAXB	Pruning	Batch	**Security API**
			JAX-WS			

Abbildung 1.1 Die veröffentlichten Java EE-Versionen und ihre Key-Features

► **Key-Feature 1** – Servlets 4.0
Das Besondere an der neuen Servlet-Version 4.0 ist, dass erstmalig das HTTP/2-Protokoll verwendet wird. HTTP/2 beschleunigt die Kommunikation zwischen Client und Server durch Komprimierung, Parallelität und Server-Push. Neben dem Einbau von HTTP/2 bietet die neue Servlet Technologie eine spezielle Mapping API, über die sich die Pfade zu einzelnen Elementen komfortabel ermitteln lassen.

► **Key-Feature 2** – JSON-P 1.1
JSON-P 1.1 unterstützt die neuen Standards JSON Pointer, JSON Patch und JSON Merge Patch des IETF (Internet Engineering Task Force). Zusätzlich wurden spezielle Hilfsklassen hinzugefügt, mit denen Java SE 8-Streams verwendet werden können.

► **Key-Feature 3** – JSON-B 1.0
Über JSON-B 1.0 lassen sich einfache Java-Klassen (*POJOs*) in JSON-Dokumente wandeln. Hierfür ist lediglich der Aufruf einer einzigen Methode vonnöten. Genauso einfach ist die Umwandlung eines JSON-Dokuments in ein POJO.

► **Key-Feature 4** – JAX-RS 2.1
JAX-RS 2.1 unterstützt Server-sent Events, womit Daten vom Server zum Client geschickt werden können. Eine neue Reactive API erlaubt ferner, mit ReactiveX-Frameworks wie RxJava asynchron und ereignisbasiert zu interagieren, und ermöglicht Servern, bei bestehender Verbindung das Senden selbständig zu triggern.

▶ **Key-Feature 5** – Security API 1.0
Die Security API 1.0 stellt eine vereinfachte Benutzerschnittstelle für die Authentifizierung und Autorisierung zur Verfügung, die sich auch für die Verwendung mit Clouds und PaaS-basierten Anwendungen eignet.

In den Key-Features wird deutlich, wie sich der Java EE-Standard in Richtung der Microservices und der Cloud-basierten Anwendungen bewegt. Denn immer mehr fokussiert der Java EE-Standard die Weiterentwicklung von RESTful Webservices und der Verarbeitung von JSON, wobei gleichzeitig die Geschwindigkeit über neue Standards wie HTTP/2 optimiert wird.

1.2 Der Java EE 8-Standard

Wenn wir die Uhren zurückdrehen zu einer Zeit, als das Internet noch in den Kinderschuhen steckte, befinden wir uns plötzlich in einer recht einfachen Umgebung. Denn anfangs bestand das Web noch aus einer Reihe von vernetzten Rechnern, die über eine spezielle Webserver-Software namens *Apache* statische Inhalte wie HTML-Seiten oder Bilder zur Verfügung stellten.

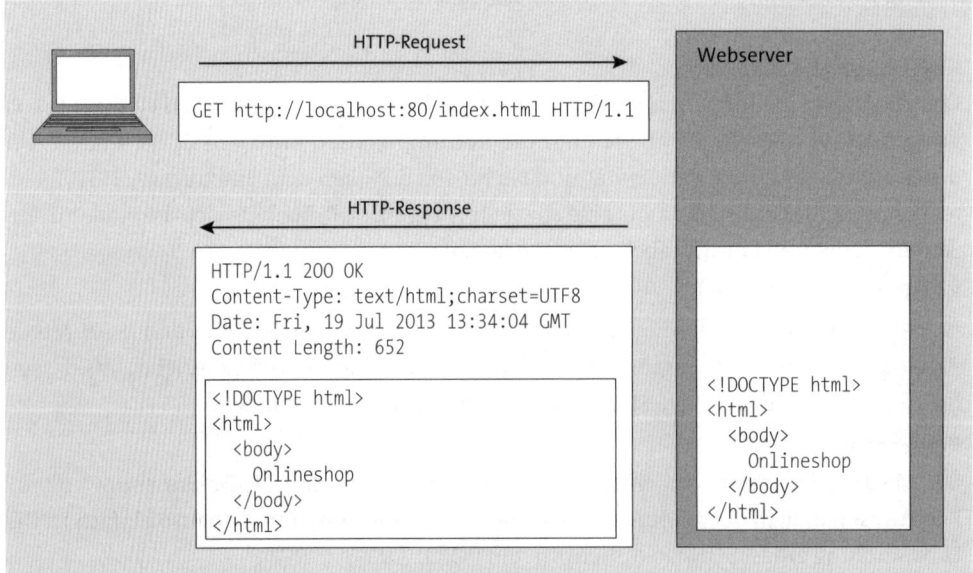

Abbildung 1.2 Die Anzeige von statischen Inhalten

Die Client-Server-Interaktion zwischen dem Webbrowser und der HTTP-Software erfolgt über das HTTP-Protokoll. Dabei löst der Benutzer HTTP-Anfragen aus, die von dem Webbrowser an die HTTP-Server-Software verschickt werden. Der HTTP-Server beantwortet die Anfrage, indem er das statische Dokument einliest und an den Webbrowser verschickt.

In den 90er-Jahren tauchte dann der Bedarf auf, Waren über das Internet zu verkaufen. Man spezifizierte das sogenannte *Common Gateway Interface* (*CGI*). CGI-Programme wurden meistens in der Programmiersprache Perl realisiert. Gleich zu Beginn nutzte man relationale Datenbanken, um die Geschäftsdaten dauerhaft zu speichern. Für den Zugriff auf die relationale Datenbank wurden die sogenannte *X/Open-* und die *Call-Level-Interface*-Spezifikation (*CLI*) definiert. Über sie konnten SQL-Anweisungen an die Datenbank gesendet werden. Abbildung 1.3 zeigt, wie ein CGI-Programm ein statisches HTML-Template verwendet, um dort den dynamischen Inhalt aus der Datenbank (den Text »Onlineshop«) einzufügen. Das Ergebnis wird schließlich per HTTP-Response an den Webbrowser verschickt.

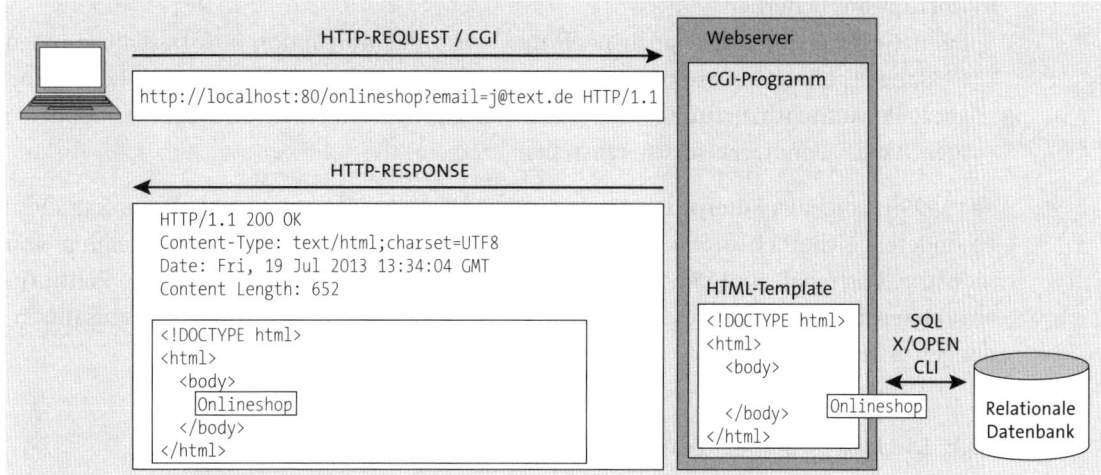

Abbildung 1.3 Eine CGI-Anwendung in der Programmiersprache Perl

Bei solch einer CGI-Anwendung tauchten Sicherheitsprobleme auf, die für eine geschäftskritische Unternehmensanwendung nicht tragbar sind. Diese Sicherheitsprobleme nennen sich Lastsicherheit, Transaktionssicherheit und Korruptionssicherheit:

▶ **Lastsicherheit**
Eines der Probleme von herkömmlichen CGI-Anwendungen betrifft die Lastsicherheit, denn sie sind in der Laufzeit sehr kostspielig. Bei jeder Anfrage an den Server wird ein eigenständiges Programm gestartet. Nach der Erzeugung der Antwort wird das Programm zwar wieder beendet, aber wenn Hunderte Benutzer das Programm gleichzeitig mehrere Male hoch- und herunterfahren, kann das zum Absturz des gesamten Rechners führen.

▶ **Transaktionssicherheit**
Geschäftskritische Unternehmensanwendungen transferieren sehr häufig Geldbeträge. Transaktionen von Geldbeträgen erfordern, dass ein bestimmter Betrag auf einem Datenbankserver abgezogen und zeitgleich auf einem anderen Datenbankserver hinzugefügt wird. Dieser Prozess muss in einem einzigen Schritt abgearbeitet werden, da es sich um verschiedene Speicherprozesse auf verteilten Systemen handelt. Herkömmliche CGI-

Anwendungen können bei einem Abbruch auf einem der Systeme nicht ohne weiteres gewährleisten, dass auch die Vorgänge auf den anderen Systemen rückgängig gemacht werden. Bei Reisebuchungsportalen kann es noch komplexer werden: Sollen ein Hotelzimmer, ein Mietwagen und ein Flug gleichzeitig gebucht werden, muss nicht nur der Geldtransfer, sondern auch die Hotelzimmerreservierung, die Reservierung des Autos und die Flugbuchung innerhalb der gleichen Transaktion durchgeführt werden. Schlägt eines der Systeme fehl, müssen alle Speicherungen rückgängig gemacht werden. Der gesamte Anwendungsfall muss *atomar*, das heißt in einem »unteilbaren Ganzen«, stattfinden.

▶ **Korruptionssicherheit**
Beim Geldtransfer taucht auch noch das Risiko der Korruption auf. Deshalb müssen Geldangelegenheiten besonders sicher vor unbefugtem Zugriff Dritter sein. Hierfür sind spezielle Authentifizierungs- und Autorisierungsmechanismen erforderlich, denn die Identität des Benutzers ist sicherzustellen.

Seit 1999 ist die Java Enterprise Edition (Java EE) der Standard, der die Aufgabe hat, diese besonderen Sicherheitsprobleme der *geschäftskritischen Unternehmensanwendung* von Industrie, Wirtschaft und Behörden zu lösen. Das Ziel von Java EE ist also, eine Plattform anzubieten, mit denen sich hochskalierbare, zuverlässige und sichere Unternehmensanwendungen erstellen lassen.

1.2.1 Die Java EE 8-Spezifikation

Java EE war von Beginn an Teil des Java Community Process. Bei dieser von Sun Microsystems ins Leben gerufenen, freiwilligen Zusammenarbeit haben alle Mitglieder das Recht, eine Erweiterung als sogenannten *Java Specification Request* (JSR) einzureichen. Nimmt das Exekutivkomitee den JSR-Vorschlag an, so wird er als JSR freigegeben. Anschließend durchläuft jeder JSR einen formellen Prozess. Zunächst wird eine Expert-Group gebildet, die den jeweiligen JSR in Form eines Dokuments formuliert. Anschließend werden die Anforderungen des JSRs in Form einer Java-Bibliothek von Herstellern implementiert.

Einer der JSRs von Java EE 8, nämlich der JSR 366, nennt sich *Java Platform Enterprise Edition Specification v8*. Bei diesem JSR handelt es sich um das Rahmenwerk des Java EE 8-Standards, das die in den Standard aufgenommenen Java EE-Technologien umreißt. Das Rahmenwerk lässt sich unter folgendem Link als PDF-Dokument herunterladen:

https://www.jcp.org/en/jsr/detail?id=366

Neben den Java EE 8-Technologien definiert das Rahmenwerk das ganze Drum und Dran des Java EE 8-Servers, der das Herzstück der Java EE 8-Systemlandschaft ist. Wenn ein Hersteller bei seinem Java EE 8-Server alle Container und Dienste der Java EE 8-Spezifikation und alle Java EE 8-Technologien fehlerfrei anbietet, kann er ihn als vollständig Java EE 8-konformen Server zertifizieren lassen.

1.2.2   Aus Java EE wird Jakarta EE

Java EE war für viele Jahre Teil des standardisierten Verfahrens des JCP. Hierbei war anfangs Sun Microsystems und später Oracle nicht nur Lizenzinhaber, sondern auch an vielen JSRs als Specification Lead federführend beteiligt. Im September 2017 kündigte Oracle an, die Weiterentwicklung von Java EE der Eclipse Foundation zu übertragen. Seither haben sich alle existierenden Mitglieder der Java EE Expert Groups unter der Eclipse Foundation erneut zusammengefunden, um dort den Industriestandard weiterzuentwickeln.

Weil alle mit Java beginnenden Bezeichner der Lizenz von Oracle unterliegen, schlug Oracle vor, dass die Eclipse Foundation die Weiterentwicklung unter dem Namen *Eclipse Enterprise for Java* (kurz *EE4J*) fortführt. Mit der Zeit wurde aber klar, dass sich dieser Name nicht besonders gut vermarkten lässt. Die Working Group beschloss den Bezeichner lediglich als Top-Level-Schirmprojekt zu setzen und die neuen Java EE/EE4J-Technologien unter einem neuen Bezeichner zu spezifizieren. In einem Wahlentscheid setzte sich der Name *Jakarta EE* durch. Seitdem steht fest, dass der neue Bezeichner für die Java EE-Plattform *Jakarta EE* sein wird. Der Leiter der Eclipse Foundation, Mike Milinkovich, hat die Vorstellung, dass zukünftig die Begriffe *Jakarta EE-Technologien* und *Jakarta EE-Entwickler* fallen werden, wenn man im ursprünglichen Sinne Java EE-Technologien und Java EE-Entwickler meint.

Genauso wie sich der Bezeichner des Standards änderte, haben sich seitdem auch die Namen der einzelnen Technologien geändert, denn die heißen jetzt »Eclipse project for XXX«. Beispielsweise wird sich JAX-RS nun *Eclipse project for JAX-RS* nennen. Genauso erhalten auch entsprechende Implementierungen einer Spezifikation einen »Eclipse«-Vorsatz. Beispielsweise wird Jersey von nun an *Eclipse Jersey* heißen.

Die in der Eclipse Foundation entstehenden Jakarta EE-Technologien sollen aber trotz der Namensänderungen technisch dem aktuellen Standard Java EE 8 entsprechen. Das heißt, dass sich die Technologien unter den neuen Namen technisch nicht von den JSRs aus dem Java EE 8-Standard unterscheiden werden.

In diesem Buch werde ich statt *Jakarta EE* den Bezeichner *Java EE* verwenden, denn dies ist nach wie vor die Plattform, die die gezeigten Technologien abbildet.

1.2.3   Java EE-Profile

Manche Java EE Server beziehen sich nicht auf die vollständige Java EE-Spezifikation, sondern nur auf eine Untermenge ihrer Inhalte. Weil man auch hierfür eine Zertifizierung benötigt, wurden sogenannte *Profile* eingeführt.

Hersteller von Java EE Servern können eine Untermenge der Java EE-Technologien als eigene Spezifikation beim Java Community Process beantragen. Die unter einem neuen Namen gekennzeichnete Variante wird untersucht und gegebenenfalls als sogenanntes *Profile* freigegeben. Anschließend wird das neue Profil in einer eigenen Spezifikation festgeschrieben. Zum Beispiel existiert eine Spezifikation für das sogenannte Java EE Web Profile. Das Java EE

Web Profile enthält lediglich die Untermenge der Java EE 8-Technologien, die für die Implementierung der gebräuchlichsten Java EE-Anwendungen erforderlich sind. Für dieses Buch werden wir keinen Java EE-Web-Profile-Server, sondern einen vollständigen Java EE Server einsetzen.

1.2.4 Komponenten und Container

Java-Klassen werden in der Java EE-Fachsprache als *Komponenten* bezeichnet. Der Java EE-Standard unterscheidet vier Typen von Komponenten:

- Java-Standalone-Komponenten
- Java-Applets
- Webkomponenten (*Servlets*)
- EJB-Komponenten (*EJB*)

Während Java-Standalone-Komponenten und Java-Applets als clientseitige Komponenten angesehen werden, stellen Webkomponenten und EJB-Komponenten serverseitige Komponenten dar. Statt der Begriffe *Webkomponente* und *EJB-Komponente* aus der Spezifikation verwendet man in der Praxis eher die Begriffe *Servlet* und *EJB*. Servlets werden in Webcontainern und EJBs in EJB-Containern ausgeführt.

Die Java EE-Spezifikation legt fest, dass ein vollständig Java EE-konformer Server sowohl einen Webcontainer als auch einen EJB-Container enthalten muss.

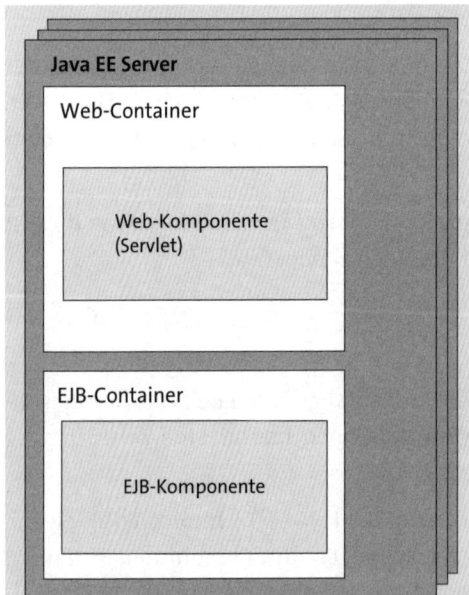

Abbildung 1.4 Die Java EE-Lösung: Die Webkomponente (Servlet) befindet sich in einem Webcontainer.

Falls Ihnen der Ausdruck »Container« vielleicht noch befremdlich erscheint: Selbst, wenn es Ihnen nicht bewusst sein sollte, Container sind Ihnen als Java-Programmierer längst vertraut. Denn auch die *Java Runtime Engine* ist ein Container. In der Java EE-Fachsprache wird hierfür der Begriff *Java Standalone Container* oder eben *Java Runtime Engine* verwendet. Die Java Runtime Engine ist der erste Container, der vom Hersteller Sun Microsystems erfunden wurde. Ein weiterer Container, der Ihnen ebenso bekannt sein könnte, ist das Applet-Plugin im Webbrowser. In der Java EE-Welt spricht man vom *Applet-Container*. Die Erfinder des Java EE-Standards sind dem Konzept von Komponenten und Containern somit treu geblieben, da sie auch serverseitig ein Servlet als Komponente in einem Container ausführen.

Der Webcontainer

Der Webcontainer nimmt den vom Webbrowser eintreffenden HTTP-Request entgegen. Aus den enthaltenen Informationen erstellt er ein Java-Objekt (das `Request`-Objekt), das er als Parameter an das zuständige Servlet weiterleitet. Der Webcontainer verfügt hierbei über einen speziellen HTTP-Dienst, der dem Entwickler der Webkomponente viel Mühe erspart. Dabei begünstigt er auch die Lastsicherheit durch drei Faktoren:

▶ Der erste Faktor basiert darauf, dass er nicht für jeden HTTP-Request gestartet und heruntergefahren werden muss, sondern im Standby auf eintreffende HTTP-Requests wartet.

▶ Der zweite Faktor beruht auf dem eingebauten Multi-Threading-Mechanismus. Hierdurch kann der Webcontainer zahlreiche gleichzeitig eintreffende HTTP-Requests entgegennehmen. Und selbst wenn etliche HTTP-Requests auf dieselbe Webkomponente zielen, ist dies für den Webcontainer kein Problem, da er mehrere Instanzen eines Servlets in einem Pool verwalten kann.

▶ Außerdem ist es möglich, mehrere Remote-Server im Cluster-Verbund zusammenzuschalten. Dies ist der dritte Faktor, der die Aufnahmekapazität der Java EE-Anwendung prinzipiell auf ein unbegrenztes Maß skalieren kann.

Der EJB-Container

Auch EJBs (*Enterprise JavaBeans*) werden serverseitig als Komponenten in einem speziellen Container ausgeführt, der sich EJB-Container nennt. Der EJB-Container verfügt über besondere Dienste, die die Transaktionssicherheit und die Korruptionssicherheit gewährleisten. Diese Dienste sind nach wie vor auch die Argumente, die für den Einsatz von EJBs sprechen.

1.2.5 Die Datenhaltung

Die Geschäftsdaten einer Java EE-Anwendung werden üblicherweise dauerhaft in einer relationalen Datenbank gespeichert. In der Java EE-Spezifikation wird für die dauerhafte Datenhaltung der Fachbegriff *Persistenz* verwendet. Der Zugriff auf eine relationale Datenbank erfolgt über die *Java Database Connectivity* (*JDBC*). JDBC basiert auf der Benutzerschnittstelle

SQL X/Open CLI (Call Level-Interface), in der die Kommunikation zwischen einer Anwendung und einer Datenbank spezifiziert ist.

Um bei verteilten Systemen auch noch Transaktionssicherheit zu gewährleisten, wird ein JDBC-Treiber verwendet, der X/Open-XA-Standard-konform ist. Dieser basiert auf der Benutzerschnittstelle *SQL X/Open XA CLI*.

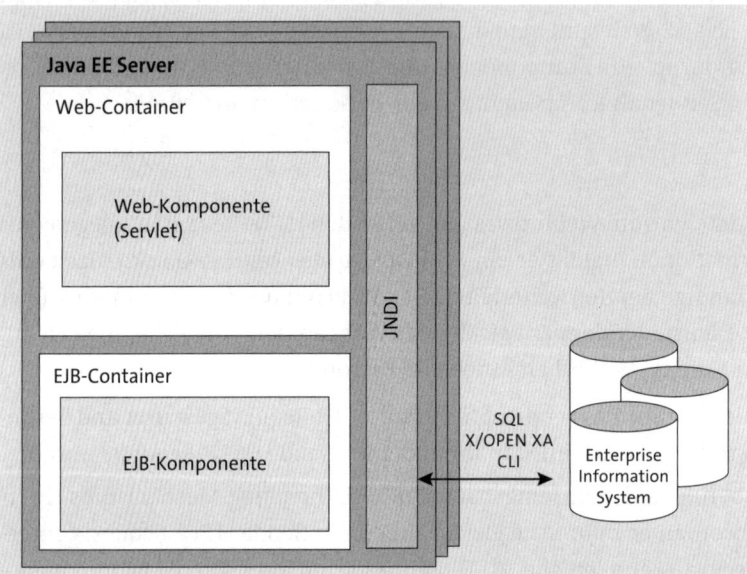

Abbildung 1.5 Der Java EE Server verwaltet die Datenbankzugriffe über SQL X/Open CLI bzw. SQL X/Open XA CLI und stellt die Daten über das Java Naming and Directory Interface (JNDI) zur Verfügung.

Abbildung 1.5 zeigt darüber hinaus, dass die Java EE-Anwendung nicht direkt auf die relationale Datenbank zugreift, denn diese Aufgabe obliegt dem Java EE Server. Der Java EE Server interagiert mit der relationalen Datenbank und stellt die Daten über das *Java Naming and Directory Interface* (*JNDI*) zur Verfügung. JNDI bietet eine einheitliche Schnittstelle für den Zugriff auf Namens- und Verzeichnisdienste. Ferner sehen Sie in der Abbildung, dass die relationale Datenbank als *Enterprise Information System* (*EIS*) bezeichnet wird. Das gesamte Konzept wurde in der Java EE-Connector-Architecture-(JCA-)Spezifikation festgeschrieben. Auf JCA komme ich weiter unten in diesem Kapitel noch einmal zurück.

1.3 Anwendungsszenarien

In diesem Abschnitt zeige ich in jeweiligen Anwendungsszenarien, wie der lokale Client auf unterschiedliche Art und Weise mit dem Java EE Server kommuniziert und dieser wiederum auf eine relationale Datenbank zugreift, um die Daten dauerhaft zu verwalten. Bitte betrachten Sie die unterschiedlichen Varianten nicht voneinander losgelöst, denn häufig ist es tatsächlich so, dass sie miteinander kombiniert werden.

1.3.1 Szenario 1: Browser ↔ Webcontainer

In Szenario 1 verwendet der Benutzer einen Webbrowser, um mit dem Server zu kommunizieren. Die Verarbeitung des HTTP-Requests erfolgt im Webcontainer eines Java EE Servers. Nachdem der Webcontainer den eintreffenden HTTP-Request verarbeitet hat, erstellt er aus den enthaltenen Informationen ein Request-Objekt, das er als Parameter an das zuständige Servlet weiterleitet.

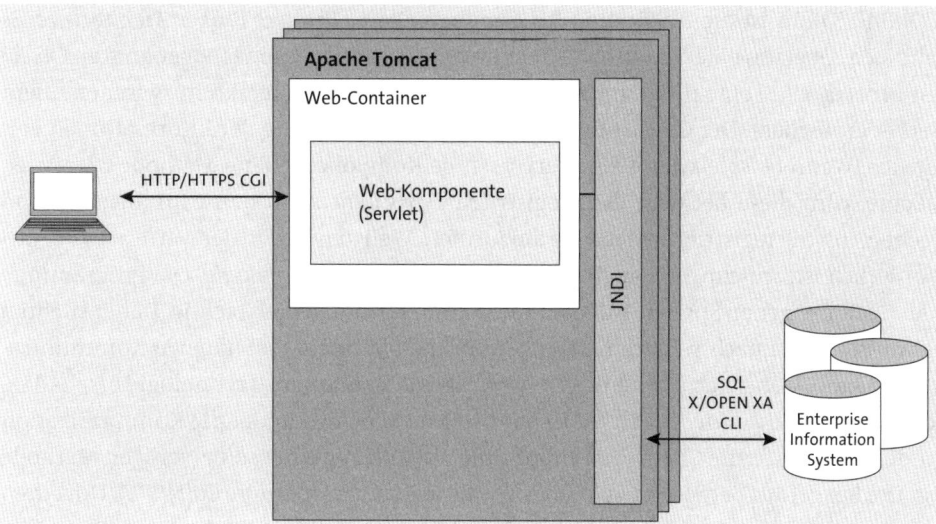

Abbildung 1.6 Die Kommunikation zwischen Webbrowser und Webcontainer in Anwendungsszenario 1

Apache Tomcat, Catalina und Grizzly

In Abbildung 1.6 habe ich keinen vollkonformen Java EE Server abgebildet, denn ein vollkonformer Java EE Server müsste nicht nur einen Webcontainer, sondern auch einen EJB-Container enthalten. Stattdessen habe ich ein einfacheres Produkt dargestellt, das lediglich einen Webcontainer bereitstellt. Diese einfache Variante wird in der Regel mit dem Produkt *Tomcat* der Apache Software Foundation umgesetzt. Tomcat integriert den gängigsten Webcontainer. Er nennt sich *Catalina*. Auch GlassFish enthält ein Catalina-Derivat. Die Catalina-Variante von GlassFish wurde allerdings durch die interne Nutzung der NIO API verbessert und in *Grizzly* umgetauft.

1.3.2 Szenario 2: beliebiger Client ↔ EJB-Container (RMI-IIOP oder JMS)

Eines der Besonderheiten von EJB-Containern ist, dass Sie von Beginn an, genau wie Webcontainer eine direkte Kommunikation mit der Außenwelt anboten. Ursprünglich fand diese Kommunikation lediglich über Session Beans statt, die plattformunabhängig über **RMI-IIOP** angesprochen werden konnten. RMI-IIOP steht für *Java Remote Method Invocation (RMI) interface over the Internet Inter-Orb Protocol (IIOP)*. Um RMI-IIOP von Grund auf zu erklären, begeben wir uns zurück in die 90er-Jahre, denn damals hatte die Informationstechnologie das ehrgeizige Ziel, verteilte Anwendungen zu bauen, die sich über die technologischen Grenzen von heterogenen Systemlandschaften und unterschiedlichen Programmiersprachen hinwegsetzen sollten. Der wichtigste Standard, der für diesen Zweck entstand, nannte sich *CORBA*. CORBA ist die Abkürzung für *Common Object Request Broker Architecture*. Es handelte sich dabei um eine Middleware-Technologie, die mithilfe eines sogenannten *Object Request Brokers* (ORB) eine programmiersprachenunabhängige Interaktion zwischen Client und Server ermöglicht. Der ORB ist für die eigentliche Übertragung der Informationen verantwortlich. Wenn beispielsweise eine serverseitige Komponente eine Methode bereitstellen möchte, wird diese bei dem ORB registriert. Der Client kann den ORB anschließend ansprechen, um die registrierte Methode aufzurufen. Weil der ORB in der Mitte als Vermittler erforderlich ist, spricht man auch von einer *Middleware-Technologie*. Die Programmierung der CORBA-eigenen Sprache war aber recht komplex und fehlerträchtig. Daher suchten die IT-Unternehmen nach weiteren Lösungen für die plattformunabhängige Kommunikation. Sun Microsystems hatte unterdessen eine eigene Middleware-Technologie erschaffen, die sich *Remote Method Invocation* (RMI) nannte. Auch bei RMI findet die Kommunikation statt, indem eine entfernte Client-Anwendung die Ausführung einer serverseitigen Methode auslöst. Der Begriff aus dem Fachjargon hierfür lautet *Remote Procedure Call* (RPC). Um einen RPC zu ermöglichen, wird auch bei RMI ein *Object Request Broker* (ORB) benötigt. Beim Java EE-Standard stellt der Java EE Server den ORB dar.

Das Besondere an RMI ist, dass neben einfachen Daten auch serialisierbare Java-Objekte transportiert werden können. Das Übertragungsprotokoll nennt sich *Java Remote Method Protocol (JRMP)*. Bei einem RMI-Programm werden *Stubs* (Interfaces mit Methodenrümpfen) und *Skeletons* (Klassen mit gleichnamigen Methoden) erstellt. Ruft ein Client eine Methode des Stubs beim ORB auf, delegiert der ORB diesen Aufruf an das serverseitige Objekt, bei dem anschließend die entsprechende Methode aktiviert wird. Der Einsatz von RMI mit dem Transportprotokoll RMI-JRMP setzt voraus, dass sowohl der Client als auch der Server auf der Java-Plattform basieren. Daher musste für Session Beans eine andere Middleware-Technologie eingebaut werden, die auch von Java-fremden Technologien verstanden wird. Aus diesem Grund wurde der damalige Standard für plattformunabhängige Kommunikation, nämlich CORBA, hinzugezogen. Das neue Transportprotokoll nannte man RMI-IIOP. Das Außergewöhnliche hierbei ist aber nicht nur, dass Session Beans über RMI-IIOP plattform- und programmiersprachenunabhängig kommunizieren können, sondern dass Transaktionen automatisch über die verteilten Komponenten hinweg koordiniert werden. Der EJB-Container verwaltet hierbei die EJB-Komponenten und kümmert sich ebenso um diverse Systemdienste, wie beispielsweise den Transaktionsdienst und den Security-Dienst. Aber obwohl RMI-IIOP hiermit ein Bestandteil eines ausgereiften Komponentenmodells ist, setzt sich schon längst eine andere Systemarchitektur durch, die die Plattformunabhängigkeit über Webservices gewährleistet, weshalb die Java EE Expert Group einerseits RMI-IIOP für Java EE 8-Server fest verankert, andererseits vorschlägt, bei künftigen Java EE-Spezifikationen RMI-IIOP als optional zu kennzeichnen, sodass kommende Java EE Server RMI-IIOP nicht mehr anbieten müssen.

Neben RMI-IIOP bietet die EJB-Komponentenarchitektur eine asynchrone, nachrichtenbasierte Kommunikation an. Für diesen Zweck sind keine Session Beans, sondern sogenannte *Message-driven Beans* im Gebrauch. Message-driven Beans verwenden eine standardisierte Benutzerschnittstelle mit dem Namen JMS API. Hierbei handelt es sich also nicht um ein festgelegtes Protokoll, sondern um Schnittstellendefinitionen, die von einem JMS Middleware Provider implementiert werden.

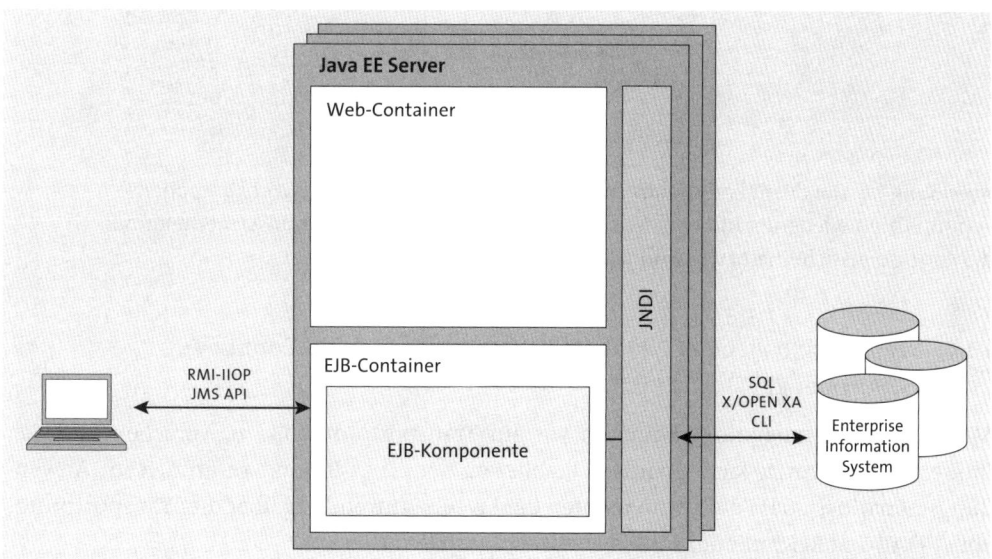

Abbildung 1.7 Die Kommunikation über RMI-IIOP oder die JMS API in Anwendungsszenario 2

1.3.3 Szenario 3: Browser ↔ Webcontainer ↔ EJB-Container

Abbildung 1.8 zeigt ein weiteres Szenario. Darin verwendet die Java EE-Anwendung sowohl Web- als auch EJB-Container. Während die Kommunikation mit dem Webbrowser des Benutzers über den Webcontainer erfolgt, kümmert sich der EJB-Container um die Interaktion mit der Datenbank. Bei diesem Szenario kommunizieren die Webkomponenten mit den EJB-

Komponenten innerhalb der gleichen Anwendung. Die Webkomponente nutzt hierfür die *Context and Dependency Injection for Java* (*CDI*). Weil die Webkomponente in der gleichen Java-Laufzeitumgebung ausgeführt wird wie die EJB-Komponente, bezeichnet man den Zugriff als *lokal*. Der lokale Zugriff wird vom Container intern über eine Referenz auf die Speicheradresse der EJB-Komponente bewerkstelligt.

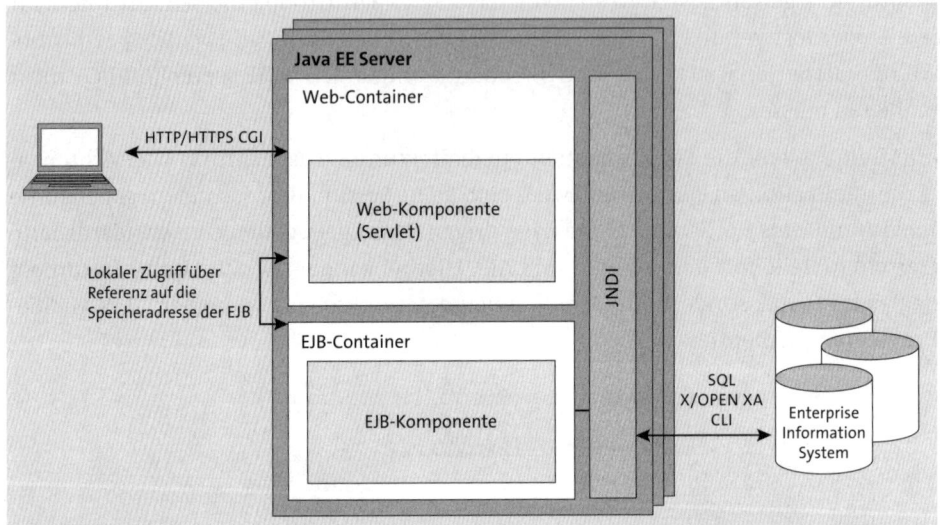

Abbildung 1.8 Die Client kommuniziert mit der Webkomponente. Die Webkomponente kommuniziert wiederum mit einer EJB-Komponente, um die Transaktionssicherheit und die Korruptionssicherheit zu gewährleisten.

1.3.4 Szenario 4: beliebiger Client ↔ Webcontainer ↔ EJB-Container (SOAP oder REST)

Mit Anwendungsszenario 4 kommen wir auf Transportprotokolle zu sprechen, die sich immer mehr zum De-facto-Standard etablieren, denn das Besondere an diesem Anwendungsszenario ist, dass die Komponenten der Java EE-Anwendung über die Transportprotokolle SOAP und REST mit der Außenwelt kommunizieren.

Aber fangen wir ganz von vorne an, denn auch bei dieser Erläuterung werden wir die Uhren wieder zurück in die 90er-Jahre drehen. Damals entstand der Oberbegriff *Service-Oriented Architecture* (*SOA*). Der Begriff SOA wurde erstmalig 1996 vom Marktforschungsunternehmen *Gartner* eingesetzt. Die *Service-Oriented Architecture* beschreibt eine Vision, in der einzelne Geschäftsprozesse in einem weltweiten Komplex voneinander entkoppelten Internetdiensten verwirklicht werden. Die Abhängigkeiten innerhalb des Internets werden dabei so minimiert, dass technische und fachliche Änderungen fast keine Anpassungserfordernisse von einzelnen Clients oder Servern nach sich ziehen. Einzige Voraussetzung ist die Einhaltung von vereinbarten Kommunikationsschnittstellen.

SOA basiert also auf dem Grundgedanken, einen globalen Verbund von lose gekoppelten Systemen zu realisieren. Oder anders gesagt: Im Sinne von SOA ist ein Webservice eine Anwendung, die konsumierbare Dateninhalte ganz unabhängig von der verwendeten Programmiersprache oder dem verwendeten Betriebssystem anbietet. Auf diese Weise wird plattformübergreifend eine lose Kopplung ermöglicht.

Hinter den Webservices stehen Anwendungen, die Informationen zum Beispiel mit XML-Syntax anbieten. Der Anbietende wird *Service Provider* genannt und der Konsumierende *Service Consumer*. Zusätzlich kommen genau wie bei CORBA wieder Object Request Broker (ORBs) ins Spiel, bei denen Services registriert werden müssen.

Heutzutage findet die Kommunikation mit einem Java EE Server immer häufiger über einen Webservice statt, denn immer mehr Clients werden ausschließlich mit JavaScript geschrieben, die mit dem Server über Webservices interagieren. Ferner besteht durch Webservices die Möglichkeit, dass eine Maschine als Client im Einsatz ist. Einzige Voraussetzung ist die Einhaltung von vereinbarten Kommunikationsschnittstellen, wie beispielsweise SOAP oder REST.

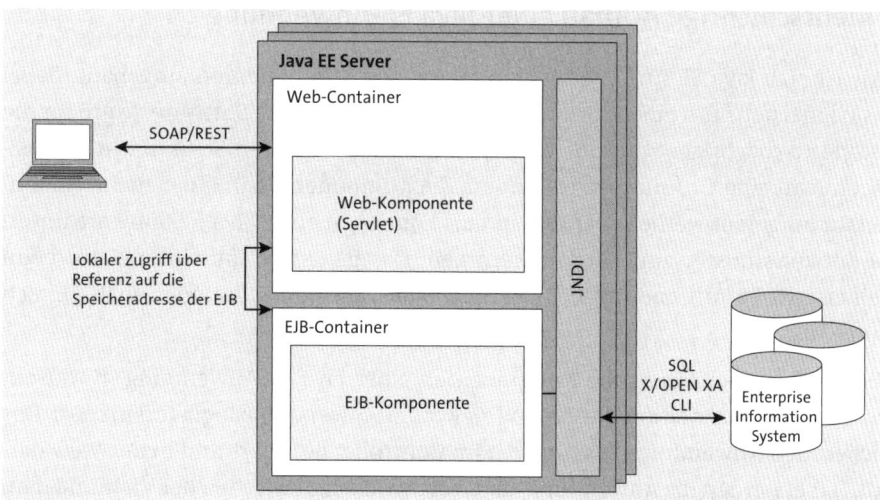

Abbildung 1.9 Anwendungsszenario 4 mit Webservices

1.3.5   Szenario 5: beliebiger Client ↔ EJB-Container (SOAP oder REST)

Anwendungsszenario 5 zeigt, dass sich EJB-Komponenten, genauso wie Webkomponenten, über SOAP und REST ansprechen lassen.

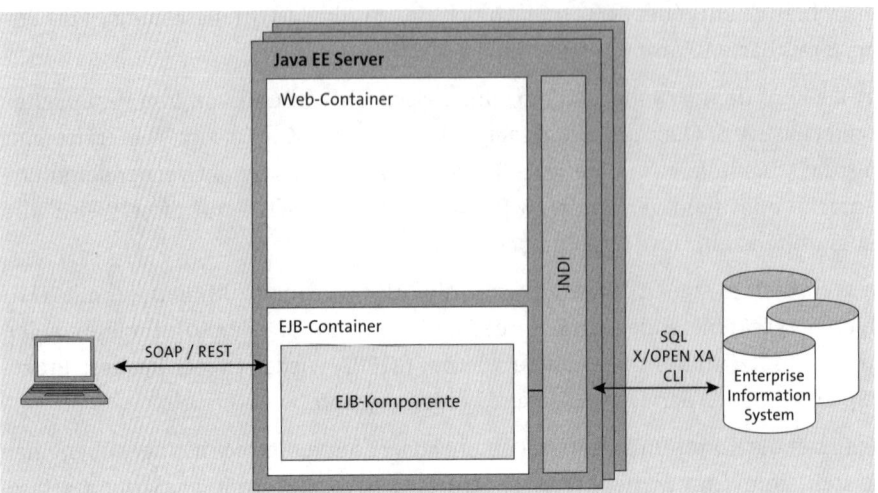

Abbildung 1.10 Nicht nur Webkomponenten, sondern auch EJB-Komponenten lassen sich als Webservices ausbauen.

1.4 Der mehrschichtige Aufbau einer Java EE-Anwendung

In der Praxis ist eine Java EE-Anwendung aus sehr vielen Komponenten aufgebaut. Dabei handelt es sich meistens um eine sehr umfangreiche und komplexe Software. Je größer die Software ist, desto mächtiger wird der Wunsch nach einer sauberen Struktur. In Java EE-Anwendungen wird eine Ordnung erzielt, indem die Komponenten in einer mehrschichtigen Architektur aufgeteilt werden. Darüber hinaus können in einer Java EE-Software unterschiedliche Entwurfsmuster zum Einsatz kommen. Das gängigste Entwurfsmuster beim Frontend einer Java EE-Anwendung nennt sich *Model-View-Controller* oder auch einfach *MVC-Entwurfsmuster*.

Das MVC-Entwurfsmuster trennt die Komponenten einer Java EE-Anwendung in Anwendungsdaten (*Model*), Präsentation der Daten (*View*) und Anwendungslogik (*Controller*). Das Model speichert den Anwendungszustand, der im Controller geändert und in der View dargestellt wird. Dabei werden die Anwendungsdaten als JavaBeans zwischen der View und dem Controller hin- und hergereicht.

Ich habe bereits angemerkt, dass die Java EE-Komponenten typischerweise in mehrere Schichten sortiert sind. Dabei betrachtet man die Ordnung der Schichten gemäß dem Anfrageprozess. Das bedeutet, dass die View als Präsentationsschicht gesehen wird. Der Controller übernimmt darunter die Steuerungsschicht. Die Datenhaltung wird ganz unten angesiedelt und Persistenzschicht genannt.

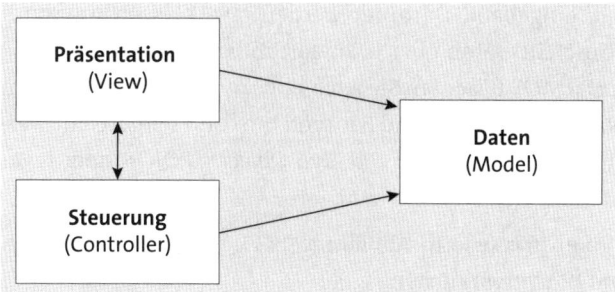

Abbildung 1.11 Das MVC-Entwurfsmuster

Die Schichten kommunizieren miteinander über vereinbarte Schnittstellen. Jede Schicht kennt nur die Schnittstelle der direkt darunterliegenden Schicht. Durch eine saubere Trennung kann eine Schicht komplett ausgewechselt werden. Solange die vereinbarten Schnittstellen vorhanden sind, muss der Quelltext der anderen Schichten nicht angepasst werden. Ein anderer Vorteil der Schichtentrennung ist, dass unterschiedliche Experten an den einzelnen Schichten arbeiten können. Meistens werden für jeden Bereich mehrere Mitarbeiter in Teams gruppiert.

Als Beispiel betrachten wir eine gängige Aufteilung für Anwendungsszenario 1. In Abbildung 1.12 sehen Sie, wie hierbei die Low-Level-Technologien Servlets und JSPs im Frontend zum Einsatz kommen.

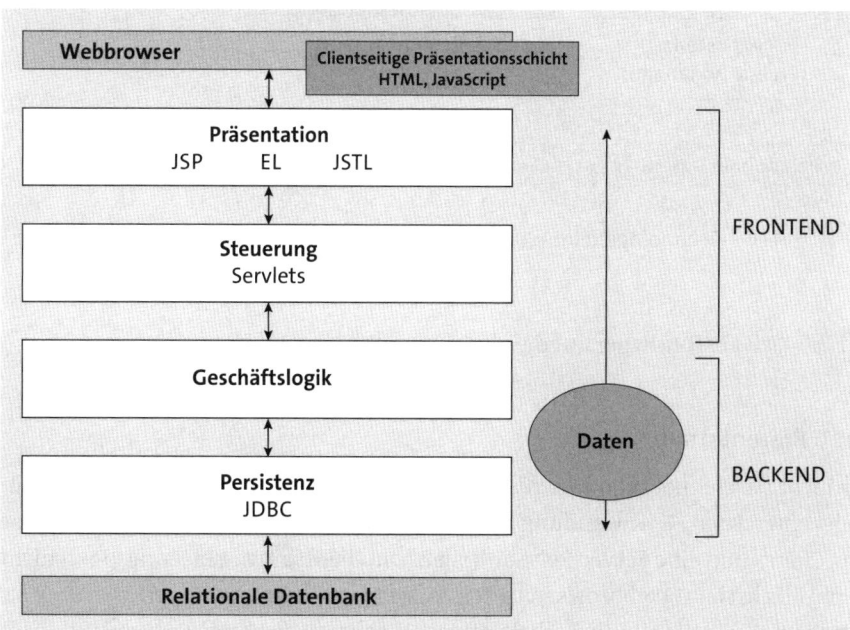

Abbildung 1.12 Die Schichten, die bei einem persistierenden Request durchlaufen werden

Im Backend wird die Geschäftslogik eingebaut. Darunter werden Java-Klassen programmiert, die für die Speicherung der Geschäftsdaten über JDBC zuständig sind. Der englische Fachbegriff lautet *Data Access Objects* (*DAO*). Beachten Sie auch noch, wie die Daten in Form von ganz einfachen Java-Klassen zwischen Frontend und Backend hin- und hergereicht werden. Solche einfachen Java-Klassen werden auch *Plain Old Java Objects* (*POJOs*) oder *Java-Beans* genannt.

Die gleiche Softwarearchitektur können wir (wie in Abbildung 1.13 gezeigt) auch mit den High-Level-Technologien JSF, EJB und JPA verwirklichen.

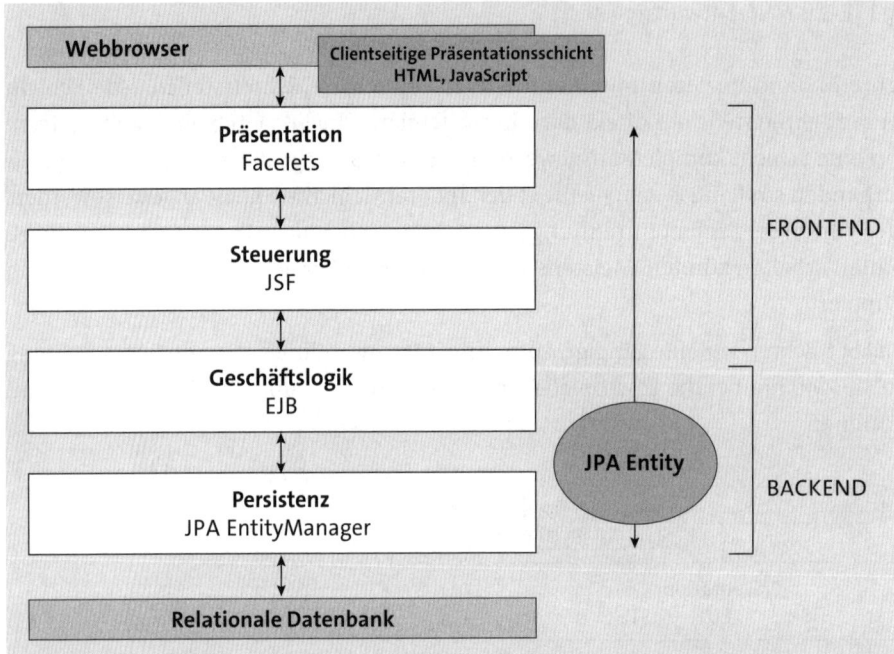

Abbildung 1.13 High-Level-Technologien innerhalb der mehrschichtigen Java EE-Software-architektur

Im Folgenden gehe ich ausführlicher auf die einzelnen Schichten ein.

1.4.1 Schicht 1: Präsentation

Die oberste Schicht bezeichnet man als *Präsentationsschicht* oder als *View*. Weil die Benutzerschnittstelle einer Java EE-Anwendung üblicherweise webbasiert ist, lässt sich diese Schicht in eine Client- und eine Server-Seite aufteilen. Die clientseitige Präsentationsschicht befindet sich physikalisch im Webbrowser. In den Anwendungsszenarien 1 und 3 wird sie als dynamisch erzeugte HTML-Seite innerhalb eines Webbrowsers angezeigt. Über diese

Ansicht kann der Benutzer die Daten in einer Webpage betrachten und mit der Anwendung interagieren. Gleichzeitig kann die Webpage JavaScript enthalten, sodass die Client-Seite aktiv über Ajax mit dem Server kommunizieren kann. In der Literatur von Oracle wird die clientseitige Präsentationsschicht manchmal auch als Client-Layer bezeichnet. Die serverseitige Präsentationsschicht besteht aus den Webkomponenten, mit denen der Entwickler die clientseitige Präsentationsschicht entwirft. Mit Low-Level-Technologien wären das Java Server Pages (JSPs). Mit High-Level-Technologien kämen an dieser Stelle vorzugsweise sogenannte *Facelets* zum Einsatz.

1.4.2 Schicht 2: Steuerung

Die zweite Schicht nimmt die Anfragen des HTTP-Clients entgegen. Darüber hinaus ist sie für die Steuerung im Programmablauf zuständig. Gleichzeitig leitet sie die Anfrage an die tieferen Schichten weiter. Ohne JSF-Framework müssten Sie an dieser Stelle Servlets entwickeln. Wenn hingegen das JSF-Framework zum Einsatz kommt, nimmt das Framework die HTTP-Anfrage entgegen. Im Programm müssen Sie nur die Steuerung vorsehen. Hierfür werden spezielle *Backing Beans* programmiert. Im Prinzip handelt es sich hierbei um JavaBeans, die durch das CDI-Framework vom Webcontainer verwaltet werden.

1.4.3 Schicht 3: Geschäftslogik

In der dritten Schicht wird die Geschäftslogik abgebildet. Diese Schicht kann durch den Einsatz von *Enterprise JavaBeans* realisiert sein. Dies kommt auf das eingesetzte Szenario an. Eine weitere Bezeichnung für diese Schicht ist *Business-Schicht* oder *Business-Layer*. Werden keine EJBs verwendet, spricht man manchmal auch von einer *Service-Schicht*.

1.4.4 Schicht 4: Persistenz

Die Persistenz-Schicht besteht aus den Komponenten, die aus der Anwendung heraus für die dauerhafte Datenhaltung zuständig sind. Die Komponenten der Persistenz-Schicht speichern, ändern und löschen Daten, indem sie auf eine relationale Datenbank zugreifen.

Ohne die JPA werden die Datenbankzugriffe mithilfe von JDBC verwirklicht. Mit High-Level-Technologien wird man die *Java Persistence API (JPA)* einsetzen. Das bedeutet, dass die darüber liegende Geschäftslogik-Schicht direkt den EntityManager der JPA nutzt, um die Geschäftsdaten zu persistieren.

Für den Transport der Daten werden bei den Low-Level-Technologien einfache POJOs bzw. JavaBeans verwendet. Häufig handelt es sich bei diesen Objekten um Gegenstücke zu einem Datensatz einer Datenbanktabelle. In so einem Fall spricht man auch von einer *Entity*.

Mit den High-Level-Technologien wird man die spezielleren JPA-Entities einsetzen. Im Prinzip handelt es sich hierbei ebenfalls um JavaBeans, die jedoch bestimmte Voraussetzungen erfüllen müssen.

In Abbildung 1.13 sehen Sie, dass die gleiche JavaBean durchgehend in allen Schichten als Modell bzw. als Datenbehälter verwendet wird. Allerdings ist diese einfache Vorgehensweise in großen Java EE-Anwendungen manchmal mit Vorsicht zu genießen, denn wie Sie in Kapitel 8, »Die Java Persistence API«, noch sehen werden, kann der Datensatz einer Datenbanktabelle sehr große Binärwerte (beispielsweise Bilder) enthalten. Die Entity, die als Gegenstück zu einem solchen Datensatz erzeugt wird, könnte anschließend zur Laufzeit den Arbeitsspeicher verstopfen. Erschwerend kommt hinzu, dass die relationale Abhängigkeit zwischen den Datenbanktabellen als Referenz in den JavaBean-Objekten realisiert wird. Dies kann zur Folge haben, dass bei einer einzigen Abfrage ganze Objektbäume in das Frontend geliefert werden. Um diesen Problemen entgegenzutreten, werden in der Java EE-Welt verschiedene Ansätze verfolgt. Eine Variante besteht darin, große Werte erst zu setzen, wenn sie tatsächlich gebraucht werden. Man spricht hierbei vom *Lazy Fetching*. Ein weiteres Problem entsteht aber auch hierbei durch die Art und Weise, wie das JPA-Framework arbeitet, denn die JPA kann einen Wert nur automatisiert in eine Entity setzen, wenn es im sogenannten *Managed*-Zustand ist. Aufgrund dieser Probleme muss eine gut durchdachte Strategie entworfen werden, die konsequent in der gesamten Java EE-Anwendung eingehalten wird. Eventuell muss zu jeder JPA-Entity ein sogenanntes *Data Transfer Object* (*DTO*) programmiert werden. Mithilfe eines DTO hat der Entwickler die Größe der übertragenden Daten im Griff. Eine zusätzliche DTO-Schicht wird aber nur in sehr großen Java EE-Projekten in Erwägung gezogen, weil die Wartung der zusätzlichen Schicht aufwendig und die Übertragung der Daten zwischen JPA-Entity und DTO kostspielig ist.

1.5   Die Evolution von HTTP/2 und WebSockets

Ich habe zum Anfang dieses Kapitels bereits erwähnt, dass der Java EE 8-Standard moderne Entwicklungen des Internets unterstützt, indem er die Verwendung des HTTP/2-Protokolls ermöglicht. Um die Besonderheit dieser Innovation zu verdeutlichen, reisen wir ins Jahr 1996 zurück und schauen uns die Entwicklung bis ins heutige Zeitalter an.

1.5.1   HTTP/1.0

Als 1996 Sir Timothy John Berners-Lee das HTTP-Protokoll 1.0 veröffentlichte, nahm jeder Request-Response-Zyklus zwischen dem Webbrowser und dem HTTP-Server noch eine eigene TCP-Verbindung in Anspruch. In den Webseiten waren aber immer häufiger zahlreiche Bilder eingebunden, die ebenfalls jeweils über eine eigene TCP-Verbindung besorgt werden mussten.

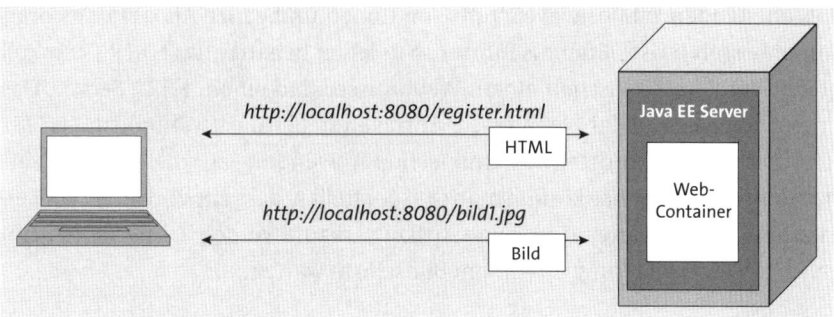

Abbildung 1.14 Mit HTTP 1.0 benötigte jedes Bild eine eigene TCP-Verbindung.

1.5.2 HTTP/1.1

Das Nachziehen von Bildern des Protokolls HTTP/1.0 war aufwendig. Dies war einer der Grund dafür, warum man im Jahre 1999 das Protokoll HTTP in der Version 1.1 herausgab. Mit HTTP 1.1 kann man die Verbindung offenhalten, sodass der Webbrowser die Bilder einer Webseite über die gleiche TCP-Verbindung beschafft.

Abbildung 1.15 Mit HTTP 1.1 können alle in der Webseite enthaltenen Bilder mit einer einzigen TCP-Verbindung beschafft werden.

In den nachfolgenden Jahren diente das Protokoll HTTP 1.1 stets als solide Grundlage für stabile Webanwendungen.

1.5.3 Ajax

Es war eine Erfindung der Firma Microsoft, die das Internet revolutionierte. Denn durch das XMLHttpRequest-Objekt lässt sich ein HTTP-Request an den Server senden, ohne dass der Webbrowser die Webseite verlässt. Der Server antwortet nun nicht mehr mit einer kompletten Webseite, sondern lediglich mit einem kleinen Fragment, das in der Webseite dynamisch eingebaut wird. Seitdem Jesse James Garrett diesen Mechanismus im Jahre 2005 *Asynchronous JavaScript And XML* (kurz *Ajax*) benannte, wurde Ajax in immer mehr Webanwendungen eingebaut. Es entstanden zahllose JavaScript-Funktionen und ganze Ajax-Frameworks, die zu einem immer besseren User-Erlebnis führten. Nur leider beharrte das HTTP-Protokoll auf dem einseitigen Verhältnis zwischen einem Webbrowser und einem HTTP-Server. Das Unerfreuliche hierbei ist, dass nur der Webbrowser Anfragen stellen darf, während der HTTP-Server dazu verdonnert ist, zu antworten. Die Onlineshop-Anwendung aus diesem Buch verdeutlicht das Problem: Beispielsweise könnte man sich vorstellen, dass ein Verkäufer vor seinem Rechner sitzt und darauf wartet, dass seine Artikel verkauft werden. Ohne sein Zutun würde er vergeblich auf eine Änderung an seinem Bildschirm warten.

1.5.4 Short Polling

Grundsätzlich gibt es für dieses Problem die Möglichkeit, einen Zeitgeber in die Webseite einzubauen, der sich über einen Ajax-Request in kurzen zeitlichen Intervallen nach dem aktuellen Stand erkundigt. Der Fachbegriff für die im Intervall immer wieder versendeten Anfragen lautet *Polling* oder auch *Short Polling*, wenn die wiederkehrenden Aufrufe in sehr kurzen Abständen (wie zum Beispiel einer Sekunde) erfolgen. Allerdings sind die wiederkehrenden Aufrufe des Webbrowsers kostspielig, weil jeder Aufruf eine eigene TCP/IP-Verbindung aufbaut. Und das ist auch nicht ganz ungefährlich, denn wenn beispielsweise Tausende Kunden in jeder Sekunde einen HTTP-Request an den Server schicken, reicht das schon, um so manchen Server lahmzulegen.

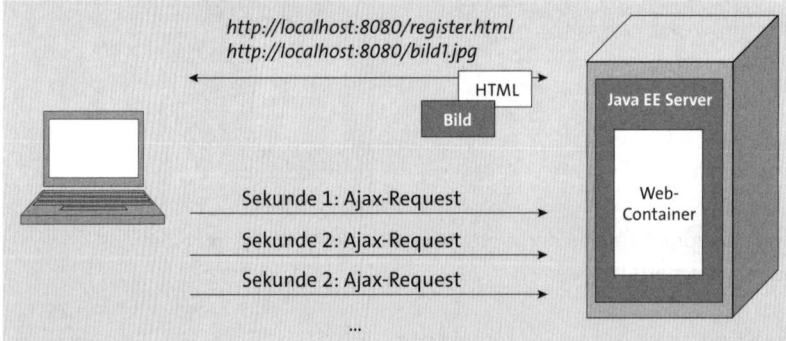

Abbildung 1.16 Das »Short Polling« fragt in zeitlich kurzen Intervallen wiederkehrend nach einem Ergebnis.

1.5.5 Long Polling

Neben dem Short Polling gibt es auch das Long Polling. Hierbei handelt es sich um eine ähnliche Technik, bei der die Kommunikation aber mit einer einzigen TCP/IP-Verbindung auskommt, denn hat der Server für den Client beim ersten Zugriff noch keine Information zur Verfügung, hält der Client die Verbindung offen. Dies gelingt ihm durch den regelmäßigen Versand eines Header-Schnipsels. Sobald die Information beim Server zur Verfügung steht, verschickt er eine abschließende Response. Durch das Long Polling kann der Eindruck einer

Push-Technologie entstehen. Mit Push-Technologie ist gemeint, dass die Informationen nicht vom Server gezogen (Pull), sondern durch den Server gedrückt (Push) werden.

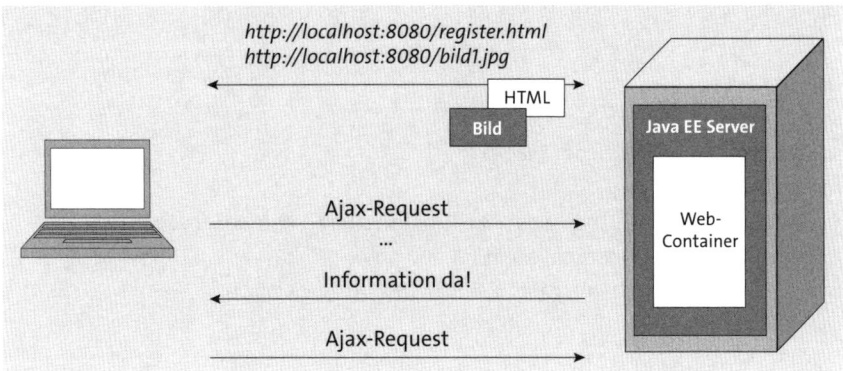

Abbildung 1.17 Beim »Long Polling« hält der Server die Verbindung offen, bis ihm die angefragte Information zur Verfügung steht.

Das Long Polling hat den Vorteil, dass es den Netzwerkverkehr reduziert und es ähnlich wie eine Push-Technologie effizienter mit den Ressourcen umgeht. Aber auch das Long Polling ist nur eine Nachahmung dessen, was man in Wirklichkeit bezweckt, denn der eigentliche Zweck ist, dass die beiden Gesprächsteilnehmer nach Belieben miteinander kommunizieren. Außerdem ist die Implementierung des Long Pollings aufwendig und fehlerträchtig.

1.5.6 SSE mit dem »EventSource«-Objekt

Im Jahre 2014 wurde HTML5 final veröffentlicht, und damit einher gingen zahlreiche Erweiterungen, die die Schwächen von HTML 4 ausmerzen sollten. Eine der Neuerungen war das JavaScript-Objekt EventSource, über das bei einem Server ein *Server-sent Event* ausgelöst wird.

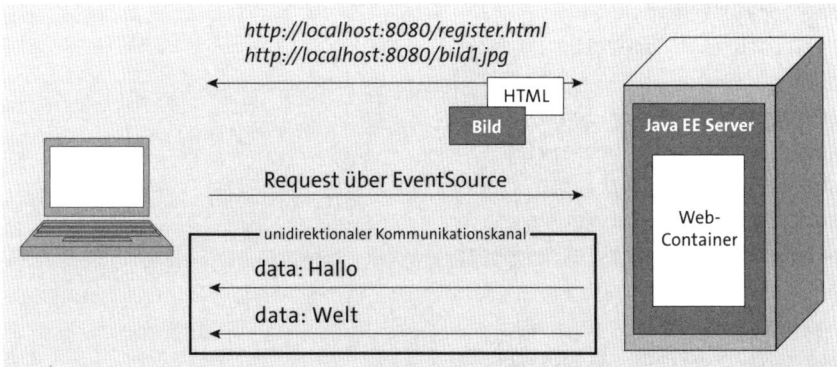

Abbildung 1.18 Über das »EventSource«-Objekt wird ein unidirektionaler Kommunikationskanal geöffnet, über den der Server Daten an den Client senden kann.

Mit Listing 1.1 wird eine Verbindung zu einem Server aufgebaut.

```html
<!DOCTYPE html>
<html>
<body>
<div id="ausgabe"></div>
<script>
   if (typeof (EventSource) !== "undefined") {
      var eventSource =
         new EventSource("http://localhost:8080/onlineshop-web/SseServlet");
      eventSource.onmessage = function(event) {
         document.getElementById("ausgabe").innerHTML = event.data;
      };
   } else {
      document.getElementById("ausgabe").innerHTML = "Kein SSE moeglich!";
   }
</script>
</body>
</html>
```

Listing 1.1 sse.html

Sobald die TCP/IP-Verbindung zum Server hergestellt worden ist, bleibt sie dauerhaft bestehen, sodass der Server nach Belieben Daten an den Client versenden kann. Im Servlet erstellen wir die Daten textuell in einem festgelegten Format. Danach werden die Daten in einen
Kommunikationskanal gesendet.

```java
package de.java2enterprise.onlineshop;

import java.io.IOException;
import java.io.PrintWriter;
import java.time.LocalDateTime;
import java.util.concurrent.TimeUnit;

import javax.servlet.ServletException;
import javax.servlet.annotation.WebServlet;
import javax.servlet.http.HttpServlet;
import javax.servlet.http.HttpServletRequest;
import javax.servlet.http.HttpServletResponse;

@WebServlet("/SseServlet")
public class SseServlet extends HttpServlet {
   private static final long serialVersionUID = 1L;
   protected void doGet(HttpServletRequest request,
```

```java
HttpServletResponse response)
    throws ServletException, IOException {
    response.setContentType("text/event-stream;charset=UTF-8");
    response.setHeader("Cache-Control", "no-cache");
    response.setHeader("Connection", "keep-alive");
    PrintWriter printWriter = response.getWriter();
    while (true) {
        printWriter.print("data: " + LocalDateTime.now() + "\n");
        printWriter.flush();
        try {
            TimeUnit.SECONDS.sleep(1);
        } catch (InterruptedException e) {
            e.printStackTrace();
        }
    }
}
}
}
```

Listing 1.2 SseServlet.java

Wenn Sie dieses Beispielprogramm mit einem neueren Google Chrome ausprobieren, sollte im Fenster des Webbrowsers sekündlich eine Uhrzeit untereinandergeschrieben werden. Allerdings funktioniert das Beispiel mit einem Internet Explorer nicht. Dieses Problem könnte mit einem sogenannten *PolyFill* gelöst werden. Ein PolyFill ist ein Programm, das ein bestimmtes Feature eines Webbrowsers implementiert, wenn der Webbrowser hierauf ursprünglich verzichtet. Allerdings ist das eine umständliche Lösung. Ein weiteres Problem besteht darin, dass der Server es nicht sofort bemerkt, wenn der Webbrowser geschlossen wird. Außerdem ist die Kommunikation zwischen Client und Server nicht bidirektional, da der Client nur noch Daten empfängt. Um beim Onlineshop einfach nur den Verkaufsstatus kenntlich zu machen, ist diese Funktionalität ausreichend. Aber nicht nur für die Benutzer des Internet Explorers, sondern auch für zahlreiche Anwendungsfälle, bei denen eine bidirektionale Kommunikation erforderlich ist, stellt das EventSource-Objekt keine Option dar, denn das Protokoll HTTP/1.1 ist nun mal nicht für diesen Anwendungsfall ausgelegt.

1.5.7   HTTP/2

Mit der Servlet-Version 4.0 kehrt das HTTP/2-Protokoll in den Java EE-Standard ein und löst alle oben genannten Probleme mit einem Schlag.

Führen wir uns noch einmal HTTP/1.1 vor Augen, um die vorhandenen Probleme zu verdeutlichen. Bei einer HTTP/1.1-Verbindung beantwortet der Server einen HTTP-Request üblicherweise mit einer HTML-Seite und wartet anschließend, bis der Webbrowser das HTML eingelesen hat und fehlende Elemente wie Bilder, CSS-Dateien oder JavaScript-Dateien nachfordert. Obwohl HTTP/2 hierzu rückwärtskompatibel ist, benötigt es lediglich eine einzige TCP/IP-Verbindung, um die Daten im sogenannten *Full-Duplex-Multiplexingverfahren* (Full Duplex: im gleichzeitigen Gegenbetrieb; Multiplexing: Bündelung bzw. Auflösung von zusammengefassten Blöcken) auszutauschen. Um diese Verbesserungen, die sich hieraus ergeben, zu nutzen, brauchen Sie bei der Servlet 4.0 Technologie grundsätzlich überhaupt nichts zu tun, denn schon während der Verbindung beginnt der Server zwischenzeitlich mit dem Versand von Ressourcen, von denen er der Meinung ist, dass sie vom Webbrowser gebraucht werden. Je nach Anzahl der Ressourcen kann allein der Server-Push zu einem wesentlich verbesserten Seitenaufbau beim Webbrowser führen. Dieser Geschwindigkeitsvorteil wird auch noch verbessert, indem im Header nur die Bestandteile versendet werden, die sich ändern. Der Zeitgewinn hierdurch ist nicht zu unterschätzen, denn die Verwendung der Cookies führte bei HTTP/1.1 häufig zu einer etwa 1 KB großen Header-Überlast. Hinzu kam, dass die Cookies aufgrund des zustandslosen Protokolls immer wieder versendet wurden und die Natur des TCP/IP-Protokolls diese Rundreisen auch noch verlangsamt, weil zu Beginn der Verbindung die verfügbare Kapazität gemessen wird. Einen weiteren Geschwindigkeitsvorteil bietet HTTP/2, weil es die HTML-Seiten in einem binären Format versendet, während HTTP/1.1 ein rein textuelles Format ist. Weil das Binärformat kompakter ist, muss eine geringere Menge an Bytes verschickt werden als bei einem textuellen Format. Das Binärformat hat darüber hinaus den Vorteil, dass es für das Sniffer-Programm eines Hackers erst nach Entschlüsselung preisgegeben wird. Außerdem setzt HTTP/2 eine SSL-Verschlüsselung über HTTPS für die Kommunikation zwischen Client und Server voraus.

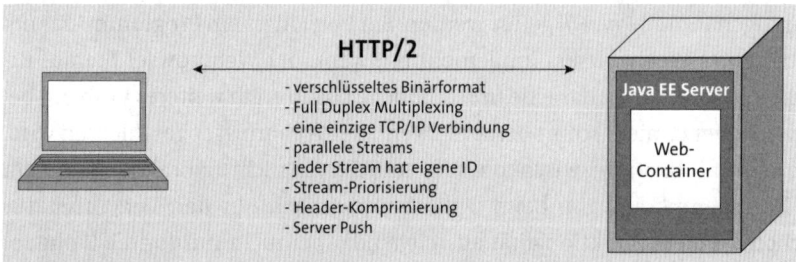

Abbildung 1.19 HTTP/2 bietet zahlreiche Vorteile gegenüber HTTP/1.1.

HTTP/2 ist nicht nur schneller und sicherer, sondern bietet viele weitere Features. Beispielsweise wird das sogenannte Head-of-Line-Blocking-Problem gelöst. Das Head-of-Line-Blocking kommt beim HTTP/1.1-Protokoll bei einer Netzwerkunterbrechung auf, weil die Enden des abgeschnittenen Streams einander nicht mehr zugeordnet werden können. Dieses Problem löst HTTP/2, indem jeder Stream durch eine eigene Streaming-ID identifiziert wird. Bricht der Stream ab, lassen sich die beiden Enden eines Streams beim Neuaufbau korrekt zuordnen, denn der Webbrowser kennt ja ihre Stream-IDs. Handelt es sich um mehrere Streams, kann auch eine Priorisierung der einzelnen Streaming-IDs angewiesen werden. Bei dieser Priorisierung handelt es sich nicht einfach um eine unterschiedliche Gewichtung einzelner IDs, sondern um eine komplexe Anordnungsstrategie ganzer ID-Hierarchiebäume.

1.5.8   WebSocket

Das WebSocket-Protokoll wurde bereits im Jahre 2009 von Ian Hickson spezifiziert, einem Mitarbeiter des Unternehmens Google. WebSocket wurde vom IETF im Dezember 2011 als RFC 6455 standardisiert. Das Dokument kann unter folgender URL heruntergeladen werden:

http://tools.ietf.org/html/rfc6455

Parallel dazu beschrieb Ian Hickson auch, wie eine JavaScript-API zum WebSocket-Protokoll aussehen könnte. Das W3C übernahm seine API-Spezifikation, die Sie als *Candidate Recommendation* unter folgender URL herunterladen können:

http://www.w3.org/TR/websockets

WebSockets ist ein Netzwerkprotokoll, bei dem sich Client und Server im *Full-Duplex-Multiplexingverfahren* unterhalten können. Mit WebSockets können beide Kommunikationspartner ohne Einschränkung einen Datenstrom an die Gegenstelle schicken. Bestimmt stellen Sie sich nun die Frage, ob hiermit denn nicht das Gleiche erreicht wird wie mit dem oben beschriebenen HTTP/2-Protokoll, handelt es sich doch in beiden Fällen um ein *Full-Duplex-Multiplexingverfahren*. Die Unterschiede zwischen WebSockets und HTTP/2-Protokoll sind aber eklatant. Als erste Unterscheidung lässt sich vorausschicken, dass HTTP/2 zwar bidirektional funktioniert, dass aber lediglich der Webbrowser eine Anfrage versendet, die der Server anschließend beantwortet. Auch wenn HTTP/2 einen Server-Push ermöglicht, so sind Client und Server also nicht gleichberechtigt. Wir schauen uns dies nun im Detail an.

Da HTTP die Grundlage des Internets darstellt, ist auch das WebSocket-Protokoll so aufgebaut, dass sich der Webbrowser zunächst über einen HTTP-Request mit dem Server verbindet. Dieser anfängliche HTTP-Request wird *Opening Handshake Request* genannt. In Listing 1.3 sehen Sie den HTTP-Header eines Opening Handshake Requests:

```
GET /chat HTTP/1.1
Host: www.marktplatz.de:8080
Upgrade: websocket
Connection: Upgrade
Sec-WebSocket-Key: eIverKOqwLAcRSRgr18lTV==
Sec-WebSocket-Protocol: meinwebsocket
Sec-WebSocket-Version: 13
```

Listing 1.3 Der HTTP-Header des Opening Handshake Requests

Der Server beantwortet die Anfrage mit einer Opening Handshake Response:

```
HTTP/1.1 101 Switching Protocols
Upgrade: websocket
Connection:Upgrade
Sec-WebSocket-Accept:L6wqtsHk6dzD+kd9NCYT6Wt7OCU=
```

```
Sec-WebSocket-Protocol: meinwebsocket
Upgrade:WebSocket
```

Listing 1.4 Die Opening Handshake Response

Weil es sich hierbei gewissermaßen um einen gewöhnlichen HTTP-Request handelt, wissen Router, Proxys und andere Instrumente des Internets hiermit umzugehen. Im Header des Opening Handshake Requests sind allerdings noch weitere Informationen enthalten, die ihn als Eröffnungstakt für die WebSocket-Kommunikation etikettieren. Kurzum: Bei Web-Sockets wird das HTTP-Protokoll lediglich dazu verwendet, die Kommunikation zwischen Client und Server anzustoßen. Nach dem Opening Handshake führen die Teilnehmer ihre Unterhaltung mit einem Protokoll fort, das nichts mehr mit HTTP zu tun hat. So gibt es beispielsweise auch keine HTTP-Header mehr. Stattdessen besteht eine TCP/IP-Verbindung, die einen Datenaustausch in beide Richtungen erlaubt. Um diese Unterscheidung hervorzuheben, spricht man bei WebSockets von *Frames* und unterscheidet bei den Frames zwischen *Control Frames* und *Data Frames*.

Control Frames werden eingesetzt, um die Kommunikation zwischen dem Client und dem Server zu koordinieren. Beispielsweise wird zu Beginn der Verbindung ein *Control Frame* in Form des *Opening Handshakes* benötigt. Aber auch wenn einer der Teilnehmer die Verbindung beenden möchte und hierzu einen *Closing Handshake* verschickt, handelt es sich um einen *Control Frame*.

Mit einem *Data Frame* werden die Geschäftsdaten übermittelt. Dabei kann es sich um Texte oder auch um Binärdaten (wie beispielsweise Videodaten) handeln. Die Anzahl der Data Frames ist nicht begrenzt, sodass es sich im Prinzip um eine endlose Verkettung von Data Frames handeln könnte.

Betrachten Sie hierzu Abbildung 1.20.

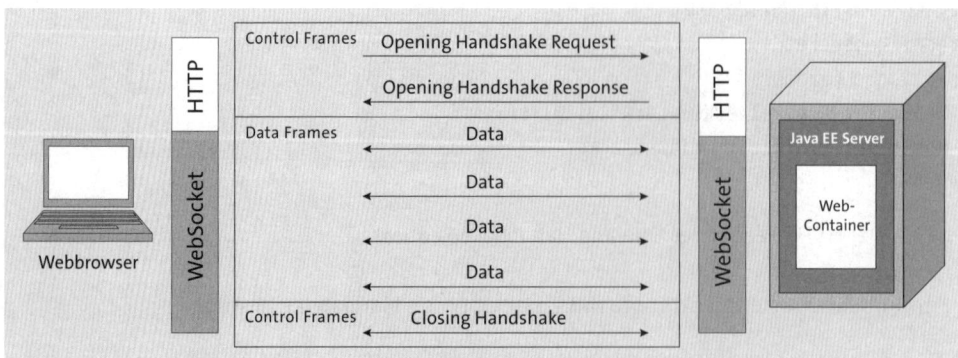

Abbildung 1.20 Die Kommunikation über das WebSocket-Protokoll

1.6   Die Technologien des Java EE 8-Standards

Jede Java EE-Version enthält eine Menge an Java EE-Technologien, und mit jeder Version kommen neue hinzu. Java EE 8 umfasst 32 Technologien, die jeweils in eigenen Spezifikationsdokumenten beschrieben werden.

In Tabelle 1.1 werden alle Spezifikationen des Java EE 8-Standards aufgelistet. Neben dem Rahmenwerk der Java EE 8-Spezifikation »Java Platform Enterprise Edition Specification v8« werden auch die enthaltenen Java EE 8-Technologien in den folgenden Hauptgruppen angezeigt:

▶   Webtechnologien

▶   Enterprise-Technologien

▶   Webservices-Technologien

Neben diesen drei Hauptgruppen enthält das Gesamtpaket Technologien, die unter folgenden Gruppen zusammengefasst werden:

▶   Management- und Security-Technologien

▶   Java SE-Technologien, die sich auf Java EE beziehen

Technologietyp	Java Platform Enterprise Edition Specification v8	JSR 366
Web	**Servlets 4.0**	**JSR 369**
	Java Server Pages (JSP) 2.3	JSR 245
	Standard Tag Library for JavaServer Pages (JSTL) 1.2	JSR 52
	Expression Language (EL) 3.0	JSR 341
	JavaServer Faces 2.3	**JSR 372**
	Java API for WebSocket 1.1	**JSR 356**
	Java API for JSON Processing 1.1	**JSR 374**
	Java API for JSON-Binding 1.0	**JSR 367**
Enterprise	**Java Persistence 2.2**	**JSR 338**
	Enterprise JavaBeans 3.2	JSR 345
	Java Message Service API 2.0	JSR 368
	Contexts and Dependency Injection for Java (CDI) 2.0	**JSR 365**

Tabelle 1.1 Die Java EE 8-Technologien. Bei den fett gedruckten Zeilen handelt es sich um die abgeänderten oder hinzugekommenen Technologien.

Technologietyp	Java Platform Enterprise Edition Specification v8	JSR 366
	Dependency Injection for Java 1.0	JSR 330
	Bean Validation 2.0	**JSR 380**
	Java Transaction API (JTA) 1.2	JSR 907
	Java EE Connector Architecture 1.7	JSR 322
	JavaMail 1.6	**JSR 919**
	Interceptors 1.2	JSR 318
	Concurrency Utilities for Java EE 1.0	JSR 236
	Common Annotations for the Java Platform 1.3	**JSR 250**
	Batch Applications for the Java Platform	JSR 352
Webservices	Java API for XML-Based Webservices (JAX-WS) 2.2	JSR 224
	Java API for RESTful Webservices (JAX-RS) 2.1	**JSR 370**
	Implementing Enterprise Webservices 1.3	JSR 109
	Webservices Metadata for the Java Platform	JSR 181
	Java APIs for XML Messaging 1.3	JSR 67
	Java API for XML Registries (JAXR) 1.0	JSR 93
Security	**Java EE Security API 1.0**	**JSR 375**
	Java Authentication Service Provider Interface for Containers 1.1	JSR 196
	Java Authorization Contract for Containers 1.5	JSR 115
Management	J2EE Management 1.1	JSR 77
	Debugging Support for Other Languages 1.0	JSR 45

Tabelle 1.1 Die Java EE 8-Technologien. Bei den fett gedruckten Zeilen handelt es sich um die abge-änderten oder hinzugekommenen Technologien. (Forts.)

Bei den fett dargestellten Technologien handelt es sich um neue oder aktualisierte Technologien.

Folgende Technologien sind neu hinzugekommen:

▶ Java API for JSON Binding (JSON-B)
▶ Java EE Security API

Folgende Technologien wurden mit einem neuen JSR wesentlich überarbeitet:

▶ **Servlets 4.0**: überarbeitet mit JSR 369
▶ **Java Server Faces (JSF) 2.3**: überarbeitet mit JSR 372
▶ **Java API for JSON Processing (JSON-P) 1.1**: überarbeitet mit JSR 374
▶ **Contexts and Dependency Injection for Java 2.0**: überarbeitet mit JSR 365
▶ **Bean Validation 2.0**: überarbeitet mit JSR 380
▶ **Java API for RESTful Web Services (JAX-RS) 2.1**: überarbeitet mit JSR 370

Bei folgenden Technologien handelt es sich um Wartungs-Releases, die mit gleichem JSR wie ihr Vorgänger veröffentlicht wurden:

▶ **Java API for WebSocket 1.1**: Wartungs-Release, immer noch JSR 356 wie Vorgänger
▶ **Java Persistence 2.2**: Wartungs-Release, immer noch JSR 338 wie Vorgänger
▶ **JavaMail 1.6**: Wartungs-Release, immer noch JSR 919 wie Vorgänger

In diesem Buch werde ich die folgenden Technologien behandeln:

Kapitel	Technologie
Kapitel 1, »Überblick«	HTTP/2
	WebSocket 1.1
	Maven
Kapitel 2, »Die Entwicklungsumgebung«	UTF-8
Kapitel 3, »Planung und Entwurf«	Scrum
	AMDD-XP
Kapitel 4, »Servlet 4.0«	Servlets 4.0
Kapitel 5, »Java Server Pages«	JSP 2.3
	JSTL1.2
	JSP-EL 3.0
Kapitel 6, »Die relationale Datenbank«	Oracle DB
	ANSI SQL-92
Kapitel 7, »JDBC«	JDBC 4.2

Tabelle 1.2 Behandelte Technologien

Kapitel	Technologie
Kapitel 8, »Die Java Persistence API«	JPA 2.2
Kapitel 9, »Java Server Faces«	JSF 2.3 JSF-EL 3.0 CDI 2.0
Kapitel 10, »Enterprise JavaBeans«	EJB 3.2 JMS 2.0
Kapitel 11, »Webservices und JSON«	JSON-P 1.1 JSON-B 1.0 JAX-WS 2.2 JAX-RS 2.1

Tabelle 1.2 Behandelte Technologien (Forts.)

In den folgenden Abschnitten erhalten Sie jeweils eine kurze Beschreibung der Java EE-Technologien, die für den Java EE-Entwickler von besonderer Bedeutung sind.

1.6.1 Servlets 4.0

Historisch gesehen handelt es sich bei einer Java EE-Anwendung in der Regel um eine Webanwendung, d. h. eine Anwendung, die über einen Webbrowser verwendet wird. Obwohl das Frontend typischerweise über die High-Level-Technologie *Java Server Faces* implementiert wird, spielt die Servlet-Technologie auch bei *Java Server Faces* eine zentrale Rolle, da auch sie als High-Level-Technologie auf der Low-Level-Technologie Servlets aufsetzt. Letztlich ist es also auch bei *Java Server Faces* ein Servlet, das im Hintergrund arbeitet und mithilfe des Webcontainers für die Interaktion zwischen der clientseitigen und der serverseitigen Präsentationsschicht verantwortlich ist. Mit Java EE 8 wurde die Servlet-Technologie auf die Version 4.0 angehoben.

Das Konzept der Servlet-Technologie wurde bereits im Jahre 1995 vom Java-Altvater James Gosling vorgestellt und später von Pavani Diwanji überarbeitet. Sun Microsystems stellte die Servlet-Technologie schließlich in der Version 1.0 im Jahre 1997 fertig. Als Java EE 1.0 erstmalig als Sammelspezifikation im Jahre 1999 veröffentlicht wurde, gehörte die Servlet-Technologie in der Version 2.2 gleich als fester Bestandteil dazu. Anfangs hatte man eine Schnittstelle entwickelt, die auf dem *Common Gateway Interface* (*CGI*) basierte, und darüber hinaus konnte man nun mit Java objektbasiert und komfortabel HTTP-Requests und HTTP-Responses verarbeiten.

Die Servlet-Technologie baut im Wesentlichen auf Java-Komponenten auf, die sich ebenfalls Servlets nennen. Aus der Sicht des Webcontainers ist ein Servlet eine Java-Klasse, die das Interface `javax.servlet.Servlet` implementiert. Obwohl dies die einzige Voraussetzung ist, die eine Java-Klasse mitbringen muss, damit sie in einem Webcontainer ausgeführt werden kann, ist es dennoch nicht üblich, auf diese Weise ein Servlet zu programmieren, denn wie ich in Kapitel 4 noch detaillierter zeigen werde, programmiert man Servlets, indem man eine Java-Klasse von der abstrakten Klasse `javax.servlet.http.HttpServlet` ableitet. Denn erst diese Unterklasse enthält alles, was erforderlich ist, damit ein Servlet zu einer vollwertigen Webkomponente wird. Im folgenden Beispiel wird ein Servlet mit dem Parameter `name` aufgerufen. Hierfür wird in der Adressleiste eines Webbrowsers folgende URL eingegeben.

```
http://localhost:8080/onlineshop-web/SigninServlet?name=Alex
```

In einem Servlet wird die Anfrage vom Webcontainer entgegengenommen und verarbeitet. Im vorliegenden Fall wird der Webcontainer ein Servlet suchen, das unter dem Bezeichner `SigninServlet` zu finden ist.

Innerhalb des `SigninServlet` würde der Quelltext aus Listing 1.5 dafür sorgen, dass der Webcontainer die Anfrage mit einer Hallo-Seite beantwortet.

```java
package de.java2enterprise.onlineshop;

import java.io.IOException;
import java.io.PrintWriter;

import javax.servlet.ServletException;
import javax.servlet.annotation.WebServlet;
import javax.servlet.http.HttpServlet;
import javax.servlet.http.HttpServletRequest;
import javax.servlet.http.HttpServletResponse;

@WebServlet("/SigninServlet")
public class SigninServlet extends HttpServlet {
    private static final long serialVersionUID = 1L;

    protected void doGet(
            HttpServletRequest request,
            HttpServletResponse response)
                throws ServletException, IOException {

        PrintWriter out = response.getWriter();
        String name = request.getParameter("name");
        out.println("<html>");
        out.println("<body>");
```

```
        out.println("<h1>Hallo " + name + "</h1>");
        out.println("</body>");
        out.println("</html>");
    }
}
```

Listing 1.5 SigninServlet.java

Ist der Webcontainer erst einmal in Betrieb, braucht eine Webkomponente nur ein einziges Mal aufgerufen zu werden. Da der Webcontainer die Parallelprogrammierung beherrscht, kann er die Webkomponenten zur selben Zeit für weitere gleichzeitig aufkommende Anfragen verwenden. Dabei wird die Anfrage nicht direkt an die Webkomponente weitergeleitet, sondern zunächst automatisch vom Webcontainer ausgewertet. Erst im Anschluss kommt die Webkomponente ins Spiel, denn sie ist für die fachliche Bearbeitung der Anfrage zuständig.

Mit der Servlets-Version 4.0 wird das HTTP/2-Protokoll unterstützt. In einem vorangegangenen Abschnitt habe ich bereits gezeigt, wieso die Unterstützung des HTTP/2-Protokolls von so großer Bedeutung ist, und erklärt, dass HTTP/2 mit einer einzigen TCP/IP-Verbindung auskommt, um eine bidirektionale Multiplexingkommunikation zwischen Client und Server anzubieten. Darüber hinaus besteht die Möglichkeit eines Server-Pushs, den Sie innerhalb des Servlets selbst programmieren können. Auch hierbei versenden Sie Server-Inhalte proaktiv an den Cache des Clients. Hierfür wurde in der Servlet API eine neue Klasse eingebaut, die sich PushBuilder nennt. Listing 1.6 zeigt, wie ein Objekt des Typs PushBuilder ein Bild an den Client sendet:

```
PushBuilder pushBuilder = request.newPushBuilder();
pushBuilder
    .path("images/bild1.jpg")
    .addHeader("content-type", "image/jpg")
    .push();
```

Listing 1.6 PushBuilderServlet.java

In Listing 1.6 sehen Sie, dass Sie das Objekt eines PushBuilder erzeugen, indem Sie die Methode newPushBuilder bei dem Request-Objekt aufrufen. Anschließend können Sie bei dem PushBuilder über die Methode path das Web-Element anzeigen, das an den Client versendet werden soll. Der PushBuilder bietet noch weitere Methoden wie die Methode addHeader an, über die weitere Informationen zum Push angezeigt werden. Zuletzt rufen Sie die Methode push() auf, mit der das Web-Element an den Webbrowser geschickt wird.

Neben dem Einbau von HTTP/2 bietet die neue Servlet-Technologie eine spezielle Mapping API, über die sich die Pfade zu einzelnen Elementen komfortabel ermitteln lassen.

1.6.2   JSP 2.3

Als Servlets erfunden wurden, entwickelte man Webkomponenten genauso, wie ich es im obigen Servlet-Beispiel gezeigt habe: Man schrieb die HTML-Texte in einen Ausgabestrom. Wenn Sie sich vor Augen halten, dass Webseiten häufig aus Hunderten von HTML-Zeilen bestehen, können Sie sich leicht vorstellen, wie wartungsintensiv Servlets sein können.

Aufgrund des hohen Wartungsaufwands von Servlets fügte man bereits der allerersten Java EE-Version 1.0 die Technologie *Java Server Pages* (*JSP*) hinzu. Eine JSP sieht dem Anschein nach wie eine HTML-Seite aus. Eine spezielle JSP-Engine namens *Jasper* erzeugt aus jeder JSP ein automatisch generiertes Servlet. Dieses Servlet setzt die Zeichenketten der JSP in einen Ausgabestrom, genauso wie es im obigen Beispiel im Servlet durchgeführt werden könnte.

In einer Datei mit dem Namen *signin.jsp* würden wir mit HTML arbeiten und hierbei die dynamischen Inhalte in spezielle Tags einbetten.

```
<html>
<body>
Hallo <%=request.getParameter("name")%>
</body>
</html>
```

Listing 1.7 signin.jsp

In der Adressleiste eines Webbrowsers würden wir nun folgende URL eingeben, um vom Server die Zeichenkette »Hallo Alex« zu erhalten:

http://localhost:8080/onlineshop-war/signin.jsp?name=Alex

Die Umstülpung ermöglicht es, innerhalb des HTML-Quelltextes reinen Java-Code zu programmieren. Dadurch kann ein Webdesigner eine JSP grafisch gestalten, und ein Java-Entwickler kann in der gleichen Datei Java-Anweisungen setzen.

Zusätzlich können individuelle JSP-Elemente als Java-Klassen programmiert werden, die die JSP-Engine als dynamische Java-Anweisungen interpretiert. Die JSP-Elemente können vom Webdesigner innerhalb der JSP genauso wie HTML-Elemente gesetzt werden. Hierdurch werden die statischen HTML-Elemente um dynamische JSP-Elemente erweitert, denn der klassische Webdesigner arbeitet normalerweise nur mit HTML und CSS. Für ihn ist Java »kryptisches Zeug«, mit dem er sich nicht herumschlagen mag.

Für die wichtigsten Zwecke bietet die JSP-API sogenannte JSP-Aktionselemente an, sodass diese nicht mehr individuell programmiert werden müssen. In Listing 1.8 zeige ich, wie die JSP-Aktionselemente useBean und getProperty genutzt werden, um die E-Mail-Adresse eines Kunden auszugeben.

```
<html>
<body>
<jsp:useBean id="customer"
    class="de.java2enterprise.onlineshop.model.Customer"/>
<jsp:getProperty
        property="email"
        name="customer"/>
</body>
</html>
```

Listing 1.8 signin.jsp

1.6.3 EL 3.0

Das obige Beispiel zeigt, wie kompliziert die Verwendung von JSP-Elementen sein kann. Die Antwort auf dieses Problem kam mit der *Expression Language* (*EL*). Listing 1.9 zeigt, wie einfach die Ausgabe der Kunden-E-Mail-Adresse hiermit programmiert werden kann:

```
<html>
<body>
${customer.email}
</body>
</html>
```

Listing 1.9 index.jsp

Die EL wird nicht nur in JSPs, sondern auch für die Technologie JSF bei sogenannten *Facelets* eingesetzt. Die Untermenge, die man in JSPs verwendet, bezeichnet man als *JSP-EL*. Die Untermenge für Facelets wird *JSF-EL* genannt.

JSF-EL erkennen Sie an der voranstehenden Raute:

```
<html>
<body>
#{customer.email}
</body>
</html>
```

Listing 1.10 index.xhtml

1.6.4 JSTL 1.2

Die *Java Server Pages Standard Tag Library* (*JSTL*) bietet spezielle Elemente an, über die zum Beispiel Verzweigungen, Schleifen oder die Ausgabe von Werten programmiert werden können. In Listing 1.11 sehen Sie, wie mit JSTL geprüft wird, ob die JavaBean mit dem Namen `customer` gesetzt worden ist. Wenn sie keinen Wert enthält, wird `Bitte einloggen!` ausgegeben.

```
<c:if test="${empty customer}">
    Bitte einloggen!
</c:if>
```

Listing 1.11 index.jsp

1.6.5   JSF 2.3

Als man mit den ersten Java EE-Versionen noch Webanwendungen mit Servlets und JSPs programmierte, wurde bald eine klare Aufgabenverteilung deutlich: Während man Servlets einsetzte, um den Ablauf zu steuern, verwendete man JSPs nur noch für die Präsentation der Geschäftsdaten. Eine dritte Aufgabe kam ganz »normalen« Java-Klassen zu, denn man benötigte auch einen Transportbehälter für die Geschäftsdaten. Den ganzen Verbund der Klassen, den man für das Geschäftsmodell entwirft, nennt man *Domänenmodell* oder auch einfach nur *Model*. Deshalb wird das bereits vorgestellte Entwurfsmuster als *Model-View-Controller-* (MVC-)Pattern bezeichnet.

In den ersten Java EE-Versionen zeigte sich, dass bei dem MVC-Entwurfsmuster mit Servlets und JSPs zahlreiche Programmieranweisungen immer wieder gleich blieben. Deshalb entwickelte man Frameworks, die diesen Quelltext automatisch erstellen. Die wichtigsten Erkenntnisse dieser Frameworks wurden in die sogenannten *Java Server Faces* übernommen, denn Java Server Faces enthalten all das, was die Java-Gemeinde aus der jahrelangen Erfahrung mit den älteren Java EE-Open-Source-Frameworks gelernt hat. Das wichtigste Merkmal von JSF ist hierbei, dass es das MVC-Entwurfsmuster in Perfektion umsetzt. Allerdings nimmt das JSF-Framework dem Entwickler noch eine ganze Reihe weiterer Arbeiten ab.

Die mit Java EE 8 neue hinzugekommene JSF 2.3 API bringt zahlreiche Verbesserungen mit. Beispielsweise werden erstmals Lambda Expressions, Streams und die neue Date-Time-API von Java SE 8 unterstützt. Ferner bietet sie eine verbesserte Integrierung der *Context und Dependency Injection* (*CDI*). Darüber hinaus wurden zahlreiche Erweiterungen bei den Facelets eingebaut, sodass sich die Validierung und Konvertierung von Daten verbessert hat. Neben diesen Optimierungen werden Web-Elemente nun per Server-Push an den Webbrowser versendet. Als JSF-Programmierer brauchen Sie hierfür gar nicht aktiv zu werden, denn JSF 2.3 macht das von sich aus. Allerdings setzt HTTP/2 voraus, dass sich der Webbrowser über HTTPS mit dem Java EE Server verbunden hat.

1.6.6   WebSockets 1.1

Das WebSocket-Protokoll ermöglicht eine bidirektionale Full-Duplex-Kommunikation zwischen Client und Server. Seit der Version 7 unterstützt der Java EE-Standard das WebSocket-Protokoll mithilfe der *Java API for WebSocket*. Die Eingliederung erfolgte mit dem JSR 356. Java EE 8 kommt mit dem Wartungs-Release *Java API for WebSocket 1.1* einher. WebSockets werden clientseitig über JavaScript implementiert.

Als Beispiel werden wir ein kleines Chat-Programm erstellen, das das WebSocket-Protokoll verwendet. Zunächst benötigen wir eine Webseite, in der wir ein HTML-Formular mit zwei Eingabefeldern und einem Button unterbringen werden. Wir nennen die Webseite *websocket.html*.

```
<html>
<body>
    <form action="">
        Benutzer:<input id="benutzer">
        Nachricht:<input id="nachricht">
        <input type="button" onclick="sende();" value="OK">
    </form>
    <div id="ausgabe"></div>
    <script type="text/javascript" src="websocket.js">
    </script>
</body>
</html>
```

Listing 1.12 websocket.html

Im ersten Eingabefeld tragen die Chat-Teilnehmer ihren Namen ein. In das zweite Eingabefeld schreiben sie ihre Nachrichten. Durch einen Mausklick auf den Button wird eine Java-Script-Funktion aufgerufen, die sich sende() nennt. Unterhalb des HTML-Formulars habe ich ein <div>-Element für die Ausgaben hinterlegt. Darunter sehen Sie, dass die JavaScript-Datei *websocket.js* eingebunden wurde. Diese JavaScript-Datei setzt die WebSocket-API ein, um die Texte der beiden Felder per WebSocket-Protokoll an den Server zu verschicken. In Listing 1.13 ist der komplette Quelltext des JavaScript-Programms abgedruckt:

```
var websocket = new WebSocket("ws://localhost:8080/onlineshop-web/websocket");
var ausgabe = document.getElementById("ausgabe");

websocket.onopen = function(evt) {
    ausgabe.innerHTML += "Verbunden mit " + websocket.url + "<br>";
};
websocket.onmessage = function(evt) {
    ausgabe.innerHTML += evt.data + "<br>";
};
```

```
websocket.onerror = function(evt) {
    ausgabe.innerHTML += "Fehler: " + evt.data + "<br>";
};

function sende() {
    websocket.send(benutzer.value + ": " + nachricht.value);
}
```

Listing 1.13 websocket.js

Das wichtigste WebSocket-Objekt des JavaScript-Standards nennt sich `WebSocket`. Der Konstruktor des `WebSocket`-Objekts nimmt eine `ws`-URI als Parameter entgegen und startet hiermit den Opening Handshake Request.

Anschließend werden die Callback-Funktionen `onOpen` und `onMessage` mit Funktionen verbunden, die im jeweiligen Fall automatisch aufgerufen werden. Nach Öffnung der Verbindung wird im Programm der Name des Benutzers mit seiner Nachricht auf den Bildschirm aller Chat-Teilnehmer ausgegeben.

Serverseitig werden wir nun die *Java API for WebSocket* nutzen. In Listing 1.14 sehen Sie, wie eine Klasse den serverseitigen Teil der Chat-Anwendung übernimmt.

```
package de.java2enterprise.onlineshop;

import java.io.IOException;
import javax.websocket.EncodeException;
import javax.websocket.OnMessage;
import javax.websocket.RemoteEndpoint.Basic;
import javax.websocket.Session;
import javax.websocket.server.ServerEndpoint;

@ServerEndpoint("/websocket")
public class WebSocket {
    @OnMessage
    public void message(String message, Session session)
            throws IOException, EncodeException {

        for (Session s : session.getOpenSessions()) {
            Basic endpoint = s.getBasicRemote();
            endpoint.sendText(message);
        }
    }
}
```

Listing 1.14 WebSocket.java

Um eine Java-Klasse in einen WebSocket-Endpoint umzuwandeln, muss sie mit der Annotation `javax.websocket.server.ServerEndpoint` versehen werden. In einer Klammer tragen wir den Bezeichner `"/websocket"` ein, über den der Endpoint aufrufbar ist.

Die Methode, die bei einer eintreffenden Nachricht aufgerufen werden soll, muss mit der Annotation `javax.websocket.OnMessage` versehen werden. Als Parameter können Sie der Methode beispielsweise eine Zeichenkette mitgeben. In ihr würde die WebSocket-API automatisch die Nachricht setzen, die sie vom Client erhalten hat.

Um die erhaltene Nachricht für das Chat-Programm an alle angebundenen Clients zu verschicken, muss die Methode einen zweiten Parameter des Typs `javax.websocket.Session` annehmen. Diesen wird die WebSocket-API automatisch als Endpoint des Clients setzen:

Die Klasse `javax.websocket.Session` bietet eine Methode an, die sich `getOpenSessions()` nennt. Diese Methode liefert alle Client-Endpoints zurück, die aktuell mit dem Server-Endpoint verbunden sind. Jeder der Client-Endpoints wird auch wieder als Typ `javax.websocket.Session` erstellt, sodass wir über die Methoden `getBasicRemote()` und `sendText()` die Nachricht an alle Client-Endpoints versenden.

Die neuen Methoden von WebSockets 1.1

Mit dem Java EE 8-Standard wurde das neue WebSockets 1.1 veröffentlicht. WebSockets 1.1 bietet zwei neue Methoden an, um Java SE 8 Lambda Expressions zu unterstützen:

▶ `public void addMessageHandler(Class<T> clazz, MessageHandler.Whole<T> handler);`

▶ `public void addMessageHandler(Class<T> clazz, MessageHandler.Partial<T> handler);`

1.6.7 JSON-P 1.1

Über die Java API for JSON-Processing (JSON-P) lassen sich JSON-Quellen einlesen und transformieren. JSON-P wurde erstmalig mit Java EE 7 in den Standard aufgenommen. Mit Java EE 8 wird die Technologie JSON-P auf die Version 1.1 erweitert.

Um JSON-Daten zu generieren oder zu parsen, werden mit JSON-P zwei Möglichkeiten angeboten, nämlich das Object Model und das Streaming Model.

▶ **Die Model API**
Mit der Model API werden die JSON-Daten im Arbeitsspeicher als Baumstruktur aufgebaut. Dies hat den Vorteil, dass über die Daten zur Laufzeit komfortabel navigiert werden kann und hierbei Daten wahlfrei verändert werden können. Der Nachteil ist jedoch, dass das Einlesen eines großen Datenbaumes zeitaufwendig ist und viel Speicherplatz in Anspruch nimmt.

▶ **Die Streaming API**
Bei der Streaming API werden die JSON-Daten als Datenstrom durchlaufen. Soll ein Schlüsselwertpaar ganz unabhängig vom restlichen Datenbestand verarbeitet werden, ist das Streaming Model die schnellere Variante, die kaum Speicherplatz benötigt.

Das mit Java EE 8 hinzugekommene JSON-P 1.1 unterstützt die neuen IETF-Standards JSON Pointer, JSON Patch und JSON Merge Patch. Zusätzlich wurden spezielle Hilfsklassen hinzugefügt, mit denen Java SE 8-Streams verwendet werden können.

1.6.8   JSON-B 1.0

Die Java API JSON Binding 1.0 (JSON-B 1.0) wurde mit Java EE 8 erstmalig in den Standard aufgenommen. Über JSON-B lassen sich einfache Java-Klassen (sogenannte *POJOs*) in JSON-Dokumente wandeln. Hierfür ist lediglich der Aufruf einer einzigen Methode vonnöten. Genauso einfach ist die Umwandlung eines JSON-Dokuments in ein POJO.

1.6.9   JPA 2.2

Datenbankanwendungen, die mit JDBC programmiert werden, enthalten eine große Menge von Anweisungen, die auch automatisch generiert werden könnten. Zum Beispiel ist es mit JDBC üblich, zu jeder Datenbanktabelle eine Java-Klasse zu programmieren. Zur Laufzeit kann hierdurch jeder Datensatz als Java-Objekt erzeugt werden. Solche Java-Objekte werden auch *Entities* genannt. Weil sich der Aufbau einer Entity logisch gesehen aus der dahinterliegenden Datenbanktabelle ergibt, haben sich zahlreiche Java-Frameworks zur Aufgabe gemacht, den Entwickler bei dieser Arbeit zu entlasten. Selbstverständlich war die Nutzung dieser Frameworks recht unterschiedlich. Deshalb wurde im Jahre 2006 die *Java Persistence API* (*JPA*) ins Leben gerufen. Die JPA ist eine standardisierte Schnittstelle, durch die die Nutzung von Persistenz-Frameworks vereinheitlicht wurde.

Bei der JPA 2.2 handelt es sich um ein Maintenance Release, das weiterhin unter dem JSR 338 der JPA 2.1 verwaltet wird. Dennoch bringt die JPA einige wichtige Änderungen mit. Genauso wie bei den Neuerungen anderer Java EE 8-Technologien spielt auch hier wieder die Verwendung von Java SE 8-Features eine zentrale Rolle. Beispielsweise unterstützt die JPA 2.2 die Verwendung von Lambda Expressions, die Stream API, die neue Date-Time-API und die Annotation `@Repeatable` von Java SE 8.

1.6.10   EJB 3.2

Die *Enterprise JavaBean*-Technologie stellt ein Komponentenmodell dar, in dem verteilte Komponenten plattform- und programmiersprachenunabhängig miteinander kommunizieren können. Gleichzeitig ermöglicht das EJB-Komponentenmodell, dass das Gesamtsystem hierbei hochverfügbar und skalierbar bleibt.

Hauptakteure sind die sogenannten *Session Beans*, in denen die Geschäftslogik der Anwendung implementiert wird. Session Beans haben die Besonderheit, dass sie mit entfernten Komponenten plattform- und programmiersprachenunabhängig kommunizieren können. Allerdings habe ich Ihnen bei den Anwendungsszenarien gezeigt, dass Session Beans auch von Komponenten, die man als *lokal* bezeichnet, aufgerufen werden können. Und das ist mittlerweile auch die gängigere Variante. Unter lokalen Client-Komponenten versteht man Java-Objekte, die sich in der gleichen JVM wie die Session Bean befinden. Aus diesem Grund können lokale Aufrufe nur von Web- oder EJB-Komponenten der gleichen Java EE-Anwendung erfolgen. Außerdem setzen lokale Aufrufe voraus, dass der Java EE Server nicht über Cluster-Instanzen in einer Rechnerfarm betrieben wird. Auf dieses Thema werde ich in den folgenden Kapiteln noch detailliert eingehen.

Kommen wir nun zu den verschiedenen EJB-Typen. Session Beans lassen sich in Stateless Session Beans, Stateful Session Beans und Singleton Session Beans einteilen.

Die *Stateful Session Bean* bietet gegenüber der *Stateless Session Bean* den Vorteil, dass sie den Zustand der Geschäftsdaten für die Dauer der Sitzung behalten kann. Zum Beispiel kann sie in einem Onlineshop für die Einkäufe der Kunden eingesetzt werden.

Wenn innerhalb der gesamten Applikation (präziser innerhalb einer JVM) nur ein einziges Exemplar einer Session-Bean-Klasse existieren soll, wird eine *Singleton Session Bean* programmiert. Zum Beispiel könnte in einem Onlineshop eine Singleton Session Bean als zentrales Modul verwendet werden, um die zur Verfügung stehenden Artikel-Kategorien wiederzugeben. Da es von dieser Singleton Session Bean nur ein einziges Exemplar gäbe, würde sie von allen Clients gleichzeitig verwendet.

Neben den Session Beans bietet die EJB-Komponentenarchitektur *Message-driven Beans* an. Message-driven Beans nutzen einen Messaging-Broker, um asynchron Nachrichten zu empfangen. In der Regel kommt bei einem Java EE Server ein *Java-Message-Service-(JMS-)Provider* als Messaging-Broker zum Einsatz.

1.6.11 JMS 2.0

Mit JMS können Java EE-Komponenten asynchron miteinander kommunizieren. Die JMS-Spezifikation besteht aus einem *JMS Service Provider Interface* (JMS SPI) und einem *JMS Application Programming Interface* (JMS API). Die Erstellung von JMS-SPI-basierten JMS-Providern ist den Herstellern von Messaging-Systemen vorbehalten. Für den Java EE-Applikationsentwickler ist dagegen die JMS API interessant, da sie eine einheitliche Schnittstelle zum JMS-Provider darstellt. Bei JMS wird ferner zwischen den *Point-to-Point-* und *Publish-and-Subscribe*-Kommunikationsmodellen unterschieden. Mit Java EE 7 wurde dem *Java Message Service* mit der Version 2.0 eine vereinfachte (*simplified*) API beigefügt. Als man die Technologien für den Java EE 8-Standard festlegte, stand noch JMS in der Version 2.1 auf der Agenda. Zahlreiche Features sollten umgesetzt werden, wie beispielsweise auch hier wieder die Nutzung der Java SE 8 API. Allerdings wurde JMS 2.1 im November 2016 wieder aus der Liste der Java EE 8-Technologien entfernt.

1.6.12 CDI 2.0 und DI

Die *Contexts and Dependency Injection for Java* 2.0 (CDI 2.0) ermöglicht es, Java-Objekte nicht im Programm selbst, sondern durch den umgebenden Container zu instanziieren. Die Spezifikation wurde dem Standard mit der Java EE-Version 6 erstmalig hinzugefügt. Die Referenzimplementierung nennt sich *Weld*.

Was es mit CDI genau auf sich hat und warum CDI erst so spät in den Java EE-Standard einzog, wird deutlich, wenn wir uns die Entwicklungsgeschichte von Java EE anschauen. Drehen wir also unsere Uhren in die Zeit zurück, als es noch keine Java EE-Technologien gab (also vor 1999). Schon damals war es so, dass im Programmcode ein Java-Objekt mit dem new-Operator im Arbeitsspeicher erzeugt wurde.

Als sich der Java EE-Standard im Laufe der Jahre durchsetzte, kamen nicht alle Java EE-Technologien bei den Entwicklern gleich gut an. Der große Gewinner war der Webcontainer, ohne den eine Webanwendung mit Java undenkbar war. Dagegen taten die Entwickler sich mit dem damaligen EJB-Container schwer. Deshalb tauchten damals Open-Source-Frameworks auf, die den Java EE-Standard nur teilweise nutzten. Die bekanntesten Open-Source-Frameworks nannten sich *Struts*, *Hibernate*, *Seam* und *Spring*. Während Struts ein reines Web-Framework und Hibernate ein reines Persistenz-Framework war, versuchten Seam und Spring, gleich mehrere Lücken zu füllen, die der damalige Java EE-Standard noch aufwies. Sowohl Seam als auch Spring beabsichtigten darüber hinaus, die Vorteile des EJB-Containers nachzubilden und gleichzeitig die Programmierung für den Entwickler zu vereinfachen.

Insgesamt waren die Open-Source-Frameworks so erfolgreich, dass man alles, was an ihnen besonders nützlich war, in den Java EE-Standard übernahm. Hierbei ließ man sich von den Gründern und Erfindern der Open-Source-Frameworks helfen. Folgerichtig kaufte man die Stars der Open-Source-Szene (gleich einem großen Fußballverein) ein. Beispielsweise waren Craig McClanahan, Gavin King und Rod Johnson als Mitglieder der Expert Group des JCP wesentlich an den Neuentwicklungen beteiligt. Craig McClanahan ist der Gründer von Struts, Architekt des Webcontainers Catalina und technischer Leiter von JSF. Gavin King ist Gründer von Hibernate und Seam und als Mitglied der Expert Groups an JSF, JPA, EJB und (als technischer Leiter) an CDI beteiligt. Rod Johnson, der bereits im Jahre 2001 bei der Servlet-Spezifikation 2.4 mitwirkte und später Spring entwickelte, wurde im Jahre 2008 Mitglied des Java EE-Exekutiv-Komitees. Das, was auf den ersten Blick ungerecht erscheinen mag, kommt den Java EE-Entwicklern jedoch zugute, denn die anarchistische Programmierung mit Open-Source-Frameworks folgte größtenteils unzuverlässigen Gesetzen. Dieses Thema wurde sehr treffend von der Java-Entwicklergemeinde mit dem Begriff *Jar-Hell* zusammengefasst. Um den chaotischen Verhältnissen ein Ende zu setzen, übernahm Oracle die Neuordnung und verbürgt sich seit der Java EE-Version 6 für eine einheitliche API, die unter der Federführung der anerkanntesten Java-Koryphäen gereift ist.

Kommen wir nun zur Entstehung von CDI zurück. Das Muster *Inversion Of Control* (*IoC*) wurde erstmalig im Jahre 2002 in dem Buch »J2EE Design and Development« von Rod Johnson bekannt gemacht. Dies war auch das Fundament für sein neu gegründetes Framework *Spring*. Für das Muster Inversion Of Control im Zusammenhang mit der Verwendung mit Containern erdachte Martin Fowler den genaueren Begriff *Dependency Injection*. Durch die Dependency Injection werden Java-Klassen nicht mehr im Programm instanziiert. Stattdessen übergibt man die Verantwortung an den umgebenden Container. Man spricht von einer »Injektion«, weil die Instanziierung wie bei einer Einimpfung von außen erfolgt. Dass mit der Dependency Injection viele Vorteile verbunden sind, hat damit zu tun, dass man zum Zeitpunkt der Entwicklung noch nicht darüber entscheiden muss, mit welcher konkreten Klasse man ein Objekt instanziieren möchte. Dies kann beispielsweise auch im Nachhinein per Konfiguration vom Administrator geändert werden. Es handelt sich also um einen weiteren Schritt in Richtung »Loskopplung« – und dabei sieht der Quelltext auch noch wesentlich aufgeräumter aus, da viele Hartverdrahtungen entfallen.

Eine Art der Inversion of Control war ja in gewisser Weise bereits in den Servlet- und EJB-Technologien enthalten. Aber die Dependency Injection, die man aus dem Open-Source-Framework Spring abkupferte, kam mit der Java EE-Version 6 neu hinzu. Dank ihr können die Container nun nicht mehr nur Servlets und EJBs verwalten, sondern auch herkömmliche Java-Objekte. Ich habe bereits angesprochen, dass der englische Fachbegriff für die »ganz normalen Java-Objekte« *Plain Old Java Objects* (*POJOs*) lautet. Wenn ein POJO genauso wie ein Servlet oder eine EJB vom Container verwaltet wird, bezeichnet man es in der Java EE-Spezifikation als *Managed Bean*. Bei den verwalteten Objekten wird somit seither zwischen Servlets, EJBs und Managed Beans unterschieden.

Mithilfe von CDI können normale Java-Klassen in Managed Beans umgewandelt werden. Dabei wird ihr Gültigkeitsbereich per Konfiguration festgelegt. In der Regel wird man den Gültigkeitsbereich über eine Annotation des Packages `javax.enterprise.context` definieren. In Listing 1.15 wird der Gültigkeitsbereich der Klasse `RegisterController` auf `@RequestScoped` gesetzt. Hierdurch verbleibt das erzeugte Objekt für die Dauer der Anfrage eines Webbrowsers als verwaltete Komponente im Webcontainer.

```
@RequestScoped
public class RegisterController {
    ...
}
```

Listing 1.15 RegisterController

Innerhalb einer verwalteten Komponente (Servlet, EJB oder Managed Bean) kann eine andere Komponente injiziert werden. Dabei unterscheidet die Spezifikation zwischen einer *Resource Injection* und einer *Dependency Injection*.

Die Resource Injection ermöglicht die automatische Bereitstellung von JNDI-Ressourcen. Das Servlet aus Listing 1.16 injiziert beispielsweise eine `DataSource` zur Verwendung einer Datenbank:

```
@RequestScoped
public class RegisterController {

    @Resource(name="java:comp/OnlineshopDataSource")
    private DataSource ds;


    ...
}
```

Listing 1.16 RegisterController

Mit der Dependency Injection kann in einer verwalteten Komponente eine andere Klasse (nennen wir sie beispielsweise Customer) injiziert werden. Die Annotation, mit der die Einimpfung durchgeführt wird, nennt sich @Inject.

```
@RequestScoped
public class RegisterController {

    @Inject
    Customer customer;


    ...
}
```

Listing 1.17 RegisterController

Um den RegisterController in einer anderen Komponente einzusetzen, lässt er sich über die Annotation @Named hierzu kennzeichnen. Hierdurch wird er auch in einem Facelet über seinen Namen aufgerufen werden können.

In Kapitel 9, »Java Server Faces«, werde ich das gezeigte Beispiel noch wesentlich ausführlicher beschreiben, denn eine der wichtigsten Aufgaben von CDI ist, das Zusammenspiel der unterschiedlichen Schichten in der Softwarearchitektur einer Java EE-Anwendung zu erleichtern. In dem fortgeschrittenen Kapitel wird es besonders interessant, da dort das Backend und das Frontend über verwaltete JavaBeans miteinander interagieren.

Mit der im Java EE 8 veröffentlichten CDI-Version 2.0 wurde die CDI-Spezifikation modularisiert. Der Hauptbestandteil mit Konzepten für Qualifier, Scopes, Dependency Injection, Interceptors und Events wurde in der »Core CDI«-Spezifikation untergebracht. Die API für das Bootstrapping von CDI-Containern, die auch in Java SE gültig sind, wurden in der »CDI in Java SE«-Spezifikation definiert. Die Konzepte für EJBs gelangten in die »CDI in Java EE«-Spezifikation.

Mit CDI 2.0 können nun erstmalig Features von Java SE 8, wie Lambda Expressions, die Stream API, die Date-Time-API und die Annotation @Repeatable, verwendet werden. Ferner lassen sich Observer deaktivieren und über die Annotation `@Priority` sortieren. Darüber hinaus gab es viele weitere Verbesserungen. Hierzu gehören beispielsweise Annotation Literals, die statische Klassen darstellen und eine Instanziierung zahlreicher CDI-Annotationen ermöglichen, und asynchrone Events.

1.6.13 JTA 1.2

Ein wichtiger Grundpfeiler des Java EE-Standards ist die *Java Transaction API (JTA)*. JTA war von vornherein sehr gut durchdacht und blieb über viele Jahre unverändert, was Sie daran erkennen, dass die Versionsnummer lange gleich blieb, denn bis Java EE 7 reichte die JTA-Version 1.1 aus. Dem Java EE 8-Standard wurde JTA in der Version 1.2 hinzugefügt.

Als erfahrenem Java-Entwickler sind Ihnen Transaktionen bestimmt bekannt. Ich gehe dennoch kurz auf das Thema ein, um eine gemeinsame Ausgangsbasis für alle Leser zu schaffen.

In den Prozessen einer Java-Anwendung werden die Geschäftsdaten häufig nicht nur auf einer, sondern gleich auf mehreren Datenbanktabellen abgespeichert. Dabei kommen sehr schnell Transaktionen ins Spiel, denn in der Regel hängen die Speichervorgänge der gleichzeitig auszuführenden Prozesse voneinander ab. Der ANSI-SQL-Standard hat für dieses Problem bereits vor etlichen Jahren einen Grundstein gelegt, indem er die Durchführung der Speichervorgänge in Transaktionen bündelt.

Bei einer Java EE-Anwendung ist die Nutzung von Transaktionen bald eine Selbstverständlichkeit. Dabei werden die im Programm angewiesenen Speichervorgänge meist automatisch durch den EJB-Container in eine Transaktion eingeschlossen. Der JTA-Dienst des EJB-Containers führt hierbei von sich aus ein COMMIT aus, wenn die Speicherung gelingt. Genauso wird der JTA-Dienst des EJB-Containers ein ROLLBACK ausführen, wenn zwischendurch etwas schiefläuft.

Der JTA-Dienst hat dabei die Aufgabe, die sogenannten *ACID*-Eigenschaften der Transaktionen zu gewährleisten. ACID steht für *Atomicity, Consistency, Isolation and Durability*:

▶ Mit *Atomicity* ist gemeint, dass mehrere Prozesse als Ganzes durchgeführt werden. Das bedeutet, dass jeder einzelne Speichervorgang gelingen muss; ansonsten werden alle Speichervorgänge rückgängig gemacht.

▶ Die *Consistency* gewährleistet, dass sich die Geschäftsdaten nach dem Durchlauf der beteiligten Transaktionen nicht widersprechen.

▶ Die *Isolation* sagt aus, dass die Daten während einer unabgeschlossenen Transaktion abgeschirmt sein müssen, da der zwischenzeitliche Einblick zu falschen Rückschlüssen führt. In Kapitel 6, »Die relationale Datenbank«, werden wir auf diese Anforderungen zurückkommen, denn auch die relationale Datenbank muss auf der Low-Level-Ebene bestimmte Abschirmungen vornehmen.

▶ *Durability* bedeutet, dass der persistierte Zustand nach der Transaktion für andere Prozesse sichtbar ist.

Konventionelle Transaktionen reichen für das in diesem Kapitel eingangs erwähnte Beispiel des Onlineshops aber nicht aus, denn ein Reisebuchungsportal persistiert nicht nur die Datenbanktabellen eines einzelnen Systems, sondern auch die Datenbanktabellen unterschiedlicher Systeme. Dabei kommt dem *JTA-Dienst* eine schwierige Rolle zu. Um die ACID-Eigenschaften auch auf verteilten Systemen zu gewährleisten, wurde einst der *X/Open XA*-Standard eingeführt. Der X/Open XA-Standard ist hierbei nicht nur auf relationale Datenbanken beschränkt, sondern kann auch andere Informationssysteme (wie zum Beispiel Messaging-Systeme) umfassen.

Ein JDBC-Treiber, der X/Open XA-Standard-konform ist, muss das sogenannte Zwei-Phasen-Commit-Protokoll beherrschen. Als Industriestandard muss selbstverständlich auch ein Java EE Server XA-fähig sein. Auch hierfür ist wieder der JTA-Dienst des EJB-Containers zuständig.

Mit der JTA-Version 1.2 wurde die API der JTA erweitert, sodass sie nun nicht mehr zwingend einen EJB-Container benötigt.

1.6.14   JCA 1.7

Zu Beginn dieses Kapitels habe ich erklärt, dass die Geschäftsdaten einer Java EE-Anwendung üblicherweise in einer relationalen Datenbank persistiert werden. Dabei haben Sie auch gelernt, dass die Java EE-Anwendung nicht direkt auf die relationale Datenbank zugreift, sondern stattdessen die Geschäftsdaten über den Java EE Server bezieht. Der Java EE Server entkoppelt die Verbindung zwischen der Java EE-Anwendung und dem EIS, indem der Java EE-Anwendung lediglich der Zugriff auf das *Java Naming and Directory Interface* (*JNDI*) zur Verfügung gestellt wird. Dies sind Bestandteile eines Gesamtkonzepts des Java EE-Standards, die man in der Java EE Connector Architecture (JCA) festgeschrieben hat. JCA definiert eine standardisierte Softwarearchitektur, bei der die beteiligten Komponenten und Schnittstellen einem festgelegten Muster folgen müssen. Gleichzeitig wurden zur Abstraktion allgemeingültige Begriffe festgelegt. Beispielsweise nennt sich das Medium, auf dem die Geschäftsdaten *persistiert* sind, *Enterprise Information System* (*EIS*). Die Java EE-Spezifikation drückt sich so abstrakt aus, weil die Quelle der dauerhaften Datenhaltung austauschbar sein soll. Man spricht auch von einer *losen Ankopplung*. Dies ist ein wesentliches Kriterium von JCA. Die Grundidee ist, eine zentrale Datenbasis ganz allgemein zur Verfügung zu stellen. Dabei soll es sich um jede Art von Datenhaltung handeln, die das Unternehmen in die Lage versetzt, seine Geschäftsprozesse abzubilden. In der Praxis sieht aber alles viel konkreter aus, denn in der Regel wird die Datenhaltung von geschäftskritischen Unternehmensanwendungen durch eine relationale Datenbank realisiert.

Auch bei der Kommunikation mit der Datenhaltung werden abstrakte Begriffe verwendet. Dort heißt es, dass der Zugriff auf die Ressourcen eines EIS ganz allgemein über einen Ressourcen-Adapter erfolgt, der das *Common Client Interface* (*CCI*) implementiert. Bei der Arbeit mit einer relationalen Datenbank stellt der *Java Database Connectivity*-(*JDBC*-)Treiber das dar, was man in der Connector-Architektur als Ressourcenadapter bezeichnet.

1.6.15 Bean Validation 2.0

Die Bean Validation wurde erstmalig im Jahre 2009 mit Java EE 6 in den Standard aufgenommen. Die Spezifikation legt eine Validation API und insbesondere bestimmte Annotationen fest, mit deren Hilfe eine automatisierte Validierung von JavaBeans erzwungen wird. Die Annotationen können aber auch durch entsprechende XML-Definitionen überschrieben werden. Die Referenzimplementierung der Spezifikation nennt sich *Hibernate Validator Version 6*. Eine der Besonderheiten der Validierungs-API ist, dass sie keiner bestimmten Schicht des Multi-Tier-Aufbaus einer Java EE-Anwendung zugeordnet wurde, sondern stattdessen sowohl in der Webschicht als auch in der Persistenz-Schicht eingesetzt werden kann.

Die mit dem JSR 380 veröffentlichte Bean Validation 2.0 wurde für Java SE 8 erforderlich, weil Java ab der Version 8 eine Bean-Validierung über Annotationen der Bean Validation 2.0 anbieten muss. Beispielsweise lassen sich nun Typ-Argumente annotieren (`List<@Positive Integer> positiveNumbers`).

1.6.16 JAX-WS 2.2

JAX-WS stellt die Standard-Java-API für XML-Webservices dar. Eine andere Bezeichnung lautet *Java API for Web Services over SOAP*.

Wenn JAX-WS als Webservice im Einsatz ist, werden die Daten in einer XML-Struktur – oder genauer gesagt: in SOAP – verschickt. In den ersten Jahren der Erfolgsgeschichte von Webservices basierte die Kommunikation zwischen Clients und Servern grundsätzlich nur auf SOAP. Der Begriff SOAP galt ehemals als Abkürzung für *Simple Object Access Protocol*. Heutzutage steht der Begriff SOAP aber für sich. SOAP setzt eine Schnittstellendefinition voraus, die mithilfe der *Web Services Description Language* (*WSDL*) realisiert wird.

1.6.17 JAX-RS 2.1

Neben SOAP entstand im Laufe der Jahre ein weiteres Protokoll mit dem Namen *Representational State Transfer* (*REST*). REST wurde erstmalig in einer Dissertation von Thomas Roy Fielding erwähnt. Fielding ist auch einer der Erfinder des HTTP-Protokolls und ehemaliger Vorsitzender der *Apache Software Foundation*. REST kommt der Idee von lose gekoppelten Systemen noch näher als SOAP, da es auf die Abhängigkeit von aufwendigen Schnittstellenbeschreibungen mit XML verzichtet und stattdessen die originären HTTP-Request-Typen (beispielsweise `GET`, `PUT`, `POST` und `DELETE`) nutzt.

Die mit Java EE 8 hinzugekommene JAX-RS-Version 2.1 unterstützt Server-sent Events, womit Daten vom Server zum Client geschickt werden können. Eine neue Reactive API ermöglicht ferner, mit ReactiveX Frameworks wie RxJava asynchron und ereignisbasiert zu interagieren.

1.7   Los geht's mit der Praxis

In diesem Kapitel habe ich Ihnen einen ersten Überblick gegeben und Ihnen gezeigt, wie Java-Technologien von einem Container-Modul-Komponenten-Konzept durchgängig begleitet werden. Für Java EE-Anwendungen ist dieses Konzept von großer Bedeutung, da die Java-Komponenten über ihre Container miteinander kommunizieren. Ferner haben Sie erfahren, dass Java EE-Anwendungen nach dem MVC-Entwurfsmuster organisiert und darüber hinaus in horizontalen Schichten geordnet werden.

Da Sie nun ungefähr wissen, was Sie in den einzelnen Teilen des Buches erwartet, geht es im nächsten Kapitel schon mit der Praxis los. Wenn Sie als Java EE-Anfänger das eine oder das andere noch nicht vollends verstanden haben sollten, ist das überhaupt kein Problem, denn die einzelnen Themen werden noch in praktischen Übungen eingehend behandelt. Ihre manuelle Programmierung ist wichtig, denn erst durch das eigene aktive Handeln in den folgenden Kapiteln werden Sie die soeben gesehene »schwere Kost« wirklich verstehen. Schalten Sie deshalb gleich Ihren Computer ein. Am besten brühen Sie sich noch eine Tasse frischen Kaffee auf (schließlich handelt es sich ja um *Java*, was die amerikanische Bezeichnung für eine besondere Kaffeebohnen-Sorte ist).

Kapitel 2
Die Entwicklungsumgebung

»Es ist nicht genug, zu wissen, man muss auch anwenden.«
Johann Wolfgang von Goethe

In diesem Kapitel zeige ich Ihnen, wie Sie Ihre Entwicklungsumgebung einrichten. Hierbei lernen Sie insbesondere *GlassFish Server 5* kennen, der die Referenzimplementierung eines Java EE 8-Servers darstellt. Auf Basis von GlassFish mache ich Sie mit den wichtigen Fachbegriffen eines Java EE-Servers vertraut und führe Sie in die grundlegenden Konzepte ein, die Sie genauso bei anderen Java EE 8-konformen Servern vorfinden. Auf der Grundlage von GlassFish erläutere ich auch Admin-Tätigkeiten, die sie auf Ihrem Rechner nachvollziehen, denn es wird Ihre Aufgabe sein, GlassFish auf Ihrem Rechner zu installieren und zu konfigurieren. Anschließend werden wir auch eine minimale Java EE-Anwendung erstellen und sie in GlassFish deployen. Darüber hinaus werde ich in diesem Kapitel zeigen, wie Sie GlassFish in einer integrierten Entwicklungsumgebung einbinden und wie Sie von dort aus die Java EE-Anwendung ausführen.

2.1 Das JDK installieren

Als Java-Entwickler ist Ihnen selbstverständlich bekannt, dass jegliches Arbeiten mit Java-Technologien auch eine *Java SE Runtime Environment* (*JRE*) voraussetzt. Für die Entwicklung ist darüber hinaus ein Java-Compiler erforderlich. Aus diesem Grund benötigen Sie ein komplettes *Java SE Development Kit* (*JDK*), denn in ihm ist beides vorhanden, also sowohl die JRE als auch der Java-Compiler.

Für das Arbeiten mit dem Java EE-Server *GlassFish 5* benötigen Sie ein Java Development Kit der Version 8 Update 144 oder höher. Oracle empfiehlt, die aktuelle Version der Java JDK einzusetzen. Java 8-Versionen die vor dem Update veröffentlicht wurden, werden nicht unterstützt, genauso wenig wie Java SE 7 oder Java SE 9.

Hinweis

Auf manchen Rechnern sind mehrere Java-Versionen gleichzeitig installiert. Dies ist theoretisch kein Problem. Allerdings führt es häufig zu einem großen Durcheinander. Wenn Sie mit mehreren Java-Versionen arbeiten, sind Sie gezwungen, sehr diszipliniert zu arbeiten, und

---

> Sie brauchen genaue Kenntnisse darüber, wann was ausgeführt wird. Unterliegen Sie jedoch keinen Zwängen, deinstallieren Sie lieber vorher alle alten Java-Versionen, bevor Sie mit der Installation der erwünschten JDK beginnen. Dies ist der sauberste Weg.

Windows-Nutzer laden das JDK über die Java SE-Downloadseite herunter. Der Link lautet:

http://www.oracle.com/technetwork/java/javase/downloads

Auf einem Unix-basierten Rechner installieren Sie die JDK vorzugsweise über die Kommandozeile. Auf Ubuntu führen Sie beispielsweise folgendes Kommando aus:

```
sudo apt-get install openjdk-8-jdk
```

Nachdem Sie das JDK für Ihr Betriebssystem heruntergeladen und installiert haben, konfigurieren Sie auch noch die Umgebungsvariablen JAVA_HOME und PATH. Bei Windows nutzen Sie hierfür das Fenster UMGEBUNGSVARIABLEN FÜR DIESES KONTO VERWENDEN. Auf Ubuntu setzen Sie hingegen folgende Kommandos in die *.bashrc*:

```
JAVA_HOME=/usr/lib/jvm/java-8-openjdk-amd64
```

```
export JAVA_HOME
```

```
PATH=$JAVA_HOME/bin:$PATH
```

```
export PATH
```

Sie können testen, ob alles richtig installiert ist, indem Sie eine Textkonsole öffnen und java -version eingeben. Wenn Java nicht gefunden werden kann oder Java eine falsche Version anzeigt, sollten Sie dies erst korrigieren, bevor Sie mit der Installation von GlassFish fortfahren.

2.2   Der Java EE-Server GlassFish 5

Der Java EE-Server ist die Voraussetzung für den Betrieb einer Java EE-Anwendung. Gelegentlich wird der Java EE-Server auch als *Java EE-Applikationsserver* oder einfach nur als *Applikationsserver* bezeichnet. In diesem Buch verwende ich den Begriff *Java EE-Server*.

Java EE-Server werden von diversen Softwareherstellern gemäß den Vorgaben der Java EE-Spezifikation angefertigt. Jeder Softwarehersteller entwickelt hierbei seinen eigenen individuellen Java EE-Server. Allerdings werden nur diejenigen Java EE-Server als Java EE-konform zertifiziert, die die Anforderungen der Java EE-Spezifikation vollständig abdecken.

Kurzgeschichte zum GlassFish Server

Im Jahre 2003 (damals noch unter der Obhut von Sun Microsystems) hieß das Produkt »Java System Application Server« (kurz SJSAS).

Im Jahre 2005 startete Sun Microsystems das GlassFish-Projekt, das auf dem SJSAS basierte und sich zum Ziel setzte, die Technologien der jeweils gültigen Java EE-Spezifikation als Referenzimplementierung umzusetzen.

Beispielsweise wurde im Jahre 2006 der GlassFish Server Version 1 als Referenzimplementierung von Java EE 5 veröffentlicht.

Nach der Machtübernahme durch die Oracle Corporation wurde GlassFish 3.1 als Referenzimplementierung der Java EE 6-Spezifikation veröffentlicht.

Im Jahre 2013 folgte GlassFish 4 als Referenzimplementierung von Java EE 7.

Im Jahre 2017 wurde GlassFish 5 als Referenzimplementierung für Java EE 8 veröffentlicht.

GlassFish Server 5 darf unter den zwei Lizenz-Varianten CDDL und GPL genutzt werden.

2.2.1   Die Installation des GlassFish Servers

Um den GlassFish Server einzurichten, installieren Sie zunächst ein Java Development Kit und dann den Server selbst.

Um GlassFish 5 aus dem Internet herunterzuladen, öffnen Sie die URL *https://javaee.github.io/glassfish/download*.

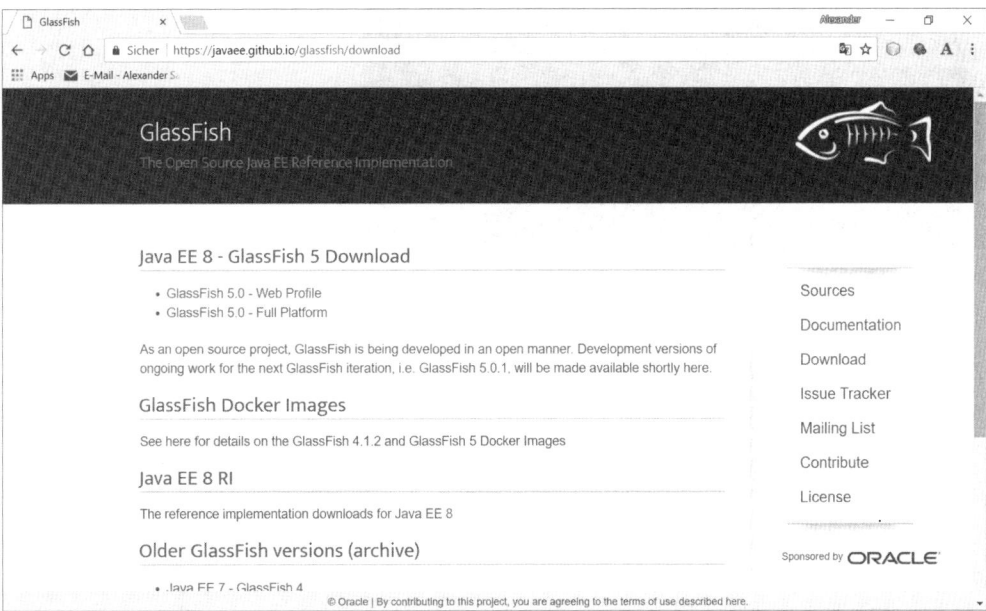

Abbildung 2.1 Die Downloadseite für den GlassFish 5 Java EE Server

In Abbildung 2.1 sehen Sie, dass mir unterschiedliche GlassFish 5-Downloads angeboten werden. Der Download GLASSFISH 5.0 – WEB PROFILE bietet lediglich die Technologien des Webprofiles an. Stattdessen klicken Sie auf GLASSFISH 5 – FULL PLATTFORM, denn mit diesem Download erhalten Sie die vollkonforme Referenzimplementierung eines Java EE 8-Servers in einer gezippten Datei. Die *.zip*-Datei enthält ein komplett vorkonfiguriertes GlassFish-Verzeichnis mit dem Namen */glassfish5*. Darin enthalten ist ein betriebssystemunabhängiger GlassFish Server. Mit ihm können wir direkt loslegen, da zahlreiche Einstellungen bereits vorgenommen wurden. Uns bleibt es jedoch nicht erspart, über viele der voreingestellten Konfigurationen Bescheid zu wissen. Aber für dieses Know-how wird gleich gesorgt, denn direkt nach der Installation werde ich detailliert auf die wichtigsten Konfigurations- und Einstellungsmöglichkeiten des GlassFish Servers eingehen.

Nach dem Download extrahieren Sie den Inhalt der *.zip*-Datei an einen geeigneten Ort. Bei einem Unix-basierten Rechner wäre das beispielsweise unterhalb des Verzeichnisses */opt*. Auf dem Windows-Rechner werde ich die Installation im Wurzelverzeichnis des Datenträgers *C:* vornehmen.

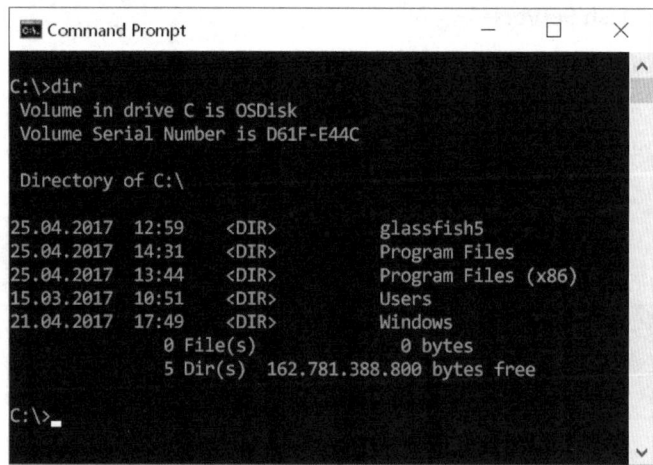

Abbildung 2.2 Das Verzeichnis des GlassFish 5-Servers

2.2.2   Die Verzeichnisse von GlassFish

Bevor es gleich mit der Verwaltung des GlassFish Servers losgeht, gibt Ihnen dieser Abschnitt einen groben Überblick über die Verzeichnisstruktur von GlassFish. Auf Ihrem Rechner begeben Sie sich nun in das GlassFish-Verzeichnis.

Dieses Verzeichnis stellt den äußeren Rahmen oder auch das sogenannte *Parent-Verzeichnis* der Installation dar. Das eigentliche GlassFish-Installationsverzeichnis befindet sich in einem seiner Unterordner. Diese sind:

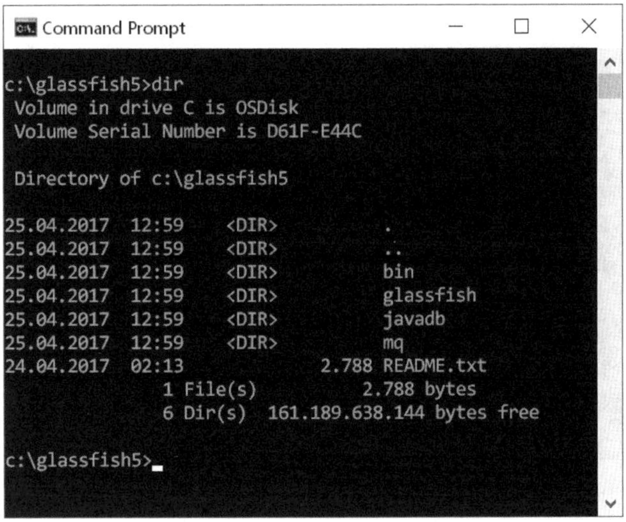

Abbildung 2.3 Das Wurzelverzeichnis des GlassFish Servers

▸ **\bin**
Das Verzeichnis *\bin* enthält einige Administrationskommandos von GlassFish. Dieses Verzeichnis ist jedoch nicht von großem Belang, denn die vollständige Liste aller Administrationskommandos ist in einem anderen Unterverzeichnis abgespeichert.

▸ **\glassfish**
Das Unterverzeichnis *c:\glassfish5\glassfish* stellt das eigentliche Installationsverzeichnis des Java EE-Servers dar. Aus diesem Grund wird es in den GlassFish-eigenen Skripten unter der Umgebungsvariablen AS_INSTALL abgespeichert. AS_INSTALL steht für *Application Server Installation*.

▸ **\javadb**
Das Verzeichnis *\javadb* enthält ein relationales Datenbankmanagementsystem, das ehemals den Namen *Derby* trug.

▸ **\mq**
Das Verzeichnis *\mq* enthält die Ressourcen des JMS-Providers *Open MQ*. Durch JMS können Nachrichten gesendet und auch empfangen werden. Auch hierdurch wird eine lose Kopplung von verteilten Systemen ermöglicht.

▸ Ein wichtiger Unterordner nennt sich **\glassfish5\glassfish**. Wenn Sie später in der integrierten Entwicklungsumgebung nach dem Ordner von GlassFish befragt werden, müssen Sie diesen Ordner angeben. Hierauf komme ich später noch einmal zurück.

Die wichtigsten Unterordner des Verzeichnisses *c:\glassfish5\glassfish* sind:

   – **\bin**
   Das Verzeichnis *\bin* enthält die Administrationskommandos von GlassFish.

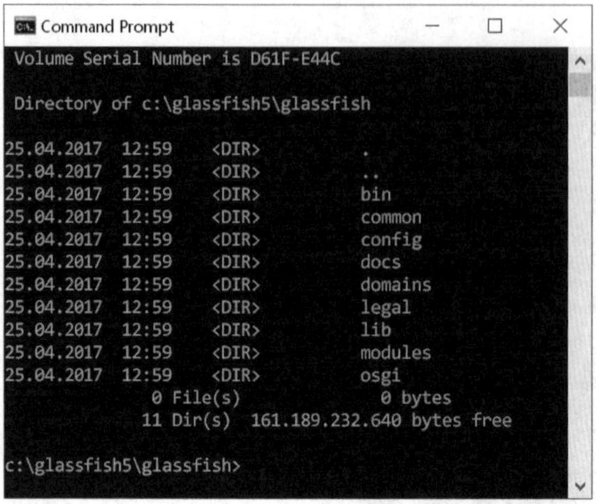

Abbildung 2.4 Das Unterverzeichnis »/glassfish5/glassfish«

– **\config**
Das Verzeichnis \config enthält u. a. das Skript asenv.bat, das weitere Umgebungsvariablen für den GlassFish Server setzt.

– **\docs**
Das Verzeichnis \docs enthält ein Tutorial für die Benutzung des GlassFish Servers.

– **\domains**
In diesem Verzeichnis werden sogenannte Domänen untergebracht. Das Verzeichnis \domains wird deshalb im Fachjargon auch als domain-root-dir bezeichnet. Auf Domänen werde ich im nächsten Abschnitt ausgiebig eingehen.

– **\legal**
Im Verzeichnis \legal finden Sie die Lizenzvereinbarungen zum GlassFish Server.

– **\lib**
Das Verzeichnis \lib enthält die Java-Bibliotheken des GlassFish Servers. Der GlassFish Server ist selbst in der Programmiersprache Java geschrieben. Deshalb werden Sie hier zahlreiche .jar-Dateien vorfinden, die beim Start des GlassFish Servers automatisch in den Klassenpfad übernommen werden.

– **\modules und \osgi**
GlassFish enthält Dienste, die durch OSGi als Module ferngewartet werden können. OSGi ist die Abkürzung für Open Service Gateway initiative. Die Module bestehen aus .jar-Files, die in sogenannten OSGi-Bundles zur Laufzeit eingespielt, installiert, administriert und auch wieder entfernt werden. Die .jar-Files werden in das Verzeichnis \modules gespeichert. Das Verzeichnis \osgi enthält dagegen das quelloffene OSGi-Framework Apache Felix.

2.2.3 Domänen und Instanzen

Wenn Sie auf einem GlassFish Server eine Java EE-Anwendung installieren, wird sie nicht direkt im Server erzeugt, sondern in einer sogenannten *Domäne*.

Domänen

Domänen stellen einen administrierbaren Namensraum dar. Jede Domäne enthält eine eigene Administrationsanwendung, die durch eine Benutzer-Passwort-Kombination geschützt werden kann.

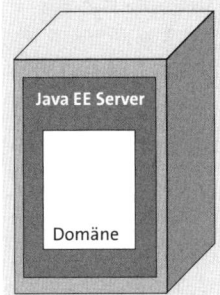

Abbildung 2.5 Eine Domäne

Innerhalb eines GlassFish Servers können beliebig viele Domänen erzeugt werden. In der Regel richtet man jedoch nur eine einzige Domäne in einem GlassFish Server ein.

Domänen sind die Java EE-Maschinen, in denen zum Beispiel Webcontainer und EJB-Container laufen. In mancher Hinsicht kann man die Domänen sogar als die eigentlichen Java EE-Server betrachten.

Instanzen

Der Hersteller von GlassFish hat sich ein weiteres Konfigurationskonzept ausgedacht: Der Server arbeitet mit sogenannten *Instanzen*. Eine Instanz stellt die Laufzeitumgebung für alle Module und Komponenten dar, die sich darin befinden.

Eine Instanz wird aber auch als *Konfigurationsinstanz* bezeichnet, denn hiermit wird treffend ausgedrückt, was eine Instanz eigentlich auch ist. Zu jeder Domäne lassen sich beliebig viele Konfigurationsinstanzen einrichten, wobei jede Konfigurationsinstanz zur Laufzeit nur einer einzigen Domäne zugewiesen werden kann.

Damit die Komponenten einer Java EE-Anwendung in einem Web- und einem EJB-Container verwaltet werden können, muss die Java EE-Anwendung auf einer konkreten Instanz deployt werden.

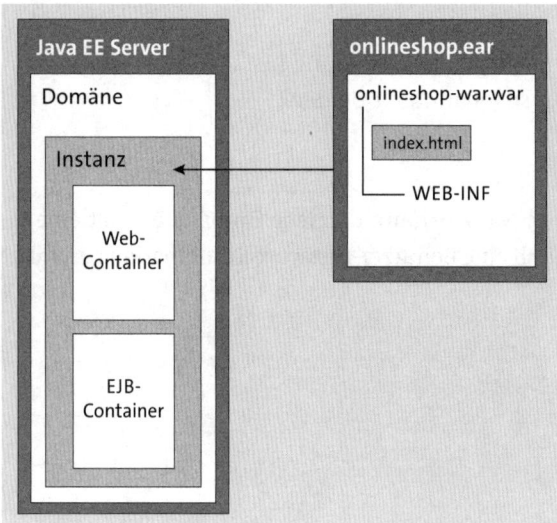

Abbildung 2.6 Das Deployment basiert auf einer Konfigurationsinstanz.

Im Allgemeinen unterscheidet man zwischen:

▶ **Standalone-Instanzen** (eigenständigen Instanzen)
Die eigenständige Instanz wird auf einem einzelnen, alleinstehenden Rechner installiert. Zum Beispiel verwenden Sie eine eigenständige Instanz, wenn Sie Ihren Server für die Entwicklungstätigkeit einrichten. Mithilfe mehrerer eigenständiger Instanzen kann zwischen verschiedenen Konfigurationen auch gewechselt werden. Das ist praktisch, da Sie somit eine Entwicklungs- oder eine Testkonfiguration einfach ausprobieren können.

▶ **Cluster-Instanzen**
Während eigenständige Instanzen nicht mit anderen Instanzen gebündelt werden können, sind Cluster-Instanzen durchaus dazu in der Lage. Und hier liegt auch der eigentliche Zweck einer Cluster-Instanz, denn mithilfe von Cluster-Instanzen lassen sich sogenannte *Cluster* einrichten. Dabei wird jede einzelne Cluster-Instanz auf einem eigenen Rechner eines Rechnerverbunds eingesetzt. Den Rechnerverbund bezeichnet man als *Serverfarm*. Auf einer Serverfarm wird jeder Rechner als sogenannter *Node* installiert. Grundsätzlich unterscheidet GlassFish zwischen *CONFIG-Nodes* und *SSH-Nodes*. In einem produktiven System werden *SSH-(Secure Shell-)Nodes* verwendet, um eine verschlüsselte Verbindung zwischen den *Nodes* innerhalb des Clusters zu gewährleisten. Dabei wird der gesamte Cluster wie ein einzelnes System betrachtet, das von außen über eine zentrale Administrationsanwendung fernverwaltet wird.

Die Erstellung und Administration eines Clusters ist keine triviale Angelegenheit und für die Entwicklungstätigkeit nicht erforderlich. Jedoch spielt sie in einer produktiven Umgebung eine große Rolle, da sie hierdurch die Kapazität und die Verfügbarkeit des gesamten Systems verbessert.

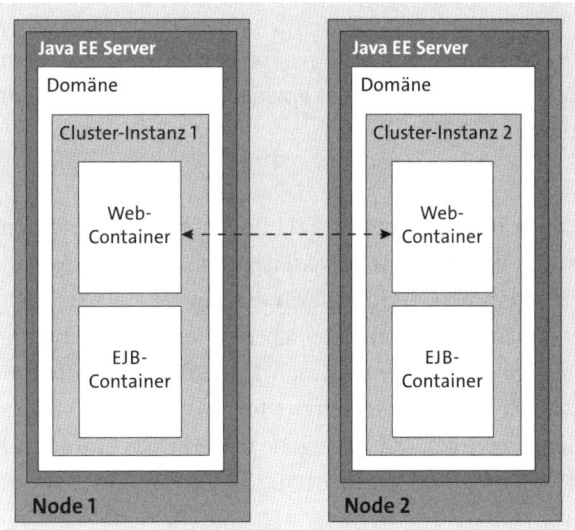

Abbildung 2.7 Cluster-Instanzen

2.2.4   Die Textkonsole

Die Arbeit mit dem GlassFish Server beginnt in der Regel mit einem Konsolenprogramm, das sich asadmin nennt. asadmin ist von entscheidender Bedeutung, da nur auf diesem Weg eine Domäne erzeugt und gestartet wird.

asadmin ist eine ausführbare Datei (unter Windows: *asadmin.bat*), die sich im Unterverzeichnis Verzeichnis *c:\glassfish5\glassfish\bin* des GlassFish-Installationsverzeichnisses befindet. Das Verzeichnis *c:\glassfish5\glassfish\bin* sollten Sie jetzt als Eintrag in die Umgebungsvariable PATH setzen. Dies ist eigentlich für den Betrieb des GlassFish Servers keine zwingende Voraussetzung. Passen Sie Ihre Variable PATH dennoch an, damit Sie bei den nun folgenden Aufrufen die Ergebnisse aus den hierzu gezeigten Screenshots erhalten.

asadmin können Sie mit einem Optionsparameter aufrufen. Zum Beispiel führt der Aufruf mit --help zur Ausgabe eines ausführlichen Benutzerhandbuchs von GlassFish.

Rufen Sie hingegen asadmin ohne Optionsparameter auf, erhalten Sie eine Textkonsole, über die Sie die Optionsparameter als Kommandos aufrufen können.

```
C:\Users\Trainer>asadmin
Use "exit" to exit and "help" for online help.
asadmin> _
```

Abbildung 2.8 Die Textkonsole »asadmin«

2.2.5   Eine Domäne erzeugen

Um eine Domäne zu erzeugen, verwenden Sie das Kommando `create-domain` und fügen ihm den Namen der zu erzeugenden Domäne hinzu. Zum Beispiel erzeugen Sie mit folgendem Aufruf eine Domäne, die den Namen *domain1* trägt:

```
create-domain domain1
```

Der Bezeichner *domain1* ist eigentlich auch der Defaultwert. Das bedeutet: Wenn Sie den Bezeichner `domain1` weglassen, wird er automatisch gesetzt. GlassFish versucht, die Konfiguration des Servers durch Defaultwerte zu vereinfachen. Obwohl wir deshalb an vielen Stellen auf das explizite Setzen eines Wertes verzichten können, gebe ich zur Verdeutlichung die Defaultwerte im Übungsbeispiel an. An sich ist es sogar so, dass wir die Domäne *domain1* überhaupt nicht erzeugen müssen, denn GlassFish hat sie bereits für uns angelegt, sodass wir mit dem GlassFish Server direkt loslegen können. Dennoch gehe ich jetzt erst einmal auf die Erzeugung der Domänen ein, damit Sie diesen Arbeitsschritt für Ihre Real-World-Anwendung kennen.

Mit dem Kommando `create-domain` können Sie noch weitere Optionsparameter setzen. Auch hierbei führt ein Weglassen zu einer automatischen Konfiguration mit Defaultwerten. Zum Beispiel verwendet eine Domäne zahlreiche Ports, um ihre Dienste in einem Netzwerk anzubieten. Wenn Sie die Defaultwerte nutzen, ist es wichtig, dass Sie die Default-Ports kennen, um Konflikte zu vermeiden.

Der wichtigste Port, der bei der Erzeugung einer Domäne gesetzt werden muss, ist der `adminport`. Der `adminport` ist von zentraler Bedeutung, da er für den Aufruf des *Domain Administration Servers* (*DAS*) über einen Webbrowser verwendet wird. Auf den *DAS* gehe ich in Abschnitt 2.4 ein. Der Defaultwert für den `adminport` ist 4848.

Ein weiterer Port, der von wesentlicher Bedeutung ist, nennt sich `instanceport`. Mit dem `instanceport` legen Sie fest, über welchen HTTP-Port die Webkomponenten Ihrer Java EE-Anwendung erreichbar sein sollen. Der Defaultwert vom `instanceport` ist 8080. Da dieser Port auch von Apache Tomcat und sogar von dem Administrationstool des relationalen Datenbank-Management-Systems Oracle verwendet wird, könnte es hierbei zu einem Konflikt auf Ihrem Rechner kommen. In so einem Fall setzen Sie den `instanceport` auf einen noch freien Wert.

Alle Defaultwerte können Sie Tabelle 2.1 entnehmen:

Dienst	Port
IIOP	3700
IIOP SSL	3820

Tabelle 2.1 Defaultwerte für »instanceport«

2

Dienst	Port
IIOP MUTUAL AUTH	3920
WEB CONSOLE	4848
OSGI SHELL	6666
JMS	7676
HTTP	8080
HTTPS	8181
JMX	8686
JAVA DEBUGGER	9009

Tabelle 2.1 Defaultwerte für »instanceport« (Forts.)

Wenn Sie mehrere Domains auf dem gleichen Server erstellen, müssen Sie für jede Domäne alle Ports per Optionsparameter ändern. Diese Tätigkeit könnte ganz schön mühsam werden. Zur Vereinfachung bietet GlassFish einen weiteren Optionsparameter an, der sich port-base nennt. Wenn Sie portbase als Optionsparameter verwenden, geben Sie an, mit welchen Ziffern die Ports beginnen. Zum Beispiel könnten Sie mit folgendem Kommando dafür sorgen, dass alle Ports für *domain1* mit 77 beginnen:

```
create-domain --portbase 77 domain1
```

Die übrigen zwei Ziffern fügt GlassFish selbst hinzu. Die Ports der einzelnen Dienste wären in diesem Fall die in Tabelle 2.2 gezeigten:

Dienst	Port
IIOP	7737
IIOP SSL	7738
IIOP MUTUAL AUTH	7739
WEB CONSOLE	7748
OSGI SHELL	7766
JMS	7776
HTTP	7780

Tabelle 2.2 Portnummern ändern Sie mit »portbase«.

Dienst	Port
HTTPS	7781
JMX	7786
JAVA DEBUGGER	7709

Tabelle 2.2 Portnummern ändern Sie mit »portbase«. (Forts.)

Mit dem folgenden Kommando würden Sie eine Domäne mit dem Namen *domain1* mit adminport 4848 und instanceport 8080 erzeugen:

```
create-domain --adminport 4848 --instanceport 8080 domain1
```

Sie brauchen dieses Kommando aber nicht mehr auszuführen, da GlassFish dies in der gezippten Installationsdatei bereits für Sie vorgenommen hat.

Das Kennwort von »admin«

Wenn Sie mit create-domain eine Domäne erzeugen, werden Sie aufgefordert, ein Kennwort für den Defaultadministrator einzugeben. Der Administrator trägt den Namen »admin«. GlassFish hat aber auch diesen Schritt bereits für uns erledigt. Damit wir mit der Arbeit sofort loslegen können, hat GlassFish als Kennwort für den Defaultadministrator eine leere Zeichenkette gesetzt.

2.2.6   Das Verzeichnis von »domain1«

Wenn Sie sich auf Ihrem Rechner nun unterhalb des Installationsverzeichnisses von Glass-Fish das Verzeichnis \domains anschauen, werden Sie dort einen Unterordner mit dem Namen \domain1 vorfinden. Dieses Verzeichnis steht stellvertretend für die Domäne *domain1*.

Unterhalb des Verzeichnisses \domain1 befinden sich mehrere Unterverzeichnisse, von denen einige noch leer sind. Zu diesem Zeitpunkt sind folgende Verzeichnisse von Bedeutung:

▶ \autodeploy

Das Verzeichnis \autodeploy ist die zentrale Stelle für das sogenannte *Hot Deployment* von GlassFish.

Mit Hot Deployment ist gemeint, dass der GlassFish Server während des Betriebs auf Änderungen im Verzeichnis \autodeploy achtet.

Eine Java EE-Anwendung besteht aus einer festgelegten Verzeichnisstruktur, die in der Regel als gezippte Datei paketiert wird. Sobald eine solche Datei in das \autodeploy-Verzeichnis gespeichert wird, betrachtet das der GlassFish Server als Neuinstallation. Eine Löschung dieser Datei ist für den GlassFish Server eine Deinstallation. In einem späteren Übungsbeispiel werde ich das Hot Deployment mit dem Verzeichnis \autodeploy noch zeigen.

▶ \config

Im Unterverzeichnis \config finden Sie die Konfigurationsdateien der Domäne domain1 wieder.

▶ \docroot

Das Unterverzeichnis \docroot stellt das Wurzelverzeichnis der Domäne dar. Hier befindet sich eine Datei mit dem Namen index.html. Sie sollte im Webbrowser angezeigt werden, wenn die Domäne gestartet und die URL-Adresse der Domäne (beispielsweise http://localhost:8080) aufgerufen wurde.

2.2.7   Der Start einer Domäne

Um den GlassFish Server in Betrieb zu nehmen, starten Sie eine Domäne. Das bedeutet in unserem Fall, dass Sie die Domäne domain1 zum Laufen bringen müssen. Hierzu verwenden Sie folgendes Kommando:

```
start-domain domain1
```

Auch hierbei führt das Weglassen des Domänennamens dazu, dass GlassFish den Default-wert ohne unser Zutun verwendet. In Abbildung 2.9 sehen Sie die Ausgaben, die beim Start der Domäne domain1 auf meine Konsole geschrieben werden.

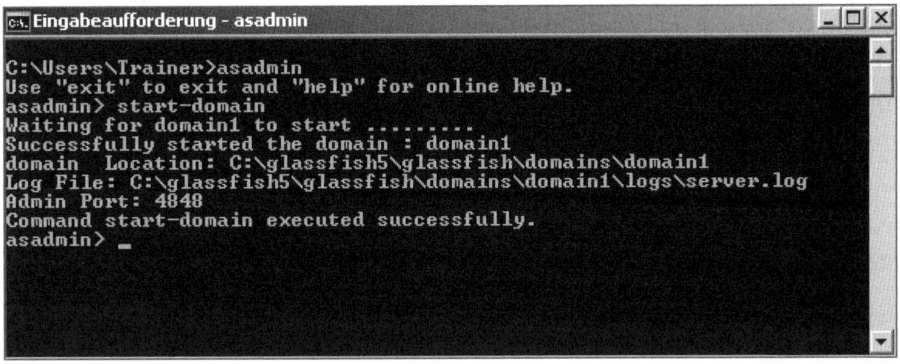

```
C:\Users\Trainer>asadmin
Use "exit" to exit and "help" for online help.
asadmin> start-domain
Waiting for domain1 to start ........
Successfully started the domain : domain1
domain  Location: C:\glassfish5\glassfish\domains\domain1
Log File: C:\glassfish5\glassfish\domains\domain1\logs\server.log
Admin Port: 4848
Command start-domain executed successfully.
asadmin> _
```

Abbildung 2.9 Das Kommando »start-domain«

Sobald die Domäne in Betrieb ist, kann ihre Startseite aufgerufen werden. Geben Sie hierzu in der Adressleiste Ihres Webbrowsers http://localhost:8080 ein, denn hierdurch wird die Startseite der Domäne domain1 geladen.

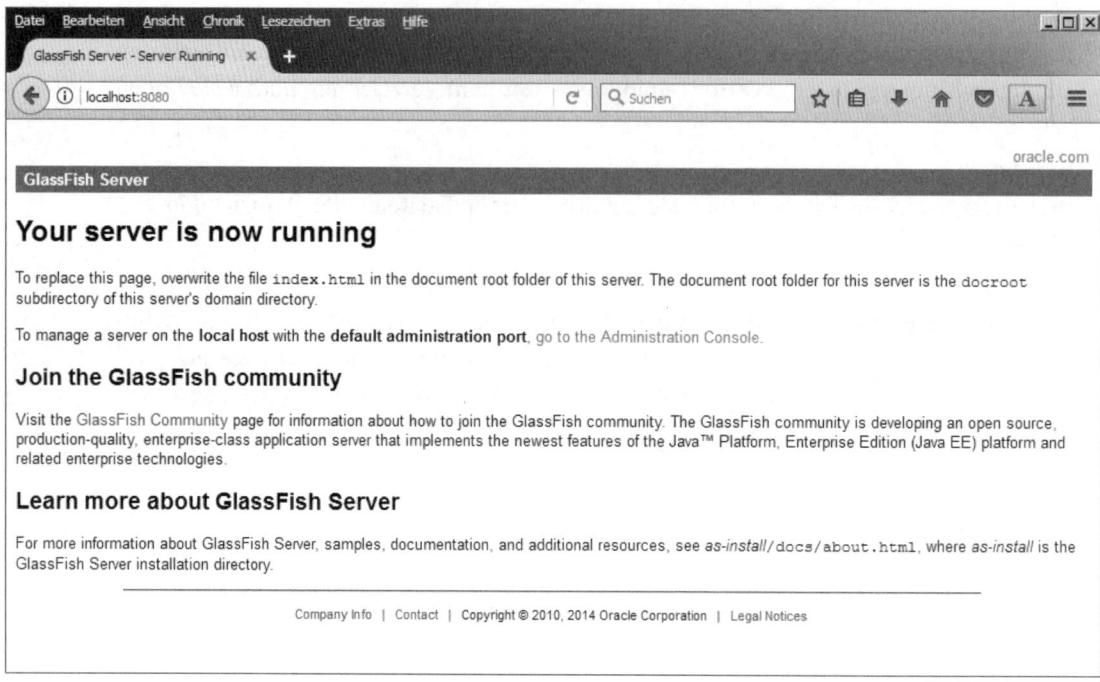

Abbildung 2.10 Die Startseite der Domäne »domain1«

2.2.8   Falls es nicht wie erwartet funktioniert

Wenn der Aufruf der URL nicht reibungslos funktioniert, obwohl sich GlassFish ansonsten anstandslos hoch- und herunterfahren lässt, könnte dies an der Verbindungsmöglichkeit über den Hostnamen *localhost* liegen. Versuchen Sie in diesem Fall, die Einstellungen für die Namensauflösung für Hosts auf Ihrem Rechner anzupassen.

Auf einem Unix-basierten Rechner müssen Sie die Datei */etc/hosts* bearbeiten. Bei macOS ist auch eine Verknüpfung weiter unten im Pfad der Verzeichnisstruktur, also bei */private/etc/ hosts* vorhanden. Bei einem Windows-Rechner ist es die Datei *C:\Windows\System32\dri- vers\etc\hosts*.

Verbinden Sie die Loopback-IP-Adresse 127.0.0.1 mit dem Namen localhost:

```
127.0.0.1     localhost
```

> **Hinweis**
>
> Bei MacOS müssen Sie außerdem den FQDN des Rechners in die */etc/hosts/* eintragen.

2.2.9   Die Defaultinstanz mit dem Namen »server«

Weiter oben habe ich bereits gesagt, dass eigentlich jegliches Arbeiten mit einer Domäne auf den Konfigurationen einer Instanz basiert. Als Sie soeben die Domäne gestartet haben, haben Sie bereits eine solche Konfigurationsinstanz verwendet. Dabei handelte es sich um eine Defaultinstanz, die aus der Sicht des Administrators den konfigurierbaren Administrationsbereich des Java EE-Servers darstellt. Wundern Sie sich deshalb nicht, wenn Sie später mal in den Konfigurationsdateien den Bezeichner »server« sehen sollten, denn dies ist der Alias für diese Defaultinstanz. Die Domäne *domain1* wurde von GlassFish so angelegt, dass sie die Instanz mit dem Namen *server* mitverwendet. Dadurch braucht GlassFish keine weitere Konfigurationsinstanz mehr zu erzeugen.

2.2.10   Die Bedienung des DAS über »asadmin«

Sobald Sie eine Domäne gestartet haben, aktivieren Sie ganz automatisch auch einen sogenannten *Domain Administration Server*, der oft auch abgekürzt als *DAS* bezeichnet wird. Jede Domäne enthält einen eigenen DAS, über den sie konfiguriert und administriert werden kann. Obwohl der GlassFish Server frisch installiert ist, sind bereits zahlreiche Einstellungen vorkonfiguriert. Dadurch ist der GlassFish Server bereits für die erste Verwendung vorbereitet. Das ist auf der einen Seite sehr praktisch, hat aber andererseits auch einen Nachteil: Weil der GlassFish Server zunächst nur für eine Entwicklungsumgebung gerüstet wurde, kann er in diesem Zustand nicht direkt für ein produktives System eingesetzt werden. Aber auch auf einem Entwicklungsrechner sind die vorbelegten Werte nicht immer vorteilhaft und müssen für so manche Java EE-Anwendung angepasst werden, damit die Leistung im Betrieb des Servers verbessert wird.

Ich habe bereits angemerkt, dass die Konfiguration und die Administration des GlassFish Servers über den Domain Administration Server (DAS) erfolgt. Die Bedienung des DAS kann entweder auf der Konsole über das `asadmin`-Kommando oder über einen Webbrowser erfolgen. Wir werden zunächst mit `asadmin` arbeiten. Weiter unten werde ich anschließend die webbasierte Variante zeigen.

Bei dem Befehl `asadmin` unterscheidet man zwischen *Local Commands* und *Remote Commands*. Einen *Local Command* haben Sie zum Beispiel verwendet, um die Domäne zu erzeugen und um sie zu starten. *Remote Commands* hingegen werden an den DAS weitergereicht. Deshalb setzen sie einen aktiven DAS voraus. Daher funktionieren sie auch nur, wenn bereits eine Domäne erzeugt und gestartet worden ist. Durch den Start der Domäne *domain1* wurde auch der DAS aktiviert. Deshalb stehen nun auch die Remote Commands zur Verfügung.

Der DAS bietet zahlreiche Remote Commands an. Alle Remote Commands zu erläutern, würde den Rahmen dieses Kapitels sprengen. Ich zeige nur einige Kommandos, die Sie als Java EE-Entwickler im Arbeitsalltag mit Ihrer Installation benötigen. Durch Eingabe des Kommandos `list-commands` erhalten Sie eine Übersicht über die zur Verfügung stehenden Kommandos.

Wie Sie Abbildung 2.11 entnehmen können, werden die Local Commands und die Remote Commands getrennt aufgeführt.

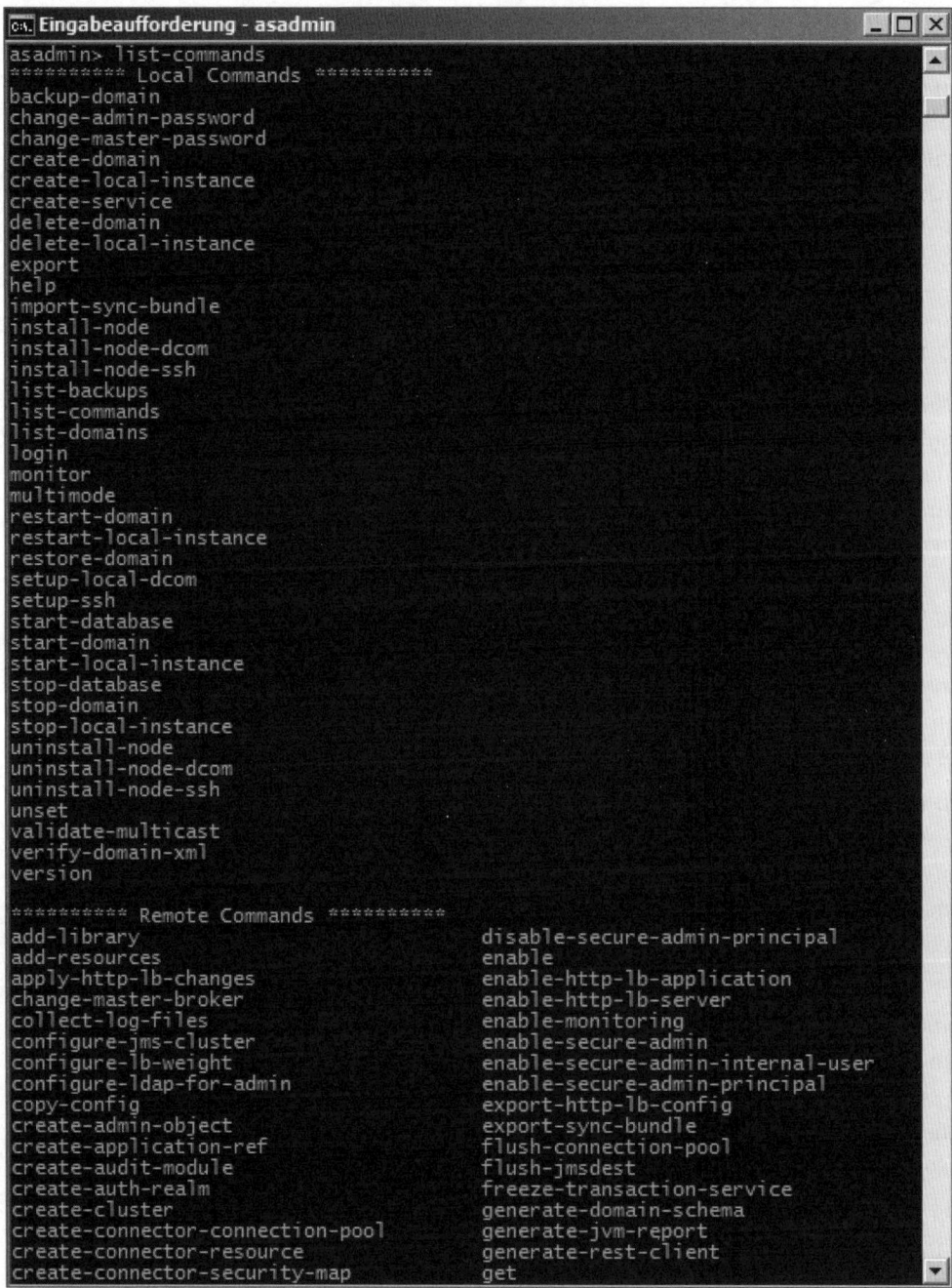

Abbildung 2.11 Auflistung von Local und Remote Commands

Die Bedienung des DAS über `asadmin` und seine Remote Commands ist mächtiger als die Bedienung des DAS über den Webbrowser. Sie eignet sich vor allem dann, wenn Sie Kommandos in Shell-Skripte einbeziehen oder andere Administrationsaufgaben erledigen möchten, die über die einfache Konfiguration hinausgehen.

2.2.11   Die Bedienung des DAS über einen Webbrowser

Wie bereits angemerkt, bietet der DAS eine grafische Benutzeroberfläche über einen Webbrowser an, sodass Sie zum Beispiel Java EE-Anwendungen komfortabel installieren können. Der Fachbegriff für die grafische Benutzeroberfläche des DAS lautet *Administration Console*.

Die Administration Console erreichen Sie, indem Sie in der Adressleiste Ihres Webbrowsers die URL *http://localhost:4848* eingeben.

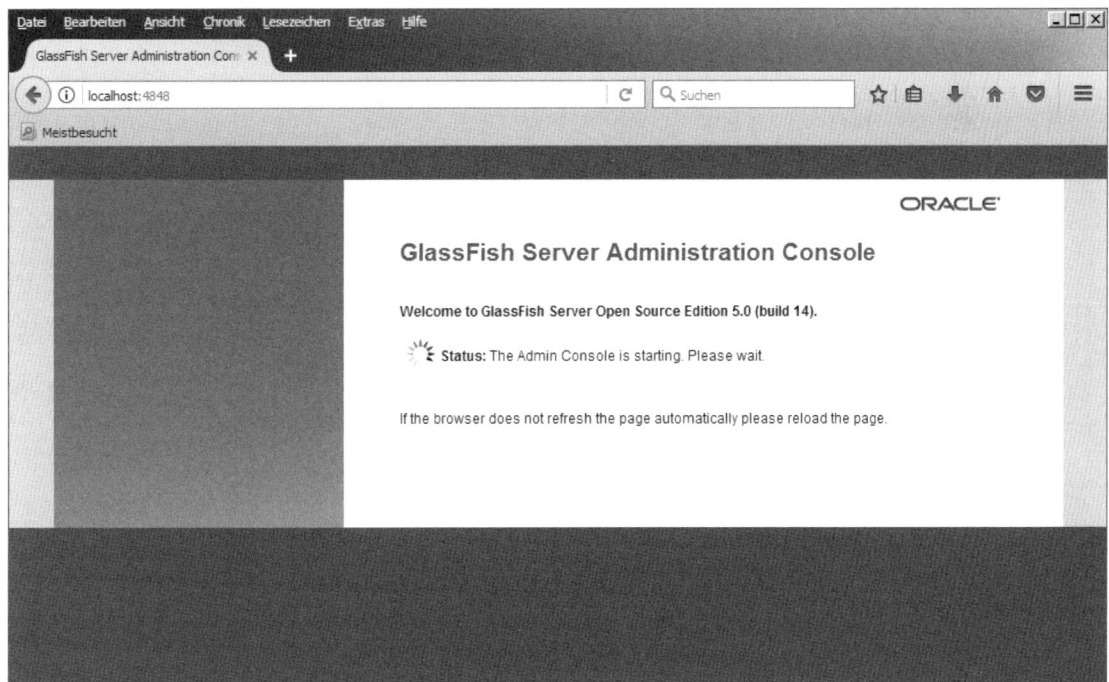

Abbildung 2.12 Der Start der Administration Console

Wenn Sie ein Kennwort für den Administrator festgelegt haben, erscheint als Nächstes ein Login-Fenster. Ansonsten sollte sich nach einer Weile die Startseite der Administration Console zeigen.

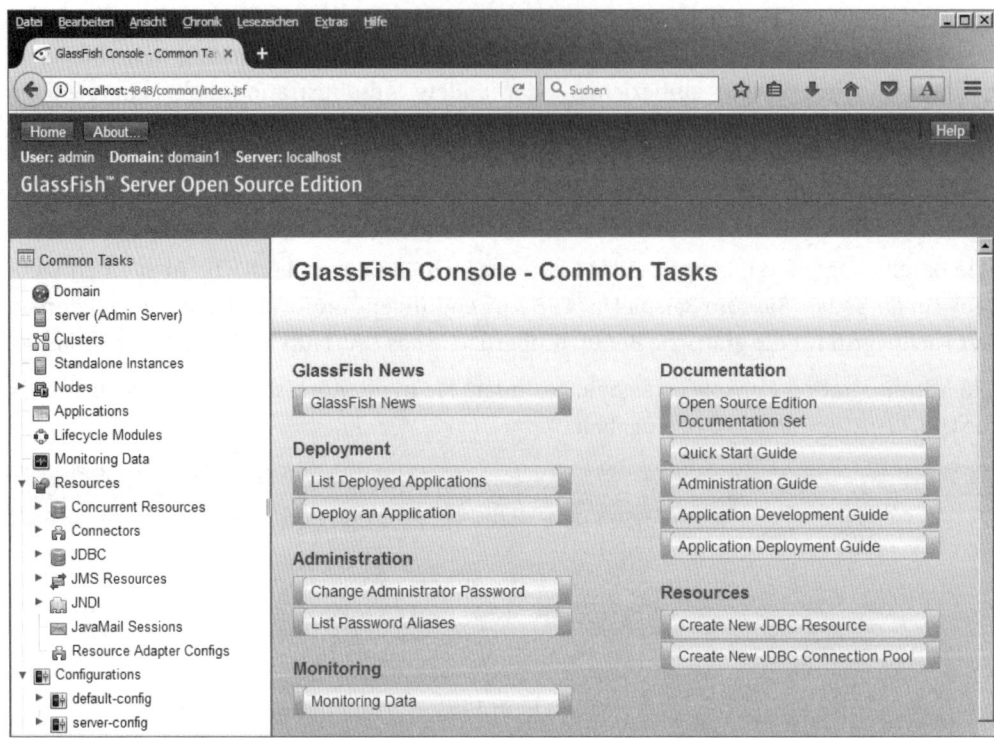

Abbildung 2.13 Die Startseite der Administration Console

Auf der linken Seite des Fensters sehen Sie nun eine vertikale Menüleiste, über die Sie die verschiedenen Konfigurationsmöglichkeiten des GlassFish Servers auswählen können.

Das Administratorkennwort setzen oder ändern

Um Einstellungen (wie beispielsweise das Passwort des Administrators) zu ändern, klicken Sie links auf DOMAIN (siehe Abbildung 2.14). Auf der rechten Seite erscheint eine neue Ansicht. Dort klicken Sie auf ADMINISTRATOR PASSWORD. Sie brauchen für dieses Buch kein Kennwort zu setzen. Ich wollte Ihnen nur zeigen, wo Sie dies für Ihre Real-World-Anwendung später abändern können.

Der Heap der Java-Laufzeitumgebung

Sie können eine Leistungsverbesserung bei einem Java EE-Server erzielen, indem Sie den Heap der JVM anpassen. Selbstverständlich ist die Größe des Heaps abhängig von dem zur Verfügung stehenden Rechner. Dennoch ist es hilfreich, gewisse Grundregeln zu beachten.

Die wichtigsten Optionsparameter für die Konfiguration des Heap-Speichers sind -Xmx, -Xms und -Xmn.

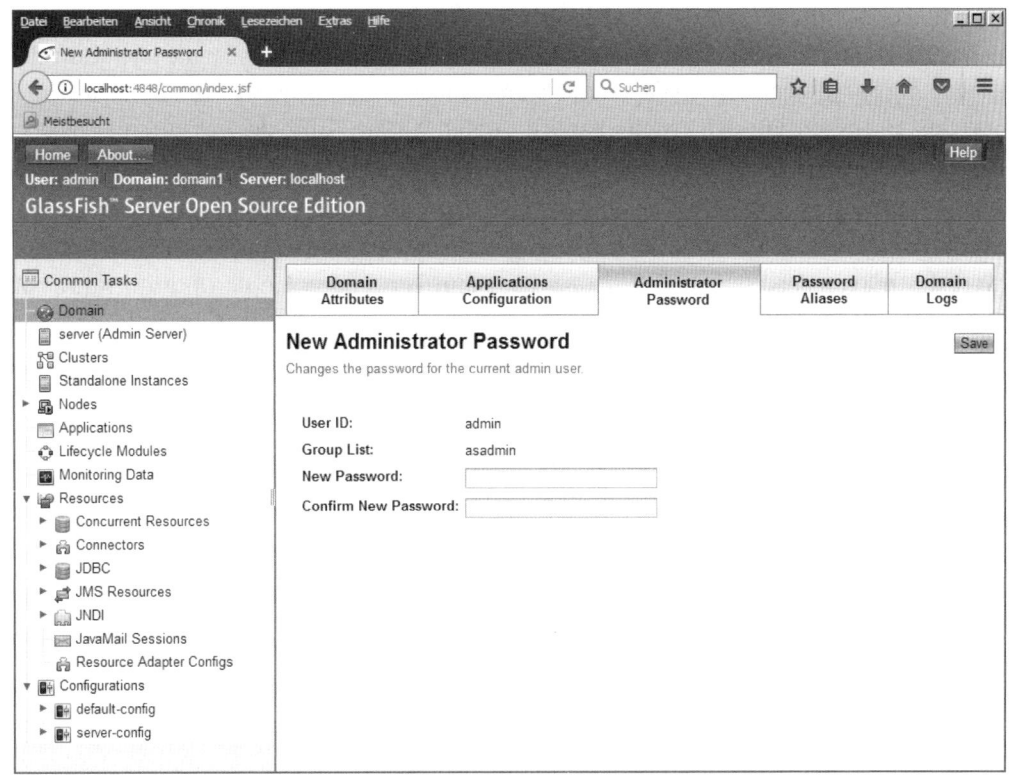

Abbildung 2.14 Der Menüpunkt »Domain«

-Xmx setzt die maximale Heap-Größe, -Xms setzt die minimale Heap-Größe, und -Xmn zeigt an, wie viel des verwendeten Heap für den sogenannten »eden«-Bereich belegt werden soll. In den »eden«-Bereich gelangen Objekte, wenn sie erstmalig erzeugt wurden. Dort schaut der Garbage Collector öfter vorbei und prüft, ob die Objekte noch gebraucht werden. Wenn der Garbage Collector nach einigen Versuchen merkt, dass ein Objekt längerfristig benötigt wird, überführt er es in andere Bereiche, die für ältere bzw. permanente Objekte reserviert sind.

Bei dem frisch installierten GlassFish Server ist der maximal zur Verfügung stehende Heap-Speicher auf 512 MB (-Xmx512m) voreingestellt. Wenn wir nun bei einer Minimalanforderung davon ausgehen würden, dass ein 64-Bit-Betriebssystem mit 4 GB vorliegt und dass das Betriebssystem Microsoft Windows 2 GB für eigene Tätigkeiten braucht, ist es durchaus angemessen, wenn wir mindestens 1 GB des gesamten Volumens nutzen.

Wenn Sie weniger Arbeitsspeicher als 4 GB Ihr Eigen nennen, trifft diese Bemessungsgrundlage für Sie nicht zu. Dessen ungeachtet könnten Sie die folgende Betrachtung auf Ihr System übertragen: Gehen wir zurück zu der Annahme, dass Sie einen Rechner mit einem 64-Bit-Betriebssystem und mit 4 GB RAM haben und dass Sie 1 GB für den GlassFish Server opfern können.

Gemäß dieser Annahme setzen wir die maximale Heap-Size auf 1.024 MB. Gleichzeitig werden wir die minimale Heap-Größe ebenso auf 1.024 MB setzen, damit sich die Java-Laufzeitumgebung auf diesen Wert festlegen muss und keine Zeit damit verschwendet, den Heap-Speicher zu ändern. Für den »eden«-Bereich werden wir die Hälfte des gesamten Speichers einsetzen.

Klicken Sie im DAS auf der linken Seite auf CONFIGURATIONS • SERVER-CONFIG • JVM-SETTINGS. Auf der rechten Seite klicken Sie auf den Reiter JVM-OPTIONS. Dort ändern Sie den Wert des maximalen Heap auf -Xmx1024m ab. Dann verwenden Sie den Button Add JVM OPTION, um auch die Optionsparameter -Xms1024m und -Xmn512m hinzuzufügen.

Abbildung 2.15 zeigt die Optionsparameter im DAS. Klicken Sie oben rechts auf den Speicher-Button.

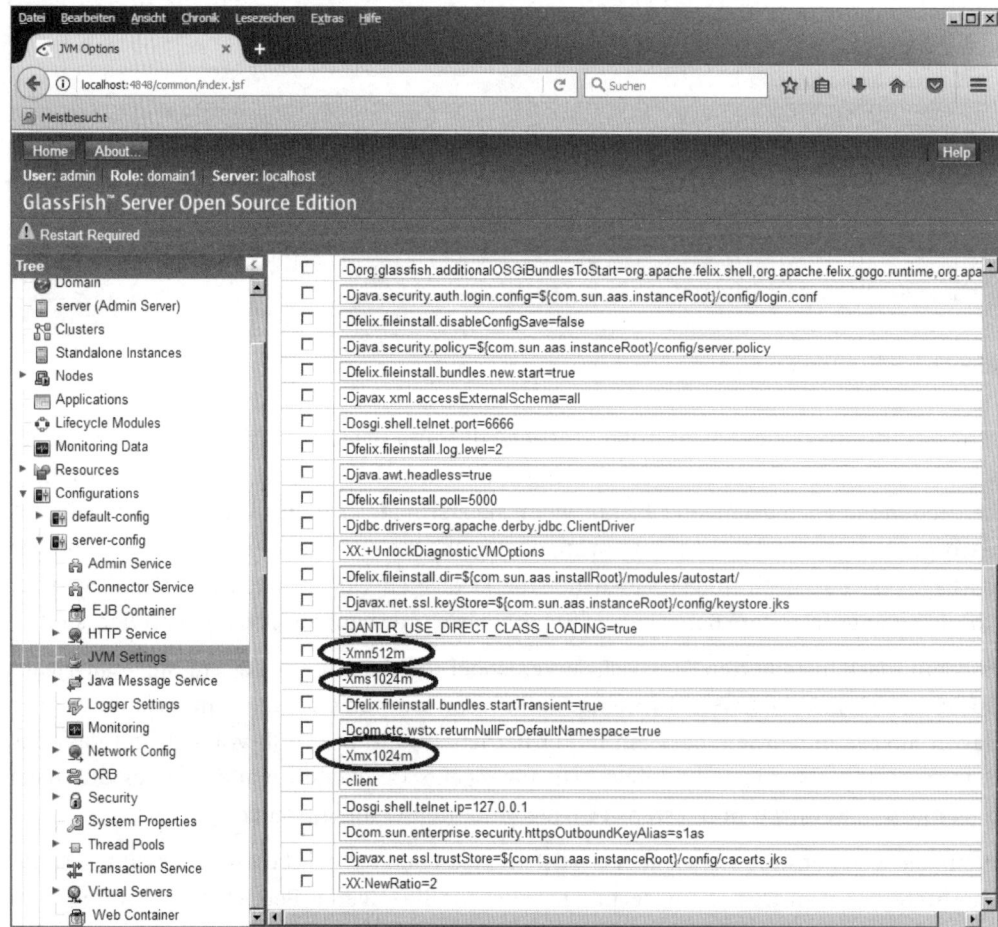

Abbildung 2.15 Der JVM Heap Space für den GlassFish Server

2

Die Adressen der Listener anpassen

Eine weitere Konfiguration, die wir nun vornehmen werden, betrifft die IP-Adresse des soge-
nannten *Listeners*. Wir beginnen mit den HTTP-Listenern. Danach werden wir auch die IP-
Adresse des IIOP-Listeners ändern. Zunächst erläuterte ich kurz, warum die Listener des
GlassFish Servers angepasst werden.

Jedes Mal, wenn über das Netzwerk eine externe Anfrage eintrifft, »klopft« sie beim Server
zuerst an eine bestimmte IP-Adresse und an einem bestimmten Port »an«. Damit der Java
EE-Server die ankommende Anfrage wahrnimmt, muss er wissen, auf welcher IP-Adresse
und auf welchem Port er horchen soll. GlassFish nutzt hierbei nicht die im Netzwerk automatisch vergebene IP-Adresse, sondern eine im DAS konfigurierte IP-Adresse.

Nachdem der GlassFish Server erstmalig installiert ist, lauscht er zunächst mit vier Listenern.
Diese nennen sich `admin-listener`, `http-listener1`, `http-listener2` und `orb-listener` (für
IIOP). Während der `admin`-Listener für Administrationsaufgaben gedacht ist, hat der Listener
`http-listener1` die Aufgabe, normale HTTP-Anfragen mitzubekommen. Der `http-listener2`
ist für die hochverschlüsselten SSL-Anfragen über das HTTPS-Protokoll gedacht. Der `orb`-Lis-
tener ist für externe IIOP-Verbindungen von EJB- oder CORBA-Aufrufen zuständig. Die Verwendung des IIOP-Protokolls ist seit Java EE 8 nur noch optional. Dennoch existieren immer
noch zahlreiche Anwendungen in Industrie, Wirtschaft und Bankenwelt, die auf die fortlau-
fende Unterstützung dieses Protokolls angewiesen sind.

Wenn Sie auf CONFIGURATIONS • SERVER-CONFIG • HTTP-SERVICE • HTTP-LISTENERS klicken,
erhalten Sie einen Überblick über die vorkonfigurierten HTTP-Listener (siehe Abbildung 2.16).

Die HTTP-Listener von GlassFish sind per Default über die *Unspecified IPv4 Address* (bzw. auch
Pseudo IPv4 Address) 0.0.0.0 erreichbar. Die Pseudo-IPv4-Adresse 0.0.0.0 bedeutet in diesem
Zusammenhang, dass lokale Aufrufe an alle IP-Adressen entgegengenommen werden.

Hinweis

In einem IPv6-Netzwerk wäre das Pendant 0.0.0.0.0.0 bzw. ::

Solange Sie sich lokal mit Ihrem GlassFish Server verbinden, brauchen Sie theoretisch die
Pseudo-Adresse nicht abzuändern. Wenn Sie jedoch einen GlassFish Server remote zur Verfügung stellen, müssen Sie die Pseudo-IP-Adresse 0.0.0.0 in die externe IP-Adresse korrigieren. Aber auch für den lokalen Zugriff ist die Verwendung der Pseudo-IP-Adresse 0.0.0.0
nicht empfehlenswert; Sie sollten die Loopback-IP-Adresse 127.0.0.1 eintragen.

Abbildung 2.16 Die Übersicht über die vorkonfigurierten HTTP-Listener

---

Hinweis

Wenn Sie das neuere IPv6 in Ihrem Netzwerk einsetzen, handelt es sich bei dem `localhost` um die Loopback-Adresse `0.0.0.0.0.1` bzw. `::1`.

Um die IP-Adressen der drei HTTP-Listener abzuändern, klicken Sie im Fenster auf der linken Seite jeweils auf den einzelnen Listener, tragen auf der rechten Seite die IP-Adresse `127.0.0.1` ein und klicken jedes Mal oben rechts auf SPEICHERN.

Abbildung 2.17 Die Änderung der IP-Adresse der HTTP-Listener

Als Nächstes kümmern wir uns um den IIOP-Listener, der auf EJB-Clients und CORBA-Aufrufe wartet. Klicken Sie hierfür auf Configurations • server-config • ORB • IIOP-Listeners • orb-listener-1, und ändern Sie auch dort die Adresse in die Loopback-Adresse 127.0.0.1 ab. Klicken Sie abschließend auf Save.

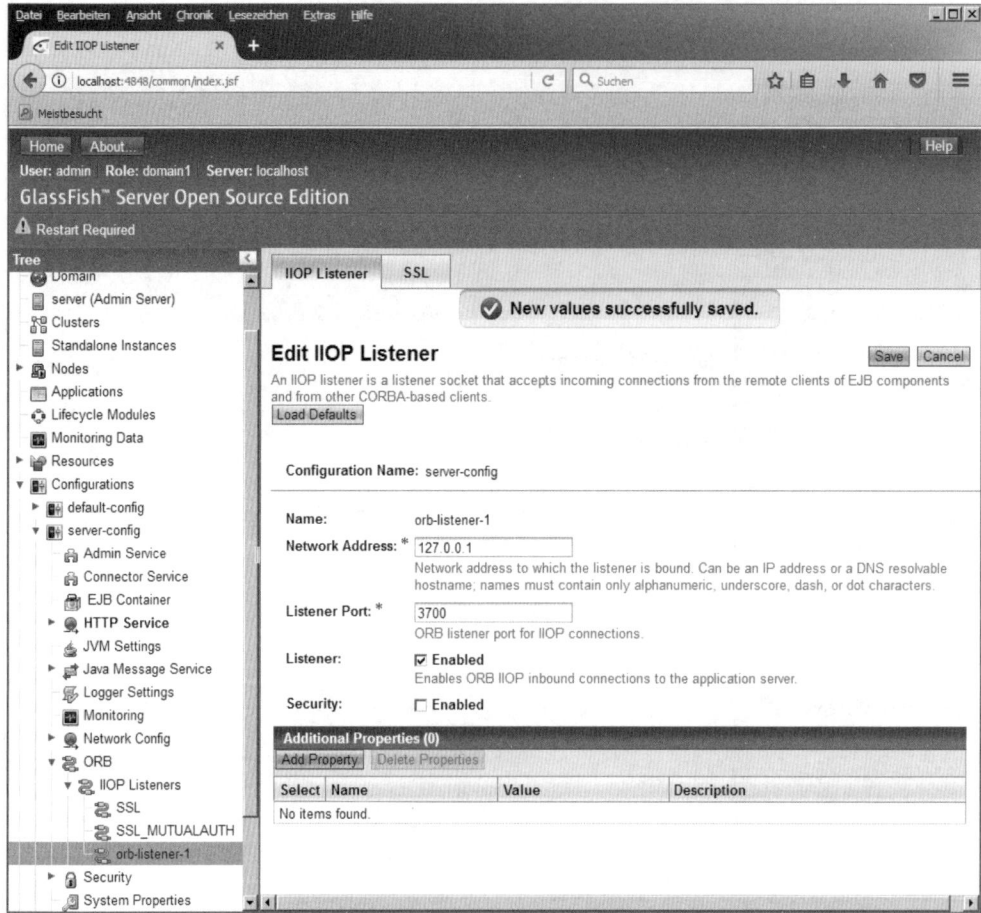

Abbildung 2.18 Die Anpassung der IP-Adresse für den IIOP-Listener

Vergrößerung des HTTP-Threadpools

Grundsätzlich bietet Java die Möglichkeit, zahlreiche Prozesse in nebenherlaufenden Threads zuzulassen. Bei diesem scheinbar parallel ablaufenden Vorgang werden die einzelnen Prozesse in sehr kleine Zeitfragmente heruntergebrochen. Weil zwischen den »parallelen« Threads ständig umgeschaltet wird, können zeitlich langsamere Threads die anderen Prozessfragmente nicht blockieren. Dadurch wird die Gesamtgeschwindigkeit deutlich verbessert.

Zur automatischen Verwaltung dieser parallelen Threads wurden sogenannte *Threadpools* erfunden. Als Beispiel für einen Threadpool könnte Ihnen der *Connection-Pool* von JDBC bekannt sein. Auch hier werden mehrere parallel laufende Threads in einem zentralen Threadpool gehalten. Bei einem Threadpool wird zunächst eine minimale Anzahl an Threads vorbereitet, die zur unmittelbaren Verwendung vorliegen. Jeder Prozess kann sich nun eines dieser Threads bedienen. Wenn der Prozess durchlaufen ist, gibt er den Thread wieder frei, sodass der Thread anschließend für weitere Prozesse zur Verfügung steht. Wenn alle Threads des Threadpools in Verwendung sind, kann der Threadpool die Anzahl der Threads erhöhen, indem er weitere erzeugt. Dies kann er bis zu einer festgelegten maximalen Anzahl an Threads fortführen.

Auch ein Webcontainer enthält einen Threadpool, weil er mehrere parallel ankommende HTTP-Anfragen nicht aufeinander warten lassen möchte. Bei einem frisch installierten GlassFish Server können maximal fünf parallel zugreifende HTTP-Anfragen beantwortet werden. Diese Obergrenze ist aber für unsere Zwecke nicht ausreichend, denn eine vollwertige Java EE-Anwendung stößt hiermit schnell an ihre Grenzen. Um die Leistung des Webcontainers zu verbessern, werden wir die maximale Anzahl der im Threadpool zur Verfügung stehenden Threads erhöhen.

Klicken Sie hierfür auf der linken Seite auf CONFIGURATIONS · SERVER-CONFIG · THREAD POOLS · HTTP-THREAD-POOL, und setzen Sie auf der rechten Seite die MAX. THREAD POOL SIZE und die MIN. THREAD POOL SIZE jeweils auf 200 Threads. Auch hiernach sollten Sie den GlassFish Server neu starten.

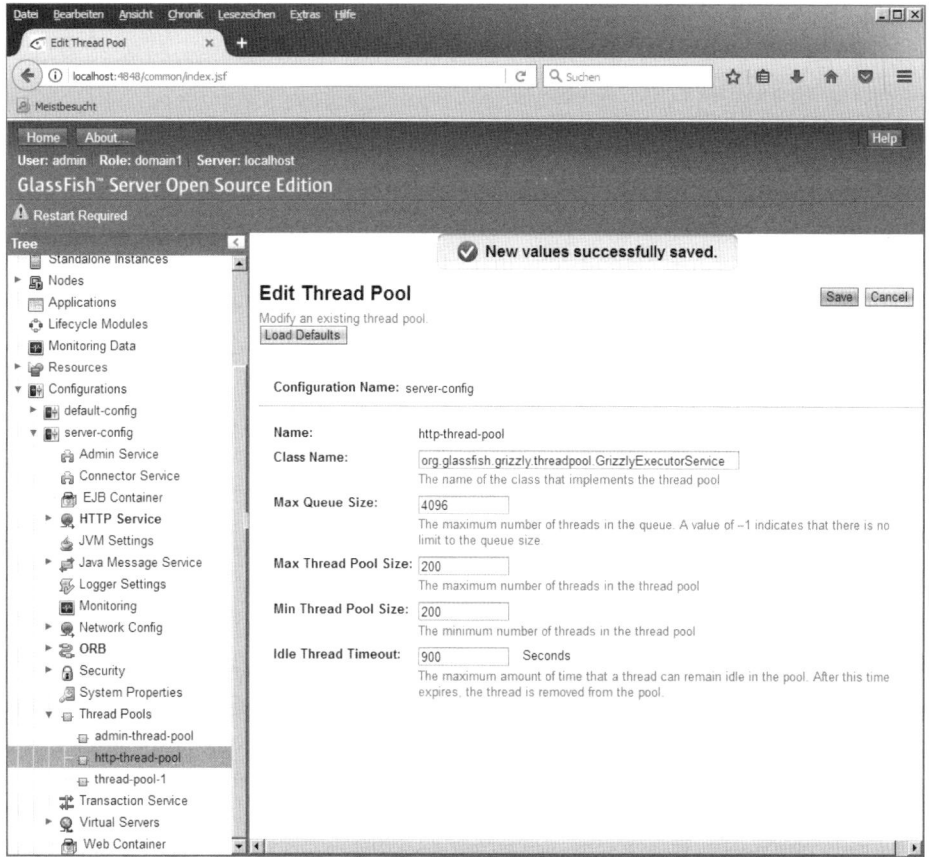

Abbildung 2.19 Das Setzen der maximalen und der minimalen Threadpool-Größe

Die Zeichenkodierung auf UTF-8 umstellen

Ich gehe später noch auf die Internationalisierung von Texten und die Bedeutung der Zeichenkodierung von UTF-8 ein. Im nun folgenden Exkurs über UTF-8 finden Sie bei Interesse wichtige Informationen zu diesem Thema.

Wenn GlassFish mit dem Webbrowser kommuniziert, verwendet er standardmäßig die Kodierung ISO 8859-1. Weil für internationalisierte Webanwendungen nur noch die Zeichenkodierung UTF-8 verwendet werden sollte, werden wir diese Defaulteinstellung abändern. Wie Sie später noch sehen werden, müssen wir diese Änderung noch an weiteren Stellen vorsehen. Aber darum kümmern wir uns erst in späteren Kapiteln.

Um den GlassFish Server auf die Zeichenkodierung UTF-8 umzustellen, setzen Sie noch den entsprechenden Wert in den JVM-Optionen. Klicken Sie hierfür im DAS wieder auf der linken Seite auf CONFIGURATIONS • SERVER-CONFIG • JVM-SETTINGS. Auf der rechten Seite klicken Sie auf den Reiter JVM-OPTIONS. Dort klicken Sie auf den Button ADD JVM OPTION und fügen den Optionsparameter `-Dfile.encoding=UTF8` hinzu.

Im Anschluss folgt nun ein kurzer Exkurs, in dem ich die wichtigsten Zeichenkodierungen – insbesondere UTF-8 – erläutern werde.

2.3 Exkurs: UTF-8

Wenn man eine Internetanwendung programmiert, entsteht eine Anwendung, die global (d. h. über Landes- und Sprachgrenzen hinaus) aufrufbar ist. Dabei tauchen häufig auch Probleme auf, denn der Webbrowser erhält den Inhalt einer Webseite in einer Abfolge von Bytes, und die kann je nach Sprache und Zeichenkodierung sehr verschiedenartig ausfallen.

Um hierfür eine solide Lösung zu finden, erfand man die Zeichenkodierung UTF-8. Heutzutage wird man jede Webanwendung nur noch mit UTF-8 erstellen, denn nur so ist man international und multilingual gewappnet. Im Folgenden werde ich zeigen, weshalb UTF-8 für Internetseiten so bedeutend ist und wie Sie diese wichtige Zeichenkodierung in einer Webseite festlegen. Zunächst schauen wir uns die gängigsten Zeichenkodierungen an, denn dadurch wird klar, wieso es nötig war, UTF-8 zu erfinden.

2.3.1 ANSI

Die Abkürzung ANSI steht für das *American National Standards Institute*. Der ANSI-Code wird Ihnen auch unter anderen Namen, wie zum Beispiel Windows-1252, begegnen sein. Sowohl ANSI wie auch Windows-1252 werden aber nur fälschlicherweise als Standards bezeichnet. ANSI basiert auf den (in diesem Abschnitt später gezeigten) Zeichensatz ISO 8859-1, der tatsächlich als Standard normiert wurde.

2

2.3.2   ASCII

Der ehemals wichtigste Zeichenkodierungsstandard in der Informationstechnologie war der *American Standard Code for Information Interchange* (*ASCII*). Er wurde in den 60er-Jahren veröffentlicht. Man verwendete eine Abfolge von 7 Bits. Durch unterschiedliche 7-Bit-Kombinationen können theoretisch bis zu 128 verschiedene Symbole dargestellt werden. Man spricht auch von 128 *Codepoints*. Ein Codepoint stellt eine Position in der Kodierungstabelle dar.

Buchstabe	Die 7 Bits des Codepoints						
a	1	1	0	0	0	0	1
b	1	1	0	0	0	1	0
c	1	1	0	0	0	1	1

Abbildung 2.20 ASCII bietet 128 unterschiedliche Codepoints.

Die 128 Codepoints waren damals vollkommen ausreichend, da die 26 englischen Kleinbuchstaben, die jeweiligen Großbuchstaben, die Sonderzeichen und die Steuerzeichen der amerikanischen Tastatur damit abgedeckt werden konnten.

2.3.3   ISO 8859-1

In den 80er-Jahren verbreiteten sich IBM-kompatible Computer auf der ganzen Welt so sehr, dass schlagartig auch anderssprachige Buchstaben abgebildet werden mussten. Da ASCII unterdessen bereits massenhaft eingesetzt wurde, suchte man nach Zeichensätzen, die einerseits in den ersten 128 Zeichen deckungsgleich mit dem eingefahrenen Standard sind, andererseits diesen aber auch länderspezifisch erweitern. Dienlich war dabei, dass damalige IBM-Modelle intern mit 8 Bits bzw. einem Byte rechneten. Da eine auf 8 Bits basierende Kodierung 256 Codepoints ermöglicht, standen die verbliebenen 128 Codepoints für landeseigene Symbole zur Verfügung. Aus diesem Grund wurden zahlreiche Kodierungstabellen mit 256 Codepoints entwickelt, die man *Codepages* nannte. Die wichtigsten Codepages wurden von der ISO (International Organization for Standardization) normiert. Die heute noch gängigste Norm aus dieser Zeit nennt sich *ISO 8859-1*. Ein anderer Begriff für diese Norm ist *Latin-1*.

Dass unterschiedliche Codepages für die Darstellung von Zeichensätzen verschiedener Sprachen erforderlich sind, birgt allerdings gravierende Nachteile. Abgesehen von der Problematik, dass die Zeichen unterschiedlicher Normen nicht im gleichen Dokument enthalten sein können, wurde eine jahrtausendalte Tradition aus Ostasien zur Nuss, die es zu knacken galt: Die Urform der ostasiatischen Zeichen stammt nämlich aus China und umfasst weit mehr als 100.000 Symbole. Diese gigantische Menge kann überdies von ihrer Natur her sogar noch erweitert werden.

2.3.4   Unicode

Zunächst versuchte man, mit zwei Bytes – also mit einem 16 Bit langen Unicode-Zeichensatz – auszukommen. Die nun zur Verfügung stehenden 65.536 Zeichen sollten für alle gängigen Zeichen ausreichen, die in den 80er-Jahren weltweit in der Wirtschaft und der Industrie verbreitet waren. Trotz des exorbitanten Umfangs der chinesischen Zeichen war der Grundgedanke realistisch, denn die ostasiatischen Staaten – allen voran China selbst – hatten sich bereits seit Jahrzehnten um Reduktion bemüht. So kam es dazu, dass Unicode im Jahre 1991 unter Jubel veröffentlicht und von Technologien wie zum Beispiel Java oder Windows als internes Format eingesetzt wurde. Die Zeichen von Unicode stimmen nicht nur mit dem ASCII-Zeichensatz überein, sondern sind in den ersten 256 Codepoints auch kompatibel mit dem Zeichensatz ISO 8859-1. Leider trübten sich die Aussichten für Unicode, denn es wurde klar, dass man auch die fortgelassenen Symbole brauchte. Gleichzeitig wurden immer mehr Sprachen entdeckt.

2.3.5   UTF-16

Um letztendlich jedes erdenkliche Zeichen darzustellen, wurde UTF-16 entwickelt. UTF-16 enthält mehrere 16-Bit-Ebenen, die *Planes* genannt werden. Genau genommen handelt es sich um 17 Planes. Dies ermöglicht insgesamt 1.114.112 Kombinationen, von denen bis dato bereits mehr als 110.000 belegt wurden. Um mit dem ersten Unicode-Entwurf kompatibel zu sein, entspricht die erste *Plane* dem älteren Unicode-Entwurf. Aufgrund seiner Bedeutung wird die erste Plane als *Basic Multilingual Plane* (*BMP*) bezeichnet. Während sich BMP aus zwei Bytes zusammensetzt, nehmen die weiteren Planes vier Bytes ein. Darüber hinaus wird mit *Big Endian* und *Little Endian* unterschieden, in welcher Reihenfolge die Bytes angelegt werden. Bei Little Endian befinden sich die kleineren Bytes vorn. Die Byte-Reihenfolge erkennt der Webbrowser an der *Byte Order Mark* (*BOM*). Die BOM ist eine Zeichenfolge, die gleich am Anfang einer Textdatei gesetzt wird. In hexadezimaler Darstellung deutet FF FE auf ein Big Endian und FE FF auf ein Little Endian hin.

UTF-16 konnte sich für die Nutzung im Web jedoch nicht durchsetzen. Laut einer Statistik des W3C verwenden weltweit weniger als 0,01 % der Websites UTF-16.

2.3.6   UTF-8

UTF-8 wurde mit dem RFC 3629 durch ISO 10646 normiert.

Egal, welche Normungsinstitute oder Expertengruppen man auch fragt, einhellig ist diese der Meinung, dass UTF-8 durchgängig für Webseiten und Webanwendungen eingesetzt werden sollte. Laut W3C sind schon mehr als die Hälfte aller Websites auf die Zeichenkodierung UTF-8 umgestellt worden, die etwa zum gleichen Zeitraum wie UTF-16 von Ken Thompson erfunden wurde.

Die Grundidee von UTF-8 ist, die Anzahl der für die Kodierung zur Verfügung stehenden Bytes nicht auf eine bestimmte Menge einzuschränken. Stattdessen sollen die Kodierungen beliebig viele Bytes lang sein können. Demzufolge kann eine UTF-8-Kodierung ein Byte, zwei Bytes, drei Bytes oder länger sein. Mit dem neuen Kodierungswunder könnten somit beliebig viele Codepoints zur Verfügung gestellt werden. Allerdings musste auch noch eine gute Rückwärtskompatibilität her. Aber Ken Thompson lieferte auch hierfür eine Lösung.

Das Kodierungsmuster von UTF-8 unterscheidet zwischen dem *Startbyte* (d. h. dem ersten Byte) und den *Folgebytes*. Die einen Byte langen UTF-8-Codes bestehen nur aus dem Startbyte und werden am ersten Bit erkannt, denn das muss bei 1 Byte langen Codes immer eine 0 sein. Dadurch bleiben 128 Kombinationsmöglichkeiten, die mit den ASCII-Codes deckungsgleich sind. Alle Kodierungen, die länger als ein Byte sind, also 2 Bytes, 3 Bytes usw., deuten mit beginnenden Einsen des ersten Startbytes die Anzahl der gesamten Bytes an. Folgebytes beginnen immer mit einer 1 und einer 0. Diesem logischen Gerüst fallen zwar einige Bit-Positionen zum Opfer, denn die braucht das Kodierungssystem ja für seine interne Logik. Aber allein schon mit dieser Methode wäre eine 8 Byte lange Kodierung und damit eine Zuordnung von 4.398.046.511.104 Codepoints möglich. Im Jahre 2003 wurde UTF-8 durch den RFC 3629 auf vier Bytes begrenzt und mit den UTF-16-Codepoints in Übereinstimmung gebracht.

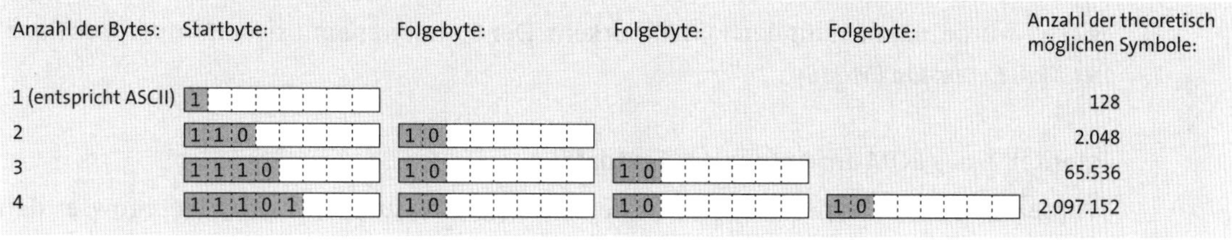

Anzahl der Bytes:	Startbyte:	Folgebyte:	Folgebyte:	Folgebyte:	Anzahl der theoretisch möglichen Symbole:
1 (entspricht ASCII)	1				128
2	1:1:0	1:0			2.048
3	1:1:1:0	1:0	1:0		65.536
4	1:1:1:0:1	1:0	1:0	1:0	2.097.152

Abbildung 2.21 Dem logischen Gerüst von UTF-8 fallen die in der Darstellung dunkel markierten Bit-Positionen zum Opfer.

Die in Abbildung 2.21 dunkel markierten Positionen braucht das Kodierungssystem für seine interne Logik. Die Anzahl der theoretisch möglichen Symbole errechnet sich durch die in den weißen Zellen kombinierbaren Bitfolgen, d. h.: 2^7, 2^{11}, 2^{16} und 2^{21}.

Die Vormacht von UTF-8 liegt nicht nur an der theoretisch unbegrenzten Anzahl an Codepoints. Vielmehr sorgte die besondere Art der Rückwärtskompatibilität dafür, dass sich UTF-8 bislang als wichtigster Kodierungsstandard im Internet durchsetzen konnte. UTF-8 ist nämlich sowohl in den Positionen der Codepoints wie auch in der Abfolge der acht Bits je Zeichen deckungsgleich zu ASCII.

Bei UTF-8 kann zur Erkennung – genau wie bei UTF-16BE und UTF-16LE – ebenfalls ein BOM (EF BB BF) am Anfang des Textes stehen, wobei hier nur die Reihenfolge »große Bytes zuerst« definiert ist.

2.3.7 Eine HTML-Seite mit UTF-8-Merkmalen erzeugen

Wenn ein Webbrowser eine Webseite empfängt, versucht er, die Kodierung anhand unterschiedlicher Merkmale zu interpretieren. Weil sich diese Angaben widersprechen könnten, hat das W3C eine Reihenfolge festgelegt, nach der ein Webbrowser priorisieren soll. Die Reihenfolge ist im Folgenden dargestellt.

Priorität 1: der Content-Type im HTTP-Header

Die höchste Priorisierung wird dem Content-Type im HTTP-Header eingeräumt:

```
Content-Type: text/html;charset=UTF-8
```

Dieser Eintrag ist sehr wichtig, denn wenn ein Webbrowser ein Textdokument einliest, erhält er zunächst nur Einsen und Nullen, die er ja lediglich als Bits bzw. Bytes versteht. Weil der Content des Dokuments ganz unterschiedlich kodiert sein kann, muss dem Webbrowser rechtzeitig gezeigt werden, wie er die Bytes zu deuten hat. Weil das Einlesen der Reihe von oben nach unten erfolgt und der Content-Type im HTTP-Header vor dem Dokument ankommt, erfährt der Webbrowser vorab, wie der Content zu interpretieren ist. Der Content-Type bedient sich hierbei eines Standards, der in einem ganz anderen Zusammenhang entwickelt wurde, nämlich für den E-Mail-Verkehr. Der Standard nennt sich *Multipurpose Internet Mail Extension* (*MIME*).

Priorität 2: das BOM am Anfang der Textdatei

Wurde der Content-Type im HTTP-Header nicht gesetzt, untersucht der Webbrowser den Beginn des HTTP-Bodys, denn hier könnte der Texteditor ein BOM angefügt haben.

Priorität 3: das »meta«-Tag »http-equiv«

Das <meta>-Element hat die geringste Wertigkeit. Wenn weder der Content-Type eine Auskunft gibt und auch kein BOM gefunden wurde, sucht der Webbrowser nach <meta>-Tags mit dem Attribut http-equiv.

```
<meta http-equiv="Content-Type"
    content="text/html; charset=UTF-8"/>
```

Listing 2.1 Das <meta>-Tag »http-equiv«

Im Übrigen wurde für HTML5 die Syntax etwas minimalisiert, denn dass es sich bei einem HTML-`<meta>`-Tag um einen HTML-Quelltext handelt, ist eine unnötige Information. Was bleibt, ist ein kurzes Tag, das sich auf den Zeichensatz bezieht:

```
<meta charset="UTF-8"/>
```

Listing 2.2 Das `<meta>`-Tag »charset="UTF-8"« gilt nur bei HTML5.

In der Regel werden alle drei Merkmale gleichzeitig gesetzt.

2.4   Eine Java EE-Anwendung deployen

Nachdem Sie den GlassFish Server installiert und konfiguriert haben, ist es an der Zeit, eine erste Beispielanwendung in der Art eines »Hallo Welt«-Programms zu erstellen und sie zu installieren. Zu früh?

Keineswegs, denn für eine einfache Java EE- bzw. Webanwendung, die lediglich eine Zeichenkette ausgibt, benötigen Sie kaum weitere Kenntnisse als jene, die Sie als Java-Programmierer ohnehin schon mitbringen. Sobald Sie die Beispielanwendung fertiggestellt haben, können Sie sie im GlassFish Server bereitstellen. Der englische Fachausdruck für die Bereitstellung ist *Deployment*.

2.4.1   Der Aufbau einer Java EE-Anwendung

Java EE-Anwendungen sind hierarchisch verschachtelt, denn zusammengehörende Java-Klassen werden zu Modulen und mehrere Module wiederum zu einer Gesamtdatei zusammengefasst. In diesem Abschnitt werden wir uns diesen Aufbau Schritt für Schritt genau anschauen, da er für die Installation von zentraler Bedeutung ist.

2.4.2   Java EE-Module

Damit die Webkomponenten und die EJB-Komponenten in den Containern ausgeführt werden können, müssen sie auf dem Server installiert werden. Die Installation findet statt, indem die Java EE-Anwendung als gezippte Datei auf den Java EE-Server deployt wird.

Das *Deployment* beginnt, indem logisch zusammenhängende Komponenten zu Modulen zusammengefasst werden. Module werden Ihnen bereits aus Ihrer Java-Praxis bekannt sein, denn auch Java-Standalone-Komponenten und Java-Applets werden mithilfe des `jar`-Werkzeugs zu einer Java-Archivdatei gezippt und mit der Endung *.jar* abgespeichert. In der Java EE-Fachsprache werden diese beiden *.jar*-Dateien als *Module* bezeichnet. Genauso wie clientseitige Java- und Applet-Dateien werden auch serverseitige Komponenten in Modulen zusammengepackt.

Webkomponenten werden in Webmodulen und EJB-Komponenten werden in EJB-Modulen paketiert. Um die Module deutlicher voneinander zu unterscheiden, werden sie manchmal zusätzlich mit einem »-web« für Webmodule oder einem »-ejb« für EJB-Module versehen. Für unsere Onlineshop-Anwendung werden wir beispielsweise die beiden Module *online-shop-web* und *onlineshop-ejb* erstellen.

Das Webmodul

Eine Besonderheit des Webmoduls betrifft den Namen der Webmodul-Datei. Denn diese weist das besondere Merkmal auf, dass sie nicht die Endung *.jar*, sondern die Endung *.war* trägt. *war* steht für den englischen Begriff *Web Archive*. Die beiden Moduldateien benennen wir daher *onlineshop-ejb.jar* und *onlineshop-web.war*. In Abbildung 2.22 sehen Sie eine schematische Darstellung der Datei *onlineshop-web.war* für das Webmodul *onlineshop-web*.

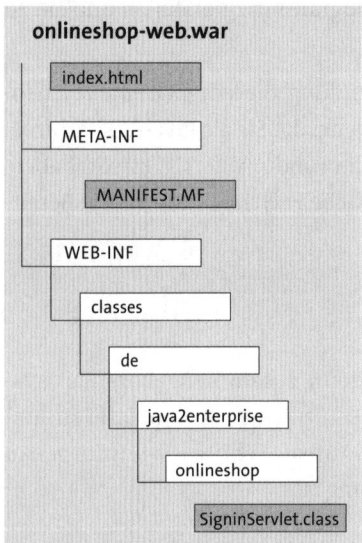

Abbildung 2.22 Die Datei »onlineshop-web.war«

Der Wurzelordner der *.war*-Datei ist statischen Inhalten vorbehalten. Mit statischen Inhalten sind Dateien – wie zum Beispiel HTML-, Bilder, CSS- oder JavaScript-Dateien – gemeint; deshalb haben wir dort auch die statische Webdatei *index.html* abgelegt. Es handelt sich also um Dateien, die vom Webbrowser interpretiert werden können. Alle Dateien, die nicht geradeswegs zum Webbrowser geschickt, sondern vielmehr noch vor dem direkten Zugriff geschützt werden sollen, gehören hier nicht hin. Eine Ausnahme hierbei bilden *Facelets* und *JSPs*. Die Spezifikation legt fest, dass Facelets und JSPs ebenfalls zu den statischen Inhalten hinzuzufügen sind. Der Grund hierfür ist folgender: Ursprünglich bezweckte man, dass Facelets und JSPs vom Webdesigner gewartet werden. Um an dieser Stelle eine klare Trennung vorzunehmen, wurden Facelets und JSPs ausnahmsweise dem statischen Bereich zugeordnet.

Ebenso im Wurzelordner befinden sich die beiden Unterordner *META-INF* und *WEB-INF*. *META-INF* ist ein obligatorisches Verzeichnis, das immer automatisch angelegt wird, wenn eine *.jar*-Datei erzeugt wird. Darin befindet sich auch stets die Datei *MANIFEST.MF*, die Informationen zu den paketierten Dateien enthalten kann. Beispielsweise nutzt man die *MANIFEST-MF*, um die Startklasse einer Standalone-Anwendung anzuzeigen.

Eine gewichtigere Rolle kommt dem Verzeichnis *WEB-INF* zu. Unterhalb von *WEB-INF* werden alle Servlets und auch andere Java-Klassen des Frontends in einem Unterverzeichnis mit dem Namen *WEB-INF**classes* abgelegt. Dabei müssen sie in Packages geordnet sein. Das bedeutet mit anderen Worten, dass eine Webkomponente zwingend ein Package angeben muss. Das Default-Package ist also nicht zulässig. Beispielhaft habe ich unterhalb von *WEB-INF**classes* die Webkomponente `de.java2enterprise.onlineshop.SigninServlet.class` abgelegt.

Bei der Ausführung des Webcontainers werden alle Packages unterhalb von *WEB-INF**classes* automatisch in den `CLASSPATH` gesetzt. Oft werden in einer Webanwendung auch weitere Java-Bibliotheken (wie zum Beispiel Treiber) benötigt. Solche Java-Bibliotheken werden im Verzeichnis *WEB-INF**lib* gespeichert. Alle *.jar*-Dateien, die im Ordner *WEB-INF**lib* abgelegt sind, werden vom Webcontainer automatisch in den `CLASSPATH` eingebunden. In unserem Übungsbeispiel benötigen wir aber keine Java-Bibliotheken, deshalb brauchen wir dort das Verzeichnis *WEB-INF**lib* auch nicht zu erstellen.

Beachten Sie jedoch, dass das Verzeichnis *WEB-INF* zwingend erforderlich ist, auch wenn das Modul keine Servlets und auch keine Java-Bibliotheken beherbergt.

Das EJB-Modul

Der innere Aufbau des EJB-Moduls unterscheidet sich vom Webmodul, weil dort keine statischen Webdateien untergebracht werden. Daher befinden sich die Java-Programmpakete gleich im Wurzelordner. Beispielhaft habe ich dort die EJB-Komponente `de.java2enterprise.onlineshop.SigninEJB.class` abgelegt.

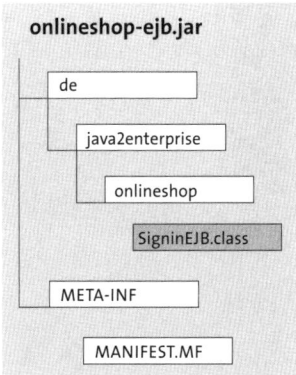

Abbildung 2.23 Die Datei »onlineshop-ejb.jar«

111

2.4.3   Die Enterprise-Archiv-Datei

In unserem Beispiel setzen wir das Web- und das EJB-Modul in eine *.ear*-Schale. Weiter oben habe ich dargelegt, dass manche Java EE-Anwendungen nur einen Webcontainer benötigen, weil sie lediglich Webkomponenten enthalten. Solche Webmodule können auch ohne *.ear*-Schale deployt werden. Dabei spricht man auch von *einfachen Webanwendungen*. In der Java EE-Spezifikation wurde hierfür der Begriff *Webapplication* bzw. *Webapp* definiert. Auch beim GlassFish Server kann ein Webmodul ohne *.ear*-Schale deployt werden. Dies entspricht jedoch nicht der Standardform, denn normalerweise wird eine Java EE-Anwendung in Form eines Java-Enterprise-Archivs deployt, das in seinem Inneren alle Module beherbergt, die zu der Java-Enterprise-Anwendung gehören.

Ein Java-Enterprise-Archiv ist ein mit dem `jar`-Tool paketiertes Verzeichnis. Damit die Datei auch als Java EE-Anwendung erkannt wird, erhält sie die Endung *.ear*. »ear« ist die Abkürzung für *Enterprise-Archiv*. Deshalb bezeichnet man Enterprise-Archiv-Dateien manchmal auch einfach nur als *.ear*-Datei. Eine *.ear*-Datei enthält ein oder mehrere Module. In Abbildung 2.24 sehen Sie das Java-Enterprise-Archiv *onlineshop.ear* mit den zwei Modulen *onlineshop-web.war* und *onlineshop-ejb.jar*.

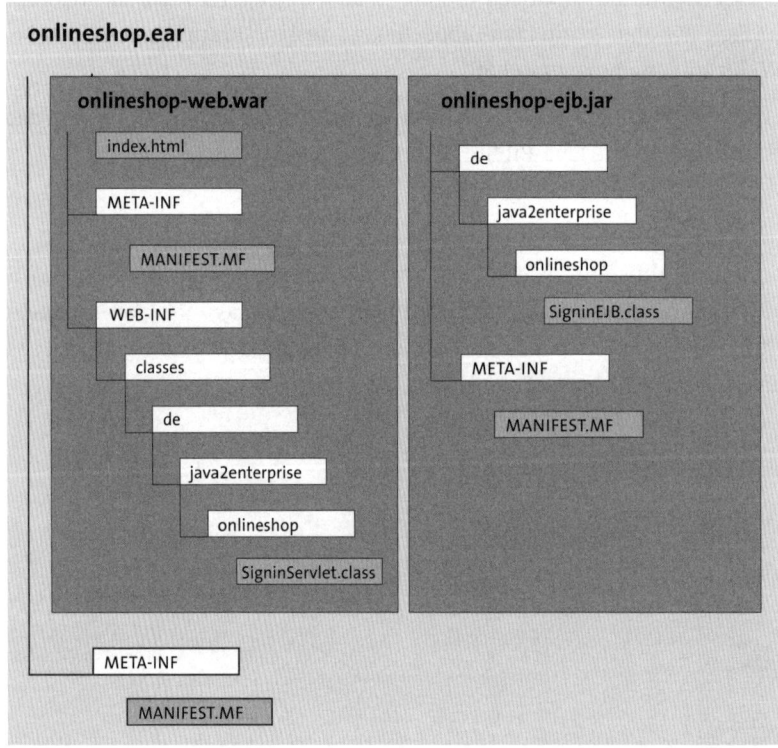

Abbildung 2.24 Die ».ear«-Datei

2.4.4   Die Erstellung der Webkomponente (mit UTF-8)

Bisher habe ich die hierarchische Verschachtelung von Komponenten, Modulen und Applikation ganz theoretisch gezeigt. Nun gehen wir in die Praxis über und erstellen ein solches Konstrukt. Allerdings werden wir ein denkbar einfaches Gerüst bauen, das lediglich ein Webmodul mit einer HTML-Datei enthalten wird. Die HTML-Datei wird lediglich den Text »Onlineshop« anzeigen. Wir brauchen hierfür eine *.ear*-Datei, die der Darstellung in Abbildung 2.25 entspricht.

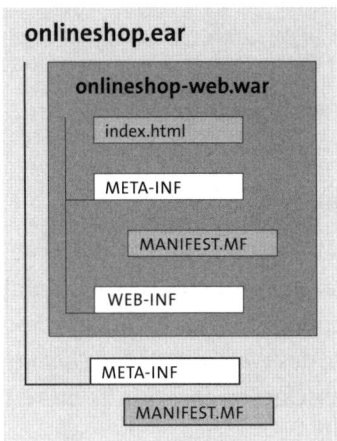

Abbildung 2.25 Das denkbar einfachste Beispiel einer ».ear«-Datei

Zunächst erstellen Sie ein Projektverzeichnis. Bei meinem Windows-Rechner werde ich die Quellen des Webmoduls in das Verzeichnis *C:\workspace\Onlineshop\WebContent* speichern. Dort erstelle ich die Textdatei »*index.html*« mit dem Inhalt aus Listing 2.3:

```
<!DOCTYPE html>
<html>
    <head>
        <meta charset="UTF-8"/>
        <title>Onlineshop</title>
    </head>
    <body>
        <h1>Onlineshop</h1>
    </body>
</html>
```

Listing 2.3 index.html

Beachten Sie hierbei, dass die Datei mit der Zeichenkodierung UTF-8 abzuspeichern ist. Wenn Sie beispielsweise das Dokument *index.html* mit dem Texteditor von Microsoft Windows anlegen, wird es normalerweise automatisch mit dem Microsoft-typischen Zeichensatz ANSI erstellt. Wenn Sie im Menü das Fenster SPEICHERN UNTER öffnen, können Sie ganz unten über die Combobox CODIERUNG auch andere Zeichenkodierungen auswählen. Außer ANSI werden zum Beispiel UNICODE, UNICODE BIG ENDIAN und UTF-8 angeboten. Für den Webentwickler spielt hierbei UTF-8 eine entscheidende Rolle.

> **Hinweis**
>
> Warum man der Zeichenkodierung so viel Wert beimisst, wurde in Abschnitt 2.3, »Exkurs: UTF-8«, deutlich. Dort habe ich die Bedeutung von Zeichenkodierungen und insbesondere von UTF-8 erklärt.

Legen Sie zuletzt das obligatorische Verzeichnis mit dem Namen \WEB-INF an.

2.4.5   Die Erzeugung des Webmoduls und der ».ear«-Datei

Nun werden wir das Webmodul erzeugen. Das Webmodul entsteht, indem die Datei *index.html* und der Unterordner *WEB-INF* mit dem jar-Tool gezippt werden. Das Webmodul wird den Namen *onlineshop-web.war* tragen, denn die Konvention von Java EE besagt, dass der Name der Webanwendung automatisch durch den Namen des Webmoduls (also *online-shop-web*) festgelegt ist. Führen Sie hierzu im Wurzelpfad der Quellen (bei mir ist das *C:\workspace\Onlineshop\WebContent*) folgendes Kommando aus.

```
jar cvf onlineshop-web.war *
```

Bei diesem Prozess wird das jar-Werkzeug die Datei *index.html* und das Unterverzeichnis *WEB-INF* zusammenpacken. Gleichzeitig wird es ein Verzeichnis mit dem Namen */META-INF* mit der Datei *MANIFEST.MF* automatisch erzeugen und hinzufügen.

Gleich darauf erstellen Sie die Datei *onlineshop.ear*, indem Sie die Datei *onlineshop-web.war* mit dem jar-Tool zippen.

```
jar –cvf onlineshop.ear onlineshop-web.war
```

Dieses Mal wird das soeben erzeugte Webmodul in eine *.ear*-Schale gepackt. Wieder wird hierbei automatisch auch ein neues *META-INF*-Verzeichnis angelegt und beigelegt. Mit der Erstellung der *onlineshop.ear* sind Sie nun fertig.

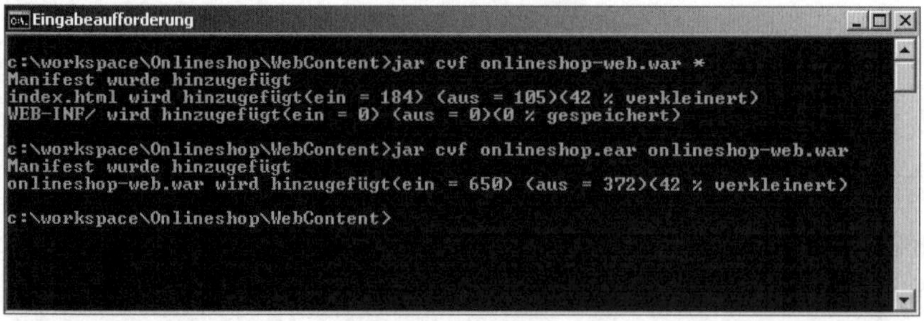

Abbildung 2.26 Die Paketierung der ».ear«-Datei

2.4.6   Die Installation der Enterprise-Anwendung

In diesem Abschnitt werden Sie die Datei *onlineshop.ear* deployen. Grundsätzlich bieten sich an dieser Stelle mehrere Möglichkeiten an:

1. Kopieren Sie die Java EE-Anwendung einfach in das Autodeploy-Verzeichnis. Bei mir ist das der Ordner *C:\glassfish5\glassfish\domains\domain1\autodeploy*.

2. Setzen Sie das Programm `asadmin` mit Remote Commands ein.

3. Bedienen Sie den DAS über den Webbrowser, oder

4. setzen Sie eine integrierte Entwicklungsumgebung wie Eclipse ein.

In diesem Abschnitt zeige die Variante mit dem Webbrowser. Für das Deployment der Java EE-Anwendung klicken Sie im Fenster auf der linken Seite im Menü auf APPLICATIONS. Wenn Sie anschließend auf der rechten Seite den DEPLOY...-Button betätigen, erscheint die Ansicht mit dem Titel DEPLOY APPLICATIONS OR MODULES, wo sie die Java EE-Anwendung hochladen können. Hierbei werden zwei Optionen angeboten. Wenn der Java EE-Server auf einem entfernten Rechner liegen würde, müsste die Java EE-Anwendung mit der ersten Option, PACKAGED FILE TO BE UPLOADED TO THE SERVER, hochgeladen werden.

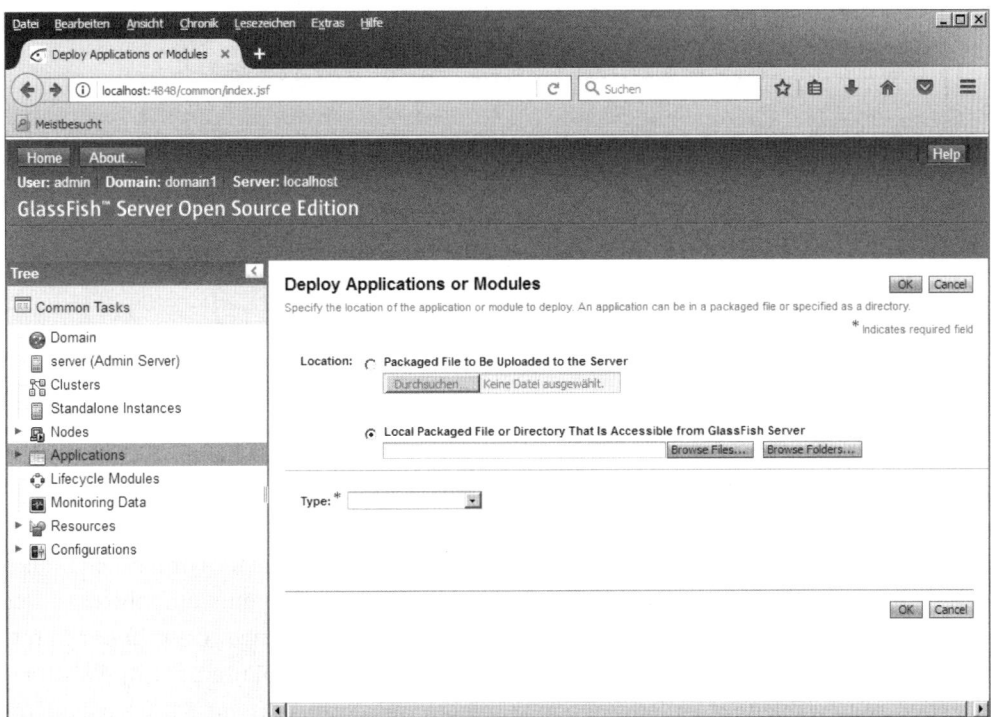

Abbildung 2.27 Das Bereitstellen der Java EE-Anwendung

Für unsere Beispielanwendung verwenden Sie die zweite Option mit der Aufschrift LOCAL PACKAGED FILE OR DIRECTORY THAT IS ACCESSIBLE FROM GLASSFISH SERVER.

Klicken Sie dort auf den Button mit der Aufschrift BROWSE FILES.... Weil sowohl vollständig Java EE-konforme Anwendungen als auch einzelne Module installierbar sind, haben wir die Wahl zwischen der Datei *onlineshop.ear* und der Datei *onlineshop-web.war*. Selektieren Sie am besten die *.ear*-Datei, um das Deployment der vollständigen *.ear*-Datei einmal zu testen.

Abbildung 2.28 Die Auswahl der ».ear«-Datei

Mit einem Klick auf CHOOSE FILE gelangen Sie zum vorherigen Fenster zurück. Dort sollte sich der untere Teil verändert haben. Beispielsweise legen Sie über die Combobox mit der Aufschrift TYPE den Anwendungstyp selbst fest. Durch die vorherige Auswahl der Enterprise-Datei sollte in der Combobox jedoch automatisch der Eintrag »Enterprise Application« selektiert sein. Wählen Sie in der Combobox mit der Aufschrift VIRTUAL SERVERS den Eintrag »server« aus.

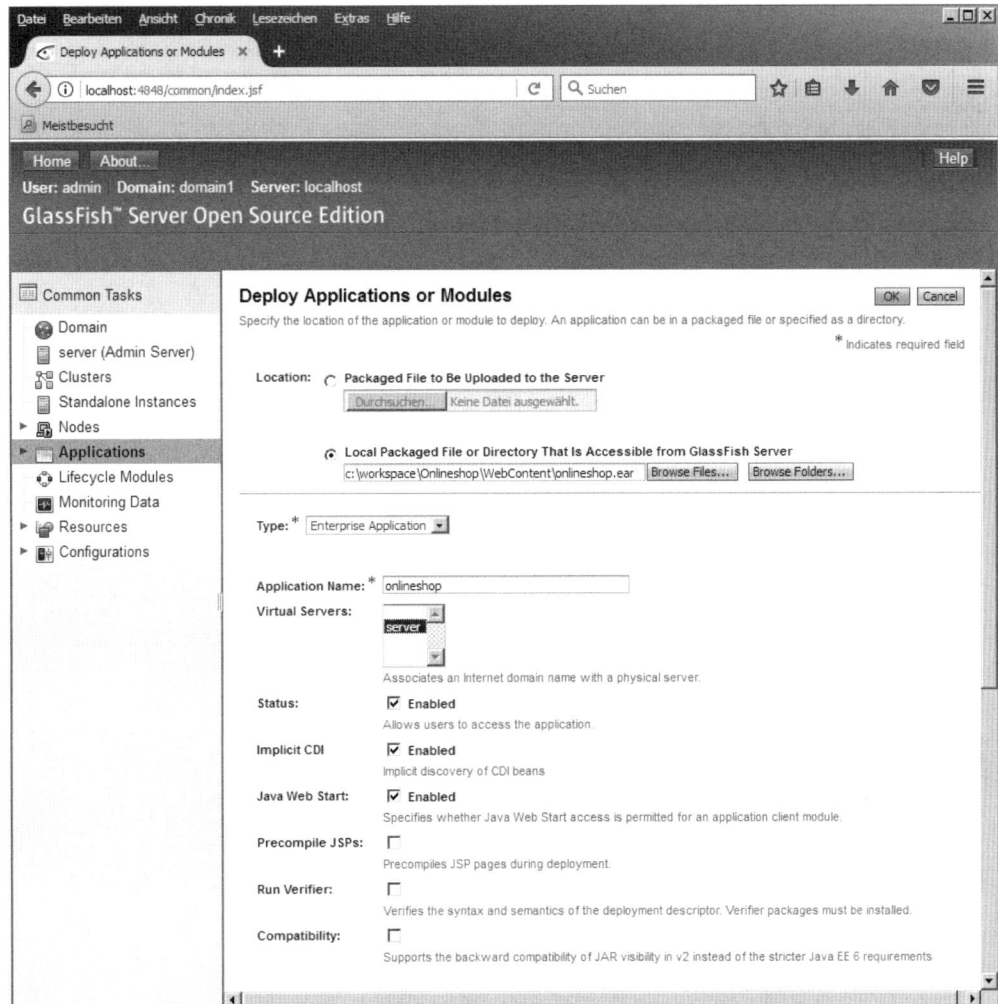

Abbildung 2.29 Die Auswahl des virtuellen Servers

Alle anderen Voreinstellungen belassen Sie und klicken auf OK. Im nächsten Fenster (siehe Abbildung 2.30) sind Sie wieder auf der Anwendungsseite angekommen. Dort sollten Sie den Eintrag ONLINESHOP unter den installierten Anwendungen vorfinden.

Hier klicken Sie nun auf RELOAD, um die Anwendung zu starten.

Nachdem unsere Anwendung nun in Betrieb ist, möchten wir uns ein Bild über den Betriebszustand machen. In einem Webbrowser sollte beispielsweise die URL *http://localhost:8080/onlineshop-web* aufrufbar sein (siehe Abbildung 2.31).

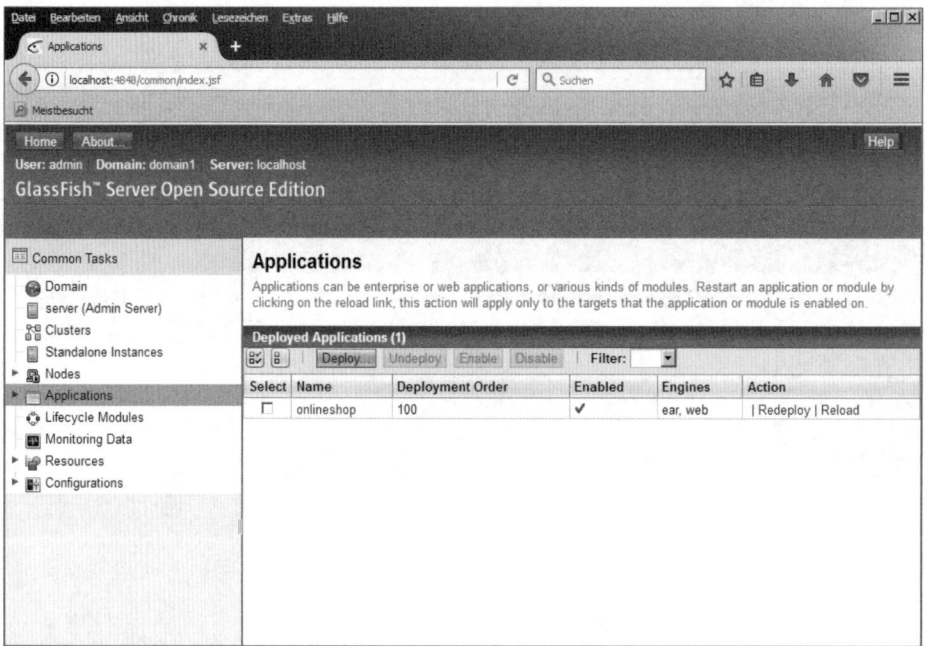

Abbildung 2.30 Die Onlineshop-Anwendung in der Administration Console

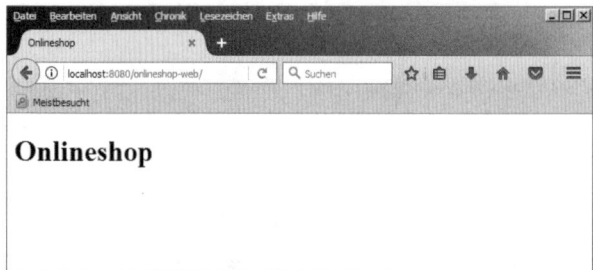

Abbildung 2.31 Die Onlineshop-Anwendung im Webbrowser

2.5 Das Logging

Nicht nur für den Administrator, sondern auch für den Entwickler ist das Logging ein wichtiges Instrument, um Informationen über den Zustand des Servers und der Anwendung zu erhalten. Der Logging-Mechanismus von GlassFish lässt sich von »ganz schweigsam« bis hin zu »besonders redselig« einstellen. Folgende Logging-Levels lassen sich von niedrig bis hoch wie folgt festlegen: SEVERE, WARNING, INFO, CONFIG, FINE, FINER und FINEST. Dabei umfasst ein Level auch die Benachrichtigungen der niedrigeren Levels.

Nun können für jede Instanz für verschiedene Packages unterschiedliche Logging-Levels gesetzt werden. Im Allgemeinen kann man sagen, dass zur Entwicklungszeit ein besonders feiner (redseliger) Logging-Level vorteilhaft ist. Weil das ständige Hinausschreiben von Nachrichten aber auch sehr zeitaufwendig ist, sollte der Logging-Level während des produktiven Betriebs möglichst schweigsam sein.

Um für die Entwicklungstätigkeit möglichst viele Informationen zu erhalten, setzen wir den Logging-Level des ConsoleHandlers auf FINEST. Hierfür gehen Sie in der Web Console links über das Menü auf CONFIGURATIONS • SERVER-CONFIG • LOGGER SETTINGS. Auf der rechten Seite wechseln Sie in den Tab LOG LEVELS. Dann erscheinen darunter tabellarisch die unterschiedlicher Logger, deren Level Sie über Combo-Boxen festlegen können. Setzen Sie für die Entwicklungstätigkeit den Logging-Level vom ConsoleHandler auf »FINEST«, um möglichst viele Informationen über den Zustand der Anwendung zu erhalten.

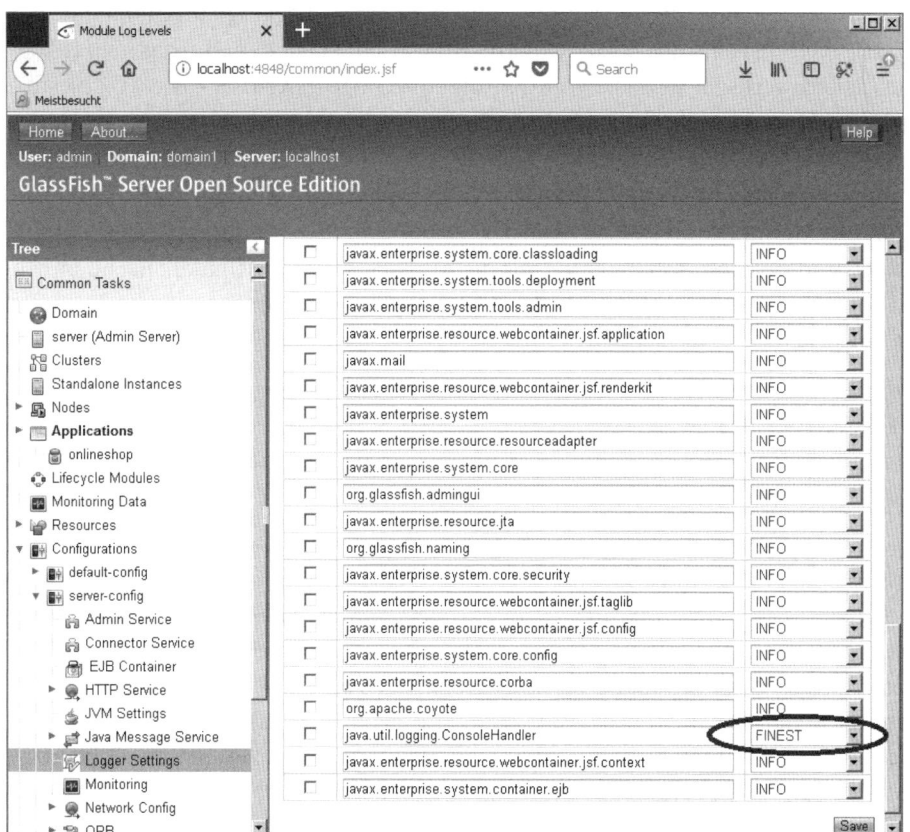

Abbildung 2.32 Setzen Sie bei der Entwicklung den Logging-Level des ConsoleHandlers auf »FINEST«, um möglichst viele Informationen über den Zustand der Anwendung zu erhalten.

Weil die Steuerung des Logging-Levels des ConsoleHandlers von Bedeutung ist, zeige ich Ihnen auch noch, wie Sie ihn auf der Kommandozeile auf FINEST setzen. Hierfür geben Sie auf der asadmin-Konsole Folgendes ein:

```
set-log-levels java.util.logging.ConsoleHandler=FINEST
```

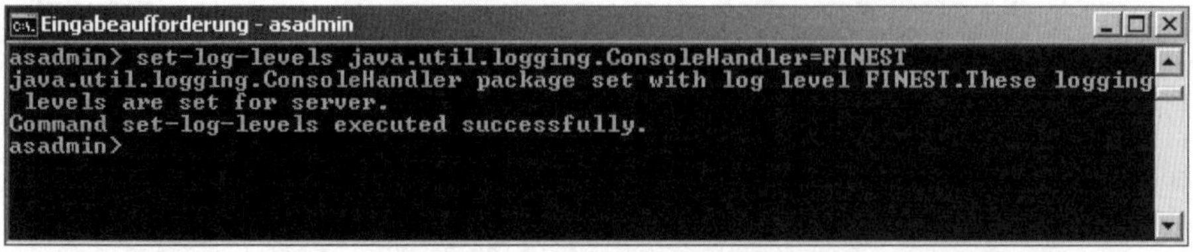

```
asadmin> set-log-levels java.util.logging.ConsoleHandler=FINEST
java.util.logging.ConsoleHandler package set with log level FINEST.These logging
 levels are set for server.
Command set-log-levels executed successfully.
asadmin>
```

Abbildung 2.33 Für die Entwicklung setzen Sie den Logging-Level der Instanz »server« auf »FINEST«.

2.5.1   Access-Logging

In manchen Fällen möchte man jeglichen HTTP-Aufruf auf eine Webseite protokollieren. Der bekannteste Mechanismus hierzu stammt aus der Access-Logging-Funktionalität des Apache Web Servers, bei dem alle HTTP-Requests aufgezeichnet werden. Um das Access-Logging einzuschalten, wechseln Sie in der Web Console auf CONFIGURATIONS • SERVER-CONFIG • HTTP SERVICE und setzen ein Häkchen bei der Checkbox ACCESS LOGGING ENABLED. Außerdem setzen Sie die Werte der Felder BUFFER SIZE und WRITE INTERVALL auf 0, damit die Logging-Ausgaben nicht erst in einem internen Cache gesammelt werden. Im Produktionsbetrieb ist dieser Mechanismus wichtig, weil das Hinausschreiben von Logging sehr zeitaufwendig ist. Aber in unserem Fall möchten wir die Ausgabe sofort anschauen, nachdem wir die Webseite aufgerufen haben. Abschließend bestätigen Sie die Änderungen mit einem Mausklick auf SAVE.

> **Hinweis für ältere GlassFish Server**
>
> Im letzten Format-Feld ganz unten wird das Logging-Format gesetzt. Dort werden Sie in GlassFish 5 folgenden Eintrag vorfinden:
>
> %client.name% %auth-user-name% %datetime% %request% %status% %response.length%
>
> Eventuell steht bei Ihnen im Eingabefeld FORMAT der Begriff combined oder auch common. Hierbei handelt es sich um Kurzschreibweisen für die Formate *Common Log Format* und *Combined Log Format*. Diese beiden Formatstandards haben sich beim Apache Web Server durchgesetzt, da sie auch von speziellen Auswertungswerkzeugen verwendet werden. Das *Common Log Format* enthält die gängigsten Auskünfte, die man als Administrator benötigt. Das sind die IP, das Datum, die HTTP-Anfrage, der Antwort-Statuscode und die Antwortgröße. Das *Combined Log Format* enthält die gleichen Informationen und zusätzlich zwei weitere, nämlich den sogenannten Referrer und den HTTP User Agent. Wenn das bei Ihnen so der Fall ist, ändern Sie den Eintrag im Eingabefeld FORMAT zur Einheitlichkeit am besten in
>
> %client.name% %auth-user-name% %datetime% %request% %status% %response.length%
>
> um, denn dies ist der Eintrag, der vom GlassFish 5-Team favorisiert wird.

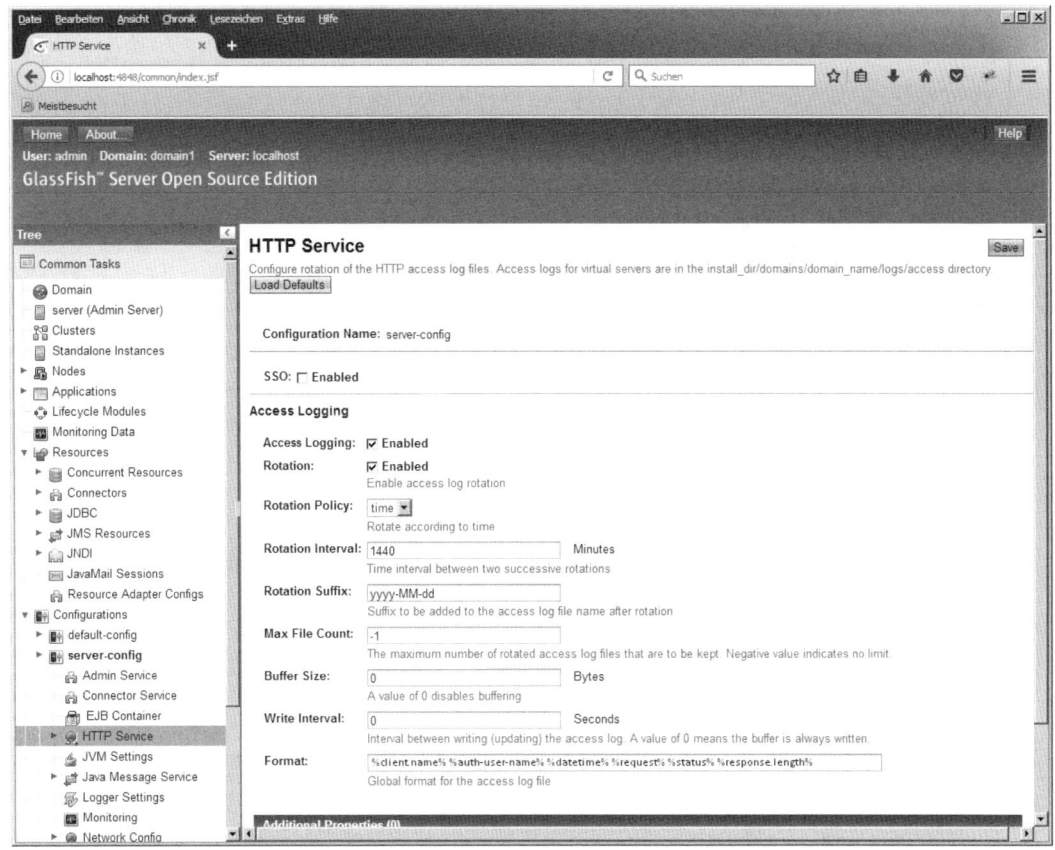

Abbildung 2.34 Das Access-Logging des GlassFish Servers

Wenn Sie die Seite nun im Webbrowser aufrufen, sollte im Ordner *C:\glassfish5\glassfish\ domains\domain1\logs\access* eine weitere Datei mit dem Namen *server_access_ log.[Datum].txt* liegen. Darin sollte der Zugriff auf folgender Weise protokolliert sein.

```
127.0.0.1 - - [09/Aug/2017:11:16:55 +0200] "GET /onlineshop-web/ HTTP/1.1" 200 676
```

2.6   Das Monitoring

Neben dem einfachen Protokollieren über das Logging bietet GlassFish einen eigenen Monitoring-Mechanismus an. Sie gelangen in die Monitoring-Seite, indem Sie links auf das Menü MONITORING DATA klicken. In der Monitoring-Ansicht klicken Sie auf CONFIGURE MONITORING, um eine Übersicht über alle Monitoring-Module zu erhalten.

Beispielhaft werden wir uns die Anzahl der Onlinezugriffe auf die Anwendung ausgeben lassen. Hierfür öffnen Sie die Combobox für das Modul WEB CONTAINER und ändern den Wert des Monitoring-Levels von »OFF« auf »HIGH«. Abschließend klicken Sie auf SAVE.

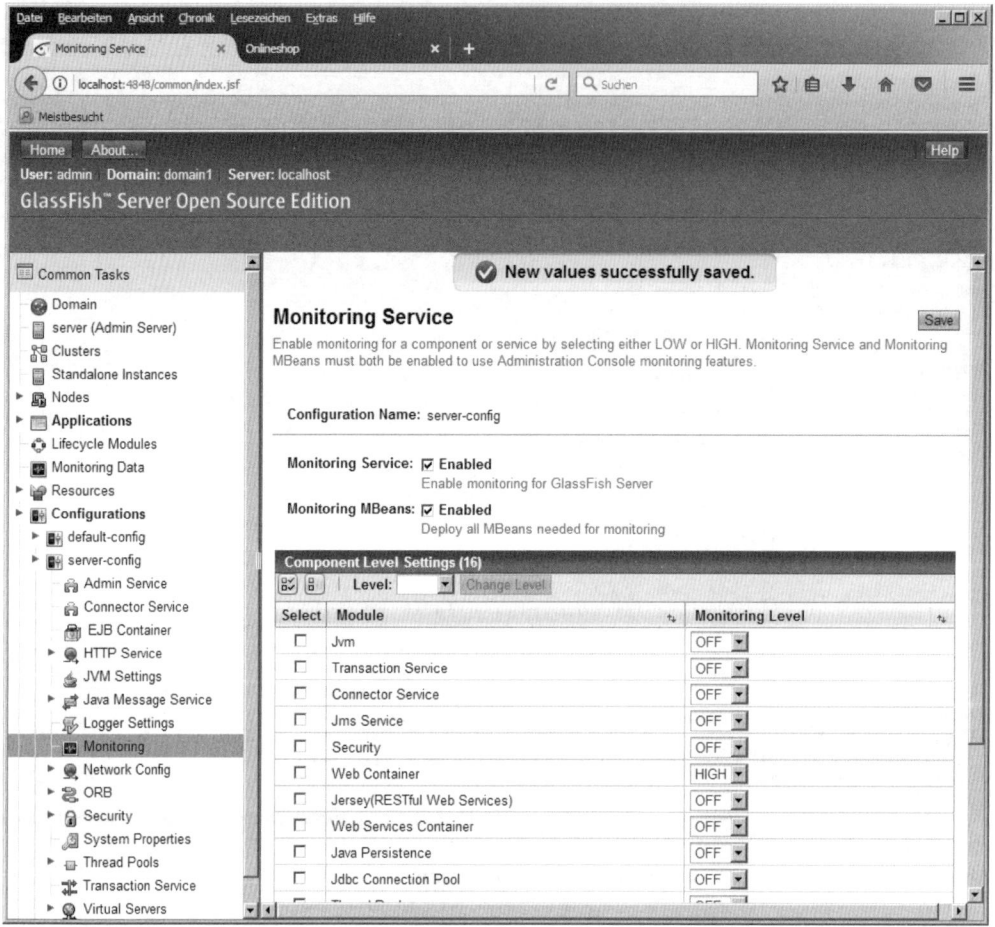

Abbildung 2.35 Der Monitoring-Level des Webcontainers wurde auf »HIGH« gesetzt.

Danach klicken Sie links im Menü auf SERVER (ADMIN SERVER), denn dies ist die Hauptschaltzentrale des Servers.

Als Nächstes klicken Sie auf der rechten Seite auf den Tab mit der Aufschrift MONITOR. Weil wir bislang nur ein einziges Modul (*onlineshop-web.war*) gestartet haben, sollte dieses bereits vorausgewählt sein. Standardmäßig werden uns zunächst nur Informationen der Servlets angezeigt. Deshalb selektieren Sie in der Combobox für die anzuzeigenden Komponenten den Eintrag »default«. Das Hochzählen lässt sich nun nachverfolgen, indem Sie in einer weiteren Webseite die URL *http://localhost:8080/onlineshop-web* aufrufen und zurückkehrend in der Administration Console auf den Button REFRESH klicken. Neben dem Eintrag REQUESTCOUNT sollte nun angezeigt werden, wie oft Sie die Webseite des Onlineshops seit der Nutzung des Webcontainer-Loggings aufgerufen haben.

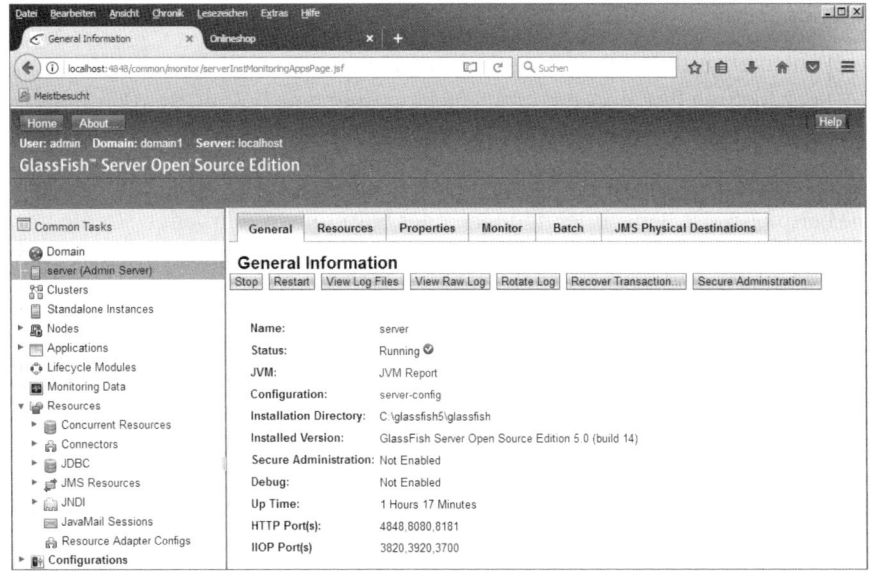

Abbildung 2.36 Die Hauptschaltzentrale des Servers

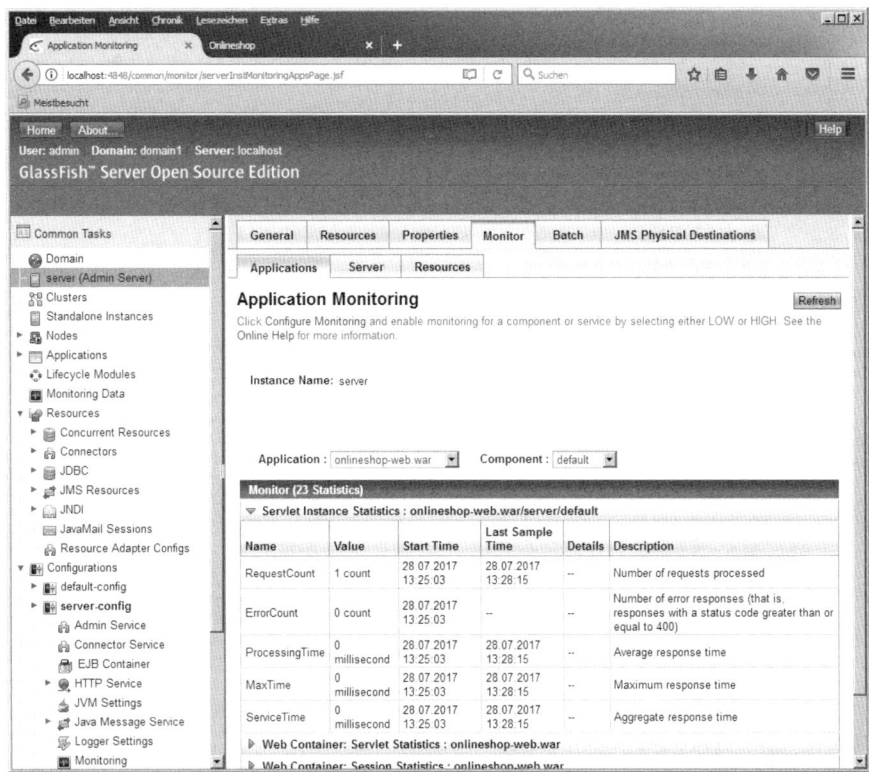

Abbildung 2.37 Das Application Monitoring

2.6.1   Der JMX Connector

Damit Sie das Wohlergehen Ihrer Java EE-Anwendung aus der Ferne überwachen können, legt die Java EE-Spezifikation fest, dass ein Java EE-Server über eine besondere API mit dem Namen *Java Management Extension* (*JMX*) verfügen muss.

Intern arbeitet JMX mit sogenannten *Managed Beans* (*MBeans*). Eine MBean ist eine spezielle Java-Klasse, die beispielsweise Benachrichtigungen oder Warnungen abarbeitet. Für die Verwaltung seiner MBeans stellt der GlassFish Server den sogenannten *JMX Connector Server* bereit.

Die IP-Adresse und den Port, über die der JMX-Dienst erreichbar ist, können Sie über COMMON TASKS • CONFIGURATIONS • SERVER-CONFIG • ADMIN SERVICE abändern. Für den JMX Connector Server von GlassFish sind per Default die *Unspecified IPv4 Address* 0.0.0.0 und der Port 8686 erreichbar. Setzen Sie die IPv4-Adresse auf die Loopback-IP-Adresse »127.0.0.1«.

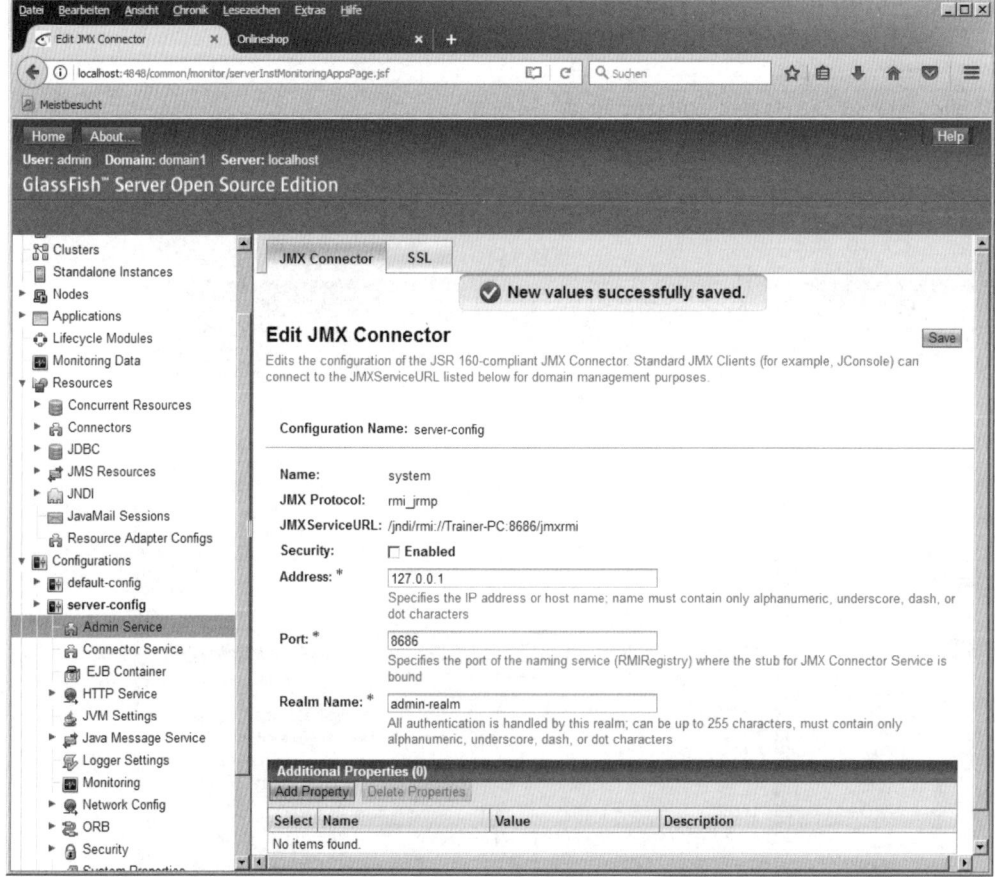

Abbildung 2.38 Die »JMXServiceURL« beim GlassFish Server

Hinweis

Wenn Sie IPv6-Adressen in Ihrem Netzwerk verwenden, tragen Sie »0.0.0.0.0.1« in das Feld ein.

Um die Änderungen restlos wirksam werden zu lassen, starten Sie den Server neu.

2.6.2   Das Monitoring über JConsole

Wir werden uns nun die Informationen anschauen, die uns der JMX Connector Server über seine registrierten MBeans meldet. Das gängigste Werkzeug, über das man sich mit dem JMX Connector Server von GlassFish verbinden kann, bietet die JDK. Es nennt sich *JConsole* (*Java Monitoring and Management Console*). Das Programm befindet sich im *bin*-Verzeichnis des Java-Home-Verzeichnisses. Sie können JConsole aufrufen, indem Sie auf der Konsole das Kommando jconsole ausführen. Anschließend sollte das Fenster aus Abbildung 2.39 erscheinen, in dem Sie die Verbindungsdaten des JMX Connector Servers von GlassFish eingeben.

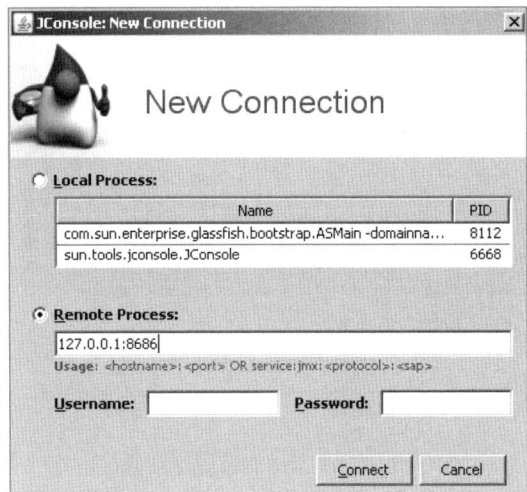

Abbildung 2.39 JConsole

Klicken Sie zunächst auf REMOTE PROCESS, denn über LOCAL PROCESS werden die MBeans nicht automatisch gestartet. Geben Sie dann in das Eingabefeld die IP-Adresse des Rechners und die Portnummer des JMX Connector Servers ein. Auf meinem Rechner ist das 127.0.0.1:8686. Wenn Sie anschließend auf den Button CONNECT klicken, erhalten Sie womöglich zunächst eine Meldung, die Sie darauf hinweist, dass eine sichere Verbindung über SSL nicht erstellt werden kann. Bestätigen Sie in diesem Fall, dass Sie mit der unsicheren Verbindung einverstanden sind. Danach öffnet sich ein Fenster mit mehreren Reitern. Beim ersten Reiter zeigt sich JConsole von seiner besten Seite, da wir in einer grafischen Übersicht den Verbrauch von Speicher- und Prozessorressourcen erkennen können.

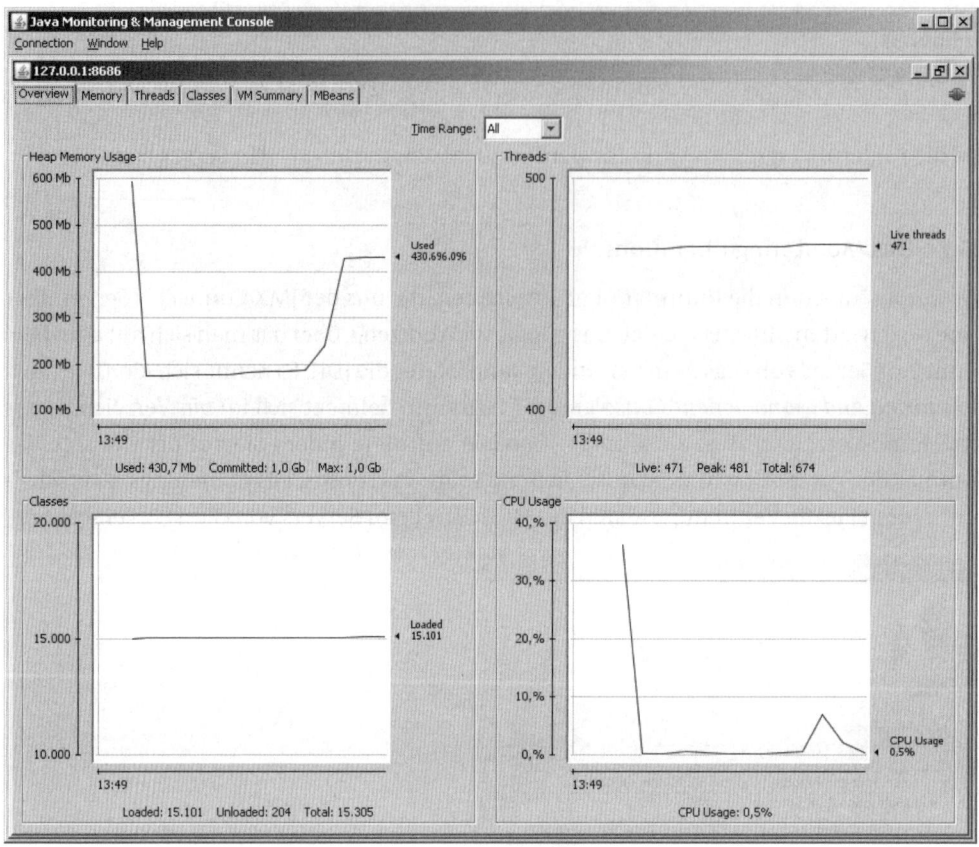

Abbildung 2.40 Das Monitoring des Java EE-Servers über JConsole

2.7   Eclipse einsetzen

In den bisherigen Beispielen bin ich davon ausgegangen, dass Sie als Leser einen Texteditor für die Eingabe von Quelltexten einsetzen. Das ist selbstverständlich nicht wirklichkeitsnah. Schließlich sind Sie als Java-Entwickler bereits mit einer integrierten Entwicklungsumgebung (IDE) bestens vertraut. In diesem Buch werden wir *Eclipse* als IDE verwenden. Für die Steuerung des GlassFish Servers von Eclipse aus bietet Oracle ein Eclipse-Plugin an, das sich *GlassFish Tools* nennt. Dieses lässt sich über den Marketplace nachinstallieren.

2.7.1   Den GlassFish Server neutralisieren

Bevor wir Eclipse aus dem Internet herunterladen, müssen wir uns noch um eine Sache kümmern: Damit Eclipse bei der Fernsteuerung nicht durcheinanderkommt, deinstallieren wir sie zunächst vom GlassFish Server. Anschließend werden wir die Domäne auch stoppen. Ein paralleles Arbeiten ist prinzipiell möglich. Allerdings müssten Sie in diesem Fall auf die Konfiguration der Portnummern achten, da eine Portnummer auf einem Host nur einmalig vergeben werden darf. Gehen Sie lieber den einfachen Weg, und neutralisieren Sie GlassFish, indem Sie die im letzten Kapitel installierte Anwendung entfernen und den Server manuell anhalten.

Für die Deinstallation klicken Sie auf der linken Seite der GlassFish-Webkonsole auf APPLICATIONS. Auf der rechten Seite selektieren Sie die Onlineshop-Anwendung. Durch einen Klick auf UNDEPLOY wird die Anwendung entfernt.

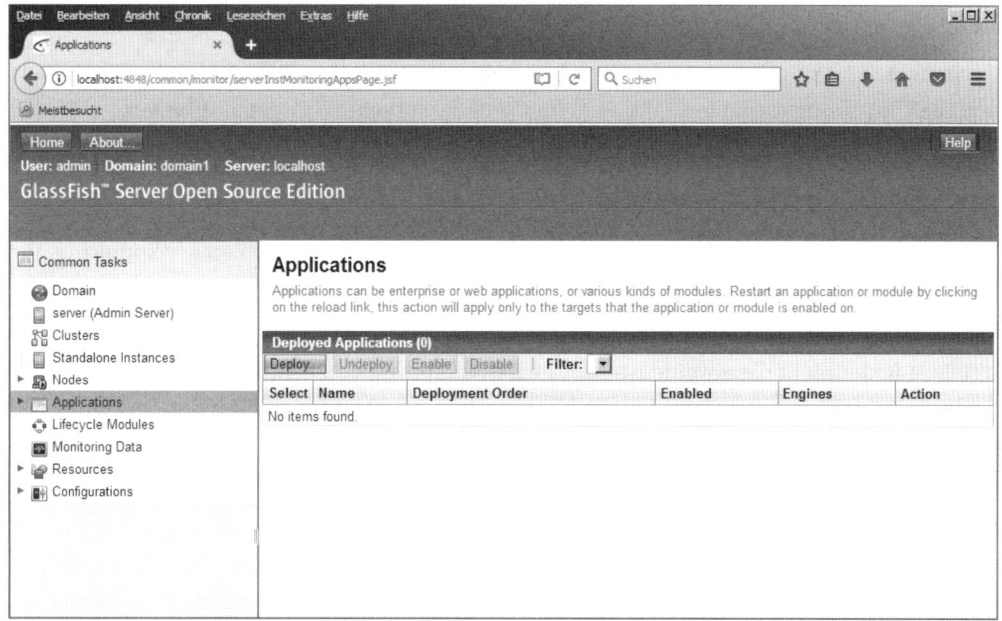

Abbildung 2.41 Der Onlineshop ist entfernt.

Außerdem sollten Sie den GlassFish Server herunterfahren. Führen Sie hierfür im Programm asadmin das Kommando stop-domain domain1 (oder nur stop-domain) aus.

Abbildung 2.42 Mit »stop-domain domain1« fahren Sie die Domäne herunter.

2.7.2   Eclipse IDE for Java EE-Developers

Sie können Eclipse IDE for Java EE Developers von folgender Downloadseite herunterladen:

https://www.eclipse.org/downloads/packages/release/Oxygen/2

Laden Sie dort die jeweils für Ihr Betriebssystem gültige Variante herunter. Für dieses Buch setze ich die Datei *eclipse-jee-oxygen-2-win32-x86_64.zip* ein. Um die Screenshots und Hinweise perfekt nachzuvollziehen, verwenden Sie am besten die gleiche (oder eine neuere) Version. Nachdem Sie Eclipse heruntergeladen haben, sollte sich die gezippte Datei in Ihrem Downloadverzeichnis befinden. In der Regel handelt es sich bei diesem Inhalt um einen Ordner mit dem Namen *eclipse*. Unterhalb des *eclipse*-Ordners befindet sich die Ausführungsdatei *eclipse* bzw. *eclipse.exe*, mit der Sie später Eclipse starten werden. Extrahieren Sie den kompletten *eclipse*-Ordner an einen geeigneten Ort. Beispielsweise wäre das bei einem Linux-Betriebssystem der Ordner */opt* und bei Windows der Ordner *C:\Programme*.

Genau wie zu Anfang dieses Kapitels beschrieben, sollten Sie eine JDK 8 oder höher installiert und die Umgebungsvariablen JAVA_HOME und PATH entsprechend angepasst haben.

2.7.3 Eclipse auf UTF-8 umstellen

Weiter oben habe ich bereits erklärt, dass UTF-8 eine sehr bedeutende Zeichenkodierung für Webanwendungen darstellt. Bestenfalls haben Sie auch den Abschnitt 2.3 durchgelesen, denn dort habe ich alles Wichtige zu UTF-8 genauestens erläutert.

UTF-8 ist leider nicht die voreingestellte Zeichenkodierung von Eclipse. Deshalb müssen wir noch einige Änderungen vornehmen, bevor es gleich mit der automatisierten Erzeugung von Quelltexten losgeht.

Änderung des Default File Encodings

Die erste Stelle, über die wir eine Umstellung auf UTF-8 erwirken werden, findet sich in der Datei *eclipse.ini*. Diese Datei liegt normalerweise im Eclipse-Hauptordner, d. h. im gleichen Ordner, der auch die ausführbare *eclipse.exe* enthält. Wenn Sie die Datei nicht vorfinden, legen Sie sie einfach an selbst an. In dieser Datei setzen Sie alle Optionsparameter, die beim Start von Eclipse berücksichtigt werden sollen. Fügen Sie dem Inhalt dieser Datei den Optionsparameter aus Listing 2.4 hinzu:

```
-Dfile.encoding=UTF8
```

Listing 2.4 eclipse.ini

Sie starten Eclipse, indem Sie die ausführbare Datei *eclipse.exe* im Eclipse-Ordner ausführen.

Eclipse begrüßt uns mit einer Willkommensansicht, bei der wir oben rechts die Möglichkeit erhalten, in die Workbench zu wechseln. Dort benötigen wir nun die Java EE Perspective. Hierfür öffnen Sie über das Hauptmenü WINDOW • PERSPECTIVE • OPEN PERSPECTIVE • OTHER das Fenster OPEN PERSPECTIVE. Wählen Sie die Perspective JAVA EE aus, und bestätigen Sie mit OK.

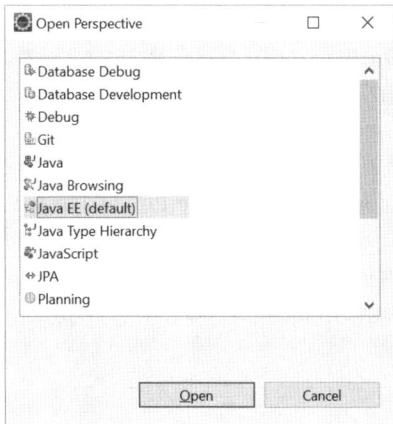

Abbildung 2.43 Der Start von Eclipse

In Eclipse öffnen Sie as PREFERENCES-Fenster über WINDOW • PREFERENCES. Dort selektieren Sie auf der linken Seite im Baum den Ordner GENERAL • WORKSPACE. Auf der rechten Seite sollte danach unter TEXT FILE ENCODING die Option DEFAULT (UTF8) selektiert sein.

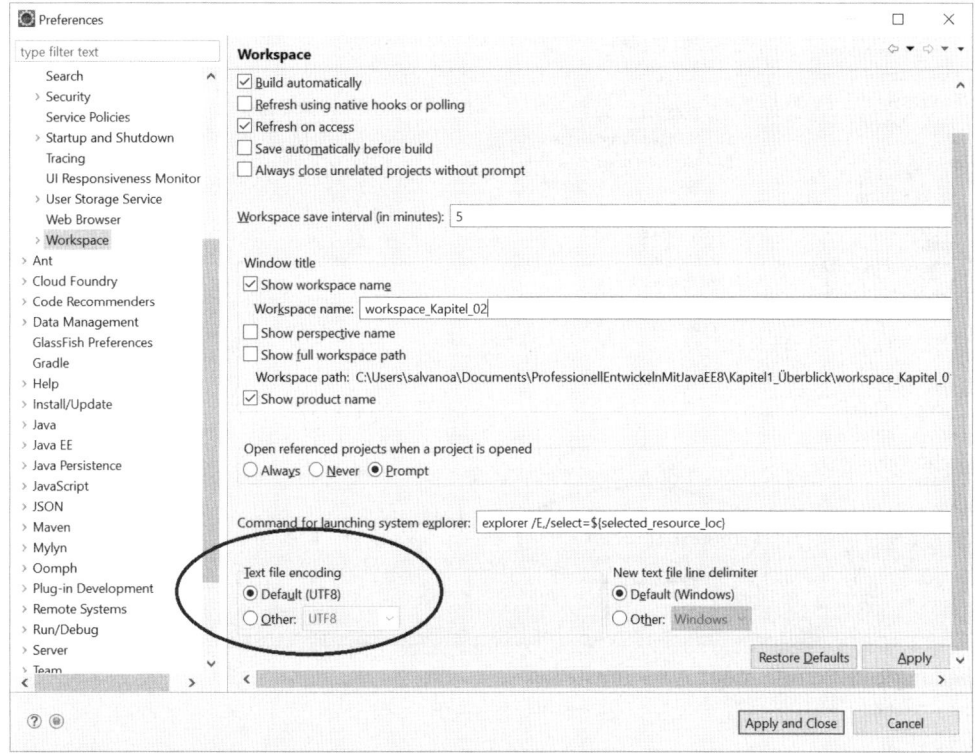

Abbildung 2.44 »Default (UTF8)« als »Text file encoding«

Änderung des Content Types

Als Nächstes öffnen Sie im Preferences-Fenster den Ordner General • Content Types. Auf der rechen Seite erscheint danach eine Baumstruktur. Dort öffnen Sie den Eintrag Text. Kontrollieren Sie, ob im Eingabefeld Default Encoding der Eintrag auf »UTF-8« gesetzt ist. Ändern Sie den Wert gegebenenfalls in »UTF-8« um, und klicken Sie auf Update. Dies sollte auch alle darunterliegenden Zweige abändern. Unterhalb von Text selektieren Sie den Eintrag CSS, HTML und darunter den Eintrag Facelets, Java Properties File, Java Source File, JavaScript Source File und auch JSP. Im Eingabefeld Default Encoding kontrollieren Sie jeweils, ob »UTF-8« eingetragen ist. Wenn nicht, ändern Sie den Wert in »UTF-8« um und klicken auf Update.

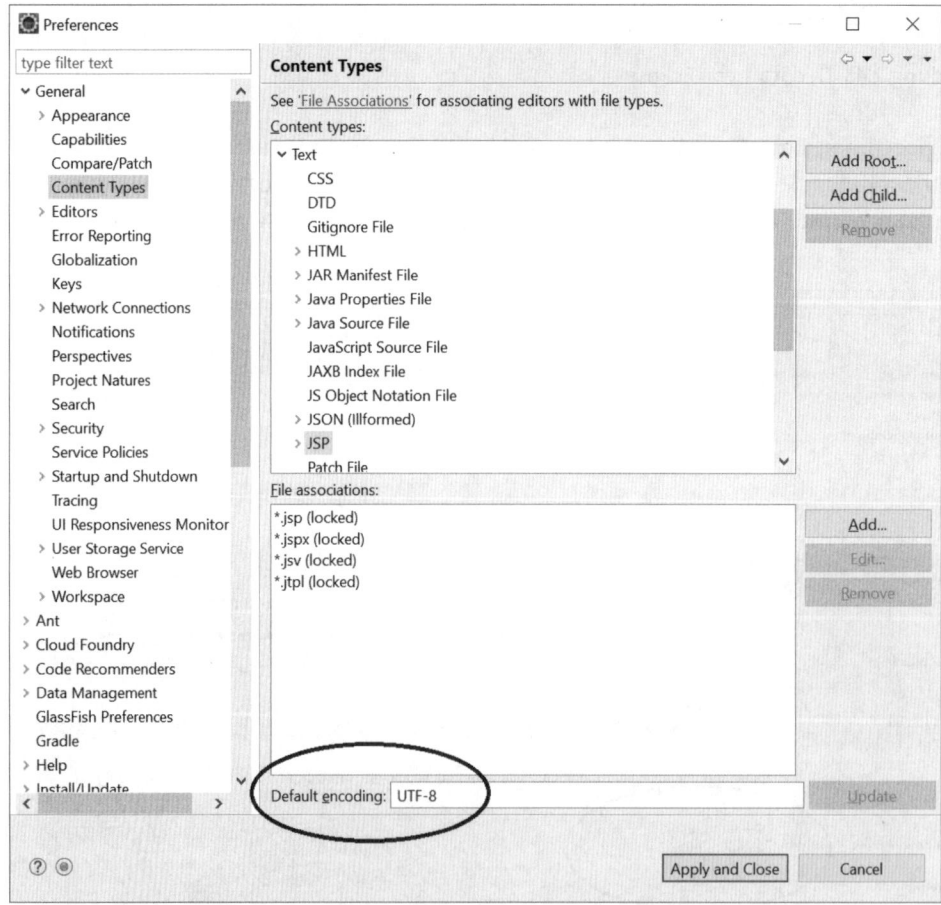

Abbildung 2.45 Den »Content Type« umstellen

Zur Kontrolle öffnen Sie anschließend auf der linken Seite den Ordner WEB. Unterhalb von WEB klicken Sie beispielsweise auf HTML FILES oder auf JSP FILES. Dort sollte nun ebenfalls »UTF-8« bzw. »ISO 10646« oder »ISO 10646/Unicode(UTF-8)« als Kodierung gesetzt sein. Wenn dem nicht so ist, ändern Sie auch dort die Werte ab, sodass sie auf »ISO 10646/Unicode(UTF-8)« gesetzt sind.

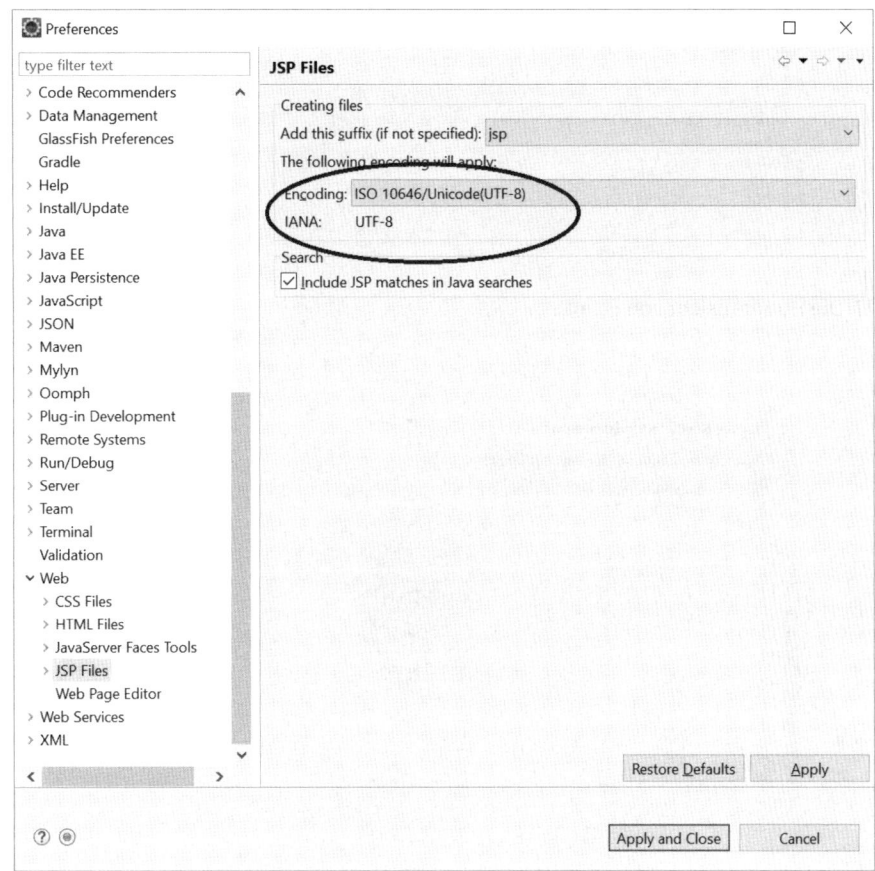

Abbildung 2.46 »ISO 10646/Unicode(UTF-8)« als Kodierung

2.7.4 Die Installation der GlassFish Tools

Um den GlassFish Server in Eclipse einzubinden, werden wir die GlassFish Tools installieren. Klicken Sie hierfür in Eclipse auf WINDOW • PREFERENCES (siehe Abbildung 2.47).

Im PREFERENCES-Fenster klicken Sie links auf SERVER und dann auf RUNTIME ENVIRONMENTS (siehe Abbildung 2.48).

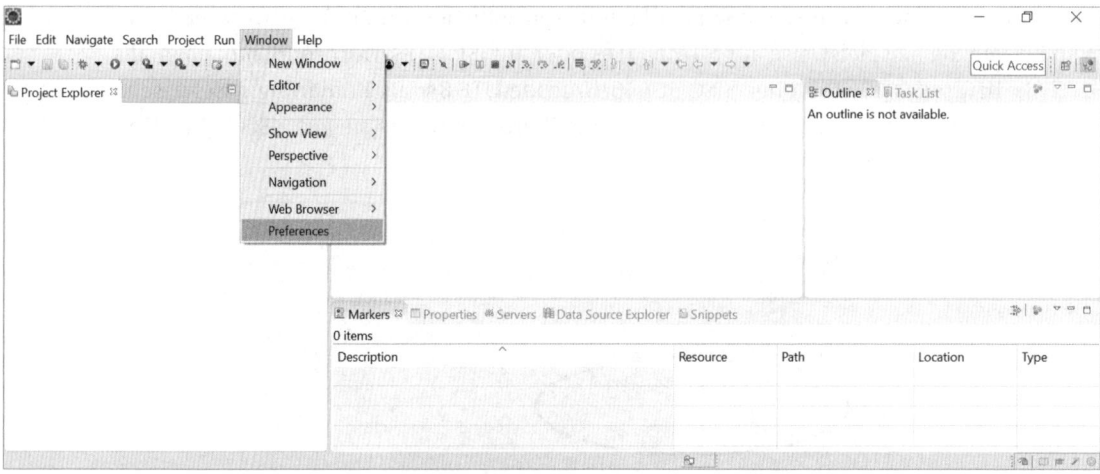

Abbildung 2.47 Die Hauptansicht von Eclipse

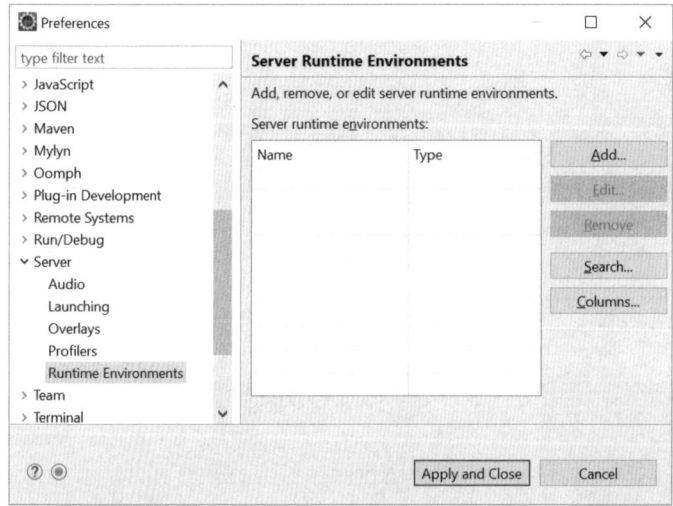

Abbildung 2.48 Die »Server Runtime Environments« im »Preferences«-Fenster

Klicken Sie in diesem Fenster auf der rechten Seite auf ADD, um ein neues *Runtime-Environment* hinzuzufügen.

Damit ein *Server Runtime Environment* eingerichtet werden kann, benötigt Eclipse spezielle Adapter. In der Ansicht des Fensters NEW SERVER RUNTIME ENVIRONMENT sehen Sie die voreingestellten Adapter. Beim ersten Aufruf sollten die GlassFish Tools noch nicht installiert sein.

Stattdessen bietet Eclipse Oxygen 2 unterhalb des Zweigs ORACLE einen Eintrag zum Download der GLASSFISH TOOLS an.

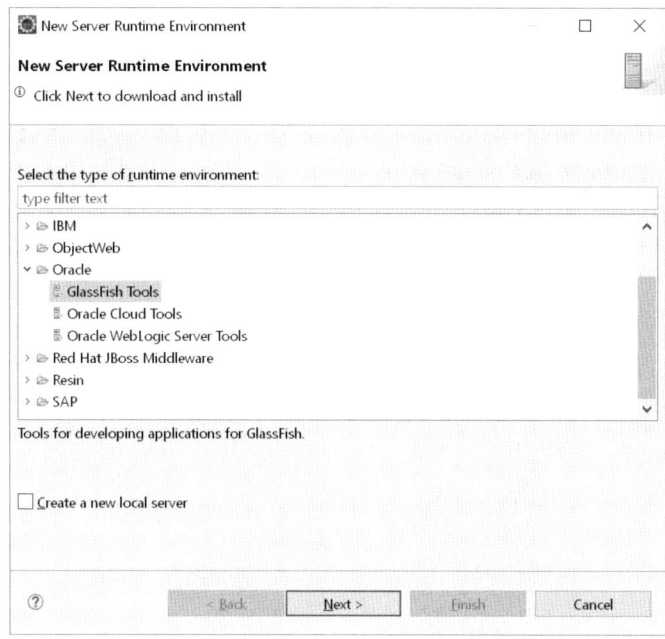

Abbildung 2.49 Die Auswahl des Typs der Server Runtime

Klicken Sie auf diesen Eintrag. Im nächsten Schritt werden Sie dazu aufgefordert, die Lizenzvereinbarung zu bestätigen.

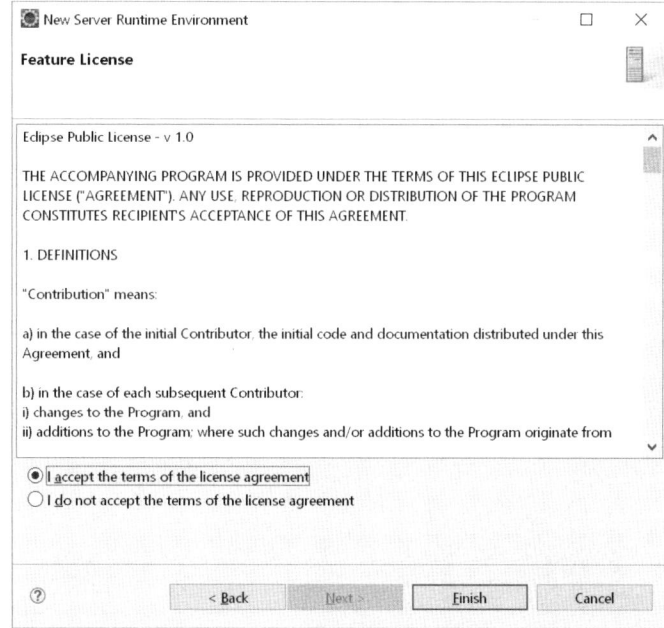

Abbildung 2.50 Die Lizenzvereinbarung für die GlassFish Tools

Bestätigen Sie die Lizenzvereinbarung, und klicken Sie auf Finish. Nach einer kurzen Weile sollten nach und nach die im Internet zur Verfügung stehenden GlassFish-Tools-Ressourcen heruntergeladen werden. Abschließend werden Sie aufgefordert, Eclipse neu zu starten.

Nach dem Neustart öffnen Sie erneut das Fenster New Server Runtime Environment. Dort sollte nun ein neuer Eintrag namens GlassFish vorhanden sein. Öffnen Sie den Glass-Fish-Ordner, und wählen Sie dort GlassFish aus.

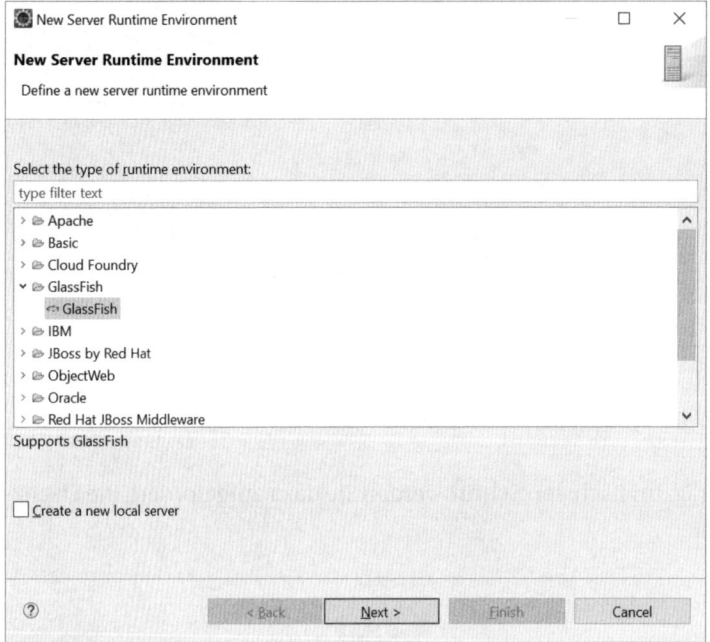

Abbildung 2.51 Der Eintrag »GlassFish • GlassFish«

Klicken Sie auf Next. Anschließend erscheint ein weiteres Fenster, in dem Sie den Ordner des GlassFish Servers angeben müssen.

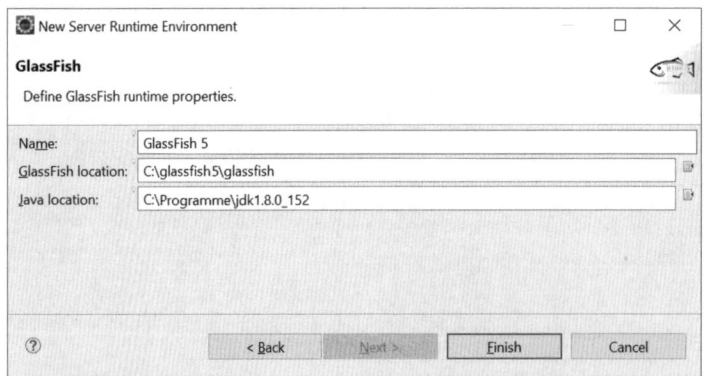

Abbildung 2.52 Die Auswahl des GlassFish-Verzeichnisses

Wenn Sie abschließend auf FINISH klicken, sehen Sie, dass nun ein GlassFish Server-Runtime-Environment eingerichtet worden ist.

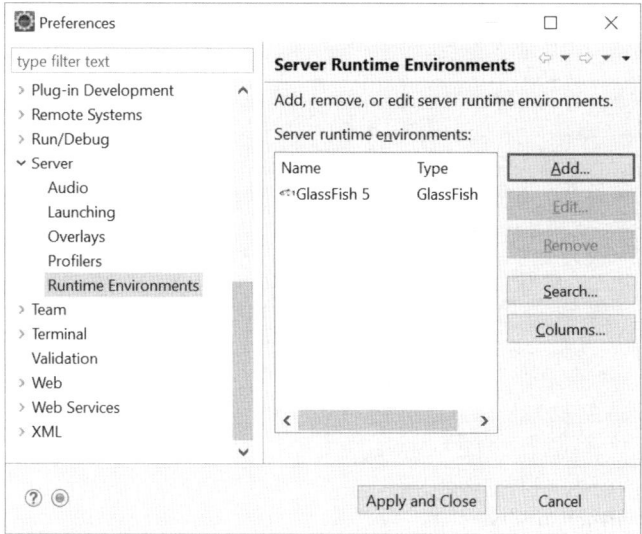

Abbildung 2.53 Das GlassFish Server-Runtime-Environment

Nachdem das Runtime-Environment eines GlassFish Servers erstellt ist, muss eine Domäne als virtueller Server innerhalb von Eclipse erzeugt werden. Öffnen Sie hierfür im Hauptfenster (rechts unten) die SERVER VIEW. In Abbildung 2.54 sehen Sie, dass in meinem SERVERS-Register noch kein »virtueller Server« vorhanden ist.

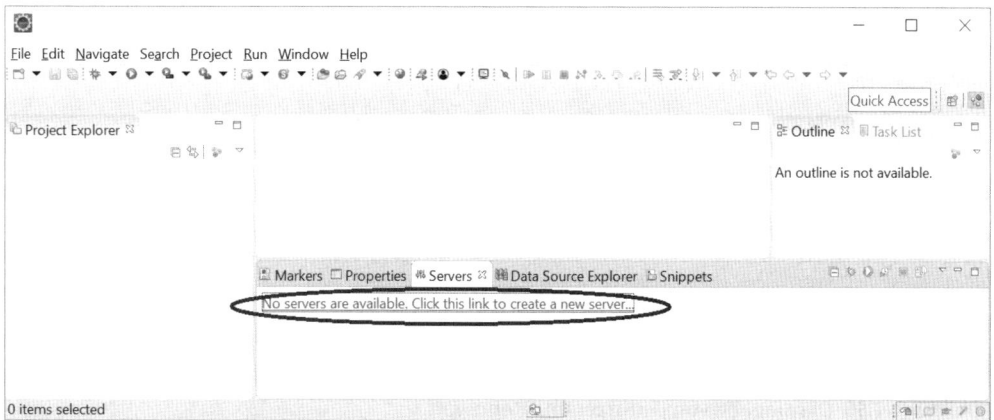

Abbildung 2.54 Die »virtuellen Server« in Eclipse

Wenn Sie im SERVERS-Register auf NEW SERVER WIZARD klicken, öffnet sich ein Fester, in dem Sie den Server-Typ auswählen und dem Server einen Namen geben können. Ich habe meinen »virtuellen Server« GLASSFISH 5 genannt.

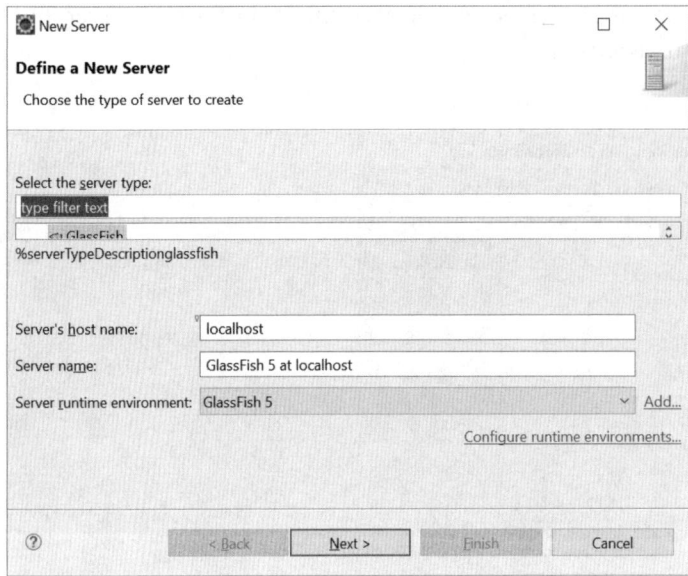

Abbildung 2.55 Die Erstellung eines virtuellen Servers

Anschließend werden Sie noch aufgefordert, einen Benutzernamen und ein Passwort einzugeben.

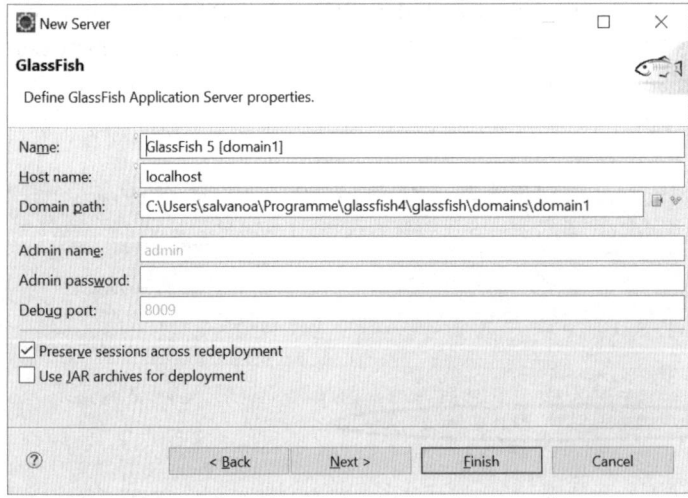

Abbildung 2.56 Die Eingabe von Benutzer und Kennwort

Per Default ist der Benutzer *admin* eingestellt, für den wir noch kein Passwort vergeben haben. Die Checkbox Preserve Sessions across Redeployment bietet die Möglichkeit, dass Ihre Sitzung erhalten bleibt, auch wenn Sie die Anwendung erneut installieren.

Zuletzt erscheint noch ein Fenster, in dem Sie dem Server vorhandene Projekte hinzufügen können. Klicken Sie auf FINISH, um die Server-Instanz zu installieren.

Um die Loggings ganz ausführlich in der Eclipse-View CONSOLE mitverfolgen zu können, gehen Sie erneut über das Hauptmenü auf WINDOW • PREFERENCES und wählen dort die GLASSFISH PREFERENCES aus. Selektieren Sie die beiden Einträge ENABLE GLASSFISH PLUGIN LOG INFORMATION IN IDE LOG FILE und START THE GLASSFISH ENTERPRISE SERVER IN VERBOSE MODE.

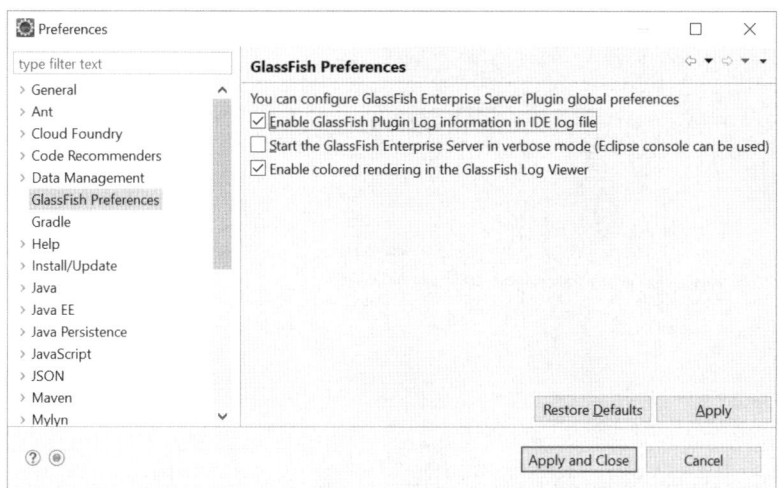

Abbildung 2.57 Checkbox für die Beschaffung der ausführlichen Logging-Informationen in der View »Console«

2.7.5 Eine Java EE-Anwendung in Eclipse erzeugen

Obwohl zu Beginn des Kapitels bereits deutlich wurde, dass die manuelle Erzeugung einer Java EE-Anwendung kein Hexenwerk darstellt, ist es komfortabel, dass Eclipse sie auch automatisch erzeugen kann. Eigentlich benötigt Eclipse für eine Java EE-Anwendung mit Webmodul zwei Eclipse-Projekte, denn die Inhalte des Webmoduls werden separat im sogenannten *dynamischen Webprojekt* gepflegt. Wir werden die Java EE-Anwendung deshalb in zwei Schritten erstellen. Im ersten Schritt werden wir ein dynamisches Webprojekt erzeugen, das wir *onlineshop-web* nennen, und im zweiten Schritt erzeugen wir das Java-Enterprise-Projekt *onlineshop*. Das dynamische Webprojekt *onlineshop-web* lässt sich als Webmodul in das Java EE-Projekt integrieren, sodass das Java EE-Projekt als vollständige Java EE-Anwendung mit Webmodul im GlassFish Server ausgeführt werden kann.

Die Erzeugung des dynamischen Webprojekts

Um ein dynamisches Webprojekt in Eclipse zu erzeugen, klicken Sie im Hauptmenü auf FILE • NEW • DYNAMIC WEB PROJECT. Dann klicken Sie auf NEXT. Danach erscheint ein Fenster, bei dem Sie im oberen Bereich in einem Eingabefeld den Namen des dynamischen Webprojekts eintragen.

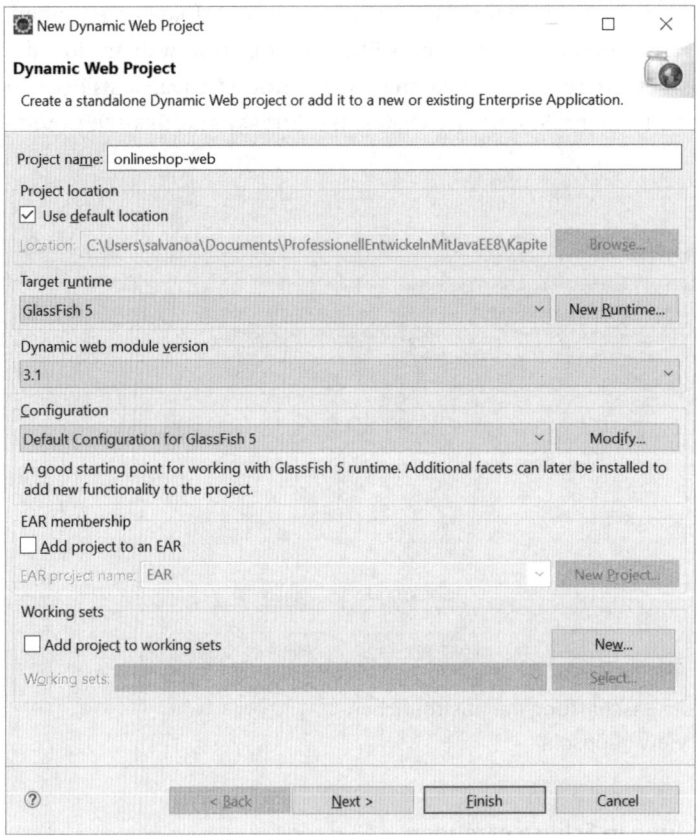

Abbildung 2.58 Die Erzeugung eines dynamischen Webprojekts

Für das Beispiel des Buches habe ich den Bezeichner *onlineshop-web* gewählt, wobei alle Buchstaben kleingeschrieben sind. Dieser Bezeichner wird im Standardfall gleichzeitig der Name des Webmoduls und somit per Default auch die aufzurufende *context-root* in der Adressleiste des Browsers sein. Die context-root ist der Teil der URL, der den Namen der Webanwendung ausmacht. In der URL befindet sich die context-root hinter der Domain und dem Port:

```
http://localhost:8080/onlineshop-web/index.html
```

Weiter unten können Sie die TARGET RUNTIME auswählen. Sie sollte die von Ihnen installierte GlassFish-Version enthalten.

In der Auswahl DYNAMIC WEB MODULE VERSION können Sie die Version der Webapplication selektieren. Die Vorauswahl von Eclipse brauchen Sie nicht zu ändern, da Eclipse die für den Server höchste Version bereits vorsieht.

2

Wenn Sie auf NEXT klicken, gelangen Sie zu einem Fenster, in dem Sie den Quellenordner *src* und den *Default Output Folder* für die Klassendateien abändern können. Belassen Sie die Werte auf der Vorgabe.

Mit noch einem Klick auf NEXT kommen Sie zu einem Fenster, bei dem Sie der CONTEXT ROOT einen Bezeichner geben können. Obwohl sich die `context-root` hiermit per Konfiguration ändern lässt, ist es doch eigentlich praktisch, dass dieser Bezeichner eigentlich gar nicht gesetzt werden muss. Aus diesem Grund und auch, um die Beispiele in den Screenshots nachvollziehen zu können, behalten Sie auch dort den voreingestellten Wert bei.

Zusätzlich können Sie den Namen des CONTENT DIRECTORY ändern. Es handelt sich hierbei lediglich um den Pfadnamen, den Eclipse für seine interne Verwaltung der Projektdateien nutzt. Am besten ist es, wenn Sie diesen Namen auf dem Defaultwert lassen.

Darunter befindet sich noch eine Checkbox, über die der Deployment-Deskriptor für das Webmodul generiert werden kann. Der Deployment-Deskriptor ist eine Datei namens *web.xml*, in der Sie das Webmodul per XML konfigurieren können. Diese Datei ist optional und braucht jetzt nicht erzeugt zu werden. Deshalb belassen Sie die Voreinstellung. Auf den Deployment-Deskriptor werde ich in Kapitel 4, »Servlet 4.0«, noch zurückkommen.

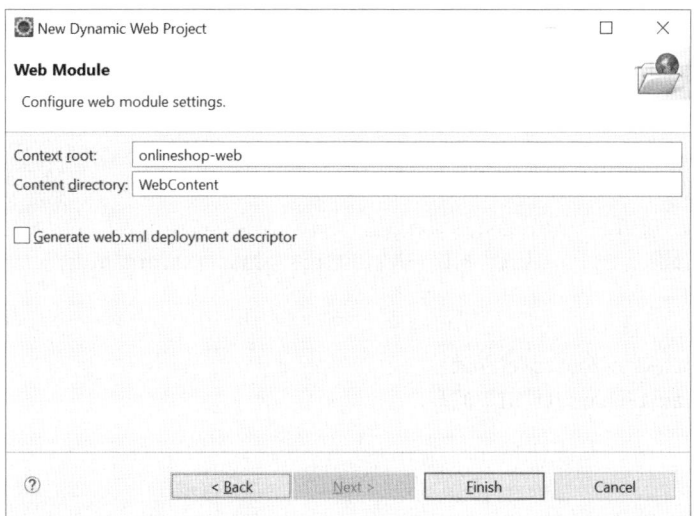

Abbildung 2.59 Die Anpassung von »Context root« und »Content directory«

Mit einem Klick auf FINISH wird das dynamische Webprojekt *onlineshop-web* erzeugt.

Wenn Sie nun auf die linke Seite des Eclipse-Fensters schauen, werden Sie das neue Projekt *onlineshop-web* sehen. Öffnen Sie dort den Ordner WEBCONTENT • WEB-INF. Wenn GlassFish Ihr Runtime-Server ist, sollten Sie im Ordner */WEB-INF* die Datei *glassfish-web.xml* entdecken. Diese Datei gehört standardmäßig nicht zu einem Webmodul. Dennoch hat Eclipse sie für uns angelegt, denn hierdurch erhalten wir einen Hinweis darauf, dass individuelle Einstellungen, die lediglich GlassFish versteht, hier eingetragen werden können. Beispielsweise sollte Eclipse innerhalb der Datei die `context-root` der Webanwendung definiert haben. Wenn Sie im obigen Wizard den Defaultwert beibehalten haben, sollte der Eintrag aussehen wie in Listing 2.5:

```xml
<?xml version="1.0" encoding="UTF-8"?>

<!DOCTYPE glassfish-web-app PUBLIC "-//GlassFish.org//
DTD GlassFish Application Server 3.1 Servlet 3.0//EN" "http://glassfish.org/dtds/
glassfish-web-app_3_0-1.dtd">
<glassfish-web-app>
    <context-root>/onlineshop-web</context-root>
 </glassfish-web-app>
```

Listing 2.5 glassfish-web.xml

Die Angabe der `context-root` ist in unserem Fall unnötig. Für eine andere Einstellung ist die *glassfish-web.xml* jedoch hilfreich, denn über das Element `parameter-encoding` können wir GlassFish anweisen, dass er die von den Benutzern in den HTML-Formularen eingegebenen HTTP-Parameter als UTF-8 Zeichen kodieren soll. Diese Einstellung brauchen wir, um die Webanwendung international – also auch mit deutschen Umlauten oder chinesischen Symbolen – einzusetzen. Deshalb fügen Sie das `parameter-encoding`-Element hier wie in Listing 2.6 gezeigt hinzu:

```xml
<?xml version="1.0" encoding="UTF-8"?>

<!DOCTYPE glassfish-web-app PUBLIC "-//GlassFish.org//
DTD GlassFish Application Server 3.1 Servlet 3.0//EN" "http://glassfish.org/dtds/
glassfish-web-app_3_0-1.dtd">
<glassfish-web-app>
    <context-root>/onlineshop-war</context-root>
    <parameter-encoding default-charset="UTF-8"/>
</glassfish-web-app>
```

Listing 2.6 glassfish-web.xml

Die Erzeugung des Enterprise-Application-Projekts

Im nächsten Schritt werden wir das *Enterprise-Application-Projekt* erzeugen. Hierfür klicken Sie im Hauptmenü auf FILE • NEW • OTHER. Im Wizard-Fenster öffnen Sie den Zweig JAVA EE und selektieren den Eintrag ENTERPRISE APPLICATION PROJECT.

Mit einem Klick auf NEXT öffnet sich ein Fenster, in dem Sie oben den Namen des Enterprise-Application-Projekts eintragen. Auch hier ist es wieder so, dass dieser Name als Bezeichner für die paketierte Datei verwendet wird. Setzen Sie den Namen deshalb auf »onlineshop«. Behalten Sie für die übrigen Einträge die voreingestellten Werte bei.

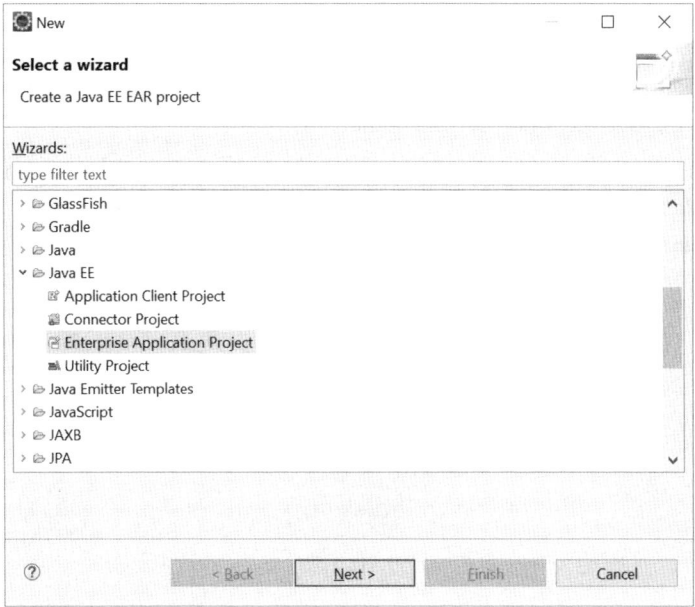

Abbildung 2.60 Mit »File • New • Other« starten Sie den Wizard.

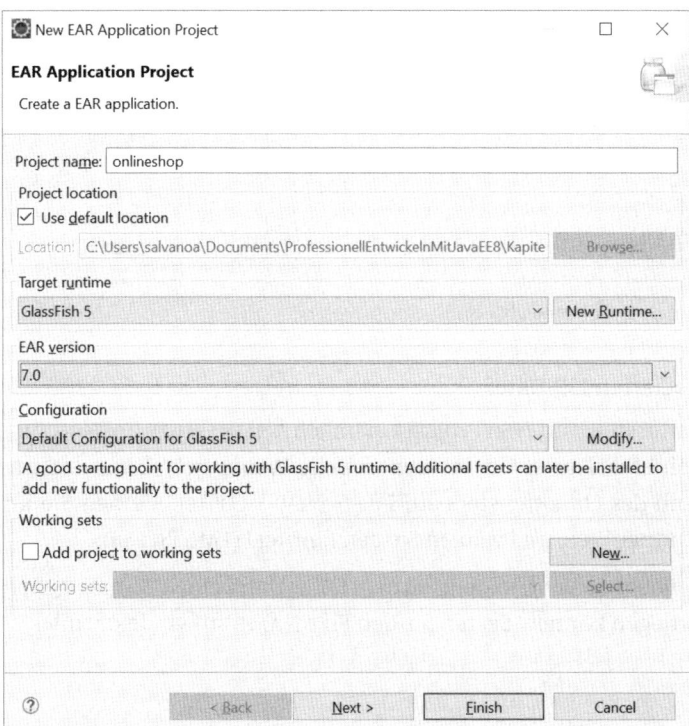

Abbildung 2.61 Die Erzeugung des Enterprise-Application-Projekts

Wenn Sie auf NEXT klicken, erscheint ein neues Fenster, in dem Sie dem Java-Enterprise-Application-Projekt Java EE-Module zuordnen können. Da wir vorhin das dynamische Web-projekt *onlineshop-web* erzeugt haben, können Sie es dem Enterprise-Projekt jetzt hinzufügen. Bei CONTENT DIRECTORY lassen Sie EARCONTENT stehen.

Auch bei der Erstellung eines Enterprise-Application-Projekts können Sie wieder einen Deployment-Deskriptor erzeugen. Dieser Deployment-Deskriptor nennt sich *application.xml*. Auch er ist optional und braucht für dieses Beispiel nicht generiert zu werden.

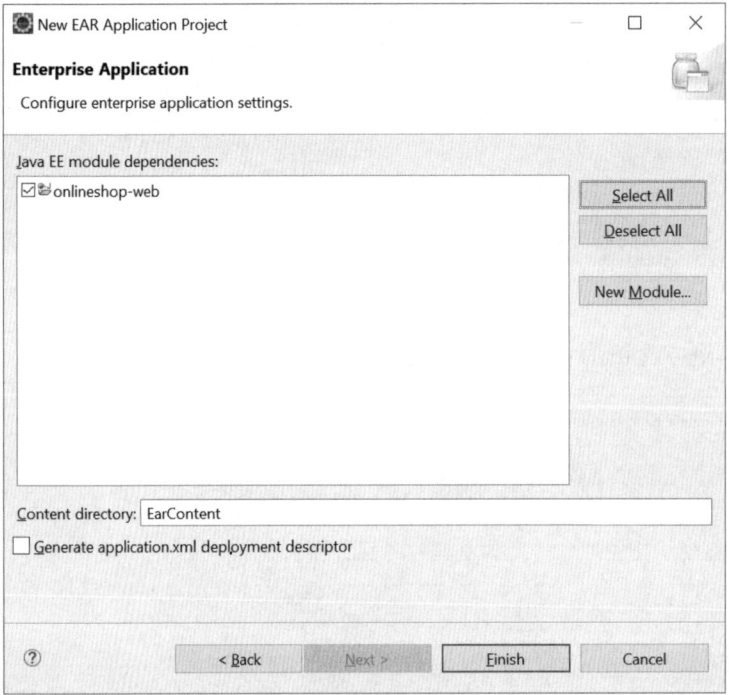

Abbildung 2.62 Das Hinzufügen des Webmoduls »onlineshop-web«

Die Erstellung einer UTF-8-kodierten JSP-Datei

Im Hauptfenster von Eclipse müssten nun zwei Projekte, nämlich ONLINESHOP und ONLINE-SHOP-WEB.WAR, zu sehen sein. Markieren Sie das dynamische Webprojekt ONLINESHOP-WEB, und klicken Sie im Menü des Hauptfensters auf FILE • NEW • OTHER. Öffnen Sie im erscheinenden Fenster den Ordner WEB, und wählen Sie den Eintrag HTML FILE aus.

Mit NEXT gelangen Sie in ein neues Fenster, in dem Sie der HTML-Datei einen Namen geben und den Bestimmungsort festlegen können. Setzen Sie den FILE NAME auf »index.html«.

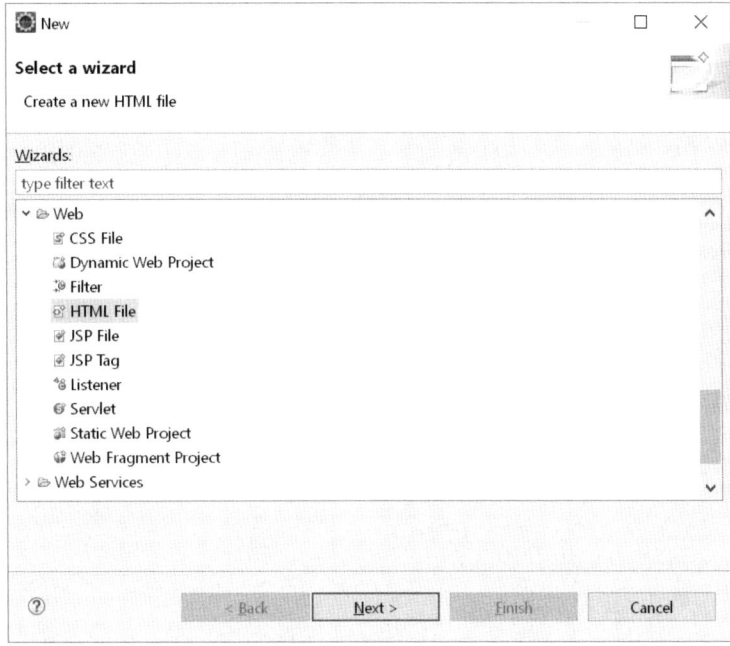

Abbildung 2.63 Die Auswahl des Eintrags »HTML File«

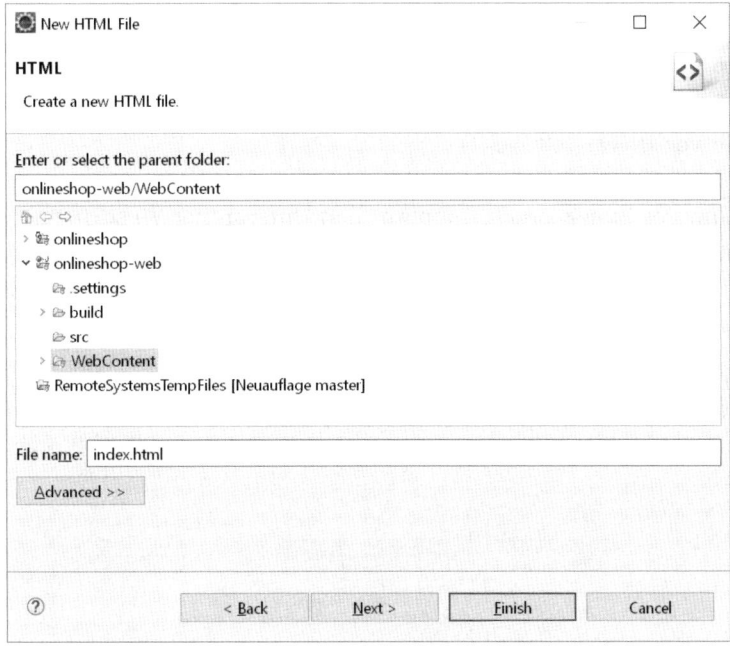

Abbildung 2.64 Den Namen der HTML-Datei eingeben

Mit einem Klick auf NEXT kommen Sie in das Fenster, in dem Sie sich aus verschiedenen Templates ein Muster für die HTML-Seite aussuchen. Selektieren Sie dort den Eintrag NEW HTML FILE (5). Mit einem Klick auf FINISH wird die Datei erzeugt.

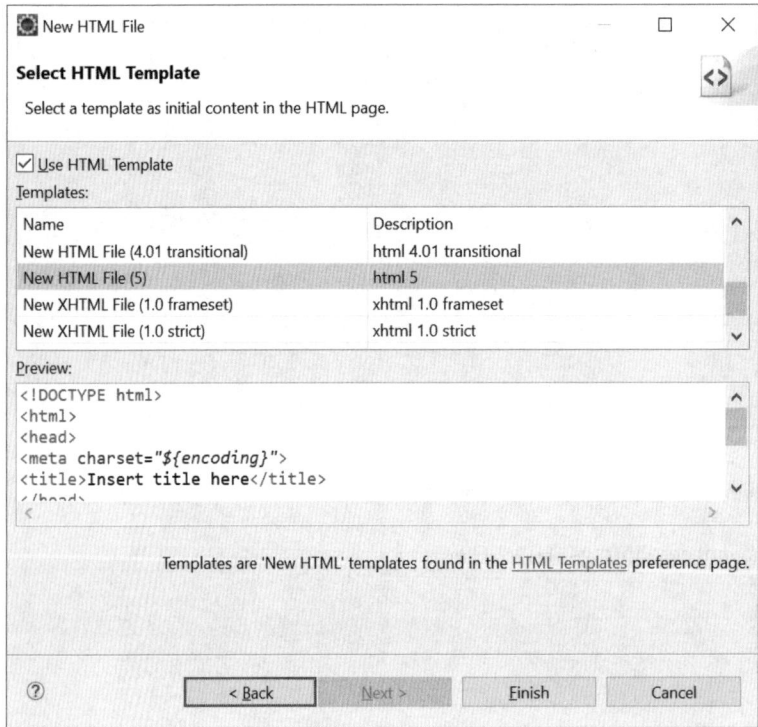

Abbildung 2.65 Die Auswahl von »New HTML File(5)«

Öffnen Sie im Projektbaum des Projekts *onlineshop-war* den Unterordner WEBCONTENT. Eclipse sollte dort die Datei INDEX.HTML erzeugt haben. Klicken Sie mit der rechten Maustaste auf die INDEX.HTML, um die Properties der Datei anzuschauen. Dort sollte unter TEXT FILE ENCODING die Zeichenkodierung zu sehen sein.

In Abbildung 2.66 sehen Sie, dass die Datei in der UTF-8-Kodierung erzeugt wurde, aber dass zusätzlich auf den Content-Type UTF-8 hingewiesen wird. Obgleich Eclipse hiermit dem Anschein nach unnötig oft die gleiche Information setzt, ist dies dennoch die übliche Vorgehensweise.

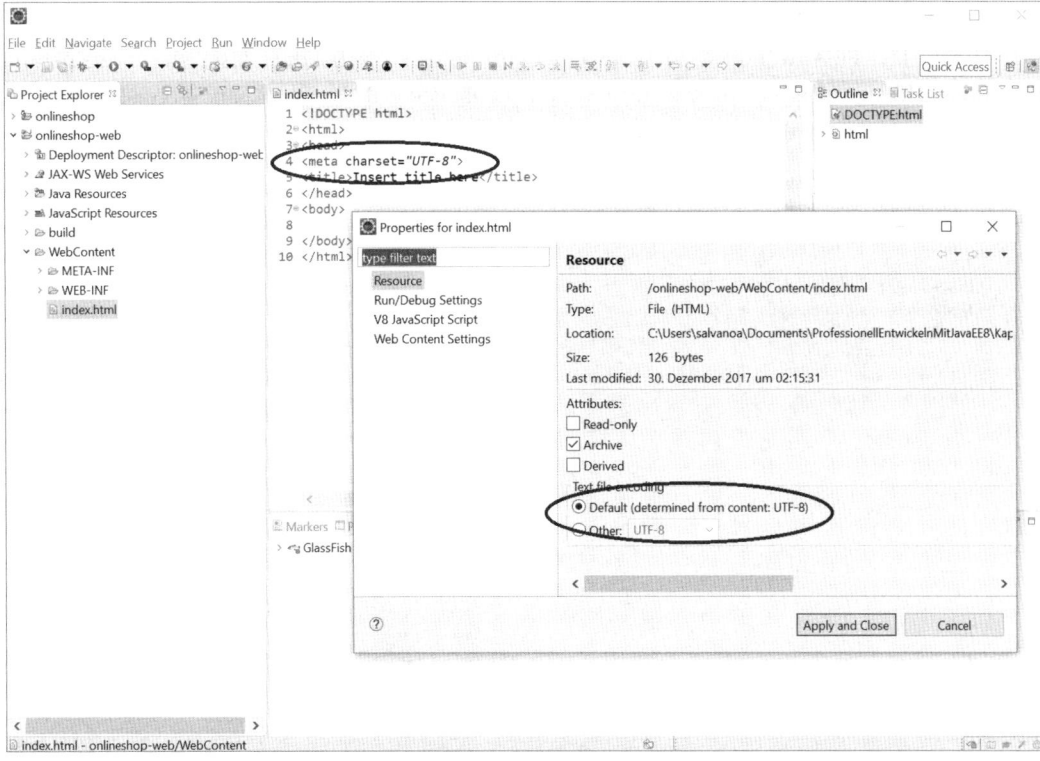

Abbildung 2.66 Die UTF-8-Einstellung in der HTML-Seite

Die Onlineshop-Willkommensseite erstellen

Zur Übung ersetzen Sie den von Eclipse erzeugten Quelltext der Datei *index.html* durch den
Quelltext aus Listing 2.7 und führen das Programm aus.

```html
<!DOCTYPE html>
<html>
    <head>
        <meta charset="UTF-8"/>
        <title>Onlineshop</title>
    </head>
    <body>
        <h1>Onlineshop</h1>
    </body>
</html>
```

Listing 2.7 index.html

2.7.6   Die Java EE-Anwendung deployen

Um die Java EE-Anwendung zu deployen, fügen Sie sie zunächst der GlassFish Server-Instanz hinzu. Klicken Sie hierfür mit der rechten Maustaste auf die GlassFish Server-Instanz. Im Kontextmenü wählen Sie ADD AND REMOVE.

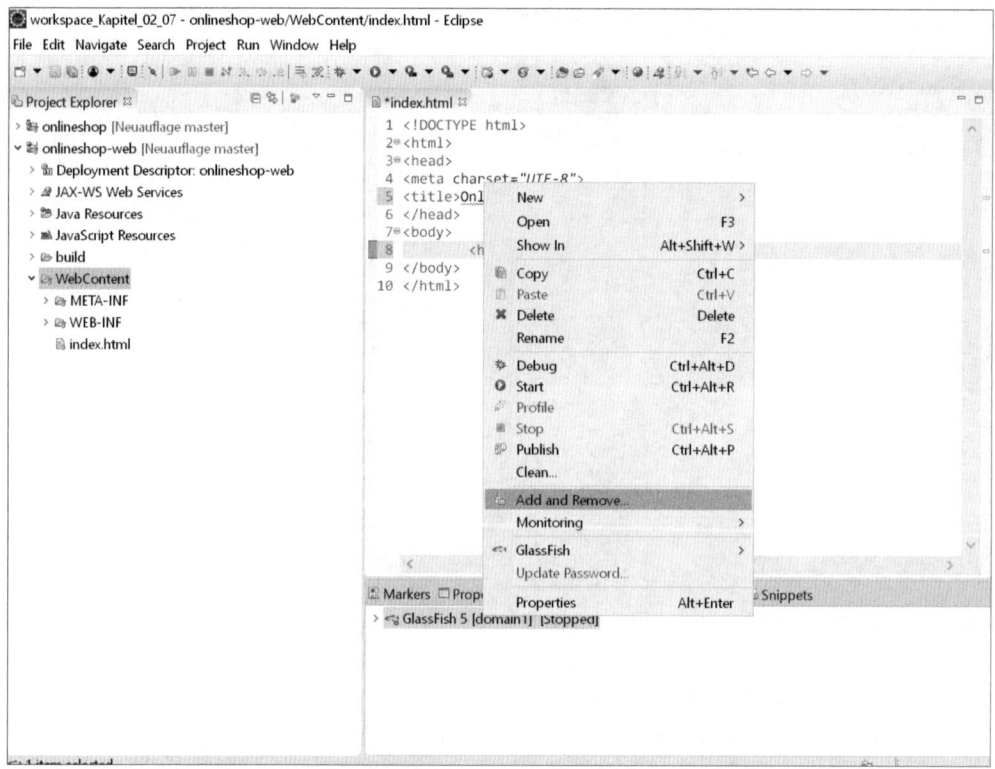

Abbildung 2.67 Der Befehl »Add and Remove«

Im ADD AND REMOVE…-Fenster selektieren Sie auf der linken Seite den Eintrag ONLINESHOP und klicken anschließend auf den Button ADD>.

Wenn der Eintrag ONLINESHOP auf die rechte Seite gewandert ist, schließen Sie den Vorgang mit FINISH ab.

In der SERVERS-View starten Sie den Server mit einem Klick auf den grünen Play-Button. Hiermit wird das GlassFish-Plugin die Anwendung *onlineshop-web* auch deployen. Wenn das mal nicht reibungsfrei gelingt, betätigen Sie in der SERVERS-View den Button mit einem Rechner und einem Dokument als Icon. Der Button trägt den Bezeichner PUBLISH TO THE SERVER (CTRL+ALT+P). Dieser Button ist eigentlich dafür gedacht, Änderungen an der Anwendung auf den Server zu übernehmen, ohne GlassFish neu starten zu müssen.

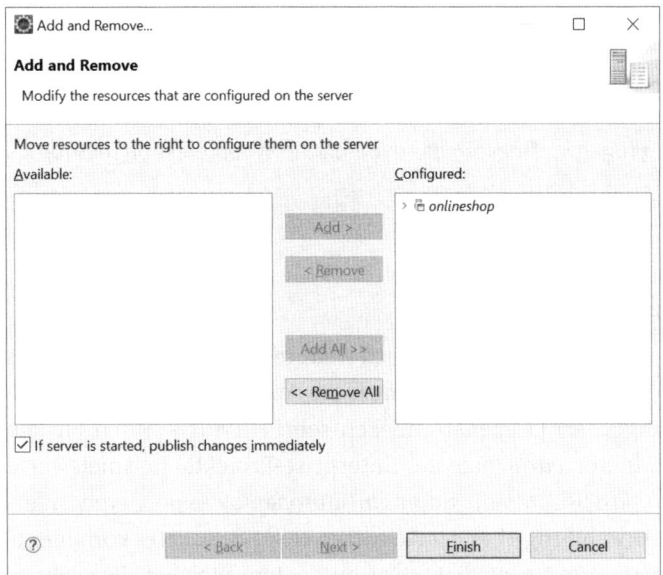

Abbildung 2.68 Das »Add and Remove…«-Fenster

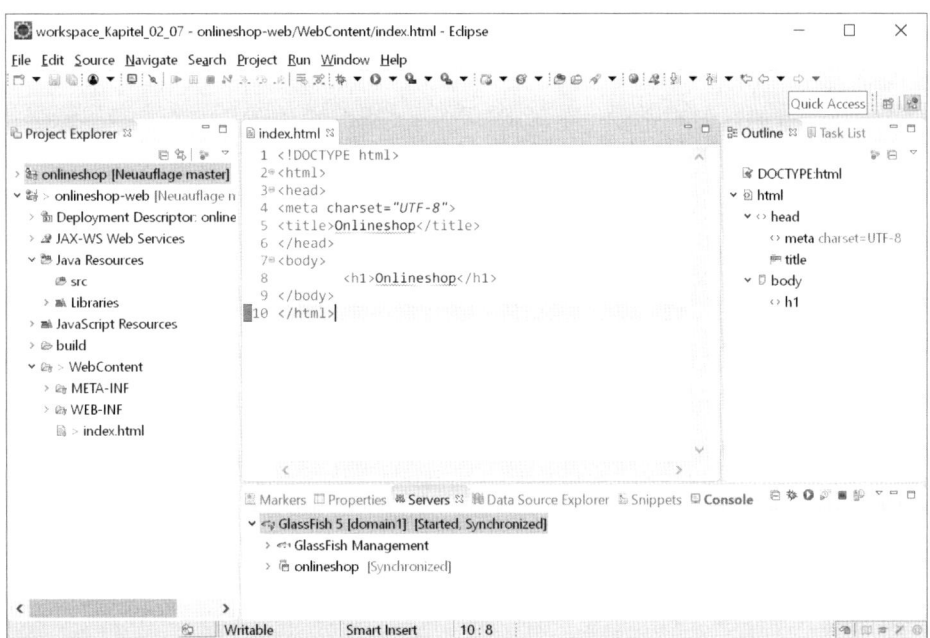

Abbildung 2.69 Den GlassFish Server starten

Geben Sie anschließend in der Adressleiste eines Webbrowsers die URL *http://localhost: 8080/onlineshop-web/* ein, um die Startseite der Java EE-Anwendung *Onlineshop* zu sehen.

Hinweis

Ich hatte es bereits erwähnt, dass das dynamische Webprojekt auch ohne *.ear*-Schale deployt werden kann. Um dies auszuprobieren, entfernen Sie das Enterprise-Projekt *onlineshop* aus der GlassFish Server-Instanz und fügen stattdessen das dynamische Webprojekt *onlineshop-web* hinzu.

2.7.7   Die Java EE-Anwendung exportieren

Um die Java EE-Anwendung zu deployen, bieten sich noch weitere Möglichkeiten an, denn wenn die GlassFish Tools nicht zur Verfügung stehen, muss die Auslieferung an den Glass-Fish Server (oder an den Auftraggeber) ja ebenso möglich sein. Hierfür können Sie die Anwendung als *.ear*-Datei (d. h. in der *.ear*-Schale des Enterprise-Projekts) beispielsweise in das Verzeichnis *C:\glassfish5\glassfish\domains\domain1\autodeploy* exportieren. Allerdings ist es wichtig, dass Sie die Anwendung über das ADD AND REMOVE-Fenster vorher entfernen, denn die Anwendung darf nur ein einziges Mal unter dem gleichen Bezeichner deployt werden. Nachdem Sie also die Anwendung über den Wizard entfernt haben, selektieren Sie das Enterprise-Projekt ONLINESHOP im Projekt-Explorer mit der rechten Maustaste und klicken im Kontextmenü auf EXPORT • EAR FILE.

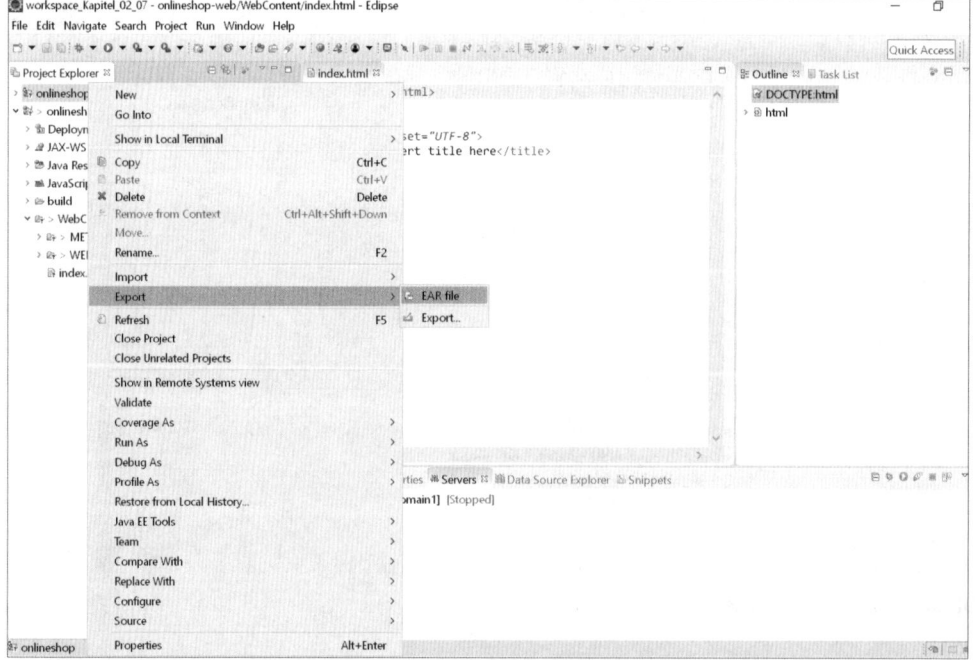

Abbildung 2.70 Das Enterprise-Projekt »onlineshop« in das Autodeploy-Verzeichnis von GlassFish 5 exportieren

Dabei öffnet sich das Fenster aus Abbildung 2.71, in dem Sie über den Button BROWSE das Zielverzeichnis auswählen.

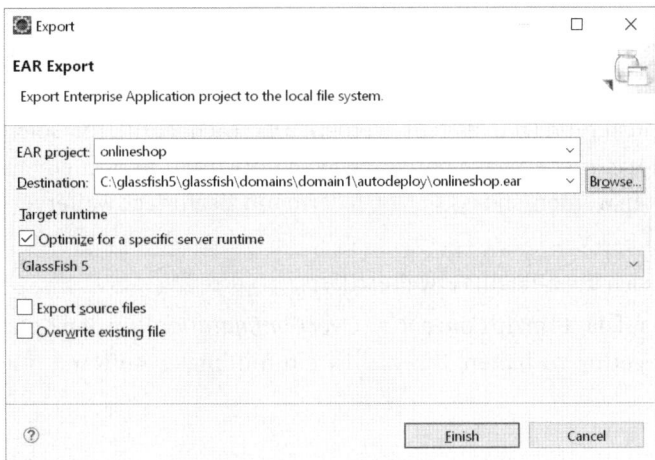

Abbildung 2.71 Das Export-Fenster des Enterprise-Projekts,
wo Sie über den Button »Browse« das Zielverzeichnis auswählen

Wenn Sie auf FINISH klicken, wird die Datei *onlineshop.ear* in das Autodeploy-Verzeichnis gespeichert. Sollte GlassFish 5 in Betrieb sein, bemerkt es die neue Anwendung und installiert sie automatisch per Hot Deployment.

Hinweis

Statt der *.ear*-Schale können Sie auch das dynamische Webprojekt deployen. Hierfür entfernen Sie die Datei *onlineshop.ear* aus dem Autodeploy-Verzeichnis. Nun exportieren Sie stattdessen das dynamische Webprojekt *onlineshop-web.war* in das Autodeploy-Verzeichnis. Hierfür selektieren Sie das dynamische Webprojekt ONLINESHOP-WEB mit der rechten Maustaste und klicken im erscheinenden Kontextmenü auf EXPORT • WAR FILE.

2.8   Maven

In diesem Abschnitt wird das Build-Tool Maven behandelt. Einer der Vorteile von Maven ist, dass externe Java-Bibliotheken ganz automatisch aus einem zentralen Repository heruntergeladen werden. Nun stellen Sie sich vielleicht die Frage, ob das nicht dem Grundgedanken des Java EE-Standards widerspricht, denn eigentlich versucht der Java EE-Standard, die Entwicklung von Geschäftsanwendungen zu vereinfachen und Stabilität zu bieten, indem er festlegt, dass alle erforderlichen Java-Bibliotheken bereits innerhalb eines zertifizierten Java EE-Servers enthalten sind. In der Praxis hat sich Maven aber dennoch durchgesetzt, weil professionelle Projekte häufig modular aufgebaut sind und diese Module über Maven (oder andere Build-Werkzeuge) orchestriert werden. Außerdem bietet Maven weitere Vorteile:

▶ Maven legt eine Projektverzeichnisstruktur fest. Hierdurch lassen sich Maven-Projekte sehr einfach von einer Entwicklungsumgebung (beispielsweise von NetBeans) auf eine andere (beispielsweise Eclipse) portieren.

▶ Es können Maven-Projekt-Mustervorlagen erstellt werden. Der Fachbegriff für solch einen Prototyp lautet *Archetype*. Archetypes können beliebig entworfen und in einem zentralen Repository angeboten werden, sodass sie von jedermann als Vorlage weiterverwendet werden.

▶ Maven ist ein Build-Tool, das sich über Plugins erweitern lässt.

▶ Maven legt besonderen Wert auf das Prinzip *Convention Over Configuration*, um den Konfigurationsaufwand denkbar gering zu halten. Das Ziel ist ein minimaler Aufwand mit größtmöglichem Nutzen.

2.8.1 Maven installieren

Um Maven auf einem Unix-basierten Betriebssystem zu installieren, können Sie auf der Kommandozeile folgendes Kommando ausführen.

```
sudo apt-get install maven
```

Alternativ können Sie die Installationsdatei vom Internet manuell herunterladen. In Ihrem Browser rufen Sie hierfür die Seite *http://maven.apache.org* auf. Dies werde ich jetzt auf meinem Rechner so durchführen.

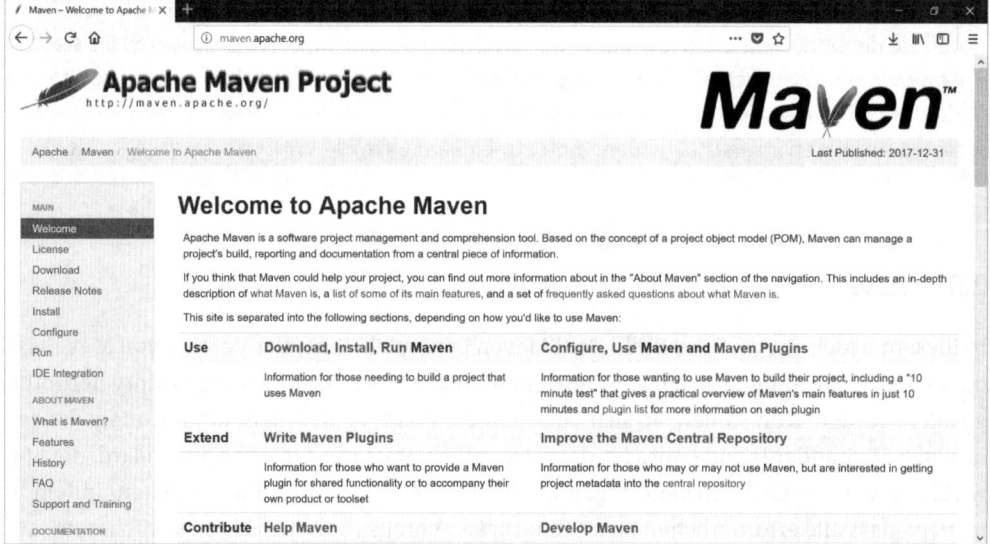

Abbildung 2.72 Das Webportal von Apache Maven

Über den Link DOWNLOAD gelangen Sie auf die Seite aus Abbildung 2.73.

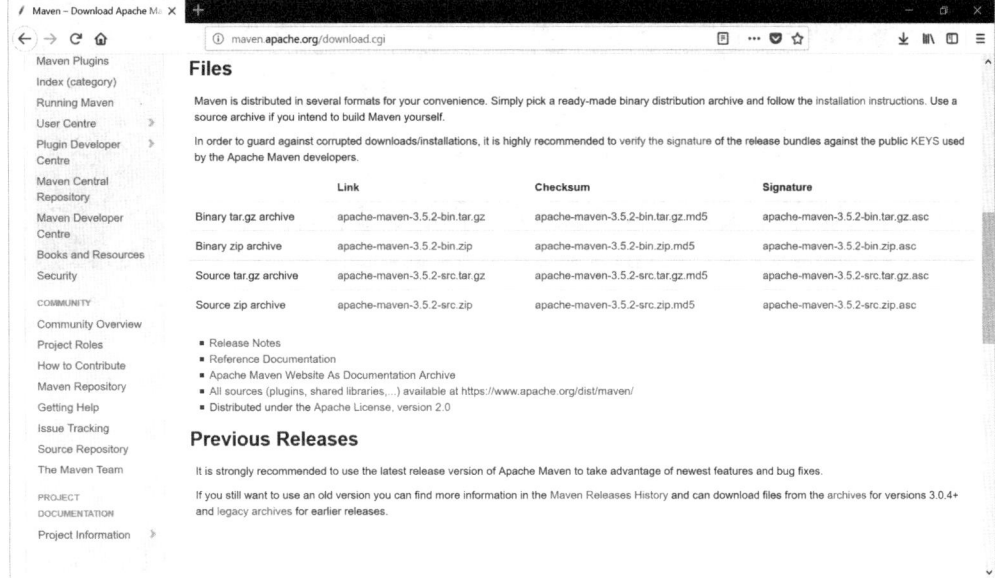

Abbildung 2.73 Die Downloadseite von Apache Maven

Nach dem Download wechseln Sie unter Unix in das Verzeichnis Downloadverzeichnis und extrahieren dort die heruntergeladene Datei.

```
sudo tar xzvf apache-maven-3.5.2-bin.tar.gz -C /opt
```

Auf dem Ubuntu-Betriebssystem liegt beispielsweise Maven dann anschließend im Verzeichnis */opt/apache-maven-3.5.2* vor. Das Aufrufkommando für Maven nennt sich mvn und befindet sich im Verzeichnis */opt/apache-maven-3.5.2/bin*. Deshalb binden Sie dieses Verzeichnis in Ihre Umgebungsvariable PATH ein, um von überall aus auf das Kommando mvn zugreifen zu können.

```
export PATH=/opt/apache-maven-3.5.2/bin:$PATH
```

Unter Windows ist die Vorgehensweise ähnlich. Bei Windows können Sie die *.zip*-Datei in das Verzeichnis *C:\Programme* extrahieren. Auch unter Windows sollten Sie das *bin*-Verzeichnis von Maven zur PATH-Variablen hinzufügen.

Sowohl unter Unix als auch unter Windows sollte anschließend das Kommando mvn --version bzw. auch mvn -h aufgerufen werden können (beide Alternativen sind gleichwertig):

```
mvn --version
```

Unter Ubuntu erscheint anschließend die Ausgabe aus Abbildung 2.74:

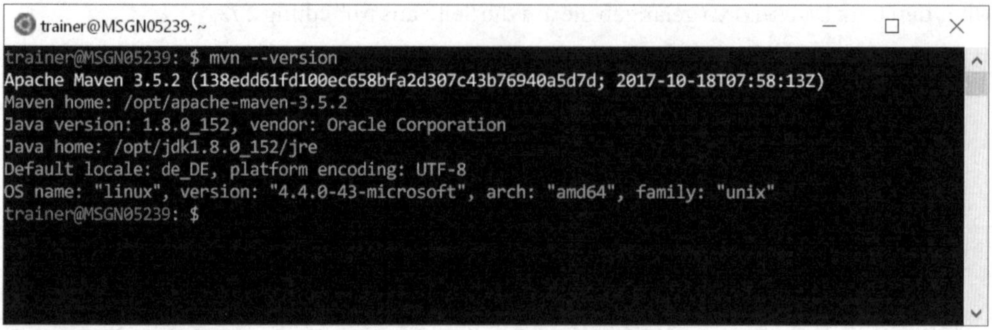

Abbildung 2.74 Der Aufruf des Kommandos »mvn --version« auf einem Unix-Betriebssystem

Über das Kommando `mvn --help` oder auch `mvn -h` erhalten Sie eine erste Hilfestellung.

```
mvn --help
```

2.8.2   Eine Beispielanwendung aus einem Archetype erstellen

Als Nächstes werden wir einen Archetype nutzen, um ihn als Mustervorlage für eine Bei-spielanwendung zu verwenden. Auf der Kommandozeile führen Sie hierfür das Kommando aus Listing 2.8 aus. (Beachten Sie, dass in der Zeile kein Zeilenumbruch ist; die Einrückung der Zeilen erfolgt lediglich aus Platzgründen.)

```
mvn archetype:generate
    -DarchetypeArtifactId=maven-archetype-webapp
    -DgroupId=de.java2enterprise
    -DartifactId=onlineshop-web
    -DinteractiveMode=false
```

Listing 2.8 Das »mvn«-Kommando zur Erzeugung des vorkonfigurierten Projektverzeichnisses

Wie Sie sehen, rufen wir Maven mit dem Parameter `archetype:generate` auf. In der Einleitung habe ich ja bereits erwähnt, dass Maven ein Framework ist, das sich über Plugins erweitern lässt. Jedes Plugin enthält wiederum Goals, über die bestimmte Aufgaben ausgeführt wer-den. Plugins können Sie in Ihr Maven-Projekt einbauen, indem Sie es in der POM über das `plugin`-Element deklarieren. Maven kennt aber auch noch eine ganze Menge an vorinstallier-ten Plugins, mit denen Sie die wichtigsten Aufgaben auch ohne das Hinzufügen in eine POM anweisen können. Und im obigen Listing sehen Sie, dass wir ein Goal eines vorinstallierten Plugins aufrufen, denn mit `mvn archetype:generate` rufen wir das Goal `generate` des Plugins `archetype` auf. Hiermit weisen wir an, dass Maven ein vorkonfiguriertes Projektverzeichnis aus einem Archetype erzeugen soll. Dabei wird es sich um eine festgelegte Verzeichnisstruk-tur handeln, die in dem Prototyp bereits vorbereitet worden ist.

Welcher der vielen vorgefertigten Archetypes für unsere Beispielanwendung verwendet werden soll, zeigen wir mit dem Optionsparameter `-DarchetypeArtifactId=maven-archetype-webapp` an.

Über `-DartifactId=onlineshop-web` und `-DgroupId=de.java2enterprise` haben wir dafür gesorgt, dass die Anwendung gegenüber anderen Anwendungen eindeutig identifiziert werden kann. Damit dies auch gegenüber anderen Versionen unserer Anwendung so ist, müssten wir eigentlich auch die Version angeben. Maven würde sich deshalb normalerweise im Build-Prozess hiernach erkundigen. Aber mit dem Optionsparameter `-DinteractiveMode=false` unterbinden wir, dass sich Maven während des Builds über weitere Konfigurationsangaben informiert. Maven wird somit selbst eine Wahl treffen.

Auf meinem Bildschirm meines Ubuntu-Betriebssystems erscheint nach dem Aufruf des Kommandos die Ausgabe aus Abbildung 2.75.

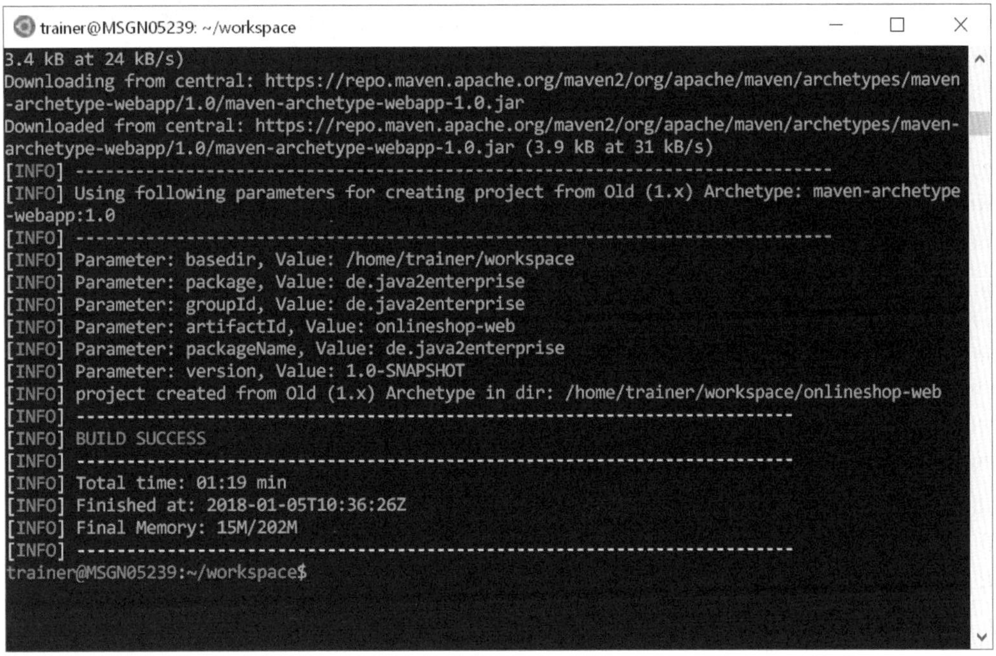

```
trainer@MSGN05239: ~/workspace                              —    □    ✕
3.4 kB at 24 kB/s)
Downloading from central: https://repo.maven.apache.org/maven2/org/apache/maven/archetypes/maven
-archetype-webapp/1.0/maven-archetype-webapp-1.0.jar
Downloaded from central: https://repo.maven.apache.org/maven2/org/apache/maven/archetypes/maven-
archetype-webapp/1.0/maven-archetype-webapp-1.0.jar (3.9 kB at 31 kB/s)
[INFO] ------------------------------------------------------------
[INFO] Using following parameters for creating project from Old (1.x) Archetype: maven-archetype
-webapp:1.0
[INFO] ------------------------------------------------------------
[INFO] Parameter: basedir, Value: /home/trainer/workspace
[INFO] Parameter: package, Value: de.java2enterprise
[INFO] Parameter: groupId, Value: de.java2enterprise
[INFO] Parameter: artifactId, Value: onlineshop-web
[INFO] Parameter: packageName, Value: de.java2enterprise
[INFO] Parameter: version, Value: 1.0-SNAPSHOT
[INFO] project created from Old (1.x) Archetype in dir: /home/trainer/workspace/onlineshop-web
[INFO] ------------------------------------------------------------
[INFO] BUILD SUCCESS
[INFO] ------------------------------------------------------------
[INFO] Total time: 01:19 min
[INFO] Finished at: 2018-01-05T10:36:26Z
[INFO] Final Memory: 15M/202M
[INFO] ------------------------------------------------------------
trainer@MSGN05239:~/workspace$
```

Abbildung 2.75 Der Aufruf zur Erzeugung eines Java-Projekts

2.8.3   Der Aufbau der Beispielanwendung

Maven lädt beim ersten Aufruf eine Menge an Java-Bibliotheken herunter und erstellt im Anschluss eine baumartige Projektverzeichnisstruktur, die drei Dateien enthält. In Abbildung 2.76 sehen Sie die Baumstruktur, die Maven für unsere Beispielanwendung anlegt.

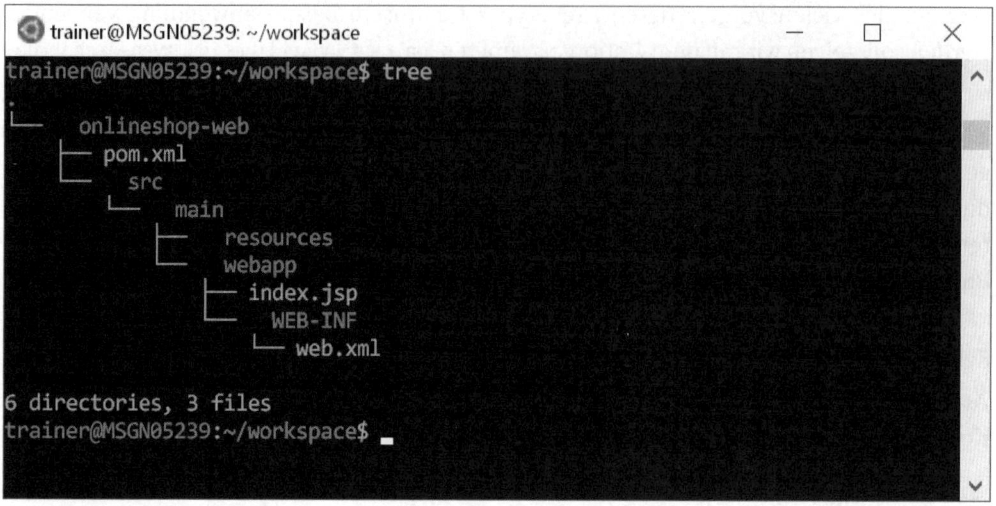

Abbildung 2.76 Die Verzeichnisstruktur des Maven-Projekts

Diese Verzeichnisstruktur unterscheidet sich von der Verzeichnisstruktur eines dynamischen Webprojekts in Eclipse. Die Beispiele in diesem Buch folgen der Vorgabe von Eclipse, weil das Buch die Handhabung der Eclipse-Wizards und der GlassFish Tools behandelt. Dennoch sollten Sie auch die Verzeichnisstruktur, die Maven vorgibt, verinnerlichen, denn aufgrund der weiten Verbreitung von Maven ist sie in Java EE-Projekten genauso gängig. Das Typische hierbei ist, dass die Quelltexte in einem Verzeichnis mit dem Namen */src/main* untergebracht werden. Java-Dateien speichert man in einem Maven-Projekt im Verzeichnis */src/main/java*. Eine Java-Datei hat Maven für dieses Archetype aber nicht benötigt. Deshalb wurde auch das Verzeichnis */src/main/java* nicht angelegt. Stattdessen hat Maven das Verzeichnis */src/main/webapp* mit der Datei *index.jsp* erstellt.

```
<html>
<body>
<h2>Hello World!</h2>
</body>
</html>
```

Listing 2.9 index.jsp

Zusätzlich wurde ein *Deployment-Deskriptor* mit folgendem Inhalt erzeugt (Deployment-Deskriptoren werde ich in Kapitel 4, »Servlet 4.0«, ausführlich beschreiben).

```
<!DOCTYPE web-app PUBLIC
 "-//Sun Microsystems, Inc.//DTD Web Application 2.3//EN"
 "http://java.sun.com/dtd/web-app_2_3.dtd" >
```

```
<web-app>
  <display-name>Archetype Created Web Application</display-name>
</web-app>
```

Listing 2.10 web.xml

2.8.4   Die Project-Object-Model-Datei (POM)

Die dritte Datei, die Maven erzeugt hat, nennt sich *pom.xml*. Sie befindet sich im Wurzelverzeichnis des Projekts.

```
<project xmlns="http://maven.apache.org/POM/4.0.0"
    xmlns:xsi="http://www.w3.org/2001/XMLSchema-instance"
    xsi:schemaLocation="http://maven.apache.org/POM/4.0.0
    http://maven.apache.org/maven-v4_0_0.xsd">
  <modelVersion>4.0.0</modelVersion>
  <groupId>de.java2enterprise</groupId>
  <artifactId>onlineshop-web</artifactId>
  <version>0.0.1-SNAPSHOT</version>
  <packaging>war</packaging>
  <name>onlineshop-web Maven Webapp</name>
  <url>http://maven.apache.org</url>
  <dependencies>
    <dependency>
      <groupId>junit</groupId>
      <artifactId>junit</artifactId>
      <version>3.8.1</version>
      <scope>test</scope>
    </dependency>
  </dependencies>
  <build>
    <finalName>onlineshop-web</finalName>
  </build>
</project>
```

Listing 2.11 pom.xml

Die Datei *pom.xml* ist das Herzstück eines Maven-Projekts. POM ist eine Abkürzung für Project Object Model. Meistens kürzt man den Begriff »pom.xml« im Fachjargon ab und spricht nur noch von der *POM*. Die POM befindet sich im Wurzelverzeichnis jedes Maven-Projekts. Das Vorhandensein der POM ist zwingend erforderlich, ansonsten verweigert Maven seine Dienste.

Eine POM konfiguriert das Maven-Projekt über bestimmte XML-Elemente. Der Archetype, den wir verwendet haben, um unsere Beispielanwendung zu erstellen, legt eine bestimmte Grundkonfiguration fest:

Die »modelVersion« der Super-POM

Als oberstes Element der POM sehen Sie das Element modelVersion mit dem Wert 4.0.0. Hierbei handelt es sich um die Version der Ur-Mutter aller POMs. Und zwar ist es so, dass grundsätzlich bei einer POM eine Eltern-Kind-Beziehung zu einer anderen POM besteht. Dabei erbt die Kindes-POM alle XML-Elemente ihrer Mutter-POM. Jede POM kann über ein parent-Element auf ihre Abhängigkeit von einer bestimmten Mutter-POM verweisen. Sollte sie dies, wie in unserer Beispielanwendung, nicht tun, so handelt es sich bei der Mutter-POM automatisch um die Ur-Mutter aller POMs, der sogenannten Super-POM. Die Super-POM enthält zahlreiche Defaultkonfigurationen, die sozusagen geerbt werden und sich ebenfalls auf Ihre Anwendung auswirken, die aber auch über gleichnamige Elemente überschrieben werden können.

Koordinaten und Paketierung

In der POM der Beispielanwendung erkennen Sie ganz weit oben die Werte wieder, die wir den Optionsparametern groupId und artifactId mitgegeben haben. Ich habe bei der Erzeugung der Beispielanwendung bereits erwähnt, dass zu diesen beiden Angaben auch die Angabe der version gehört. Maven bezeichnet den Verbund dieser drei Angaben als *Koordinaten*. Mit den Koordinaten kann Maven ein Artefakt eindeutig identifizieren. In der POM hat Maven von sich aus die Version 0.0.1-SNAPSHOT für die Beispielanwendung festgelegt.

Das Paketierungsformat

Beim Build paketiert Maven unsere Anwendung zu einer Datei. Im Standardfall handelt es sich um eine *.jar*-Datei. In unserer POM sehen Sie, dass Maven das Paketierungsformat über das packaging-Element auf den Wert war gesetzt hat. Hierdurch wird unsere Beispielanwendung zu einer *.war*-Datei paketiert.

Name und URL

In der POM wurden auch die Elemente name und url festgelegt. Die Werte dieser beiden Elemente werden beispielsweise verwendet, wenn eine Dokumentation der Anwendung erstellt wird.

Dependencies

Maven bietet ein ausgefeiltes Archivierungs-Konzept an, bei dem jede Java-Anwendung als Bibliothek in einem öffentlichen Repository abgelegt wird, sodass sie auch von anderen Java-Anwendungen genutzt werden kann. Voreingestellt ist ein öffentliches Repository, das den

Namen Maven Central trägt. Das Konzept sieht zusätzlich ein lokales Repository vor, das sich standardmäßig im Verzeichnis *[HOME_VERZEICHNIS]/.m2/repository* befindet. Der Vorteil hierbei liegt auf der Hand, denn Java-Anwendungen, die Abhängigkeiten zu externen Bibliotheken haben, brauchen diese nicht in Projektverzeichnissen redundant zu verwalten, sondern referenzieren die Bibliotheken stattdessen im lokalen Maven Repository. Damit dies funktioniert, müssen die abhängigen Bibliotheken in der POM deklariert werden. Hierfür bietet Maven das *dependencies*-Element an, das Sie in Listing 2.11 im unteren Teil der POM sehen. Weil dort beispielsweise die Artefakt-ID `junit` deklariert wurde, prüft Maven nach, ob die Junit-Bibliothek im lokalen Repository ist. Ist sie lokal nicht vorhanden, lädt Maven sie aus dem entfernten Repository in das lokale Repository herunter. Wenn Sie ein Maven-Projekt erstmalig in Betrieb nehmen, ist das lokale Repository noch leer. Deshalb erscheinen beim ersten Aufruf auf Ihrem Bildschirm zahlreiche Downloadanweisungen. Beim zweiten Aufruf ist die Bibliothek bereits vorhanden, sodass das Herunterladen entfällt.

Das »build«-Element

Standardmäßig werden die von Maven paketierten Anwendungen mithilfe einer festgelegten Konvention stets nach dem gleichen Muster benannt. Diese Konvention besagt, dass der Grundbezeichner mit der Artefakt-ID beginnt und (gefolgt von einem Querbalken) mit der Version endet. Für die Benennung der paketierten Datei werden diesem Grundbezeichner ein Punkt und der Paketierungszusatz als Dateiendung hinzugefügt. In unserem Fall wird die Webanwendung also wie folgt benannt:

`onlineshop-web-0.0.1-SNAPSHOT.`war

Um den Grundbezeichner ganz unabhängig von dieser Angabe umzubenennen, dient das sehr nützliche Element mit dem Namen `finalName` innerhalb des `build`-Elements, wie Sie es ganz unten in der POM sehen. Das `build`-Element kommt während (Sie ahnen es schon) des Builds zum Zuge, wenn beispielsweise die Kompilierung und die Paketierung stattfinden. Grundsätzlich unterscheidet man beim `build`-Element zwischen *BaseBuild*-Elementen und *Build*-Elementen eines Profiles. Bei dem `build`-Element unserer Beispielanwendung handelt es sich um ein BaseBuild, bei dem wir über das Element `finalName` den Grundbezeichner festlegen.

2.8.5 Die Lebenszyklen des Maven Builds

Während des Builds verwendet Maven ein eigenes Konzept mit vordefinierten Phasen eines Lebenszyklus. Grundsätzlich unterscheidet Maven bei den Phasen zwischen den drei Gruppen *Clean*, *Default* und *Site*.

Clean-Phasen

Die Clean-Gruppe steht im Lebenszyklus eines Builds ganz vorne an. Sie enthält die Phasen pre-clean, clean und post-clean. Während man die Phasen pre-clean und post-clean auf der Kommandozeile üblicherweise nicht ausführt, verwendet man die Phase clean hingegen sehr häufig. Über folgenden Befehl weisen Sie beispielsweise an, dass die Phase clean durchlaufen werden soll.

```
mvn clean
```

Das Kommando muss im Wurzelverzeichnis des Projektes ausgeführt werden, d. h. dort, wo sich auch die Datei *pom.xml* befindet. Bei der Ausführung werden alle Dateien gelöscht, die beim letzten Build erzeugt worden sind.

Defaultphasen

Maven kennt eine ganze Menge an Defaultphasen, von denen Sie in der Praxis aber nur die wichtigsten benötigen. Die wichtigsten Defaultphasen sind folgende:

▶ Validate
  Prüft nach, ob alle erforderlichen Informationen vorhanden und korrekt sind.

▶ Compile
  Kompiliert den Java-Quelltext. Die hierbei erzeugten Klassendateien werden in einem neuen Ordner namens *target* unterhalb des Projektordners gespeichert.

▶ Test
  Führt die im Projekt vorhandenen Tests aus.

▶ Package
  Erstellt aus den Klassen ein neues temporäres Verzeichnis, das den Aufbau des Zielpakets aufweist. Auch dieses temporäre Verzeichnis wird in *target* abgelegt. Dann paketiert Maven das temporäre Verzeichnis (beispielsweise zu einer *.jar-* oder *.war-*Datei) und legt das Paket ebenfalls im *target-*Verzeichnis ab.

▶ Install
  Kopiert die paketierten Dateien des *target-*Verzeichnisses in das lokale Repository.

▶ Deploy
  Kopiert die paketierten Dateien des *target-*Verzeichnisses in ein öffentliches Repository.

Über entsprechend benannte Optionsparameter können Sie anweisen, dass bestimmte Defaultphasen durchlaufen werden. Dabei werden auch die Defaultphasen, die vor der aufgerufenen Phase stehen, der Reihe nach abgearbeitet. Um die Anwendung beispielsweise zu validieren, zu kompilieren, zu testen, zu paketieren und in das lokale Repository zu kopieren, rufen Sie das folgende Kommando im Wurzelverzeichnis des Projektverzeichnisses auf:

```
mvn install
```

Wenn die im vorherigen Build erstellten Projektdateien vorher gelöscht werden sollen, rufen Sie folgendes Kommando auf:

```
mvn clean install
```

Da wir zunächst den Optionsparameter `clean` und dann den Optionsparameter `install` anweisen, wird zunächst das *target*-Verzeichnis mit seinem gesamten Inhalt entfernt. Erst danach werden alle Defaultphasen bis zur Phase `install` der Reihe nach ausgeführt.

Site-Phasen

Die Site-Phasen dienen der Generierung von Dokumentation. Die Generierung der Dokumentation erfolgt standardmäßig über das Apache-Framework Doxia, das sowohl statische HTML-Seiten als auch dynamische Inhalte wie Blogs oder Wikis erstellen kann. Doxia unterstützt auch Markup-Sprachen wie *Markdown* oder *FO*.

Grundsätzlich können folgende Site-Phasen eingesetzt werden: pre-site, site, post-site und site-deploy.

Der Aufruf für den Aufbau der Dokumentations-Webseite lautet:

```
mvn site
```

Das Kommando erstellt ein neues Unterverzeichnis unterhalb des *target*-Ordners mit dem Namen *site*. Wenn Sie im neu angelegten Unterordner *site* unserer Beispielanwendung die Datei *index.html* aufrufen, erhalten Sie in Ihrem Webbrowser die in Abbildung 2.77 gezeigte Ansicht.

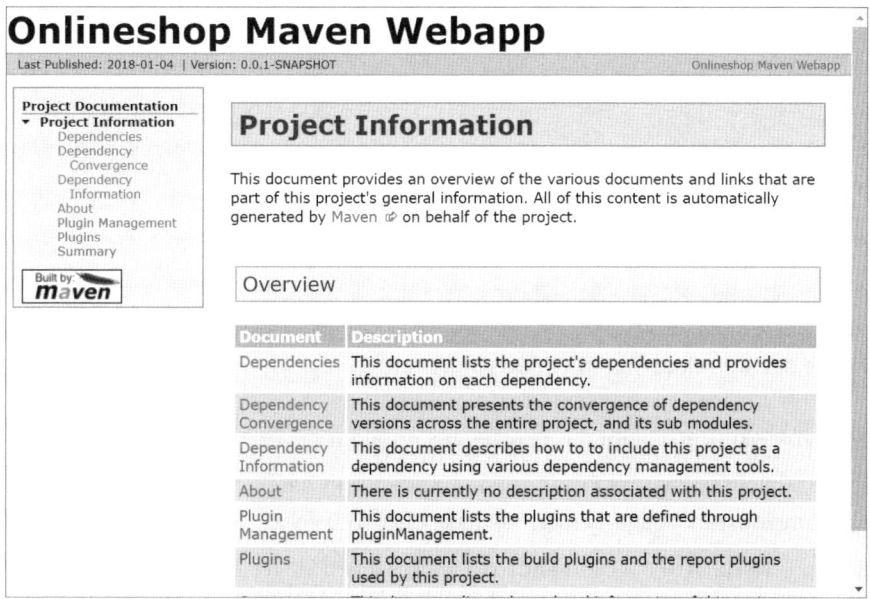

Abbildung 2.77 Das Kommando »mvn site« erstellt eine statische Webseite mit den Inhalten Ihres Maven-Projekts.

Die Anwendung paketieren und im lokalen Repository sichern

Um das *target*-Verzeichnis des Maven-Projekts zunächst komplett zu säubern, anschließend einen vollständigen Build inklusive Paketierung zu erlangen und schließlich auch im lokalen Repository zu sichern, geben Sie im Wurzelverzeichnis des Maven-Projekts nun Folgendes ein:

```
mvn clean install
```

2.8.6 Maven in der Eclipse IDE

Bislang haben wir Maven von der Kommandozeile aus verwendet. Aber genauso wie wir auf der Kommandozeile Maven-Kommandos ausführen können, bietet auch die Eclipse IDE entsprechende Wizards und Menüs an. Verantwortlich hierfür ist das M2Eclipse-Plugin, das in *Eclipse for Java EE* bereits vorinstalliert ist. Die Verwendung von M2Eclipse ist recht intuitiv. Beispielsweise erstellen Sie ein neues Maven-Projekt, indem Sie auf FILE • NEW • OTHER klicken und im SELECT A WIZARD-Fenster im Zweig MAVEN den Eintrag MAVEN PROJECT selektieren.

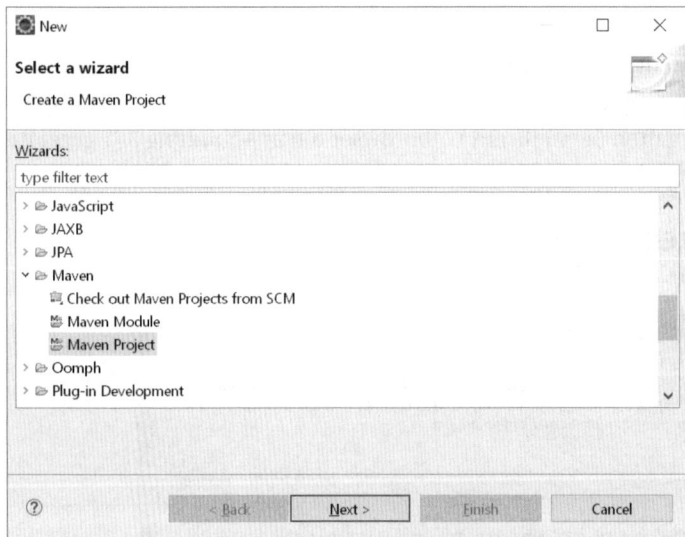

Abbildung 2.78 Die Auswahl eines Maven-Projekts im Wizard

Wenn Sie auf NEXT klicken, erscheint das Fenster aus Abbildung 2.79.

Über die Checkbox CREATE A SIMPLE PROJECT (SKIP ARCHETYPE SELECTION) erzeugen Sie ein Maven-Projekt ohne Mustervorlage. Lassen Sie diese Checkbox leer.

Über die Checkbox USE DEFAULT WORKSPACE LOCATION legen Sie fest, dass das Maven-Projekt in Ihrem aktuellen Workspace erstellt werden soll. Setzen Sie hier ein Häkchen.

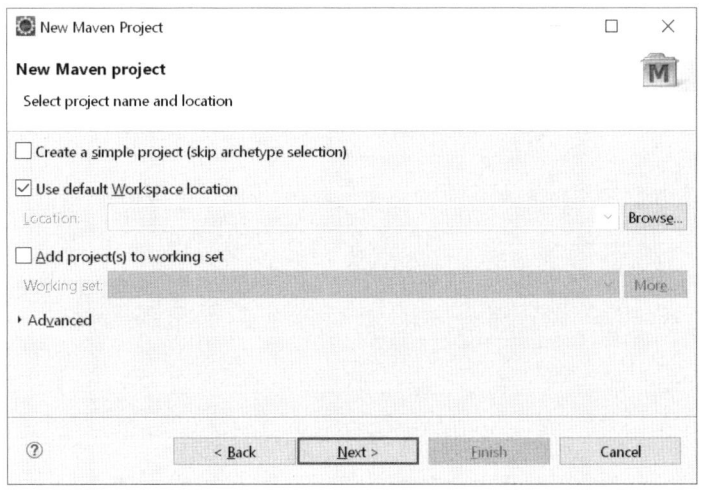

Abbildung 2.79 Der Name und der Ort des Maven-Projekts

Über die Checkbox ADD PROJECT(S) TO WORKING SET fügen Sie das Maven-Projekt einem Working Set hinzu. Lassen Sie diese Checkbox leer, und klicken Sie abschließend auf NEXT.

Im nächsten Fenster werden Sie eine Mustervorlage für Ihr Maven-Projekt auswählen. Unsere Mustervorlage nennt sich *maven-archetype-webapp*. Deshalb geben Sie diese Zeichenkette in die FILTER-Leiste ein. Klicken Sie anschließend auf NEXT, um Ihr Maven-Projekt zu parametrisieren.

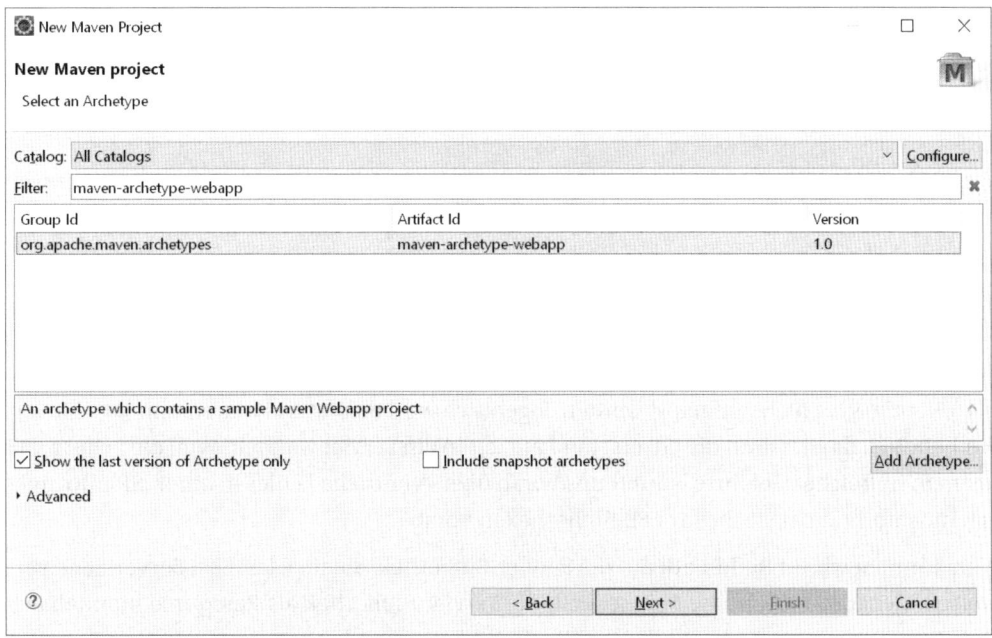

Abbildung 2.80 Der Archetype mit der Artefakt-ID »maven-archetype-webapp«

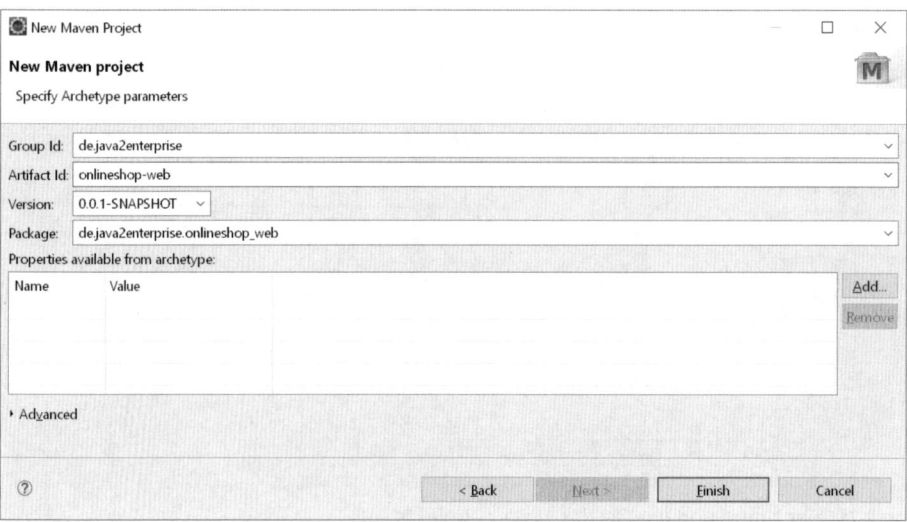

Abbildung 2.81 Die Eingabe Ihrer eigenen Group-ID und Artefakt-ID

Tragen Sie in dieses Fenster die Werte »de.java2enterprise« für die GROUP ID und »online-shop-web« für die ARTIFACT ID ein. Den Bezeichner für das PACKAGE ermittelt der Wizard von selbst.

Hinweis

Falls Sie Ihren aktuellen Workspace bereits im vorherigen Abschnitt verwendet haben, wird sich dort bereits ein Ordner mit dem Namen *onlineshop-web* befinden. In diesem Fall ist es besser, wenn Sie jetzt einen neuen Workspace verwenden oder einen anderen Bezeichner für Ihr Maven-Projekt wählen.

Wenn Sie jetzt auf FINISH klicken, wird ein Maven-Projekt mit dem Namen *onlineshop-web* erstellt.

Die Java EE 8-Bibliotheken einbinden

Eclipse sollte nun einen Fehler anzeigen, denn das Projekt enthält die Datei mit dem Namen *index.jsp*, und durch diesen Eintrag kann eine Vaterklasse mit dem Namen `javax.servlet.http.HttpServlet` nicht aufgelöst werden. Eigentlich wird die Vaterklasse erst im Java EE-Server benötigt, da GlassFish die JSP erst zur Laufzeit in ein Servlet wandelt. Weil die Eclipse IDE aber ein hilfreicher Gefährte ist und uns vorab über eventuelle Fehler in einer JSP informieren möchte, braucht sie die Java EE-Bibliotheken vorab.

Nun könnten wir im Build-Path auf die Servlet-Bibliothek, die im GlassFish Server liegt, verweisen. Genauso besteht die Möglichkeit, die Servlet-Bibliothek als Ressource manuell aus dem Internet herunterladen und sie in den Build-Path einzubinden.

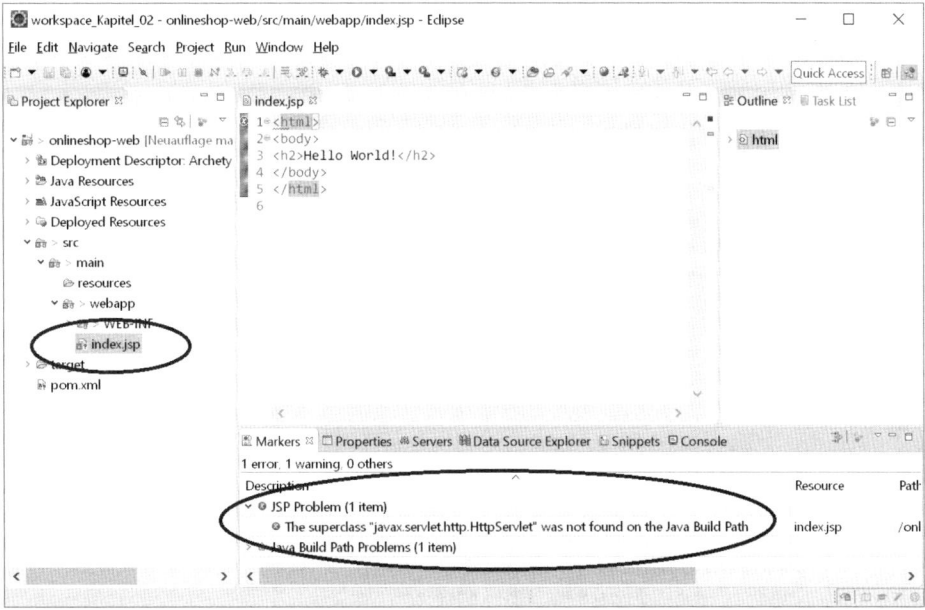

Abbildung 2.82 »javax.servlet.http.HttpServlet« kann nicht aufgelöst werden.

Aber weil wir Maven einsetzen, ist das alles nicht erforderlich. Stattdessen fügen wir das gesamte Paket aller Java EE 8-Technologien mit einem einzigen Dependency-Eintrag in die POM ein. Hierfür öffnen Sie die Datei *pom.xml*.

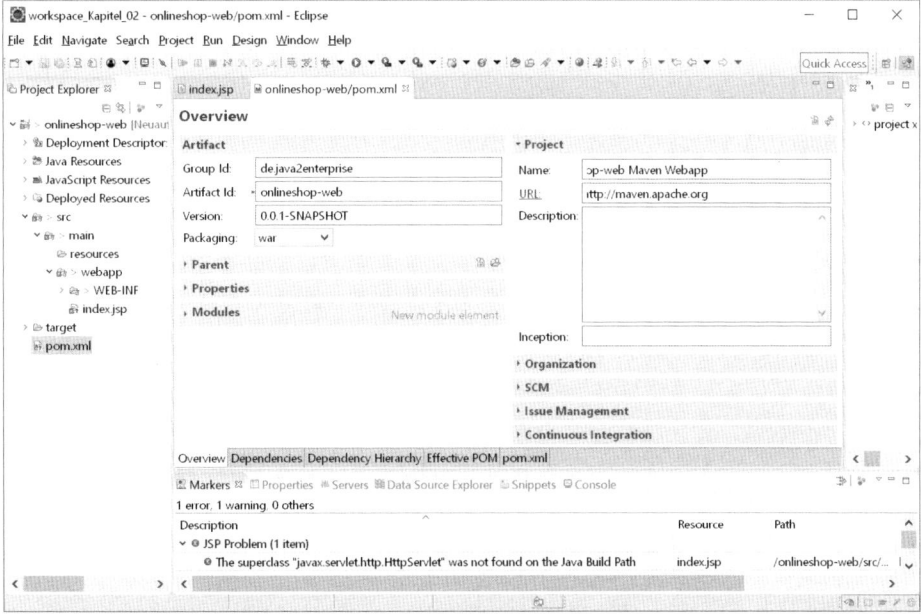

Abbildung 2.83 Der Maven-POM-Wizard in Eclipse

Die neue Dependency pflegen Sie ein, indem Sie danach in den Reiter DEPENDENCIES wechseln.

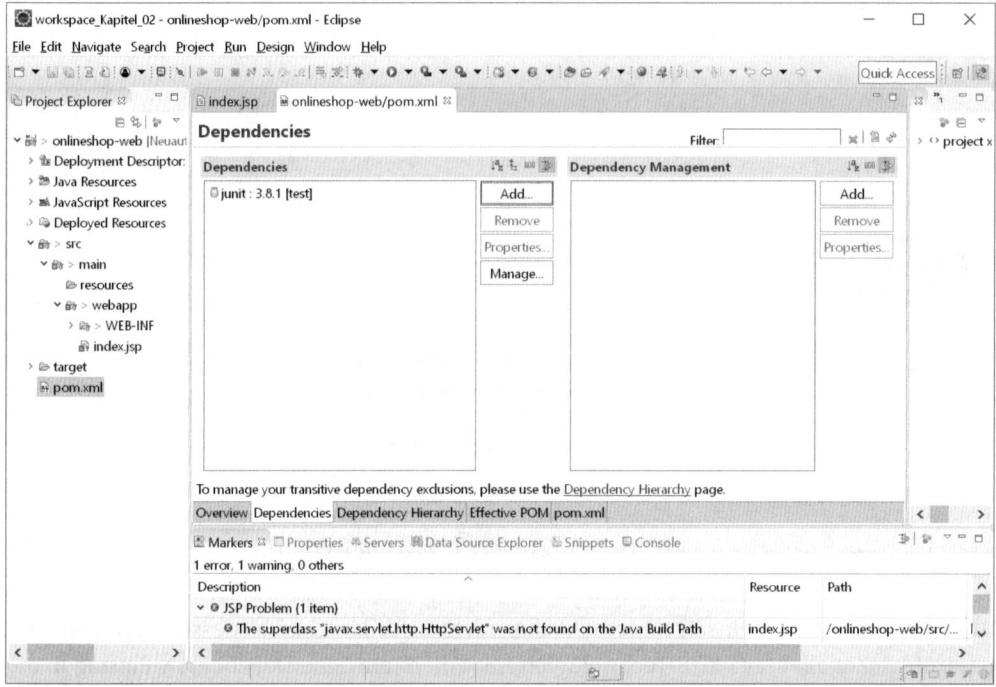

Abbildung 2.84 Die Dependencies im Maven-Projekt

Nun klicken Sie auf den Button ADD, um die neue Dependency einzupflegen.

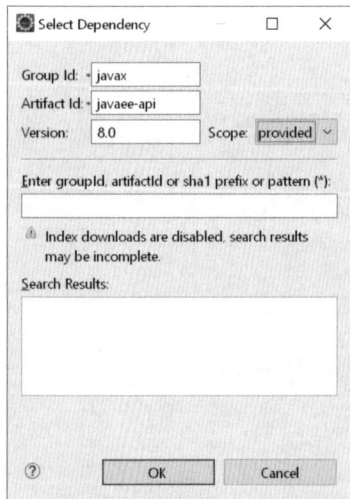

Abbildung 2.85 Das gesamte Paket aller 32 Java EE 8-Technologien wird mit einem einzigen Dependency-Eintrag in die POM eingepflegt.

Als GROUP ID tragen Sie den Wert »javax« ein. Die ARTIFACT ID setzen Sie auf »javaee-api«. Im Eingabefeld für die VERSION tragen Sie den Wert »8.0« ein. Den SCOPE ändern Sie in PRO-VIDED. Klicken Sie abschließend auf OK.

Sie können sich die Quelltext-Änderung in der *pom.xml* anschauen, indem Sie in den Reiter POM.XML wechseln.

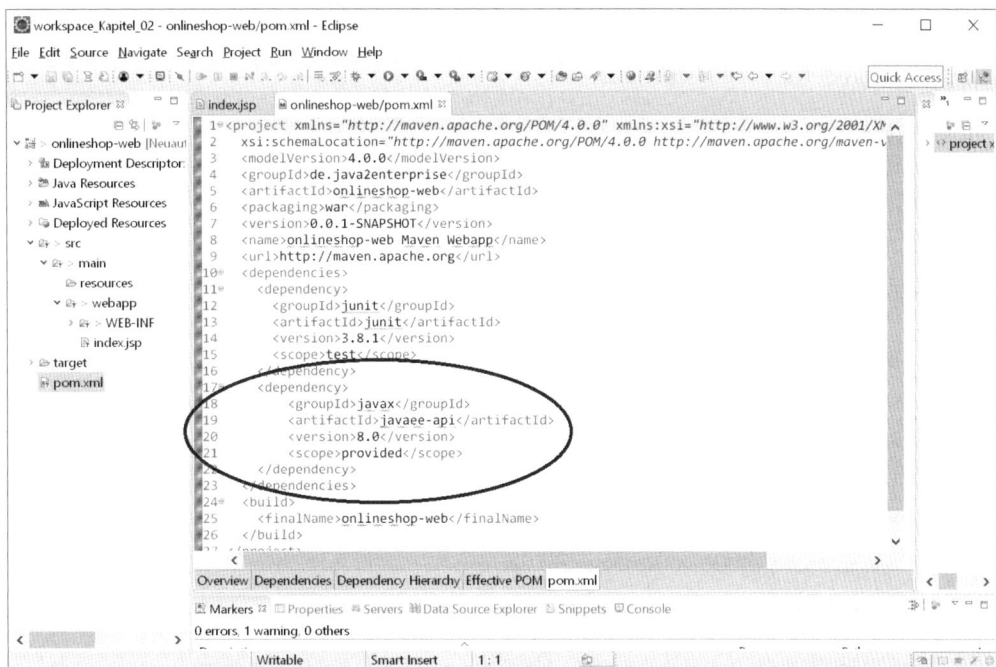

Abbildung 2.86 Der Dependency-Eintrag in der »pom.xml«

Sobald Sie die Datei *pom.xml* abgespeichert haben, wird Maven die Java EE 8-Bibliotheken aus dem entfernten Maven Central Repository in Ihr lokales Maven Repository herunterladen. Weil Maven auf diese lokalen Dateien referenzieren kann, sollte die Fehlermeldung verschwinden.

Properties hinzufügen

In einer POM lassen sich sogenannte *Properties* verwenden. Hierbei handelt es sich um zentral festgelegte Platzhalter, die überall in der POM über die Syntax ${PLATZHALTER} referenziert werden können.

Maven hat bestimmte Properties vorbelegt, die Sie in der POM nutzen können. Beispielsweise enthält die Property project.basedir den Pfad des Projektverzeichnisses. Ebenfalls nützlich sind die vorbelegten Properties project.artifactId mit der Artefakt-ID und die Property project.version mit der Version. Wir können den finalName also wie in Listing 2.12 abändern:

```
<build>
  <finalName>${project.artifactId}</finalName>
</build>
```

Listing 2.12 Die Property »artifactId«

Häufig ist es so, dass Plugins bestimmte Properties automatisch einlesen. In unserer Beispielanwendung werden wir zwei Properties anlegen, mit denen wir die Zeichenkodierung auf UTF-8 abändern, siehe Listing 2.13:

```
<properties>
    <project.build.sourceEncoding>UTF-8</project.build.sourceEncoding>
    <project.reporting.outputEncoding>UTF-8</project.reporting.outputEncoding>
</properties>
```

Listing 2.13 Die Zeichenkodierung auf UTF-8 umstellen

Plugins einbauen

Plugins werden über das `plugins`-Element eingebaut. In unserer Beispielanwendung werden wir zwei Plugins einbauen. Beim ersten handelt es sich um das *maven-compiler-plugin*, mit dem wir die Java SE Compiler Compliance auf 1.8 festlegen. Über das *maven-war-plugin* legen wir den Standort des Deployment-Deskriptors fest.

```
<project xmlns="http://maven.apache.org/POM/4.0.0" xmlns:xsi="http://www.w3.org/2001/
XMLSchema-instance"
    xsi:schemaLocation="http://maven.apache.org/POM/4.0.0 http://maven.apache.org/
    maven-v4_0_0.xsd">

    <modelVersion>4.0.0</modelVersion>
    <groupId>de.java2enterprise</groupId>
    <artifactId>onlineshop-web</artifactId>
    <packaging>war</packaging>
    <version>0.0.1-SNAPSHOT</version>
    <name>Onlineshop Maven Webapp</name>
    <url>http://maven.apache.org</url>

    <properties>
        <project.build.sourceEncoding>UTF-8</project.build.sourceEncoding>
        <project.reporting.outputEncoding>UTF-8</project.reporting.outputEncoding>
    </properties>

    <dependencies>
            <dependency>
                    <groupId>junit</groupId>
```

```
                <artifactId>junit</artifactId>
            <version>3.8.1</version>
                <scope>test</scope>
        </dependency>
        <dependency>
            <groupId>javax</groupId>
            <artifactId>javaee-api</artifactId>
            <version>8.0</version>
            <scope>provided</scope>
        </dependency>
    </dependencies>

    <build>
        <finalName>onlineshop-web</finalName>
        <plugins>
            <plugin>
                <groupId>org.apache.maven.plugins</groupId>
                <artifactId>maven-compiler-plugin</artifactId>
                <version>3.1</version>
                <configuration>
                    <source>1.8</source>
                    <target>1.8</target>
                </configuration>
            </plugin>

            <plugin>
                <groupId>org.apache.maven.plugins</groupId>
                <artifactId>maven-war-plugin</artifactId>
                <version>2.1.1</version>
                <configuration>
                    <webXml>src\main\webapp\WEB-INF\web.xml</webXml>
                </configuration>
            </plugin>
        </plugins>
    </build>
</project>
```

Listing 2.14 Die »pom.xml« mit dem »maven-compiler-plugin« und dem »maven-war-plugin«

Die Anwendung paketieren und im lokalen Repository sichern

Im letzten Abschnitt habe ich gezeigt, wie Sie die Beispielanwendung über das Kommando mvn clean install paketieren und im lokalen Repository sichern. In Eclipse klicken Sie hierfür mit der rechten Maustaste auf das Projektverzeichnis. Dann gehen Sie über das Kontext-menü auf RUN AS · MAVEN INSTALL.

2.8.7   Maven mit einem Embedded GlassFish Server laufen lassen

Um die Webanwendung in GlassFish 5 zu deployen, gäbe es die Möglichkeit, sie wieder über die GlassFish Tools zu deployen. Aber in diesem Abschnitt zeige ich Ihnen eine andere Vari-ante, über die Sie die Anwendung in einem sogenannten *Embedded GlassFish Server* in Betrieb nehmen. Beim Embedded GlassFish Server handelt es sich um ein Framework, das es ermöglicht, einen GlassFish Server über eine API programmatisch in Betrieb zu nehmen. Dieses Framework wird uns aber gleichzeitig über ein Plugin mit dem Namen *org.glass-fish.embedded* zur Verfügung gestellt. Das Plugin sorgt dafür, dass das Embedded-GlassFish-Server-Framework zur Laufzeit heruntergeladen und mit einer Grundkonfiguration in Betrieb genommen wird.

Wichtig ist hierbei, dass Sie zunächst den installierten GlassFish Server herunterfahren, damit die reservierten Ports freigegeben werden. Öffnen Sie hierfür also wieder eine Kon-sole, und geben Sie auf der Eingabeaufforderung Folgendes ein:

```
asadmin stop-domain
```

Anschließend fügen Sie die in Listing 2.15 fett abgedruckten Plugins in Ihre POM ein:

```
<project xmlns="http://maven.apache.org/POM/4.0.0" xmlns:xsi="http://www.w3.org/2001/
XMLSchema-instance"
    xsi:schemaLocation="http://maven.apache.org/POM/4.0.0 http://maven.apache.org/
    maven-v4_0_0.xsd">
    <modelVersion>4.0.0</modelVersion>
    <groupId>de.java2enterprise</groupId>
    <artifactId>onlineshop-web</artifactId>
    <packaging>war</packaging>
    <version>0.0.1-SNAPSHOT</version>
    <name>Onlineshop Maven Webapp</name>
    <url>http://maven.apache.org</url>

    <properties>
        <project.build.sourceEncoding>UTF-8</project.build.sourceEncoding>
        <project.reporting.outputEncoding>UTF-8</project.reporting.outputEncoding>
    </properties>

    <dependencies>
            <dependency>
                <groupId>junit</groupId>
                <artifactId>junit</artifactId>
```

```
            <version>3.8.1</version>
                <scope>test</scope>
        </dependency>
        <dependency>
            <groupId>javax</groupId>
            <artifactId>javaee-api</artifactId>
            <version>8.0</version>
            <scope>provided</scope>
        </dependency>
    </dependencies>

    <build>
        <finalName>onlineshop-web</finalName>
        <plugins>
            <plugin>
                <groupId>org.apache.maven.plugins</groupId>
                <artifactId>maven-compiler-plugin</artifactId>
                <version>3.1</version>
                <configuration>
                    <source>1.8</source>
                    <target>1.8</target>
                </configuration>
            </plugin>

            <plugin>
                <groupId>org.apache.maven.plugins</groupId>
                <artifactId>maven-war-plugin</artifactId>
                <version>2.1.1</version>
                <configuration>
                    <webXml>src\main\webapp\WEB-INF\web.xml</webXml>
                </configuration>
            </plugin>

            <plugin>
                <groupId>org.glassfish.embedded</groupId>
                <artifactId>maven-embedded-glassfish-plugin</artifactId>
                <configuration>
                    <port>8080</port>
                </configuration>
                <executions>
                    <execution>
                        <goals>
                            <goal>deploy</goal>
```

```
            </goals>
            <configuration>
                <app>target/${project.build.finalName}.
                ${project.packaging}</app>
                <contextRoot>/onlineshop-web</contextRoot>
            </configuration>
        </execution>
    </executions>
</plugin>

        </plugins>
    </build>
</project>
```

Listing 2.15 Die »pom.xml« mit dem Embedded GlassFish Server

Nachdem Sie die POM umgeschrieben haben, sollten Sie erneut mvn install aufrufen. Die Inbetriebnahme ließe sich auf der Kommandozeile über Kommando anweisen:

`mvn embedded-glassfish:run`

In Eclipse lässt sich der Embedded Server aber genauso aufrufen. Hierfür klicken Sie mit der rechten Maustaste auf das Projektverzeichnis und dann im Kontextmenü auf RUN AS · RUN CONFIGURATIONS.... Im Fenster CREATE, MANAGE, AND RUN CONFIGURATIONS selektieren Sie auf der linken Seite den Eintrag MAVEN BUILD und klicken anschließend oben auf das Blatt mit dem Pluszeichen.

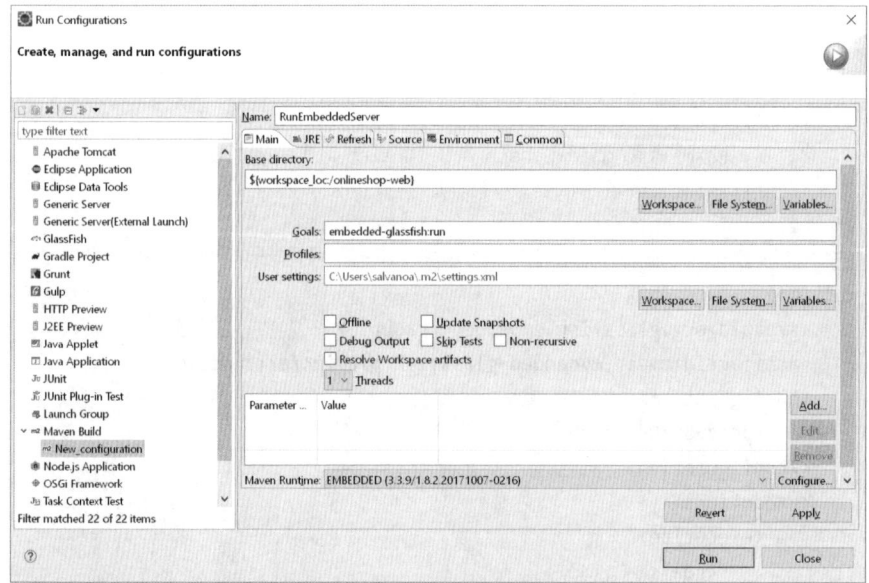

Abbildung 2.87 »Create, manage, and run configurations«

2

Setzen Sie den Namen der neuen Konfiguration auf »RunEmbeddedServer«. In das Eingabe-feld für das BASE DIRECTORY fügen Sie über den Button WORKSPACE das Projektverzeichnis in das Eingabefeld ein. Im Eingabefeld GOALS geben Sie »embedded-glassfish:run« ein. Bestätigen Sie mit APPLY. Nehmen Sie den Embedded Server in Betrieb, indem Sie den But-ton RUN betätigen.

Das Ergebnis können Sie sich in einem Webbrowser anschauen.

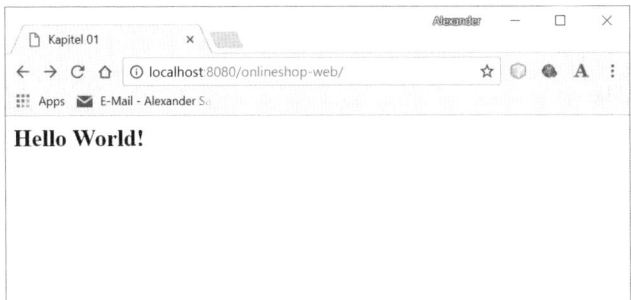

Abbildung 2.88 Die Webanwendung »onlineshop-web« läuft innerhalb eines Embedded GlassFish Servers.

2.8.8   Eine eigene Konfiguration in die POM einfügen

Wir nehmen einmal an, Sie haben Ihren Onlineshop fertiggestellt und das Unternehmen hat Ihr Maven-Projekt auf einem zentralen Server des Unternehmens zur Verfügung gestellt. Nun möchte ein Kollege von Ihrer Mustervorlage profitieren und bittet Sie, ihm zu helfen. Sie sollen ihm zeigen, wie er seine POM so einrichten kann, sodass sie Ihr Maven-Projekt nicht von Maven Central, sondern vom Repository des Unternehmens herunterlädt. Für diese Aufgabe zeige ich Ihnen, wie Sie eine eigene Konfiguration in die vorhandene POM ein-fügen, die dafür sorgt, dass neben dem Maven Central Repository ein anderes Repository verwendet wird. Hierfür werde ich Ihnen allerdings keine Konfigurationsparameter vorge-ben, denn über einen kleinen Umweg werden Sie von selbst auf die Lösung dieser Aufgaben-stellung kommen.

Das Überschreiben der vorhandenen Konfiguration ist selbst für einen Maven-Neuling kein Hexenwerk, sofern er sich einen Einblick in die Gesamtkonfiguration der Super-POM beschafft. Die geerbten und die eigenen Konfigurationen lassen sich nämlich als sogenannte *effective-POM* auch ausgeben. Hierfür geben Sie auf der Kommandozeile folgendes Kom-mando ein:

```
mvn help:effective-pom
```

Weil die Ausgabe zu lang ist, habe ich in Listing 2.16 nur den für diese Übung relevanten Teil abgedruckt:

```xml
<project xmlns="http://maven.apache.org/POM/4.0.0" xmlns:xsi="http://www.w3.org/2001/
XMLSchema-instance" xsi:schemaLocation="http://maven.apache.org/POM/4.0.0 http://
maven.apache.org/xsd/maven-4.0.0.xsd">
  <modelVersion>4.0.0</modelVersion>
  <groupId>de.java2enterprise</groupId>
  <artifactId>onlineshop-web</artifactId>
  <version>0.0.1-SNAPSHOT</version>
  <packaging>war</packaging>
  <name>Onlineshop Maven Webapp</name>
  <url>http://maven.apache.org</url>
  <properties>
    <project.build.sourceEncoding>UTF-8</project.build.sourceEncoding>
    <project.reporting.outputEncoding>UTF-8</project.reporting.outputEncoding>
  </properties>
  <dependencies>
    <dependency>
      <groupId>junit</groupId>
      <artifactId>junit</artifactId>
      <version>3.8.1</version>
      <scope>test</scope>
    </dependency>
    <dependency>
      <groupId>javax</groupId>
      <artifactId>javaee-api</artifactId>
      <version>8.0</version>
      <scope>provided</scope>
    </dependency>
  </dependencies>
  <repositories>
    <repository>
      <snapshots>
        <enabled>false</enabled>
      </snapshots>
      <id>central</id>
      <name>Central Repository</name>
      <url>https://repo.maven.apache.org/maven2</url>
    </repository>
  </repositories>
  ...
</project>
```

Listing 2.16 Die Ausgabe der effective-POM bei der Beispielanwendung

Bei der Ausgabe der effective-POM sehen Sie, dass das Maven Central Repository unterhalb des Elements `repository` mit dem Element `url` angezeigt wird. Um ein »Firmen-Repository« zu nutzen, fügen Sie ein eigenes `repositories`-Element in Ihre POM ein:

```
<project
    xmlns=http://maven.apache.org/POM/4.0.0
    xmlns:xsi="http://www.w3.org/2001/XMLSchema-instance"
    xsi:schemaLocation="http://maven.apache.org/POM/4.0.0
    http://maven.apache.org/maven-v4_0_0.xsd">
  <modelVersion>4.0.0</modelVersion>
  <groupId>de.java2enterprise</groupId>
  <artifactId>onlineshop</artifactId>
  <packaging>jar</packaging>
  <version>1.0-SNAPSHOT</version>
  <name>onlineshop</name>
  <url>http://maven.apache.org</url>
  <dependencies>
    <dependency>
      <groupId>junit</groupId>
      <artifactId>junit</artifactId>
      <version>3.8.1</version>
      <scope>test</scope>
    </dependency>
  </dependencies>
  <repositories>
    <repository>
      <id>java2enterprise</id>
      <name>Java2Enterprise.de Repository</name>
      <url>http://java2enterprise.de/repository</url>
    </repository>
  </repositories>
</project>
```

Listing 2.17 pom.xml« mit eigenem Repository

Wenn Sie das Kommando `mvn help:effective-pom` im Wurzelverzeichnis des Projekts erneut ausführen, wird das `repositories`-Element nicht nur das Maven Central, sondern auch Ihren Repository-Eintrag übernommen haben. (Hinweis: Soll das Maven Central Repository gar nicht mehr auftauchen, setzen Sie in Ihre POM als ID den Wert `central` ein, denn hierdurch überschreiben Sie die ID `central` des Maven Central Repositorys.)

Kapitel 3
Planung und Entwurf

»Man sollte alles so einfach wie möglich sehen,
aber auch nicht einfacher.«
Albert Einstein

Bevor wir uns in den nächsten Kapiteln in die APIs des Java EE-Standards stürzen, zeige ich Ihnen in diesem Kapitel, wie Sie ein Java EE-Projekt planen und wie Sie die Java EE-Anwendung vor der Programmierung entwerfen. Aber wie kommen Sie hierbei effizient und zügig ans Ziel?

Nicht erst der Berliner Flughafen und das LKW-Maut-Desaster haben gezeigt, dass die Planung und der Entwurf von großangelegten Vorhaben eine kritische Angelegenheit ist. Auch Java EE-Anwendungen stellen solche kritischen Projekte dar. Daher haben sich im Laufe des letzten Jahrzehnts bestimmte Techniken etabliert, die den Fokus auf den Erfolg des Projekts setzen. Weil die Umsetzung eine gewisse Beweglichkeit abverlangt, um effektiv und wirtschaftlich handeln zu können, fasst man die Techniken unter *agile Methoden* zusammen (agil = beweglich).

Die beliebteste agile Methode für die Planung in einem Java EE-Projekt nennt sich *Scrum*. Scrum hat sich in Java EE-Projekten so sehr durchgesetzt, dass es mittlerweile unter den Projektanbietern üblich ist, Scrum als selbstverständliches Know-how eines Java EE-Entwicklers vorauszusetzen.

Zu Beginn dieses Kapitels werde ich die wichtigsten Bestandteile von Scrum beleuchten, wobei ich besonders detailliert zeigen werde, wie Sie von der Kundenanforderung ausgehend sogenannte User-Storys erstellen. Keine Sorge, es folgt jetzt keine langatmige Theorie. Ganz im Gegenteil, denn agile Methoden sind intuitiv und dem natürlichen Vorgehen nachempfunden. Das Ziel ist Effizienz, und das oberste Gebot heißt: »Keep it simple!«

Auch bei dem folgenden Entwurf der Java EE-Anwendung werden agile Methoden genutzt. Die gängigste agile Entwurfsmethode nennt sich *Agile Model-Driven Development and Extreme Programming (AMDD/XP)*. Im Rahmen dieser Entwurfsmethode werden die User-Storys aus den Teilanforderungen in einem *User-Story-Diagramm* festgelegt. Mit diesen Entwurfsdokumenten wird die Konzeptionszeit einer Software reduziert und der Entwurfsprozess vereinfacht.

Der nächste Schritt, mit dem wir dieses Kapitel fortführen, gehört schon fast zu den Programmierarbeiten, denn hierbei werden wir aus den User-Story-Diagrammen UI-Prototypen in Form von HTML-Masken erzeugen. Für die HTML-Masken werden wir HTML5 und CSS3 einsetzen.

Für die folgenden Kapitel ist es wichtig, dass Sie verstehen, wie der Webbrowser über das *Hypertext Transfer Protocol* (*HTTP*) mit dem Java EE Server kommuniziert. Aus diesem Grund finden Sie am Ende dieses Kapitels auch Abschnitt 3.5, »Das HTTP-Monitoring«. Nachdem wir dort dem Webcontainer mit einem selbst programmierten HTTP-Client »auf die Finger geschaut« haben, werden wir uns auch noch andere HTTP-Werkzeuge ansehen, die Firefox und Eclipse von Haus aus mitbringen.

3.1   Die Projektplanung mit Scrum

Erfahrene Entwickler kennen die verschiedenen Phasen, die zu Beginn eines Softwareprojekts häufig anstehen, denn die Aufnahme und Analyse der Anforderung und der Entwurf eines Konzepts müssen fertiggestellt sein, bevor man mit der eigentlichen Programmierung beginnt. Und von einem Mitarbeiter eines professionellen Java EE-Projekts wird nicht nur erwartet, dass er technisch versiert ist, sondern auch, dass er die modernen Regeln beherrscht, nach denen ein Java EE-Projekt erfolgreich geplant und entworfen wird.

Früher legte man den Lösungsweg zu Projektbeginn fest. Das so entstandene Konzept wurde häufig zum Vertrag und war strengstens einzuhalten. Dabei entstanden umfangreiche und sehr detaillierte Dokumente. Die Hoffnung, dass die Software im Anschluss nur noch »herunterkodiert« werden müsse, stellte sich aber meistens als Trugschluss dar.

Heutzutage hat man die Erkenntnis gewonnen, »dass Menschen und Interaktionen wichtiger als Prozesse und Werkzeuge sind, funktionierende Software wichtiger als umfassende Dokumentation ist, Zusammenarbeit mit dem Kunden wichtiger als Vertragsverhandlungen ist und dass Eingehen auf Veränderungen wichtiger als Festhalten an einem Plan ist«. Das sind die Worte von Kent Beck, einem der Protagonisten der agilen Methoden. Im Jahre 2001 taten sich 17 Softwareentwicklern in Snowbird, Utah, zusammen und veröffentlichten hierzu das sogenannte *Manifesto for Agile Software Development*.

Scrum hat sich schon seit vielen Jahren für die Planung von Java EE-Projekten durchgesetzt und ist (ich habe es bereits gesagt) immer noch ein wichtiges Argument auf dem IT-Stellenmarkt.

Der besondere Nutzen von Scrum ist vielfältig. Zeitgemäße IT-Projekte nutzen Scrum, um die Entwicklung einer qualitativ hochwertigen Software schnell und kostengünstig zu realisieren. Ein zweites Kriterium ist, dass mithilfe von Scrum wesentlich flexibler auf das dynamische Anforderungsverhalten des Auftraggebers eingegangen werden kann, als es ehemals üblich war. Ein weiterer Vorteil von Scrum ist, dass Probleme und Fehler bei der Entwicklung besser abgefangen werden können. Das entscheidende Argument für Scrum ist aber häufig, dass das zu erstellende Produkt iterativ in abgeschlossenen, voll funktionstüchtigen, getesteten und auslieferbaren Zwischenständen entwickelt wird. Man hat also stets ein Stück Software vorliegen, das einen Gegenwert zu den bisherigen Investitionen darstellt.

Abgesehen von den wirtschaftlichen Kriterien darf man auch behaupten, dass Scrum den Teamgeist fördert. Denn bei Scrum-Projekten werden die Rollen der Projektbeteiligten mit besonders flacher Hierarchie definiert. Der Auftraggeber (*Customer*) gibt die Produktanforderung (*Product Requirement*) an den Produktverantwortlichen (*Product Owner*) weiter. Der Product Owner ist das Bindeglied zwischen dem Auftraggeber und dem *Development-Team*. Obwohl er für die Umsetzung des Product Requirements verantwortlich ist, ist er kein disziplinarischer Vorgesetzter der anderen Teammitglieder. Zusätzlich ist ein sogenannter *Scrum Master* im Spiel. Aber auch der Scrum Master ist keine Führungskraft. Er hat lediglich für die Einhaltung der agilen Grundsätze von Scrum zu sorgen und den anderen beteiligten Personen zu helfen, indem er Hindernisse aus dem Weg räumt.

In Abbildung 3.1 sehen Sie den gesamten Kreislauf eines Scrum-Projekts.

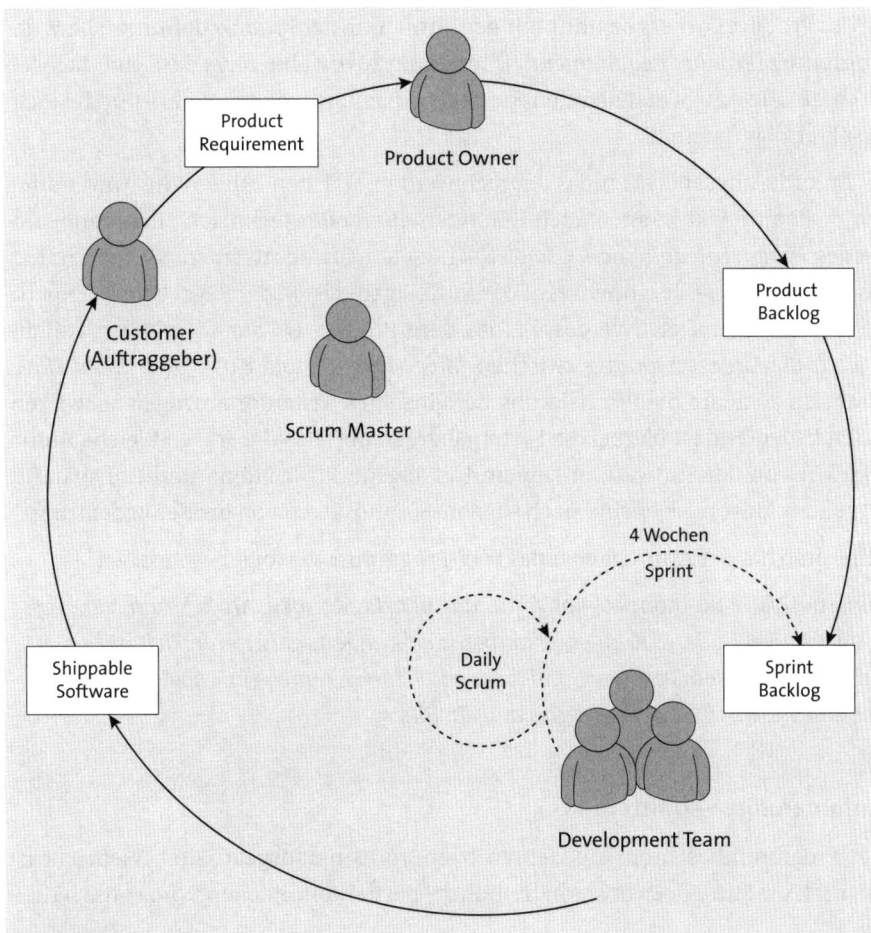

Abbildung 3.1 Der Kreislauf eines Scrum-Projekts

Der Kreislauf suggeriert, dass der Auftraggeber und der Product Owner von oben herab Aufgaben verteilen und erst nach Fertigstellung der lieferbaren Software (*Shippable Software*) wieder am Gesamtprozess beteiligt sind. Dem ist aber nicht so, denn in einem Scrum-Projekt werden Auftraggeber und Product Owner regelmäßig über den Fortschritt informiert. Dabei ist es üblich, dass Zwischenergebnisse wie zum Beispiel HTML-Masken (UI-Prototypes) mit dem Auftraggeber besprochen werden.

In einem Scrum-Projekt ist den Beteiligten bewusst, dass Nachbesserungen und Erweiterungen zu einem späteren Zeitpunkt hinzugefügt werden können, weil bei Scrum – wie bereits erwähnt – die angeforderte Software nicht direkt von A bis Z fertiggestellt, sondern in gleichmäßigen Entwicklungszyklen abgearbeitet wird. Der Entwicklungszyklus dauert maximal 4 Wochen und nennt sich *Sprint*.

3.1.1   Die Anforderung analysieren

Die Aufgabe des Product Owners beginnt mit der Aufnahme der Produktdefinition bzw. der Produktanforderung (*Product Requirement*). Überflüssig zu erwähnen ist, dass eine sachlich korrekte Beschreibung des zu erstellenden Produkts ein entscheidender Schritt in die Richtung des Projekterfolgs darstellt.

Im Kern der Anforderungsanalyse muss deutlich werden, welchen Nutzen die Anwendung hat. In einem realen Projekt können auch Besonderheiten oder technische Rahmenbedingungen Teil des *Product Requirements* sein. Nach agilen Grundsätzen muss der Product Owner hierbei eine aktive Rolle einnehmen. Der Auftraggeber ist in der Regel kein IT-Experte und könnte ein wichtiges Detail vergessen, das dem Product Owner womöglich auffällt. Wichtig ist auch die Unterscheidung zwischen *Must-Have*, *Should-Have* und *Could-Have*, denn das wird sich auch auf die Priorisierung der einzelnen Teilanforderungen auswirken. Gleichermaßen bedeutend ist hierbei die Systemabgrenzung, also die Frage »Welche Anforderungen werden von der Software in keinem Fall abgedeckt?«. Offene und transparente Gespräche mit dem Auftraggeber sind nach »agilen« Grundsätzen von großer Bedeutung.

Für den Onlineshop hat der Auftraggeber das EDV-Programm wie folgt beschrieben:

> »*Der Onlineshop ist eine Internet-Plattform, auf der die Kunden Artikel zum Verkauf anbieten und Artikel anderer Kunden erwerben. Die Kunden registrieren sich mit einer* **E-Mail-Adresse** *und einem* **Passwort** *und loggen sich hiermit auch ein. Die Artikel haben einen Titel, eine Beschreibung, einen Preis und ein Bild.*«

3.1.2   Teilanforderungen ermitteln

Auf Basis der Programmbeschreibung werden User-Storys herausgearbeitet. Vielleicht ist Ihnen der Begriff User-Story noch etwas befremdlich? Bei herkömmlichen Konzepten hätten wir den Ausdruck »Anwendungsfall« (*Use Case*) benutzt. Der Begriff »Use Case« wurde von den Erfindern der agilen Methoden bewusst durch »User-Story« ersetzt, um darauf hinzuweisen, dass eine User-Story die Sicht des Anwenders in einer bestimmten Rolle in den Vordergrund stellt. Die User-Story ist weniger formell und wesentlich kürzer als ein Use Case.

User-Storys sind nach dem Muster »Als [Anwender einer bestimmten Rolle] möchte ich [tun]« aufgebaut. Für das im letzten Abschnitt gezeigte Product Requirement des durchgehenden Programmierbeispiels wurden folgende User-Storys herausgearbeitet:

- ▶ »Als Kunde möchte ich Artikel kaufen.«
- ▶ »Als Kunde möchte ich Artikel verkaufen.«
- ▶ »Als Kunde möchte ich nach Artikeln suchen.«
- ▶ »Als Kunde möchte ich mich einloggen.«
- ▶ »Als Kunde möchte ich mich registrieren.«

3.1.3   Teilanforderungen priorisieren

Nachdem der Product Owner die Teilanforderungen mit dem Auftraggeber geklärt hat, muss er die Priorisierung der Teilanforderungen festlegen. Für die Priorisierung wird er in erster Linie den wirtschaftlichen Nutzen betrachten, der auch im Sinne des Auftraggebers ist. Häufig spielt hierbei auch die logische Reihenfolge der Programmierschritte eine Rolle. Zum Beispiel kann mithilfe eines Storyboards analysiert werden, in welcher Reihenfolge die User-Storys angewendet werden.

Storyboard

Bei einem Storyboard für eine grafische Benutzerschnittstelle wird deutlich, über welche Schritte bzw. über welche Ansichten der Benutzer navigieren wird. An dieser Stelle fallen Navigationsschritte auf, die bei der Ermittlung der Teilanforderungen eventuell vergessen wurden. Ein typisches Beispiel ist ein Startfenster, das zur Orientierung als Bezugspunkt für die Navigation benötigt wird. Typischerweise wird der Benutzer in dieses Fenster zuallererst hineingeführt und willkommen geheißen. Häufig dient das Willkommensfenster auch als Dreh- und Angelpunkt für alle weiteren User-Storys. Weil das Willkommensfenster aber keiner Teilanforderung des Auftraggebers zugeordnet werden kann, werden wir es als *User-Story 0* deklarieren.

Das Storyboard in Abbildung 3.2 zeigt, wie ein Anwender mit der Rolle »Kunde« üblicherweise in dem Onlineshop navigiert.

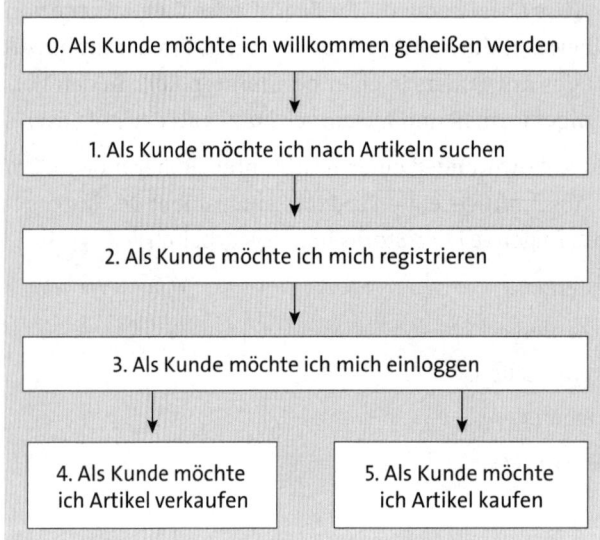

Abbildung 3.2 Das Storyboard für die Beispielanwendung

Product Backlog

Die Priorisierung wird in einer Tabelle eingetragen, die sich *Product Backlog* nennt. Jede Teilanforderung wird als *Product Backlog Item* hinzugefügt. Die Product-Backlog-Tabelle enthält aber nicht nur User-Storys, sondern ebenso Änderungswünsche oder auch technische Anforderungen, wie zum Beispiel die Behebung eines Programmierfehlers. Das Aussehen einer Product-Backlog-Tabelle kann sich von Projekt zu Projekt unterscheiden. In diesem Buch zeige ich eine einfache Variante. Sie können Ihre eigene Product-Backlog-Tabelle also auch wesentlich umfangreicher gestalten. Beachten Sie aber auch hier wieder die »Keep it simple«-Regel, denn jede zusätzliche Spalte muss auch gewartet werden.

Wie Sie gleich sehen werden, wird der Inhalt der Product-Backlog-Tabelle ins Englische übersetzt. »Einloggen« übersetzen wir mit »Sign in«, »Artikel« übersetzen wir mit »Item« usw. Die englische Sprache ist nicht zwingend erforderlich, wird jedoch in den meisten Java EE-Projekten verwendet. Das dient der Vereinheitlichung, denn mit den Begriffen der *Product Backlog Items* (*PBIs*) werden wir später unser Datenmodell, die Klassen und die Methoden benennen – und die sind üblicherweise ebenso in englischer Sprache gehalten.

Um jeden PBI in unserem Product Backlog eindeutig zu identifizieren, haben wir in Tabelle 3.1 ganz links eine Identifikationsnummer (ID) vergeben. Die nächste Spalte nennen wir SUBJECT. Mit dieser Spalte können thematisch zusammengehörende PBIs gruppiert werden. In der nächsten Spalte (TYPE) wird deutlich, ob das PBI auf einer User-Story basiert, technische Relevanz hat oder zur Fehlerbehebung dient. Die PRIORITY gibt einen Hinweis auf die bevorzugte Reihenfolge in der Umsetzung eines Sprints. Obwohl der Auftraggeber seine Favorisierung dem Product Owner mitteilt und auch das Storyboard eine Reihenfolge der User-Storys vorgibt, obliegt die Priorisierung im Product Backlog dem Product Owner. Wie Sie sehen, mussten wir als Product Owner die Priorisierung ändern. Als Product Owner achten wir darauf, dass die Umsetzung einer User-Story zu einem abgeschlossenen Zwischenstand führt. Wichtig hierbei ist, dass die User-Story mit den bisher vorhandenen Teilprodukten, Funktionen, Anwendungsdaten usw. auskommt, also möglichst wenig Neues benötigt.

ID	Module	Requirement	Item	Priority	Status
1	SignIn	Story	As a customer I want to register.	1	ToDo
2	SignIn	Story	As a customer I want to sign in.	1	ToDo
3	Shop	Story	As a customer I want to sell items.	3	ToDo
4	Shop	Story	As a customer I want to search items.	2	ToDo
5	Shop	Story	As a customer I want to buy items.	2	ToDo

Tabelle 3.1 Das Product Backlog

1. Die User-Story »As a customer I want to register« benötigt keine vorherige Funktionalität. Deshalb entwickeln wir sie als erste. Bei dieser User-Story werden die Kunden des Online-shops selbst als Geschäftsdaten angesehen.

2. Die User-Story »As a customer I want to sign in« benötigt die Geschäftsdaten der ersten User-Story.

3. Für die User-Story »As a customer I want to sell items« kommen zusätzliche Geschäftsda-ten hinzu, denn jeder Kunde soll Artikel verkaufen können.

4. Die User-Story »As a customer I want to search items« zeigt die hinzugefügten Artikel aus User-Story 3 an.

5. Jedes Mal, wenn ein Kunde einen Artikel erwirbt, merkt sich die Software den Kauf des Angebots.

3.1.4   Teilanforderungen umsetzen

Für die Planung des Sprints wird zu Beginn das sogenannte *Sprint Planning* stattfinden. In diesem Meeting entscheidet das Scrum-Team, welche der PBIs im Sprint umgesetzt werden. Hierfür wird eine weitere Tabelle aufgesetzt, nämlich das *Sprint Backlog*.

Sprint Backlog

Im *Sprint Backlog* wird jedes fertigzustellende PBI in Tasks unterteilt. Ein *Task* ist eine abge-schlossene Aufgabe, die von einem einzelnen Mitarbeiter durchgeführt wird. Die Tasks wer-den den Mitarbeitern gemäß deren Qualifikation zugeordnet. Im Sprint Planning geben die an der Fertigstellung beteiligten Mitglieder eine Aufwandschätzung ab. Im folgenden Sprint

Backlog befinden wir uns bereits am zweiten Tag eines 4-wöchigen Sprints. Die Aufwand-schätzung wird üblicherweise in Stunden angegeben.

ID	ITEM	TASK	WHO	DAY 1	2	3	4	5	6	7	8	9	10	1
1	As a customer I want to register	Install an configure DBMS	Reinhard	15	10									
		Code the data model	Reinhard	15	12									
		Code the view	Alex	12	10									
		Code the controller	Susanne	9	0									
		Code the modell	Rogier	15	10									
		Test the components	Almut	12	12									
2	As a customer I want to sign in	Code the view	Alex	14	14									
		Code the data model	Reinhard	12	12									
		Code the interfaces	Almut	10	10									
		Code the controller	Susanne	15	15									
		Code the modell	Rogier	12	12									
		Test the components	Almut	10	10									
3	As a customer I want to sell items	Code the view	Alex	8	8									
		Code the data model	Reinhard	10	10									
		Code the interfaces	Almut	19	19									
		Code the controller	Susanne	20	20									
		Code the modell	Rogier	10	10									
		Test the components	Almut	8	8									
4	As a customer I want to search items	Code the view	Alex	10	10									
		Code the data model	Reinhard	20	20									
		Code the interfaces	Almut	10	10									
		Code the controller	Susanne	5	5									
		Code the modell	Rogier	8	8									
		Test the components	Almut	10	10									
5	As a customer I want to buy items	Code the view	Alex	13	13									
		Code the data model	Reinhard	21	21									
		Code the interfaces	Almut	14	14									
		Code the controller	Susanne	12	12									
		Code the modell	Rogier	16	16									
		Test the components	Almut	12	12									

Abbildung 3.3 Das »Sprint Backlog«

Von nun an wird täglich ein *Daily Scrum* abgehalten. Das Daily Scrum findet morgens statt und ist maximal 15 Minuten lang, wobei es üblich ist, das Daily Scrum als sogenanntes *Standup Meeting* zu gestalten. Das bedeutet, dass sich das Development-Team im Kreis hin-stellt. Das Development-Team eines Scrum-Projekts besteht optimalerweise aus 3 bis 7 Teammitgliedern. Jedes Teammitglied erhält 2 Minuten, um zu berichten, wie erfolgreich der letzte Arbeitstag verlaufen ist und was für den aktuellen Arbeitstag ansteht. Wichtig ist hier-bei, auf eventuelle Hindernisse aufmerksam zu machen. Zuletzt werden noch die übrig gebliebenen Aufwände in die aktuelle Tagesspalte geschrieben.

Burndown Chart

Um den Fortschritt eines Sprints sichtbar zu machen, erstellt der Scrum Master täglich einen *Burndown Chart*. Der Burndown Chart ergibt sich aus den Zahlen, die in das Sprint Backlog eingetragen worden sind. Wenn aus dem Burndown Chart ersichtlich wird, dass das Deve-lopment-Team eine kürzere oder eine längere Zeit als die angesetzte Sprint-Dauer benötigt, kann das Team in Absprache mit dem Product Owner weitere PBIs hinzufügen oder PBIs entfernen. Im Diagramm in Abbildung 3.4 sehen Sie ein Beispiel, wie der Burndown Chart am 28. Tag des Sprints aussehen könnte.

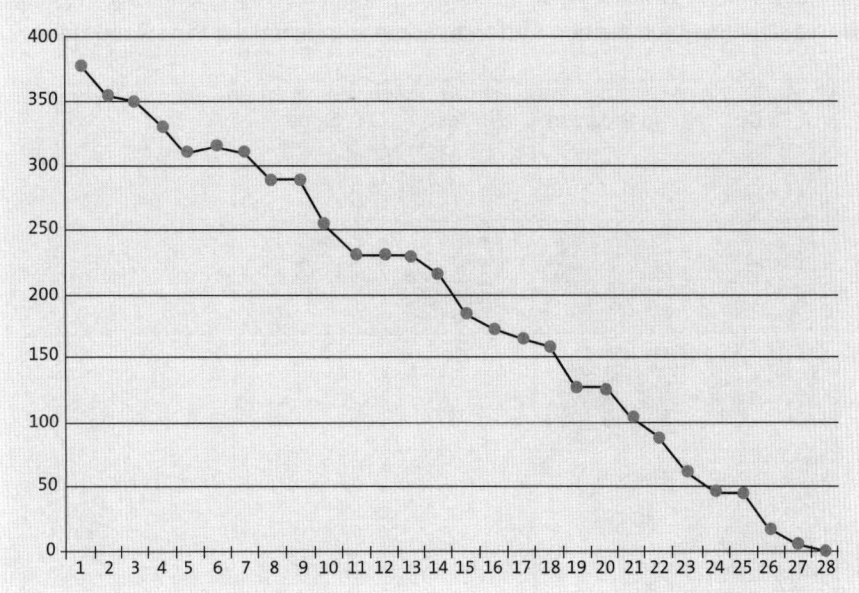

Abbildung 3.4 Der »Burndown Chart«

Task-Board

Während der Daily Scrums setzt das Entwicklungsteam ein sogenanntes *Task-Board* ein. Hierbei handelt es sich in der Regel nicht um ein Whiteboard, sondern um eine Pinnwand, die horizontal und vertikal mit Fäden in eine Matrix aufgeteilt ist.

Vor dem ersten Daily Scrum werden die User-Stories und die Tasks auf Post-its® oder Kartei-karten geschrieben. Die Kärtchen für die Tasks enthalten die Aufgabe, die erledigt werden soll. Gleichzeitig wird auch angezeigt, welcher Entwickler den Task erledigen wird. Hierfür kann der Name des Entwicklers auf das Kärtchen geschrieben werden. Häufig haben die Kärt-chen für die unterschiedlichen Entwickler unterschiedliche Farben.

In Abbildung 3.5 sehen Sie eine gängige Spalten-Variante.

▶ **User Story**
Diese Spalte enthält jeweils ein Kärtchen für die jeweilige User-Story.

▶ **To do**
alles, was noch zu tun ist (zu Beginn befinden sich in dieser Spalte alle Task-Kärtchen)

▶ **In Progress**
woran aktuell gearbeitet wird

▶ **In Test**
alles, was erledigt ist und getestet werden kann

▶ **Done**

Tasks, die den Test erfolgreich bestanden haben, gelangen in die Spalte *Done*. In manchen Projekten werden solche Tasks aber auch in einem symbolischen Mülleimer abgelegt. Hierbei kann es sich um einen kleinen Karton handeln, der neben der Pinnwand steht.

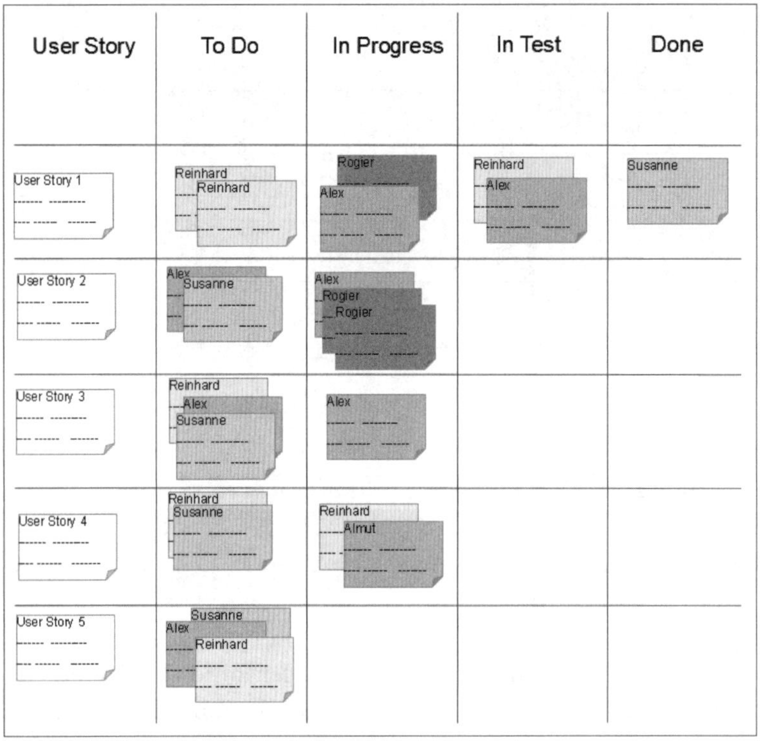

User Story	To Do	In Progress	In Test	Done
User Story 1	Reinhard / Reinhard	Rogier / Alex	Reinhard / Alex	Susanne
User Story 2	Alex / Susanne	Alex / Rogier / Rogier		
User Story 3	Reinhard / Alex / Susanne	Alex		
User Story 4	Reinhard / Susanne	Reinhard / Almut		
User Story 5	Susanne / Alex / Reinhard			

Abbildung 3.5 Der Task Board

Während der Daily-Scrum-Meetings aktualisiert das Entwicklungsteam fortwährend das Task-Board. Hierbei werden die Task-Kärtchen umgesetzt. Gleichzeitig kann über weitere Post-its® der noch geschätzte Aufwand neben das jeweilige In-Progress-Kärtchen gepinnt werden. Diese Zahlen werden vom Scrum Master in den Sprint Backlog übertragen.

3.2   Die Datentypen für den Entwurf

Wir Menschen behandeln Datentypen häufig als eine Selbstverständlichkeit. Mit der gleichen Gewissheit, dass ein Geldbetrag zwei Nachkommastellen aufweist, erwarten wir, dass ein EDV-Programm hiermit korrekt rechnet. Leider verfügt ein Computer nicht über das geniale Abstraktionsvermögen eines Menschen. Deshalb ist man bei der Programmierung einer EDV-Anwendung gezwungen, die Datentypen sehr präzise festzulegen. Wie Sie gleich sehen werden, ist dies ein wichtiges Thema beim Entwurf einer Anwendung. Denn wenn man zu Beginn des Projektes eine falsche Auswahl trifft, kann dies später zu aufwendigen und fehlerträchtigen Nacharbeiten führen. Um strukturiert und gründlich vorzugehen, werden wir uns in diesem Abschnitt zunächst anschauen, welche Datentypen zur Verfügung stehen und wann sie jeweils eingesetzt werden. Diese Beschreibung werden wir im hierauf folgenden Abschnitt nutzen, denn dort werden wir Domänen und Attribute spezifizieren, und das Wissen über die hier behandelten Datentypen wird spätestens dort sehr hilfreich sein.

Zuallererst müssen Sie sich die Frage stellen, ob Sie mit den elementaren Datentypen oder mit Wrapper-Klassen arbeiten sollten. Die Erfahrung hat gezeigt, dass Wrapper-Datentypen vorteilhafter sind. Wenn eine Klasse noch nicht initialisiert wurde, stellt Java noch keinen Datenbehälter, sondern lediglich eine Referenz auf null bereit. Außerdem können Wrapper-Klassen besser in die Collections-API integriert werden. Daher sollten Sie der Nutzung von Wrapper-Klassen den Vorzug geben. In den folgenden Abschnitten werden wir dies berücksichtigen. Andererseits werden wir in einem späteren Kapitel mit der JDBC-API arbeiten, und die geht bei Zahlenwerten stets von elementaren Datentypen aus. Deshalb werden wir an diesen Stellen nicht umhinkommen, elementare Werte mit Wrapper-Klassen zu casten.

Im Folgenden werden wir zwischen Wahrheitswerten, »kurzen«, »normalen« und »langen« Ganzzahlen, Geldbeträgen und anderen Kommazahlen, Zeichenketten, Zeitpunkten und »großen Datenmengen« (zum Beispiel Foto- oder Filmdateien) unterscheiden.

3.2.1 Wahrheitswerte

Immer dann, wenn der Wert einer Objektvariablen nur zwei Werte annehmen kann, zum Beispiel *Wahr* oder *Unwahr* bzw. *Ja* oder *Nein*, werden wir den Datentyp `java.lang.Boolean` einsetzen. Theoretisch ist `java.lang.Boolean` der Datentyp mit dem geringsten Speicherbereich, denn er nimmt auf der Java-Seite genau ein Bit ein.

3.2.2 »Kurze« Ganzzahlen

Wenn Datenreihen durchgezählt werden sollen, kann die Anzahl als natürliche Zahl ausgedrückt werden. Mit natürlichen Zahlen sind die Literale 1, 2, 3 usw. gemeint. Und dies ist auch der häufigste Anwendungsfall für Ganzzahlen. Obwohl die Wertebereiche von Ganzzahlen genau festgelegt sind, kann es mit Java unter Einbindung einer Datenbank dennoch ganz schön kompliziert werden. Zum Beispiel ist der kleinste Ganzzahltyp bei Java ein `java.lang.Byte`. Ein Byte kann eine 3-stellige Ganzzahl als Wert aufnehmen.

Sie müssen sich aber in Acht nehmen, denn der maximale Wert darf höchstens 127 betragen. Felder, die höhere Werte als 127 einnehmen können, müssen schon mit dem nächstgrößeren 16-Bit-Datentyp, `java.lang.Short`, abgespeichert werden. `Short` kann einen 5-stelligen Wert annehmen. Aber auch bei Short müssen Sie beachten, dass der maximale Wert nicht größer als 32.676 sein kann.

Bei beiden Ganzzahltypen müssen Sie auch die untere Wertebereichsgrenze im Minusbereich im Auge behalten. In den Anwendungen der meisten Unternehmen wird zwischen `Byte` und `Short` dann und wann unterschieden – hier und dort aber auch nicht. Ein durchwachsenes Vorgehen ist irritierend und wenig vertrauenerweckend, da man sich bei den Datentypen, die man vorfindet, nicht darauf verlassen kann, dass die Wahl fachlich begründet ist. Am saubersten ist ein einheitliches Vorgehen, und bei der Größenordnung der obigen Datentypen spielt heutzutage Speicherplatz kaum mehr eine Rolle. Deshalb werden »kurze« Ganzzahlen in aktuellen Projekten genauso wie die nachfolgend gezeigten »normalen« Ganzzahlen behandelt und unter dem Datentyp `java.lang.Integer` abgespeichert.

3.2.3   »Normale« Ganzzahlen

In manchen Projekten verwendet man für alle Ganzzahlen den 32 Bit großen Datentyp `java.lang.Integer`, solange ihr Wertebereich durch ihn abgedeckt werden kann. Obgleich hiermit Speicherplatz verloren geht, liegen die Vorteile auf der Hand, denn `java.lang.Integer` ist der Default-Datentyp von Ganzzahl-Literalen. Wenn Speicherplatz also kein großes Problem darstellt, ist es kein Fehler, wenn Sie alle Spaltenfelder, deren Werte zwischen –2.147.483.648 und 2.147.483.647 liegen, mit dem Datentyp `java.lang.Integer` abspeichern. Die meisten Anwendungsfälle von Ganzzahltypen dürften auf diesem Weg abgedeckt werden.

3.2.4   »Lange« Ganzzahlen

Manchmal reichen die nahezu Milliarden positiven Ganzzahlen von `Integer` nicht aus. Zum Beispiel ist die Festlegung eines Primärschlüssel-Felds ein typischer Anwendungsfall, bei dem man bezüglich der Obergrenze skeptisch sein wird. Für solche Fälle wird der nächstgrößere Datentyp `java.lang.Long` eingesetzt. `java.lang.Long` kann 19-stellige Ganzzahlen aufnehmen. Auch bei `java.lang.Long` muss ein Maximalwert berücksichtigt werden. Obgleich Sie als Entwickler alle Ober- und Untergrenzen im Hinterkopf behalten müssen, werden Sie den Rahmen zwischen –9,2 Trillionen und 9,2 Trillionen selten überschreiten. Wenn Zweifel daran besteht, ob der Wertebereich ausreicht, wird der Datentyp `java.math.BigDecimal` eingesetzt, der theoretisch beliebig große Zahlen aufnehmen kann.

3.2.5   Kommazahlen (und Geldbeträge)

Kommazahlen kommen in der Regel immer dann zum Einsatz, wenn etwas gemessen oder kalkuliert wird, wobei auch Geldbeträge zum typischen Einsatzgebiet von Kommazahlen gehören. Für Kommazahlen bietet Java die elementaren Datentypen `java.lang.Float` und `java.lang.Double` an. `java.lang.Float` kann 21-stellige Kommazahlen aufnehmen, die den Wertebereich von 162 Trillionen (21 Stellen) nicht überragen dürfen.

Auch wenn dieser Wertebereich beträchtlich erscheinen mag, wird dennoch in der Regel auf den noch größeren, 64 Bit großen Datentyp java.lang.Double (79 Stellen) zugegriffen. Grundsätzlich werden Kommazahlen also mit doppelter Genauigkeit kalkuliert, denn ansonsten werden arithmetische Kalkulationen ungenau.

Wenn zum Beispiel ein Wert x durch einen Wert y dividiert und wieder mit y multipliziert wird, dürfte sich der Ursprungswert ja eigentlich nicht ändern. Leider kann das Resultat aber vom erwarteten Ergebnis abweichen. Der Grund hierfür liegt in der Art, wie ein Computer Kommazahlen errechnet: Sie werden nicht wie Ganzzahlen im Speicher in einem einzigen Behälter gehalten, sondern zur Laufzeit bemessen. Der Computer merkt sich bei Kommazahlen ein Vorzeichen, eine Mantisse und einen Exponenten und kalkuliert das Resultat, wenn es angezeigt werden soll. Deshalb spricht man bei Kommazahlen auch von *ungefähren Zahlen* (*Approximate Numbers*) oder von *Fließkommazahlen*. Kurzum: Aufgrund der genannten Probleme, die Fließkommazahlen mit sich bringen, dürfen Sie in Java EE-Anwendungen keiner geringeren Präzision als der von java.lang.Double vertrauen.

Und java.lang.Double ist ja ohnehin auch der Standarddatentyp für Kommazahl-Literale in Java. Damit ist gemeint, dass ein Literal wie 12345.6789 intern als Datentyp java.lang.Double gespeichert wird. Um anzuzeigen, dass das Literal vom Datentyp java.lang.Float ist, müsste es mit einem F (zum Beispiel so: 12345.6789F) extra gekennzeichnet werden.

Aber selbst mit dem Datentyp java.lang.Double wird es kritisch, wenn es sich um Geldbeträge einer Bank handelt. Im Finanzsektor geht man mit diesem Risiko besonders achtsam um. Deshalb müssen dort Geldbeträge als java.math.BigDecimal abgespeichert werden.

Im Onlineshop werden wir für die Geldbeträge den Datentyp java.lang.Double einsetzen. Betrachten Sie dies aber keinesfalls als Best Practice. Der Datentyp java.lang.Double darf für einen Geldbetrag nur dann eingesetzt werden, wenn wie in unserem Beispiel mit keinerlei finanzmathematischen Kalkulationen zu rechnen ist. Im Zweifelsfall sollten Sie für Geldbeträge immer den Datentyp java.math.BigDecimal einsetzen.

3.2.6   Zeichenketten

Für alle Zeichenketten werden wir den Datentyp java.lang.String verwenden. Die Klasse String merkt sich eine Zeichenkette, indem die einzelnen Zeichnen in einem char[] gehalten werden. Deshalb können theoretisch beliebig lange Zeichenketten abgespeichert werden.

3.2.7   Zeitpunkte

Wenn es sich bei den Geschäftsdaten um Zeitpunkte handelt, muss definiert sein, mit welcher Präzision die Fixierung stattfinden soll. Im Allgemeinen unterscheidet man folgende drei Kategorien:

▶ **Datum**: Es besteht aus Jahr, Monat und Tag.

▶ **Uhrzeit**: Sie besteht aus Stunde, Minute und Sekunde.

▶ **Zeitstempel**: Er besteht aus Jahr, Monat, Tag, Stunde, Minute, Sekunde, Millisekunde.

Bei Java wurden Zeitpunkte ursprünglich mit dem Datentyp `java.util.Date` definiert, der durchaus in der Lage ist, die drei unterschiedlichen Kategorien abzudecken. Zuweilen traten aber hierbei Probleme auf, und die Handhabung war nicht einfach. Warum das so ist, werde ich im Folgenden erörtern.

Die Errechnung eines Zeitpunkts ist eigentlich schon von Natur aus eine komplizierte Angelegenheit. Beispielsweise sind mannigfache Datumsformate, Sommerzeitumstellung und unterschiedliche Kalender-Arithmetik zu berücksichtigen, denn während wir im Westen meistens den Kalender von Papst Gregor den XIII. verwenden, interessiert man sich in Japan eher für die japanische Variante. Ein weiteres Problem, das in internationalen Internetanwendungen gelöst werden musste, bestand darin, dass die Angabe eines Zeitpunkts von der Zeitzone abhängig ist.

Java stellte zur Lösung dieser Probleme immer wieder Neuerungen zur Verfügung. Deshalb ist so mancher Java-Neuling überrascht, wenn er für die Datumsberechnung ein heterogenes API-Umfeld vorfindet. `java.util.Date` war bereits seit der ersten Version im JDK enthalten und ist heute ein Relikt, das aber nach wie vor seine Berechtigung hat. Im Laufe der Jahre kamen aber viele weitere Klassen hinzu, wie zum Beispiel die Klasse `java.util.Calendar` und ihre Abkömmlinge, sodass die meisten Methoden der Klasse `java.util.Date` als veraltet (*deprecated*) markiert wurden. Aber auch die Klasse `java.util.Calendar` arbeitet im Kern weiterhin mit der Klasse `java.util.Date`, um einen Zeitpunkt festzuhalten. Eine weitere wichtige Klasse ist `java.util.TimeZone`, mit der Zeitzonen definiert werden können.

Eingangs wurde bereits erwähnt, dass die Klasse `java.util.Date` alle drei Zeitpunktkategorien abdeckt. Einer kleinen Einschränkung müssen Sie sich dennoch bewusst sein: Die Klasse merkt sich einen Zeitpunkt, indem sie die Anzahl der seit dem 1. Januar 1970 um 00:00:00.000 Uhr verstrichenen Millisekunden fixiert. Diese Genauigkeit ist aber für moderne Hochleistungsrechner nicht immer hinreichend. Heutzutage können Prozesszeiten im Nanosekundenbereich aufgezeichnet werden, was auch im JDK seit der Version 1.5 zur zusätzlichen Methode `System.nanoTime()` geführt hat. Auch bei Datenbanken kann die Genauigkeit im Nanosekundenbereich abgespeichert sein. Deshalb kämen wir mit der Klasse `java.util.Date` in so einem Umfeld eventuell nicht weiter. Andererseits ist der Einsatz von Nanosekunden eher selten, und zur Vereinfachung wird dieser Präzision auch häufig keine Beachtung geschenkt. Wenn also nicht gerade ein Hochleistungsrechner ins Spiel kommt, fällt dieses Manko nicht in Betracht.

Mit Java SE 8 wurde schließlich die neue Date-Time-API veröffentlicht. Sie hat die Aufgabe, mit den Problemen der alten Date-Time-API aufzuräumen und diese komplett zu ersetzen.

Bei der Entwicklung der neuen Date-Time-API hatte man sich viele Gedanken darüber gemacht, was Zeit eigentlich ist und wie man sie als Benutzerschnittstelle anbieten kann. Der wichtigste Gedanke hierbei war, dass man darin unterscheidet, ob man einen Zeitpunkt im menschenlesbaren Format oder im Maschinenformat vorliegen hat. Die englischen Fachbegriffe lauten *human time* und *machine time*.

Für die Benutzerschnittstellen in den neuen Java EE-APIs sind es vor allem die Human-Time-Klassen, für die wir uns interessieren. Die Klassen, die für die Festlegung per Human Time bereitstehen, werden auch als *temporale Datentypen* bezeichnet. Intern arbeitet Java natürlich immer mit der Machine Time. Aber die Umwandlung bleibt im Verborgenen, und die Benutzerschnittstelle ist recht intuitiv. Beispielsweise handelt es sich bei der Klasse `LocalDate` um einen temporalen Datentyp, bei dem wir das Datum mit einem Jahr, einem Monat und einem Tag festlegen können.

```
LocalDate localDate = LocalDate.of(1996, Month.JANUARY, 23);
```

Gleichzeitig bietet die Klasse `LocalDate` spezielle Methoden an, die weitestgehend auch in den anderen Human-Time-Klassen konsistent wiederzufinden sind. Und diese Methoden liefern dann stets einen Zeitpunkt in der gewünschten Form.

3.2.8   Große Datenmengen

Große Datenmengen werden in Java normalerweise als `byte[]` deklariert. Auch im Onlineshop werden wir den Datentyp `byte[]` für die Fotodateien verwenden. Große Datenmengen können Java-seitig aber auch durch andere Datentypen abgebildet werden. Zum Beispiel eignen sich für ihre Speicherung auch die Datentypen `Byte[]`, `char[]`, `Character[]`, `java.lang.String` oder Klassen, die das Interface `java.io.Serializable` implementieren.

Nachdem im »vereinfachten Domänenmodell« die passenden Datentypen aufgeschrieben worden sind, ist das Diagramm für die User-Story auch schon fertig, denn es wird keine weiteren Elemente des UML-Klassendiagramms enthalten. Zum Beispiel werden wir keine Sichtbarkeitssymbole verwenden. Darüber hinaus werden wir auf Selbstverständliches verzichten. Beispielsweise wird normalerweise auf die Objektvariablen nur über öffentliche Setter- und Getter-Methoden zugegriffen. Auf dieses für JavaBean-Klassen übliche Konstrukt werden wir im vereinfachten Domänenmodell verzichten. Auch die Anzeige von Parametern und Rückgabewerten lassen wir bleiben. Es handelt sich also keineswegs um ein vollständig UML-konformes Klassendiagramm. Bei einer komplexen Geschäftsanwendung würde man dieses vorläufige vereinfachte Domänenmodell als Zwischenergebnis in ein vollständiges Klassendiagramm im elektronischen Format übernehmen.

Nebenbei gesagt: Für die Erstellung des elektronischen Klassendiagramms ist eine Standardsoftware wie zum Beispiel *Microsoft PowerPoint* vollkommen ausreichend. In großen Unternehmen werden für diesen Zweck aber auch häufig speziellere UML-Werkzeuge wie der

Enterprise Architect von Sparx Systems zur Verfügung gestellt oder sogar vorgeschrieben, um die Einheitlichkeit im Unternehmen zu gewährleisten.

Neben Klassendiagrammen bietet die *Unified Modeling Language* (*UML*) eine große Vielfalt an weiteren Modelliermöglichkeiten an. Ausgereifte UML-Werkzeuge unterstützen den Entwickler zusätzlich durch die automatische Erzeugung von Quellcode. Aber auch hiermit müssen Sie darauf achten, dass Sie vor lauter Diagrammen und Konzepten die Fertigstellung der Software nicht aus dem Auge verlieren, denn ein ausgereiftes UML-Werkzeug bietet einen ergiebigen Nährboden für das »Verzetteln«.

3.3 Das User-Story-Diagramm

In diesem Abschnitt werden wir in die Rolle des Product Owners schlüpfen und den Entwurf für die Beispielanwendung erstellen. Für den Entwurf des durchgehenden Programmierbeispiels werden wir die agile Entwurfsmethode *AMDD/XP* verwenden. Dabei werden wir ein Diagramm einsetzen, das die wichtigsten Schritte für die User-Story besonders kurz und knapp zusammenfasst. In dem Diagramm soll die Änderung, die wir für die User-Story programmieren müssen, auf einen Blick ersichtlich werden. Auch hierbei werden wir darauf achten, dass es das oberste Ziel bleibt, alles so einfach wie nur möglich zu halten.

Neben den Entwurfsskizzen, -diagrammen und -modellen werden (auch in agilen Projekten) weitere Dokumente erstellt, zum Beispiel Betriebshandbücher und Bedienungsanleitungen. Allerdings handelt es sich hierbei um Dokumente, die nur für den Betrieb gedacht sind. Sie gehören nicht zum Entwurf der Software und dürfen vor allem den Fortschritt der Fertigstellung nicht bremsen. Auf die Erstellung solcher Dokumente gehe ich nicht ein.

Das User-Story-Diagramm fasst die wichtigsten Bestandteile in einer einzigen Darstellung zusammen. In einem »agilen« Projekt werden solche Skizzen häufig auf einem Whiteboard gezeichnet. Für das Protokoll kann das Whiteboard mit dem Handy abfotografiert werden. Warum sollte man die Dinge komplizierter gestalten, als es erforderlich ist? Zu Hause können Sie am schnellsten mit Bleistift und Radiergummi arbeiten. Die handschriftliche Arbeit hat den Vorteil, dass Sie Ihre konzeptionellen Ideen rasch zu Papier bringen können.

3.3.1 Einführung

Für das Diagramm unterteilen Sie das Whiteboard (bzw. Ihr Zeichenblatt) horizontal von unten nach oben in drei Segmente:

- ▶ UI-Skizze (oben)
- ▶ Domänen (Mitte)
- ▶ Datenhaltung (unten)

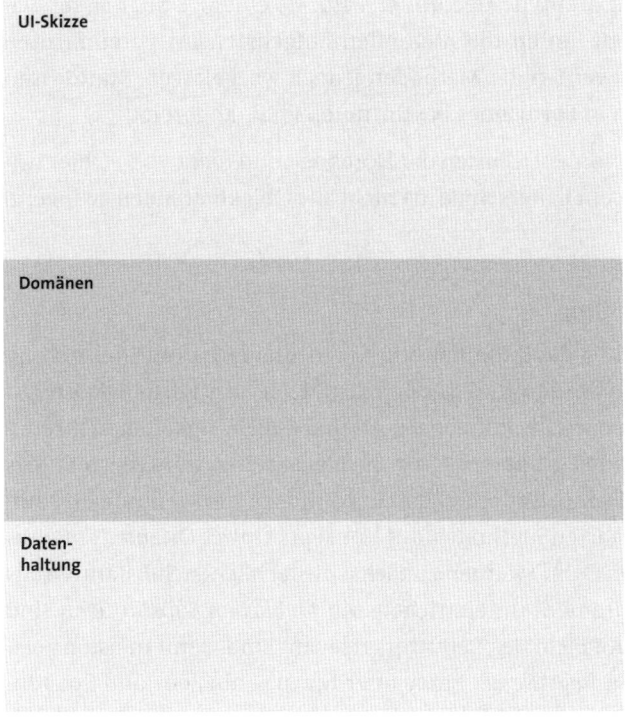

Abbildung 3.6 Unterteilen Sie das Whiteboard (oder Ihr Zeichenblatt) in drei Segmente.

Der obere Bereich für die UI-Skizze

Im oberen Bereich erstellen Sie die UI-Skizze (d. h. die Benutzerschnittstelle). Hier spielen Kriterien der Usability und der komfortablen Navigation eine Rolle. Dem Benutzer muss schnell klarwerden, wo er sich befindet und wohin er im Folgenden navigieren kann. Dazu soll kein Handbuch erforderlich sein. Man spricht hierbei von der *intuitiven* Benutzerführung. Daneben kommen häufig Steuerungs- und Navigationselemente zum Einsatz, die der Benutzer auch aus anderen Benutzerschnittstellen gewohnt ist. Beispielsweise sollte ein Klick auf das Logo zur Startseite führen. Bedeutend ist aber in erster Linie der Aufbau des Menüs – es sollte auf den ersten Blick verständlich sein und keine komplexe Struktur aufweisen.

Der mittlere Bereich für die Domänen

Der mittlere Bereich zeigt ein vereinfachtes Modell der Domänen für die User-Story an. Bei diesem vereinfachten Modell richten wir uns im Wesentlichen nach den Modelliervorgaben von Klassendiagrammen der *Unified Modeling Language* (*UML*). Als Java-Programmierer werden Ihnen UML-Klassendiagramme bestimmt bekannt sein. Im UML-Standard wird jede Klasse als Rechteck gezeichnet. Normalerweise wird jedes Rechteck horizontal unterteilt. Ganz oben steht der Klassenname. In der Mitte werden die Attribute der Domäne hingeschrieben, denen jeweils ein Java-Datentyp zugeordnet wird. In einem UML-Klassendiagramm werden normalerweise ganz unten die Methoden aufgelistet. Im vereinfachten Modell des User-Story-Diagramms werden die Methoden jedoch weggelassen. Stattdessen werden die erforderlichen Aktionen in Form eines beschrifteten Pfeils angezeigt.

Beachten Sie, dass ich hier bewusst von »Attributen der Domäne« und nicht von »Objektvariablen der Klasse« spreche. Dies ist ein Unterschied, da nicht alle Objektvariablen zwingend ein Attribut darstellen müssen.

Der untere Bereich für die Datenhaltung

Der untere Bereich des Whiteboards ist der Datenhaltung bzw. der dauerhaften Speicherung der Geschäftsdaten gewidmet. Wir werden diesen Bereich nutzen, um Beispieldaten zur User-Story zu notieren. Dabei werden wir die Daten nach Art und Zugehörigkeit in mehreren Tabellen nach dem relationalen Modell gruppieren. Wie Sie gleich sehen werden, stellt dies im Beispiel des Onlineshops keine Herausforderung dar. In komplexen Anwendungen kann jedoch eine Analyse nach den bewährten Methoden des Konzepts *Object-Oriented Analysis And Design* (*OOAD*) weiterhelfen. Bei OOAD werden zunächst die fachlichen Substantive aus User-Story und dem Product Requirement unterstrichen. Mit *fachlichen Substantiven* sind die Hauptwörter gemeint, die aus der Sicht des Benutzers relevant sind, denn meistens eignen sich die hierbei vorgefundenen Begriffe als Bezeichner für die Tabellen- und Spaltennamen. In den Beispielen wird gezeigt, wie auf diese Weise strukturiert vorgegangen wird.

Neben den Spaltenfeldern müssen die Datenbanktabellen über Primärschlüssel und gegebenenfalls auch über Fremdschlüssel verfügen. Durch Primärschlüssel kann jeder Datensatz eindeutig identifiziert werden. Die Primärschlüssel sind aber auch deswegen von großer Bedeutung, weil man eindeutig auf sie verweisen kann. Mit ihrer Hilfe wird also die referenzielle Integrität einer relationalen Datenbank gewährleistet.

Die gängigste Möglichkeit, Primärschlüssel zu bestimmen, besteht darin, für eine Datenbanktabelle ein einzelnes Ganzzahl-Spaltenfeld als sogenannten *technischen Schlüssel* zu definieren. Neben den technischen Schlüsseln findet man in der Praxis aber manchmal auch natürliche Primärschlüssel. Beispielsweise sind Sozialversicherungsnummern oder Personalausweisnummern gern verwendete Primärschlüssel von Altsystemen. Natürliche Primärschlüssel sind in der Informationstechnologie sehr nachteilig, denn die fachliche Abhängigkeit verhindert Möglichkeiten, die die elektronische Datenverarbeitung bietet. Es ließe sich ein eigenes Buch darüber schreiben, wie sich Datenstrukturen mithilfe von technischen Schlüsseln elegant verarbeiten lassen. Der saubere Entwurf einer neu entwickelten Datenbank wird dieser Grundregel stets Rechnung tragen.

3.3.2   User-Story 0: »As a user I want to be welcomed«

Bevor es gleich mit den User-Storys zu den Teilanforderungen des Auftraggebers losgeht, werden wir für die grafische Benutzerschnittstelle das Willkommensfenster zeichnen. Das

Willkommensfenster wird in Webanwendungen meistens *index.html* oder *index.xhtml* genannt. Diese Hauptansicht wird zunächst nur den Namen der Anwendung enthalten. Später, wenn wir die User-Storys der Teilanforderungen umsetzen, wird der Rahmen der Hauptansicht dem Anschein nach unverändert bleiben und jeweils wechselnde Inhalte anzeigen.

Unterteilen Sie nun das Zeichenblatt in drei horizontale Bereiche, und zeichnen Sie im oberen Bereich die Hauptansicht der Anwendung.

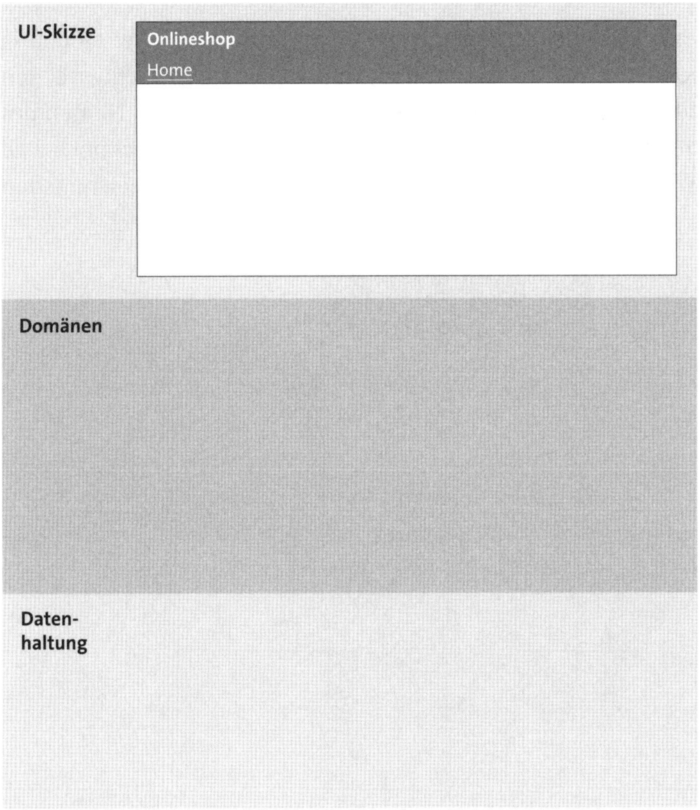

Abbildung 3.7 Die UI-Skizze für User-Story 0

3.3.3   User-Story 1: »As a user I want to register«

Jetzt geht es mit der eigentlichen User-Story erst los. Wir beginnen mit dem unteren Bereich für die Datenhaltung. In diesem Bereich müssen wir jetzt die Tabellen erstellen, die wir für die Datenhaltung benötigen. Um die Domänen zu finden, unterstreichen wir zunächst die *fachlichen Substantive* im Text der User-Story. Im Text »As a **customer** I want to register« ist nur ein einziges fachbezogenes Substantiv vorhanden, nämlich »customer«. Somit werden wir nun im unteren Teil des Diagramms eine Tabelle zeichnen, die wir *customer* nennen. In dieser Tabelle werden wir später jeden registrierten Kunden in einer eigenen Zeile speichern.

Anschließend müssen die Attribute der Domänen ausgewählt werden. Für die Attribute wird meistens zusätzlich das Product Requirement zurate gezogen. Denn wenn wir als Product Owner bei der Aufnahme des Product Requirements sorgfältig gearbeitet haben, werden sie dort erwähnt. Auch hier unterstreichen wir wieder die fachlichen Substantive. Dazu suchen wir die Wörter, die die Eigenschaften der Domänen beschreiben. Im Product Requirement unterstreichen wir die fachbezogenen Substantive: »… Die **Kunden** registrieren sich mit einer **E-Mail** und einem **Passwort** …«. Wir übersetzen die Bezeichner ins Englische und legen »email« und »password« als Spalten der Tabelle *customer* fest.

Jeder Datensatz der Datenbanktabelle sollte stets durch einen Primärschlüssel eindeutig identifizierbar sein. Ich habe bereits weiter oben erklärt, warum technische Schlüssel den natürlichen Schlüsseln vorzuziehen sind. Einen natürlichen Schlüssel wie den Namen des Kunden werden wir also nicht wählen. Deshalb fügen wir zu der Tabelle *customer* noch eine Spalte für einen technischen Primärschlüssel hinzu und vergeben als Spaltenbezeichner den Namen »id«.

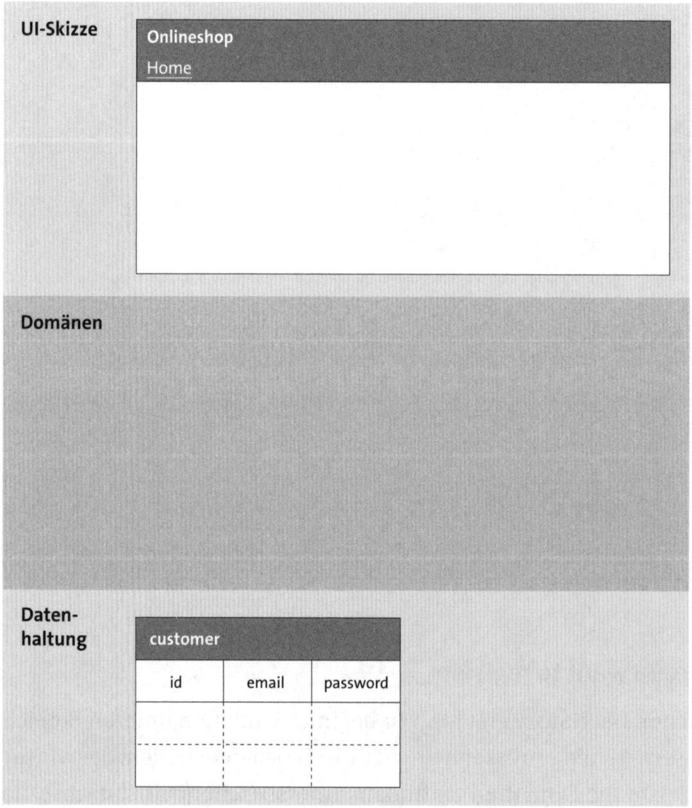

Abbildung 3.8 Die Tabelle »customer«

Im mittleren Bereich wird zu der User-Story nun die Klasse modelliert. Jedes Attribut aus der Tabelle *customer* wird als Objektvariable realisiert. Jeder Objektvariablen weisen wir einen Datentyp zu. Das Primärschlüsselfeld »id« erhält den Datentyp Long. Die maximale Anzahl an Datensätzen liegt somit bei weit über einer Trillion, was für die meisten Anwendungen ausreichen sollte. Sicherlich würde in unserem kleinen Onlineshop ein Integer ausreichen. Aber auch, wenn die maximale Anzahl an Primärschlüsseln nie erreicht werden wird: Um gar nicht erst differenzieren zu müssen und fast jeder erdenklichen Gefahr einer Unterdimensionierung aus dem Weg zu gehen, wird üblicherweise stets ein Long für einen Primärschlüssel verwendet. Den übrigen Attributen weisen wir den Datentyp String zu.

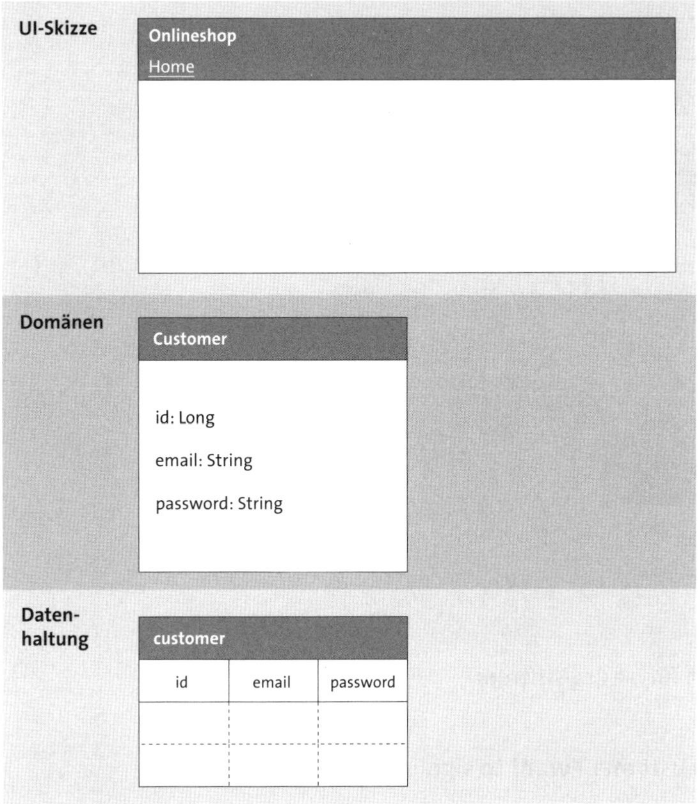

Abbildung 3.9 Die Domäne »Customer«

Die Methode für die Registrierung nennen wir persist(). Jedes Mal, wenn sich ein Kunde registriert, fügt die Methode persist() eine neue Zeile in die Tabelle customer ein. Das Primärschlüssel-Feld »id« wird dabei jeweils beginnend mit einer 1 mit einem aufsteigenden Wert sequenziell gefüllt.

Für die Spaltenwerte *email* und *password* benötigen wir in der UI-Skizze zwei Eingabefelder. Mit dem Button OK wird die Eingabe des Kunden an den Server geschickt. Mit dem Button

ABBRECHEN werden die Eingaben zurückgesetzt. Neben die Eingabefelder schreiben wir noch die vom Auftraggeber gewünschte maximale Anzahl an Buchstaben bzw. Ziffern.

Damit wir zwischen der Hauptansicht und dem Registrierformular navigieren können, werden wir im oberen Bereich unterhalb des Labels ONLINESHOP zwei Hyperlinks hinzufügen. Hieraus ergibt sich das User-Story-Diagramm aus Abbildung 3.10.

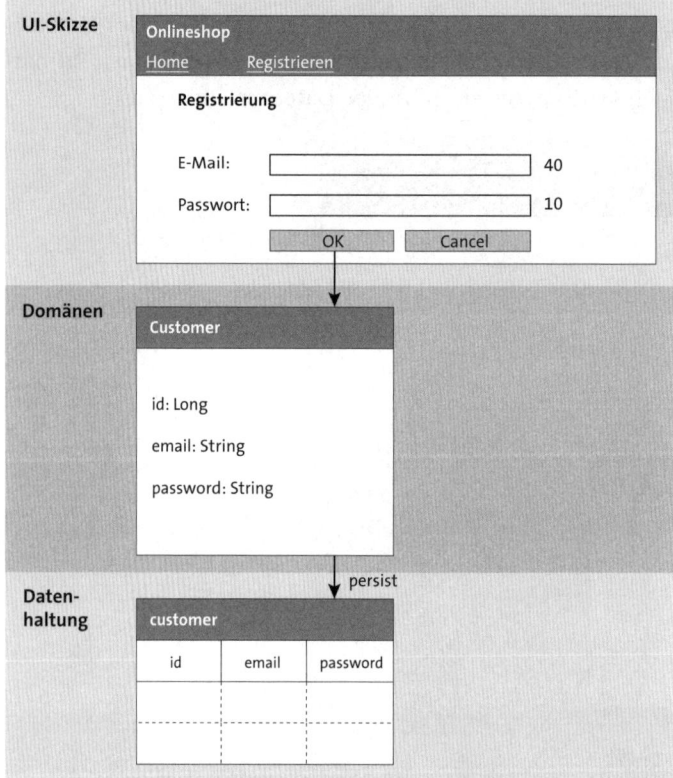

Abbildung 3.10 Das Diagramm für die Registrierung

3.3.4   User-Story 2: »As a customer I want to sign in«

Für die zweite User-Story, »As a customer I want to sign in«, werden wir genauso vorgehen. Exemplarisch füllen wir die erste Zeile mit den Geschäftsdaten eines Kunden. Der erste Benutzer erhält die ID 1.

Im Domänenmodell fügen wir eine Methode für den Geschäftsprozess hinzu. Wir nennen sie find(). Nachdem der Benutzer eine E-Mail-Adresse und ein Passwort an den Server geschickt hat, versucht die Methode find(), hiermit einen passenden Datensatz in der Tabelle *customer* zu finden.

Die UI-Skizze benötigt Eingabefelder für die E-Mail-Adresse und das Passwort des Users. Im oberen Bereich setzen wir noch einen Hyperlink hinzu, damit der Benutzer zwischen den

Bereichen HOME, REGISTRIEREN und EINLOGGEN wechseln kann. Ansonsten ähnelt die UI-Skizze der vorherigen UI-Skizze für das Registrieren.

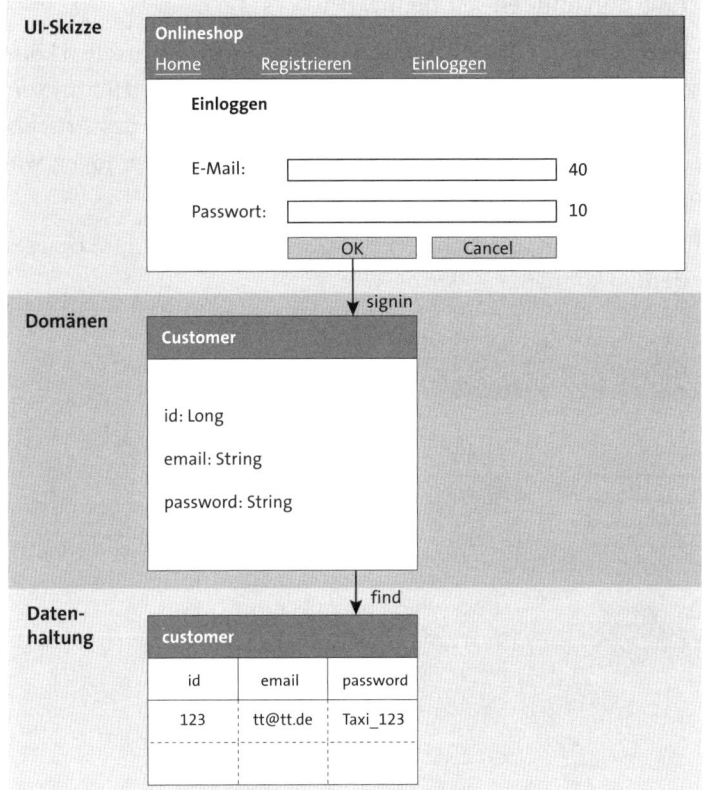

Abbildung 3.11 Das Diagramm für das Einloggen

Für die User-Story wird die Tabelle *customer* abgefragt. Es wird geprüft, ob ein Datensatz mit der E-Mail-Adresse j@java2enterprise.de und dem Passwort Taxi_123 enthalten ist. Dabei wird deutlich, dass wir an dieser Stelle ein Problem mit der Eindeutigkeit haben. Was passiert, wenn eine E-Mail-Adresse mehrfach vorhanden ist? Wir werden dieses Problem in Kapitel 6, »Die relationale Datenbank«, lösen, indem wir die Spalte »email« als unique (eindeutig) deklarieren.

3.3.5   User-Story 3: »As a customer I want to sell items«

In der dritten User-Story (»As a *customer* I want to sell **items**«) finden wir im Text der User-Story nun die zusätzliche Domäne »item«. Die Attribute für »item« suchen wir wieder aus dem Product Requirement heraus. Dort steht: »Die Angebote haben einen **Titel**, eine **Beschreibung**, ein **Bild** und einen **Preis**.« Auch hier werden wir das Primärschlüsselfeld »id«

als Spalte hinzufügen. Zusätzlich fügen wir ein Feld mit dem Namen »seller_id« hinzu, damit in der Tabelle *Item* ersichtlich wird, welcher Kunde den Artikel verkaufen möchte.

Die Methode, die die Speicherung durchführen soll, nennen wir `persist()`.

In der UI-Skizze benötigen wir ein Formular, in dem die Kunden Ihre Artikel einstellen können. Im ersten Eingabefeld können die Kunden den Titel des Artikels eingeben. Hierfür sollen 40 Zeichen ausreichen. Im nächsten Eingabefeld wird die Beschreibung des Artikels hinzugefügt. Das Beschreibungsfeld wird 1.000 Zeichen aufnehmen. Zusätzlich fügen wir einen Mechanismus zum Hochladen eines Bildes hinzu.

Mit einem weiteren Link in der Navigation soll zwischen HOME, REGISTRIEREN, EINLOGGEN und VERKAUFEN gewechselt werden können.

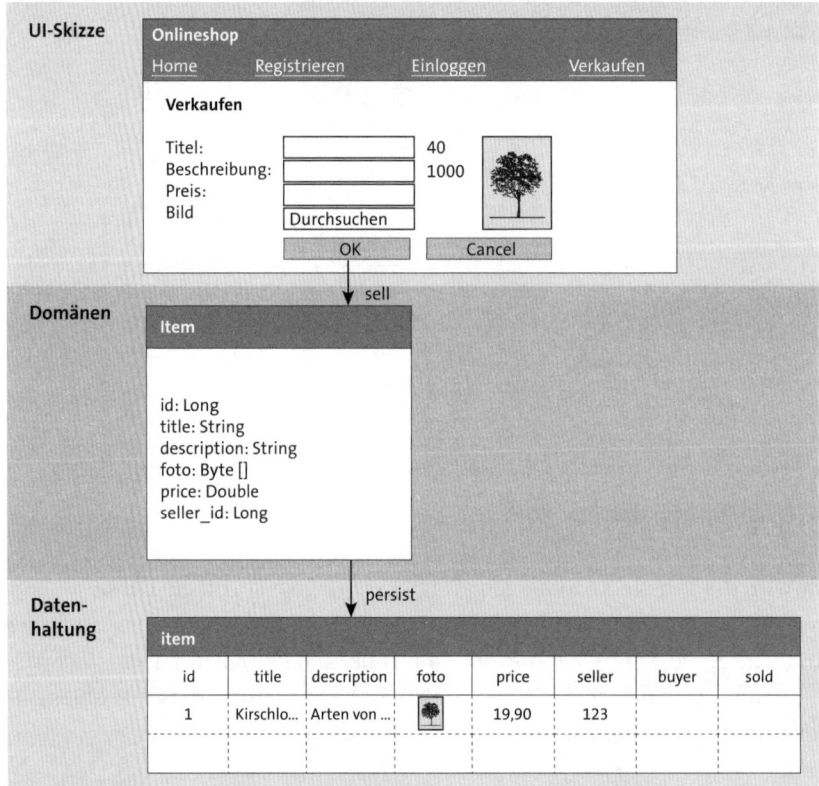

Abbildung 3.12 Das Diagramm für das Verkaufen von Artikeln

3.3.6 User-Story 4: »As a customer I want to search items«

Für User-Story 4 fügen wir der Tabelle *Item* beispielhaft einen Artikel hinzu. In das vereinfachte Domänenmodell schreiben wir die Methode `findAll()`, die Artikel aus der Tabelle *Item* holt.

Im Navigationsbereich werden wir noch einen weiteren Link mit dem Namen SUCHEN hinzufügen, sodass wir nun beliebig in alle fünf Bereiche HOME, REGISTRIERUNG, EINLOGGEN, VERKAUFEN und SUCHEN wechseln können.

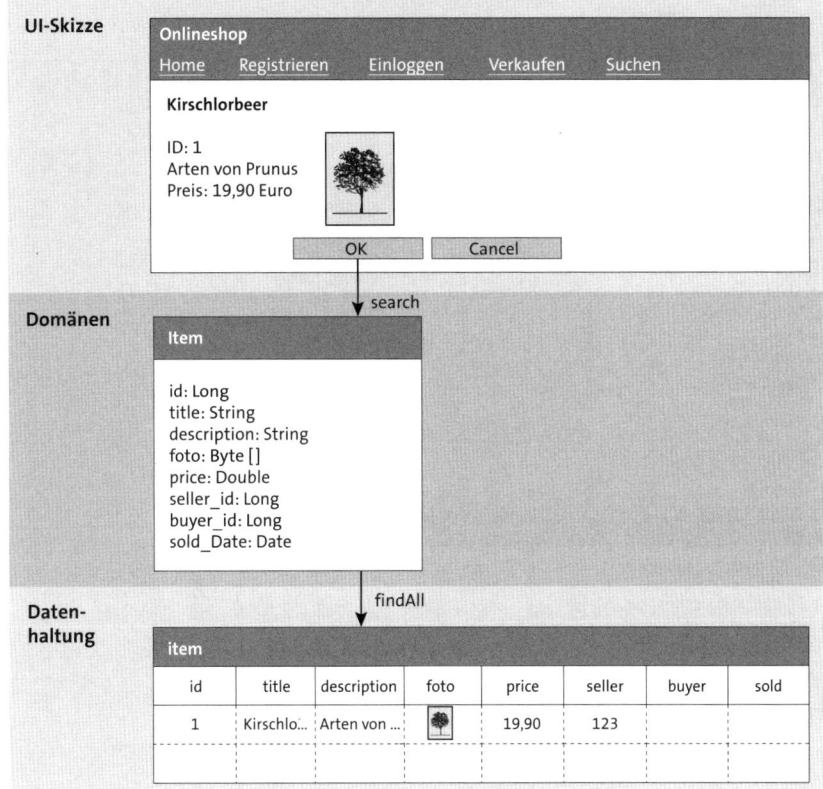

Abbildung 3.13 Das Diagramm für das Suchen von Artikeln

3.3.7 User-Story 5: »As a customer I want to buy items«

User-Story 5 besagt, dass ein Kunde einen Artikel kaufen kann. Für den Kauf des Artikels benötigen wir ein neues Feld, das wir »buyer« nennen. Es wird den Primärschlüssel (ID) des Käufers enthalten. Zusätzlich werden wir noch den Zeitpunkt des Kaufs in einem weiteren Feld namens »sold« notieren.

In der Klasse Item definieren wir die Methode update(). Jedes Mal, wenn ein Einkauf stattfindet, schreibt die Methode update() die ID des Käufers in die Spalte »buyer« und fügt den Zeitpunkt des Kaufes in die Spalte »sold« ein.

In der UI-Skizze benötigen wir nun noch einen Button, der den Kaufprozess auslöst. Wir nennen den Button KAUFEN.

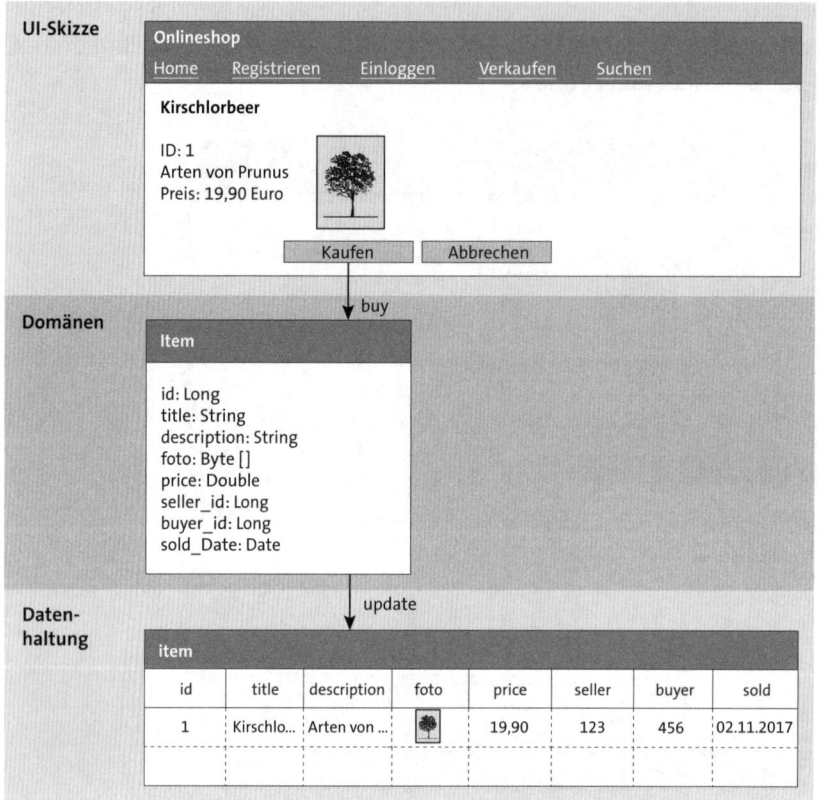

Abbildung 3.14 Das Diagramm für das Erwerben von Artikeln

3.4 Die UI-Prototypen

In diesem Abschnitt erstellen wir die Dateien für den UI-Prototyp zum Onlineshop. Dabei werden wir HTML5 und CSS3 einsetzen. HTML5-Elemente sind den HTML-4-Elementen sehr ähnlich. Jedoch wurden bei einer HTML-4-Webseite oft zahllose `<div>`-Elemente ineinander verschachtelt. Für Suchmaschinen war es schwierig, die Bedeutung des Inhalts eines `<div>` auszumachen. Handelt es sich um eine Navigation, das Kleingedruckte einer Fußnote oder um die Überschrift eines Artikels? Die Ingenieure des W3C haben deshalb Wert darauf gelegt, dass viele der aussageschwachen `<div>`-Elemente durch *semantische Tags* ersetzt werden.

Zum Beispiel gibt es nun folgende semantische Tags, die bestimmte Bereiche im HTML-Dokument kennzeichnen:

- `article`
- `aside`
- `footer`

▶ header

▶ nav

▶ section

▶ dialog

▶ figure

Auf die Bedeutung dieser Elemente werde ich später noch eingehen.

Legen wir also mit der Erstellung der Prototypen los. Wir beginnen mit dem *Product Backlog Item* 4 (*PBI 4*), da dies der Startpunkt der gesamten Anwendung ist. Durch die Erstellung der HTML-Maske erhält der Auftraggeber einen Eindruck davon, wie die Anwendung mal aussehen wird. Durch diesen frühen Einblick bekommt er die Möglichkeit, rechtzeitig einzugreifen. Außerdem entsteht durch die UI-Prototypen ein Verständnis für die Möglichkeiten und eventuellen Hindernisse der Anwendung.

Für die Erzeugung der HTML-Seiten sollten Sie das Eclipse-Projekt aus Abschnitt 2.7 einsetzen. Dort habe ich gezeigt, wie Sie GlassFish in Eclipse integrieren und ein Java EE-Projekt mit einem dynamischen Webprojekt erzeugen. Falls Sie Kapitel 2, »Die Entwicklungsumgebung«, übersprungen haben, ist das kein Beinbruch. Vielleicht sind Sie bereits ein alter Hase und erzeugen Java EE-Projekte im Handumdrehen. Es wäre jedoch gut, wenn Sie die Erstellung des Onlineshop-Projekts nun nachholen, damit Sie die Screenshots in diesem Kapitel nachvollziehen können. Hierfür müssen Sie lediglich ein dynamisches Webprojekt mit dem Bezeichner *onlineshop-web* erzeugen. Mehr haben Sie nicht verpasst.

Doch halt! Im letzten Projekt wurde zusätzlich das Enterprise-Application-Projekt mit dem Bezeichner *onlineshop* erstellt. Das dynamische Webprojekt wurde dem Enterprise-Application-Projekt als Modul untergeordnet. Aber eigentlich spielt dieser Schritt momentan noch keine Rolle, denn ein Java EE-Modul kann auch ohne *.ear*-Schale deployt werden.

Weiter unten sind die kompletten Listings für die UI-Prototypen abgedruckt. Wenn Sie das Buch online lesen, können Sie den Quelltext deshalb per Copy & Paste entnehmen. Sie finden ihn aber auch in den »Materialien zum Buch«.

Im dynamischen Webprojekt *onlineshop-web* werden wir im Unterordner *WebContent* nun folgende Dateien erzeugen:

UI-Prototyp:

▶ *index.html*

▶ *signin.html*

▶ *register.html*

▶ *search.html*

▶ *sell.html*

3.4.1   Die Datei »index.html«

Die Startseite des UI-Prototyps ist die Datei *index.html*. Von hier aus werden die anderen vier HTML-Seiten *register.html*, *signin.html*, *sell.html* und *search.html* aufgerufen.

Weil der obere und untere Bereich der *index.html* bei allen HTML-Seiten identisch sein und sich lediglich das Innere voneinander unterscheiden wird, erhält der Benutzer den Eindruck einer konsistenten Menüführung.

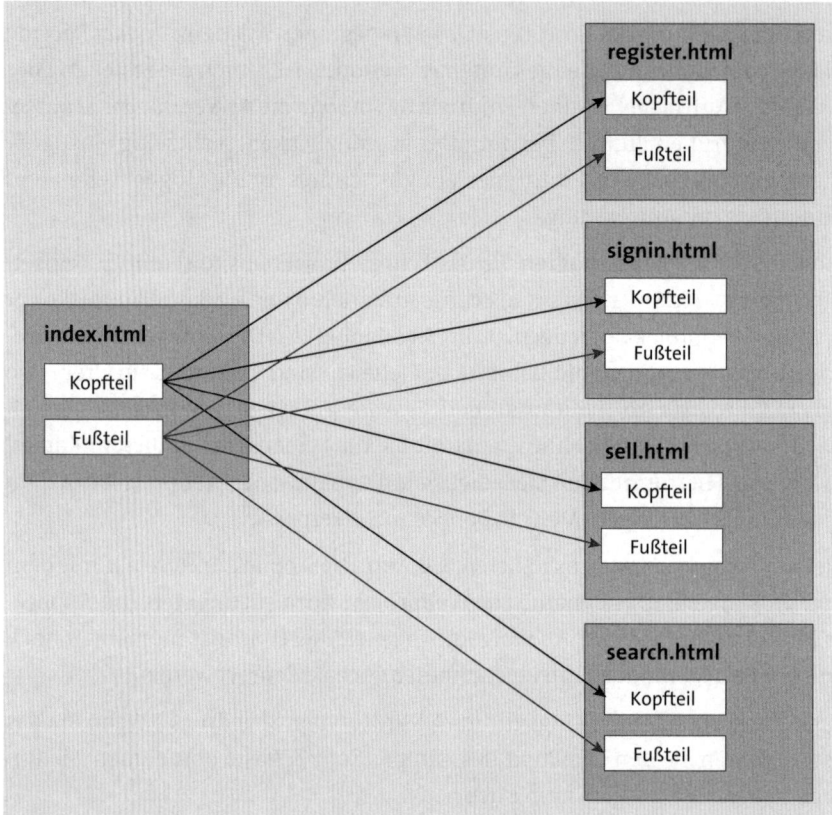

Abbildung 3.15 Der Kopfteil und der Fußteil sind in allen HTML-Seiten identisch.

Die *index.html* enthält lediglich die zwei Bereiche, die auch in allen anderen HTML-Seiten als Kopf- und Fußteil eingesetzt werden:

```
<!DOCTYPE html>
<html>
    <head>
      <meta charset="UTF-8"/>
      <link rel="stylesheet" href="css/styles.css">
      <link rel="shortcut icon" href="resources/img/favicon.ico" type="image/x-icon">
```

```
    <title>Onlineshop</title>
  </head>
  <body>
    <header>
        <hgroup>
        <h1 class="title">Onlineshop</h1>
        </hgroup>
        <nav>
          <a href="index.html">Home</a>
          <a href="register.html">Registrieren</a>
          <a href="signin.html">Einloggen</a>
          <a href="sell.html">Verkaufen</a>
          <a href="search.html">Suchen</a>
        </nav>
    </header>

  <footer>
        Copyright
  </footer>
  </body>
</html>
```

Listing 3.1 index.html

Mit dem dargestellten `doctype` wird für die Webseite der HTML5-Standard festgelegt. Mit dem Element `<header>` wird der Kopf eines Bereichs angedeutet.

Um ein Navigationsmenü zu realisieren, wurde das neue Element mit dem Namen `<nav>` erfunden. Dieses Element eignet sich für die Navigation, das heißt für die Unterbringung von Hyperlinks. Die Hyperlinks liste ich mit den Elementen `<ul>` und `<li>` auf.

Genauso wie für den Kopf der Webseite das Tag `<header>` erfunden wurde, bietet HTML5 auch ein Tag für die Fußnote an. Das Tag für die Fußnote nennt sich `<footer>`. Im Footer werden üblicherweise der Copyright-Vermerk, Nutzungsbedingungen, die Datenschutzerklärung und das Impressum untergebracht. Für das Onlineshop-Beispiel aus diesem Buch reicht es aus, wenn wir einfach `Copyright` als Lückenfüller setzen. In einer realen Anwendung sollten Sie an dieser Stelle die für Sie erforderlichen Texte oder Links hinterlegen.

Der Fußteil enthält also das `<footer>`-Element der Webanwendung:

```
  <footer>
        Copyright
  </footer>
  </body>
</html>
```

3.4.2 Die Datei »register.html«

Die Webseite für das Registrieren enthält oben und unten den Kopf- und Fußteil der *index.html*. Dazwischen wird jedoch ein HTML-Formular für die Registrierung der Kunden erstellt.

Im öffnenden Formular-Tag setzen wir das Attribut action auf den Wert register:

```
<form action="register">
</form>
```

Da wir bei diesem Prototyp noch kein Servlet programmiert haben, das die Daten empfängt und verarbeitet, wird die Anfrage an die Aktion "register" ins Leere laufen. Das macht aber nichts; für einen ersten Test ist das Beispiel dennoch aussagefähig.

Ein wichtiges Attribut des <form>-Tags nennt sich method. Wenn das Attribut method="post" nicht gesetzt wird, verwendet der Webbrowser für die Anfrage automatisch method="GET" (also einen HTTP-GET-Request), denn dies ist bei allen HTML-Formularen die Standardeinstellung. Obwohl ein HTTP-GET-Request auch der Standardanfragetyp ist, wenn man in der Adressleiste eines Webbrowsers eine URL aufruft oder wenn man einen Hyperlink einsetzt, sollten Sie bei einem HTML-Formular grundsätzlich den Anfragetyp auf einen HTTP-POST-Request umstellen.

Der Grund hierfür liegt in der Art, wie bei einem HTTP-GET-Request die Parameter an den Server verschickt werden. Immer, wenn ein HTML-Formular durch eine HTTP-GET-Anfrage an eine HTTP-URL versendet wird, hängt der Webbrowser ein Fragezeichen an die URL, um gleich dahinter die Schlüssel-Wert-Paare hinzuzufügen. Dabei werden alle Sonderzeichen der Schlüssel-Wert-Paare nach der Kodierung *application/x-www-form-urlencoded* umgewandelt. Auf der einen Seite bietet der HTTP-GET-Request dadurch auch einen Vorteil, denn auf diese Weise werden alle für die Anfrage erforderlichen Parameter im Query-String gleich mitgeliefert. Deshalb wird man bei wiederholten Aufrufen der gleichen Anfrage (meistens) auch das gleiche Ergebnis erhalten. Diesen Vorteil kann man sich zunutze machen, wenn man eine URL als Lesezeichen speichern möchte. Auch Suchmaschinen können auf diese Weise die Ergebnisse in einem Cache speichern und somit die Ergebnisseiten schneller liefern.

Andererseits führt der zusammengebaute Query-String aber auch zu Nachteilen. Zum Beispiel darf die Länge eines Query-Strings nicht beliebig groß sein. Beim *Mozilla Firefox* gibt es hier zwar keine Einschränkung, aber dennoch sind wir als Java EE-Entwickler eingeschränkt, denn viele Nutzer könnten den *MS Internet Explorer* verwenden, und der erlaubt nur eine Länge von 2.083 Zeichen. Noch geringer fällt die Grenze aber bei Suchmaschinen aus, denn diese haben bei der Indexierung von URLs mit mehr als 2.047 Zeichen ohnehin Probleme. Leider gibt die HTTP-1.1-Spezifikation aber auch noch den Hinweis, dass bei einigen älteren Webbrowsern die URL noch nicht einmal 256 Zeichen lang sein darf, und weil HTTP/1.1 nach wie vor massenhaft im Einsatz ist, müssen wir diesen Hinweis ernst nehmen.

Wenn wir einen POST-Request verwenden, werden die Formularfelder als Teil des HTTP-Bodys gesetzt. Hierdurch haben wir nicht nur den Vorteil, dass die Feldwerte der Adressleiste des Webbrowsers verborgen bleiben, sondern auch, dass die Anzahl und Größe der übergebenen Felder im Prinzip grenzenlos ist.

Die Elemente, die sich mit HTML5 am stärksten verändert haben, sind im Bereich der HTML-Formulare zu finden. Zum Beispiel werden neue `<input>`-Arten angeboten, durch die präziser angegeben werden kann, um was für einen Eingabetyp es sich handelt. HTML5 bietet zusätzlich die Typen `color`, `date`, `datetime`, `datetime-local`, `email`, `month`, `number`, `range`, `search`, `tel`, `time`, `url` und `week`. Dabei kann mit den Attributen `required`, `pattern`, `min`, `max` und `step` eine syntaktische Validierung erzwungen werden, wie sie bei HTML 4 nur mit JavaScript-Programmierung verwirklicht werden konnte. Darüber hinaus wird mit dem Attribut `placeholder` ein Hinweistext innerhalb eines Eingabefeldes angezeigt.

Im folgenden Beispiel erzwingen wir mithilfe von HTML5, dass eine E-Mail sowohl syntaktisch als auch von der Länge her validiert wird. Genauso erlauben wir es nicht, dass das Passwortfeld weniger als 6 Zeichen oder mehr als 10 Zeichen lang ist.

In Listing 3.2 ist der komplette Quelltext des UI-Prototyps für User-Story 1 abgedruckt:

```
<!DOCTYPE html>
<html>
    <head>
        <meta charset="UTF-8"/>
    <link rel="stylesheet" href="css/styles.css">
    <link rel="shortcut icon" href="resources/img/favicon.ico" type="image/x-icon">
        <title>Onlineshop</title>
    </head>
    <body>
        <header>
            <hgroup>
            <h1 class="title">Onlineshop</h1>
            </hgroup>
            <nav>
              <a href="index.html">Home</a>
              <a href="register.html">Registrieren</a>
              <a href="signin.html">Einloggen</a>
              <a href="sell.html">Verkaufen</a>
              <a href="search.html">Suchen</a>
            </nav>
    </header>
    <form action="register" method="post">
    <fieldset>
    <legend>Registrieren</legend>
```

```
<table>
    <tbody>
    <tr>
        <th>
            <label for="email">E-Mail:</label>
        </th>
        <td>
            <input
                type="email"
                name="email"
                size="40"
                maxlength="40"
                title="muster@beispiel.de"
                placeholder="E-Mail eingeben"
                pattern=".{6,40}"
                required="required">
        </td>
    </tr>
    <tr>
        <th>
            <label for="password">
                Password:
            </label>
        </th>
        <td>
            <input
                type="password"
                name="password"
                size="10"
                maxlength="10"
                title="6-10 Zeichen"
                placeholder=
                    "Passwort eingeben"
                pattern=".{6,10}"
                required="required">
        </td>
    </tr>
    <tr>
        <td></td>
        <td>
            <input type="submit">
            <input type="reset">
        </td>
```

```
        </tr>
    </tbody>
    </table>
    </fieldset>
    </form>

    <footer>
            Copyright
    </footer>
    </body>
</html>
```

Listing 3.2 register.html

3.4.3   Die Datei »signin.html«

Das HTML-Formular für das Einloggen werden wir für den UI-Prototyp genauso wie das Registrierformular erstellen, wobei wir für die Überschrift nun den Bezeichner Einloggen setzen:

```
<!DOCTYPE html>
<!DOCTYPE html>
<html>
    <head>
        <meta charset="UTF-8"/>
    <link rel="stylesheet" href="css/styles.css">
        <title>Onlineshop</title>
    </head>
    <body>
        <header>
            <hgroup>
            <h1 class="title">Onlineshop</h1>
            </hgroup>
            <nav>
              <a href="index.html">Home</a>
              <a href="register.html">Registrieren</a>
              <a href="signin.html">Einloggen</a>
              <a href="sell.html">Verkaufen</a>
              <a href="search.html">Suchen</a>
            </nav>
    </header>
    <form action="signin" method="post">
    <fieldset>
    <legend>Einloggen</legend>
```

```
<table>
    <tbody>
    <tr>
        <th>
            <label for="email">E-Mail:</label>
        </th>
        <td>
            <input
                type="email"
                name="email"
                size="40"
                maxlength="40"
                title="muster@beispiel.de"
                placeholder="E-Mail eingeben"
                pattern=".{6,40}"
                required="required">
        </td>
    </tr>
    <tr>
        <th>
            <label for="password">
                Password:
            </label>
        </th>
        <td>
            <input
                type="password"
                name="password"
                size="10"
                maxlength="10"
                title="6-10 Zeichen"
                placeholder="Passwort eingeben"
                pattern=".{6,10}"
                required="required">
        </td>
    </tr>
    <tr>
        <td></td>
        <td>
            <input type="submit">
            <input type="reset">
        </td>
    </tr>
```

```
        </tbody>
        </table>
        </fieldset>
        </form>

        <footer>
                Copyright
        </footer>
        </body>
</html>
```

Listing 3.3 signin.html

3.4.4   Die Datei »sell.html«

Genauso wie die beiden vorherigen Webseiten benötigt auch die Webseite für das Verkaufen bzw. Einstellen eines Artikels ein HTML-Formular. Innerhalb des Formulars werden wir vier Eingabefelder verwenden. Das Eingabefeld für den Titel wird ein `<input>`-Element des Typs text. Die Beschreibung des Artikels wird als textarea umgesetzt. Das Preisfeld erhält das Attribut type="number". Und das Bild wird mit dem type="file" hochgeladen. Zusätzlich muss für das Hochladen der Bilddatei im `<form>`-Tag das Attribut enctype auf "multipart/form-data" gesetzt werden.

```
<!DOCTYPE html>
<html>
    <head>
        <meta charset="UTF-8"/>
      <link rel="stylesheet" href="css/styles.css">
      <link rel="shortcut icon" href="resources/img/favicon.ico" type="image/x-icon">
        <title>Onlineshop</title>
    </head>
    <body>
        <header>
            <hgroup>
            <h1 class="title">Onlineshop</h1>
            </hgroup>
            <nav>
              <a href="index.html">Home</a>
              <a href="register.html">Registrieren</a>
              <a href="signin.html">Einloggen</a>
              <a href="sell.html">Verkaufen</a>
              <a href="search.html">Suchen</a>
            </nav>
```

```
    </header>
    <form
action="sell"
method="post"
enctype="multipart/form-data">
<fieldset>
    <legend>Verkaufen</legend>
    <table>
        <tbody>
        <tr>
            <th>
                <label for="title">Titel:</label>
            </th>
            <td>
                <input
                type="text"
                name="title"
                size="40"
                maxlength="40"
                title="Ein Titel für den Artikel"
                placeholder="Titel eingeben"
                pattern=".{6,40}"
                required="required">
            </td>
        </tr>
        <tr>
            <th>
                <label
                    for="description">
                    Beschreibung:
                </label>
            </th>
            <td>
                <textarea
                    name="description"
                    cols="100"
                    rows="10"
                    maxlength="1000">
                </textarea>
            </td>
        </tr>
        <tr>
            <th>
```

```html
            <label
                for="price">
                Preis:
            </label>
        </th>
        <td>
            <input
            type="number"
            name="price"
            size="40"
            maxlength="40"
            title="Ein Preis für den Artikel"
            placeholder="Preis eingeben"
            pattern=".{1,40}"
            required="required">
        </td>
    </tr>
    <tr>
        <th>
            <label
                for="foto">
                Foto:
            </label>
        </th>
        <td>
            <input type="file" name="foto" >
        </td>
    </tr>
    <tr>
        <td></td>
        <td>
            <input type="submit">
            <input type="reset">
        </td>
    </tr>
</tbody>
</table>
</fieldset>
</form>

<footer>
        Copyright
```

```
      </footer>
    </body>
</html>
```

Listing 3.4 sell.html

3.4.5   Die Datei »search.html«

In der Datei *search.html* werden wir ein HTML-Formular anbieten, über das die Kunden Artikel suchen können.

Für die Anzeige von Textabschnitten haben sich die Erfinder vom W3C die semantischen Tags article und section ausgedacht.

In Listing 3.5 wird für jeden Artikel eines Onlineshops das Element article gesetzt. Die Informationen zu dem Artikel werden mit dem Element section in einem Unterabschnitt von article hinterlegt.

```
<!DOCTYPE html>
<html>
    <head>
        <meta charset="UTF-8"/>
      <link rel="stylesheet" href="css/styles.css">
      <link rel="shortcut icon" href="resources/img/favicon.ico" type="image/x-icon">
        <title>Onlineshop</title>
    </head>
    <body>
        <header>
            <hgroup>
            <h1 class="title">Onlineshop</h1>
            </hgroup>
            <nav>
              <a href="index.html">Home</a>
              <a href="register.html">Registrieren</a>
              <a href="signin.html">Einloggen</a>
              <a href="sell.html">Verkaufen</a>
              <a href="search.html">Suchen</a>
            </nav>
        </header>
        <article>
        <section>
            <form action="search" method="post">
            <fieldset>
            <legend>Suchen</legend>
            <table>
```

```
            <tbody>
            <tr>
               <th>
                  <label
                  for="search">Suche:</label>
               </th>
               <td>
                  <input
                     type="text"
                     name="search"
                     size="40"
                     maxlength="40"
                     title="Suchtext"
                     placeholder=
                     "Suchtext eingeben"
                     >
               </td>
               <td>
                  <input type="submit">
                  <input type="reset">

               </td>
            </tr>
         </tbody>
         </table>
         </fieldset>
         </form>
      </section>
      </article>
      <footer>
            Copyright
      </footer>
      </body>
</html>
```

Listing 3.5 search.html

3.4.6   Cascading Stylesheets

Um das Onlineshop-Beispiel ansprechend zu gestalten, werden wir CSS3 einsetzen. *CSS* (*Cascading Style Sheets*) war einst noch kein Bestandteil von Webseiten. Als zu Beginn der 90er-Jahre das Aussehen von Webportalen noch mit Tag-eigenen Attributen gestaltet wurde, tauchte ein Problem auf: Wenn eine umfangreiche Internetpräsenz einmal fertiggestellt war, brachte das nachträgliche Ändern von Farbe und Gestalt viel Arbeit mit sich. So kam schon Mitte der 90er-Jahre der Wunsch auf, das Aussehen einer Webseite zentral formatieren zu können. Die Lösung war CSS. CSS bietet nicht nur die Möglichkeit zur Trennung von Inhalt und Gestaltung, sondern hilft auch bei der Vereinheitlichung von Gestaltungsformaten. Im Jahre 1996 veröffentlichte das W3-Konsortium (W3C) den Standard CSS in der Version 1.0. Die aktuelle Version ist CSS3.

Im Prinzip handelt es sich bei CSS-Definitionen um eine Liste von Formatierungsregeln. Die Stylesheet-Angaben können entweder mithilfe eines <style>-Tags direkt in das HTML-Dokument gesetzt oder mit einem <link>-Tag als externe Datei zugeordnet werden. Im Beispielprogramm wird eine separate Datei verwendet. Wir nennen die Datei *styles.css*. Diese Datei können beliebig viele Webseiten der Webanwendung referenzieren, sodass ein einheitliches Layout entsteht, das zentral gewartet werden kann.

Vielleicht ist Ihnen im letzten Abschnitt bereits aufgefallen, dass wir die CSS-Datei im Header der Webseiten mithilfe des <link>-Tags eingebunden haben. Das <link>-Tag besitzt das Attribut href, mit dem wir die Position der CSS-Datei angeben können.

Die Datei *styles.css* werden wir in einen Unterordner mit dem Namen *\resources\css* unterhalb des Ordners *\WebContent* speichern.

Die CSS-Datei besteht aus mehreren CSS-Anweisungen. Jede CSS-Anweisung beginnt mit einem Selektor. Der Selektor spezifiziert, welche HTML-Elemente formatiert werden sollen. Dabei können auch mehrere HTML-Elemente hintereinander aufgezählt werden. Mit einem sogenannten Asterisk (einem Sternchen, *) werden alle HTML-Elemente selektiert.

Hinter dem Selektor stehen die Formatierungsregeln. Sie werden als Eigenschaft-Wert-Paare in geschweifte Klammern gesetzt. Jede Formatierungsregel ist mit einem Semikolon abzuschließen. Kommentare können mit der in Java üblichen Syntax eingefügt werden.

```
* {
  font-family: sans-serif;
  padding: 9px;
  color: gray;
}
body > header {
  background: url("../img/tau.jpg");
  border-radius: 10px;
  box-shadow: 5px 5px 9px gray;
}
a {
  color: white;
  text-decoration: none;
}
a:hover, h1.title {
```

```
  color: white;
  text-shadow: 0 0 10px white, 0 0 20px white;
}
```

Listing 3.6 styles.css

Nun werden die bei dem Onlineshop eingesetzten CSS-Selektoren erklärt.

Beim ersten CSS-Selektor setzen wir ein Asterisk ein, um alle HTML-Elemente zu selektieren. Das Listing stellt für alle Elemente die Schriftart auf Sans-Serif und auf die Farbe Grau. Wir setzen den Wert von padding auf 9px, um den Raum zwischen den Elementen grundsätzlich zu vergrößern.

Im zweiten Selektor füllen wir den Hintergrund der Header-Elemente mit einem Bild. Der Rand des Webseitenkopfes wird in den Ecken mit border-radius abgerundet. Außerdem setzen wir einen Schatten mit box-shadow. Die ersten beiden Werte (5px 5px) hinter box-shadow zeigen den Versatz in horizontaler und vertikaler Richtung an. Mit dem dritten Wert, 9px, wird eine Streuung des Farbwertes erzielt. Der vierte Wert, gray, ist die verwendete Schattenfarbe.

Hyperlinks werden vom Webbrowser normalerweise automatisch mit blauer Farbe und mit einem Unterstrich gezeichnet. Dies ändern wir nun. Weil die Hyperlinks im Kopf der Webseite geschrieben werden sollen und dort der Hintergrund dunkel ist, sorgen wir dafür, dass die Hyperlinks in weißer Farbe und ohne Unterstrich erscheinen.

Darüber hinaus setzen wir zusätzlich eine sogenannte Pseudoklasse ein. Mit a:hover selektieren wir Hyperlinks, die mit der Maus überquert werden. Für den Zeitraum des Überquerens lassen wir die Hyperlinks mit einem Schimmer aufleuchten, indem wir einen weißen Schatten um den Text zeichnen. Auch hier zeigen die ersten beiden Werte 0px 0px den Versatz in horizontaler und in vertikaler Richtung an. Der dritte Wert legt wieder das Streuungsmaß fest. Im Beispiel habe ich zwei Schattierungen gesetzt, die sich überlagern werden. Im Prinzip können Sie beliebig viele Schattierungen hintereinander definieren.

Den gleichen weißen Schimmer, den wir für das Überqueren eines Links festgelegt haben, werden wir auch für die Überschrift des Webportals setzen.

Die Ressourcen

Speichern Sie nun auch die Bilder *blatt.jpg*, *tau.jpg*, *us.gif* und *de.gif* aus den Materialien zum Buch im Unterordner *\resources\img* ab. Für den Entwurf werden wir noch nicht alle Bilder benötigen. Dennoch sollten Sie sie in Ihrer Webanwendung vorhalten, da wir sie in späteren Kapiteln brauchen werden.

Führen Sie anschließend das Projekt aus, indem Sie mit der rechten Maustaste auf den Ordner ONLINESHOP und im erscheinenden Kontextmenü mit der linken Maustaste auf RUN AS und dann auf RUN ON SERVER klicken. Eventuell ist vorher ein CLEAN UND BUILD erforderlich.

Daraufhin sollte sich der interne Webbrowser von Eclipse mit der Hauptseite des Onlineshops zeigen. Im Webbrowser können Sie die Startseite der Anwendung über den Link *http://localhost:8080/onlineshop-web* aufrufen. Wenn Sie auf den Link REGISTRIEREN im Hauptmenü klicken, sollte das Fenster aus Abbildung 3.16 zu sehen sein.

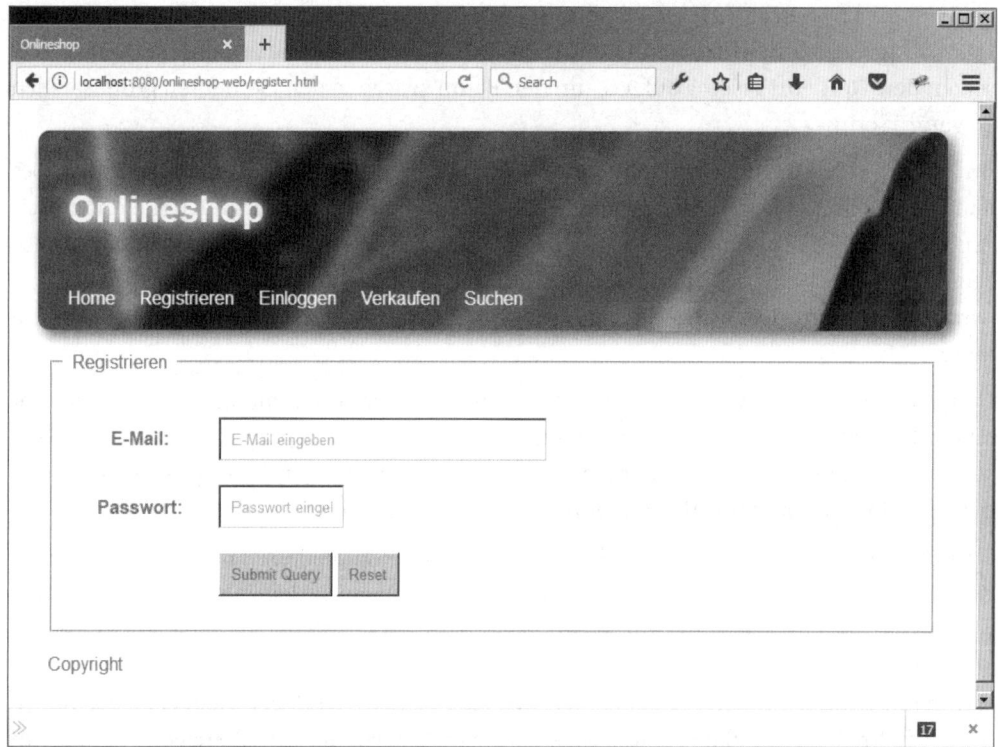

Abbildung 3.16 Die Seite für die Registrierung beim Onlineshop

Über das Hauptmenü sollten Sie zwischen den vier verschiedenen User-Storys navigieren können.

3.5   Das HTTP-Monitoring

HTTP ist das grundlegende Kommunikationsprotokoll von Webanwendungen. Um die Programmierung einer Webanwendung mit Servlets und JSPs oder auch mit *Java Server Faces* gut zu verstehen, ist ein fundiertes Verständnis von HTTP unerlässlich.

Besonders verständlich wird das HTTP-Protokoll, wenn man zunächst einen eigenen kleinen HTTP-Client programmiert. Deshalb werden wir in diesem Abschnitt hiermit beginnen. Mithilfe des HTTP-Clients werden wir die HTTP-Kommunikation zwischen Client und Server beobachten. Man spricht hierbei auch vom sogenannten *HTTP-Monitoring*.

Als wir im vorigen Abschnitt den Onlineshop im Webbrowser betrachteten, hatten Client und Server bereits erfolgreich miteinander kommuniziert. Um diese Kommunikation zu untersuchen, werden wir jetzt in drei Schritten eine Java-Standalone-Anwendung schreiben:

1. Verbindung zum Server aufnehmen

2. einen HTTP-Request verschicken

3. die HTTP-Response auf der Konsole ausgeben

3.5.1   Die Verbindung zum Server herstellen

Zunächst muss die Java-Standalone-Anwendung einen Datenstrom zur Webanwendung öffnen. Hierzu benötigen Sie die Klasse Socket (zu Deutsch »Netzwerksockel«) aus der Netzwerk-API *java.net*. Im Konstruktor der Klasse Socket geben Sie die URL und den Port der Webadresse an. Im Beispiel wird der erste Aufrufparameter als URL gesetzt. Als zweiten Parameter geben Sie den Port des GlassFish Servers an. Den Datenstrom erhalten Sie über die Methode getOutputStream() der Klasse Socket.

```
Socket so = new Socket("localhost", 8080);
OutputStream os = so.getOutputStream();
```

3.5.2   Der HTTP-Request

Als Nächstes kommen wir zum wichtigsten Teil des Programms, nämlich zu den Zeichenketten, die vom Client als HTTP-Request verschickt werden. Die Anfrage kündigt mit der ersten Zeile das Anliegen des Clients an. Diese Zeile ist also von zentraler Bedeutung, da sie die Grundvoraussetzung für den HTTP-Request bereitstellt. Sie beginnt mit dem Request-Typ. Der HTTP-Standard definiert die Typen GET, POST, PUT, DELETE, HEAD, TRACE, OPTIONS, CONNECT. und PATCH. Die für Webanwendungen wichtigen Request-Typen sind GET und POST. Der Grund dafür ist, dass durch diese beiden Request-Typen zusätzlich Informationen an den Server versandt werden können. Für die konventionelle HTTP-Kommunikation (RESTful Services also außer Acht gelassen) sind sie ohnehin äußerst selten, weshalb ich an dieser Stelle auch nicht weiter auf sie eingehen werde.

Der HTTP-GET-Request

Im Beispiel werden wir die GET-Methode verwenden, da wir beim Server eine HTML-Seite anfordern. Hinter dem GET-Request wird die *URL* (*Uniform Resource Locator*) angefügt, die die eindeutige Identifizierung der Ressource erlaubt. Die folgende URL setzt sich aus dem Rechnernamen, der Portnummer und der context-root zusammen (siehe Tabelle 3.2). Im Standardfall entspricht die context-root dem Dateipfad auf der Festplatte. Würden wir statische Inhalte erfragen, wäre ziemlich klar, was hiermit gemeint ist, denn es handelt sich ganz einfach um den Namen des Ordners, in dem der Webserver die Webseiten als Dateien vorhält. Die context-root kann aber auch ein Alias sein, der auf dieses Verzeichnis verweist. Bei einem Java EE Server steht die context-root letztendlich für den Bezeichner, unter dem das Modul erreichbar ist.

Requesttyp	Schema	Rechner	Port	Dateipfad	HTTP-Version
GET	http://	localhost:	8080	/onlineshop-web/	HTTP/1.1

Tabelle 3.2 Der HTTP-Request

Mit der Angabe der HTTP-Versionsnummer muss die Zeile enden. Achten Sie darauf, jede Zeile des HTTP-Protokolls mit dem Sonderzeichen für einen Wagenrücklauf (\r) und dem Sonderzeichen für eine neue Zeile (\n) abzuschließen. Mit der Methode write() versenden Sie die Bytes der Zeichenkette an den Server.

```
String req =
"GET http://localhost:8080/onlineshop-web/ HTTP/1.1\r\n";
os.write(req.getBytes());
```

Ab der zweiten Zeile wird der Request-Header gesetzt. Hiermit übermittelt der Client zusätzliche Informationen. Header-Informationen werden in Schlüssel-Wert-Paaren zeilenweise beigefügt. Den Schlüssel und den Wert trennen Sie durch einen Doppelpunkt voneinander. Früher waren alle Header-Informationen optional. Seit HTTP 1.1 muss zumindest der Name des Servers angegeben werden. Hinter den Zeilen des Request-Headers muss eine Leerzeile angefügt werden, denn dadurch wird der *Request-Body* angekündigt. Auch die Leerzeile muss mit einem \r\n enden. Daher ergibt sich die doppelte Abfolge des \r\n:

```
String header = "Host: localhost\r\n\r\n";
os.write(header.getBytes());
```

Theoretisch müsste unser Programm noch einen Body und eine Leerzeile in den Ausgabestrom setzen. Dahingehend ist der Webcontainer von GlassFish aber recht flexibel. Für das Beispiel sparen wir uns den Body und gehen direkt zum Empfang der Antwort über. Wenn der Server die Anfrage erhalten hat, nutzt er die offene TCP/IP-Verbindung, um die Anfrage zu beantworten.

3.5.3   Die HTTP-Response

Die Antwort erfolgt in Form der HTTP-Response. Die HTTP-Response werden wir einlesen, um sie auf der Konsole auszugeben. Hierfür benötigen wir einen Eingabestrom der Verbindung. Den Eingabestrom werden wir Byte für Byte einlesen und in die Konsole schreiben, bis uns eine -1 ankündigt, dass keine Bytes zum Einlesen mehr zur Verfügung stehen. Am Ende schließen wir alle offenen Datenströme. Mehr brauchen wir für den HTTP-Client nicht.

```java
InputStream in = so.getInputStream();
byte[] b = new byte[1];
while ((in.read(b)) != -1) {
    System.out.write(b, 0, 1);
}
os.close();
in.close();
so.close();
```

Das komplette Listing sieht so aus:

```java
package de.java2enterprise;

import java.io.InputStream;
import java.io.OutputStream;
import java.net.Socket;

public class HttpClient {
    public HttpClient() throws Exception {
        final Socket so = new Socket("localhost", 8080);
        final OutputStream os = so.getOutputStream();
        final String req = "GET " +
            "http://localhost:8080/onlineshop-web/ " +
            "HTTP/1.1\r\n";
        os.write(req.getBytes());
        final String header = "Host: localhost\r\n\r\n";
        os.write(header.getBytes());
        final InputStream in = so.getInputStream();
        final byte[] b = new byte[1];
        while ((in.read(b)) != -1) {
            System.out.write(b, 0, 1);
        }
        os.close();
        in.close();
        so.close();
    }

    public static void main(String[] args)
        throws Exception {
```

```
        new HttpClient();
    }
}
```

Listing 3.7 HttpClient.java

Wenn Sie das Programm ausführen und Ihr GlassFish Server aus dem letzten Kapitel noch aktiv ist, sollten Sie auf der Konsole eine Ausgabe wie in Abbildung 3.17 erhalten. Die Konsolenausgabe zeigt deutlich, wie ein HTTP-Response aufgebaut ist. Der HTTP-Request wird mit einer Statuscode-Zeile, einem Header und einem Body beantwortet. Genauso wie beim HTTP-Request enthält der Header wieder zeilenweise Schlüssel-Wert-Paare als Zusatzinformation. Der Body enthält die geforderte Ressource.

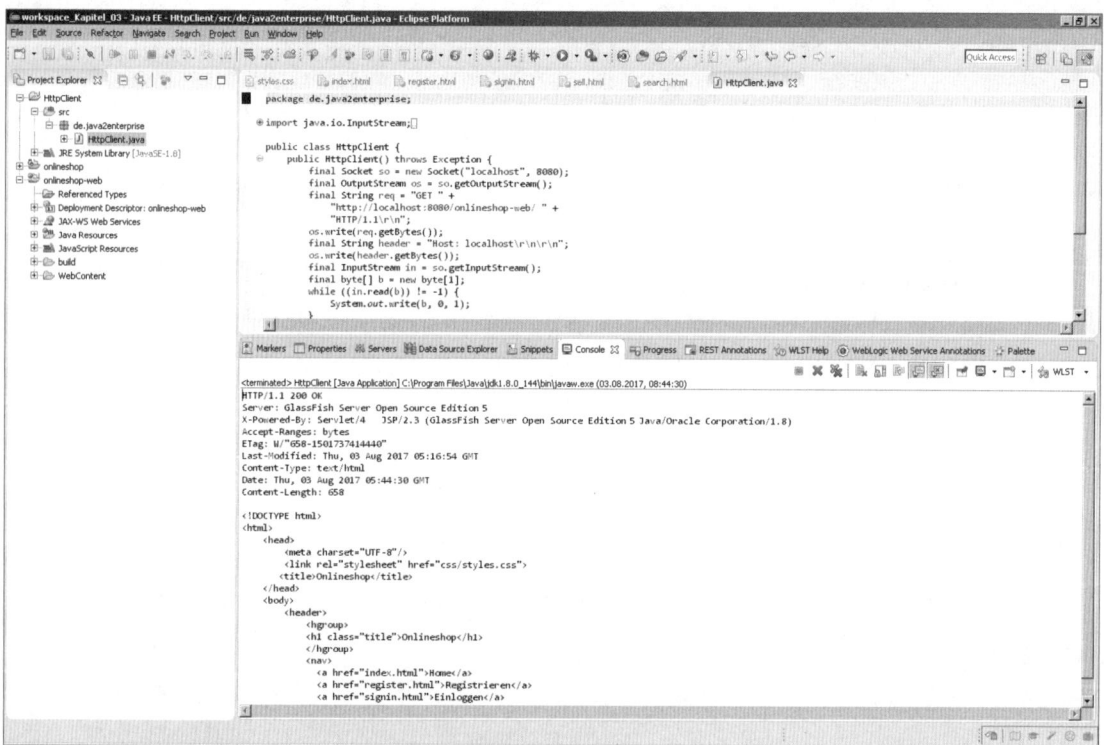

Abbildung 3.17 Die Ausführung des HttpClients

Der Statuscode

An erster Stelle der Response steht immer der Statuscode, zum Beispiel:

```
HTTP/1.1 200 OK
```

Der GlassFish Server hat unsere Anfrage mit dem Statuscode 200 beantwortet. Hiermit teilt er mit, dass er das angefragte Dokument gefunden hat. Der Statuscode besteht immer aus drei Ziffern. Die die HTTP-Spezifikation definiert eine Reihe weiterer Statuscodes. Manchmal ist es in der Praxis hilfreich, die Bedeutung der Statuscodes zu verstehen. Deshalb folgt an dieser Stelle ein kurzer Exkurs, mit dem Sie ein gewisses Grundverständnis für HTTP-Statuscodes erhalten.

▶ **100 bis 199 = Zwischeninformation**

Statuscodes, die mit einer 1 beginnen, haben lediglich informellen Charakter. Zum Beispiel könnte der Server bei einer langen Bearbeitungsdauer mitteilen, dass der Client die Verbindung noch nicht abbrechen soll. Dies ist etwa nützlich, um einen Timeout zu vermeiden.

▶ **200 bis 299 = Erfolgreich**

Im Allgemeinen kann man sagen, dass Statuscodes, die mit einer 2 beginnen, eine bestätigende Bedeutung haben. Zum Beispiel wird ein sehr großer Teil aller Anfragen mit einer 200 beantwortet, was so viel heißt wie: »Der Server konnte die angeforderte Ressource finden.«

▶ **300 bis 399 = Umleitung**

Statuscodes, die mit einer 3 beginnen, weisen darauf hin, dass der Request verarbeitet worden ist, jedoch die angeforderte Ressource von diesem Server nicht zur Verfügung gestellt wird. Das ist zum Beispiel dann der Fall, wenn die Ressource nicht mehr vorhanden ist. Aber auch wenn der Server die Anfrage umleiten muss, wird er mit einem 3er-Code antworten.

▶ **400 bis 499 = Client-Fehler**

Statuscodes, die mit einer 4 beginnen, zeigen einen Anfragefehler des Clients an. Zum Beispiel antwortet der HTTP-Server mit einer 404, wenn ein HTTP-Client eine ungültige Ressource angefordert hat.

▶ **500 bis 599 = Server-Fehler**

Wenn der Fehler auf der Server-Seite liegt, antwortet der Server mit 500er-Codes. Dies kann durch einen schweren Fehler im Backend ausgelöst werden oder einfach nur eine Überlastung anzeigen.

Die genaue Bedeutung aller Statuscodes können Sie der Website des W3C (*http://www.w3.org*) entnehmen.

3.5.4   Das HTTP-Monitoring in Eclipse

In vorangegangenen Abschnitt haben Sie durch ein eigenes HTTP-Client-Programm die HTTP-Kommunikation zwischen Client und Server bis ins Detail mitverfolgt. Durch solche Werkzeuge sind Sie in der Lage, Probleme von Webanwendungen auf die Spur zu kommen. Innerhalb von Eclipse können Sie die HTTP-Kommunikation aber auch analysieren, indem Sie den sogenannten TCP/IP-Monitor nutzen.

Start des Monitorings

Um das Monitoring zu starten, wechseln Sie zurück in die Java EE Perspective und klicken dort in der View SERVERS mit der rechten Maustaste auf die GlassFish-Server-Instanz. In dem sich öffnenden Kontextmenü klicken Sie mit der linken Maustaste auf MONITORING und dann im rechts erscheinenden Untermenü auf PROPERTIES. Wenn noch kein Port »unter Beobachtung« steht, ist die Tabelle der MONITORING PORTS leer. Klicken Sie auf ADD, um eine neue Zeile in der Tabelle zu erstellen.

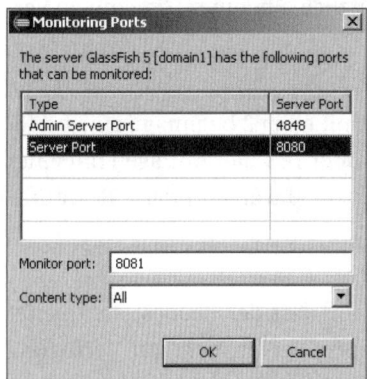

Abbildung 3.18 Die Einstellung des Monitoring Ports

Belassen Sie die Voreinstellung auf SERVER PORT 8080 und MONITOR PORT 8081. Den Server-Port des GlassFish Servers hatten wir ja im letzten Kapitel auf 8080 eingestellt; er ist also korrekt. Eclipse zählt für den Monitor eins hoch. Das bedeutet, dass wir später im Webbrowser die URL *http://localhost:8081/onlineshop-web* aufrufen werden. Eclipse erhält hierdurch die Möglichkeit, sich zwischen den HTTP-Client und den HTTP-Server zu schalten. Bestätigen Sie die Einstellungen mit einem Klick auf den OK-Button.

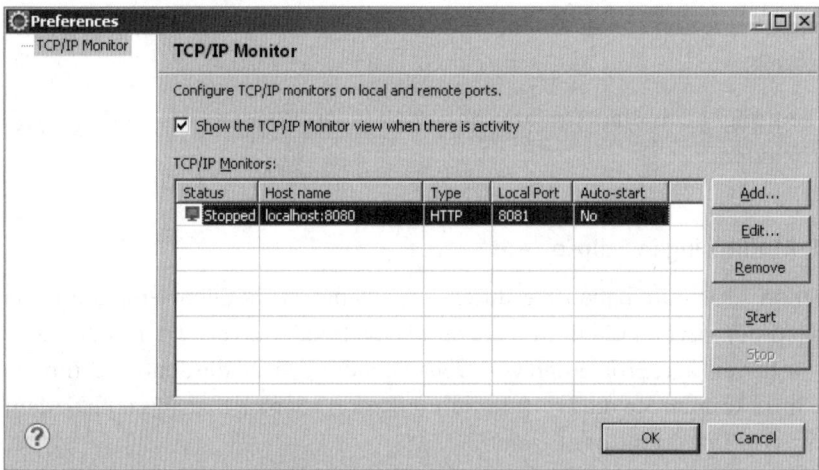

Abbildung 3.19 Die Einstellungen für den TCP/IP-Monitor

Selektieren Sie die hinzugefügte Zeile, und klicken Sie auf den START-Button, um das Monitoring zu aktivieren.

Öffnen der View »TCP/IP Monitor«

Fall Sie die View TCP/IP MONITOR in Ihrer Perspective nicht finden, öffnen Sie sie, indem Sie im Hauptmenü auf WINDOW • SHOW VIEW und dann auf OTHER klicken. Im Fenster SHOW VIEW öffnen Sie den Ordner DEBUG. Darunter sollte sich der Eintrag TCP/IP MONITOR befinden, den Sie mit einem Doppelklick zu Ihrer Perspective hinzufügen.

Klicken Sie in der View TCP/IP MONITOR ganz rechts auf den nach unten zeigenden Pfeil (VIEW MENU). Klicken Sie dort auf SHOW HEADER, falls dieser noch nicht aktiviert ist.

Mit dem »TCP/IP Monitor« die Anwendung testen

Rufen Sie die Anwendung nun erneut in einem separaten Webbrowser auf. Sie aktivieren das TCP/IP-Monitoring, indem Sie statt Port 8080 jetzt Port 8081 nutzen. Im Eclipse-Fenster in der View TCP/IP MONITORING sollten dann die einzelnen HTTP-Anfragen zu sehen sein.

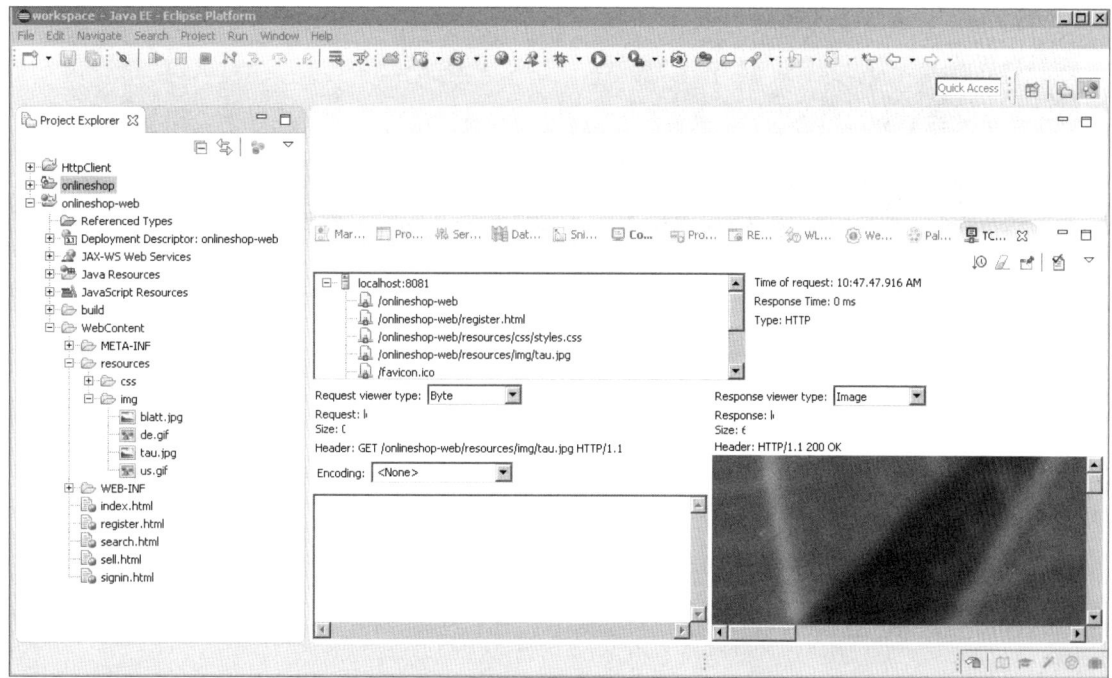

Abbildung 3.20 Das TCP/IP-Monitoring in Eclipse

3.5.5   Die Firefox-Entwickler-Symbolleiste

Die Hersteller von Webbrowsern haben sich für die Analyse von Webseiten und ihrer HTTP-Anfragen sogar noch ausgereiftere Debugging-Möglichkeiten ausgedacht. In Mozilla Firefox können Sie die sogenannten Developer Tools beispielsweise über [Strg]+[⇧]+[I] einblenden. Über ein Menü können Sie die Werkzeuge ebenso einblenden. Dabei hängt es davon ab, ob Sie die Hauptmenüleiste vorab aktiviert haben oder nicht. Bei einer aktiven Hauptmenüleiste klicken Sie auf EXTRAS • WEB-ENTWICKLER • WERKZEUGE EIN-/AUSBLENDEN.

Im unteren Bereich sollten nun die Entwicklerwerkzeuge erscheinen. Dort klicken Sie links auf den Tab INSPEKTOR. Über den Inspektor können Sie sich beispielsweise visuell die HTML-Elemente anzeigen lassen, die Sie innerhalb des Quelltextes mit der Maus selektieren.

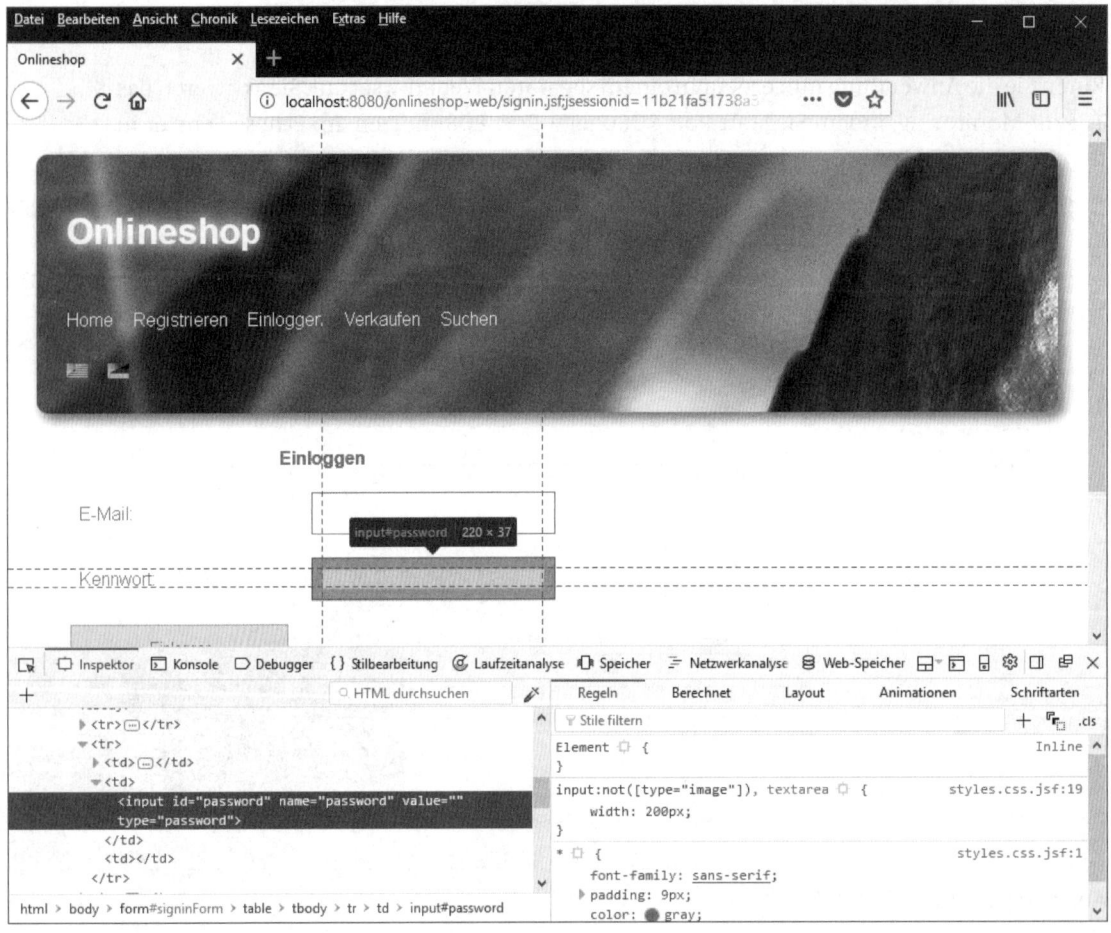

Abbildung 3.21 Schon so manchem Webentwickler hat die Entwickler-Symbolleiste aus der Misere geholfen.

Die Netzwerkanalyse

Über den Tab NETZWERKANALYSE können Sie sich die Dauer anschauen, die der Anfrageprozess für jedes einzelne angeforderte Element benötigt.

Wenn Sie zum Beispiel die Onlineshop-Webseite über [F5] erneut laden, sollten Sie in der Webkonsole den GET-Request hierzu sehen. Manchmal ist es erforderlich, mit der [F5]-Taste gleichzeitig die [⇧]-Taste zu drücken, damit Firefox seinen Cache leert und die Website auch tatsächlich neu lädt. Ferner bieten Ihnen die Entwicklerwerkzeuge die Checkbox DISABLE CACHE, über die Sie das Neuladen ebenso erzwingen.

Über einen Mausklick auf dem GET-Request öffnet sich das Fenster, das die Inhalte der Anfrage aufdeckt.

Das Netzwerk-Request-Fenster zeigt sowohl den Header des Requests wie auch den Header der Response.

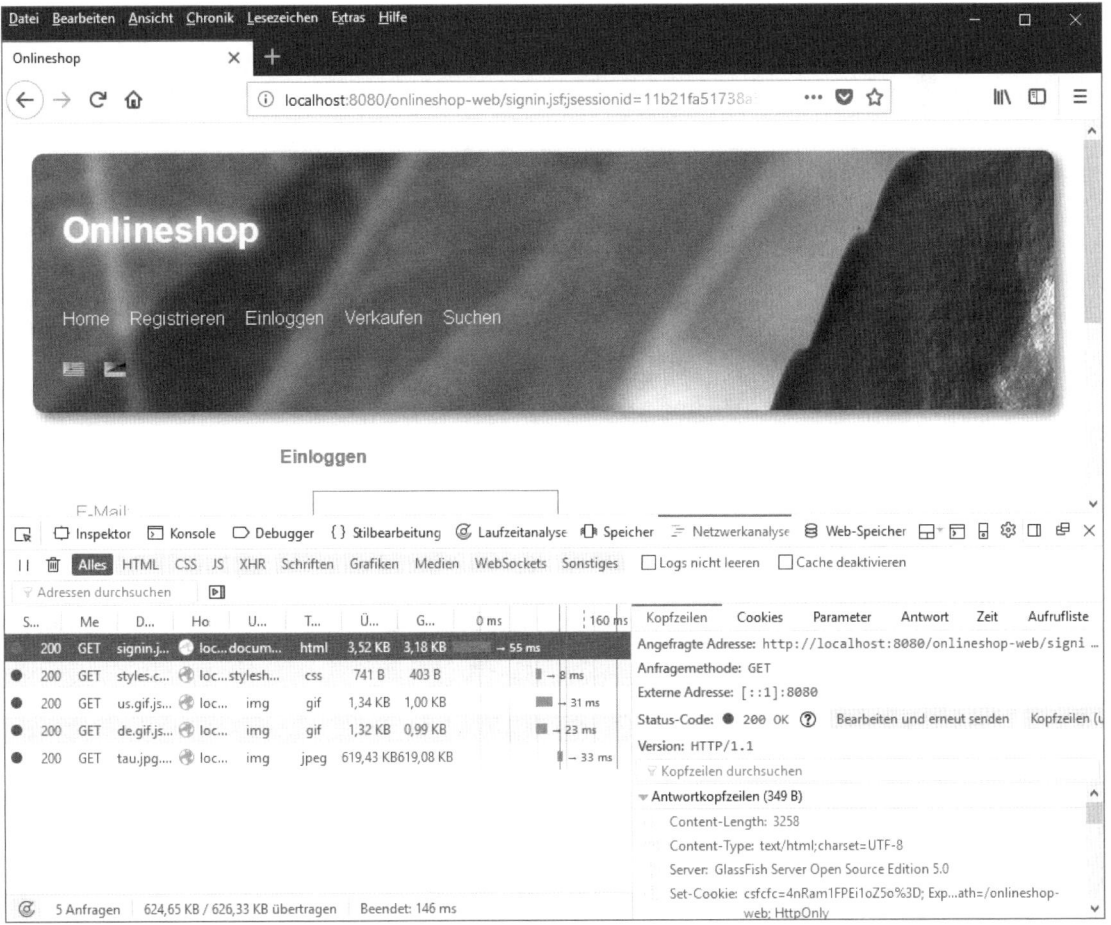

Abbildung 3.22 Die Netzwerkanalyse

Kapitel 4
Servlet 4.0

*»Die kostengünstigsten, schnellsten, und verlässlichsten Komponenten sind
jene, die überhaupt nicht vorhanden sind.«*
Gordon Bell

In diesem Kapitel wird die *Servlet*-Technologie in der Version 4.0 behandelt. Die Besonderheit dieser Version ist, dass die *Servlet 4.0*-Technologie das Protokoll HTTP/2 beherrscht. Dabei ist die Servlet 4.0-Technologie mit dem Protokoll HTTP/1.1 rückwärtskompatibel. Der Webcontainer bemerkt von selbst, ob der Webbrowser sich mit ihm über HTTP/1.1 oder HTTP/2 unterhalten möchte, und beantwortet den HTTP-Request entsprechend. Diese Automatisierung ist von besonderem Nutzen, weil eine bereits bestehende Java EE-Anwendung somit nicht verändert werden muss. Eines der Streitgespräche im IETF war von Beginn an, ob Webbrowser und Server das HTTP/2-Protokoll lediglich über SSL-Verschlüsselung anbieten sollen. Der HTTP/2-Standard setzt ein solches Erfordernis nicht voraus. Aber dennoch ist es auch so, dass die geläufigen Webbrowser das HTTP/2-Protokoll lediglich bei *https*-URIs aktivieren.

Mit Servlets 4.0 können Sie Java SE 8-Funktionalität wie beispielsweise die funktionale Programmierung mit Lambda Expressions oder die Stream API verwenden. Eine weitere Neuheit ist, dass Defaultmethoden in das Servlet-Interface eingebaut wurden. Die Spezifikation können Sie unter *https://www.jcp.org/en/jsr/detail?id=369* herunterladen.

Weitere Technologien, die häufig in Kombination mit Servlets eingesetzt werden, sind *Java Server Pages* (JSP 2.3), die *Java Standard Tag Library* (JSTL 1.2) und die *Expression Language* (EL 3.0). Das Frontend einer Java EE 8-Anwendung können Sie sowohl mit diesen Webtechnologien als auch mit *Java Server Faces* (JSF 2.3) programmieren. Beide Varianten sind Bestandteil der Java EE-Spezifikation. Worin liegt also der Unterschied?

Während man die erste Alternative als Low-Level-Ansatz betrachtet, bezeichnet man JSF als High-Level-Webtechnologie. Mit *Low Level* wird die Programmierung der grundlegenden API der jeweiligen Technologie bezeichnet. Mit *High Level* ist gemeint, dass die Entwicklung auf einer höheren Abstraktionsebene mithilfe eines übergestülpten Frameworks stattfindet. High-Level-Technologien haben die Aufgabe, die Programmierung der Low-Level-Technologien zu vereinfachen. Mit JSF schaut eine Webanwendung also schlanker als mit Servlets aus, wenn sie inhaltlich die gleiche Funktionalität anbietet.

Die Java EE-Spezifikation empfiehlt, eine Geschäftsanwendung mithilfe der *Java Server Faces* (*JSF*) zu implementieren. Ihr Java EE-Projekt sollten Sie also in der Regel mit JSF und nicht mit Servlets programmieren. Aber obwohl die Programmierung von Java Server Faces der mühsamen Kodierung von Servlets vorzuziehen ist, bleiben die Servlets dennoch die Grundbausteine und die Basis jeglicher Arbeit mit dem Webcontainer. Beispielsweise sind sowohl Java Server Faces (JSF) als auch Java Server Pages (JSP) intern darauf angewiesen, Servlets zu generieren, um die Anfragen eines Webbrowsers zu beantworten. Aus diesem Grund habe ich der Servlet-Technologie in diesem Buch ein ganzes Kapitel gewidmet.

Wenn Sie die Inhalte dieses Kapitels verinnerlichen, haben Sie zwei Vorteile: den einen, weil in der Industrie immer noch viele Altsysteme existieren, in denen nach wie vor Servlets verwendet werden. Der weitaus größere Nutzen liegt aber darin, dass Sie durch fundierte Kenntnisse der Servlet-Technologie Java-Web-Frameworks (wie beispielsweise JSF, Spring MVC oder Vaadin) besser verstehen.

Das Kapitel beginnt mit einer Kurzeinführung in die Servlet-Technologie. Anschließend zeige ich Ihnen die grundlegenden Bestandteile der Servlet-API. Danach betrachten wir die übliche Architektur einer Webanwendung mit Servlets, um uns für die nächsten Kapitel an das MVC-Entwurfsmuster anzunähern. Weiter geht's mit Cookies, die Konfigurationsmöglichkeiten, das Hochladen von Dateien, asynchronen Servlets, *Nonblocking I/O*, Webfilter und WebListener. Die letzten Abschnitte des Kapitels gehen auf die neue Klasse `PushBuilder` ein.

Viele Übungen dieses Kapitels beziehen sich auf den Onlineshop, den wir in den letzten beiden Kapiteln bereits vorbereitet haben. Falls Sie die vorangegangenen Kapitel übersprungen haben, beachten Sie bitte, dass die nun folgenden anfänglichen Servlets teilweise von HTML-Formularen aus aufgerufen werden, die wir im letzten Kapitel als UI-Prototypen programmiert haben.

4.1   Einführung

In diesem Abschnitt zeige ich Ihnen zunächst ein kleines Programmierbeispiel. Anschließend gebe ich einen schnellen Überblick über die Servlet-Technologie. Dabei schauen wir uns die Arbeitsweise des Webcontainers an, denn dies schafft ein grundsätzliches Verständnis für die Servlet-Technologie. Danach gehen wir auf den Lebenszyklus eines Servlets ein und betrachten die wichtigste Java-Klasse der Servlet-Technologie, und zwar die Klasse `javax.servlet.HttpServlet`. Abschließend zeige ich Ihnen noch die unterschiedlichen Möglichkeiten der Bekanntmachung und der Konfiguration eines Servlets.

4.1.1 Ein kleines »Hallo Welt«-Beispiel (manuell)

Ein Servlet ist eigentlich nichts anderes als eine Java-Klasse, die das Interface `javax.servlet.Servlet` implementiert und dadurch von einem Webcontainer verwaltet werden kann. Obwohl dies die einzige Voraussetzung dafür ist, dass eine Java-Klasse in einem Webcontainer ausgeführt wird, ist es nicht üblich, Servlets auf diese Weise zu programmieren. Stattdessen erstellt man Servlets, indem man eine Java-Klasse von der abstrakten Klasse `javax.servlet.http.HttpServlet` ableitet, denn erst diese Unterklasse enthält alles Erforderliche für eine vollwertige Webkomponente.

In Listing 4.1 sehen Sie, wie Sie ein »Hallo Welt«-Servlet programmieren könnten.

```java
@WebServlet("/HalloWeltServlet")
public class HalloWeltServlet extends HttpServlet {
    protected void doGet(HttpServletRequest req, HttpServletResponse res)
            throws Exception {
        res.getWriter().append("Hallo Welt"));
    }
}
```

Listing 4.1 HalloWeltServlet.java

Um sich das Beispiel in einem Webbrowser anzuschauen, können dieses Servlet manuell in einem Texteditor schreiben, die Datei in ein Webmodul mit dem Namen *onlineshop-web.war* paketieren und in den Autodeploy-Ordner von GlassFish kopieren. Beim Webbrowser öffnen Sie anschließend die Adresse *http://localhost:8080/onlineshop-web/HalloWeltServlet*.

4.1.2 Ein kleines »Hallo Welt«-Beispiel (mit Eclipse)

Die Implementierung des kleinen Programmierbeispiels ist komfortabler, wenn Sie Eclipse einsetzen. Hierfür erstellen Sie zunächst wieder das Enterprise-Projekt und das dynamische Webprojekt, wie ich es in Kapitel 2 erklärt habe. Auf die Generierung eines Enterprise Projekts können Sie theoretisch auch verzichten, da sich das Webmodul ja auch ganz ohne *.ear*-Schale deployen lässt. (Wenn Sie statt des vollkonformen GlassFish Servers den Apache Tomcat einsetzen, dann wäre das Weglassen der *.ear*-Schale die einzige gültige Variante).

Nachdem Sie das dynamische Webprojekt *onlineshop-web* angelegt haben, erstellen Sie das Servlet, indem Sie das JAVA RESOURCES-Verzeichnis mit der rechten Maustaste selektieren und im Kontextmenü auf den Eintrag SERVLET klicken.

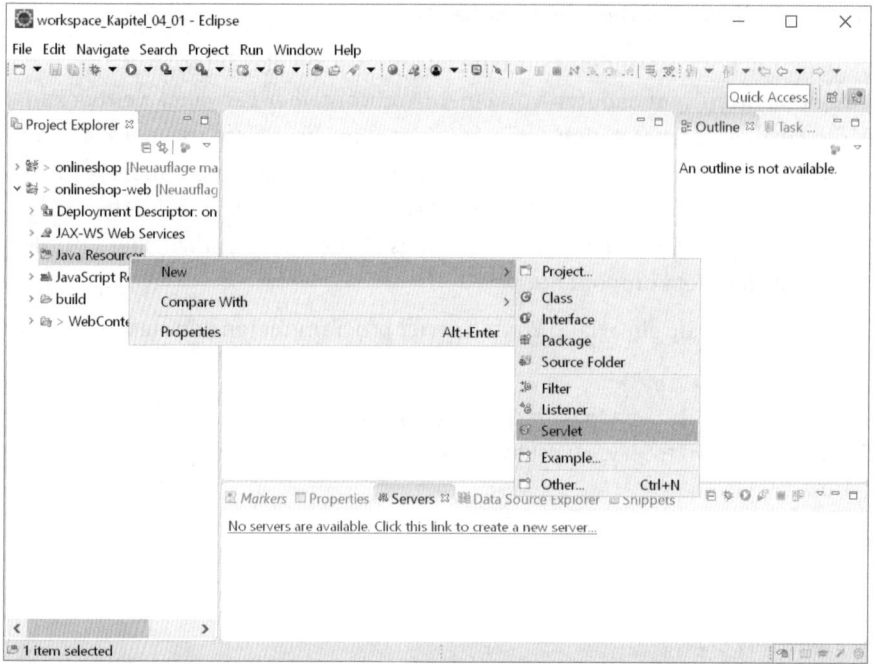

Abbildung 4.1 Selektieren Sie im dynamischen Webprojekt das »Java Resources«-Verzeichnis mit der rechten Maustaste, und klicken Sie im Kontextmenü auf »Servlet«.

Daraufhin erscheint das Fenster aus Abbildung 4.2, in dem Sie den Namen der Klasse und des Programmpakets angeben.

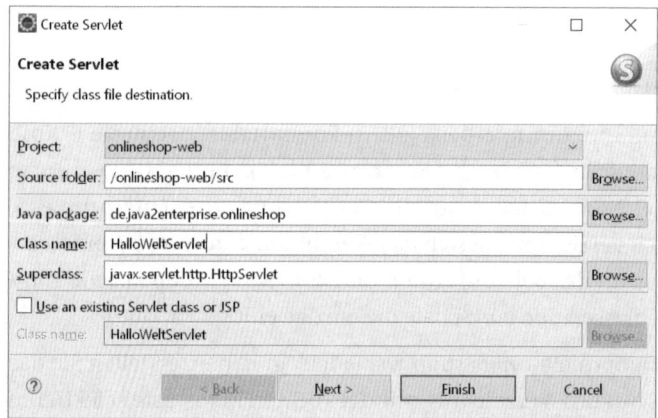

Abbildung 4.2 Angabe der Klassennamen und des Programmpakets

Anschließend klicken Sie auf FINISH, um den Quelltext des Servlets generieren zu lassen. Entfernt man die Kommentare und die Javadocs aus dem Quelltext, hat Eclipse den Quelltext aus Listing 4.2 erzeugt:

```
package de.java2enterprise.onlineshop;

import java.io.IOException;
import javax.servlet.ServletException;
import javax.servlet.annotation.WebServlet;
import javax.servlet.http.HttpServlet;
import javax.servlet.http.HttpServletRequest;
import javax.servlet.http.HttpServletResponse;

@WebServlet("/HalloWeltServlet")
public class HalloWeltServlet extends HttpServlet {
    private static final long serialVersionUID = 1L;

    public HalloWeltServlet() {
        super();
    }

    protected void doGet(HttpServletRequest request, HttpServletResponse response)
            throws ServletException, IOException {
        response.getWriter().append("Served at: ").append(request.getContextPath());
    }

    protected void doPost(HttpServletRequest request, HttpServletResponse response)
            throws ServletException, IOException {
        doGet(request, response);
    }

}
```

Listing 4.2 Das von Eclipse erzeugte Servlet (ohne Kommentare und Javadocs)

Weil der Eclipse-Wizard davon ausgeht, dass Sie das kleine Beispielprogramm über den Aufruf seiner URL *http://localhost:8080/onlineshop-web/HalloWeltServlet* im Adressfeld eines Webbrowsers aufrufen, wurde die doGet-Methode mit einer Implementierung eingebaut, die dem Benutzer den Context-Path der Anwendung anzeigt. Und für den Fall, dass das Servlet über ein HTML-Formular aufgerufen wird, wurde auch noch die doPost-Methode implementiert. Diese bietet das gleiche Ergebnis, da die Anfrage an die doGet-Methode weitergeleitet wird.

Sie führen das »Hallo Welt«-Programm aus, indem Sie das Projekt mit der rechten Maustaste selektieren und anschließend über RUN AS · RUN ON SERVER auf dem GlassFish Server ausführen. Weil Ihr dynamisches Webprojekt noch keine Willkommensseite enthält, sollte im Webbrowser eine Fehlermeldung erscheinen. Um die Antwort des Servlets anzuzeigen, rufen Sie im Webbrowser die Adresse *http://localhost:8080/onlineshop-web/HalloWeltServlet* auf.

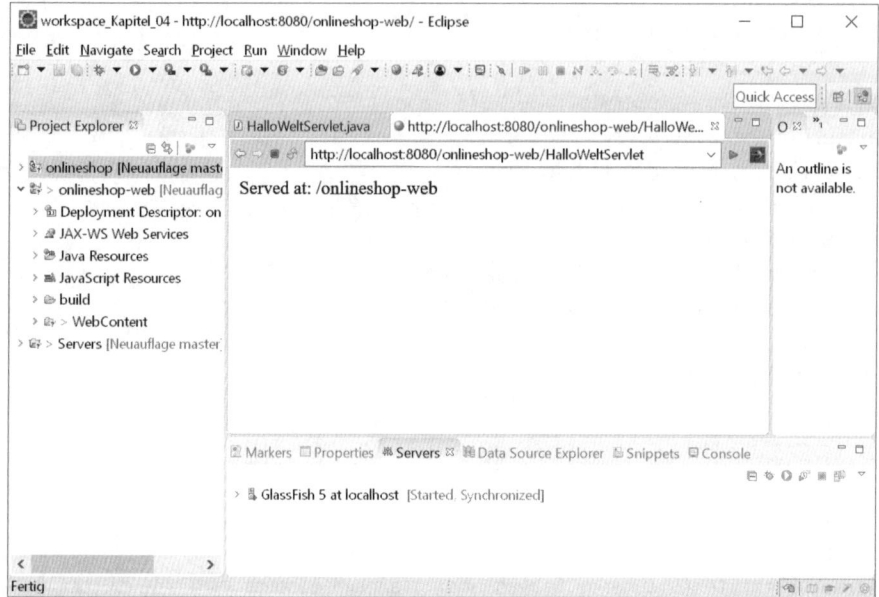

Abbildung 4.3 Das Servlet zeigt den Context-Path an.

4.2   Ein technischer Überblick

Wenn der Webbrowser mit einer Java EE-Anwendung kommunizieren möchte, zielt jede HTTP-Anfrage zunächst auf die Netzwerk-Adresse und den Netzwerk-Port des Webcontainers. Der Webbrowser kommuniziert also nie direkt mit einem Servlet, sondern immer nur über den Webcontainer. Der Webcontainer empfängt dabei üblicherweise eine HTTP-GET- oder eine HTTP-POST-Anfrage.

Anhand einer internen Zuordnungstabelle kann der Webcontainer erkennen, an welches Servlet die Anfrage gerichtet ist. Er prüft, ob ein entsprechendes servlet-Objekt bereits instanziiert ist. Wenn noch keine Instanz des Servlets erstellt worden ist, wird der Webcontainer dies zum Zeitpunkt der Anfrage nachholen.

Bevor der Webcontainer die HTTP-Anfrage an das Servlet weitergibt, verarbeitet er sie zunächst und erstellt hieraus Übergabeobjekte der Typen ServletRequest bzw. ServletResponse. Im Servlet können die HTTP-Anfragen dadurch verwertet werden.

Für die Geschäftsanwendung werden vom Servlet aus weitere Java-Komponenten aufgerufen, die anschließend zum Beispiel für die Geschäftslogik und die Datenhaltung zuständig sind. Servlets sind deshalb die Schnittstelle zwischen den internen Java-Objekten und dem Webcontainer, der nach außen hin die ganze Arbeit rund um das HTTP-Protokoll erledigt.

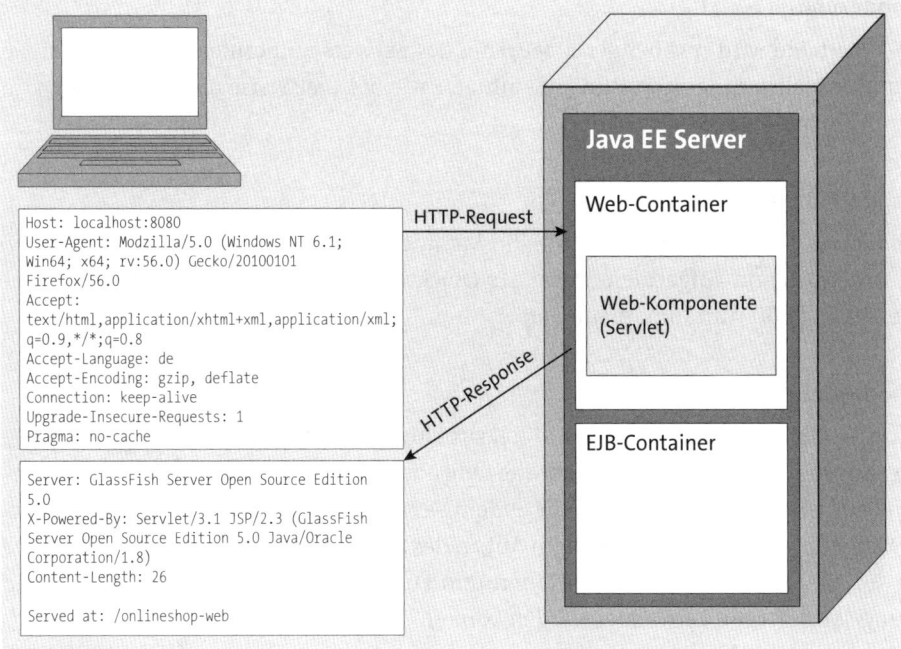

Abbildung 4.4 Der Webbrowser kommuniziert mit dem Webcontainer.

4.2.1   Der Lebenszyklus eines Servlets

Im Lebenszyklus eines Servlets gibt es drei Phasen:

▶ die Initialisierungsphase

▶ die Servicephase

▶ die Beendigungsphase

Das Interface `javax.servlet.Servlet` stellt für jede dieser Phasen eine eigene Methode zur Verfügung. Auf diese Weise kann das Servlet dem Webcontainer anzeigen, was in den jeweiligen Lebensphasen zu tun ist.

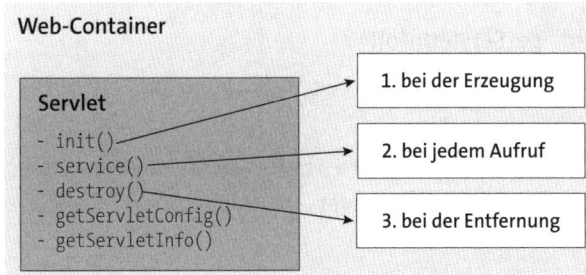

Abbildung 4.5 Die Methoden, die im Lebenszyklus eines Servlets durchlaufen werden

Die Methode »init()«

Die init()-Methode wird nur bei der Erzeugung des Servlets aufgerufen. Hier können Sie zum Beispiel Initialisierungsanweisungen einfügen, wie beispielsweise die Beschaffung von Initialisierungsparametern.

Die Methode »destroy()«

Die Methode destroy() wird genauso wie die Methode init() nur ein einziges Mal aktiv, denn sie wird nur dann aufgerufen, wenn das Objekt entfernt werden soll. Deshalb bietet sich diese Methode für Aufräumarbeiten an.

Die Methode »service()«

Die wichtigste Aufgabe eines Servlets ist die Bearbeitung und die Beantwortung der HTTP-Anfragen. Aus den Inhalten jeder Anfrage erzeugt der Webcontainer ein ServletRequest-Objekt und ein ServletResponse-Objekt, die er dem Servlet über die Methode service() übergibt. Die Methode service() wird bei jedem Aufruf des Servlets ausgeführt. Somit stehen der Methode service() zahlreiche Informationen und Funktionen zur Verfügung, die für die Bearbeitung der Anfragen verwendet werden können.

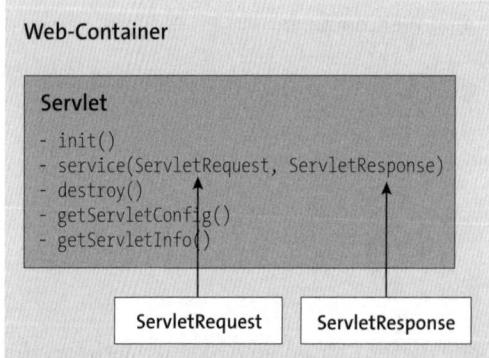

Abbildung 4.6 Die Übergabe der Objekte »ServletRequest« und »ServletResponse« an das Servlet

Die Methoden »getServletConfig()« und »getServletInfo()«

Das Interface enthält zwei weitere Methoden, die getServletConfig() und getServletInfo() heißen.

Die Methode getServletConfig() gibt ein Objekt der Klasse ServletConfig wieder. Dieses Objekt wird meistens verwendet, um Initialisierungsparameter abzufragen. Hierauf komme ich später noch einmal zurück.

Die Methode getServletInfo() liefert eine Beschreibung des Servlets.

4.2.2 Das HttpServlet

Im letzten Abschnitt habe ich erklärt, dass ein Servlet nichts weiter als eine Klasse ist, die das Interface `javax.servlet.Servlet` implementiert. Allerdings wird man wohl in einem realen Java EE-Projekt kein Servlet vorfinden, das unmittelbar vom Interface `javax.servlet.Servlet` abstammt, denn dieses Interface ist in erster Linie ein Grundgerüst, das als Schnittstelle zwischen dem Webcontainer und der Webkomponente gedacht ist. In der Praxis wird ein Servlet eher von der abstrakten Klasse `javax.servlet.http.HttpServlet` abgeleitet. Diese Klasse ist aber selbst eine Kindklasse der abstrakten Klasse `javax.servlet.GenericServlet`, und diese wiederum implementiert letztlich das Interface `javax.servlet.Servlet`.

In Abbildung 4.7 sehen Sie die Vererbungshierarchie der Servlets in einem Klassendiagramm. Zur Veranschaulichung wurden immer nur die Methoden hinzugefügt, die bei der jeweiligen Klasse hinzukommen.

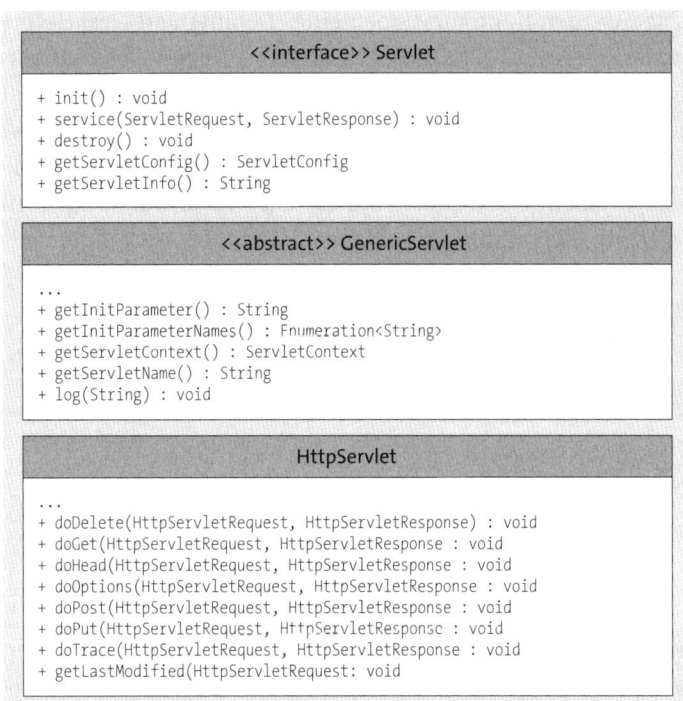

Abbildung 4.7 Die Vererbungshierarchie von »Servlet«, »GenericServlet« und »HttpServlet« in einem Klassendiagramm

Weil die Klasse `HttpServlet` von der Klasse `GenericServlet` ableitet, erbt sie alles Nützliche, was die Klasse `GenericServlet` bereits verwirklicht hat. Obschon die Klasse `GenericServlet` einige Funktionalitäten realisiert, sind diese meistens nur dem Anschein nach voll funktionsfähig. Damit die gesamte Bandbreite rund um das HTTP-Protokoll verfügbar ist, müssen Servlets deshalb stets von der Klasse `HttpServlet` abgeleitet sein.

4.2.3   Der Deployment-Deskriptor

Damit ein Servlet vom Webcontainer auch erkannt und zugeordnet werden kann, muss es als Servlet deklariert werden. Diese Deklaration kann entweder im sogenannten Deployment-Deskriptor oder mithilfe einer Klassenannotation gesetzt werden.

Der Deployment-Deskriptor ist eine XML-Datei, die den Namen *web.xml* trägt und im Ordner *\WebContent\WEB-INF* hinterlegt wird. In Eclipse befindet sich dieser Ordner unterhalb des Projekts.

Der Default-Deployment-Deskriptor

Die Nutzung eines Deployment-Deskriptors ist allerdings optional. Denn durch die Nutzung von Annotationen kann die Erstellung eines Deployment-Deskriptors für die Webanwendung theoretisch entfallen. Aber selbst wenn ein Webmodul keinen individuellen Deployment-Deskriptor einsetzt, werden Konfigurationen eines Deployment-Deskriptors benutzt, denn der Webcontainer eines Java EE Servers hält einen Default-Deployment-Deskriptor bereit, der voreingestellte Konfigurationen definiert. Im GlassFish Server nennt sich der Default-Deployment-Deskriptor *default-web.xml*. Sie können den Inhalt der *default-web.xml* im Ordner *C:\glassfish5\glassfish\domains\domain1\config* anschauen. Die Defaulteinstellungen dieses Deployment-Deskriptors sind für alle Webanwendungen im Java EE Server gültig – es sei denn, sie wurden von einem individuellen Deployment-Deskriptor überschrieben.

Die voreingestellten Konfigurationen der *default-web.xml* umfassen vorwiegend drei Bereiche:

1. Bereitstellung eines Servlet-Mappings für die JSP-Engine Jasper, sodass Java Server Pages ausgeführt werden können

2. Zuordnung von Dateiendungen zu MIME-Typen

3. Liste der Willkommensseiten

Der individuelle Deployment-Deskriptor einer einzelnen Webanwendung

Ein individueller Deployment-Deskriptor überschreibt die voreingestellten Parameter, wenn diese gleich benannt worden sind. Die wichtigste Aufgabe eines individuellen Deployment-Deskriptors ist die Deklaration der Servlets. Denn hierüber wird das Mapping zwischen einem URL-Pattern und einem Servlet erstellt.

In Kapitel 2, »Die Entwicklungsumgebung«, habe ich gezeigt, wie Sie ein dynamisches Webprojekt mit Eclipse erschaffen. Als wir dort das Webprojekt *onlineshop-web* erstellt haben, bot uns der Eclipse-Wizard die Möglichkeit an, den Deployment-Deskriptor automatisch erzeugen zu lassen. Diese Option hatten wir nicht benötigt, da es komfortabel und gängig ist, Servlets über Annotationen zu deklarieren (hierauf komme ich gleich zurück). Sie können den Deployment-Deskriptor aber auch erzeugen lassen, indem Sie in Eclipse den Eintrag

DEPLOYMENT DESCRIPTOR mit der rechten Maustaste anklicken und dann im Kontextmenü
GENERATE DEPLOYMENT DESCRIPTOR STUB auswählen.

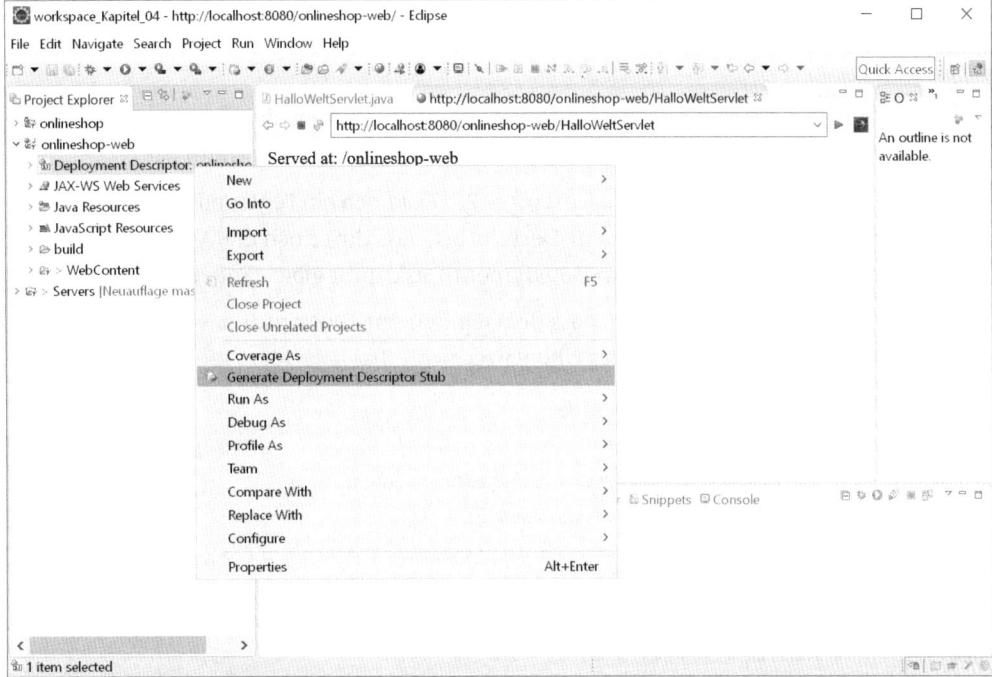

Abbildung 4.8 Die Generierung eines Deployment-Deskriptors über den Eintrag »Generate
Deployment Descriptor Stub«

Eclipse erstellt hierbei die XML-Datei \WebContent\WEB-INF\web.xml mit dem Quelltext aus
Listing 4.3:

```xml
<?xml version="1.0" encoding="UTF-8"?>
<web-app
    xmlns:xsi="http://www.w3.org/2001/XMLSchema-instance"
    xmlns="http://xmlns.jcp.org/xml/ns/Java EE"
    xsi:schemaLocation="http://xmlns.jcp.org/xml/ns/Java EE
    http://xmlns.jcp.org/xml/ns/Java EE/web-app_3_1.xsd"
    version="3.1">
  <display-name>onlineshop-web</display-name>
  <welcome-file-list>
    <welcome-file>index.html</welcome-file>
    <welcome-file>index.htm</welcome-file>
    <welcome-file>index.jsp</welcome-file>
    <welcome-file>default.html</welcome-file>
    <welcome-file>default.htm</welcome-file>
```

```
      <welcome-file>default.jsp</welcome-file>
    </welcome-file-list>
</web-app>
```

Listing 4.3 web.xml

Der erstellte Deployment-Deskriptor deklariert die Willkommensdateien, die standardmäßig geladen werden, wenn der HTTP-Request ohne Dateiangabe aufgerufen wird.

In der Eclipse-Oxygen-Version 2 vom Dezember 2017 ist noch ein Fehler enthalten. Und zwar
sehen Sie im Quelltext des Deployment-Deskriptors, dass dort noch die Webapp-Version 3.1
referenziert wird. Dies werden wir im Deployment-Deskriptor gleich ändern.

Außerdem werden wir dafür sorgen, dass der Deployment-Deskriptor das HalloWeltServlet
deklariert. Gleichzeitig ändern wir das URL-Pattern von /HalloWeltServlet in /hallo.

```
<?xml version="1.0" encoding="UTF-8"?>
<web-app
    xmlns:xsi="http://www.w3.org/2001/XMLSchema-instance"
    xmlns="http://xmlns.jcp.org/xml/ns/Java EE"
    xsi:schemaLocation="http://xmlns.jcp.org/xml/ns/Java EE
    http://xmlns.jcp.org/xml/ns/Java EE/web-app_4_0.xsd"
    version="4.0">
  <display-name>onlineshop-web</display-name>
  <welcome-file-list>
    <welcome-file>index.html</welcome-file>
    <welcome-file>index.htm</welcome-file>
    <welcome-file>index.jsp</welcome-file>
    <welcome-file>default.html</welcome-file>
    <welcome-file>default.htm</welcome-file>
    <welcome-file>default.jsp</welcome-file>
  </welcome-file-list>
      <servlet>
        <servlet-name>HalloWeltServlet</servlet-name>
        <servlet-class>
            de.java2enterprise.onlineshop.HalloWeltServlet
        </servlet-class>
      </servlet>
      <servlet-mapping>
        <servlet-name>HalloWeltServlet</servlet-name>
        <url-pattern>/hallo</url-pattern>
      </servlet-mapping>
</web-app>
```

Listing 4.4 web.xml

Im Element `<servlet>` haben wir über das Element `<servlet-class>` die Klasse `de.java2enter-prise.onlineshop.HalloWeltServlet` deklariert und sie mit dem Bezeichner `HalloWeltServlet` verbunden. Durch das Element `<servlet-mapping>` haben wir alle Anfragen, die an die URL */hallo* gerichtet werden, auf den Bezeichner `HalloWeltServlet` gemappt.

Somit werden von nun an alle Anfragen an */hallo* mit dem `HalloWeltServlet` beantwortet.

Um das Beispiel im Webbrowser auszuprobieren, sollten Sie die Annotation `@WebServlet` im `HalloWeltServlet` entfernen, ansonsten ist das Servlet über beide Pfade aufrufbar.

4.2.4   »load-on-startup«

Normalerweise erstellt der Webcontainer ein `servlet`-Objekt erst dann, wenn das Servlet zum ersten Mal aufgerufen wird. Diese Vorgehensweise wird *Lazy Loading* genannt. Manchmal ist es aber wichtig, dass ein Servlet zu einem früheren Zeitpunkt vorliegt. Zum Beispiel könnte es sein, dass einem Servlet Initialisierungsaufgaben zukommen. Eine solche Initialisierungsaufgabe könnte umfassen, dass aufwendige Algorithmen vorab berechnet werden, bevor die Aufrufe der Clients eintreffen. Ein solches Servlet müsste also noch vor allen anderen Servlets erzeugt werden. Für diesen Zweck können Sie im Deployment-Deskriptor das Element `load-on-startup` verwenden. Als Wert ist eine Ganzzahl zwischen 0 und 128 möglich. Wenn das Attribut bei mehreren Servlets gesetzt ist, geht der Webcontainer der Reihe nach vor. Das heißt, dass zunächst das Servlet mit dem Wert 0, dann das mit dem Wert 1, dann das mit dem Wert 2 usw. erstellt wird. Enthalten mehrere Servlets den gleichen Wert, geht der Webcontainer nach eigenem Ermessen vor. In der Datei *web.xml* setzen Sie den Parameter wie in Listing 4.5:

```xml
<?xml version="1.0" encoding="UTF-8"?>
<web-app
    xmlns:xsi="http://www.w3.org/2001/XMLSchema-instance"
    xmlns="http://xmlns.jcp.org/xml/ns/Java EE"
    xsi:schemaLocation="http://xmlns.jcp.org/xml/ns/Java EE
    http://xmlns.jcp.org/xml/ns/Java EE/web-app_4_0.xsd"
    version="4.0">
  <display-name>onlineshop-web</display-name>
  <welcome-file-list>
    <welcome-file>index.html</welcome-file>
    <welcome-file>index.htm</welcome-file>
    <welcome-file>index.jsp</welcome-file>
    <welcome-file>default.html</welcome-file>
    <welcome-file>default.htm</welcome-file>
    <welcome-file>default.jsp</welcome-file>
  </welcome-file-list>
      <servlet>
        <servlet-name>HalloWeltServlet</servlet-name>
```

```
    <servlet-class>
        de.java2enterprise.onlineshop.HalloWeltServlet
    </servlet-class>
<load-on-startup>1</load-on-startup>
</servlet>
<servlet-mapping>
    <servlet-name>HalloWeltServlet</servlet-name>
    <url-pattern>/hallo</url-pattern>
</servlet-mapping>
</web-app>
```

Listing 4.5 web.xml

4.3   Die Servlet-API

In diesem Abschnitt zeige ich, mit welchen grundlegenden API-Bestandteilen Sie ein Servlet erstellen können. Danach werden wir ein Beispiel programmieren, bei dem eine HTML-Seite mit einem Servlet über HTTP kommuniziert. Für dieses Beispiel werden wir auch die Werkzeuge von Eclipse einsetzen.

Um die Beispiele auszuprobieren, können Sie ein dynamisches Webprojekt in Eclipse erzeugen oder den ganzen Weg »zu Fuß« gehen und die einzelnen Schritte mit einem Editor programmieren. Beide Varianten habe ich bereits gezeigt. In Kapitel 1, »Überblick«, habe ich den manuellen Weg vorgestellt und in Kapitel 2 die Erzeugung eines dynamischen Webprojekts mit einer IDE. Am einfachsten wäre es, wenn Sie jetzt das dynamische Webprojekt aus Kapitel 2 weiterverwenden.

4.3.1   Die Annotation »@WebServlet«

Im vorherigen Beispiel haben Sie die Annotation @WebServlet kennengelernt, die gegenüber der Deklaration in der XML-Datei vorteilhaft ist, weil XML-Konfigurationen aufwendig und fehlerträchtig sind. Statt des individuellen Deployment-Deskriptors wird ein HttpServlet somit üblicherweise über die Annotation @WebServlet gemappt, die vor die Schlüsselwörter public class gesetzt wird.

Die Annotation benötigt lediglich das URL-Pattern, über das das Servlet aufrufbar sein soll. Im Beispiel des HttpServlet wird der Annotation @WebServlet das Element urlPatterns mitgegeben, über das Sie die Pfade festlegen, über die das Servlet aufrufbar sein soll.

```
@WebServlet(urlPatterns={"/register"})
public class RegisterServlet extends HttpServlet {
```

Listing 4.6 RegisterServlet.java

Wenn das Servlet lediglich über einen einzigen Pfad aufrufbar sein soll, können Sie auf die vollständige Syntax verzichten. Die Annotation in Listing 4.7 ist also mit der in Listing 4.6 gleichwertig:

```
@WebServlet("/register")
public class RegisterServlet extends HttpServlet {
```

Listing 4.7 RegisterServlet.java

Im letzten Abschnitt hatten wir eine spezielle XML-Konfiguration eingesetzt, um den Parameter load-on-startup auf den Wert 1 zu setzen. Aber auch das ist mit der Annotation @Web-Servlet möglich, denn auch sie bietet weitereichende Konfigurationsmöglichkeiten an. Die Annotation aus Listing 4.8 setzt den Parameter load-on-startup auf 1, genauso wie ich es beim *web.xml*-Beispiel am Anfang des Kapitels gezeigt habe. Beachten Sie dabei die Änderung der Syntax der URL, denn nun müssen Sie das Attribut urlPatterns einsetzen:

```
@WebServlet(urlPatterns = {"/register"}, loadOnStartup=1)
public class RegisterServlet extends HttpServlet {
```

Listing 4.8 RegisterServlet.java

4.3.2   Die Service-Methoden

Ein Servlet hat üblicherweise die Aufgabe, die fachlichen Inhalte eines HTTP-Requests zu verarbeiten. Zu diesem Zweck werden in einem Servlet bestimmte Methoden überschrieben. Je nachdem, um welchen HTTP-Request-Typen es sich handelt, müssen Sie eine entsprechende Methode wählen. Wenn ein HTTP-Client beispielsweise einen GET-Request absendet, untersucht der Webcontainer beim HttpServlet, ob eine doGet()-Methode überschrieben worden ist, und führt diese aus. Genauso wird bei einem POST-Request die doPost()-Methode ausgeführt usw. Deshalb werden die doGet()- und die doPost()-Methoden eines HttpServlet auch als *Service-Methoden* bezeichnet.

In Listing 4.9 sehen Sie alle Service-Methoden, die bei einem HttpServlet überschrieben werden können:

```
protected void doGet(
    HttpServletRequest req,
    HttpServletResponse res)
        throws ServletException, IOException
protected void doPost(
    HttpServletRequest req,
    HttpServletResponse res)
        throws ServletException, IOException
protected void doPut (
    HttpServletRequest req,
```

```
        HttpServletResponse res)
            throws ServletException, IOException
protected void doDelete(
        HttpServletRequest req,
        HttpServletResponse res)
            throws ServletException, IOException
protected void doHead(
        HttpServletRequest req,
        HttpServletResponse res)
            throws ServletException, IOException
protected void doOptions(
        HttpServletRequest req,
        HttpServletResponse res)
            throws ServletException, IOException
protected void doTrace(
        HttpServletRequest req,
        HttpServletResponse res)
            throws ServletException, IOException
```

Listing 4.9 Die Service-Methoden

Jeder Service-Methode werden zwei Übergabeparameter übergeben. Der erste Übergabeparameter ist vom Typ HttpServletRequest und der zweite ist vom Typ HttpServletResponse.

Durch das HttpServletRequest-Objekt werden die mit dem HTTP-Request übersandten Informationen abgeholt. Dagegen hält das Objekt der Klasse HttpServletResponse Methoden für die Beantwortung des HTTP-Requests bereit.

Ich habe bereits angemerkt, dass üblicherweise die Methode überschrieben wird, deren Aufruf aufgrund des Request-Typs zu erwarten ist. Obgleich die Klasse HttpServlet für jeden HTTP-Request eine eigene Methode bereithält, interessiert sich der Java EE-Entwickler, sofern er hiermit keinen RESTful Webservice implementiert, lediglich für die Methoden doGet() und doPost().

4.3.3   Die Beantwortung eines HTTP-Requests

Die einfachste Möglichkeit, einen HTTP-Request mit einer HTTP-Response zu beantworten, bietet die Klasse HttpServletResponse an, denn sie besitzt eine Methode, die sich HttpServletResponse.getWriter() nennt. Diese Methode gibt uns ein Objekt der Klasse PrintWriter zurück, das für das Versenden von Zeichenketten gedacht ist. Beispielsweise kann ein HTML-Text mit der Methode PrintWriter.println() direkt an den Webbrowser versendet werden.

In Listing 4.10 wird in einem Servlet die Methode doGet() überschrieben, um bei einem Aufruf mit einem HTML-Text zu antworten. Dem HTTP-Client wird eine Webseite übermittelt, die dem Benutzer bestätigt, dass er sich angemeldet hat. Zusätzlich wird dem Benutzer der aktuelle Zeitpunkt angezeigt.

```java
package de.java2enterprise.onlineshop;

import java.io.IOException;
import java.io.PrintWriter;
import java.time.LocalDateTime;

import javax.servlet.ServletException;
import javax.servlet.annotation.WebServlet;
import javax.servlet.http.HttpServlet;
import javax.servlet.http.HttpServletRequest;
import javax.servlet.http.HttpServletResponse;

@WebServlet("/register")
public class RegisterServlet extends HttpServlet {
    private static final long serialVersionUID = 1L;

    public void doGet(
            HttpServletRequest request,
            HttpServletResponse response)
        throws ServletException, IOException {
        final PrintWriter out = response.getWriter();
        out.println("<!DOCTYPE html>");
        out.println("<html>");
        out.println("<body>");
        out.println("<h1>Sie haben sich erfolgreich registriert!</h1>");
        out.println("Datum: " + LocalDateTime.now());
        out.println("</body>");
        out.println("</html>");
    }
}
```

Listing 4.10 RegisterServlet.java

Neben der gezeigten Variante bietet die Klasse HttpServletResponse die Methode getOutputStream() an:

```java
ServletOutputStream out = response.getOutputStream();
```

Mit dieser Methode erhalten Sie ein Objekt der Klasse ServletOutputStream, das für den Versand von Binärdaten vorgesehen ist.

4.3.4   Formularparameter entgegennehmen

In dynamischen Webanwendungen findet die Kommunikation zwischen Client und Server üblicherweise über HTML-Formulare statt. In den Formularen gibt der Benutzer Texte ein oder lädt Dateien hoch. Alle im HTML-Formular enthaltenen Eingabefelder, Checkboxen, Radio-Buttons usw. werden durch den Webbrowser an den Server verschickt. Die wichtigste Aufgabe eines Servlets ist, die in den HTML-Formularen eingegebenen Daten entgegenzunehmen und auszuwerten.

Im nächsten Beispiel werden wir eine HTML-Seite mit dem Namen *register.html* und ein Servlet mit dem Namen RegisterServlet einsetzen.

Die hier verwendete Datei *register.html* stammt aus Kapitel 3, »Planung und Entwurf«, wo wir die UI-Prototypen für den Onlineshop entwickelt haben. Am besten kopieren Sie die gesamten HTML- und CSS-Dateien aus Kapitel 3 in Ihr aktuelles Webprojekt.

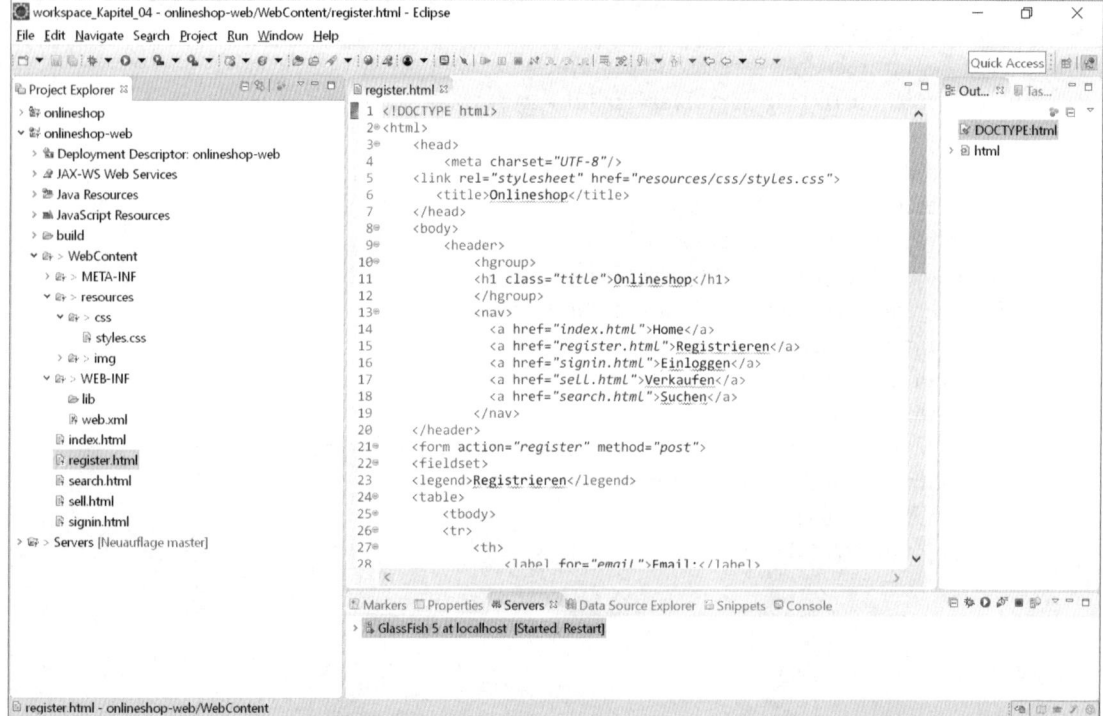

Abbildung 4.9 Die hier eingesetzte Datei »register.html« stammt aus Kapitel 3, wo wir die UI-Prototypen für den Onlineshop entwickelt haben.

Beim Erstellen des Servlets werden wir uns diesmal von Eclipse helfen lassen. Und zwar werden wir einen speziellen Wizard verwenden, der uns ein Grundgerüst eines Servlets bauen wird. Um das Servlet zu erzeugen, klicken Sie auf FILE • NEW • OTHER.

Im New-Fenster klicken Sie im mittleren Bereich auf Web und anschließend auf Servlet.

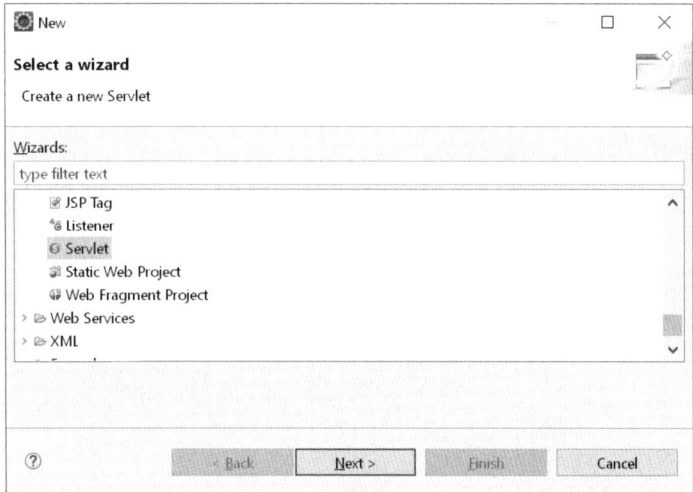

Abbildung 4.10 Das »New«-Fenster in Eclipse

Dann klicken Sie auf Next. Im nächsten Fenster fügen Sie in den Eingabefeldern das Java-Package und den Klassennamen hinzu.

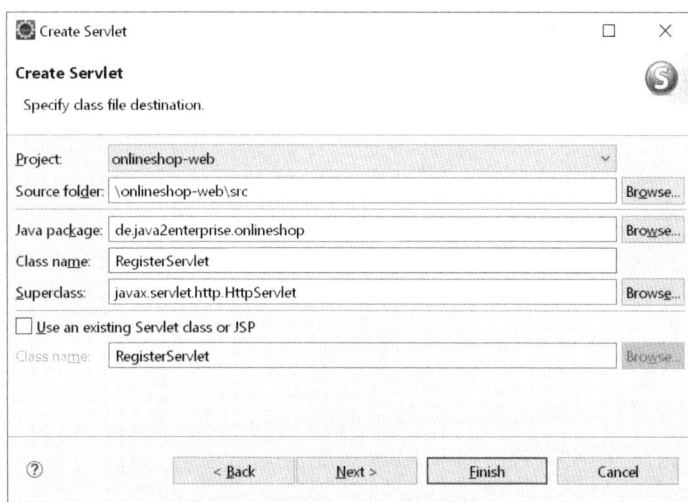

Abbildung 4.11 Die Erstellung des RegisterServlets

Mit Next gelangen Sie zum nächsten Fenster, in dem Sie Angaben zur Konfiguration des Servlets setzen können. Standardmäßig bietet Eclipse dort den Namen des Servlets als URL-Mapping an. Klicken Sie auf den vorgeschlagenen Bezeichner und dann auf Edit, um ihn zu ändern. Im Beispiel habe ich den Bezeichner in /register geändert.

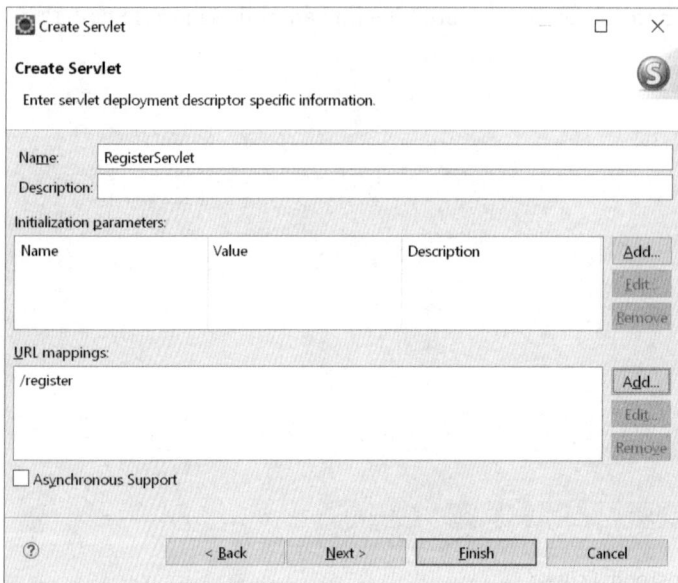

Abbildung 4.12 Die Deployment-Konfiguration des Servlets

Mit einem Mausklick auf NEXT gelangen Sie in das nächste Konfigurationsfenster, in dem Sie die zu implementierenden Methoden auswählen können. Nehmen Sie dort das Häkchen bei der Checkbox CONSTRUCTORS FROM SUPERCLASS heraus. Diese Option benötigen wir nicht, weil wir den Konstruktor des Servlets nicht überlagern werden.

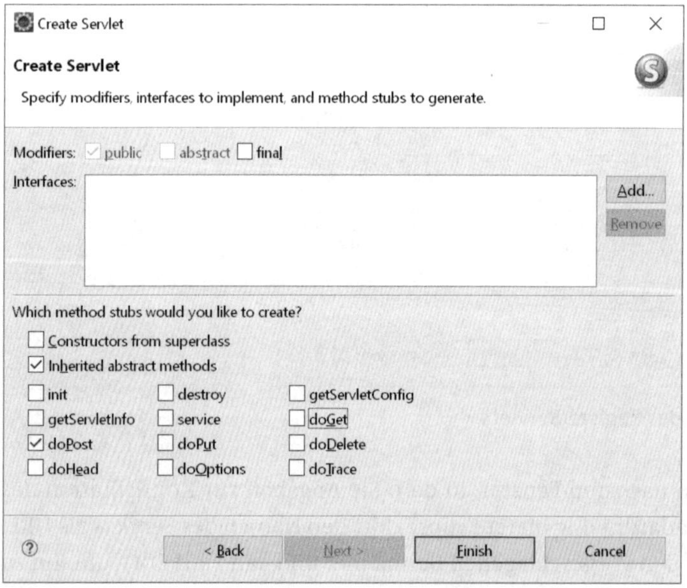

Abbildung 4.13 Die Auswahl der Methoden für das Servlet

Außerdem sollten Sie das Häkchen bei der Checkbox DOGET entfernen. Da das RegisterServlet durch die Datei *register.html* aufgerufen wird und wir dort mit dem Attribut method="post" ein HTTP-POST-Request im HTML-Formular notiert haben, brauchen wir lediglich die Methode doPost() zu implementieren.

Mit einem Mausklick auf den Button FINISH wird das in Listing 4.11 gezeigte Servlet erstellt:

```java
package de.java2enterprise.onlineshop;

import java.io.IOException;
import javax.servlet.ServletException;
import javax.servlet.annotation.WebServlet;
import javax.servlet.http.HttpServlet;
import javax.servlet.http.HttpServletRequest;
import javax.servlet.http.HttpServletResponse;

/**
 * Servlet implementation class RegisterServlet
 */
@WebServlet("/register")
public class RegisterServlet extends HttpServlet {
    private static final long serialVersionUID = 1L;

    /**
     * @see HttpServlet#doPost(HttpServletRequest request, HttpServletResponse
     *      response)
     */
    protected void doPost(HttpServletRequest request,
            HttpServletResponse response)
            throws ServletException, IOException {
        // TODO Auto-generated method stub
    }

}
```

Listing 4.11 RegisterServlet.java

Mithilfe des HTML-Formulars in der Datei *register.html* gibt der Kunde seine Daten ein. Weil im öffnenden Tag des HTML-Formulars das Attribut action="register" steht, wird die Kontrolle nun an das RegisterServlet übergeben.

```html
<form action="register" method="post">
```

Listing 4.12 register.html

4.3.5   Die Inhalte der Methode »doPost()« programmieren

Das RegisterServlet wird die Inhalte des Registrierformulars *register.html* in der Methode doPost() entgegennehmen. In der doPost()-Methode werden die Schlüssel-Wert-Paare mithilfe der Methode getParameter(String key) der Klasse ServletRequest ausgelesen:

Nachdem das RegisterServlet die Benutzerdaten besorgt hat, werden die Daten des Benutzers zur Bestätigung angezeigt.

Listing 4.13 zeigt den kompletten Quelltext der Datei *RegisterServlet*:

```java
package de.java2enterprise.onlineshop;

import java.io.IOException;
import java.io.PrintWriter;

import javax.servlet.ServletException;
import javax.servlet.annotation.WebServlet;
import javax.servlet.http.HttpServlet;
import javax.servlet.http.HttpServletRequest;
import javax.servlet.http.HttpServletResponse;

@WebServlet("/register")
public class RegisterServlet extends HttpServlet {
    private static final long serialVersionUID = 1L;

    protected void doPost(
            HttpServletRequest request,
            HttpServletResponse response)
            throws ServletException, IOException {

        final String email =
                request.getParameter("email");
        final String password =
                request.getParameter("password");

        final PrintWriter out = response.getWriter();

        out.println("<!DOCTYPE html>");
        out.println("<html>");
        out.println("<body>");
        out.println("<br>Ihre eingegeben Daten:");
        out.println("<br>E-Mail: " + email);
        out.println("<br>Passwort: " + password);
        out.println("</body>");
```

```
        out.println("</html>");
    }
}
```

Listing 4.13 RegisterServlet.java

Wenn der GlassFish Server nicht gestoppt worden ist, wird das Servlet automatisch mit der Java EE-Anwendung per Hot Deployment aktualisiert. Das Beispiel wird im Webbrowser über die URL *http://localhost:8080/onlineshop-web/register.html* aufgerufen.

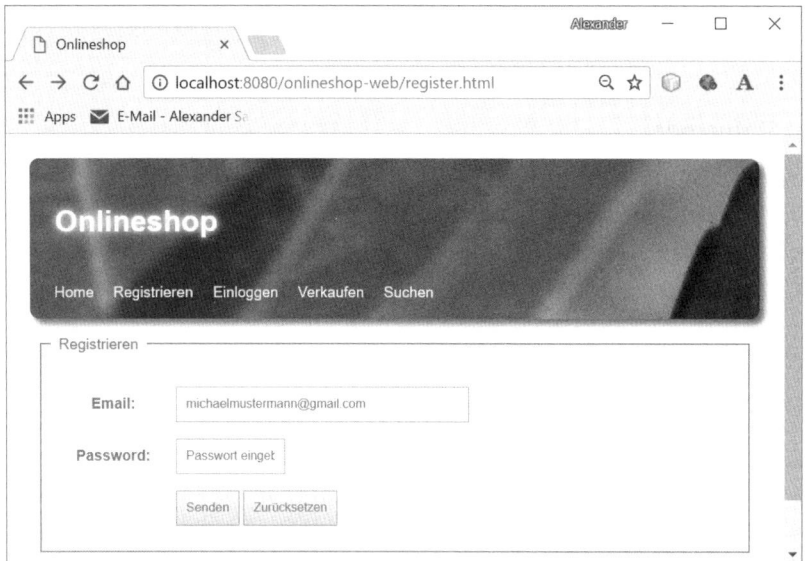

Abbildung 4.14 Der Aufruf der URL »http://localhost:8080/onlineshop-web/register.html«

Hinweis

Im Webbrowser werden die Resultate der Webanwendungen visualisiert. Wenn Sie dort gelegentlich nicht das Ergebnis erhalten, das Sie erwarten, könnte es daran liegen, dass der Cache des Webbrowsers ältere Ansichten anzeigt, die mit dem gleichen Request ehemals geholt wurden. Um dieses Problem zu lösen, drücken Sie bei geöffnetem Webbrowser die Taste [F5], denn hierdurch wird der Webbrowser seine Ansicht aktualisieren. Wenn die Auffrischung der Ansicht nicht weiterhilft, könnte das Problem auch im GlassFish-Tools-Plugin von Eclipse liegen.

Das GlassFish-Tools-Plugin für Eclipse hat es recht schwer mit seiner Arbeit. Dabei versucht es, dem Entwickler alles recht zu machen. Wenn der Entwickler im Hauptmenü PROJECT • BUILD AUTOMATICALLY anschaltet, erwartet er, dass jede noch so kleine Änderung gleich nach der Speicherung kompiliert wird. Mit einem Klick auf PUBLISH TO THE SERVER soll die Anwendung die Änderungen gleich mit anzeigen. Schließlich bietet ein Java EE Server ja das Hot

---

Deployment an, das meistens einwandfrei funktioniert. Weil viele Dokumente einer Webanwendung aber zur Laufzeit erzeugt werden, gerät hier manches schon mal durcheinander. Deshalb reicht es gelegentlich nicht aus, auf den Button PUBLISH TO THE SERVER zu klicken.

Im Hauptmenü von Eclipse wird die Funktion PROJECT • CLEAN angeboten. Hiermit werden die Quelltexte des Projekts neu kompiliert. Aber auch dies ist häufig nicht genug. Aus diesem Grund bietet die Serverinstanz in der Eclipse-View SERVERS ebenfalls den Menüpunkt CLEAN an. Hierfür klicken Sie in der View SERVERS mit der rechten Maustaste auf die Server-Instanz. Wenn das auch nichts nützt, muss die Server-Instanz in Eclipse eventuell gelöscht und erneut erzeugt werden.

4.3.6   Header und Statuscode

Einer der wichtigsten Anwendungsfälle für das Setzen einer Header-Zeile ist die Bestimmung des MIME-Typs und der Zeichenkodierung. Zum Hinzufügen einer Header-Zeile in der HTTP-Response bietet die Klasse HttpServletResponse unterschiedliche Möglichkeiten an. Üblicherweise wird jedoch die Methode HttpServletResponse.setHeader(String name, String wert) eingesetzt.

Eine weitere Alternative bietet die Methode HttpServletResponse.setIntHeader(String name, int zeitpunkt) an, die als zweiten Parameter einen numerischen Wert entgegennimmt.

Der Methode HttpServletResponse.setDateHeader(String name, long zeitpunkt) wird im zweiten Parameter ein long-Wert übergeben. Der long-Wert wird anschließend im Header der HTTP-Response in ein Datum umgewandelt.

Die Festlegung der Zeichenkodierung

Mit folgender Anweisung setzen Sie den Header Content-Type auf "text/html; charset=UTF-8":

```
response.setHeader("Content-Type", "text/html; charset=UTF-8");
```

Für Header-Zeilen, die häufig gesetzt werden, bietet das response-Objekt eigene Anweisungen an. Deshalb können Sie den Medientyp und die Zeichenkodierung auch mit der Methode setContentType() setzen:

```
response.setContentType("text/html; charset=UTF-8");
```

Das response-Objekt bietet noch eine weitere Methode an, die das Setzen der Zeichenkodierung ermöglicht. Die Methode nennt sich setCharacterEncoding(). Allerdings führt diese Methode nur in Kombination mit der Methode setContentType() zu dem gewünschten Ergebnis. Aus diesem Grund wird üblicherweise die komprimierte Variante response.setContentType("text/html;charset=UTF-8") bevorzugt.

```java
package de.java2enterprise.onlineshop;

import java.io.IOException;
import java.io.PrintWriter;

import javax.servlet.ServletException;
import javax.servlet.annotation.WebServlet;
import javax.servlet.http.HttpServlet;
import javax.servlet.http.HttpServletRequest;
import javax.servlet.http.HttpServletResponse;

@WebServlet("/register")
public class RegisterServlet extends HttpServlet {
    private static final long serialVersionUID = 1L;

    protected void doPost(HttpServletRequest request,
            HttpServletResponse response)
            throws ServletException, IOException {

        response.setContentType("text/html;charset=UTF-8");
        final String email = request.getParameter("email");
        final String password = request
                .getParameter("password");

        final PrintWriter out = response.getWriter();

        out.println("<!DOCTYPE html>");
        out.println("<html>");
        out.println("<body>");
        out.println("<br>Ihre eingegeben Daten:");
        out.println("<br>E-Mail: " + email);
        out.println("<br>Passwort: " + password);
        out.println("</body>");
        out.println("</html>");
    }
}
```

Listing 4.14 RegisterServlet.java

Einen Statuscode setzen

Als wir im letzten Beispiel eine Antwort für die HTTP-Anfrage an den Webbrowser versendet haben, hat der Webcontainer von sich aus einen Statuscode 200 OK hinzugefügt, da dies der Defaultwert ist, wenn die HTTP-Anfrage auf keinen Widerstand gestoßen ist.

```
// Dies ist der Standard-Statuscode der HTTP-Response
response.setStatus(HttpServletResponse.SC_OK);
```

Manchmal ist es aber erforderlich, einen anderen Statuscode zu bestimmen. Beispielsweise versendet der Benutzer ja beim Registrieren eine E-Mail-Adresse und ein Kennwort. Während der Statuscode 200 mit einem OK sehr allgemein ist, bieten sich manche Statuscodes besser für eine Antwort an. Beispielsweise könnte man sich vorstellen, dass in einem Prozess über mehrere Formulare Daten an den Server gesendet werden. Jedes Mal, wenn ein Formular empfangen worden ist, könnte der Server zunächst mit einem Statuscode 202 ACCEPTED antworten.

```
response.setStatus(HttpServletResponse.SC_ACCEPTED);
```

Erst im letzten Schritt antwortet der Server schließlich mit einem Statuscode 200 OK, um die vollständige Übermittlung zu bestätigen. Dies ist aber nur ein Beispiel.

Apropos: Beachten Sie, dass Statuscodes, die einen Fehler signalisieren (Statuscode 400 bis 599), nicht mit der Methode setStatus(), sondern mit der Methode sendError() versendet werden müssen.

Beispielsweise würde folgende Anweisung dazu führen, dass der Webbrowser alle übrigen Inhalte ignoriert:

```
response.sendError(HttpServletResponse.SC_NOT_FOUND);
```

Stattdessen würde er eine Fehlermeldung anzeigen und darauf hinweisen, dass die Webseite nicht gefunden wurde. Aufgrund vergangener Änderungen in der Spezifikation könnte es vorkommen, dass sich beide Methoden – setStatus() und sendError() – bei einem Fehlercode korrekt verhalten. Besser ist jedoch, wenn Sie sich hierauf nicht verlassen und stattdessen bei den Statuscodes 400 bis 599 die Methode sendError() nutzen.

4.3.7   Redirect

Wie Sie im letzten Abschnitt anhand der Fehlercodes gesehen haben, ist es nicht in jedem Fall erforderlich, dass ein Servlet einen HTML-Quelltext erstellt. Denn ein Fehlercode führt zwangsläufig dazu, dass zu einer entsprechenden Fehlerseite umgelenkt wird.

Es gibt aber auch andere Fälle, in denen es aus fachlichen Gründen erforderlich ist, die Kontrolle an eine weitere Webkomponente umzuleiten.

Bei Umleitungen wird grundsätzlich zwischen Typen *Redirect* und *Forward* unterschieden. In diesem Abschnitt werde ich den Redirect behandeln.

Bei einem Redirect wird dem Webbrowser mitgeteilt, dass er clientseitig umleiten, das heißt ersatzweise eine andere URL anfragen soll.

Ein Redirect kann bei dem Webbrowser angekündigt werden, indem ihm einer der Statuscodes 301, 302, 303 oder 307 zugesandt wird. Jeder dieser Statuscodes sagt aus, dass die angeforderte Ressource nun unter der im Header "Location" angegebenen URL angefragt werden muss.

Aber warum existieren gleich vier Statuscodes für einen Redirect? Nun, zunächst muss man unterscheiden, dass es sich bei den ersten beiden um ältere Statuscodes handelt.

Die älteren Statuscodes 301 und 302

Der Statuscode 301 Moved Permanently bedeutet:

► Die neue URL ist permanent.

► Die alte URL ist nicht mehr gültig.

Der Statuscode 302 Found bzw. 302 Moved Temporarily bedeutet:

► Die neue URL ist temporär.

► Die alte URL bleibt gültig.

Die Statuscodes 301 und 302 sind ältere Statuscodes, die aber in der Praxis nach wie vor verwendet werden. Allerdings führen sie zu Sicherheitsproblemen und sollten deshalb durch die neueren Statuscodes 303 und 307 abgelöst werden.

Das Problem der älteren Statuscodes wird an einem Beispiel deutlicher. Im Onlineshop könnten wir beispielsweise im RegisterServlet den Redirect zu der Datei *signin.html* mit folgenden Zeilen anweisen:

```
// Statuscode 301
response.setStatus(HttpServletResponse.SC_MOVED_PERMANENTLY);
response.setHeader("Location", "signin.html");
```

Beim Webbrowser kämen dann folgende zwei Zeilen an:

```
HTTP/1.1 301 Moved Permanently
Location: signin.html
```

Dieser Redirect sagt aus, dass zukünftig die ursprüngliche URL nicht mehr gültig sein wird. Üblicherweise wird ein Webbrowser anschließend die Adresse *http://localhost:8080/online-shop-web/signin.html* mit einem GET-Request anfragen, auch wenn die Ursprungs-URL mit POST angefordert wurde. Weil der Benutzer hierüber keinen Hinweis erhält, würde er eine vertauschte Umleitung eines Hackers, der sich in die Unterhaltung eingeschlichen hat, nicht bemerken. In der HTTP-Spezifikation wird diese Umleitung deshalb nicht empfohlen.

Genauso wie mit dem Statuscode 301 können wir mit folgenden Zeilen den Redirect auch über den Statuscode 302 anstoßen:

```
// Statuscode 302
response.setStatus(HttpServletResponse.SC_MOVED_TEMPORARILY);
response.setHeader("Location", "signin.html");
```

Dabei wird gleichzeitig ausgesagt, dass die Umleitung nur temporär ist.

Die Servlet-API stellt mit folgender Anweisung noch eine kürzere Möglichkeit zur Verfügung, einen Redirect über den älteren Statuscode 302 auszulösen:

```
response.sendRedirect("signin.html");
```

Die Anweisung sendRedirect(String url) wird den Statuscode 302 und die angegebene URL im Header "Location" anzeigen.

```
HTTP/1.1 302 Moved Temporarily
Location: http://localhost:8080/onlineshop-web/signin.html
```

Aber auch diese Umleitung wird über einen GET-Request erfolgen.

Das Problem der Statuscodes 301 und 302 ist also, dass sie POST-Requests bei HTML-Formularen an GET-Requests umleiten können, ohne dass der Benutzer hiervon etwas mitbekommt. Diese Tatsache wurde in der Vergangenheit von Hackern genutzt, um HTTP-POST-Requests abzufangen und an eine Betrugsseite umzulenken.

Die neuen Statuscodes 303 und 307

Der Statuscode 303 See Other bedeutet:

▶ Die neue URL ist permanent.

▶ Die alte URL ist nicht mehr gültig.

▶ Der Umleitungs-Request ist immer ein GET.

Der Statuscode 307 Temporary Redirect bedeutet:

▶ Die neue URL ist temporär.

▶ Die alte URL bleibt gültig.

▶ Die Umleitung von einem POST-Request ist immer ein POST-Request und wird beim Benutzer mit einem Sicherheitshinweis angefragt.

Der Statuscode 303 See other ähnelt dem Statuscode 301 Moved Permanently.

```
// Statuscode 303
response.setStatus(HttpServletResponse.SC_SEE_OTHER);
response.setHeader("Location", "signin.html");
```

Wenn ein Webbrowser diese Antwort erhalten hat, ruft er unverzüglich die Ersatzadresse auf.

```
HTTP/1.1 303 Found
Location: signin.html
```

Jedoch bewirkt er, dass die Umleitungs-URL vom Webbrowser in jedem Fall mit einem HTTP-GET-Request angefragt werden wird. Der aufmerksame Leser wird sich jetzt fragen, wo denn überhaupt der Unterschied zum Statuscode 301 liegt, denn auch dieser wird doch von den (meisten) Webbrowsern zu einem HTTP-GET-Request in der Umleitung führen.

Der feine Unterschied besteht jedoch darin, dass der Statuscode 303 *immer* zu einem HTTP-GET-Request umleitet und dass er nur definiert wurde, damit die Neuerung vollständig ist, denn die Statuscodes 303 und 307 sollen gemeinsam als Ersatz für die Statuscodes 301 und 302 betrachtet werden. Während der Statuscode 307 somit eine wirkliche Verbesserung bietet, schafft der Statuscode 303 mit dem lapidaren Ausdruck See other hingegen nur eine weitere Möglichkeit, die anders als beim Statuscode 307 nicht zu einer besonderen Mitteilung an den Benutzer des Webbrowsers führt. Ihr Kopfschütteln ist verständlich, und die Webbrowser-Hersteller und Servlet-API-Entwickler werden wahrscheinlich genauso den Kopf geschüttelt haben. Dennoch ist der Statuscode 307 für den Java EE-Entwickler eine Verbesserung, auf die er in anspruchsvollen Java EE-Anwendungen nicht verzichten sollte, denn dieser Statuscode bewirkt bei einem POST-Request, dass die Umleitungsadresse in jedem Fall ebenso mit einem POST-Request angefragt wird. Gleichzeitig erhält der Benutzer des Webbrowsers ein Bestätigungsfenster, in dem er gefragt wird, ob er mit der Umleitung einverstanden ist.

Die folgenden Anweisungen erstellen ein Redirect mit dem Statuscode 307:

```
// Statuscode 307
response.setStatus(HttpServletResponse.SC_TEMPORARY_REDIRECT);
response.setHeader("Location", "signin.html");
```

Der Webbrowser erhält dadurch folgende Antwort:

```
HTTP/1.1 307 Temporary Redirect
Location: signin.html
```

War die Ursprungsanfrage ein HTTP-POST-Request, zeigt der Webbrowser die Meldung aus Abbildung 4.15 an.

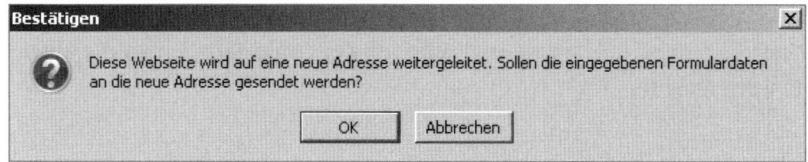

Abbildung 4.15 Der Hinweis, dass die POST-Anfrage umgeleitet wird

Aus dem Besagten können wir folgendes Fazit ziehen: Grundsätzlich ist es vorteilhaft, HTTP-Requests von Webanwendungen über POST-Requests umzusetzen. Umleitungen sollten Sie dabei stets über den Statuscode 307 realisieren.

4.3.8   Forward

Bei einem Forward wird die Anfrage serverseitig an eine URL umgeleitet, ohne dass der Webbrowser hiervon etwas mitbekommt.

Um einen Forward zu bewirken, verfügt die Servlet-API über die Klasse javax.servlet.RequestDispatcher. Das RequestDispatcher-Objekt kann von dem Objekt der Klasse javax.servlet.ServletRequest durch die Methoden getRequestDispatcher(String name) und getNamedDispatcher(String name) erzeugt werden. Die beiden Methoden bieten zwei unterschiedliche Weisen an, ein Objekt der Klasse RequestDispatcher zu besorgen. Der Unterschied zwischen diesen beiden Methoden besteht in dem Parameter, der zum Standort der Zieladresse führt.

getRequestDispatcher()

Bei der Methode getRequestDispatcher(String name) wird der Pfad zur Webkomponente angegeben. Zum Beispiel würden Sie mit dem folgenden Befehl die Datei *signin.html* aufrufen:

```
RequestDispatcher dispatcher =
    request.getRequestDispatcher("signin.html");
```

getNamedDispatcher()

Dagegen geben Sie bei der Methode getNamedDispatcher(String name) den Bezeichner aus dem Deployment-Deskriptor an:

```
RequestDispatcher dispatcher =
    getServletContext.getNamedDispatcher("RegisterServlet");
```

forward()

Die Klasse RequestDispatcher bietet die zwei Methoden forward(ServletRequest req, ServletResponse res) und include(ServletRequest req, ServletResponse res) an. Über die Methode forward(ServletRequest req, ServletResponse res) wird die Kontrolle gänzlich an die aufgerufene Komponente weitergeleitet.

```
dispatcher.forward(req, res);
```

include()

Dagegen gibt die Methode `include(ServletRequest req, ServletResponse res)` die Kontrolle lediglich vorübergehend ab. Nachdem die aufgerufene Komponente durchlaufen ist, wird die Kontrolle an die aufrufende Webkomponente zurückgegeben. Beiden Methoden werden als Parameter die aktuellen `ServletRequest`- und `ServletResponse`-Objekte übergeben.

4.3.9   Das Logging in einem Servlet

Die abstrakte Klasse `HttpServlet` bietet eine Methode namens `log()` an, die innerhalb einer Unterklasse aufgerufen werden kann, um Ausgaben in die Log-Datei von GlassFish zu schreiben. GlassFish setzt hierfür JUL (`java.util.logging`), den Standard-Logging-Mechanismus der Java SE API, ein.

Wenn Sie Texte für das Logging oder für das Debugging ausgeben möchten, sollten Sie diese Methode einsetzen. Warum Sie es vermeiden sollten, die Methode `System.out.println()` in einer Java EE-Komponente zu verwenden (außer in Standalone-Clients), erkläre ich im Folgenden.

Logging-Frameworks in GlassFish

Wenn ein Java EE-Entwickler im geschäftskritischen Umfeld arbeitet, muss er sich gewisser Gefahren bewusst sein. Weil die Java EE-Komponenten, die er entwirft, als kleine Rädchen innerhalb eines mächtigen Gefüges in Betrieb genommen werden, können kleine Mängel große Probleme verursachen. Ein klassisches Beispiel betrifft die Art und Weise, wie sich Entwickler temporär Informationen ausgeben lassen, die lediglich für die Entwicklungstätigkeit von Bedeutung sind. Ein unerfahrener Java EE-Entwickler ist geneigt, hierfür eine `System.out.println()` in den Quelltext zu schreiben. In einer Java-Standalone-Anwendung ist ein `System.out.println()` vollkommen unproblematisch. Wenn solche Anweisungen jedoch im Quelltext einer Java EE-Anwendung vergessen werden, können zur Laufzeit schwere Probleme auftreten. Sollte beispielsweise eine solche Komponente aufgrund der Natur einer Webanwendung sehr häufig aufgerufen werden, kann sich der Betrieb der Java EE-Anwendung extrem verlangsamen. Für den Administrator sind diese Ausgaben nur schwerlich in den Griff zu bekommen, da `System.out.println()` im Gegensatz zu einem Logging-Framework keine Abstufung und kein Abschalten kennt. Aus diesem Grund sollten Sie ein `System.out.println()` in Java EE-Komponenten (mit Ausnahme von EJB-Standalone-Clients) grundsätzlich komplett vermeiden.

Es werden viele unterschiedliche Logging-Frameworks angeboten. Die wichtigsten Logging-Frameworks sind *Log4j* und *JUL(java.util.logging)*. Darüber hinaus bestehen Logging-Schnittstellen-APIs wie *Apache Commons Logging* und *SLF4j*, die mit anderen Logging-Frameworks kombiniert werden können.

GlassFish setzt intern das sehr einfach gestrickte Logging-Framework *JUL* ein, das in der Java SE API enthalten ist. JUL ist im Vergleich zu SLF4j mit wenigen Features ausgestattet. Grundsätzlich ist es möglich, SLF4j in GlassFish zu integrieren. Diese aufwendige Aufgabe überlassen wir aber lieber dem Java EE-Administrator. Was jedoch mit Bedacht vorgenommen werden sollte, ist, Log4j manuell in eine Webanwendung einzubinden. Denn aufgrund der Weise, wie die Instanzen vom Webcontainer verwaltet werden, können Log4j-Ressourcen nicht auf üblichem Weg aufgeräumt werden, sondern müssen speziell gestartet bzw. heruntergefahren werden, wenn die Webanwendung deployt bzw. undeployt wird.

Aber ganz egal, wofür Sie sich entscheiden, ein System.out.println() sollten Sie in einer Java EE-Komponente immer vermeiden.

Meistens ist es so, dass in der Praxis eines Java EE-Projekts gewisse Guidelines vereinbart sind. Wenn Sie als Java EE-Mitarbeiter neu zu einem Java EE-Projekt hinzukommen, sollten Sie sich darüber informieren, welche Logging-Konventionen für das Projekt vereinbart worden sind, und diese nutzen.

Ein Beispiel mit der Methode »log()«

Wir werden die Logging-Methode der Klasse HttpServlet nun nutzen, um die IP-Adresse des aufrufenden HTTP-Clients auszugeben. Dies könnte zum Beispiel dann erforderlich sein, wenn die Revisionsabteilung einer Großbank die Zugriffe der Nutzer protokollieren möchte. Die benötigten Informationen des Clients erhalten wir über das Request-Objekt. Mit der Methode getRemoteAddr() lesen Sie die IP-Adresse des Client-Rechners aus, der die Anfrage erstellt hat. Auf diese Weise könnten Sie zum Beispiel die Anwendung auf einen bestimmten IP-Bereich begrenzen. Wenn Sie die Anwendung von Ihrem lokalen Rechner aus aufrufen, wird die IP-Adresse 127.0.0.1 bzw. 0:0:0:0:0:0:0:1 angezeigt. In einer Real-World-Geschäftsanwendung würden dann selbstverständlich die wirklichen IP-Adressen des Netzwerks angezeigt.

Listing 4.15 loggt die Nutzerinformation aus und sendet die gespeicherte Information als Webseite zusätzlich an den aufrufenden Webbrowser zurück:

```
package de.java2enterprise.onlineshop;

import java.io.IOException;
import java.io.PrintWriter;

import javax.servlet.ServletException;
import javax.servlet.annotation.WebServlet;
import javax.servlet.http.HttpServlet;
import javax.servlet.http.HttpServletRequest;
import javax.servlet.http.HttpServletResponse;

@WebServlet("/revision")
public class RevisionServlet extends HttpServlet {
```

```
    private static final long serialVersionUID = 1L;

    protected void doGet(
        HttpServletRequest request,
        HttpServletResponse response)
            throws ServletException, IOException {
        response.setContentType(
            "text/html;charset=UTF-8");

        final PrintWriter out = response.getWriter();

        String remoteAddr = request.getRemoteAddr();
        log("Remote address: " + remoteAddr);

        out.println("<!DOCTYPE html>");
        out.println("<html>");
        out.println("<body>");
        out.println("Ihre IP-Adresse: " + remoteAddr);
        out.println("</body>");
        out.println("</html>");
    }
}
```

Listing 4.15 RevisionServlet.java

4.4   HTTP-Sitzungen

Die Servlets, die wir bislang verwendet haben, weisen einen gravierenden Haken auf, denn obwohl wir die Benutzerdaten wie die E-Mail-Adresse oder das Passwort entgegengenommen haben, konnte sich das Servlet diese Daten nicht merken. Wenn der Benutzer beispielsweise einen Artikel verkaufen möchte, dann sollte die Webanwendung wissen, ob sich der Benutzer bereits angemeldet hat. Für diesen Anwendungsfall können wir eine sogenannte *HTTP-Sitzung* verwenden.

Die HTTP-Sitzung bietet eine Art »persönliches Umfeld« für den Aufrufer. Denn sie enthält lediglich die Daten, die der Nutzer während seiner Sitzung verwendet, während andere Nutzer zur selben Zeit wiederum ihre eigenen Daten in ihrer zugehörigen Sitzung sehen.

Eine HTTP-Sitzung beginnt, wenn ein HTTP-Client erstmalig eine Webanwendung betritt. In der Regel endet eine Sitzung nach einer festgelegten Leerlaufdauer. Wenn im Webbrowser also beispielsweise den letzten Tab der Webanwendung geschlossen wurde, wartet der Webcontainer für eine bestimmte Zeit und löscht anschließend alle zugehörigen Ressourcen.

4.4.1   Die Dauer einer HTTP-Sitzung

Die Dauer, die der Webcontainer auf einen HTTP-Aufruf wartet, wird im Deployment-Deskriptor im Element session-timeout festgelegt. Standardmäßig enthält GlassFish im Defaultdeskriptor, das heißt in der Datei *default-web.xml*, folgenden Eintrag:

```
<session-config>
    <session-timeout>30</session-timeout>
  </session-config>
```

Wenn der Benutzer eine Zeitlang keinen HTTP-Request an den Server schickt, sorgt dieser Eintrag also dafür, dass seine Sitzung nach 30 Minuten der Untätigkeit geschlossen wird.

4.4.2   Wie eine HTTP-Sitzung funktioniert

Bei einer Java EE-Anwendung werden alle aktuellen Sitzungen vom Webcontainer als Objekte der Klasse javax.servlet.HttpSession verwaltet.

jSessionId

Jedes Mal, wenn ein HTTP-Request ankommt, prüft der Webcontainer, ob im Header der Anfrage ein Cookie mit dem Schlüssel jSessionId zu finden ist. Wenn nicht, prüft der Webcontainer zusätzlich, ob der Schlüssel im QUERY_STRING des HTTP-Requests enthalten ist, denn der Benutzer des Webbrowsers hat ja womöglich das Setzen von Cookies untersagt.

Wenn der Webcontainer einen jSessionId-Schlüssel finden konnte, holt er das Objekt Http-Session, das unter diesem Schlüssel abgelegt ist.

Wenn er weder unter den Cookies noch unter den Parametern den jSessionId-Schlüssel findet, muss es sich um eine neue Sitzung handeln. In diesem Fall erzeugt der Webcontainer ein neues Objekt der Klasse javax.servlet.HttpSession, das er sich mithilfe eines neu erzeugten jSessionId-Schlüssels merkt.

getSession()

Im Servlet können Sie auf die aktuelle HTTP-Sitzung zugreifen, indem Sie die Methode get-Session() der Klasse HttpServletRequest aufrufen. Die Methode getSession() kann auch mit einem Parameter des Typs boolean aufgerufen werden.

Über den Wert true legen Sie fest, dass eine neue Sitzung erzeugt werden soll, wenn bisher keine vorhanden war, wobei die parameterlose getSession()-Methode gleichwertig mit dem Aufruf getSession(true) ist. Somit stellen Sie sowohl über getSession() als auch über getSession(true) sicher, dass der Rückgabewert ganz automatisch immer ein gültiges Objekt der Klasse HttpSession ist, ganz egal, ob es sich um eine alte oder eine neue Sitzung handelt.

```
// Gibt stets eine gültige Session wieder
HttpSession session = request.getSession();
```

Der Aufruf `getSession(false)` bewirkt hingegen, dass *null* zurückgeliefert wird, wenn vorher keine Sitzung erstellt worden ist. Dadurch können Sie verhindern, dass ein Benutzer an einer falschen Stelle in die Webanwendung einsteigt.

```
// Gibt null zurück, wenn die Sitzung neu ist
HttpSession session = request.getSession(false);
```

»setAttribute()«, »getAttribute()« und »removeAttribute()«

Mit der Klasse `javax.servlet.HttpSession` können Benutzerdaten für die Dauer einer Sitzung festgehalten werden.

Die Klasse `HttpSession` besitzt hierfür die Methode `setAttribute(String key, Object obj)`, mit der Java-Objekte unter einem bestimmten Schlüssel in die HTTP-Sitzung gespeichert werden. Zum Beispiel wird in Listing 4.16 ein Objekt der Klasse `Customer` unter dem Schlüssel "customer" gespeichert.

```
Customer customer = new Customer();
customer.setEmail("j@java2enterprise.de");
customer.setPassword("Taxi_123");
session.setAttribute("customer", customer);
```

Listing 4.16 RegisterServlet.java

Anschließend können Sie das Objekt über die Methode `getAttribute(String key)` wieder hervorholen. Weil die Methode `getAttribute()` ein Objekt der Klasse `Object` liefert, muss das erhaltene Objekt gecastet werden. Solange die Sitzung gültig ist, würden Sie mit folgender Anweisung das Objekt "customer" erhalten:

```
Customer customer =
    (Customer) session.getAttribute("customer");
```

Über folgende Anweisung entfernen Sie das Objekt `customer` wieder aus der Sitzung:

```
session.removeAttribute("customer");
```

4.4.3   Das MVC-Entwurfsmuster

In der Praxis besteht das Frontend einer Java EE-Anwendung aus Komponenten, die nach Präsentation (*View*), Steuerungslogik (*Controller*) und Geschäftsdaten (*Model*) unterteilt werden. Das sogenannte Model-View-Controller-(MVC-)Entwurfsmuster trennt die Komponenten in die entsprechenden Kategorien und weist ihnen bestimmte Aufgaben zu.

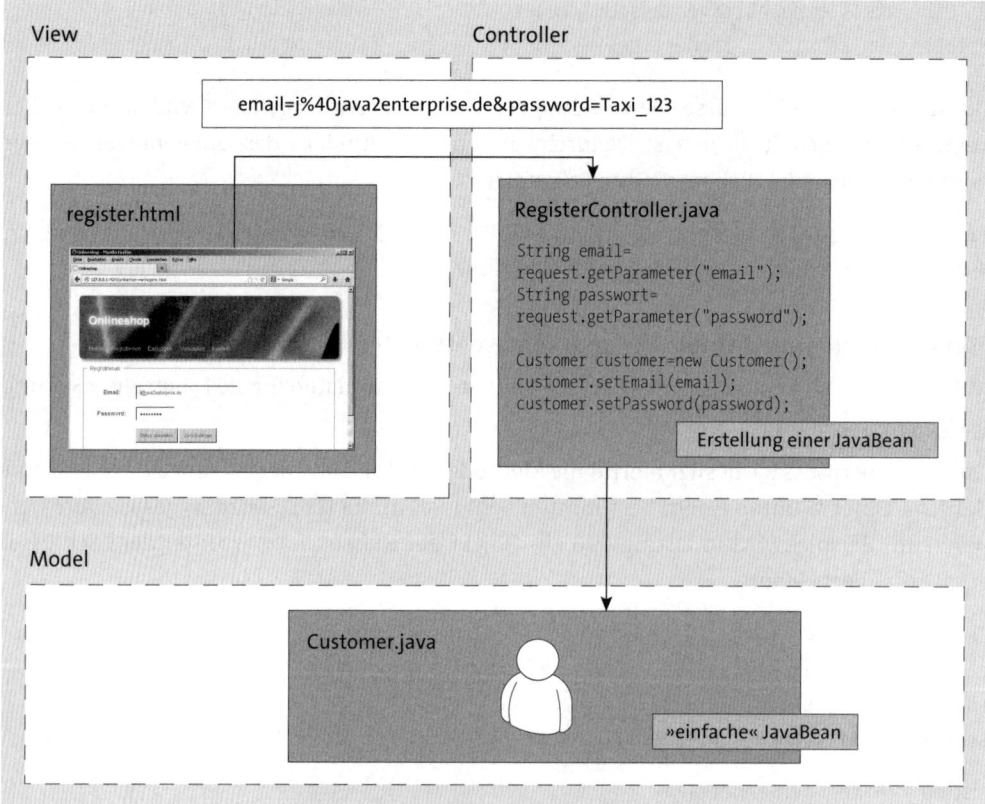

Abbildung 4.16 Die JavaBean als Model im MVC-Entwurfsmuster

Dabei ist es in der Regel so, dass in der *View* ein HTML-Formular angezeigt wird, über das der Benutzer Daten eingeben und an den Server versenden kann. Im *Controller* werden die Daten entgegengenommen und zu JavaBeans (*Model*) verarbeitet. Die JavaBeans können anschließend beispielsweise in eine relationale Datenbank gespeichert oder in die HTTP-Sitzung abgelegt werden.

4.4.4   Eine JavaBean für das Model erstellen

Im *Model* werden die Geschäftsdaten entsprechend den im Entwurf identifizierten Domänen unterteilt. Für jede Domäne wird eine JavaBean programmiert, die als Datenbehälter genutzt werden kann. Für die Speicherung der Geschäftsdaten eignen sich JavaBeans optimal. JavaBeans sind eine Erfindung aus der Urzeit (1996) der Java-Geschichte. Ursprünglich sollten JavaBeans portierbare und wiederverwendbare Komponenten sein, die von Drittanbietern programmiert werden und in Builder-Tools visuell zusammengebaut werden können. Hierfür mussten sie bestimmten Anforderungen entsprechen, die in einer eigenen Spezifikation definiert waren.

Wenn man heutzutage von JavaBeans spricht, sind wesentlich »einfachere« Klassen gemeint, die lediglich einen geringen Teil der JavaBean-Spezifikation erfüllen müssen. Zum Beispiel müssen sie einen parameterlosen Konstruktor zur Verfügung stellen und serialisierbar sein. Aber ansonsten handelt es sich bei heutigen JavaBeans nur um »einfache« Java-Klassen. Man spricht hierbei auch von *POJOs*. *POJO* ist die Abkürzung für *Plain Old Java Object*. In diesem Buch verwende ich den Begriff *JavaBean* oder *einfache JavaBean*.

Besonders wichtig ist aber auch, dass jedes Domänen-Attribut aus dem Entwurf als JavaBean-Property implementiert ist. Eine Property (zu Deutsch *Eigenschaft*) bot zu Zeiten der Builder-Tools die Möglichkeit der visuellen Verarbeitung. Sie ist letztendlich nichts anderes als eine private Objektvariable, die von außerhalb lediglich über öffentliche Setter- und Getter-Methoden erreichbar ist.

```
private String email;

public String getEmail() {
        return this.email;
}

public void setEmail(String email) {
        this.email = email;
}
```

Listing 4.17 Customer.java

Bei Objektvariablen des Typs boolean kann die Getter-Methode auch als is-Methode formuliert werden:

```
private boolean sold;

public boolean isSold() {
        return this.sold;
}

public void setSold(boolean sold) {
        this.sold = sold;
}
```

Listing 4.18 Item.java

Auch diese Abmachung ist noch aus der alten JavaBean-Spezifikation übrig geblieben.

Listing 4.19 können Sie das komplette Beispiel einer einfachen JavaBean entnehmen. In der Klasse wurde zusätzlich die Methode toString() überschrieben, um in den späteren Beispielen die Ausgabe zu vereinfachen.

Achten Sie bei der folgenden Klasse darauf, sie in einem neuen Package unterzubringen. Das Package de.java2enterprise.onlineshop.model soll verdeutlichen, dass es sich hierbei um JavaBeans des Models handelt.

```java
package de.java2enterprise.onlineshop.model;

import java.io.Serializable;

public class Customer implements Serializable {
    private static final long serialVersionUID = 1L;

    private Long id;
    private String email;
    private String password;

    public Customer() {}

    public Customer(
            String email,
            String password
            ) {
        this.email = email;
        this.password = password;
    }

    public Long getId() {
        return id;
    }

    public void setId(Long id) {
        this.id = id;
    }

    public String getEmail() {
        return email;
    }

    public void setEmail(String email) {
        this.email = email;
    }

    public String getPassword() {
        return password;
```

```
    }

    public void setPassword(String password) {
        this.password = password;
    }

    public String toString() {
        return
            "[" +
            getId() + "," +
            getEmail() + "," +
            getPassword() +
            "]";
    }
}
```

Listing 4.19 Customer.java

4.4.5   Ein Beispiel programmieren

Im folgenden Beispiel zeige ich, wie ein Servlet eine JavaBean aus der HTTP-Sitzung holt, die ein anderes Servlet zuvor abgelegt hat.

Dabei werden wir den Benutzer des Onlineshops einloggen, indem wir ein Objekt der Klasse Customer mit seinen Zugangsdaten in eine HTTP-Sitzung setzen.

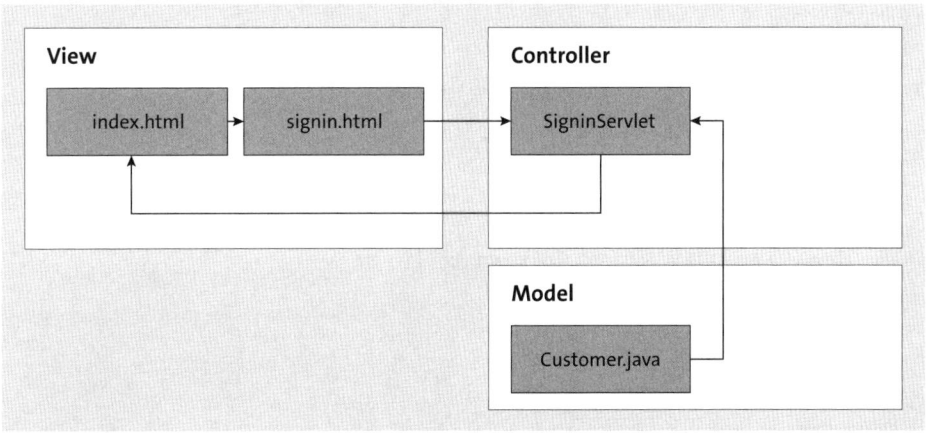

Abbildung 4.17 Mit dem »SigninServlet« loggen wir den Benutzer in den Onlineshop ein.

Die User-Story beginnt, indem der Benutzer der Anwendung über den Hyperlink EINLOG-GEN in der *index.html* zur *signin.html* navigiert. In der *signin.html* gibt er seine E-Mail-

Adresse und sein Kennwort ein. Im HTML-Formular der *signin.html* muss das Attribut action den Wert signin enthalten, damit der HTTP-Request zum SigninServlet geleitet wird:

```
<form action="signin" method="post">
```

Die *signin.html* versendet die Daten des Benutzers als Schlüssel-Wert-Paare an das Signin-Servlet.

Im SignServlet werden die Daten mithilfe der Methode getParameter() aus dem Request-Objekt geholt. Das SigninServlet erstellt daraufhin ein Objekt der Klasse Customer und setzt es als JavaBean in die HTTP-Sitzung. Abschließend leitet das Servlet die Kontrolle an die *index.html* zurück.

```
package de.java2enterprise.onlineshop;

import java.io.IOException;
import javax.servlet.RequestDispatcher;
import javax.servlet.ServletException;
import javax.servlet.annotation.WebServlet;
import javax.servlet.http.HttpServlet;
import javax.servlet.http.HttpServletRequest;
import javax.servlet.http.HttpServletResponse;
import javax.servlet.http.HttpSession;

import de.java2enterprise.onlineshop.model.Customer;

@WebServlet("/signin")
public class SigninServlet extends HttpServlet {
    private static final long serialVersionUID = 1L;

    protected void doPost(
            HttpServletRequest request,
            HttpServletResponse response)
            throws ServletException, IOException {

        response.setContentType(
                "text/html;charset=UTF-8");

        final String email =
            request.getParameter("email");
        final String password =
            request.getParameter("password");

        final Customer customer = new Customer();
```

```
        customer.setEmail(email);
        customer.setPassword(password);

        final HttpSession session = request.getSession();
        session.setAttribute("customer", customer);

        final RequestDispatcher dispatcher =
            request.getRequestDispatcher("index.html");
        dispatcher.forward(request, response);
    }
}
```

Listing 4.20 SigninServlet.java

Im nächsten Schritt gehen wir davon aus, dass der Benutzer einen Artikel verkaufen möchte. Hierfür wechselt er in die *sell.html*, wo er den zu verkaufenden Artikel beschreibt. Das Verkaufsformular versendet die Daten an die Webkomponente des Typs SellServlet.

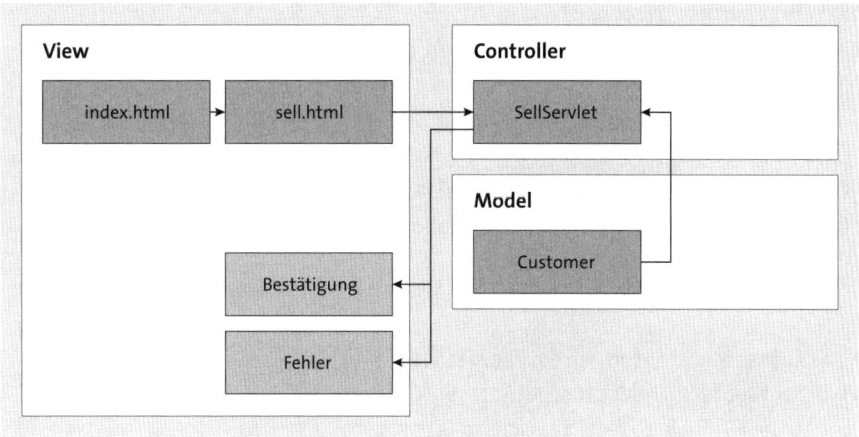

Abbildung 4.18 Die Validierung in der »Sell«-Komponente

Im SellServlet werden die Daten der *sell.html* ausgewertet, um einen Artikel zu verkaufen. Auf diese User-Story gehen wir an dieser Stelle aber noch nicht ein. Stattdessen überprüfen wir, ob der Benutzer sich bereits angemeldet hat. Hierfür rufen wir die Methode getSession() der Klasse HttpServletRequest auf, mit der wir ein Objekt der Klasse HttpSession erhalten. Wenn in der HTTP-Sitzung eine E-Mail-Adresse und ein Passwort vorgefunden werden, versenden wir eine Bestätigung, ansonsten eine Fehlermeldung. Listing 4.21 zeigt den Quelltext der Komponente SellServlet an:

```
package de.java2enterprise.onlineshop;

import java.io.IOException;
```

```java
import java.io.PrintWriter;

import javax.servlet.ServletException;
import javax.servlet.annotation.WebServlet;
import javax.servlet.http.HttpServlet;
import javax.servlet.http.HttpServletRequest;
import javax.servlet.http.HttpServletResponse;
import javax.servlet.http.HttpSession;

import de.java2enterprise.onlineshop.model.Customer;

@WebServlet("/sell")
public class SellServlet extends HttpServlet {
    private static final long serialVersionUID = 1L;

    protected void doPost(
        HttpServletRequest request,
        HttpServletResponse response)
                throws ServletException, IOException {
        response.setContentType(
                "text/html;charset=UTF-8");

        final PrintWriter out = response.getWriter();
        out.println("<!DOCTYPE html>");
        out.println("<html>");
        out.println("<body>");

        final HttpSession session = request.getSession();
        final Object object = session.getAttribute("customer");
        if(object != null && object instanceof Customer) {
            out.println("Ihr Artikel wurde zum Verkauf angeboten!");
        } else {
            out.println("Der Benutzer ist nicht valide!");
        }

        out.println("</body>");
        out.println("</html>");
    }
}
```

Listing 4.21 SellServlet.java

4.4.6   Die Gültigkeitsbereiche der Attribute

Im letzten Beispiel haben wir die Benutzerdaten als Attribute in einer HTTP-Sitzung gespeichert. Hierbei spricht man auch vom sogenannten *Gültigkeitsbereich einer JavaBean*. Man unterscheidet aber hierbei noch weitere Gültigkeitsbereiche, denn genauso, wie man ein Attribut in eine HTTP-Sitzung ablegt, kann man es auch im Request-Objekt oder global für die ganze Anwendung verfügbar machen.

Insgesamt lassen sich also drei Gültigkeitsbereiche finden, in denen eine JavaBean gesetzt werden kann:

▶ request

▶ session

▶ application

Den Gültigkeitsbereich einer Session haben Sie ja bereits kennengelernt, deshalb zeige ich an dieser Stelle nur noch die Gültigkeitsbereiche des request und der gesamten Anwendung application.

Der Gültigkeitsbereich des »request«

Für die Ablage der JavaBean im Request bietet auch die Klasse ServletRequest die Methode setAttribute() an:

```
final String email =
    request.getParameter("email");
final String password =
    request.getParameter("password");

final Customer customer = new Customer();
customer.setEmail(email);
customer.setPassword(password);

request.setAttribute("customer", customer);
```

Listing 4.22 SigninServlet.java

Hierdurch ist die JavaBean customer so lange gültig, bis die HTTP-Response an den HTTP-Client versendet worden ist. Das bedeutet auch, dass das Attribut beispielsweise bei einem Forward oder einem Include auch in weiteren Webkomponenten benutzt werden kann.

Der Gültigkeitsbereich der »application«

Um die JavaBean global also für die ganze Anwendung zur Verfügung zu stellen, müssen wir uns über die Methode ServletRequest.getServletContext() ein Objekt der Klasse ServletContext besorgen:

```
final String email =
    request.getParameter("email");
final String password =
    request.getParameter("password");

final Customer customer = new Customer();
customer.setEmail(email);
customer.setPassword(password);

final ServletContext application =
    request.getServletContext();
application.setAttribute("customer", customer);
```

Listing 4.23 SigninServlet.java

4.4.7   Cookies

In dem letzten Abschnitt haben Sie gesehen, wie Sie Benutzerdaten für die Dauer eines Requests, die Dauer einer HTTP-Sitzung oder auch für die Dauer des gesamten Betriebes verfügbar machen. Eine weitere Möglichkeit, Benutzerdaten über eine gewisse Zeitspanne hinweg abzulegen, bieten *Cookies*. Cookies ermöglichen es, die Daten eines Benutzers über das Ende einer HTTP-Sitzung hinaus auf dem Client-Rechner zu speichern. Das bedeutet, dass der Benutzer sogar nach einem Neustart seines Rechners zu dem ursprünglichen Zustand seiner Sitzung zurückgeführt werden kann. In diesem Abschnitt erfahren Sie, wie Sie mit der Servlet-Technologie Cookies verwalten können.

Cookies setzen

Mit Cookies kann eine eingeschränkte Menge an Informationen auf dem Client-Rechner hinterlegt werden. Denn Cookies können lediglich bis zu 4 KB groß sein. Pro Webserver-Domain dürfen nur 20 Cookies abgespeichert werden. Insgesamt sind bis zu 300 Cookies auf einem Client-Rechner erlaubt.

Folgende Werte können mit einem Cookie gesetzt werden:

- ein Name
- ein Wert
- die Gültigkeitsdauer des Cookies in Sekunden
- eine Beschreibung des Cookies
- eine URI als Pfad
- ein Domain-Bereich
- die Cookie-Protokoll-Versionsnummer des Cookies

Mit folgender Anweisung wird ein Cookie mit dem Namen email gesetzt:

```
Cookie cookie = new Cookie("email", email);
```

Das Anlegen des Cookies erfolgt durch die Methode addCookie() der Klasse HttpServletResponse:

```
response.addCookie(cookie);
```

Die Gültigkeitsdauer

Eingangs habe ich angemerkt, dass Cookies über die Dauer einer HTTP-Sitzung hinaus gültig sind. Allerdings ist dies nicht automatisch der Fall, denn standardmäßig leben Cookies nur während der Zeit, in der der Browser ausgeführt wird. Anschließend werden sie gelöscht. Um eine längere Gültigkeitsdauer zu erreichen, ist die Benutzung der Methode setMaxAge() erforderlich. Die folgende Zeile erstellt ein Cookie mit der E-Mail-Adresse eines Kunden und einer Gültigkeitsdauer von 7 Tagen:

```
cookie.setMaxAge(60*60*24*7); // 7 Tage
```

Ein Beispiel mit Cookies

Im nächsten Beispiel werden wir uns wieder die Benutzerdaten über die Dauer der Anfrage hinweg merken. Nur werden diesmal die Daten nicht mehr in der HttpSession, sondern stattdessen als Cookies auf dem lokalen Rechner abgespeichert.

User-Story 1: das RegisterServlet

Im RegisterServlet werden wir die E-Mail-Adresse und das Passwort des Kunden aus der HTTP-Anfrage holen. Die beiden Zeichenketten werden wir anschließend als Cookies setzen.

```
package de.java2enterprise.onlineshop;

import java.io.IOException;
import javax.servlet.RequestDispatcher;
import javax.servlet.ServletException;
import javax.servlet.annotation.WebServlet;
import javax.servlet.http.Cookie;
import javax.servlet.http.HttpServlet;
import javax.servlet.http.HttpServletRequest;
import javax.servlet.http.HttpServletResponse;

@WebServlet("/register")
public class RegisterServlet extends HttpServlet {
    private static final long serialVersionUID = 1L;
```

```
    protected void doPost(
            HttpServletRequest request,
            HttpServletResponse response)
            throws ServletException, IOException {

        response.setContentType(
            "text/html;charset=UTF-8");

        final String email =
            request.getParameter("email");
        final String password =
            request.getParameter("password");

        final Cookie customer_email =
            new Cookie("email", email);
        response.addCookie(customer_email);

        final Cookie customer_password =
            new Cookie("password", password);
        response.addCookie(customer_password);

        final RequestDispatcher dispatcher =
            request.getRequestDispatcher(
                "index.html");
        dispatcher.forward(request, response);
    }
}
```

Listing 4.24 RegisterServlet.java

User-Story 2: das SigninServlet

Im SigninServlet werden wir wieder die übergebenen Parameter E-Mail-Adresse und Passwort aus der Anfrage auslesen:

Zur Veranschaulichung werden wir uns zunächst alle Cookies tabellarisch ausgeben lassen.

Danach werden wir die abgespeicherten Cookies "email" und "password" abfragen und mit den Parametern vergleichen. Wenn beide Parameter mit den Cookie-Werten übereinstimmen, setzen wir den Benutzer als Objekt der Klasse Customer in die aktuelle HTTP-Sitzung hinein.

```
package de.java2enterprise.onlineshop;

import java.io.IOException;
```

```java
import javax.servlet.ServletException;
import javax.servlet.ServletOutputStream;
import javax.servlet.annotation.WebServlet;
import javax.servlet.http.Cookie;
import javax.servlet.http.HttpServlet;
import javax.servlet.http.HttpServletRequest;
import javax.servlet.http.HttpServletResponse;
import javax.servlet.http.HttpSession;

import de.java2enterprise.onlineshop.model.Customer;

@WebServlet("/signin")
public class SigninServlet extends HttpServlet {
    private static final long serialVersionUID = 1L;

    protected void doPost(
        HttpServletRequest request,
        HttpServletResponse response)
                throws ServletException, IOException {
        String email = request.getParameter("email");
        String password = request.getParameter("password");

        String cookie_email = null;
        String cookie_password = null;

        ServletOutputStream out =
                response.getOutputStream();
        out.println("<!DOCTYPE html>");
        out.println("<html>");
        out.println("<body>");
        out.println("<table>");
        out.println("<tr>");
        out.println("<td>Cookie-Name</td>");
        out.println("<td>Cookie-Value</td>");
        out.println("</tr>");

        Cookie[] cookies = request.getCookies();
        for(Cookie cookie : cookies) {
            String name = cookie.getName();
            String value = cookie.getValue();
            out.println("<tr>");
            out.println("<td>"+name+"</td>");
            out.println("<td>"+value+"</td>");
```

```
            out.println("</tr>");

            if("email".equals(name)) {
                cookie_email = value;
            } else if("password".equals(name)) {
                cookie_password = value;
            }
        }
        out.println("</table>");

        if(
            email.equals(cookie_email) &&
            password.equals(cookie_password)
                ) {
            final Customer customer = new Customer();
            customer.setEmail(email);
            customer.setPassword(password);

            final HttpSession session = request.getSession();
            session.setAttribute("customer", customer);

            out.println(
                "<h1>Benutzer ist valide!</h1>");
        } else {
            out.println(
                "<h1>Benutzer ist nicht valide!</h1>");
        }
        out.println("</body>");
        out.println("</html>");
    }
}
```

Listing 4.25 SigninServlet.java

4.5   Initialisierung und Konfiguration

In der Praxis werden die Webkomponenten für eine Java EE-Anwendung in einer Entwicklungsumgebung entwickelt, in einer Testumgebung getestet und in einer Produktionsumgebung zum produktiven Einsatz gebracht. Dabei werden die Webkomponenten je nach Umgebung auf verschiedene Ressourcen mit unterschiedlichen Verbindungsparametern und geheimen Kennwörtern zugreifen. Weil solche Informationen auf keinen Fall hart kodiert in der Java-Klasse stehen dürfen, werden Webkomponenten über externe Dateien

4

konfiguriert. In diesem Abschnitt werde ich zeigen, wie eine Konfiguration über externe Initialisierungsparameter und externe Dateien erfolgen kann.

4.5.1   Parameter für die gesamte Webanwendung

Wenn Initialisierungsparameter in der gesamten Webanwendung zur Verfügung stehen sollen, definieren Sie sie im Deployment-Deskriptor über das Element `<context-param>`.

In Listing 4.26 wird der Initialisierungsparameter mit dem Namen `driver` und dem Wert `oracle.jdbc.OracleDriver` in der Datei *web.xml* hinterlegt:

```
<web-app
    xmlns:xsi="http://www.w3.org/2001/XMLSchema-instance"
    xmlns="http://xmlns.jcp.org/xml/ns/Java EE"
    xsi:schemaLocation="http://xmlns.jcp.org/xml/ns/Java EE
    http://xmlns.jcp.org/xml/ns/Java EE/web-app_4_0.xsd"
    version="4.0">
  <context-param>
    <param-name>driver</param-name>
    <param-value>
        oracle.jdbc.OracleDriver
    </param-value>
  </context-param>
</web-app>
```

Listing 4.26 web.xml

In einem Servlet, das wir `JdbcServlet` nennen werden, lesen wir die Initialisierungsparameter vom Deployment-Deskriptor aus. Um auf den Initialisierungsparameter `driver` zuzugreifen, müssen wir in einer der HTTP-Request-Methoden über die Methode `getServletContext()` das Objekt der Klasse `ServletContext` besorgen. Dieses Objekt repräsentiert die gesamte Webanwendung, weshalb wir es im Beispiel auch `application` nennen werden. Die Klasse `ServletContext` bietet die Methode `getInitParameter(String name)` an, mit der wir die Initialisierungsparameter für die Webanwendung beschaffen können.

```
public void doPost(
    HttpServletRequest request,
    HttpServletResponse response)
    throws ServletException, IOException {
    ServletContext application = getServletContext();

    final String driver =
        application.getInitParameter("driver");
}
```

Listing 4.27 JdbcServlet.java

4.5.2   Parameter für ein einzelnes Servlet

Neben den Parametern für die gesamte Webanwendung lassen sich auch Initialisierungsparameter für einzelne Servlets konfigurieren. Diese Initialisierungsparameter werden über das XML-Element <init-param> notiert.

In Listing 4.28 werden im Deployment-Deskriptor beispielhaft die Initialisierungsparameter für eine Datenbankverbindung festgelegt.

```xml
<?xml version="1.0" encoding="UTF-8"?>
<web-app
    xmlns:xsi="http://www.w3.org/2001/XMLSchema-instance"
    xmlns="http://xmlns.jcp.org/xml/ns/Java EE"
    xsi:schemaLocation="http://xmlns.jcp.org/xml/ns/Java EE
    http://xmlns.jcp.org/xml/ns/Java EE/web-app_4_0.xsd"
    version="4.0">
    <servlet>
        <servlet-name>JdbcServlet</servlet-name>
        <servlet-class>
            de.java2enterprise.onlineshop.JdbcServlet
        </servlet-class>
<init-param>
    <param-name>driver</param-name>
    <param-value>
        oracle.jdbc.OracleDriver
    </param-value>
</init-param>
<init-param>
    <param-name>url</param-name>
    <param-value>
        jdbc:oracle:thin:@//localhost:1521/XE
    </param-value>
</init-param>
<init-param>
    <param-name>username</param-name>
    <param-value>
        onlineshop_user
    </param-value>
</init-param>
<init-param>
    <param-name>password</param-name>
    <param-value>
        geheim_123
    </param-value>
```

```
</init-param>
    </servlet>
  <servlet-mapping>
    <servlet-name>JdbcServlet</servlet-name>
    <url-pattern>/db_settings</url-pattern>
  </servlet-mapping>
</web-app>
```

Listing 4.28 web.xml

In den Request-Methoden kann mit der Methode `getServletConfig()` das Konfigurationsobjekt des Servlets besorgt werden, das die Initialisierungsparameter des Servlets mit der Methode `getInitParameter()` liefert:

```
ServletConfig config = getServletConfig();
String jdbc_properties = config.getInitParameter(
    "jdbc_properties");
```

Andererseits kann auch eine Abkürzung genommen werden. Weil die abstrakte Urvaterklasse `GenericServlet` die Convenience-Methode `getInitParameter(String param)` verwirklicht hat, können wir hierüber komfortabler auf die Initialisierungsparameter zugreifen.

Beachten Sie noch, dass Sie bei der Verwendung der *web.xml* die Annotation `@WebServlet` im `JdbcServlet` entfernen müssen. Aufgrund der gleich benannten URL-Patterns würde das Deployment sonst fehlschlagen.

Und noch etwas: In diesem einfachen Beispiel werden wir das Servlet über die URL-Leiste des Webbrowsers aufrufen. Deshalb müssen wir im Servlet dieses Mal die `doGet()`- statt der `doPost()`-Methode überschreiben.

```
package de.java2enterprise.onlineshop;

import java.io.IOException;
import java.io.PrintWriter;

import javax.servlet.ServletException;
import javax.servlet.http.HttpServlet;
import javax.servlet.http.HttpServletRequest;
import javax.servlet.http.HttpServletResponse;

public class JdbcServlet extends HttpServlet {
    private static final long serialVersionUID = 1L;

    public void doGet(
            HttpServletRequest request,
```

```
        HttpServletResponse response)
        throws ServletException, IOException {

    final String driver =
            getInitParameter("driver");
    final String url =
            getInitParameter("url");
    final String username =
            getInitParameter("username");
    final String password =
            getInitParameter("password");

    response.setContentType(
            "text/html;charset=UTF-8");

    PrintWriter out =
        response.getWriter();
    out.println("<!DOCTYPE html>");
    out.println("<html>");
    out.println("<body>");
    out.println(
        "<br>driver: " + driver);
    out.println(
        "<br>url: " + url);
    out.println(
        "<br>username: " + username);
    out.println(
        "<br>password: " + password);
    out.println("</body>");
    out.println("</html>");
    }
}
```

Listing 4.29 JdbcServlet.java

Wenn Sie das Beispiel auf Ihrem lokalen GlassFish Server deployen, können Sie das Servlet ausprobieren, indem Sie im Internet Explorer die URL *http://localhost:8080/onlineshop-web/db_settings* aufrufen.

4.5.3   Initialisierung mit der Annotation »@WebServlet«

Theoretisch können Sie die Initialisierungsparameter auch über die Annotation @WebServlet wie in Listing 4.30 deklarieren:

```
@WebServlet(urlPatterns={"/db_settings"},
initParams = {
    @WebInitParam(
        name="driver",
        value="oracle.jdbc.OracleDriver"),
    @WebInitParam(
        name="url",
        value=
            "jdbc:oracle:thin:@//localhost:1521/XE"),
    @WebInitParam(
        name="username",
        value="onlineshop_user"),
    @WebInitParam(
        name="password",
        value=
        "geheim123")
}
)
public class JdbcServlet extends HttpServlet {
    private static final long serialVersionUID = 1L;
    ...
```

Listing 4.30 JdbcServlet.java

4.5.4   Externe Ressourcen einlesen

Im letzten Beispiel haben wir die Initialisierungsparameter über Annotationen vor die Klasse gesetzt. Diese Möglichkeit eignet sich aber in vielen Situationen nicht. Zum Beispiel ist es ja im Onlineshop unser Ziel, die Initialisierungsparameter von außen ändern zu können, ohne die Java-Datei kompilieren zu müssen. Aus diesem Grund würde man auf die Möglichkeit verzichten, mit Annotationen zu arbeiten. Wenn hingegen die Initialisierungs-parameter in der *web.xml*, d. h. nicht hart kodiert in der Java-Quelltext-Datei stehen, können sie auch nach der Kompilierung der Java-Klassen verändert werden. Obwohl diese Möglich-keit bereits ein gewisses Maß an Flexibilität bietet, wird man sie in der Praxis aber ebenso sel-ten vorfinden, denn eine noch weitreichendere Unabhängigkeit wird erreicht, indem geheime Informationen wie Passwörter nicht in der *web.xml* untergebracht werden, son-dern als externe Ressource außerhalb des Webmoduls eingelesen werden.

Im folgenden Beispiel werden wir die Daten driver, url, username und password in einer Datei mit dem Namen *jdbc.properties* im Verzeichnis */WEB-INF* abspeichern, denn dies ist ein Ord-ner, der vom Webbrowser aus nicht sichtbar ist.

```
driver=oracle.jdbc.OracleDriver
url=jdbc:oracle:thin:@//localhost:1521/XE
username=onlineshop_user
password=geheim_123
```

Listing 4.31 /WEB-INF/jdbc.properties

Beachten Sie hierbei Folgendes: Wenn Sie die Datei *jdbc.properties* mit Ihrem Filemanager bzw. in Windows mit dem Windows-Explorer (außerhalb des Eclipse-Fensters) in den Workspace schieben oder kopieren, so bekommt Eclipse das nicht mit. Die Datei wird innerhalb von Eclipse erst sichtbar, wenn Sie dort mit F5 die Ansicht aktualisieren.

Den Standort der Datei werden wir in der *web.xml* angeben. Auf diese Weise können wir die Anwendung flexibel auf sich ändernde Umgebungen einstellen. In der *web.xml* definieren wir den Pfad zur Datei als Initialisierungsparameter.

```
<?xml version="1.0" encoding="UTF-8"?>
<web-app
    xmlns:xsi="http://www.w3.org/2001/XMLSchema-instance"
    xmlns="http://xmlns.jcp.org/xml/ns/Java EE"
    xsi:schemaLocation="http://xmlns.jcp.org/xml/ns/Java EE
    http://xmlns.jcp.org/xml/ns/Java EE/web-app_4_0.xsd"
    version="4.0">

    <servlet>
        <servlet-name>JdbcServlet</servlet-name>
        <servlet-class>
            de.java2enterprise.onlineshop.JdbcServlet
        </servlet-class>
        <init-param>
            <param-name>jdbc_properties</param-name>
            <param-value>
                /WEB-INF/jdbc.properties
            </param-value>
        </init-param>
    </servlet>
  <servlet-mapping>
    <servlet-name>JdbcServlet</servlet-name>
    <url-pattern>/db_settings</url-pattern>
  </servlet-mapping>
</web-app>
```

Listing 4.32 web.xml

Im folgenden Servlet zeige ich, wie Sie die externe Datei *jdbc.properties* auslesen. Zunächst holen wir mit der Methode getInitParameter() den Initialisierungsparameter "jdbc_properties" aus dem Deployment-Deskriptor:

```
String jdbc_properties = getInitParameter("jdbc_properties");
```

Anschließend besorgen wir über die Methode getServletContext() wieder das Objekt der Klasse ServletContext, denn die Klasse ServletContext bietet unter anderem die Methode getResourceAsStream() an, mit der Ressourcen eingelesen werden können. Da es sich bei der externen Datei um eine Properties-Datei handelt, können wir sie über die Methode Properties.load(InputStream in) direkt in ein Objekt der Klasse Properties umwandeln:

```
package de.java2enterprise.onlineshop;

import java.io.IOException;
import java.io.InputStream;
import java.io.PrintWriter;
import java.util.Properties;

import javax.servlet.ServletContext;
import javax.servlet.ServletException;
import javax.servlet.http.HttpServlet;
import javax.servlet.http.HttpServletRequest;
import javax.servlet.http.HttpServletResponse;

public class JdbcServlet extends HttpServlet {
    private static final long serialVersionUID = 1L;

    public void doGet(
            HttpServletRequest request,
            HttpServletResponse response)
            throws ServletException, IOException {

        final String jdbc_properties =
            getInitParameter(
                "jdbc_properties");
        final ServletContext application =
                getServletContext();
        final InputStream in =
            application.getResourceAsStream(
                jdbc_properties);
        final Properties p = new Properties();
        p.load(in);
```

```
response.setContentType(
        "text/html;charset=UTF-8");

final PrintWriter out =
    response.getWriter();
out.println("<!DOCTYPE html>");
out.println("<html>");
out.println("<body>");
out.println(
    "<br>driver: " +
        p.getProperty("driver"));
out.println(
    "<br>url: " +
        p.getProperty("url"));
out.println(
    "<br>username: " +
        p.getProperty("username"));
out.println(
    "<br>password: " +
        p.getProperty("password"));
out.println("</body>");
out.println("</html>");
    }
}
```

Listing 4.33 JdbcServlet.java

Beachten Sie, dass wir mit /WEB-INF/jdbc.properties einen absoluten Pfad angegeben haben, weil für die Methode getResourceAsStream() die Verzeichnishierarchie beim obersten Ordner des Webmoduls beginnt.

In manchen Fällen ist es aber erforderlich, auf Verzeichnispfade zuzugreifen, die sich außerhalb des Webmoduls befinden. Für diesen Zweck würde man aber nicht mehr mit der Methode getResourceAsStream() arbeiten, sondern die Java SE-Möglichkeiten der Java-I/O (bzw. *Java NIO2*) nutzen. Im folgenden Beispiel habe ich die Datei *jdbc.properties* in das Verzeichnis *C:\tmp* abgelegt.

In der *web.xml* wird der Pfad üblicherweise in der Unix-Schreibweise festgelegt, denn diese ist auch auf einem Windows Rechner gültig. Deshalb habe ich in Listing 4.34 nicht C:\tmp als Wert gesetzt, sondern /tmp.

```
<?xml version="1.0" encoding="UTF-8"?>
<web-app
    xmlns:xsi="http://www.w3.org/2001/XMLSchema-instance"
```

```
    xmlns="http://xmlns.jcp.org/xml/ns/Java EE"
    xsi:schemaLocation="http://xmlns.jcp.org/xml/ns/Java EE
    http://xmlns.jcp.org/xml/ns/Java EE/web-app_4_0.xsd"
    version="4.0">

    <servlet>
        <servlet-name>JdbcServlet</servlet-name>
        <servlet-class>
            de.java2enterprise.onlineshop.JdbcServlet
        </servlet-class>
        <init-param>
            <param-name>jdbc_properties</param-name>
            <param-value>
                /tmp/jdbc.properties
            </param-value>
        </init-param>
    </servlet>
  <servlet-mapping>
    <servlet-name>JdbcServlet</servlet-name>
    <url-pattern>/db_settings</url-pattern>
  </servlet-mapping>
</web-app>
```

Listing 4.34 web.xml

In der Klasse JdbcServlet wird die externe Datei wie in Listing 4.35 ausgelesen.

```
package de.java2enterprise.onlineshop;

import java.io.FileInputStream;
import java.io.IOException;
import java.io.InputStream;
import java.io.PrintWriter;
import java.util.Properties;

import javax.servlet.ServletException;
import javax.servlet.http.HttpServlet;
import javax.servlet.http.HttpServletRequest;
import javax.servlet.http.HttpServletResponse;

public class JdbcServlet extends HttpServlet {
    private static final long serialVersionUID = 1L;
```

```java
public void doGet(
        HttpServletRequest request,
        HttpServletResponse response)
        throws ServletException, IOException {

    final String jdbc_properties =
        getInitParameter(
            "jdbc_properties");
    final InputStream in =
        new FileInputStream(jdbc_properties);
    final Properties p = new Properties();
    p.load(in);

    response.setContentType(
            "text/html;charset=UTF-8");

    final PrintWriter out =
        response.getWriter();
    out.println("<!DOCTYPE html>");
    out.println("<html>");
    out.println("<body>");
    out.println(
        "<br>driver: " +
            p.getProperty("driver"));
    out.println(
        "<br>url: " +
            p.getProperty("url"));
    out.println(
        "<br>username: " +
            p.getProperty("username"));
    out.println(
        "<br>password: " +
        p.getProperty("password"));
    out.println("</body>");
    out.println("</html>");
    }
}
```

Listing 4.35 JdbcServlet.java

4.6   Dateien hochladen

Obwohl ein HTTP-POST-Request das Verschicken von großen Datenmengen erlaubt, unterscheidet sich die Verarbeitung von hochgeladenen Dateien von der bisher gezeigten Möglichkeit, mit `getParameter()` Schlüssel-Wert-Paare entgegenzunehmen.

Wenn zum Beispiel ein Foto oder andere Binärdaten vom Webbrowser zum Java EE Server verschickt werden, muss beim HTML-Tag nicht nur die Methode POST, sondern auch das Attribut `enctype="multipart/form-data"` gesetzt sein. In diesem Abschnitt werde ich zeigen, wie Sie in einem Servlet die empfangenen Daten entgegennehmen.

Zunächst werde ich im folgenden Abschnitt erläutern, wie der Webbrowser mit dem Webcontainer über `multipart/form-data` kommuniziert. Die im folgenden Beispiel gezeigte Kodierung bleibt dem Benutzer des Webbrowsers zwar verborgen, und auch der Programmierer eines Servlets bekommt von dieser Kommunikation kaum etwas mit, dennoch ist es vorteilhaft, wenn Sie einige Grundkenntnisse hierüber erhalten, denn umso besser werden Sie im Nachhinein die in der Servlet-API angebotenen Funktionen verstehen.

4.6.1   Multipart/Form-Data

Wenn ein Webbrowser die in einem HTML-Formular eingegebenen Daten an den Server versendet, setzt er normalerweise die Schlüssel-Wert-Paare in einer einzelnen Zeichenkette (`QUERY_STRING`) zusammen.

Bei einem HTTP-GET-Request fügt er den `QUERY_STRING` hinter der URI des Servers an. Bei einem HTTP-POST-Request setzt er den `QUERY_STRING` in den Header der Anfrage. Sowohl bei der GET- wie auch bei der POST-Methode wird hierbei der `QUERY_STRING` nach dem `application/x-www-form-urlencoded` formatiert:

```
email=j%40java2enterprise.de&password=Taxi_123
```

Diese Kodierung ist voreingestellt, deshalb wäre es überflüssig, das Attribut `enctype="application/x-www-form-urlencoded"` zu setzen. Diese Form der Kodierung bietet den Vorteil, dass die Anfrageparameter in einem einzelnen `QUERY_STRING` zusammengestaucht sind.

Dieser Vorteil erscheint bei umfangreichen Anfragewerten aber auch als Nachteil. Deshalb können bei einem POST-Request die Anfrageparameter auch nach der `multipart/form-data`-Kodierung formatiert werden. Hierfür muss das `<form>`-Tag mit dem Attribut `enctype="multipart/form-data"` gekennzeichnet sein.

Für dieses Beispiel benutzen wir die *sell.html*, die Sie als UI-Prototyp in vorangegangenen Kapiteln kennengelernt haben:

```
<!DOCTYPE html>
<html>
    <head>
```

```html
        <meta charset="UTF-8"/>
        <link rel="stylesheet" href="resources/css/styles.css">
        <title>Onlineshop</title>
    </head>
    <body>
        <header>
            <hgroup>
            <h1 class="title">Onlineshop</h1>
            </hgroup>
            <nav>
             <a href="index.html">Home</a>
             <a href="register.html">Registrieren</a>
             <a href="signin.html">Einloggen</a>
             <a href="sell.html">Verkaufen</a>
             <a href="search.html">Suchen</a>
            </nav>
        </header>
        <form
            action="sell"
            method="post"
            enctype="multipart/form-data">
<fieldset>
    <legend>Verkaufen</legend>
    <table>
        <tbody>
        <tr>
            <th>
                <label for="title">Titel:</label>
            </th>
            <td>
                <input
                type="text"
                name="title"
                size="40"
                maxlength="40"
                title="Ein Titel für den Artikel"
                placeholder="Titel eingeben"
                pattern=".{6,40}"
                required="required">
            </td>
        </tr>
        <tr>
            <th>
```

```html
                <label
                    for="description">
                    Beschreibung:
                </label>
        </th>
        <td>
            <textarea
                name="description"
                cols="100"
                rows="10"
                maxlength="1000">
            </textarea>
        </td>
    </tr>
    <tr>
        <th>
            <label
                for="price">
                Preis:
            </label>
        </th>
        <td>
            <input
            type="number"
            name="price"
            size="40"
            maxlength="40"
            title="Ein Preis für den Artikel"
            placeholder="Preis eingeben"
            pattern=".{1,40}"
            required="required">
        </td>
    </tr>
    <tr>
        <th>
            <label
                for="foto">
                Foto:
            </label>
        </th>
        <td>
            <input type="file" name="foto" >
        </td>
```

```
        </tr>
        <tr>
            <td></td>
            <td>
                <input type="submit">
                <input type="reset">
            </td>
        </tr>
    </tbody>
    </table>
    </fieldset>
    </form>

    <footer>
            Copyright
    </footer>
    </body>
</html>
```

Listing 4.36 sell.html

Die Struktur von »Parts«

Bei der Kodierung multipart/form-data werden die Schlüssel-Wert-Paare nicht als eine einzige Zeichenkette zusammengefügt, sondern in jeweils voneinander getrennten Schlüssel-Wert-Blöcken versendet. Die Schlüssel-Wert-Blöcke werden auch als sogenannte *Parts* bezeichnet. Jeder Part besteht aus der Content-Beschreibung und dem Content selbst. Die Abgrenzung zu anderen Parts erfolgt mithilfe einer sogenannten *Boundary*. Das Aussehen der Boundary legt der Webbrowser in einem Content-type-Header zu Beginn des HTTP-Requests fest.

Zum Beispiel zeigt der dargestellte Header die Boundary mit dem Wert -----537111382852 an:

```
Content-type: multipart/form-data, boundary=-----537111382852
```

Hinterher erkennt der Webcontainer einen Part daran, dass die Inhalte oben und unten durch die Boundary umschlossen sind.

Der Part enthält in den ersten Zeilen eigene Header-Zeilen. Die wichtigste Header-Zeile hierbei ist die sogenannte *Content-Disposition*, da sie den Namen des Parts liefert. Diesen Namen haben wir im HTML-Element mit dem Attribut name gesetzt.

Hinter den Header-Zeilen fügt der Webbrowser eine Leerzeile an, und nach der Leerzeile folgt der Wertbereich des Parts. Zum Beispiel werden in den folgenden zwei Parts die Werte der HTML-Elemente email und password geliefert:

```
-----537111382852
content-disposition: form-data; name="email"

j@java2enterprise.de
-----537111382852
content-disposition: form-data; name="password"

geheim_123
-----537111382852
```

Die Parts bei hochgeladenen Dateien

Wenn der Webbrowser eine Datei zum Server sendet, werden die zwei Header-Zeilen für den Content-Type und das Content-Transfer-Encoding der Datei mitgeliefert:

```
-----537111382852
content-disposition: form-data; name="foto"; filename="01.jpg"
Content-Type: image/jpg
Content-Transfer-Encoding: binary


-----537111382852
```

Der Content-Type gibt den Dateityp an. Zum Beispiel wird eine JPG-Bilddatei den Content-Type `image/jpg` enthalten.

Beim Content-Transfer-Encoding handelt es sich um die Kodierung im HTTP-Transport-Layer. Weil HTTP ein textbasiertes Protokoll ist, werden die Binärdateien in reinen Text umgewandelt. Dabei gibt der Header `Content-Transfer-Encoding` das Kodierungsformat an. Im Beispiel habe ich `binary` als Transferkodierung gesetzt, womit beliebige Bytes in ASCII-Zeichen umgewandelt werden können.

4.6.2   Die Konfiguration des Servlets

Um den Inhalt eines Parts in einem Servlet zu erhalten, muss das Servlet für den Empfang eines Multiparts konfiguriert werden. Dies kann entweder in der *web.xml* über ein Element mit dem Namen `multipart-config` oder mit der Annotation `@MultipartConfig` erfolgen:

```
@WebServlet("/sell")
@MultipartConfig
public class SellServlet extends HttpServlet {
```

Listing 4.37 SellServlet.java

Anschließend ist es innerhalb des Servlets möglich, die Methode getPart(String name) der Klasse HttpServletRequest zu verwenden. Als Parameter erwartet die Methode den Namen des HTML-Elements:

```
Part part = request.getPart("foto");
```

4.6.3   Informationen zu einem Part auslesen

Die Klasse Part bietet vier Methoden an, mit denen Sie Informationen zum Part erhalten. Das sind:

- getContentType()
- getSize()
- getName()
- getSubmittedFileName()

Das Servlet in Listing 4.38 gibt Informationen zu der Datei aus, die mit der *sell.html* hochgeladen wurde.

```
package de.java2enterprise.onlineshop;

import java.io.IOException;
import java.io.PrintWriter;

import javax.servlet.ServletException;
import javax.servlet.annotation.MultipartConfig;
import javax.servlet.annotation.WebServlet;
import javax.servlet.http.HttpServlet;
import javax.servlet.http.HttpServletRequest;
import javax.servlet.http.HttpServletResponse;
import javax.servlet.http.Part;

@WebServlet("/sell")
@MultipartConfig
public class SellServlet extends HttpServlet {
    private static final long serialVersionUID = 1L;

    public void doPost(
        HttpServletRequest request,
        HttpServletResponse response)
        throws ServletException, IOException {

        final Part part = request.getPart("foto");
```

```
    final PrintWriter out =
        response.getWriter();
    out.println("<!DOCTYPE HTML>");
    out.println("Content-Type: " +
        part.getContentType() + "<br>");
    out.println("Size: " +
        part.getSize() + "<br>");
    out.println("Name: " +
        part.getName() + "<br>");
    out.println("Filename: " +
        part.getSubmittedFileName() + "<br>");
  }
}
```

Listing 4.38 SellServlet.java

Wenn mit der Datei *sell.html* ein Bild hochgeladen wird, erscheint im Webbrowser folgende Anzeige:

```
Content-Type: image/jpeg
Size: 879394
Name: foto
Filename: Chrysanthemum.jpg
```

4.6.4   Hochgeladene Dateien konfigurieren

Im letzten Kapitel habe ich bereits erwähnt, dass es clientseitig keine Möglichkeit gibt, die Größe der hochzuladenden Datei zu limitieren. Derzeit ist es die Aufgabe des Servers, sich um diese Begrenzung zu kümmern. Ohne Einschränkung sollte das Hochladen nicht programmiert werden. Viel zu groß ist die Gefahr, dass eine übergroße Datei den Webcontainer zur Laufzeit lahmlegt. Um die Größe zu limitieren, können Sie die Annotation MultipartConfig mit dem Attribut maxFileSize versehen. Mit maxFileSize geben Sie die maximal zulässige Größe einer hochgeladenen Datei in Bytes an. Zum Beispiel erlaubt die folgende Angabe nicht, dass eine Datei größer als 10 MB ist:

```
@MultipartConfig(maxFileSize=1024*1024*10)
```

Wenn mehrere Dateien mit einem einzelnen HTTP-Request zum Server hochgeladen werden, könnte auch die Gesamtgröße eine Rolle spielen. Zum Beispiel könnte es sein, dass bei einem HTML-Formular fünf Dateien gleichzeitig zum Server hochgeladen werden können. Auf der einen Seite könnte es dann sein, dass die maximale Größe einer einzelnen Datei nicht größer als 10 MB sein soll, aber andererseits die Gesamtgrenze von 30 MB eingehalten werden soll. Zu diesem Zweck können Sie das Attribut maxRequestSize verwenden:

```
@WebServlet("/sell")
@MultipartConfig(
    maxFileSize=1024*1024*10,
    maxRequestSize=1024*1024*30)
public class SellServlet extends HttpServlet {
```

Listing 4.39 SellServlet.java

Weil sehr große Dateien zu einem Überlauf des Arbeitsspeichers führen könnten, können Sie einen Grenzwert festlegen, ab dem der Webcontainer die Dateien zwischenspeichert. Wenn die Daten zwischengespeichert werden, ist sichergestellt, dass sich der Lademechanismus nicht übernimmt, andererseits dauert das Hochladen dann aber auch länger.

Durch die Attribute fileSizeThreshold und location können Sie festlegen, wie hoch der Grenzwert ist und wo die Datei bei der Überschreitung des Grenzwertes temporär zwischengespeichert werden soll:

```
@WebServlet("/sell")
@MultipartConfig(
    location="/tmp",
    fileSizeThreshold=1024*1024,
    maxFileSize=1024*1024*5,
    maxRequestSize=1024*1024*5*5)
public class SellServlet extends HttpServlet {
```

Listing 4.40 SellServlet.java

Für den Fall, dass Sie die Werte für den Multi-Part lieber im Deployment-Deskriptor unterbringen möchten, werden im Folgenden noch die äquivalenten XML-Elemente angezeigt, die Sie unterhalb des Elements <servlet> setzen müssen:

```
<multipart-config>
    <location>/tmp</location>
    <file-size-threshold>1048576</file-size-threshold>
    <max-file-size>5242880</max-file-size>
    <max-request-size>26214400</max-request-size>
</multipart-config>
```

Listing 4.41 web.xml

4.6.5   Den Wertebereich einlesen

Im nächsten Beispiel zeige ich, wie Sie mit einem Servlet sowohl Zeichenketten als auch Dateien als Parameter einlesen.

Am besten lässt sich das Einlesen anhand von User-Story 3 aus dem Onlineshop zeigen. Bei User-Story 3 kann ein Kunde einen Artikel zum Verkauf anbieten. Das HTML-Formular der *sell.html* enthält die Formularelemente title, description, price und foto. Über das Formularelement foto lädt der Kunde ein Foto zu dem Artikel hinzu. Beim <form>-Tag dieser Datei ist es wichtig, dass das Attribut enctype mit dem Wert multipart/form-data gesetzt ist, damit die Daten in Form von Parts verschickt werden:

```
<form
action="sell"
method="post"
enctype="multipart/form-data">
```

Listing 4.42 sell.html

Für die Entgegennahme der Parts werden wir die Klasse SellServlet.java nun umprogrammieren. Dabei werden wir mit der Methode getParameter() zunächst die drei Parameter title, description und price abrufen. Anschließend holt das Servlet mit getPart() ein Objekt der Klasse javax.servlet.http.Part:

```
Part part = request.getPart("foto");
```

Das Objekt der Klasse javax.servlet.http.Part bietet die Methode getInputStream() an, mit der Sie einen Eingabestrom zur hochgeladenen Datei erhalten. Aus diesem Eingabestrom lesen wir die Daten in kilobytegroßen Blöcken ein.

Gleichzeitig werden wir einen Ausgabestrom erstellen, der die eingelesenen Bytes in eine Datei schreibt. Die Datei soll den gleichen Namen wie das Original haben. Wir werden die Datei in den Ordner */tmp* speichern. Bei einem Windows-Rechner lautet der Pfad *C:\tmp*. Beachten Sie, dass das Programm das Verzeichnis */tmp* nicht anlegt. Dieses sollte also vorhanden sein, bevor der Mechanismus hierauf zugreift.

Zum Ende hin erhält der Benutzer eine Bestätigung zum angebotenen Artikel.

```
package de.java2enterprise.onlineshop;

import java.io.File;
import java.io.FileOutputStream;
import java.io.IOException;
import java.io.InputStream;
import java.io.OutputStream;
import java.io.PrintWriter;

import javax.servlet.ServletException;
```

```java
import javax.servlet.annotation.MultipartConfig;
import javax.servlet.annotation.WebServlet;
import javax.servlet.http.HttpServlet;
import javax.servlet.http.HttpServletRequest;
import javax.servlet.http.HttpServletResponse;
import javax.servlet.http.Part;

@WebServlet("/sell")
@MultipartConfig(
    maxFileSize=1024*1024*10,
    maxRequestSize=1024*1024*30,
    fileSizeThreshold=1024*1024,
    location="/tmp")
public class SellServlet extends HttpServlet {
    private static final long serialVersionUID = 1L;

    public void doPost(
        HttpServletRequest request,
        HttpServletResponse response)
        throws ServletException, IOException {

        final String title =
            request.getParameter("title");
        final String description =
            request.getParameter("description");
        final String price =
            request.getParameter("price");

        final Part part = request.getPart("foto");
        String path = part.getSubmittedFileName();
        File file = new File(path);
        try(OutputStream os = new FileOutputStream(file);
            InputStream is = part.getInputStream();){
            byte[] b = new byte[1024];
            int i = 0;
            while ((i = is.read(b)) != -1) {
                os.write(b, 0, i);
            }
        } catch (Exception ex) {
            throw new ServletException(
                ex.getMessage());
        }
```

```
    PrintWriter out =
        response.getWriter();
    out.println("<!DOCTYPE html>");
    out.println("<html>");
    out.println("<body>");
    out.println(
        "<br>Hochgeladener Artikel: " + title);
    out.println(
        "<br>Beschreibung: " + description);
    out.println(
        "<br>Preis: " + price);
    out.println(
        "<br>Bild: " +
        part.getSubmittedFileName());
    out.println("</body>");
    out.println("</html>");
    }
}
```

Listing 4.43 SellServlet.java

4.7 Asynchrone Servlets

Moderne Webanwendungen versenden durch *Ajax* parallele Anfragen an ein und das gleiche Servlet. Um dieser dichtgedrängten Aufrufe Herr zu werden, hatte Java EE 6 bereits asynchrone Servlets eingeführt. Das Wort *asynchron* bereitet so manchem Java-Anfänger Unbehagen. Und dann hat es umgangssprachlich auch noch eine unterschiedliche Bedeutung als bei Computern. Denn obwohl im Deutschen das Wort »gleichzeitig« mit »synchron« übersetzt wird, spricht man bei Computern (ganz umgekehrt) von *asynchron* arbeitenden Komponenten, weil der Begriff im Ursprung auch eine andere Bedeutung – nämlich »gleiche Uhr« – hat und bei Computern hiermit die zeitgebende Komponente gemeint ist. Wir könnten uns jetzt weiter in dieser philologischen Ableitung verlieren. Aber kommen wir wieder zurück zum Servlet.

Ein normales Servlet kann immer nur einen einzelnen Auftrag abarbeiten. Deshalb wartet es, bis die Ausführung des Auftrags beendet ist – mag er noch so lange andauern. Daher führen langandauernde Prozesse dazu, dass das Servlet blockiert ist (siehe Abbildung 4.19).

Anders sieht es bei asynchron arbeitenden Servlets aus, denn sie warten nicht ab, bis der langandauernde Prozess beendet ist.

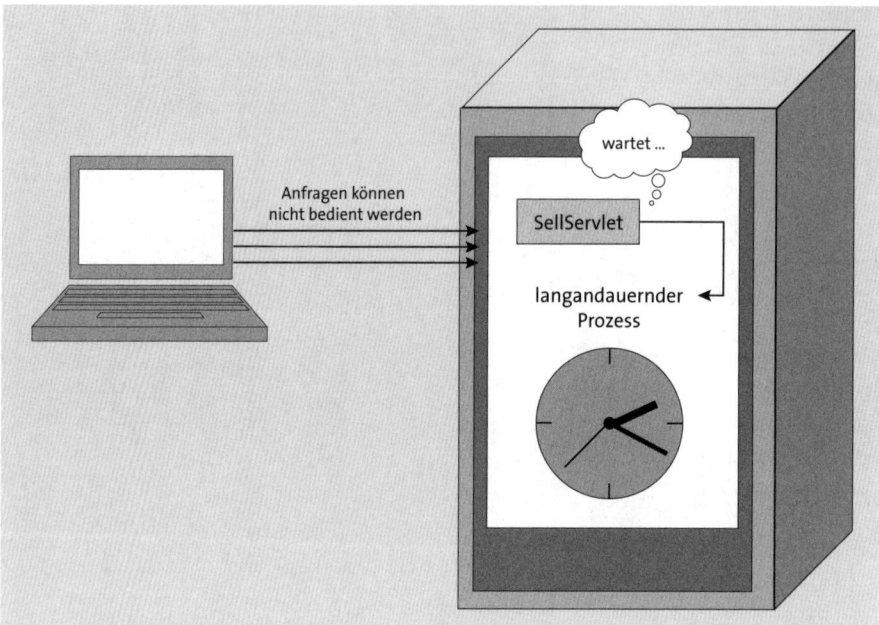

Abbildung 4.19 Ein normales Servlet wird durch langandauernde Prozesse blockiert.

Wann werden asynchrone Servlets verwendet?

Wenn asynchrone Servlets so effizient arbeiten, dann stellt sich doch die Frage, warum sie nicht ausschließlich verwendet werden. Oder anders gesagt: Wann ist der Einsatz von asynchronen Servlets sinnvoll und wann nicht? Um diese Frage zu beantworten, müssen wir uns vor Augen halten, wie Servlets asynchron arbeiten. Die asynchrone Bearbeitung wird Java SE-seitig realisiert, indem der Thread des Servlets in einen zweiten, separaten Thread verzweigt wird. Der eigentliche Thread des HTTP-Requests kann hierdurch abgeschlossen werden, während der blockierende Thread eigenständig dazu in der Lage ist, den HTTP-Request zu einem späteren Zeitpunkt zu beantworten. Dies bereitet der Java Runtime Engine Mühe. Aber wann ist diese Mühe lohnenswert?

In Kapitel 2, »Die Entwicklungsumgebung«, hatten wir die Anzahl bei MIN. THREADPOOL-GRÖSSE und MAX. THREADPOOLGRÖSSE auf 200 angehoben, um eine ausreichende Anzahl an Threads im HTTP-Threadpool zur Verfügung zu haben. Normalerweise sollten wir mit dieser Menge für die gängigsten Anwendungen zurande kommen. Allerdings kann es vorkommen, dass das Frontend einer professionellen Java EE-Anwendung den Java EE Server mit Aufrufen über Ajax regelrecht bombardiert. Stellen Sie sich beispielsweise eine Java EE-Anwendung vor, die zahlreiche Bilder über Ajax auf den Server hochlädt. Wenn nun die asynchronen Anfragen auf den langanhaltenden Speicherprozess eines Bildes stoßen, werden die Threads blockiert. Und genau für diesen Fall verwendet man asynchrone Servlets.

4.7.1   Ein erstes asynchrones Beispiel

Um ein gewöhnliches WebServlet in ein *asynchrones* WebServlet zu wandeln, fügt man üblicherweise bei der Annotation @WebServlet das Element asyncSupported=true hinzu:

```
@WebServlet(urlPatterns={"/sell"},
        asyncSupported=true)
public class SellServlet extends HttpServlet {
```

Listing 4.44 SellServlet.java

Eine weitere Möglichkeit besteht darin, im Deployment-Deskriptor *web.xml* das Element <async-supported> mit dem Wert true einzutragen.

Im Programm können Sie die Konfiguration ebenso setzen. Hierfür rufen Sie die Methode ServletRegistration.setAsyncSupported(true) auf.

Normalerweise wird beim Verlassen einer aufgerufenen Service-Methode zwangsläufig die HTTP-Response an den Client versendet. Wenn wir aber die Methode startAsync() der Klasse javax.servlet.ServletRequest aufrufen, wird das Servlet in den asynchronen Modus gesetzt. Hierdurch wird ein abzweigender Thread gestartet.

```
AsyncContext ac = request.startAsync();
```

Listing 4.45 SellServlet.java

Mit dem Aufruf der Methode startAsync() erhalten wir als Rückgabewert ein Objekt der Klasse javax.servlet.AsyncContext. Mithilfe dieses Objekts können wir den asynchronen Prozess nun steuern. Hierfür bietet die Klasse javax.servlet.AsyncContext die Methoden start() und complete() an.

Durch die Methode start() starten Sie eine Klasse, die das Interface Runnable implementiert.

Listing 4.46 zeigt die Klasse SellServlet.java. Sie wurde so erweitert, sodass die Speicherung des Artikelfotos nun asynchron in einer gesonderten Klasse verarbeitet wird.

```
package de.java2enterprise.onlineshop;

import java.io.File;
import java.io.FileOutputStream;
import java.io.IOException;
import java.io.InputStream;
import java.io.OutputStream;
import java.io.PrintWriter;

import javax.servlet.AsyncContext;
import javax.servlet.ServletException;
```

```java
import javax.servlet.annotation.MultipartConfig;
import javax.servlet.annotation.WebServlet;
import javax.servlet.http.HttpServlet;
import javax.servlet.http.HttpServletRequest;
import javax.servlet.http.HttpServletResponse;
import javax.servlet.http.Part;

@WebServlet(
    urlPatterns = {"/sell"}, asyncSupported=true)
@MultipartConfig(
    maxFileSize=1024*1024*10,
    maxRequestSize=1024*1024*30)
public class SellServlet extends HttpServlet {
    private static final long serialVersionUID = 1L;

    public void doPost(
        final HttpServletRequest request,
        final HttpServletResponse response)
        throws ServletException, IOException {

        final String title =
            request.getParameter("title");
        final String description =
            request.getParameter("description");
        final String price =
            request.getParameter("price");
        final Part part = request.getPart("foto");

        InputStream is = part.getInputStream();

        String path = "/tmp/" + part.getSubmittedFileName();
        File file = new File(path);
        OutputStream os = new FileOutputStream(file);

        PrintWriter out = response.getWriter();
        out.println("<!DOCTYPE html>");
        out.println("<html>");
        out.println("<body>");
        out.println("<br>Artikel: " + title);
        out.println("<br>Beschreibung: " + description);
        out.println("<br>Preis: " + price);
        out.println("<br>Ihr Bild wird hier hochgeladen: "
                + file.getAbsolutePath());
```

```
        out.println("</body>");
        out.println("</html>");

        final AsyncContext ac = request.startAsync();
        ac.start(new FotoService(is, os));
        ac.complete();
    }
}
```

Listing 4.46 SellServlet.java

Dem Benutzer wird angezeigt, dass seine Daten erfolgreich entgegengenommen worden sind und dass das Foto seines Artikels an einem bestimmten Ort abgespeichert werden wird.

Die Speicherung des Bildes erfolgt in einer gesonderten Klasse, die das Interface Runnable implementiert. Wir nennen sie FotoService.java.

```
package de.java2enterprise.onlineshop;

import java.io.InputStream;
import java.io.OutputStream;

public class FotoService implements Runnable {
    private InputStream is;
    private OutputStream os;

    public FotoService(
            InputStream is,
            OutputStream os) {
        this.is = is;
        this.os = os;
    }

    @Override
    public void run() {
        try {
            byte[] b = new byte[1024];
            int i = 0;
            while ((i = is.read(b)) != -1) {
                os.write(b, 0, i);
            }
        } catch (Exception ex) {
            ex.printStackTrace();
        } finally {
```

```
            try {
                os.close();
                is.close();
            } catch (Exception e) {
                e.printStackTrace();
            }
        }
    }
}
```

Listing 4.47 FotoService.java

Beachten Sie bei der Klasse SellServlet, dass der Aufruf der Methode AsyncContext.complete() das Ende der HTTP-Verarbeitung ankündigt, auch wenn der abgezweigte Thread noch nicht abgeschlossen ist. Ob das Bild tatsächlich abgespeichert worden ist, erfährt der Benutzer in diesem Beispiel also nicht.

4.7.2   Den asynchronen Prozess innerhalb des Servlets programmieren

In einer Webanwendung mit Ajax könnte es sein, dass ein asynchroner Ajax-Aufruf anzeigen möchte, ob die Speicherung des Bildes erfolgreich war. Um dies bei dem asynchronen Servlet zu ermöglichen, können wir der Klasse FotoService eine Referenz auf den AsyncContext mitgeben. Die Klasse FotoService würden wir dann wie in Listing 4.48 programmieren:

```
package de.java2enterprise.onlineshop;

import java.io.FileOutputStream;
import java.io.InputStream;
import java.io.OutputStream;
import java.io.PrintWriter;

import javax.servlet.AsyncContext;
import javax.servlet.http.HttpServletRequest;
import javax.servlet.http.HttpServletResponse;
import javax.servlet.http.Part;

public class FotoService implements Runnable {
    private AsyncContext ac;

    public FotoService(AsyncContext ac) {
        this.ac = ac;
    }
```

```java
@Override
public void run() {
    final HttpServletRequest request =
        (HttpServletRequest) ac.getRequest();
    final HttpServletResponse response =
        (HttpServletResponse) ac.getResponse();

    OutputStream os = null;
    InputStream is = null;
    PrintWriter out = null;
    try {
        final Part part = request.getPart("foto");
        os = new FileOutputStream(
            "/tmp/" +
            part.getSubmittedFileName());
        is = part.getInputStream();
        out = response.getWriter();

        byte[] b = new byte[1024];
        int i = 0;
        while ((i = is.read(b)) != -1) {
            os.write(b, 0, i);
        }
        os.flush();
        out.write("true");
        ac.complete();
    } catch (Exception ex) {
        out.write("false");
        ex.printStackTrace();
    } finally {
        try {
            is.close();
            os.close();
            out.close();
        } catch (Exception e) {
            e.printStackTrace();
        }
    }
}
}
```

Listing 4.48 FotoService.java

Weil wir der Klasse FotoService eine Instanz vom AsyncContext mitgeben, erhalten wir den Zugriff auf die Objekte HttpServletRequest und HttpServletResponse des Servlets. Nachdem das Foto abgespeichert wurde, geben wir dem Ajax-Client ein true zurück. Diese Antwort ist natürlich nur ein Beispiel, das je nach Ajax-Client auch ganz anders aussehen könnte.

Die Methode AsyncContext.complete() können wir genau dann aufrufen, wenn der Speichervorgang beendet worden ist.

Die Klasse SellServlet.java fällt hingegen nun ganz kurz aus:

```java
package de.java2enterprise.onlineshop;

import java.io.IOException;

import javax.servlet.AsyncContext;
import javax.servlet.ServletException;
import javax.servlet.annotation.MultipartConfig;
import javax.servlet.annotation.WebServlet;
import javax.servlet.http.HttpServlet;
import javax.servlet.http.HttpServletRequest;
import javax.servlet.http.HttpServletResponse;

@WebServlet(
    urlPatterns = {"/sell"}, asyncSupported=true)
@MultipartConfig(
    maxFileSize=1024*1024*10,
    maxRequestSize=1024*1024*30)
public class SellServlet extends HttpServlet {
    private static final long serialVersionUID = 1L;

    public void doPost(
        final HttpServletRequest request,
        final HttpServletResponse response)
        throws ServletException, IOException {

        final AsyncContext ac = request.startAsync();
        ac.start(new FotoService(ac));
    }
}
```

Listing 4.49 SellServlet.java

4.8   Nonblocking I/O

Das Problem von langanhaltenden Backend-Prozessen haben wir im letzten Abschnitt durch asynchrone Servlets gelöst, denn bei asynchronen Servlets kann der primäre Servlet-Thread für den nächsten HTTP-Request sofort zur Verfügung gestellt werden, auch wenn der verzweigte Thread erst zu einem späteren Zeitpunkt fertig ist. Und sollte im Backend wider Erwarten etwas schiefgehen, stehen Java SE-seitig genügend Möglichkeiten zur Verfügung, hiermit umzugehen.

Aber schon bald wurde ein weiteres Problem deutlich: Wenn der Datenstrom vom HTTP-Client mittendrin abbricht, wird selbst ein asynchroner Thread komplett blockiert. Bis Java EE 6 wusste sich die damalige API lediglich mit einer Timeout-Exception zu helfen. Die Spezifikation der Servlet-3.1-API von Java EE 7 löste dieses Problem, indem sie zusätzliche Klassen und Methoden zur Verfügung stellte, mit denen auf das Stocken des Datenstroms vom HTTP-Client und zum HTTP-Client kontrolliert reagiert werden kann.

Um die Nonblocking-I/O-API zu verwenden, schreibt man eine Klasse, die entweder vom Interface ReadListener oder vom Interface WriteListener implementiert. Je nachdem, ob es sich um einen Lese- oder einen Schreibvorgang handelt, ist die eine oder die andere Variante erforderlich. Im nächsten Beispiel werden wir unser SellServlet so abändern, dass es nur Daten einliest, wenn auch welche zur Verfügung stehen.

Zunächst schreiben wir hierfür eine Klasse mit dem Namen FotoReadListener. FotoReadListener muss das Interface ReadListener ableiten und seine drei Methoden onDataAvailable(), onAllDataRead() und onError() überschreiben.

```
package de.java2enterprise.onlineshop;

import java.io.FileOutputStream;
import java.io.InputStream;
import java.io.OutputStream;
import java.io.PrintWriter;

import javax.servlet.AsyncContext;
import javax.servlet.ReadListener;
import javax.servlet.http.HttpServletRequest;
import javax.servlet.http.HttpServletResponse;
import javax.servlet.http.Part;

public class FotoReadListener implements ReadListener {
    private AsyncContext ac;

    public FotoReadListener(AsyncContext ac) {
        this.ac = ac;
```

```java
    }

    @Override
    public void onDataAvailable() {
        final HttpServletRequest request =
                (HttpServletRequest) ac.getRequest();
        final HttpServletResponse response =
            (HttpServletResponse) ac.getResponse();

        OutputStream os = null;
        InputStream is = null;
        PrintWriter out = null;
        try {
            final Part part = request.getPart("foto");
            os = new FileOutputStream(
                    "/tmp/" +
                    part.getSubmittedFileName());
            is = part.getInputStream();
            out = response.getWriter();

            byte[] b = new byte[1024];
            int i = 0;
            while ((i = is.read(b)) != -1) {
                os.write(b, 0, i);
            }
            os.flush();
            out.write("true");
            ac.complete();
        } catch (Exception ex) {
            out.write("false");
            ex.printStackTrace();
        } finally {
            try {
                is.close();
                os.close();
                out.close();
            } catch (Exception e) {
                e.printStackTrace();
            }
        }
    }
```

```
    @Override
    public void onAllDataRead() {
        ac.complete();
    }

    @Override
    public void onError(Throwable ex) {
        ex.printStackTrace();
        ac.complete();
    }
}
```

Listing 4.50 FotoReadListener.java

In der Klasse `SellServlet` wird der Listener verwendet, indem er der Methode `ServletInputStream.setReadListener()` als Parameter mitgegeben wird:

```
package de.java2enterprise.onlineshop;

import java.io.IOException;

import javax.servlet.AsyncContext;
import javax.servlet.ServletException;
import javax.servlet.ServletInputStream;
import javax.servlet.annotation.MultipartConfig;
import javax.servlet.annotation.WebServlet;
import javax.servlet.http.HttpServlet;
import javax.servlet.http.HttpServletRequest;
import javax.servlet.http.HttpServletResponse;

@WebServlet(
    urlPatterns = {"/sell"}, asyncSupported=true)
@MultipartConfig(
    maxFileSize=1024*1024*10,
    maxRequestSize=1024*1024*30)
public class SellServlet extends HttpServlet {
    private static final long serialVersionUID = 1L;

    public void doPost(
        final HttpServletRequest request,
        final HttpServletResponse response)
        throws ServletException, IOException {
        final AsyncContext ac = request.startAsync();
```

```
        ServletInputStream in = request.getInputStream();
        in.setReadListener(new FotoReadListener(ac));
    }
}
```

Listing 4.51 SellServlet.java

4.9   Webfilter

Ein Filter ist eine außerordentlich praktische Erfindung, denn es ist ein Objekt, das sich dynamisch vor der Ausführung eines Servlets zwischenschaltet. Das Servlet erfährt von den Tätigkeiten des Filters nichts, und im Servlet müssen Sie hierfür auch nichts konfigurieren. Dadurch können Sie Filter auch beliebig hinzufügen oder austauschen, ohne dass Sie im Servlet etwas verändern müssen.

Das besonders Praktische an einem Filter ist, dass es für sogenannte *Cross-Cutting-Concerns* (*Querschnittbelange*) genutzt werden kann. Ein Cross-Cutting-Concern ist eine Anforderung an die Anwendung, die sich quer durch die Komponenten der Geschäftslogik zieht und hierbei normalerweise immer wieder auf die gleiche Weise programmiert werden müsste. Bei der Programmierung von solchen Querschnittsbelangen würde unnötig viel Quelltext entstehen. Beispiele hierfür sind Logging-Mechanismen, Sicherheitsabfragen, Verschlüsselungen, Header-Manipulationen oder Bildverarbeitungen.

Wenn Querschnittsbelange vor oder nach der Ausführung eines Servlets programmiert werden müssen, sollten Sie sie in einen Filter auslagern, denn hierdurch können Sie sie auf ein Minimum reduzieren.

4.9.1   Die Methoden eines Filters

Eine Java-Klasse, die als Filter wirken soll, muss das Interface javax.servlet.Filter implementieren und seine drei abstrakten Methoden init(), doFilter() und destroy() realisieren.

Die Methoden »init()« und »destroy()«

Die Methoden init() und destroy() sind lediglich für den Lebenszyklus eines Filters von Bedeutung. Wenn der Webcontainer seinen Betrieb aufnimmt, erzeugt er aus jeder Filterklasse ein einzelnes Filterobjekt. Hierbei ruft er die Methode init() auf. Die Methode init() bietet den Optionsparameter FilterConfig an. Über diesen Optionsparameter können Sie innerhalb der Methode auf Initialisierungsparameter zugreifen. Auf diese Weise könnte beispielsweise ein Administrator oder ein Deployer Einfluss auf die Verarbeitung eines HTTP-Requests nehmen.

Die Methode destroy() wird erst aufgerufen, wenn der Webcontainer den Betrieb des Filters einstellt. Diese Methode wird für Aufräumarbeiten genutzt.

```
public void init(FilterConfig filterConfig) throws ServletException {
    // Initialisierungsarbeiten
}

public void destroy() {
    //Aufräumarbeiten
}
```

Listing 4.52 Die Methoden »init()« und »destroy()«

Die Methode »doFilter()«

Die Filterung einer Anfrage wird in der Methode doFilter() programmiert. Aufgrund der ersten beiden Übergabeparameter, ServletRequest und ServletResponse, existiert die Möglichkeit, den HTTP-Request und den HTTP-Response zu untersuchen und auch zu manipulieren.

```
public void doFilter(
    ServletRequest req,
    ServletResponse res,
    FilterChain  chain) {
    // HTTP-Request und HTTP-Response verarbeiten
    // Anfrage weiterleiten
}
```

Listing 4.53 Die Methode »doFilter()«

Besonders wichtig hierbei ist aber auch der dritte Übergabeparameter der Klasse FilterChain. Die Klasse FilterChain besitzt eine Methode, die sich doFilter() nennt. Wenn man diese Methode aufruft, wird die in der Programmabfolge nächste Webkomponente ausgeführt. Dabei kann es sich um eine Webkomponente oder auch um einen weiteren Filter handeln. Wird die Methode FilterChain.doFilter() gar nicht aufgerufen, so wird der Programmablauf an dieser Stelle gestoppt.

Im folgenden Beispiel zeige ich einen Filter, der vor der Ausführung der Folgekomponente eine Logging-Ausgabe tätigt. Danach wird die Methode doFilter() ausgeführt, damit die Kontrolle an die nächste Komponente abgegeben wird:

```
package de.java2enterprise.onlineshop;

import java.io.IOException;

import javax.servlet.Filter;
import javax.servlet.FilterChain;
import javax.servlet.FilterConfig;
```

```
import javax.servlet.ServletContext;
import javax.servlet.ServletException;
import javax.servlet.ServletRequest;
import javax.servlet.ServletResponse;

public class LoggingFilter implements Filter {
    public void destroy() {}

    public void doFilter(
        ServletRequest request,
        ServletResponse response,
        FilterChain chain)
            throws IOException, ServletException {
        ServletContext sc =
            request.getServletContext();
        sc.log("LoggingFilter");
        chain.doFilter(request, response);
    }

    public void init(FilterConfig fConfig)
        throws ServletException {}
}
```

Listing 4.54 LoggingFilter.java

Vielleicht ist Ihnen aufgefallen, dass die Methode doFilter() keinerlei Hinweis darauf gibt, welche Komponente als Nächstes an der Reihe ist, denn dies ist per Konvention bereits definiert. Wenn beispielsweise ein einziger Filter vor ein Servlet gesetzt wurde, ruft der Webcontainer beim Aufruf der Methode doFilter() dieses Servlet als Nächstes auf.

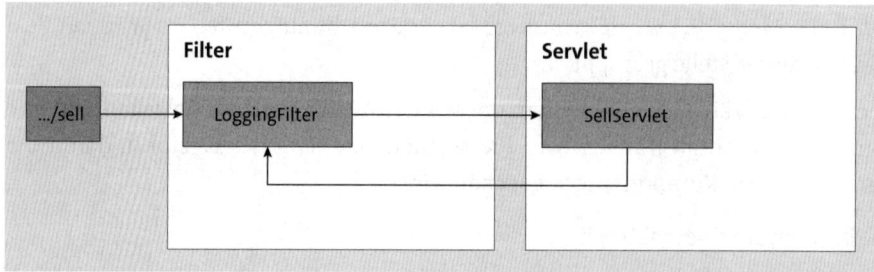

Abbildung 4.20 Der Webcontainer ruft das Servlet auf, wenn im Filter die Methode »doFilter()« ausgeführt wird.

Wenn hingegen bestimmt wurde, dass zwei Filter vor dem Servlet zwischengeschaltet sein sollen, ruft der Webcontainer nach dem ersten Filter zunächst den zweiten Filter auf.

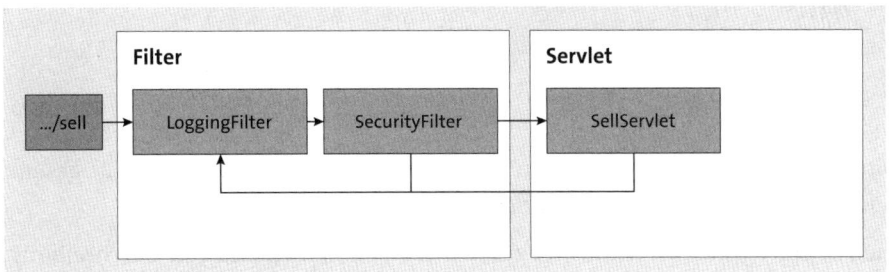

Abbildung 4.21 Zwei verkettete Filter vor einem Servlet

4.9.2 Die Konfiguration eines Filters

Damit der Webcontainer einen Filter ausführen kann, muss der Filter in der Konfiguration deklariert sein. Die Konfiguration erfolgt entweder über die Annotation @WebFilter oder im Deployment-Deskriptor *web.xml*. In beiden Fällen ist es eine Mindestvoraussetzung, dass der Webcontainer erfährt, bei welchen Servlets oder bei welchen URLs er den Filter zu aktivieren hat. Sie müssen hierbei mindestens ein Servlet oder mindestens ein URL-Pattern nennen, bei dem der Filter zum Einsatz kommen soll.

Wenn ein Filter vor einem bestimmten Servlet aktiviert werden soll, wird man das Element servletNames einsetzen:

```
@WebFilter(
    servletNames={"SellServlet"}
)
public class LoggingFilter implements Filter {
```

Listing 4.55 LoggingFilter.java

Eine weitere Alternative ist, ein URL-Pattern zu benennen:

```
@WebFilter(
    urlPatterns={"/sell"}
)
public class LoggingFilter implements Filter {
```

Listing 4.56 LoggingFilter.java

Wenn Sie nur ein einziges URL-Pattern filtern möchten und ansonsten auch keine anderen Elemente der Annotation @WebFilter benötigen, können Sie das vereinfachte value-Element nutzen.

```
@WebFilter("/sell")
public class LoggingFilter implements Filter {
```

Listing 4.57 LoggingFilter.java

Um den Filter bei mehreren URL-Patterns zu aktivieren oder wenn weitere Elemente gesetzt werden sollen, müssen Sie die vollständige Schreibweise gebrauchen.

Im folgenden Beispiel geben wir dem Filter zusätzlich einen Namen und eine Beschreibung. Hierfür verwenden wir die Elemente filterName und description:

```
@WebFilter(
    urlPatterns={"/sell", "/register"},
    filterName="LoggingFilter",
    description="Logging bei bestimmten Zugriffen"
)
public class LoggingFilter implements Filter {
```

Listing 4.58 LoggingFilter.java

Wenn Sie einen Filter in der *web.xml* konfigurieren, dann sieht es etwas komplexer aus, denn dort spezifizieren Sie die gleiche Konfiguration wie im obigen Beispiel auf folgende Weise:

```
<filter>
    <description>
        Logging bei bestimmten Zugriffen
    </description>
    <filter-name>
        LoggingFilter
    </filter-name>
    <filter-class>
        de.java2enterprise.onlineshop.LoggingFilter
    </filter-class>
</filter>
<filter-mapping>
<filter-name>LoggingFilter</filter-name>
    <url-pattern>/sell</url-pattern>
    <url-pattern>/buy</url-pattern>
</filter-mapping>
```

Listing 4.59 web.xml

Im obigen Beispiel wird der Filter beim Aufruf der zwei URL-Patterns /sell und /buy aktiv. Weil wir im Onlineshop-Beispiel das SellServlet auf die URL /sell und das BuyServlet auf die URL /buy gemappt haben, wird der LoggingFilter vor diese beiden Servlets geschaltet.

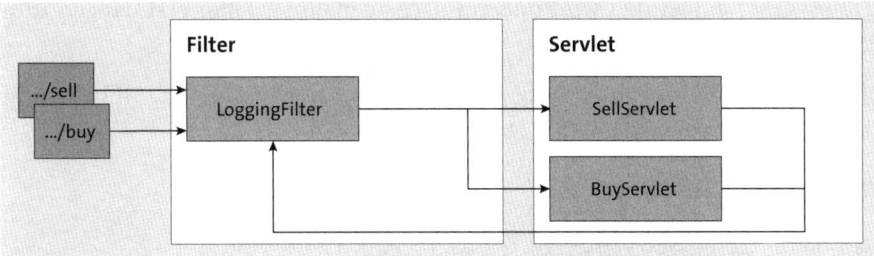

Abbildung 4.22 Ein Filter vor zwei Servlets

Diese Konfiguration ergibt sich also ganz einfach automatisch aus der Tatsache, dass der `LoggingFilter` die beiden URL-Patterns definiert und diese URL-Patterns gleichzeitig zu den jeweiligen Webkomponenten gemappt sind.

Über ein Asterisk (das Sternchen, *) können auch mehrere URLs von einem einzigen URL-Pattern betroffen sein. Im Beispiel in Listing 4.60 wird der Aufruf jeglicher URLs des Onlineshops dazu führen, dass – noch bevor ein Servlet ausgeführt wird – zunächst der `LoggingFilter` aktiv ist:

```
@WebFilter("/*")
public class LoggingFilter implements Filter {
```

Listing 4.60 LoggingFilter.java

4.9.3   Mehrere Filter vor ein Servlet setzen

Wir schauen uns noch ein weiteres Beispiel an, bei dem mehrere Filter vor ein Servlet gesetzt sind.

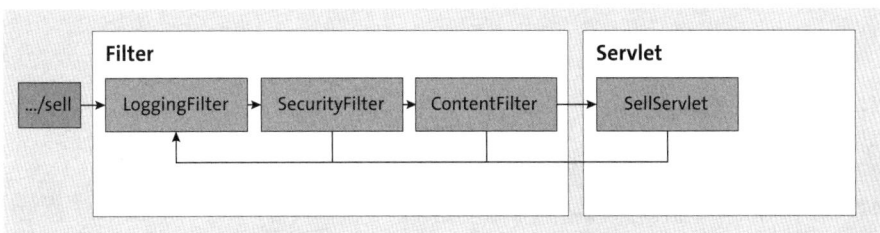

Abbildung 4.23 Mehrere Filter vor einem Servlet

Grundsätzlich können beliebig viele Filter vor der Ausführung eines Servlets aneinandergereiht sein. Allerdings ist hierbei die Reihenfolge der Verkettung nicht definiert. Zumindest ist das dann nicht der Fall, wenn Sie die Filter über die Annotation `@WebFilter` deklarieren.

Wenn Sie hingegen die Konfiguration im Deployment-Deskriptor vornehmen, entspricht die Ausführungsabfolge ihrer Anordnung in der Datei *web.xml*. Das bedeutet, dass ein erstgenannter Filter vorher aufgerufen wird und ein nächstgenannter Filter erst danach zum Zug kommt.

Beispielsweise würden aufgrund von Listing 4.61 der LoggingFilter, der SecurityFilter und der ContentFilter in einer geordneten Abfolge aufgerufen:

```
<?xml version="1.0" encoding="UTF-8"?>
<web-app
    xmlns:xsi="http://www.w3.org/2001/XMLSchema-instance"
    xmlns="http://xmlns.jcp.org/xml/ns/Java EE"
    xsi:schemaLocation="http://xmlns.jcp.org/xml/ns/Java EE
    http://xmlns.jcp.org/xml/ns/Java EE/web-app_4_0.xsd"
    version="4.0">

    <filter>
        <description>
            Logging bei bestimmten Zugriffen
        </description>
        <filter-name>
            LoggingFilter
        </filter-name>
        <filter-class>
            de.java2enterprise.onlineshop.LoggingFilter
        </filter-class>
    </filter>
    <filter>
        <description>
            Security bei bestimmten Zugriffen
        </description>
        <filter-name>
            SecurityFilter
        </filter-name>
        <filter-class>
            de.java2enterprise.onlineshop.SecurityFilter
        </filter-class>
    </filter>
    <filter>
        <description>
            Umwandlung des Contents
        </description>
        <filter-name>
            ContentFilter
        </filter-name>
```

```
      <filter-class>
          de.java2enterprise.onlineshop.ContentFilter
      </filter-class>
  </filter>

  <filter-mapping>
      <filter-name>
          LoggingFilter
      </filter-name>
      <url-pattern>/sell</url-pattern>
      <url-pattern>/buy</url-pattern>
  </filter-mapping>
  <filter-mapping>
      <filter-name>
          SecurityFilter
      </filter-name>
      <url-pattern>/sell</url-pattern>
      <url-pattern>/buy</url-pattern>
  </filter-mapping>
  <filter-mapping>
      <filter-name>
          ContentFilter
      </filter-name>
      <url-pattern>/sell</url-pattern>
      <url-pattern>/buy</url-pattern>
  </filter-mapping>
</web-app>
```

Listing 4.61 web.xml

4.9.4   Filter mit Umleitung

In der Methode doFilter() möchte man die automatische Abfolge manchmal umgehen und stattdessen auf eine unvorhergesehene Webkomponente umleiten. Die trivialste Art einer Umleitung gelingt, indem Sie innerhalb der Methode doFilter() ganz einfach ein Forward oder einen RequestDispatcher einsetzen.

Wir programmieren nun eine solche einfache Umleitung in einem kurzen Beispiel. Dabei sollen bei einem HTTP-Request nur jene Aufrufe zugelassen werden, bei denen die Benutzer einen gewissen Code eingegeben haben. Diesen Code haben die Benutzer vorab über eine SMS erhalten.

```
package de.java2enterprise.onlineshop;

import java.io.IOException;

import javax.servlet.Filter;
import javax.servlet.FilterChain;
import javax.servlet.FilterConfig;
import javax.servlet.RequestDispatcher;
import javax.servlet.ServletContext;
import javax.servlet.ServletException;
import javax.servlet.ServletRequest;
import javax.servlet.ServletResponse;
import javax.servlet.annotation.WebFilter;
import javax.servlet.http.HttpServletRequest;

@WebFilter("/register")
public class SecurityFilter implements Filter {
    public void destroy() {}

    public void doFilter(
            ServletRequest request,
            ServletResponse response,
            FilterChain chain)
            throws IOException, ServletException {

            String code = request.getParameter("code");
            if( "supergeheim123".equals(code) ) {
                chain.doFilter(request, response);
            } else {
                final String remoteAddr =
                    request.getRemoteAddr();
                final HttpServletRequest
                    httpServletRequest =
                    (HttpServletRequest) request;
                final String requestURI =
                    httpServletRequest.
                        getRequestURI();
                final ServletContext sc =
                    request.getServletContext();
                sc.log(
                    "Warning: improper access "
                    + "by remoteAddr "
```

```
                    + remoteAddr
                    + " on "
                    + requestURI );
              final RequestDispatcher dispatcher =
                    request.
                        getRequestDispatcher(
                        "signedout.html");
              dispatcher.forward(
                    request, response);
          }
      }

      public void init(FilterConfig fConfig)
          throws ServletException {}
}
```

Listing 4.62 SecurityFilter.java

4.9.5   Filter überspringen

Wenn ein Filter für ein gewisses URL-Pattern oder ein bestimmtes Servlet spezifiziert worden ist, wird er beim Eintreffen des HTTP-Requests normalerweise automatisch zwischengeschaltet. Dieses Defaultverhalten lässt sich aber auch umstellen. Das Konfigurationselement hierfür nennt sich bei der @WebFilter-Annotation dispatcherTypes.

Das Element dispatcherTypes kann folgende Werte enthalten:

▶ **REQUEST** (der Defaultwert): Dies ist die Defaulteinstellung. Das bedeutet, dass der Filter nur aktiv wird, wenn das URL-Pattern oder das Servlet unmittelbar durch den Client mit einem HTTP-Request aufgerufen wurde.

▶ **FORWARD**: Wenn das URL-Pattern oder das Servlet mit einem Forward von einer anderen Webkomponente aus aufgerufen wurde, muss FORWARD als Wert gesetzt sein.

▶ **INCLUDE**: Wenn das URL-Pattern oder das Servlet mit einem INCLUDE von einer anderen Webkomponente aus aufgerufen wurde, ist INCLUDE der richtige Wert.

▶ **ASYNC**: Dieser Filter wird nur aktiviert, wenn er innerhalb eines asynchronen Kontexts integriert werden soll.

▶ **ERROR**: Der Filter wird nur bei einem Error-Aufruf aktiv.

Wenn beispielsweise die Methode RequestDispatcher.forward(request, response) in einem Servlet aufgerufen wird und laut Abfolge ein Filter aktiviert werden soll, muss der Filter den DispatcherType FORWARD enthalten, denn ansonsten wird der Filter ganz einfach in der Abfolge übersprungen. Deshalb müsste die Annotation in diesem Fall aussehen wie in Listing 4.63:

```
@WebFilter(
    urlPatterns={
        "/sell"
    },
    dispatcherTypes= {
        DispatcherType.FORWARD
    }
)
public class LoggingFilter implements Filter {
    ...
```

Listing 4.63 LoggingFilter.java

In der *web.xml* setzen Sie das Dispatcher-Element auf diese Weise:

```
<filter>
    <filter-name>
        LoggingFilter
    </filter-name>
    <filter-class>
        de.java2enterprise.onlineshop.LoggingFilter
    </filter-class>
</filter>

<filter-mapping>
    <filter-name>
        LoggingFilter
    </filter-name>
    <url-pattern>/sell</url-pattern>
    <dispatcher>FORWARD</dispatcher>
</filter-mapping>
```

Listing 4.64 web.xml

Sie können auch mehrere DispatcherType-Elemente miteinander kombinieren. Wenn Sie beispielsweise dafür sorgen möchten, dass der Filter in jeder Lebenslage stets aktiviert wird, setzen Sie alle DispatcherType-Objekte wie in Listing 4.65:

```
@WebFilter(
    urlPatterns={
        "/*"
    },
    dispatcherTypes= {
        DispatcherType.REQUEST,
```

```
        DispatcherType.FORWARD,
        DispatcherType.INCLUDE,
        DispatcherType.ASYNC,
        DispatcherType.ERROR
    }
)
public class LoggingFilter implements Filter {
```

Listing 4.65 LoggingFilter.java

4.9.6   Einen Filter in Eclipse erzeugen

Mithilfe eines NEW-Wizards können Sie einen Filter in Eclipse automatisiert erzeugen lassen. Im Hauptmenü öffnen Sie über FILE • NEW • OTHER das Wizard-Auswahlfenster. Öffnen Sie den Ordner WEB, und selektieren Sie dort den Eintrag FILTER (Abbildung 4.24).

Nachdem Sie auf NEXT geklickt haben, gelangen Sie in ein Fenster, in dem Sie dem Filter einen Namen geben. Wir nennen den Filter *IsSecureLogger* (Abbildung 4.25).

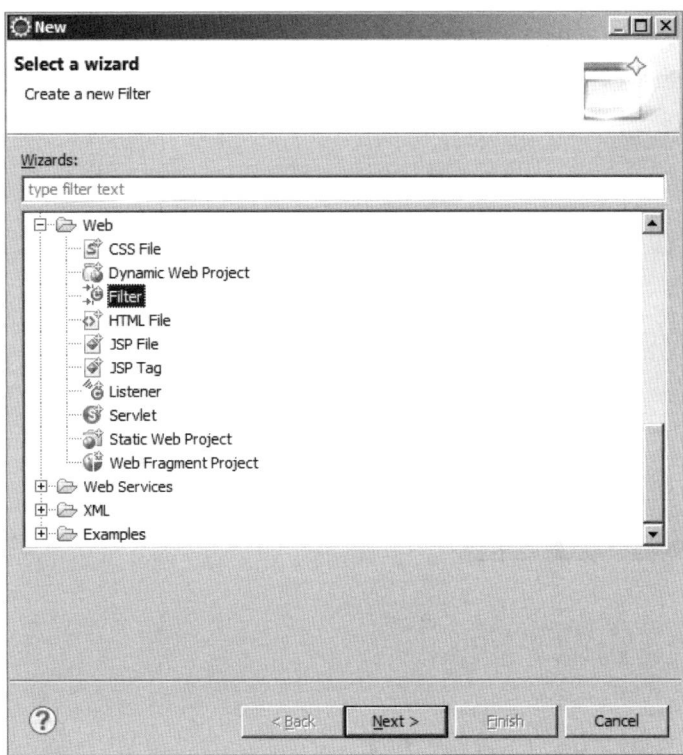

Abbildung 4.24 Die Auswahl des Filter-Wizards

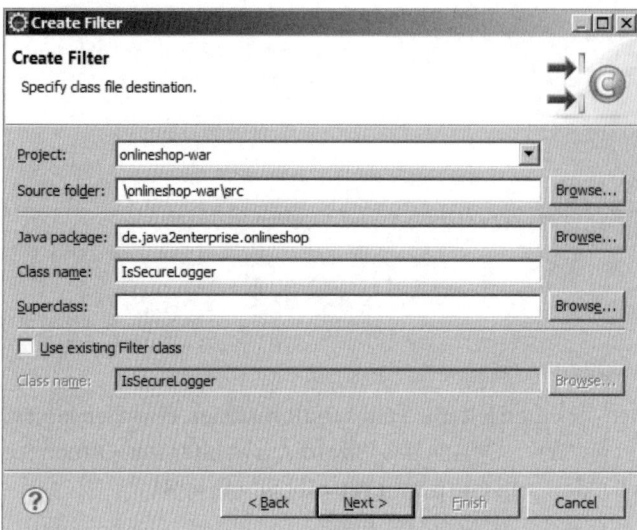

Abbildung 4.25 Die Erzeugung des Filters »IsSecureLogger«

Mit einem weiteren Klick auf NEXT bietet der Wizard die Möglichkeit, Initialisierungsparameter und Mappings festzulegen (siehe Abbildung 4.25).

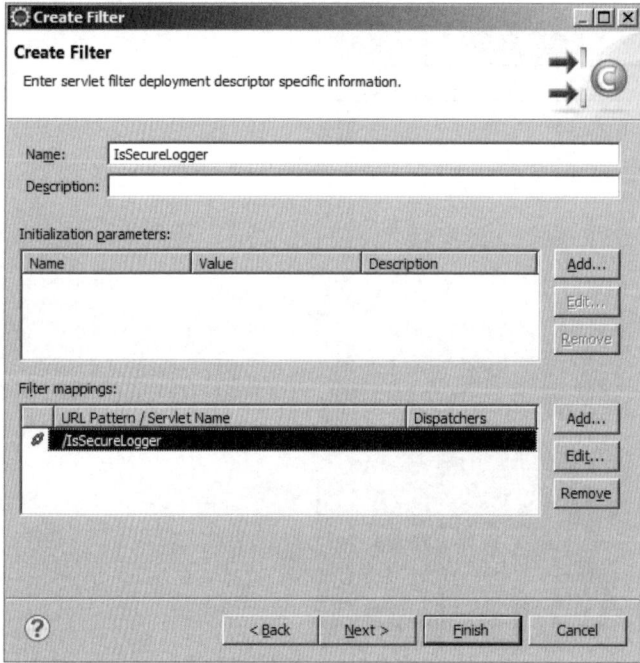

Abbildung 4.26 Die Konfiguration über den Wizard

Entfernen Sie den Eintrag »/IsSecureLogger«, und klicken Sie auf den Button ADD. Selektieren Sie danach im Fenster das SELLSERVLET.

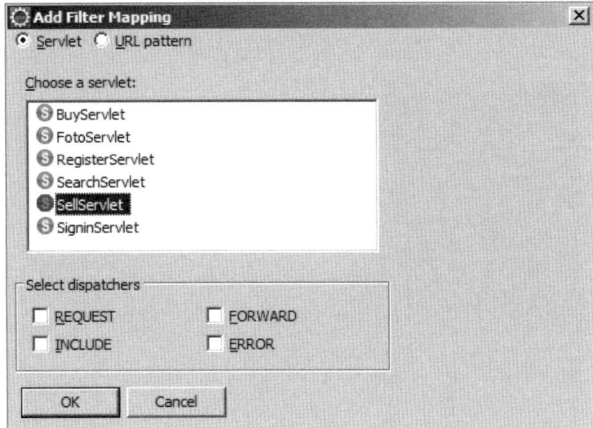

Abbildung 4.27 Die Auswahl des Filter-Mappings

Theoretisch könnten Sie an dieser Stelle auch DispatcherType-Angaben hinzufügen. Da der Filter aber bei einem Request aktiviert werden soll, behalten Sie die Defaulteinstellung bei und bestätigen sie mit einem Klick auf OK.

Zurück im CREATE FILTER-Fenster klicken Sie auf FINISH. Eclipse sollte nun ein Grundgerüst erstellt haben, das vor der Klasse die Annotation aus Listing 4.66 enthält:

```
@WebFilter(servletNames = { "SellServlet" })
public class IsSecureLogger implements Filter {
```

Listing 4.66 IsSecureLogger.java

Beachten Sie bei asynchronen Servlets, dass Sie auch den WebFilter auf »asynchron« setzen müssen, damit Sie die beiden Komponenten miteinander kombinieren können.

Listing 4.67 zeigt einen Filter, der bei allen eingehenden Aufrufen zugeschaltet wird, auch wenn sie zu asynchronen Servlets gehören:

```
package de.java2enterprise.onlineshop;

import java.io.IOException;

import javax.servlet.DispatcherType;
import javax.servlet.Filter;
import javax.servlet.FilterChain;
```

```java
import javax.servlet.FilterConfig;
import javax.servlet.ServletContext;
import javax.servlet.ServletException;
import javax.servlet.ServletRequest;
import javax.servlet.ServletResponse;
import javax.servlet.annotation.WebFilter;

@WebFilter(
        urlPatterns={
            "/*"
        },
        dispatcherTypes= {
            DispatcherType.REQUEST,
            DispatcherType.FORWARD,
            DispatcherType.INCLUDE,
            DispatcherType.ASYNC,
            DispatcherType.ERROR
        },
        asyncSupported=true
    )
public class IsSecureLogger implements Filter {

    public void destroy() {}

    public void doFilter(
        ServletRequest request,
        ServletResponse response,
        FilterChain chain)
            throws IOException, ServletException {
        ServletContext sc =
            request.getServletContext();
        sc.log("LoggingFilter...");
        chain.doFilter(request, response);
    }

    public void init(
        FilterConfig fConfig)
        throws ServletException {}
}
```

Listing 4.67 IsSecureLogger.java

4.10   WebListener

Während des Betriebs verrichtet der Webcontainer zahlreiche Arbeiten, die für die Webanwendung sehr wichtig sind. Bei den wichtigsten Aufgaben handelt es sich um die Erstellung der Objekte für die HTTP-Sitzungen und die HTTP-Requests. Bei vielen der hiermit verbundenen Tätigkeiten »plaudert« der Webcontainer vor sich hin. Sie können dem Webcontainer zuhören, indem Sie einen sogenannten *WebListener* programmieren.

Ein WebListener implementiert eine bestimmte Listener-Schnittstelle. Folgende Listener-Schnittstellen stehen zur Verfügung:

- **Zuhören bei der Arbeit an einem Servlet**
  - javax.servlet.ServletContextListener
  - javax.servlet.ServletContextAttributListener
- **Zuhören bei der Arbeit an einer Session**
  - javax.servlet.http.HttpSessionListener
  - javax.servlet.http.HttpSessionAttributeListener
  - javax.servlet.http.HttpSessionActivationListener
  - javax.servlet.http.HttpSessionBindingListener
- **Zuhören bei der Arbeit an einem Request**
  - javax.servlet.ServletRequestListener
  - javax.servlet.ServletRequestAttributeListener

Außerdem muss der WebListener entweder im Deployment-Deskriptor als solcher definiert oder mit der Annotation @WebListener versehen worden sein.

4.10.1   Die Programmierung eines WebListeners

Im folgenden Beispiel werden wir dem Webcontainer dabei zuhören, wie er eine HTTP-Session erzeugt oder wieder entfernt. Bei jedem Event werden wir eine entsprechende Ausgabe in das Logging des Servers vornehmen.

Eclipse bietet einen Wizard an, mit dem Sie einen WebListener automatisiert erstellen können. Hierfür öffnen Sie im Hauptmenü über FILE • NEW • OTHER den NEW-WIZARD und selektieren im Ordner WEB den Eintrag LISTENER.

Klicken Sie auf NEXT, um der Klasse und dem Package des Listeners einen Namen zu geben (Abbildung 4.28).

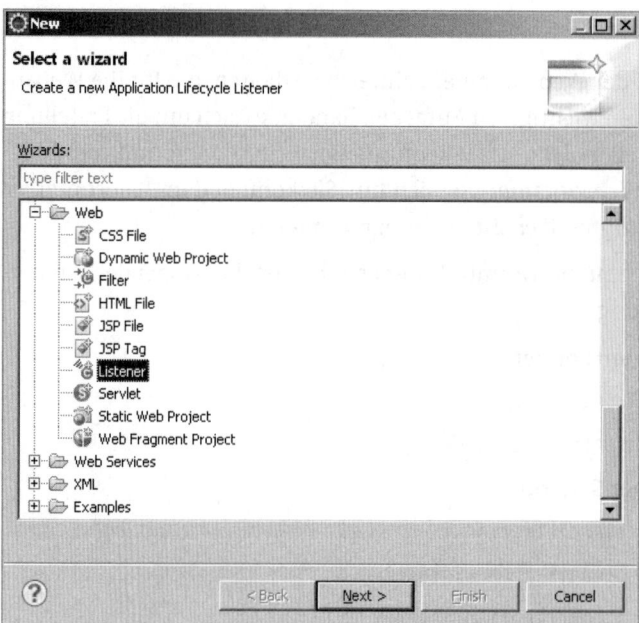

Abbildung 4.28 Die Erstellung eines Listeners über den Wizard von Eclipse

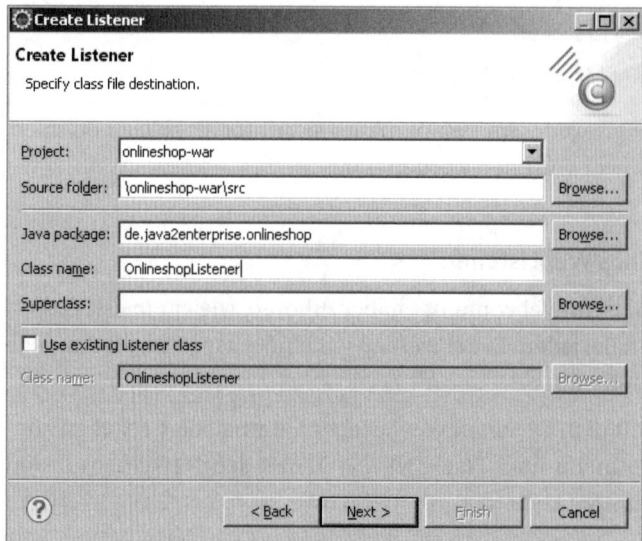

Abbildung 4.29 Die Erzeugung des Listeners im Eclipse-Wizard

Mit einem weiteren Klick auf NEXT gelangen Sie zu einer Ansicht, in der Sie die zu implementierenden Listener-Schnittstellen auswählen.

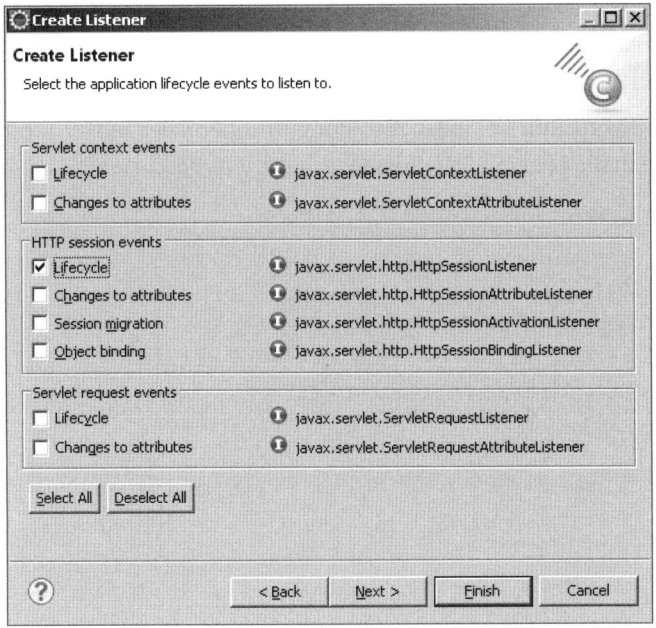

Abbildung 4.30 Die Auswahl der Ereignisse für den Listener

Um jedes Mal benachrichtigt zu werden, wenn eine HTTP-Sitzung erstellt oder zerstört wird, selektieren Sie die Checkbox LIFECYCLE im Bereich HTTP SESSION EVENTS.

Wenn Sie anschließend auf NEXT klicken, zeigt Ihnen der Wizard die Listener-Interfaces an, die die Klasse implementieren wird (siehe Abbildung 4.31).

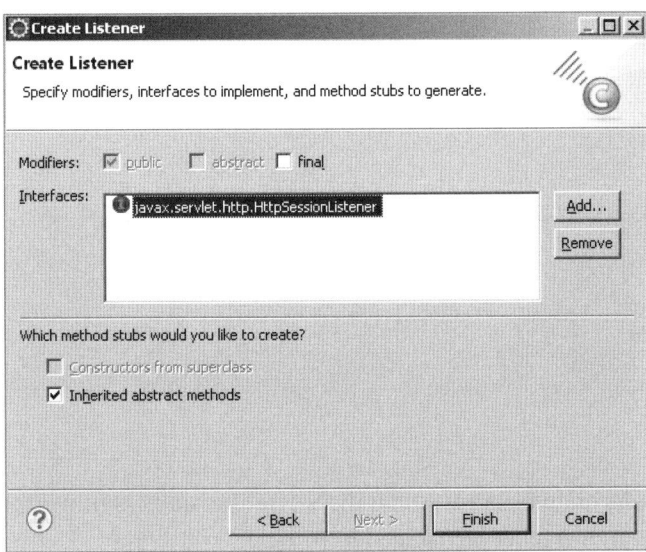

Abbildung 4.31 Die Interfaces, die der Onlineshop-Listener implementieren wird

Mit einem Klick wird die Klasse `OnlineshopListener.java` erzeugt. Die Datei enthält die leeren Rümpfe der Methoden `sessionCreated()` und `sessionDestroyed()`, die wir nun mit unserem eigenen Quelltext füllen müssen.

Mit den Inhalten aus Listing 4.68 wird nun bei jeder Erstellung und bei jeder Entfernung einer HTTP-Sitzung eine Ausgabe in die Logging-Datei des Java EE Servers geschrieben:

```java
package de.java2enterprise.onlineshop;

import javax.servlet.ServletContext;
import javax.servlet.annotation.WebListener;
import javax.servlet.http.HttpSession;
import javax.servlet.http.HttpSessionEvent;
import javax.servlet.http.HttpSessionListener;

@WebListener
public class OnlineshopListener
        implements HttpSessionListener {

    public void sessionCreated(HttpSessionEvent event) {
        HttpSession session = event.getSession();
        ServletContext servletContext =
            session.getServletContext();
        servletContext.log(
            "SESSION CREATED: " + event.toString());
    }

    public void sessionDestroyed(HttpSessionEvent event) {
        HttpSession session = event.getSession();
        ServletContext servletContext =
            session.getServletContext();
        servletContext.log(
            "SESSION DESTROYED: " + event.toString());
    }
}
```

Listing 4.68 OnlineshopListener.java

4.11   Der Server-Push

Wie in Kapitel 1, »Überblick«, bereits erläutert, unterstützt die Servlet-Version 4.0 nun erstmalig das Protokoll HTTP/2. Hierdurch ergeben sich folgende Vorteile:

- verschlüsseltes Binärformat
- Full Duplex Multiplexing
- eine einzige TCP/IP-Verbindung
- parallele Streams
- eine eigene ID für jeden Stream
- Stream-Priorisierung
- Header-Komprimierung
- Server-Push

Servlets 4.0 sind rückwärtskompatibel. Hiermit ist gemeint, dass Servlets vergangener Versionen immer noch genauso wie früher interpretiert werden. Dabei bemerkt der Webcontainer ganz von selbst, ob sich der Webbrowser mit ihm über das Transportprotokoll HTTP/1.1 oder über das Transportprotokoll HTTP/2 unterhalten möchte. Der Java EE-Entwickler braucht sich also um nichts kümmern, denn die Optimierung erfolgt automatisch.

> **Hinweis**
>
> Ich hatte zu Beginn des Kapitels bereits erwähnt, dass die gängigsten Webbrowser lediglich dann auf HTTP/2 umschalten, wenn es sich um eine SSL-verschlüsselte Verbindung handelt. Wenn wir also gleich ein Beispiel zur HTTP/2-Funktionalität programmieren, werden wir also eine *https*-URI und den *https*-Port 8181 von GlassFish verwenden.

Servlets 4.0 API bietet eine neue Klasse mit dem Namen PushBuilder an, über die eine auf HTTP/2 basierende Server-Push-Funktionalität an den Client programmiert werden kann. Der PushBuilder nutzt hierbei die bestehende TCP/IP-Verbindung, um serverseitig proaktiv Webelemente an den Cache des Webbrowsers zu senden.

In Listing 4.69 erzeugen wir ein Objekt der Klasse PushBuilder. Dem PushBuilder zeigen wir über die Methode path() die zu versendende Ressource an. Mit der Methode addHeader() fügen wir eine Header-Information für die Response hinzu. Zuletzt rufen wir die Methode push() auf, die die Ressource proaktiv an den Client sendet.

```
package de.java2enterprise.onlineshop;

import java.io.IOException;
import java.io.PrintWriter;

import javax.servlet.ServletException;
import javax.servlet.annotation.WebServlet;
import javax.servlet.http.HttpServlet;
import javax.servlet.http.HttpServletRequest;
```

```java
import javax.servlet.http.HttpServletResponse;
import javax.servlet.http.PushBuilder;

@WebServlet(urlPatterns = { "/serverpush" })
public class ServerPushServlet extends HttpServlet {
    private static final long serialVersionUID = 1L;

    public void doGet(final HttpServletRequest request,
            final HttpServletResponse response)
            throws ServletException, IOException {
        PushBuilder pushBuilder = request.newPushBuilder();
        if (pushBuilder != null) {
            pushBuilder.path("resources/img/tau.jpg")
                    .addHeader("content-type", "image/jpg")
                    .push();
        }
        try (PrintWriter respWriter = response
                .getWriter()) {
            respWriter.write(
                    "<html><img src='resources/img/tau.jpg'></html>");

        }
    }
}
```

Listing 4.69 ServerPushServlet.java

Um die Beispielanwendung in einem Browser auszuprobieren, löschen Sie am besten den gesamten Cache des Browsers. Außerdem sollten Sie die Entwicklertools innerhalb Ihres Webbrowsers öffnen. In der Adressleiste rufen Sie die URL *https://localhost:8181/onlineshop-web/serverpush* auf. Weil GlassFish kein vertrauenswürdiges Zertifikat anbietet, sollte nun die Webseite aus Abbildung 4.32 erscheinen.

Klicken Sie auf ERWEITERT. In der neuen Ansicht klicken Sie auf WEITER ZU LOCALHOST (UNSICHER).

In Abbildung 4.33 sehen Sie, dass der Initiator des Versands der Push des Servers war.

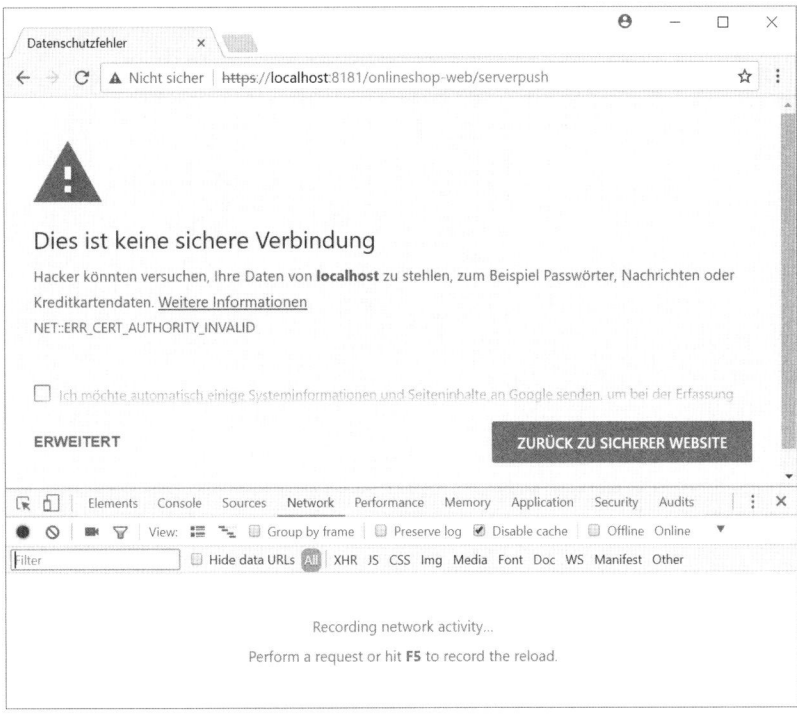

Abbildung 4.32 Warnung des Webbrowsers, dass keine sichere Verbindung besteht

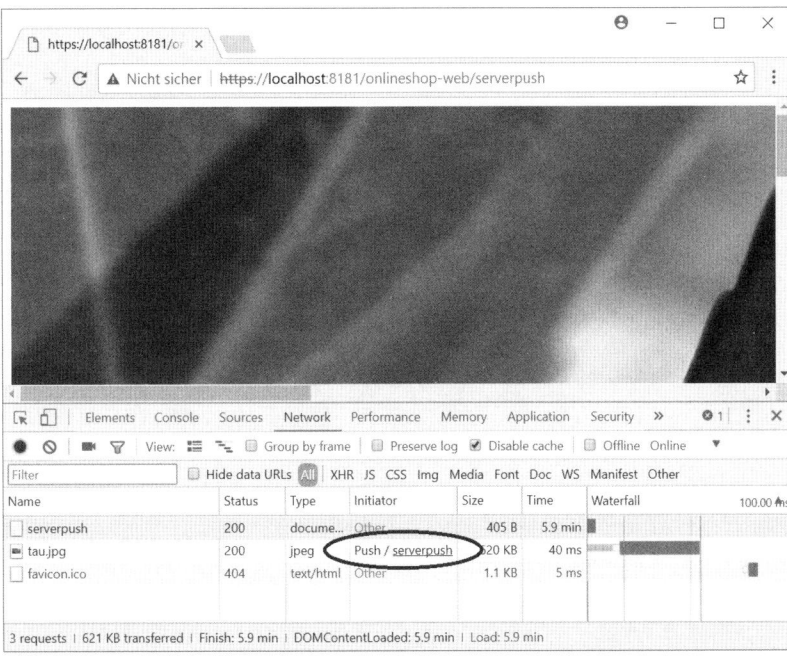

Abbildung 4.33 Der Server-Push

Kapitel 5
Java Server Pages

»Probleme kann man niemals mit derselben Denkweise lösen,
durch die sie entstanden sind.«
Albert Einstein

In diesem Kapitel werde ich die Technologie *Java Server Pages* (*JSP*) behandeln. Zahlreiche Systeme der Industrie und Wirtschaft werden nach wie vor mit Servlets und JSP realisiert. Das liegt insbesondere an der Low-Level-Programmiermöglichkeit, die man durch die Nutzung von *Java Server Faces* (*JSF*) und anderen High-Level-Komponenten-Frameworks verliert.

JSPs sehen prinzipiell wie HTML-Seiten aus. Jedoch können sie zusätzlich zu den statischen HTML-Elementen spezielle *JSP-Elemente* enthalten. Durch die Nutzung dieser JSP-Elemente lassen sich zum Beispiel Geschäftsdaten anzeigen und auch verarbeiten.

JSP-Elemente lassen sich in Direktiven, Skripting-Elemente und Aktionselemente einteilen:

- *JSP-Direktiven* werden ganz allgemein zur Steuerung der JSPs eingesetzt.
- Durch *JSP-Skripting-Elemente* kann reiner Java-Quelltext in die JSP geschrieben werden.
- Darüber hinaus gibt es die XML-ähnlichen *JSP-Aktionselemente*, mit denen Sie beispielsweise auf JavaBeans zugreifen können.

Zu Beginn dieses Kapitels beschreibe ich die Grundlagen der Technologie. Danach werde ich die JSP-Elemente vorstellen. Neben der eigentlichen JSP-Technologie werde ich in diesem Kapitel auch die *Expression Language* für JSPs (*JSP-EL*) und die *Java Standard Tag Library* (*JSTL*) behandeln. Diese beiden Technologien sind nicht nur innerhalb einer JSP von Belang, sondern spielen auch in Java Server Faces eine Rolle.

5.1 Grundlagen

In diesem Abschnitt steigen wir direkt in die Praxis ein, denn die Programmierung einer JSP ist im einfachsten Fall recht trivial. Um eine JSP zu erstellen, reicht es, eine statische HTML-Datei in eine JSP-Datei umzubenennen.

5.1.1 Die HTML-Seiten des Onlineshops in JSP-Dateien umbenennen

In Kapitel 3, »Planung und Entwurf«, haben wir HTML-Dateien erstellt, die wir als View eines Onlineshops verwendet haben. Diese Dateien nannten sich *index.html*, *register.html*, *search.html*, *sell.html* und *signin.html*. Wenn wir diese Dateien nun so umbenennen, dass sie auf *.jsp* enden, wird für jede Datei wie von Geisterhand ein Servlet erzeugt, das den enthaltenen HTML-Text in einen Ausgabestrom setzt. Für diesen Automatismus ist eine JSP-Engine namens *Jasper* verantwortlich. Jasper erkennt die JSPs an der Endung *.jsp* und wandelt sie spätestens beim ersten Aufruf in ein automatisch generiertes Servlet um.

Da wir uns die Arbeit von Jasper nun genauer anschauen werden, sollten Sie jetzt die Endung *.html* der HTML-Dateien des Onlineshops in *.jsp* ändern.

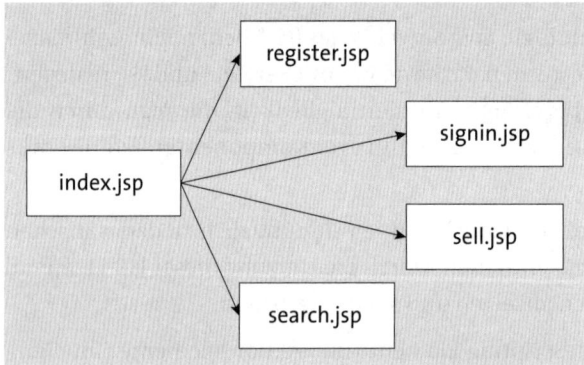

Abbildung 5.1 Die fünf HTML-Dateien des Onlineshops werden in JSP-Dateien umbenannt.

Außerdem müssen Sie den Inhalt der fünf Dateien anpassen, denn dort wird beispielsweise in allen nav-Elementen noch auf eine HTML-Seite verlinkt. Ersetzen Sie jetzt deshalb alle Zeichenketten .html durch .jsp.

```
<nav>
    <a href="index.jsp">Home</a>
    <a href="register.jsp">Registrieren</a>
    <a href="signin.jsp">Einloggen</a>
    <a href="sell.jsp">Verkaufen</a>
    <a href="search.jsp">Kaufen</a>
</nav>
```

Listing 5.1 Die Endung der Links muss in ».jsp« umbenannt werden.

Nachdem Sie die Änderung durchgeführt haben, deployen Sie das gesamte Programm wieder auf den Java EE Server *GlassFish*. Im Webbrowser werden Sie zunächst kaum einen Unterschied wahrnehmen. Dass die JSP-Engine dennoch am Werk war, wird gleich in Abschnitt 5.1.2 deutlich, wenn wir uns die automatisch erzeugten Servlets anschauen, die Jasper für uns angelegt hat.

5.1.2 Das automatisch generierte Servlet

Sie können sich die automatisch generierten Servlets auf Ihrer Festplatte ansehen. Wenn Sie die JSP-Beispiele aus dem letzten Abschnitt deployt haben und jede JSP einmal in Ihrem Webbrowser aufgerufen haben, sollten sich die Servlet-Quelltexte im Verzeichnis *C:\glassfish5\glassfish\domains\domain1\generated\jsp\onlineshop\onlineshop-web_war\ org\apache\jsp* befinden. Die Namen der automatisch generierten Servlet-Dateien ähneln ihrem statischen Original. Beispielsweise nennt sich das Servlet für die Datei *index.jsp* index_jsp.java. Anhand des Quelltextes, den Jasper automatisch für uns erzeugt hat, lässt sich erkennen, wie das Servlet den Inhalt der Datei *index.jsp* an den Webbrowser versendet:

```java
package org.apache.jsp;

import javax.servlet.*;
import javax.servlet.http.*;
import javax.servlet.jsp.*;

public final class index_jsp extends
    org.apache.jasper.runtime.HttpJspBase
        implements
        org.apache.jasper.runtime.JspSourceDependent {

private static final JspFactory _jspxFactory =
        JspFactory.getDefaultFactory();
    private static java.util.List<String>
        _jspx_dependants;
    private org.glassfish.jsp.api.ResourceInjector
        _jspx_resourceInjector;
    public java.util.List<String> getDependants() {
        return _jspx_dependants;
    }

    public void _jspService(
        HttpServletRequest request,
        HttpServletResponse response)
        throws java.io.IOException, ServletException {

    PageContext pageContext = null;
    HttpSession session = null;
    ServletContext application = null;
    ServletConfig config = null;
    JspWriter out = null;
    Object page = this;
```

```
        JspWriter _jspx_out = null;
        PageContext _jspx_page_context = null;

        try {
            response.setContentType(
                "text/html;charset=UTF-8");
            response.setHeader(
                "X-Powered-By", "JSP/2.2");
            pageContext =
                _jspxFactory.getPageContext(
                    this, request, response,
                    null, true, 8192, true);
            _jspx_page_context = pageContext;
            application = pageContext.getServletContext();
            config = pageContext.getServletConfig();
            session = pageContext.getSession();
            out = pageContext.getOut();
            _jspx_out = out;
            _jspx_resourceInjector =
                    (org.glassfish.jsp.api.ResourceInjector)
                application.getAttribute(
                "com.sun.appserv.jsp.resource.injector");
                out.write("<h1>Onlineshop</h1>\r\n");
        } catch (Throwable t) {
            if (!(t instanceof SkipPageException)){
                out = _jspx_out;
                if (
                    out != null &&
                    out.getBufferSize() != 0)
                    out.clearBuffer();
                if (_jspx_page_context != null)
                    _jspx_page_context.
                        handlePageException(t);
                else
                    throw new ServletException(t);
            }
        } finally {
            _jspxFactory.releasePageContext(
                _jspx_page_context);
        }
    }
}
```

Listing 5.2 index_jsp.java

In Listing 5.2 wurden einige Objekte mit fetter Schrift hervorgehoben. Und zwar handelt es sich hierbei um die sogenannten *impliziten Objekte*. Die impliziten Objekte, die im Listing hervorgehoben wurden, nennen sich request, response, pageContext, session, application, config, out und page. Es gibt noch ein weiteres implizites Objekt mit dem Namen exception, das allerdings nur auf sogenannten *errorPages* existiert.

Das Besondere an impliziten Objekten ist, dass Jasper (die JSP-Engine) sie uns automatisch zur Verfügung stellt und wir somit zahlreiche Quelltextzeilen einsparen können. Auf implizite Objekte werden wir in Abschnitt 5.3 noch einmal zurückkommen, wenn wir innerhalb eines JSP-Scriptlets Java-Quelltexte programmieren und die impliziten Objekte nutzen, um beispielsweise JavaBeans zu setzen oder abzufragen.

5.1.3   Eine JSP konfigurieren

Im letzten Kapitel habe ich erklärt, dass der Webcontainer eine Webkomponente nur ausführen kann, wenn sie konfiguriert ist. Das bedeutet, dass entweder ein entsprechendes Mapping im Deployment-Deskriptor *web.xml* definiert worden ist oder dass eine @WebServlet-Annotation im Servlet gesetzt wurde.

Wenn eine JSP in ein automatisch generiertes Servlet umgewandelt wird, ist automatisch auch dafür gesorgt, dass die JSP über ein URL-Pattern aufrufbar ist. Und zwar entspricht das URL-Pattern per Default dem Namen der JSP. Für den Entwickler ist deshalb keinerlei weiteres Mapping erforderlich, weil das die JSP-Engine bereits für ihn erledigt. Dessen ungeachtet kann ein Mapping dennoch in einem *Deployment-Deskriptor* gesetzt werden. Dies wäre zum Beispiel dann erforderlich, wenn ein zusätzliches URL-Pattern erwünscht ist oder Initialisierungsparameter ins Spiel kommen. Durch den Deployment-Deskriptor aus Listing 5.3 ist die JSP mit dem Namen *jdbc.jsp* nun auch unter dem URL-Pattern db_settings aufrufbar:

```
<?xml version="1.0" encoding="UTF-8"?>
<web-app xmlns:xsi="http://www.w3.org/2001/XMLSchema-instance"
    xmlns="http://xmlns.jcp.org/xml/ns/Java EE"
    xsi:schemaLocation="http://xmlns.jcp.org/xml/ns/Java EE
http://xmlns.jcp.org/xml/ns/Java EE/web-app_4_0.xsd"
    version="4.0">
<servlet>
    <servlet-name>JDBC</servlet-name>
    <jsp-file>
        jdbc.jsp
    </jsp-file>
</servlet>
<servlet-mapping>
    <servlet-name>JDBC</servlet-name>
    <url-pattern>/db_settings</url-pattern>
```

```
    </servlet-mapping>
</web-app>
```

Listing 5.3 web.xml

5.2 Direktiven

Direktiven werden in einer JSP benötigt, um grundsätzliche Einstellungen und übergeordnete Anweisungen vorzunehmen. Zum Beispiel können Sie mit Direktiven Umleitungen festlegen oder import-Anweisungen definieren. Direktiven werden immer mit <%@ eingeleitet und mit %> beendet. Es wird zwischen drei verschiedenen Direktiven unterschieden:

- der page-Direktive
- der taglib-Direktive
- der include-Direktive

5.2.1 Die »page«-Direktive

Die page-Direktive <%@ page ... %> legt allgemeine Definitionen für die JSP-Datei fest. Sie werden mithilfe von sogenannten *Attributen* definiert. Die wichtigsten Attribute sind language, contentType und pageEncoding, die üblicherweise jeder JSP-Datei vorangestellt werden. Im Anschluss an diese Attribute stelle ich noch weitere vor.

language

Mit dem Attribut language legen Sie Java als die angewendete Programmiersprache Java fest. Da dies die Standardeinstellung des Webservers ist, können Sie diese Angabe auch weglassen; sie wird jedoch zur Eindeutigkeit oft trotzdem vorgenommen:

```
<%@page language="Java"%>
```

contentType

Mit dem Attribut contentType geben Sie den MIME-Typ und den Zeichensatz an. Der Defaultwert ist text/html; charset=ISO-8859-1 und sollte auf text/html umgestellt werden. Auf das pageEncoding kommen wir gleich zurück.

```
<%@page language="Java" contentType="text/html" %>
```

pageEncoding

Mit dem Attribut pageEncoding bestimmen Sie den Zeichensatz der Webseite. Per Default ist dieses Attribut nicht gesetzt. Üblicherweise wird es auf "UTF-8" gesetzt:

```
<%@page language="Java" contentType="text/html" pageEncoding="UTF-8"%>
```

trimDirectiveWhitespace

Wenn Sie sich die HTML-Seiten anschauen, die aus einer JSP resultieren, werden Sie feststellen, dass sie sehr viele Leerstellen und Leerzeilen enthalten. Mithilfe des Attributs `trimDirectiveWhitespaces="true"` sorgen Sie dafür, dass überflüssige Leerstellen entfernt werden.

errorPage

Mit dem Attribut `errorPage="fehlerausgabe.jsp"` können Sie eine JSP angeben, die bei einer Exception erscheinen soll. Standardmäßig ist das Attribut `errorPage` nicht gesetzt. Deshalb erscheint normalerweise im Fehlerfall eine für Webseiten-Benutzer unverständliche Meldung, da sich die Benutzer ja meist nicht mit Java-Exceptions auskennen. Um Verwirrung zu verhindern, programmiert man eine individuelle Fehlerseite und verweist über `errorPage` auf sie. Zum Beispiel werden die Anweisungen in der JSP aus Listing 5.4 zu einem Ausnahmefehler führen; durch den Ausnahmefehler wird der Programmablauf automatisch zu *fehlerausgabe.jsp* geleitet:

```
<%@page errorPage="fehlerausgabe.jsp"%>
<%
    String email = null;
    out.println(email.toString());
%>
```

Listing 5.4 fehlerhafteSeite.jsp

isErrorPage

Eine Fehlerseite, die als Zieladresse bei einem Ausnahmefehler dient, wird mit der `page`-Direktive `isErrorPage="true"` gekennzeichnet. Dadurch kann innerhalb der Seite auf das implizite Objekt mit dem Bezeichner `exception` zugegriffen werden.

```
<%@page
    contentType="text/html"
    pageEncoding="UTF-8"
    isErrorPage="true"%>

Es ist ein Fehler aufgetreten!
Bitte benachrichtigen Sie unseren Webadministrator
über admin@java2enterprise.de. Die Fehlermeldung lautet:
<%= out.println(exception) %>
```

Listing 5.5 fehlerausgabe.jsp

isThreadSafe

Das Attribut isThreadSafe ist standardmäßig auf true gesetzt. Das heißt, dass der Entwickler selbst dafür verantwortlich ist, ob seine Anwendung bei mehrfach parallelem Aufruf richtig funktioniert oder nicht. Setzen Sie dagegen isThreadSafe auf false, überlassen Sie die Sicherstellung dem Webcontainer.

```
<%@ page isThreadSafe="false"%>
```

Allerdings könnte dies zur Folge haben, dass der mehrfache Aufruf der JSP-Datei zu einer Blockierung führt. Denn weitere Aufrufer müssen so lange warten, bis die Bearbeitung durch den ersten Aufruf abgeschlossen ist. Daher wird das Setzen dieses Attributes auf false vom Hersteller (ehemals *Sun Microsystems*) nicht empfohlen. Trotzdem könnten fachliche oder technische Erfordernisse (wie konkurrierende Datenbankzugriffe) bestehen, die dies voraussetzen.

info

Das Attribut info wird vom Webcontainer als Beschreibung der JSP-Datei verstanden.

```
<%@ page info="Ein Onlineshop"%>
```

Per Default ist dieser Wert nicht gesetzt. Es handelt sich hierbei um die Information, die über die Servlet-Methode getServletInfo() beschafft werden kann.

session

Das Attribut session ist per Default auf true gesetzt und bedeutet, dass die Geschäftsdaten während der Benutzersitzung (HTTP-Session) erhalten bleiben. Dieses Defaultverhalten wird sehr selten geändert.

import

Ein oft benötigtes Attribut ist import, das die gleiche Bedeutung hat wie das Schlüsselwort import im konventionellen Java-Code. Der folgende Ausschnitt zeigt, wie das Attribut import zu benutzen ist:

```
<%@ page import="java.util.*" %>
```

Beachten Sie, dass das Semikolon am Ende der import-Anweisung nicht benötigt wird. Ein Semikolon würde sogar zu einer Fehlermeldung führen, da die JSP-Engine beim Servlet selbst an dieser Stelle ein Semikolon setzen möchte. Sie können auch mehrere Pakete in die import-Anweisung einfügen. Die Pakete sind dabei durch ein Komma voneinander zu trennen:

```
<%@ page import="java.util.*, java.math.*" %>
```

Die einzelne `import`-Anweisung ist gleichbedeutend mit dieser:

```
<%@ page import="java.util.*" %>
<%@ page import="java.math.*" %>
```

Soweit zur Bedeutung aller Attribute von `page`. Nun folgt noch ein Hinweis zur Syntax.

> **Syntax-Hinweis**
>
> Man darf mehrere Attribute in einer `page`-Direktive einsetzen:
>
> ```
> <%@ page language="java" contentType="text/html" %>
> ```
>
> Der obige Quelltext ist also gleichbedeutend mit:
>
> ```
> <%@ page language="java" %>
> <%@ page contentType="text/html" %>
> ```
>
> Beide Schreibweisen sind syntaktisch richtig und erlaubt.

buffer

Wenn ein Servlet einen HTTP-Request beantwortet, wird der antwortende Text in einen Ausgabestrom geschrieben. Hierbei verwendet das Servlet einen Buffer, um die Übermittlung der Gesamtdaten zu beschleunigen. Per Default werden zunächst 8 KB im Buffer gesammelt, bevor automatisch ein `flush()` ausgeführt wird. Die Buffergröße kann geändert werden. Beispielsweise setzt `256kb` die Buffergröße auf 256 KB. Mit `none` wird der Buffer abgestellt.

autoflush

Dies ist eine weitere Möglichkeit, einen automatischen Flush zu verhindern. Der Defaultwert ist `true`. Mit `autoflush="false"` wird jedes Byte sofort über die Leitung geschickt.

extends

Mit `extends` kann die JSP von einer individuellen JSP abgeleitet werden:

```
<%@ page extends="de.java2enterprise.MyClass" %>
```

Auf diese Technik geht dieses Kapitel aber nicht ein, da sie in modernen Webanwendungen als unsaubere Programmierung betrachtet wird.

isELIgnored

Dieses Attribut bezieht sich auf die *Expression Language* (*EL*), die ich erst in Abschnitt 5.6, »JSP-EL«, zeigen werde. Über `isELIgnored="true"` können Sie verhindern, dass die EL-Ausdrücke ${...} und #{...} ausgewertet werden.

deferredSyntaxAll

Dieses Attribut bezieht sich ebenfalls auf die Expression Language. Auch auf die `deferred`-Syntax werde ich später eingehen. Es handelt sich hierbei um den EL-Ausdruck #{...}, der in älteren Versionen noch nicht existierte. Der Defaultwert ist `false`. Mit `deferredSyntaxAll`="true" werden die EL-Ausdrücke #{...} als Zeichenketten interpretiert.

5.2.2   Die »taglib«-Direktive

Tags sind Ihnen aus der HTML-Welt bestimmt bekannt. JSP-Elemente werden auch als Tags bezeichnet. Genauer gesagt ist es so, dass ein Markup-Element aus einem öffnenden und einem schließenden Tag besteht. Bei Java Server Pages können zusätzliche Tags programmiert und in Tag-Bibliotheken zusammengepackt werden. Mit der `taglib`-Direktive binden Sie solche Tag-Bibliotheken in eine JSP ein. Zum Beispiel fügt die folgende `taglib`-Direktive die Kernbibliotheken der JSTL in eine JSP ein:

```
<%@ taglib prefix="c" uri="http://java.sun.com/jstl/core_rt"%>
```

Gleichzeitig wird in der `taglib`-Direktive ein `prefix` genannt, über das auf die Elemente der eingebundenen Bibliothek zugegriffen werden soll. In Abschnitt 5.6, »JSP-EL«, werde ich hierauf noch mal eingehen.

5.2.3   Die »include«-Direktive

Durch die `include`-Direktive fügen Sie eine externe JSP-Datei in die aktuelle JSP-Datei ein. Die externe Datei erhält dabei üblicherweise die Endung *.jspf*. Bei der *.jspf*-Datei handelt es sich nicht um eine komplette JSP, die alleinstehend aufgerufen werden kann, denn die JSP-Engine kopiert einfach nur den Quelltext der *.jspf* an die Stelle der `include`-Direktive, bevor das automatisierte Servlet erzeugt worden ist. Für die Laufzeit bedeutet das, dass Änderungen, die erst beim Aufruf bekannt sind, sich nicht mehr auswirken können. Würden Sie zum Beispiel bei jedem Aufruf ein sich änderndes Ergebnis erwarten, wäre der Einsatz der `include`-Direktive falsch. In Abschnitt 5.4, »Aktionselemente«, werde ich noch eine weitere `include`-Möglichkeit zeigen, die die externe Datei erst zur Laufzeit nach einem HTTP-Request hinzufügt. Wenn sich der Inhalt der einzubindenden Datei zur Laufzeit ohnehin nicht ändert, ist die `include`-Direktive die richtige Wahl.

Baut sich eine JSP mithilfe der `include`-Direktive aus mehreren Dateien zusammen, müssen Sie darauf achten, dass die Attribute `language` und `contentType` der `page`-Direktive nur ein einziges Mal vorkommen.

5.2.4   Den Kopfteil und Fußteil der JSPs in gesonderte JSPF-Dateien auslagern

Für die Beispielanwendung *Onlineshop* ist die `include`-Direktive sehr praktisch. Da sich die oberen und die unteren Abschnitte in allen HTML-Dateien des Entwurfs wiederholen, können wir nun die wiederkehrenden Bestandteile in externe Dateien auslagern und per include-Direktive einbinden. Dadurch brauchen wir zukünftige Änderungen in diesen Bereichen nur noch einmalig anzupassen.

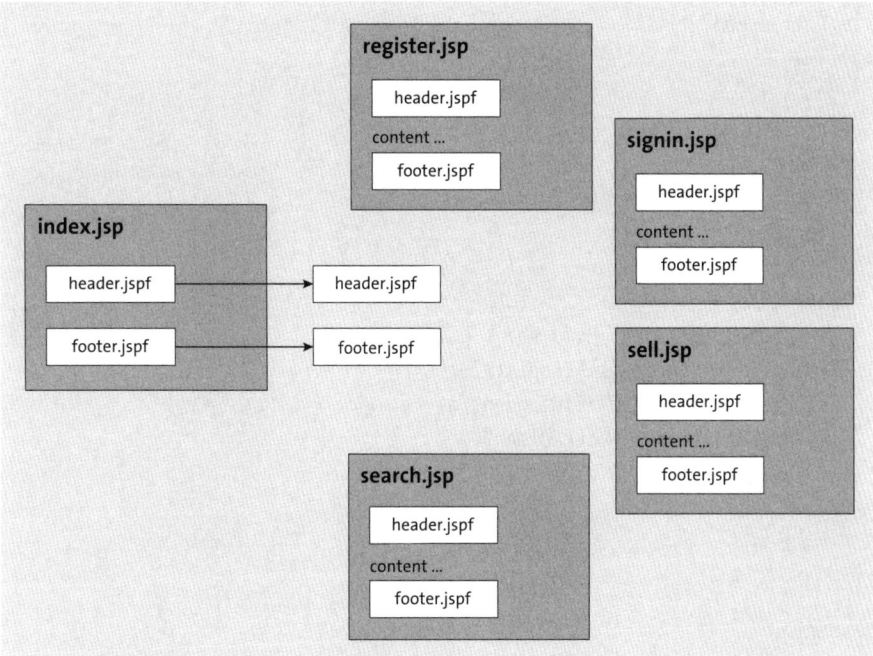

Abbildung 5.2 Der Inhalt der »header.jspf« besteht aus den oberen 21 Zeilen der JSP-Dateien, denn dieser Bereich ist in allen JSP-Beispielen identisch.

Für das Programmierbeispiel *Onlineshop* werden wir den Kopf- und den Fußbereich der Datei *index.jsp* in zwei gesonderte Dateien namens *header.jspf* und *footer.jspf* auslagern. Diese beiden Teile gleichen sich in allen Dateien. Weil wir sie in allen JSP-Dateien per include-Direktive einbinden können, lässt sich dieser redundante Ballast aus allen anderen Dateien eliminieren.

Beachten Sie, dass die Namen der Dateien *header.jspf* und *footer.jspf* bewusst nicht auf *.jsp*, sondern auf *.jspf* enden, denn dies entspricht der gängigen Konvention für JSP-Dateien, die als sogenannte Fragmente eingebunden werden sollen.

Beachten Sie bei der Datei *header.jspf* auch, dass wir vor das Element DOCTYPE nun auch eine page-Direktive setzen werden. Die JSPs würden zwar auch ohne die page-Direktive funktionieren, jedoch wäre die Programmierung an dieser Stelle unsauber. Außerdem ist es für den Webcontainer hilfreich, wenn er Informationen darüber erhält, wie der ContentType-Header und die Zeichenkodierung anzumerken sind.

```
<%@page language="Java" contentType="text/html" pageEncoding="UTF-8"%>
<!DOCTYPE html>
```

```
<html>
    <head>
        <meta charset="UTF-8"/>
    <link rel="stylesheet" href="resources/css/styles.css">
        <title>Onlineshop</title>
    </head>
    <body>
        <header>
            <hgroup>
            <h1 class="title">Onlineshop</h1>
            </hgroup>

            <nav>
              <a href="index.jsp">Home</a>
              <a href="register.jsp">Registrieren</a>
              <a href="signin.jsp">Einloggen</a>
              <a href="sell.jsp">Verkaufen</a>
              <a href="search.jsp">Suchen</a>
            </nav>

        </header>
```

Listing 5.6 header.jspf

Die Datei *footer.jspf* besteht wiederum aus den unteren 5 Zeilen der JSP-Dateien:

```
<footer>
        Copyright
</footer>
</body>
</html>
```

Listing 5.7 footer.jspf

Erstellen Sie die neuen Dateien *header.jspf* und *footer.jspf*, indem Sie in Eclipse im Hauptmenü auf FILE • NEW • OTHER klicken. Im Fenster NEW klicken Sie in der Baumstruktur auf WEB • JSP FILE (siehe Abbildung 5.3).

Im nächsten Fenster setzen Sie den Dateinamen auf *header.jspf*. Mit einem Klick auf FINISH wird die JSP erzeugt. Ersetzen Sie danach den automatisch erzeugten Inhalt der Datei *header.jspf* durch die oberen 21 Zeilen von Listing 5.6.

Genauso erstellen Sie die Datei *footer.jspf* mit den 5 Zeilen des unteren Bereichs (Abbildung 5.4).

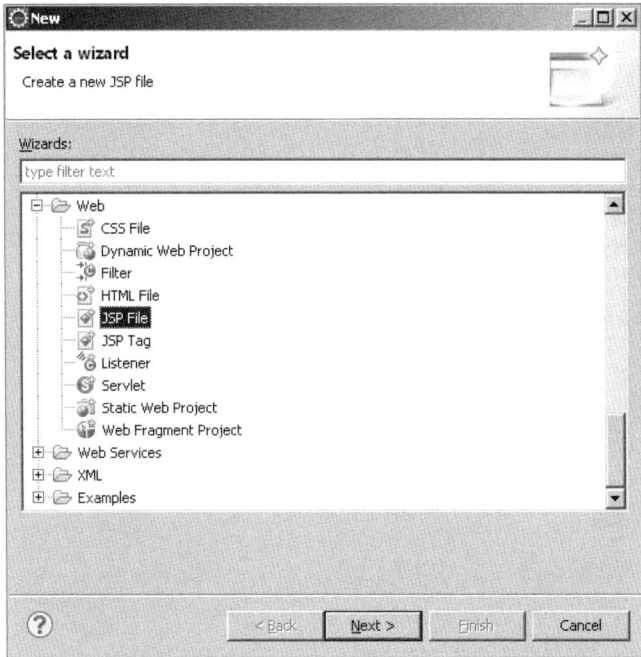

Abbildung 5.3 Eine neue JSP erstellen

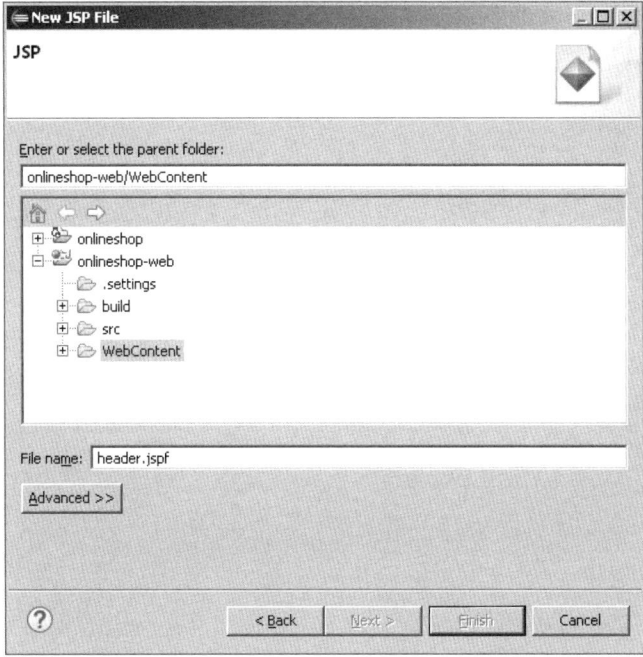

Abbildung 5.4 Die Benennung der JSP-Fragment-Datei

In den Dateien *index.jsp*, *register.jsp*, *sell.jsp*, *search.jsp* und *signin.jsp* ersetzen Sie die ersten 21 Zeilen durch die include-Direktive für die Datei *header.jspf* und die letzten 5 Zeilen durch die include-Direktive für die *footer.jspf*. Dadurch wird die JSP-Engine die JSPF-Dateien an den entsprechenden Stellen hineinkopieren.

Die Datei *index.jsp* sollte nun beispielsweise folgenden Quelltext enthalten:

```
<%@ include file="header.jspf" %>
<%@ include file="footer.jspf " %>
```

Dagegen schaut die Datei *register.jsp* aus wie in Listing 5.8:

```
<%@ include file="header.jspf" %>
    <form action="register" method="post">
    <fieldset>
    <legend>Registrieren</legend>
    <table>
        <tbody>
        <tr>
            <th>
                <label for="email">Email:</label>
            </th>
            <td>
                <input
                    type="email"
                    name="email"
                    size="40"
                    maxlength="40"
                    title="muster@beispiel.de"
                    placeholder="E-Mail eingeben"
                    pattern=".{6,40}"
                    required="required">
            </td>
        </tr>
        <tr>
            <th>
                <label for="password">
                    Password:
                </label>
            </th>
            <td>
```

```
            <input
                type="password"
                name="password"
                size="10"
                maxlength="10"
                title="6-10 Zeichen"
                placeholder=
                    "Passwort eingeben"
                pattern=".{6,10}"
                required="required">
        </td>
    </tr>
    <tr>
        <td/><td>
            <input type="submit">
            <input type="reset">
        </td>
    </tr>
    </tbody>
    </table>
    </fieldset>
    </form>
<%@ include file="footer.jspf" %>
```

Listing 5.8 register.jsp

Dementsprechend passen Sie für die Übung auch die anderen JSP-Dateien an. Führen Sie anschließend die Java EE-Anwendung aus, um die Einbindung der *.jspf*-Dateien zu überprüfen.

5.3   Skripting

Innerhalb einer JSP lassen sich reine Java-Anweisungen einfügen. Dies erfolgt über sogenannte *Scriptlet-Elemente*. Neben den Scriptlet-Elementen zählen spezielle Kommentarelemente, Deklarationselemente und Ausdruckelemente zu den Skripting-Werkzeugen. Wir schauen uns aber erst einmal die Scriptlets an, da sie im Vergleich zu den übrigen drei Elementen die wichtigsten Skripting-Elemente darstellen.

Scriptlets sind JSP-Elemente, durch die reine Java-Anweisungen in einer JSP programmiert werden können.

Ein Scriptlet wird mit einem <% begonnen und mit einem %> geschlossen:

```
<h1>
<%
    String gruss = "Hallo Welt";
%>
</h1>
```

Listing 5.9 index.jsp

Die JSP-Engine setzt den Inhalt des obigen Scriptlets unverändert in die Service-Methode des automatisch generierten Servlets.

Weiter oben habe ich bereits angemerkt, dass innerhalb einer JSP sogenannte *implizite Objekte* zur Verfügung gestellt werden. Diese impliziten Objekte spielen bei der Programmierung von Scriptlets eine zentrale Rolle, denn sie werden als Programmierschnittstelle für den Zugriff auf die wichtigsten Funktionalitäten verwendet.

out

Das implizite Objekt out wird für den Zugriff auf den Ausgabekanal zum Webbrowser verwendet. Im nächsten Beispiel wird die Methode println(String text) verwendet, um im Browser-Fenster ein »Hallo Welt« erscheinen zu lassen.

```
<%
    String gruss = "Hallo Welt";
    out.println(gruss);
%>
```

Listing 5.10 index.jsp

request und response

Bei den impliziten Objekten request und response handelt es sich um die Übergabeparameter der Service-Methoden.

In Listing 5.11 wird in einer JSP der mit einem HTTP-Request erhaltene Parameter email entgegengenommen. Wenn der Parameter einen Wert enthält, wird er ausgegeben.

```
<%
String email = request.getParameter("email");
if(email != null) {
    out.println(email);
}
%>
```

Listing 5.11 register.jsp

session

Im letzten Kapitel habe ich die Gültigkeitsbereiche von JavaBeans vorgestellt. Dabei habe ich zwischen den Gültigkeitsbereichen request, session und application unterschieden. Und auch in einer JSP werden diese drei Gültigkeitsbereiche genutzt, um JavaBeans entsprechend abzulegen. Das implizite Objekt request habe ich ja bereits gezeigt.

Das implizite Objekt session vom Typ HttpSession bietet die Möglichkeit, Geschäftsdaten für die Dauer einer Sitzung zu speichern. Im Beispiel aus Listing 5.12 empfängt die *signin.jsp* einen HTTP-Request mit den Parametern email und password. Die JSP erstellt ein Objekt der Klasse Customer und füllt die Objektvariablen des Objekts mit den Parameterwerten. Dann wird das Objekt als JavaBean in der Sitzung des Benutzers sichtbar gemacht.

```
<%@ page import="de.java2enterprise.onlineshop.model.*" %>
<%
String email = request.getParameter("email");
String password = request.getParameter("password");
if(
    email != null &&
    password != null) {
        Customer customer = new Customer();
        customer.setEmail(email);
        customer.setPassword(password);
        session.setAttribute("customer", customer);
}
%>
```

Listing 5.12 signin.jsp

application

Wenn eine JavaBean während der gesamten Dauer des Betriebs für alle Benutzer gleicherma-ßen global sichtbar sein soll, wird das implizite Objekt application genutzt, das vom Typ ServletContext ist.

In Listing 5.13 werden beispielsweise die gesamten Aufrufe einer JSP seit der Erzeugung des application-Objekts ausgegeben:

```
...
<%
if(application.getAttribute("n") == null) {
    application.setAttribute("n", Integer.valueOf(0));
}

Integer n = (Integer) application.getAttribute("n");
int i = n.intValue() + 1;
```

```
application.setAttribute("n", Integer.valueOf(i));
out.println("Aufrufe seit Deployment:" + i);
%>
```

...

Listing 5.13 index.jsp

page

In einer JSP wird ein implizites Objekt angeboten, das sich page nennt. page kann man als Synonym für this betrachten.

pageContext

Wenn wir uns die verschiedenen Gültigkeitsbereiche request, session und application genauer anschauen, stellen wir fest, dass sie sich überlagern. Beispielsweise ist eine JavaBean, die in einer Session abgelegt worden ist, automatisch auch in dem enthaltenen Request sichtbar. Und genauso ist eine JavaBean, die im Gültigkeitsbereich application gesetzt wurde, sowohl in der Session wie auch im Request sichtbar. Die Erfinder der JSP-Technologie fügten noch eine weitere Sichtbarkeitsstufe hinzu, indem sie die JavaBeans, die in einer JSP nur lokal sichtbar sein sollen, in einer eigenen Sichtbarkeit klassifizierten. Das Ganze wurde dann als sogenannter *Scope* definiert. Abbildung 5.5 zeigt, wie die vier Scopes von page, request, session und application angeordnet sind.

Nun brauchte man nur noch eine Möglichkeit, die Speicherung der JavaBean mit derselben Syntax zu programmieren. Hierfür wurde die Klasse PageContext entwickelt, die sowohl über eine Methode namens setAttribute() wie auch über eine Methode namens getAttribute() verfügt.

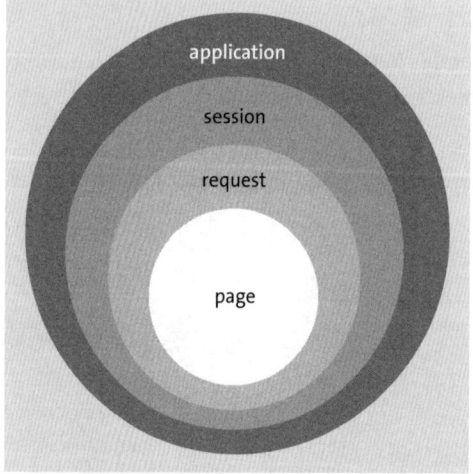

Abbildung 5.5 Die unterschiedlichen Scopes, in denen eine JavaBean gesetzt werden kann

Eine JSP bietet ein implizites Objekt mit dem Namen pageContext an. Weil dieses Objekt vom Typ PageContext ist, kann mit der gleichen Syntax auf alle Gültigkeitsbereiche der JSP zugegriffen werden. Die Methode setAttribute() unterscheidet sich hierbei lediglich im dritten Parameter. Der kann nämlich einen der folgenden Gültigkeitsbereiche einnehmen:

1. PAGE_SCOPE: Beim Gültigkeitsbereich PAGE_SCOPE ist das Objekt nur innerhalb der JSP gültig.
2. REQUEST_SCOPE: Beim Gültigkeitsbereich REQUEST_SCOPE ist ein Objekt während der Dauer des HTTP-Requests gültig.
3. SESSION_SCOPE: Beim Gültigkeitsbereich SESSION_SCOPE kann auf das Objekt während der gesamten Sitzung zugegriffen werden.
4. APPLICATION_SCOPE: Das Objekt ist in der gesamten Webanwendung global gültig.

Die Anweisungen aus Listing 5.14 speichern das Objekt customer im Gültigkeitsbereich session ab:

```
<%@ page import="de.java2enterprise.onlineshop.model.*" %>
<%
String email = request.getParameter("email");
String password = request.getParameter("password");
if(
    email != null &&
    password != null) {
    Customer customer = new Customer();
    customer.setEmail(email);
    customer.setPassword(password);
    pageContext.setAttribute(
        "customer",
        customer,
        pageContext.SESSION_SCOPE);
}
%>
```

Listing 5.14 signin.jsp

Um die JavaBean "customer" in einem späteren Request wieder hervorzuholen, können Sie die Anweisung aus Listing 5.15 schreiben:

```
Object obj =
    pageContext.getAttribute(
        "customer",
        pageContext.SESSION_SCOPE);
```

```
if(obj != null) {
    Customer customer = (Customer) obj;
}
```

Listing 5.15 index.jsp

Die Klasse PageContext bietet aber auch noch eine weitere Variante der Methode getAttribute() an, bei der überhaupt kein Gültigkeitsbereich angegeben werden muss. Diese Methode sucht die JavaBean aber nur im Gültigkeitsbereich page:

```
Object obj = pageContext.getAttribute("customer");
```

Listing 5.16 index.jsp

config

Das implizite Objekt config ist ein Objekt der Klasse ServletConfig, das den Zugriff auf die Initialisierungsparameter der JSP erlaubt. Die Verwendung von Initialisierungsparametern habe ich in Kapitel 4, »Servlet 4.0«, bereits gezeigt. Dort haben wir eine Properties-Datei mit dem Namen */WEB-INF/jdbc.properties* mit den Verbindungsinformationen zu einer Datenbank erstellt. In der *web.xml* wurde im Initialisierungsparameter jdbc_properties der Standort der Datei gesetzt:

```
<?xml version="1.0" encoding="UTF-8"?>
<web-app version="3.1"
    xmlns="http://xmlns.jcp.org/xml/ns/javaee"
    xmlns:xsi="http://www.w3.org/2001/XMLSchema-instance"
    xsi:schemaLocation="http://xmlns.jcp.org/xml/ns/javaee
    http://xmlns.jcp.org/xml/ns/javaee/web-app_3_1.xsd">
<servlet>
    <servlet-name>JDBC</servlet-name>
    <jsp-file>
        jdbc.jsp
    </jsp-file>
    <init-param>
      <param-name>jdbc_properties</param-name>
      <param-value>/WEB-INF/jdbc.properties</param-value>
    </init-param>
  </servlet>
  <servlet-mapping>
    <servlet-name>JDBC</servlet-name>
```

```
    <url-pattern>/db_settings</url-pattern>
  </servlet-mapping>
</web-app>
```

Listing 5.17 web.xml

Um auf den Initialisierungsparameter zuzugreifen, können Sie die Methode `getInitParame-ter()` des impliziten Objekts `config` benutzen. Im Beispiel in Listing 5.18 wird anschließend noch über das implizite Objekt `application` die externe Ressource *jdbc.properties* geladen:

```
<%
    String jdbc_properties =
        config.getInitParameter(
            "jdbc_properties");
    java.io.InputStream in =
        application.getResourceAsStream(
                jdbc_properties);
    java.util.Properties p =
            new java.util.Properties();
    p.load(in);
%>
```

Listing 5.18 jdbc.jsp

5.3.1   Ausdrücke

Ausdruckelemente sind eine verkürzte Möglichkeit der Ausgabe innerhalb der Webseite. Die Elemente fangen mit `<%=` an und enden mit `%>`. Beachten Sie hierbei, dass kein Semikolon eingesetzt wird. Im folgenden Beispiel wird zweimal die Zeichenkette `"Onlineshop"` ausgegeben. Die beiden Anweisungen

```
<% out.println("Onlineshop"); %>
```

und

```
<%= "Onlineshop" %>
```

sind also gleichwertig.

5.3.2   Deklarationen

Ein Deklarationselement wird dann verwendet, wenn Objektvariablen (genauso wie in normalen Java-Klassen) deklariert werden sollen. Zum Beispiel wird mit der Anweisung aus Listing 5.19 die Variable `appname` als Objektvariable für die gesamte JSP deklariert:

```
<%! String appname="Onlineshop"; %>
```

Listing 5.19 index.jsp

Beachten Sie bei der Verwendung von Deklarationselementen, dass die hiermit erzeugten Objektvariablen threadsicher sein müssen, da JSPs ja nichts anderes als dynamisch erzeugte Servlets sind.

5.3.3   Kommentare

Kommentare können wie in Listing 5.20 in die JSP gesetzt werden:

```
<%--
Das ist
ein Kommentar
--%>
```

Listing 5.20 index.jsp

Die JSP-Engine wird dieses Kommentarelement bei der Verarbeitung der JSP komplett außer Acht lassen.

Den Kommentar aus Listing 5.21 wird die JSP-Engine hingegen als auskommentierten Text in das automatisch generierte Servlet setzen:

```
<%
/*
Und das ist
noch ein Kommentar
*/
%>
```

Listing 5.21 index.jsp

Eine dritte Variante gibt es noch: Sie können auch ganz konventionelle HTML-Kommentare einsetzen, die mithilfe des Ausgabestroms an den Webbrowser weitergeleitet werden:

```
<!-- Das ist ein HTML-Kommentar -->
```

5.4   Aktionselemente

Aktionen sind XML-Elemente, die von der JSP-Engine als dynamische Java-Anweisung ausgeführt werden. Die XML-ähnliche Syntax der Tags besteht in der Regel aus einem Anfangstag, einem Endtag und einem Body. Anfangs- und Endtag fangen mit den Buchstaben jsp an, auf die ein Doppelpunkt folgt:

```
<jsp:Aktion Attribut="Wert">
Body
</jsp:Aktion>
```

Wenn kein Body vorhanden ist, können Sie auch die Kurzschreibweise verwenden:

```
<jsp:Aktion Attribut="Wert"/>
```

5.4.1 scriptlet

Das Aktionselement scriptlet entspricht der weiter oben gezeigten Möglichkeit, ein Scriptlet einzufügen. Zum Beispiel ist

```
<%
    out.println("Onlineshop");
%>
```

gleichbedeutend mit:

```
<jsp:scriptlet>
    out.println("Onlineshop");
</jsp:scriptlet>
```

5.4.2 text

Das Aktionselement text repräsentiert genau das Gegenteil des Aktionselements scriptlet, denn hiermit wird der JSP-Engine ausdrücklich mitgeteilt, dass es sich bei der umschlossenen Zeichenkette um einfachen Text handelt. Die JSP-Engine wird vor der Ausgabe überprüfen, ob die Zeichenkette auch wirklich gemäß dem XML-Standard aus gültigem Text besteht.

```
<jsp:scriptlet>
    out.println("Onlineshop");
</jsp:scriptlet>
<jsp:text>
    Hier steht reiner Text!
</jsp:text>
```

Listing 5.22 index.jsp

5.4.3 plugin

Das plugin-Tag generiert <EMBED>- bzw. <OBJECT>-Tags, um ausführbaren Code in die Webseite zu integrieren.

Ein gutes Beispiel für solch einen ausführbaren Code bieten Java-Applets. Ein Java-Applet ist ein spezielles Java-Programm, das innerhalb eines Webbrowsers ausgeführt werden kann.

Das folgende Applet werden wir in den folgenden Listings innerhalb des Webbrowsers einbetten:

```java
import java.awt.*;
import java.applet.*;

public class HalloWeltApplet extends Applet {
  public void paint(Graphics g){
    g.drawString("Hallo Welt", 20, 20);
  }
}
```

Listing 5.23 HalloWeltApplet.java

Die Erstellung eines signierten Applets

Seit dem Jahre 2013 haben zahlreiche Sicherheitslücken durch Java-Applets für Aufsehen gesorgt. Der Hersteller *Oracle* versucht, die Probleme mit Java-Updates zu lösen, die allerdings recht restriktiv sind. Damit das obige Java-Applet in einem Webbrowser ausgeführt werden kann, sind einige Schritte (wie beispielsweise eine Signierung) erforderlich, auf die ich nun kurz eingehen werde. Die einzelnen Kommandos werde ich nicht ausführlich beschreiben. Eine ausführliche Beschreibung, wie Sie die Sicherheit durch das Signieren ermöglichen, erhalten Sie auf der folgenden Webseite: *http://docs.oracle.com/javase/tutorial/deployment/jar/secman.html*.

Weil bei den nun folgenden Anweisungen unterschiedliche Dateien und Verzeichnisse entstehen, sollten Sie zunächst ein temporäres Verzeichnis erstellen, das Sie beispielsweise */tmp* nennen.

Im Verzeichnis */tmp* benötigen Sie anfangs die Datei HalloWeltApplet.java und ein Unterverzeichnis mit dem Namen */tmp/META-INF*. Im Verzeichnis *META-INF* speichern Sie die Manifest-Datei *MANIFEST.MF* mit dem Inhalt aus Listing 5.24 ab:

```
Manifest-Version: 1.0
Permissions: sandbox
Application-Name: Hello World
Codebase *
Caller-Allowable-Codebase: localhost 127.0.0.1
Application-Library-Allowable-Codebase: https://localhost
Trusted-Only: true
Trusted-Library: true
```

Listing 5.24 MANIFEST.MF

Kommen wir nun zu den einzelnen Schritten, die für das Signieren erforderlich sind. Wir werden die Kommandos in einer Datei mit dem Namen *run.sh* bzw. bei Windows *run.bat* unterbringen, um die Handhabung etwas komfortabler zu gestalten.

Das nun folgende Skript wird das Programm `HalloWeltApplet.java` zunächst zu einer Java-Klasse kompilieren und hieraus gemeinsam mit dem *META-INF*-Verzeichnis eine *.jar*-Archiv-Datei erstellen. Dies ist erforderlich, da nicht die Java-Klasse, sondern nur ein *.jar*-Archiv signiert werden kann. Danach nutzen wir das Programm *keytool*, um ein Zertifikat zu erzeugen. Die Signierung erledigen wir mit dem Programm *jarsigner*.

Bei einem Windows-Rechner sollten die Anweisungen aus Listing 5.25 in der */tmp/run.bat* stehen:

```
javac HalloWeltApplet.java
pause
jar -cfv HalloWeltApplet.jar HalloWeltApplet.class META-INF
pause
keytool -genkey -validity 30 -keyalg rsa -alias halloweltkey
pause
keytool -export -alias halloweltkey -file hallowelt.crt
pause
jarsigner HalloWeltApplet.jar halloweltkey
pause
```

Listing 5.25 run.bat

Während der Ausführung des Skripts werden Sie nach verschiedenen Informationen (wie beispielsweise einem Kennwort) gefragt. Hier können Sie Ihrer Fantasie freien Lauf lassen, wenn das Programm lediglich dem Lernzweck dient.

Die Interaktion mit dem Skript schaut beispielsweise so aus wie in Listing 5.26:

```
C:\tmp>javac HalloWeltApplet.java

C:\tmp>pause
Drücken Sie eine beliebige Taste ...

C:\tmp >jar -cfv HalloWeltApplet.jar HalloWeltAp
plet.class META-INF
Manifest wurde hinzugefuegt
HalloWeltApplet.class wird hinzugefuegt(ein = 444) (aus = 308)(30 % verkleinert)
Eintrag META-INF/ wird ignoriert
Eintrag META-INF/MANIFEST.MF wird ignoriert

C:\tmp>pause
Drücken Sie eine beliebige Taste ...
```

```
C:\tmp>keytool -genkey -validity 30 -keyalg rsa
 -alias halloweltkey
Keystore-Kennwort eingeben:
Neues Kennwort erneut eingeben:
Wie lautet Ihr Vor- und Nachname?
  [Unknown]:  Alexander
Wie lautet der Name Ihrer organisatorischen Einheit?
  [Unknown]:
Wie lautet der Name Ihrer Organisation?
  [Unknown]:
Wie lautet der Name Ihrer Stadt oder Gemeinde?
  [Unknown]:  Bonn
Wie lautet der Name Ihres Bundeslandes?
  [Unknown]:
Wie lautet der Laendercode (zwei Buchstaben) fuer diese Einheit?
  [Unknown]:  DE
Ist CN=Alexander, OU=Unknown, O=Unknown, L=Bonn, ST=Unknown, C=DE richtig?
  [Nein]:  Ja

Schluesselkennwort fuer <halloweltkey> eingeben
        (RETURN, wenn identisch mit Keystore-Kennwort):
Neues Kennwort erneut eingeben:

C:\tmp>pause
Drücken Sie eine beliebige Taste ...

C:\tmp>keytool -export -alias halloweltkey -fil
e hallowelt.crt
Keystore-Kennwort eingeben:
Zertifikat in Datei <hallowelt.crt> gespeichert

C:\tmp>pause
Drücken Sie eine beliebige Taste ...

C:\tmp>jarsigner HalloWeltApplet.jar halloweltk
ey
Enter Passphrase for keystore:
jar signed.

Warning:
The signer certificate will expire within six months.
```

No -tsa or -tsacert is provided and this jar is not timestamped. Without a timestamp, users may not be able to validate this jar after the signer certificate's expiration date (2014-04-04) or after any future revocation date.

Listing 5.26 Konsolenausgabe

Nachdem das Skript mit seinen Anweisungen fertig ist, kopieren Sie die *.jar*-Datei in das */WebContent*-Verzeichnis Ihres Eclipse-Projekts. Denken Sie daran, dass Sie das Verzeichnis mit [F5] aktualisieren müssen, wenn Eclipse die hinzugekommene Datei nicht erkennt.

Die in Listing 5.27 vorgestellte Datei *hallowelt.jsp* bindet das Applet ein:

```
<%@page contentType="text/html" pageEncoding="UTF-8"%>
<html>
    <head>
        <meta charset="UTF-8"/>
        <link rel="stylesheet" href="resources/css/styles.css">
        <title>Onlineshop</title>
    </head>
    <body>
        <jsp:plugin
            codebase="."
            type="applet"
            code="HalloWeltApplet.class"
            width="400"
            height="400"
            jreversion="1.7">
        </jsp:plugin>
    </body>
</html>
```

Listing 5.27 hallowelt.jsp

Als Nächstes müssen wir die Sicherheitseinstellungen für Java im Betriebssystem anpassen. Hierfür öffnen Sie bei Microsoft Windows SYSTEMSTEUERUNG · PROGRAMME · JAVA. Im JAVA CONTROL PANEL öffnen Sie den Reiter SICHERHEIT und setzen die Sicherheitsebene auf MITTEL (unterste Stufe; siehe Abbildung 5.6). Bestätigen Sie die Änderung mit einem Klick auf OK.

Danach deployen Sie die Java EE-Anwendung auf den GlassFish Server und führen in Ihrem Webbrowser die JSP aus. Dabei sollten Sie eine Sicherheitswarnung erhalten (siehe Abbildung 5.7).

355

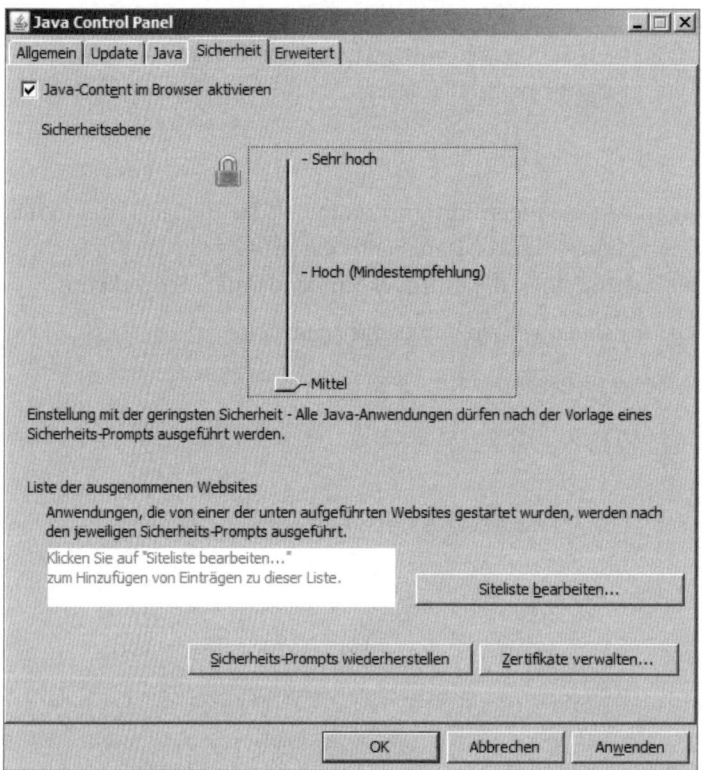

Abbildung 5.6 Die Herabstufung der Sicherheitsebene

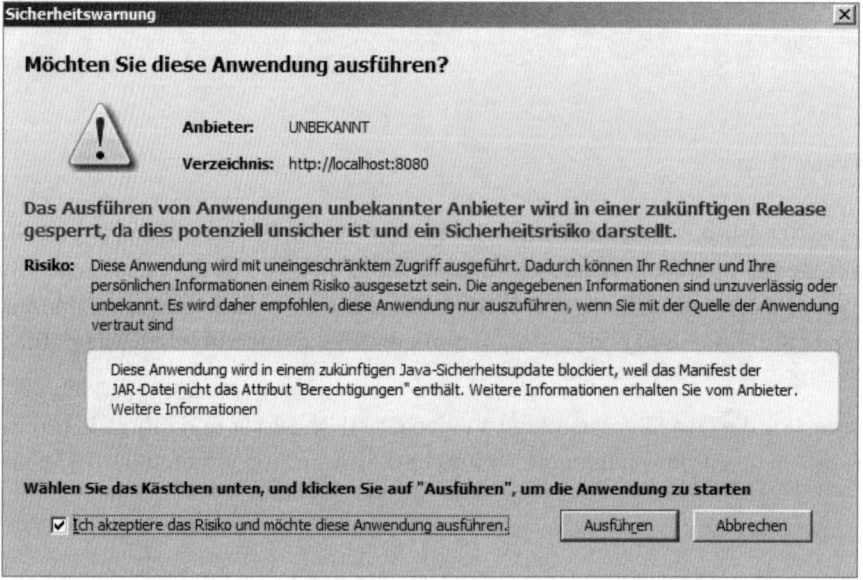

Abbildung 5.7 Die Sicherheitswarnung aufgrund des Applets

Wenn Sie links unten auf die Checkbox und dann auf den Button AUSFÜHREN klicken, sollte das Applet aber angezeigt werden.

Beachten Sie, dass Sie bei Änderungen in der Java EE-Anwendung die Ansicht des Webbrowsers über ⌨F5 bzw. über ⇧ + ⌨F5 aktualisieren müssen, um das Ergebnis wirksam werden zu lassen.

type

type ist ein obligatorisches Attribut und darf den Wert applet oder bean annehmen. Mit ihm teilen Sie der JSP-Engine mit, um was für ein Plugin es sich handelt.

code

Unter dem ebenfalls obligatorischen Attribut code ist der Dateiname des plugin-Objekts anzugeben.

width und height

width und height geben die Breite bzw. die Höhe des Plugin-Fensters an. Würden diese zwei Attribute nicht angegeben, beschwert sich die JSP-Engine zwar nicht, jedoch wird das Plugin nicht sichtbar sein.

```
<jsp:plugin
  type="applet"
  code="HalloWeltApplet.class"
  width="400"
  height="400">
</jsp:plugin>
```

Listing 5.28 hallowelt.jsp

Wir haben ein applet-plugin-Objekt eingebunden, das auf einer Fläche von 400 × 400 Pixel zu sehen ist. Der Aufruf erfolgt im Browser.

align

Das Attribut align setzt die vertikale Ausrichtung des plugin-Objekts.

archive

Das Attribut archive wird dann verwendet, wenn es sich um ein sehr großes Programm handelt. Dies ist vor allem dann der Fall, wenn zur Ausführung Bilder oder Sound-Dateien benötigt werden. Wird es gesetzt, lädt der Browser zunächst die angegebene Archivdatei herunter. Da weniger HTTP-Anfragen an den Webserver gestellt werden, kann dies bei einer großen Menge von Bildern die Downloadzeit drastisch reduzieren.

```
<jsp:plugin
  type="applet"
  code="HalloWeltApplet.class"
  width="400"
  height="400"
  archive="HalloWelt.jar">
</jsp:plugin>
```

Listing 5.29 hallowelt.jsp

codebase

Das Attribut codebase gibt den Ort an, an dem sich der code bzw. die plugin-Datei befindet. Wird das Attribut nicht gesetzt, geht die JSP-Engine davon aus, dass das aktuelle Verzeichnis der JSP-Datei auch die codebase für das plugin-Objekt ist.

hspace und vspace

hspace bzw. vspace sorgen für einen Freiraum um das Applet herum. Die Angaben erfolgen in Pixeln.

jreversion

Mit diesem Attribut können Sie angeben, welche JRE-Version für die Ausführung des Applets erforderlich ist.

name

Das Attribut name wird benötigt, wenn mehrere Applets auf der Webseite eingebunden sind, die miteinander kommunizieren müssen.

5.4.4 fallback

Das Attribut fallback wird als Container für den Fall verwendet, dass der Browser des Benutzers die HTML-Tags <EMBED> oder <OBJECT> nicht versteht. Im Beispiel aus Listing 5.30 wird statt der Ausführung des Applets ein Hinweis ausgegeben, dass der Webbrowser die Elemente OBJECT und EMBED nicht versteht.

```
<jsp:plugin
  type="applet"
  code="HalloWeltApplet.class"
  width="400"
  height="400"
  codebase="applet">
<jsp:fallback>
```

```
        Ihr Browser unterstützt die Tags
        OBJECT oder EMBED nicht!
</jsp:fallback>
</jsp:plugin>
```

Listing 5.30 hallowelt.jsp

5.4.5 params und param

Mit den Aktionselementen params und param geben Sie dem plugin-Objekt Parameter als Schlüssel-Wert-Paare mit. Das Aktionselement params dient als Container für param-Aktionselemente. Diese wiederum enthalten die Attribute name und value, mit denen Sie die gewünschten Informationen für das Plugin setzen können. Das Beispiel in Listing 5.31 soll dies veranschaulichen:

```
<jsp:plugin
  type="applet"
  code="HalloWeltApplet.class"
  width="400"
  height="400"
  codebase="applet">
      <jsp:params>
            <jsp:param name="gruss" value="Hallo Welt" />
      </jsp:params>
</jsp:plugin>
```

Listing 5.31 hallowelt.jsp

Im HalloWeltApplet kann über die Methode getParameter(String param) auf die Parameter zugegriffen werden:

```
import java.awt.*;
import java.applet.*;

public class HalloWeltApplet extends Applet {
  public void paint(Graphics g){
    g.drawString(getParameter("gruss"), 20, 20);
  }
}
```

Listing 5.32 HalloWeltApplet.java

5.4.6 include

Durch das Aktionselement include wird die Kontrolle zeitweilig an eine externe JSP abgegeben.

359

page

Das Attribut page gibt die Seite an, an die die Kontrolle abgegeben werden soll. Dabei sind sowohl relative als auch absolute Pfadangaben erlaubt.

flush="true"

Über das Attribut flush="true" können Sie bestimmen, ob der Datenstrom der externen Komponente verschickt werden soll, bevor sie eingebunden ist.

```
<html>
<body>
        <h1>Onlineshop</h1>
        <jsp:include page="ausgabe.jsp" flush="true"/>
    </body>
</html>
```

Listing 5.33 index.jsp

Der Unterschied zwischen dem »include«-Aktionselement und der »include«-Direktive

Weiter oben habe ich die include-*Direktive* beschrieben. Die include-Direktive unterscheidet sich erheblich vom include-*Aktionselement*, denn bei der include-Direktive wird die externe JSP vor der Kompilierung lediglich in die aktuelle JSP hineinkopiert.

Dagegen ruft das include-Aktionselement eine externe Webseite auf, und die Kontrolle wird zur Laufzeit temporär abgegeben. Zum Beispiel könnte die Einbindung davon abhängig gemacht werden, ob das vom Benutzer eingegebene Kennwort mit dem Kennwort aus einer Datenbanktabelle übereinstimmt. Für diesen Anwendungsfall kann aber keine include-Direktive eingesetzt werden, wie ich sie zum Anfang des Kapitels weiter oben gezeigt habe. Weil das Kennwort zur Laufzeit veränderlich ist, muss für dieses Beispiel das include-Aktionselement eingesetzt werden.

Innerhalb eines öffnenden und eines schließenden include-Aktionselements lassen sich param-Aktionselemente setzen, die von der eingefügten Webkomponente als Request-Parameter verstanden werden.

Im nächsten Beispiel reicht die Datei *index.jsp* die Kontrolle an eine Datei *ausgabe.jsp* weiter. Dabei wird der Parameter email mit dem Wert j@java2enterprise.de übergeben. Anschließend wird das Programm an der Stelle der Einbindung weiterlaufen.

```
<html>
<body>
        <h1>Onlineshop</h1>
        <jsp:include page="ausgabe.jsp">
            <jsp:param
```

```
            name = "email"
            value = "j@java2enterprise.de"/>
        </jsp:include>
    </body>
</html>
```

Listing 5.34 index.jsp

Die *ausgabe.jsp* wird den Parameter mit dem Schlüssel email auslesen und anzeigen:

```
Email: <%= request.getParameter("email") %>
```

Listing 5.35 ausgabe.jsp

5.4.7   forward

Das Aktionselement forward ähnelt dem Aktionselement include, nur dass die Steuerung komplett an die aufgerufene JSP abgegeben wird. Nach dem eigenen Programmablauf wird die Kontrolle also nicht mehr zurückgeholt. Außerdem wird der eigene Inhalt gar nicht erst angezeigt.

Im Beispiel aus Listing 5.36 wird die *signin_test.jsp* die Kontrolle an die *signin.jsp* abgeben. Die erste Zeile wird dabei nicht angezeigt.

```
Das ist unsichtbar!!!
<jsp:forward page="signin.jsp">
    <jsp:param
        name="email"
        value="j@java2enterprise.de"/>
    <jsp:param
        name="password"
        value="geheim123"/>
</jsp:forward>
```

Listing 5.36 signin_test.jsp

Beachten Sie auch, dass das Attribut flush nicht gesetzt werden kann.

5.4.8   useBean

Bevor eine JavaBean innerhalb einer JSP verwendet werden kann, muss sie angekündigt werden. Es handelt sich hierbei also um eine ganz normale Deklaration einer lokalen Variablen.

Was man also in einem Scriptlet als

```
<%
Customer customer =
    (Customer) session.getAttribute("customer");
%>
```

programmieren könnte, drückt man über das Aktionselement useBean so aus:

```
<jsp:useBean
    id="customer"
    class="de.java2enterprise.onlineshop.model.Customer"
    scope="session"/>
```

Listing 5.37 signin.jsp

id

Das Element useBean benötigt das Attribut id, das der Variablen einen eindeutigen Bezeichner gibt.

class

Mit dem Attribut class wird der Typ der JavaBean angezeigt, wobei das package zum Klassennamen dazugehört. Außerdem müssen Sie beachten, dass das Default-package (d. h. gar kein package) bei Webanwendungen zu Problemen führt.

beanName

Statt des Attributs class kann auch das Attribut beanName verwendet werden. Diese Variante wird in der Praxis jedoch kaum mehr verwendet.

type

Mit dem Attribut type wird der Datentyp der JavaBean angezeigt.

scope

Mit dem Attribut scope stellen Sie die JavaBean auf die vier Gültigkeitsbereiche page, request, session und application ein. page ist die Standardeinstellung, die die JSP-Engine einsetzt, wenn der Entwickler selbst keine Einstellung vorgenommen hat. Das bedeutet, dass die JavaBean nur innerhalb der JSP verfügbar ist. Weil mit diesem Gültigkeitsbereich das MVC-Entwurfsmuster nicht verwirklicht werden kann, muss man ihn in der Regel mit scope ändern.

5.4.9   getProperty und setProperty

Mit den Aktionselementen getProperty und setProperty können Sie die Properties der JavaBean anzeigen bzw. setzen.

Das Attribut name gibt den Namen der JavaBean an. Das Attribut property setzt den Namen der Property. Dabei ist bei dem Aktionselement getProperty eine explizite Ausgabeanweisung mittels Skripting-Tags nicht nötig, da getProperty selbst zur Ausgabe eines Textes führt. Zum Beispiel würde in der JSP aus Listing 5.38 der Wert der E-Mail-Adresse im Eingabefeld angezeigt:

```
...
<jsp:useBean id="customer"
    class="de.java2enterprise.onlineshop.model.Customer"/>
<input
    type="email"
    name="email"
    size="40"
    maxlength="40"
    title="muster@beispiel.de"
    placeholder="E-Mail-Adresse eingeben"
    pattern=".{6,40}"
    required="required"
value="<jsp:getProperty
        property='email'
        name='customer'/>">
...
```

Listing 5.38 register.jsp

Beim Aktionselement setProperty weisen Sie mit dem Attribut value den Wert zu. Im Beispiel in Listing 5.39 ist die E-Mail-Adresse *j@java2enterprise.de* hartkodiert in der JSP enthalten. Nachdem ein customer-Objekt erzeugt worden ist, wird die Kontrolle an die *signin.jsp* weitergeleitet.

```
<jsp:useBean
    id="customer"
    class="de.java2enterprise.onlineshop.model.Customer"
    scope="session"/>
<jsp:setProperty
    name="customer"
property="email"
```

```
value="j@java2enterprise.de"/>
<jsp:forward page="signin.jsp"/>
```

Listing 5.39 register.jsp

Parameter automatisch als Properties der JavaBean übernehmen

Das Aktionselement `setProperty` bietet eine Funktionalität an, mit der die Parameter eines HTTP-Requests automatisch auf die Properties einer JavaBean übertragen werden können. In der JSP aus Listing 5.40 wird der Parameter `email_param` automatisch in die Objektvariable `email` der JavaBean `Customer` gesetzt:

```
<jsp:useBean
    id="customer"
    class="de.java2enterprise.onlineshop.model.Customer"
    scope="session"/>
<jsp:setProperty
    name="customer"
property="email"
param="email_param"/>
<jsp:forward page="index.jsp"/>
```

Listing 5.40 signin.jsp

Parameter und Property gleich benannt

Noch einfacher ist es, wenn der Schlüsselbezeichner des Parameters und der Bezeichner der Objektvariablen identisch sind, dann können Sie das Attribut *param* auch weglassen.

Wenn wir also davon ausgehen, dass die Parameter "email" und "password" lauten, setzen wir die Werte der Parameter mit folgenden Elementen automatisch als Properties der JavaBean `customer`:

```
<jsp:useBean
    id="customer"
    class="de.java2enterprise.onlineshop.model.Customer"/>
<jsp:setProperty property="email" name="customer"/>
<jsp:setProperty property="password" name="customer"/>
<jsp:forward page="index.jsp"/>
```

Listing 5.41 signin.jsp

In den bisherigen Beispielen haben wir die einzelnen Parameterwerte für eine JavaBean verwertet. Dabei mussten wir für jede einzelne JavaBean-Property ein eigenes `setProperty`-Element programmieren. Wie Sie gleich sehen werden, lässt sich aber auch dieser Aufwand wesentlich vereinfachen, denn zusätzlich gibt es die Möglichkeit, alle JavaBean-Properties automatisch durch ein einziges Element mit den Parameterwerten zu belegen. Dafür müssen wir ersatzweise einfach ein einzelnes setProperty-Element definieren, das anstelle eines Property-Namens einen Stern als Wildcard enthält (siehe Abbildung 5.8).

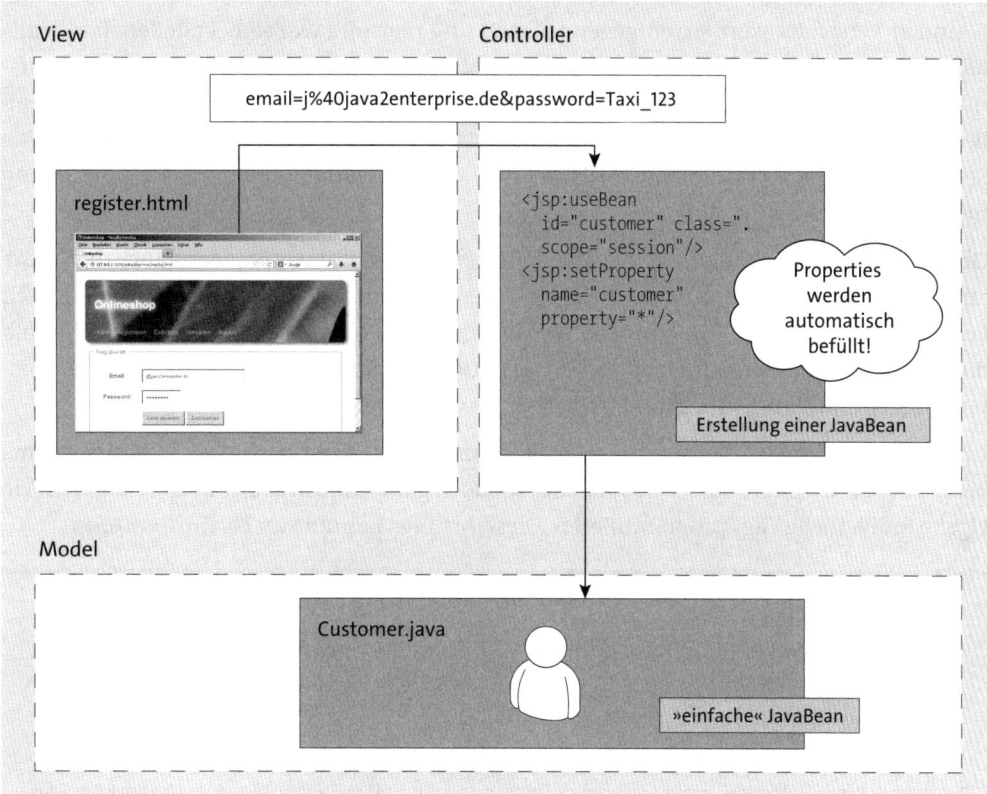

Abbildung 5.8 Alle Properties der JavaBean werden mit einem einzigen Element automatisch gesetzt.

Solange die Parameternamen und die Property-Namen identisch sind, findet die Übertragung der Werte mit den wenigen Zeilen aus Listing 5.42 genauso wie bei dem obigen Listing statt:

```
<jsp:useBean
    id="customer"
    class="de.java2enterprise.onlineshop.model.Customer"
    scope="session"/>
<jsp:setProperty name="customer" property="*"/>
<jsp:forward page="index.jsp"/>
```

Listing 5.42 signin.jsp

5.5   JSP Custom Tags

Im letzten Abschnitt konnten wir mit den JSP-Aktionselementen die gebräuchlichste Aufgabe in der Webprogrammierung erledigen, nämlich die Parameter, die von einem HTML-Formular versendet wurden, entgegennehmen und hiermit JavaBeans erstellen. JavaBeans können über die Dauer einer Anfrage hinaus gültig sein und als Modell im MVC-Entwurfsmuster verwendet werden. Der Aufwand, den die Standard-Aktionselemente hierfür betreiben, bleibt verborgen, denn er ist in dahinterstehenden Java-Programmen gekapselt. Die Schwachstelle der Aktionselemente ist jedoch, dass mit ihnen keine logische Steuerung möglich ist.

Obwohl man mit einem Scriptlet die Möglichkeit hätte, Logik einzufügen, ist auch dies keine annehmbare Lösung, denn genauso wie HTML-Fragmente in Java-Quelltexten sind auch Java-Fragmente in HTML-Quelltexten wartungsintensiv. In der Praxis hat es sich deshalb durchgesetzt, den Inhalt einer JSP so weit wie nur möglich von reinem Java-Code freizuhalten. Eine Vermischung wird grundsätzlich als unsauber betrachtet.

Um dieser fehlenden Funktionalität entgegenzuwirken, ermöglichte Sun Microsystems bereits zu JSP-Urzeiten, dass sich die Benutzer doch ganz einfach selbst behelfen, indem sie eigene individuelle Tags programmieren. Diese Art Tags nannte Sun *JSP Custom Tags*.

Exkurs: JSP Custom Tags für die Framework-Entwicklung

Als die JSP-Version 1.1 im Jahre 1999 veröffentlicht wurde, hatte man die sogenannte *Tag Extension* (Tag-Erweiterbarkeit) beigefügt, mit der die Programmierung von individuellen Tags (also der JSP Custom Tags) ermöglicht wurde.

Damals war man sich in der Java-Gemeinde noch darüber einig, dass durch die JSP Custom Tags komplexe Berechnungen oder das Besorgen von Daten ausgelagert werden könnten. Der Webdesigner könne somit komplexe Funktionen in Form von einfachen Tags in seinem Frontend benutzen, während der Java-Entwickler im Hintergrund die Funktionen nach Belieben ändert, ohne dass das Frontend angepasst werden muss. Man dachte hierbei vor allem an den Webdesigner, der ja kein Java kann.

Allerdings kam dann alles ganz anders, denn in der Praxis eines Java EE-Projekts werden seither kaum individuelle JSP Custom Tags programmiert.

Dies liegt daran, dass sich im Laufe der Zeit die Open-Source-Gemeinschaft dem Thema widmete. Dabei entstanden sehr mächtige High-Level-Web-Frameworks, sodass sich die gesamte Programmierung des Web-Frontends änderte. Das berühmteste Beispiel hierfür ist *Struts*, das im Rahmen des Apache-Jakarta-Projekts auf die Beine gestellt wurde. Auch Struts besteht im Prinzip aus einer Reihe von JSP Custom Tags – nur dass diese Tags in einem gut durchdachten Dreigestirn von Modell, View und Controller realisiert wurden. Struts gewann die Gunst der Entwickler so sehr, dass selbst die Mitglieder des JCP (Java Community Process) die Ideen übernehmen wollten. Zudem wuchs mit der Popularität von Struts der Druck auf

---

den Java EE-Standard. Demzufolge entwickelte man auch bei Sun Microsystems individuelle JSP Custom Tags, die man als *Java Standard Tag Library* (*JSTL*) veröffentlichte.

Später entstand eine weitere Technologie, die sich an die Syntax von JavaScript anlehnte, nämlich die *Expression Language* (*EL*), denn die Nutzung der JSP-Elemente ist selbst mit Struts und JSTL noch recht umständlich. Man brauchte schlichtweg eine zusätzliche, ganz einfache Syntax, um die Geschäftsdaten zu verarbeiten.

Weitere Frameworks (wie *Spring MVC*) folgten, die weitere Verbesserungen und Vereinfachungen ermöglichten. Dies führte letztlich dazu, dass man folgerichtig alle guten Ideen in einem einzigen High-Level-Framework vereinte, das sich *Java Server Faces* nennt.

Als Frontend-Technologie nutzte man zu Beginn der Java-Server-Faces-Zeiten JSPs. Jedoch stellte man später fest, dass sich JSPs schlecht mit der Java-Server-Faces-Technologie vereinbaren lassen. Darum löste man JSPs durch *Facelets* ab. Die EL hingegen bewährte sich, sodass neben der EL für JSPs (JSP-EL) nun auch eine spezielle EL für JSF (JSF-EL) definiert wurde.

Die hier genannten Themen (JSP, JSTL, JSP-EL, JSF-EL, JSF) werden gemessen an ihrer heutigen Bedeutung anteilig in diesem Buch gezeigt.

Struts gilt als veraltet, und JSP Custom Tags gehören zum Handwerk der Framework-Entwicklung.

Ich haben diesen kurzen Exkurs über JSP Custom Tags dennoch beigefügt, weil Sie als Java-Entwickler grundsätzlich wissen sollten, was JSP Custom Tags sind und wie Sie sie prinzipiell programmieren, denn hierdurch erlangen Sie ein tieferes Verständnis für die internen Vorgänge der High-Level-Webtechnologien.

5.5.1   Ein »simples« JSP-Custom-Element

Die einfachste Möglichkeit, ein eigenes JSP-Custom-Element zu programmieren, besteht darin, folgende zwei Dateien zu erstellen:

▶ In eine Java-Klasse, die von der Klasse `javax.servlet.jsp.tagext.SimpleTagSupport` abgeleitet ist, schreiben wir hinein, was unser JSP Custom Tag vollbringen soll.

▶ Das JSP Custom Tag deklarieren wir in einem *Tag Library Descriptor* (*TLD*). Ein TLD ist eine Deklarationsdatei für Tags.

Im folgenden Beispiel erstellen wir ein JSP Custom Tag mit dem Namen `HalloWelt`. Wir beginnen, indem wir eine Java-Klasse von der Klasse `SimpleTagSupport` ableiten. Innerhalb der Klasse programmieren wir die Parameter als Attribute in der JavaBean-üblichen Art. Wir werden einen Parameter mit dem Namen `"name"` setzen. Das bedeutet, dass wir eine private Objektvariable mit dem Bezeichner `"name"` und hierzu öffentliche Getter- und Setter-Methoden bereitstellen. Wir überschreiben die Methode `doTag()`, um hierin festzulegen, was das JSP Custom Tag auswerten bzw. ausgeben soll.

```java
package de.java2enterprise;

import java.io.IOException;

import javax.servlet.jsp.JspContext;
import javax.servlet.jsp.JspException;
import javax.servlet.jsp.JspWriter;
import javax.servlet.jsp.tagext.SimpleTagSupport;

public class Hallo extends SimpleTagSupport {
    private String name;

    public String getName() {
        return name;
    }

    public void setName(String name) {
        this.name = name;
    }

    @Override
    public void doTag()
        throws JspException, IOException {

        JspContext jspContext = getJspContext();
        JspWriter jspWriter = jspContext.getOut();
        jspWriter.println("<h1>Hallo " + name + "</h1>");
    }
}
```

Listing 5.43 Hallo.java

Um in die JSP schreiben zu können, brauchen wir ein Objekt der Klasse JSPWriter. Hierfür beschaffen wir uns zunächst ein Objekt der Klasse JspContext über die Methode getJspContext(). Das Objekt der Klasse JspContext bietet die Methode getOut() an. Über diese Methode erhalten wir den JspWriter.

Die Erstellung des Tag Library Descriptors

Eigentlich sind wir mit der Programmierung des JSP Custom Tags schon fertig. Aber jetzt muss die JSP-Engine noch über unser neues Tag informiert werden. Diese Information erhält sie über den Tag Library Descriptor (TLD). Der TLD ist eine Datei, in der alle Custom Tags in der XML-Syntax aufgelistet und umschrieben sind.

Gemäß der XML-Spezifikation wird im Kopf des TLD auf die Dateien hingewiesen, die den TLD-Aufbau grundsätzlich definieren. Der JSP-Standard gibt vor, dass hierfür folgende XML-Schema-Namensräume zu setzen sind:

```
<taglib xmlns="http://java.sun.com/xml/ns/javaee"
    xmlns:xsi="http://www.w3.org/2001/XMLSchema-instance"
    xsi:schemaLocation="http://java.sun.com/xml/ns/javaee
    http://java.sun.com/xml/ns/javaee/web-jsptaglibrary_2_1.xsd"
    version="2.1">
</taglib>
```

Listing 5.44 Der Tag Library Descriptor »w.tld«

Wir benötigen dieses Listing, weil es als XML-Root-Element in unserem Tag Library Descriptor gesetzt wird. Speichern Sie diesen Quelltext deshalb in der Datei *[ECLIPSE_PROJEKT]/ WebContent/WEB-INF/w-tld*. Wir nennen die Datei willkürlich *w.tld*. Stattdessen hätten wir auch einen beliebigen anderen Bezeichner wählen können.

Innerhalb des Root-Elements taglib können wir nun die Beschreibung des neuen JSP Custom Tags setzen. Listing 5.45 zeigt die komplette TLD-Datei für das Beispiel:

```
<?xml version="1.0" encoding="UTF-8"?>
<taglib xmlns="http://java.sun.com/xml/ns/javaee"
    xmlns:xsi="http://www.w3.org/2001/XMLSchema-instance"
    xsi:schemaLocation="http://java.sun.com/xml/ns/javaee
    http://java.sun.com/xml/ns/javaee/web-jsptaglibrary_2_1.xsd"
    version="2.1">

  <description>Hallo Library</description>
  <display-name>Hallo Beispiel</display-name>
  <tlib-version>1.0</tlib-version>
  <short-name>w</short-name>
  <uri>HalloLibrary</uri>

  <tag>
    <description>
        Fügt die Zeichenkette Hallo vor einen Parameter ein
    </description>
    <name>hallo</name>
    <tag-class>de.java2enterprise.Hallo</tag-class>
    <body-content>empty</body-content>
```

```
        <attribute>
            <description>
                Der Name ist vom Typ String
            </description>
            <name>name</name>
            <required>false</required>
            <rtexprvalue>false</rtexprvalue>
        </attribute>
    </tag>
</taglib>
```

Listing 5.45 w.tld

Über die Elemente description und displayname setzen wir zusätzliche Informationen zu der Library.

Dann geben wir in einem Element mit dem Namen tlib-version die Version unserer Library an. Über das Element short-name können wir den bevorzugten Kurznamen für die Tag-Library anzeigen.

Außerdem geben wir ein Element mit dem Namen uri hinzu, denn über dieses Element kann in der JSP auf die Library eindeutig referenziert werden.

Das JSP Custom Tag deklarieren wir in einem Element, das den Bezeichner tag trägt. Als Unterelemente setzen wir noch description, name, tag-class, body-content und attribute hinzu:

► Über description fügen wir eine Beschreibung hinzu.

► name legt den logischen Bezeichner fest, über den das JSP Custom Tag in der JSP gesetzt werden kann.

► Im Element tag-class muss die Klasse angezeigt werden, die die dahinterstehende Logik implementiert.

► Über das Element body-content wird festgelegt, was zwischen dem öffnenden und dem schließenden Tag des JSP Custom Tags enthalten sein soll. Hierbei können Sie einen der drei Werte empty, scriptless oder tagdependent einsetzen:

  – Mit empty muss das Innere des Elements leer bleiben.

  – scriptless bedeutet, dass zwischen dem öffnenden und dem schließenden Tag statischer Text, EL-Ausdrücke oder auch weitere JSP Custom Tags erlaubt sind.

  – Mit tagdependent sagen Sie aus, dass die Gültigkeit des Inneren von der Implementierung selbst überprüft wird.

▶ Jedes Attribut des JSP Custom Tags wird mit einem Element namens `attribute` definiert. Die Unterelemente, die wir für das Attribut setzen, sind `description`, `name`, `required` und `rtexprvalue`.

  – Über `description` können Sie wieder eine Erläuterung geben.

  – Den Namen des Attributs setzen wir mit dem Element `name`. Diese Zeichenkette muss dem Attributbezeichner in der Tag-Klasse entsprechen.

  – Das Element `required` ist optional. Wenn es nicht gesetzt wurde, ist der Defaultwert `false`. Wenn wir es auf den Wert `true` festlegen, löst die JSP-Engine bei einem fehlenden Wert einen Kompilierfehler aus.

  – Auch das Element `rtexprvalue` ist optional. Der Defaultwert ist `false`. Erst wenn wir den Wert von `rtexprvalue` auf `true` setzen, können wir als Wert einen Ausdruck der Expression Language (EL) verwenden. Auf die Expression Language gehe ich im nächsten Abschnitt ein.

Die JSP Custom Tags verwenden

Nun können wir die Hallo-Tag-Library in einer JSP verwenden. Die JSP muss die Tag-Library ganz oben deklarieren. Das Attribut `uri` gibt den eindeutigen Bezeichner der Bibliothek an, der mit dem Wert des Elements `URI` in der TLD übereinstimmen muss. Mit dem Attribut `prefix` setzen wir das Kürzel, über das die JSP Custom Tags innerhalb der JSP beschafft werden können. Anschließend können wir ein Element mit dem Bezeichner `<w:hallo>` verwenden.

```
<%@page contentType="text/html" pageEncoding="UTF-8"%>
<%@taglib uri="HalloLibrary" prefix="w" %>
<!DOCTYPE html>
<html>
    <body>
        <w:hallo name="Alex"></w:hallo>
    </body>
</html>
```

Listing 5.46 hallo.jsp

Dies war ein recht simples Beispiel dafür, wie Sie eigene JSP Custom Tags erstellen können. Die API bietet noch weitere Möglichkeiten an, auf die ich jedoch an dieser Stelle nicht weiter eingehe, da sie in der Praxis eines Entwicklers, der in einem Java EE-Projekt arbeitet, immer seltener Verwendung finden.

Stattdessen schauen wir uns im nächsten Beispiel noch eine einfachere Variante an, JSP Custom Tags zu erzeugen.

5.5.2   Tag-Dateien programmieren

Für die Erstellung von JSP Custom Tags gibt es eine praktische Alternative, die auch in Eclipse über einen eigenen Wizard genutzt werden kann. Denn anstatt eine Java-Klasse zu erzeugen, die von einem TagSupport ableitet, wird eine Textdatei erstellt, die mit *.tag* endet und sich im Verzeichnis */WEB-INF/tags* befindet. Es kann auch ein URI als Standort gesetzt werden. Aber in diesem Beispiel zeige ich nur die Variante mit diesem Verzeichnis. Erzeugen Sie deshalb nun ein Verzeichnis mit dem Namen *tags* unterhalb von */WEB-INF*.

Als Nächstes lassen wir uns von Eclipse weiterhelfen. Hierfür klicken Sie im Hauptmenü auf FILE • NEW • OTHER, um das Wizard-Auswahlfenster zu öffnen und dort den JSP-Tag-Wizard auszuwählen (siehe Abbildung 5.9).

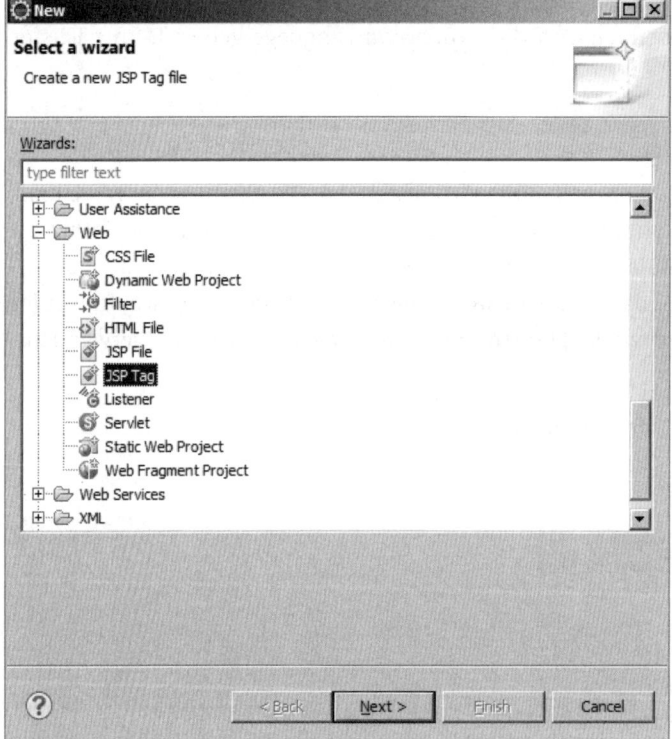

Abbildung 5.9 Die Auswahl des JSP-Tag-Wizards

Klicken Sie anschließend auf NEXT.

Im nächsten Fenster selektieren Sie das Verzeichnis */WEB-INF/tags* und geben der JSP-Tag-Datei einen Namen (siehe Abbildung 5.10).

Klicken Sie daraufhin wieder auf NEXT. Im nächsten Fenster können Sie ein Template für das JSP-Tag auswählen (siehe Abbildung 5.11).

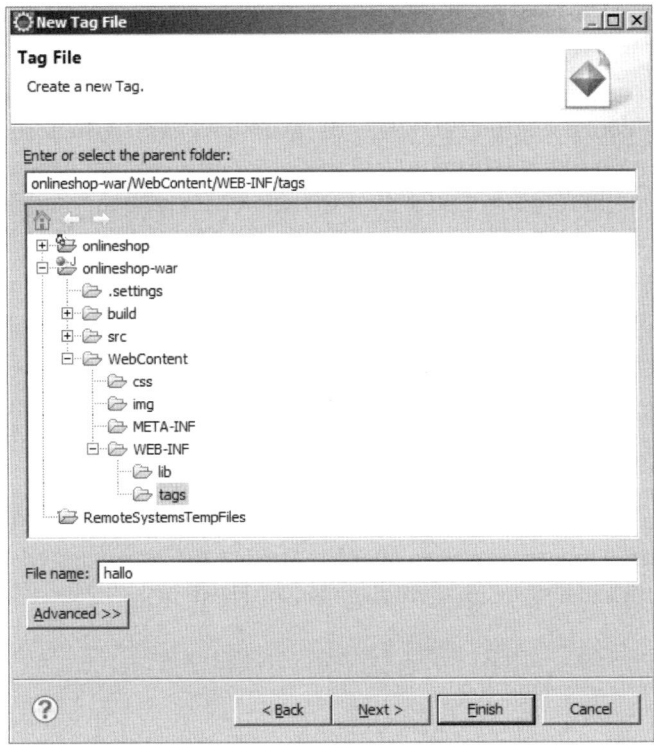

Abbildung 5.10 Der Name der JSP-Tag-Datei

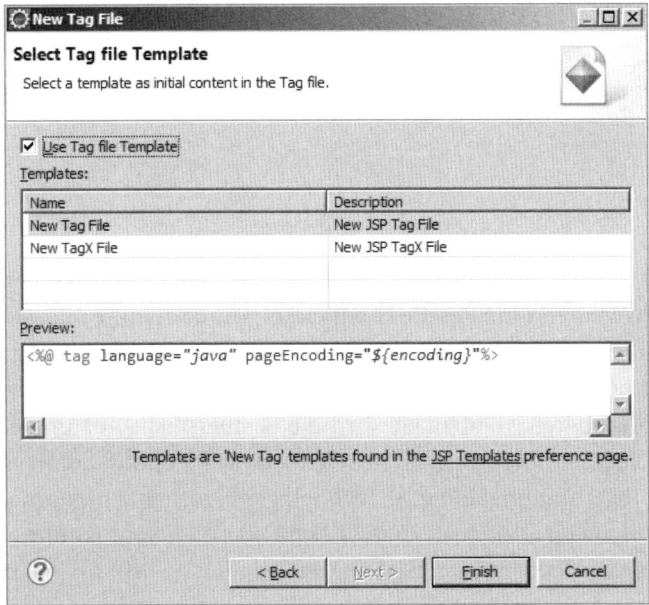

Abbildung 5.11 Das Template für das JSP-Tag

Zugegeben, die Hilfestellung von Eclipse ist nicht sehr weitreichend. Dennoch haben wir nun eine Datei vorliegen, die wir weiter bearbeiten können.

In der Datei *hallo.tag* wird eine page-Direktive mit dem Namen tag gesetzt. Danach werden über weitere page-Direktiven mit dem Bezeichner attribute die Attribute definiert. In unserem einfachen Beispiel benötigen wir nur ein einziges Attribut, das wir name genannt haben. Im Folgenden kann innerhalb der JSP-Tag-Datei über die Expression Language auf dieses Attribut Bezug genommen werden. Die Expression Language werde ich in Abschnitt 5.6 behandeln.

```
<%@ tag language="java" pageEncoding="UTF-8"%>
<%@ attribute name="name" %>
<h1>Hallo ${name}</h1>
```

Listing 5.47 hallo.tag

In der JSP, in der das JSP Custom Tag eingesetzt werden soll, geben wir nun nicht mehr die TLD-Datei über das Attribut uri an, sondern verweisen über das Attribut tagdir auf das Verzeichnis */WEB-INF/tags*. Alles Übrige bleibt wie im vorherigen Beispiel bestehen.

```
<%@page contentType="text/html" pageEncoding="UTF-8"%>
<%@ taglib tagdir="/WEB-INF/tags" prefix="w" %>
<!DOCTYPE html>
<html>
    <body>
        <w:hallo name="Welt"></w:hallo>
    </body>
</html>
```

Listing 5.48 hallo.jsp

5.6   JSP-EL

Die Expression Language (EL) ist eine Skriptsprache, mit der innerhalb einer JSP oder eines Facelets auf JavaBeans zugegriffen werden kann. Als die EL entwickelt wurde, nannte man sie anfangs *Simplest Possible Expression Language* (kurz SPEL). Und diese wenigen Worte brachten es auf den Punkt, denn die EL bietet die denkbar einfachste Möglichkeit, einen Programmierausdruck in einer JSP zu formulieren. Heutzutage wird die EL aber nicht nur in JSP, sondern auch von der JSF-Technologie genutzt, weshalb sie seit der Java EE 7-Spezifikation in der EL-Version 3.0 als eigenständige und unabhängige Technologie veröffentlicht wurde. Diese neueste Auflage (3.0) wird manchmal auch als *Unified Expression Language* (Unified-EL) bezeichnet. Eine Untermenge der EL nennt man *JSP-EL*. Dabei handelt es sich um jenen

Teil der EL, der innerhalb einer JSP genutzt werden kann. Auf diese Untermenge geht dieser Abschnitt ein.

JSP-EL steht implizit in jeder JSP zur Verfügung, deshalb sind keine Installationen und auch keine Konfigurationen erforderlich. Für den unwahrscheinlichen Fall, dass die EL-Ausdrücke innerhalb einer JSP ignoriert werden sollen, setzen Sie folgende page-Direktive in die JSP:

```
<%@page isELIgnored="true" %>
```

5.6.1 Grundlegende Elemente

Was man in einem Servlet mit mehreren Java-Anweisungen zum Ausdruck bringen möchte, lässt sich mithilfe der EL sehr stark abkürzen.

Wir gehen noch einmal zurück und schauen uns an, wie man in einem Servlet programmiert. Wenn wir in einem Servlet beispielsweise eine Property einer JavaBean ausgeben möchten, beschaffen wir uns zunächst ein Objekt des Gültigkeitsbereichs (hier HttpSession) und schreiben mithilfe eines PrintWriters in den Ausgabestrom:

```
...
HttpSession session = request.getSession();
Customer customer = (Customer) getAttribut("customer");
PrintWriter out = response.getWriter()
out.println(customer.getEmail());
```

Listing 5.49 RegisterServlet.java

Auch mit JSP-Aktionselementen müssen wir viel Schreibarbeit leisten, um die E-Mail-Adresse des Kunden auszugeben:

```
...
<jsp:useBean
    id="customer"
    class="de.java2enterprise.onlineshop.model.Customer"
    scope="session"/>
<jsp:getProperty
    name="customer"
    property="email"/>
```

Listing 5.50 register.jsp

Dagegen sieht der Quelltext mit einem EL-Ausdruck viel kürzer aus:

```
...
${customer.email}
```

Listing 5.51 register.jsp

Wenn Sie bereits mit JavaScript vertraut sind, wird Ihnen die Syntax der EL bekannt vorkommen, denn die Entwickler der EL haben sich von JavaScript inspirieren lassen. Auch die EL bietet keine Typsicherheit, und genauso wie bei JavaScript wird auch bei der EL mit dem Punktoperator oder den eckigen Klammern auf eine Property Bezug genommen. Statt des Punktoperators erhalten Sie mit der EL auch auf folgende Weise Zugriff auf eine Bean-Property:

```
${customer["email"]}
```

Bei JSPs können Sie den EL-Ausdruck recht flexibel platzieren. Beispielsweise dürfen Sie die EL-Expression auch mit statischen Texten kombinieren:

```
Ihre Email: ${customer.email},
Ihr Passwort: ${customer.password}
```

Die EL-Expression kann auch innerhalb eines Attributs von einem JSP-Aktionselement stehen:

```
<jsp:useBean
    id="customer"
    class="de.java2enterprise.onlineshop.model.Customer"
    scope="session"/>
<jsp:setProperty
    name="customer"
    property="email"
    value="${customer.email}"/>
```

Listing 5.52 register.jsp

Der Unterschied zwischen dem Dollarzeichen ($) und der Raute (#)

Die EL-Expression kann statt mit einem Dollarzeichen auch mit einer Raute beginnen:

```
#{customer.email}
```

Der Unterschied zwischen den beiden Schreibweisen ist folgender:

▸ Mit dem Dollarzeichen wird der Ausdruck vor der Kompilierung des hieraus dynamisch erzeugten Servlets erstellt. Dies ist die bei der JSP-EL übliche Syntax. Man spricht hierbei auch von der *immediate evaluation* (zu Deutsch: *sofortige Auswertung*).

▸ Dagegen wird durch die Kennzeichnung mit einer Raute der Ausdruck erst dann ausgewertet, wenn ihn die umliegenden Prozesse benötigen. Normalerweise muss die Syntax mit der Raute bei der Programmierung mit JSF benutzt werden. Diese Syntax wird als *deferred evaluation* (zu Deutsch: *hinausgeschobene Auswertung*) bezeichnet.

Warum diese Unterscheidung von Bedeutung ist, wird deutlich, wenn wir uns die Charakterisierung von JSP und JSF vor Augen führen. Eine JSP ist ja lediglich eine Textdatei, die die JSP-Engine (Jasper) in ein automatisch erzeugtes Servlet verwandelt, während JSF eine wesentlich komplexere Technologie darstellt, die das Modell-View-Controller-Entwurfsmuster als Komponentenmodell realisiert.

Während die Inhalte einer JSP also vor der Erzeugung eines Servlets evaluiert werden müssen, hängt der Zeitpunkt der Auswertung bei JSF von verschiedenen Faktoren ab, die erst zur Laufzeit erkennbar werden. Bei JSF muss es ganz einfach dem Framework selbst überlassen werden, wann die Werte eines EL-Ausdrucks ermittelt werden sollen. Aus diesem Grund benötigt man eine alternative Syntax, um hier zu unterscheiden.

Arithmetische Operatoren

In einem EL-Ausdruck können Literale mit verschiedenen Operatoren miteinander kombiniert und auch logische Vergleiche erstellt werden. In diesem Abschnitt werde ich diese Möglichkeiten anhand der grundlegenden Elemente beschreiben, die in der EL zur Verfügung stehen.

Um innerhalb eines EL-Ausdrucks eine Berechnung durchzuführen, können die Operatoren +, -, *, /, div, % und mod verwendet werden. Die Bedeutung entspricht derjenigen, die die Operatoren der Programmiersprache Java haben.

```
${item1.price + item2.price}
```

Die EL kennt auch binäre Operatoren, auf die ich in diesem Buch aber nicht eingehe, da sie in der Praxis keine Relevanz spielen. Wenn Sie sich hierfür interessieren, werden Sie aber auch in der Spezifikation der EL 3.0 nicht ausreichend informiert, sondern müssen zusätzliche Literatur zurate ziehen.

Der Aufruf von Methoden

Wenn wir in einer JSP den Ausdruck

```
${customer.email}
```

schreiben, greifen wir über den Punktoperator auf die Property email der JavaBean customer zu. Genau genommen ruft das Framework die öffentliche Getter-Methode getEmail() in der Klasse Customer auf, weil sie im Endstück den Bezeichner des EL-Ausdrucks "email" enthält.

Darüber hinaus bietet die EL aber auch die Möglichkeit, auf die Methode getEmail() auf diese Weise zuzugreifen:

```
${customer.getEmail()}
```

Über die EL kann aber nicht nur auf die Getter-Methoden der JavaBeans zugegriffen werden, sondern auch auf andere Methoden. Beispielsweise gibt der Ausdruck aus Listing 5.53 den Wert 3 aus:

```
<%
    String test1 = "Test1";
    String test2 = "Test2";
    String test3 = "Test3";
    java.util.List<String> test =
        new java.util.ArrayList<String>();
    test.add(test1);
    test.add(test2);
    test.add(test3);
    session.setAttribute("test", test);
%>
${test.size()}
```

Listing 5.53 test.jsp

5.6.2   String-Operatoren

Zeichenketten können mit dem Verbindungsoperator += zusammengefügt werden:

```
${'Hallo' += ' ' += 'Welt'}
```

5.6.3   Relationale Operatoren

Über die Operatoren ==, eq, !=, ne, <, lt, >, gt, <=, ge, >= und le können zwei Werte verglichen werden. Das Ergebnis ist ein Wahrheitswert (true oder false). Hierbei können Sie nicht nur Wahrheitswerte oder Zahlen miteinander vergleichen, sondern auch Zeichenketten. Beispielsweise ergibt der folgende Ausdruck true, weil intern der Buchstabe j mit einem geringeren Zeichenkodierungswert vertreten ist als der Buchstabe k:

```
${'j' lt 'k'}
```

Wahrheitswerte können Sie mit den logischen Operatoren and, &&, or, ||, not und ! kombinieren:

```
${item1.price > 123 && empty item2.price > 123}
```

5.6.4   Der »empty«-Operator

Mit dem Operator empty stellen Sie fest, ob ein Wert null bzw. leer ist.

Der empty-Operator gibt also nicht nur true zurück, wenn der Wert eines Objekts auf null zeigt, sondern auch dann, wenn es sich intern um eine Feldvariable (wie eine Zeichenkette, ein Array oder eine Collection) handelt und diese Feldvariable keinen Wert enthält.

5.6.5 Der konditionale Operator

Der konditionale Operator mit dem Fragezeichen und dem Doppelpunkt wird genau wie in der Programmiersprache Java eingesetzt.

Der folgende Ausdruck gibt den Preis des Artikels item1 aus, wenn der Preis nicht leer ist, das heißt einen Wert enthält. Ansonsten wird der Preis des Artikels item2 ausgegeben.

```
${not empty item1.price ? item1.price : item2.price}
```

5.6.6 Klammern und Semikolon

Mithilfe von Klammern und dem Semikolon können Sie Teile des EL-Ausdrucks gruppieren. Mit dem Semikolon ist es möglich, mehrere Anweisungen hintereinander zu formulieren. Lediglich die letzte Anweisung ist für die Lieferung eines Rückgabewertes verantwortlich. Beispielsweise gibt der folgende Ausdruck die Zeichenkette a=15 aus:

```
${(a=12+3); 'a=' += a}
```

5.6.7 Literale

Als Literale können folgende Typen verwendet werden:

▶ Zeichenketten (Zeichenketten müssen entweder in einfachen oder doppelten Anführungsstrichen eingefasst sein.)

▶ Zahlen (Ganzzahlen und Fließkommazahlen)

▶ Wahrheitswerte (true oder false)

▶ null

Literale können in einem EL-Ausdruck auch kombiniert werden. In diesem Fall wird das Ergebnis in einem Datentyp resultieren, der nach festgelegten Regeln ermittelt wird. Beispielsweise ergibt die Kombination eines String-Wertes mit einem numerischen Wert einen String-Wert. Das Besondere hierbei ist, dass Null-Werte in ein Leerzeichen umgewandelt werden. Jedoch kann dies bei Flüchtigkeitsfehlern fatale Folgen haben. Im folgenden EL-Ausdruck hat sich der Programmierer vertippt:

```
${'Ist das wahr? ' += (tue && true)}
```

Eigentlich wollte er mit true && true das Ergebnis true erhalten. **tue** wird aber als neue Variable angesehen und aufgrund des logischen Operators in einen Wahrheitswert umgewandelt.

Weil der Wert null dabei zwangsweise als false gewertet wird, ergibt die gesamte Gleichung ebenfalls den Wert false.

5.6.8   Implizite Objekte

Genauso wie in einem Scriptlet stehen auch in einem JSP-EL-Ausdruck *implizite Objekte* zur Verfügung. Jedoch weicht die Handhabung von der in einem Scriptlet stark ab. In diesem Abschnitt betrachten wir die verschiedenen Möglichkeiten, die wir mit impliziten Objekten in einem EL-Ausdruck zur Verfügung haben.

Auf Request-Parameter zugreifen

Um den Wert eines konkreten Parameter-Schlüssels zu erhalten, verwenden wir in einem EL-Ausdruck das implizite Objekt param.

Wenn wir beispielsweise den Request .../index.jsp?email=j@java2enterprise.de im Webbrowser aufrufen, zeigen wir den Wert der E-Mail mit folgendem EL-Ausdruck an:

```
${param["email"]}
```

Auch mit dieser Syntax besorgen Sie den gleichen Wert:

```
${param.email}
```

Wenn mehrere Parameter-Schlüssel-Wert-Paare denselben Schlüssel enthalten, können sie über das implizite Objekt paramValues selektiert werden. Mit folgenden EL-Ausdrücken zeigen wir die Werte von dem Aufruf .../index.jsp?email=j@java2enterprise.de&email=hallo@welt.de an:

```
${paramValues.email[0]}<br>
${paramValues.email[1]}<br>
```

Informationen des Headers anzeigen

Der Zugriff auf einzelne Schlüssel-Wert-Paare des HTTP-Headers erfolgt analog zu der oben gezeigten Beschaffung von HTTP-Parameterwerten. Die impliziten Objekte für die Header nennen sich header und headerValues. Der folgende EL-Ausdruck gibt beispielsweise den Wert der Header-Zeile Accept-Language aus:

```
${header["Accept-Language"]}<br>
```

Initialisierungsparameter

Der Zugriff auf die Initialisierungsparameter erfolgt über das implizite Objekt initParam, das intern zum Aufruf der Methode ServletContext.getInitParameter() führt. Beispielsweise gibt der folgende Ausdruck den Initialisierungsparameter jdbc_properties aus:

```
${initParam["jdbc_properties "]}
```

Beachten Sie, dass es sich hierbei aber nicht um die Initialisierungsparameter der Webkomponente, sondern um die Initialisierungsparameter der gesamten Webanwendung handelt. Im Deployment-Deskriptor *web.xml* sind es also nicht die Parameter im Element <init-param>, sondern die Parameter im Element <context-param>, auf die dieser Ausdruck zugreift.

```
<?xml version="1.0" encoding="UTF-8"?>
<web-app version="3.1"
    xmlns="http://xmlns.jcp.org/xml/ns/javaee"
    xmlns:xsi="http://www.w3.org/2001/XMLSchema-instance"
    xsi:schemaLocation="http://xmlns.jcp.org/xml/ns/javaee
    http://xmlns.jcp.org/xml/ns/javaee/web-app_3_1.xsd">
  <context-param>
    <param-name>jdbc_properties</param-name>
    <param-value>
        /WEB-INF/jdbc.properties
    </param-value>
  </context-param>
</web-app>
```

Listing 5.54 web.xml

Cookies

Cookies werden mit dem impliziten Objekt cookie ausgelesen, wobei intern ein Aufruf der Methode HttpServletRequest.getCookies() erfolgt. Die Methode liefert ein Array von Objekten der Klasse javax.servlet.http.Cookie.

pageContext

In einem EL-Ausdruck spielt pageContext eine zentrale Rolle. Denn von diesem hierarchisch weit oben liegenden Objekt kann über den Punktoperator auf Unterobjekte und somit auf zahlreiche nützliche Auskünfte zugegriffen werden. Beispielsweise zeigt Listing 5.55 viele Informationen an, die wir in einem Servlet viel mühsamer erhalten würden.

```
<%@page contentType="text/html" pageEncoding="UTF-8"%>

bufferSize:
${pageContext.out.bufferSize}<br>
remaining:
${pageContext.out.remaining}<br>
characterEncoding:
${pageContext.response.characterEncoding}<br>
contentType:
```

```
${pageContext.response.contentType}<br>
locale:
${pageContext.response.locale}<br>
contextPath:
${pageContext.request.contextPath}<br>
localAddr:
${pageContext.request.localAddr}<br>
localName:
${pageContext.request.localName}<br>
localPort:
${pageContext.request.localPort}<br>
method:
${pageContext.request.method}<br>
protocol:
${pageContext.request.protocol}<br>
remoteAddr:
${pageContext.request.remoteAddr}<br>
remoteHost:
${pageContext.request.remoteHost}<br>
remotePort:
${pageContext.request.remotePort}<br>
requestedSessionId:
${pageContext.request.requestedSessionId}<br>
requestURI:
${pageContext.request.requestURI}<br>
scheme:
${pageContext.request.scheme}<br>
serverName:
${pageContext.request.serverName}<br>
serverPort:
${pageContext.request.serverPort}<br>
servletPath:
${pageContext.request.servletPath}<br>
dispatcherType:
${pageContext.request.dispatcherType}<br>
country:
${pageContext.request.locale.country}<br>
language:
${pageContext.request.locale.language}<br>
requestURL:
${pageContext.request.requestURL}<br>
creationTime:
${pageContext.session.creationTime}<br>
```

```
id:
${pageContext.session.id}<br>
lastAccessedTime:
${pageContext.session.lastAccessedTime}<br>
maxInactiveInterval:
${pageContext.session.maxInactiveInterval}<br>
```

Listing 5.55 information.jsp

Auf meinem Entwicklungsrechner wird hierbei Folgendes angezeigt:

```
bufferSize: 8192
remaining: 8110
characterEncoding: UTF-8
contentType: text/html;charset=UTF-8
locale: de_DE
contextPath: /onlineshop-war
localAddr: 0:0:0:0:0:0:0:1
localName: 0:0:0:0:0:0:0:1
localPort: 8080
method: GET
protocol: HTTP/1.1
remoteAddr: 0:0:0:0:0:0:0:1
remoteHost: 0:0:0:0:0:0:0:1
remotePort: 49417
requestedSessionId: 26b20971cb5100a289487048b565
requestURI: /onlineshop-war/_null
scheme: http
serverName: localhost
serverPort: 8080
servletPath: /index.jsp
dispatcherType: REQUEST
country: DE
language: de
requestURL: http://localhost:8080/onlineshop-war/
creationTime: 1378460452688
id: 2a54750177a90240f3833f9b49b4
lastAccessedTime: 1378460452688
maxInactiveInterval: 1800
```

Zugriff auf Collections und Enumerations

pageContext bietet die Möglichkeit, Parameter, Attribute, Header und Cookies in Form von Arrays, Collections bzw. Enumerations zu erhalten.

Mit folgenden EL-Ausdrücken werden die unterschiedlichen Datenreihen beschafft:

```
request parameters:
${pageContext.request.parameterNames}<br>
request headers:
${pageContext.request.headerNames}<br>
request attributes:
${pageContext.request.attributeNames}<br>
session attributes:
${pageContext.session.attributeNames}<br>
init-parameters of configuration:
${pageContext.servletConfig.initParameterNames}<br>
init-parameters of servlet:
${pageContext.servletContext.initParameterNames}<br>
cookies:
${pageContext.request.cookies}<br>
```

Listing 5.56 information.jsp

Die obigen EL-Ausdrücke ergeben im Webbrowser keine sinnvolle Anzeige, denn es wird bloß die String-Repräsentation des Arrays, des Collection-Objekts oder des Enumeration-Objekts ausgegeben. Wie Sie die einzelnen Felder Stück für Stück anzeigen, werde ich in Abschnitt 5.7 zeigen, denn dort behandele ich die Java Standard Tag Library (JSTL).

5.6.9   Der Zugriff auf eine JavaBean über den Gültigkeitsbereich

Wenn man in einem EL-Ausdruck auf eine JavaBean zugreift, spielt sich im Hintergrund mehr ab, als man zunächst vermuten mag, denn die JavaBean kann in verschiedenen Gültigkeitsbereichen abgelegt sein. Wenn wir beispielsweise mit dem Ausdruck `${customer.email}` die E-Mail eines Kunden suchen, wird das Framework zunächst im Gültigkeitsbereich `page` nachschauen, ob dort die JavaBean zu finden ist. Ist sie dort nicht, wird als Nächstes im Gültigkeitsbereich `request` nachgeschaut. Wenn das Framework auch in diesem Gültigkeitsbereich die JavaBean nicht finden kann, sucht es im Gültigkeitsbereich `session`. Zuletzt untersucht es auch noch den Gültigkeitsbereich `application`, bevor es seine Nachforschungen aufgibt. Wenn es die Variable des EL-Ausdrucks in keinem Gültigkeitsbereich gefunden hat, bleibt die Stelle, an der es den Wert der Variablen ausgeben würde, einfach leer. Dabei erscheint auch keine Fehlermeldung, sondern schlichtweg gar nichts. Dies mag dem Java-Entwickler zunächst etwas befremdlich erscheinen, da er ja das Exception-Handling von Java verinnerlicht hat. Aber genauso wie in der Programmiersprache JavaScript kann dieses Manko manchmal auch als Feature betrachtet werden.

Wenn hingegen die Variable nur in einem einzigen Gültigkeitsbereich gefunden werden soll, können Sie mit den impliziten Objekten dediziert auf den jeweiligen Gültigkeitsbereich zugreifen. Die EL stellt hierfür die impliziten Objekte aus Tabelle 5.1 zur Verfügung, mit denen Sie auf die Attribute in den einzelnen Gültigkeitsbereichen zugreifen können.

Implizites Objekt	Ermöglicht den Zugriff auf eine Map mit den ...
pageScope	Beans des Gültigkeitsbereichs page
requestScope	Beans des Gültigkeitsbereichs request
sessionScope	Beans des Gültigkeitsbereichs session
applicationScope	Beans des Gültigkeitsbereichs application

Tabelle 5.1 Die impliziten Objekte der EL für den Zugriff auf die Attribute in den jeweiligen Gültigkeitsbereichen

Im folgenden Beispiel wird mit dem impliziten Objekt sessionScope im Gültigkeitsbereich session nach der Eigenschaft email der Bean customer gesucht:

```
${sessionScope.customer.email}
```

5.6.10   Funktionen

Die EL bietet die Möglichkeit, JSTL-Funktionen innerhalb eines EL-Ausdrucks auszuführen. Auf die JSTL werde ich erst im nächsten Kapitel eingehen. Dennoch soll an dieser Stelle schon mal ein Beispiel gezeigt werden, da die Syntax relativ trivial ist. In Listing 5.57 wird die Anzahl der Zeichen in der Zeichenkette Hallo ausgegeben:

```
<%@page contentType="text/html" pageEncoding="UTF-8"%>
<%@ taglib
    prefix="fn"
    uri="http://java.sun.com/jsp/jstl/functions"%>
```

```
${fn:length("Hallo")}
```

Listing 5.57 functions.jsp

Die gesamte Auflistung aller zur Verfügung stehenden Funktionen werde ich im nächsten Abschnitt zeigen, da ich dort die JSTL behandle.

5.7   Die Java Standard Tag Library

In diesem Abschnitt befassen wir uns mit der *Java Standard Tag Library* (JSTL). Die JSTL erweitert die Möglichkeiten der Aktionselemente von Java Server Pages, indem sie zahlreiche Custom Tags zur Verfügung stellt, mit denen die wichtigsten Aufgaben innerhalb einer JSP erledigt werden können.

Die Java Standard Tag Library besteht aus folgenden Teilen:

▶ core: Kernbestandteil für den Zugriff auf JavaBeans und logische Operatoren

▶ fmt: die Formatierung für eine internationalisierte Ausgabe

▶ functions: zur Manipulation von Zeichenketten und Arrays

▶ sql: für Datenbankzugriffe

▶ xml: für die Verarbeitung von XML

Die JSTL-API steht nicht bei allen Anwendungsservern von vornherein zur Verfügung. Beim GlassFish Server ist sie Teil der eingebundenen Librarys. Deshalb brauchen wir sie nicht gesondert einzubinden.

5.7.1   Anwendungsserver ohne JSTL

Wenn Sie aber beispielsweise *Apache Tomcat* einsetzen, müssen Sie die JSTL-Bibliotheken aus dem Internet herunterladen und mit der Webanwendung mitausliefern.

Die JSTL-Bibliotheken über Maven einbinden

Die empfohlene Weise ist, hierbei das Build-Automatisierungswerkzeug Maven einzusetzen. Wie Sie mit Maven externe Bibliotheken in eine Java-Bibliothek einbinden, habe ich in Kapitel 2, »Die Entwicklungsumgebung«, gezeigt.

Damit Maven die JSTL-Bibliothek automatisch aus dem Maven Central Repository herunterlädt, fügen Sie Ihrer POM folgende Dependency hinzu:

```
<dependency>
    <groupId>jstl</groupId>
    <artifactId>jstl</artifactId>
    <version>1.2</version>
</dependency>
```

Die JSTL-Bibliotheken manuell herunterladen und einbinden

Alternativ können Sie die JSTL-Bibliothek von der Downloadseite *http://tomcat.apache.org/taglibs/standard* manuell herunterladen und als Tag-Library dem Java-Projekt hinzufügen. Auf der Webseite in Abbildung 5.12 sehen Sie zu JSTL 1.2 den Link DOWNLOAD.

Wenn Sie auf den Link DOWNLOAD klicken, gelangen Sie zu einer weiteren Downloadseite (siehe Abbildung 5.13). In diesem Fenster werden verschiedene Links zum Download der JSTL API angeboten. Zum Beispiel können Sie dort auch die Quelltexte der JSTL-API herunterladen.

Abbildung 5.12 Die Downloadseite der JSTL

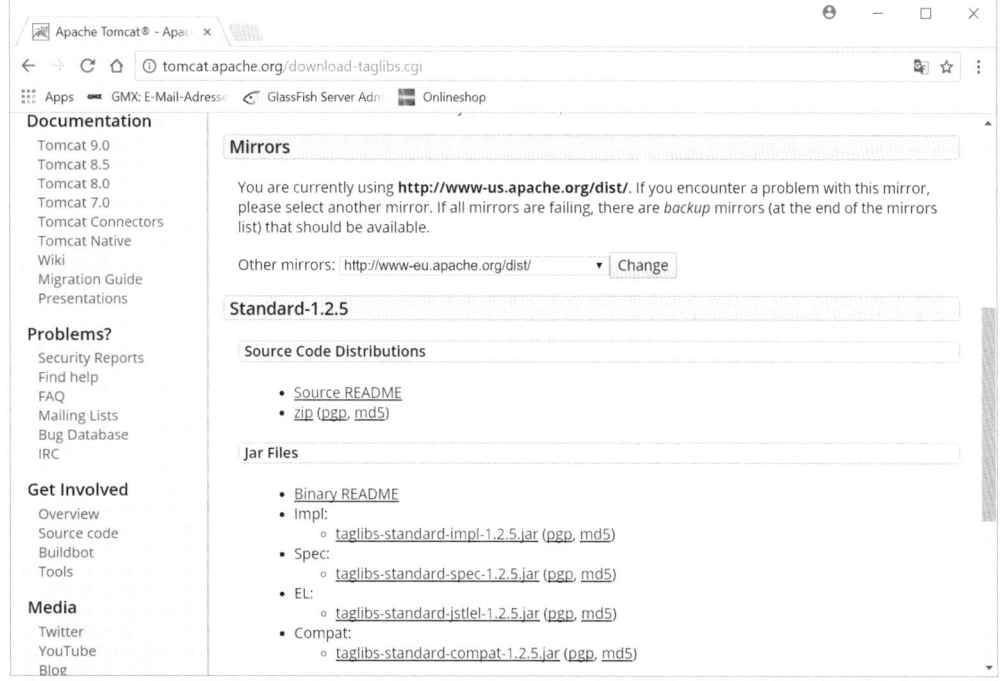

Abbildung 5.13 Die zweite Seite für den Download der JSTL

Wählen Sie den Link zur Datei *taglibs-standard-impl-1.2.5.jar*. Nachdem der Webbrowser die Datei heruntergeladen hat, müssen Sie sie in Eclipse in das dynamische Webprojekt einfügen. Dies kann auf verschiedenen Wegen geschehen. Eine Möglichkeit ist, die heruntergeladenen *.jar*-Dateien in den Ordner *onlineshop-war/WebContent/WEB-INF/lib* innerhalb von Eclipse zu kopieren. In dem Fall wird Eclipse alles Weitere für Sie erledigen. Wenn Sie die Dateien mit dem Windows-Explorer kopieren, müssen Sie das Webprojekt in Eclipse markieren und mit F5 aktualisieren, damit die neuen Bibliotheken wahrgenommen und eingebunden werden.

5.7.2   »core« – die JSTL-Kernfunktionalität

Der Bestandteil core enthält die Kernfunktionalität der JSTL. Hierüber können wir beispielsweise JavaBeans anzeigen, über Datenreihen iterieren oder Wenn-dann-Abfragen programmieren.

Um die core-Bibliothek in der JSP zur Verfügung zu stellen, ist es erforderlich, die Tag-Library mit der taglib-Direktive in die JSPs einzubinden.

In der Onlineshop-Beispielanwendung ist es am einfachsten, wenn Sie die Direktiven in die Datei *header.jspf* einfügen, denn dadurch werden sie in den anderen JSPs mit der include-Direktive automatisch integriert und steht somit anschließend überall gleichermaßen zur Verfügung.

```
<%@page contentType="text/html" pageEncoding="UTF-8"%>
<%@ taglib prefix="c" uri="http://java.sun.com/jsp/jstl/core"%>
...
```

Listing 5.58 header.jspf

Durch die oben gezeigte Einbindung in die *header.jspf* können wir die JSTL-Tags der core-Bibliothek in allen Onlineshop-JSPs verwenden.

> **Tipp**
> Wundern Sie sich nicht darüber, dass die **uri** zu einem Host im Internet verweist? Aber keine Sorge, Sie brauchen keine Internetverbindung, um den Quelltext auszuführen. Es handelt sich hierbei lediglich um einen Identifier, der die Tag-Library eindeutig zuordnet.

Als Präfix wurde der Buchstabe "c" gesetzt. Grundsätzlich könnten Sie auch ein anderes Präfix setzen, jedoch entspricht die Verwendung des Buchstabens "c" der gängigen Praxis.

Das einfachste JSTL-Element ist das out-Element, denn hiermit kann eine Ausgabe in der Webseite erfolgen. Mit dem Attribut value wird die Zeichenkette angezeigt, die Sie ausgeben wollen:

```
<c:out value="Hallo"/>
```

Die Verwendung des out-Elements in der im Beispiel dargestellten Weise ist aber überflüssig, da wir an sich auch einfach nur "Hallo" in die Webseite schreiben könnten. Anders sieht es aber aus, wenn die Zeichenkette Sonderzeichen enthält, die escapt werden sollen. Zum Beispiel sieht es der Webbrowser bekanntlich als ein Markup an, wenn eine Zeichenkette das Symbol < oder das Symbol > enthält. In diesem Fall würde die JSTL-Variante Abhilfe schaffen, da mit dem Attribut escapeXML="true" solche Sonderzeichen umgewandelt werden. Zum Beispiel wird im folgenden Beispiel das < in < und das > in > transformiert:

```
<c:out value="<Ich bin kein HTML-Tag>"/>
```

Ein anderer Anwendungsfall, bei dem das out-Element nützlich sein kann, liegt vor, wenn der Wert des Attributs value einen EL-Ausdruck enthält. Im folgenden Beispiel wird der Kunde mit seiner E-Mail-Adresse begrüßt:

```
Eingeloggt: <c:out value="${customer.email}"/>
```

Weiter oben habe ich bereits erwähnt, dass ein Ausdruck einfach ignoriert wird, falls eine Bean nicht gefunden wird. Wenn Ihnen dieser Automatismus nicht gefällt, können Sie mit dem Attribut default des out-Elements dafür sorgen, dass ersatzweise ein Alternativtext ausgegeben wird. Das folgende JSTL-Element gibt entweder die E-Mail-Adresse oder einen Bindestrich aus:

```
Eingeloggt: <c:out value="${customer.email}" default="-"/>
```

set und remove

Mit set kann eine Variable definiert und mit einem Wert belegt werden. Den Namen der Variablen legen Sie mit dem Attribut var und den Wert mit dem Attribut value fest. Zusätzlich lässt sich mit dem Attribut scope der Gültigkeitsbereich der Variablen bestimmen. Der Wert von scope lässt sich auf page, request, session oder application einstellen. Wenn kein Gültigkeitsbereich mit scope bestimmt wird, ist page die Voreinstellung. Das bedeutet, dass eine Variable, die ohne Attribut scope definiert wurde, nur lokal gültig und somit in keiner anderen Webkomponente sichtbar ist. Deswegen wird man bei dem EL-Ausdruck set häufig das Attribut scope verwenden:

```
<c:set var="email" value="j@java2enterprise.de" scope="session"/>
```

Eine JavaBean kann ebenso als Wert gesetzt werden, und zwar durch die Nutzung eines EL-Ausdrucks:

```
<c:set var="email" value=="${customer.email}" scope="session"/>
```

Mit remove entfernen Sie eine Variable wieder:

```
<c:remove var="email" scope="session"/>
```

forEach

Mit dem JSTL-Element `forEach` iterieren Sie durch eine Datenreihe. Die Datenreihe legen Sie mit dem Attribut `items` fest. Das Attribut `var` bestimmt den Bezeichner, über den auf die einzelnen Werte in der Iteration zugegriffen werden kann. Im Beispiel in Listing 5.59 erstellen wir mithilfe von Kommata eine Datenreihe von drei Angeboten. Die einzelnen Angebote zeigen wir mithilfe eines EL-Ausdrucks an:

```
<c:forEach
items="Kirschlorbeer,Lavendel,Bambus"
var="offer">
    ${offer}<br>
</c:forEach>
```

Listing 5.59 search.jsp

Mit den Attributen `begin` und `end` legen Sie fest, von welchem Element bzw. bis zu welchem Element durch die Datenreihe iteriert werden soll. Das erste Element beginnt mit der Position 0.

```
<c:forEach
items="Kirschlorbeer,Lavendel,Bambus"
var="offer"
begin="0"
end="1"
>
    ${offer}<br>
</c:forEach>
```

Listing 5.60 search.jsp

In dieser Schleife würden also nur die ersten beiden Angebote angezeigt.

Über das Attribut `varStatus` erhalten Sie Informationen zu den Schleifendurchläufen. `varStatus` bietet hierfür die drei Eigenschaften `count`, `index` und `current` an. `count` zeigt die Anzahl der bisherigen Schleifendurchläufe an. `index` gibt die Nummer des Elements zurück. `current` gibt den Wert des aktuellen Elements wieder.

```
<c:forEach
items="Kirschlorbeer,Lavendel,Bambus"
var="offer"
varStatus="status"
>
    ${status.count}. Durchlauf:
```

```
        Das Angebot mit dem Index ${status.index}
        nennt sich ${status.current}<br>
</c:forEach>
```

Listing 5.61 search.jsp

Die Schleifen können auch verschachtelt sein. Das Programm aus Listing 5.62 nimmt die Parameter der HTTP-Anfrage entgegen und gibt zu jedem Schlüssel alle enthaltenen Werte aus:

```
<c:forEach var="pv" items="${paramValues}">
    ${pv.key}:
    <c:forEach var="v" items="${pv.value}">
        ${v}
    </c:forEach><br>
</c:forEach>
```

Listing 5.62 search.jsp

if

Mit dem JSTL-Element if können Sie festlegen, dass die in dem if-Element eingeschlossenen Bestandteile nur angezeigt bzw. ausgeführt werden, wenn die Abfrage wahr ist.

```
...
<c:if test="${empty customer}">
    Bitte einloggen!
</c:if>
...
```

Listing 5.63 index.jsp

choose, when und otherwise

Eine Fallunterscheidung verwirklichen Sie mit den EL-Ausdrücken choose, when und otherwise. Im Beispiel aus Listing 5.64 wird in der Datei *header.jspf* überprüft, ob sich der Kunde eingeloggt hat. Wenn er sich noch nicht eingeloggt hat, werden ihm die Links für das Registrieren und das Einloggen angezeigt, ansonsten erhält er die Links für das Ausloggen und das Verkaufen von Artikeln.

```
<%@page contentType="text/html" pageEncoding="UTF-8"%>
<%@ taglib prefix="c" uri="http://java.sun.com/jsp/jstl/core"%>
<!DOCTYPE html>
<html>
    <head>
    <meta charset="UTF-8"/>
```

```
    <link rel="stylesheet" href="resources/css/styles.css">
    <title>Onlineshop</title>
    </head>
    <body>
        <header>
        <hgroup>
            <h1 class="title">
                Onlineshop
            </h1>
        </hgroup>
        <nav>
            <a href="index.jsp">Home</a>
            <c:choose>
            <c:when test="${empty customer}">
                <a href="register.jsp">
                    Registrieren
                </a>
                <a href="signin.jsp">
                    Einloggen
                </a>
            </c:when>
            <c:otherwise>
                <a href="signout.jsp">Ausloggen</a>
                <a href="sell.jsp">Verkaufen</a>
            </c:otherwise>
            </c:choose>
            <a href="search.jsp">Suchen</a>
        </nav>
        </header>
```

Listing 5.64 header.jspf

redirect

Mit redirect programmieren Sie eine Umleitung. Dabei wird die Redirect-Funktionalität der JSP-Engine eingesetzt. Das heißt, es wird der veraltete Statuscode 302 ausgegeben, wie ich es in Abschnitt 4.3.7 beschrieben habe. Die folgende Datei *signout.jsp* entfernt den "customer" aus der HTTP-Sitzung. Anschließend wird der Benutzer zur *index.jsp* umgeleitet.

```
<%@ include file="header.jspf" %>
<c:remove var="customer" scope="session"/>
<c:redirect url="index.jsp"></c:redirect>
```

Listing 5.65 signout.jsp

catch

Mit dem JSTL-Element catch fangen Sie Ausnahmefehler ab. Im Beispiel aus Listing 5.66 würde ein Fehler in der Umleitung zu einer kontrollierten Fehlerausgabe führen:

```
<c:catch var="exception">
<c:redirect url="signin.jsp"/>
</c:catch>
```

Listing 5.66 signout.jsp

5.7.3   »fmt« – Formatierungen

Der Bestandteil fmt wird für die Formatierung von Zeichenketten oder Zahlenwerten und für die Internationalisierung von Java Server Pages verwendet.

Die folgende Direktive bindet die fmt ein:

```
<%@ taglib
    prefix="fmt"
    uri="http://java.sun.com/jsp/jstl/fmt"%>
```

Internationalisierung mit »fmt«

Für die Internationalisierung von Texten hat man sich in der Programmiersprache Java schon von Beginn an sehr viele Gedanken gemacht. Denn im Zeitalter der globalisierten Welt ist es erwünscht, dass die ausgegebenen Texte nicht in der Anwendung hart verdrahtet sind. Vor allem in Webanwendungen werden Texte in der jeweiligen Landessprache ausgegeben. Auch das Umschalten zwischen unterschiedlichen Sprachen ist in Internetanwendungen sehr geläufig.

Locale

Grundsätzlich ist es so, dass die JVM bei jedem Start die eingestellte Landessprache aus unserem Rechner holt und als Default in unser Programm setzt. Dabei berücksichtigt Java nicht nur die Sprache selbst, sondern auch das eingestellte Land, denn das Englisch aus Großbritannien unterscheidet sich von dem in den USA. Aber auch die deutsche Sprache wird nicht in allen Ländern, in denen Deutsch gesprochen wird, genau gleich verwendet. Zur Unterscheidung der lokalen Sprache bietet Java die Klasse java.util.Locale an. Diese Klasse kapselt die landes- und regionsspezifische Spracheinstellung. Wenn Ihr Rechner beispielsweise auf »Deutsch aus Deutschland« eingestellt ist, gibt die Methode java.util.Locale.getDefault() das Kürzel "de_DE" aus. Das Kürzel "de" gibt die Sprache Deutsch in der ISO-639-Kurzform an. Der Ländername "DE" entspricht dem ISO-3166-Code für Deutschland.

Die Defaulteinstellung von Locale kann zum Start der Virtual Machine durch die Optionsparameter in »Englisch aus den USA« geändert werden. Dies geschieht so:

```
-Duser.language=en -Duser.country=US
```

Um dieselbe Sprachumstellung zur Laufzeit zu ändern, schreiben Sie die Anweisung

```
Locale.setDefault(new Locale("en", "US"));
```

in das Programm. Auch diese Anweisung ändert die Spracheinstellung der JVM, und zwar so lange, bis diese beendet wird.

Die ResourceBundle-Dateien

Java-Programme bieten grundsätzlich die Möglichkeit, Texte in einer eingestellten Landessprache auszugeben. Hierzu werden die Texte nicht in den Java-Code geschrieben, sondern mithilfe von sogenannten *ResourceBundles* externalisiert.

Ein ResourceBundle ist eine sprachspezifische Datei, in der die Texte in Schlüssel-Wert-Paaren abgelegt sind. Für jede Sprache, die das Programm zur Verfügung stellen muss, wird eine eigene ResourceBundle-Datei angelegt. Weil im Programm selbst nur die Schlüssel verwendet werden, kann die Sprache ganz einfach umgestellt werden.

Ein Beispiel: Die *Java Standard Tag Library* unterstützt das äußerst komfortable Internationalisierungskonzept von Java, indem sie spezielle Tags für das ResourceBundle und die Schlüssel bereitstellt.

Wir werden nun zunächst drei ResourceBundle-Dateien schreiben. Der Name der Resource-Bundle-Dateien muss einem festgelegten Muster entsprechen.

Der erste Teil des Namens ist willkürlich. Er wird im Fachjargon auch als *Basename* bezeichnet. Wir nennen den Basename mal *messages*. Der letzte Teil ist obligatorisch, denn dies ist der Zusatz *.properties*. Zwischen diesen beiden Teilen wird das Locale mit Unterstrichen eingefügt. Unsere ResourceBundle-Dateien für Deutsch aus Deutschland und Englisch aus den USA heißen somit *message_de_DE.properties* und *message_en_US.properties*.

Die dritte Datei wird so ähnlich heißen wie die eben erzeugten Dateien, nur wird der mittlere Teil dort weglassen:

message.properties

Diese Datei gilt sozusagen als Default-ResourceBundle. Wir werden die Defaultdatei ebenfalls mit US-englischen Texten füllen, da wir davon ausgehen, dass diese in der globalisierten Welt am häufigsten verstanden werden.

Durch diese drei Dateien unterstützen wir nun die Ladestrategie, mit der Java die Internationalisierung verwirklicht.

Wir könnten die Ladestrategie auch erweitern, indem wir auch noch die zwei Dateien *message_de.properties* und *message_en.properties* hinzufügen. Dann würde Java granular nach den internationalisierten Schlüsseln suchen, und zwar vom feinsten zum obersten. Dabei sucht Java zuerst nach dem speziellen Dialekt der Sprache. Wenn beispielsweise eine amerikanische Einstellung vorliegt, würde dort die Datei *message_en_US.properties* verwendet. Handelt es sich jedoch um das Englische aus Großbritannien, so würde Java keinen entsprechenden Dialekt finden und sich mit der *message_en.properties* begnügen. Wenn die Sprache, die der Anwender nutzt, überhaupt nicht gefunden werden kann, dann wird die Defaultdatei *message.properties* verwendet.

Speichern Sie die Dateien im Klassenpfad, das heißt im Unterordner *src* des dynamischen Webanwendungsprojekts, ab. Eclipse wird die Dateien während des Kompiliervorgangs automatisch in das Verzeichnis */WEB-INF/classes* setzen.

Der Inhalt der ResourceBundle-Dateien

Die Schlüssel der Texte können Sie ganz willkürlich benennen. Wir setzen den Schlüssel beispielsweise auf `hello.world`.

```
hello.world=Hallo Welt
```

Listing 5.67 messages_de_DE.properties

Die beiden anderen Dateien werden Folgendes enthalten:

```
hello.world=Hello World
```

Listing 5.68 messages_en_US.properties

```
hello.world=Hello World
```

Listing 5.69 messages.properties

Das <fmt:setBundle>-Tag

In der JSP kann nun das Tag `<fmt:setBundle basename="messages">` benutzt werden, um den Bezeichner des ResourceBundles für die folgenden Anweisungen zu verwenden:

```
<fmt:setBundle basename="messages"/>
```

Im Anschluss können Sie beispielsweise über das Tag `<fmt:message key="messageKey" />` mit dem Schlüssel die Zeichenkettenzeile aus dem ResourceBundle beschaffen:

```
<%@page contentType="text/html" pageEncoding="UTF-8"%>
<%@ taglib
    prefix="fmt"
    uri="http://java.sun.com/jsp/jstl/fmt" %>
<!DOCTYPE html>
<html>
```

```
    <body>
        <fmt:setBundle basename="messages"/>
        <fmt:message key="hello.world"/>
    </body>
</html>
```

Listing 5.70 hallowelt.jsp

Hinweis

Sie können kann die Property-Dateien nicht nur im Root-Verzeichnis ablegen, sondern auch tiefer in der Verzeichnisstruktur der Java-Packages. Die Syntax erfordert dann im setBundle-Element den Punktoperator. Wenn beispielsweise die Property-Dateien im Verzeichnis *de.java2enterprise.onlineshop* lägen, würden Sie den Basename wie folgt setzen:

```
<fmt:setBundle
    basename="de.java2enterprise.onlineshop.messages"/>
```

Chinesisch einbeziehen

Solange es sich bei den internationalisierten Sprachausgaben um westliche Textfragmente handelt, bleiben uns die versteckten Probleme der unterschiedlichen Zeichenkodierungen meistens verborgen. Kommt jedoch eine ostasiatische Sprache wie das Chinesische aus der Volksrepublik China (es gibt auch noch andere Dialekte) hinzu, müssen Sie bei der Resource-Bundle-Datei etwas aufwendiger arbeiten. Der Grund hierfür ist, dass die Property-Datei zwar mit UTF-8-Kodierung erzeugt werden könnte, dies jedoch von der Internationalisierungs-API nicht richtig umgesetzt wird. Dieses Problem lösen Sie, indem Sie zunächst eine native ResourceBundle-Datei erstellen und diese Datei anschließend mit dem speziellen Programm *native2ascii.exe* in ein ASCII-kodiertes Programm umwandeln.

Wir werden nun deshalb zunächst die native ResourceBundle-Datei erzeugen. Wir nennen sie *messages_zh_CN.utf8*. Legen Sie die Datei in der UTF-8-Kodierung an. Wie Sie dies machen, habe ich in Abschnitt 2.3.7, »Eine HTML-Seite mit UTF-8-Merkmalen erzeugen«, gezeigt.

Die native ResourceBundle-Datei dient nur als Zwischenschritt. Sie können sie also von der Java EE-Anwendung aus nicht nutzen, sondern müssen die später gezeigte Umwandlung vornehmen.

Setzen Sie in die native ResourceBundle-Datei folgenden Inhalt ein:

```
hello.world=嗨世界
```

Listing 5.71 messages_zh_CN.utf8

Die chinesischen Symbole werden Sie auf Ihrer deutschen Tastatur natürlich vergeblich suchen. Sie können das Beispiel dennoch ausprobieren, indem Sie sich den englischen Text mithilfe von Google (*http://translate.google.de*) übersetzen lassen und das Ergebnis per Copy & Paste in die native ResourceBundle-Datei einfügen.

Im nächsten Schritt verwenden Sie das Programm *native2ascii.exe*, das im */bin*-Verzeichnis der JDK mitgeliefert wird, denn dieses Programm wandelt native UTF-8-Zeichen in ASCII-Codes um (siehe Abbildung 5.14).

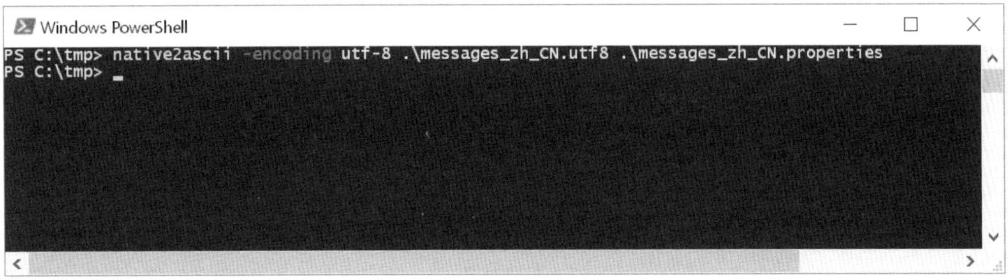

Abbildung 5.14 Die Umwandlung von nativen UTF-8-Zeichen in ASCII-Zeichen

Innerhalb von Eclipse müssen Sie die Ansicht eventuell über F5 aktualisieren, damit die Neuerungen übernommen werden. Das Ergebnis könnte so ähnlich wie in Listing 5.72 aussehen:

```
hello.world=\u55e8\u4e16\u754c
```

Listing 5.72 messages_zh_CN.properties

Abschließend deployen Sie die Anwendung auf den Java EE Server.

> **Vorsicht**
>
> Beachten Sie, dass Ihr Texteditor womöglich unbemerkt eine *Byte Order Mark* (*BOM*) an den Anfang der Datei gesetzt hat und diese Bytesequenz nun durch das Programm *native2-ascii.exe* als Unicode interpretiert worden ist. In diesem Fall müssten Sie (in der resultierenden Properties-Datei) die Zeichen der BOM vor hello.world leider noch manuell entfernen.

Das Beispiel testen

Für den Test müssen wir nun innerhalb des Webbrowsers die Spracheinstellung abändern. Im Mozilla Firefox klicken Sie hierfür im Hauptmenü auf TOOLS • OPTIONS, um das Konfigurationsfenster zu öffnen. Dort wählen Sie das Register GENERAL aus und wandern hinunter zum Bereich LANGUAGE AND APPEARANCE (siehe Abbildung 5.15).

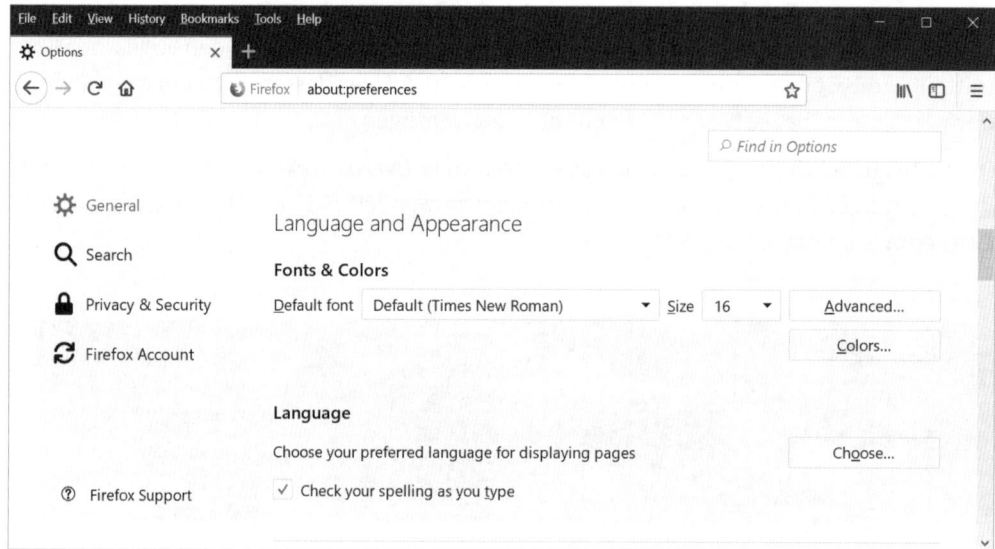

Abbildung 5.15 Das Register »Inhalt« im Konfigurationsfenster des Mozilla Firefox

Klicken Sie dort im Bereich LANGUAGE auf den Button CHOOSE..., damit sich das SPRACHEN-Fenster aus Abbildung 5.16 öffnet. Normalerweise sollten dort Deutsch oder Englisch in verschiedenen Varianten vorausgewählt sein. Selektieren Sie die Einträge, und entfernen Sie sie. Dann klicken Sie auf die Combobox und suchen den Eintrag »Chinesisch/China« aus. Klicken Sie zuletzt auf HINZUFÜGEN, und bestätigen Sie mit OK.

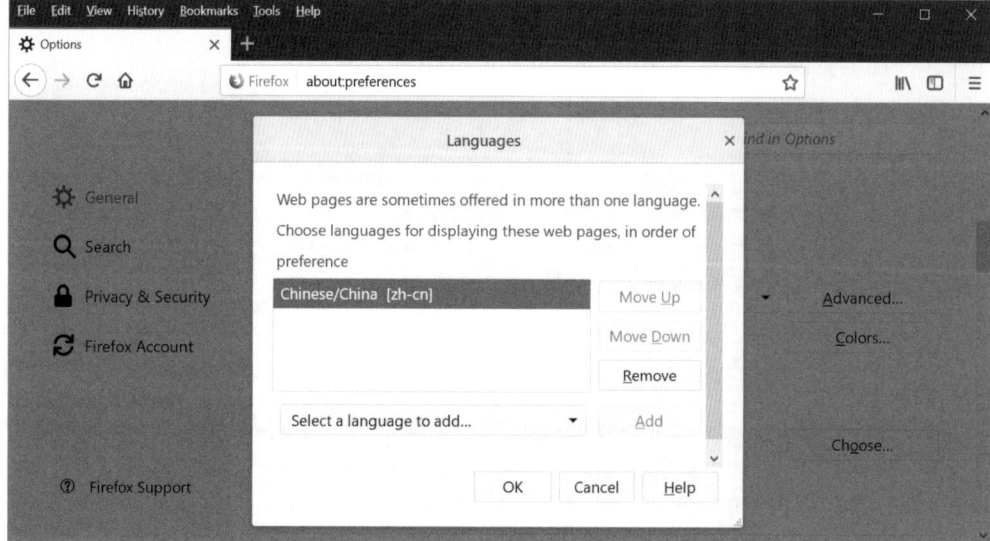

Abbildung 5.16 Wir verwenden Chinesisch aus China für den Test der chinesischen Zeichen.

Klicken Sie dann auf OK, und rufen Sie die Webseite der Java EE-Anwendung auf, die den
»Hallo Welt«-Text anzeigen soll (siehe Abbildung 5.17).

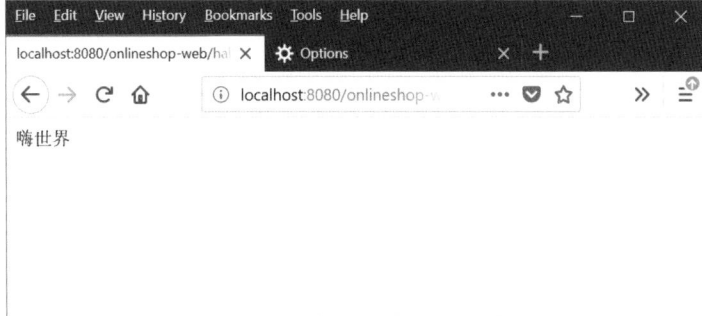

Abbildung 5.17 Das Hallo-Welt-Beispiel auf Chinesisch

Verschiedene Sprachen in einer einzigen Ansicht

Es lassen sich gleichzeitig mehrere Sprachen in einer einzigen Webseite anzeigen. Hierfür
ändern Sie den Locale-Wert über das JSTL-Element `<fmt:setLocale/>`.

Ein spezielles Element namens `<fmt:bundle/>` erlaubt ferner, dass ein bestimmter Abschnitt
einen gesonderten Basename referenziert. Wir werden diese beiden Elemente in Listing 5.73
nutzen, um unterschiedliche Sprachausgaben zu realisieren.

```
<%@page contentType="text/html" pageEncoding="UTF-8"%>
<%@ taglib
    prefix="fmt"
    uri="http://java.sun.com/jsp/jstl/fmt" %>
<!DOCTYPE html>
<html>
    <head>
        <meta charset="utf-8">
        <title>
            Hello World
        </title>
    </head>
    <body>
    <p>
        <fmt:setLocale value="de_DE"/>
        <fmt:bundle basename="messages">
            <fmt:message key="hello.world"/>
        </fmt:bundle>
    </p>
    <p>
        <fmt:setLocale value="en_US"/>
```

```
        <fmt:bundle basename="messages">
            <fmt:message key="hello.world"/>
        </fmt:bundle>
    </p>
    <p>
        <fmt:setLocale value="zh_CN"/>
        <fmt:bundle basename="messages">
            <fmt:message key="hello.world"/>
        </fmt:bundle>
    </p>
    </body>
</html>
```

Listing 5.73 hallowelt.jsp

Die Sprache über Landesflaggen ändern

Mit JSTL ist es sehr einfach, die Ansicht einer Webanwendung zu internationalisieren. Besonders praktisch ist, dass die Locale-Einstellung der gesamten HTTP-Sitzung mit einem einzigen Tag abgeändert werden kann.

Die JSP in Listing 5.74 zeigt, wie Sie die Umschaltung zwischen Englisch und Deutsch über einen Mausklick auf Landesflaggen programmieren können (siehe auch Abbildung 5.18). Die Flaggen sind im Buchbeispiel in den Downloaddaten hinterlegt.

```
<%@page contentType="text/html" pageEncoding="UTF-8"%>
<%@ taglib prefix="fmt" uri="http://java.sun.com/jsp/jstl/fmt" %>
<fmt:setLocale value="${param.locale}" scope="session"/>
<fmt:setBundle basename="messages"/>
<!DOCTYPE html>
<html>
    <head>
        <meta charset="utf-8">
        <title>
            <fmt:message key="hello.world"/>
        </title>
    </head>
    <body>
    <a href="hallowelt.jsp?locale=de_DE">
        <img src="img/de.gif"/>
    </a>
    <a href="hallowelt.jsp?locale=en_US">
        <img src="img/us.gif"/>
    </a><br>
```

```
    <h1>
        <fmt:message key="hello.world"/>
    </h1>
    </body>
</html>
```

Listing 5.74 hallowelt.jsp

Abbildung 5.18 Die Änderung der Sprache erfolgt über einen Mausklick
auf die entsprechende Landesflagge.

Parametrisierte Texte

Um innerhalb der übersetzten Texte auch parametrisierte Werte einzufügen, setzen Sie in der Properties-Datei Platzhalter. Die Platzhalter bestehen aus geschweiften Klammern mit durchnummerierten Zahlen als Indexwert.

```
your.email.password=Ihre E-Mail {0} und ihr Kennwort {1}
```

Listing 5.75 messages_de_DE.properties

Innerhalb des `<fmt:message>`-Bodys setzen Sie die Parameter jeweils mit einem `<fmt:param>`. Dabei entspricht die Anordnung der Parameter den Indexwerten im ResourceBundle.

Beispielsweise zeigt die JSP in Listing 5.76 die E-Mail-Adresse und das Passwort an:

```
...
<fmt:setBundle basename="messages"/>
<fmt:message key="your.email.password">
    <fmt:param value="${customer.email}"/>
    <fmt:param value="${customer.password}"/>
</fmt:message>
```

Listing 5.76 hallowelt.jsp

Eine Zahl internationalisiert ausgeben

Über das Element <fmt:parseNumber> lesen Sie eine Zahl ein, die in einer Variablen abgelegt wird, und mit <fmt:formatNumber> formatieren Sie eine Zahl. Hierbei setzen Sie den Wert über das Attribut value.

Über type wählen Sie bei der Formatierung zwischen einem Zahlenformat (number), einer prozentualen Anzeige (percent) oder einer Währung (currency).

Bei Zahlen können Sie für die Vorkommastellen über maxIntegerDigits und minInteger-Digits eine bestimmte maximale oder minimale Anzahl festgelegen. Die Anzahl der Nachkommastellen bestimmen Sie entsprechend über maxFractionDigits und minFractionDigits. Mit groupingUsed gruppieren Sie die Ziffern in Tausender.

Bei type="currency" richtet sich die Währung normalerweise nach der lokalen Einheit. Dies können Sie aber über die Attribute CurrencyCode und CurrencySymbol variieren.

Darüber hinaus können Sie über das Attribut pattern eine noch individuellere Ausgabe formatieren.

Im nächsten Beispiel lesen wir eine Zahl ein und geben sie in Euro aus:

```
<%@page contentType="text/html" pageEncoding="UTF-8"%>
<%@ taglib
    prefix="fmt"
    uri="http://java.sun.com/jsp/jstl/fmt" %>
<!DOCTYPE html>
<html>
    <head>
        <meta
            http-equiv="Content-Type"
            content="text/html;charset=UTF-8">
        <meta charset="utf-8">
    </head>
    <body>
        <fmt:setLocale value="de_DE"/>
        <fmt:parseNumber value="1234.56" var="price"/>
        <fmt:formatNumber
            value="${price}"
            type="currency"/>
    </body>
</html>
```

Listing 5.77 price.jsp

Zeitpunkte und Zeitzonen

Auf ähnlicher Weise wie `<fmt:formatNumber>` und `<fmt:parseNumber>` funktionieren auch die Elemente `<fmt:parseDate>` und `<fmt:formatDate>`.

Zum Beispiel wird mit Listing 5.78 ein Zeitpunkt geparst und in einem formatierten Text ausgegeben:

```
<c:set var="d1">01.09.2013 14:45:20</c:set>
<fmt:parseDate
    value="${d1}"
    parseLocale="de_DE"
    type="BOTH"
    dateStyle="short"
    timeStyle="short"
    var="d2"/>

<fmt:formatDate
    value="${d2}"
    pattern="'Wir treffen uns am ' E ' um ' HH:mm"
    dateStyle="LONG"
    timeStyle="short"
    var="d3"/>
```

Listing 5.78 zeitpunkt.jsp

Über `<fmt:setTimezone>` setzen Sie die Zeitzone und mit `<fmt:timeZone>` die Zeitzone für ein bestimmtes Codefragment.

Das Beispiel aus Listing 5.79 gibt alle Zeitzonen mit ihrer aktuellen Zeit an, die in der JVM zur Verfügung stehen:

```
<%@page contentType="text/html" pageEncoding="UTF-8"%>
<%@ taglib
    prefix="c"
    uri="http://java.sun.com/jsp/jstl/core" %>
<%@ taglib
    prefix="fmt"
    uri="http://java.sun.com/jsp/jstl/fmt" %>
<!DOCTYPE html>
<html>
    <head>
        <meta
            http-equiv="Content-Type"
            content="text/html;charset=UTF-8">
        <meta charset="utf-8">
```

```
        </head>
        <body>
            <jsp:useBean id="now" class="java.util.Date"/>
            <select >
            <c:forEach
                var="tz"
                items="<%=java.util.TimeZone.getAvailableIDs()%>">
                <option>
                <c:out value="${tz}" />
                    <fmt:timeZone value="${tz}"> -
                    <fmt:formatDate
                        value="${now}"
                        timeZone="${zn}"
                        type="BOTH" />
                    </fmt:timeZone>
                </option>
            </c:forEach>
            </select>
        </body>
</html>
```

Listing 5.79 timeZone.jsp

5.7.4   »functions« – Funktionen

Der Bestandteil functions bietet Möglichkeiten zur Verarbeitung von Zeichenketten. Die Funktionen sind für die Manipulation von Zeichenketten gedacht. Eine Ausnahme bildet die Funktion fn:length(), mit der die Länge einer Zeichenkette oder die Anzahl der Elemente einer Collection oder eines Arrays ermittelt wird.

Die Tag-Library wird mit folgender Anweisung gesetzt:

```
<%@ taglib
    prefix="fn"
    uri="http://java.sun.com/jsp/jstl/functions"%>
```

Das folgende Listing wandelt die Buchstaben der Kunden-E-Mail-Adresse in Kleinbuchstaben um:

```
${fn:toLowerCase("Hallo Welt")}
```

Folgender Liste können Sie alle Funktionen entnehmen. Deren Handhabung ist recht intuitiv. Dennoch gebe ich hier eine Kurzbeschreibung zu jeder Funktion.

▶ **fn:contains(Zeichenkette, Such-String)**

`fn:contains` sucht einen String in einer Zeichenkette. Wenn die Zeichenkette gefunden wurde, wird `true` zurückgegeben, ansonsten `false`.

▶ **fn:containsIgnoreCase(Zeichenkette, Such-String)**

Eine ähnliche Suche wie bei `fn:contains`, nur dass bei dieser Methode die Groß- und Kleinschreibung nicht berücksichtigt wird.

▶ **fn:endsWith(Zeichenkette, End-String)**

Gibt `true` zurück, wenn eine Zeichenkette auf einen bestimmten String endet.

▶ **fn:indexOf(Zeichenkette, Such-String)**

Gibt den `index` wieder, an dem ein Such-String in einer Zeichenkette erstmalig gefunden wurde.

▶ **fn:join(Array, Separator)**

Fügt die Elemente eines Arrays zusammen. Gleichzeitig wird ein Separator zwischen die einzelnen Elemente gesetzt.

▶ **fn:length(Zeichenkette)**

Gibt die Anzahl der Elemente einer Zeichenkette, eines Arrays oder einer Collection wieder.

▶ **fn:replace(Zeichenkette, Such-String, Ersatz-String)**

Ersetzt alle Vorkommen eines Strings innerhalb einer Zeichenkette.

▶ **fn:split(Zeichenkette, Delimiter)**

Teilt eine Zeichenkette an den Stellen, an denen sie einen spezifizierten Delimiter vorfindet, in einzelne Fragmente auf und fügt sie zu einem Array zusammen.

Listing 5.80 schreibt die einzelnen Wörter der Zeichenkette »Hallo Welt« untereinander:

```
<%@ page language="java"%>
<%@ taglib prefix="fn"
    uri="http://java.sun.com/jsp/jstl/functions" %>
<%@ taglib prefix="c"
    uri="http://java.sun.com/jsp/jstl/core" %>
<!DOCTYPE html>
<html>
    <body>
        <c:set
            var="string_array"
            value="${fn:split('Hallo Welt', ' ')}" />

        <c:forEach
            items="${string_array}"
            var="s">
```

```
        <p>${s}</p>

      </c:forEach>
    </body>
  </html>
```

Listing 5.80 Eine JSP, die »Hallo Welt« in »Hallo« und »Welt« splittet

▶ **fn:startsWith(Zeichenkette, Such-String)**
Gibt `true` zurück, wenn eine Zeichenkette mit einem bestimmten String beginnt.

▶ **fn:substring(Zeichenkette, Beginn, Ende)**
Beschafft eine Untermenge einer Zeichenkette. Der Beginn und das Ende des Ausschnitts werden durch die Angabe von Indexwerten angezeigt.

▶ **fn:substringAfter(Zeichenkette, Such-String)**
Beschafft die Untermenge einer Zeichenkette, vor der ein bestimmter Such-String gefunden wurde.

▶ **fn:substringBefore(Zeichenkette, Such-String)**
Beschafft die Untermenge einer Zeichenkette, nach der ein bestimmter Such-String gefunden wurde.

▶ **fn:toLowerCase(Zeichenkette)**
Wandelt alle Buchstaben in Kleinbuchstaben um.

▶ **fn:toUpperCase(Zeichenkette)**
Wandelt alle Buchstaben in Großbuchstaben um.

▶ **fn:trim(Zeichenkette)**
Entfernt die Leerstellen zum Beginn und am Ende einer Zeichenkette.

5.7.5 »sql« – Datenbankzugriffe

Mit dem Bestandteil `sql` kann auf Datenbanken zugegriffen werden:

```
<%@ taglib
    prefix="sql"
    uri="http://java.sun.com/jsp/jstl/sql"%>
```

Das Beispiel aus Listing 5.81 zeigt, wie Sie die Liste der vorhandenen Kunden aus dem Online-shop ausgeben können:

```
<%@page contentType="text/html" pageEncoding="UTF-8"%>
<%@ taglib
    prefix="c"
    uri="http://java.sun.com/jsp/jstl/core" %>
<%@ taglib
```

```
        prefix="sql"
        uri="http://java.sun.com/jsp/jstl/sql" %>
<!DOCTYPE html>
<html>
    <head>
        <meta
            http-equiv="Content-Type"
            content="text/html;charset=UTF-8">
        <meta charset="utf-8">
    </head>
    <body>
        <sql:setDataSource
            var="ds"
            driver="oracle.jdbc.OracleDriver"
            url="jdbc:oracle:thin:@//localhost:1521/XE"
            user="onlineshop_user"
            password="geheim_123"/>
        <sql:query
            dataSource="${ds}"
            var="result">
            select EMAIL, PASSWORD
            from onlineshop.customer
        </sql:query>

        <c:forEach
            var="row"
            items="${result.rows}">
            <c:out value="${row.EMAIL}"/>
            <c:out value="${row.PASSWORD}"/>
            <br/>
        </c:forEach>
    </body>
</html>
```

Listing 5.81 customer.jsp

Die in der JSTL-API zur Verfügung stehenden sql-Elemente werden in der folgenden Auflistung beschrieben:

▶ **sql:setDataSource**
Erstellt eine DataSource. Für den Verbindungsaufbau werden entweder ein JNDI-Name über das Attribut dataSource oder die direkten Verbindungsinformationen über die Attribute driver, url, user und password angezeigt. Das Objekt der DataSource können Sie in ein

Objekt setzen, indem Sie das Attribut var verwenden. Über das Attribut scope ändern Sie den Gültigkeitsbereich der DataSource.

▶ **sql:query**
Führt eine SQL-Abfrage durch. Den SQL-String setzen Sie entweder mit dem Attribut sql oder innerhalb des öffnenden und schließenden Tags. Über startRow können Sie festlegen, ab welcher Zeile gelesen werden soll. Mit dem Attribut maxRows können Sie das Ergebnis auf eine maximale Menge begrenzen. Über das Attribut scope können Sie die Ergebnismenge für einen bestimmten Gültigkeitsbereich zur Verfügung stellen.

▶ **sql:update**
Führt ein SQL-UPDATE durch. Den SQL-String setzen Sie entweder mit dem Attribut sql oder innerhalb des öffnenden und schließenden Tags.

▶ **sql:param**
Setzt einen Wert für einen Parameter.

▶ **sql:dateParam**
Setzt einen Datumswert für einen Parameter.

▶ **sql:transaction**
Ermöglicht, dass die SQL- und UPDATE-Anweisung in einer Transaktion durchgeführt werden.

5.7.6   »xml« – Die Verarbeitung von XML-Strukturen

Mit dem Bestandteil xml können XML-Elemente durchlaufen und verarbeitet werden. Die XML-Tag-Bibliothek wird mit folgender Anweisung eingebunden:

```
<%@ taglib
    prefix="x"
uri="http://java.sun.com/jsp/jstl/xml"%>
```

Um ein Beispiel vorzuführen, werden wir zunächst einmal eine XML-Datei anlegen. Wir nennen sie *customers.xml*.

```
<?xml version="1.0" encoding="UTF-8"?>
<customers>
    <customer>
        <id>
            1
        </id>
        <email>
            j@java2enterprise.de
        </email>
        <password>
            Taxi_123
```

```
            </password>
        </customer>
        <customer>
            <id>
                2
            </id>
            <email>
                john@gmail.de
            </email>
            <password>
                Hallo_0815
            </password>
        </customer>
</customers>
```

Listing 5.82 customers.xml

Vom Aufbau her entspricht die XML-Datei *customers.xml* dem Datenmodell der Kunden des Onlineshops.

Mit der JSP in Listing 5.83 geben wir den Inhalt des XML-Dokuments aus:

```
<%@page contentType="text/html" pageEncoding="UTF-8"%>
<%@ taglib
    prefix="c"
    uri="http://java.sun.com/jsp/jstl/core" %>
<%@ taglib
    prefix="x"
    uri="http://java.sun.com/jsp/jstl/xml" %>
<c:import url="customers.xml" var="xml_document"/>
<x:parse doc="${xml_document}" var="xml_structure"/>
<!DOCTYPE html>
<html>
    <head>
        <meta
            http-equiv="Content-Type"
            content="text/html;charset=UTF-8">
        <meta charset="utf-8">
    </head>
    <body>
        <x:forEach
            select="$xml_structure/customers/customer">
            <x:out select="id"/> -
            <x:out select="email"/> -
```

```
            <x:choose>
                <x:when select="password">
                    <c:out value="********"/>
                </x:when>
                <x:otherwise>
                    <c:out value=" - "/>
                </x:otherwise>
            </x:choose>
            <br>
        </x:forEach>
    </body>
</html>
```

Listing 5.83 customers.jsp

In der JSP importieren wir die Datei mithilfe des JSTL-Elements `<c:import>` und setzen den Inhalt der Datei in die Variable `xml_document`.

Danach parsen wir das Dokument über `<x:parse>`. Den Variablennamen müssen wir mit dem Attribut `doc` angeben. Die geparste XML-Struktur setzen wir in die Variable `xml_structure`.

Anschließend können wir über das Element `<x:forEach>` über eine Datenreihe innerhalb der XML-Struktur navigieren. Die Tiefe des Pfades formulieren wir mithilfe eines XPath-Ausdrucks. Dabei beginnt das Root-Element mit `/customers`. Weil wir im XPath-Ausdruck `/customers/customer` selektieren, befinden wir uns virtuell nun auf dieser Ebene. Darunter befinden sich jeweils die Elemente `id` und `email`, die wir über `<x:out/>` ausgeben. Neben `id` und `email` ist zwar auch das Element `password` vorhanden, jedoch geben wir dieses Element nicht aus. Stattdessen prüfen wir lediglich, ob es einen Wert enthält. Wenn ja, werden 8 Sterne ausgegeben, ansonsten ein Querstrich.

Neben den im obigen Beispiel gezeigten Elementen bietet die XML-Tag-Library die Elemente `<x:set>`, `<x:transform>` und `<x:param>` an.

Über das Element `<x:set>` können Sie das Ergebnis eines XPath-Ausdrucks in eine Variable speichern.

Mit den Elementen `<x:transform>` und `<x:param>` führen Sie XML-Transformationen über XSLT-Stylesheets durch.

Kapitel 6
Die relationale Datenbank

»Alles, was lediglich wahrscheinlich ist, ist wahrscheinlich falsch.«
René Descartes

Bei einer Java EE-Anwendung sind fundierte Kenntnisse über relationale Datenbanken sehr wichtig, da solche Datenbanken das Kernstück bei der Verwaltung der Geschäftsdaten darstellen.

Die Art und Weise, wie Daten organisiert werden und logisch miteinander in Beziehung stehen, ist wurde im Jahre 1970 von einem Mitarbeiter der Firma IBM grundlegend revolutioniert. Als damals Edgar Frank Codd das »Relational Model of Data for Large Shared Data Banks« schrieb, ahnte er wohl noch nicht, dass dieses Dokument auch 40 Jahre später immer noch den Standard elektronischer Datenverwaltungssysteme darstellen würde. Sein Modell bildet auch heute noch das Fundament von relationalen Datenbanken, die in zigtausend Geschäftsanwendungen weltweit eingesetzt werden. Keine Bank, kein Reiseportal und auch kein Online-Blumendienst kommen mehr ohne relationale Datenbanken aus.

Bei einer relationalen Datenbank werden die Geschäftsdaten in Tabellen abgelegt. Jede Zeile wird als *Datensatz* bezeichnet. Ein anderer Begriff für einen Datensatz ist der aus der Mathematik stammende Begriff *Tupel*. Genauso wie ein Datensatz mehrere Spaltenfelder enthalten kann, besteht ein Tupel aus einer Menge von Attributen.

Für die Verwaltung einer relationalen Datenbank und ihrer Tabellen werden *Datenbankverwaltungssysteme* verwendet. Datenbankverwaltungssysteme werden mit DBMS (nach dem englischen Begriff *Database Management System*) abgekürzt. Für dieses Buch wird die *Oracle Database 11g Release 2 Express Edition* (*OracleXE*) als Datenbankverwaltungssystem eingesetzt. Ich werde Ihnen zeigen, wie Sie OracleXE installieren und konfigurieren.

Nach der Installation von OracleXE werden wir für den Onlineshop ein physisches Datenmodell erstellen. In Kapitel 3, »Planung und Entwurf«, habe ich bereits erläutert, wie Sie die Geschäftsdaten des Onlineshops tabellarisch anlegen können. Gleichzeitig haben wir ein Domänenmodell als Klassendiagramm für die Java-Klassen eingesetzt. Aufgrund dieser Vorarbeit ist die Erstellung des physischen Datenmodells nun ein Kinderspiel. Das physische Datenmodell ähnelt dem »vereinfachten« Domänenmodell aus Kapitel 3, nur dass wir statt der Java-Datentypen nun Datentypen der Oracle Database verwenden werden. Manchmal wird für den Entwurf der relationalen Datenbank zunächst ein *Entity Relationship Model* (*ERM*) oder ein logisches Datenmodell herangezogen. Das ERM und das logische Datenmodell sind eng mit dem physischen Domänenmodell verwandt. Beide Varianten werden als vorläufiges Diagramm eingesetzt, das als konzeptionelle Grundlage für ein physisches Datenmodell dient. Die Praxis hat jedoch gezeigt, dass der gleichzeitige Einsatz von unterschiedlichen Modelldiagrammen auch Redundanz in der Entwurfsphase mit sich bringt. Änderungen führen schnell zu großen Aufwänden. Deshalb werden wir auf die »vorläufigen« Konzepte komplett verzichten.

Für die Verwaltung einer relationalen Datenbank wurde die *Structured Query Language* (*SQL*) erfunden. Obgleich Ihnen relationale Datenbanken und SQL bekannt sein werden, werde ich hier auch auf ihre Grundlagen eingehen. Ein Java EE-Entwickler muss in der Praxis wissen, wie relationale Datenbanken entworfen werden, und darüber hinaus mit den wichtigsten SQL-Kommandos vertraut sein.

6.1   Die Einrichtung der Oracle Database

Auf dem IT-Stellenmarkt sind Oracle-Database-Kenntnisse die mit Abstand gefragteste Datenbank-Kompetenz. In den Statistiken der IT-Stellenportale erscheint MySQL weit hinter Oracle, und noch seltener werden alle anderen Datenbankkenntnisse gesucht.

Die *Oracle Database 11g Release 2 Express Edition* ist für Trainingszwecke kostenlos verwendbar. Dabei müssen Sie folgende Einschränkungen in Kauf nehmen:

▶ Die Software kann nur einen einzigen Prozessor Ihres Rechners nutzen, selbst wenn Ihr Rechner über mehrere Prozessoren verfügt.

▶ Es kann nur 1 Gigabyte des gesamten Arbeitsspeichers verwendet werden.

▶ Die Gesamtmenge der Datenbanktabellen ist auf ein Volumen von 11 Gigabyte beschränkt.

Außerdem müssen Sie beachten, dass es sich bei OracleXE um eine 32-Bit-Installationssoftware handelt.

6.1.1   Die Installation

Um die Installationsdatei für Windows herunterzuladen, rufen Sie in Ihrem Webbrowser folgende Webseite auf:

http://www.oracle.com/technetwork/database/database-technologies/express-edition/downloads/index.html

Dort müssen Sie zunächst die Lizenzvereinbarung durchlesen und bestätigen. Anschließend klicken Sie mit der Maus auf den Link ORACLE DATABASE EXPRESS EDITION 11G RELEASE 2 FOR WINDOWS X32.

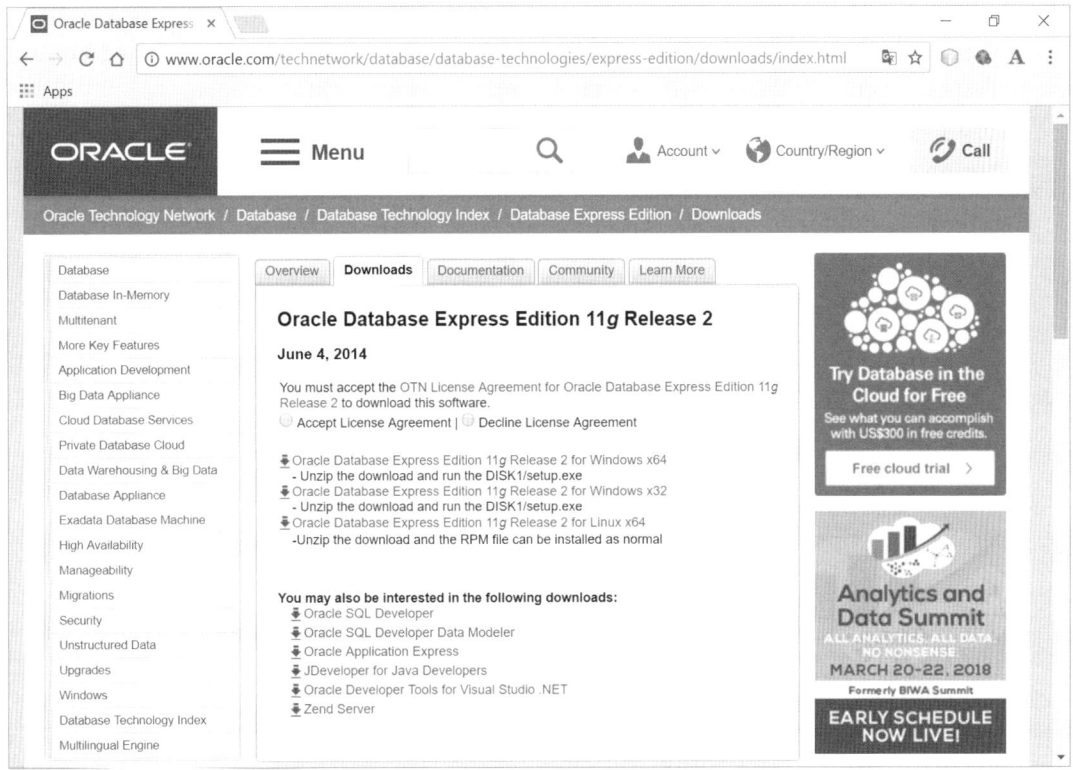

Abbildung 6.1 Die Downloadseite der »Oracle Database Express Edition 11g Release 2«

Auf der Webseite sehen Sie eventuell den Hinweis »Does not work in Windows x64«. Dies konnten wir allerdings nicht bestätigen. Für den unwahrscheinlichen Fall, dass Sie mit einem 64-Bit-Betriebssystem dennoch auf Probleme stoßen, könnten Sie auf die Oracle Database Version 12 ausweichen. Allerdings empfehle ich Ihnen, stattdessen bei der in diesem Buch gezeigten Version zu bleiben und diese auf eine virtuelle Maschine wie VMWare oder die Oracle Virtual Box zu installieren. Für die Betriebssysteme Solaris, HP-UX, AIX und macOS hat der Hersteller keine *Oracle Database 11g Release 2 Express Edition* zur Verfügung gestellt. Wenn Sie also beispielsweise mit dem Betriebssystem macOS arbeiten, sind Sie für die Nutzung einer Oracle Database sogar gezwungen, eine virtuelle Maschine einzusetzen.

Die herunterzuladende Datei ist eine gezippte Installationssoftware. Um die Installation zu starten, müssen Sie zunächst die gezippte Datei in einem Verzeichnis extrahieren. Im Unterordner *\DISK1* befindet sich das Programm *\DISK1\setup.exe*, das die Installation der Software startet. Nach der Installation wird noch gezeigt, wie Sie OracleXE konfigurieren. Ansonsten ist die Installation auf dem Betriebssystem Windows verglichen mit der Installation auf Unix-basierten Betriebssystemen sehr einfach.

Linux-Benutzer rufen den Link mit der Aufschrift ORACLE DATABASE EXPRESS EDITION 11G RELEASE 2 FOR LINUX X64 aufrufen. Beachten Sie bitte die Dokumentation des Herstellers.

Um die Installation unter dem Betriebssystem Microsoft Windows zu beginnen, starten Sie die heruntergeladene Installationsdatei *setup.exe*. Damit die Installation durchgeführt werden kann, muss Ihr Windows-Benutzer über Administratorrechte verfügen.

Wenn Sie die Installationsdatei *setup.exe* ausführen, begrüßt OracleXE Sie mit dem Fenster aus Abbildung 6.2.

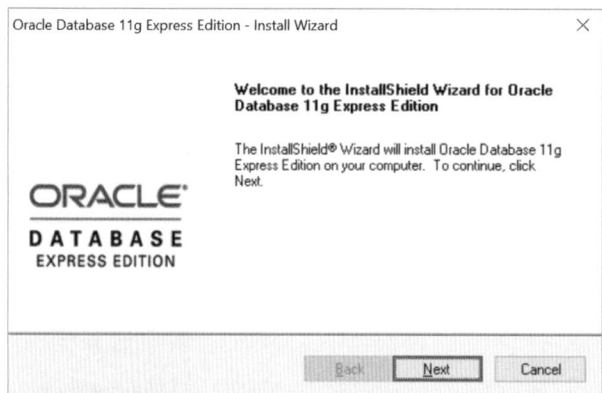

Abbildung 6.2 Die Willkommensseite der »Oracle Database 11g Express Edition«

Die Installation unterliegt der *Oracle Technology Network-(OTN-)*Lizenz. Diese besagt, dass Sie OracleXE für die Anwendungsentwicklung und für das Erstellen von Anwendungsprototypen nutzen dürfen. Darüber hinaus dürfen Sie OracleXE auch für Präsentationen und Trainings einsetzen. Für die Verwendung der Buchbeispiele ist sie somit optimal. Bestätigen Sie also die Lizenzvereinbarung, und klicken Sie auf NEXT.

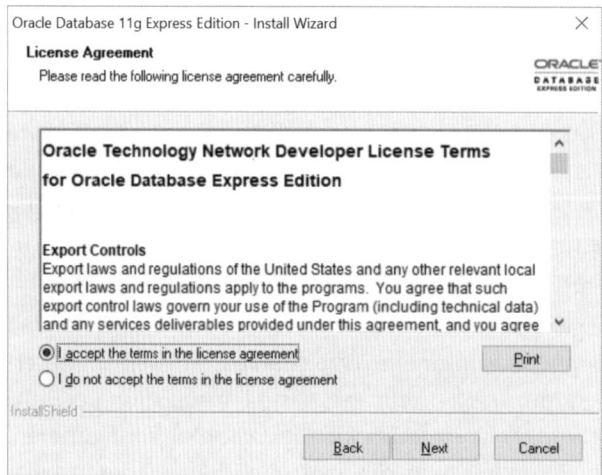

Abbildung 6.3 Die »Oracle Technology Network Developer«-(OTN-)Lizenz

Im nächsten Fenster teilt OracleXE Ihnen mit, dass es die Installation im Ordner *c:\oraclexe* vornehmen wird (siehe Abbildung 6.4). Die Voreinstellung lässt sich an dieser Stelle ändern. Für die Beispiele in diesem Buch habe ich das Installationsverzeichnis auf dem voreingestellten Pfad belassen.

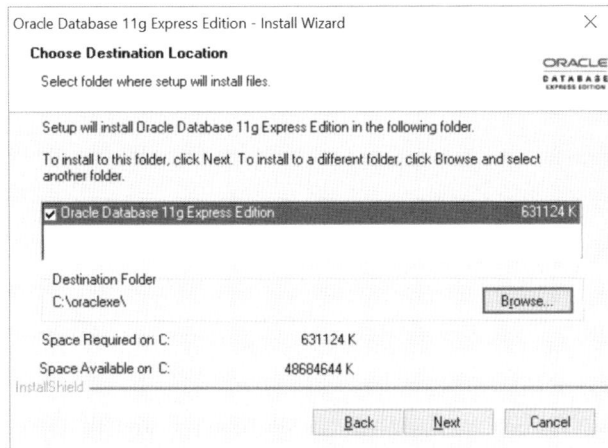

Abbildung 6.4 Die Auswahl des Zielordners

Das Fenster zeigt auch an, dass OracleXE einen Speicherbedarf von 631.124 KB benötigt. Damit die Installation jedoch vollständig durchgeführt wird und auch noch Platz für Geschäftsdaten zur Verfügung steht, sollten mindestens 2 GB Speicherplatz vorhanden sein.

Mit einem Klick auf NEXT gelangen Sie zum nächsten Fenster, in dem Sie aufgefordert werden, ein Passwort anzugeben. Das Passwort wird auf diese Weise für die in der Benutzerhierarchie weit oben stehenden Benutzer *SYS* und *SYSTEM* festgelegt.

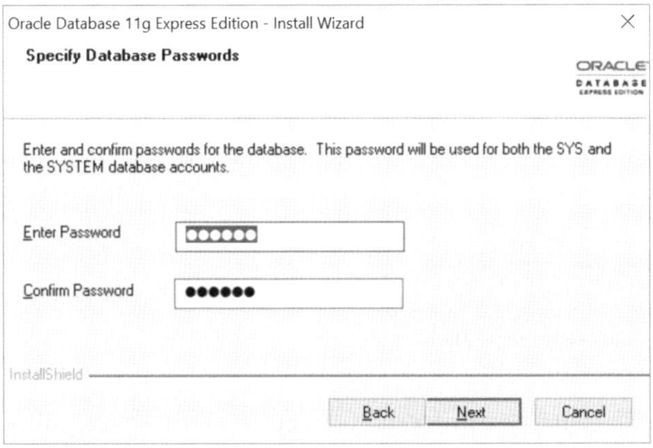

Abbildung 6.5 Die Eingabe eines Passworts für die Benutzer »SYS« und »SYSTEM«

Wenn Sie anschließend auf NEXT klicken, zeigt OracleXE an, dass es die drei Ports 1521, 2030 und 8080 verwenden wird (siehe Abbildung 6.6).

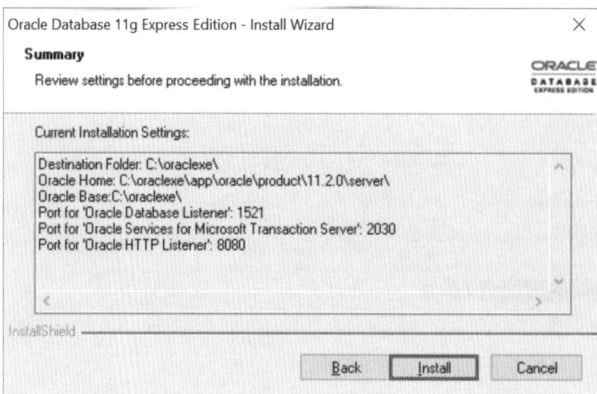

Abbildung 6.6 Die Installationssoftware zeigt die Einstellungen für OracleXE an.

Nun erinnern Sie sich vielleicht, dass der HTTP-Port 8080 ja bereits von GlassFish in Beschlag genommen wurde. Wenn Ihr GlassFish-Server soeben aktiv war, wird Ihnen die OracleXE-Installation ersatzweise Port 8081 anbieten. Ansonsten müssen Sie später den Wert dieses Ports anpassen. Dies wäre auch nicht weiter tragisch, denn hierum werden wir uns gleich nach der Installation kümmern.

Bestätigen Sie anschließend mit einem Mausklick auf INSTALL, sodass die Installation nun mit diesen Werten beginnen kann.

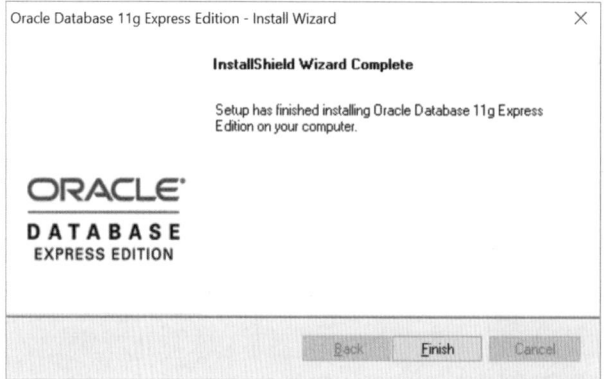

Abbildung 6.7 Die Beendigung der Installation von OracleXE

Die Installationssoftware von OracleXE sollte nun unter dem Ordner *c:\oraclexe* installiert sein und zahlreiche Unterverzeichnisse und Dateien abgelegt haben. Die Größe des gesamten Ordners wird etwa 1,6 GB betragen. Der eigentliche Server befindet sich in der Baumstruktur weiter unten, nämlich unter *C:\oraclexe\app\oracle\product.2.0\server*.

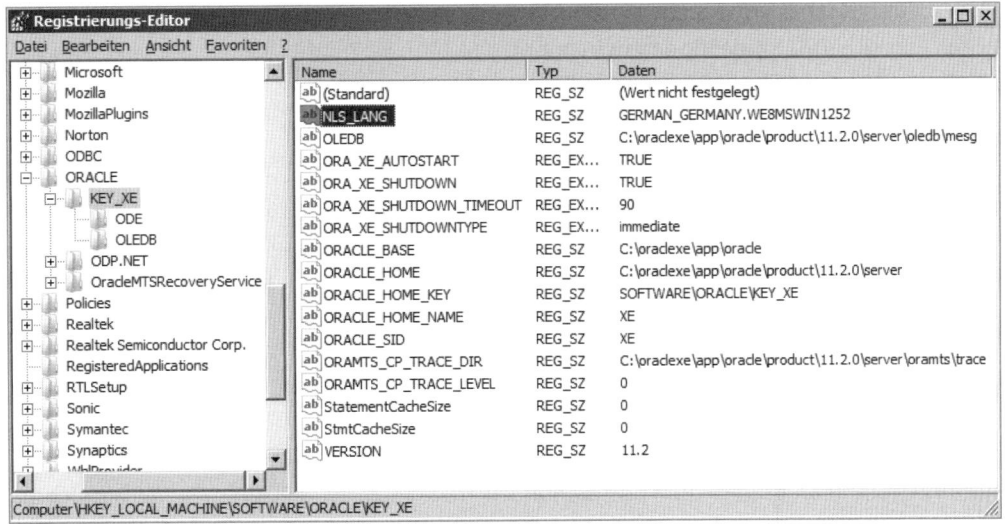

Abbildung 6.8 Die Registry-Einträge von OracleXE

Während der Installation hat Oracle einige Einträge in der Registry des Betriebssystems gesetzt. In Abbildung 6.8 sehen Sie zum Beispiel die Einträge für die Schlüssel ORACLE_HOME und ORACLE_SID. ORACLE_HOME zeigt mit C:\ORACLEXE\APP\ORACLE\PRODUCT\11.2.0\SERVER an, wo sich der Server befindet.

ORACLE_SID (*Oracle System Identifier*) enthält einen Systemschlüssel, unter dem die Datenbankinstanz eindeutig angesprochen werden kann.

6.1.2 Sprache, Land und Zeichensatz

Abbildung 6.8 lässt sich auch entnehmen, dass die Installationssoftware die Sprache, das Land und den Zeichensatz des Betriebssystems analysiert und seine Oracle-spezifische Interpretation unter dem Schlüssel NLS_LANG (*National Language Support*) notiert hat. Auf einem deutschen Windows-Betriebssystem ist der Wert des NLS_LANG-Schlüssels GERMAN_GERMANY.WE8MSWIN1252. Der Zeichensatz WE8MSWIN1252 entspricht dem Zeichensatz ANSI bzw. Windows-1252, der standardmäßig auf allen westlichen Windows-Betriebssystemen vorinstalliert ist. Obwohl wir für die Java EE-Plattform auf den Zeichensatz UTF-8 setzen, dürfen Sie diese Voreinstellung nicht ändern, denn es handelt sich hierbei nicht um den in der Oracle Database eingesetzten Zeichensatz, sondern um den Zeichensatz der Clients.

Für die Datenbank stellt Oracle hingegen einen UTF-8-Zeichensatz zur Verfügung, der sich AL32UTF8 (*All Language 32 Bit UTF-8 Encoding*) nennt. AL32UTF8 ist der voreingestellte Zeichensatz der Oracle Database. Das ist für die Java EE-Anwendung äußerst praktisch, da wir hierbei nichts verändern müssen.

Neben dem Datensatz AL32UTF8 werden Sie womöglich mal von einem Oracle-Zeichensatz hören, der sich UTF8 (ohne Bindestrich) nennt. Beachten Sie hierbei, dass es sich bei dem Zeichensatz UTF8 nicht um die Zeichenkodierung UTF-8 handelt. Dass es an dieser Stelle zu Verwechslungen kommen kann, ist vorhersehbar und für den Entwickler ärgerlich. Betrachten Sie den Zeichensatz UTF8 (ohne Bindestrich) ganz einfach als veraltet.

Ein weiterer Oracle-Zeichensatz, der Ihnen womöglich begegnen wird, ist AL16UTF16. In den vorangegangenen Kapiteln wurde gesagt, dass eine moderne Java EE-Anwendung die UTF-8-Kodierung einsetzt. Weil AL16UTF16 jedoch eine UTF-16-Kodierung ist, werden wir auch auf diesen Zeichensatz verzichten.

6.1.3   Die SQL-Befehlszeile einsetzen

In einem Unterordner des Oracle-Servers namens *%ORACLE_HOME%/bin* finden Sie ein Administrationsprogramm namens *sqlplus.exe*, das auch als *SQL-Befehlszeile* bezeichnet wird. Die SQL-Befehlszeile können Sie von der Eingabeaufforderung aus starten. Sie ist direkt nach der Installation aufrufbar, weil der Installationsprozess von OracleXE das Verzeichnis *C:\oraclexe\app\oracle\product\11.2.0\server\bin* zur Umgebungsvariablen PATH hinzugefügt hat.

Für den Zugriff auf das Datenbankverwaltungssystem werden Sie normalerweise auch einen Datenbankbenutzer benötigen. Nach einer frischen OracleXE-Installation stehen grundsätzlich immer die Datenbankbenutzer *SYS* und *SYSTEM* zur Verfügung. Beide verfügen über Rechte, die im Bereich der Datenbankadministration liegen. Bei der Installation auf einem Windows-Betriebssystem führt die Installationssoftware einige weitere Vorbereitungen durch, sodass man sich auf dem Datenbankverwaltungssystem noch einfacher einloggen kann. Der Hersteller geht nämlich davon aus, dass OracleXE auf dem Betriebssystem Windows nur für Entwicklungs- oder Trainingszwecke verwendet wird.

Auf einem Unix-basierten Betriebssystem benötigt die Installation dagegen zusätzliche administrative Einstellungen. Zum Beispiel sollten Sie dort vor der Installation zwei neue Benutzergruppen namens *dba* und *oinstall* erstellen, einen Benutzer namens *oracle* erzeugen und einer neuen Benutzergruppe namens *dba* zuordnen. Außerdem ist es erforderlich, einige Umgebungsvariablen zu setzen. Das alles bleibt uns bei dem Betriebssystem Windows erspart.

Bei Windows hat der Installationsprozess eine neue Gruppe namens *ora_dba* erstellt und den installierenden Windows-Benutzer dieser Gruppe zugeordnet. Diese Einstellung können Sie in einem Konsolenfenster mit net localgroup ORA_DBA überprüfen. In Abbildung 6.9 sehen Sie, dass mein Windows-Benutzer TRAINER ohne mein Zutun nun Mitglied der neuen Gruppe ORA_DBA ist.

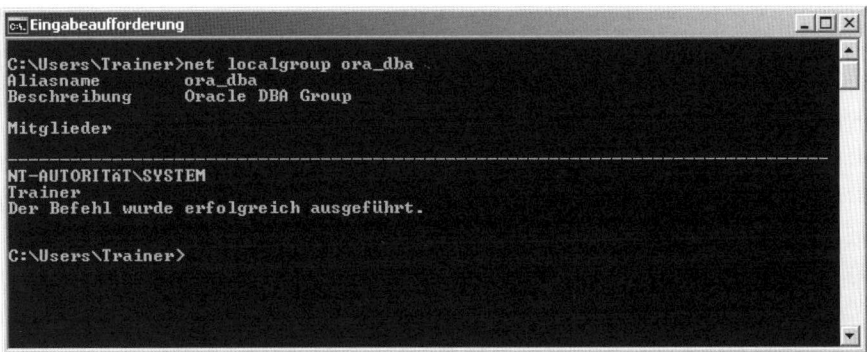

Abbildung 6.9 Die »localgroup ora_dba« nach der Installation auf dem Betriebssystem Microsoft Windows

Mit der Oracle Database verbinden

Starten Sie nun das Programm *sqlplus.exe* wie folgt:

```
sqlplus /nolog
```

Durch den Optionsparameter /nolog wird verhindert, dass gleich zu Anfang nach einem Datenbankbenutzer und einem Kennwort gefragt wird. Im *sqlplus.exe*-Kommandozeilenprogramm können Sie sich anschließend mit dem Kommando

```
connect / as sysdba
```

mit dem Datenbankverwaltungssystem verbinden lassen. Hierdurch loggen Sie sich mithilfe des Windows-Benutzers mit besonderen Rechten ein.

```
Eingabeaufforderung - sqlplus /nolog                               _ □ ×

C:\Users\Trainer>net localgroup ora_dba
Aliasname          ora_dba
Beschreibung       Oracle DBA Group

Mitglieder

--------------------------------------------------------------------
NT-AUTORITäT\SYSTEM
Trainer
Der Befehl wurde erfolgreich ausgeführt.


C:\Users\Trainer>sqlplus /nolog

SQL*Plus: Release 11.2.0.2.0 Production on Mi Mai 31 16:17:35 2017

Copyright (c) 1982, 2014, Oracle.  All rights reserved.

SQL> connect / as sysdba
Connected.
SQL>
```

Abbildung 6.10 Die Verbindung zum Datenbankverwaltungssystem OracleXE

Wie Sie gleich sehen werden, ist die Verwendung dieses Einloggens jedoch mit großer Vorsicht zu genießen, denn wie sich am Zusatz as sysdba vermuten lässt, sind Sie hiermit als Datenbankadministrator eingeloggt. Eigentlich geht dieses Einloggen jedoch noch darüber hinaus. Denn der Zusatz as sysdba simuliert, dass Sie als Benutzer *SYS* eingeloggt sind. Wenn Sie sich mit show user ausgeben lassen, unter welchem Benutzer Sie eingeloggt sind, erhalten Sie den Benutzernamen *SYS*.

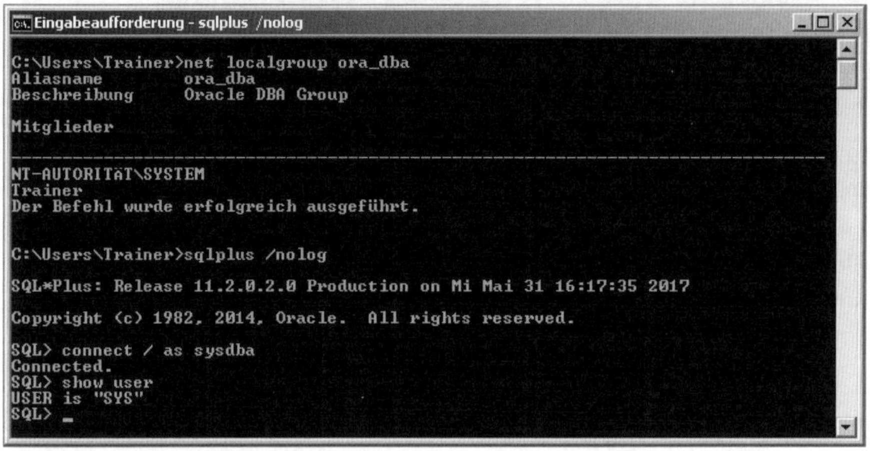

Abbildung 6.11 Der Datenbankbenutzer »SYS«

Auf die Benutzerberechtigung werde ich später noch einmal eingehen. An dieser Stelle sei nur erwähnt, dass von der Berechtigung her *SYS* der privilegierteste Datenbankbenutzer ist, denn *SYS* darf jegliche Einstellungen der Oracle Database erzeugen, ändern oder löschen.

Der Datenbankbenutzer *SYS* stellt bei der Oracle Database also das dar, was bei dem Betriebssystem Unix der Benutzer *root* ist. Außerdem gehören ihm alle grundlegenden Systemtabellen. Vorsicht ist also geboten, denn die Tabellen von *SYS* sind Teil des Datenbankverwaltungssystems und sollten auf keinen Fall manuell verändert werden. Fazit: Obgleich der Zusatz as sysdba Sie schnell mal als *SYS* arbeiten lässt, sollten Sie ihn nur in ganz speziellen Fällen verwenden.

Neben den Datenbankbenutzer *SYS* gibt es noch einen weniger privilegierten Datenbankadministrator, der sich *SYSTEM* nennt. Genauso wie *SYS* ist auch der Datenbankbenutzer *SYSTEM* für die Administration des Datenbankverwaltungssystems vorgesehen. *SYSTEM* hat jedoch geringere Rechte als *SYS*. Zum Beispiel darf *SYSTEM* keine Backups erzeugen oder wiederherstellen. Aber auch diesen Datenbankbenutzer sollten Sie in einem professionellen Projekt nur ausnahmsweise verwenden. In einem geschäftskritischen Umfeld werden selbst Mitarbeiter, die das Datenbankverwaltungssystem administrieren, weder *SYS* noch *SYSTEM* einsetzen, sondern speziell angelegte Datenbankbenutzer gebrauchen, die jeweils nur zu den Aufgaben berechtigt sind, die für diese Mitarbeiter vorgesehen sind.

6.1.4 Transaktionen

Wenn ein Benutzer die oben gezeigten SQL-Anweisungen in der SQL-Befehlszeile eingibt und mit ⏎ bestätigt, sind sie für ihn in seiner eigenen Datenbanksitzung sofort sichtbar. Das bedeutet aber nicht, dass sie auch endgültig gespeichert werden, denn die SQL-Befehlszeile sammelt die SQL-Anweisungen zunächst in einer sogenannten *Transaktion*. Im Zusammenhang mit Transaktionen sollten Sie die Befehle kennen, die ich im Folgenden beschreiben werde.

Beachten Sie, dass ich im Folgenden die Schlüsselwörter von Oracle zur Kenntlichmachung mit großen Buchstaben schreibe, dies jedoch für Oracle keine Rolle spielt.

COMMIT

Erst die Bestätigung mit dem Kommando COMMIT sorgt dafür, dass alle SQL-Anweisungen der Transaktion letztendlich persistiert werden.

```
COMMIT;
```

Genauso führt das Schließen der SQL-Befehlszeile zum einem bestätigten Ende einer Transaktion.

AUTOCOMMIT

Grundsätzlich können Sie dieses Verhalten in der SQL-Befehlszeile mit SET AUTOCOMMIT auch ändern. Wenn jede einzelne SQL-Anweisung direkt nach der Ausführung automatisch bestätigt werden soll, verwenden Sie folgende Anweisung:

```
SET AUTOCOMMIT IMMEDIATE
```

Die folgende Anweisung ist gleichwertig:

```
SET AUTOCOMMIT ON
```

Sie können auch einstellen, dass nach einer beliebigen Anweisungsanzahl die aktuelle Transaktion automatisch bestätigt und eine neue erzeugt werden soll. Zudem legt die folgende Anweisung fest, dass nach jeder zehnten SQL-Anweisung automatisch eine neue Transaktion beginnt:

```
SET AUTOCOMMIT 10
```

So wird der AUTOCOMMIT abgeschaltet:

```
SET AUTOCOMMIT OFF
```

Und so wird der aktuelle Status der AUTOCOMMIT-Option angezeigt:

```
SHOW AUTOCOMMIT
```

Beachten Sie, dass das Einschalten des AUTOCOMMIT bei der Java EE-Anwendung zu fachlichen Fehlern und auch zu Laufzeitproblemen führen kann. Oder anders gesagt: Nutzen Sie in der Java EE-Anwendung das transaktionale Verhalten, um fachliche Belange zu gruppieren oder um Geschwindigkeitsverbesserungen bei einer großer Anweisungsanzahl zu erzielen.

ROLLBACK

Die Anforderung, dass SQL-Anweisungen zunächst in einer Transaktion gesammelt werden, ist Bestandteil des ANSI-SQL-Standards. Im ANSI-SQL-Standard wird ferner gefordert, dass alle SQL-Anweisungen einer Transaktion atomar – das heißt: wie aus einem Guss – in der Datenbank verwirklicht werden. Gleichzeitig verlangt der Standard, dass alle SQL-Anweisungen einer Transaktion durch eine ROLLBACK-Anweisung für nichtig erklärt werden können:

```
ROLLBACK;
```

Auch unsere bisherigen SQL-Anweisungen wurden in Transaktionen gebündelt. Jedes Mal, wenn wir eine SQL-Anweisung abgesetzt haben, überprüfte die SQL-Befehlszeile, ob bereits eine Transaktion gestartet worden ist. Wenn noch keine Transaktion im Gange war, wurde eine neue erstellt.

6.1.5 Der Isolation-Level

Im letzten Abschnitt habe ich gezeigt, dass SQL-Anweisungen immer in einer Transaktion ausgeführt werden. Was aber passiert, wenn ein Benutzer einen Datensatz ändert und ein anderer Benutzer zur gleichen Zeit den gleichen Datensatz einlesen möchte, um ihn beispielsweise ebenfalls anzupassen? Am sichersten wäre es, wenn der zweite Benutzer den Datensatz erst zu sehen bekommt, nachdem die Änderung des ersten Benutzers mit COMMIT bestätigt wurde. Denn ansonsten könnten die Änderungen des zweiten Benutzers sinnlos sein. Wenn das Datenbankmanagementsystem auf diese Weise eine Datenbanktabelle isolieren würde, fänden die Änderungen sequenziell statt. Andererseits kann die sequenzielle Ausführung ganzer Transaktionen die Arbeit zur Laufzeit blockieren. Je nach Anwendungsfall könnte eine strengere oder eine tolerante Isolierung sinnvoll sein. Um diese Isolationsstufen einstellbar zu machen, hat der ANSI-SQL-Standard den sogenannten *Isolation-Level* erfunden.

Der ANSI-SQL-Standard definiert vier verschieden strenge Isolation-Levels. Der Vorteil von weniger strengen Isolation-Levels ist die Geschwindigkeit und die Einfachheit des Systems. Strengere Isolation-Levels hingegen verhindern, dass verwirrende Phänomene während des Betriebs vorkommen. Der Isolation-Level unterscheidet dabei drei verschiedene Phänomene. Im Folgenden sind die Isolation-Levels des ANSI-SQL-Standards von »sehr isoliert« bis zu »wenig isoliert« aufgelistet:

1. **SERIALIZABLE**

   Beim Isolation-Level SERIALIZABLE werden alle anfallenden Änderungen so durchgeführt, dass überhaupt keine irritierenden Phänomene vorkommen.

2. **REPEATABLE READ**

   Beim Isolation-Level REPEATABLE READ kann das *Phantom*-Phänomen vorkommen. Dabei sieht der lesende Benutzer eine **unterschiedliche Menge an Datensätzen**, wenn ein ändernder Benutzer zwischen dem ersten und dem zweiten Lesevorgang Datensätze erzeugt oder gelöscht und diese mit COMMIT bestätigt hat.

3. **READ COMMITTED**

   Beim Isolation-Level READ COMMITTED kann das *Phantom*-Phänomen ebenfalls vorkommen. Gleichzeitig könnte es passieren, dass der lesende Benutzer zwei **unterschiedliche Ergebnisse eines Datensatzes** erhält, wenn zwischen dem ersten und dem zweiten Lesevorgang eine mit COMMIT bestätigte Datensatzänderung durchgeführt wurde. Dieses Phänomen nennt man *Non-Repeatable Read*.

4. **READ UNCOMMITTED**

   Beim Isolation-Level READ UNCOMMITTED können die beiden soeben genannten Phänomene ebenso vorkommen. Zusätzlich sieht der lesende Benutzer alle Änderungen eines Datensatzes, auch wenn der ändernde Benutzer seine Änderung mit COMMIT noch nicht bestätigt hat. Führt der ändernde Benutzer ein ROLLBACK durch, so hat der lesende Benutzer eine Änderung gesehen, die nicht bestätigt wurde und somit eigentlich **noch nie endgültig persistiert** war. Dieses Phänomen nennt man *Dirty Read*.

Mit der Anweisung SET TRANSACTION ISOLATION LEVEL kann bei der Oracle Database der Isolation-Level gesetzt werden. Die folgende Anweisung setzt den Isolation-Level auf den strengen Wert (SERIALIZABLE):

```
SET TRANSACTION ISOLATION LEVEL SERIALIZABLE;
```

Das Ändern des Isolation-Levels gehört nicht zu den Aufgaben eines Java EE-Entwicklers. Dennoch ist es gut, wenn Sie ein Grundverständnis für den Isolation-Level Ihrer Datenbank haben.

Der Default-Isolation-Level der Oracle Database ist READ COMMITTED. Dabei ist es so, dass bei zwei konkurrierenden Transaktionen, die den gleichen Datensatz abändern wollen, die zweite Änderung so lange warten muss, bis die erste Änderung endgültig beendet ist. Das Erzeugen neuer Datensätze blockiert hingegen nicht. Dies zu wissen, kann nützlich sein, wenn Sie mal die Ursache eines Timeouts suchen.

6.1.6   Die Änderung des Oracle-HTTP-Ports

Als wir Oracle installiert haben, wurde in einem Fenster angezeigt, dass der HTTP-Port 8080 für den Oracle-HTTP-Listener gesetzt wird. Dieser Port ist aber bereits vom GlassFish-Server in Beschlag genommen. Deshalb müssen wir nun mit der Anweisung aus Listing 6.1 dafür sorgen, dass sich Oracle mit einem anderen HTTP-Port begnügt:

```
BEGIN
DBMS_XDB.SETHTTPPORT('5050');
END;
/
```

Listing 6.1 Änderung des HTTP-Ports

Mit der obigen Anweisung wird der HTTP-Port von der Oracle-Administrationsanwendung auf 5050 abgeändert.

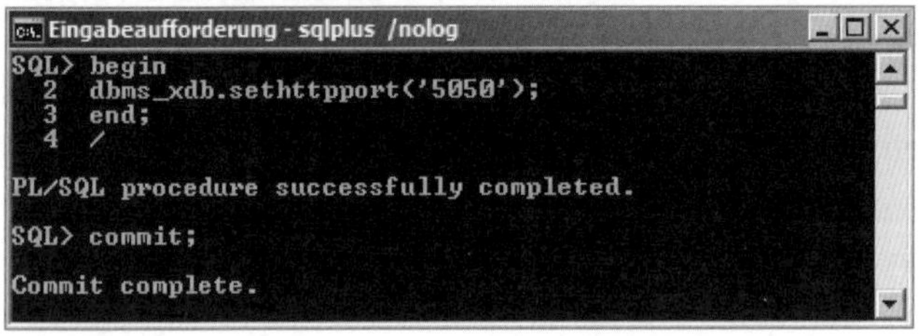

Abbildung 6.12 Der Oracle-Listener auf Port 5050

Wir haben dafür gesorgt, dass der Oracle-Listener ab sofort auf Port 5050 horcht.

Im Anschluss sollten Sie Oracle einmal herunterfahren und wieder starten. Die Befehle lauten shutdown immediate und startup.

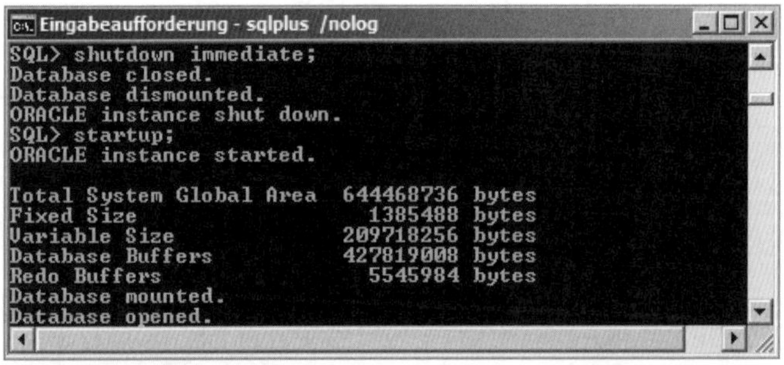

Abbildung 6.13 Oracle wird heruntergefahren und neu gestartet.

Der Installationsprozess hat den HTTP-Port auch in drei Verknüpfungsdateien geschrieben, die über eine lokale Oracle-Webanwendung erreichbar sind. Diese Einstellungen müssen wir ebenso ändern. Klicken Sie hierzu im Verzeichnis *C:\oraclexe\app\oracle\product\11.2.0\server* mit der rechten Maustaste auf die Dateien *Database_homepage*, *Get_Started* und *Online_help*. Öffnen Sie dabei jeweils das Eigenschaftenfenster im Kontextmenü (siehe Abbildung 6.14).

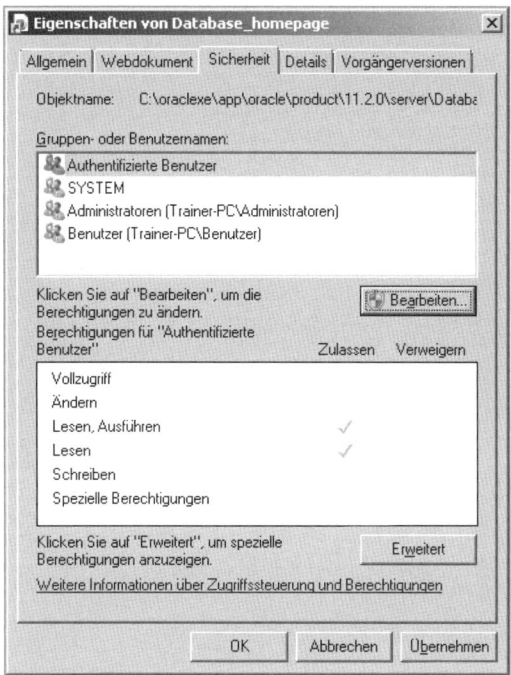

Abbildung 6.14 Das Register »Sicherheit« für die Verknüpfungsdatei »Database_homepage«

Damit das Betriebssystem Microsoft Windows eine Änderung erlaubt, könnte es erforderlich sein, im Eigenschaften-Fenster zunächst auf das Register SICHERHEIT zu wechseln. Klicken Sie dort jeweils auf BEARBEITEN, und erlauben Sie den Vollzugriff für die authentifizierten Benutzer (siehe Abbildung 6.15).

Wechseln Sie anschließend auf das Register WEBDOKUMENT, und ändern Sie in der URL jeweils den HTTP-Port von 8080 in 5050 um.

Nach der Änderung können Sie die Sicherheitseinstellung im Register SICHERHEIT wieder auf die geschützte Einstellung zurücksetzen.

Vielleicht fragen Sie sich jetzt, wofür Oracle einen HTTP-Port reserviert, denn schließlich wird ein HTTP-Port von HTTP-Servern gebraucht. Das ist auch richtig. Allerdings fügt die Oracle-Installation zusätzlich eine grafische Webanwendung hinzu, mit der die Administration des Datenbankservers durchgeführt werden kann. Die grafische Webanwendung der Oracle Database wird in einem professionellen Projekt aber seltener verwendet als die SQL-Befehlszeile, denn in einem professionellen Umfeld wird die eigentliche Datenbankadministration von Oracle-Experten vollzogen, für die die Arbeit mit der SQL-Befehlszeile ganz selbstverständlich ist. In diesem Buch werden wir sowohl mit der SQL-Befehlszeile als auch mit der Webkonsole arbeiten.

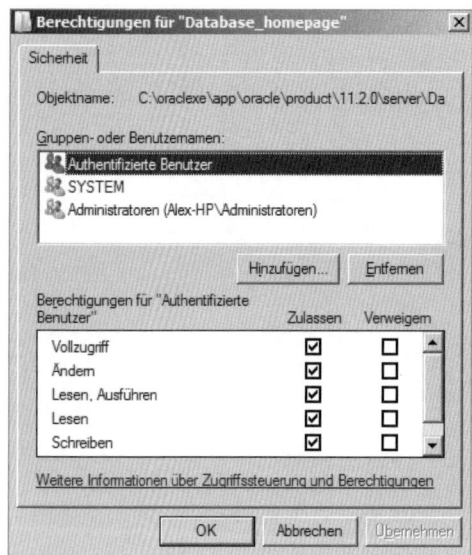

Abbildung 6.15 Der Vollzugriff für den authentifizierten Benutzer

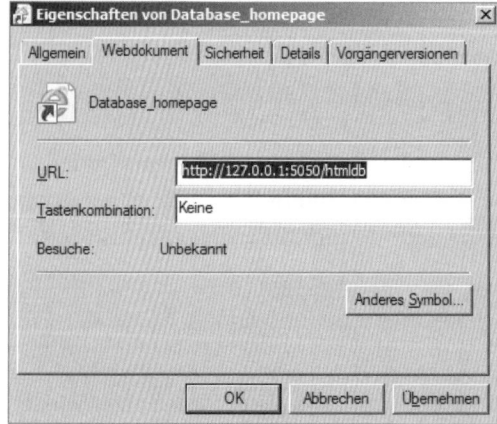

Abbildung 6.16 Die Änderung des HTTP-Ports der Verknüpfung
»Database_homepage«

6.2   Die Organisation der Oracle Database

Jedes Datenbankverwaltungssystem organisiert seine Daten hierarchisch. Und was Datenbankverwaltungssysteme auch noch gemeinsam haben, ist die Tatsache, dass fachlich zueinander gehörende Datenbanktabellen unter einem sogenannten *Schema* gruppiert sind. Allerdings unterscheiden sich die verschiedenen Datenbankverwaltungssysteme in der Art, wie diese Ordnung gehalten wird. Oracle organisiert seine Daten in einer einzigen Datenbank (während zum Beispiel MySQL mehrere Datenbanken verwaltet). Nach der Installation von OracleXE ist diese Datenbank fertiggestellt und betriebsbereit.

6.2.1   Objekte

Alle Datenbanktabellen, Views, Indexes usw. werden in der Oracle-Welt ganz allgemein als *OBJECTS* bezeichnet – nur dass bei Oracle ein *SCHEMA* gleichzeitig einem Datenbankbenutzer entspricht. Hierin unterscheidet sich Oracle von anderen Datenbankverwaltungssystemen. Ich werde im Folgenden meistens den Begriff *Datenbankbenutzer* verwenden. Wenn bei Oracle ein Datenbankbenutzer ein OBJECT erzeugt, ist er automatisch auch der Eigentümer und somit auch das übergeordnete Schema des OBJECTS.

6.2.2   Tablespaces

Eine weitere Besonderheit bei Oracle ist, dass die Datenbank logisch gesehen in sogenannte *Tablespaces* aufgeteilt ist. Nach der Installation sind bereits einige Tablespaces vorhanden. Um alle momentan vorhandenen Tablespaces anzuzeigen, können Sie in der SQL-Befehlszeile die Anweisung aus Abbildung 6.17 eingeben.

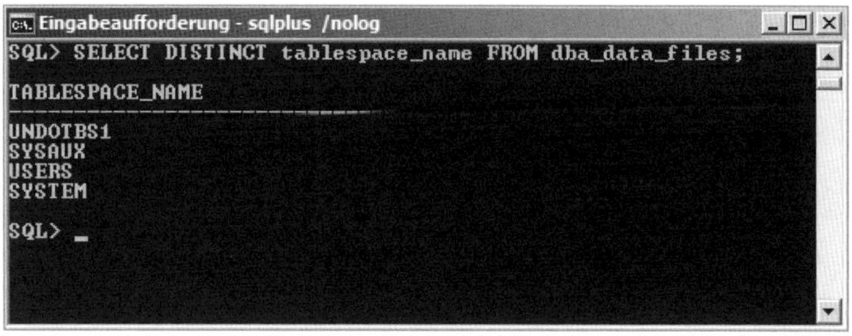

Abbildung 6.17 Die Tablespaces nach der Installation

Jeder Tablespace kann wiederum physisch in mehrere Dateien aufgeteilt sein. Obwohl wir die vorhandenen Tablespaces für die Onlineshop-Datenbank nutzen könnten, empfiehlt der Hersteller, dass Geschäftsanwendungen eigene Tablespaces verwenden sollen.

Physikalisch wird ein Tablespace in einer Datei oder auch in mehreren Dateien abgespeichert. Diese Dateien werden *DBF-Dateien* (*Database Files*) genannt. Die bereits vorhandenen DBF-Dateien befinden sich im Verzeichnis *C:\oraclexe\app\oracle\oradata\XE*. Wie Sie Abbildung 6.18 entnehmen können, wurden den Tablespaces SYSTEM, SYSAUX und USERS jeweils gleichnamige DBF-Dateien zugeordnet.

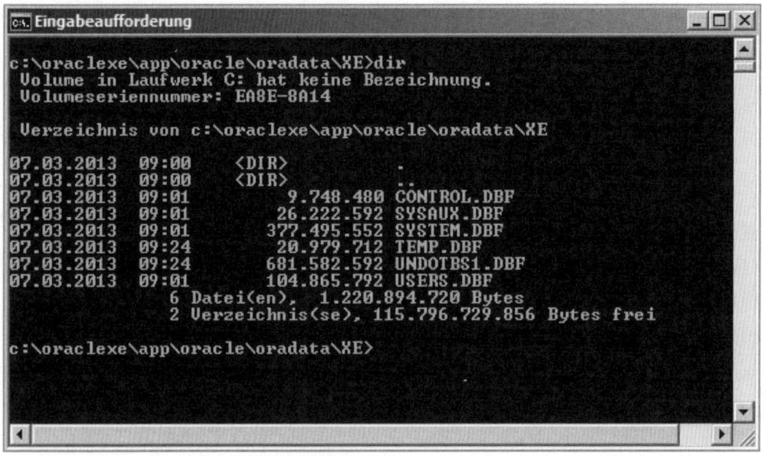

Abbildung 6.18 Die DBF-Dateien für die Tablespaces

Wir werden nun einen Tablespace für den Onlineshop erstellen. Mit der Anweisung aus Listing 6.2 erzeugen wir einen Tablespace mit dem Namen *onlineshop_tablespace*:

```
CREATE TABLESPACE onlineshop_tablespace
DATAFILE 'C:\oraclexe\app\oracle\oradata\XE\ONLINESHOP.DBF'
SIZE 100M
AUTOEXTEND ON;
```

Listing 6.2 CREATE TABLESPACE

Die dazugehörige DBF-Datei nennen wir *ONLINESHOP.DBF*. Mit der Option SIZE 100M wird die anfängliche Größe der DBF-Datei auf 100 MB festgelegt. Die Angabe könnte auch in anderen Einheiten, wie zum Beispiel in Kilobyte (K) oder in Gigabyte (G), erfolgen. Mit AUTOEXTEND ON wird angezeigt, dass beim Erreichen der 100M die Dateigröße durch das System automatisch erhöht wird.

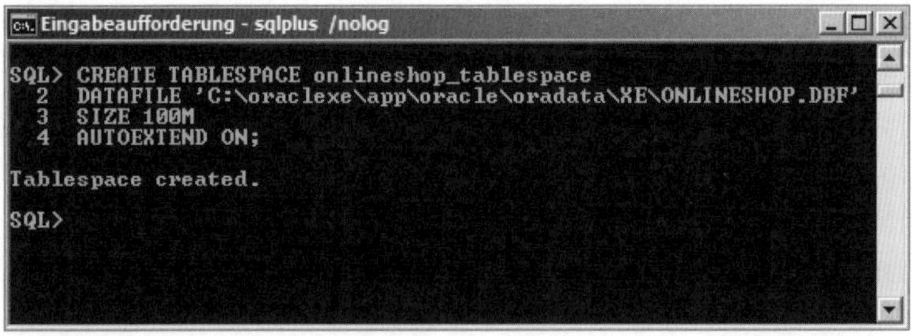

Abbildung 6.19 Die Erstellung des Tablespace für den Onlineshop

Die DBF-Datei kann maximal 32 GB groß werden, da wir keine Einschränkung angegeben haben. Mit MAXSIZE können Sie eine maximale Größe festlegen (beispielsweise MAXSIZE 100M).

Der Defaultwert ist MAXSIZE UNLIMITED. Die obige Anweisung ist also mit derjenigen aus Listing 6.3 gleichwertig:

```
CREATE TABLESPACE onlineshop_tablespace
DATAFILE 'C:\oraclexe\app\oracle\oradata\XE\ONLINESHOP.DBF'
SIZE 100M
AUTOEXTEND ON
MAXSIZE UNLIMITED;
```

Listing 6.3 CREATE TABLESPACE

Der Tablespace ließe sich mit folgender Anweisung wieder löschen:

```
DROP TABLESPACE onlineshop_tablespace INCLUDING CONTENTS AND DATAFILES;
```

Listing 6.4 DROP TABLESPACE

6.2.3   Einen Datenbankbenutzer erzeugen

Für den Onlineshop werden wir einen Datenbankbenutzer namens *onlineshop* erzeugen. *onlineshop* wird der Eigentümer und somit auch das Schema der Datenbanktabellen für den Onlineshop sein. Weil ein Hacker eventuell mithilfe der Anwendung die Datenbanktabellen beschädigen könnte, werden wir noch einen weiteren Datenbankbenutzer erstellen, dem wir den Namen *onlineshop_user* geben. *onlineshop_user* wird lediglich berechtigt, Datensätze der Onlineshop-Tabellen zu selektieren, einzufügen, zu ändern oder zu löschen. Auf diese Weise schützen wir die Anwendung vor Langfingern, die trotz Sicherheitsvorkehrungen im Java EE-Server und entgegen aller Erwartungen SQL-Anweisungen an die Datenbank senden könnten.

Mit den Anweisungen aus Listing 6.5 erzeugen Sie die beiden Schemata *onlineshop* und *onlineshop_user*:

```
CREATE USER onlineshop IDENTIFIED BY supergeheim_123
DEFAULT TABLESPACE onlineshop_tablespace;

CREATE USER onlineshop_user IDENTIFIED BY geheim_123
DEFAULT TABLESPACE onlineshop_tablespace;
```

Listing 6.5 CREATE USER

Beachten Sie bei dem Namen des Schemas, dass die Groß- und Kleinschreibung keine Rolle spielt. Hinter dem Schlüsselwort IDENTIFIED geben Sie ein Kennwort an, mit dem sich die Datenbankbenutzer zukünftig authentifizieren müssen. Mit DEFAULT TABLESPACE zeigen Sie an, dass die Datenbankbenutzer dem Tablespace *onlineshop_tablespace* zugeordnet sind.

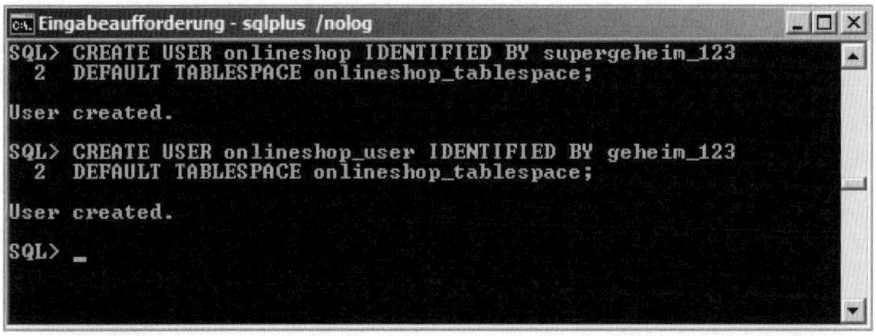

Abbildung 6.20 Die Erzeugung der Datenbankbenutzer »onlineshop« und »onlineshop_user«

Die Datenbankbenutzer für den Onlineshop sind jetzt erzeugt. Allerdings bedeutet das noch nicht, dass wir uns mit ihnen schon anmelden können, denn hierfür müssen sie erst berechtigt werden. Die Autorisierung wird im nächsten Abschnitt gezeigt.

Nebenbei gesagt, könnten Sie die Passwörter der Benutzer *SYS* oder *SYSTEM* (wenn Sie sie vergessen haben sollten) nun mit folgender Anweisung abändern:

```
ALTER USER system IDENTIFIED BY geheimes_kennwort;
```

6.2.4   Das Berechtigungskonzept

Oracle bietet ein sehr ausgefeiltes Berechtigungskonzept, das mit einer großen Anzahl an Berechtigungen sehr detailliert auf unterschiedliche Anwendungsfälle eingeht. In diesem Abschnitt werde ich die wichtigsten Berechtigungen zeigen.

Der Fachausdruck für eine Berechtigung ist der englische Ausdruck *PRIVILEGE*. Allerdings sollten Sie die PRIVILEGES noch nicht auf die Datenbankbenutzer *onlineshop* und *onlineshop_user* anwenden. Denn gleich nachdem Sie die PRIVILEGES kennengelernt haben, zeige ich Ihnen auch noch sogenannte *ROLES*. Mit ROLES lassen sich PRIVILEGES gruppieren, was die Verwaltung der Benutzerberechtigung vereinfacht. Für den Onlineshop werden wir zunächst von Oracle vordefinierte ROLES einsetzen und sie später mit feingranularen PRIVILEGES anreichern.

Berechtigungen auf Objekte

Für die eigenen OBJECTS braucht einem Datenbankbenutzer kein PRIVILEGE eingeräumt zu werden. Nur der Zugriff auf OBJECTS eines anderen Datenbankbenutzers erfordert ein PRIVILEGE. Ein PRIVILEGE wird mit dem Schlüsselwort GRANT erteilt und mit REVOKE wieder entzogen. Die Erteilung von PRIVILEGES zeige ich anhand der Berechtigung auf Datenbanktabellen-OBJECTS. Oracle bietet zahlreiche weitere OBJECT PRIVILEGES an, die sich von der gezeigten Syntax von Datenbanktabellen kaum unterscheiden. Mit den folgenden Anweisungen würden Sie dem Datenbankbenutzer *onlineshop_user* die Berechtigung erteilen, Datensätze der Datenbanktabelle ITEM des Datenbankbenutzers *onlineshop* zu selektieren, hinzuzufügen, zu ändern und zu löschen:

```
GRANT SELECT, INSERT, UPDATE, DELETE ON onlineshop.item TO onlineshop_user;
```

Mit folgender Anweisung wird er auch berechtigt, Referenzen zu erstellen, Indizes zu setzen und Tabellenstrukturen abzuändern:

```
GRANT REFERENCE, ALTER, INDEX ON onlineshop.item TO onlineshop_user;
```

Wenn Ihnen das Erlauben einzelner Kommandos zu lästig ist, können Sie dem Datenbankbenutzer mit folgender Anweisung alle Kommandos erlauben:

```
GRANT ALL ON onlineshop.item TO onlineshop_user;
```

Derjenige, der das PRIVILEGE für ein OBJECT zuteilt, muss zur Vergabe von PRIVILEGES berechtigt sein. Diese Berechtigung obliegt dem Eigentümer des OBJECTS, einem Administrator oder einem anderen Datenbankbenutzer, dem explizit die GRANT OPTION auf dieses Objekt erteilt wurde. Mit der folgenden Anweisung wird dem Datenbankbenutzer *onlineshop_user* nicht nur die vollkommene Kontrolle über die Datenbanktabelle übergeben, sondern es wird ihm auch zugestanden, anderen Datenbankbenutzern Berechtigungen auf diese Datenbanktabelle zu erteilen:

```
GRANT ALL ON onlineshop.item TO onlineshop_user
WITH GRANT OPTION;
```

Und mit folgender Anweisung darf die Datenbanktabelle ITEM uneingeschränkt von jedem Benutzer verwendet werden:

```
GRANT ALL ON onlineshop.item TO PUBLIC;
```

Systemweite Berechtigungen

Neben den genannten PRIVILEGES auf OBJECTS gibt es auch noch systemweite Berechtigungen, die man SYSTEM PRIVILEGES nennt. Hiervon ist wohl die wichtigste CREATE SESSION, denn ohne diese Berechtigung darf sich ein Benutzer gar nicht erst anmelden.

```
GRANT CREATE SESSION TO onlineshop;
```

Auch das Erstellen einer Datenbanktabelle ist ein SYSTEM PRIVILEGE, das ein Datenbankbenutzer innehaben muss.

```
GRANT CREATE TABLE TO onlineshop;
```

Wenn ein Benutzer Tabellen erstellen soll, muss Oracle noch wissen, wie viel Speicherplatz der Datenbankbenutzer auf den Tablespaces verwenden darf. Mit folgender Anweisung kann der Datenbankbenutzer *onlineshop* uneingeschränkten Speicherplatz für die Erzeugung von OBJECTS nutzen:

```
GRANT UNLIMITED TABLESPACE TO onlineshop;
```

Beide Berechtigungen bräuchten nur dem Datenbankbenutzer *onlineshop* erteilt werden, denn der Datenbankbenutzer *onlineshop_user* soll keine Datenbanktabellen erstellen, sondern lediglich auf die Inhalte der Datenbanktabellen zugreifen dürfen.

Mit folgenden SYSTEM PRIVILEGES dürfte der Datenbankbenutzer *onlineshop* Datensätze beliebiger Datenbanktabellen selektieren, einfügen, ändern oder löschen, auch wenn sie ihm nicht gehören:

```
GRANT SELECT ANY TABLE TO onlineshop;
GRANT INSERT ANY TABLE TO onlineshop;
GRANT UPDATE ANY TABLE TO onlineshop;
GRANT DELETE ANY TABLE TO onlineshop;
```

Diese Berechtigungen werden wir *onlineshop* aber nicht einräumen. Und auch die folgenden SYSTEM PRIVILEGES würden zu viele Rechte geben. Denn sie erlauben, dass Datenbanktabellen im Namen eines fremden Datenbankbenutzers erzeugt werden können und dass sämtliche Tabellen geändert oder gelöscht werden dürfen:

```
GRANT CREATE ANY TABLE TO onlineshop;
GRANT ALTER ANY TABLE TO onlineshop;
GRANT DROP ANY TABLE TO onlineshop;
```

Berechtigungsrollen

Neben der Vergabe von einzelnen PRIVILEGES können mit sogenannten ROLES auch gruppierte Berechtigungen erteilt werden. Zum Beispiel kann mit folgenden Anweisungen eine Rolle mit SELECT-Berechtigung auf die Datenbanktabellen CUSTOMER und ITEM erstellt und anschließend dem Datenbankbenutzer *onlineshop_user* zugewiesen werden.

```
CREATE ROLE onlineshop_role;
GRANT SELECT ON onlineshop.customer TO onlineshop_role;
GRANT SELECT ON onlineshop.item TO onlineshop_role;
GRANT onlineshop_role TO onlineshop_user;
```

Vorinstallierte Rollen im Onlineshop-Beispiel nutzen

Oracle bietet drei vorinstallierte Rollen an, die sich CONNECT, RESSOURCE und DBA nennen. Wir werden dem Datenbankbenutzer *onlineshop_user* die Rolle CONNECT zuteilen, denn sie umfasst das PRIVILEGE CREATE SESSION und erlaubt somit die Verbindung zur Datenbank.

Dem Datenbankbenutzer *onlineshop* werden wir gleichzeitig die Rolle RESOURCE geben, damit er Datenbanktabellen und viele andere OBJECTS erstellen darf:

```
GRANT CONNECT TO onlineshop_user;
GRANT CONNECT, RESOURCE TO onlineshop;
```

Der Benutzer *onlineshop_user* wird später noch weitere Autorisierungen erhalten. Aber dies erfolgt erst, nachdem der Benutzer *onlineshop* seine eigenen Datenbank-Objekte angelegt hat. Dem Benutzer *onlineshop* kann dann dem Benutzer *onlineshop_user* die feingranularen Rechte für seine Datenbanktabellen zukommen lassen. Dagegen dienen die in Abbildung 6.21 gezeigten GRANTs ganz allgemein dazu, den Benutzern *onlineshop* und *onlineshop_user* erst einmal den Zugang zu erlauben und überhaupt mit der Arbeit loslegen zu können.

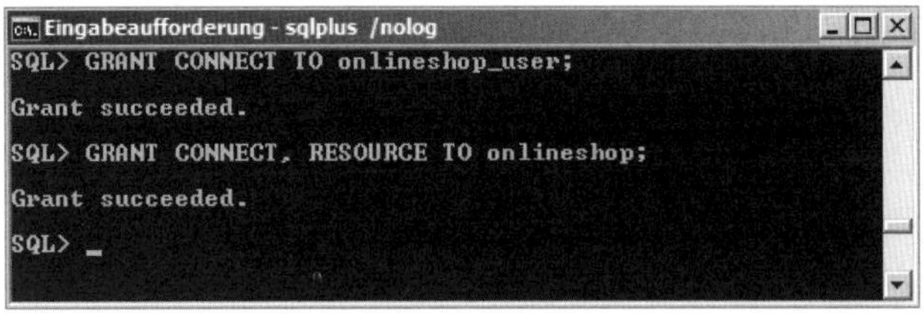

Abbildung 6.21 Die Zuteilung der Rollen für die Datenbankbenutzer »onlineshop« und »onlineshop_user«

Datenbankbenutzer, die administrative Tätigkeiten übernehmen sollen, erhalten die Rolle *DBA*. Wir könnten jetzt einen weiteren Datenbankbenutzer erzeugen, der mit dieser Rolle ausgestattet ist. Für die Beispiele aus diesem Buch ist dies jedoch nicht nötig. Mit diesem Abschnitt haben Sie schon sehr tief in das Benutzerberechtigungssystem von Oracle hineingeschaut und kennen sich nun ausreichend mit seinen Möglichkeiten aus.

6.3   Performance-Tuning für die Java EE-Anwendung

Das Performance-Tuning ist nicht die Aufgabe eines Java EE-Entwicklers. Dennoch geht dieser Abschnitt auf die grundlegenden Einstellungsmöglichkeiten ein, weil Sie die Ursachen kennen sollten, wenn einmal etwas nicht ganz so rund läuft, denn da Sie auch bei den Entwicklungsarbeiten mit einem vollwertigen Java EE-Server arbeiten, kann es passieren, dass Ihre Oracle Database unter der Last der parallel zugreifenden Threads in die Knie geht.

6.3.1   Datenbank-Sitzungen

Jedes Mal, wenn sich ein Benutzer mit der Oracle Database verbindet, erstellt die Oracle Database eine Datenbank-Sitzung. Die vorhandenen Sitzungen können aus der Systemtabelle *GV$SESSION* herausgelesen werden. Mit der Anweisung aus Listing 6.6 können Sie beispielsweise die aktuell vorhandenen Sitzungen ermitteln:

```
SELECT
    inst_id,
    sid,
    serial#,
    username,
    status,
    state,
    seconds_in_wait
FROM
    gv$session;
```

Listing 6.6 Datenbanksitzungen

Mit einer WHERE-Bedingung filtern Sie die Sitzung eines Benutzers heraus:

```
WHERE
    username = 'onlineshop_user';
```

Bei der Ergebnismenge sehen Sie im Datenfeld STATUS, ob eine Sitzung aktiv (ACTIVE) oder inaktiv (INACTIVE) ist. Eine inaktive Sitzung führt keine SQL-Anweisung aus und ist somit »wertlos«.

Eine inaktive Sitzung entfernen Sie mit ALTER SYSTEM KILL SESSION. Zum Beispiel entfernt die folgende Anweisung die Sitzung mit der sid = 18 und der serial# = 26:

```
ALTER SYSTEM KILL SESSION '18,26';
```

Die maximale Anzahl der gleichzeitig vorhandenen Sitzungen ist durch den Wert der Variablen SESSIONS festgelegt. Mit folgender Abfrage lassen Sie den aktuell gesetzten SESSIONS-Eintrag anzeigen:

```
show parameter sessions
```

Allerdings wird der SESSIONS-Wert nicht durch den Administrator eingestellt, sondern durch die Oracle Database selbst ermittelt. Jede Sitzung wird in einem eigenen Thread behandelt. Weil die Oracle Database als Berechnungsgrundlage für den SESSIONS-Wert die zur Verfügung stehenden internen Threads zugrunde legt, kann der Administrator hierdurch dann doch auf den Wert der SESSIONS Einfluss nehmen.

6.3.2   Mit PROCESSES indirekt auch die SESSIONS steuern

Die Oracle Database verarbeitet die Sitzung mithilfe von parallel arbeitenden Threads. Der Fachbegriff für diese Threads der Oracle Database ist *PROCESSES*.

Bei der Oracle Database stellen Sie die maximale Anzahl der gleichzeitig zur Verfügung stehenden Threads ein, indem Sie den Wert der PROCESSES konfigurieren. Der per Default eingestellte Wert liegt bei 40. Dies ist relativ wenig, wenn wir bedenken, dass die Oracle Database oft bereits 22 Prozesse für interne Aufgaben in Beschlag nimmt. Weil Java EE-Anwendungen von ihrer Natur her ebenfalls mit mehreren Threads gleichzeitig auf die Datenbank zugreifen, besteht die Gefahr, dass die per Default eingestellte Anzahl von 40 PROCESSES schnell überschritten ist. Die Erhöhung der PROCESSES stellt die unmittelbarste Weise dar, die Leistung der Oracle Database zu optimieren. Allerdings müssen Sie dabei beachten, dass der Wert nicht zu hoch gewählt sein darf, denn ansonsten könnte es passieren, dass das Gesamtsystem die hohe Last der parallel laufenden Threads nicht mehr bewältigen kann.

Den richtigen Wert für PROCESSES einzustellen, hängt ganz von dem zur Verfügung stehenden Gesamtsystem ab. Vom Gesamtsystem ausgehend, wird man versuchen, den Anforderungen der Java EE-Anwendung gerecht zu werden. Für die Entwicklungsumgebung werden wir in diesem Buch als Beispiel den Wert von PROCESSES auf 200 erhöhen. Die Änderung erwirken wir mit:

```
ALTER SYSTEM SET processes=200 scope=spfile;
```

Die Bedingung scope=spfile bedeutet, dass die Änderung nur in das Konfigurationsfile der Datenbank geschrieben werden. Erst nach einem Neustart der Datenbank werden die geänderten Werte dann aus der Konfigurationsdatei *spfile%ORACLE_SID%.ora* in die Datenbank übernommen.

Die Oracle Database wird anschließend automatisch auch den Wert von SESSIONS abändern. Die Oracle Version 11.2 wird den Wert auf

$1{,}5 \times$ PROCESSES $+ 22$

also auf $1{,}5 \times 200 + 22 = 322$ setzen. Das bedeutet, dass etwa 300 benutzerdefinierte SQL-Verbindungen gleichzeitig durch die Oracle Database verarbeitet werden können. Das sollte für die Entwicklungsumgebung erst einmal ausreichend sein.

Bei einem produktiven System können Sie neben der Erhöhung des PROCESSES-Wertes für einzelne Instanzen die Leistung noch weiter verbessern. Dabei bleibt kaum ein Wunsch offen. Bis hin zu PARALLEL EXECUTION und parallel geschalteten *Dedicated Servern* werden alle Erfordernisse eines Hochleistungssystems zufriedengestellt. Hierfür bietet die Oracle Database Möglichkeiten an, auf die ich in diesem Buch jedoch nicht eingehen werde.

6.4   Die Erstellung der Datenbanktabellen

In diesem Abschnitt lernen Sie, wie Sie eine Datenbank für eine Java EE-Anwendung entwerfen. Wir werden Diagramme des Domänenmodells und auch das SQL-Skript für den Onlineshop erstellen. Dabei werde ich die einzelnen Schritte, die diversen SQL-Anweisungen und die hierfür erforderlichen Datentypen der Oracle-Datenbank beschreiben. Wenn Sie sich bereits mit dem Datenbankentwurf, ANSI SQL und insbesondere mit den speziellen Oracle-Datentypen auskennen, werden Sie diesen Abschnitt sehr schnell durcharbeiten. Betrachten Sie ihn dann als Auffrischung Ihrer Kenntnisse.

6.4.1   SQL- und Datenbankkenntnisse

Warum muss sich ein Java EE-Entwickler mit dem Datenbankentwurf, ANSI SQL und SQL-Datentypen auskennen?

In einem Java EE-Projekt arbeiten in der Regel zahlreiche Mitarbeiter Hand in Hand. Dabei besteht das Entwicklerteam zumeist aus mehreren Java EE-Entwicklern, darüber hinaus aber auch aus einigen Datenbankspezialisten.

Die Kernaufgabe der Datenbankspezialisten besteht weniger in der Administration des Datenbankmanagementsystems, denn hierfür sind in Unternehmen mit geschäftskritischen Anwendungen meistens Experten zuständig, die speziell hierfür ausgebildet sind. Die Datenbankspezialisten verwalten hingegen die Datenbanktabellen. Von Beginn an sind sie für die Pflege des physischen Datenmodells bis hin zur Programmierung und Aktualisierung der SQL-Skripte verantwortlich.

Dies mag zunächst den Anschein vermitteln, als ob die Java EE-Entwickler sich nicht mit SQL zu beschäftigen brauchen. Jedoch entspricht das nicht der Praxis. Wenn Sie als Mitglied in einem Java EE-Team arbeiten, wird durchaus erwartet, dass Sie Datenbank-Diagramme erstellen können, dass Ihnen die grundlegenden SQL-Anweisungen leicht von der Hand gehen und dass Sie auch die Datentyp-Gegenstücke der eingesetzten Datenbank kennen. Deshalb wagen wir uns in diesem Abschnitt recht weit in diese Themen hinein.

Zunächst werde ich die Erstellung des Datenmodells anhand des Onlineshop-Beispiels zeigen. Dabei werde ich die speziellen Datentypen der Oracle Database erklären. Anhand des Datenmodells werden wir anschließend die Datenbanktabellen erzeugen.

6.4.2   Die Erstellung des Datenmodells

In Kapitel 3, »Planung und Entwurf«, habe ich das *vereinfachte Domänenmodell* als UML-Klassendiagramm gezeigt. Dabei haben Sie auch die Tabellen für die Geschäftsdaten skizziert. In diesem Abschnitt entwerfen wir hierzu das Datenmodell. Wieder lehnen wir uns hierbei so gut wie nur möglich an die UML-Schreibweise der *Object Management Group* (OMG; *http://www.omg.org*) an bzw. richten uns nach den Anmerkungen von Scott Ambler in der Internetplattform *http://www.agiledata.org*. Dort zeigt Scott Ambler eine Datenmodellierung, die agile Datenbank-Techniken und die UML-Modellierung bestmöglich in einer Einheitsform zusammenfasst.

In Abbildung 6.22 sehen Sie einen Vorentwurf des Datenmodells. Der Vorentwurf ist denkbar einfach, denn er ähnelt dem vereinfachten Domänenmodell. Auch im physischen Datenmodell werden die Spaltenüberschriften genauso wie im Klassendiagramm vertikal untereinandergeschrieben. Die Datentypen der Spaltenfelder werden zunächst noch weggelassen.

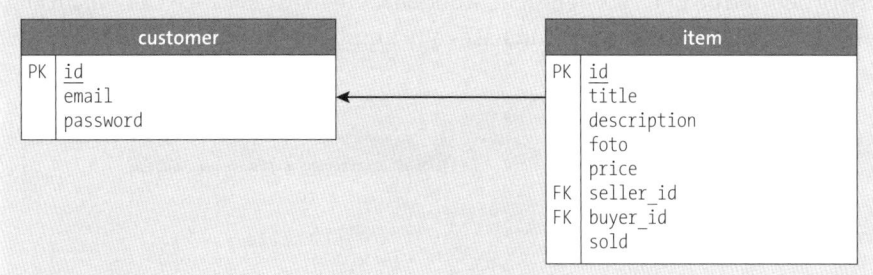

Abbildung 6.22 Der Vorentwurf für das physische Datenmodell ohne Datentypen

Die Beziehung: Ein Kunde bietet einen Artikel an

In Abbildung 6.22 weist der Pfeil, der von der Tabelle ITEM in Richtung der Tabelle CUSTOMER zeigt, darauf hin, dass die Tabelle ITEM ein Spaltenfeld enthält, das als Fremdschlüssel definiert wurde und auf den Primärschlüssel der Tabelle CUSTOMER referenziert. In unserem Beispiel sind es sogar zwei Spaltenfelder, die einen Fremdschlüssel darstellen. Wir betrachten aber zunächst einmal die Beziehung zwischen den beiden Tabellen, die aufgrund des Fremdschlüssels SELLER_ID besteht. (Beachten Sie, dass die Oracle DB zwischen der Groß- und Kleinschreibung nicht unterscheidet.)

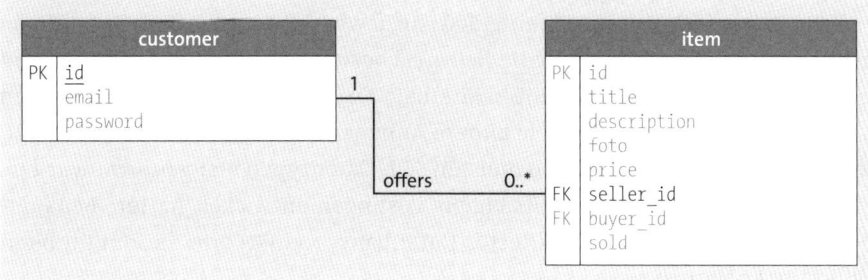

Abbildung 6.23 Die Beziehung zwischen dem Primärschlüssel »CUSTOMER.ID« und dem Fremdschlüssel »ITEM.SELLER_ID«

Im physischen Datenmodell sehen Sie nun, dass die Beziehung zwischen den beiden Tabellen genauer spezifiziert wurde. Ein Kunde kann eine beliebige Anzahl an Artikeln anbieten. Dies realisieren wir, indem ein Primärschlüssel der Tabelle CUSTOMER von beliebig vielen Datensätzen referenziert werden kann. Die Anzahl der Referenzen auf einen Primärschlüssel wird auch als *Kardinalität* bezeichnet.

Im Diagramm wird die englische Übersetzung »A customer offers any number of items« verwendet und mit »1 offers 0..*« abgekürzt.

Die Beziehung: Ein Kunde kauft einen Artikel

Durch den zweiten Fremdschlüssel, BUYER_ID, in der Tabelle ITEM besteht noch eine weitere Beziehung zwischen den beiden Tabellen, denn Kunden können Artikel auch kaufen. Im Englischen könnte man sagen »A customer purchases any number of items«. Die Abkürzung ist »1 purchases 0..*«.

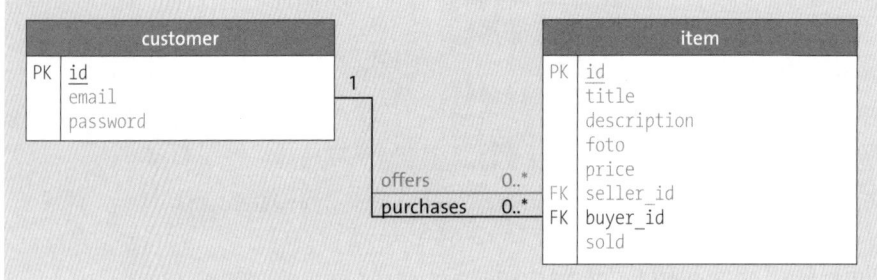

Abbildung 6.24 Die Beziehung zwischen dem Primärschlüssel »CUSTOMER.ID« und dem Fremdschlüssel »ITEM.BUYER_ID«

Wieder handelt es sich um die gängigste Assoziation zwischen zwei Tabellen in relationalen Datenbanken.

6.4.3   Die speziellen SQL-Datentypen der Oracle Database

Im nächsten Schritt müssen zu den Spaltenfeldern die jeweils passenden SQL-Datentypen eingetragen werden. Die *Oracle Database 11g Release 2* bezieht sich auf den ANSI-Standard SQL-92, der Datentypen definiert, die eine relationale Datenbank zur Verfügung stellen soll. Leider weicht Oracle – genau wie viele andere Anbieter etablierter Datenbankverwaltungssysteme – von der Norm ab, weil die meisten SQL-Datentypen erst genormt wurden, nachdem die etablierten Hersteller bereits eigene Lösungen entwickelt hatten. Bedauerlicherweise ist die Oracle Database (als ältestes Datenbankprodukt) von diesem Problem sogar am schlimmsten betroffen.

Um der Norm und damit auch den Nutzern gerecht zu werden, dürfen die meisten Standard-SQL-Datentypen zusätzlich zu den Oracle-eigenen Datentypen eingesetzt werden. Der eine oder andere Leser, der nicht an den Oracle-Datentypen interessiert ist, wird sich jetzt freuen. Schließlich können hierdurch SQL-Anweisungen erzeugt werden, die mit beliebigen Datenbanken gleichermaßen kompatibel sind.

Bei der Oracle Database gibt es aber hierbei einen Haken, denn die Zuordnung der normierten SQL-Datentypen zu den internen nativen Oracle-Datentypen wurde nicht ganz so sorgfältig realisiert, wie man es sich als Nutzer wünschen würde. Daher bleibt es uns nicht erspart, zunächst die etwas verstrickte Zuordnung von Datentyp-Gegenstücken zu entwirren und letztendlich doch die Oracle-eigenen Datentypen einzusetzen. Lassen Sie sich durch das historisch gewachsene Durcheinander der Oracle Database also nicht einschüchtern, denn zum Ende des Abschnitts werden Sie sowohl die normierten ANSI-SQL-Datentypen wie auch die Oracle-eigenen Datentypen zuordnen können.

In Kapitel 3, »Planung und Entwurf«, wurden die für Geschäftsdaten gängigen Java-Datentypen in Wahrheitswerte, kurze, normale und lange Ganzzahlen, Geldbeträge und andere Kommazahlen, Zeichenketten, Zeitpunkte sowie große Datenmengen unterteilt. Nun werden wir zu diesen Java-Datentypen geeignete Gegenstücke der Oracle Database suchen.

Wahrheitswerte

Der ANSI-Standard SQL-92 hatte den 1 Bit großen Datentyp BIT für Wahrheitswerte vorgesehen. ANSI SQL-2003 hat diesen Datentyp aber wieder aus der Norm entfernt, da er von den Herstellern größtenteils ignoriert wurde. Stattdessen schlägt die Norm für Wahrheitswerte nun den Datentyp BOOLEAN vor, der auch von zahlreichen Datenbanken implementiert wurde. Bei der Oracle Database wird leider kein Datentyp für Wahrheitswerte angeboten, und die Nutzung der normierten Ausdrücke BIT oder BOOLEAN ist genauso wenig möglich. Stattdessen verwendet man den Datentyp NUMBER(1) und grenzt die Wertemenge auf 0 und 1 ein.

Im folgenden Quelltext wird ein Wahrheitswert sold als Beispiel gezeigt:

```
sold    NUMBER(1)    CHECK(sold IN (0, 1)) DEFAULT 0
```

Kurze Ganzzahlen

Der auffälligste Unterschied zwischen den ANSI-SQL-92-Datentypen und denen von Oracle besteht in den numerischen Datentypen, denn während der Standard für die gängigsten Bytegrößen unterschiedliche Datentypen vorgesehen hat, verwendet Oracle intern einen einzigen Datentyp namens NUMBER, der nicht nach Bytegröße, sondern nach der Präzision und Anzahl der Nachkommastellen unterscheidet. Der Datentyp NUMBER erlaubt eine Genauigkeit von 38 Stellen. Kommazahlen können mit bis zu 127 Stellen hinter dem Komma definiert werden, wobei sie auf die 38-stellige Genauigkeit eingegrenzt sind.

Der ANSI-Standard SQL-92 bietet für kurze Ganzzahlen, die von Java mit Short gespeichert werden, den 16-Bit-Datentyp SMALLINT an. Und auch bei der Oracle Database kann SMALLINT als Datentyp verwendet werden. Leider erzielt der hiermit intern eingesetzte Datentyp bei Oracle nicht den gewünschten Effekt, denn tatsächlich wird hierdurch der Datentyp NUMBER(38) angelegt. Es würde sich also um eine Ganzzahl mit insgesamt 38 Stellen handeln. Diese Zuordnung ist als Gegenstück nur bedingt brauchbar. Stattdessen wird bei der Oracle Database NUMBER(5) verwendet und der Wertebereich auf −32.768 als Untergrenze und +32.767 als Obergrenze eingeschränkt. Der folgende Ausschnitt zeigt die Definition eines Spaltenfeldes, dessen Wert von Java auf eine Short-Variable gemappt wurde:

```
status NUMBER(5) CHECK(status BETWEEN -32768 AND 32767)
```

Normale Ganzzahlen

Der Default-Datentyp für Ganzzahlen ist bei Java der 32 Bit große Datentyp Integer, dessen Gegenstück sich im ANSI-Standard SQL-92 ebenfalls INTEGER nennt. Dieses Schlüsselwort können Sie auch bei der Oracle-Datenbank verwenden. Aber auch dieser Datentyp führt zum gleichen Problem wie der oben genannte Datentyp SMALLINT, denn intern legt die Oracle Database wieder NUMBER(38) fest. Aus Gründen der Sorgfalt sollte ein Java-seitiger Integer stattdessen mit einem NUMBER(10) gemappt werden, wobei der Wertebereich zwischen −2.147.483.648 und 2.147.483.647 liegen sollte:

```
status NUMBER(10)
    CHECK(status BETWEEN -2147483648 AND 2147483647)
```

Lange Ganzzahlen

Maximal möglichen Obergrenzen wurde im ANSI-Standard SQL-92 keine besondere Beachtung geschenkt. Es ist schlichtweg Sache des Herstellers, wie groß ein Wert grundsätzlich sein darf. Dessen ungeachtet hat das Normungsinstitut im ANSI-SQL-2003-Standard den Datentyp BIGINT vorgestellt, der typischerweise mit dem Java-seitigen 64-Bit-Datentyp Long gemappt wird. Der Datentyp BIGINT wurde von der Oracle Database aber noch nicht realisiert und kann auch nicht als Synonym für irgendein internes Gegenstück gesetzt werden. Stattdessen wird bei der Oracle Database NUMBER(19) verwendet. Auf die Prüfung mit CHECK werden wir diesmal verzichten:

```
id NUMBER(19)
```

Beachten Sie, dass die Oracle Database einen veralteten Datentyp kennt, der sich bedauerlicherweise LONG nennt. Dieser hat aber nichts mit langen Ganzzahlen zu tun, sondern dient der Speicherung von Zeichenketten, die bis zu 2 GB lang sein können. Laut Hersteller soll dieser Datentyp aber nicht mehr verwendet werden. Er wurde lediglich aus Gründen der Rückwärtskompatibilität beibehalten und wird zukünftig entfernt.

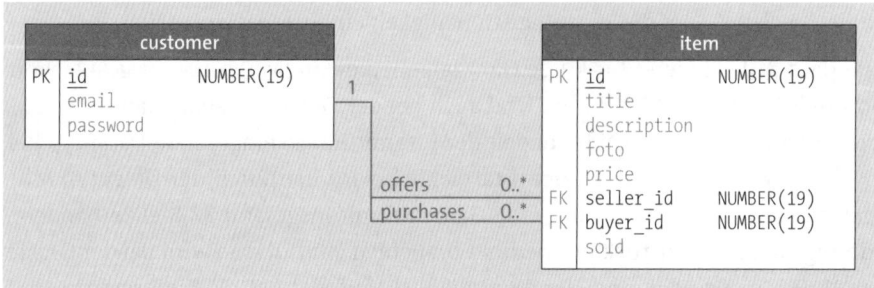

Abbildung 6.25 Die Datentypen für die Schlüsselfelder

Für Zahlen, die genauer als 19 Stellen sein müssen, kann mit NUMBER(38) die Exaktheit auf bis zu 38 Stellen erhöht werden. Diese Präzision kommt zum Beispiel zum Einsatz, wenn Java-seitig der Datentyp java.math.BigDecimal verwendet wird.

Weil wir im Onlineshop für alle Schlüsselfelder den Java-Typ Long einsetzen, werden wir bei der Datenbank den Datentyp NUMBER(19) definieren.

Geldbeträge und andere Kommazahlen

Der ANSI-Standard SQL-92 hat für Kommazahlen die Datentypen REAL, FLOAT und DOUBLE PRECISION definiert, die auch in der Oracle Database verwendet werden können. Leider wurden sie genauso wie bei manchen anderen Herstellern sehr divergent implementiert. Bei der Oracle Database werden die Datentypen REAL, FLOAT und DOUBLE PRECISION zu FLOAT(63), FLOAT(126) und FLOAT(126) führen. Aber auch FLOAT(p) ist lediglich ein Untertyp von NUMBER mit der Besonderheit, dass die Genauigkeit binär angegeben wird. Diese unhandliche Eigenart führt dazu, dass meistens keiner der genannten Datentypen eingesetzt und stattdessen auf das komfortable NUMBER(p, n) zugegriffen wird. Deshalb sollten auch wir uns von dem Durcheinander von REAL, FLOAT und DOUBLE PRECISION distanzieren und die gängige Variante wählen.

Im Onlineshop werden wir NUMBER(12,2) für das Datenfeld price einsetzen, sodass die Geldbeträge zwischen −9.999.999.999,99 EUR und 9.999.999.999,99 EUR liegen können.

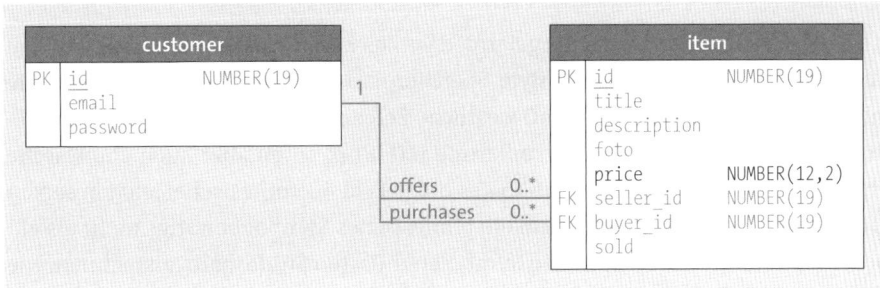

Abbildung 6.26 Der Datentyp für Geldbeträge

Kurze Zeichenketten

Java-seitig haben wir alle Zeichenketten als String definiert. Bei einer Datenbank gibt es dagegen unterschiedliche Möglichkeiten, Zeichenketten abzuspeichern.

Der historisch gesehen älteste ANSI-SQL-Datentyp für Zeichenketten nennt sich CHARACTER(n), wobei n die Anzahl der zur Verfügung stehenden Bytes angibt. Bei den meisten Herstellern kann CHARACTER(n) auch unter dem kürzer geschriebenen CHAR(n) definiert werden. Die beiden Begriffe sind also gleichwertig.

CHAR(n)-Werte dürfen bei der Oracle Database maximal 2.000 Byte groß sein. Als der SQL-Datentyp CHAR(n) von den Herstellern implementiert wurde, begnügte man sich damit, dass die Anzahl n eine feste Anzahl von Bytes definiert. Damit ist gemeint, dass kürzere Zeichenketten automatisch von der Datenbank mit Leerstellen aufgefüllt werden. Heutzutage lässt sich der Einsatz von CHAR(n) lediglich rechtfertigen, wenn eine Anwendung eine feste Länge erzwingen will oder Leerstellen vor oder nach der Zeichenkette nicht abgeschnitten werden dürfen. Im Allgemeinen ist CHARACTER(n) also ein Ausnahmefall, weil Geschäftsdaten selten mit festen Zeichenketten belegt werden.

Der neuere ANSI-SQL-92-Datentyp für Zeichenketten nennt sich CHARACTER VARYING. Während die meisten Hersteller diesen SQL-Datentyp als VARCHAR(n) abkürzen, heißt er bei der Oracle Database aus historischen Gründen VARCHAR2(n). Obwohl bei der Oracle Database Version 11 auch der Bezeichner VARCHAR(n) verwendet werden kann und intern in VARCHAR2(n) umgewandelt wird, werden wir für dieses Buch den Bezeichner VARCHAR2(n) einsetzen, weil dies der Empfehlung des Herstellers entspricht.

Wenn Sie ein Feld mit dem Datentyp VARCHAR2(n) definieren, müssen Sie auch die maximal benötigte Byte-Anzahl angeben. Erlaubt sind Werte zwischen 1 und 4000. Den angegebenen Wert betrachtet Oracle als Byte-Angabe. Das bedeutet auch, dass ein VARCHAR2-Wert eine maximale Obergrenze von 4.000 Byte hat.

Der folgende Ausdruck legt fest, dass das Spaltenfeld mit dem Namen email maximal 40 Bytes groß sein darf:

```
email VARCHAR2(40)
```

In Abschnitt 2.5, »Das Logging«, haben Sie gelernt, dass Zeichen westlicher Sprachen sowohl mit ASCII als auch mit UTF-8 genau ein Byte Speicherplatz benötigen. Deshalb bietet die obige Definition Speicherplatz für bis zu 40 westliche Zeichen an. Durch den voreingestellten Zeichensatz AL32UTF8 (für die Zeichenkodierung UTF-8) könnten aber auch chinesische Zeichen gespeichert werden. Wenn wir nun in das obige Feld 40 chinesische Zeichen setzen wollten, würde uns das nicht gelingen, denn ein chinesisches Symbol benötigt mehr als ein Byte. Für die Verwendung von chinesischen Symbolen müssten Sie deshalb ausrechnen, wie hoch der theoretisch höchste Byte-Bedarf ist.

Zur Vereinfachung dieses Problems bietet Oracle die Möglichkeit an, die maximale Anzahl mit der Einheit char anzugeben. Zum Beispiel definieren Sie durch folgenden Ausdruck, dass Speicherplatz für 40 Zeichen benötigt wird, und zwar ganz unabhängig davon, um welches internationale Symbol es sich handelt:

```
email VARCHAR2(40 char)
```

Aber auch hierbei ist Vorsicht geboten, denn die tatsächlich erlaubte Obergrenze bleibt und endet in jedem Fall bei 4.000 Bytes. Wenn wir zum Beispiel mit folgender Definition festlegen, dass wir Platz für 4.000 Zeichen brauchen, werden wir zur Laufzeit dennoch keine 4.000 chinesische Symbole einfügen dürfen und stattdessen eine Fehlermeldung erhalten.

```
description VARCHAR2(4000 char)
```

Außer auf die genannten Datentypen werden Sie bei Oracle womöglich auf die für Unicode reservierten Datentypen NCHAR(n) und NVARCHAR2(n) stoßen. NCHAR(n) und NVARCHAR2(n) verwenden per Default den Zeichensatz AL16UTF16. Aus diesem Grund werden wir diese Datentypen nicht einsetzen.

Stattdessen werden wir alle Zeichenketten, deren Obergrenzen wir mit VARCHAR2(n) verwirklichen können, auch hiermit definieren. UTF-8-Zeichen können laut Norm bis zu vier Byte lang sein. Deshalb sollten Sie nur solche Spaltenfelder mit diesem Datentyp definieren, die maximal 1.000 Zeichen lang sind. Am besten ist es, wenn Sie bei der Definition den Zusatz char gleich mit angeben, damit von vornherein deutlich wird, dass es sich bei der Anzahl nicht um Bytes, sondern um Zeichen handelt:

```
description VARCHAR2(1000 char)
```

Auch im Onlineshop werden wir für alle Zeichenketten-Felder den Datentyp VARCHAR2(n) einsetzen.

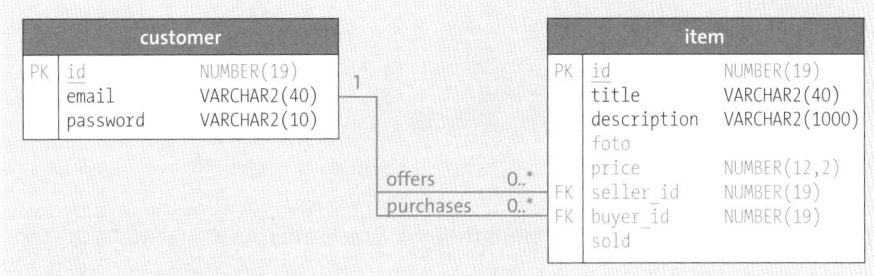

Abbildung 6.27 Die Datenfelder für Zeichenketten

Lange Zeichenketten

Java verwendet für alle Zeichenketten die Klasse String, auch wenn sie mehr als 1.000 Zeichen enthalten. Bei der Oracle Database bietet sich für alle Datenfelder ab 1.000 Zeichen Länge der Datentyp CLOB (*Character Large Object*) an, der ca. 4 Gigabyte groß sein kann. CHARACTER LARGE OBJECT wurde mit ANSI SQL-99 in den Standard übernommen.

Zeitpunkte

In Abschnitt 3.2.7, »Zeitpunkte«, habe ich bereits erwähnt, dass die Zeitpunktdatentypen in Anwendungen häufig nach Datum, Uhrzeit und Zeitstempeln unterschieden werden können. Und auch das ANSI-Institut hat für Zeitpunkte die Datentypen DATE, TIME und TIMESTAMP vorgesehen.

Obwohl die Oracle Database hiervon nur DATE und TIMESTAMP implementiert, werden wir hiermit auskommen. Denn bei der Oracle Database enthält der Datentyp DATE das Jahr, den Monat, den Tag, die Stunde, die Minute und die Sekunde. Das bedeutet, dass wir DATE sowohl für das Datum als auch für Uhrzeiten verwenden können. TIMESTAMP(n) erweitert den Datentyp DATE um die Möglichkeit der Genauigkeit. Die Genauigkeit wird mit n angezeigt. Die maximale Genauigkeit, mit der ein TIMESTAMP ausgestattet werden kann, entspricht 9 Stellen hinter dem Komma einer Sekunde. TIMESTAMP(9) hat also eine Genauigkeit von einer Nanosekunde (0,000.000.001 Sekunde). Per Default ist TIMESTAMP mit 6 Stellen hinter dem Komma voreingestellt. Das entspricht einer Mikrosekunde (0,000.001 Sekunde). Auf einem handelsüblichen PC mit dem Betriebssystem Microsoft Windows lässt sich aber auch diese Genauigkeit nicht darstellen, denn sie liegt im Bereich einer Millisekunde (0,001 Sekunde).

Beim Onlineshop werden wir deshalb das Datenfeld SOLD mit dem Datentyp TIMESTAMP(3) definieren.

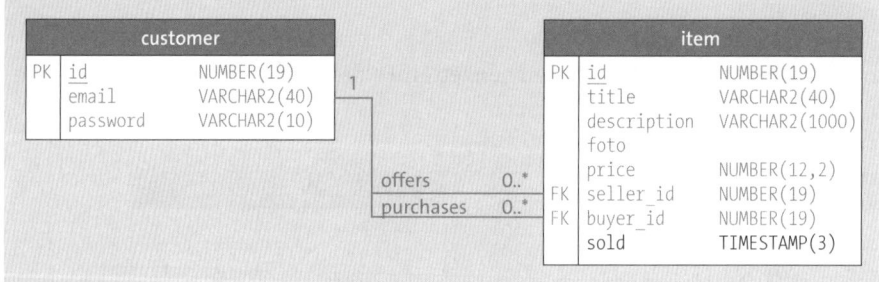

Abbildung 6.28 Der Datentyp »TIMESTAMP«

Neben den genannten Datentypen für Zeitpunkte bietet Oracle auch TIMESTAMP WITH TIMEZONE und INTERVAL an. Diese Datentypen erweitern DATE und TIMESTAMP um die Möglichkeit der Zeitzonen und der Errechnung einer zeitlichen Dauer. Auf diese Datentypen werde ich aber nicht weiter eingehen.

Große Datenmengen

Um große Datenmengen abzuspeichern, haben wir uns Java-seitig für den Datentyp byte[] entschieden, der theoretisch unendlich viel Speicher belegt. Sowohl das ANSI-Institut wie auch die diversen Hersteller haben sich viele Gedanken darüber gemacht, wie man bestmöglich große Datenmengen realisieren kann.

Anfangs handelte es sich noch um reine Binärdaten. ANSI nannte diesen Datentyp damals BIT und BIT VARYING, während andere Hersteller zum Beispiel BINARY, VARBINARY oder LONGVARBINARY wählten. Bei Oracle wurden sie als RAW oder LONG RAW angeführt. Weil Binärdateien (wie zum Beispiel Foto- und Filmdateien) zuweilen immer größer wurden, entstanden schließlich der Ausdruck *Large Object* (LOB) und die Untertypen CHARACTER LARGE OBJECT (CLOB) und BINARY LARGE OBJECT (BLOB), die auch vom Normungsinstitut in ANSI SQL-99 eingeführt wurden. Bei der Oracle Database kann ein BLOB 4 GB groß werden. Weil dieser Datentyp bezüglich der Größe aber auch flexibel ist, ist es vollkommen in Ordnung, wenn Sie ihn auch für viel kleinere Datenmengen einsetzen.

Auch im Onlineshop-Beispiel werden wir den Datentyp BLOB für die Speicherung der Fotos nutzen.

Abbildung 6.29 zeigt das gesamte Resultat des physischen Datenmodells.

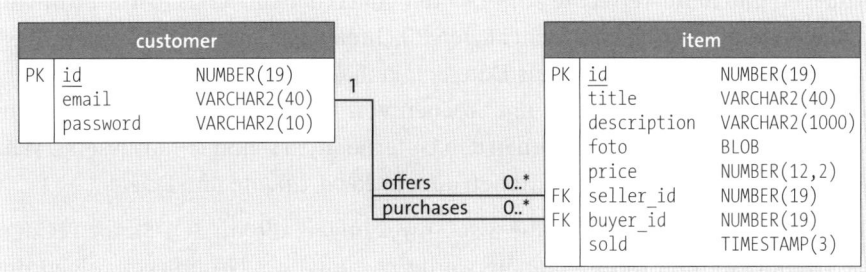

Abbildung 6.29 Das physische Datenmodell für den Onlineshop

Durch Tabelle 6.1 erhalten Sie noch eine Gesamtübersicht über die gängigsten ANSI-SQL-Datentypen. In der rechten Spalte sind außerdem die Oracle-internen Datentypen aufgeführt, die üblicherweise bei einer Oracle-Datenbank statt der ANSI-SQL-konformen Typen eingesetzt werden.

Datentyp für ...	ANSI SQL	ORACLE
Wahrheitswerte	BOOLEAN	NUMBER(1)
»kleinste« Ganzzahlen	TINYINT	NUMBER(3)
»kurze« Ganzzahlen	SMALLINT	NUMBER(5)
»normale« Ganzzahlen	INTEGER	NUMBER(10)
»lange« Ganzzahlen	BIGINT	NUMBER(19)
»besonders lange Zahlen«	DECIMAL	NUMBER(38)
Geldbeträge und andere Kommazahlen	DOUBLE	NUMBER(p, n)
»kurze« Zeichenketten, bis 1.000 Zeichen	VARCHAR(n)	VARCHAR2(1000 char)
»lange« Zeichenketten, über 1.000 Zeichen	CLOB	CLOB
Datum	DATE	DATE
Uhrzeit	TIME	DATE
Zeitstempel	TIMESTAMP	TIMESTAMP(3)
Binärdateien	BLOB	BLOB

Tabelle 6.1 Die gängigsten ANSI-SQL-Datentypen und ihre Gegenstücke in der Oracle Database

6.4.4   Datenbanktabellen erzeugen, löschen und ändern

In diesem Abschnitt werden wir die Datenbanktabellen mithilfe von SQL-Anweisungen physisch erzeugen. Im letzten Abschnitt haben Sie bereits SQL-Anweisungen eingesetzt, um Benutzer anzulegen und Benutzerrechte zu verwalten. Alle erdenklichen SQL-Anweisungen der Oracle Database zu kennen, gehört nicht zu den Pflichten eines Java EE-Entwicklers. Weil relationale Datenbanken aber im Kern aus Datenbanktabellen bestehen, werden die SQL-Anweisungen für das Erzeugen, Ändern und Löschen von Tabellen und für das Einfügen, Ändern, Löschen und Selektieren von Daten in den Unternehmen schon vorausgesetzt. Man spricht hierbei auch von den CRUD-Operationen (*Create*, *Read*, *Update* und *Delete*).

Die folgenden Ausführungen umfassen die SQL-Anweisungen, die im SQL-Skript für den Onlineshop verwendet werden. Darüber hinaus werde ich einige SQL-Grundlagen zeigen, die wir in späteren Abschnitten anwenden werden.

Datenbanktabellen erzeugen

Eine Datenbanktabelle erzeugen Sie mithilfe des Ausdrucks CREATE TABLE. Hinter dem Ausdruck CREATE TABLE folgt die Angabe der Tabelle. Die Spaltennamen werden in Klammern angezeigt. Mehrere Spaltennamen trennen Sie durch Kommas. Hinter jedem Spaltennamen müssen Sie jeweils den SQL-Datentyp angeben. Zur besseren Lesbarkeit werden logische Abschnitte der SQL-Anweisung eingerückt. Beachten Sie auch, dass die Anweisung mit einem Semikolon abgeschlossen wird. Mit folgender Anweisung würden Sie die Datenbanktabelle customer erzeugen:

```
CREATE TABLE customer (
    id        NUMBER(19),
    email     VARCHAR2(40),
    password  VARCHAR2(10)
);
```

Datenbanktabellen löschen

Um die gesamte Tabelle wieder zu löschen, verwenden Sie das Schlüsselwort DROP:

```
DROP TABLE customer;
```

Datenbanktabellen abändern

Mit dem Kommando ALTER TABLE verändern Sie die Tabellestruktur. Im folgenden Listing sehen Sie, wie Sie mit dem Ausdruck ALTER TABLE ... ADD die Spalten email und password zu der Tabelle CUSTOMER hinzufügen:

```
ALTER TABLE customer
ADD (
    email       VARCHAR2(40),
    password    VARCHAR2(10)
);
```

Listing 6.7 Spalten hinzufügen

Mit der Anweisung ALTER TABLE ... DROP COLUMN entfernen Sie eine Spalte:

```
ALTER TABLE customer DROP COLUMN email;
```

Mit der Anweisung ALTER TABLE ... MODIFY verändern Sie eine Spalte:

```
ALTER TABLE customer MODIFY email VARCHAR(50);
```

6.4.5 Bedingungen hinzufügen

Hinter die Spaltenfelder können Sie zusätzlich Bedingungen setzen.

Zum Beispiel legen Sie mit dem Ausdruck PRIMARY KEY fest, dass das Datenfeld ein Primärschlüssel ist.

NOT NULL

Eine ebenfalls gängige Bedingung lautet NOT NULL. Mit NOT NULL erzwingen Sie, dass ein Datenfeld innerhalb eines Datensatzes immer gefüllt ist.

UNIQUE

Mit dem Schlüsselbegriff UNIQUE bestimmen Sie, dass ein Datenfeld einzigartig ist, das heißt, bei allen Datensätzen nur einmal vorkommen darf. Weil Primärschlüssel automatisch immer gefüllt und eindeutig sind, werden die Schlüsselwörter NOT NULL und UNIQUE für Primärschlüssel nicht benötigt.

CHECK

Mit dem Begriff CHECK können Sie die Bedingung auch präziser formulieren, indem Sie in runden Klammern eine logische Prüfung definieren. Zum Beispiel könnten Sie so erzwingen, dass das Passwortfeld mehr als 6 Zeichen enthält:

```
CREATE TABLE customer (
    id          NUMBER(19) PRIMARY KEY,
        email   VARCHAR2(40) NOT NULL UNIQUE,
```

```
    password  VARCHAR2(10) NOT NULL
                    CHECK(LENGTH(password)>=6)
);
```

Listing 6.8 Detaillierte Bedingungen hinzufügen mit CHECK

FOREIGN KEY

Mit dem Schlüsselbegriff FOREIGN KEY wird angezeigt, dass ein Schlüssel auf einen Primärschlüssel einer anderen Tabelle referenziert. Zum Beispiel referenzieren die Fremdschlüssel ITEM.BUYER_ID und ITEM.SELLER_ID auf den Primärschlüssel CUSTOMER.ID.

```
CREATE TABLE item (
    id          NUMBER(19) PRIMARY KEY,
        title       VARCHAR2(40) NOT NULL,
        description VARCHAR2(1000) NOT NULL,
        price       NUMBER(12,2) NOT NULL,
        foto        BLOB,
        seller_id   NUMBER(19) NOT NULL
            FOREIGN KEY REFERENCES customer (id),
        buyer_id    NUMBER(19)
            FOREIGN KEY REFERENCES customer (id),
        sold        TIMESTAMP(3)
);
```

Listing 6.9 Fremdschlüssel erzeugen mit FOREIGN KEY

CONSTRAINT

Die Bedingungen lassen sich auch mithilfe des Schlüsselwortes CONSTRAINT unter einem Bezeichner abspeichern. Im folgenden Listing sehen Sie, wie Sie die Fremdschlüssel mithilfe von CONSTRAINTs erzeugen.

Die CONSTRAINTs werden üblicherweise innerhalb der CREATE TABLE-Anweisung unterhalb der Spaltenfelder hinzugefügt.

```
CREATE TABLE item (
    id          NUMBER(19) PRIMARY KEY,
        title       VARCHAR2(40) NOT NULL,
        description VARCHAR2(1000) NOT NULL,
        price       NUMBER(12,2) NOT NULL,
        foto        BLOB,
        seller_id   NUMBER(19) NOT NULL,
        buyer_id    NUMBER(19),
        sold        TIMESTAMP(3),
        CONSTRAINT fk_seller
```

```
        FOREIGN KEY (seller_id) REFERENCES customer (id),
    CONSTRAINT fk_buyer
        FOREIGN KEY (buyer_id) REFERENCES customer (id)
);
```

Listing 6.10 Fremdschlüssel erzeugen mit CONSTRAINT

Weil die Tabelle ITEM mit Fremdschlüsseln auf die Tabelle CUSTOMER referenziert, ist die Tabelle ITEM nun von der Tabelle CUSTOMER abhängig, denn wenn Datensätze in die Tabelle ITEM eingefügt werden, beziehen sich die Werte der Datenfelder ITEM.BUYER_ID und ITEM.SELLER_ID auf die Werte des Spaltenfeldes CUSTOMER.ID. Man bezeichnet die abhängige Tabelle auch als *Child* und die übergeordnete Tabelle als *Parent*. Es stellt sich die Frage, was passieren soll, wenn ein Kunde gelöscht wird, denn ein Fremdschlüssel muss immer auf einen gültigen Primärschlüssel verweisen.

Wenn die Tabelle ITEM noch Artikel enthält, die zu einem Kunden gehören, ist das Feld ITEM.SELLER_ID mit der CUSTOMER.ID belegt. Sollen die Artikel des Kunden automatisch mitgelöscht werden, oder darf das Feld ITEM.SELLER_ID einfach auf NULL gesetzt werden? Für diesen Zweck gibt es spezielle Integritätsregeln, die dem CONSTRAINT hinzugefügt werden können. Der ANSI-Standard SQL-92 beschreibt hierfür einige Kaskadierungsregeln, von denen Oracle aber nur drei anbietet:

- ON DELETE NO ACTION
  Diese Regel ist der Defaultwert. Sie untersagt, dass ein Parent gelöscht wird, der von einem Child referenziert wird.

- ON DELETE CASCADE
  Hat zur Folge, dass alle Child-Datensätze mitgelöscht werden, wenn der Parent entfernt wird.

- ON DELETE SET NULL
  Führt dazu, dass bei einer Löschung des Parents sein Schlüssel beim Child entfernt, d. h., dass NULL in die Fremdschlüsselspalte eingetragen wird.

Welche Regeln hiervon gesetzt sein sollten, fällt unter die Entscheidungen, die der Product Owner des Projekts zu fällen hat. Das folgende Listing zeigt, wie die beiden Integritätsregeln im Onlineshop-Beispiel notiert sind:

```
CREATE TABLE item (
    id          NUMBER(19) PRIMARY KEY,
    title       VARCHAR2(40) NOT NULL,
    description VARCHAR2(1000) NOT NULL,
    price       NUMBER(12,2) NOT NULL,
    foto        BLOB,
    seller_id   NUMBER(19) NOT NULL,
    buyer_id    NUMBER(19),
```

```
sold         TIMESTAMP(3),
CONSTRAINT fk_seller
FOREIGN KEY (seller_id) REFERENCES customer (id)
ON DELETE CASCADE,
CONSTRAINT fk_buyer
FOREIGN KEY (buyer_id) REFERENCES customer (id)
ON DELETE SET NULL
);
```

Listing 6.11 Integritätsregeln

ALTER TABLE können Sie auch verwenden, um CONSTRAINTs zu setzen. Die folgende Anweisung fügt eine Bedingung für die neuen Felder country und language hinzu:

```
ALTER TABLE customer
ADD CONSTRAINT customer_check (
        CHECK (
            country IN ('DE', 'UK', 'FR') AND
        language IN ('german', 'english', 'french')
        )
);
```

Listing 6.12 Bedingungen für neue Felder

Mit dem Kommando ALTER TABLE ... DROP COLUMN löschen Sie Spalten:

```
ALTER TABLE customer DROP COLUMN (country, language);
```

Genauso können Sie mit ALTER TABLE ... DROP CONSTRAINT Zwangsbedingungen löschen:

```
ALTER TABLE customer DROP CONSTRAINT customer_check;
```

6.4.6 Daten hinzufügen, ändern und löschen

Wenn eine Geschäftsanwendung mit einer relationalen Datenbank verbunden ist, wird sie in der Regel lediglich Daten einfügen, ändern, löschen oder selektieren. Dabei versendet sie INSERT-, UPDATE-, DELETE- oder SELECT-Anweisungen.

Daten einfügen

Mit INSERT INTO fügen Sie einen neuen Datensatz in eine Tabelle ein. Mit folgenden SQL-Befehlen fügen Sie einen Kunden in die Tabelle customer ein. Beachten Sie, dass bei numerischen Werten keine Anführungsstriche nötig sind.

```
INSERT INTO customer (
      id,
      email,
      password
      )
VALUES (
      1,
      'j@java2enterprise.de',
      'Taxi_123'
      );

INSERT INTO customer (
      id,
      email,
      password
      )
VALUES (
      2,
      'kc@gmail.com',
      'Susi_99'
      );
```

Listing 6.13 Kunden einfügen

Daten abändern

Mit den Schlüsselwörtern UPDATE und SET ändern Sie Tabelleninhalte. Zum Beispiel ändert die folgende Anweisung das Feld password aller Datensätze der Tabelle CUSTOMER:

```
UPDATE customer
SET password = 'Taxi_123';
```

Mit dem Schlüsselwort WHERE grenzen Sie die Menge der zu ändernden Datensätze ein:

```
UPDATE customer
SET password = 'Taxi_123'
WHERE email='j@java2enterprise.de';
```

Daten löschen

Mit dem Ausdruck DELETE FROM löschen Sie Tabelleninhalte. Auch hier wird mit WHERE wieder gefiltert. Vorsicht: Wenn kein Filter mit WHERE gesetzt ist, werden gleich alle Datensätze der Tabelle gelöscht.

```
DELETE FROM customer
WHERE email='j@java2enterprise.de';
```

6.4.7   Daten selektieren

Das Selektieren von Datensätzen beginnt stets mit dem Schüsselwort SELECT. Hinter dem SELECT führen Sie die Spaltenfelder an, die in der Ergebnismenge enthalten sein sollen. Nach dem Schlüsselwort FROM legen Sie fest, von welchen Datenbanktabellen Sie selektieren möchten.

SELECT ... FROM ...

Wenn alle Spaltenfelder angezeigt werden sollen, können Sie statt der einzelnen Spaltennamen auch das Schlüsselwort ALL oder einen Stern setzen. Die folgende Anweisung selektiert alle Spalten der Datenbanktabelle CUSTOMER:

```
SELECT *
FROM customer;
```

Auch wenn Sie alle Spaltenfelder selektieren möchten, ist es in der Anwendungsentwicklung sauberer, alle Tabellenspalten einzeln aufzuführen:

```
SELECT
        id,
        email,
        password
FROM
        customer;
```

DISTINCT

Manche Abfrageergebnisse enthalten Duplikate. Zum Beispiel haben wir in der Tabelle CUSTOMER nicht verhindert, dass mehrere Kunden das gleiche Kennwort benutzen. Um die mehrfachen Vorkommen zu unterdrücken, verwenden wir das Schlüsselwort DISTINCT:

```
SELECT
    DISTINCT(password)
FROM
    customer;
```

6.4.8   Daten filtern

Über eine WHERE-Klausel können Sie die Ergebnismenge einschränken bzw. filtern. Dabei findet die Filterung meistens statt, indem zwei Spaltenwerte mit einem Vergleichsoperator miteinander verglichen werden.

```
SELECT
        email,
        password
```

```
FROM
        customer
WHERE
    email = 'j@java2enterprise.de';
```

Vergleichsoperatoren

Eine relationale Datenbank muss die in Tabelle 6.2 aufgeführten Vergleichsoperatoren unterstützen, damit sie konform mit dem ANSI-SQL92-Standard ist.

Operator	Der linke Wert ...
=	... ist gleich dem rechten Wert.
<	... ist kleiner als der rechte Wert.
>	... ist größer als der rechte Wert.
<=	... ist kleiner oder gleich dem rechten Wert.
>=	... ist größer oder gleich dem rechten Wert.
<>	... ist ungleich dem rechten Wert.

Tabelle 6.2 ANSI-SQL92-konforme Vergleichsoperatoren

IS [NOT] NULL

Wenn es sich bei dem zweiten Wert um einen NULL-Wert handelt, verwendet man statt der Vergleichsoperatoren den Ausdruck IS NULL bzw. IS NOT NULL.

Beispielsweise wird statt

```
SELECT * FROM item
WHERE i.price = NULL;
```

folgender Ausdruck geschrieben:

```
SELECT * FROM item
WHERE i.price IS NULL;
```

[NOT] LIKE

Ähnlichkeitsabfragen werden mit dem Schlüsselwort LIKE umgesetzt. Dabei wird ein Teil des Ausdrucks, der fester Bestandteil des Ergebnisses sein soll, ausgeschrieben und der Teil, der variabel sein kann, durch ein Prozentzeichen ersetzt. Das folgende Beispiel sucht alle Datensätze heraus, bei denen die E-Mail-Adresse nicht mit dem kleinen Buchstaben »j« anfängt:

```
SELECT
        email,
        password
FROM
        customer
WHERE
        email NOT LIKE 'j%';
```

Listing 6.14 Datensätze mit j heraussuchen

Wenn genau ein Zeichen variabel sein soll, verwenden Sie statt des Prozentzeichens einen Unterstrich:

```
SELECT
        email,
        password
FROM
        customer
WHERE
        email LIKE '_@java2enterprise.de';
```

AND und OR

Die Filterung können Sie mit weiteren Schlüsselwörtern wie AND und OR erweitern. Die folgende Anweisung zeigt alle Kunden an, deren E-Mail-Adresse mit »j« oder »k« beginnt und deren E-Mail-Provider *java2enterprise.de* oder *marktware.de* ist.

```
SELECT
        email,
        password
FROM
        customer
WHERE
        (email LIKE 'j%'
        OR
        email like 'k%')
AND
        (email like '%java2enterprise.de'
        OR
        email like '%marktware.de');
```

Listing 6.15 Kunden anhand von Eigenschaften ihrer E-Mail-Adressen heraussuchen

[NOT] BETWEEN ... AND ...

Wenn ein numerischer Wert in einem Wertebereich liegen soll, wird die Unter- und die Obergrenze mithilfe der Schlüsselwörter BETWEEN und AND angezeigt. Mit NOT BETWEEN ... AND muss der Wert außerhalb des Wertebereichs liegen.

[NOT] IN

Mit dem Schlüsselwort IN können Sie festlegen, dass die Werte der Ergebnismenge in einer Werteliste enthalten sein müssen. Die Werte der Werteliste setzen Sie durch Kommas getrennt in eine Klammer.

```
SELECT
        email,
        password
FROM
        customer
WHERE
        email IN ('j@java2enterprise.de','m@marktware.de');
```

Wert [Vergleichsoperator] ANY und ALL

Die Schlüsselwörter ANY und ALL ermöglichen es, einen Wert über einen beliebigen Vergleichsoperator mit einer Werteliste zu vergleichen. Beispielsweise gibt die folgende SQL-Anweisung nur die Artikel aus, die größer als jeglicher Wert der Werteliste sind:

```
SELECT i.title, i.price
FROM Item i
WHERE i.price  > ANY (19.0, 21.1, 45.0);
```

ANY und ALL werden eigentlich nur in Kombination mit Unterabfragen verwendet. Bei Unterabfragen wird die Werteliste mit einem zweiten SELECT dynamisch erstellt. Ich gehe in Abschnitt 6.4.13 genauer auf Unterabfragen ein.

6.4.9   Gruppierungsfunktionen

SQL bietet zahlreiche Funktionen an, die in einer Ergebnismenge Zahlenwerte durch Gruppierungsfunktionen aggregieren. An dieser Stelle erfolgt keine vollständige Beschreibung aller Gruppierungsfunktionen, denn das würde sicherlich den Rahmen dieses Kapitels sprengen. Anhand einfacher Beispiele sollen lediglich die wichtigsten Gruppierungsfunktionen beschrieben werden.

Mit der Aggregatsfunktion COUNT zählen Sie die Datensätze einer Ergebnismenge:

```
SELECT COUNT(i.id) anzahl
FROM item i;
```

Über MAX und MIN ermitteln Sie die höchsten bzw. die niedrigsten Werte:

```
SELECT MAX(i.price), MIN(i.price)
FROM item i;
```

Weitere Gruppierungsfunktionen, die sehr häufig verwendet werden, sind SUM und AVG. Mit SUM addieren Sie Zahlenwerte. AVG ermittelt einen Durchschnittswert.

```
SELECT SUM(i.price), AVG(i.price)
FROM item i;
```

Wenn die Aggregation nicht über alle Datensätze, sondern nach bestimmten Spalten erfolgen soll, zeigen Sie die Spaltenfelder, nach denen gruppiert wird, mit dem Gruppierungsoperator GROUP BY an.

Die folgende Abfrage gibt den Primärschlüssel aller Verkäufer gemeinsam mit der Anzahl ihrer angebotenen Artikel aus:

```
SELECT i.seller_id, COUNT(i.id) anzahl
FROM item i
GROUP BY i.seller_id;
```

In bestimmten Fällen ist es erforderlich, auch in der Aggregation eine Bedingung zu stellen. Beispielsweise könnte es sein, dass nur die IDs von Verkäufern angezeigt werden sollen, die mehr als 10 Artikel angeboten haben. In der WHERE-Bedingung dürfen wir die Gruppierungsfunktion nicht verwenden, sondern müssen sie hinter der GROUP BY-Klausel über das Schlüsselwort HAVING anzeigen.

Die Datenbank wird die HAVING-Klausel erst ausführen, nachdem die Daten gruppiert worden sind.

Die folgende Abfrage gibt nur die Verkäufer aus, die mindestens 10 Artikel angeboten haben:

```
SELECT i.seller_id, COUNT(i.id)
FROM item i
GROUP BY i.seller_id
HAVING COUNT(i.id) > 10;
```

6.4.10 Zeichenketten verarbeiten

Für die Verarbeitung von Zeichenketten bietet die Oracle Database eine große Auswahl an Funktionen an. Um mit einer Grundausstattung gewappnet zu sein, reicht es aber aus, wenn Sie als Java EE-Entwickler die sechs gängigsten String-Funktionen in petto haben. Von dieser Basis aus lassen sich im Bedarfsfall speziellere Funktionen in der Oracle-Database-Referenz ausfindig machen.

Nun werde ich Ihnen die sechs gängigsten String-Funktionen anhand der Tabelle CUSTOMER zeigen, wobei in der Tabelle ein einziger Datensatz enthalten ist, der im Spaltenfeld E-Mail den Wert j@java2enterprise.de enthält.

CONCAT

Mithilfe der String-Funktion CONCAT verbinden Sie zwei Zeichenketten miteinander:

```
SELECT CONCAT('E-Mail: ', c.email) FROM CUSTOMER c;
```

Ausgabe: E-Mail: j@java2enterprise.de

Dies lässt sich auch durch den Konkatenierungsoperator || abkürzen:

```
SELECT 'E-Mail: ' || c.email FROM CUSTOMER c;
```

LENGTH

Gibt die Anzahl der Zeichen in einer Zeichenkette wieder:

```
SELECT LENGTH(c.email) FROM CUSTOMER c;
```

Ausgabe: 8

LOWER

Wandelt alle Großbuchstaben in Kleinbuchstaben um:

```
SELECT LOWER(c.email) FROM CUSTOMER c;
```

Ausgabe: j@java2enterprise.de

TRIM

Entfernt Leerstellen am Anfang und am Ende einer Zeichenkette:

```
SELECT TRIM(c.email) FROM CUSTOMER c;
```

Ausgabe: j@java2enterprise.de

SUBSTR

Sucht einen Teilstring aus einer Zeichenkette. Die folgende Anweisung wird ab der dritten Position zwei Zeichen auswählen:

```
SELECT SUBSTR(c.email, 3, 2) FROM CUSTOMER;
```

Ausgabe: ja

UPPER

Wandelt alle Kleinbuchstaben in Großbuchstaben um:

```
SELECT UPPER(c.email) FROM CUSTOMER c;
```

Ausgabe: J@JAVA2ENTERPRISE.DE

6.4.11   Sortieren

Mit ORDER BY sortieren Sie die Ergebnismenge nach bestimmten Spaltenfeldern:

```
SELECT
        email,
        password
FROM
        customer
WHERE
        email IN ('j@java2enterprise.de','m@marktware.de')
ORDER BY
        email,
        password;
```

Listing 6.16 Ergebnismengen sortieren

Mit der obigen SQL-Anweisung werden die E-Mail-Adressen und die Kennwörter der Kunden alphabetisch sortiert. Dabei wird zunächst nach dem ersten genannten Spaltenfeld email und dann nach dem zweitgenannten password geordnet. Die Sortierung erfolgt aufsteigend. Wenn die Sortierung absteigend erfolgen soll, wird hinter der ORDER BY-Klausel das Schlüsselwort DESC angefügt. ASC ist das Gegenstück für »aufsteigend«, das als Defaultwert aber nicht hingeschrieben werden muss.

6.4.12   Mehrere Datenbanktabellen verbinden

In der Praxis ist eine SQL-Abfrage über eine einzige Datenbanktabelle nicht ausreichend. Dann heißt es meistens: »Ärmel hochkrempeln und mehrere Datenbanktabellen über JOINs und Unterabfragen (SUBSELECTs) zusammenstellen, um mit einer einzigen Abfrage eine kombinierte Ergebnismenge zu erhalten«.

Wenn wir beispielsweise alle Kunden mit ihrem Gesamtumsatz zusammenstellen wollen, müssen wir eine SQL-Abfrage über die Tabellen CUSTOMER und ITEM erstellen, bei der wir die Spalte price über die gekauften Artikel summieren. Hierfür würde sich ein JOIN sehr gut eignen.

Andere Abfragen erfordern wiederum Unterabfragen. Zum Beispiel könnte man im Onlineshop eine Auflistung der E-Mail-Adressen von Kunden mit durchschnittlichen Angebotspreisen benötigen, deren Wert über dem Durchschnitt aller Angebotspreise liegt. Wir streben also Kontakt zu Kunden mit teuren Artikeln an. Auch hierauf werde ich später in diesem Abschnitt eingehen.

CROSS JOIN

Mit einem JOIN verschmelzen Sie die Daten von mehreren Datenbanktabellen zu einer Ergebnismenge. Grundsätzlich unterscheidet man zwischen einem *CROSS JOIN*, einem *INNER JOIN* und einem *OUTER JOIN*.

Der CROSS JOIN wird sehr selten benötigt. Wenn Sie zwei Tabellen mit einem CROSS JOIN miteinander vermengen, wird jede Zeile der ersten Tabelle mit jeder Zeile der zweiten Tabelle vermengt. Das Ergebnis ist ein sogenanntes *kartesisches Produkt*. Dies ist jedoch in der Regel nicht das Ergebnis, das man sich von einem JOIN verspricht.

```
SELECT c.*, i.*
FROM customer c
CROSS JOIN item i;
```

Beachten Sie, dass ich in diesem Buch die neuere JOIN-Syntax von ANSI SQL-92 zeige. In manchen Java EE-Projekten wird hingegen noch mit der älteren Syntax gearbeitet. Bei der älteren Syntax werden die zu verknüpfenden Datenbanktabellen durch Kommas getrennt hinter das Schlüsselwort WHERE gesetzt.

Die obige Abfrage würde mit der älteren Syntax wie folgt formuliert:

```
SELECT c.*, i.*
FROM customer c, item i;
```

INNER JOIN

Im realen Fall wird man hingegen eine Schnittmenge benötigen, denn man möchte nur die Zeilen erhalten, bei denen zum Beispiel der Kunde auch der Verkäufer eines Artikels ist. Damit nur diese Kombinationen beachtet werden, bei denen die Fremdschlüssel der Child-Tabelle auf die Primärschlüssel der Parent-Tabelle referenzieren, verwendet man einem INNER JOIN. Der INNER JOIN erfordert in dem besagten Beispiel des Onlineshops, dass nach dem Schlüsselwort ON die Fremdschlüsselspalte item.seller_id mit der Primärschlüsselspalte customer.id verbunden wird.

```
SELECT c.*, i.*
FROM customer c
INNER JOIN item i
ON c.id = i.seller_id;
```

Mit der älteren Syntax sähe die Abfrage wie folgt aus:

```
SELECT c.*, i.*
FROM customer c, item i
WHERE c.id = i.seller_id;
```

Die obige SQL-Abfrage wird nun alle Kunden mit ihren Artikeln anzeigen, wobei Kunden, die keine Artikel verkaufen, weggelassen werden. Beachten Sie hierbei, dass bei einem INNER JOIN die Reihenfolge, nach der die Datenbanktabellen benannt werden, unerheblich ist.

Ferner ist das Schlüsselwort INNER bei einem INNER JOIN optional. Das bedeutet, dass die folgende Abfrage gleichwertig ist:

```
SELECT c.*, i.*
FROM customer c
JOIN item i
ON c.id = i.seller_id;
```

LEFT OUTER JOIN

Um eine ähnliche Ergebnismenge wie bei einem INNER JOIN zu erhalten, bei der jedoch ebenfalls diejenigen Kunden enthalten sind, die keine Artikel anbieten, wird ein OUTER JOIN eingesetzt.

Bei einem OUTER JOIN wird die erstbenannte Datenbanktabelle als die »linke« Tabelle (LEFT) und die zweitgenannte Datenbanktabelle als die »rechte« Tabelle (RIGHT) angesehen.

Sollen nun alle Datensätze angezeigt werden, die in der linken Tabelle enthalten sind, auch wenn sie nicht mit der rechten Tabelle kombiniert wurden, verwendet man einen LEFT OUTER JOIN:

```
SELECT c.*, i.*
FROM customer c
LEFT OUTER JOIN item i
ON c.id = i.seller_id;
```

Nun erhalten wir alle Kunden des Onlineshops, wobei Kunden, die keine Artikel anbieten, statt eines Artikels NULL-Werte enthalten.

RIGHT OUTER JOIN

Der RIGHT OUTER JOIN gleicht dem LEFT OUTER JOIN, nur dass nun alle Datensätze der rechten Tabelle angezeigt werden, auch wenn diese keinen Bezug zu Einträgen aus der linken Tabelle haben.

Im Onlineshop könnten wir beispielsweise in einer Abfrage alle Kunden mit den Artikeln kombinieren wollen, die sie gekauft haben. Artikel, die noch nicht gekauft worden sind, wollen wir aber ebenfalls erhalten.

```
SELECT c.*, i.*
FROM customer c
RIGHT OUTER JOIN item i
ON c.id = i.buyer_id;
```

FULL OUTER JOIN

Mit einem FULL OUTER JOIN kombinieren wir den LEFT OUTER JOIN und den RIGHT OUTER JOIN miteinander.

Beispielsweise können wir im Onlineshop-Beispiel alle Kunden und alle Artikel miteinander kombinieren und dabei sowohl die Kunden ohne gekauften Artikel als auch die Artikel ohne Käufer ausgeben:

```
SELECT c.*, i.*
FROM customer c
FULL OUTER JOIN item i
ON c.id = i.buyer_id;
```

6.4.13   Unterabfragen

Mit JOINs lassen sich bereits viele Abfragen abbilden, die in einer professionellen Java EE-Anwendung benötigt werden. Jedoch reichen die Möglichkeiten von JOINs bei komplexeren Anforderungen nicht aus. Denn wie soll man beispielsweise mit einer einzigen Abfrage den besten Verkäufer erhalten, um ihm mit einer E-Mail zu gratulieren? Hierfür reicht es nicht aus, die Kunden über einen einfachen INNER JOIN auszugeben.

Der folgende JOIN gibt beispielsweise alle Kunden mit ihrer E-Mail-Adresse und ihrem Gesamtumsatz aus:

```
SELECT c.email, SUM(i.price)
FROM Customer c
JOIN Item i
ON c.id = i.seller_id
WHERE i.sold IS NOT NULL
GROUP BY c.email;
```

Listing 6.17 Alle Kunden mit E-Mail-Adresse und Gesamtumsatz ausgeben per JOIN

Die Anforderung verlangt jedoch, dass wir den Gesamtumsatz des Kunden mit den Gesamtumsätzen aller anderen Kunden vergleichen:

```
SELECT c.email, SUM(i.price)
FROM Customer c
INNER JOIN Item i
ON (c.id = i.seller_id)
WHERE i.sold IS NOT NULL
GROUP BY c.email
HAVING SUM(i.price) >= ALL (
    SELECT SUM(j.price)
    FROM Customer d
    JOIN Item j
    ON (d.id = j.seller_id)
WHERE j.sold IS NOT NULL
    GROUP BY d.id
);
```

Listing 6.18 Gesamtumsatz mit allen anderen Kunden vergleichen

Dieses Beispiel aus dem Onlineshop lässt erahnen, dass eine SQL-Anweisung über noch mehr Datenbanktabellen recht vielschichtig und verflochten sein kann. An dieser Stelle gehe ich nicht weiter auf solche SQL-Anweisungen ein.

6.4.14   Primärschlüssel automatisch generieren

Wenn man in einer Datenbanktabelle einen neuen Datensatz hinzufügt, erhält der neue Primärschlüssel einen bis dahin unverbrauchten Wert. In der Regel wird der höchste vorhandene Primärschlüssel inkrementiert und gemeinsam mit dem Datensatz gespeichert werden. Weil dieser Vorgang auch mechanisch ablaufen kann, bieten Datenbankverwaltungssysteme hierzu eigene Automatismen an. Der komfortabelste nennt sich *IDENTITY*. Dabei wird die nächste zur Verfügung stehende Ganzzahl auf eine erdenklich einfache Art und Weise realisiert, da der Entwickler lediglich das IDENTITY-Schlüsselwort hinter die Spaltendefinition setzen muss. Die meisten Datenbankverwaltungssysteme beherrschen diese Technik, nur unterscheidet sich das hierfür verwendete Schlüsselwort je nach Datenbankmanagementsystem. Beispielsweise heißt es mal IDENTITY, AUTOINCREMENT oder auch AUTO_INCREMENT.

Listing 6.19 zeigt, wie man bei dem Datenbankmanagementsystem *MySQL* das Schlüsselwort AUTO_INCREMENT einsetzt:

```
CREATE TABLE customer (
    ID int NOT NULL PRIMARY KEY AUTO_INCREMENT,
    email VARCHAR(40) NOT NULL UNIQUE,
    password VARCHAR(10) NOT NULL
);
```

Listing 6.19 Unverbrauchte Primärschlüssel-Werte vergeben

Sequenzen verwenden

Leider steht das IDENTITY-Inkrementieren bei der Oracle Database nicht zur Verfügung. Stattdessen wird das der nächsthöhere Schlüsselwert mit einer sogenannten *Sequenz* (SEQUENCE) ermittelt.

Die folgende Anweisung erzeugt eine Sequenz mit dem Namen seq_customer für den Primärschlüssel der Tabelle CUSTOMER:

```
CREATE SEQUENCE seq_customer;
```

Diese Sequenz startet mit dem Wert 1 und inkrementiert den Wert bei jeder Anfrage um eine weitere 1. Wir hätten die Sequenz auch bei einem anderen Wert starten, rückwärts zählen oder einen Cache zur Beschleunigung einbauen können. Für den Onlineshop ist die erstellte Sequenz aber optimal. Mit folgender Anweisung können Sie die Sequenz wieder löschen:

```
DROP SEQUENCE seq_customer;
```

Eine Übersicht über alle derzeit vorhandenen Sequenzen enthält die Tabelle *ALL_SEQUENCES*. Mit folgender Abfrage schränken Sie die Ergebnismenge auf die Sequenzen des Owners *onlineshop* ein. ONLINESHOP muss dabei in Großbuchstaben geschrieben sein:

```
SELECT * FROM ALL_SEQUENCES WHERE sequence_owner='ONLINESHOP';
```

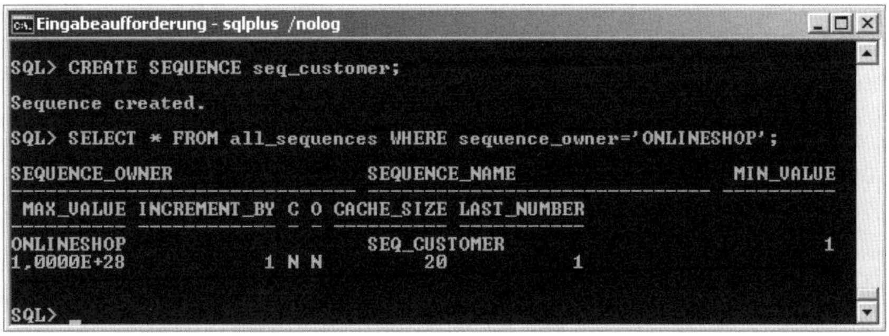

Abbildung 6.30 Die Sequenzen des Schemas »ONLINESHOP«

463

Durch die Sequenz kann innerhalb des INSERT-Statements der Ausdruck seq_customer.NEXT-
VAL eingesetzt werden, der für den nächstverfügbaren Wert steht:

```
INSERT INTO customer (
        id,
        email,
        password,
        )
VALUES (
        seq_customer.NEXTVAL,
        'j@java2enterprise.de'
        'Taxi_123'
        );

INSERT INTO customer (
        id,
        email,
        password,
        )
VALUES (
        seq_customer.NEXTVAL,
        'kc@gmail.com'
        'Susi_99'
        );
```

Listing 6.20 Nächstverfügbare Werte mit NEXTVAL

Die Primärschlüsselgenerierung automatisch auslösen

Zusätzlich zu dem oben gezeigten Weg gibt es die Möglichkeit, den Primärschlüssel durch
die Datenbank automatisch setzen zu lassen. Als Auslöser wird hierfür ein sogenannter *Trigger* eingesetzt. Mit folgender Anweisung wird der Trigger für den Primärschlüssel der Tabelle
CUSTOMER erstellt:

```
CREATE OR REPLACE TRIGGER tri_customer
BEFORE INSERT ON customer
FOR EACH ROW
BEGIN :NEW.id := seq_customer.NEXTVAL;
END;
/
```

Listing 6.21 Trigger einsetzen

Bei der INSERT-Anweisung wird der Primärschlüssel einfach weggelassen, da er ja automatisch gesetzt werden soll.

```
INSERT INTO customer (
        email,
        password,
        )
VALUES (
        'j@java2enterprise.de'
        'Taxi_123'
        );

INSERT INTO customer (
        email,
        password,
        )
VALUES (
        'kc@marktware.com'
        'Susi_99'
);
```

Listing 6.22 Primärschlüssel weglassen bei INSERT-Anweisung

6.5   Die Indizierung

Die Suche nach bestimmten Datensätzen in einer Datenbanktabelle kann bei einer sehr hohen Datensatzanzahl viel Zeit kosten. Zur Beschleunigung kann ein sogenannter *Index* eingesetzt werden. Wenn ein Index für eine Datenbanktabelle erstellt wird, erzeugt die Oracle Database eine separate Indextabelle. Diese Indextabelle ähnelt einem Stichwortverzeichnis eines Buches. Weil die Suchbegriffe alphabetisch sortiert sind, gelangen spezielle Suchalgorithmen effizienter zum gesuchten Datensatz.

In der Datenbank für den Onlineshop verfügen alle Datenbanktabellen über einen eindeutigen Primärschlüssel. Weil Primärschlüssel automatisch indiziert sind, kann die Oracle Database sehr schnell Datensätze aus diesen Tabellen suchen. Das ist aber nur so, solange das Suchkriterium der Primärschlüssel ist. Anders sieht es aus, wenn eine WHERE-Bedingung andere Datenfelder vergleicht. Zum Beispiel könnten Sie in der Datenbanktabelle CUSTOMER nach den Spaltenwerten EMAIL und PASSWORD suchen. In diesem Fall würde die automatische Indizierung der Primärschlüssel nichts nützen. Deshalb sollten wir mit folgender Anweisung eine separate Indextabelle erstellen lassen:

```
CREATE UNIQUE INDEX customer_index
ON customer(
    email,
    password
);
```

Das Schlüsselwort UNIQUE konnten wir nur einsetzen, weil die Kombination aus den Datenfeldern eindeutig ist.

Beachten Sie auch, dass Sie mit der Erzeugung von Indizes spar- und achtsam umgehen müssen, weil die Anpassung der Indextabelle ebenfalls Zeit kostet.

6.6   Das komplette Onlineshop-Beispiel

In diesem Abschnitt zeige ich ein komplettes SQL-Skript-Beispiel für die Datenbank des Onlineshops. Dabei werden zunächst alle Tabellen des Onlineshops mit DROP TABLE gelöscht. Dadurch kann das Skript wiederholt aufgerufen werden. Beachten Sie die Reihenfolge der DROP-Anweisungen, denn die Child-Tabelle muss zuerst entfernt werden, bevor die Parent-Tabelle CUSTOMER gelöscht werden kann. Wenn bei erster Ausführung die Tabellen noch nicht angelegt worden sind, erscheint bei den DROP-Anweisungen eine Fehlermeldung. Diese können Sie ignorieren, denn sie schaden an dieser Stelle auch nicht.

Nachdem die Tabellen mit CREATE TABLE erzeugt worden sind, berechtigen wir den Benutzer *onlineshop_user* für das SELECT, INSERT, UPDATE und DELETE:

```
DROP TABLE item;
DROP TABLE customer;

CREATE TABLE customer (
id        NUMBER(19) PRIMARY KEY,
email     VARCHAR2(40) NOT NULL UNIQUE,
password  VARCHAR2(10) NOT NULL
          CHECK(LENGTH(password)>=6)
);
GRANT SELECT, INSERT, UPDATE, DELETE
ON customer TO onlineshop_user;

CREATE UNIQUE INDEX customer_index
ON customer(
    email,
    password
);

CREATE TABLE item (
id          NUMBER(19) PRIMARY KEY,
title       VARCHAR2(40) NOT NULL,
description VARCHAR2(1000) NOT NULL,
price       NUMBER(12,2) NOT NULL,
foto        BLOB,
```

```
seller_id    NUMBER(19) NOT NULL,
buyer_id     NUMBER(19),
sold         TIMESTAMP(3),
CONSTRAINT fk_seller
    FOREIGN KEY (seller_id) REFERENCES customer (id),
CONSTRAINT fk_buyer
    FOREIGN KEY (buyer_id) REFERENCES customer (id)
);
GRANT SELECT, INSERT, UPDATE, DELETE
ON item TO onlineshop_user;

DROP SEQUENCE seq_customer;
CREATE SEQUENCE seq_customer;
GRANT ALL ON seq_customer TO onlineshop_user;

DROP SEQUENCE seq_item;
CREATE SEQUENCE seq_item;
GRANT ALL ON seq_item TO onlineshop_user;

CREATE OR REPLACE TRIGGER tri_customer
BEFORE INSERT ON customer
FOR EACH ROW
BEGIN :NEW.id := seq_customer.NEXTVAL;
END;
/
CREATE OR REPLACE TRIGGER tri_item
BEFORE INSERT ON item
FOR EACH ROW
BEGIN :NEW.id := seq_item.NEXTVAL;
END;
/

commit;
```

Listing 6.23 C:\onlineshop.sql

Mithilfe des Skripts haben wir eine schnelle Möglichkeit, unsere Datenbank in den Ursprungszustand zu versetzen.

Speichern Sie das SQL-Skript in eine Datei, die Sie zum Beispiel *onlineshop.sql* nennen. Das Skript wird vom Schema *onlineshop* ausgeführt.

Achten Sie darauf, dass Sie sich zur Ausführung des Skriptes unter dem Benutzernamen *onlineshop* anmelden müssen, da Sie die Objekte sonst nicht unter dem Schema *onlineshop* anlegen. Außerdem dürfen Sie den Zusatz as sysdba nicht setzen. Oracle würde sonst das Schema *SYS* verwenden.

```
connect onlineshop/supergeheim_123
@C:\onlineshop.sql
```

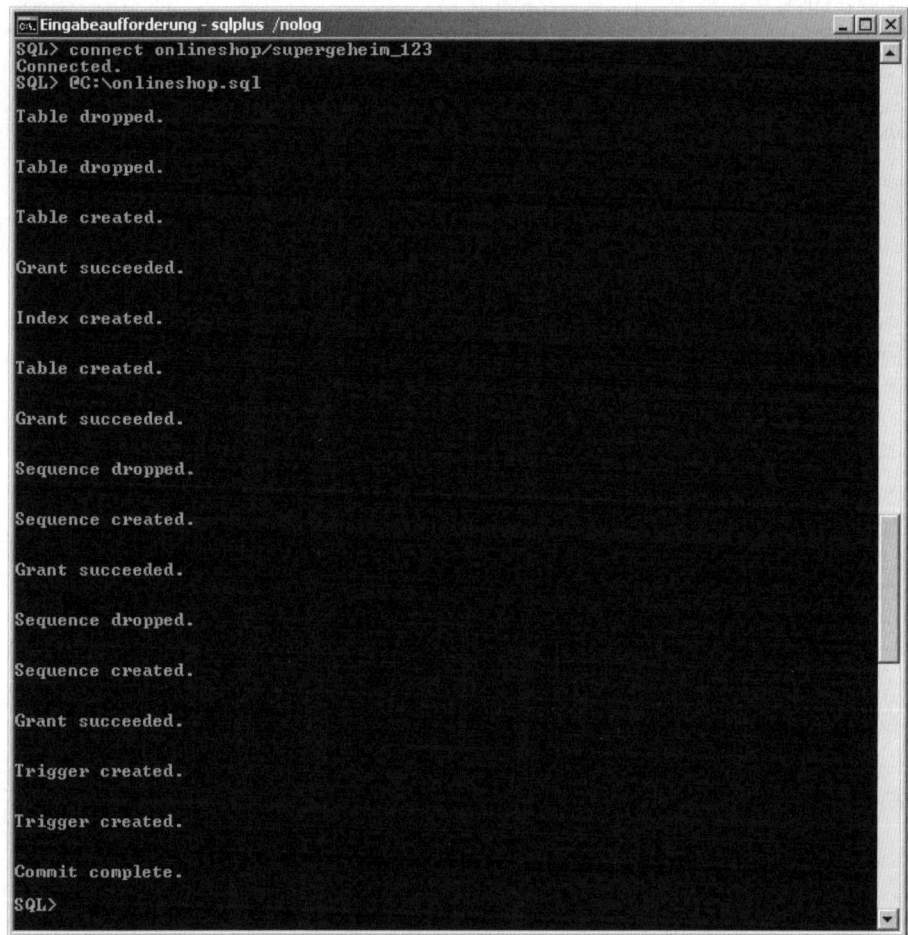

Abbildung 6.31 Der Aufruf des Skripts »onlineshop.sql« mit dem Benutzer »onlineshop«

Kapitel 7
JDBC

»Nur wer sich in Genügsamkeit genügt, hat stets genug.«
Lao-Tse

Thema dieses Kapitels ist die *Java Database Connectivity* (*JDBC*).

Die JDBC-API stellt eine einheitliche Programmierschnittstelle für den Zugriff auf eine relationale Datenbank dar. Der Quelltext, der durch die Nutzung der JDBC-API entsteht, ist portierbarer. Damit ist gemeint, dass der gleiche Quelltext, der für den Zugriff auf eine Oracle-Datenbank geschrieben wurde, auch für DB2- oder MySQL-Datenbankmanagementsysteme verwendet werden kann.

Die JDBC-API wurde im Jahre 1996 in der ersten Version herausgebracht. Seither wird sie stetig verbessert und mit fortwährend neuen Versionen veröffentlicht. Die Spezifikation der aktuellen Version 4.3 wurde mit Java SE 9 spezifiziert. Weil Java EE 8 aber auf den Java SE 8-Technologien basiert, wird bei den Java EE 8-Servern lediglich JDBC 4.2 vorausgesetzt.

Obgleich heutzutage meistens Persistenz-Frameworks verwendet werden und die handgeschriebenen SQL-Anweisungen altmodisch erscheinen, wird in manchen Projekten nach wie vor direkt JDBC ohne weiteres Framework eingesetzt. Aber auch wenn Sie in Ihrem Java EE-Projekt mit einem High-Level-Framework wie der JPA arbeiten sollten, gibt Ihnen das Wissen über die Low-Level-API ein tieferes Verständnis dafür, wie die Persistenz auch bei dem High-Level-Framework funktioniert. Außerdem werden JDBC-Kenntnisse bei einem Java EE-Entwickler in jedem Fall vom Arbeitgeber vorausgesetzt.

7.1 Der direkte Zugriff per JDBC

In diesem Abschnitt werden wir per JDBC direkt auf die Datenbank zugreifen. Dabei werden wir zunächst administrativ tätig werden, denn damit eine Anwendung die JDBC-API verwenden kann, muss sie einen JDBC-Treiber einbinden. In diesem Abschnitt werden wir den Treiber als sogenannte *Driver Definition* einbinden, sodass er von allen Eclipse-Projekten aus über einen definierten Namen verwendet werden kann.

In Kapitel 6, »Die relationale Datenbank«, haben wir die Kommandozeile verwendet, um die Datenbank per SQL zu erreichen. In manchen Situationen wünscht man sich jedoch eine grafische Benutzeroberfläche, weil sie für einfache Vorhaben komfortabler ist. Eclipse bietet von Haus aus eine solche grafische Benutzeroberfläche, die sich *Data Source Explorer* nennt. In diesem Abschnitt werden wir den DATA SOURCE EXPLORER nutzen, um einen raschen Überblick über die Tabellen CUSTOMER und ITEM der Onlineshop-Datenbank zu erhalten.

Zuletzt werden wir den Datenbankzugriff aber auch noch über ein eigenes Java-Programm realisieren.

7.1.1 Die JDBC-Treibertypen

Für die gängigsten Datenbanken wird der Treiber durch den Hersteller selbst zur Verfügung gestellt. Aber egal, für welche Datenbank der Treiber produziert wurde, es handelt sich immer um einen der nachfolgend genannten vier Treibertypen.

JDBC-Treibertyp I (JDBC-ODBC-Bridge)

Ein JDBC-Treiber vom Typ I überbrückt die Verbindung zur Datenbank über eine Schnittstelle namens *Open Database Connectivity* (*ODBC*). Die ODBC-Schnittstelle ist typischerweise in der Programmiersprache C geschrieben und wurde ursprünglich nur auf einem Windows-Betriebssystem über DLL-Dateien zur Verfügung gestellt. Heutzutage existieren ODBC-Treiber auch für Unix-Betriebssysteme, allerdings sind sie nur sehr wenig verbreitet.

Häufig wird dieser Verbindungstyp auch *JDBC-ODBC-Bridge* genannt. Die JDBC-ODBC-Bridge ist für professionelle Java EE-Anwendungen nicht geeignet, da der Umweg über ODBC zusätzliche Ressourcen verschwendet und die Möglichkeiten auf die des proprietären ODBC-Treibers beschränkt sind. Außerdem würde man in dem Java EE-Projekt voraussetzen, dass eine JDBC-ODBC-Bridge auf dem Rechner des Java EE Servers installiert ist, wovon man bei einem Unix-Betriebssystem jedoch kaum ausgehen kann.

JDBC-Treibertyp II (Native API Driver)

Der JDBC-Treibertyp II ist auch nicht direkt an der Datenbank angekoppelt, sondern nutzt gleichermaßen native Binärdateien als Brücke zur Datenbank. Dieser Treiber wird häufig auch als *Native API Driver* bezeichnet. Der Treibertyp II lässt schnellere Zugriffe zu, als die JDBC-ODBC-Bridge erlaubt. Dennoch ist auch dieser Treiber problematisch, da er ebenso betriebssystemabhängig ist.

JDBC-Treibertyp III (Network Protocol Driver)

Auch der JDBC-Treibertyp III stellt keine direkte Verbindung zur Datenbank her, denn er nutzt Netzwerk-Sockets, um auf eine Middleware zuzugreifen, die den tatsächlichen Datenbankzugriff realisiert. Dieser Treibertyp wird auch als *Network Protocol Driver* bezeichnet. Der Vorteil des JDBC-Treibertyps III gegenüber den Typen I und II ist, dass er aus reinem Java-Code besteht und deshalb keine proprietäre Installation erfordert.

JDBC-Treibertyp IV (Pure Java Driver)

Ein JDBC-Treiber vom Typ IV wird auch *Pure Java Driver* genannt. Genauso wie Typ III besteht auch der Pure Java Driver aus reinem Java-Code. Der Vorteil des Typ-IV-Treibers ist jedoch, dass er eine unmittelbare Verbindung zur Datenbank herstellt, indem er direkt an die Netzwerkschnittstelle des Datenbankverwaltungssystems ankoppelt. Weitere Software oder Treiber sind nicht erforderlich.

7.1.2   Der JDBC-Treiber für die Oracle Database

Der Hersteller der *Oracle Database* stellt zwei Treiber für die Verwendung von SQL-Anweisungen zur Verfügung, nämlich einen vom Treibertyp II und einen vom Treibertyp IV. (Ein dritter Treiber namens *KPRB Driver* ist für das Handling von Stored Procedures und Triggern vorgesehen. Auf diesen Treiber werde ich nicht eingehen, da er im Rahmen der Java EE-Entwicklung kaum genutzt wird.) Schauen wir uns nun die beiden Treiber für die Oracle Database genauer an.

Der OCI-Treiber (Treibertyp II)

Der OCI-Treiber ist ein JDBC-Treiber vom Typ II, der eine vorinstallierte Oracle-Client-Software nutzt, um sich mit der Datenbank zu verbinden. Oracle befürwortet den Einsatz nur dann, wenn die besonderen Eigenschaften eines nativen Treibers benötigt werden.

Der Oracle Thin Driver (Treibertyp IV)

Der *Oracle Thin Driver* ist ein JDBC-Treiber vom Typ IV. Oracle empfiehlt die Verwendung dieses Treibers, der bereits bei der OracleXE-Installation im Verzeichnis *[ORACLE]/app/oracle/product/11.2.0/server/jdbc/lib* mitgeliefert wird. In diesem Verzeichnis werden Sie die Dateien *ojdbc5.jar*, *ojdbc6.jar* und *ojdbc6_g.jar* vorfinden. Alle produktiven Java-Anwendungen ab JDK 6 sollten die Datei *ojdbc6.jar* einsetzen.

7.1.3   Die Driver Definition in Eclipse

Um den Oracle Thin Driver in einer Java-Anwendung zu verwenden, reicht es eigentlich aus, ihn in den Klassenpfad einzubinden. Diesen Weg werden wir aber nicht gehen, denn innerhalb von Eclipse gibt es auch noch die Möglichkeit, den Treiber als *Driver Definition* festzulegen. Dies ist ganz praktisch, da er hierdurch in allen Projekten der gesamten Eclipse IDE über seinen Namen eingebunden werden kann.

Um eine Driver Definition zu erstellen, klicken Sie im Hauptfenster auf WINDOW • PREFERENCES. Auf der linken Seite des PREFERENCES-Fensters öffnen Sie den Ordner DATA MANAGEMENT • CONNECTIVITY • DRIVER DEFINITIONS. Anschließend können Sie auf der rechten Seite die vorhandenen Driver-Definitionen nach Herstellern filtern. Eclipse bietet per Default lediglich die Treiber für IBM-Produkte an.

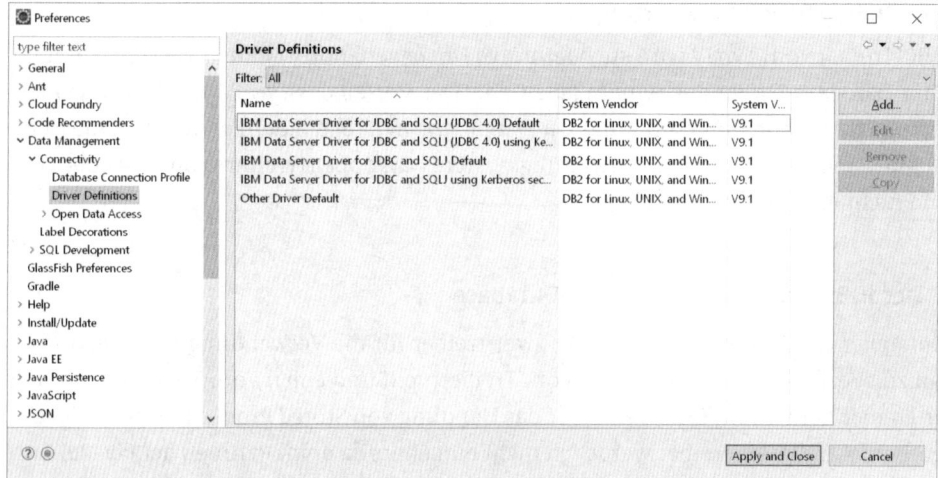

Abbildung 7.1 Die »Driver Definitions« im »Preferences«-Fenster von Eclipse

Für die Oracle DB wurde also keine Driver Definition vorgesehen. Aber dies ist nicht weiter schlimm, denn das holen Sie jetzt nach, indem Sie auf ADD klicken. Dabei öffnet sich ein neues Fenster, in dem Sie eine *Driver Definition* erstellen können. Unter den Herstellern wählen Sie dort »Oracle« aus. Im mittleren Bereich erscheinen die zur Verfügung stehenden Driver Templates, unter denen Sie den »Oracle Thin Driver« mit der Versionsnummer 11 auswählen.

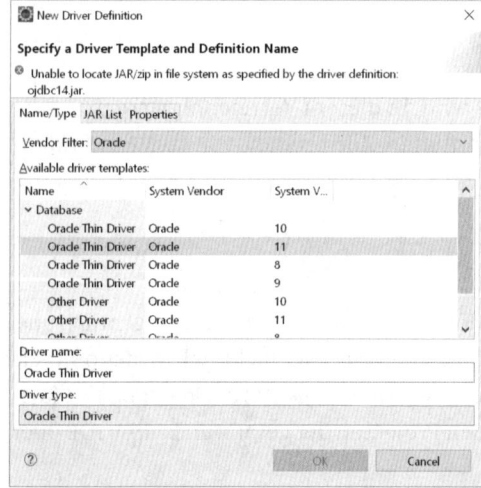

Abbildung 7.2 Die Auswahl des Driver Templates

Als Nächstes wechseln Sie auf die Registerkarte JAR LIST. Entfernen Sie dort mit CLEAR ALL vorhandene Einträge, und klicken Sie auf ADD JAR/ZIP, um die Datei *ojdbc6.jar* im Verzeichnis *[ORACLE]/app/oracle/product/11.2.0/server/jdbc/lib* zu suchen.

Den Debug-Treiber einsetzen

Vielleicht ist es Ihnen weiter oben aufgefallen, dass das Oracle DB Installationsverzeichnis auch einen Treiber mit dem Namen *ojdbc6_g.jar* enthält. Dieser Treiber hat die Besonderheit, dass er mit dem Debug-Optionsparameter (javac -g) kompiliert wurde. Dadurch enthalten die JDBC-Klassen zusätzliche Debug-Informationen. Obwohl man den Treiber *ojdbc6_g.jar* in einem produktiven System aus Performance-Gründen nicht einsetzen wird, ist er in der Entwicklungsphase sehr nützlich. Um den Debug-Treiber zu verwenden, wählen Sie an dieser Stelle also einfach die Datei *ojdbc6_g.jar* statt der Datei *ojdbc6.jar* aus.

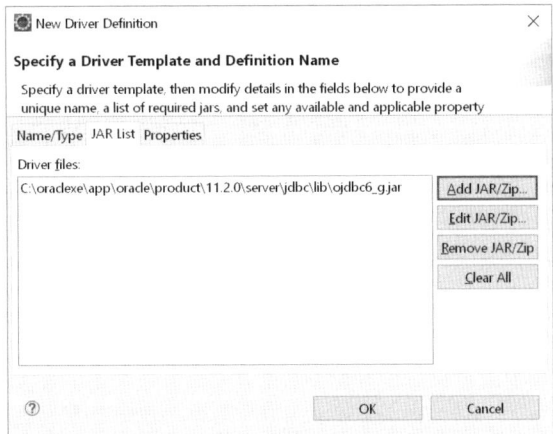

Abbildung 7.3 Die Auswahl des Debug-Treibers

Bestätigen Sie die Auswahl mit OK. Nun sollte die neue Driver Definition für die Oracle DB hinzugefügt worden sein. Über APPLY AND CLOSE bestätigen Sie abschließend die Änderung.

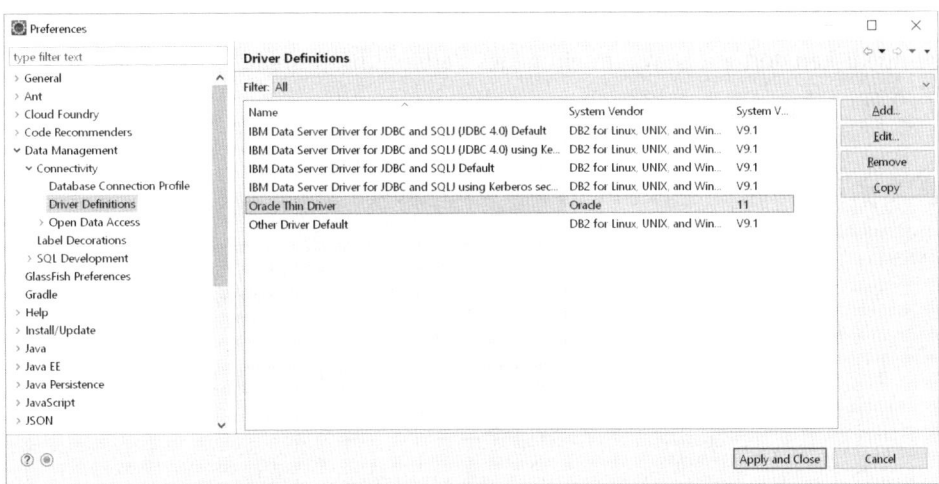

Abbildung 7.4 Die neue Driver Definition mit dem Oracle Thin Driver

7.1.4   Der »Data Source Explorer« in Eclipse

Wie eingangs angekündigt, werden wir nun einen direkten Datenbankzugriff über den *Data Source Explorer* von Eclipse einrichten.

Der Data Source Explorer ist eine Benutzerschnittstelle, mit der Sie auf Datenbanken zugreifen, SQL-Anweisungen senden, Ergebnismengen anschauen können u. v. m. Im Data Source Explorer wird eine Liste vorkonfigurierter Verbindungsprofile vorgehalten. Weil der Oracle-Treiber als *Driver Definition* eingebunden worden ist, kann die Onlineshop-Datenbank im Data Source Explorer als Verbindungsprofil eingerichtet werden. Wenn der Data Source Explorer in Ihrer Window Perspective innerhalb von Eclipse nicht bereits geöffnet ist, können Sie ihn als View hinzufügen, indem Sie im Hauptmenü auf WINDOW • SHOW VIEW klicken und ihn unter DATA MANAGEMENT auswählen.

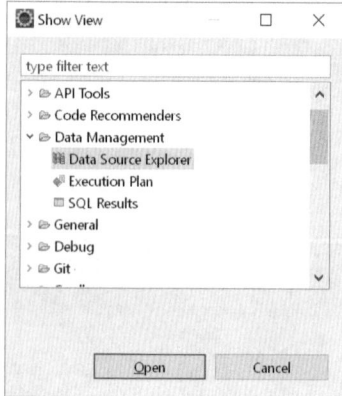

Abbildung 7.5 Die View für den »Data Source Explorer«

Innerhalb des DATA SOURCE EXPLORERS öffnen Sie mit der rechten Maustaste das Kontextmenü und klicken dort auf NEW, um ein neues Verbindungsprofil (CONNECTION PROFILE) einzurichten.

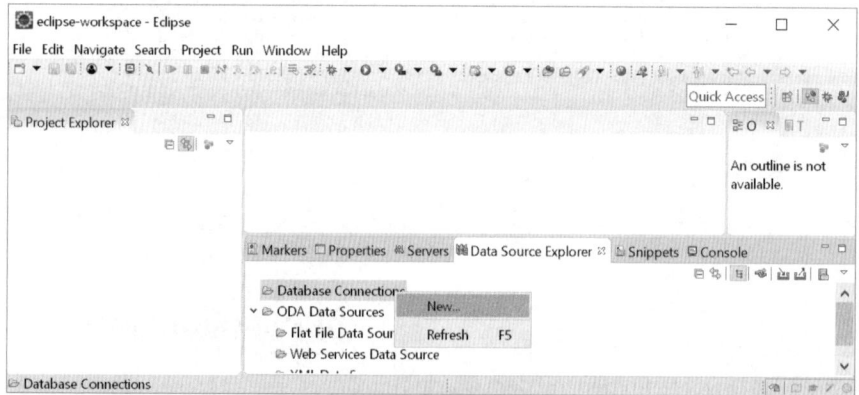

Abbildung 7.6 Mit »New« ein Connection Profile erstellen

Danach erscheint ein Fenster, in dem Sie den Verbindungsprofil-Typ (unter CONNECTION PROFILE TYPES) auswählen und ihm einen Namen geben. Nennen Sie das Verbindungsprofil »Onlineshop«. Die Beschreibung im unteren Teil des Fensters ist optional.

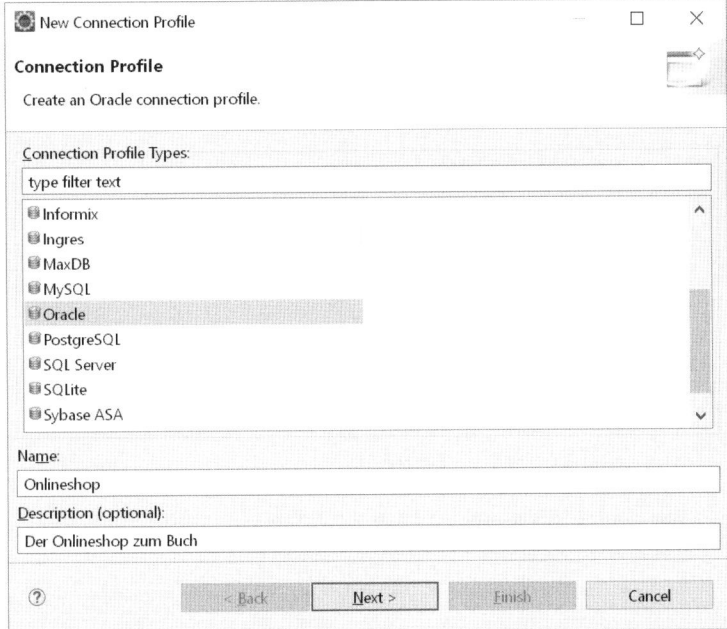

Abbildung 7.7 Die Auswahl eines Verbindungsprofil-Typs im »Data Source Explorer«

Mit NEXT gelangen Sie zum nächsten Fenster, in dem Sie die Details für das Verbindungsprofil eingeben. Ganz oben selektieren Sie den »Oracle Thin Driver«. Darüber hinaus setzen Sie die Daten aus Tabelle 7.1. Ihre Bedeutung habe ich in Kapitel 6, »Die relationale Datenbank«, erläutert. Mit einem Klick auf TEST CONNECTION stellen Sie fest, ob die Einstellungen des Verbindungsprofils korrekt sind und Sie sich mit der Datenbank verbinden können. Selbstverständlich sollte die Oracle DB vorher gestartet worden sein.

Name	Wert
SID	»XE«
HOST	»localhost«
PORT NUMBER	»1521«
USER NAME	»onlineshop_user«
PASSWORD	»geheim_123«

Tabelle 7.1 Daten zum Anlegen des Verbindungsprofils

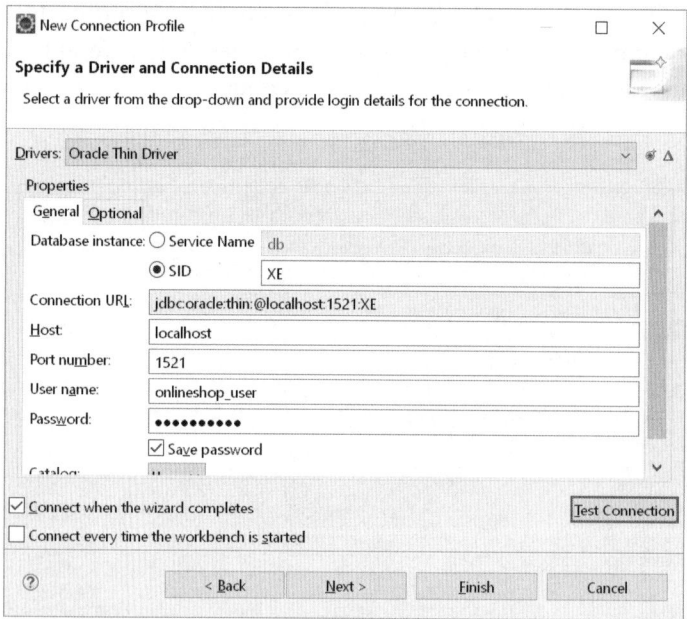

Abbildung 7.8 Die Erstellung eines Connection Profiles

Falls der Ping fehlschlägt

Falls Sie sich nicht mit der Oracle DB über TEST CONNECTION verbinden können, überprüfen und korrigieren Sie Ihre Zugangsdaten und versuchen es erneut. Allerdings könnte es hierbei auch passieren, dass Ihr Benutzer aufgrund fehlgeschlagener Anmeldungsversuche gesperrt wird. Dies beheben Sie, indem Sie sich auf der *sqlplus*-Konsole als DBA anmelden und folgendes Kommando eingeben:

```
alter user onlineshop_user identified by geheim_123 account unlock;
```

Wenn der Ping gelingt, klicken Sie auf den Button NEXT. Dabei wird Ihnen eine Zusammenfassung zu dem Verbindungsprofil gezeigt (siehe Abbildung 7.9). Bestätigen Sie abschließend die Details mit FINISH.

In der Baumstruktur der View des DATA SOURCE EXPLORERS sollte jetzt ein neuer Ordner mit dem Namen ONLINESHOP zu finden sein. Öffnen Sie die Baumstruktur bis zum Ordner XE · SCHEMAS · ONLINESHOP_USER · OTHER USERS · ONLINESHOP · TABLES, und überprüfen Sie dort die Tabellen CUSTOMER und ITEM. Diese Tabellen hatten wir im letzten Kapitel über ein SQL-Skript angelegt.

Daraufhin klicken Sie auf der rechten Seite des DATA SOURCE EXPLORERS auf das Scrapbook-Symbol, um mit dem Scrapbook SQL-Anweisungen an die Datenbank zu senden. Dieses Symbol ist in Abbildung 7.10 mit einem Kreis markiert.

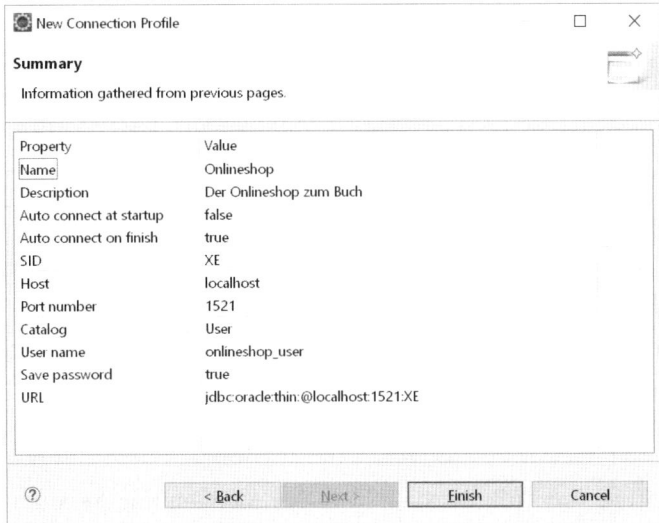

Abbildung 7.9 Die Zusammenfassung zu dem Connection Profile

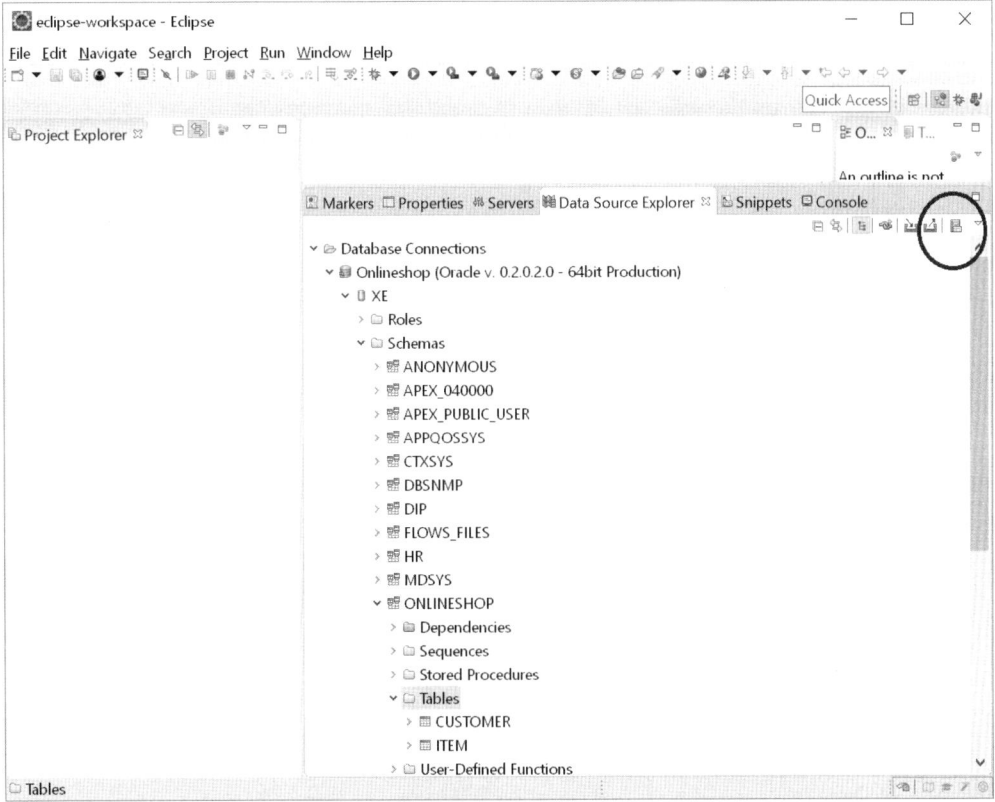

Abbildung 7.10 Rechts oben befindet sich das Symbol für das Scrapbook.

Im oberen Bereich des Scrapbooks selektieren Sie den TYPE »Oracle_11«, den Namen »Onlineshop« und die Datenbank »XE«. Anschließend geben Sie im Scrapbook folgende Anweisung ein:

```
INSERT INTO onlineshop.customer (email, password)
VALUES ('j@java2enterprise.de', 'Taxi_123');
```

Markieren Sie die INSERT-Anweisung. Klicken Sie mit der rechten Maustaste auf die Markierung, damit sich das Kontextmenü öffnet. Im Kontextmenü wählen Sie den Menüeintrag EXECUTE SELECTED TEXT aus. Daraufhin sollte rechts unten der Status der Kommandoausführung angezeigt werden. Um die in der Tabelle enthaltenen Datensätze anzuzeigen, geben Sie Folgendes ein.

```
SELECT * FROM onlineshop.customer;
```

Markieren Sie die SELECT-Anweisung, und führen Sie erneut den Menüeintrag EXECUTE SELECTED TEXT aus. Klicken Sie dann auf den Reiter RESULT, um die Daten der Tabelle CUSTOMER zu betrachten.

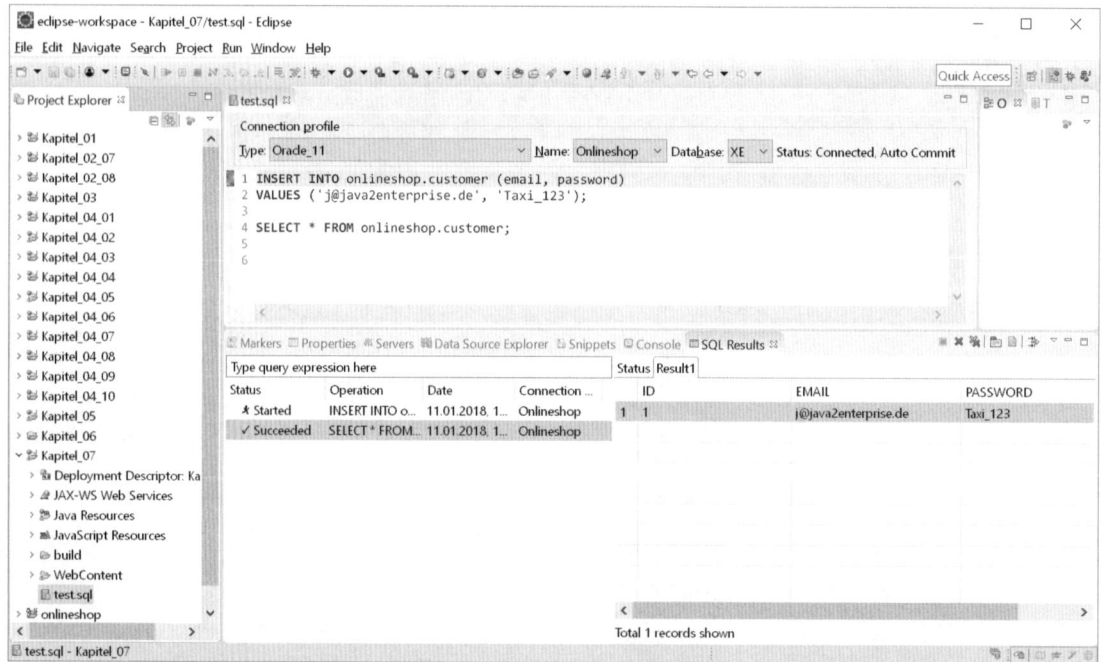

Abbildung 7.11 Die Daten der Tabelle »CUSTOMER« abrufen

7.1.5 Die Driver Definition im Java-Projekt verwenden

Damit die Driver Definition nun auch im Eclipse-Projekt eingebunden wird, öffnen Sie im PROPERTIES-Fenster Ihres Java-Projekts den Ordner JAVA BUILD PATH (siehe Abbildung 7.12).

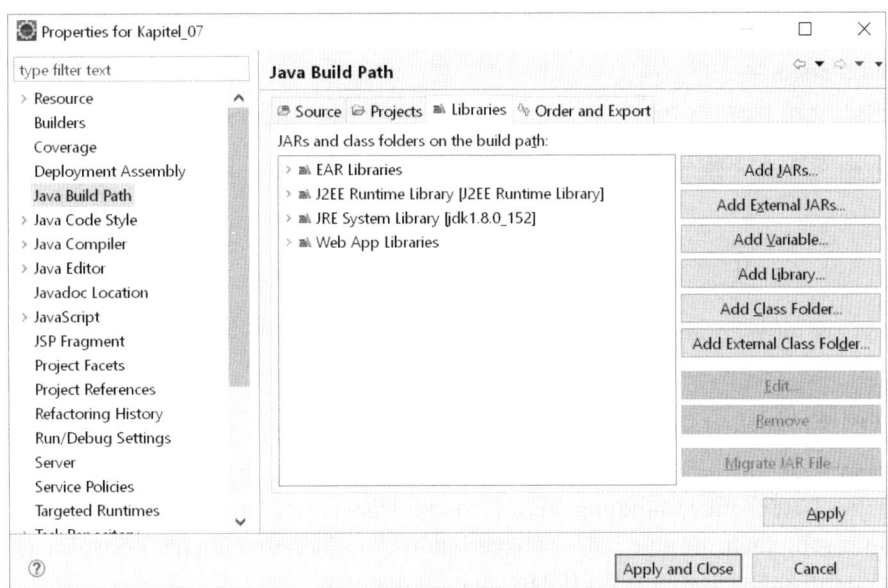

Abbildung 7.12 Der »Java Build Path« in den Properties der Webanwendung

Dann wählen Sie auf der rechten Seite das Register LIBRARIES aus und klicken dort auf ADD LIBRARY. Im ADD LIBRARY-Fenster selektieren Sie CONNECTIVITY DRIVER DEFINITION.

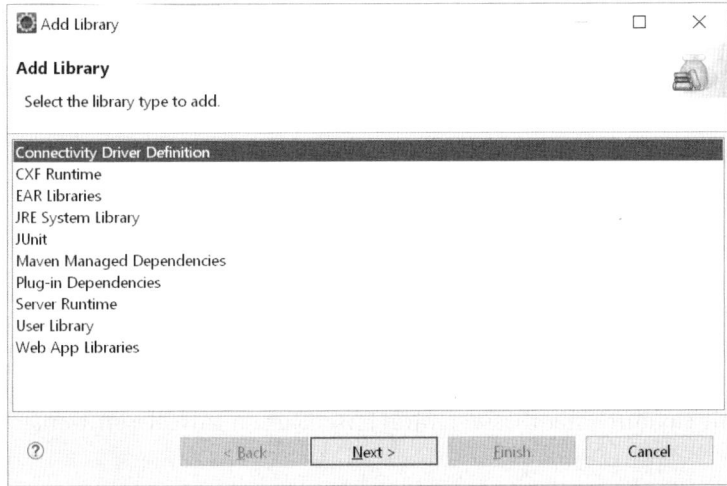

Abbildung 7.13 Das Hinzufügen einer »Connectivity Driver Definition«

Mit NEXT gelangen Sie in ein Fenster, in dem Sie die Driver Definition für die Oracle-Datenbank hinzufügen können (siehe Abbildung 7.14). Klicken Sie abschließend auf FINISH, damit die Driver Definition als Library hinzugefügt wird.

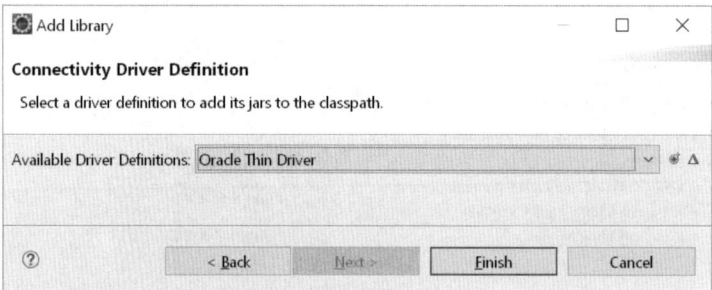

Abbildung 7.14 Die Auswahl der Driver Definition

7.1.6 Der Erstellung einer Datenbankverbindung

Die Grundvoraussetzung, um Datenbankoperationen von Java aus durchzuführen, ist die Erstellung einer Datenbankverbindung. Im folgenden Beispiel werden wir eine kleine Java SE-Anwendung schreiben, die eine Datenbankverbindung aufbaut und auf der Konsole ausgibt, ob der Zugriff auf die Datenbank erfolgreich war oder nicht.

javax.sql.DriverManager

Die älteste Klasse der JDBC-API, mit der eine Datenbankverbindung erstellt werden kann, war bereits in der ersten Version der JDBC-API im Package `java.sql` enthalten. Sie nennt sich `DriverManager`. In diesem Abschnitt zeige ich diese herkömmliche Variante in einem Beispiel. Betrachten Sie dieses Beispiel nicht als Best Practice: Die Klasse ist veraltet, wird hier aber der Vollständigkeit halber aufgeführt. Heutzutage verwendet man in Java EE-Anwendungen (aber auch in Java SE-Anwendungen) die Klasse `javax.sql.DataSource`, die die Verbindung über einen JNDI-Lookup ermöglicht. Diese Klasse werde ich im nächsten Abschnitt behandeln, wenn wir im Java EE Server eine Datenquelle über JNDI zur Verfügung haben.

Aber auch im `DriverManager`-Beispiel werden wir die Verbindungsinformationen (wie den Namen der Treiberklasse, die JDBC-URL, den Datenbankbenutzernamen und das Datenbankpasswort) in eine separate Datei namens *C:\tmp\jdbc.properties* auslagern. Dadurch ermöglichen wir, Verbindungsdaten für die Entwicklungs-, Test- und Produktionsumgebung außerhalb des Programms auszutauschen. Die ausgelagerte Textdatei werden wir als Property-Datei anlegen, damit sie durch die Klasse `java.util.Properties` ausgelesen werden kann.

```
driver=oracle.jdbc.OracleDriver
url=jdbc:oracle:thin:@//localhost:1521/XE
username=onlineshop_user
password=geheim_123
```

Listing 7.1 C:\tmp\jdbc.properties

Im Eclipse-Projekt werden wir nun zum Test eine Java-Klasse erstellen, die sich `DataAccess` nennt. Die Klasse `DataAccess` wird eine Datenbankverbindung aufbauen und die Gültigkeit der Verbindung prüfen.

Nachdem die ausgelagerte Datei eingelesen worden ist, wird zunächst die Haupttreiberklasse des JDBC-Treibers instanziiert. Im Beispiel mit der Oracle Database ist das die Klasse `oracle.jdbc.OracleDriver`. Um gemäß der Java EE-Connector-Architektur die Datenbank als austauschbaren Informationsservice zu halten, wird der Name des Treibers nicht hartkodiert, sondern ganz generisch mit der Methode `Class.forName(String Treibername)` aufgerufen.

Anschließend wird eine Datenbankverbindung mithilfe der Methode `getConnection()` geholt und mit `isValid()` geprüft, ob die Datenbankverbindung gültig ist. Indem wir der Methode `isValid()` den Wert 10 als Parameter mitgeben, sorgen wir dafür, dass die Verbindung nur valide ist, wenn sie innerhalb von 10 Sekunden dingfest gemacht werden konnte. Für die Ausgabe auf die Konsole werden wir die Klasse `java.util.Logger` einsetzen.

```
package de.java2enterprise.onlineshop;

import java.io.FileInputStream;
import java.io.FileNotFoundException;
import java.io.IOException;
import java.sql.Connection;
import java.sql.DriverManager;
import java.sql.SQLException;
import java.util.Properties;
import java.util.logging.Logger;

public class DataAccess {
    final Logger logger =
            Logger.getLogger(
                DataAccess.class.getName());

    public static void main(String[] args)
            throws Exception {
        DataAccess dataAccess = new DataAccess();
        dataAccess.test();
    }

    public void test() throws
        FileNotFoundException,
        IOException,
        ClassNotFoundException,
        SQLException {
```

```
        final Properties p = new Properties();
        p.load(new FileInputStream(
                "C:/tmp/jdbc.properties"));
        Class.forName(p.getProperty("driver"));

        try(Connection con = DriverManager.getConnection(
                p.getProperty("url"),
                p.getProperty("username"),
                p.getProperty("password"))) {

            if(con.isValid(10)) {
                logger.info("Connected!");
            }
        }
        logger.info("Program finished!");
    }
}
```

Listing 7.2 DataAccess.java

Nach der Ausführung des Programms sollte auf der Konsole eine ähnliche Ausgabe wie diejenige in Listing 7.3 erscheinen:

```
Aug 14, 2017 3:25:23 PM de.java2enterprise.onlineshop.DataAccess main
INFORMATION: Connected!
Aug 14, 2017 3:25:23 PM de.java2enterprise.onlineshop.DataAccess main
INFORMATION: Closing connection!
Aug 14, 2017 3:25:23 PM de.java2enterprise.onlineshop.DataAccess main
INFORMATION: Program finished!
```

javax.sql.DataSource

Obwohl auf die oben gezeigte Weise eine Datenbankverbindung erzeugt werden kann, gilt sie in Java EE-Anwendungen als »deprecated« und wird nicht mehr benutzt. Der Grund dafür ist, dass Java EE-Anwendungen Datenbankverbindungen nicht direkt, sondern über den Java EE Server erstellen sollen. Denn die Java EE-Spezifikation fordert eine weitere Entkopplung, die die Beschaffung von Datenbankverbindungen kapselt und abstrahiert. Man fasste diese Anforderung unter der allgemeinen Bezeichnung *DataSource* (zu Deutsch *Datenquelle*) zusammen. Die DataSource wird vom Administrator des Java EE Servers über einen JNDI-Namen zur Verfügung gestellt. Innerhalb der Java EE-Anwendung kann anschließend über den JNDI-Namen auf die DataSource Bezug genommen werden. Der Rückgabewert des JNDI-Lookups ist vom Typ javax.sql.DataSource.

javax.sql.ConnectionPoolDataSource

Eine weitere Anforderung erwuchs aus dem Problem, dass Java EE-Anwendungen häufig sehr viele Datenbankverbindungen gleichzeitig benötigen. Weil die Erzeugung einer Datenbankverbindung verhältnismäßig kostspielig ist, musste eine Möglichkeit geschaffen werden, sie durch eine Art Recycling wiederzuverwenden. Man entwickelte sogenannte *Connection-Pools*. Durch einen Connection-Pool wird eine bestimmte Menge an Datenbankverbindungen wie in einem Recycling-Mechanismus verwaltet. Eine DataSource, die einen Connection-Pool einsetzt, wird durch das Interface `javax.sql.ConnectionPoolDataSource` repräsentiert.

javax.sql.XADataSource

Zusätzlich zu den beiden genannten DataSource-Typen erfordert ein Java EE-konformer Server, dass auf unterschiedliche Systeme gemäß dem X/Open-XA-Standard zugegriffen wird. Dabei werden die CRUD-Anweisungen (CREATE, READ, UPDATE und DELETE) innerhalb einer einzigen globalen Transaktion über verteilte Systeme geklammert. Die JDBC-Repräsentation für diese Fähigkeit wird durch das Interface `javax.sql.XADataSource` gekennzeichnet.

Bei einer globalen Transaktion über den X/Open-XA-Standard werden die CRUD-Operationen in den betroffenen Datenquellen nur dann wirklich wirksam, wenn alle Systeme mit der Durchführung einverstanden sind. Auf diese Weise wird gewährleistet, dass entweder bei allen oder bei gar keiner Datenquelle die CRUD-Operationen durchgeführt werden.

Die Durchführung der globalen Transaktion geschieht dabei mithilfe des sogenannten *2-Phasen-Commit-Protokolls*. Wenn bei dem 2-Phasen-Commit-Protokoll ein Commit angewiesen wird, versendet der *Transaction Manager* eine PREPARE_TO_COMMIT-Anfrage an alle betroffenen Datenquellen. Daraufhin reagieren die Datenquellen entweder mit einem PREPARED oder mit einem NO. Wenn alle Datenquellen mit einem PREPARED geantwortet haben, sendet der Transaction Manager ein COMMIT. Ansonsten versendet er ein ABORT, was bei den Datenquellen zu einem ROLLBACK führt.

7.2   Der Zugriff über den Java EE Server

Im letzten Programmierbeispiel haben wir direkt von einer Java-Standalone-Anwendung aus mit der Datenbank kommuniziert. Nun werde ich zeigen, wie Sie die Datenbankverbindung durch den Java EE Server besorgen können. Dies ist praktisch, denn dadurch ist die Java EE-Anwendung von dieser Aufgabe entlastet, und gleichzeitig entkoppeln wir die Anwendung von der Datenbank.

Die gängige Praxis ist, dass der Java EE Server die Datenbankverbindung als DataSource über einen Namensdienst zu Verfügung stellt. Hierfür müssen Sie den GlassFish Server konfigurieren. Vor der Konfiguration müssen Sie aber zunächst noch den JDBC-Treiber in das Unterverzeichnis *c:/glassfish5/glassfish/domains/domain1/lib* kopieren.

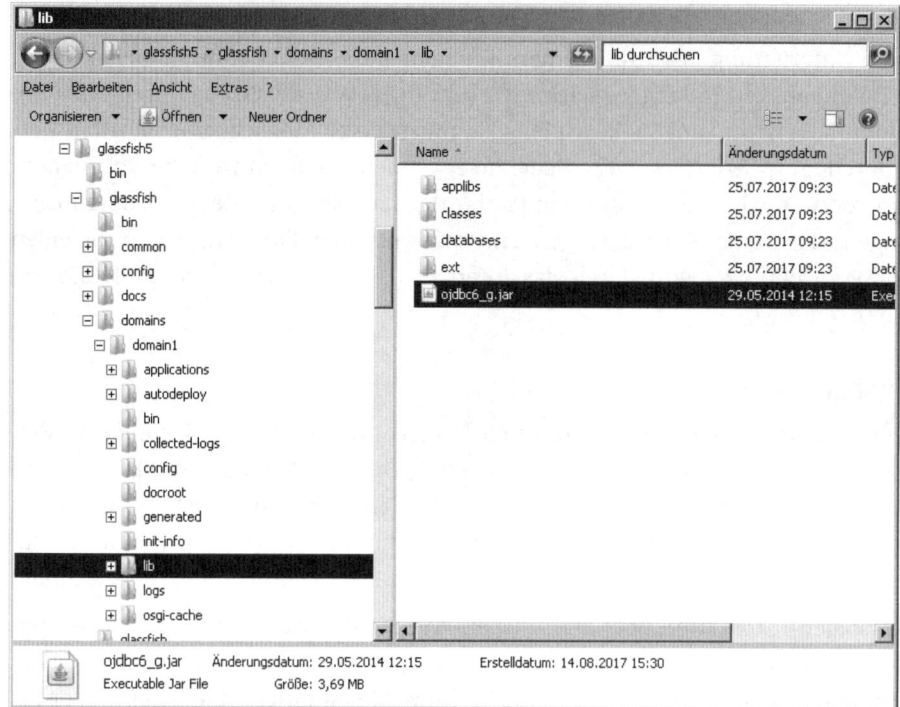

Abbildung 7.15 Der JDBC-Treiber im »lib«-Verzeichnis der Domäne »domain1«

Wenn der GlassFish Server auf Ihrem Rechner bereits läuft, sollten Sie ihn nun in jedem Fall erneut starten, denn ansonsten erfährt er nicht, dass der JDBC-Treiber im /lib-Verzeichnis vorhanden ist.

Nach dem Neustart von GlassFish rufen Sie in einem Webbrowser die Seite *http://localhost:4848* auf, um die Administrationskonsole zu öffnen.

Bei vielen GlassFish-Plugin-Varianten ist es auch möglich, die Admin-Konsole von Eclipse aus aufzurufen. Weil wir das GlassFish-Plugin in Eclipse installiert haben, wir hierfür in der View SERVER möglicherweise ein spezieller Button mit einem Fisch-Symbol angeboten. Diese Option ist aber nicht in allen Plugin-Versionen vorhanden. Deshalb werde ich auf die Erläuterung dieses Buttons verzichten. Er ist ohnehin vom Prinzip her mit dem gezeigten Weg gleichwertig.

Innerhalb der Administrationskonsole werden wir nun den Connection-Pool und die Data-Source konfigurieren. Dabei werden wir

1. die JVM-Optionsparameter für die Oracle Database anpassen,

2. einen JDBC-Connection-Pool erstellen und

3. eine DataSource erzeugen (Vorsicht: Eine DataSource wird beim GlassFish Server als *JDBC Resource* bezeichnet.)

7.2.1   Die JVM-Optionsparameter für den Java EE Server

Im Webbrowser sollte nun die Administrationskonsole des GlassFish Servers zu sehen sein. Klicken Sie dort auf der linken Seite auf CONFIGURATIONS • SERVER-CONFIG • JVM SETTINGS. Auf der rechten Seite rufen Sie den Reiter JVM-OPTIONS auf.

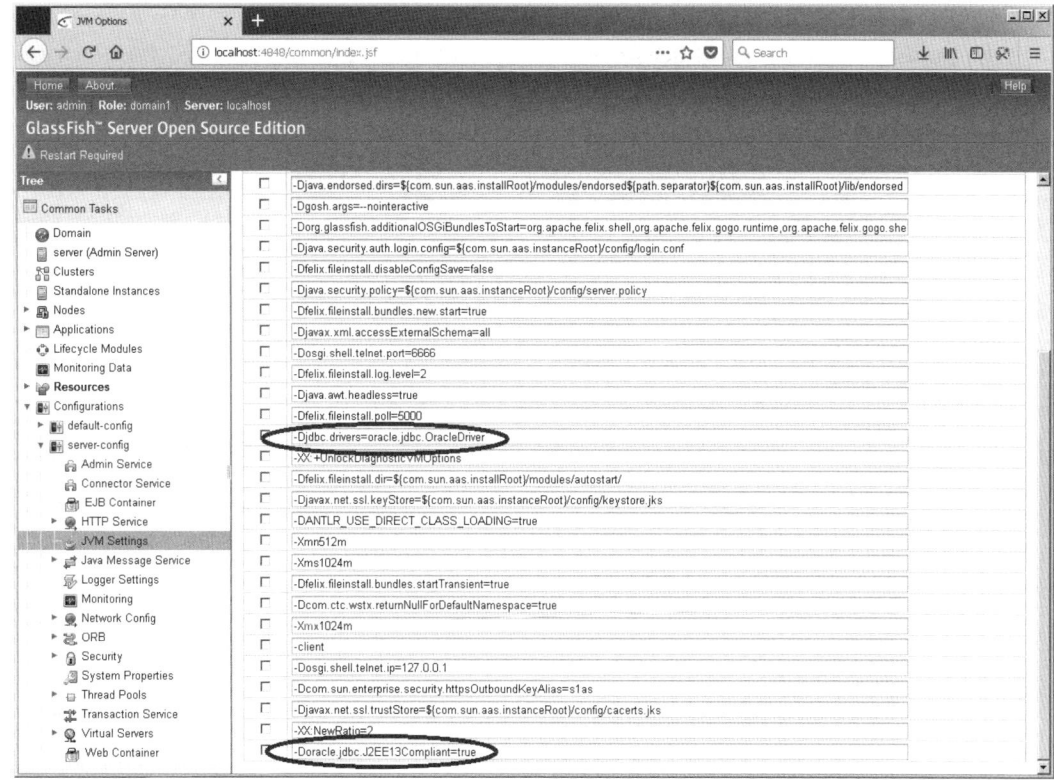

Abbildung 7.16 Die JVM-Optionsparameter für den JDBC-Treiber

Beim GlassFish Server ist per Default der Optionsparameter

```
-Djdbc.drivers=org.apache.derby.jdbc.ClientDriver
```

gesetzt, da die Datenbank *Derby* standardmäßig bei GlassFish vorinstalliert ist. Da wir für dieses Buch die Oracle Database verwenden, ändern wir diesen Optionsparameter wie folgt:

```
-Djdbc.drivers=oracle.jdbc.OracleDriver
```

Laut Oracle-Onlinedokumentation muss der Optionsparameter

```
-Doracle.jdbc.J2EE13Compliant=true
```

gesetzt werden, damit sich der Treiber gemäß dem Java EE-Standard verhält. Auch darum sollten wir uns nun kümmern.

Zuletzt bestätigen Sie die Änderungen mit einem Mausklick auf den Button SAVE. Außerdem sollten Sie nun den Java EE Server erneut stoppen und wieder starten.

7.2.2 Erstellung eines JDBC-Connection-Pools

Als Nächstes erstellen wir einen *Connection-Pool* für die Oracle Database. In der Administrationskonsole klicken Sie auf der linken Seite auf RESOURCES • JDBC • JDBC CONNECTION POOLS. Auf der rechten Seite erscheint dann eine Übersicht über die vorhandenen JDBC-Connection-Pools.

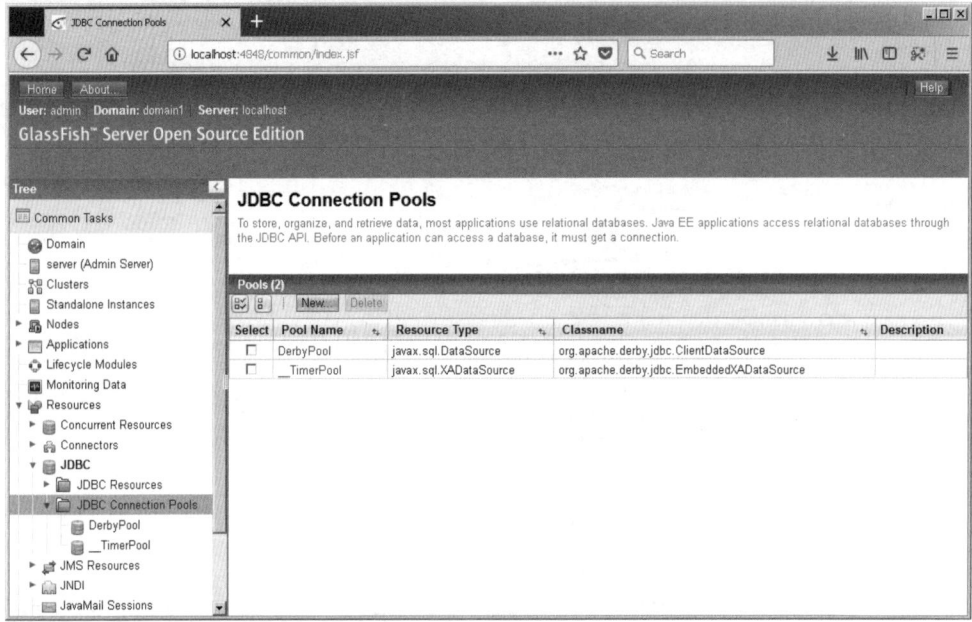

Abbildung 7.17 Die Übersicht über die Connection-Pools

Im Übersichtsfenster JDBC CONNECTION POOLS klicken Sie auf NEW, um den Verknüpfungsnamen zu der Datenbank einzugeben.

Die Erstellung des Connection-Pools erfolgt in zwei Schritten.

Schritt 1

Im ersten Schritt (siehe Abbildung 7.18) müssen Sie im obersten Eingabefeld einen Namen vergeben. Nennen Sie den Connection-Pool »Onlineshop«.

Dann wählen Sie einen Ressourcentyp. Als RESOURCE TYPE stehende folgende Einträge zur Auswahl:

- `java.sql.Driver`
- `javax.sql.DataSource`

- `javax.sql.ConnectionPoolDataSource`
- `javax.sql.XADataSource`

Den Eintrag `java.sql.Driver` lassen wir mal außen vor. Stattdessen betrachten wir die drei `DataSource`-Varianten. Im letzten Abschnitt habe ich den Unterschied zwischen diesen drei Varianten beschrieben, als ich sie als Alternative zur direkten Datenverbindung über den DriverManager aufgezeigt habe. Gemäß dieser Beschreibung müsste man annehmen, dass der Ressourcentyp `javax.sql.DataSource` kein und nur der Ressourcentyp `javax.sql.ConnectionPooledDataSource` ein Connection-Pooling anbietet. Zumindest lässt dies der Bezeichner des Ressourcentyps vermuten.

Allerdings wurde das mit dem Oracle-Treiber anders gelöst: Um eine Datenverbindung mit Connection-Pooling auf eine einzige Datenquelle zu erhalten, empfiehlt Oracle den Typ `javax.sql.DataSource`. Diese Tatsache ist leider sehr verwirrend und hat schon zu großem Ärger bei so manchem Entwickler geführt. Wie dem auch sei, für unseren Onlineshop wäre diese Auswahl also die richtige.

Nebenbei gesagt: Wenn wir auf mehrere XA-Datenquellen in einer einzigen globalen Transaktion zugreifen wollten, müssten wir den XA-Treiber verwenden und den Eintrag `javax.sql.XADataSource` auswählen, der von Oracle ebenfalls empfohlen wird – und zwar genau dann, wenn eben das 2-Phasen-Commit-Protokoll des X/Open-XA-Standards benötigt wird.

Datenbanktreiber-Hersteller

Beim Eingabefeld für den DATABASE DRIVER VENDOR selektieren Sie »Oracle«. Ganz unten in der Checkbox INTROSPECT wird ein nützliches Feature angeboten: Wenn Sie diese Checkbox anklicken, sucht GlassFish für Sie den Treibernamen heraus, der zu dem Datenbankhersteller passt. Oracle bezeichnet dieses Feature als *Introspection*.

Mit einem Mausklick auf NEXT gelangen Sie zum zweiten Schritt.

Schritt 2

Im zweiten Schritt stellen Sie zunächst den Klassennamen der Datenquelle ein. Setzen Sie den Wert auf `oracle.jdbc.pool.OracleDataSource`. Wenn es sich um eine XA-Datenquelle handelt, tragen Sie `oracle.jdbc.xa.client.OracleXADataSource` ein.

Wenn bei Ihnen diese Einträge nicht angeboten werden, könnte es daran liegen, dass Sie den JDBC-Treiber nicht in das Verzeichnis *c:/glassfish5/glassfish/domains/domain1/lib* kopiert oder den GlassFish Server anschließend nicht gestoppt und erneut hochgefahren haben. Wenn das der Fall ist, korrigieren Sie dies zunächst. Erst wenn die folgende Ansicht (siehe Abbildung 7.19) in Ihrem Webbrowser zu sehen ist, sollten Sie mit dem nächsten Schritt fortfahren.

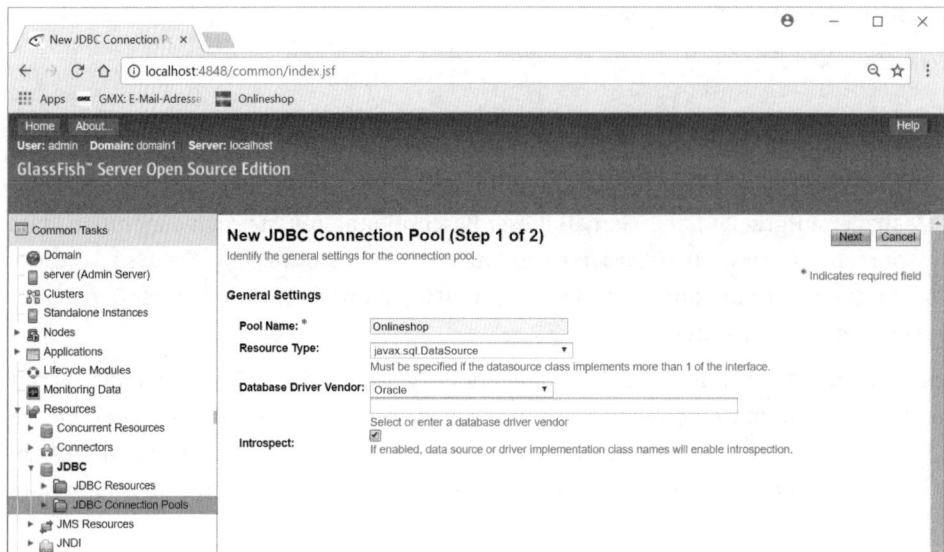

Abbildung 7.18 Der erste Schritt zur Erstellung des JDBC-Connection-Pools enthält eine Checkbox für die Introspection.

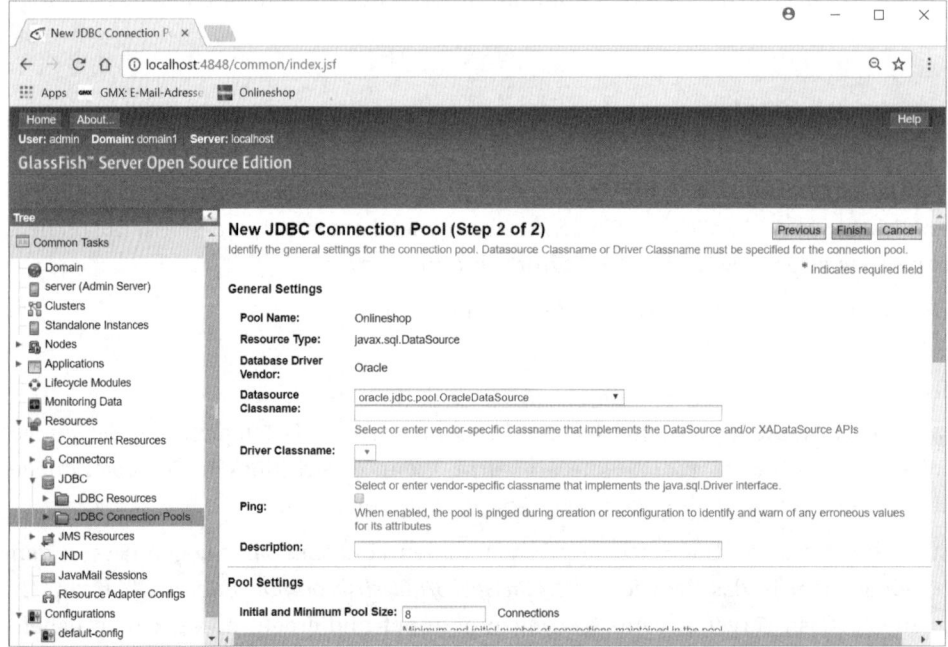

Abbildung 7.19 Der zweite Schritt für die Erstellung des JDBC-Connection-Pools

Weiter unten haben Sie die Möglichkeit, den Connection-Pool zu konfigurieren. Dabei sind vor allem die zur Verfügung stehenden Connections von Interesse. Per Default werden

8 Connections vorbereitet. Wenn diese belegt sind, erhöht der Pool seine Connections auf bis zu 32 Stück. Beide Werte werden wir nun erhöhen, denn wenn wir die Fotos der Artikel in der Datenbank speichern wollen, müssen wir für zahlreiche gleichzeitig aufkommende Anfragen gewappnet sein. Die Datenbank hatten wir hierauf bereits vorbereitet, denn sie ist nach unserer Änderung im letzten Kapitel in der Lage, etwa 300 Anfragen parallel zu beantworten. Deshalb werden wir den Minimalwert nun auf 80 und den Maximalwert auf 320 setzen. Dies sollte im Vergleich zu der Einstellung in der Datenbank angemessen sein.

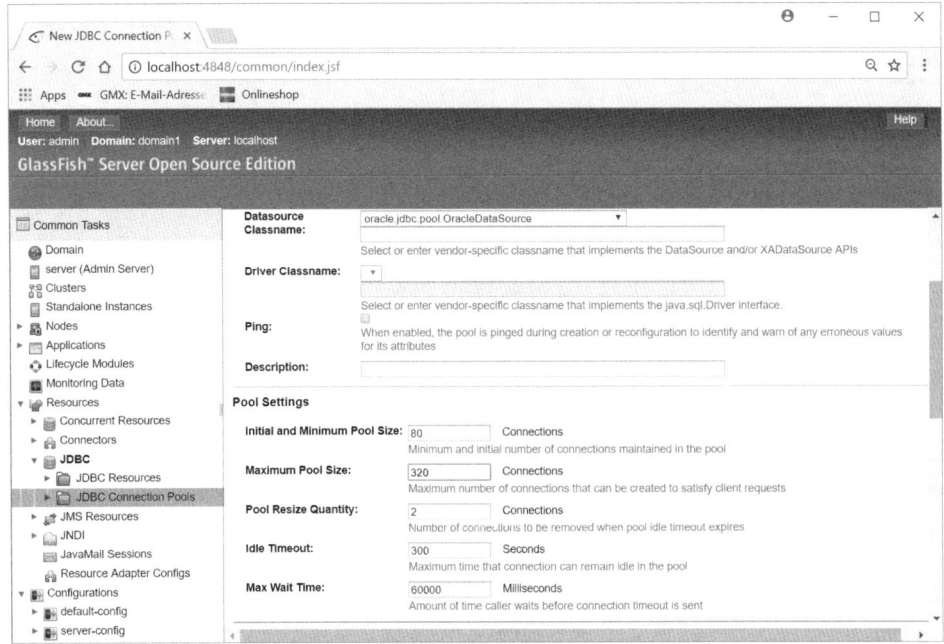

Abbildung 7.20 Die Einstellungen für den Connection-Pool

Wenn Sie die Einstellungen für den Pool angepasst haben, scrollen Sie in den unteren Bereich des Fensters, wo Sie in Eingabefeldern die Verbindungsinformationen eingeben. Füllen Sie die Eingabefelder USER, PASSWORD und URL, wie Sie es in der Property-Datei eingetragen hatten. Vielleicht wird Ihnen eines Tages in Ihrem Java EE-Projekt folgende Schreibweise begegnen:

```
jdbc:oracle:thin:@//localhost:1521/XE
```

Hierbei handelt es sich um eine neue Syntax, bei der der Oracle-Service verwendet wird, der auf dem Rechner installiert ist. Wenn Sie die gleiche Entwicklungsumgebung verwenden, wie ich sie in diesem Buch zeige, funktioniert diese neue Syntax, weshalb ich sie auch verwende. Es könnte aber durchaus sein, dass Sie in Ihrem Arbeitsumfeld eine andere Oracle-Installation vorfinden. In diesem Fall verwenden Sie die alte JDBC-URL-Syntax:

```
jdbc:oracle:thin:@localhost:1521/XE
```

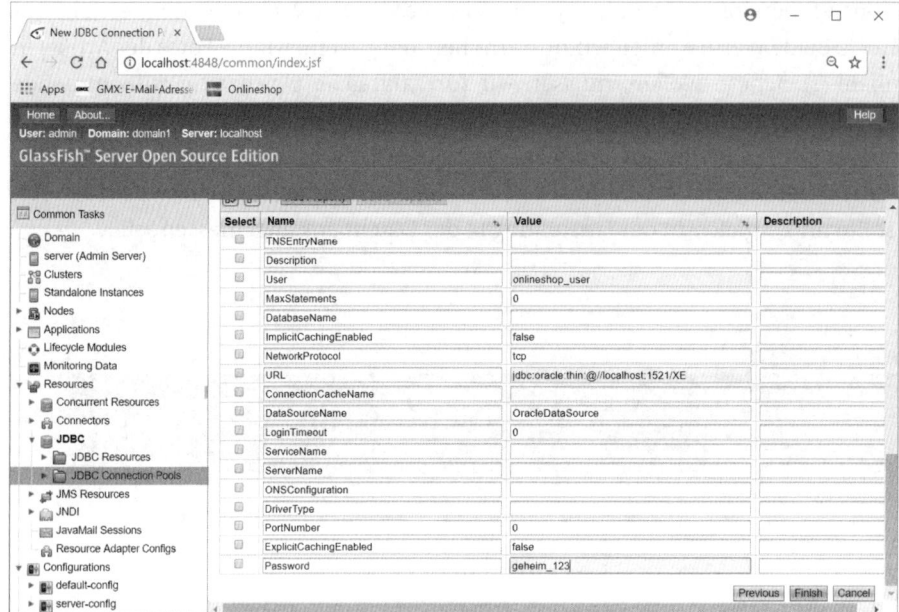

Abbildung 7.21 Die Eingabe der Verbindungsdaten

Wenn Sie auf FINISH klicken, wird der neue JDBC-Connection-Pool erstellt. Der neue JDBC-Connection-Pool sollte nun im Übersichtsfenster zu sehen sein (siehe Abbildung 7.22).

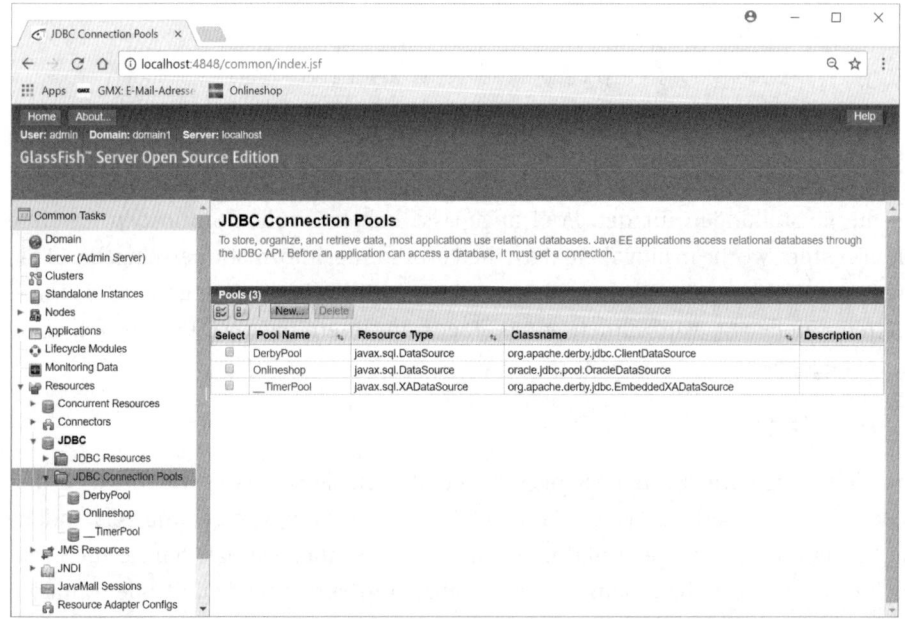

Abbildung 7.22 Der neue JDBC-Connection-Pool zur »Onlineshop«-Datenbank

Klicken Sie im Connection-Pool-Fenster auf Onlineshop, und versuchen Sie im Editierfenster mit einem Klick auf Ping, die Datenbankverbindung zu testen.

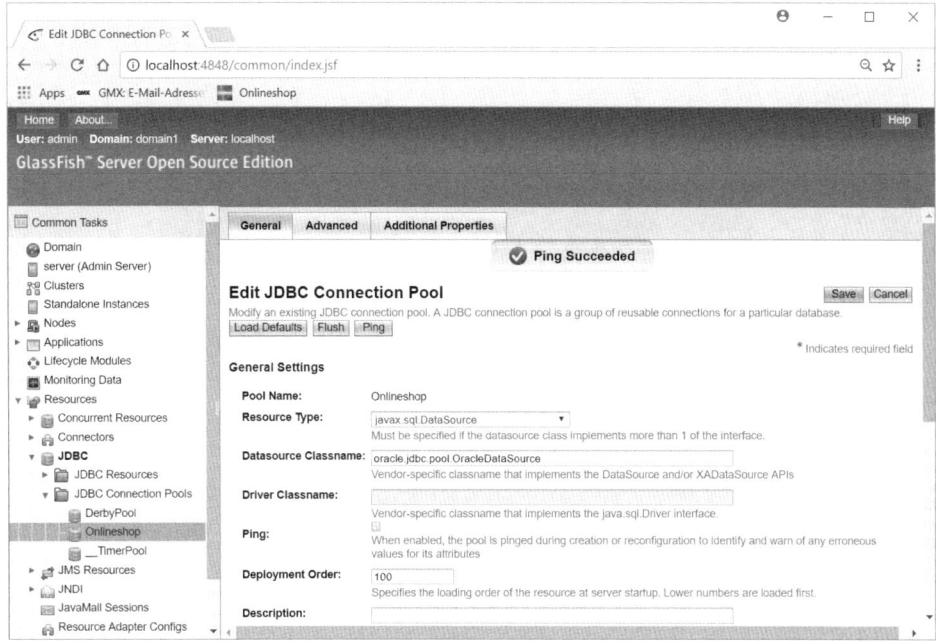

Abbildung 7.23 Der Ping zum Datenbank-Server

7.2.3   Erstellung einer »DefaultDataSource«

Ich habe bereits angemerkt, dass bei GlassFish der Begriff *JDBC Resource* ein Synonym für den Begriff *DataSource* ist. Klicken Sie in der Administrationskonsole des GlassFish Servers deshalb auf Resources • JDBC • JDBC Resources.

Auf der rechten Seite sollte danach eine Übersicht über die JDBC-Ressourcen zu sehen sein. Wenn Sie nun eine nagelneue JDBC-Ressource erstellen wollten, müssten Sie mit der Maus auf New klicken. Dies wäre normalerweise auch der nächste Schritt. Wir werden in diesem Buch aber einen alternativen Weg gehen. Der Grund hierfür ist, dass die Java EE-Spezifikation vorsieht, dass ein Java EE Server eine sogenannte *DefaultDataSource* zur Verfügung stellen muss. Die DefaultDataSource soll per Spezifikation von einer Java EE-Anwendung aus über den JNDI-Namen jdbc/__default erreichbar sein.

Das Besondere an der DefaultDataSource ist, dass mithilfe einer speziellen Konvention für »Defaultwerte« auf die explizite Angabe der Datenquelle verzichtet werden kann.

Wie Sie in Abbildung 7.24 erkennen, wurde die DefaultDataSource im GlassFish Server bereits erstellt und vorkonfiguriert. Das Problem dieser vorkonfigurierten DefaultData-Source ist, dass sie sich leider noch nicht auf unsere Oracle Database bezieht, sondern auf einen sogenannten *Derby Pool*. Derby ist eine relationale Datenbank, die mit dem GlassFish

Server mitgeliefert wird und vorkonfiguriert ist. Unsere Aufgabe ist es nun, die DefaultData-Source so abzuändern, dass sie nicht mehr auf Derby, sondern auf die Oracle Database mit dem Onlineshop referenziert. Hierfür klicken Sie auf JDBC/__DEFAULT. In dem Dialog selektieren Sie in der Combobox POOLNAME den Eintrag »Onlineshop«.

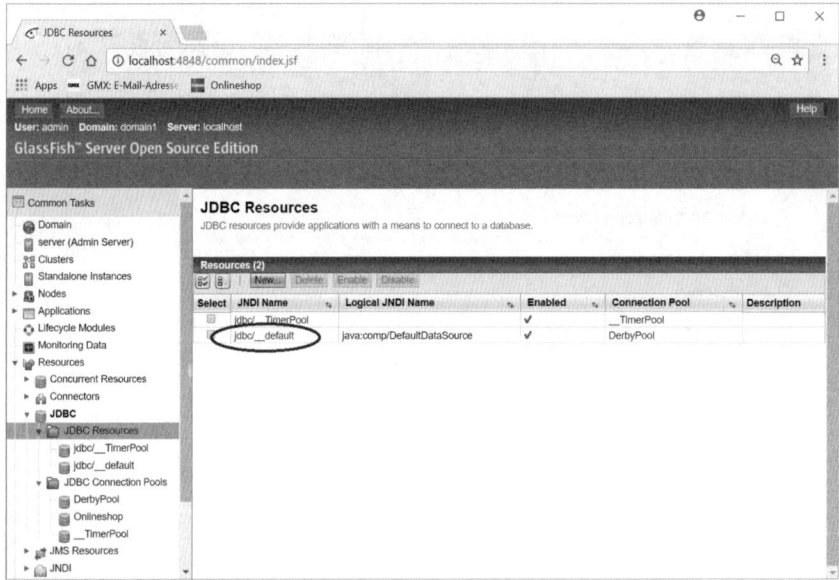

Abbildung 7.24 Die DefaultDataSource, die über »jdbc/__default« oder den logischen JNDI-Namen »java:comp/DefaultDataSource« erreichbar ist

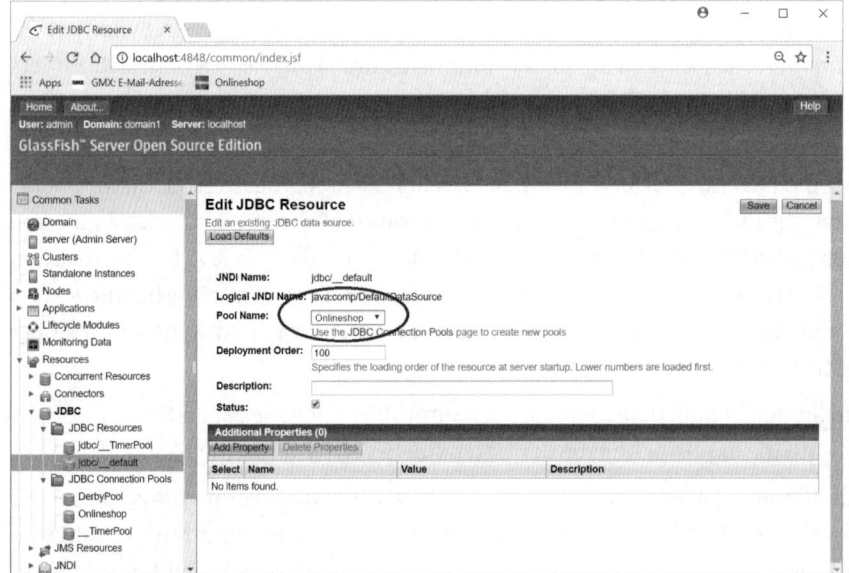

Abbildung 7.25 Die Erstellung der JDBC-Ressource

Klicken Sie anschließend auf SPEICHERN, um die Änderung der DefaultDataSource zu bestätigen. Schließen Sie danach das Browserfenster, und fahren Sie über asadmin auf der Kommandozeile den GlassFish Server herunter. In Eclipse starten Sie zu guter Letzt den GlassFish Server wieder. Er sollte nun für die Verwendung der JDBC-Ressource über einen Namensdienst vorbereitet sein.

7.3   Die Kernfunktionalität der JDBC-API

In diesem Abschnitt lernen Sie, wie Sie mit der Kernfunktionalität von JDBC arbeiten. Dabei werden wir die Datenbankverbindungen über den Java EE Server besorgen. Anschließend werden wir Daten speichern und wieder abfragen.

7.3.1   Die Datenbankverbindung über den Java EE Server besorgen

Im nächsten Beispiel testen wir die Datenbankverbindung über den GlassFish Server. Deshalb wird sich die Klasse DataAccess die Datenbankverbindung nun nicht mehr über den anwendungseigenen JDBC-Treiber holen, sondern über den Namensdienst des Java EE Servers. Das funktioniert allerdings nur, wenn die Klasse DataAccess vorab als Teil einer Java EE-Anwendung im GlassFish Server deployt wurde.

Das bedeutet auch, dass wir nun wieder ein dynamisches Webprojekt vorzugsweise als Teil eines Java-Enterprise-Projekts benötigen. Wenn Sie die Beispiele der letzten Kapitel mitprogrammiert haben, können Sie das *onlineshop-war*-Projekt weiterhin nutzen. Dort erstellen Sie ein Servlet, das die Klasse DataAccess aufruft. Es ruft außerdem die statische Methode doLookup() der Klasse InitialContext auf, um die Ressource "jdbc/__default" zu finden. Die Klasse OracleDataSource können wir allerdings hier nun nicht mehr nutzen, da der Lookup ein Objekt der Klasse java.sql.DataSource liefert.

```
package de.java2enterprise.onlineshop;

import java.io.IOException;
import java.io.PrintWriter;
import java.sql.Connection;

import javax.annotation.Resource;
import javax.servlet.ServletException;
import javax.servlet.annotation.WebServlet;
import javax.servlet.http.HttpServlet;
import javax.servlet.http.HttpServletRequest;
```

```java
import javax.servlet.http.HttpServletResponse;
import javax.sql.DataSource;

@WebServlet("/test")
public class TestServlet extends HttpServlet {
    private static final long serialVersionUID = 1L;

    @Resource
    private DataSource ds;

    public void doGet(
            HttpServletRequest request,
            HttpServletResponse response)
            throws ServletException, IOException {

        final PrintWriter writer =
                response.getWriter();
        response.setContentType(
            "text/html;charset=UTF-8");
        writer.println("<!DOCTYPE html>");
        writer.println("<html><body>");
        try(final Connection con = ds.getConnection()) {
            if(con.isValid(10)) {
                writer.println("<BR>Connected!");
            }
        } catch (Exception ex) {
            writer.println(ex.getMessage());
        }
        writer.println(
        "<BR>Test finished!</body></html>");
    }
}
```

Listing 7.3 TestServlet.java

Beachten Sie, dass Sie nun den JDBC-Treiber im Java-Build-Path (in den Preferences des Web-projekts) nicht mehr benötigen. Führen Sie das Programm aus. Wenn Sie das Servlet im dynamischen Webprojekt *onlineshop-web* programmiert und die Onlineshop-Anwendung deployt haben, rufen Sie im Webbrowser die Adresse *http://localhost:8080/onlineshop-web/ test* auf.

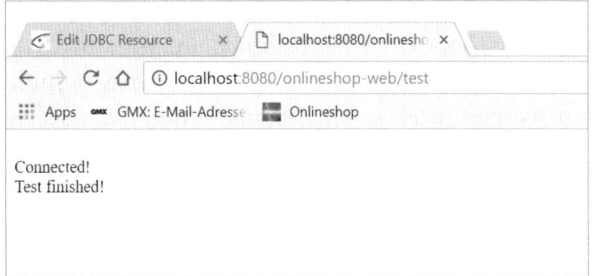

Abbildung 7.26 Das TestServlet im Webbrowser

7.3.2   Die Datenquelle durch den Webcontainer injizieren lassen

In diesem Abschnitt zeige ich, wie Sie den Quelltext der Controller-Klasse mithilfe des sogenannten Injizierens vereinfachen können. Dabei wird der JNDI-Lookup nicht mehr in der
Controller-Klasse manuell programmiert, sondern vom Webcontainer automatisch zugewiesen.

Um dem Webcontainer mitzuteilen, welche Objektvariable er initialisieren soll, können Sie
Konfigurationsdateien oder Annotations verwenden. In der Regel werden meistens Letztere
eingesetzt. In Listing 7.4 sehen Sie, wie der Objektvariablen dataSource die Datenquelle der
DefaultDataSource injiziert wird. Dabei verwenden wir die Annotation @Resource:

```
...
@Resource(name="jdbc/__default")
private DataSource ds;
...
```

Listing 7.4 TestServlet.java

Ein besonderer Vorteil hierbei ist, dass eine Entkopplung stattfindet. In der Klasse TestServ-
let.java wird nicht festgelegt, woher die Daten kommen. Wenn wir die Klasse in einem
anderen Kontext verwenden, würde sie deshalb gleichermaßen funktionieren. Einzig und
allein der Java EE Server entscheidet darüber, ob es sich bei dem Ursprung der Daten um eine
Oracle Database, eine MySQL-Datenbank oder gar um ein ganz anderes *Enterprise Information System* (*EIS*) handelt. Hiervon bekommt die Controller-Klasse aber nichts mit und muss
bei einer Änderung auch nicht zwingend angepasst werden.

Das »Injizieren« ist also eine automatische Initialisierung, die der Container vornimmt. Der
Fachbegriff hierfür lautet *Dependency Injection*. Die Grundidee der Dependency Injection
entstand durch die Möglichkeiten der *Reflection API*. Weil der Container per Reflexion in die
Java-Klasse hineinschauen und sie manipulieren kann, ist er auch in der Lage, Objektvariablen nachträglich zu initialisieren.

7

Eigentlich ist die Dependency Injection (oder – wie sie vormals hieß – die *Inversion of Control*) keine Erfindung von Sun Microsystems, sondern eine Technologie, die durch das Spring-Framework von Rod Johnson im Jahre 2002 bekannt wurde. Später wurde sie mithilfe von Rod Johnson und Gavin King (dem Hauptentwickler der Hibernate- und JBoss-Seam-Frameworks) in den Java EE-Standard übernommen.

7.3.3 Die Angabe der Datenquelle einfach weglassen

Im nächsten Schritt werden wir die »Default«-Konvention nutzen, um auch auf die Angabe des JNDI-Namens zu verzichten. Der Quelltext aus dem obigen Beispiel funktioniert gleichermaßen, wenn Sie die in Klammern gesetzte Angabe name="jdbc/__default" entfernen:

```
package de.java2enterprise.onlineshop;

import java.io.IOException;
import java.io.PrintWriter;
import java.sql.Connection;

import javax.annotation.Resource;
import javax.servlet.ServletException;
import javax.servlet.annotation.WebServlet;
import javax.servlet.http.HttpServlet;
import javax.servlet.http.HttpServletRequest;
import javax.servlet.http.HttpServletResponse;
import javax.sql.DataSource;

@WebServlet("/test")
public class TestServlet extends HttpServlet {
    private static final long serialVersionUID = 1L;

    @Resource
    private DataSource ds;

    public void doGet(
            HttpServletRequest request,
            HttpServletResponse response)
            throws ServletException, IOException {

        final PrintWriter writer =
                response.getWriter();
        response.setContentType(
                "text/html;charset=UTF-8");
        writer.println("<!DOCTYPE html>");
```

```
        writer.println("<html><body>");
    try {
        final Connection con = ds.getConnection();
        if(con.isValid(10)) {
            writer.println("<BR>Connected!");
        }
        con.close();
    } catch (Exception ex) {
        writer.println(ex.getMessage());
    }
        writer.println(
        "<BR>Test finished!</body></html>");
    }
}
```

Listing 7.5 TestServlet.java

7.4   Geschäftsdaten speichern

In diesem Abschnitt lernen Sie, Geschäftsdaten in der Datenbank abzuspeichern. Beispielhaft werden wir User-Story 1 (»Als Benutzer möchte ich mich registrieren«) hierfür umsetzen. Ein Benutzer soll dann registriert sein, wenn er als neuer Datensatz in der Datenbanktabelle CUSTOMER abgespeichert worden ist. Neben der Verwendung der JDBC-API lernen Sie in diesem Abschnitt auch, wie Sie das MVC-Entwurfsmuster im Programm einsetzen, um die Komponenten gemäß ihrer Aufgabe zu strukturieren.

In Abbildung 7.27 sehen Sie, wie die Komponenten gemäß dem MVC-Entwurfsmuster strukturiert werden. Für die Ansicht (View) setzen wir die *register.jsp* ein. Das RegisterServlet übernimmt die Aufgabe der Steuerung (Controller). Die Geschäftsdaten transportieren wir über spezielle JavaBeans (Modell).

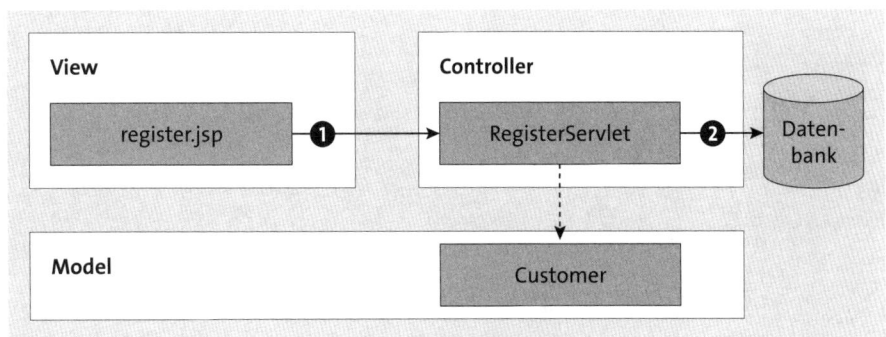

Abbildung 7.27 Das MVC-Entwurfsmuster im Einsatz

7.4.1   Die View (register.jsp)

Die *register.jsp* bietet ein HTML-Formular an, über das ein Kunde seine E-Mail-Adresse und ein Passwort eingibt.

```
<%@ include file="header.jspf" %>
    <form action="register" method="post">
    <fieldset>
    <legend>Registrieren</legend>
    <table>
        <tbody>
        <tr>
            <th>
                <label for="email">Email:</label>
            </th>
            <td>
                <input
                    type="email"
                    name="email"
                    size="40"
                    maxlength="40"
                    title="muster@beispiel.de"
                    placeholder="E-Mail eingeben"
                    pattern=".{6,40}"
                    required="required">
            </td>
        </tr>
        <tr>
            <th>
                <label for="password">
                    Password:
                </label>
            </th>
            <td>
                <input
                    type="password"
                    name="password"
                    size="10"
                    maxlength="10"
                    title="6-10 Zeichen"
                    placeholder=
                        "Passwort eingeben"
                    pattern=".{6,10}"
                    required="required">
```

```
                    </td>
            </tr>
            <tr>
                <td/><td>
                    <input type="submit">
                    <input type="reset">
                </td>
            </tr>
        </tbody>
        </table>
        </fieldset>
        </form>
<%@ include file="footer.jspf" %>
```

Listing 7.6 register.jsp

Die *register.jsp* ruft das RegisterServlet auf.

7.4.2   Der Controller (RegisterServlet.java)

Im RegisterServlet werden die Parameter des HTTP-Requests entgegengenommen. Mit den erhaltenen Werten wird ein Objekt der Klasse Customer erzeugt und der Methode persist() zur Speicherung übergeben. Wenn keine Fehler aufgetreten sind, wird abschließend die Hauptseite *index.jsp* aufgerufen.

Die JDBC-Kernfunktionalität bietet mit der Klasse java.sql.Statement eine einfache Möglichkeit an, mit der Datenbank per SQL zu kommunizieren. Ihre wichtigsten Methoden nennen sich executeUpdate() und executeQuery(), denn in der Regel wird mit einer SQL-Anweisung die Datenbank aktualisiert (INSERT, UPDATE und DELETE) oder abgefragt (SELECT). Wenn der Zweck der SQL-Anweisung noch nicht feststeht, können Sie die execute()-Methode verwenden.

In Listing 7.7 sehen Sie, wie die Methode mit dem Namen persist() ein INSERT-Statement erzeugt. Über die Methode executeUpdate() wird die SQL-Anweisung an die Datenbank versendet. Beachten Sie bei dem Beispiel, dass die Datenbank den Primärschlüssel automatisch setzt.

```
package de.java2enterprise.onlineshop;

import java.io.IOException;
import java.sql.Connection;
import java.sql.Statement;

import javax.annotation.Resource;
```

```java
import javax.servlet.RequestDispatcher;
import javax.servlet.ServletException;
import javax.servlet.annotation.WebServlet;
import javax.servlet.http.HttpServlet;
import javax.servlet.http.HttpServletRequest;
import javax.servlet.http.HttpServletResponse;
import javax.sql.DataSource;

import de.java2enterprise.onlineshop.model.Customer;

@WebServlet("/register")
public class RegisterServlet extends HttpServlet {
    private static final long serialVersionUID = 1L;

    @Resource
    private DataSource ds;

    protected void doPost(
            HttpServletRequest request,
            HttpServletResponse response)
            throws ServletException, IOException {

        response.setContentType(
                "text/html;charset=UTF-8");

        final String email =
            request.getParameter("email");
        final String password =
            request.getParameter("password");

        Customer customer = new Customer();
        customer.setEmail(email);
        customer.setPassword(password);

        try {
            persist(customer);
        } catch (Exception e) {
            throw new ServletException(e.getMessage());
        }
        final RequestDispatcher dispatcher =
            request.getRequestDispatcher("index.jsp");
        dispatcher.forward(request, response);
    }
```

```
    private void persist(Customer customer)
          throws Exception {
      try (final Connection con = ds.getConnection();
            final Statement stmt = con.createStatement()) {
          stmt.executeUpdate(
          "INSERT INTO onlineshop.customer (" +
              "email, " +
              "password" +
          ") VALUES (" +
              "'" + customer.getEmail() + "', " +
              "'" + customer.getPassword() + "') "
          );
        }
      }
    }
```

Listing 7.7 RegisterServlet.java

7.4.3   Das Model (Customer.java)

Für den Transport der Geschäftsdaten werden wir *JavaBeans* einsetzen, die im MVC-Entwurfsmuster die Rolle des Modells einnehmen. *JavaBeans* sind im Prinzip wiederverwendbare Komponenten, die bestimmten Anforderungen entsprechen müssen. Um die Handhabung zu standardisieren, wurde eine JavaBean-Spezifikation (letzte Ausgabe: JavaBeans 1.1 von 1997) definiert. Zum Beispiel müssen sie einen parameterlosen Konstruktor zur Verfügung stellen und serialisierbar sein. Außerdem sollen sie Properties enthalten. Properties sind private Objektvariablen, die über öffentliche Setter- und Getter-Methoden nach außen zur Verfügung stehen.

Wenn eine JavaBean als Gegenstück zu einer Tabelle einer relationalen Datenbank betrachtet wird, spricht man eher von einer *Entity*, und ihre Properties bezeichnet man als *Attribute* der Entity.

Das Besondere an einer Entity ist, dass der Begriff gleichzeitig besagt,

▶ dass sie zwingend über einen Schlüssel eindeutig identifizierbar ist und

▶ dass sie persistiert (das heißt: dauerhaft gespeichert) werden kann und somit einen gewissen Lebenszyklus in Bezug auf die Datenhaltung aufweist.

Die Klasse mit dem Namen Customer.java habe ich bereits in Kapitel 4, »Servlet 4.0«, gezeigt. In den folgenden Beispielen werden wir diese Klasse als Entity nutzen, um die persönlichen Daten des Kunden in der Tabelle CUSTOMER zu speichern.

```java
package de.java2enterprise.onlineshop.model;

import java.io.Serializable;

public class Customer implements Serializable {
    private static final long serialVersionUID = 1L;

    private Long id;
    private String email;
    private String password;

    public Customer() {}

    public Customer(
            String email,
            String password
            ) {
        this.email = email;
        this.password = password;
    }

    public Long getId() {
        return id;
    }

    public void setId(Long id) {
        this.id = id;
    }
    public String getEmail() {
        return email;
    }

    public void setEmail(String email) {
        this.email = email;
    }

    public String getPassword() {
        return password;
    }

    public void setPassword(String password) {
        this.password = password;
    }
```

```
public String toString() {
    return
        "[" +
        getId() + "," +
        getEmail() +
        "]";
    }
}
```

Listing 7.8 Customer.java

7.5   Geschäftsdaten abfragen

In diesem Abschnitt zeige ich, wie Sie Geschäftsdaten aus einer Datenbanktabelle holen.

Im letzten Programmierbeispiel konnte sich ein Kunde über das Registrierungsformular registrieren. Dabei wurden seine Geschäftsdaten in der Datenbanktabelle CUSTOMER als Datensatz abgespeichert. Bei diesem Übungsbeispiel soll sich ein Kunde in die Onlineshop-Anwendung einloggen, indem er über ein HTML-Formular eine E-Mail-Adresse und ein Passwort eingibt.

Mit diesen beiden Zeichenketten versucht die Anwendung, einen passenden Datensatz in der Tabelle CUSTOMER zu finden. Wenn ein entsprechender Datensatz gefunden wurde, wird mit der Ergebnismenge ein Objekt der Klasse Customer erzeugt und in der HTTP-Sitzung gespeichert.

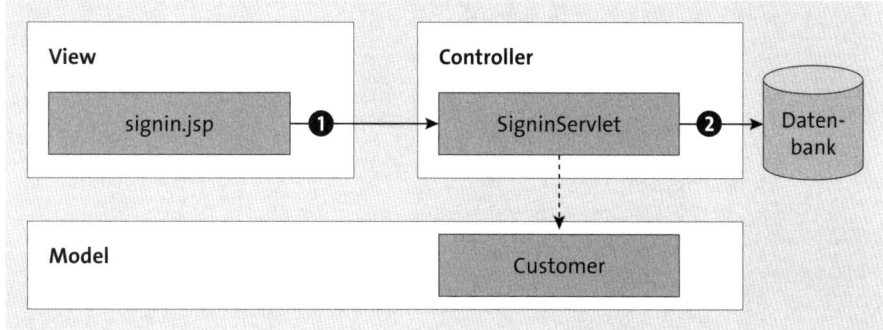

Abbildung 7.28 Das Einloggen eines Kunden

7.5.1   Die View (signin.jsp)

Genauso wie die *register.jsp* enthält die *signin.jsp* ebenfalls ein HTML-Formular mit zwei Eingabefeldern mit den Namen email und password. Der einzige Unterschied zur *register.jsp* ist, dass die *signin.jsp* das SigninServlet aufruft.

```
<%@ include file="header.jspf" %>
    <form action="signin" method="post">
    <fieldset>
    <legend><fmt:message key="signin"/>: </legend>
    <table>
        <tbody>
        <tr>
            <th>
                <label for="email"><fmt:message key="email"/>:</label>
            </th>
            <td>
                <input
                    type="email"
                    name="email"
                    size="40"
                    maxlength="40"
                    title="muster@beispiel.de"
                    placeholder="E-Mail eingeben"
                    pattern=".{6,40}"
                    required="required">
            </td>
        </tr>
        <tr>
            <th>
                <label for="password">
                    <fmt:message key="password"/>:
                </label>
            </th>
            <td>
                <input
                    type="password"
                    name="password"
                    size="10"
                    maxlength="10"
                    title="6-10 Zeichen"
                    placeholder="Passwort eingeben"
                    pattern=".{6,10}"
                    required="required">
            </td>
        </tr>
        <tr>
            <td/><td>
                <input type="submit">
```

```
            <input type="reset">
        </td>
      </tr>
  </tbody>
  </table>
  </fieldset>
  </form>
<%@ include file="footer.jspf" %>
```

Listing 7.9 signin.jsp

7.5.2   Der Controller (SigninServlet.java)

Die Klasse SigninServlet nimmt zunächst die Parameter email und password entgegen. Anschließend ruft das Servlet mit diesen beiden Parametern die Methode find() auf.

Die Methode find() sucht in der Datenbanktabelle CUSTOMER einen Datensatz, dessen E-Mail-Adress- und Passwortfeld zu den erhaltenen Parametern passen. Wenn ein entsprechender Datensatz gefunden wurde, wird hiermit ein Objekt der Klasse Customer erzeugt. Die Methode gibt dieses Objekt als Rückgabewert zurück. Wenn kein Kunde unter der übergebenen E-Mail-Passwort-Kombination gefunden werden konnte, wird null als Wert zurückgegeben.

Wenn das Objekt ungleich null ist, wird es in der Methode doPost() in die aktuelle HTTP-Sitzung abgespeichert. Abschließend wird dic Kontrolle an die Willkommensseite *index.jsp* abgegeben.

```
package de.java2enterprise.onlineshop;

import java.io.IOException;
import java.sql.Connection;
import java.sql.ResultSet;
import java.sql.Statement;

import javax.annotation.Resource;
import javax.servlet.RequestDispatcher;
import javax.servlet.ServletException;
import javax.servlet.annotation.WebServlet;
import javax.servlet.http.HttpServlet;
import javax.servlet.http.HttpServletRequest;
import javax.servlet.http.HttpServletResponse;
import javax.servlet.http.HttpSession;
import javax.sql.DataSource;
```

```java
import de.java2enterprise.onlineshop.model.Customer;

@WebServlet("/signin")
public class SigninServlet extends HttpServlet {
    private static final long serialVersionUID = 1L;

    @Resource
    private DataSource ds;

    protected void doPost(
        HttpServletRequest request,
        HttpServletResponse response)
                throws ServletException, IOException {
        String _email =
            request.getParameter("email");
        String _password =
            request.getParameter("password");

        Customer customer = null;
        try {
            customer = find(
                _email, _password);
        } catch (Exception e) {
            throw new ServletException(e.getMessage());
        }

        if(customer != null) {
            HttpSession session = request.getSession();
            session.setAttribute("customer", customer);
        }

        RequestDispatcher dispatcher =
                request.getRequestDispatcher("index.jsp");
            dispatcher.forward(request, response);

    }

    public Customer find(
        String _email, String _password)
            throws Exception {
```

```
    try(final Connection con = ds.getConnection();
        final Statement stmt = con.createStatement()) {
        ResultSet rs = stmt.executeQuery(
            "SELECT " +
                "id, " +
                "email, " +
                "password " +
            "FROM onlineshop.customer " +
            "WHERE email='" + _email + "'" +
            "AND password='" + _password + "'"
        );

        if(rs.next()) {

            Customer customer = new Customer();

            Long id = Long.valueOf(rs.getLong("id"));
            customer.setId(id);

            String email = rs.getString("email");
            customer.setEmail(email);

            String password = rs.getString("password");
            customer.setPassword(password);

            return customer;
        }
    }
    return null;
    }
}
```

Listing 7.10 SigninServlet.java

Damit wir auch im Frontend der Java EE-Anwendung ein Ergebnis erhalten, werden wir die E-Mail-Adresse des eingeloggten Anwenders in der Willkommensseite *index.jsp* anzeigen:

```
<%@ include file="header.jspf" %>
<p>Eingeloggt: ${customer.email}</p>
<%@ include file="footer.jspf" %>
```

Listing 7.11 index.jsp

7.6 Das objektrelationale Mapping

In diesem Abschnitt stelle ich das *objektrelationale Mapping* (ORM) vor. In der letzten Übung wurde ersichtlich, dass jedes Attribut einer Entity einem Spaltenfeld in der Datenbanktabelle entspricht. Gleichzeitig muss der Datentyp des Attributs zum Pendant des Spaltenfeldes passen. Weil in der Java-Anwendung die Werte aus der Datenbank mit der JDBC-API geholt werden, ist es die Aufgabe des JDBC-Treibers, die Umwandlung von SQL-Datentypen in Java-Datentypen durchzuführen. Bei dieser Umwandlung gibt uns die JDBC-API aber nur selten die grundlegenden Java-Datentypen zurück, sondern bedient sich meistens eigener Klassen. Die Umwandlung der zurückgegebenen Datentypen in Java-Standard-Datentypen gehört hingegen zu den Aufgaben und Pflichten des Anwendungsentwicklers.

7.6.1 Von SQL zu Java

Tabelle 7.2 können Sie von rechts nach links entnehmen, wie das Mapping von den ANSI-SQL- und Oracle-Datentypen auf die grundlegenden Java-Standard-Datentypen der Java-Anwendung über die Klasse java.sql.ResultSet erfolgt.

	Java-Anwendung	Rückgabewert	java.sql. ResultSet	ANSI SQL	ORACLE
Wahrheitswerte	java.lang. Boolean	boolean	getBoolean(x)	BOOLEAN	NUMBER(1)
»kleinste« Ganzzahlen	java.lang. Byte	byte	getByte(x)	TINYINT	NUMBER(3)
»kurze« Ganzzahlen	java.lang. Short	short	getShort(x)	SMALLINT	NUMBER(5)
»normale« Ganzzahlen	java.lang. Integer	int	getInt(x)	INTEGER	NUMBER(10)
»lange« Ganzzahlen	java.lang. Long	long	getLong(x)	BIGINT	NUMBER(19)
»besonders lange Zahlen«	java.math. BigDecimal	java.math. BigDecimal	getBigDecimal(x)	DECIMAL	NUMBER(38)
Geldbeträge und andere Kommazahlen	java.lang. Double	double	getDouble(x)	DOUBLE	NUMBER(p, n)

Tabelle 7.2 Die Zuordnung der SQL-Datentypen der ANSI-Norm zu der Oracle-Datenbank und den Java-Datentypen

	Java-Anwen-dung	Rückgabe-wert	java.sql.ResultSet	ANSI SQL	ORACLE
»kurze« Zei-chenketten, bis 1.000 Zeichen	java.lang.String	java.lang.String	get-String(x)	VARCHAR(n)	VARCHAR (1000 char)
»lange« Zei-chenketten, über 1.000 Zeichen	java.lang.String	java.lang.String java.sql.Clob	get-String(x) getClob(x)	CLOB	CLOB
Datum	java.time.LocalDate	java.sql.Date	getDate(x)	DATE	DATE
Uhrzeit	java.time.LocalTime	java.sql.Time	getTime(x)	TIME	DATE
Zeitstempel	java.time.LocalDate-Time	java.sql.Timestamp	getTime-stamp(x)	TIMESTAMP	TIMESTAMP(3)
Binärdateien	byte[]	byte[] java.sql.Blob	getBytes(x) getBlob(x)	BLOB	BLOB

Tabelle 7.2 Die Zuordnung der SQL-Datentypen der ANSI-Norm zu der Oracle-Datenbank und den Java-Datentypen (Forts.)

Wahrheitswerte

Für die numerischen SQL-Datentypen bietet die JDBC-API die Methode getBoolean() an. Obwohl die Oracle Database den SQL-Datentyp BOOLEAN nicht kennt, kann die Methode get-Boolean() verwendet werden. Die einzige Voraussetzung ist, dass das Datenfeld eine 0 oder eine 1 als numerischen Wert enthält. Der Rest wird wie von Geisterhand erledigt. Der Rückgabewert ist vom primitiven Datentyp boolean.

Numerische Typen

Auch für die numerischen SQL-Datentypen bietet die JDBC-API Getter-Methoden an. Allerdings liefern sie stets primitive bzw. elementare Datentypen. Bei der Umwandlung der primitiven Datentypen sollte aber kein Autoboxing verwendet werden. Das Autoboxing birgt eine Gefahr, weil der Vergleichsoperator dabei unterscheidet, ob ein Objekt per new-Operator oder per Autoboxing instanziiert wurde. Je nachdem, wie das Objekt initialisiert wurde, vergleicht der Operator eine Zahl oder eine Referenzadresse. Dieser Automatismus ist ein

Risiko, weil in der Komplexität einer großen Java EE-Anwendung manchmal nicht überschaubar ist, wie ein Objekt zustande kam. Wenn nicht ganz sicher ist, dass dieses Risiko vermieden werden kann, sollten Sie in geschäftskritischen Anwendungen gänzlich auf Autoboxing und Autounboxing verzichten.

Zeichenketten

Tabelle 7.2 lässt sich entnehmen, dass Zeichenketten mit der Methode getString() geholt werden. Deshalb braucht der Anwendungsentwickler die Rückgabewerte nicht umzuwandeln.

Da die gewaltige Datenmenge eines CLOB aber zu Problemen in der Netzwerkschicht führen kann, müssen Sie dies als Anwendungsentwickler berücksichtigen und gegebenenfalls mit einem java.io.InputStream oder einem Objekt der Klasse java.sql.Clob arbeiten, um zunächst einen Zeiger auf die eigentliche Zeichenkette zu erhalten. Das Problem wird somit umgangen, weil die Zeichenkette erst dann initialisiert werden muss, wenn die Daten tatsächlich benötigt werden. Dennoch müssen Sie beachten, dass der Zeiger nur innerhalb der Datenbanktransaktion gültig ist.

Zeitpunkte

Bei ANSI SQL wird bei Zeitpunkten nach Datum (DATE), Uhrzeit (TIME) und Zeitstempeln (TIMESTAMP) unterschieden.

Um das Mapping von den ANSI-SQL-Datentypen zur Java API zu vereinfachen, bietet die JDBC-API die Klassen java.sql.Date, java.sql.Time und java.sql.Timestamp an. Diese Datentyp-Klassen sind im Kern mit der althergebrachten Klasse java.util.Date verwandt, denn alle drei Klassen sind von ihr abgeleitet. Allerdings gehen die JDBC-Klassen spezifischer auf die Eigenarten der ANSI-SQL-Datentypen ein. Zum Beispiel umfasst der Datentyp java.sql.Date nur ein Datum (die Uhrzeit wird automatisch entfernt). Und der Datentyp java.sql.Time führt lediglich eine Uhrzeit mit und verzichtet auf das Datum. Dagegen enthält die Klasse java.sql.Timestamp sowohl ein Datum, eine Uhrzeit als auch kleinste Sekundenteile bis hin zu Nanosekunden (für die gängigsten Anwendungen werden aber lediglich die dreistelligen Millisekunden benötigt).

Jetzt nachdem wir für Zeitpunkte sowohl die ANSI-SQL-Datentypen als auch die Klassen der JDBC API herausgearbeitet haben, stellt sich die Frage, mit welchen Datentypen die Zeitpunkte in der Java EE-Anwendung typisiert werden.

In bereits vorhandenen Java EE-Anwendungen, die also beispielsweise mit Java EE 7 oder älter entwickelt wurden, werden Sie meist ein Mapping vorfinden, dass von ANSI SQL ausgehend über die JDBC-Datentypen zur althergebrachten Klasse java.util.Date führt. Dabei wird ein ANSI-SQL-DATE zu einem java.sql.Date, ein ANSI-SQL-TIME zu einem java.sql.Time und ein ANSI-SQL-TIMESTAMP zu einem java.sql.Timestamp gemappt. Abschließend werden alle JDBC-Datentypen einem java.util.Date zugeordnet.

Bei einer neueren Java EE-Anwendung (ab Java EE 8) müssen wir hingegen berücksichtigen, dass auch zur Java SE 8 Date-Time-API gemappt werden kann und dass die neue Date-Time-API auch die empfohlene Alternative darstellt. Schauen wir uns also die Möglichkeiten an, die uns diese API offeriert.

Grundsätzlich bietet die Java SE 8 Date-Time-API für die Bestimmung eines Zeitpunkts zwei Grundformate an, denn sie unterscheidet, ob man einen Zeitpunkt im menschenlesbaren Format oder im Maschinenformat festlegt. Die englischen Fachbegriffe lauten *Human Time* und *Machine Time*. Java arbeitet intern mit der Machine Time, die in der API über die Klasse java.time.Instant gekapselt ist. Für die Java EE-Fachanwendung sind hingegen Klassen der Human Time besser geeignet. Die Klassen, die für die Festlegung per Human Time bereitstehen, werden als *temporale Datentypen* bezeichnet. Für die Umwandlung aus JDBC verwenden wir die temporalen Datentypen java.time.LocalDate, java.time.LocalTime und java.time.LocalDateTime. Wir wandeln also ein java.sql.Date in ein java.time.LocalDate, ein java.sql.time in ein java.time.LocalTime und ein java.sql.timestamp in ein java.time.LocalDateTime um. Damit dies komfortabel durchgeführt werden kann, bietet die API von Java SE 8 neue Methoden an. Beispielsweise zeigt Listing 7.12 die Methode toLocalDateTime() in der Klasse java.sql.Timestamp, mit der wir ein java.sql.Timestamp zu einem java.time.LocalDateTime transferieren.

```
Timestamp timestamp = rs.getTimestamp(1);
LocalDateTime localDateTime = timestamp.toLocalDateTime();
```

Listing 7.12 Die neue Methode »toLocalDateTime()« in der Klasse »java.sql.Timestamp«

In manchen Fällen brauchen Sie eine Umwandlung von der althergebrachten Klasse java.util.Date in die temporale Klasse java.time.LocalDate. In solch einem Fall bietet die neue Date-Time-API einen Umweg über die Machine Time an.

```
java.util.Date date = rs.getDate(1);
LocalDate localDate = LocalDate.from(date.toInstant());
```

Listing 7.13 Die Umwandlung von »java.util.Date« in »java.time.LocalDate«

Binärdateien

Im Onlineshop wurde Java-seitig für die Fotodateien der theoretisch unendlich große Datentyp byte[] und in der Oracle Database der 4 Gigabyte große Datentyp BLOB festgelegt. Grundsätzlich kann der Wert einer binären Datei ganz einfach mit der Methode getBytes() geholt werden. Diese Möglichkeit werde ich auch im Onlineshop zeigen. Je nach Anwendungsfall kann es aber hierbei theoretisch zum gleichen Problem kommen, das ich bereits weiter oben bei den Zeichenketten beschrieben habe, denn genauso wie bei der Klasse String bergen byte[]-Objekte das Risiko, dass sehr große Dateien zu Laufzeitengpässen in der Netzwerkschicht führen können. Auch für byte[] kann das Problem mit einem Input-Stream oder der

Klasse `java.sql.Blob` durch einen Zeiger auf den eigentlichen Wert gelöst werden. Jedoch sind auch diese Zugriffe nur während der Transaktion gültig, weshalb wir mit ihnen behutsam umgehen müssen.

7.6.2 Die Umwandlung der JDBC-eigenen Datentypen

Weil das bisherige Onlineshop-Beispiel mit der Klasse `Customer` lediglich `VARCHAR`-Datentypen (bzw. wegen der Oracle Database `VARCHAR2`-Datentypen) an die Anwendung weiterreichte, war keine Umwandlung nötig. Anders sähe es bei der Abfrage von Artikeln aus, denn dort muss zum Beispiel auch ein Zeitpunkt besorgt werden.

Listing 7.14 zeigt die komplette Datei `Item.java`. Bis auf die Objektvariable `sold` haben wir in dieser Klasse die Objektvariablen mit Java-Standard-Datentypen deklariert.

```
package de.java2enterprise.onlineshop.model;

import java.io.Serializable;
import java.time.LocalDateTime;

public class Item implements Serializable {
    private static final long
        serialVersionUID = -6604363993041715170L;

    private Long id;
    private String title;
    private String description;
    private Double price;
    private byte[] foto;
    private Long seller;
    private Long buyer;
    private LocalDateTime sold;

    public Item() {}

    public Item(
            String title,
            String description,
            Double price,
            Long seller) {
        this.title = title;
        this.description = description;
        this.price = price;
        this.seller = seller;
```

```
    }

    public Long getId() {
        return id;
    }

    public void setId(Long id) {
        this.id = id;
    }

    public String getTitle() {
        return title;
    }

    public void setTitle(String title) {
        this.title = title;
    }

    public String getDescription() {
        return description;
    }

    public void setDescription(String description) {
        this.description = description;
    }

    public Double getPrice() {
        return price;
    }

    public void setPrice(Double price) {
        this.price = price;
    }

    public byte[] getFoto() {
        return foto;
    }

    public void setFoto(byte[] foto) {
        this.foto = foto;
    }

    public Long getSeller() {
```

```java
        return seller;
    }

    public void setSeller(Long seller) {
        this.seller = seller;
    }

    public Long getBuyer() {
        return this.buyer;
    }

    public void setBuyer(Long buyer) {
        this.buyer = buyer;
    }

    public LocalDateTime getSold() {
        return sold;
    }

    public void setSold(LocalDateTime sold) {
        this.sold = sold;
    }

    public String toString() {
        return
            "[" +
            getId() + "," +
            getTitle() + "," +
            getDescription() + "," +
            getPrice() + "," +
            getSeller() + "," +
            getBuyer() + "," +
            getSold() +
            "]";
    }
}
```

Listing 7.14 Item.java

In der Klasse `SearchServlet.java` programmieren wir eine Methode mit dem Namen `find()`. In dieser Methode wird im Titel des Artikels nach einem Zeichenkettenfragment gesucht. Über `ResultSet.getTimestamp()` erhalten wir ein Objekt der JDBC-eigenen Klasse `java.sql. Timestamp`. Diesen wandeln wir in ein `java.time.LocalDateTime` um.

```
package de.java2enterprise.onlineshop;

import java.io.IOException;
import java.sql.Connection;
import java.sql.PreparedStatement;
import java.sql.ResultSet;
import java.sql.Timestamp;
import java.util.ArrayList;
import java.util.List;

import javax.annotation.Resource;
import javax.servlet.RequestDispatcher;
import javax.servlet.ServletException;
import javax.servlet.annotation.WebServlet;
import javax.servlet.http.HttpServlet;
import javax.servlet.http.HttpServletRequest;
import javax.servlet.http.HttpServletResponse;
import javax.servlet.http.HttpSession;
import javax.sql.DataSource;

import de.java2enterprise.onlineshop.model.Item;

@WebServlet("/search")
public class SearchServlet extends HttpServlet {
    private static final long serialVersionUID = 1L;

    @Resource
    private DataSource ds;

    public void doGet(HttpServletRequest request, HttpServletResponse response)
    throws ServletException, IOException {
        doPost(request, response);
    }

    public void doPost(
        HttpServletRequest request,
        HttpServletResponse response)
            throws ServletException, IOException {

        String s = request.getParameter("search");
        try {
            List<Item> items = find(s);
            if (items != null) {
```

```java
            HttpSession session = request.getSession();
            session.setAttribute("items", items);
        }
    } catch (Exception e) {
        throw new ServletException(e.getMessage());
    }
    RequestDispatcher dispatcher = request.getRequestDispatcher("search.jsp");
    dispatcher.forward(request, response);
}

public List<Item> find(String s) throws Exception {
    List<Item> items = new ArrayList<Item>();
    try(final Connection con = ds.getConnection();
        final PreparedStatement stmt = con.prepareStatement(
            "SELECT " + "id, " + "title, " + "description, " + "price, "
            + "seller_id, " + "buyer_id, " + "sold " +
                    "FROM onlineshop.item " + "WHERE title like ?")) {
        stmt.setString(1, (s == null) ? "%" : "%" + s + "%");
        ResultSet rs = stmt.executeQuery();
        while (rs.next()) {

            Item item = new Item();

            Long id = Long.valueOf(rs.getLong("id"));
            item.setId(id);

            String title = rs.getString("title");
            item.setTitle(title);

            String description = rs.getString("description");
            item.setDescription(description);

            double price = rs.getDouble("price");
            if (price != 0) {
                item.setPrice(Double.valueOf(price));
            }

            long seller_id = rs.getLong("seller_id");
            if (seller_id != 0) {
                item.setSeller(Long.valueOf(seller_id));
            }

            long buyer_id = rs.getLong("buyer_id");
```

```
            if (buyer_id != 0) {
                item.setBuyer(Long.valueOf(buyer_id));
            }

            Timestamp ts = rs.getTimestamp("sold");
            if (ts != null) {
                item.setSold(ts.toLocalDateTime());
            }

            items.add(item);
        }
    }
    return items;
  }
}
```

Listing 7.15 SearchServlet.java

7.7   Vorbereitete SQL-Anweisungen

Im letzten Abschnitt haben wir in der Klasse SearchServlet SQL-Anweisungen als Zeichen-ketten fertiggestellt und an die Datenbank versandt. Dabei haben wir die grundlegende Klasse java.sql.Statement eingesetzt. Bei wenigen hintereinander folgenden SQL-Anweisungen ist das Programm im Handumdrehen mit der Aufgabe fertig. Wenn es sich aber um Millionen von INSERT-Anweisungen handelt, ist die Klasse java.sql.Statement zu langwierig. Stattdessen wurden für diesen Zweck *vorbereitete* SQL-Anweisungen erfunden.

7.7.1   Die Klasse »PreparedStatement«

Mit der Klasse java.sql.PreparedStatement können vorbereitete SQL-Anweisungen erstellt und an die Datenbank verschickt werden. Weil die Datenbank hierdurch bereits ein Grundgerüst erhält, bevor sie die SQL-Anweisung abwickelt, kann sie sich zunächst einen Ausführungsplan anlegen, der für die Leistung optimal ist. Je größer die Anzahl der Datensätze ist, desto stärker macht sich die Geschwindigkeitsoptimierung einer vorbereiteten Anweisung bemerkbar.

Wenn SQL-Anweisungen handgeschrieben erstellt werden und kein Persistenz-Framework eingesetzt wird, nutzt man heutzutage kaum mehr die einfache Variante java.sql.Statement, sondern eigentlich nur noch die Klasse java.sql.PreparedStatement. Denn schnell wurde noch ein weiterer Vorzug von vorbereiteten SQL-Anweisungen deutlich: SQL-Anweisungen bergen nämlich die Gefahr, dass sie von Hackern durch eine sogenannte *SQL-Injection* auf dem Weg zur Datenbank manipuliert werden. Dagegen sind vorbereitete Anweisungen wesentlich besser vor Korruption geschützt.

Die Arbeitsweise mit der Klasse java.sql.PreparedStatement ähnelt der mit der Klasse java.sql.Statement. Statt der einzufügenden Werte enthalten vorbereitete SQL-Anweisungen jeweils nur ein Fragezeichen.

Die Klasse bietet für unterschiedliche Datentypen jeweils eine Setter-Methode an. Dadurch kann die Datenbank vor der eigentlichen Ausführung das Fragezeichen durch den konkreten Wert ersetzen. Der erste Parameter der Setter-Methoden zeigt mit einer 1 beginnend die Nummer der zu ändernden Spalte an. Der zweite Parameter enthält den zu setzenden Wert.

In der folgenden Klasse RegisterServlet wird die Klasse java.sql.PreparedStatement statt der Klasse java.sql.Statement verwendet:

```
package de.java2enterprise.onlineshop;

import java.io.IOException;
import java.sql.Connection;
import java.sql.PreparedStatement;

import javax.annotation.Resource;
import javax.servlet.RequestDispatcher;
import javax.servlet.ServletException;
import javax.servlet.annotation.WebServlet;
import javax.servlet.http.HttpServlet;
import javax.servlet.http.HttpServletRequest;
import javax.servlet.http.HttpServletResponse;
import javax.sql.DataSource;

import de.java2enterprise.onlineshop.model.Customer;

@WebServlet("/register")
public class RegisterServlet extends HttpServlet {
    private static final long serialVersionUID = 1L;

    @Resource
    private DataSource ds;

    protected void doPost(
            HttpServletRequest request,
            HttpServletResponse response)
            throws ServletException, IOException {
```

```java
response.setContentType(
        "text/html;charset=UTF-8");

String email = request.getParameter("email");
String password =
    request.getParameter("password");

Customer customer = new Customer();
customer.setEmail(email);
customer.setPassword(password);

try {
    persist(customer);
} catch (Exception e) {
    throw new ServletException(e.getMessage());
}

if(customer.getId() != null) {
    request.setAttribute("message", "Die Registrierung war erfolgreich!");
} else {
    request.setAttribute("message", "Die Registrierung war erfolglos!");
}

RequestDispatcher dispatcher =
    request.getRequestDispatcher("index.jsp");
dispatcher.forward(request, response);
}

public void persist(Customer customer)
        throws Exception {
    try(final Connection con = ds.getConnection();
        final PreparedStatement stmt = con.prepareStatement(
        "INSERT INTO onlineshop.customer(" +
            "email, " +
            "password" +
        ") VALUES (" +
            "?, " +
            "?)"
        )) {
        stmt.setString(1, customer.getEmail());
        stmt.setString(2, customer.getPassword());
```

```
            stmt.executeUpdate();
        }
    }
}
```

Listing 7.16 RegisterServlet.java

Genauso wie für eine INSERT-Anweisung kann auch für ein SELECT ein java.sql.Prepared-Statement eingesetzt werden:

```java
package de.java2enterprise.onlineshop;

import java.io.IOException;
import java.sql.Connection;
import java.sql.PreparedStatement;
import java.sql.ResultSet;

import javax.annotation.Resource;
import javax.servlet.RequestDispatcher;
import javax.servlet.ServletException;
import javax.servlet.annotation.WebServlet;
import javax.servlet.http.HttpServlet;
import javax.servlet.http.HttpServletRequest;
import javax.servlet.http.HttpServletResponse;
import javax.servlet.http.HttpSession;
import javax.sql.DataSource;

import de.java2enterprise.onlineshop.model.Customer;

@WebServlet("/signin")
public class SigninServlet extends HttpServlet {
    private static final long serialVersionUID = 1L;

    @Resource
    private DataSource ds;

    protected void doPost(
        HttpServletRequest request,
        HttpServletResponse response)
                throws ServletException, IOException {
        String email = request.getParameter("email");
        String password = request.getParameter("password");
```

```
    try {
        Customer customer = find(email, password);

        if(customer!=null) {
            HttpSession session = request.getSession();
            session.setAttribute("customer", customer);
        }
    } catch (Exception e) {
        throw new ServletException(e.getMessage());
    }
    response.setContentType("text/html;charset=UTF-8");

    RequestDispatcher rd = request.getRequestDispatcher("index.jsp");
    rd.forward(request, response);
}

public Customer find(
        String _email,
        String _password)
        throws Exception {
    try(final Connection con = ds.getConnection();
        final PreparedStatement stmt = con.prepareStatement(
            "SELECT " +
                "id, " +
                "email, " +
                "password " +
            "FROM onlineshop.customer " +
            "WHERE email=? " +
            "AND password=?")) {

        stmt.setString(1, _email);
        stmt.setString(2, _password);

        ResultSet rs = stmt.executeQuery();
        if(rs.next()) {
            Customer customer = new Customer();
            Long id = Long.valueOf(rs.getLong("id"));
            customer.setId(id);

            String email = rs.getString("email");
            customer.setEmail(email);

            String password = rs.getString("password");
```

```
                customer.setPassword(password);
                return customer;
            }
        }
        return null;
    }
}
```

Listing 7.17 SigninServlet.java

7.7.2   Von Java zu SQL

In Abschnitt 7.6.1, »Von SQL zu Java«, habe ich gezeigt, wie die Datentypen der Ergebnismenge einer Abfrage extra umgewandelt werden müssen, weil die Klasse ResultSet häufig keine Java-Standard-Datentypen liefert.

Auch bei den Setter-Methoden eines PreparedStatement ist eine Umformung nötig. Tabelle 7.3 zeigt von links nach rechts, wie das Mapping von den grundlegenden Java-Standard-Datentypen der Java-Anwendung auf die ANSI-SQL- und Oracle-Datentypen erfolgt.

	Java-Anwendung	java.sql.Prepared-Statement	ANSI SQL	ORACLE
Wahrheits-werte	java.lang.Boolean	setBoolean(x, boolean)	BOOLEAN	NUMBER(1)
»kleinste« Ganzzahlen	java.lang.Byte	setByte(x, byte)	TINYINT	NUMBER(3)
»kurze« Ganz-zahlen	java.lang.Short	setShort(x, short)	SMALLINT	NUMBER(5)
»normale« Ganzzahlen	java.lang.Integer	setInt(x, int)	INTEGER	NUMBER(10)
»lange« Ganz-zahlen	java.lang.Long	setLong(x, long)	BIGINT	NUMBER(19)
»besonders lange Zahlen«	java.math.BigDecimal	setBigDecimal(x, java.math.BigDecimal)	DECIMAL	NUMBER(38)
Geldbeträge und andere Kommazahlen	java.lang.Double	setDouble(x, double)	DOUBLE	NUMBER(p, n)

Tabelle 7.3 Die gängigsten Setter-Methoden der Klasse »java.sql.PreparedStatement«

	Java-Anwendung	java.sql.Prepared-Statement	ANSI SQL	ORACLE
»kurze« Zeichenketten, bis 1.000 Zeichen	`java.lang.String`	`setString(x, java.lang.String)`	`VARCHAR(n)`	`VARCHAR2 (1000 char)`
»lange« Zeichenketten, über 1.000 Zeichen	`java.lang.String`	`setString(x, java.lang.String)` `setClob(x, java.sql.Clob)`	`CLOB`	`CLOB`
Datum	`java.time.Local-Date`	`setDate(x, java.sql.Date)`	`DATE`	`DATE`
Uhrzeit	`java.time.Local-Time`	`setTime(x, java.sql.Time)`	`TIME`	`DATE`
Zeitstempel	`java.time.Local-DateTime`	`setTimestamp(x, java.sql.Timestamp)`	`TIMESTAMP`	`TIMESTAMP(3)`
Binärdateien	`byte[]`	`setBytes(x, byte[])` `setBlob(x, java.sql.Blob)`	`BLOB`	`BLOB`

Tabelle 7.3 Die gängigsten Setter-Methoden der Klasse »java.sql.PreparedStatement« (Forts.)

7.7.3   Das Abrufen automatisch generierter Schlüssel

Im letzten Kapitel habe ich gezeigt, wie bei einer INSERT-Anweisung Primärschlüssel automatisch erzeugt werden. Durch die automatische Generierung von Primärschlüsseln haben wir einen Geschwindigkeitsvorteil erzielt. Weil die Datenbank die Schlüssel selbst erzeugt, musste sich die Java EE-Anwendung nicht um deren Konsistenz kümmern. Allerdings hat die automatische Generierung von Primärschlüsseln auch einen Nachteil: Wenn die Primärschlüssel in der Datenbank automatisch generiert werden, geschieht dies aus der Sicht der Java EE-Anwendung im Verborgenen. Das Problem bei den bisher gezeigten Mitteln ist, dass die Java EE-Anwendung Mühe hat, den Bezug zwischen einem Objekt und einem generierten Schlüssel zu finden.

Stellen Sie sich vor, dass sich ein Kunde mit der Anwendung soeben registriert hat und nun unmittelbar danach auch automatisch eingeloggt sein soll. Um einen Artikel zu erstellen, benötigen wir die ID des Verkäufers, denn sie muss ja ins Feld SELLER_ID der Tabelle ITEM gespeichert werden. Obwohl ein Primärschlüssel automatisch generiert wurde, haben wir seine ID nicht zur Hand, denn die Methode executeUpdate() liefert von Natur aus keinen entsprechenden Rückgabewert.

Eine Möglichkeit ist, den Kunden über die eindeutige E-Mail-Adresse zu suchen. Diese Lösung wird in einer geschäftskritischen Anwendung jedoch kaum Verwendung finden, denn sie ist unsicher. Und eigentlich weist einzig und allein der Primärschlüssel eindeutig auf die Identität eines Geschäftsobjekts hin.

Für diese Problemstellung wurde in der JDBC-API jedoch vorgesorgt. Um automatisch generierte Schlüssel unmittelbar nach der Erzeugung zu erhalten, können Sie die Methode Connection.prepareStatement() noch mit einem zweiten Parameter aufrufen.

Wenn als zweiter Parameter zum Beispiel ein String-Array mitgegeben wird, geht der Treiber davon aus, dass es sich um die Namen der automatisch generierten Schlüssel handelt.

```java
PreparedStatement stmt = con.prepareStatement(
    "INSERT INTO onlineshop.customer(" +
        "email, " +
        "password" +
    ") VALUES (" +
        "?, " +
        "?)", autogeneratedKeys
    );

stmt.setString(1, customer.getEmail());
stmt.setString(2, customer.getPassword());
stmt.executeUpdate();

ResultSet rs = stmt.getGeneratedKeys();
Long id = null;
while(rs.next()) {
    id = rs.getLong(1);
    customer.setId(id);
}
```

Listing 7.18 Wenn als zweiter Parameter zum Beispiel ein String-Array mitgegeben wird, geht der Treiber davon aus, dass es sich um die Namen der automatisch generierten Schlüssel handelt.

Nachdem die Methode executeUpdate() der Klasse java.sql.PreparedStatement den neuen Datensatz eingefügt hat, gibt die Methode getGeneratedKeys() ein ResultSet zurück, das die automatisch generierten Schlüssel enthält:

```java
ResultSet rs = stmt.getGeneratedKeys();
```

Listing 7.19 zeigt, wie das Customer-Objekt einen Primärschlüssel erhält, nachdem es persistiert wurde. Dadurch kann die aufrufende Methode mit dem aktuellen Kunden-Objekt gleich weiterarbeiten.

Als Beispiel werden wir die erhaltene ID nun verwenden. Damit wir im Frontend ein Ergebnis über die im Hintergrund gelaufenen Programmabläufe erhalten, werden wir im Request-Scope eine Nachricht hinterlegen. Wenn das id-Feld einen Wert erhalten hat, soll die Meldung »Die Registrierung war erfolgreich!« ausgegeben werden, ansonsten erhält der Benutzer die Meldung »Die Registrierung war erfolglos!«.

```java
package de.java2enterprise.onlineshop;

import java.io.IOException;
import java.sql.Connection;
import java.sql.PreparedStatement;
import java.sql.ResultSet;

import javax.annotation.Resource;
import javax.servlet.RequestDispatcher;
import javax.servlet.ServletException;
import javax.servlet.annotation.WebServlet;
import javax.servlet.http.HttpServlet;
import javax.servlet.http.HttpServletRequest;
import javax.servlet.http.HttpServletResponse;
import javax.sql.DataSource;

import de.java2enterprise.onlineshop.model.Customer;

@WebServlet("/register")
public class RegisterServlet extends HttpServlet {
    private static final long serialVersionUID = 1L;

    @Resource
    private DataSource ds;

    protected void doPost(
            HttpServletRequest request,
            HttpServletResponse response)
            throws ServletException, IOException {

        response.setContentType(
                "text/html;charset=UTF-8");
```

```java
String email = request.getParameter("email");
String password =
    request.getParameter("password");

Customer customer = new Customer();
customer.setEmail(email);
customer.setPassword(password);

try {
    persist(customer);
} catch (Exception e) {
    throw new ServletException(e.getMessage());
}

if(customer.getId() != null) {
    request.setAttribute("message", "Die Registrierung war erfolgreich!");
} else {
    request.setAttribute("message", "Die Registrierung war erfolglos!");
}

RequestDispatcher dispatcher =
    request.getRequestDispatcher("index.jsp");
dispatcher.forward(request, response);
}

public void persist(Customer customer)
        throws Exception {
    String[] autogeneratedKeys = new String[]{"id"};
    try(final Connection con = ds.getConnection();
        final PreparedStatement stmt = con.prepareStatement(
        "INSERT INTO onlineshop.customer(" +
            "email, " +
            "password" +
        ") VALUES (" +
            "?, " +
            "?)", autogeneratedKeys
    )) {
        stmt.setString(1, customer.getEmail());
        stmt.setString(2, customer.getPassword());
        stmt.executeUpdate();
```

```
        ResultSet rs = stmt.getGeneratedKeys();
        Long id = null;
        while(rs.next()) {
            id = rs.getLong(1);
            customer.setId(id);
        }
      }
    }
  }
}
```

Listing 7.19 RegisterServlet.java

In der *index.jsp* werden wir die Nachricht aus dem `RegisterServlet` anzeigen:

```
<%@ include file="header.jspf" %>
<p>${message}</p>
<fmt:message key="signedin"/>: <c:out value="${customer.email}" default="-"/>
<%@ include file="footer.jspf" %>
```

Listing 7.20 index.jsp

7.8   Binärdaten

Ein Bild sagt mehr als 1.000 Worte, und auch das Programmierbeispiel unseres Onlineshops macht deutlich, dass heutzutage audiovisuelle Medien eine wichtige Stellung einnehmen. Umso wichtiger ist, dass eine Java EE-Anwendung problemlos Binärdaten speichern kann. Wie Sie gleich sehen werden, ist die Speicherung von Bildern kein Hexenwerk. Technisch gesehen wurden sogar bereits alle hierfür erforderlichen Bestandteile der Java-API beschrieben. In einem Programmierbeispiel werden wir die verschiedenen Fragmente nun noch einmal zusammenführen, denn am praktischen Beispiel wird am besten deutlich, wie die Speicherung eines Bildes vom Webbrowser bis hin zur Datenbank erfolgt.

7.8.1   Bilder speichern

In dem Programmierbeispiel des Onlineshops bieten Kunden Artikel an, indem sie über das Verkaufsformular in der *sell.jsp* die Daten des Artikels eingeben. Dabei bietet das Formular nicht nur die Möglichkeit, den Titel, die Beschreibung und den Preis des Artikels beizufügen, sondern enthält auch einen Hochlademechanismus für Bilddateien.

In dem Programmierbeispiel zu der Übung soll die Klasse `SellServlet` die entgegengenommenen Daten inklusive Bilddatei in der Datenbanktabelle `ITEM` speichern.

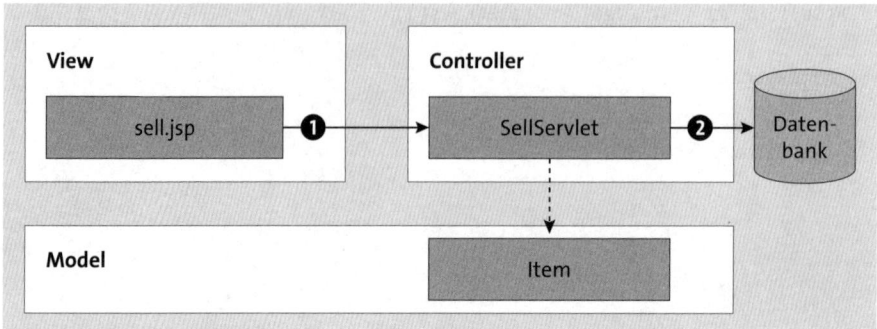

Abbildung 7.29 Das MVC-Entwurfsmuster für das Einstellen von Artikeln

Das Modell (Item.java)

In der Entity Item.java werden die Attribute Titel, Beschreibung, Preis und Foto implementiert. Das heißt, dass sie als private Objektvariablen deklariert und über öffentliche Setter- und Getter-Methoden nach außen hin angeboten werden.

```java
package de.java2enterprise.onlineshop.model;

import java.io.Serializable;
import java.time.LocalDateTime;

public class Item implements Serializable {
    private static final long
        serialVersionUID = -6604363993041715170L;

    private Long id;
    private String title;
    private String description;
    private Double price;
    private byte[] foto;
    private Long seller;
    private Long buyer;
    private LocalDateTime sold;

    public Item() {}

    public Item(
            String title,
            String description,
            Double price,
            Long seller) {
```

```
        this.title = title;
        this.description = description;
        this.price = price;
        this.seller = seller;
    }

    public Long getId() {
        return id;
    }

    public void setId(Long id) {
        this.id = id;
    }

    public String getTitle() {
        return title;
    }

    public void setTitle(String title) {
        this.title = title;
    }

    public String getDescription() {
        return description;
    }

    public void setDescription(String description) {
        this.description = description;
    }

    public Double getPrice() {
        return price;
    }

    public void setPrice(Double price) {
        this.price = price;
    }

    public byte[] getFoto() {
        return foto;
    }

    public void setFoto(byte[] foto) {
```

```java
        this.foto = foto;
    }

    public Long getSeller() {
        return seller;
    }

    public void setSeller(Long seller) {
        this.seller = seller;
    }

    public Long getBuyer() {
        return this.buyer;
    }

    public void setBuyer(Long buyer) {
        this.buyer = buyer;
    }

    public LocalDateTime getSold() {
        return sold;
    }

    public void setSold(LocalDateTime sold) {
        this.sold = sold;
    }

    public String toString() {
        return
            "[" +
            getId() + "," +
            getTitle() + "," +
            getDescription() + "," +
            getPrice() + "," +
            getSeller() + "," +
            getBuyer() + "," +
            getSold() +
            "]";
    }

}
```

Listing 7.21 Item.java

Die View (sell.jsp)

Die Datei *sell.jsp* habe ich bereits in einem vorherigen Kapitel gezeigt. Damit Sie das Listing zu dem Programmierbeispiel nicht suchen müssen, wird es an dieser Stelle noch einmal abgedruckt:

```
<%@ include file="header.jspf" %>
    <form
        action="sell"
        method="post"
        enctype="multipart/form-data">
    <fieldset>
    <legend>Verkaufen</legend>
    <table>
        <tbody>
        <tr>
            <th>
                <label for="title">Titel:</label>
            </th>
            <td>
                <input
                    type="text"
                    name="title"
                    size="40"
                    maxlength="40"
                    title=
                    "Ein Titel für den Artikel"
                    placeholder="Titel eingeben"
                    pattern=".{6,40}"
                    required="required">
            </td>
        </tr>
        <tr>
            <th>
                <label
                    for="description">
                    Beschreibung:
                </label>
            </th>
            <td>
                <textarea
                    name="description"
                    cols="100"
                    rows="10"
```

```
                maxlength="1000">
            </textarea>
        </td>
    </tr>
    <tr>
        <th>
            <label
                for="price">
                Preis:
            </label>
        </th>
        <td>
            <input
                type="number"
                name="price"
                size="40"
                maxlength="40"
                title=
                "Ein Preis für den Artikel"
                placeholder="Preis eingeben"
                pattern=".{1,40}"
                required="required">
        </td>
    </tr>
    <tr>
        <th>
            <label
                for="foto">
                Foto:
            </label>
        </th>
        <td>
            <input type="file" name="foto">
        </td>
    </tr>
    <tr>
        <td/><td>
            <input type="submit">
            <input type="reset">
        </td>
    </tr>
</tbody>
</table>
```

```
        </fieldset>
        </form>
<%@ include file="footer.jspf" %>
```

Listing 7.22 sell.jsp

Der Controller (SellServlet.java)

In Kapitel 4, »Servlet 4.0«, habe ich bereits beschrieben, wie Sie aus einem Multipart/Form-Data-Request Bilder einlesen. Listing 7.23 mit der Klasse SellServlet zeigt, wie das Bild des Artikels in der Datenbanktabelle ITEM gespeichert wird.

Im Beispiel wird das Bild gemeinsam mit allen anderen Geschäftsdaten des Artikels in der Klasse Item gekapselt und an die Methode persist() zur Speicherung übergeben.

```
package de.java2enterprise.onlineshop;

import java.io.ByteArrayOutputStream;
import java.io.IOException;
import java.io.InputStream;
import java.sql.Connection;
import java.sql.PreparedStatement;
import java.sql.ResultSet;

import javax.annotation.Resource;
import javax.servlet.RequestDispatcher;
import javax.servlet.ServletException;
import javax.servlet.annotation.MultipartConfig;
import javax.servlet.annotation.WebServlet;
import javax.servlet.http.HttpServlet;
import javax.servlet.http.HttpServletRequest;
import javax.servlet.http.HttpServletResponse;
import javax.servlet.http.HttpSession;
import javax.servlet.http.Part;
import javax.sql.DataSource;

import de.java2enterprise.onlineshop.model.Customer;
import de.java2enterprise.onlineshop.model.Item;

@WebServlet("/sell")
@MultipartConfig(location = "/tmp", fileSizeThreshold = 1024
        * 1024, maxFileSize = 1024 * 1024
                * 5, maxRequestSize = 1024 * 1024 * 5 * 5)
public class SellServlet extends HttpServlet {
    private static final long serialVersionUID = 1L;
```

```java
public final static int MAX_IMAGE_LENGTH = 400;

@Resource
private DataSource ds;

public void doPost(HttpServletRequest request,
        HttpServletResponse response)
        throws ServletException, IOException {

    Part part = request.getPart("foto");
    ByteArrayOutputStream baos = new ByteArrayOutputStream();
    try {
        InputStream in = part.getInputStream();
        int i = 0;
        while ((i = in.read()) != -1) {
            baos.write(i);
        }
    } catch (IOException ex) {
        throw new ServletException(ex.getMessage());
    }

    HttpSession session = request.getSession();
    Object customer = session.getAttribute("customer");
    if (customer != null) {
        String title = request.getParameter("title");
        String description = request
                .getParameter("description");
        String price = request.getParameter("price");

        Item item = new Item();
        item.setTitle(title);
        item.setDescription(description);
        item.setPrice(Double.valueOf(price));
        item.setSeller(((Customer) customer).getId());
        item.setFoto(baos.toByteArray());
        baos.flush();

        try {
            persist(item);
        } catch (Exception e) {
            throw new ServletException(e.getMessage());
        }
        RequestDispatcher dispatcher = request
```

```
                        .getRequestDispatcher("index.jsp");
            dispatcher.forward(request, response);
        }
    }

    public void persist(Item item) throws Exception {
        String[] autogeneratedKeys = new String[] { "id" };
        try (final Connection con = ds.getConnection();
                final PreparedStatement stmt = con
                        .prepareStatement(
                                "INSERT INTO onlineshop.item ("
                                        + "title, "
                                        + "description, "
                                        + "price, "
                                        + "foto, "
                                        + "seller_id "
                                        + ") VALUES ("
                                        + "?, " + "?, "
                                        + "?, " + "?, "
                                        + "?" + ") ",
                                autogeneratedKeys)) {
            stmt.setString(1, item.getTitle());
            stmt.setString(2, item.getDescription());
            stmt.setDouble(3, item.getPrice());
            stmt.setBytes(4, item.getFoto());
            stmt.setLong(5, item.getSeller());
            stmt.executeUpdate();

            ResultSet rs = stmt.getGeneratedKeys();
            Long id = null;
            while (rs.next()) {
                id = rs.getLong(1);
                item.setId(id);
            }
        }
    }
}
```

Listing 7.23 SellServlet.java

Dem Listing können Sie entnehmen, wie die Methode persist() den Titel, die Beschreibung, den Preis und das Foto in der Datenbanktabelle speichert. Dabei wird auch hier der neue Primärschlüssel als Wert der Objektvariablen id übernommen.

Bilder verkleinern

Wenn bei der Entwicklung einer Webanwendung Bilder zum Server hochgeladen werden, tritt sehr schnell ein bestimmtes Problem auf: Es ist schwer vorhersehbar, in welchem Format und in welcher Größe das Original losgeschickt wird. Ich werde an dieser Stelle nicht weiter auf die Verschiedenheit der Bildtypen eingehen, aber die Größe von Bildern möchte ich dennoch kurz ansprechen.

Als Beispiel werden wir eine Methode programmieren, die vor der Speicherung aufgerufen werden soll, um die Bilder in ihrer längeren Seite einheitlich zu transformieren. Wir nennen die Methode deshalb scale().

Die Methode scale() nutzt eine Konstante, der wir den Namen MAX_IMAGE_LENGTH geben und die wir ganz oben im Servlet deklarieren werden. Den Wert der Konstanten habe ich ganz willkürlich auf 400 Pixel gesetzt:

```
public final static int MAX_IMAGE_LENGTH = 400;
```

Wir legen also fest, dass die längere Seite des Bildes auf die von uns eigenmächtig festgelegte Länge von 400 Pixeln komprimiert bzw. gestreckt wird.

Die kürzere Länge wird mit dem gleichen Faktor verkleinert oder vergrößert, sodass sich das Seitenverhältnis nicht ändert. Auf diese Weise vermeiden Sie bei der Transformation eine Verzerrung des Bildes.

Die Methode scale() soll mit dem Bild als byte[]-Parameter aufgerufen werden können:

```
public byte[] scale(byte[] foto) throws IOException {
```

Unser Bild ist nun in einem Byte-Buffer in Originalgröße gespeichert. Da die Größe des Bildes unseren Anforderungen eventuell nicht entspricht, müssen wir dafür Sorge tragen, dass es nun skaliert wird. Hierzu müssen wir erst einmal herausfinden, welche Breite und welche Höhe das Bild aufweist. Dies erreichen wir, indem wir aus den Bilddaten und der Klasse ImageIO ein Objekt der Klasse BufferedImage erstellen. Die Klasse ImageIO benötigt die Bilddaten aber als Eingabestrom. Deshalb erzeugen wir zunächst ein Objekt der Klasse ByteArrayInputStream:

```
ByteArrayInputStream byteArrayInputStream =
    new ByteArrayInputStream(foto);
```

Die Breite und die Höhe des Bildes sind anschließend einfach zu ermitteln. Wir erhalten sie mithilfe der Convenience-Methoden getWidth() und getHeight(). Da wir gleich eine Bruchrechnung mit den Werten vorhaben, casten wir beide Werte zum Datentyp double:

```
BufferedImage originalBufferedImage =
    ImageIO.read(byteArrayInputStream);
```

```
double originalWidth = (double)
    originalBufferedImage.getWidth();
    double originalHeight = (double)
        originalBufferedImage.getHeight();
```

Der für die Skalierung relevante Wert ist der größere der beiden:

```
double relevantLength =
    originalWidth > originalHeight ?
        originalWidth : originalHeight;
```

Der Skalierungsfaktor für die Transformation errechnet sich aus der maximal zulässigen Länge, MAX_IMAGE_LENGTH, geteilt durch die relevante Länge:

```
double transformationScale =
    MAX_IMAGE_LENGTH / relevantLength;
```

Die resultierende Breite und Länge des Bildes erhalten wir, indem wir die ursprünglichen Werte mit dem Skalierungswert multiplizieren. Das Ergebnis wird mit Math.round(double) zu einer Ganzzahl gerundet. Math.round(double) liefert die Werte im Datentyp long. So hohe Wertbereiche erwarten wir in Pixeln nicht. Deshalb können wir die erhaltenen Ganzzahlen von long auf int casten:

```
int width = (int) Math.round(
    transformationScale * originalWidth );
    int height = (int) Math.round(
        transformationScale * originalHeight );
```

Nun erzeugen wir ein neues Objekt der Klasse BufferedImage und instanziieren es mit der erwünschten und soeben erhaltenen Breite und Länge. Als dritten Parameter erwartet BufferedImage eine Angabe zu dem Bildtyp. Wir entscheiden uns hier für den Typ INT_RGB, ein 8-Bit-RGB-Bild ohne Alpha-Werte.

```
BufferedImage resizedBufferedImage =
    new BufferedImage(
        width, height, BufferedImage.TYPE_INT_RGB);
```

Für die Transformation benötigen wir die Java-Klasse Graphics2D, die zur Verbesserung der ursprünglichen Klasse Graphics entwickelt wurde. Die Klasse Graphics2D ist zwar Erbe der Klasse Graphics, jedoch gehen ihre Fähigkeiten weit über die alte Klasse Graphics hinaus. Graphics2D wird für sämtliche zweidimensionalen Umwandlungen (wie Verschiebungen, Skalierungen oder Farbmanipulationen) verwendet. Die Umwandlung basiert auf dem sogenannten benutzerabhängigen Koordinatensystem *Transformation Userspace*. Diese Standardeinstellung ist für Geräte bestimmt, die im Bereich von 72 dpi arbeiten, also 72 Punkte pro Inch darstellen. Da eine Transformation somit geräteabhängig ist, müssten wir die

Gerätekonfiguration erst abfragen. Unser Zielgerät ist jedoch ein Unix-Root-Server ohne Grafik-API, deshalb werden wir uns an dieser Stelle mit der gegebenen Schätzung begnügen.

```
Graphics2D g2d =
    resizedBufferedImage.createGraphics();
```

Für grafische Umwandlungen gibt es eine Vielzahl an Vorgehensweisen. Um einen Hinweis darauf zu geben, welche Vorgehensweise oder welcher Algorithmus erwünscht ist, können Sie mithilfe der Methode setRenderingHint(Key, Object) Vorlieben nennen. Hierdurch wird insbesondere die Qualität bzw. die Laufzeit des Prozesses beeinflusst. Das heißt, je besser die Qualität des Resultats sein soll, desto länger muss auf das Ergebnis gewartet werden. Der Implementation steht es frei, inwieweit sie sich der Zielvorgabe des Hinweises nähert oder ob sie sogar die Hinweise vollständig ignoriert. Wir setzen an dieser Stelle eine bikubische Interpolation ein:

```
g2d.setRenderingHint(
    RenderingHints.KEY_INTERPOLATION,
    RenderingHints.VALUE_INTERPOLATION_BICUBIC);
```

Die eigentliche Skalierung erhalten wir mithilfe der Klasse AffineTransform. Sie erwirkt eine lineare Abbildung von 2D-Koordinaten auf andere 2D-Koordinaten, bewahrt also durch ein spezielles Verfahren die »Geradlinigkeit« und »Parallelität«. Wir müssen zwei Parameter mitgeben. Der erste gibt die Skalierung in der X-Achse an und der zweite die Skalierung in der y-Achse. Da wir eine gleichmäßige Skalierung wünschen, übergeben wir jeweils den Wert transformationScale.

```
AffineTransform affineTransform =
    AffineTransform.getScaleInstance(
        transformationScale,
        transformationScale);
g2d.drawRenderedImage(
    originalBufferedImage, affineTransform);
```

Für die Speicherung in die Datenbank benötigen wir einen Eingabestrom. Mithilfe der Klasse ImageIO schreiben wir unser neues BufferedImage-Objekt in einen ByteArrayOutputStream und setzen den so erhaltenen Buffer in einen ByteArrayInputStream:

```
ByteArrayOutputStream baos =
    new ByteArrayOutputStream();
ImageIO.write(resizedBufferedImage, "PNG", baos);
return baos.toByteArray();
}
```

Sie können die Methode in der Klasse SellServlet nutzen, indem Sie die Methode aufrufen, bevor das Byte-Array als Wert des Attributs Foto gesetzt wird:

```
...
item.setFoto(scale(baos.toByteArray()));
```

Hier noch einmal den kompletten Quelltext der Klasse SellServlet mit Verkleinerung der Bilder:

```
package de.java2enterprise.onlineshop;

import java.awt.Graphics2D;
import java.awt.RenderingHints;
import java.awt.geom.AffineTransform;
import java.awt.image.BufferedImage;
import java.io.ByteArrayInputStream;
import java.io.ByteArrayOutputStream;
import java.io.IOException;
import java.io.InputStream;
import java.sql.Connection;
import java.sql.PreparedStatement;
import java.sql.ResultSet;

import javax.annotation.Resource;
import javax.imageio.ImageIO;
import javax.servlet.RequestDispatcher;
import javax.servlet.ServletException;
import javax.servlet.annotation.MultipartConfig;
import javax.servlet.annotation.WebServlet;
import javax.servlet.http.HttpServlet;
import javax.servlet.http.HttpServletRequest;
import javax.servlet.http.HttpServletResponse;
import javax.servlet.http.HttpSession;
import javax.servlet.http.Part;
import javax.sql.DataSource;

import de.java2enterprise.onlineshop.model.Customer;
import de.java2enterprise.onlineshop.model.Item;

@WebServlet("/sell")
@MultipartConfig(location = "/tmp", fileSizeThreshold = 1024
        * 1024, maxFileSize = 1024 * 1024
                * 5, maxRequestSize = 1024 * 1024 * 5 * 5)
public class SellServlet extends HttpServlet {
```

539

```java
private static final long serialVersionUID = 1L;
public final static int MAX_IMAGE_LENGTH = 400;

@Resource
private DataSource ds;

public void doPost(HttpServletRequest request,
        HttpServletResponse response)
        throws ServletException, IOException {

    Part part = request.getPart("foto");
    ByteArrayOutputStream baos = new ByteArrayOutputStream();
    try {
        InputStream in = part.getInputStream();
        int i = 0;
        while ((i = in.read()) != -1) {
            baos.write(i);
        }
    } catch (IOException ex) {
        throw new ServletException(ex.getMessage());
    }

    HttpSession session = request.getSession();
    Object customer = session.getAttribute("customer");
    if (customer != null) {
        String title = request.getParameter("title");
        String description = request
                .getParameter("description");
        String price = request.getParameter("price");

        Item item = new Item();
        item.setTitle(title);
        item.setDescription(description);
        item.setPrice(Double.valueOf(price));
        item.setSeller(((Customer) customer).getId());
        item.setFoto(scale(baos.toByteArray()));
        baos.flush();

        try {
            persist(item);
        } catch (Exception e) {
            throw new ServletException(e.getMessage());
        }                RequestDispatcher dispatcher = request
```

```
                    .getRequestDispatcher("index.jsp");
            dispatcher.forward(request, response);
        }
    }

    public void persist(Item item) throws Exception {
        String[] autogeneratedKeys = new String[] { "id" };
        try (final Connection con = ds.getConnection();
                final PreparedStatement stmt = con
                        .prepareStatement(
                                "INSERT INTO onlineshop.item ("
                                        + "title, "
                                        + "description, "
                                        + "price, "
                                        + "foto, "
                                        + "seller_id "
                                        + ") VALUES ("
                                        + "?, " + "?, "
                                        + "?, " + "?, "
                                        + "?" + ") ",
                                autogeneratedKeys)) {
            stmt.setString(1, item.getTitle());
            stmt.setString(2, item.getDescription());
            stmt.setDouble(3, item.getPrice());
            stmt.setBytes(4, item.getFoto());
            stmt.setLong(5, item.getSeller());
            stmt.executeUpdate();

            ResultSet rs = stmt.getGeneratedKeys();
            Long id = null;
            while (rs.next()) {
                id = rs.getLong(1);
                item.setId(id);
            }
        }
    }

    public byte[] scale(byte[] foto) throws IOException {
        ByteArrayInputStream byteArrayInputStream = new ByteArrayInputStream(
                foto);
        BufferedImage originalBufferedImage = ImageIO
                .read(byteArrayInputStream);
```

541

```
double originalWidth = (double) originalBufferedImage
        .getWidth();
double originalHeight = (double) originalBufferedImage
        .getHeight();
double relevantLength = originalWidth > originalHeight
        ? originalWidth
        : originalHeight;
double transformationScale = MAX_IMAGE_LENGTH
        / relevantLength;

int width = (int) Math
        .round(transformationScale * originalWidth);
int height = (int) Math.round(
        transformationScale * originalHeight);

BufferedImage resizedBufferedImage = new BufferedImage(
        width,
        height,
        BufferedImage.TYPE_INT_RGB);
Graphics2D g2d = resizedBufferedImage
        .createGraphics();
g2d.setRenderingHint(
        RenderingHints.KEY_INTERPOLATION,
        RenderingHints.VALUE_INTERPOLATION_BICUBIC);

AffineTransform affineTransform = AffineTransform
        .getScaleInstance(transformationScale,
                transformationScale);
g2d.drawRenderedImage(originalBufferedImage,
        affineTransform);

ByteArrayOutputStream baos = new ByteArrayOutputStream();
ImageIO.write(resizedBufferedImage, "PNG", baos);
return baos.toByteArray();
    }
}
```

Listing 7.24 »SellServlet.java« mit Verkleinerung der Bilder

7.8.2   Bilder anzeigen

Um Bilder auf einer Webseite anzuzeigen, muss man einen Umweg machen. Der Grund hierfür liegt in der Art und Weise, wie ein Webbrowser Bilder für eine Webseite nutzt.

Ein Webbrowser fragt über das HTTP-Protokoll zunächst nach einem HTML-Dokument. Nachdem er das HTML-Dokument eingelesen hat, merkt der Webbrowser anhand der enthaltenen ‹img›-Tags, dass er für die Webseite Bilder nachladen muss. Erst dann besorgt er sich über weitere HTTP-Requests die Bilder. Das bedeutet, dass er für jedes Bild einen eigenen HTTP-Request an den Server verschicken muss. Demgemäß müssen wir in der Java EE-Anwendung zunächst ein Dokument erstellen, das die einzelnen ‹img›-Elemente enthält.

Das Diagramm in Abbildung 7.30 zeigt alle Komponenten, die für die User-Story benötigt werden.

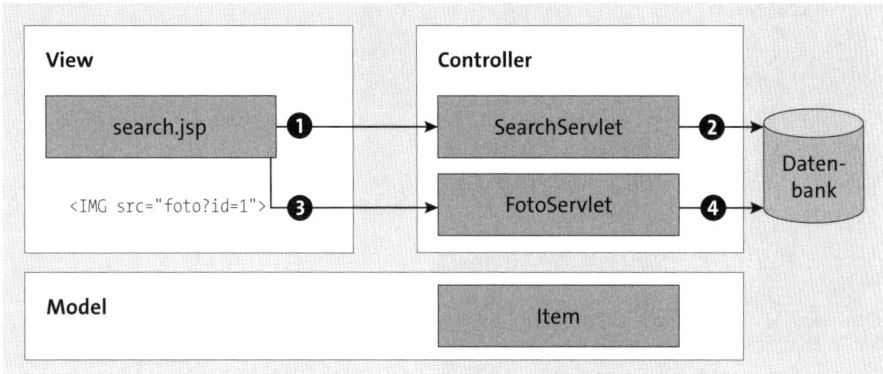

Abbildung 7.30 Bei der Anzeige von Artikeln müssen die Bilder über einen Umweg besorgt werden.

Die View (search.jsp)

Im Programmierbeispiel benötigen wir zunächst die View-Komponente *search.jsp*. Ganz oben enthält die JSP ein HTML-Formular, über das der Kunde Artikel suchen kann.

```
<%@ include file="header.jspf" %>
<article>
    <section>
        <form action="search" method="post">
        <fieldset>
        <legend>Suchen</legend>
        <table>
            <tbody>
            <tr>
                <th>
                    <label for="search">
                        Suche:
                    </label>
                </th>
                <td>
                    <input
```

```
                            type="text"
                            name="search"
                            size="40"
                            maxlength="40"
                            title="Suchtext"
                            placeholder=
                            "Suchtext eingeben"
                            >
                    </td>
                    <td>
                        <input type="submit">
                        <input type="reset">
                    </td>
                </tr>
            </tbody>
            </table>
            </fieldset>
            </form>
        </section>
</article>
```

Listing 7.25 search.jsp

Unter dem HTML-Formular werden die Daten mit der Expression Language angezeigt. Die Bereiche, in denen die Artikel angezeigt werden, enthalten jeweils ein <img>-Element. Das <img>-Element wird als Quelle das URL-Pattern "foto" mitführen. Gleichzeitig wird das URL-Pattern die ID des Artikels mitliefern.

Sobald der Webbrowser die *search.jsp* erhalten hat, durchstöbert er das Dokument nach <img>-Elementen. Jedes Mal, wenn er auf ein <img>-Element stößt, versendet er einen GET-Request an die angegebene URL, um das Ergebnis an der Stelle des <img>-Elements anzuzeigen:

```
<c:forEach var="item" items="${items}">
<article>
    <section>
        <form action="buy" method="post">
        <fieldset>
        <legend>ID: ${item.id}</legend>
        <h2>${item.title}</h2>
        <p>${item.description}</p>
        <p><img src="foto?id=${item.id}">
        <p>Preis: ${item.price} Euro</p>
```

```
        </fieldset>
        </form>
    </section>
</article>
</c:forEach>
<%@ include file="footer.jspf" %>
```

Listing 7.26 search.jsp

Der Controller (SearchServlet.java)

Wenn ein Kunde auf den SUBMIT-Button klickt, wird seine Suche an das SearchServlet geleitet. Dabei werden die Artikel aus der Datenbank geholt, bei denen der Suchtext im Titel
erscheint. Die gefundenen Artikel werden in der HTTP-Sitzung abgelegt.

```
package de.java2enterprise.onlineshop;

import java.io.IOException;
import java.sql.Connection;
import java.sql.PreparedStatement;
import java.sql.ResultSet;
import java.sql.Timestamp;
import java.util.ArrayList;
import java.util.List;

import javax.annotation.Resource;
import javax.servlet.RequestDispatcher;
import javax.servlet.ServletException;
import javax.servlet.annotation.WebServlet;
import javax.servlet.http.HttpServlet;
import javax.servlet.http.HttpServletRequest;
import javax.servlet.http.HttpServletResponse;
import javax.servlet.http.HttpSession;
import javax.sql.DataSource;

import de.java2enterprise.onlineshop.model.Item;

@WebServlet("/search")
public class SearchServlet extends HttpServlet {
    private static final long serialVersionUID = 1L;

    @Resource
    private DataSource ds;
```

```java
public void doGet(
        HttpServletRequest request,
        HttpServletResponse response)
        throws ServletException, IOException {
    doPost(request, response);
}

public void doPost(
        HttpServletRequest request,
        HttpServletResponse response)
        throws ServletException, IOException {

    String s = request.getParameter("search");
    try {
        List<Item> items = find(s);
        if (items != null) {
            HttpSession session = request.getSession();
            session.setAttribute("items", items);
        }
    } catch (Exception e) {
        throw new ServletException(e.getMessage());
    }
    RequestDispatcher dispatcher = request
            .getRequestDispatcher("search.jsp");
    dispatcher.forward(request, response);
}

public List<Item> find(String s)
        throws Exception {

    List<Item> items = new ArrayList<Item>();
    try (final Connection con = ds.getConnection();
            final PreparedStatement stmt = con
                    .prepareStatement(
                            "SELECT " +
                                    "id, " +
                                    "title, " +
                                    "description, " +
                                    "price, " +
                                    "seller_id, " +
                                    "buyer_id, " +
                                    "sold " +
                                    "FROM onlineshop.item "
```

```
                                    +
                            "WHERE title like ?")) {
stmt.setString(
        1,
        (s == null) ? "%" : "%" + s + "%");
ResultSet rs = stmt.executeQuery();
while (rs.next()) {

    Item item = new Item();

    Long id = Long.valueOf(rs.getLong("id"));
    item.setId(id);

    String title = rs.getString("title");
    item.setTitle(title);

    String description = rs
            .getString("description");
    item.setDescription(description);

    double price = rs.getDouble("price");
    if (price != 0) {
        item.setPrice(
                Double.valueOf(price));
    }

    long seller = rs.getLong("seller_id");
    if (seller != 0) {
        item.setSeller(
                Long.valueOf(seller));
    }

    long buyer = rs.getLong("buyer_id");
    if (buyer != 0) {
        item.setBuyer(Long.valueOf(buyer));
    }

    Timestamp ts = rs.getTimestamp("sold");
    if (ts != null) {
        item.setSold(ts.toLocalDateTime());
    }

    items.add(item);
```

```
            }
        }
        return items;
    }
}
```

Listing 7.27 SearchServlet.java

Der Controller für die Fotos (FotoServlet.java)

Damit die Fotos in der *search.jsp* angezeigt werden können, programmieren wir eine weitere Komponente, die wir FotoServlet.java nennen. Dieses Servlet nimmt die Anfrage für das Foto in einem GET-Request entgegen. Nachdem das Foto aus der Datenbank geladen wurde, wird es Byte für Byte in den Ausgabestrom geschrieben.

```java
package de.java2enterprise.onlineshop;

import java.io.IOException;
import java.io.InputStream;
import java.sql.Blob;
import java.sql.Connection;
import java.sql.PreparedStatement;
import java.sql.ResultSet;

import javax.annotation.Resource;
import javax.servlet.ServletException;
import javax.servlet.ServletOutputStream;
import javax.servlet.annotation.WebServlet;
import javax.servlet.http.HttpServlet;
import javax.servlet.http.HttpServletRequest;
import javax.servlet.http.HttpServletResponse;
import javax.sql.DataSource;

@WebServlet("/foto")
public class FotoServlet extends HttpServlet {
    private static final long serialVersionUID = 1L;

    @Resource
    private DataSource ds;

    protected void doGet(
            HttpServletRequest request,
            HttpServletResponse response)
            throws ServletException, IOException {
```

```java
        String id = request.getParameter("id");

        try (final Connection con = ds.getConnection();
                final PreparedStatement stmt = con
                        .prepareStatement(
                                "SELECT " +
                                        "foto " +
                                        "FROM onlineshop.item "
                                        +
                                        "WHERE id = ?")) {

            stmt.setLong(1, Long.parseLong(id));
            ResultSet rs = stmt.executeQuery();
            if (rs.next()) {
                Blob foto = rs.getBlob("foto");
                response.reset();
                int length = (int) foto.length();
                response.setHeader("Content-Length",
                        String.valueOf(length));
                InputStream in = foto.getBinaryStream();
                final int bufferSize = 256;
                byte[] buffer = new byte[bufferSize];

                ServletOutputStream out = response
                        .getOutputStream();
                while ((length = in.read(buffer)) != -1) {
                    out.write(buffer, 0, length);
                }
                in.close();
                out.flush();
                foto = null;
            }
        } catch (Exception ex) {
            throw new ServletException(ex.getMessage());
        }
    }
}
```

Listing 7.28 FotoServlet.java

7.9 Den Onlineshop fertigstellen

Der Onlineshop ist schon fast fertig programmiert. Und obwohl die *search.jsp* für jeden Artikel ein HTML-Formular bereithält, fehlt dennoch die Möglichkeit, Artikel zu kaufen. Wir brauchen also eine Komponente, die den Speicherwunsch eines Kunden verwirklicht. Hierfür werden wir eine weitere Webkomponente programmieren, die wir `BuyServlet` nennen werden. Das Servlet wird den Kauf eines Artikels realisieren, indem der Käufer und ein Zeitstempel beim betroffenen Datensatz hinterlegt werden.

Das Diagramm in Abbildung 7.31 zeigt den Programmablauf beim Kauf eines Artikels.

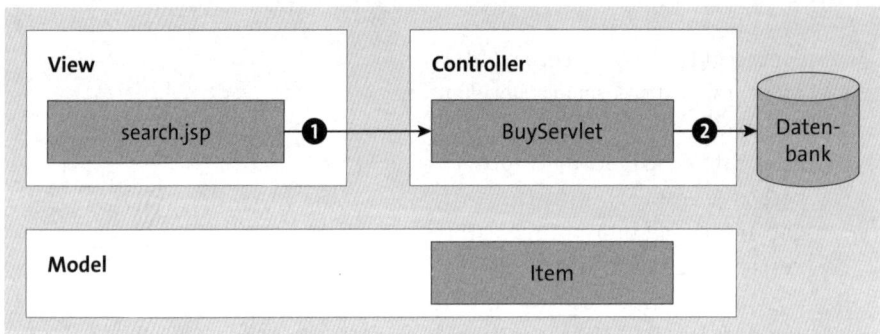

Abbildung 7.31 Der Programmablauf beim Kauf eines Artikels

7.9.1 Die View (search.jsp)

In der *search.jsp* fügen wir einen zusätzlichen Abschnitt hinzu. In diesem Abschnitt werden wir mit der Expression Language eine Fallunterscheidung durchführen. Sollte der Artikel noch nicht verkauft worden sein, werden wir den Button für das Verkaufen des Artikels anzeigen. Gleichzeitig werden wir ein `<input>`-Element des Typs `"Hidden"` beifügen, das die ID des Artikels mitführt.

```
<%@ include file="header.jspf" %>
<article>
    <section>
        <form action="search" method="post">
        <fieldset>
        <legend>Suchen</legend>
        <table>
            <tbody>
            <tr>
                <th>
                    <label for="search">Suche:</label>
                </th>
                <td>
```

```
                    <input
                        type="text"
                        name="search"
                        size="40"
                        maxlength="40"
                        title="Suchtext"
                        placeholder="Suchtext eingeben"
                        >
                </td>
                <td>
                    <input type="submit">
                    <input type="reset">
                </td>
            </tr>
        </tbody>
        </table>
        </fieldset>
        </form>
    </section>
</article>
<c:forEach var="item" items="${items}">
<article>
    <section>
        <form action="buy" method="post">
        <fieldset>
        <legend>ID: ${item.id}</legend>
        <h2>${item.title}</h2>
        <p>${item.description}</p>
        <p>Preis: ${item.price} Euro</p>
        <c:if test="${not empty customer}">
        <c:choose>
            <c:when test="${empty item.sold}">
                <input type="hidden" name="item_id" value="${item.id}">
                <input type="submit" value="Kaufen"/>
            </c:when>
            <c:otherwise>
                <b>Verkauft am ${item.sold} an ${item.buyer}</b>
            </c:otherwise>
        </c:choose>
        </c:if>
        <aside>
            <p><img src="foto?id=${item.id}">
        </aside>
```

```
            </fieldset>
          </form>
      </section>
  </article>
</c:forEach>
<%@ include file="footer.jspf" %>
```

Listing 7.29 search.jsp

7.9.2 Der Controller (BuyServlet.java)

Die Klasse BuyServlet nimmt die ID des Artikels als Parameter entgegen. Die ID des Kunden haben wir ja bereits, denn die sollte in der HTTP-Sitzung gespeichert sein. Zur Persistierung fügen wir eine Methode mit dem Namen update() hinzu. In dieser Methode wird die ID des Käufers im Datenfeld BUYER_ID gespeichert. Außerdem werden wir einen Zeitstempel im Datenfeld TRADED hinterlegen, damit wir dem Verkäufer und dem Käufer mitteilen können, wann der Kauf getätigt worden ist.

```
package de.java2enterprise.onlineshop;

import java.io.IOException;
import java.sql.Connection;
import java.sql.PreparedStatement;

import javax.annotation.Resource;
import javax.servlet.RequestDispatcher;
import javax.servlet.ServletException;
import javax.servlet.annotation.WebServlet;
import javax.servlet.http.HttpServlet;
import javax.servlet.http.HttpServletRequest;
import javax.servlet.http.HttpServletResponse;
import javax.servlet.http.HttpSession;
import javax.sql.DataSource;

import de.java2enterprise.onlineshop.model.Customer;

@WebServlet("/buy")
public class BuyServlet extends HttpServlet {
    private static final long serialVersionUID = 1L;

    @Resource
    private DataSource ds;
```

```java
public void doPost(
        HttpServletRequest request,
        HttpServletResponse response)
        throws ServletException, IOException {

    Long itemId = Long
            .parseLong(request.getParameter("item_id"));
    HttpSession session = request.getSession();
    Customer customer = (Customer) session
            .getAttribute("customer");

    try {
        update(itemId, customer.getId());
    } catch (Exception e) {
        throw new ServletException(e.getMessage());
    }
    RequestDispatcher dispatcher = request
            .getRequestDispatcher("search");
    dispatcher.forward(request, response);
}

public void update(Long itemId, Long buyerId)
        throws Exception {
    try (final Connection con = ds.getConnection();
            final PreparedStatement stmt = con
                    .prepareStatement(
                            "UPDATE onlineshop.item " +
                                    "SET buyer_id = ?, "
                                    +
                                    "sold = SYSTIMESTAMP "
                                    +
                                    "WHERE id = ?")) {
        stmt.setLong(1, buyerId);
        stmt.setLong(2, itemId);
        stmt.executeUpdate();
    }
}
}
```

Listing 7.30 BuyServlet.java

Kapitel 8
Die Java Persistence API

»Wer A sagt, der muss nicht B sagen.
Er kann auch erkennen, dass A falsch war.«
Bertolt Brecht

Die *Java Persistence API* (*JPA*) ist die standardisierte Benutzerschnittstelle für objektrelationale Frameworks wie Hibernate oder EclipseLink. Die mit der Java EE 8 einhergehende Version JPA 2.2 ermöglicht die Unterstützung von Java SE 8-Features wie beispielsweise Lambda Expressions, die Stream API und die neue Date-Time-API. Dennoch handelt es sich lediglich um ein Maintenance Release, das weiterhin unter dem JSR 338 der JPA 2.1 verwaltet wird. Die Spezifikation der JPA 2.2 können Sie an dieser Stelle herunterladen:

http://download.oracle.com/otndocs/jcp/persistence-2_2-mrel-spec/index.html

In diesem Kapitel werde ich zunächst die wichtigsten Arbeitsschritte bei der Arbeit mit der JPA in einzelnen Unterkapiteln erklären. Auf diese Weise wird Ihnen ein Kochrezept in die Hände gelegt.

Die Arbeitsschritte sind folgende (siehe Abbildung 8.1):

- ▶ Schritt ❶: JPA konfigurieren
- ▶ Schritt ❷: JPA-Entities erstellen
- ▶ Schritt ❸: Primärschlüssel definieren
- ▶ Schritt ❹: singuläre Attribute konfigurieren
- ▶ Schritt ❺: Assoziationen anfertigen
- ▶ Schritt ❻: den EntityManager einsetzen

Nachdem Sie die einzelnen Arbeitsschritte für die Arbeit mit der JPA kennengelernt haben, tauchen wir tiefer in die Programmierung mit der JPA ein. Um auch ausgedehnteren Anforderungen beizukommen, lernen Sie, die *Java Persistence Query Language* (*JPQL*) und die Criteria-API zu nutzen. Durch JPQL kann der Datenbankzugriff auf eine SQL-ähnliche Weise erfolgen. Weil die JPQL-Anweisungen jedoch als Zeichenketten formuliert werden, ist JPQL nicht typsicher. Aus diesem Grund wurde (bereits mit der JPA 2.0) die Criteria-API ins Leben gerufen.

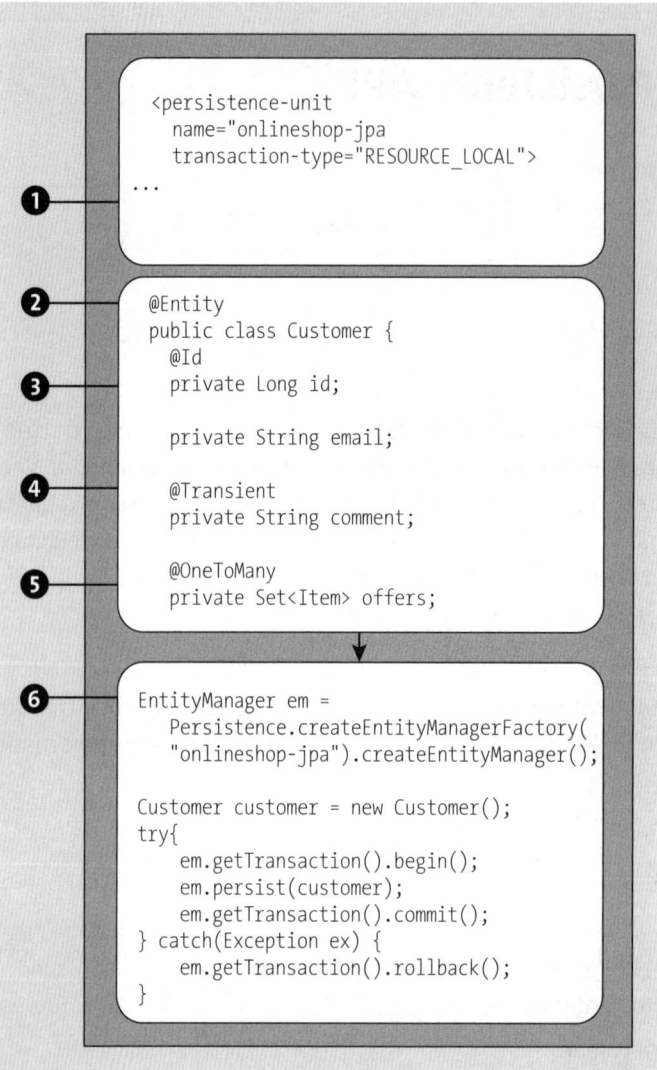

```
    <persistence-unit
      name="onlineshop-jpa
      transaction-type="RESOURCE_LOCAL">
❶ ...


❷  @Entity
   public class Customer {
     @Id
❸    private Long id;

     private String email;

❹    @Transient
     private String comment;

❺    @OneToMany
     private Set<Item> offers;


❻  EntityManager em =
      Persistence.createEntityManagerFactory(
      "onlineshop-jpa").createEntityManager();

   Customer customer = new Customer();
   try{
       em.getTransaction().begin();
       em.persist(customer);
       em.getTransaction().commit();
   } catch(Exception ex) {
       em.getTransaction().rollback();
   }
```

Abbildung 8.1 Die Arbeitsschritte bei der JPA

Die Criteria-API bietet prinzipiell die gleiche Funktionalität wie JPQL an. Der Unterschied besteht jedoch darin, dass die JPQL-Anweisungen bei der Criteria-API als Java-Methoden aufgerufen werden. Auf diese Weise wird die Gefahr potenzieller Tippfehler weitestgehend unterbunden. »Weitestgehend« deshalb, weil auch bei der Criteria-API die Bezeichner des Domänenmodells in Zeichenketten geschrieben werden. Infolgedessen wird noch eine weitere API gebraucht, die Java-Klassen aus den Bezeichnern des Domänenmodells erstellt. Der Fachbegriff für diese Klassen lautet *Static Metamodel* oder auch *Canonical Metamodel*. Erst durch die Nutzung dieses Metamodells ist die Criteria-API zu 100 % typsicher.

Im letzten Abschnitt des Kapitels besprechen wir dann fortgeschrittenere Themen. Hierzu gehören beispielsweise die Abbildung von Vererbung und Polymorphie in der JPA, die Steuerung von konkurrierenden Zugriffen oder die Nutzung von nativen SQL-Abfragen.

Bevor wir gleich in die JPA-Technologie eintauchen, soll erst einmal die folgende Frage geklärt werden: Wofür braucht man ein Persistenz-Framework? Wir betrachten hierbei zunächst die Architektur einer Java-Anwendung, die kein Persistenz-Framework verwendet.

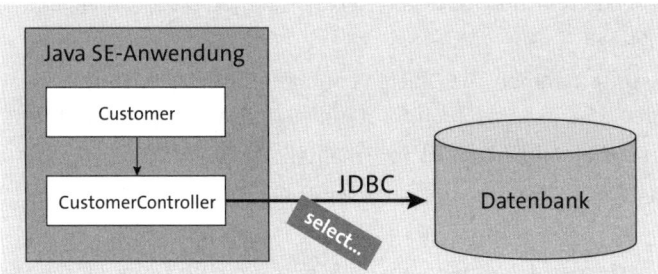

Abbildung 8.2 Die Kommunikation mit der Datenbank ohne die JPA

Abbildung 8.2 zeigt, wie eine Anwendung beispielsweise ein SELECT-Statement an die Datenbank versendet und hierdurch Geschäftsdaten erhält, die man wiederum zu Entity-Instanzen weiterverarbeitet. Weil sich die Bezeichner in der SQL-Anweisung aber auch automatisch aus der dahinterliegenden Datenbanktabelle ergeben, sind im Laufe der Jahre verschiedene Persistenz-Frameworks entstanden, durch die die manuelle Programmierung von SQL-Anweisungen entfallen kann. Statt gleichartige SQL-Anweisungen immer wieder von Hand zu schreiben, überlässt man diese Arbeit dem Automatismus des Persistenz-Frameworks. Dabei wird auch das objektrelationale Mapping (ORM) zwischen der Datenbanktabelle und der Java-Klasse mechanisiert.

Im Laufe der Jahre sind zahlreiche objektrelationale Frameworks (ORM-Frameworks) wie zum Beispiel EclipseLink, TopLink, Hibernate oder OpenJPA entstanden, die leider aber auch sehr unterschiedlich zu handhaben waren. Zur Vereinheitlichung entwickelte man im Java EE-Standard die Java Persistence API (JPA). JPA ist eine zusätzliche Abstraktionsschicht, die die Programmierung mit den ORM-Frameworks vereinheitlicht. Für Java EE-Entwickler gehört sie deshalb zu den wichtigsten APIs des Java EE-Standards.

Heutzutage verwendet man nicht mehr den Begriff ORM-Framework, sondern spricht von einem *Persistence-Provider*. Damit möchte man zum Ausdruck bringen, dass die konkrete Implementierung der standardisierten JPA-Schnittstelle ganz generisch von einem Drittanbieter zur Verfügung gestellt wird. Während die JPA lediglich die Schnittstelle darstellt, gegen die der Entwickler programmiert, kümmert sich der Persistence-Provider »unter der Haube« um die Verwirklichung der Datenbankzugriffe.

Für dieses Buch wird der Persistence-Provider *EclipseLink* eingesetzt, der von Oracle vertrieben wird und als offizielle Referenzimplementierung eines Persistence-Providers gilt. EclipseLink ist standardmäßig in *GlassFish 5* enthalten.

Die Geschichte von EclipseLink

Ursprünglich stammen die Quellen von EclipseLink aus der Schmiede eines Unternehmens namens *The Object People*. Für den geschichtsinteressierten Leser folgt an dieser Stelle eine Auflistung der historischen Ereignisse.

▶ **1989** wurde das IT-Trainings-Unternehmen The Object People gegründet. Das Unternehmen hatte damals Büros in den USA, in Kanada, Großbritannien und Deutschland (Bonn).

▶ **1994** veröffentlichte die Firma das Produkt TopLink für Smalltalk.

▶ **1996** programmierte man bei dem Unternehmen ein zweites Produkt, das sich TopLink for Java nannte.

▶ **2000** wurde die TopLink-Sparte des Unternehmens von dem Startup-Unternehmen WebGain gekauft.

▶ **2002** wurde WebGain von dem Softwaregiganten Oracle übernommen.

▶ **2008** veröffentlichte man bei Oracle das Produkt EclipseLink, das aus wesentlichen Teilen des TopLink-Quelltextes stammt.

▶ **Heutzutage** ist EclipseLink die Referenzimplementierung der JPA-Spezifikation.

In einer Java SE-Anwendung müssen die *.jar*-Dateien des JPA-Persistence-Providers im Klassenpfad enthalten sein (siehe Abbildung 8.3).

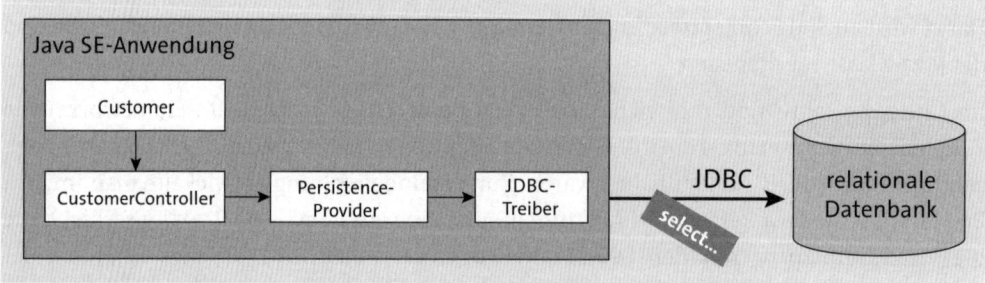

Abbildung 8.3 Der Datenbankzugriff über die JPA und den Persistence-Provider

Anders sieht es bei einer Java EE-Anwendung aus (siehe Abbildung 8.4), denn üblicherweise erhält sie die Datenbankverbindung zur Datenquelle über einen Namensdienst des Java EE Servers. In einem vollkonformen Java EE-Server ist ein JPA-Persistence-Provider bereits enthalten, da er als fester Bestandteil des Java EE-Standards dazugehört. Zum Beispiel braucht die Klassenbibliothek von EclipseLink nicht mehr dem GlassFish Server hinzugefügt zu werden, da sie der GlassFish Server als Referenzimplementierung bereits einbezieht. (Beachten Sie, dass der JDBC-Treiber dem Java EE-Server beigefügt werden muss.)

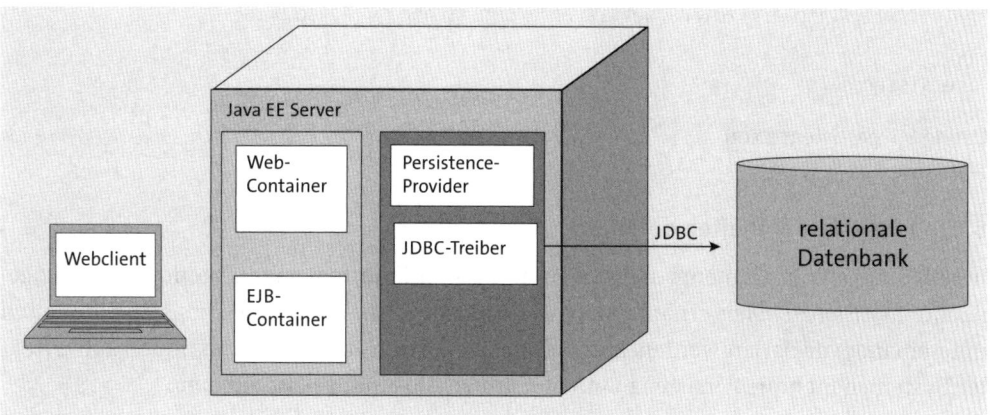

Abbildung 8.4 Der Persistent-Provider ist im Java EE-Server bereits enthalten.

8.1   Schritt 1: Die zentrale Konfigurationsdatei

Die zentrale Konfigurationsdatei für die JPA nennt sich *persistence.xml*. Das Vorhandensein dieser Datei ist schon deswegen von großer Bedeutung, weil hierdurch die JPA aktiviert wird.

Die *persistence.xml* wird in einem Ordner mit dem Namen */META-INF* abgelegt, der sich im Klassenpfad befinden muss. In einer Java SE-Anwendung befindet sich */META-INF/persistence.xml* daher im Defaultverzeichnis der Java-Klassen.

Innerhalb einer Java EE-Anwendung kann der absolute Verzeichnispfad */META-INF/persistence.xml* an mehreren Stellen abgelegt werden. Zum Beispiel könnte er auch in einer *ejb-jar-Datei* im Hauptordner der Verzeichnisstruktur stehen.

Innerhalb eines Webmoduls wird die *persistence.xml* üblicherweise in folgendem Verzeichnis abgelegt:

/WEB-INF/classes/META-INF/persistence.xml

8.1.1   Der Aufbau der »persistence.xml«

Die *persistence.xml* muss immer das Root-Element `<persistence>` enthalten. Dieses Element zeige ich in Listing 8.1:

```
<?xml version="1.0" encoding="UTF-8"?>
<persistence version="2.2"
 xmlns="http://xmlns.jcp.org/xml/ns/persistence"
 xmlns:xsi="http://www.w3.org/2001/XMLSchema-instance"
 xsi:schemaLocation="http://xmlns.jcp.org/xml/ns/persistence
```

```
http://xmlns.jcp.org/xml/ns/persistence/persistence_2_2.xsd">
...
</persistence>
```

Listing 8.1 persistence.xml

8.1.2   Persistenz-Einheiten definieren

Innerhalb des Root-Elements <persistence> muss mindestens eine Datenquelle als sogenannte *Persistenz-Einheit* ernannt sein. Es dürfen aber auch mehrere Persistenz-Einheiten
untereinander deklariert werden. Zum Beispiel benötigen globale Transaktionen auf verteilten Systemen mehrere Persistenz-Einheiten innerhalb einer *persistence.xml*.

Jede einzelne Persistenz-Einheit wird mit dem Element <persistence-unit> definiert. Dabei
müssen Sie mit dem Annotationsunterelement name einen Namen vergeben. Über diesen
Namen nehmen Sie anschließend im Java-Quelltext auf die Persistenz-Einheit Bezug:

```
<?xml version="1.0" encoding="UTF-8"?>
<persistence version="2.2"
 xmlns="http://xmlns.jcp.org/xml/ns/persistence"
 xmlns:xsi="http://www.w3.org/2001/XMLSchema-instance"
 xsi:schemaLocation="http://xmlns.jcp.org/xml/ns/persistence
 http://xmlns.jcp.org/xml/ns/persistence/persistence_2_2.xsd">

    <persistence-unit name="onlineshop-jpa">
    </persistence-unit>

</persistence>
```

Listing 8.2 persistence.xml

8.1.3   Transaktionen (mit JTA oder RESOURCE_LOCAL)

Die JPA arbeitet bei allen Datenbankzugriffen stets mit Transaktionen. Dies spielt vor allem
dann eine große Rolle, wenn wir Daten nicht nur erfragen, sondern auch einfügen, ändern
oder löschen wollen. Denn die JPA wird unseren Änderungswunsch nur in einer Transaktion
umsetzen.

Grundsätzlich unterscheidet die JPA, ob bei der Transaktion die Automatismen der JTA ins
Spiel kommen oder ob wir selbst für die Transaktion verantwortlich sind. Diese allgemeine
Unterscheidung können Sie beim XML-Element persistence-unit mithilfe des Annotations-
unterelements transaction-type="JTA" bzw. transaction-type="RESOURCE_LOCAL" festlegen.

Die JPA setzt in einem Java EE-Umfeld grundsätzlich die JTA-Variante voraus.

```
...
<persistence-unit
    name="onlineshop-jpa"
    transaction-type="JTA">
</persistence-unit>
...
```

Listing 8.3 persistence.xml

Bei einer Java SE-Anwendung hingegen ist eine manuelle Programmierung der Transaktionen erforderlich. Schließlich ist dort ja auch kein Java EE-Container vorhanden. Mit folgendem Vermerk weisen wir in einer Java SE-Anwendung explizit an, dass wir die JTA nicht verwenden werden.

```
...
<persistence-unit
    name="onlineshop-jpa"
    transaction-type="RESOURCE_LOCAL">
</persistence-unit>
...
```

Listing 8.4 persistence.xml

Aber diesen Eintrag brauchen wir gar nicht vorzunehmen, denn die JPA würde in einem Java SE-Umfeld von selbst die JTA nicht einsetzen. Genauso wenig bräuchten wir in einem Java EE-Umfeld transaction-type="JTA" zu notieren, da die JPA auch hier von selbst die JTA-Variante wählen wird. Allerdings gehört es zur gängigen Praxis, das transaction-type zu setzen, weil der Quelltext von *persistence.xml* auf diese Weise aussagekräftiger ist.

8.1.4   Den Bezeichner des Namensdienstes anzeigen

In einem Java EE-Umfeld (transaction-type="JTA") wird die Datenquelle üblicherweise per JNDI angebunden. Die Angabe des JNDI-Namens erfolgt dann in der Regel über das Element <jta-data-source>.

```
...
<persistence-unit
    name="onlineshop-jpa"
    transaction-type="JTA">
    <jta-data-source>
        jdbc/__meineDB
```

```
    </jta-data-source>
  </persistence-unit>
  ...
```

Listing 8.5 persistence.xml

Die DefaultDataSource

Wenn Sie (in einem Java EE-Projekt Ihres Auftraggebers) in der Persistenz-Einheit mit `transaction-type="JTA"` mal das Element `<jta-data-source>` vermissen sollten, dann wird es sich bei dem Bezeichner um die DefaultDataSource *jdbc/__default* handeln. Dieser Bezeichner muss nicht vermerkt werden, weil er per Konvention der Default-JNDI-Name ist.

In einer Java SE-Anwendung (`transaction-type="RESOURCE_LOCAL"`) wird die Datenquelle entweder über einen JNDI-Namen oder über direkte Verbindungsdaten bestimmt. Wenn in einer Java SE-Anwendung die Datenquelle über einen JNDI-Namen verbunden wird, ist hierbei jedoch nicht der JTA-Standard integriert. Deshalb wird der JNDI-Name in diesem Fall über das Element `<non-jta-data-source>` deklariert:

```
...
<persistence-unit
    name="onlineshop-jpa"
    transaction-type="RESOURCE_LOCAL">
    <non-jta-data-source>
        jdbc/__meineDB
    </non-jta-data-source>
</persistence-unit>
...
```

Listing 8.6 persistence.xml

8.1.5   Mit »description« eine kurze Beschreibung hinzufügen

Mit dem optionalen Element `<description>` fügen Sie der Persistenz-Einheit eine Beschreibung hinzu:

```
...
<description>
    Die Datenquelle zum Onlineshop
</description>
...
```

Listing 8.7 persistence.xml

8.1.6   Den Persistence-Provider angeben

Mit dem Element `<provider>` können Sie einen voll qualifizierten Klassennamen angeben, der den Persistence-Provider eindeutig bestimmt. Zum Beispiel legen Sie EclipseLink wie in Listing 8.8 fest:

```
...
<provider>
    org.eclipse.persistence.jpa.PersistenceProvider
</provider>
...
```

Listing 8.8 persistence.xml

Beim Persistence-Provider Hibernate würden Sie hingegen die folgende Zeichenkette verwenden:

```
...
<provider>
    org.hibernate.ejb.HibernatePersistence
</provider>
...
```

Listing 8.9 persistence.xml

8.1.7   Die Verbindungsdaten hinterlegen

Ich habe bereits erwähnt, dass die JPA bei den Transaktionen ganz allgemein zwischen der JTA und RESOURCE_LOCAL unterscheidet und dass bei einer Java SE-Anwendung stets RESOURCE_LOCAL eingesetzt wird. Auch habe ich bereits angemerkt, dass in diesem Fall eine JNDI-Verbindung zur Datenbank mithilfe des Elements `<non-jta-data-source>` angesteuert werden kann.

Dabei hatte ich bislang noch nicht erwähnt, dass es noch eine weitere Alternative gibt, und zwar die direkte Datenverbindung ohne JNDI. Sie erfordert, dass Sie über das Element `<properties>` die Verbindungsinformationen angeben. Innerhalb von `<properties>` müssen `<property>`-Elemente für die vier Verbindungsinformationen url, user, password und driver stehen.

Listing 8.10 zeigt ein komplettes Beispiel dafür, wie Sie für eine Java SE-Anwendung in der Datei *persistence.xml* die Persistenz-Einheit "onlineshop-jpa" als lokale Ressource spezifizieren:

```
<?xml version="1.0" encoding="UTF-8"?>
<persistence version="2.2"

  xmlns="http://xmlns.jcp.org/xml/ns/persistence"
```

```
    xmlns:xsi="http://www.w3.org/2001/XMLSchema-instance"
    xsi:schemaLocation="http://xmlns.jcp.org/xml/ns/persistence
    http://xmlns.jcp.org/xml/ns/persistence/persistence_2_2.xsd">

        <persistence-unit
            name="onlineshop-jpa"
            transaction-type="RESOURCE_LOCAL">
            <provider>
            org.eclipse.persistence.jpa.PersistenceProvider
            </provider>
            <properties>
                <property
                    name="javax.persistence.jdbc.url"
                    value=
                    "jdbc:oracle:thin:@localhost:1521:XE"/>
                <property
                    name="javax.persistence.jdbc.user"
                    value="onlineshop_user"/>
                <property
                    name=
                        "javax.persistence.jdbc.password"
                    value="geheim_123"/>
                <property
                    name="javax.persistence.jdbc.driver"
                    value="oracle.jdbc.OracleDriver"/>
            </properties>
        </persistence-unit>
</persistence>
```

Listing 8.10 persistence.xml

8.2   Schritt 2: JPA-Entities erstellen

Wie Sie aus vorangegangenen Kapiteln gelernt haben, sind Entities nichts anderes als »einfache« JavaBeans bzw. POJOs, die als Gegenstücke zu Tabellen einer relationalen Datenbank
erstellt werden. Auch bei der JPA erfolgt die Speicherung der Geschäftsdaten stets durch das
Persistieren von Entities, nur dass die Entities nun gewissen Anforderungen aus der JPA-Spezifikation unterliegen und auch konfiguriert werden müssen. Wir werden sie in diesem Buch
deshalb *JPA-Entities* nennen.

Die Programmierung von JPA-Entities erfolgt analog zu der in den letzten Kapiteln gezeigten
Weise, als wir »einfache« JavaBeans erstellt haben. Das bedeutet, dass man zu allen Datenbanktabellen »einfache« JavaBean-Klassen als Gegenstücke erstellt und sie auch hier wieder

Entities nennt. Wie Sie gleich sehen werden, müssen Sie bei JPA-Entities jedoch noch so einiges beachten.

8.2.1   Der Grundaufbau einer JPA-Entity

Die JPA-Spezifikation definiert recht präzise, wie JPA-Entities aufgebaut und konfiguriert werden müssen. Viele dieser Anforderungen gelten auch für »einfache« JavaBeans. Der Unterschied zu den JPA-Entities ist jedoch, dass die Anforderungen für JPA-Entities zwingend einzuhalten sind.

Eine dieser Bedingungen, die ich kaum zu erwähnen brauche, ist, dass alle JPA-Entities grundsätzlich eine vollwertige Klasse darstellen, also mit dem Schlüsselwort `class` oder `abstract class` markiert sein müssen. Es darf sich also um kein `interface` oder `enum` handeln.

Darüber hinaus gilt für alle JPA-Entities die JavaBean-Regel, dass sie über einen öffentlichen Defaultkonstruktor verfügen müssen. Wenn also Konstruktoren mit Parametern vorgesehen sind, so ist stets auch ein parameterloser Konstruktor vorzusehen, der entweder mit dem Sichtbarkeitsmodifizierer `public` oder mit dem Sichtbarkeitsmodifizierer `protected` gekennzeichnet ist.

Außerdem müssen alle JPA-Entities

▶ durch den `public`, `protected` oder Defaultmodifizierer nach außen sichtbar sein und

▶ dürfen nicht mit `final` gekennzeichnet sein, damit sie vererbbar sind.

Ferner ist es zwingend erforderlich,

▶ dass die gemappte Datenbanktabelle über Primärschlüssel verfügt und

▶ dass die Entity-Klasse hierzu passende Attribute anbietet.

Zusätzlich wird es im Java EE-Umfeld als Best Practice angesehen, wenn eine JPA-Entity grundsätzlich das Interface `java.io.Serializable` implementiert. Dies ist vorteilhaft, weil sich die JPA-Entity ansonsten beispielsweise nicht versenden oder in eine HTTP-Session packen lässt.

Wenn Sie sich die bisher gezeigten Regeln genauer anschauen, werden Sie feststellen, dass wir uns in den bisherigen Programmierbeispielen bereits an sie gehalten haben.

8.2.2   Die Konfiguration einer JPA-Entity

Zu den genannten Anforderungen des Grundaufbaus kommt hinzu, dass jede JPA-Entity konfiguriert werden muss. Zumindest müssen bestimmte Grundinformationen per Konfiguration definiert werden, damit der Persistence-Provider die JPA-Entity als solche erkennt:

▶ Die erste Grundvoraussetzung, die jede JPA-Entity erfüllen muss, ist, dass sie als Entity deklariert ist.

▶ Genauso bedingungslos ist auch die zweite Grundvoraussetzung, die besagt, dass stets ihr Primärschlüssel gekennzeichnet sein soll.

Zusätzlich zu diesen beiden Konfigurationen können viele weitere Merkmale konfiguriert werden. Allerdings sind die übrigen Konfigurationen optional. Oder anders gesagt: Wurde bei einer fehlenden Konfiguration eine bestimmte Konvention eingehalten, kann sich der Persistence-Provider durch die Defaultwerte selbst weiterhelfen. Der Fachbegriff für diese Technik lautet *Convention over Configuration*.

Für die Konfiguration einer JPA-Entity bietet die Spezifikation zwei Möglichkeiten an: Die vom Hersteller empfohlene und gängigste Konfiguration nutzt spezielle JPA-Mapping-Annotationen. Neben den JPA-Mapping-Annotationen kann die Konfiguration einer JPA-Entity aber auch XML-basiert über eine spezielle ORM-Mapping-Datei erfolgen. Die XML-Variante ist die herkömmliche Art der Konfiguration, auf die ich in diesem Kapitel anfangs ebenso eingehe. Unser Hauptaugenmerk liegt jedoch auf den JPA-Annotationen, denn dies ist die empfohlene Variante.

Grundsätzlich können Sie die JPA-Annotationen und die XML-basierte JPA-Konfiguration parallel nebeneinander einsetzen. JPA-Annotationen würden in diesem Fall die XML-Konfigurationen gleicher Elemente überschreiben. Allerdings ist diese Vorgehensweise nicht empfehlenswert, da hierdurch die Übersicht über die Konfiguration verloren geht.

Die als Mindestanforderung geforderte Konfiguration einer JPA-Entity wird nun beispielhaft sowohl mit JPA-Annotationen als auch mit der ORM-Mapping-Datei gezeigt.

Die Mindestkonfiguration über JPA-Annotationen

Wie eingangs erwähnt, besteht die Mindestkonfiguration einer JPA-Entity:

1. aus der Deklaration der JPA-Entity als solcher
2. aus der Festlegung ihrer Primärschlüssel

Wenn man JPA-Annotationen einsetzt, wird die Entity mit der JPA-Annotation `@Entity` deklariert. Für die Kenntlichmachung des Primärschlüssels wird die Attribut-Annotation `@Id` verwendet.

Listing 8.11 zeigt die Klasse `de.java2enterprise.onlineshop.model.Customer`, in der lediglich die beiden obligatorischen Annotationen `@Entity` und `@Id` eingesetzt werden. Mit der Annotation `@Entity` definieren wir die Klasse als JPA-Entity. Mit der Annotation `@Id` legen wir fest, dass das Attribut `id` der Primärschlüssel der JPA-Entity ist.

```
package de.java2enterprise.onlineshop.model;

import java.io.Serializable;

import javax.persistence.Entity;
```

```java
import javax.persistence.Id;

@Entity
public class Customer implements Serializable {
    private static final long serialVersionUID = 1L;

    @Id
    private Long id;
    private String email;
    private String password;

    public Customer() {
    }

    public Customer(
            String email,
            String password) {
        this.email = email;
        this.password = password;
    }

    public Long getId() {
        return id;
    }

    public void setId(Long id) {
        this.id = id;
    }

    public String getEmail() {
        return email;
    }

    public void setEmail(String email) {
        this.email = email;
    }

    public String getPassword() {
        return password;
    }

    public void setPassword(String password) {
        this.password = password;
```

```
    }

    public String toString() {
        return "[" +
                getId() + "," +
                getEmail() + "," +
                getPassword() +
                "]";
    }
}
```

Listing 8.11 Customer.java

Die Mindestkonfiguration über die »orm.xml«

Bei der ORM-Mapping-Datei handelt es sich um eine XML-basierte Konfigurationsdatei, die den Namen *orm.xml* trägt. Sie wird üblicherweise im Ordner */META-INF* gemeinsam mit der Datei *persistence.xml* untergebracht.

Wenn Sie mit EclipseLink arbeiten, besteht auch die Möglichkeit, statt der JPA-ORM-Mapping-Datei eine EclipseLink-ORM-Mapping-Datei mit dem Namen *eclipselink-orm.xml* zu verwenden. Sie bietet erweiterte Konfigurationsoptionen an, auf die wir in diesem Buch jedoch nicht eingehen werden.

Die folgende *orm.xml*-Datei konfiguriert die Klasse de.java2enterprise.onlineshop.model. Customer als JPA-Entity. Die Deklaration der Entity erfolgt über das XML-Element <entity>. Innerhalb des Elements <entity> wird die Konfiguration der Attribute über das Element <attribute> angekündigt. Wie konfigurieren hierbei lediglich das Primärschlüssel-Attribut id.

```xml
<?xml version="1.0" encoding="UTF-8"?>
<entity-mappings version="2.4"
xmlns="http://www.eclipse.org/eclipselink/xsds/persistence/orm"
xmlns:xsi="http://www.w3.org/2001/XMLSchema-instance"
xsi:schemaLocation="http://www.eclipse.org/eclipselink/xsds/persistence/orm
http://www.eclipse.org/eclipselink/xsds/eclipselink_orm_2_4.xsd">
    <entity
    class="de.java2enterprise.onlineshop.model.Customer">
        <attributes>
            <id name="id"/>
        </attributes>
    </entity>
</entity-mappings>
```

Listing 8.12 orm.xml

8.2.3   Die Deklaration in der »persistence.xml«

Im nächsten Schritt müssen wir dem JPA-Framework die obige JPA-Entity Customer als solche bekanntmachen. Eine Variante ist, die Klasse über das XML-Element <class> zu benennen. In Listing 8.13 wird der Persistenz-Einheit mit dem Namen "onlineshop-jpa" die Entity Customer zugefügt.

```
<?xml version="1.0" encoding="UTF-8"?>
<persistence version="2.2"
    xmlns="http://xmlns.jcp.org/xml/ns/persistence"
    xmlns:xsi="http://www.w3.org/2001/XMLSchema-instance"
    xsi:schemaLocation="http://xmlns.jcp.org/xml/ns/persistence
    http://xmlns.jcp.org/xml/ns/persistence/persistence_2_2.xsd">
    <persistence-unit name="onlineshop-jpa">
        <class>de.java2enterprise.onlineshop.model.Customer</class>
    </persistence-unit>
</persistence>
```

Listing 8.13 persistence.xml

Zusätzlich zu der gezeigten Variante können Sie mithilfe des Elements <jar-file> eine Java-Archivdatei benennen, die die JPA-Entities enthält. Die gezeigten Varianten können Sie auch kombinieren. Das bedeutet, dass der Gesamtbestand der JPA-Entities aus allen angegebenen Quellen zusammengesetzt wird.

```
...
<persistence-unit name="onlineshop-jpa">
    <jar-file>
        files.jar
    </jar-file>
    <class>
    de.java2enterprise.onlineshop.model.Customer
    </class>
</persistence-unit>
...
```

Listing 8.14 persistence.xml

8.2.4   Benennung des Tabellennamens

Eine der Konventionen der JPA ist, dass bei Gleichnamigkeit des Klassennamens mit dem Tabellennamen der Tabellenname in der Konfiguration nicht spezifiziert zu werden braucht. Diese Konvention hatten wir im letzten Beispiel eingehalten.

»name«

Hätte sich der Klassenname vom Tabellennamen unterschieden, müssten wir den Tabellennamen zusätzlich angeben. In diesem Fall müssten wir die JPA-Annotation @Table mit dem Element name setzen, um den Tabellennamen anzuzeigen:

```
...
@Entity
@Table(name="CUSTOMER")
public class Customer implements Serializable {
...
```

Listing 8.15 Customer.java

Genauso wie mit der JPA-Annotation @Table lässt sich der Name der Datenbanktabelle in der Datei *orm.xml* mithilfe des Elements <table> setzen:

```
...
<entity class="de.java2enterprise.onlineshop.model.Customer">
    <table name="CUSTOMER"/>
    <attributes>
        <id name="id/>
    </attributes>
</entity>
...
```

Listing 8.16 orm.xml

Weil die Angabe des Datenbanktabellennamens aber im Beispiel überflüssig und das Element <table> optional ist, kann sie auch hier komplett entfallen.

»schema«

Ein weiteres Beispiel zeigt, dass die Konfiguration auch bei Gleichnamigkeit von Tabellen- und Klassenname erforderlich sein kann, und zwar wenn es sich um ein abweichendes Schema in der Datenbank handelt. In Listing 8.17 wird Bezug auf eine Datenbanktabelle genommen, die sich CUSTOMER nennt und unter dem Schema mit dem Namen ONLINESHOP angelegt ist:

```
...
@Entity
@Table(schema="ONLINESHOP", name="CUSTOMER")
public class Customer implements Serializable {
...
```

Listing 8.17 Customer.java

Die entsprechende XML-Konfiguration sehen Sie in Listing 8.18:

```
...
<entity class="de.java2enterprise.onlineshop.model.Customer">
    <table schema="ONLINESHOP" name="CUSTOMER"/>
    <attributes>
        <id name="id/>
    </attributes>
</entity>
...
```

Listing 8.18 orm.xml

8.2.5   Benennung des Spaltennamens

Genauso wie der Tabellenname angezeigt werden kann, lässt sich auch der Spaltenname spezifizieren. Hierfür verwenden Sie die Annotation @Column bzw. in der *orm.xml* das Konfigurationselement <column>.

Listing 8.19 zeigt, wie mithilfe der JPA-Annotation @Column darauf hingewiesen wird, dass das zugehörige Spaltenfeld den Bezeichner ID trägt:

```
...
@Id
@Column(name="ID")
private long id;
...
```

Listing 8.19 Customer.java

Das entsprechende XML-Element nennt sich <column>:

```
...
<entity class="de.java2enterprise.onlineshop.model.Customer">
    <attributes>
        <id name="id>
            <column name="ID">
        </id>
    </attributes>
</entity>
...
```

Listing 8.20 orm.xml

Die Annotation @Column (bzw. bei der *orm.xml* das XML-Element <column>) kann neben dem Namen auch mit weiteren Werten versehen werden, die sich aber lediglich auf das ORM-Reverse Engineering, d. h. auf die SQL-, DDL-Skript-Erzeugung, auswirken. Beispielsweise wollen wir mit folgender Annotation erwirken, dass das Spaltenfeld EMAIL eindeutig ist. Gleichzeitig soll verhindert werden, dass das Feld leer bleibt. Ferner möchten wir die Anzahl der Zeichen auf 40 begrenzen. Für die automatische DDL-Skript-Erstellung bzw. die automatische Generierung der Datenbanktabellen können hierfür die Felder unique=true, nullable= false und precision=40 gesetzt werden:

```
@Column(unique=true, nullable=false, precision=40)
private String email;
```

Listing 8.21 Customer.java

Beachten Sie, dass die gezeigten Felder wirklich nur der automatischen DDL-Skript-Erstellung und der Generierung der Datenbanktabellen per ORM-Reverse-Engineering dienen, also keine Überprüfung zur Laufzeit zur Folge haben. Genau genommen hat die oben gezeigte Annotation im laufenden Betrieb der Java EE-Anwendung überhaupt keine Auswirkung.

Hinweis

Dass manche JPA-Elemente nicht für den Betrieb, sondern lediglich für die automatische Erzeugung der Datenbanktabellen bestimmt sind, kann nicht nur für den lernenden JPA-Neuling ein Nachteil sein, denn hierdurch kommen weitere Einstellungsmöglichkeiten hinzu, die überhaupt keine Auswirkung auf das Laufzeitverhalten während des Betriebs der Anwendung haben. Konfigurationen, die nur für das ORM-Reverse-Engineering gedacht sind, sollten Sie nur dann einsetzen, wenn Sie die DDL-Skript-Erstellung tatsächlich verwenden. Ansonsten sind sie in der Geschäftsanwendung nämlich sinnlos und führen zu Verwirrung.

8.2.6   Den Zugriffstyp ändern

Wenn der Persistence-Provider auf den Wert eines Attributs zugreift, holt er sich an und für sich den Wert der Objektvariablen. Ob zu der Objektvariablen Getter oder Setter als Property-Methoden beigefügt wurden, ist dem Persistence-Provider zunächst einerlei. Die öffentlichen Getter- und Setter-Methoden könnten für die Verwendung als JPA-Entities also theoretisch entfallen. Allerdings wird man in einer Java EE-Anwendung eine Objektvariable stets privat und mit öffentlichen Getter- und Setter-Methoden anbieten. Denn die Attribute werden üblicherweise nicht nur vom Persistence-Provider benutzt, sondern auch von anderen Java-Klassen referenziert, und der Java EE-Standard verlangt sogar, dass man auf die Objektvariablen nicht unmittelbar aus externen Klassen heraus, sondern ausschließlich über öffentliche Getter- und Setter-Methoden zugreift. Aber ob nun Property-Methoden vorhanden sind oder nicht, spielt für den Persistence-Provider erst einmal keine Rolle. Im Fachjargon würde man sagen, dass der Zugriffstyp per Default auf FIELD gesetzt ist.

Andererseits kann man den Persistence-Provider auch explizit anweisen, die Getter-Methode für den Zugriff auf die Objektvariable zu verwenden. Im Fachjargon sagt man dann, dass der Zugriffstyp auf PROPERTY gesetzt wird.

Den Zugriffstyp über den Standort der Annotation ändern

Bei der Verwendung von JPA-Annotationen können Sie den Zugriffstyp auf den Attributwert ganz einfach über ihren »Standort« steuern. Es ist nämlich eine Besonderheit der Attribut-Annotationen, dass sie sowohl vor die Objektvariablen als auch vor die Getter-Methode gesetzt werden können.

Bisher haben Sie mit @Id lediglich eine einzige Attribut-Annotation kennengelernt. Die JPA bietet aber eine ganze Reihe weiterer Attribut-Annotationen an, mit denen beispielsweise »normale« Spaltenfelder (@Basic), Assoziationen (@OneToOne, @OneToMany, @ManyToOne oder @ManyToMany) oder transiente Attribute (@Transient) definiert werden. Diese Attribut-Annotationen werde ich aber erst in späteren Abschnitten eingehend beschreiben.

Wenn eine Attribut-Annotation vor eine Objektvariable gesetzt worden ist, spricht man von einer *Field-Annotation*. Eine Field-Annotation hat zur Folge, dass der Persistence-Provider unmittelbar über die Objektvariable auf den Wert des Attributs zugreift.

Beispielhaft sehen Sie Listing 8.22 eine Field-Annotation:

```
...
@Basic
private String email;

public String getEmail() {
    return this.email;
}
...
```

Listing 8.22 Customer.java

Steht die Attribut-Annotation hingegen vor der Getter-Methode, spricht man von einer *Property-Annotation*:

```
...
private String email;

@Basic
public String getEmail() {
```

```
        return this.email;
}
...
```

Listing 8.23 Customer.java

Der Standort der Attribut-Annotation entscheidet also darüber, ob der Persistence-Provider direkt auf die Objektvariable (Field-Annotation) zugreift oder ob er vorher die Getter-Methode (Property-Annotation) durchläuft. Aber welcher Zugriffstyp ist besser?

Field-Annotationen haben den Vorteil, dass sie gemeinsam ganz am Anfang einer Klasse stehen, da es Konvention ist, Objektvariablen so zu gruppieren. Auf diese Weise erhält der Entwickler frühzeitig einen schnellen Überblick über die Attribut-Annotationen. Im Allgemeinen kann man sagen, dass Field-Annotationen im Normalfall einen lesbareren Code bewirken und deshalb standardmäßig gesetzt werden sollten.

Property-Annotationen haben den Vorteil, dass innerhalb der Methode eine zusätzliche Logik eingebaut werden kann. Stellen Sie sich zum Beispiel den Fall vor, dass die Anwendung einen Defaultwert setzt, wenn der persistierte Wert eigentlich null wäre:

```
...
private String email;

@Basic
public String getEmail() {
    if(this.email == null) {
        this.email = "j@java2enterprise.de";
    }
    return this.email;
}
...
```

Listing 8.24 Customer.java

Durch die zusätzliche Logik in der Getter-Methode wird sichergestellt, dass der Wert der Objektvariablen stets initialisiert worden ist.

Andererseits ist eine zusätzliche Logik in einer Entity grundsätzlich nicht empfehlenswert, denn sie führt zu einer versteckten Intelligenz, die Verwirrung stiften kann. Die saubere Variante ist, die Datenbank als Single-Point-of-Truth zu deklarieren. Manche IDE-Wizards generieren von sich aus Property-Annotationen. Lassen Sie sich hierdurch nicht verunsichern, und bestehen Sie auf Field-Annotationen, wenn die Property-Annotationen nicht aus besonderem Anlass zwingend erforderlich sind.

Aber ganz egal, wofür Sie sich letztendlich entscheiden, eines ist gewiss: Eine Mischung beider Varianten ist die schlechteste Entscheidung, denn sie führt zu unlesbarem Quelltext.

Den »AccessType« über eine Access-Konfiguration ändern

Wie bereits erwähnt, greift der Persistence-Provider bei einer Field-Annotation automatisch auf die Objektvariable und bei einer Property-Annotation automatisch auf die Getter-Methode zu. Dieses Defaultverhalten können Sie aber auch ändern. Die JPA bietet hierfür eine Annotation an, die sich `@Access` nennt. `@Access` definieren Sie entweder mit dem Wert `AccessType.FIELD` oder mit dem Wert `AccessType.PROPERTY`.

Die folgende `@Access`-Annotation hat durch den Wert `AccessType.PROPERTY` zur Folge, dass der Persistence-Provider die Getter-Methoden nutzen wird, um auf den Wert der Objektvariablen zuzugreifen, auch wenn die `FIELD`-Annotation es anders vermuten ließe:

```
...
@Entity
@Access(AccessType.PROPERTY)
public class Customer implements Serializable {
    @Basic
    private String email;

    public String getEmail() {
        return this.email;
    }
}
...
```

Listing 8.25 Customer.java

In der ORM-Mapping-Datei wird im Element `<entity>` das Annotationsunterelement `access` verwendet, um die Änderung des Zugriffstyps zu erzielen:

```
...
<entity
    access="PROPERTY"
    class="de.java2enterprise.onlineshop.model.Customer">
    <attributes>
        <id name="id/>
    </attributes>
</entity>
...
```

Listing 8.26 orm.xml

Den Zugriffstyp einzelner Attribute ändern

In Listing 8.25 wurde der Zugriffstyp für die ganze Entity geändert, indem beispielsweise die JPA-Annotation `@Access` vor das Schlüsselwort `public class` gesetzt wurde. Dadurch galt die

Annotation für alle Attribute der Klasse. Die Annotation @Access können Sie aber auch für einzelne Attribute verwenden, um von Attribut zu Attribut unterschiedliche Zugriffsvarianten zu erzielen:

```
...
@Entity
public class Customer implements Serializable {
    @Basic
    @Access(AccessType.PROPERTY)
    private String email;

    public String getEmail() {
        return this.email;
    }
    ...
```

Listing 8.27 Customer.java

Diese Mischung kann aber zu einem unheilvollen Durcheinander führen. Zu Gunsten der Einfachheit sollten Sie hierauf verzichten.

Die Annotation @Access könnte sogar gleichzeitig sowohl für die ganze Entity als auch für einzelne Attribute gesetzt werden. In diesem Fall überschreibt die Festlegung des einzelnen Attributs die der gesamten Entity. Aber auch diese überkomplexe Variante ist nicht empfehlenswert.

»@Access« grundsätzlich vermeiden

Das obige Beispiel macht ganz allgemein deutlich, dass die Annotation @Access zu Unverständlichkeit führen kann. Da die Konvention des Standorts der Attribut-Annotation der Angabe der @Access-Annotation widerspricht, erhalten wir eine zusätzliche Komplexität. Der Quelltext ist deshalb viel besser lesbar, wenn Sie auf die Annotation @Access gänzlich verzichteten. Grundsätzlich sind Fälle vorstellbar, in denen der Zugriffstyp geändert werden muss. Aber wenn dies aus speziellen Erfordernissen heraus nicht nötig ist, gilt wie immer das Motto »keep it simple«.

8.3 Schritt 3: Primärschlüssel definieren

Datenbanktabellen, die als Gegenstücke zu JPA-Entities gesehen werden, müssen über Primärschlüssel verfügen. Und auch in der JPA-Entity dürfen die Primärschlüssel-Attribute zu den datenbankseitigen Primärschlüsseln nicht fehlen.

Die einfachste Art, Primärschlüssel in einer Datenbanktabelle festzulegen, habe ich bereits gezeigt, denn die besteht lediglich aus der Definition eines einzelnen technischen Schlüssels. Solche Primärschlüssel bereiten dem Java-Entwickler die geringsten Sorgen, da es bei der Verwendung der JPA mit einer einzigen Annotation getan ist (Abbildung 8.5).

In diesem Abschnitt betrachten wir zuallererst diese »einfache« Möglichkeit. Denn selbst mit ihr müssen wir uns mit Identitätsproblemen von JPA-Entities auseinandersetzen. Der Grund hierfür ist, dass zwei unterschiedliche Java-Objekte »identische« Entities darstellen können, denn während Java zwei Objekte nur dann als gleich ansieht, wenn ihre Speicheradresse gleich ist, wird die Identität von Entities durch ihren Klassentyp und den Wert ihres Primärschlüssels bestimmt.

Ein weiterer Punkt, der auch bei einfachen Primärschlüsseln zu beachten ist, betrifft die automatisch generierten Primärschlüsselwerte. Wenn der Wert eines Primärschlüssels durch die Datenbank erzeugt wird, muss dies in einer JPA-Konfiguration bekannt gemacht werden, denn der Persistence-Provider ist ansonsten nicht in der Lage, diesen Automatismus zu erkennen.

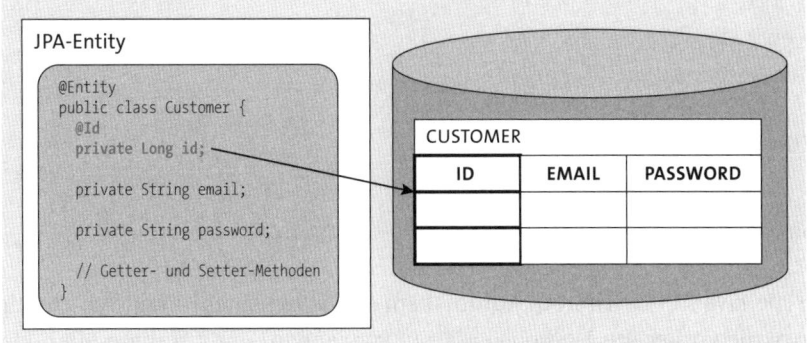

Abbildung 8.5 Die Attribut-Annotation »@Id« für die Kennzeichnung des Primärschlüssels

Neben diesen beiden Themen werden wir uns auch noch zusammengesetzte Primärschlüssel genauer anschauen. Denn je nachdem, wie verschlungen sich der Primärschlüssel datenbankseitig aufbaut, kann die Erstellung der Primärschlüssel-Gegenstücke auf der Java-Seite ebenso verflochten ausfallen.

Apropos Komplexität: Bisher haben wir das Mapping sowohl mit der XML-basierten *orm.xml* als auch mit JPA-Annotationen durchgeführt. Die Beispiele sollten Ihnen aber lediglich die beiden Möglichkeiten vorstellen und Ihnen somit einen Überblick über die zwei Alternativen geben. Von nun an werden wir den JPA-Annotationen den Vorzug geben, weil sie sich auch in der Praxis gegenüber der komplexeren Umsetzung mit der XML-Konfiguration durchgesetzt haben.

8.3.1   Identitätsprobleme von JPA-Entities lösen

Einfache Primärschlüssel-Attribute werden mithilfe der Attribut-Annotation @Id gekenn-zeichnet. Diese Attribut-Annotation haben Sie bereits weiter oben kennengelernt.

```
...
@Id
private Long id;
```

Listing 8.28 Customer.java

Durch den Primärschlüssel mit dem Bezeichner id möchten wir die eindeutige Identität der Java-Objekte erzielen. Mit anderen Worten: Wenn zwei Objekte den gleichen Wert im Attri-but id enthalten, sollen sie von der Java-Laufzeitumgebung als gleich angesehen werden. Der Vollständigkeit halber muss hinzugefügt werden, dass auch ihr Klassentyp gleich sein muss.

Der Vergleich ist programmatisch recht trivial. Eine Abfrage, ob zwei JPA-Entities gleich sind, sähe wie in Listing 8.29 aus:

```
if(
    this.getClass() == other.getClass() &&
    this.getId().equals(other.getId())
) {
        return "Die beiden Objekte sind gleich!";
}
```

Listing 8.29 Customer.java

Allerdings enthält die Java-API bestimmte Automatismen, die bei einem Vergleich zweier Objekte automatisch die vorbelegte Methode equals() verwenden. Und für diese Methode sind zwei Objekte nur identisch, wenn sie mit dem Gleichheitsoperator true ergeben, das heißt, wenn sie im Arbeitsspeicher den gleichen Adressraum belegen. Dies ist zwar das rich-tige Ergebnis eines Vergleichs zweier Instanzen, wenn es sich bei den Objekten aber um JPA-Entities handelt, ist dieser Vergleich falsch. Um sicherzustellen, dass die JPA-Entities bei der weiteren Verwertung zu keinem Fehler führen, müssen wir die Methode equals() über-schreiben.

Das gleiche Problem betrifft die Methode hashCode(). Die Methode hashCode() der Klasse Objekt wandelt die Adresse des Datenbehälters in eine int-Zahl um und gibt diese als Rück-gabewert zurück. Damit entspricht sie sinngemäß in etwa der Methode equals() in der Klasse Object. Überlagern wir jedoch die Methode equals(), müssen wir die Methode hash-Code() mit der gleichen Logik überschreiben, denn wenn die Methode equals() zwei Objekte als gleich ansieht, müssen ihre hashCode()-Methoden auch gleiche Werte ausgeben. So sieht es die Java SE-Spezifikation vor.

Bei der Erstellung der Methoden hashCode() und equals() werden wir uns von Eclipse helfen lassen. Öffnen Sie zunächst die Klasse Customer.java. Klicken Sie im Menü auf SOURCE und dann auf GENERATE HASHCODE() AND EQUALS(). In dem sich öffnenden Fenster bietet Eclipse die Objektvariablen an, die in den Methoden zur Ermittlung des Hashcodes bzw. des Vergleichs verwendet werden sollen. Selektieren Sie dort lediglich den Primärschlüssel.

Auf diese Weise erstellt Eclipse automatisch entsprechende hashCode()- und equals()-Methoden, die zur Nutzung in einer Java EE-Anwendung durchaus brauchbar sind:

```
...
@Override
public int hashCode() {
    final int prime = 31;
    int result = 1;
    result = prime * result +
        ((id == null) ? 0 : id.hashCode());
    return result;
}


@Override
public boolean equals(Object obj) {
    if (this == obj) {
        return true;
    }
    if (obj == null) {
        return false;
    }
    if (!(obj instanceof Customer)) {
        return false;
    }
    Customer other = (Customer) obj;
    if (id == null) {
        if (other.id != null) {
            return false;
        }
    } else if (!id.equals(other.id)) {
        return false;
    }
    return true;
}
...
```

Listing 8.30 Customer.java

> **Hinweis**
>
> Leider berücksichtigt meine Eclipse-Version Java 8-Konstrukte wie `Object.equals()` noch nicht. In Ihrer IDE könnte dieses Defizit behoben worden sein.

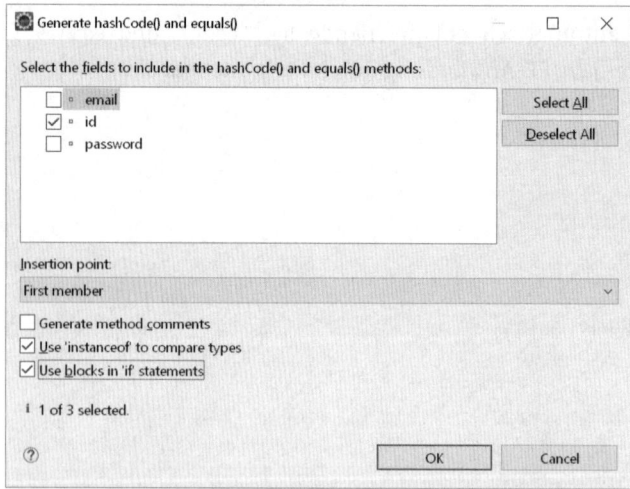

Abbildung 8.6 Die Erstellung der Methoden »hashCode()« und »equals()« für die JPA-Entity

8.3.2   Zusammengesetzte Primärschlüssel

Manchmal setzt sich der Primärschlüssel einer Datenbanktabelle aus mehreren Spaltenfeldern zusammen. Auch für diesen Fall hat die JPA mit speziellen Annotationen vorgesorgt.

Eine externe Primärschlüsselklasse

Wenn sich der Primärschlüssel einer Datenbanktabelle aus mehreren Spaltenfeldern zusammensetzt, wird jedes zugehörige Entity-Attribut mit der Annotation `@Id` markiert. Der zusammengesetzte Primärschlüssel erfordert zusätzlich, eine Primärschlüsselklasse zu programmieren, die einer Kopie der JPA-Entity gleicht, aber nur die Schlüssel-Attribute einbezieht.

Listing 8.31 zeigt die JPA-Entity `Customer.java`, die die zwei Attribute `id1` und `id2` als zusammengesetzten Primärschlüssel enthält und mit der Annotation `@IdClass` auf die Primärschlüsselklasse hinweist:

```
package de.java2enterprise.onlineshop.model;

import java.io.Serializable;
import javax.persistence.Entity;
import javax.persistence.Id;
```

```
import javax.persistence.IdClass;

@Entity
@IdClass(CustomerPK.class)
public class Customer implements Serializable {
    private static final long serialVersionUID = 1L;

    @Id
    private long id1;

    @Id
    private long id2;
    private String email;
    private String password;
    //Setter und Getter
}
```

Listing 8.31 Customer.java

Die Primärschlüsselklasse ist eine ganz simple POJO-Klasse, die lediglich die Primärschlüssel-Attribute enthält.

Zu der JPA-Entity Customer.java programmieren wir beispielhaft die Klasse CustomerPK.java. Als Attribute wird die Primärschlüsselklasse nur die zwei Primärschlüssel id1 und id2 aufnehmen. Beachten Sie auch, dass die Identität dieser Klasse durch das Überschreiben der Methoden equals() und hashCode() gewährleistet sein muss.

```
package de.java2enterprise.onlineshop.model;

import java.io.Serializable;

public class CustomerPK implements Serializable {
    private static final long serialVersionUID = 1L;
    private long id1;
    private long id2;
    // Getter und Setter

    @Override
    public int hashCode() {
        final int prime = 31;
        int result = 1;
        result = prime * result +
            (int) (id1 ^ (id1 >>> 32));
        result = prime * result +
```

```
                    (int) (id2 ^ (id2 >>> 32));
            return result;
        }


        @Override
        public boolean equals(Object obj) {
            if (this == obj)
                return true;
            if (obj == null)
                return false;
            if (getClass() != obj.getClass())
                return false;
            CustomerPK other = (CustomerPK) obj;
            if (id1 != other.id1)
                return false;
            if (id2 != other.id2)
                return false;
            return true;
        }
}
```

Listing 8.32 CustomerPK.java

Listing 8.33 zeigt, wie Sie ein Objekt der Klasse Customer suchen können. Zur eindeutigen Identifikation der JPA-Entity geben Sie dem EntityManager als Primärschlüssel ein Objekt der Klasse CustomerPK mit.

```
...
CustomerPK cpk = new CustomerPK();
cpk.setId1(123L);
cpk.setId2(456L);
Customer customer = em.find(Customer.class, cpk);
```

Listing 8.33 Main.java

Eine eingebettete Primärschlüsselklasse

Eine Primärschlüsselklasse kann in der JPA-Entity auch als Attribut eingebettet werden. In diesem Fall werden also nicht die einzelnen Primärschlüssel-Attribute in der JPA-Entity aufgeführt, sondern die Primärschlüsselklasse selbst.

Statt der Annotation @IdClass vor der Klasse setzen Sie nun die Annotation @EmbeddedId vor die Deklaration der Primärschlüsselklasse:

```
package de.java2enterprise.onlineshop.model;

import java.io.Serializable;
import javax.persistence.EmbeddedId;
import javax.persistence.Entity;

@Entity
public class Customer implements Serializable {
    private static final long serialVersionUID = 1L;

    @EmbeddedId
    private CustomerPK pk;

    private String email;

    private String password;

    //Setter und Getter
}
```

Listing 8.34 Customer.java

Damit die Primärschlüsselklasse eingebettet werden kann, müssen Sie sie ihrerseits mit der Annotation @Embeddable versehen. Ansonsten ändert sich bei der Primärschlüsselklasse nichts:

...

```
@Embeddable
public class CustomerPK implements Serializable {
    private static final long serialVersionUID = 1L;

    private long id1;

    private long id2;

    ...
    public boolean equals(Objekt o) { ... }
    public int hashCode() { ... }
}
```

Listing 8.35 CustomerPK.java

8.3.3   Die automatische Schlüsselgenerierung

Zur automatischen Generierung von Primärschlüsseln verfügen die meisten Datenbankmanagementsysteme über die IDENTITY-Methode. Diese habe ich in Kapitel 6, »Die relationale Datenbank«, bereits erläutert und auch gezeigt, dass die Oracle Database nicht über diesen Automatismus verfügt und dass dort stattdessen die SEQUENCE-Methode verwendet wird. Die JPA bietet für beide Automatismen entsprechende Konfigurationsmöglichkeiten an. Zusätzlich kennt die JPA eine dritte Variante, die sich TABLE nennt. Die von der JPA unterstützten Automatismen lassen sich somit in folgende drei Varianten zusammenfassen:

▶ IDENTITY
Der nächste Schlüsselwert wird ganz komfortabel durch das Datenbankmanagementsystem bestimmt. Die Syntax unterscheidet sich zwischen den Datenbankmanagementsystemen sehr stark.

▶ SEQUENCE
Der nächste Schlüsselwert wird durch eine SEQUENCE generiert. In Kapitel 6, »Die relationale Datenbank«, habe ich gezeigt, wie Sie bei der Oracle Database mit dieser Variante arbeiten, da eine IDENTITY-Funktionalität nicht vorhanden ist. Den Sequenzgenerator müssen wir mit der Anweisung CREATE SEQUENCE erstellen. Das automatische Inkrementieren übernehmen spezielle Trigger, die wir für jeden Sequenzgenerator explizit zur Verfügung stellen.

▶ TABLE
Der nächste Primärschlüsselwert wird in einer eigenen Datenbanktabelle eingetragen. Soll ein neuer Schlüssel besorgt werden, suchen Sie in dieser Tabelle einfach nach diesem Wert. Diese Variante hat den Vorteil, dass sie herstellerunabhängig ist.

Bei der JPA legen Sie die die jeweilige Schlüsselgenerierung mit der Annotation @GeneratedValue fest, indem Sie entsprechend folgende Attribut-Annotationen hinzufügen:

▶ strategy=GenerationType.IDENTITY

▶ strategy=GenerationType.SEQUENCE

▶ strategy=GenerationType.TABLE

Zusätzlich wird mit der Strategie

strategy=GenerationType.AUTO

die Möglichkeit geboten, dass die JPA selbst entscheidet, welche der drei Varianten eingesetzt wird.

AUTO

Die Generierungsstrategie AUTO ist bei der Annotation @GeneratedValue der Defaultwert:

```
...
@Id
@GeneratedValue
private long id;
...
```

Listing 8.36 Customer.java

Der Persistence-Provider wird mit der obigen Annotation die Strategie auf AUTO setzen und hierdurch die richtige Generierungsstrategie selbst aussuchen. Diese Defaultstrategie können Sie auch explizit mit dem Annotationsunterelement strategy=GenerationType.AUTO anzeigen:

```
...
@Id
@GeneratedValue(strategy=GenerationType.AUTO)
private long id;
...
```

Listing 8.37 Customer.java

IDENTITY

Wenn Sie mit MySQL arbeiten, bedeutet die Festlegung auf GenerationType.AUTO, dass datenbankseitig der Primärschlüssel mit der Variante IDENTITY bestimmt wird:

```
...
@Id
@GeneratedValue(strategy=GenerationType.IDENTITY)
private long id;
...
```

Listing 8.38 Customer.java

Beachten Sie, dass bei dem CREATE-Skript für die MySQL-Datenbank das Schlüsselwort AUTO_INCREMENT verwendet wird.

TABLE

Bei dieser Technik wird auf der Datenbank eine Tabelle mit zwei Spaltenfeldern erzeugt. Das erste Spaltenfeld enthält den Namen des zu inkrementierenden Spaltenfeldes. Das zweite Spaltenfeld enthält den letzten gültigen Schlüsselwert.

In unserem Onlineshop erzeugen wir nun mit folgendem Skript eine Datenbanktabelle mit dem Namen PKTABLE. Die beiden Spaltenfelder nennen wir PK und VALUE:

```
DROP TABLE pktable;

CREATE TABLE pktable (
    pk      varchar2(255),
    value    NUMBER(19)
);
GRANT SELECT, INSERT, UPDATE, DELETE
ON pktable TO onlineshop_user;
```

Der Tabelle PKTABLE fügen wir einen Datensatz hinzu. Im Spaltenfeld PK tragen wir den Spaltenfeldnamen des Primärschlüssels ID der Tabelle CUSTOMER ein. Im Spaltenfeld VALUE setzen wir den Initialwert auf 1.

```
INSERT INTO pktable(pk, value) VALUES ('ID', 1);
COMMIT;
```

Das Ergebnis sollte nun wie folgt aussehen:

PK	VALUE
ID	1

Listing 8.39 zeigt, wie Sie die Annotation @GeneratedValue bei der Generierungsstrategie TABLE setzen:

```
...
@Id
@TableGenerator(
    schema="ONLINESHOP",
    table="PKTABLE",
    pkColumnName="PK",
    valueColumnName="VALUE",
    pkColumnValue="ID",
    name = "customerId",
    allocationSize=1,
        initialValue=1
)
@GeneratedValue(
    strategy=GenerationType.TABLE,
    generator="customerId")
private Long id;
...
```

Listing 8.39 Der »TableGenerator«

Im Listing wird zusätzlich zur Annotation @GeneratedValue die Annotation @TableGenerator definiert.

Mit den Annotationsattributen table, pkColumnName und valueColumnName werden die Bezeichner der Tabelle und der zwei Spaltenfelder angezeigt. Über pkColumnValue wird die Primärschlüsselspalte vermerkt. Das Annotationsattribut name legt einen Bezeichner für den Tabellengenerator fest.

Der Bezeichner des Tabellengenerators wird bei der Annotation @GeneratedValue mit dem Annotationsattribut generator referenziert.

SEQUENCE

Im Programmierbeispiel dieses Buches haben wir bereits mit der Schlüsselgenerierung durch einen Sequenzgenerator gearbeitet. Unser Skript für die Generierung der SEQUENCE war folgendes:

```
DROP SEQUENCE seq_customer;

CREATE SEQUENCE seq_customer;
GRANT ALL ON seq_customer TO onlineshop_user;

COMMIT;
```

Bei Einsatz der JPA ist nun hierbei die Einbindung eines Triggers nicht mehr erforderlich, denn das Persistence-Framework ist von sich aus in der Lage, den nächsthöheren Wert aus dem Sequenzgenerator zu ermitteln.

Wenn Sie bisher das SQL-Skript aus Kapitel 6, »Die relationale Datenbank«, genutzt haben, wird Ihre Datenbank noch die beiden Trigger mit den Bezeichnern tri_customer und tri_item beherbergen. In diesem Fall müssen Sie die Trigger nun mit folgenden Anweisungen entfernen:

```
DROP TRIGGER tri_customer;
DROP TRIGGER tri_item;
COMMIT;
```

In der Klasse Customer.java benötigen wir wieder zwei Annotationen.

Den Sequenzgenerator deklarieren wir mit der Annotation @SequenceGenerator. Hierbei werden wir folgende Annotationsattribute nutzen:

▶ Mit dem Annotationsattribut name geben wir dem Sequenzgenerator einen Namen.

▶ sequenceName zeigt den Namen der SEQUENCE in der Datenbank an.

▶ initialValue setzt den Initialwert fest.

- ▶ allocationSize gibt den Erhöhungswert an, um den der letzte Wert inkrementiert wird.
- ▶ schema legt das Schema der Sequenz fest.

Der Bezeichner des Sequenzgenerators wird bei der Annotation @GeneratedValue mit dem Annotationsattribut generator referenziert.

Listing 8.40 zeigt die komplette Klasse Customer mit den Annotationen @SequenceGenerator und @GeneratedValue an:

```java
package de.java2enterprise.onlineshop;

import java.io.Serializable;

import javax.persistence.Column;
import javax.persistence.Entity;
import javax.persistence.GeneratedValue;
import javax.persistence.GenerationType;
import javax.persistence.Id;
import javax.persistence.SequenceGenerator;
import javax.persistence.Table;

@Entity
@Table(schema="onlineshop", name="customer")
public class Customer implements Serializable {
    private static final long serialVersionUID = 1L;

    @Id
    @SequenceGenerator(
        name="CUSTOMER_ID_GENERATOR",
        sequenceName="SEQ_CUSTOMER",
        allocationSize=1,
        initialValue=1,
        schema="ONLINESHOP")
    @GeneratedValue(
        strategy=GenerationType.SEQUENCE,
        generator="CUSTOMER_ID_GENERATOR")
    private long id;
    private String email;
    private String password;

    public Customer() {}

    public Customer(
            String email,
```

```
            String password
            ) {
        this.email = email;
        this.password = password;
    }

    public long getId() {
        return id;
    }

    public void setId(long id) {
        this.id = id;
    }

    public String getEmail() {
        return email;
    }

    public void setEmail(String email) {
        this.email = email;
    }

    public String getPassword() {
        return password;
    }

    public void setPassword(String password) {
        this.password = password;
    }

    public String toString() {
        return
            "[" +
            getId() + "," +
            getEmail() +
            "]";
    }
}
```

Listing 8.40 Customer.java

8.4   Schritt 4: singuläre Attribute konfigurieren

Mit *singulären Attributen* sind alle Attribute gemeint, die den Zustand einer JPA-Entity verändern. Hierunter fallen nicht nur persistente Attribute, sondern auch solche, die kein Gegenstück in der Datenbank haben. Der Fachbegriff für singuläre Attribute, die persistiert werden, ist *Basic-Attribut*. Singuläre Attribute, die nicht persistiert werden, nennen sich *Transient-Attribut*.

8.4.1   Basic-Attribute

Basic-Attribute stellen die einfachste Möglichkeit dar, Attribute zu einem Spaltenfeld zu mappen. Folgende Datentypen können als Basic-Attribute verwendet werden:

- alle elementaren Datentypen und ihre Wrapper-Klassen
- `java.lang.String`
- `java.math.BigInteger`
- `java.math.BigDecimal`
- `java.util.Date`
- `java.util.Calendar`
- `java.sql.Date`
- `java.sql.Time`
- `java.sql.Timestamp`
- **`java.time.LocalDate`**
- **`java.time.LocalTime`**
- **`java.time.LocalDateTime`**
- **`java.time.OffsetTime`**
- **`java.time.OffsetDateTime`**
- `byte[]` und `Byte[]`
- `char[]` und `Character[]`
- enums
- andere Datentypen, die das Interface `java.io.Serializable` implementieren

Abbildung 8.7 zeigt, wie Sie die Spaltenfelder EMAIL und PASSWORD der Datenbanktabelle CUSTOMER als Basic-Attribute in der Entity `Customer.java` anlegen.

Mit der Annotation `@Basic` deklarieren Sie das direkte Mapping zwischen einem Spaltenfeld und seinem Java-Gegenstück.

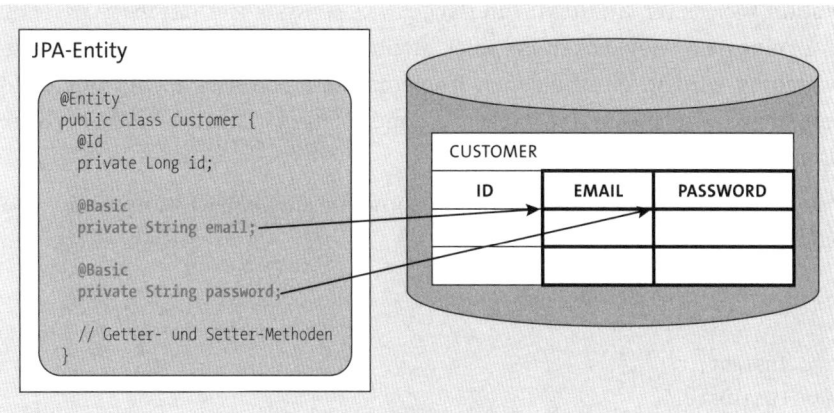

Abbildung 8.7 Die Attribut-Annotation »@Basic«

Bei den Mapping-Annotationen ist `@Basic` der Defaultwert. Wenn also keine der Attribut-Annotationen gesetzt ist, geht der Persistence-Provider immer davon aus, dass es sich um ein Basic-Attribut handelt.

Blick zurück ...

Im letzten Kapitel habe ich gezeigt, wie die ANSI-SQL-Spezifikation bei Zeitpunkten zwischen einem Datum (`DATE`), einer Uhrzeit (`TIME`) und einem Zeitstempel (`TIMESTAMP`) unterscheidet. Traditionell gesehen ordnete man diese Felder Java-seitig dem Datentyp `java.util.Date` zu.

Um eine Brücke zwischen den ANSI-SQL-Datentypen und `java.util.Date` zu schlagen, enthält die JDBC-API die JDBC-Datentypen `java.sql.Date`, `java.sql.Time` und `java.sql.Timestamp`. So kann der Treiber die ANSI-SQL-Datentypen recht einfach in JDBC-Datentypen umwandeln und diese als Rückgabewerttypen liefern. Das Ummodeln von JDBC-Datentypen in `java.util.Date` war wiederum Sache des Entwicklers.

Weil die JPA die Umwandlung von ANSI SQL in Java SE automatisch übernimmt, mussten wir bei der Entity aufzeigen, zu welchem ANSI-SQL-Datentyp ein `java.util.Date` gemappt werden soll. Hierfür verwenden wir die Annotation `@Temporal`. Als Wert wählen wir einen der folgenden Temporal-Typen: `TemporalType.DATE`, `TemporalType.TIME` oder `TemporalType.TIMESTAMP`. `TemporalType.TIMESTAMP` ist der Defaultwert. In Listing 8.41 sehen Sie ein Beispiel dafür, wie der ANSI-SQL-Datentyp vor der JPA 2.2 gemappt wurde.

```
@Temporal(TemporalType.TIMESTAMP)
private Date sold;
```

Listing 8.41 Die Annotation »@Temporal«

Mit der Annotation @Converter und dem Interface javax.persistence.AttributeConverter brachte die JPA 2.1 eine neue Möglichkeit ins Spiel, Attributwerte automatisch zu konvertieren. Die Umwandlung wird in einer eigenen Implementierung verwirklicht, indem die abstrakten Methoden convertToEntityAttribute() und convertToDatabaseColumn() überschrieben werden.

In Listing 8.42 sehen Sie, wie Sie eine automatische Konvertierung eines Datumsfeldes programmieren würden.

```
package de.java2enterprise.onlineshop.model;

import java.time.Instant;
import java.time.LocalDate;
import java.util.Date;

import javax.persistence.AttributeConverter;
import javax.persistence.Converter;

@Converter(autoApply = true)
public class DateConverter implements AttributeConverter<LocalDate, Date> {

    @Override
    public LocalDate convertToEntityAttribute(Date date) {
        return LocalDate.from(date.toInstant());
    }

    @Override
    public Date convertToDatabaseColumn(LocalDate localDate) {
        return Date.from(Instant.from(localDate));
    }
}
```

Listing 8.42 DateConverter.java

Durch den Attributwert autoApply = true braucht sich die JPA-Entity um keine weiteren Anmerkungshinweise zu kümmern.

```
private LocalDateTime sold;
```

Listing 8.43 Item.java

In die Zukunft mit der JPA 2.2 …

Obwohl die im Rückblick gezeigten Varianten immer noch erlaubt sind, gilt die Klasse `java.util.Date` seit Java SE 8 endgültig als veraltet. Zudem müssen seit der JPA 2.2. auch keine AttributeConverter mehr programmiert werden, weil die JPA 2.2 erstmalig Java SE 8-Datetime-Datentypen unterstützt. In der Java EE 8-Anwendung können Sie also einfach die Datentypen `java.time.LocalDate`, `java.time.LocalTime` und `java.time.LocalDateTime` ganz ohne Annotation oder AttributeConverter verwenden.

In der Onlineshop-Datenbank haben wir beispielsweise das Spaltenfeld SOLD der Tabelle ITEM als `LocalDateTime` deklariert. Deshalb brauchen wir der Objektvariable sold keine weitere Annotation als temporale Hinweise hinzuzufügen.

```
private LocalDateTime sold;
```

Listing 8.44 Item.java

Große Datenmengen

Der ANSI-SQL-99-Standard fasst große Datenmengen, wie zum Beispiel Foto- und Filmdateien, unter dem Ausdruck *Large Object* (*LOB*) bzw. die Untertypen unter *Character Large Object* (*CLOB*) und *Binary Large Object* (*BLOB*) zusammen. Im letzten Kapitel habe ich gesagt, dass dieser Datentyp bei der Oracle Database mit dem 4 Gigabyte großen BLOB realisiert wird. Java-seitig haben wir uns für den Datentyp `byte[]` entschieden, der theoretisch unendlich viel Speicher belegt. Neben dem Datentyp `byte[]` sieht die JPA auch vor, dass ein Attribut für große Binärdaten vom Datentyp `Byte[]`, `char[]`, `Character[]`, `java.lang.String` oder von einer Klasse ist, die das Interface `java.io.Serializable` implementiert.

Als Attribut-Annotation wird für große Binärdaten `@Lob` eingesetzt.

Im Onlineshop haben wir das Spaltenfeld FOTO in der Tabelle ITEM als BLOB definiert. Deshalb setzen wir nun in der Klasse `Item.java` die Attribut-Annotation `@Lob` vor das Attribut foto:

```
...
@Lob
private byte[] foto;
...
```

Listing 8.45 Item.java

8.4.2   Transiente Attribute

Transiente Attribute sind Attribute, die die JPA nicht berücksichtigen soll. Damit ist gemeint, dass diese Geschäftsdaten überhaupt nicht persistiert werden.

Weil jedes Attribut einer Entity automatisch auch als Gegenstück zu einem Spaltenfeld und nicht annotierte Attribute automatisch als Basic-Attribute gesehen werden, bietet die JPA zusätzlich die Annotation @Transient an, um die Definition dieser Attribute zu ermöglichen. Die JPA ignoriert aber nicht nur Attribute, die mit @Transient annotiert wurden, sondern auch andere Attribute, die gesondert gekennzeichnet wurden oder sich dem Persistieren aus anderen Gründen entziehen. Ich werde nun alle drei Merkmale aufführen.

Mit »@Transient« annotierte Attribute

Wie bereits gezeigt: Mit @Transient wird angezeigt, dass die Spalte nicht als Gegenstück zu einem Spaltenfeld der Datenbanktabelle gesehen werden soll. Transiente Attribute werden in der Datenbank deshalb nicht persistiert. Ihre Existenz ist von temporärer Dauer.

```
...
@Transient
private String comment;
...
```

Listing 8.46 Item.java

Konstanten

Attribute, die mit static und/oder final markiert worden sind, werden ebenso umgangen. Ein typisches Beispiel für ein solches Attribut wäre eine Konstante.

```
...
public final static int MAX = 1000;
...
```

Listing 8.47 Item.java

Nicht serialisierte Attribute

Alle Attribute, die Sie mit dem Schlüsselwort transient versehen haben, werden bei einer Serialisierung ignoriert. Das bedeutet, dass sie zum Beispiel beim Speichern des Objekts unbeachtet bleiben. Die JPA behandelt Attribute, die mit diesem Schlüsselwort versehen wurden, genauso wie Attribute, die Sie mit @Transient annotieren.

```
...
private transient String comment;
...
```

Listing 8.48 Item.java

8.5   Schritt 5: Assoziationen anfertigen

In derselben Weise wie bei relationalen Datenbanken eine Child-Tabelle (durch ihren Fremdschlüssel) zu einer Parent-Tabelle in einer Beziehung stehen kann, besteht auch eine Verbindung zwischen ihren Java-Gegenstücken. Diese Verbindung wird Java-seitig mithilfe von Attributen erstellt. Man spricht hierbei auch von *Assoziationsattributen*. Beim Persistieren werden die Assoziationsattribute benutzt, um dem EntityManager mitzuteilen, dass eine relationale Referenz zwischen zwei Datensätzen besteht. Der EntityManager trägt hierdurch automatisch die Fremdschlüssel in die Child-Tabelle ein.

8.5.1   Grundlagen

Bei relationalen Datenbanken wird die Beziehung zwischen zwei Datenbanktabellen nach der Kardinalität

- 1:n,
- n:m und
- 1:1 unterschieden.

Bei der JPA geht man über diese Unterteilung hinaus, denn die JPA differenziert bei den Assoziationstypen auch dahingehend, ob sich die Entities beidseitig oder einseitig referenzieren. Als ob dies aber nicht schon genug wäre, unterscheidet die JPA außerdem, aus welcher Richtung die Referenzen betrachtet werden. Hierdurch entstehen folgende Assoziationstypen:

- **Assoziationstypen der Kardinalität 1:n**
  - unidirektionale Many-to-one-Assoziation
  - bidirektionale One-to-many-Assoziation
  - unidirektionale One-to-many-Assoziation
- **Assoziationstypen der Kardinalität n:m**
  - bidirektionale Many-to-many-Assoziation
  - unidirektionale Many-to-many-Assoziation
- **Assoziationstypen der Kardinalität 1:1**
  - bidirektionale One-to-one-Assoziation
  - unidirektionale One-to-one-Assoziation

In diesem Abschnitt werde ich zeigen, wie Sie diese sieben Assoziationstypen mit speziellen JPA-Annotationen konfigurieren.

8.5.2   Die unidirektionale Many-to-one-Assoziation

Wir beginnen mit der unidirektionalen Many-to-one-Assoziation, denn hieran wird deutlich, warum man bei der JPA die grundlegenden Kardinalitäten in die bi- bzw. unidirektionalen und richtungsgebundenen Assoziationstypen unterteilt.

Die 1:n-Beziehung bei der relationalen Datenbank

In der relationalen Datenbank wird eine 1:n-Beziehung zwischen zwei Tabellen hergestellt, indem der Primärschlüssel einer Tabelle als Fremdschlüssel in einer anderen referenziert ist. Bei der Tabelle, die den Primärschlüssel innehat, spricht man von der Parent-Tabelle. Die Tabelle, die den Fremdschlüssel beherbergt, nennt man Child-Tabelle.

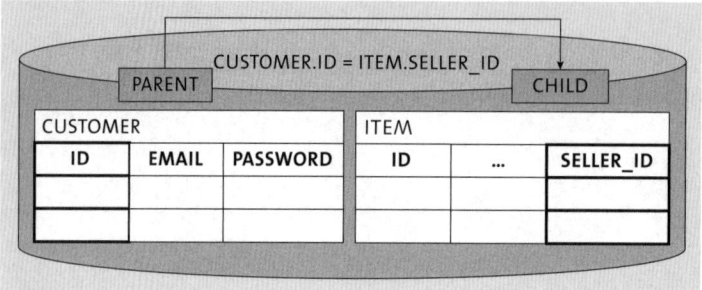

Abbildung 8.8 Die Beziehung zwischen der Tabelle CUSTOMER und der Tabelle ITEM

In Abbildung 8.8 wird deutlich, dass in Bezug auf die Beziehung zwischen den beiden Tabellen die Child-Entity im Vorteil ist, denn nur sie ist sich der Verbindung zwischen Parent und Child bewusst. Wenn Sie zum Beispiel ein Child löschen, merkt dies der Parent nicht. Im englischen Fachjargon wird die Seite, die das Wissen über die Beziehung beherbergt, »the owning side«, zu Deutsch »die besitzende Seite«, genannt. Die entgegengesetzte Seite wird auch als »inverse side« bezeichnet.

Weil nur die Child-Tabelle die Information über die Verbindung enthält, könnte man die Beziehung als unidirektional betrachten. Allerdings ist diese Unterscheidung mit der Sprache SQL kaum hinderlich, denn es ist eines ihrer Eigentümlichkeiten, dass die Abfrage einer Parent-Tabelle und die einer Child-Tabelle mit dem gleichen JOIN ermittelt werden kann.

Anhand eines Beispiels aus dem Onlineshop wird dies deutlich. Für die Erläuterung betrachten wir die Assoziation 1:n, das heißt: »One CUSTOMER offers many ITEMS«. In der UML-Notation schreiben wir 1 offers 0..* (Abbildung 8.9).

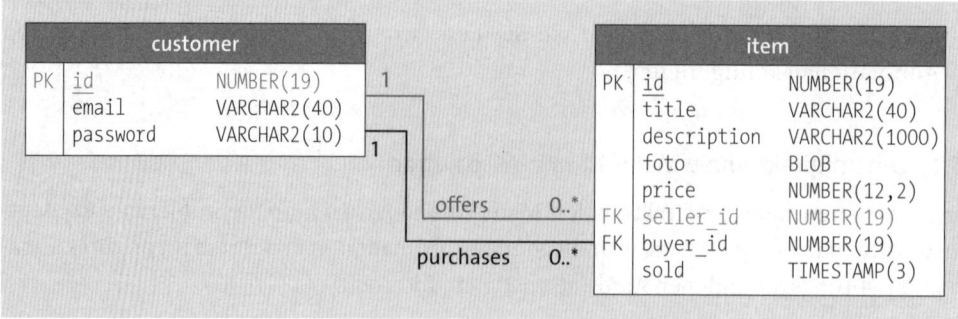

Abbildung 8.9 Die One-to-many-Beziehung »1 offers 0..*« im Onlineshop

Bei einem JOIN mit den beiden Tabellen CUSTOMER und ITEM können Sie wie in Listing 8.49 nach den angebotenen Artikeln eines bestimmten Verkäufers fragen:

```
SELECT i.*
FROM customer c JOIN item i
ON c.id = i.seller_id
WHERE c.id = 444;
```

Listing 8.49 Von Parent zu Child

Gleichzeitig erlaubt der »gleiche« JOIN, den Verkäufer eines bestimmten Artikels wie in Listing 8.50 zu erfragen:

```
SELECT c.*
FROM customer c
JOIN item i
ON c.id = i.seller_id
WHERE i.id = 123456;
```

Listing 8.50 Von Child zu Parent

Die 1:n-Beziehung bei der JPA

Genauso wie bei der relationalen Datenbank eine Parent-Tabelle zu einer Child-Tabelle in einer unidirektionalen 1:n-Beziehung steht, kann zwischen den zugehörigen Objekten der Parent-Entity und der Child-Entity eine gleichartige Verbindung erzeugt werden. Die Abhängigkeit von Child zu Parent wird programmatisch verwirklicht, indem die Child-Entity ein Attribut definiert, das auf die Parent-Entity referenziert.

Für dieses Assoziationsattribut benötigen wir die JPA-Annotation @ManyToOne, weil aus ihrer Sicht viele Objekte ihres Typs auf ein einziges Objekt der Klasse Customer verweisen können.

Über die zusätzliche Annotation @JoinColumn(name="SELLER_ID") können wir noch den Namen des Spaltenfeldes anzeigen:

```
...
@ManyToOne
@JoinColumn(name="SELLER_ID")
private Customer seller;
...
```

Listing 8.51 Item.java

Weil die Datenbanktabelle und das Assoziationsattribut im Beispiel aber gemäß der vorgegebenen JPA-Konvention erzeugt wurden, kann ausnahmsweise auf diese Annotation verzichtet werden. Durch die Konvention wird die JPA nämlich bei fehlender @JoinColumn-Annotation nach einem Fremdschlüsselfeld suchen, das sich aus dem Attributnamen

(»seller«), einem Unterstrich (»_«) und dem Namen des Primärschlüssel-Spaltenfeldes (»ID«) zusammensetzt. Das Spaltenfeld muss im Beispiel also den Namen SELLER_ID tragen, damit wir auf eine explizite Angabe verzichten können. Dieser Konvention sind wir gefolgt.

In Listing 8.52 sehen Sie den vollständigen Quelltext des Attributs seller:

```
...
@ManyToOne
private Customer seller;

public Customer getSeller() {
    return this.seller;
}

public void setSeller(Customer seller) {
    this.seller = seller;
}
...
```

Listing 8.52 Item.java

Einen Kunden und ein Angebot speichern

Gleichermaßen wie datenbankseitig ein Wert im Fremdschlüsselfeld ITEM.SELLER_ID auf den Wert des Primärschlüsselfeldes CUSTOMER.ID verweist, kann nun einem Artikel der Verkäufer zugewiesen werden.

Das folgende Beispiel fügt der Tabelle CUSTOMER und der Tabelle ITEM je einen Datensatz hinzu. Dabei wird auch der Primärschlüsselwert des Kunden in die Fremdschlüsselspalte des Artikels eingetragen.

Beachten Sie in Listing 8.53 die fett markierte Zeile, denn durch die hervorgehobene Methode item.setSeller(customer) wird die Abhängigkeit der Child-Entity zur Parent-Entity festgelegt:

```
package de.java2enterprise.onlineshop;

import javax.persistence.EntityManager;
import javax.persistence.EntityManagerFactory;
import javax.persistence.Persistence;

import de.java2enterprise.onlineshop.model.Customer;
import de.java2enterprise.onlineshop.model.Item;

public class Main {
    public static void main(String[] args)
```

```
        throws Exception {
        EntityManagerFactory emf =
                Persistence.
                    createEntityManagerFactory(
                        "onlineshop-jpa");
        EntityManager em =
            emf.createEntityManager();
        Customer customer = new Customer();
        customer.setEmail("j@java2enterprise.de");
        customer.setPassword("Taxi_123");
        Item item = new Item();
        item.setTitle("Kirschlorbeer");
        item.setDescription("Arten von Prunus I...");
        item.setPrice(19.00);
        item.setSeller(customer);

        try{
            em.getTransaction().begin();
            em.persist(customer);
            em.persist(item);
            em.getTransaction().commit();
        } catch(Exception ex) {
            em.getTransaction().rollback();
        }
    }
}
```

Listing 8.53 Main.java

8.5.3   Die bidirektionale One-to-many-many-to-one-Assoziation

Beim Quelltext der unidirektionalen Many-to-one-Assoziation wurde ersichtlich, dass man jederzeit von einem Artikel aus den Verkäufer eines Artikels ermitteln könnte, denn schließlich enthält jedes Artikel-Objekt eine Referenz auf die Speicheradresse des Verkäufers.

Andererseits besteht im obigen Listing mit den bisher gezeigten Mitteln keine Möglichkeit, die von einem Verkäufer angebotenen Artikel abzufragen. Denn die Beziehung ist nur unidirektional, und zwar vom Artikel in Richtung des Verkäufers. Die unidirektionale Many-to-one-Assoziation ist deshalb ein Ausnahmefall.

Weil im Java-Programm meistens auch die Gegenrichtung benötigt wird, werden 1:n-Beziehungen üblicherweise als bidirektionale One-to-many-many-to-one-Assoziationen programmiert. Das bedeutet, dass die Parent-Entity ein zusätzliches Assoziationsattribut definiert, das die abhängigen Child-Entities repräsentiert. Die JPA verlangt, dass es vom Datentyp java.util.Collection oder einem seiner Erben ist.

Wir setzen es auf den Datentyp java.util.Set, weil jeder Artikel nur ein einziges Mal von einem Kunden angeboten werden kann. Wenn ein Artikel beliebig oft vom Kunden angeboten werden könnte, würden wir den Datentyp java.util.List verwenden.

Das Assoziationsattribut muss mit der Annotation @OneToMany versehen werden. Mit OneToMany ist im Beispiel gemeint, dass ein Objekt der Klasse Customer mehrere Objekte der Klasse Item referenzieren kann.

Gleichzeitig geben wir über mappedBy="seller" das entgegengesetzte Attribut in der Klasse Item bekannt. Der Bezeichner, den mappedBy angibt, muss mit dem Namen des Attributs der Child-Entity identisch sein, damit er von der JPA gefunden werden kann.

```
...
@OneToMany(mappedBy="seller")
private Set<Item> offers;

public Set<Item> getOffers() {
    return this.offers;
}

public void setOffers(Set<Item> offers) {
    this.offers = offers;
}
...
```

Listing 8.54 Customer.java

Einen Kunden und ein Angebot speichern

Wenn eine Assoziation bidirektional entworfen wurde, muss die Verknüpfung der Objekte im Java-Programm auch beidseitig gesetzt werden. Das folgende Beispiel zeigt, was hiermit gemeint ist. Im Beispiel erstellen wir ein Objekt der Klasse Customer und zwei Objekte der Klasse Item. Weil es sich um eine bidirektionale Beziehung handelt, verlangt die JPA, dass beiden Artikeln der Verkäufer und zusätzlich dem Verkäufer die Liste mit beiden Artikeln zugewiesen wird.

```
...
Customer customer = new Customer();
Set<Item> items = new HashSet<Item>();
customer.setOffers(items)
Item item = new Item();

item.setSeller(customer);
```

```
items.add(item);
...
```

Listing 8.55 Customer.java

Die Arbeit mit dem ORM-Mapping ist hinsichtlich der Programmierung einer Verknüpfung umständlich. Während in der Datenbank lediglich ein Primärschlüssel in das Feld SELLER_ID eingetragen werden muss, erzwingt die beidseitige Referenz, dass die Änderung sowohl in der einen als auch in der anderen Richtung programmiert wird. Diese Umständlichkeit gilt sowohl wenn eine Instanz angeknüpft als auch wenn sie entfernt wird.

Deshalb ist es üblich, in der Parent-Entity entsprechende Convenience-Methoden hinzuzufügen. Zum Beispiel wird für das Hinzufügen einer Child-Entity eine add-Methode und für das Entfernen einer Child-Entity eine remove-Methode programmiert.

Die folgende Methode addOffer() zeigt, wie Sie die Convenience-Methode für das Hinzufügen von Item-Objekten erstellen könnten:

```
...
public Item addOffer(Item offer) {
    if(offer == null) {
        return null;
    } else {
        offer.setSeller(this);
    }
    if(this.offers == null) {
        this.offers =
                new HashSet<Item>();
    }
    this.offers.add(offer);
    return offer;
}
...
```

Listing 8.56 Customer.java

Beachten Sie, dass bei der Liste der abhängigen Child-Entities zunächst geprüft wird, ob sie noch nicht initialisiert worden ist. Denn wenn die Datenbanktabelle ITEM anfangs noch leer ist, belässt die JPA sie auf dem Wert null. Für diesen Fall initialisieren wir in der Convenience-Methode das Assoziationsattribut, bevor wir das neue Element hinzufügen.

Für das Entfernen von Artikeln programmieren wir die Methode removeOffer(). Ob wir auch in dieser Methode eine noch nicht initialisierte Liste berücksichtigen sollten, hängt von der Nutzung der Methode ab. In den meisten Fällen wird diese Sicherung nicht erforderlich sein. Listing 8.57 zeigt dennoch eine Möglichkeit, eine Implementierung zu programmieren:

```
...
public Item removeOffer(Item offer) {
    if(offer != null) {
        offer.setSeller(null);
    }
    if(this.offers != null) {
        this.offers.remove(offer);
    }
    return offer;
}
...
```

Listing 8.57 Customer.java

8.5.4 Die unidirektionale One-to-many-Assoziation

Ein Assoziationsattribut, das mit der Annotation @OneToMany versehen wurde, aber das nicht über mappedBy auf die Owning Side verweist oder verweisen kann, wird als unidirektionales One-to-many-Assoziationsattribut betrachtet.

In unserem Onlineshop legen wir also nun nur in der Parent-Entity Customer ein Assoziationsattribut an. Das Assoziationsattribut versehen wir mit der Annotation @OneToMany, nur dass wir das Element mappedBy nun weglassen. Stattdessen fügen wir eine zusätzliche Annotation @JoinColumn hinzu. @JoinColumn wird mit den Annotationsunterelementen referencedColumnName und name die Verknüpfung zwischen der Parent- und der Child-Entity anzeigen. referencedColumnName benennt den Bezeichner der Primärschlüsselspalte in der Parent-Tabelle. name weist auf die Fremdschlüsselspalte der Child-Tabelle hin.

```
...
@OneToMany
@JoinColumn(referencedColumnName="ID", name="SELLER_ID")
private Set<Item> offers;

public Set<Item> getOffers() {
    return this.offers;
}

public void setOffers(Set<Item> offers) {
    this.offers = offers;
}
...
```

Listing 8.58 Customer.java

Die unidirektionale One-to-many-Assoziation mit einer Join-Tabelle

Manchmal wird ein unidirektionales One-to-many-Assoziationsattribut datenbankseitig mithilfe einer Verknüpfungstabelle (*Join-Table*) verwirklicht. Eine Join-Tabelle enthält nichts anderes als die Primärschlüssel der zwei Tabellen, die sie verbinden soll.

In unserem Onlineshop-Beispiel werden wir nun beispielhaft eine Verknüpfungstabelle hinzufügen, bei der der Primärschlüssel der Tabelle CUSTOMER mit beliebig vielen Primärschlüsseln der Tabelle ITEM kombiniert werden kann. Und zwar sollen die Kunden des Onlineshops auf diese Weise beliebig viele Artikel reservieren können. Wenn ein Kunde einen Artikel reserviert hat, sollen andere Kunden den gleichen Artikel nicht mehr reservieren können. Deshalb werden wir in der Tabelle das Feld der Artikel als UNIQUE deklarieren.

Es handelt sich hierbei somit um eine One-to-many-Beziehung, weil

1. ein Kunde mehrere Artikel reservieren kann und gleichzeitig
2. ein Artikel nur von einem einzigen Kunden reserviert sein kann.

Ausgelöst wird die User-Story über einen separaten Button mit der Aufschrift RESERVIEREN. Die Verknüpfungstabelle für die Wunschliste werden wir RESERVED nennen (Abbildung 8.10).

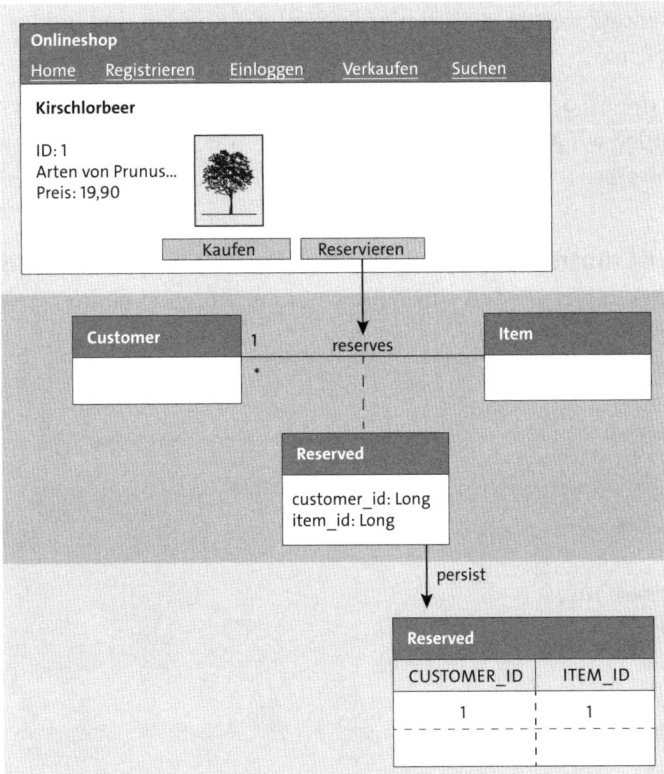

Abbildung 8.10 Das User-Story-Diagramm für die User-Story
»Als Kunde möchte ich einen Artikel reservieren«

Mit dem Skript aus Listing 8.59 fügen Sie die Verknüpfungstabelle der Onlineshop-Datenbank hinzu:

```
DROP TABLE reserved;

CREATE TABLE reserved (
customer_id NUMBER(19) NOT NULL references customer(id),
item_id NUMBER(19) NOT NULL references item(id) UNIQUE,
CONSTRAINT pk_reserved
    PRIMARY KEY (customer_id, item_id)
);
GRANT SELECT, INSERT, UPDATE, DELETE
ON reserved TO onlineshop_user;

COMMIT;
```

Listing 8.59 observed.sql

Jedes Mal, wenn ein Käufer einen Artikel reserviert, wird der Tabelle RESERVED ein neuer Datensatz hinzugefügt. Im Datensatz werden der Primärschlüssel des Kunden und der Primärschlüssel des Artikels gespeichert.

Das unidirektionale One-to-many-Assoziationsattribut, das die Beziehung über eine Verknüpfungstabelle realisiert, werden wir mithilfe der Annotation @JoinTable umsetzen. Über die Annotationsunterelemente schema und name geben wir den Bezeichner der Tabelle ONLINESHOP.RESERVED an.

Um die Beziehung zwischen den Primärschlüsseln der Tabellen CUSTOMER und ITEM und den Fremdschlüsselspalten anzumerken, verwenden wir die Annotationsunterelemente joinColumns und inverseJoinColumns:

```
...
@JoinTable(
    schema="ONLINESHOP",
    name="RESERVED",
    joinColumns=
        @JoinColumn(
            referencedColumnName="ID",
            name="CUSTOMER_ID"),
    inverseJoinColumns=
        @JoinColumn(
            referencedColumnName="ID",
            name="ITEM_ID"))
private Set<Item> reservations;
```

```
public Set<Item> getReservations() {
    return reservations;
}

public void setReservations(Set<Item> reservations) {
    this.reservations = reservations;
}
...
```

Listing 8.60 Customer.java

8.5.5   Die unidirektionale Many-to-many-Assoziation

In diesem Abschnitt wird die unidirektionale Many-to-many-Assoziation behandelt. Wir beginnen zunächst mit einer unidirektionalen Many-to-many-Assoziation.

Ein n:m-Beispiel in der relationalen Datenbank

n:m-Beziehungen werden in relationalen Datenbanken mit einer Verknüpfungstabelle realisiert. Um uns ein Beispiel für eine n:m-Beziehung anzuschauen, werden wir den Onlineshop erweitern. Und zwar sollen die Kunden des Onlineshops Artikel auf eine Beobachtungsliste setzen können, wobei diesmal nicht nur der Primärschlüssel der Parent-Tabelle, sondern auch der Primärschlüssel der Child-Tabelle beliebig oft vorkommen kann.

Es handelt sich hierbei um eine Many-to-many-Beziehung, weil

1. ein Kunde mehrere Artikel beobachten kann und gleichzeitig
2. ein Artikel von mehreren Kunden beobachtet sein kann.

Ausgelöst wird die User-Story über einen separaten Button mit der Aufschrift BEOBACHTEN. Die Verknüpfungstabelle für die Wunschliste werden wir OBSERVED nennen.

Das Skript in Listing 8.61 fügt die Verknüpfungstabelle der Onlineshop-Datenbank hinzu:

```
DROP TABLE observed;
CREATE TABLE observed (
customer_id NUMBER(19) NOT NULL references customer(id),
item_id NUMBER(19) NOT NULL references item(id),
CONSTRAINT pk_observed
    PRIMARY KEY (customer_id, item_id)
);
GRANT SELECT, INSERT, UPDATE, DELETE
ON observed TO onlineshop_user;
COMMIT;
```

Listing 8.61 observed.sql

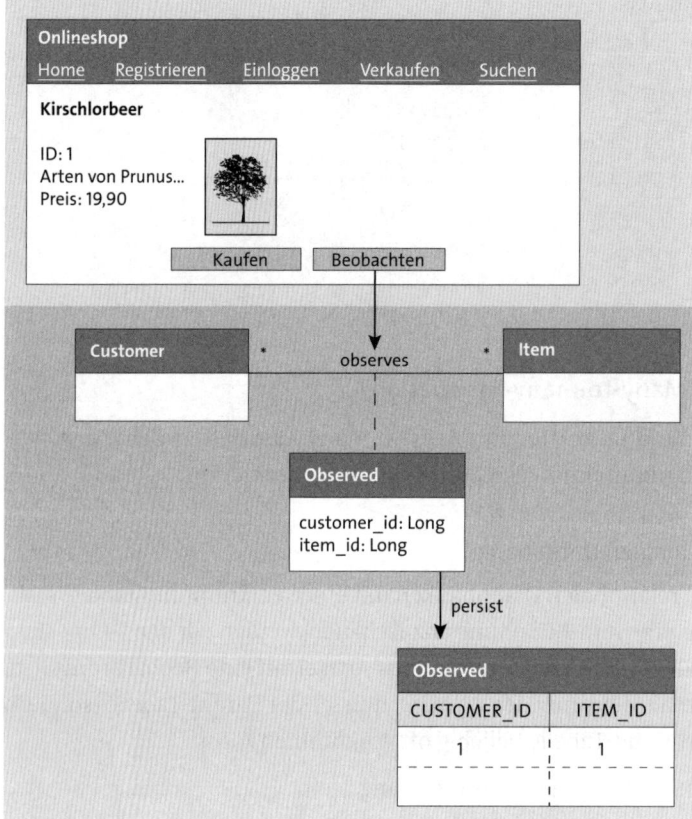

Abbildung 8.11 Das User-Story-Diagramm für die User-Story
»Als Kunde möchte ich einen Artikel vormerken können«

Jedes Mal, wenn ein Käufer einen Artikel auf die Beobachtungsliste setzt, wird der Tabelle
OBSERVED ein neuer Datensatz hinzugefügt. Im Datensatz werden der Primärschlüssel des
Kunden und der Primärschlüssel des Artikels gespeichert.

Die Annotation »@ManyToMany« in der JPA-Entity

Hinsichtlich der Beziehungseigner sind die Customer-Entity und die Item-Entity diesmal
gleichwertig. Damit ist gemeint, dass sowohl die Entity Customer als auch die Entity Item als
Owning Side in Frage kämen.

Willkürlich legen wir fest, dass der Kunde die Parent-Entity repräsentiert, und erstellen dort
das Assoziationsattribut observed. Da jeder Artikel nur ein einziges Mal in der Beobachtungsliste eines Kunden enthalten sein soll, deklarieren wir das Assoziationsattribut mit dem
Datentyp java.util.Set.

Das Assoziationsattribut müssen wir mit der Annotation @ManyToMany versehen. Alles andere
ist so ähnlich wie in der unidirektionalen @OneToMany-Assoziation (mit JoinTable). Zum Bei-

spiel zeigt das Annotationsunterelement `joinColumns` wieder die Beziehung zur Parent-Tabelle an. Über das Annotationsattribut `inverseJoinColumns` informieren wir über die Beziehung zur Child-Tabelle:

```
...
@ManyToMany
@JoinTable(
    schema="ONLINESHOP",
    name="OBSERVED",
    joinColumns =
        @JoinColumn(
            name="CUSTOMER_ID",
            referencedColumnName="ID"),
    inverseJoinColumns =
        @JoinColumn(
            name="ITEM_ID",
            referencedColumnName="ID"))
private Set<Item> observed;
public Set<Item> getObserved() {
    return observed;
}

public void setObserved(Set<Item> observed) {
    this.observed = observed;
}
...
```

Listing 8.62 Customer.java

8.5.6   Die bidirektionale Many-to-many-Assoziation

Die bidirektionale Assoziation wird realisiert, indem nicht nur in der Parent-Entity, sondern auch in der Child-Entity ein Assoziationsattribut vorgesehen wird. In der Child-Entity definieren wir ein Assoziationsattribut mit dem Namen observers. Hier sollen alle Kunden, die den Artikel beobachten, gespeichert sein. Auch dieses Assoziationsattribut werden wir mit dem Datentyp `java.util.Set` deklarieren und es mit der Annotation `@ManyToMany` versehen. Mit `mappedBy` verweisen wir auf das Attribut "observed" der Klasse `Customer`:

```
...
@ManyToMany(mappedBy="observed")
private Set<Customer> observers;
public Set<Customer> getObservers() {
    return observers;
}
```

```
public void setObservers(Set<Customer> observers) {
    this.observers = observers;
}
...
```

Listing 8.63 Item.java

Aufgrund der bidirektionalen Beziehung müssen wir die Verbindung wieder von zwei Seiten programmieren. Deshalb ist es auch hier vorteilhaft, diese doppelten Anweisungen in Convenience-Methoden zusammenzufassen:

```
...
public void observe(Item item) {
    if(this.observed == null) {
        this.observed = new HashSet<Item>();
    }
    this.observed.add(item);

    if(item.getObservers() == null) {
        item.setObservers(new HashSet<Item>());
    }
    item.getObservers().add(this);
}
...

public void unobserve(Item item) {
    this.observed.remove(item);
    item.getObservers().remove(this);
}
...
```

Listing 8.64 Customer.java

8.5.7   Die bidirektionale One-to-one-Assoziation

Sie ahnen es bestimmt schon – die bidirektionale One-to-one-Assoziation benötigt nun nur noch ein Assoziationsattribut bei der Parent-Entity, das den angebotenen Artikel definiert:

```
...
@OneToOne(mappedBy="seller")
private Item offer;

public Item getOffer() {
    return this.offer;
}
```

```
public void setOffer(Item offer) {
    this.offer = offer;
}
...
```

Listing 8.65 Customer.java

Auch hier werden wir Convenience-Methoden anbieten, um die Programmierung der bidi-rektionalen Verknüpfungen zu vereinfachen:

```
...
public void addOffer(Item offer) {
    this.offer = offer;
    offer.setSeller(this);
}

public void removeOffer() {
    this.offer = null;
    offer.setSeller(null);
}
...
```

Listing 8.66 Customer.java

8.5.8   Die unidirektionale One-to-one-Assoziation

In einer One-to-one-Beziehung kann ein Primärschlüssel der Parent-Tabelle nur ein einziges Mal in der Child-Tabelle referenziert sein.

Im Onlineshop könnten wir ein Beispiel simulieren, in dem jeder Kunde nur einen einzigen Artikel kaufen dürfte. Die unidirektionale One-to-one-Assoziation verwirklichen wir in die-sem Fall, indem wir bei der Child-Entity das Attribut seller mit dem Annotationsattribut @OneToOne versehen. Die Child-Entity ist auch die Owning Side, daher erhält das Assoziations-attribut seller auch noch die Annotation @JoinColumn(name="CUSTOMER_ID"):

```
...
@OneToOne
@JoinColumn(name="CUSTOMER_ID")
private Customer seller;

public Customer getSeller() {
    return this.seller;
}
```

8

```
public void setSeller(Customer seller) {
    this.seller = seller;
}
...
```

Listing 8.67 Item.java

8.5.9   Kaskadieren

Als wir in den letzten Beispielen JPA-Entities erzeugt haben, haben wir sowohl die Parent-Entity als auch die assoziierte Child-Entity mit persist() gespeichert. Und auch bei Löschungen müssen im Normalfall nicht nur die Parent-Entity, sondern auch ihre Child-Entities über remove() entfernt werden.

Über spezielle Kaskadierungsregeln (Regeln für die Hintereinanderschaltung von Prozessen) können diese expliziten Kommandos jedoch entfallen. Kaskadierungsregeln sind sehr praktisch, da hierdurch zahlreiche Anweisungen wie von Geisterhand ausgeführt werden. Aber genau das kann auch ein erheblicher Nachteil sein. Stellen Sie sich beispielsweise die relationale Datenbank eines Großkonzerns im Finanzsektor vor. Dort verfügen Kunden über Konten, und Konten verfügen über Transaktionen. Diese Daten müssen normalerweise aus rechtlichen Gründen über viele Jahre hinweg vorhanden bleiben. Wenn nun eine Kaskadierungsregel dazu führt, dass Geschäftsdaten unbemerkt entfernt werden und sich dies auch in den Backups reflektiert, kann das katastrophale Auswirkungen haben. Kaskadierungsregeln werden dennoch eingesetzt, jedoch ist aus den genannten Gründen Vorsicht geboten.

In einer relationalen Datenbank stehen Datenbanktabellen in einer festgelegten Beziehung zueinander, deren referenzielle Integrität durch das Datenbankmanagementsystem geschützt wird. Deshalb dürfen Datensätze aus einer Parent-Tabelle nicht ohne weiteres gelöscht werden. In Kapitel 6, »Die relationale Datenbank«, habe ich drei Kausalbedingungen vorgestellt, die bei der Oracle Database regeln, was bei einer Löschung mit den Children passieren soll. Diese Kausalbedingungen lauten:

▶ ON DELETE NO ACTION (der Defaultwert)

▶ ON DELETE CASCADE

▶ ON DELETE SET NULL

Wenn keine Regel gesetzt wurde, ist ON DELETE NO ACTION der Defaultwert. Deshalb ist es im Normalfall nicht erlaubt, einen Datensatz aus einer Parent-Tabelle zu löschen, solange er von einem Datensatz in einer Child-Tabelle referenziert wird.

Die zwei letzteren Kausalbedingungen (ON DELETE CASCADE und ON DELETE SET NULL) ermöglichen, dass das Datenbankmanagementsystem dem Löschungswunsch dennoch nachkommt, da ihm hierdurch genau diese fehlende Folgeanweisung mitgeteilt wird.

Die JPA geht über die Kaskadierungsregeln der relationalen Datenbank hinaus, denn sie bietet nicht nur Lösungen für die Löschung von Parent-Entities, sondern ermöglicht weitaus mehr. Die JPA unterscheidet folgende fünf Kaskadierungsregeln:

- CascadeType.PERSIST
  Beim PERSIST werden auch die Assoziationsattribute erzeugt.

- CascadeType.MERGE
  Beim MERGE werden auch die Assoziationsattribute aktualisiert.

- CascadeType.REFRESH
  Beim REFRESH werden auch die aktuellen Werte für die Assoziationsattribute geholt.

- CascadeType.DETACH
  Beim DETACH werden auch die Assoziationsattribute aus dem Persistence Context gelöst.

- CascadeType.REMOVE
  Beim REMOVE werden auch die Assoziationsattribute gelöscht.

Ein kleines Beispiel mit »CascadeType.PERSIST«

Beispielhaft setzen wir im Onlineshop die folgende Kaskadierungsregel CascadeType.PERSIST zu den angebotenen Artikeln des Kunden:

```
...
@OneToMany(
    mappedBy="seller",
    cascade=CascadeType.PERSIST)
private List<Item> offers;
...
```

Listing 8.68 Customer.java

In Listing 8.69 würden nun auch die angebotenen Artikel persistiert, obwohl wir hierzu keine explizite Anweisung mit persist() programmiert haben:

```
...
Customer customer = new Customer();
customer.setEmail("j@java2enterprise.de");
customer.setPassword("Taxi_123");

Item item = new Item();
item.setTitle("Kirschlorbeer");
item.setDescription("Arten von Prunus I...");
item.setPrice(19.00);

Set<Item> items = customer.getOffers();
if(items == null) {
```

```
        items = new HashSet<Item>();
    }
    items.add(item);
    customer.setOffers(items);
    item.setSeller(customer);

    try{
        em.getTransaction().begin();
        em.persist(customer);
        em.getTransaction().commit();
    } catch(Exception ex) {
        em.getTransaction().rollback();
    }
    ...
```

Listing 8.69 Main.java

CascadeType.ALL

Neben den fünf Kaskadierungsregeln, die ich oben gezeigt habe, können Sie auch `cascade= CascadeType.ALL` setzen, was gleichbedeutend mit folgender Annotation ist:

```
...
@OneToMany(
    mappedBy="seller",
    cascade={
        CascadeType.PERSIST,
        CascadeType.MERGE,
        CascadeType.REFRESH,
        CascadeType.DETACH,
        CascadeType.REMOVE}
    )
private Set<Item> offers;
...
```

Listing 8.70 Customer.java

8.5.10   »CascadeType.REMOVE«

Während die Verwendung der verschiedenen Kaskadierungsregeln recht intuitiv ist, schauen wir uns nun die Kaskadierungsregel `CascadeType.REMOVE` genauer an, denn bei dieser Kaskadierungsregel müssen Sie manche Besonderheiten beachten.

Die Kaskadierungsregel `REMOVE` führt dazu, dass bei einer Löschung die assoziierten Entities gleich mit gelöscht werden.

Bei »OneToMany« oder »OneToOne«

Den Klassiker stellt der Fall dar, bei dem die Child-Elemente mit entfernt werden sollen, wenn die Parent-Entity gelöscht wird.

Im nächsten Beispiel fügen wir dem Assoziationsattribut offers in der JPA-Entity Customer beispielhaft die Kaskadierungsregel cascade=CascadeType.REMOVE hinzu:

```
@OneToMany(
    mappedBy="seller",
    cascade=CascadeType.REMOVE)
private List<Item> offers;
```

Listing 8.71 Customer.java

In Listing 8.72 teilen wir dem EntityManager mit, dass er den Kunden mit der ID = 1L löschen soll:

```
...
EntityManager em =
    emf.createEntityManager();

Customer customer = em.find(Customer.class, 1L);
em.getTransaction().begin();
em.remove(customer);
em.getTransaction().commit();
...
```

Listing 8.72 Main.java

Hierdurch werden nun auch alle Artikel gelöscht, die über das Assoziationsattribut offers mit dem Kunden in Verbindung stehen.

Bei »ManyToMany« oder »ManyToOne«

Die verkettete Löschung kann theoretisch auch umgekehrt, das heißt vom Child zum Parent, ablaufen. Jedoch ist sie sehr selten und ungewöhnlich. In unserem Onlineshop würde es bedeuten, dass die Löschung eines angebotenen Artikels auch zur Entfernung des Kunden führt. Und genau das ist nur mit Vorsicht zu genießen, denn es muss hierbei geklärt sein, was mit den anderen Child-Entities des Kunden geschehen soll.

Das folgende Beispiel macht dieses Problem deutlich. Stellen Sie sich vor, die Löschung eines Angebots würde im Onlineshop dazu führen, dass der Kunde ebenfalls entfernt wird. Sollte der Kunde noch weitere Artikel anbieten, würden diese Artikel einen Fremdschlüssel erhalten, der zu keinem Kunden mehr passt. Theoretisch ist es möglich, dass eine weitere Kaskadierungsregel dieses Problem löst, denn wenn auch beim Kunden die Collection der

Angebote mit `CascadeType.REMOVE` versehen wurde, löst die Löschung des einen Artikels nicht nur das Entfernen des Parents, sondern auch die der anderen Children aus. Es ist jedoch kaum vorstellbar, hierfür einen sinnvollen Anwendungsfall zu finden, weshalb ich auf ein Listing in diesem Fall gänzlich verzichte.

8.5.11   »orphanRemoval«

Neben der Methode `cascade=CascadeType.REMOVE` gibt es eine weitere Möglichkeit, assoziierte Entities automatisch mit zu entfernen, und zwar mithilfe von `orphanRemoval=true`.

Zunächst muss ich vorausschicken, dass `orphanRemoval=true` nur bei den Annotationen `OneToMany` und `OneToOne` gesetzt werden kann.

`orphanRemoval=true` führt dazu, dass Child-Entities, die nicht mehr mit einem Parent in Verbindung stehen, automatisch gelöscht werden. Dem Anschein nach handelt es sich um eine ähnliche Funktion wie bei `cascade=CascadeType.REMOVE`, jedoch hat `orphanRemoval` nicht genau die gleiche Bedeutung.

Das folgende Beispiel zeigt den Unterschied. Gehen wir davon aus, dass Sie im Onlineshop einen Kunden erzeugt haben und dieser Kunde nun mehrere Artikel angeboten hat. In der JPA-Entity `Customer` definieren wir ein Assoziationsattribut `OneToMany`. Über `cascade=CascadeType.ALL` weisen wir an, dass die Existenz der Artikel von der des Kunden abhängig ist:

```
...
@OneToMany(
    mappedBy="seller",
    cascade=CascadeType.ALL)
private List<Item> offers;
...
```

Listing 8.73 Customer.java

Wenn der Kunde nun einen unliebsamen Artikel aus seinen Angeboten herausnehmen möchte, würde man den Artikel einfach aus der Collection der `offers` herauslösen und den Kunden abspeichern.

```
...
Customer customer = em.find(Customer.class, 1L);
List<Item> offers = customer.getOffers();
Item item = em.find(Item.class, 123L);
offers.remove(item);
em.merge(customer);
...
```

Listing 8.74 Main.java

Bei der Aktualisierung mit `merge()` entsteht der Eindruck, dass nun der Artikel gelöscht sein könnte. Jedoch ist dies nicht der Fall, denn `cascade=CascadeType.REMOVE` sagt lediglich aus, dass die Artikel entfernt werden, wenn der Kunde gelöscht wird. Genau genommen wirft die Transaktion eine `java.sql.SQLIntegrityConstraintViolationException`.

Die JPA geht davon aus, dass es sich bei einer Child-Entity nicht zwingend um eine private Abhängigkeit der einen Parent-Entity handelt, sondern dass beispielsweise der Artikel später noch einem anderen Kunden zugeordnet werden könnte. Wenn wir hingegen `orphanRemoval=true` setzen, löscht die JPA den Artikel implizit. Der Wechsel von einem Kunden zu einem anderen Kunden ist mit `orphanRemoval=true` nicht möglich.

Apropos: Wenn Sie `orphanRemoval=true` festgelegt haben, brauchen Sie `cascade=CascadeType.REMOVE` nicht mehr zu setzen, denn wenn eine Parent-Entity gelöscht wird, werden alle Child-Entities zwangsweise zu Waisen. Beides zu formulieren, wäre somit redundant.

8.5.12   Fetching-Strategien

Die Arbeit mit JPA-Entities und deren Assoziationsattributen weist einen großen Vorteil auf: Wenn wir uns im Onlineshop beispielsweise die Kundenliste besorgen, erhalten wir automatisch auch die Angebote der Kunden. Gleichzeitig werden direkt die Bilder der Artikel mitgeliefert. Bei einem umfangreicheren Java EE-Projekt mit größeren Objektbäumen würden wir mit einem einzigen Datenbankzugriff gleich auch tiefer liegende Tabelleninhalte erhalten. Dieser Vorteil kann sich bei großen Datenmengen aber auch zum Nachteil wandeln, denn ein großer Objektbaum, der auch noch zahllose LOBs (Large Objects) mitführt, kann schnell den Arbeitsspeicher überschwemmen. Aus dieser Überlegung heraus schlagen sich Persistence-Provider mit der Realisierung von sogennanten *Fetching-Strategien* herum.

Bei der JPA-Spezifikation versucht man dem Problem beizukommen, indem zu den Attributen `@Basic`, `@ManyToOne`, `@OneToOne`, `@OneToMany`, `@ManyToMany` und `@ElementCollection` entweder `fetch=FetchType.EAGER` oder `fetch=FetchType.LAZY` angegeben wird.

Bei der Primärschlüssel-Annotation `@Id` muss und kann dieses Element nicht gesetzt werden, da Primärschlüssel immer von der Datenbank geholt werden müssen.

In der Theorie ist alles sehr trivial, denn im einfachsten Fall werden Geschäftsdaten aus einer relationalen Datenbank sofort besorgt. Dies sieht man im JPA-Entwicklerteam wohl ähnlich, denn per Default werden alle Basic-Attribute und die Assoziationsattribute `ManyToOne` und `OneToOne` sofort mit den Werten der Spaltenfelder aus der Datenbank gefüllt.

Den Assoziationsattributen `OneToMany`, `ManyToMany` und `ElementCollection` misstraut die JPA hingegen und setzt dort per Default die Einstellung `FetchType.LAZY`. (Apropos: `ElementCollection` werde ich erst später bei den fortgeschrittenen Themen zeigen.)

Wenn nun beispielsweise die Methode `find()` der Klasse `EntityManager` ausgeführt wird, sollte die JPA lediglich die Primärschlüssel und die Attribute mit dem `FetchType.EAGER` besorgen. Andere Werte würden gemäß der JPA-Spezifikation erst von der Datenbank geholt, wenn sie im Programm explizit angefordert werden.

Leider können wir uns bei der bisherigen Umsetzung dieses Konzepts nicht darauf verlassen, dass all das genauso geschieht. Denn die JPA-Spezifikation sagt auch: »Lazy fetching is a hint to the persistence provider ...« Mit anderen Worten: Das Element fetch=FetchType.LAZY ist nur ein Hinweis, den der Persistence-Provider lediglich zur Kenntnis nehmen wird. Wann und ob überhaupt das Lazy Fetching, genauso wie oben beschrieben, umgesetzt wird, entscheidet der Persistence-Provider nach eigenem Ermessen.

In unserem Onlineshop gibt es lediglich eine einzige Stelle, bei der wir dem Persistence-Provider den Hinweis fetch=FetchType.LAZY geben würden, und das ist beim Bild des Artikels:

```
...
@Basic(fetch=FetchType.LAZY)
@Lob
private byte[] foto;
...
```

Listing 8.75 Item.java

Allerdings müssten wir in einer professionellen Java EE-Anwendung berücksichtigen, dass es sich tatsächlich nur um einen Hinweis handelt. Das würde bedeuten, dass wir uns diesem Risiko gar nicht erst aussetzen. Stattdessen würden wir die Bilder in eine separate Datenbanktabelle auslagern. Und diese Datenbanktabelle dürfte über den Automatismus, den die JPA für assoziierte Entities zur Verfügung stellt, gar nicht verbunden sein.

8.5.13   Listen sortieren

Die Assoziationsattribute des Typs ManyToOne und ManyToMany können auch automatisch sortiert werden. Allerdings wird uns das nicht mit dem bisherigen Klassentyp java.util.Set gelingen. Stattdessen müssen wir die Klasse java.util.List einsetzen.

Im folgenden Beispiel werden die Elemente der Collection über den Wert des Primärschlüssels sortiert:

```
...
@OneToMany(mappedBy="seller")
@OrderBy
private List<Item> offers;
...
```

Listing 8.76 Customer.java

Die Sortierung kann aber auch über andere Attribute erfolgen. Beispielsweise ist die folgende Liste nach der Höhe des Preises sortiert:

```
...
@OneToMany(mappedBy="seller")
@OrderBy("price")
private List<Item> offers;
...
```

Listing 8.77 Customer.java

Dabei werden die Artikel aufsteigend geordnet. Die mit dem geringsten Preis werden zuallererst gesetzt, und die teuren Artikel stehen am Ende, denn Listing 8.77 ist gleichbedeutend mit Listing 8.78, bei dem zusätzlich das Schlüsselwort ASC (ascending) gesetzt wurde:

```
...
@OneToMany(mappedBy="seller")
@OrderBy("price ASC")
private List<Item> offers;
...
```

Listing 8.78 Customer.java

Wenn die teuren Artikel zuerst genannt werden sollen, verwenden Sie das Schlüsselwort DESC:

```
...
@OneToMany(mappedBy="seller")
@OrderBy("price DESC")
private List<Item> offers;
...
```

Listing 8.79 Customer.java

8.6   Schritt 6: den EntityManager einsetzen

Im letzten Schritt sind wir endlich bei der Kür angelangt, denn all die vielen Zwischenerzeugnisse haben wir ja lediglich deshalb erstellt, um einen komfortableren Weg für Datenbankoperationen vorzubereiten. Unser Ziel ist es also, Geschäftsdaten abzufragen, hinzuzufügen, abzuändern oder zu entfernen. Diese Aufgaben können wir mithilfe des sogenannten *Entity-Managers* bewerkstelligen, denn er ist die zentrale Programmierschnittstelle für unsere Datenbankoperationen.

8.6.1   Grundlagen

Der EntityManager enthält zahlreiche Methoden, durch die die wichtigsten Datenbankoperationen ausgelöst werden. Zum Beispiel bietet der EntityManager für das Suchen von

Datensätzen die Methode `find()` oder `getReference()` an, die Speicherung von neuen Datensätzen erfolgt über die Methode `persist()`, Aktualisierungen werden mit `merge()` ausgeführt, und `remove()` löscht Datensätze. Ich werde auf diese und weitere Methoden des EntityManagers aber erst nach einigen vorbereitenden Erläuterungen detailliert eingehen.

Schauen wir zunächst einmal ins Innere des EntityManagers, denn JPA-Entities, die dem EntityManager zur Verwaltung übergeben werden, merkt er sich in einem Zwischenspeicher. Diesen Zwischenspeicher nennt man *Persistence Context* (oder zu Deutsch *Persistenz-Kontext*). Der Persistenz-Kontext entspricht also dem Satz an JPA-Entities, mit denen der EntityManager arbeitet.

Zunächst zeige ich Ihnen, wie Sie einen EntityManager erzeugen. Anschließend schauen wir uns einige Besonderheiten an, die die Arbeitsweise mit dem EntityManager mit sich bringt. Die Rede ist vom Persistenz-Kontext und von den Transaktionen. Darüber hinaus werden wir den Lebenszyklus einer JPA-Entity betrachten, denn je nachdem, in welcher Phase sich eine JPA-Entity befindet, wird der Status unterschieden. Erst ganz zuletzt werde ich schließlich auf die einzelnen Methoden des EntityManagers eingehen.

8.6.2   Die Erzeugung eines EntityManagers

Bei der Erzeugung eines EntityManagers unterscheidet man zwischen einem *Application-managed* und einem *Container-managed* EntityManager.

Application-managed EntityManager werden verwendet, wenn ein JTA-fähiger Container gar nicht zur Verfügung steht. In diesem Fall muss nämlich die Eröffnung und Schließung der Transaktionen programmatisch angewiesen werden. Außerdem ist die Anwendung für den Lebenszyklus des EntityManagers und die Konsistenz des Persistence-Kontexts verantwortlich.

Bei der *Container-managed* Variante handelt es sich hingegen um einen EntityManager, der im JTA-Transaktionsmodus innerhalb eines JTA-fähigen Containers betrieben wird. Hierbei hat der Container nicht nur die volle Kontrolle über die Transaktionen, sondern auch über den Lebenszyklus des EntityManagers und seines Persistenzkontexts. Je nach Bedarf trifft das Framework zahlreiche komplexe Vorkehrungen, sodass sich der Entwickler hierum nicht kümmern braucht. Wenn beispielsweise eine EntityManager-Instanz von mehreren Anwendungskomponenten angesprochen wird, kümmert sich der Container ganz automatisch um die Verteilung und die Konsistenz des Persistenz-Kontexts. Und weil JTA-Transaktionen auch Aufrufe über Anwendungskomponenten hinweg enthalten, sorgt er (bei Änderungen innerhalb einer einzelnen Transaktion) auch noch dafür, dass die Anwendungskomponenten sich gegenseitig keine Referenzen auf EntityManager-Instanzen übergeben müssen. Wir schauen uns nun im Detail an, wie Sie den EntityManager jeweils erstellen.

Application-managed

Ein Application-managed EntityManager wird eingesetzt, wenn kein JTA-fähiger Container vorhanden ist. Beispielsweise handelt es sich bei einer Java SE-Anwendung oder bei dem Apache Tomcat um solch einen Fall. Hierbei lässt sich die Erzeugung lediglich programmatisch erzielen. Im folgenden Programmierbeispiel erzeugen wir zunächst ein Objekt der Klasse EntityManagerFactory, das wir durch die Methode Persistence.createEntityManager-Factory() erhalten. Die Methode benötigt hierbei den Namen der Persistenz-Einheit, der in der Datei *persistence.xml* vermerkt wurde.

```java
package de.java2enterprise.onlineshop;

import java.util.logging.Logger;

import javax.persistence.EntityManager;
import javax.persistence.EntityManagerFactory;
import javax.persistence.Persistence;

public class Main {
    public static void main(String[] args) {
        final Logger logger =
            Logger.getLogger(Main.class.getName());
        EntityManagerFactory emf =
            Persistence.createEntityManagerFactory(
                "onlineshop-jpa");
        EntityManager em = emf.createEntityManager();
        logger.info("Open: " + em.isOpen() );
        em.close();
        emf.close();
    }
}
```

Listing 8.80 Main.java

Nachdem wir ein Objekt der Klasse EntityManager über die Methode EntityManager-Factory.createEntityManager() erhalten, testen wir mit isOpen(), ob die Verbindung zur Datenbank erstellt werden konnte. Zuletzt müssen wir den EntityManager und die Entity-ManagerFactory wieder schließen, da wir für deren Verwaltung verantwortlich sind.

Container-managed

In einem JTA-fähigen Container erzeugen Sie einen EntityManager, indem Sie eine Objekt-variable mit der Annotation @PersistenceContext versehen. Der umgebende Container wird somit die Verwaltung des EntityManagers übernehmen.

In Listing 8.81 ermitteln wir in einem Servlet, ob die Verbindung zur Datenbank erstellt werden kann. Der EntityManager wird anschließend wieder geschlossen.

```java
package de.java2enterprise.onlineshop;

import java.io.IOException;
import java.io.PrintWriter;

import javax.persistence.EntityManager;
import javax.persistence.PersistenceContext;
import javax.servlet.ServletException;
import javax.servlet.annotation.WebServlet;
import javax.servlet.http.HttpServlet;
import javax.servlet.http.HttpServletRequest;
import javax.servlet.http.HttpServletResponse;

@WebServlet("/test")
public class TestServlet extends HttpServlet {
    private static final long serialVersionUID = 1L;

    @PersistenceContext
    private EntityManager em;

    public void doGet(HttpServletRequest request,
            HttpServletResponse response)
            throws ServletException, IOException {

        response.setContentType("text/html;charset=UTF-8");
        final PrintWriter writer = response.getWriter();
        writer.println("<!DOCTYPE html>");
        writer.println("<html><body>");
        writer.println("Connected:" + em.isOpen());
        writer.println("</body></html>");
    }
}
```

Listing 8.81 TestServlet.java

Den EntityManager müssen Sie programmatisch nicht schließen, denn darum kümmert sich bereits der Webcontainer.

8.6.3   Die Transaktionen

In diesem Abschnitt zeige ich, wie Sie Transaktionen erzeugen und verwalten. Auch hierbei ist es in der Application-managed Variante aufwendiger, als mit dem Container-managed EntityManager. Allerdings ist es hierbei ein Unterschied, ob die Transaktionen in einem Servlet oder in einer EJB ausgeführt werden.

Application-managed (Java SE-Anwendung)

In der Java SE-Beispielanwendung führen Sie zunächst die Methode EntityManager.get-Transaction() aus, um eine Referenz auf das Objekt der Klasse EntityTransaction zu erhalten. Anschließend können Sie die Transaktion mit den Methoden begin() starten, mit commit() bestätigen oder mit rollback() rückgängig machen. Mit isActive()überprüfen Sie, ob eine Transaktion augenblicklich in Betrieb ist.

```
package de.java2enterprise.onlineshop;

import javax.persistence.EntityManager;
import javax.persistence.Persistence;

import de.java2enterprise.onlineshop.model.Customer;



public class Main {
    public static void main(String[] args)
        throws Exception {
        EntityManager em =
            Persistence.createEntityManagerFactory(
            "onlineshop-jpa").createEntityManager();
        Customer customer = new Customer();
        customer.setId(123L);
        customer.setEmail('j@java2enterprise.de');
        customer.setPassword('Taxi_123');

        try{
            em.getTransaction().begin();
            em.persist(customer);
            em.getTransaction().commit();
        } catch (Exception e) {
            try {
                em.getTransaction().rollback();
            } catch (Exception e1) {
                e.printStackTrace();
```

```
            }
        } finally {
            em.close();
        }
    }
}
```

Listing 8.82 Main.java

Container-managed (Servlet)

In den Container-managed-Beispielen unterscheiden wir darin, ob die Transaktionen innerhalb eines WebServlets oder innerhalb einer EJB ausgeführt werden.

Innerhalb des Servlets sind Sie als Entwickler selbst für die Verwaltung der Transaktionen verantwortlich. Genau wie mit dem Application-managed EntityManager bei der Java SE-Anwendung müssen Sie mit `begin()`, `commit()` und `rollback()` arbeiten.

Beachten Sie, dass das Beispiel lediglich bei einem vollkonformen Java EE-Server funktioniert.

```java
package de.java2enterprise.onlineshop;

import java.io.IOException;

import javax.annotation.Resource;
import javax.persistence.EntityManager;
import javax.persistence.PersistenceContext;
import javax.servlet.RequestDispatcher;
import javax.servlet.ServletException;
import javax.servlet.annotation.WebServlet;
import javax.servlet.http.HttpServlet;
import javax.servlet.http.HttpServletRequest;
import javax.servlet.http.HttpServletResponse;
import javax.transaction.UserTransaction;

import de.java2enterprise.onlineshop.model.Customer;

@WebServlet("/register")
public class RegisterServlet extends HttpServlet {
    private static final long serialVersionUID = 1L;

    @PersistenceContext
    private EntityManager em;
```

```java
@Resource
private UserTransaction ut;

protected void doPost(
        HttpServletRequest request,
        HttpServletResponse response
)
        throws ServletException, IOException {

    response.setContentType(
            "text/html;charset=UTF-8"
    );

    String email = request.getParameter("email");
    String password = request.getParameter("password");

    Customer customer = new Customer();
    customer.setEmail(email);
    customer.setPassword(password);

    try {
        ut.begin();
        em.persist(customer);
        ut.commit();

        if (customer.getId() != null) {
            request.setAttribute(
                    "message",
                    "Die Registrierung war erfolgreich!"
                            + customer
            );
        } else {
            request.getSession().setAttribute(
                    "customer",
                    customer
            );
            request.setAttribute(
                    "message",
                    "Die Registrierung war erfolglos!"
            );
        }
```

```
        } catch (Exception e) {
            request.setAttribute(
                    "message",
                    e.getMessage()
            );
        }

        RequestDispatcher dispatcher = request
                .getRequestDispatcher("index.jsp");
        dispatcher.forward(
                request,
                response
        );
    }
}
```

Listing 8.83 RegisterServlet.java

Container-managed (EJB)

In dem Beispielprogramm mit der EJB-Komponente kümmert sich der umgebende EJB-Container um die Verwaltung der Transaktionen. Auf das programmatische Beschaffen und das Schließen des EntityManagers können wir somit komplett verzichten.

```
package de.java2enterprise.onlineshop.ejb;

import javax.ejb.Stateful;
import javax.persistence.EntityManager;
import javax.persistence.PersistenceContext;

import de.java2enterprise.onlineshop.model.Customer;

@Stateful
public class RegisterBean implements RegisterBeanLocal {

    @PersistenceContext
    private EntityManager em;

    @Override
    public void persist(
        String email,
        String password) {
        Customer customer = new Customer();
```

```
        customer.setEmail(email);
        customer.setPassword(password);
        em.persist(customer);
    }
}
```

Listing 8.84 RegisterBean.java

8.6.4   Die zwei Ausprägungen des Persistenz-Kontextes

Beim Persistenz-Kontext des EntityManagers unterscheidet man zwischen den Typen EXTENDED und TRANSACTION.

Mit EXTENDED ist gemeint, dass alle JPA-Entities nach dem Ende einer Transaktion im Persistenz-Kontext enthalten bleiben. Als wir in den obigen Beispielen in der Java SE-Anwendung und in der Webkomponente einen Application-managed EntityManager programmierten, handelte es sich eigentlich ebenso um solch einen Persistenz-Kontext, da die JPA-Entities auch hier, nach dem Ende einer Transaktion, weiterhin im Persistenz-Kontext vorhanden waren. Erst wenn wir die Methode close() der Klasse EntityManager ausführen, werden die JPA-Entities entfernt.

Beim Persistenz-Kontext des Typs TRANSACTION werden die JPA-Entities immer nach dem Ende der Transaktion aus dem Persistenz-Kontext herausgelöst. Beim Container-managed EntityManager handelt es sich in der Regel um solch einen Persistenz-Kontext-Typ. Soll jedoch eine globale Transaktion auf verteilten Systemen realisiert werden, muss noch eine weitere Variante her. In diesem Fall handelt es sich nämlich um einen Container-managed EntityManager, dessen Persistenz-Kontext auf EXTENDED umgestellt werden muss, denn dadurch können die Datenbankoperationen über mehrere Transaktionen hinweg atomar, das heißt wie aus einem Guss bestätigt oder zurückgesetzt werden. Beachten Sie hierbei, dass globale Transaktionen mithilfe eines Container-managed EntityManagers und eines Persistenz-Kontextes des Typs EXTENDED ausschließlich bei Enterprise Stateful Session Beans verwendet werden können.

8.6.5   Wann das Persistieren tatsächlich ausgeführt wird

Wenn Sie den Inhalt einer JPA-Entity einer Datenbanktabelle hinzufügen, ändern oder löschen möchte und die hierfür vom EntityManager angebotenen Methoden persist(), merge() oder remove() verwenden, wird dies nicht jetzt und gleich in der Datenbanktabelle verwirklicht. Stattdessen erhalten die JPA-Entities lediglich einen Vermerk, der die beabsichtigte Operation kennzeichnet.

In der Regel erfolgt die tatsächliche Persistier-Arbeit spätestens, wenn eine Transaktion abgeschlossen wird. Sie kann aber auch früher erfolgen, und zwar, wenn der EntityManager eine Abfrage ausführt, denn nur wenn alle vorgemerkten Änderungen vorab realisiert wurden, kann eine Abfrage ein konsistentes Ergebnis liefern. Zumindest entspricht das der Defaulteinstellung des EntityManagers. Dieses automatische Verhalten können Sie aber auch abschalten. Um den automatischen Abgleich vor einer Abfrage aufzuheben, führen Sie die Methode `EntityManager.setFlushMode()` mit dem Parameter `FlushModeType.COMMIT` aus. Hierdurch werden alle Änderungen des Persistenz-Kontextes erst beim `COMMIT`, das heißt beim Abschluss der Transaktion, persistiert. Um wieder auf den automatischen Abgleich umzustellen, rufen Sie die Methode `EntityManager.setFlushMode()` mit dem Parameter `FlushModeType.AUTO` auf.

8.6.6   Die Zustände im Lebenszyklus einer JPA-Entity

Eine JPA-Entity durchläuft verschiedene Zustände, denn mal ist sie neu, dann wird sie Teil des Persistenz-Kontextes, später ist sie aus dem Persistenz-Kontext wieder herausgelöst, und manchmal wird sie auch gelöscht.

NEW

Weil neue JPA-Entities wie ganz normale Java-Klassen über den `new`-Operator erzeugt werden, sind sie nach ihrer Erzeugung zunächst noch nicht im Persistenz-Kontext enthalten.

```
Customer customer = new Customer();
```

Auch die Datenbank weiß zu diesem Zeitpunkt noch nichts über ihr Dasein. In dieser Phase hat die JPA-Entity den Status NEW.

MANAGED

Über einige Methoden des EntityManagers gelangen die JPA-Entities in den Persistenz-Kontext. Wenn hierdurch eine JPA-Entity im Persistenz-Kontext des EntityManagers verwaltet wird, hat sie den Status MANAGED.

DETACHED

Wenn ein Gegenstück zu einer JPA-Entity in einer Datenbanktabelle existiert, die JPA-Entity jedoch aus dem Persistenz-Kontext gelöst wurde, spricht man von DETACHED Entities.

REMOVED

Wenn eine JPA-Entity gelöscht werden soll, erhält sie vom EntityManager einen entsprechenden Vermerk. Bevor die Löschung realisiert wird, ist die JPA-Entity jedoch sowohl im Persistenz-Kontext als auch in der Datenbanktabelle enthalten. In dieser Phase trägt die JPA-Entity den Status REMOVED.

8.6.7   Die Methoden für die Datenbankoperationen

Nun, da Sie die Verwendung des Persistenz-Kontextes und der Transaktionen, den Lebenszyklus einer JPA-Entity und einiges mehr kennengelernt haben, werde ich auf die Methoden des EntityManagers wiederholt eingehen, denn anhand dieser Kenntnisse wird auch deutlich, wie die Methoden beispielsweise auf den Lebenszyklus einer JPA-Entity oder auf die Persistier-Arbeit Einfluss nehmen.

Wir beginnen erneut mit der Erzeugung einer JPA-Entity durch das Schlüsselwort new, weil hierdurch auf der Seite der Anwendung erstmalig eine Instanz einer JPA-Entity gebaut wird.

```
Customer customer = new Customer();
customer.setId(123L);
customer.setEmail("j@java2enterprise.de");
customer.setPassword("Taxi_123");
```

In diesem Listing erzeugen wir mit dem new-Operator ein Objekt der Klasse Customer. Deshalb ist der Status dieser Entity zu diesem Zeitpunkt NEW (siehe Abbildung 8.12).

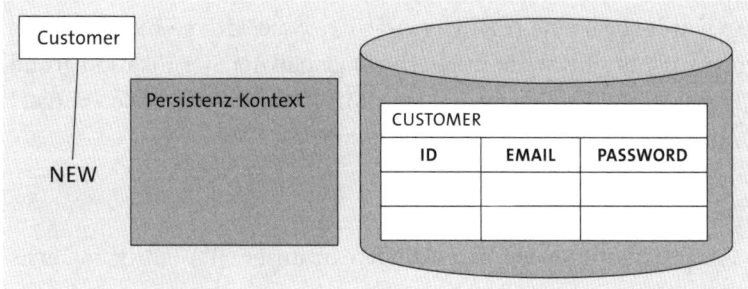

Abbildung 8.12 Die neue JPA-Entity außerhalb des Persistenz-Kontextes

persist()

Um die neue JPA-Entity in der Datenbank abzuspeichern, verwenden Sie die Methode persist(). Gemäß der JPA-Spezifikation muss diese Methode innerhalb einer Transaktion ausgeführt werden:

```
em.getTransaction().begin();
em.persist();
```

Jedoch wird die JPA-Entity hierdurch nicht direkt in der Tabelle gespeichert, sondern erst an den Persistenz-Kontext mit dem Status MANAGED angeheftet (Abbildung 8.13).

Sollte in der Datenbanktabelle beispielsweise bereits ein Datensatz mit dem gleichen Primärschlüssel vorhanden sein, würde die Methode persist() keine Exception werfen. Das doppelte Vorkommen des Primärschlüssels würde die JPA erst am Ende der Transaktionsklammer entdecken.

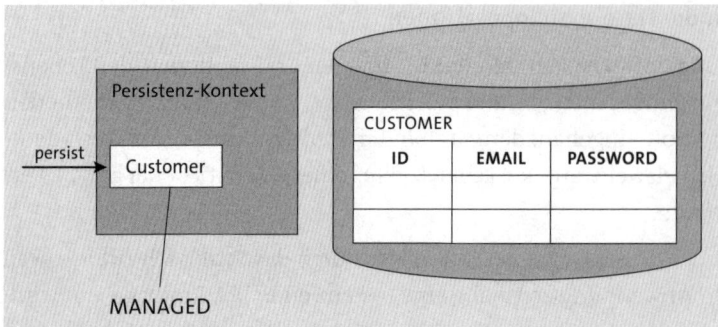

Abbildung 8.13 Nachdem die Methode »persist()« ausgeführt wurde, ist die JPA-Entity MANAGED.

Apropos Transaktionsklammer: Bei einem Application-managed EntityManager ist es theoretisch möglich, dass die Methode persist() auch außerhalb der Transaktionsklammer aufgerufen wird. Wir würden hierbei keine Exception erhalten. Aber wenn wir die Methode ganz ohne Transaktionsabschluss per COMMIT ausführen, werden die bezweckten Änderungen niemals ausgeführt. Bei einem Container-managed EntityManager mit einem Persistenz-Kontext des Typs TRANSACTION würde sogar eine TransactionRequiredException geworfen werden. Aber, wie bereits angemerkt, gehört die Methode persist() gemäß der Spezifikation grundsätzlich in eine aktive Transaktion. Das Gleiche gilt im Übrigen für die Methoden merge(), remove() und refresh(), auf die ich gleich zu sprechen komme.

contains()

Mithilfe der Methode contains() könnten wir herausfinden, ob unsere JPA-Entity im Persistenz-Kontext enthalten ist:

```
boolean attached = em.contains(customer);
```

flush()

Wie oben bereits angemerkt, ist die JPA-Entity ja noch nicht in der Datenbanktabelle CUSTOMER abgespeichert, denn das geschieht ja erst am Ende der Transaktion bzw. beim Aufruf einer Query. In diesen beiden Fällen würde die JPA eine INSERT-Anweisung und eine COMMIT-Anweisung an die Datenbank senden.

Wenn die INSERT-Anweisung ohne COMMIT schon mal vorab an die Datenbank abgeschickt werden soll, verwendet man die Methode EntityManager.flush() (Abbildung 8.14). Wenn nun bereits ein Datensatz mit dem gleichen Primärschlüssel in der Tabelle CUSTOMER vorhanden wäre, würde dies zu einer java.sql.SQLIntegrityConstraintViolationException führen.

```
em.flush();
```

Beachten Sie, dass sich die Datenbank nun je nach Isolationslevel unterschiedlich verhält. Per Default würden Sie beispielsweise in der Oracle Database den neuen Datensatz nicht sehen. Wenn aber eine andere Datenbanksitzung einen Datensatz mit gleichem Primärschlüssel einzufügen versucht, wäre sie blockiert. Mit anderen Worten: Sie wartet so lange, bis die erste Sitzung die Transaktion bestätigt hat.

Im Gegensatz zur Methode `flush()` führt eine Bestätigung der Transaktion mit der Methode `commit()` sowohl zu einer INSERT-Anweisung als auch zu einem COMMIT:

```
em.getTransaction().commit();
```

Der Unterschied wird noch deutlicher, wenn wir statt der Methode `commit()` die Methode `rollback()` ausführen:

```
em.getTransaction().rollback();
```

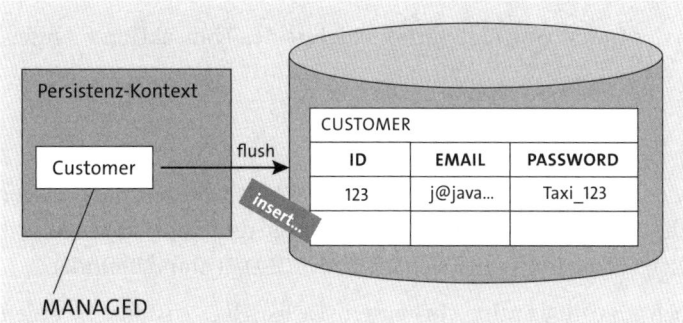

Abbildung 8.14 Durch die Ausführung der Methode »flush()« wird im Beispiel eine INSERT-Anweisung ohne COMMIT an die Datenbank gesendet.

Durch die Methode `rollback()` nehmen wir die Persistier-Absicht zurück. Wenn wir vorab mit `flush()` in die Datenbanktabelle geschrieben haben, wird der Datensatz wieder entfernt. Erst nach einem COMMIT oder nach einem ROLLBACK wären andere Datenbanksitzungen aus der Blockade wieder befreit.

find()

Im nächsten Beispiel gehen wir davon aus, dass die JPA-Entity mit dem Primärschlüssel 123L bereits in der Datenbanktabelle enthalten ist und wir uns in einer neuen Transaktion befinden. Mit der Methode `find()` können wir nun der Datensatz als JPA-Entity von der Datenbanktabelle CUSTOMER holen (Abbildung 8.15):

```
Customer customer = em.find(Customer.class, 123L);
```

Nachdem die Methode `find()` ausgeführt worden ist, empfangen wir ein Objekt der JPA-Entity Customer, das den Status MANAGED erhält.

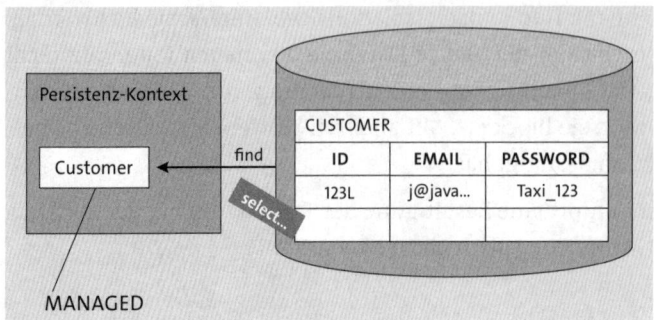

Abbildung 8.15 Die Methode »find()«

Wir könnten nun die Attributwerte der JPA-Entity abändern:

```
customer.setPassword("Taxi_456");
```

Aber auch dies würde sich in der Datenbank erst nach Abschluss der Transaktion manifestieren.

merge()

Ist eine JPA-Entity bereits in der Datenbanktabelle enthalten, werden Änderungen in der Regel durchgeführt, indem die JPA-Entity über ein find() besorgt und dann abgewandelt wird. Mehr ist nicht erforderlich, da die JPA-Entity sich im MANAGED-Zustand befindet.

Über merge() lässt sich jedoch eine JPA-Entity von einem DETACHED-Zustand in einen MANAGED-Zustand bringen. Obwohl merge() ebenfalls dazu in der Lage wäre, eine nagelneue Entity zu speichern, sollte sie diese Methode nur bei einer Aktualisierung einsetzen, denn weil sie stets vorab untersuchen muss, ob es sich um einen bereits vorhandenen oder einen fabrikneuen Datensatz handelt, ist sie in der Laufzeit der flotteren Methode persist() unterlegen. Genauso wie die Methode persist() muss die Methode merge() gemäß der Spezifikation in eine Transaktionsklammer gesetzt werden:

getReference()

Manchmal ist es vorteilhaft, eine JPA-Entity von der Datenbank besorgen zu können, ohne gleich alle ihre Attributwerte mitzuschleppen, denn auf diese Weise spart man Zeit. Genau für diesen Zweck wurde die Methode getReference() zur Verfügung gestellt:

```
Customer customer =
    em.getReference(Customer.class, 123L);
```

remove()

Um eine JPA-Entity aus der Datenbanktabelle zu entfernen, setzen Sie die Methode remove() ein. Auch remove() soll gemäß der Spezifikation innerhalb einer Transaktion aufgerufen werden:

```
em.getTransaction().begin();
em.remove(customer);
em.getTransaction().commit();
```

detach()

Mit der Methode `detach()` nehmen Sie eine JPA-Entity aus dem Persistenz-Kontext wieder heraus:

```
em.detach(customer);
```

clear()

Die Methode `clear()` löst alle JPA-Entities aus dem Persistenz-Kontext heraus:

```
em.clear();
```

8.7   Programmierbeispiel: ein JPA-Projekt erzeugen

Für die Arbeit mit der JPA bringt Eclipse eine Menge an Werkzeugen mit. In diesem Abschnitt werden wir die JPA mit einer Java SE-Anwendung einsetzen, denn Eclipse bietet uns hierfür einen speziellen Eclipse-Projekttyp an, der sich *JPA-Projekt* nennt. Ein JPA-Projekt ist bei Eclipse also ein Java SE-Projekt, das über JPA-Fähigkeiten verfügt und über die JPA direkt, d. h. ganz ohne Java EE-Server, mit der relationalen Datenbank kommuniziert. Das JPA-Projekt erstellen Sie, indem Sie im Hauptmenü von Eclipse auf FILE • NEW • OTHER klicken.

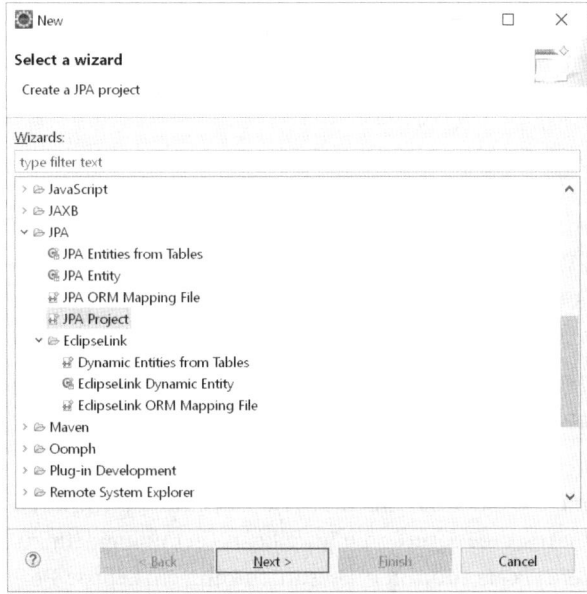

Abbildung 8.16 Die Erstellung eines JPA-Projekts in Eclipse

Im Fenster NEW öffnen Sie den JPA-Wizard, indem Sie auf den Ordner JPA • JPA PROJECT klicken (Abbildung 8.16).

Im ersten Fenster des Wizards, NEW JPA PROJECT, wählen Sie Ihre JDK-Installation als TARGET RUNTIME aus (Abbildung 8.17). Die CONFIGURATION sollte auf DEFAULT CONFIGURATION FOR JDK ... gesetzt sein.

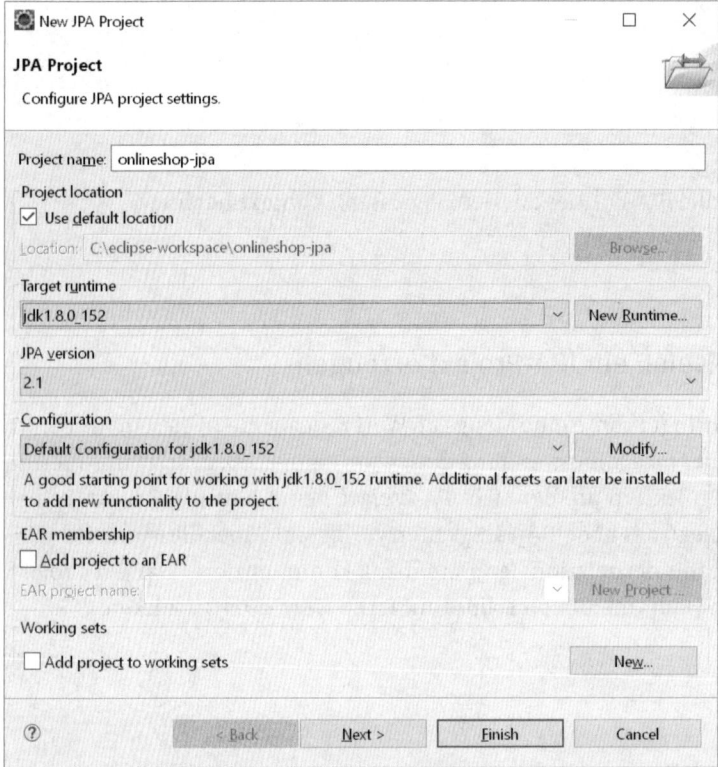

Abbildung 8.17 Das Fenster »New JPA Project«

Beachten Sie bei dem Screenshot, dass meine Eclipse Oxygen-Version noch die veraltete JPA-Version 2.1 referenziert. In Ihrer Eclipse-Version sollte die JPA bereits die Version 2.2 von Java EE 8 (oder eine höhere) anbieten. Diese Unterscheidung spielt bei diesem Beispielprogramm aber keine Rolle.

Bestätigen Sie die Auswahl mit einem Mausklick auf NEXT. Dadurch gelangen Sie zu einem Fenster, in dem Sie die Ordner für die Java-Quelltexte organisieren können.

Belassen Sie die Voreinstellung, und klicken Sie erneut auf den Button NEXT. Im darauffolgenden Fenster können Sie ein Facet für die JPA definieren. Das Beisetzen eines bestimmten Facets fügt dem Eclipse-Projekt bausteinartig die Features der jeweiligen Technologie hinzu. Einem Eclipse-Projekt können Sie mehrere Facets zuordnen. Hierdurch kann ein Eclipse-Projekt den Charakter verschiedener Eclipse-Projekttypen erhalten.

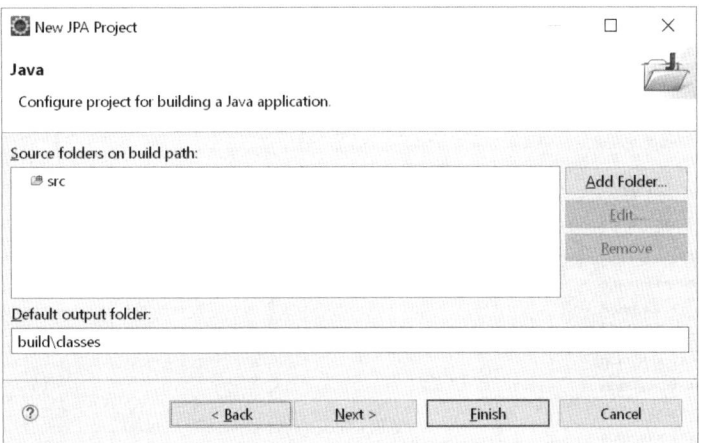

Abbildung 8.18 Die Verzeichnisse für die Quelltexte und Binaries organisieren

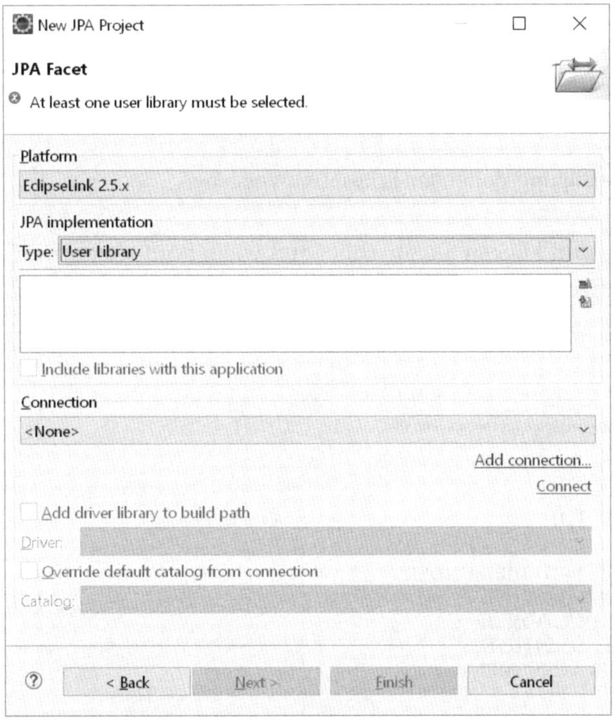

Abbildung 8.19 Die Auswahl des Persistence-Providers und der Datenquelle

In der ersten Combobox PLATFORM selektieren Sie als Plattform die neueste Eclipse-Version.

Im Bereich JPA IMPLEMENTATION legen Sie die Bibliotheken fest, die JPA als Persistence-Provider verwenden soll. Mithilfe dieser Option werden wir die *.jar*-Dateien für Eclipse-Link herunterladen und einbinden. Für den Download bietet der Wizard ein kleines

Diskettensymbol auf der rechten Seite an (Abbildung 8.19). Wenn Sie auf dieses Symbol klicken, erscheint eine Auswahl der zur Verfügung stehenden EclipseLink-Versionen (Abbildung 8.20).

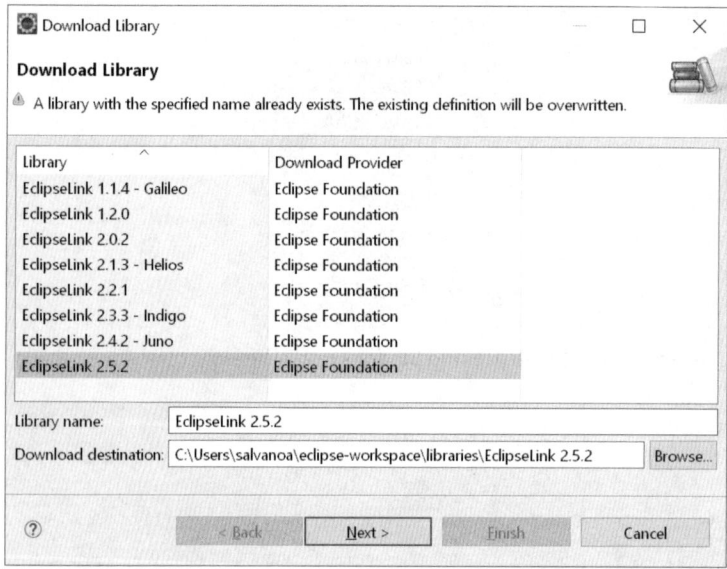

Abbildung 8.20 Die Auswahl der zur Verfügung stehenden EclipseLink-Versionen

Selektieren Sie die neueste Version, und klicken Sie anschließend wieder auf NEXT. Hierdurch erscheinen die Lizenzbedingungen.

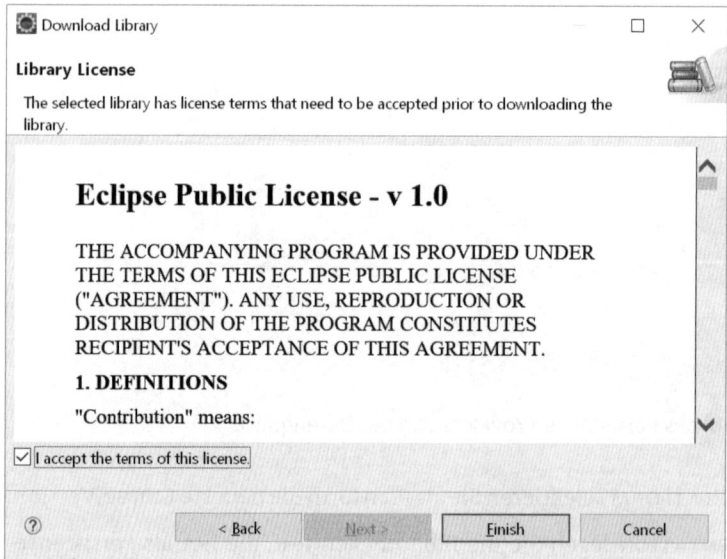

Abbildung 8.21 Die EclipseLink-Bibliothek wird heruntergeladen.

Bestätigen Sie die Lizenzbedingungen, und schließen Sie das Fenster durch einen Mausklick auf FINISH. Daraufhin wird die EclipseLink-Bibliothek heruntergeladen.

Zurück im JPA-Facet angelangt, sollte die EclipseLink Bibliothek als JPA IMPLEMENTATION eingetragen worden sein (Abbildung 8.22).

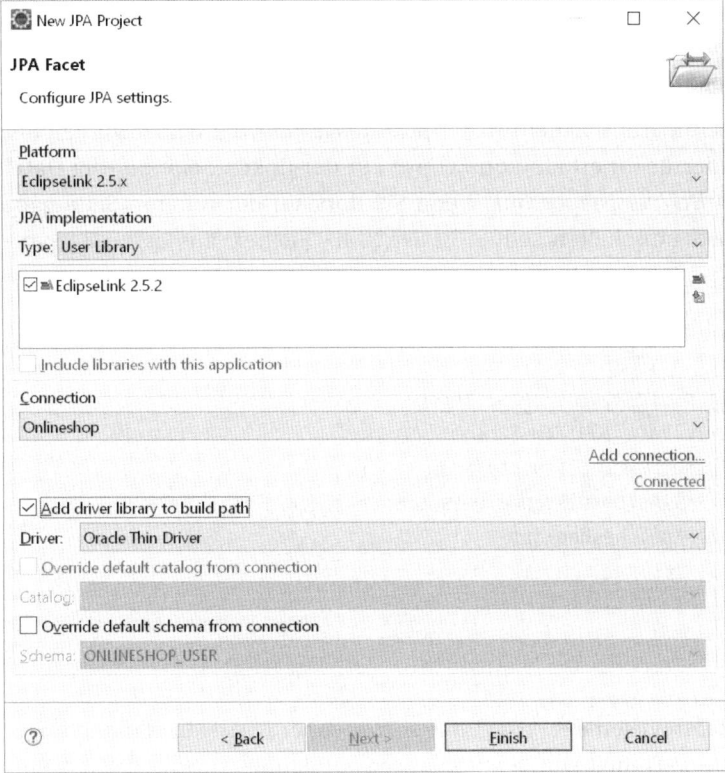

Abbildung 8.22 Das JPA-Projekt fertigstellen

Als Nächstes werden wir die Datenbankverbindung zu der Onlineshop-Datenbank setzen. Um den JDBC-Treiber komfortabel innerhalb des JPA-Wizards auswählen zu können, müssen Sie vorab eine Datenquelle in der Combobox CONNECTION selektieren. Als Datenquelle sollte der ONLINESHOP angeboten werden.

> **Hinweis**
>
> Die Datenquelle *Onlineshop* haben wir in Kapitel 7, »JDBC«, erzeugt, als wir mit der View DATA SOURCE EXPLORER auf die Onlineshop-Datenbank zugegriffen haben. Sie können diesen Schritt nachholen und anschließend an diese Stelle zurückkehren. Andererseits kann es auch sein, dass Sie mit Eclipse und JDBC bereits vertraut sind und stattdessen eine eigene Datenquelle ausprobieren möchten. Auch diesen Weg können Sie gehen. Aber in jedem Fall müssen Sie dem Klassenpfad des JPA-Projekts den JDBC-Treiber für Ihre Datenbank hinzufügen.

Nach der Auswahl der Datenbankverbindung wird die Checkbox ADD DRIVER LIBRARY TO BUILD PATH aktiv, mit der Sie den JDBC-Treiber einbinden.

Mit einem Klick auf FINISH wird das Projekt fertiggestellt. Eclipse wird zuletzt eventuell noch nachfragen, ob es auf die *JPA Perspective* umstellen soll. Bestätigen Sie mit einem Klick auf YES, um die JPA Perspective zu nutzen.

Nachdem das Projekt *onlineshop-jpa* erzeugt worden ist, hat Eclipse bereits einige Ordner und Dateien vorbereitet, damit die Arbeit am JPA-Projekt leichter fällt.

Wir werden uns zunächst einmal anschauen, wie die *persistence.xml* vom Wizard vorbereitet worden ist. Klicken Sie hierfür innerhalb von Eclipse auf der linken Seite auf die Datei */onlineshop-jpa/src/META-INF/persistence.xml*. Wenn Sie dort auf der unteren Seite ganz rechts auf den Reiter SOURCE umschalten, sollten Sie den XML-Quelltext aus Listing 8.85 vorfinden:

```xml
<?xml version="1.0" encoding="UTF-8"?>
<persistence version="2.2"
    xmlns="http://xmlns.jcp.org/xml/ns/persistence"
    xmlns:xsi="http://www.w3.org/2001/XMLSchema-instance"
    xsi:schemaLocation="http://xmlns.jcp.org/xml/ns/persistence
    http://xmlns.jcp.org/xml/ns/persistence/persistence_2_2.xsd">
    <persistence-unit name="onlineshop-jpa">
    </persistence-unit>
</persistence>
```

Listing 8.85 persistence.xml

Der JPA-Wizard hat das Rahmenelement `<persistence>` mit einer Persistenz-Einheit angelegt. Der Name der Persistenz-Einheit wurde automatisch auf den Bezeichner des JPA-Projekts, also auf `onlineshop-jpa`, gesetzt.

8.7.1   Die allgemeinen Konfigurationen setzen

Nun werden wir die vom JPA-Wizard vorgeschlagene Konfiguration anpassen. Schalten Sie hierfür auf der unteren Seite zum Reiter GENERAL um (Abbildung 8.23). Geben Sie im Feld PERSISTENCE PROVIDER die Zeichenkette `org.eclipse.persistence.jpa.PersistenceProvider` ein. Im Eingabefeld DESCRIPTION fügen Sie auch noch eine Beschreibung zu der Persistenzeinheit hinzu.

Eclipse hat hierdurch automatisch ein Element mit dem Bezeichner `provider` innerhalb des `persistence-unit`-Elements erstellt:

```xml
<?xml version="1.0" encoding="UTF-8"?>
<persistence version="2.2"
    xmlns="http://xmlns.jcp.org/xml/ns/persistence"
```

```
xmlns:xsi="http://www.w3.org/2001/XMLSchema-instance"
xsi:schemaLocation="http://xmlns.jcp.org/xml/ns/persistence
http://xmlns.jcp.org/xml/ns/persistence/persistence_2_2.xsd">
  <persistence-unit name="onlineshop-jpa">
    <description>Die Persistenz-Einheit zum Onlineshop</description>
    <provider>org.eclipse.persistence.jpa.PersistenceProvider</provider>
  </persistence-unit>
</persistence>
...
```

Listing 8.86 persistence.xml

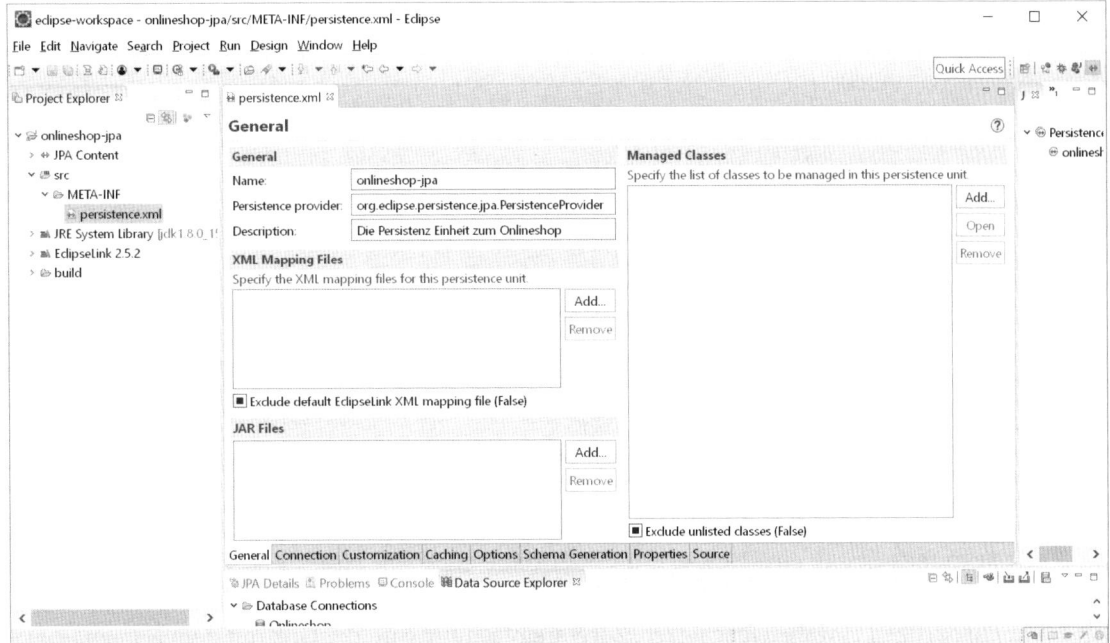

Abbildung 8.23 Der Eintrag des Persistence-Providers in der »persistence.xml«

8.7.2   Connection

Als Nächstes werden wir die Verbindungsdaten in die *persistence.xml* eintragen lassen. Öffnen Sie hierfür den Reiter CONNECTION. Ganz oben sehen Sie eine Auswahlbox für den TRANSACTION TYPE. Dort ist der Wert DEFAULT (JTA) voreingestellt. Da wir eine Java SE-Anwendung programmieren wollen und die JPA direkt auf die Datenbank zugreifen soll, legen Sie an dieser Stelle »Resource Local« fest (Abbildung 8.24), denn durch diese Änderung werden weiter unten Eingabefelder für die Verbindungsdaten zum Onlineshop aktiviert.

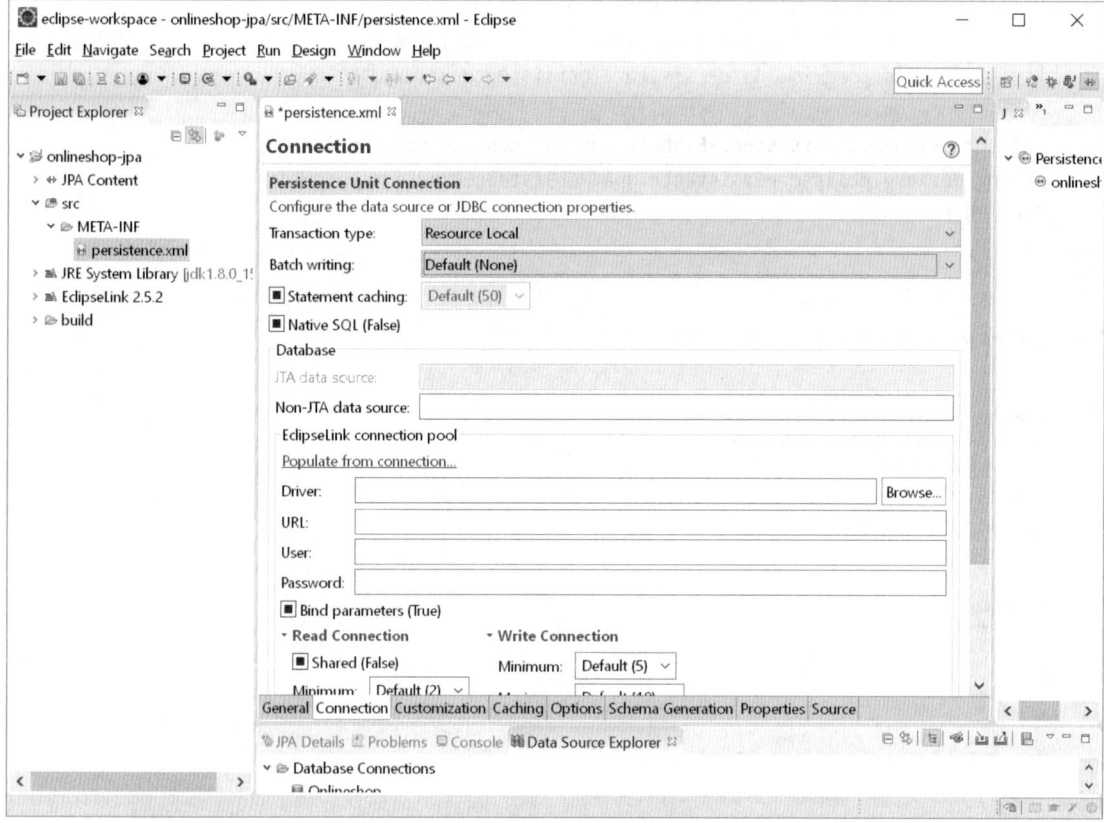

Abbildung 8.24 Die Konfiguration der Persistenz-Einheit

Im Rahmen mit der Überschrift DATABASE könnten Sie jetzt beim Transaktionstyp RESOURCE LOCAL eine NON-JTA DATA SOURCE angeben. Dieses Feld lassen Sie aber leer; stattdessen werden wir im Kasten ECLIPSELINK CONNECTION POOL die Verbindungsdaten in die dortigen Eingabefelder setzen. Zur Vereinfachung wird der Link mit dem Namen POPU- LATE FROM CONNECTION angeboten. Diese Option werden wir jetzt nutzen, denn wenn Sie (wie ich es im vorigen Kapitel gezeigt habe) eine Datenbank als Verbindungsprofil (*Connec- tion Profile*) bereits eingebunden haben, können Sie über diesen Weg die Verbindungsdaten automatisch eintragen lassen. Allerdings muss hierfür im Data Source Explorer die Verbin- dung zur Datenbank aktiv sein. Indem Sie einen Blick in die View DATA SOURCE EXPLORER auf das Datenbanksymbol werfen, können Sie feststellen, ob die Verbindung aktiv ist. Eine aktive Verbindung wird dort nämlich mit einem goldenen Haken signalisiert. Wenn der Haken fehlt, verbinden Sie die Datenbank mit einem Doppelklick manuell. Anschließend kli- cken Sie auf den Link POPULATE FROM CONNECTION, damit sich das Fenster CONNECTION SELECTION öffnet.

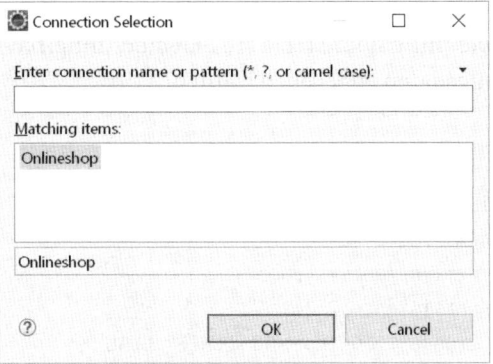

Abbildung 8.25 Die Auswahl eines Verbindungsprofils

Wählen Sie hier die Datenbank »Onlineshop« aus, und klicken Sie auf OK (Abbildung 8.25). Anschließend sollten im Register CONNECTION die erhofften Verbindungsdaten erscheinen (Abbildung 8.26).

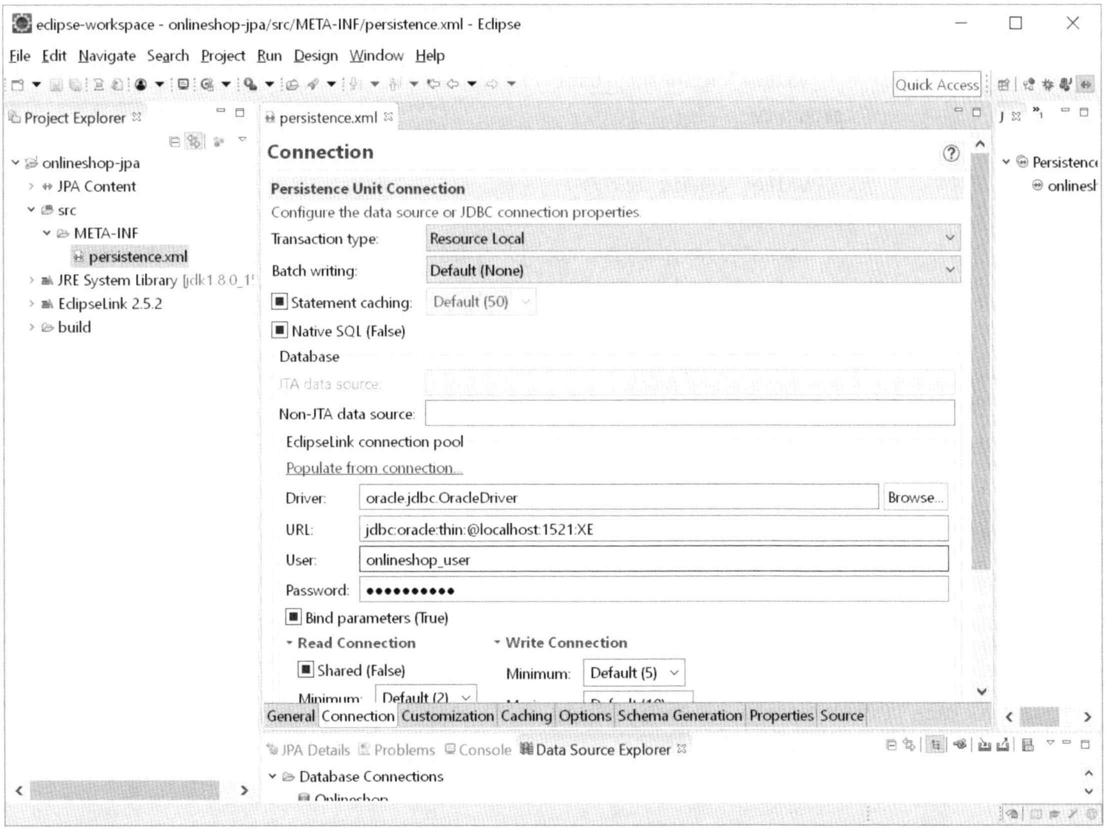

Abbildung 8.26 Die Verbindungsdaten im Register »Connection«

Speichern Sie die Datei ab, und wechseln Sie auf den Reiter SOURCE, um den erzeugten XML-Quelltext zu betrachten. Der Quelltext zeigt, wie mit einem `properties`-Element innerhalb des `<persistence-unit>`-Elements die Verbindungsdaten angegeben werden:

```
<?xml version="1.0" encoding="UTF-8"?>
<persistence version="2.2"
    xmlns="http://xmlns.jcp.org/xml/ns/persistence"
    xmlns:xsi="http://www.w3.org/2001/XMLSchema-instance"
    xsi:schemaLocation="http://xmlns.jcp.org/xml/ns/persistence
    http://xmlns.jcp.org/xml/ns/persistence/persistence_2_2.xsd">
    <persistence-unit name="onlineshop-jpa" transaction-type="RESOURCE_LOCAL">
        <description>Die Persistenz-Einheit zum Onlineshop</description>
        <provider>org.eclipse.persistence.jpa.PersistenceProvider</provider>
        <properties>
            <property
                name="javax.persistence.jdbc.url"
                value="jdbc:oracle:thin:@localhost:1521:XE"/>
            <property
                name="javax.persistence.jdbc.user"
                value="onlineshop_user"/>
            <property
                name="javax.persistence.jdbc.password"
                value="geheim_123"/>
            <property
                name="javax.persistence.jdbc.driver"
                value="oracle.jdbc.OracleDriver"/>
        </properties>
    </persistence-unit>
</persistence>
```

Listing 8.87 persistence.xml

8.7.3   Die Verbindung prüfen

In einer Java-Komponente können wir nun mit dem Aufruf der Methode `isOpen()` prüfen, ob eine aktive Verbindung zur Datenbank besteht. Wenn die Methode als Ergebnis den Wert `true` liefert, waren unsere bisherigen Bemühungen erfolgreich.

```
package de.java2enterprise.onlineshop;

import java.util.logging.Logger;

import javax.persistence.EntityManager;
import javax.persistence.EntityManagerFactory;
```

```java
import javax.persistence.Persistence;

public class Main {
    public static void main(String[] args)
        throws Exception {
        final Logger logger =
                Logger.getLogger(
                    Main.class.getName());
        EntityManagerFactory emf =
            Persistence.
            createEntityManagerFactory(
                "onlineshop-jpa");
        EntityManager em =
                emf.createEntityManager();
        logger.info("Open: " + em.isOpen() );
        em.close();
        emf.close();
    }
}
```

Listing 8.88 Main.java

8.8   Programmierbeispiel: ORM-Reverse-Engineering

Ein interessantes Feature der JPA ist das *ORM-Reverse-Engineering*, das eine automatisierte Erzeugung von JPA-Entities bzw. der Datenbanktabellen ermöglicht. Im Programmierbeispiel *onlineshop-jpa* können Sie beispielsweise dafür sorgen, dass in der relationalen Datenbank im Schema ONLINESHOP die Datenbanktabellen CUSTOMER und ITEM automatisch erzeugt werden. Hierfür bietet die JPA speziell vorgesehene Konfigurationselemente an. Eine andere Möglichkeit besteht innerhalb einer IDE, wie zum Beispiel Eclipse. Denn dort kann die Generierung mithilfe von wenigen Mausklicks vonstattengehen. In diesem Abschnitt werde ich auf beide Varianten eingehen.

8.8.1   Zugangsdaten konfigurieren

Um bei der Datenbank einen Vollzugriff zu gewährleisten, müssen Sie in der *persistence.xml* den Benutzer "onlineshop" mit dem Passwort "supergeheim_123" verwenden, da dem Benutzer "onlineshop_user" nicht das Privileg erteilt wurde, Datenbanktabellen zu erstellen.

```xml
<?xml version="1.0" encoding="UTF-8"?>
<persistence version="2.1" xmlns="http://xmlns.jcp.org/xml/ns/persistence" xmlns:xsi=
"http://www.w3.org/2001/XMLSchema-instance" xsi:schemaLocation="http://xmlns.jcp.org/
```

```
xml/ns/persistence http://xmlns.jcp.org/xml/ns/persistence/persistence_2_1.xsd">
    <persistence-unit name="onlineshop-jpa">
        <description>Die Persistenz-Einheit zum Onlineshop</description>
        <provider>org.eclipse.persistence.jpa.PersistenceProvider</provider>
        <properties>
            <property name="javax.persistence.jdbc.url"
                value="jdbc:oracle:thin:@localhost:1521:XE"/>
            <property name="javax.persistence.jdbc.user"
                value="onlineshop" />
            <property name="javax.persistence.jdbc.password"
                value="supergeheim_123" />
            <property name="javax.persistence.jdbc.driver"
                value="oracle.jdbc.OracleDriver" />
        </properties>
    </persistence-unit>
</persistence>
```

Listing 8.89 Die Zugangsdaten anpassen

8.8.2 Die JPA-Entities erstellen

Für die Schemagenerierung brauchen Sie die Klassen Customer und Item aus dem letzten Kapitel. Wichtig ist hierbei, dass Sie die POJOs in JPA-Entities umwandeln.

In Listing 8.90 sehen Sie, dass in der Klasse Customer die obligatorischen Annotationen @Entity und @Id eingesetzt werden. Hierdurch betrachtet der Persistence-Provider die Klasse Customer als JPA-Entity.

Zusätzlich werden wir den Schema-Bezeichner ONLINESHOP hinzufügen, da wir aus Sicherheitsgründen das Schema ONLINESHOP vom Schema des Benutzers ONINESHOP_USER getrennt hatten.

```
package de.java2enterprise.onlineshop.model;

import java.io.Serializable;

import javax.persistence.Entity;
import javax.persistence.Id;
import javax.persistence.Table;

@Entity
@Table(schema="ONLINESHOP", name="CUSTOMER")
public class Customer implements Serializable {
    private static final long serialVersionUID = 1L;
```

```java
@Id
private Long id;
private String email;
private String password;

public Customer() {
}

public Customer(
        String email,
        String password) {
    this.email = email;
    this.password = password;
}

public Long getId() {
    return id;
}

public void setId(Long id) {
    this.id = id;
}

public String getEmail() {
    return email;
}

public void setEmail(String email) {
    this.email = email;
}

public String getPassword() {
    return password;
}

public void setPassword(String password) {
    this.password = password;
}

public String toString() {
    return "[" +
            getId() + "," +
            getEmail() + "," +
```

```
                    getPassword() +
                    "]";
        }
}
```

Listing 8.90 Die Klasse »Customer.java«

In der Klasse Item setzen Sie nicht nur die Annotationen @Entity, @Id und @Table ein, sondern ändern darüber hinaus die Datentypen der Assoziationsattribute seller und buyer von Long in Customer, Denn wenn Sie mit der JPA arbeiten, wandern Sie über miteinander verbundene Entity-Objekte, während die Verantwortung der Primärschlüssel Sache des Persistenz-Providers ist.

```
package de.java2enterprise.onlineshop.model;

import java.io.Serializable;
import java.time.LocalDateTime;

import javax.persistence.Entity;
import javax.persistence.Id;
import javax.persistence.Table;

@Entity
@Table(schema="ONLINESHOP", name="ITEM")
public class Item implements Serializable {
    private static final long serialVersionUID = 1L;

    @Id
    private Long id;
    private String title;
    private String description;
    private Double price;
    private byte[] foto;
    private Customer seller;
    private Customer buyer;

    private LocalDateTime sold;

    public Item() {
    }

    public Item(
            String title,
            String description,
```

```
        Double price,
        Customer seller) {
    this.title = title;
    this.description = description;
    this.price = price;
    this.seller = seller;
}

public Long getId() {
    return id;
}

public void setId(Long id) {
    this.id = id;
}

public String getTitle() {
    return title;
}

public void setTitle(String title) {
    this.title = title;
}

public String getDescription() {
    return description;
}

public void setDescription(String description) {
    this.description = description;
}

public Double getPrice() {
    return price;
}

public void setPrice(Double price) {
    this.price = price;
}

public byte[] getFoto() {
    return foto;
}
```

```java
    public void setFoto(byte[] foto) {
        this.foto = foto;
    }

    public Customer getSeller() {
        return seller;
    }

    public void setSeller(Customer seller) {
        this.seller = seller;
    }

    public Customer getBuyer() {
        return this.buyer;
    }

    public void setBuyer(Customer buyer) {
        this.buyer = buyer;
    }

    public LocalDateTime getSold() {
        return sold;
    }

    public void setSold(LocalDateTime sold) {
        this.sold = sold;
    }

    public String toString() {
        return "[" +
                getId() + "," +
                getTitle() + "," +
                getDescription() + "," +
                getPrice() + "," +
                getSeller() + "," +
                getBuyer() + "," +
                getSold() +
                "]";
    }

}
```

Listing 8.91 Item.java

8.8.3   Die Klassen in der »persistence.xml« deklarieren

Als Nächstes deklarieren Sie die Klasse Customer und die Klasse Item in der *persistence.xml*.

```xml
<?xml version="1.0" encoding="UTF-8"?>
<persistence version="2.1" xmlns="http://xmlns.jcp.org/xml/ns/persistence" xmlns:xsi=
"http://www.w3.org/2001/XMLSchema-instance" xsi:schemaLocation="http://xmlns.jcp.org/
xml/ns/persistence http://xmlns.jcp.org/xml/ns/persistence/persistence_2_1.xsd">
    <persistence-unit name="onlineshop-jpa">
        <description>Die Persistenz-Einheit zum Onlineshop</description>
        <provider>org.eclipse.persistence.jpa.PersistenceProvider</provider>
        <class>de.java2enterprise.onlineshop.model.Customer</class>
        <class>de.java2enterprise.onlineshop.model.Item</class>
        <properties>
            <property name="javax.persistence.jdbc.url"
                value="jdbc:oracle:thin:@localhost:1521:XE"/>
            <property name="javax.persistence.jdbc.user"
                value="onlineshop" />
            <property name="javax.persistence.jdbc.password"
                value="supergeheim_123" />
            <property name="javax.persistence.jdbc.driver"
                value="oracle.jdbc.OracleDriver" />
        </properties>
    </persistence-unit>
</persistence>
```

Listing 8.92 Die Klassen »Customer« und »Item« in der »persistence.xml« deklarieren

8.8.4   Die Elemente für die Schemagenerierung einpflegen

Um die Schemagenerierung anzuordnen, fügen wir der *persistence.xml* das property-Element mit dem Namen javax.persistence.schema-generation.database.action bei.

Über das Attribut value können Sie folgende Werte festlegen:

- ▶ none (default)
- ▶ drop
- ▶ create
- ▶ drop-and-create

Über folgende Property würden die Datenbanktabellen CUSTOMER und ITEM aus den vorangegangenen Kapiteln gelöscht und durch generisch erzeugte Datenbanktabellen ersetzt:

```
<property
    name=
        "javax.persistence.schema-generation.database.action"
    value=
        "drop-and-create"/>
```

Listing 8.93 persistence.xml

Die Eintragungen für die Schema-Generierung brauchen Sie innerhalb von Eclipse aber nicht manuell vorzunehmen, denn Eclipse bietet im Wizard für die *persistence.xml* die Möglichkeit an, entsprechende Einstellungen in Eingabefeldern und Comboboxen vorzunehmen. Hierfür wählen Sie den Reiter SCHEMA GENERATION aus. Bei der Combobox DATABASE ACTION selektieren Sie DROP AND CREATE. Zusätzlich zu der Datenbankschemagenerierung können Sie die entsprechenden DDL-Skripte (die Data Definition Language des SQL-Standards) erzeugen lassen. Hierfür selektieren Sie auch bei der Combobox SCRIPTS GENERATION den Eintrag DROP AND CREATE. Als Nächstes teilen Sie mit, wo die Skripte für die Creates und die Drops gespeichert werden sollen. Dies geben Sie in den Eingabefeldern SCRIPTS CREATE TARGET und SCRIPTS DROP TARGET ein.

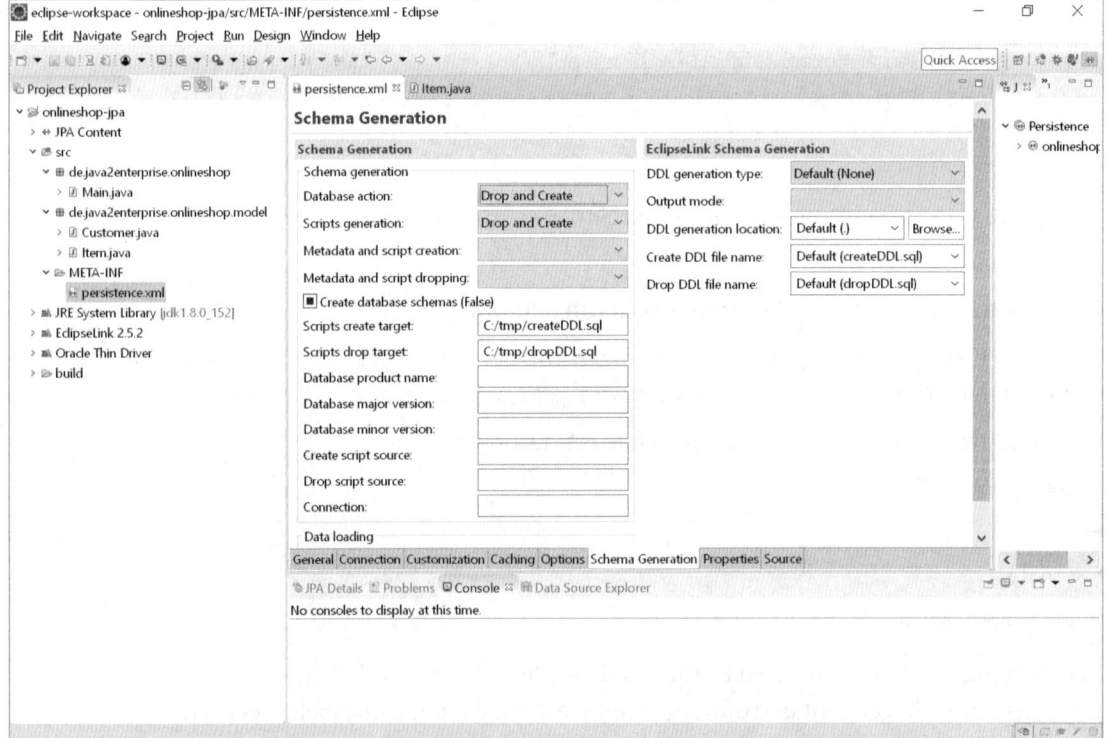

Abbildung 8.27 »Schema Generation« im Eclipse-Wizard für die »persistence.xml«

Die *persistence.xml* sollte nun folgenden Inhalt haben:

```
<?xml version="1.0" encoding="UTF-8"?>
<persistence
    version="2.1"
    xmlns="http://xmlns.jcp.org/xml/ns/persistence"
    xmlns:xsi="http://www.w3.org/2001/XMLSchema-instance"
    xsi:schemaLocation="http://xmlns.jcp.org/xml/ns/persistence
    http://xmlns.jcp.org/xml/ns/persistence/persistence_2_1.xsd">
    <persistence-unit name="onlineshop-jpa">
        <description>Die Persistenz-Einheit zum Onlineshop</description>
        <provider>org.eclipse.persistence.jpa.PersistenceProvider</provider>
        <class>de.java2enterprise.onlineshop.model.Customer</class>
        <class>de.java2enterprise.onlineshop.model.Item</class>
        <properties>
            <property name="javax.persistence.jdbc.url"
                value="jdbc:oracle:thin:@localhost:1521:XE"/>
            <property name="javax.persistence.jdbc.user"
                value="onlineshop" />
            <property name="javax.persistence.jdbc.password"
                value="supergeheim_123" />
            <property name="javax.persistence.jdbc.driver"
                value="oracle.jdbc.OracleDriver" />
            <property
                name="javax.persistence.schema-generation.database.action"
                value="drop-and-create"/>
            <property
                name="javax.persistence.schema-generation.scripts.action"
                value="drop-and-create"/>
            <property
                name=
                    "javax.persistence.schema-generation.scripts.create-target"
                value=
                    "C:/tmp/createDDL.sql"/>
            <property
                name=
                    "javax.persistence.schema-generation.scripts.drop-target"
                value=
                    "C:/tmp/dropDDL.sql"/>
        </properties>
    </persistence-unit>
</persistence>
```

Listing 8.94 persistence.xml

Im Beispielprogramm *onlineshop-jpa* wird die Generierung der DDL-Skripte gestartet, wenn die Klasse Main ausgeführt wird.

8.8.5   Das ORM-Reverse-Engineering mit dem Kontextmenü

In dem letzten Abschnitt haben wir das ORM-Reverse-Engineering eingesetzt, um die Tabellen CUSTOMER und ITEM generisch erzeugen zu lassen. Innerhalb von Eclipse lässt sich das ORM-Reverse-Engineering auch über ein Kontextmenü anstoßen. Um nicht nur die Skripte, sondern darüber hinaus die Datenbanktabellen erzeugen zu lassen, müssten wir die Connectivity Driver Definition ändern und die Zugangsdaten des Datenbank-Owners onlineshop setzen. Dies sparen wir uns aber. Stattdessen werde ich lediglich zeigen, wie Sie die Skripte über den Wizard erzeugen. Hierfür klicken Sie mit der rechten Maustaste auf ein JPA-fähiges Eclipse-Projekt. Im Kontextmenü sollte der Eintrag JPA TOOLS zu finden sein. Wenn Sie auf diesen Eintrag klicken, sehen Sie ein Untermenü mit dem Namen GENERATE TABLES FROM ENTITIES (Abbildung 8.28).

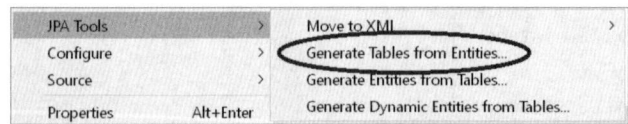

Abbildung 8.28 »Generate Tables from Entities« als Kontextmenü

Wenn Sie auf GENERATE TABLES FROM ENTITIES klicken, erscheint das Fenster aus Abbildung 8.29.

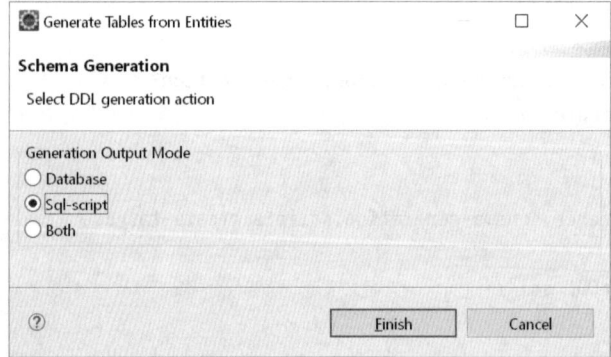

Abbildung 8.29 Die Auswahl im Fenster »Generate Tables from Entities«

Wählen Sie dort den Eintrag SQL-SCRIPT, um die DDL-Skripte erzeugen zu lassen. Mit einem Mausklick auf FINISH werden im Eclipse-Projekt folgende zwei Dateien erstellt: *createDDL.sql* und *dropDDL.sql*.

Das ORM-Reverse-Engineering im geschäftskritischen Umfeld

In einem geschäftskritischen Umfeld wird man von ORM-Reverse-Engineering-Techniken wenig Gebrauch machen. Bei Großbanken und Großkonzernen entstehen Geschäftsdaten nicht erst, wenn eine ihrer Geschäftsanwendungen fertiggestellt werden sollen, denn meistens liegt der Großteil der Geschäftsdaten in Altsystemen bereits vor und wird unter der Obhut spezialisierter Datenbankexperten verwaltet. Bei der Anbindung an ein Altsystem ist deshalb die automatische Löschung und Erzeugung der Datenbanktabellen mit Vorsicht zu genießen. Außerdem entziehen wir hiermit dem Datenbankadministrator die Kontrolle über die Datenbankverwaltung. Der Datenbankadministrator ist für gewöhnlich ein versierter Datenbankexperte, der die Datenbank mithilfe von SQL-Kommandos auf der Kommandozeile verwaltet. Ihm allein obliegt die Befehlsgewalt über die Erzeugung der Datenbanktabellen. Dem Java EE-Entwickler sind hingegen solche DDL-Kommandos untersagt.

Die automatische Erstellung der DDL-Skripte ist also lediglich für die automatisierte Erzeugung von Datenbanktabellen in der Entwicklungsumgebung gedacht. Diese Fähigkeit ist vor allem während der Entwicklung von kleinen Java EE-Anwendungen oder Prototypen oder für das Selbststudium von großem Nutzen.

8.9   Programmierbeispiel: die Registrierung im Webprojekt

In diesem Abschnitt werden wir das dynamische Webprojekt *onlineshop-web* umwandeln. Unser Ziel ist es, nicht mehr über JDBC, sondern stattdessen über die JPA auf die Datenbank zuzugreifen. Hierfür werden wir zunächst das Webprojekt *onlineshop-web* mit JPA-Fähigkeiten versehen. Danach werden wir uns die JPA-Entities per Reverse Engineering aus dem Datenbank-Schema generieren lassen.

Um von einer sauberen Datenbank-Grundlage auszugehen, werden wir das Datenbankschema erneut über ein SQL-Skript erzeugen lassen. Bei diesem SQL-Skript verzichten wir auf die Erzeugung der beiden Trigger mit den Bezeichnern tri_customer und tri_item, denn die Automatisierung der Primärschlüsselgenerierung weisen wir per JPA-Annotationen an.

Das SQL-Skript hat also folgenden Inhalt:

```
DROP TABLE item;
DROP TABLE customer;

CREATE TABLE customer (
id        NUMBER(19) PRIMARY KEY,
email     VARCHAR2(40) NOT NULL UNIQUE,
password  VARCHAR2(10) NOT NULL
          CHECK(LENGTH(password)>=6)
);
```

```
GRANT SELECT, INSERT, UPDATE, DELETE
ON customer TO onlineshop_user;

CREATE UNIQUE INDEX customer_index
ON customer(
    email,
    password
);

CREATE TABLE item (
id          NUMBER(19) PRIMARY KEY,
title       VARCHAR2(40) NOT NULL,
description VARCHAR2(1000) NOT NULL,
price       NUMBER(12,2) NOT NULL,
foto        BLOB,
seller_id   NUMBER(19) NOT NULL,
buyer_id    NUMBER(19),
sold        TIMESTAMP(3),
CONSTRAINT fk_seller
    FOREIGN KEY (seller_id) REFERENCES customer (id),
CONSTRAINT fk_buyer
    FOREIGN KEY (buyer_id) REFERENCES customer (id)
);
GRANT SELECT, INSERT, UPDATE, DELETE
ON item TO onlineshop_user;

DROP SEQUENCE seq_customer;
CREATE SEQUENCE seq_customer;
GRANT ALL ON seq_customer TO onlineshop_user;

DROP SEQUENCE seq_item;
CREATE SEQUENCE seq_item;
GRANT ALL ON seq_item TO onlineshop_user;

commit;
```

Listing 8.95 Das Skript »onlineshop.sql« (ohne Trigger-Generierung)

8.9.1 Das Webprojekt JPA-fähig machen

Um das dynamische Webprojekt des letzten Kapitels in ein JPA-fähiges Webprojekt zu verwandeln, müssen wir ihm lediglich das JPA-Facet hinzufügen. Von der Warte von Eclipse aus gesehen, erhalten wir hierdurch ein dynamisches Webprojekt, das zusätzlich über JPA-Funktionalitäten verfügt. Das JPA-Facelet lässt sich beifügen, indem Sie mit der rechten Maustaste auf das Projekt *onlineshop-web* und im Kontextmenü auf CONFIGURE • CONVERT TO JPA PROJECT klicken. Alternativ dazu wählen Sie in den Projekt-Properties den Eintrag PROJECT FACETS aus und setzen das Häkchen beim JPA-Facet manuell.

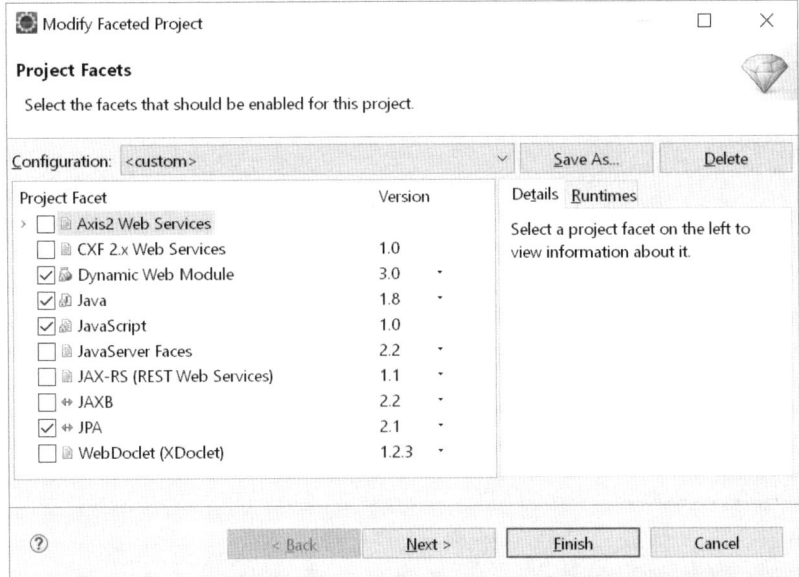

Abbildung 8.30 Die Konvertierung in ein JPA-fähiges Webprojekt

---

Hinweis

Auch in diesem Screenshot sehen Sie wieder, dass meine Eclipse-Oxygen-Version lediglich die veraltete JPA 2.1 referenziert. In Ihrem aktuelleren Eclipse sollte dieses Problem behoben sein.

Klicken Sie anschließend auf NEXT, um die Ansicht JPA FACET zu öffnen. Da wir die Java EE-Anwendung im Java EE-Server GlassFish deployen werden, sind wir nun nicht mehr auf eine eigene User Library angewiesen.

Unter CONNECTION wählen Sie ONLINESHOP. Bestätigen Sie die Konvertierung mit einem Klick auf FINISH.

Wenn alles reibungslos verlaufen ist, hat Eclipse die Datei *persistence.xml* im Verzeichnis */META-INF* im Unterordner */src* des Webprojekts *onlineshop-web* erstellt.

Beachten Sie, dass Eclipse per Default den Namen des Eclipse-Projekts, also *onlineshop-web*, als Bezeichner für den Namen der Persistenz-Einheit setzt. Für das Beispielprogramm werde ich den Bezeichner in der *persistence.xml* in *onlineshop-jpa* abändern, damit er in allen Beispielen gleichartig definiert ist.

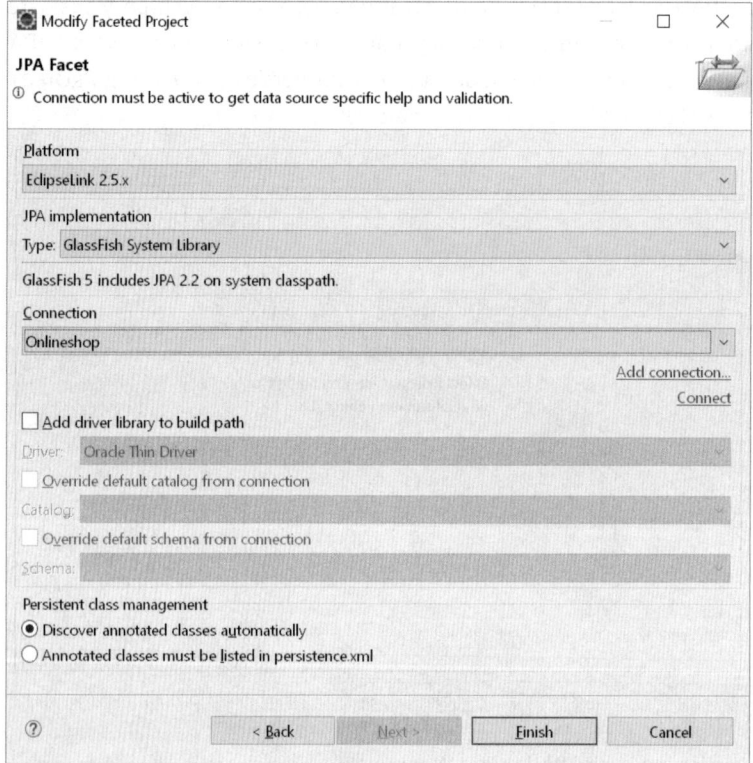

Abbildung 8.31 Das JPA-Facet

```xml
<?xml version="1.0" encoding="UTF-8"?>
<persistence
 version="2.2"
 xmlns="http://xmlns.jcp.org/xml/ns/persistence"
 xmlns:xsi="http://www.w3.org/2001/XMLSchema-instance"
 xsi:schemaLocation="http://xmlns.jcp.org/xml/ns/persistence
 http://xmlns.jcp.org/xml/ns/persistence/persistence_2_2.xsd">
    <persistence-unit name="onlineshop-jpa">
    </persistence-unit>
</persistence>
```

Listing 8.96 persistence.xml

In einem Servlet testen wir, ob eine gültige Datenbankverbindung erstellt werden kann:

```java
package de.java2enterprise.onlineshop;

import java.io.IOException;
import java.io.PrintWriter;
```

```java
import javax.persistence.EntityManager;
import javax.persistence.EntityManagerFactory;
import javax.persistence.PersistenceUnit;
import javax.servlet.ServletException;
import javax.servlet.annotation.WebServlet;
import javax.servlet.http.HttpServlet;
import javax.servlet.http.HttpServletRequest;
import javax.servlet.http.HttpServletResponse;

@WebServlet("/test")
public class TestServlet extends HttpServlet {
    private static final long serialVersionUID = 1L;

    @PersistenceUnit
    private EntityManagerFactory emf;

    public void doGet(
            HttpServletRequest request,
            HttpServletResponse response)
            throws ServletException, IOException {

        EntityManager em = emf.createEntityManager();

        response.setContentType(
                "text/html;charset=UTF-8");
        final PrintWriter writer = response.getWriter();
        writer.println("<!DOCTYPE html>");
        writer.println("<html><body>");
        writer.println("Connected:" + em.isOpen());
        writer.println("</body></html>");
        em.close();
    }
}
```

Listing 8.97 TestServlet.java

8.9.2   JPA-Entities in Eclipse erzeugen

Eclipse bietet spezielle JPA-Wizards, die JPA-Entities automatisch erzeugen. Wie Sie gleich sehen werden, ist die automatische Erzeugung durch den JPA-Wizard zwar praktisch, aber nicht ganz vollständig. Dennoch werden wir ihn nun nutzen, weil das automatisierte Generieren von Quelltexten Fehlerquellen reduziert.

Um die automatisierte Erzeugung der JPA-Entities zu starten, markieren Sie im Projekt-Explorer von Eclipse das Projekt *onlineshop-web* und klicken dann im Hauptmenü auf FILE • NEW • OTHER. Im Fenster NEW klicken Sie im Ordner JPA auf JPA ENTITIES FROM TABLES.

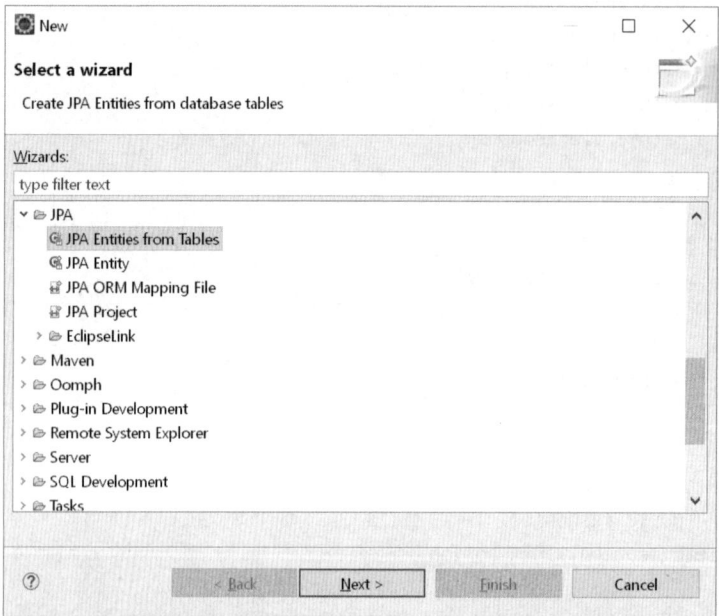

Abbildung 8.32 Die Auswahl des Wizards »JPA Entities from Tables«

Mit NEXT kommen Sie zum nächsten Fenster. Wenn Sie eingangs das Projekt *onlineshop-web* markiert hatten, gelangen Sie direkt zur Ansicht SELECT TABLES des Fensters GENERATE CUSTOM ENTITIES. Ansonsten bietet Ihnen Eclipse vorab ein Fenster an, in dem Sie noch einmal das Projekt auswählen können, in dem die Entities generiert werden sollen.

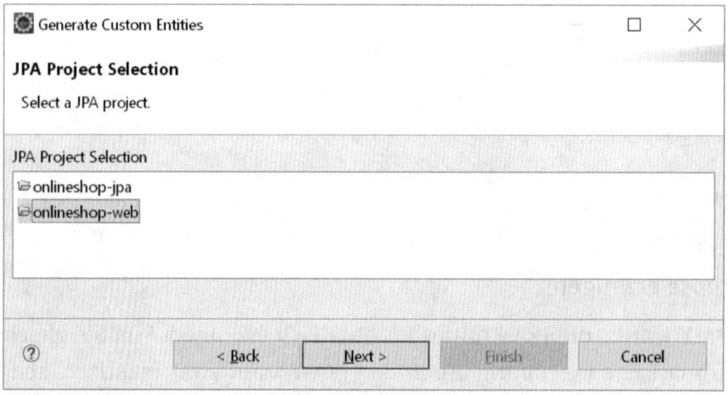

Abbildung 8.33 Die Auswahl des JPA-Projekts

Die Auswahl der Datenbanktabellen

Beachten Sie, dass eine aktive Verbindung zur Datenbank vorausgesetzt wird.

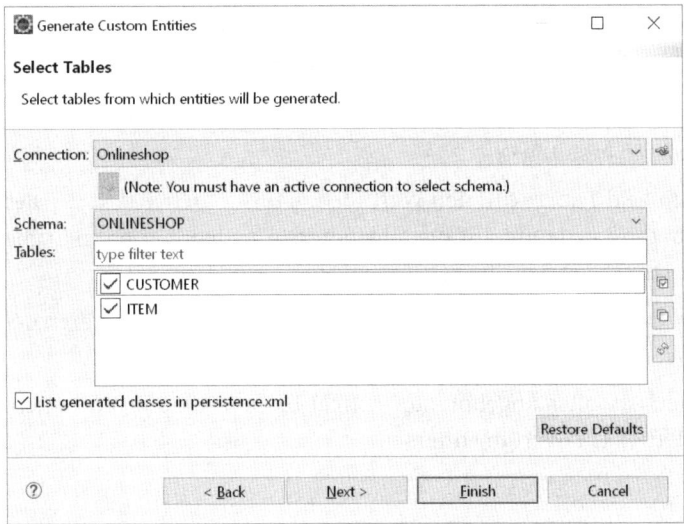

Abbildung 8.34 Das Fenster »Generate Dynamic Entities«

Selektieren Sie in diesem Fenster das Schema ONLINESHOP, und setzen Sie auf der linken Seite der Datenbanktabellen jeweils einen Haken. Darüber hinaus sollte ein Häkchen in der Checkbox LIST GENERATED CLASSES IN PERSISTENCE.XML gesetzt sein, denn hierdurch werden die JPA-Entity-Klassen in der *persistence.xml* aufgelistet.

Assoziationen hinzufügen

Über NEXT gelangen Sie zum nächsten Fenster, in dem Sie Assoziationen konfigurieren können.

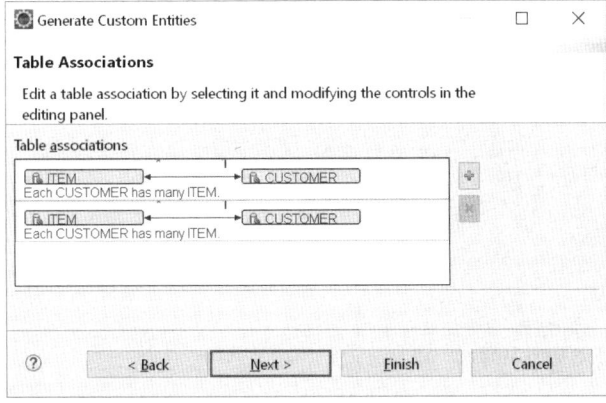

Abbildung 8.35 Die Assoziationen des Onlineshops

In Abbildung 8.35 sehen Sie, dass der Wizard zwei Assoziationen vorgefunden hat. Beide Assoziationen weisen die Kardinalität Many-to-one auf. Dies ist auch richtig so, denn wir hatten in der Datenbanktabelle ITEM die zwei Spalten SELLER (der Verkäufer) und BUYER (der Käufer) vorgesehen, um den Verkauf eines Artikels zu realisieren. Ein Verkäufer kann mehrere Artikel anbieten, und ein Käufer kann mehrere Artikel kaufen.

Selektieren Sie in diesem Fenster zunächst die obere Assoziation, damit Sie darunter die volle Ansicht auf die Einstellungen erhalten.

In Abbildung 8.36 sehen Sie im Feld TABLE JOIN den Wert ITEM.SELLER_ID=CUSTOMER.ID. Dies verdeutlicht, dass sich die obere Assoziation auf die angebotenen Artikel bezieht. Für die angebotenen Artikel möchte der Wizard zwei Properties vorsehen.

Die erste Property soll in der Klasse Item erstellt werden und auf den Verkäufer referenzieren. Ändern Sie deshalb den Wert des PROPERTY-Feldes in »seller«.

Die zweite Property soll eine Liste aller angebotenen Artikel beim Verkäufer enthalten. Ändern Sie deshalb dort den PROPERTY-Wert in »offers«.

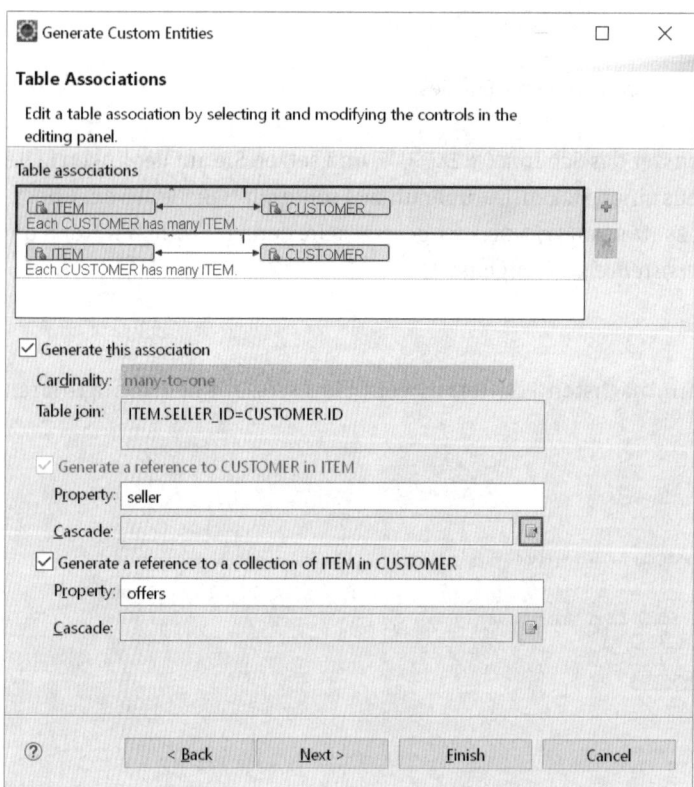

Abbildung 8.36 Die Assoziationen für den Verkäufer

Genauso wie wir die Änderungen in der oberen Assoziation vorgenommen haben, müssen wir nun auch die untere Assoziation anpassen. Bei der unteren Assoziation handelt es sich um die Käufe der Kunden. Setzen Sie die PROPERTY-Werte deshalb dort auf »buyer« und »purchases«, so wie in Abbildung 8.37 zeigt.

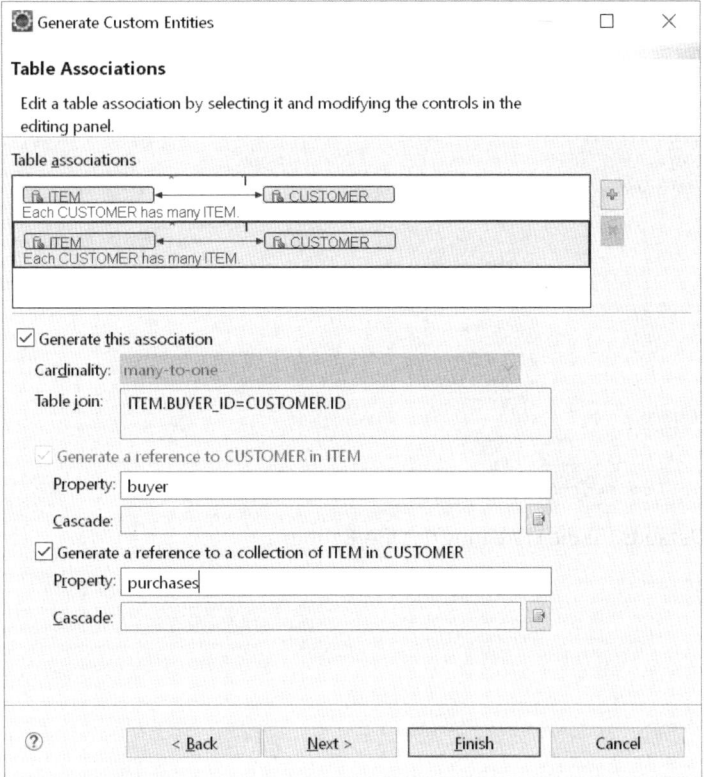

Abbildung 8.37 Die Assoziationen für den Käufer

Über NEXT öffnet sich das nächste Fenster, in dem Sie Defaultwerte für Entities festlegen können. Das ist ganz praktisch, denn später werden Sie die Möglichkeit haben, jede einzelne JPA-Entity individuell zu konfigurieren.

In Abbildung 8.38 sehen Sie, dass ich in der ersten Combobox KEY GENERATOR den Eintrag SEQUENCE ausgewählt habe. Darunter habe ich den Sequenzgenerator SEQ_$table eingetippt. Im nächsten Fenster wird der Wizard daher die Zeichenkette $table durch den Tabellennamen ersetzen, sodass wir dort die beiden Bezeichner SEQ_CUSTOMER und SEQ_ITEM erhalten werden (Abbildung 8.39).

Setzen Sie den COLLECTION PROPERTIES TYPE auf java.util.Set. Setzen Sie den Package-Namen auf de.java2enterprise.onlineshop.model.

Klicken Sie nun wieder auf NEXT.

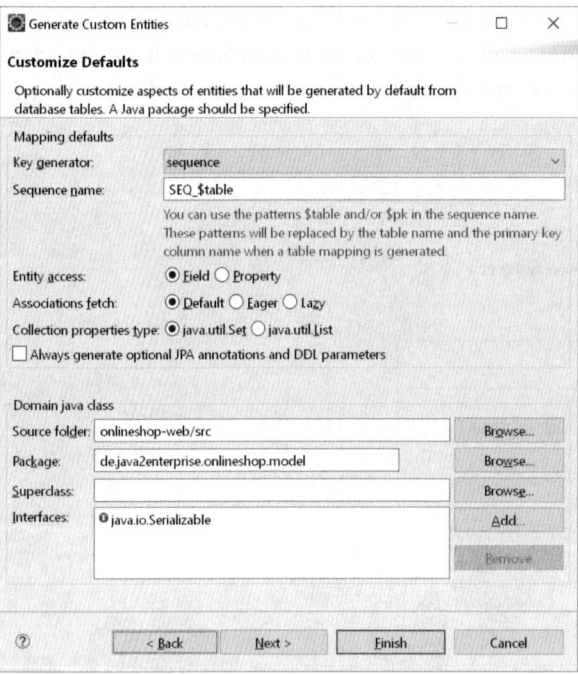

Abbildung 8.38 Die Custom-Defaults für die Erstellung der JPA-Entities

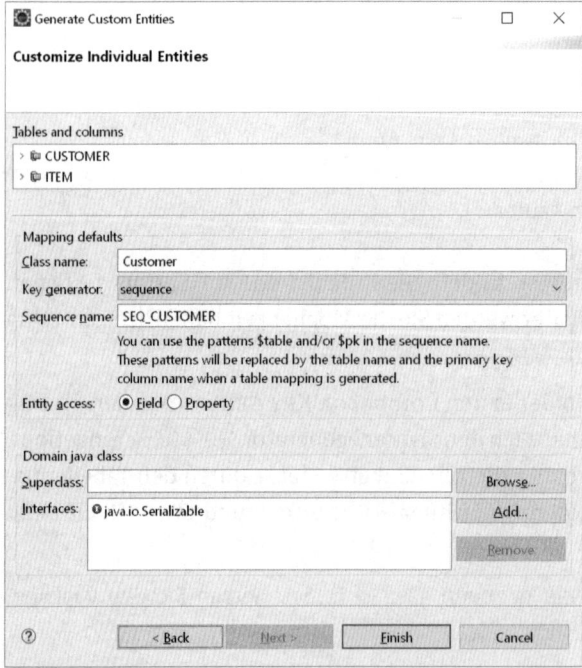

Abbildung 8.39 Die automatische Generierung des Sequence-Namens

Als Nächstes werden wir nun noch die Mapping-Typen der Primärschlüssel und der Basic-Attribute anpassen. Hierfür klicken Sie oben links auf die Pluszeichen der Tabelle CUSTOMER und der Tabelle ITEM.

Ändern Sie den MAPPING TYPE des Primärschlüssels ID bei der Tabelle CUSTOMER in den Eintrag »Long« (siehe Abbildung 8.40).

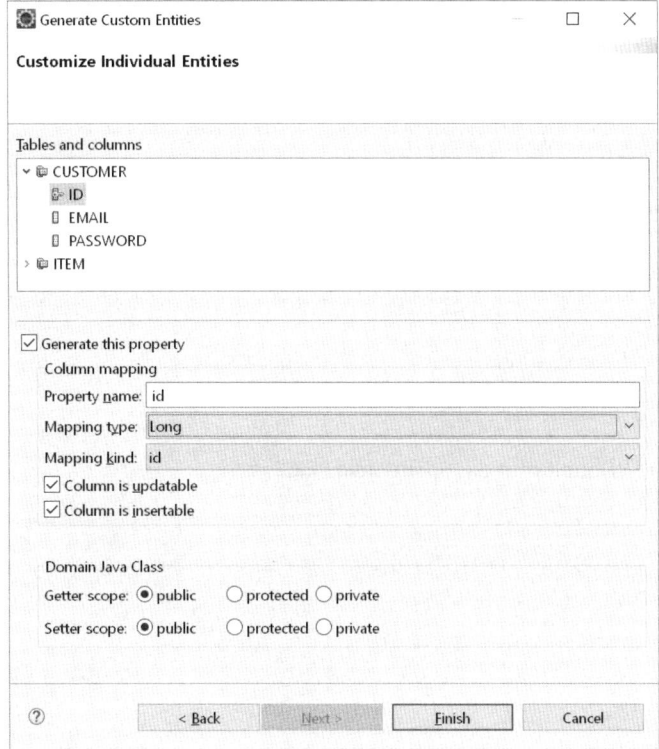

Abbildung 8.40 Die individuelle Konfiguration jeder einzelnen Entity

Ändern Sie auch den MAPPING TYPE der ID der Tabelle ITEM in Long.

Darüber hinaus müssen wir nun einige Datentypen der Properties anpassen. Für das Spaltenfeld PRICE der Tabelle ITEM werden wir den MAPPING TYPE auf Double setzen, damit die resultierenden Entities wie die JavaBeans aus dem letzten Kapitel erstellt werden (siehe Abbildung 8.41).

Den Datentyp des Attributs SOLD setzen Sie auf java.time.LocalDateTime. Leider lässt sich dieser Datentyp der Java SE 8-Date-Time-API bei meiner Eclipse-Version (Eclipse Oxygen.2 Release 4.7.2) nicht setzen. Deshalb selektiere ich bei mir java.util.Date (Abbildung 8.42). Die Änderung in java.time.LocalDateTime werde ich bei mir manuell nachholen.

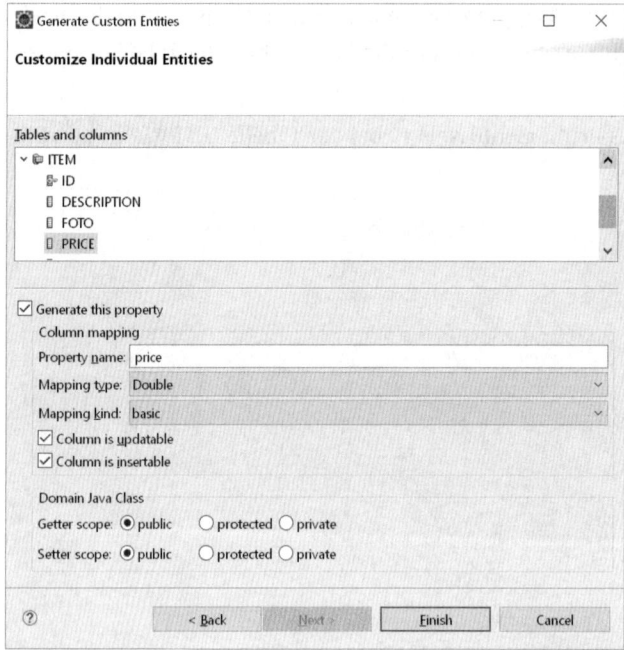

Abbildung 8.41 Der »Mapping type« »Double« für das Spaltenfeld PRICE

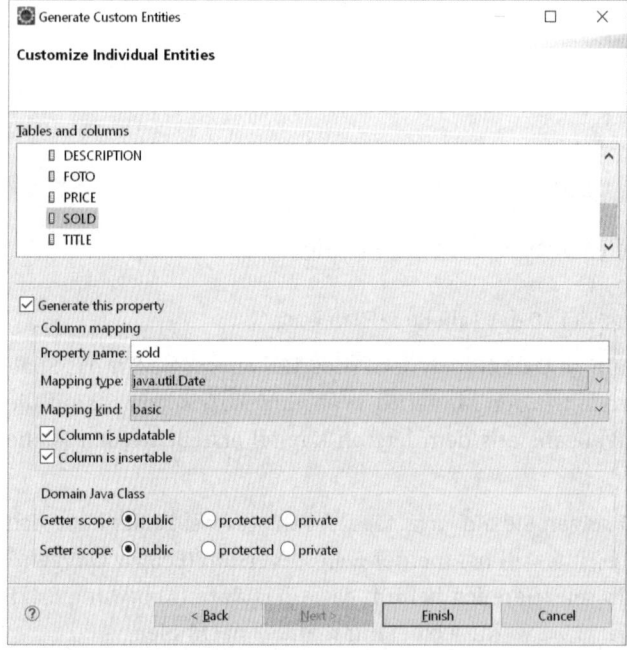

Abbildung 8.42 Der »Mapping type« »java.util.Date« für das Attribut »sold«

Wenn Sie im Fenster des JPA-Wizards auf FINISH klicken, sollten die JPA-Entities Customer.java und Item.java erzeugt werden. Zur Übersicht habe ich den Quelltext der Klassen ausgedruckt.

```java
package de.java2enterprise.onlineshop.model;

import java.io.Serializable;
import javax.persistence.*;
import java.util.Set;

/**
 * The persistent class for the CUSTOMER database table.
 *
 */
@Entity
@NamedQuery(name="Customer.findAll", query="SELECT c FROM Customer c")
public class Customer implements Serializable {
    private static final long serialVersionUID = 1L;

    @Id
    @SequenceGenerator(name="CUSTOMER_ID_GENERATOR", sequenceName="SEQ_CUSTOMER")
    @GeneratedValue(strategy=GenerationType.SEQUENCE, generator="CUSTOMER_ID_
    GENERATOR")
    private Long id;

    private String email;

    private String password;

    //bi-directional many-to-one association to Item
    @OneToMany(mappedBy="seller")
    private Set<Item> offers;

    //bi-directional many-to-one association to Item
    @OneToMany(mappedBy="buyer")
    private Set<Item> purchases;

    public Customer() {
    }

    public Long getId() {
        return this.id;
    }
```

```java
public void setId(Long id) {
    this.id = id;
}

public String getEmail() {
    return this.email;
}

public void setEmail(String email) {
    this.email = email;
}

public String getPassword() {
    return this.password;
}

public void setPassword(String password) {
    this.password = password;
}

public Set<Item> getOffers() {
    return this.offers;
}

public void setOffers(Set<Item> offers) {
    this.offers = offers;
}

public Item addOffer(Item offer) {
    getOffers().add(offer);
    offer.setSeller(this);

    return offer;
}

public Item removeOffer(Item offer) {
    getOffers().remove(offer);
    offer.setSeller(null);

    return offer;
}
```

```java
    public Set<Item> getPurchases() {
        return this.purchases;
    }

    public void setPurchases(Set<Item> purchases) {
        this.purchases = purchases;
    }

    public Item addPurchas(Item purchas) {
        getPurchases().add(purchas);
        purchas.setBuyer(this);

        return purchas;
    }

    public Item removePurchas(Item purchas) {
        getPurchases().remove(purchas);
        purchas.setBuyer(null);

        return purchas;
    }

}
```

Listing 8.98 Die erzeugte Klasse »Customer.java«

Hinweis

Bei der Klasse Item habe ich die Umwandlung von java.util.Date in java.time.Local-DateTime manuell nachgepflegt. Ihre Eclipse IDE ist hierbei hoffentlich auf einem aktuelleren Stand.

```java
package de.java2enterprise.onlineshop.model;

import java.io.Serializable;
import java.time.LocalDateTime;

import javax.persistence.Basic;
import javax.persistence.Entity;
import javax.persistence.FetchType;
import javax.persistence.GeneratedValue;
import javax.persistence.GenerationType;
import javax.persistence.Id;
```

```java
import javax.persistence.Lob;
import javax.persistence.ManyToOne;
import javax.persistence.NamedQuery;
import javax.persistence.SequenceGenerator;
import javax.persistence.Table;

/**
 * The persistent class for the ITEM database table.
 *
 */
@Entity
@Table(
        schema = "ONLINESHOP",
        name = "ITEM"
)
@NamedQuery(
        name = "Item.findAll",
        query = "SELECT i FROM Item i"
)
public class Item implements Serializable {
    private static final long serialVersionUID = 1L;

    @Id
    @SequenceGenerator(
            name = "ITEM_ID_GENERATOR",
            sequenceName = "SEQ_ITEM",
            schema = "ONLINESHOP",
            allocationSize = 1,
            initialValue = 1
    )
    @GeneratedValue(
            strategy = GenerationType.SEQUENCE,
            generator = "ITEM_ID_GENERATOR"
    )
    private Long id;

    private String description;

    @Basic(fetch = FetchType.LAZY)
    @Lob
    private byte[] foto;

    private Double price;
```

```java
private LocalDateTime sold;

private String title;

// bi-directional many-to-one association to Customer
@ManyToOne
private Customer seller;

// bi-directional many-to-one association to Customer
@ManyToOne
private Customer buyer;

public Item() {
}

public Long getId() {
    return this.id;
}

public void setId(
        Long id
) {
    this.id = id;
}

public String getDescription() {
    return this.description;
}

public void setDescription(
        String description
) {
    this.description = description;
}

public byte[] getFoto() {
    return this.foto;
}

public void setFoto(
        byte[] foto
) {
```

```java
            this.foto = foto;
    }

    public Double getPrice() {
        return this.price;
    }

    public void setPrice(
            Double price
    ) {
        this.price = price;
    }

    public LocalDateTime getSold() {
        return this.sold;
    }

    public void setSold(
            LocalDateTime sold
    ) {
        this.sold = sold;
    }

    public String getTitle() {
        return this.title;
    }

    public void setTitle(
            String title
    ) {
        this.title = title;
    }

    public Customer getSeller() {
        return this.seller;
    }

    public void setSeller(
            Customer seller
    ) {
        this.seller = seller;
    }
```

```
public Customer getBuyer() {
    return this.buyer;
}

public void setBuyer(
        Customer buyer
) {
    this.buyer = buyer;
}

}
```

Listing 8.99 Die erzeugte Klasse »Item.java«

Beachten Sie, dass Eclipse eine JPQL-Abfrage mit dem Namen `"Customer.findAll"` mit der Annotation `@NamedQuery` automatisch hinzugefügt hat. Diese werden wir im Moment noch ignorieren, da ich auf JPQL erst in einem späteren Abschnitt eingehen werde.

8.9.3   Den erzeugten Quelltext nachbessern

Leider müssen wir bei den erzeugten JPA-Entities noch etwas nachbessern. Zum Beispiel müssen wir für den Onlineshop:

▶ das Schema für die Datenbanktabellen hinzufügen

▶ den Sequenzgenerator anpassen

▶ große Attributwerte behandeln

▶ Zeitpunkttypen festlegen

▶ Korrekturen durchführen

▶ die Methoden `hashCode()`, `equals()` und `toString()` hinzufügen

Beachten Sie, dass in Ihrem Projekt vielleicht andere Anpassungen erforderlich sind.

Das Schema für die Datenbanktabellen hinzufügen

Bei den Angaben der Tabellennamen müssen wir dafür sorgen, dass der Schema-Bezeichner `ONLINESHOP` verwendet wird, denn aus Sicherheitsgründen hatten wir die Tabellen unter dem Schema `ONLINESHOP` angelegt und den Datenbankzugriff mithilfe eines zweiten Schemas `ONLINESHOP_USER` hiervon separiert.

```
@Entity
@Table(
        schema = "ONLINESHOP",
        name = "CUSTOMER"
)
```

Listing 8.100 Customer.java

Das Gleiche gilt für den Primärschlüsselgenerator. Auch er wurde datenbankseitig sicherheitshalber unter dem Schema ONLINESHOP erzeugt, was nun bei der Annotation @SequenceGenerator mit dem Schema schema vermerkt werden muss:

```
@Id
@SequenceGenerator(
        name = "CUSTOMER_ID_GENERATOR",
        sequenceName = "SEQ_CUSTOMER",
        schema = "ONLINESHOP"
)
```

Listing 8.101 Customer.java

Bei der Klasse Item sind die gleichen Änderungen vorzunehmen:

```
@Entity
@Table(
        schema = "ONLINESHOP",
        name = "ITEM"
)
@NamedQuery(
        name = "Item.findAll",
        query = "SELECT i FROM Item i"
)
public class Item implements Serializable {
    private static final long serialVersionUID = 1L;

    @Id
    @SequenceGenerator(
            name = "ITEM_ID_GENERATOR",
            sequenceName = "SEQ_ITEM",
            schema = "ONLINESHOP"
    )
```

Listing 8.102 Item.java

Den Sequenzgenerator anpassen

Beim Sequenzgenerator fehlen die Attributwerte `allocationSize` und `initialValue`. Setzen Sie beide Werte auf 1, denn hierdurch legen Sie den initialen Wert und die Schrittweite fest.

```
@SequenceGenerator(
        name = "CUSTOMER_ID_GENERATOR",
        sequenceName = "SEQ_CUSTOMER",
        schema = "ONLINESHOP",
        allocationSize = 1,
        initialValue = 1
)
```

Listing 8.103 Customer.java

```
@SequenceGenerator(
        name = "ITEM_ID_GENERATOR",
        sequenceName = "SEQ_ITEM",
        schema = "ONLINESHOP",
        allocationSize = 1,
        initialValue = 1
)
```

Listing 8.104 Item.java

Große Attributwerte behandeln

In Kapitel 1, »Überblick«, habe ich bereits angemerkt, dass ein Datensatz einer Datenbanktabelle sehr große Binärwerte enthalten kann und dass eine JPA-Entity, die als Gegenstück zu einem solchen Datensatz erzeugt wird, den Arbeitsspeicher zum Überlauf bringen kann. Es habe auch gesagt, dass Sie gegebenenfalls eine zusätzliche DTO-Schicht in Erwägung ziehen müssen. (DTO steht für *Data Transfer Objects*.) Mithilfe eines DTO hat der Entwickler die Größe der übertragenen Daten im Griff. Eine zusätzliche DTO-Schicht ist aber nicht immer empfehlenswert, weil die Wartung der zusätzlichen Schicht aufwendig und die Übertragung der Daten zwischen JPA-Entity und DTO kostspielig ist. Eine weitere Lösung besteht darin, den großen Wert erst dann zu beschaffen, wenn er tatsächlich gebraucht wird. Man spricht hierbei vom *Lazy Fetching*. In unserem Beispielprogramm werden wir das Lazy Fetching einsetzen, indem wir das Attribut `foto` mit dem Fetching-Typ `LAZY` versehen.

```
@Basic(fetch=FetchType.LAZY)
@Lob
private byte[] foto;
...
```

Listing 8.105 Item.java

Beachten Sie, dass die JPA einen Wert nur dann automatisiert in die JPA-Entity setzen kann, wenn es im sogenannten MANAGED-Zustand ist.

Zeitpunkttypen festlegen

Beim ORM-Reverse-Engineering meiner Eclipse IDE (Eclipse Oxygen.2 Release 4.7.2) wurde aus dem Datenbankfeld SOLD folgendes Attribut erzeugt.

```
@Temporal(TemporalType.TIMESTAMP)
private Date sold;
```

Listing 8.106 Die Erzeugung des Attributs »sold« beim ORM-Reverse-Engineering

Weiter oben habe ich aber bereits angemerkt, dass Sie bei einer Java EE 8-Anwendung die Klasse java.util.Date nicht mehr verwenden sollten. Je nach ANSI-SQL-Datentyp sollten Sie stattdessen java.time.LocalDate, java.time.LocalTime oder java.time.LocalDateTime einsetzen.

Deshalb entfernen Sie die Annotation und ändern den Datentyp der Objektvariablen sold in java.time.LocalDateTime um.

```
private LocalDateTime sold;
```

...

```
    public LocalDateTime getSold() {
        return this.sold;
    }

    public void setSold(LocalDateTime sold) {
        this.sold = sold;
    }
```

Listing 8.107 Der Datentyp »LocalDateTime« bei dem Attribut »sold«

Korrekturen durchführen

Bei der Erstellung der Methoden addPurchase() und removePurchase() hat der Wizard die »e« vergessen. Es mag als spitzfindig ausgelegt werden. Aber wenn Sie Ihre Anwendung einem Kunden zur Prüfung vorlegen, werden automatisierte Codevalidierer eingesetzt. Und die schauen je nach Konfiguration über solche Kleinigkeiten nicht hinweg.

```
    public Item addPurchase (Item purchase) {
        getPurchases().add(purchase);
        purchase.setBuyer(this);
```

```
        return purchase;
    }

    public Item removePurchase(Item purchase) {
        getPurchases().remove(purchase);
        purchase.setBuyer(null);

        return purchase;
    }
```

Listing 8.108 Rechtschreibfehler

Eclipse greift im automatisierten Code auf die assoziierten Collection-Attribute zu, ohne sicherzustellen, dass die Objektvariable initialisiert ist:

```
...
public Item addOffer(Item offer) {
    getOffers().add(offer);
    offer.setSeller(this);

    return offer;
}

public Item addPurchase(Item purchase) {
    getPurchases().add(purchase);
    purchase.setBuyer(this);
    return purchase;
}
...
```

Listing 8.109 Customer.java

Wenn die Datenbanktabelle beim ersten Zugriff noch leer ist, wird die Methode add() auf einer noch nicht initialisierten Objektvariablen ausgeführt (Dieser Fehler erscheint erst zur Laufzeit). Deshalb müssen wir die Methode manuell korrigieren:

```
public Item addOffer(Item offer) {
    Set<Item> offers = getOffers();
    if(offers == null) {
        offers = new HashSet<Item>();
    }
    offers.add(offer);
    offer.setSeller(this);
```

```
        return offer;
    }

    public Item addPurchase(Item purchase) {
        Set<Item> purchases = getPurchases();
        if(purchases == null) {
            purchases = new HashSet<Item>();
        }
        purchases.add(purchase);
        purchase.setBuyer(this);
        return purchase;
    }
}
```

Listing 8.110 Customer.java

Die Methoden equals() und hashCode() werden wir sowohl für Customer.java als auch für Item.java erzeugen. Auch die Methode toString() werden wir überschreiben.

8.9.4 Der Quelltext von »Customer.java« und »Item.java«

Listing 8.111 enthält den kompletten Quelltext der Entity Customer, wobei ich die Nachbesserungen hervorgehoben habe:

```
package de.java2enterprise.onlineshop.model;

import java.io.Serializable;
import java.util.HashSet;
import java.util.Set;

import javax.persistence.Entity;
import javax.persistence.GeneratedValue;
import javax.persistence.GenerationType;
import javax.persistence.Id;
import javax.persistence.NamedQuery;
import javax.persistence.OneToMany;
import javax.persistence.SequenceGenerator;
import javax.persistence.Table;

/**
 * The persistent class for the CUSTOMER database table.
 *
 */
@Entity
```

```
@Table(
        schema = "ONLINESHOP",
        name = "CUSTOMER"
)
@NamedQuery(
        name = "Customer.findAll",
        query = "SELECT c FROM Customer c"
)
public class Customer implements Serializable {
    private static final long serialVersionUID = 1L;

    @Id
    @SequenceGenerator(
            name = "CUSTOMER_ID_GENERATOR",
            sequenceName = "SEQ_CUSTOMER",
            schema = "ONLINESHOP",
            allocationSize = 1,
            initialValue = 1
    )
    @GeneratedValue(
            strategy = GenerationType.SEQUENCE,
            generator = "CUSTOMER_ID_GENERATOR"
    )
    private Long id;

    private String email;

    private String password;

    // bi-directional many-to-one association to Item
    @OneToMany(
            mappedBy = "seller"
    )
    private Set<Item> offers;

    // bi-directional many-to-one association to Item
    @OneToMany(
            mappedBy = "buyer"
    )
    private Set<Item> purchases;

    public Customer() {
    }
```

```java
public Long getId() {
    return this.id;
}

public void setId(
        Long id
) {
    this.id = id;
}

public String getEmail() {
    return this.email;
}

public void setEmail(
        String email
) {
    this.email = email;
}

public String getPassword() {
    return this.password;
}

public void setPassword(
        String password
) {
    this.password = password;
}

public Set<Item> getOffers() {
    return this.offers;
}

public void setOffers(
        Set<Item> offers
) {
    this.offers = offers;
}

public Item addOffer(
        Item offer
) {
```

```
    Set<Item> offers = getOffers();
    if (               offers == null
    ) {
        offers = new HashSet<Item>();
    }
    offers.add(
            offer
    );
    offer.setSeller(
            this
    );

    return offer;
}

public Set<Item> getPurchases() {
    return this.purchases;
}

public void setPurchases(
        Set<Item> purchases
) {
    this.purchases = purchases;
}

public Item addPurchase(
        Item purchase
) {
    Set<Item> purchases = getPurchases();
    if (
        purchases == null
    ) {
        purchases = new HashSet<Item>();
    }
    purchases.add(
            purchase
    );
    purchase.setBuyer(
            this
    );
    return purchase;
}
```

```java
    public Item removePurchase(
            Item purchase
    ) {
        getPurchases().remove(
                purchase
        );
        purchase.setBuyer(
                null
        );

        return purchase;
    }

    @Override
    public int hashCode() {
        final int prime = 31;
        int result = 1;
        result = prime * result
                + ((id == null) ? 0
                        : id.hashCode());
        return result;
    }

    @Override
    public boolean equals(
            Object obj
    ) {
        if (
            this == obj
        ) {
            return true;
        }
        if (
            obj == null
        ) {
            return false;
        }
        if (
            !(obj instanceof Customer)
        ) {
            return false;
        }
        Customer other = (Customer) obj;
```

```
    if (
        id == null
    ) {
        if (
            other.id != null
        ) {
            return false;
        }
    } else if (
        !id.equals(
                other.id
        )
    ) {
        return false;
    }
    return true;
}


@Override
public String toString() {
    return "Customer [id=" + id + ", email=" + email
            + ", password=" + password + ", offers="
            + offers + ", purchases=" + purchases + "]";
}


}
```

Listing 8.111 Customer.java

Auch die Klasse Item.java bilde ich komplett ab, um alle Nachbesserungen aufzuzeigen:

```
package de.java2enterprise.onlineshop.model;

import java.io.Serializable;
import java.time.LocalDateTime;

import javax.persistence.Basic;
import javax.persistence.Entity;
import javax.persistence.FetchType;
import javax.persistence.GeneratedValue;
import javax.persistence.GenerationType;
import javax.persistence.Id;
import javax.persistence.Lob;
import javax.persistence.ManyToOne;
```

```java
import javax.persistence.NamedQuery;
import javax.persistence.SequenceGenerator;
import javax.persistence.Table;

/**
 * The persistent class for the ITEM database table.
 *
 */
@Entity
@Table(
        schema = "ONLINESHOP",
        name = "ITEM"
)
@NamedQuery(
        name = "Item.findAll",
        query = "SELECT i FROM Item i"
)
public class Item implements Serializable {
    private static final long serialVersionUID = 1L;

    @Id
    @SequenceGenerator(
            name = "ITEM_ID_GENERATOR",
            sequenceName = "SEQ_ITEM",
            schema = "ONLINESHOP",
            allocationSize = 1,
            initialValue = 1
    )
    @GeneratedValue(
            strategy = GenerationType.SEQUENCE,
            generator = "ITEM_ID_GENERATOR"
    )
    private Long id;

    private String description;

    @Basic(fetch = FetchType.LAZY)
    @Lob
    private byte[] foto;

    private Double price;

    private LocalDateTime sold;
```

```java
private String title;

// bi-directional many-to-one association to Customer
@ManyToOne
private Customer seller;

// bi-directional many-to-one association to Customer
@ManyToOne
private Customer buyer;

public Item() {
}

public Long getId() {
    return this.id;
}

public void setId(
        Long id
) {
    this.id = id;
}

public String getDescription() {
    return this.description;
}

public void setDescription(
        String description
) {
    this.description = description;
}

public byte[] getFoto() {
    return this.foto;
}

public void setFoto(
        byte[] foto
) {
    this.foto = foto;
}
```

8

```java
public Double getPrice() {
    return this.price;
}

public void setPrice(
        Double price
) {
    this.price = price;
}

public LocalDateTime getSold() {
    return this.sold;
}

public void setSold(
        LocalDateTime sold
) {
    this.sold = sold;
}

public String getTitle() {
    return this.title;
}

public void setTitle(
        String title
) {
    this.title = title;
}

public Customer getSeller() {
    return this.seller;
}

public void setSeller(
        Customer seller
) {
    this.seller = seller;
}

public Customer getBuyer() {
    return this.buyer;
}
```

```
public void setBuyer(
        Customer buyer
) {
    this.buyer = buyer;
}


}
```

Listing 8.112 Item.java

8.9.5   Die Klasse »RegisterServlet.java«

In der Klasse RegisterServlet werden wir die Datenbankzugriffe über die JPA verwirklichen. Hierfür benötigen wir einen EntityManager, den wir uns mithilfe der Annotation @PersistenceContext beschaffen. Danach erzeugen wir eine Instanz der JPA-Entity Customer. Die Persistierung erfolgt über die Methode persist().

```
package de.java2enterprise.onlineshop;

import java.io.IOException;

import javax.annotation.Resource;
import javax.persistence.EntityManager;
import javax.persistence.PersistenceContext;
import javax.servlet.RequestDispatcher;
import javax.servlet.ServletException;
import javax.servlet.annotation.WebServlet;
import javax.servlet.http.HttpServlet;
import javax.servlet.http.HttpServletRequest;
import javax.servlet.http.HttpServletResponse;
import javax.transaction.UserTransaction;

import de.java2enterprise.onlineshop.model.Customer;

@WebServlet("/register")
public class RegisterServlet extends HttpServlet {
    private static final long serialVersionUID = 1L;

    @PersistenceContext
    private EntityManager em;

    @Resource
    private UserTransaction ut;
```

```
protected void doPost(
        HttpServletRequest request,
        HttpServletResponse response
)

        throws ServletException, IOException {

    response.setContentType(
            "text/html;charset=UTF-8"
    );

    String email = request.getParameter("email");
    String password = request.getParameter("password");

    Customer customer = new Customer();
    customer.setEmail(email);
    customer.setPassword(password);

    try {
        ut.begin();
        em.persist(customer);
        ut.commit();

        if (customer.getId() != null) {
            request.setAttribute(
                    "message",
                    "Die Registrierung war erfolgreich!"
                            + customer
            );
        } else {
            request.getSession().setAttribute(
                    "customer",
                    customer
            );
            request.setAttribute(
                    "message",
                    "Die Registrierung war erfolglos!"
            );
        }

    } catch (Exception e) {
        request.setAttribute(
                "message",
```

```
                e.getMessage()
        );
    }

    RequestDispatcher dispatcher = request
            .getRequestDispatcher("index.jsp");
    dispatcher.forward(
            request,
            response
        );
    }
}
```

Listing 8.113 RegisterServlet.java

8.10   JPQL Grundlagen

Mit JPQL (die Abkürzung für die *Java Persistence Query Language*) spezifizieren Sie die Anweisungen für den Datenzugriff auf eine SQL-ähnliche Weise.

Es gibt drei Arten von JPQL Anweisungen:

▶ Abfragen (SELECT)

▶ Änderungen (UPDATE)

▶ Löschungen (DELETE)

Vielleicht ist Ihnen aufgefallen, dass in dieser Auflistung das Hinzufügen von Datensätzen (INSERT) nicht enthalten ist, denn hierfür bleiben nach wie vor die Methoden persist() und merge() die richtigen Werkzeuge. JPQL ist also kein gangbarer Weg, Datenbanktabellen mit neuen Datensätzen anzureichern.

Eigentlich wird JPQL meistens sogar nur für Abfragen (SELECT) und kaum für Änderungen (UPDATE) oder Löschungen (DELETE) verwendet. Es gibt aber ein Tätigkeitsfeld für die Verwendung von JPQL mit UPDATE und DELETE, und das sind Änderungen und Löschungen von Massendaten. Darauf werde ich in diesem Kapitel später noch zu sprechen kommen.

Die maßgebliche Nutzung von JPQL liegt also in der Formulierung von Abfragen mit SELECT. In den bisherigen Beispielen hatten wir Abfragen stets mit der Methode find() oder der Methode getReference() der Klasse EntityManager programmiert. Diese Methoden weisen jedoch einen großen Nachteil auf, denn sie setzen voraus, dass man den Primärschlüssel der Entity bereits kennt. Dies ist in vielen Situationen aber gar nicht der Fall. Aus diesem Grund programmiert man stattdessen meistens mit JPQL.

Der folgende Kasten zeigt die Syntax einer ganz einfachen JPQL-Abfrage:

Syntax einer einfachen JPQL-Abfrage
SELECT
Identifikationsvariable.Attribut
FROM
Entity AS Identifikationsvariable

Viele der in diesem Abschnitt gezeigten JPQL-Anweisungen werden Ihnen aus dem Standard von ANSI SQL bekannt vorkommen. Was beispielsweise mit SQL auf diese Weise ausgedrückt wird:

```
SELECT C.* FROM CUSTOMER C
```

Listing 8.114 SQL

schreiben Sie mit JPQL (in einer älteren, ausformulierten Schreibweise) auf diese Art:

```
SELECT Object(c) FROM Customer AS c
```

Listing 8.115 JPQL

Beachten Sie in der obigen Abfrage, dass der Bezeichner Customer hinter dem Schlüsselwort FROM nicht dem Tabellennamen CUSTOMER, sondern dem Bezeichner der Klasse Customer.java entsprechen muss, wobei die Groß- und Kleinschreibweise nicht vom Klassenbezeichner abweichen darf.

Mit JPQL können wir also Abfragen wie mit SQL programmieren, nur dass sich JPQL nicht auf Datenbanktabellen und Spaltenfelder bezieht, sondern auf Entities und deren Attribute.

Auf die Syntax mit Object() und AS können Sie verzichten. Somit ist die folgende Schreibweise gleichwertig mit der oben gezeigten:

```
SELECT c FROM Customer c
```

Auch den ersten Teil, SELECT c, können Sie im oben gezeigten Fall weglassen. Denn wenn der SELECT-Ausdruck fehlt, geht JPQL davon aus, dass die gesamte Domäne als Ergebnismenge geliefert werden soll. Die folgende Abfrage ist also mit der obigen gleichwertig:

```
FROM Customer c
```

Beachten Sie, dass der Alias hinter dem Domänennamen (im Beispiel mit dem Bezeichner c) zwingend erforderlich ist.

8.10.1   Eine Query erzeugen

Die JPQL-Abfrage setzen wir als Parameter in die Methode createQuery() der Klasse Entity-Manager ein, denn hierdurch erhalten wir ein Objekt der Klasse Query:

```
Query query = em.createQuery("FROM Customer c");
```

Listing 8.116 Eine Query erzeugen

Ein Nachteil von JPQL ist, dass die Abfrage als Zeichenkette im Quelltext vorliegt. Weil die Abfrage erst zur Laufzeit validiert wird, fallen Schreibfehler vorher leider nicht automatisch auf. Um Rechtschreibfehler zu vermeiden und bereits zur Kompilierzeit eine Error-Meldung zu erhalten, ist es nützlich, den String des Entity-Namens dynamisch erzeugen zu lassen. Im folgenden Beispiel wird der Name der Klasse Customer erzeugt und mit der restlichen Zeichenkette verknüpft:

```
Query query = em.createQuery("FROM " + Customer.class.getSimpleName() + " c");
...
```

Listing 8.117 Klassenname dynamisch erzeugen

8.10.2   Eine Ergebnismenge besorgen

Die Klasse Query bietet eine Methode namens getResultList() an, die die Ergebnismenge als Collection des Typs java.util.List zurückgibt. Das folgende Beispiel würde alle Kunden des Onlineshops von der Datenbank holen. In der darauffolgenden Schleife werden beispielhaft die Kunden hintereinander ausgegeben:

```
Query query =
    em.createQuery(
    "FROM " +
    Customer.class.getSimpleName() + " c");
@SuppressWarnings("unchecked")
List<Customer> customers = query.getResultList();

final Logger logger = Logger.getLogger("Main");
for (Customer customer : customers) {
logger.log(
    Level.INFO,
    customer.toString());
}
```

Listing 8.118 Ausgabe der Kunden

8.10.3   Typisierte Ergebnismengen

Beim letzten Beispiel mussten wir @SuppressWarnings("unchecked") setzen, weil die Ergebnismenge der Methode getResultList() aus einer Liste von Objekten besteht. JPQL-Abfragen können Sie aber auch mit typisierten Ergebnismengen erstellen, wodurch die Annotation für die "unchecked"-Warnung entfallen kann. Zu diesem Zweck können Sie die Methode createQuery() mit einem zweiten Parameter aufrufen, der den Typ der resultierenden Klasse anzeigt. Die typisierte Abfrage wird als Objekt der Klasse TypedQuery zurückgegeben.

Im folgenden Beispiel wird wieder die Validierung des Kunden programmiert. Allerdings ist diesmal kein Casting mehr vonnöten.

```
TypedQuery<Customer> query =
    em.createQuery(
    "FROM " +
    Customer.class.getSimpleName() + " c",
    Customer.class);
List<Customer> customers = query.getResultList();
final Logger logger = Logger.getLogger(
    CustomerController.class.getName());
for (Customer customer : customers) {
    logger.log(
        Level.INFO,
        customer.toString());
}
```

Listing 8.119 Die typisierte Ergebnismenge

8.10.4   Parameter setzen

Ähnlich wie bei einem PreparedStatement können Sie auch bei einer JPQL-Abfrage Parameter setzen. Dabei fügen Sie für den Parameter zunächst einen Platzhalter in die Abfrage ein. So ähnlich wie bei einem PreparedStatement stehen als Platzhalter zwei verschiedene Möglichkeiten zur Verfügung, nämlich Positionsparameter und benannte Parameter.

Positionsparameter (positional parameter)

Bei einem Positionsparameter wird die Nummer der Position mit einem vorangestellten Fragezeichen, stellvertretend für den Wert, in die Abfrage gesetzt:

```
TypedQuery<Customer> query =
  em.createQuery(
  "FROM " +
  Customer.class.getSimpleName() + " c " +
```

```
"WHERE c.email = ?1 " +
"AND c.password = ?2",
Customer.class);
```

Listing 8.120 Positionsparameter

Danach erhalten die Positionsparameter mit der Methode `setParameter()` einen Wert:

```
query.setParameter(1, "j@java2enterprise.de");
query.setParameter(2, "Taxi_123");
```

Benannte Parameter (named parameter)

Neben den Positionsparametern können Sie als Platzhalter benannte Parameter einsetzen. Diese sind in der Praxis auch weitaus verbreiteter als die Positionsparameter, weil sie zu einem besser lesbaren Quelltext führen.

Benannte Parameter erhalten einen Variablennamen, dem Sie einen Doppelpunkt voranstellen. Anschließend können Sie wieder mithilfe der Methode `setParameter()` der Klasse `Query` die Parametervariable mit einem Wert füllen. Im folgenden Beispiel realisieren wir auf diese Weise eine Validierungsmethode:

```
TypedQuery<Customer> query =
    em.createQuery(
    "FROM " +
    Customer.class.getSimpleName() + " c " +
    + "WHERE c.email = :email "
    + "AND c.password = :password",
    Customer.class
);
query.setParameter("email", email);
query.setParameter("password", password);
```

Listing 8.121 Benannte Parameter

8.10.5   Einzelne Attribute abfragen

In unseren bisherigen JPQL-Abfragen haben wir uns die komplette Instanz einer JPA-Entity beschafft. Es lassen sich aber auch einzelne Attribute zurückgeben.

Im folgenden Beispiel erfragen wir die E-Mail-Adressen aller vorhandenen Benutzer.

```
Query query =
    em.createQuery(
    "SELECT c.email FROM " +
    Customer.class.getSimpleName() + " c ");
```

```
                    @SuppressWarnings("unchecked")
                    List<String> emails = query.getResultList();
```

Listing 8.122 Die Abfrage aller E-Mail-Adressen

In Listing 8.122 erfragen wir die E-Mail-Adressen der Klasse `Customer`. Dann rufen wir beim Query-Objekt die Methode `getResultList()` auf. Dabei erhalten wir eine Liste von Objekten des Typs `java.lang.String`, weil es sich beim Datentyp des Attributs `email` um einen `java.lang.String` handelt. Das heißt, dass die Ergebnismenge von den Datentypen der Attribute abhängt. Bei anderen Datentypen würden die Objekte in der Liste eventuell ganz andere Datentypen aufweisen. Zum Beispiel würde bei der Abfrage der JPA-Entity `Item.java` das Attribut `price` als Objekt des Typs `java.lang.Double` zurückgegeben.

```
                    Query query =
                        em.createQuery(
                        "SELECT i.price FROM " +
                        Item.class.getSimpleName() + " i ");

                    @SuppressWarnings("unchecked")
                    List<Double> prices = query.getResultList();
```

Listing 8.123 Die Abfrage der Preise

Hinweis

Beachten Sie hierbei, dass es sich bei den Rückgabewerten um unverwaltete `Entity`-Objekte handelt. Eine Änderung eines Artikelpreises hätte somit keine Auswirkung auf die persistierte Datenbankzeile.

8.10.6   Mehrere Attribute abfragen

Wenn Sie mehr als ein Feld abfragen, bekommen Sie als Rückgabewert eine Liste von Objekt-Arrays zurück, wobei jedes einzelne Feld des Arrays auch hier wieder durch den Datentyp des Entity-Attributs charakterisiert ist.

```
Query query =
    em.createQuery(
    "SELECT i.title, i.price "
    + "FROM Item i ");
List<Object[]> rows = query.getResultList();
```

Listing 8.124 Die Abfrage von mehreren Attributen

Duplikate unterdrücken

Genau wie bei SQL lassen sich auch bei JPQL Duplikate mit dem Schlüsselwort `DISTINCT` unterdrücken:

```java
Query query =
    em.createQuery(
        "SELECT DISTINCT(c.password) "
        + "FROM Customer c "
    );
```

Listing 8.125 Main.java

8

Die Ergebnismenge filtern

Wie bei einer SQL-Abfrage können Sie die Ergebnismenge mit einer `WHERE`-Bedingung filtern. Üblicherweise werden hierbei die Werte der Attribute mit anderen Werten verglichen. Die Gegenüberstellung findet mithilfe der Vergleichsoperatoren aus Tabelle 8.1 statt.

Vergleichsoperatoren	Der Wert des Attributs …	SELECT i FROM Item WHERE …
=	ist gleich einem Wert	i.price = 19.90
<	ist kleiner als ein Wert	i.price < 19.90
>	ist größer als ein Wert	i.price > 19.90
<=	ist kleiner oder gleich einem Wert	i.price <= 19.90
>=	ist größer oder gleich einem Wert	i.price >= 19.90
<>	ist ungleich einem Wert	i.price <> 19.90

Tabelle 8.1 Die Vergleichsoperatoren der JPQL

Wenn die Vergleichswerte aus Zeichenketten oder Zeit-/Datumsangaben bestehen, müssen Sie sie genauso wie in SQL-Abfragen in Hochkommata setzen. Zahlen und Wahrheitswerte (`TRUE` oder `FALSE`) werden ohne Hochkommata gesetzt.

Im folgenden Beispiel besorgen wir uns den Kunden mit der E-Mail-Adresse `'j@java2enterprise.de'`:

```java
Query query =
        em.createQuery(
        "SELECT c "
        + "FROM Customer c "
        + "WHERE c.email = 'j@java2enterprise.de'");
```

Listing 8.126 Main.java

Mehrere Bedingungen verketten Sie mit AND:

```
Query query =
        em.createQuery(
        "SELECT c "
        + "FROM Customer c "
        + "WHERE c.email = 'j@java2enterprise.de' "
        + "AND c.password = 'Taxi_123'");
```

Listing 8.127 Main.java

Komplexere Abfragen sind durch die Kombination von AND, OR und zusätzlich mit Klammern möglich:

```
Query query =
        em.createQuery(
        "SELECT c "
        + "FROM Customer c "
        + "WHERE (c.email = 'j@java2enterprise.de') "
        + "AND (c.password = 'Taxi_123' "
        + "OR c.email = 'Taxi_456')"
        );
```

Listing 8.128 Main.java

Sortieren

Die Sortierung der Ergebnismenge erfolgt analog zur SQL-Syntax, indem Sie hinter der Abfrage eine ORDER BY-Klausel hinzufügen:

```
Query query =
        em.createQuery(
            "SELECT c "
            + "FROM Customer c "
            + "ORDER BY c.email)"
        );
```

Listing 8.129 Main.java

Auch bei JPQL wird per Default aufsteigend (ASC) und über das zusätzliche Anfügen von DESC absteigend geordnet:

```
Query query =
        em.createQuery(
            "SELECT c "
```

```
         + "FROM Customer c "
         + "ORDER BY c.email DESC)"
     );
```

Listing 8.130 Main.java

8.11   Programmierbeispiel: das Einloggen im Webprojekt

In einem Programmierbeispiel werden wir das Erlernte üben. Hierfür programmieren Sie die
Komponente SigninServlet. Im SigninServlet sollen die Parameter email und password vom
HTTP-Request entgegengenommen und für eine Datenabfrage verwendet werden. Mithilfe
der Datenbankabfrage soll in der Tabelle CUSTOMER die Zeile mit den entsprechenden Einträgen gefunden werden. Wenn die Abfrage nicht leer ist, wird sie eine Instanz der Klasse Customer zurückliefern, die in diesem Fall in der aktuellen HttpSession gespeichert wird.

```
package de.java2enterprise.onlineshop;

import java.io.IOException;

import javax.annotation.Resource;
import javax.persistence.EntityManager;
import javax.persistence.PersistenceContext;
import javax.persistence.TypedQuery;
import javax.servlet.RequestDispatcher;
import javax.servlet.ServletException;
import javax.servlet.annotation.WebServlet;
import javax.servlet.http.HttpServlet;
import javax.servlet.http.HttpServletRequest;
import javax.servlet.http.HttpServletResponse;
import javax.servlet.http.HttpSession;
import javax.transaction.UserTransaction;

import de.java2enterprise.onlineshop.model.Customer;

@WebServlet("/signin")
public class SigninServlet extends HttpServlet {
    private static final long serialVersionUID = 1L;

    @PersistenceContext
    private EntityManager em;

    @Resource
    private UserTransaction ut;
```

```
    protected void doPost(
        HttpServletRequest request,
        HttpServletResponse response)
                throws ServletException, IOException {
        String email = request.getParameter("email");
        String password = request.getParameter("password");

        HttpSession session = request.getSession();
        try {
            TypedQuery<Customer> query =
                    em.createQuery(
                    "FROM " +
                    Customer.class.getSimpleName() + " c " +
                    "WHERE c.email = ?1 " +
                    "AND c.password = ?2",
                    Customer.class);
            query.setParameter(1, email);
            query.setParameter(2, password);
            Customer customer = query.getSingleResult();

            session.setAttribute("customer", customer);
        } catch (Exception e) {
            session.setAttribute("message", e.getMessage());
        }
        response.setContentType(
                "text/html;charset=UTF-8");

        RequestDispatcher rd = request.getRequestDispatcher("index.jsp");
        rd.forward(request, response);
    }
}
```

Listing 8.131 SigninServlet.java

8.12   JPQL – Vertiefung

In diesem Abschnitt lernen Sie weitere JPA-Techniken. Beispielsweise werde ich zeigen, wie Sie mehrere JPA-Entities verbinden, wie Sie Unterabfragen erstellen und wie Sie über Assoziationsattribute navigieren.

8.12.1   Mehrere JPA-Entities verbinden

Um die Ergebnismenge aus mehreren JPA-Entities zu kombinieren, bietet JPQL ähnliche Möglichkeiten wie ANSI SQL an. Wir werden uns nun mehrere Varianten anschauen.

Beispielhaft sollen in der Datenbank zwei Kunden enthalten sein (Tabelle 8.2).

CUSTOMER		
ID	EMAIL	PASSWORD
1	j@java2enterprise.de	Taxi_123
2	kc@marktware.de	Susi_99

Tabelle 8.2 Die zwei Kunden für das Beispiel

Der Kunde mit der ID=1 wird im Beispiel zwei Artikel anbieten (Tabelle 8.3). Sein erster Artikel wurde vom Kunden mit der ID=2 gekauft.

ITEM							
ID	TITLE	DESCRIPTION	PRICE	FOTO	SELLER_ID	BUYER_ID	TRADED
123	Kirsch-lorbeer	Arten von Prunus I	19.00		1	2	15.01.2014
456	Fargesia Murielae	Garten-bambus	29.00		1		

Tabelle 8.3 Die angebotenen Artikel

Auf Basis dieser zwei Datenbanktabellen werden wir nun verschiedene Abfragen absetzen, um die Unterschiede zwischen den JOIN-Operationen und Unterabfragen zu verdeutlichen.

[INNER] JOIN

In der Praxis verknüpft man Datenbanktabellen meistens, um eine Schnittmenge von zwei JPA-Entities zu erhalten. Für diesen Anwendungsfall wird bei JPQL (genauso wie bei ANSI SQL) typischerweise ein INNER JOIN verwendet.

In Listing 8.132 besorgen wir uns mit SQL alle Spaltenfelder jener Kunden, die einen Artikel angeboten haben:

```
FROM CUSTOMER c
INNER JOIN ITEM I ON C.ID = I.SELLER_ID;
```

Listing 8.132 INNER JOIN (SQL)

Die JPQL-Syntax für einen INNER JOIN erinnert an die Abfrage mit SQL, nur dass nun in der Abfrage keine Primärschlüssel gegenübergestellt werden, sondern stattdessen das Assoziationsattribut offers hinzugenommen wird:

```
SELECT c.*
FROM Customer c
INNER JOIN c.offers i
```

Listing 8.133 INNER JOIN (JPQL)

Aus dem obigen Beispiel wird deutlich, dass ein JOIN zwingend ein Assoziationsattribut erfordert.

Auf den Teil .* können Sie bei JPQL verzichten.

```
SELECT c
FROM Customer c
INNER JOIN c.offers i
```

Listing 8.134 INNER JOIN (JPQL)

Wenn wir in der Ergebnismenge nicht nur die Kunden, sondern auch deren Artikel erhalten möchten, formulieren wir die SQL-Anweisung beispielsweise wie in Listing 8.135:

```
SELECT C.*, I.*
FROM CUSTOMER c
INNER JOIN ITEM I ON C.ID = I.SELLER_ID;
```

Listing 8.135 INNER JOIN (JPQL)

Die SQL-Abfrage wird zwei Zeilen ausgeben. Die erste enthält den Kunden (ID=1) mit Artikel (ID=123), die zweite wieder den Kunden (ID=1) mit Artikel (ID=456). Weil die Kunden, die keine Zuordnung in der Tabelle ITEM haben, ausgelassen werden, wird der zweite Kunde (ID=2) nicht aufgeführt.

Die Ausgabe:

```
1 j@java2enterprise.de Taxi_123    123 Kirschlorbeer      Arten von Prunus I...
1 j@java2enterprise.de Taxi_123    456 Fargesia Murielae  Gartenbambus ...
```

Mit JPQL sieht die Abfrage wieder ähnlich aus:

```
SELECT c, i
FROM Customer c
INNER JOIN c.offers i
```

Listing 8.136 INNER JOIN (JPQL)

In einer Java-Anwendung erhalten wir aus der Abfrage eine Liste von Objekt-Arrays aus zwei Elementen. Das erste Element ist vom Typ Customer und das zweite vom Typ Item.

Im folgenden Programm geben wir die Kunden mit ihren Artikeln aus.

```java
EntityManager em =
    Persistence.
        createEntityManagerFactory(
        "onlineshop-jpa").createEntityManager();
Query query =
    em.createQuery(
    "SELECT c, i "
    + "FROM Customer c "
    + "INNER JOIN c.offers i");
List<Object[]> rows =
    query.getResultList();
final Logger logger = Logger.getLogger("Beispiel");
for(Object[] row : rows) {
    String info = "";
    for(Object o : row) {
        info += (o + "\t");
    }
logger.log(Level.INFO, info);
}
em.close();
```

Listing 8.137 Main.java

Sowohl bei SQL als auch bei JPQL ist das Schlüsselwort INNER optional.

Der JPQL-Ausdruck weist gegenüber dem SQL-Ausdruck die Besonderheit auf, dass die ON-Klausel zur Gleichstellung des Fremdschlüssels der Child-Tabelle und des Primärschlüssels der Parent-Tabelle nicht benötigt wird. Dies ist logisch, da die Abfrage keine Datenbanktabellen abfragt, sondern JPA-Entities. Die JPQL-Abfrage ist dadurch sogar noch verständlicher als die SQL-Anweisung, denn gesprochen könnte man sagen: »Selektiere die Kunden mit ihren Angeboten.«

IN

In der Praxis könnten Sie auf eine weitere Variante stoßen, den gleichen Ausdruck zu formulieren (siehe Listing 8.138):

```
SELECT c, i
FROM Customer c,
IN (c.offers) i
```

Listing 8.138 JPQL

Die unterschiedlichen Anweisungen mit INNER JOIN, JOIN und IN sind gleichwertig.

LEFT [OUTER] JOIN

Als wir im letzten Beispiel mit einem INNER JOIN die JPA-Entity Customer mit der JPA-Entity Item verknüpften, wurden die Kunden, die keine Angebote hatten, einfach ausgelassen.

Wenn mit SQL nun auch jene Kunden in der Ergebnismenge enthalten sein sollen, die keine Artikel anbieten, verwendet man einen OUTER JOIN.

Während SQL zwischen einem LEFT und einem RIGHT OUTER JOIN unterscheidet, bietet JPQL lediglich einen LEFT OUTER JOIN an. Der JPQL-Ausdruck sieht aus wie in Listing 8.139:

```
SELECT c, i
FROM Customer c
LEFT OUTER JOIN c.offers i
```

Listing 8.139 LEFT OUTER JOIN (JPQL)

Das Schlüsselwort OUTER kann hierbei auch entfallen. Somit ist folgender Ausdruck gleichwertig:

```
SELECT c, i
FROM Customer c
LEFT JOIN c.offers i
```

Listing 8.140 LEFT OUTER JOIN (JPQL)

Nun erhalten wir alle Kunden des Onlineshops, wobei bei den Kunden, bei denen keine Artikelangebote vorgefunden wurden, statt eines Artikels ein null-Wert gesetzt wurde.

Wir schauen uns nun eine Besonderheit von ON- und WHERE-Bedingungen in Kombination mit einem LEFT OUTER JOIN an: Wenn man mit SQL einen LEFT OUTER JOIN programmiert, kann es vorkommen, dass man die ON-Klausel um eine weitere Bedingung erweitern möchte. Beispielsweise reduziert die folgende Anweisung die Ergebnismenge um den Datensatz mit dem Artikel (ID=456):

```
SELECT C.*, I.*
FROM CUSTOMER C
LEFT OUTER JOIN ITEM I
```

```
ON C.ID = I.SELLER_ID
AND I.PRICE < 20.0;
```

Listing 8.141 LEFT OUTER JOIN (SQL) mit zwei ON-Klauseln

Wenn wir bei der ON-Klausel weitere Bedingungen an den JOIN stellen, wirkt sich die zweite Bedingung nur auf die Datensätze aus, die mit ON bereits betroffen waren. Mit dem obigen Ausdruck sagen wir also, dass in der Ergebnismenge alle Datensätze enthalten sein sollen, bei denen c.id = i.seller_id und gleichzeitig i.price < 20.0 zutrifft. Deshalb wird die Anweisung auch die Kunden ohne Angebote ausgeben. In der Ergebnismenge in dem Beispiel erhalten wir deshalb zwei Zeilen.

Ausgabe:

```
1 j@java2enterprise.de Taxi_123 123 Kirschlorbeer   Arten von...
2 kc@marktware.com Susi_99-   -          -
```

Die obige Anweisung darf aber nicht mit folgender verwechselt werden, bei der eine weitere Bedingung mit einer WHERE-Klausel beigefügt ist:

```
SELECT C.*, I.*
FROM CUSTOMER C
LEFT OUTER JOIN ITEM I
ON C.ID = I.SELLER_ID
WHERE I.PRICE < 20.0;
```

Listing 8.142 LEFT OUTER JOIN (SQL) mit einer ON-Klausel und mit WHERE-Filter

Diese Anweisung führt lediglich zur Ausgabe einer einzigen Zeile, da sich der WHERE-Filter auf die gesamte Ergebnismenge auswirkt.

Ausgabe:

```
1 j@java2enterprise.de    Taxi_123    123 Kirschlorbeer      Arten von...
```

Die zweite SQL-Anweisung enthält nur eine einzige ON-Klausel. Erst nachdem der erste Schritt eine Ergebnismenge ermittelt hat, werden im zweiten Schritt nur noch die Datensätze in der Ergebnismenge belassen, bei denen der Preis der Artikel unter 20.0 liegt. Leider werden nun auch alle Datensätze entfernt, deren Preis null ist. Dieser kleine, aber feine Unterschied kann in einer Datenbankanwendung schon mal zu einem Flüchtigkeitsfehler führen.

Schauen wir uns nun an, wie man mit JPQL die beiden SQL-Varianten abbildet: Beim LEFT OUTER JOIN mit zwei ON-Klauseln benötigen wir nun auch bei JPQL das Schlüsselwort ON. Das Framework wird die Klausel von sich aus korrekt einbeziehen.

```
SELECT c, i
FROM Customer c
LEFT OUTER JOIN c.offers i
ON i.price < 20.0
```

Listing 8.143 LEFT OUTER JOIN (JPQL) mit einer ON-Klausel

Den LEFT OUTER JOIN mit einer ON-Klausel und einem WHERE-Filter formulieren Sie wie in Listing 8.144:

```
SELECT c, i
FROM Customer c
LEFT OUTER JOIN c.offers i
WHERE i.price < 20.0
```

Listing 8.144 LEFT OUTER JOIN (JPQL) mit einer ON-Klausel und mit WHERE-Filter

FETCH JOIN

Wenn wir mal die später gezeigten Fetching-Strategien außer Acht lassen, werden bei einem JOIN normalerweise die Daten der rechtsstehenden Entity nur geholt, wenn sie ausdrücklich benannt wurden.

Wenn wir beispielsweise folgende JPQL-Anweisung aufgäben, würden die Assoziationsattribute für die Artikel leer bleiben:

```
SELECT c
FROM Customer c
JOIN c.offers i
```

Listing 8.145 JOIN

Dies ist beispielsweise dann problematisch, wenn die Kunden nach einer Transaktion in einen Zustand DETACHED kommen.

Um die Artikel mit der obigen Anweisung gleich mitzuliefern, wurde der Ausdruck FETCH JOIN ins Leben gerufen.

```
SELECT c
FROM Customer c
FETCH JOIN c.offers i
```

Listing 8.146 FETCH JOIN

8.12.2   Gruppierungsfunktionen

In einem SELECT-Ausdruck können Sie einzelne Felder mit den Gruppierungsfunktionen COUNT, MAX, MIN, AVG oder SUM aggregieren.

COUNT [DISTINCT]

Über COUNT zählen Sie die Anzahl der Ergebnisse. Das Ergebnis der folgenden Abfrage ist vom Typ Long:

```
Query query =
    em.createQuery(
        "SELECT "
        "COUNT(c) "
        + "FROM Customer c "
    );
```

Listing 8.147 COUNT

Um in der Zählung Duplikate unberücksichtigt zu lassen, wird das Schlüsselwort DISTINCT hinzugefügt:

```
Query query =
    em.createQuery(
        " SELECT "
        + " COUNT(DISTINCT c.password) "
        + "FROM Customer c "
    );
```

Listing 8.148 COUNT DISTINCT

MAX und MIN

MAX und MIN finden die höchsten oder die geringsten Werte in der Ergebnismenge. Der Typ des Rückgabewertes entspricht dem Datentyp des Attributs.

```
Query query =
    em.createQuery(
        "SELECT MAX(i.price) "
        + "FROM Item i "
    );
```

Listing 8.149 MAX

Wenn die Ergebnismenge, die die Funktion vorfindet, leer war, wird null zurückgegeben.

AVG

Mit AVG ermitteln Sie einen Durchschnittswert von mehreren Werten.

```
Query query =
    em.createQuery(
    "SELECT AVG(i.price) "
    + "FROM Item i "
);
```

Listing 8.150 AVG

Das Ergebnis von AVG ist stets vom Typ Double.

SUM

Die Funktion SUM addiert alle Werte eines Attributs zu einem Ergebnis:

```
Query query =
    em.createQuery(
    "SELECT SUM(i.price) "
    + "FROM Item i "
);
```

Listing 8.151 SUM

Beachten Sie hierbei, dass alle zusammengerechneten Fließkommazahlen in der Summe einen Wert vom Typ Double zurückgeben. Eine Ausnahme bildet hierbei der noch präzisere Typ BigDecimal, der zu einem BigDecimal-Wert führt.

Genauso werden summierte Ganzzahlen einen Wert des Typs Long ergeben und BigInteger-Werte zu einem BigInteger zusammengeführt.

GROUP BY ... [HAVING]

Häufig werden aggregierte Werte nach bestimmten Spaltenfeldern gruppiert. Dies ist auch bei einer JPQL-Anweisung möglich. Beispielsweise summiert die folgende Anweisung die Summe aller angebotenen Artikel, gruppiert aber hierbei nach der E-Mail-Adresse des Verkäufers:

```
Query query =
    em.createQuery(
    "SELECT c.email, SUM(i.price) "
    + "FROM Customer c JOIN c.offers i "
    + "GROUP BY c.email"
);
```

Listing 8.152 GROUP BY

Mit dem Schlüsselwort HAVING setzen wir eine Gruppierungsklausel. Die folgende Abfrage gibt nur die Verkäufer aus, die mindestens zehn Artikel angeboten haben:

```
Query query =
      em.createQuery(
      "SELECT c.email, SUM(i.price) "
      + "FROM Customer c JOIN c.offers i "
      + "GROUP BY c.email "
      + "HAVING COUNT(i.id) > 10"
   );
```

Listing 8.153 GROUP BY HAVING

8.12.3   Unterabfragen

Unterabfragen werden sehr häufig dann verwendet, wenn eine WHERE-Bedingung einer primären SELECT-Anweisung mit einer weiteren Ergebnismenge verglichen werden soll. Auf Unterabfragen bin ich in Kapitel 6, »Die relationale Datenbank«, bereits eingegangen. Dort hatten wir eine SQL-Abfrage programmiert, um den Kunden mit dem höchsten Umsatz über ihre E-Mail-Adresse zu gratulieren.

```
SELECT C.EMAIL, SUM(I.PRICE)
FROM CUSTOMER C
INNER JOIN ITEM I
ON (C.ID = I.SELLER_ID)
WHERE I.SOLD IS NOT NULL
GROUP BY C.EMAIL
HAVING SUM(I.PRICE) >= ALL (
    SELECT SUM(J.PRICE)
    FROM CUSTOMER D
    JOIN ITEM J
    ON (D.ID = J.SELLER_ID)
    WHERE J.SOLD IS NOT NULL
    GROUP BY D.ID
);
```

Listing 8.154 E-Mail-Adressen der Kunden mit teuren Artikeln (SQL)

Wir werden diese SQL-Abfrage nun mit JPQL formulieren. Listing 8.155 erfüllt über JPQL genau den gleichen Zweck wie das obige mit SQL:

```
EntityManager em =
   Persistence.
   createEntityManagerFactory(
```

```
        "onlineshop-jpa").createEntityManager();

Query query =
    em.createQuery(
        "SELECT c.email, SUM(i.price) "
        + "FROM Customer c "
        + "INNER JOIN c.offers i "
        + "WHERE i.sold IS NOT NULL "
        + "GROUP BY c.email "
        + "HAVING SUM(i.price) >= ALL ( "
            + "SELECT SUM(j.price) "
            + "FROM Customer d "
            + "JOIN d.offers j "
            + "WHERE j.sold IS NOT NULL "
            + "GROUP BY d.id "
        + ") ");

        List<Object[]> rows =
            query.getResultList();
```

Listing 8.155 E-Mail-Adressen der Kunden mit teuren Artikeln (JPQL)

8.12.4   Zeichenketten auswerten

Um Zeichenketten auszuwerten, bietet JPQL unterschiedliche Ausdrücke an, über die beispielsweise String-Fragmente gesucht oder verändert werden können. Im Folgenden werde ich gängige Beispiele hierzu zeigen.

LIKE

Genau wie bei ANSI SQL kann auch bei JPQL mit dem Schlüsselwort LIKE nach Textfragmenten gesucht werden. Durch das Prozentzeichen zeigen wir an, dass an der spezifizierten Stelle

▸ kein Zeichen oder

▸ beliebige Zeichen

stehen können.

Im folgenden Beispiel suchen wir alle Kunden, deren Passwort mit der Zeichenkette 'Taxi' beginnt:

```
Query query =
        em.createQuery(
            "FROM Customer c "
            + "WHERE c.password LIKE 'Taxi%')"
        );
```

Listing 8.156 LIKE

Mit einem Unterstrich merken wir an, dass an der Stelle genau ein beliebiges Zeichen erlaubt ist. In unserem Beispiel müssen wir eigene Unterstriche und Prozentzeichen mit dem Symbol '\' kennzeichnen, damit die JPA sie als normale Zeichen ansieht.

Im folgenden Beispiel suchen wir nach allen Passwörtern, die mit einem beliebigen Zeichen beginnen und mit 'axi_123' enden:

```
Query query =
        em.createQuery(
            "FROM Customer c "
            + "WHERE c.password LIKE '_axi\_123')"
        );
```

Listing 8.157 LIKE

LENGTH (s)

Über LENGTH erhalten Sie die Anzahl einer Zeichenkette als int-Wert:

```
SELECT LENGTH(c.password) FROM Customer c
```

Listing 8.158 LENGTH

LOCATE (s, ges [, start])

Über LOCATE wird das erstmalige Auftreten einer Zeichenkette innerhalb einer anderen Zeichenkette gesucht. Über einen dritten Parameter können Sie den Startpunkt für das Suchen setzen:

```
SELECT LOCATE(c.email, '@', 2) FROM Customer c
```

Listing 8.159 LOCATE

LOWER und UPPER

Mit LOWER und UPPER werden alle Zeichen klein- bzw. großgeschrieben.

```
SELECT LOWER(c.email) FROM Customer c
```

Listing 8.160 LOWER

TRIM ([[LEADING | TRAILING | BOTH] z FROM] s)

TRIM entfernt das Vorkommnis eines Zeichens vom Anfang und vom Ende einer Zeichenkette. Die übliche Nutzung dient der Löschung von Leerzeichen.

Mit folgender Abfrage werden beispielsweise alle Leerzeichen vor und nach der E-Mail-Adresse eines Kunden gelöscht:

```
SELECT TRIM(c.email) FROM Customer c
```

Listing 8.161 TRIM

Es sind jedoch auch vom Leerzeichen abweichende Zeichenketten entfernbar. Zum Beispiel entfernt die folgende Anweisung alle Vorkommen des Zeichens e vor und nach der E-Mail-Adresse:

```
SELECT TRIM(BOTH 'e' FROM c.email) FROM Customer c
```

Listing 8.162 TRIM BOTH

BOTH ist der Defaultwert. Über die optionalen Parameter LEADING und TRAILING legen Sie fest, ob lediglich anfängliche oder endende Zeichen entfernt werden sollen.

Mit CONCAT können mehrere Zeichenketten aneinandergefügt werden:

```
SELECT CONCAT(c.email, '-', c.password) FROM Customer c
```

Listing 8.163 CONCAT(s1, s2, s3, ...)

SUBSTRING(s, start [, anzahl])

SUBSTRING gibt ein Teilstück einer Zeichenkette zurück:

```
SELECT SUBSTRING(c.email, 3, 2) FROM Customer c
```

Listing 8.164 SUBSTRING

8.12.5   Fallunterscheidungen

Die folgenden Fallunterscheidungen werden dem Oracle-SQL-versierten Leser bekannt vorkommen. Die Rede ist von der NULLIF-, COALESCE- und der CASE-Fallunterscheidung. In der Einführung zur Oracle Database haben wir sie nicht behandelt, da dies im Rahmen dieses Buches zu weit führen würde. Aber da sie seit der Version JPA 2.0 zur JPQL-Syntax dazugehören, sollten sie in diesem Kapitel mit aufgeführt werden.

NULLIF

Mit NULLIF weichen Sie auf einen Defaultwert aus, wenn der Wert der Abfrage ein null zurückgibt.

Zum Beispiel gibt die folgende Anweisung beim Feld `i.sold` normalerweise den Zeitpunkt des Verkaufs aus. Wenn das Feld aber noch leer ist, wird statt einem `null` der aktuelle Zeitpunkt ausgegeben:

```
SELECT
    i.id,
    i.title,
    i.price,
    NULLIF(i.sold, CURRENT_TIMESTAMP)
FROM
    Item i
```

Listing 8.165 NULLIF

COALESCE

COALESCE geht noch einen Schritt weiter, denn hierüber geben Sie mehrere Werte kommagetrennt hintereinander an. Der erste hiervon, der nicht auf `null` verweist, wird als Rückgabewert verwendet.

Für das obige Beispiel könnten wir deshalb auch Folgendes schreiben:

```
SELECT
    i.id,
    i.title,
    i.price,
    COALESCE(i.sold, CURRENT_TIMESTAMP)
FROM
    item i
```

Listing 8.166 COALESCE

Der CASE-Ausdruck

Der CASE-Ausdruck ermöglicht es, eine ganz individuelle Fallunterscheidung innerhalb einer SQL-Anweisung zu programmieren. Das obige Beispiel lässt sich mit dem CASE-Ausdruck wie in Listing 8.167 formulieren:

```
SELECT
    i.id,
    i.title,
    i.price,
    CASE WHEN i.sold IS NOT NULL
        THEN i.sold
        ELSE CURRENT_DATE
```

```
    END
FROM Item i
```

Listing 8.167 CASE WHEN …

8.12.6   Datum und Zeit

JPQL bietet drei Ausdrücke an, mit denen Zeitpunkte von der Datenbank besorgt werden können.

CURRENT_DATE

CURRENT_DATE liefert den aktuellen Zeitpunkt als Wert vom Typ java.sql.Date.

CURRENT_TIME

CURRENT_TIME gibt den aktuellen Zeitpunkt als Wert vom Typ java.sql.Time aus.

CURRENT_TIMESTAMP

CURRENT_TIMESTAMP ermittelt den aktuellen Zeitpunkt als Wert vom Typ java.sql.Timestamp.

Temporale Parameter

Sie haben verschiedene Möglichkeiten, über JPQL einen Zeitpunkt in eine Abfrage zu setzen. Die einfachste hiervon ist es, der Methode setParameter() ein Objekt der Typen java.util. Date oder java.util.Calendar zu übergeben. Dabei begegnen wir aber wieder dem Problem, dass diese grundlegenden Java-Typen nur über einen Umweg zu den SQL-Datentypen passen. Sie müssen also auch hier wieder eine Umwandlung über Temporaltypen vornehmen. Dabei rufen Sie die Methode setParameter() mit einem weiteren Parameter auf, der vom Typ TemporalType ist. In folgendem Beispiel werden alle Artikel ausgegeben, die in der letzten Woche gekauft worden sind. Hierfür werden wir uns den aktuellen Zeitpunkt über die Klasse java.util.Date beschaffen. Weil java.util.Date das Zeitmaß der Millisekunde verwendet, werden wir vom aktuellen Wert die Anzahl der Millisekunden, die seit einer Woche vergangen sind, abziehen. Dies sind $1.000 \times 60 \times 60 \times 24 \times 7$ Millisekunden:

```
...
EntityManager em =
    Persistence.
    createEntityManagerFactory(
    "onlineshop-jpa").createEntityManager();
Query query =
    em.createQuery(
        "SELECT i FROM Item i "
        + "WHERE i.sold > :lastWeek ");
```

```
Date lastWeek = new Date(
    System.currentTimeMillis()    - 1000*60*60*24*7);
query.setParameter(
    "lastWeek",
    lastWeek,
    TemporalType.TIMESTAMP);
```

Listing 8.168 Die Artikel, die letzte Woche verkauft wurden

In folgender Abfrage werden wir nun alle Artikel aus der Datenbank holen, die seit dem 01.01.2013 verkauft worden sind. Die JPA wird die Transformation dann bereitwillig für uns vornehmen:

```
query.setParameter(
"date", new java.util.Date(), TemporalType.DATE);
```

Listing 8.169 Das Setzen des »TemporalType.DATE«

8.12.7   Individuelle Ergebnismengen mit dem »new«-Operator

Es gibt eine alternative Form, eine Liste von Objekten eines festgelegten Datentyps zu erhalten. Dabei erzeugen Sie den erwünschten Datentyp mit dem new-Operator.

Zum Beispiel holt folgende Abfrage normalerweise die Anzahl der vorhandenen Kunden als Objekt des Typs java.lang.Long:

```
Query query =
    em.createQuery(
    "SELECT COUNT(c) "
    + "FROM Customer c");
```

Listing 8.170 Gängige JPQL-Anweisung

Die Ergebnismenge können Sie aber auch in einen abweichenden Klassentyp wandeln. Wichtig ist hierbei, dass die Klasse über einen Konstruktor verfügt, der mit den erhaltenen Datentypen aufgerufen werden kann.

Zum Beispiel verfügt die Klasse String über einen Konstruktor, der als Parameter einen Wert des Typs Long entgegennimmt. Mithilfe dieses Konstruktors erhalten wir mit Listing 8.171 ein Objekt eines Strings statt eines Long-Typs zurück:

```
Query query =
    em.createQuery(
    "SELECT new java.lang.String(COUNT(c)) "
    + "FROM Customer c");
```

Listing 8.171 Individuelle Ergebnismenge mit dem »new«-Operator

Auf diese Weise lässt sich auch eine noch individuellere Ergebnismenge erzeugen.

Im folgenden Beispiel werden wir für den Onlineshop eine Klasse programmieren, die die Zugriffe eines Benutzers protokolliert. Wir nennen die Klasse Protocol.java. In der Klasse fügen wir zwei Attribute hinzu, nämlich ein Attribut des Typs Customer und eines des Typs java.util.Date, das den Zeitpunkt des Zugriffs festhalten soll:

```java
package de.java2enterprise.onlineshop;

import java.util.Date;

import de.java2enterprise.onlineshop.model.Customer;

public class Protocol {
    private Customer customer;
    private Date accessTime;

    public Protocol(
            Customer customer,
            Date accessTime) {
        this.customer = customer;
        this.accessTime = accessTime;
    }

    public Customer getCustomer() {
        return customer;
    }

    public void setCustomer(Customer customer) {
        this.customer = customer;
    }

    public Date getAccessTime() {
        return accessTime;
    }

    public void setAccessTime(Date accessTime) {
        this.accessTime = accessTime;
    }
}
```

Listing 8.172 Protocol.java

Über eine JPQL-Abfrage können wir nun die individuelle Ergebnismenge erzeugen:

```
...
public Protocol report(String email) {
    EntityManager em =
        Persistence.createEntityManagerFactory(
        "onlineshop-jpa").createEntityManager();

    Query query =
        em.createQuery(
        "SELECT new "
        + "de.java2enterprise.onlineshop.Protocol("
        + "c, CURRENT_TIMESTAMP) "
        + "FROM Customer c "
        + "WHERE c.email = :email");
    query.setParameter("email", email);
    return query.getSingleResult();
}
...
```

Listing 8.173 ProtocolController.java

8.12.8   Über Assoziationsattribute navigieren

Wenn es sich bei einem Assoziationsattribut um eine **One-to-one**- oder **Many-to-one**-Beziehung handelt, können Sie mithilfe des Punktoperators auch über das Attribut hinweg navigieren.

Zum Beispiel erhalten wir im Onlineshop über folgende Abfrage die E-Mail-Adresse des Verkäufers eines Artikels:

```
Query query = em.createQuery(
    "SELECT i.seller.email FROM Item i");
String email = (String) query.getSingleResult();
```

Listing 8.174 Über Assoziationsattribute hinweg navigieren

Das obige Beispiel funktioniert aber nicht über Many-to-many- oder One-to-many-Assoziationsattribute, denn dort handelt es sich bei der Gegenseite ja nicht um eine einzige Entity, sondern um eine Collection von Entities.

8.12.9   Änderungen und Löschungen

Um einen Datensatz abzuändern, braucht sich ein SQL-erfahrener Entwickler nicht groß umzustellen, weil auch bei JPQL eine Aktualisierung per UPDATE und SET verwirklicht wird:

```
UPDATE Item i SET i.price = 100.0 WHERE i.id = 21
```

Listing 8.175 Ein JPQL-Beispiel zur Aktualisierung eines Preises

Zur Durchführung des Updates bietet die Klasse `Query` die Methode `executeUpdate()` an, die in eine Transaktion geklammert wird. Das Programm aus Listing 8.176 setzt den Preis eines Artikels mit der `id=21` auf 100,00 Euro:

```java
em.getTransaction().begin();
Query query = em.createQuery(
    "UPDATE Item i "
    + "SET i.price = 100.0 "
    + "WHERE i.id = 21");
query.executeUpdate();
em.getTransaction().commit();
...
```

Listing 8.176 Der Preis aller Artikel wird auf den Wert »100.0« gesetzt.

Datensätze entfernen

Genauso ist es nun mit `DELETE` und `FROM` auch möglich, Datensätze zu entfernen. Im folgenden Beispiel wird ein Artikel aus der Datenbank gelöscht:

```java
em.getTransaction().begin();
Query query = em.createQuery(
    "DELETE FROM Item i "
    + "WHERE i.id = 21");
query.executeUpdate();
em.getTransaction().commit();
```

Listing 8.177 Der Artikel mit der ID=21 wird gelöscht.

8.12.10   Named Queries

JPQL-Abfragen können als sogenannte *Named Queries* vordeklariert werden. Der Vorteil von Named Queries ist, dass die JPQL- bzw. die SQL-Quelltexte nicht innerhalb des Java-Quelltextes stehen müssen, sondern an einem spezifizierten Ort lokalisiert sind. Dadurch wird der Quelltext besser lesbar.

Ein einfaches Beispiel

Named Queries definieren Sie entweder in der Konfigurationsdatei *orm.xml* oder fügen sie mithilfe einer Annotation einer Java-Klasse bei. Die gängigste Art, eine Named Query zu definieren, ist, die Annotation `@NamedQuery` einzusetzen.

Als wir mithilfe von Eclipse JPA-Entities erstellt haben, hat uns der Wizard bereits Named Queries in der Klasse `Customer` und in der Klasse `Item` erzeugt. Wir schauen uns die Named Query aus der Klasse `Customer` nun an:

```
...
@Entity
@Table(schema="ONLINESHOP", name="CUSTOMER")
@NamedQuery(
    name="Customer.findAll",
    query="SELECT c FROM Customer c")
public class Customer implements Serializable {
...
```

Listing 8.178 NamedQuery

Der Bezeichner der Named Query muss nicht zwingend wie in dem obigen Beispiel, `Customer.findAll`, mit dem Klassennamen beginnen. Zum Beispiel hätten wir die Query auch einfach nur `findAll` benennen und sie in einer anderen JPA-Entity ablegen können. Der Ordnung halber ist es jedoch vorteilhaft, wenn die Named Query mit dem Namen der Entity-Klasse beginnt und per Annotation dieser JPA-Entity beigefügt wird.

Named Queries in der »orm.xml«

Named Queries können auch in der Mapping-Konfigurationsdatei *orm.xml* stehen. Die gleiche Auswirkung wie im obigen Beispiel hat dort folgender Eintrag:

```
...
<named-query name="Customer.findAll">
    <query>
        SELECT c FROM Customer c
    </query>
</named-query>
...
```

Listing 8.179 orm.xml

Mehrere Named Queries für eine einzige JPA-Entity

Zum Hinzufügen verschiedener Named Queries zu einer JPA-Entity bietet die API die Annotation `@NamedQueries` an.

Im folgenden Beispiel werden mehrere Named Queries in die Klasse `Customer.java` gesetzt:

```
...
@NamedQueries(
    value={
```

```
@NamedQuery(
    name="Customer.findAll",
    query="SELECT c FROM Customer c"),
@NamedQuery(
    name="Customer.validate",
    query="SELECT c FROM Customer c " +
        "WHERE c.email = :email " +
        "AND c.password = :password")
    }
)
public class Customer implements Serializable {
...
```

Listing 8.180 Customer.java

Die Named Query verwenden

Um eine Named Query zur Laufzeit einzusetzen, verwenden Sie im EntityManager die Methode `createNamedQuery()`. Als Übergabeparameter erwartet die Methode den Bezeichner der Named Query. Beispielsweise können wir die Query "`Customer.findAll`" wie in Listing 8.181 aufrufen:

```
...
Query query = em.createNamedQuery("Customer.findAll");
...
```

Listing 8.181 Main.java

8.13   Die Criteria-API

In diesem Abschnitt werde ich die gängige Nutzung der Criteria-API beschreiben. Dabei werde ich wiederkehrend auf die JPQL-Abfragen des letzten Abschnitts Bezug nehmen, denn durch diese Gegenüberstellung wird die Funktionsweise der Criteria-API verständlicher.

Die Criteria-API wurde ins Leben gerufen, weil die Arbeit mit der textbasierten JPQL nicht typsicher ist. Damit ist gemeint, dass das Vertippen innerhalb der JPQL-Anweisung zur Kompilierzeit nicht auffällt. Dadurch können zur Laufzeit Fehler auftreten. Die Criteria-API hingegen stellt sicher, dass die verwendeten Objekte und Methoden während des Kompilierens geprüft sind.

Die JPA spezifiziert darüber hinaus ein sogenanntes *statisches Metamodell*. Bei dieser Programmiertechnik erzeugt man zunächst statische Klassen, über die man anschließend bei den Abfragen navigiert. Die Persistence-Provider bieten hierzu eine automatische Generierung, die auch in Eclipse verwendet werden kann.

8.13.1   Eine einfache Abfrage programmieren

Die Möglichkeiten der Criteria-Schnittstelle ähneln der von JPQL. Letztendlich führen ja auch beide APIs zu SQL-Anweisungen, die an die Datenbank versendet werden. Wir schauen uns zunächst eine ganz einfache Abfrage mit JPQL an und stellen sie einer gleichen Abfrage mit der Criteria-API gegenüber.

Die einfache Abfrage

Im letzten Abschnitt haben wir die Gesamtliste aller Kunden von der Datenbank geholt, indem wir der Methode `EntityManager.createQuery()` die Abfrage `" FROM Customer c"` und die `Customer.class` als Klassentyp mitgegeben haben. Hierdurch konnten wir ein typsicheres Objekt der Klasse `Query` erzeugen:

```
TypedQuery<Customer> query =
    em.createQuery(
        "FROM Customer c",
        Customer.class
    );
```

Listing 8.182 Eine einfache Abfrage mit JPQL

Die gleiche Abfrage schaut mit der Criteria-API wie in Listing 8.183 aus:

```
TypedQuery<Customer> query =
    em.createQuery(
        em.getCriteriaBuilder().
        createQuery(Customer.class)
    );
```

Listing 8.183 Eine einfache Abfrage mit der Criteria-API

In dem obigen Beispiel wurde deutlich, dass die Criteria-API wesentlich typsicherer als die JPQL-API ist, denn während in der JPQL-Abfrage Rechtschreibfehler nicht aufgefallen wären, warnt uns die IDE bereits während der Entwicklung des Quelltextes, indem Schreibfehler rot unterstrichen werden.

Genauso wie bei JPQL haben wir im Beispiel mit der Criteria-API die Methode `createQuery()` des EntityManagers verwendet, denn sie kann nicht nur JPQL-Strings entgegennehmen, sondern auch Instanzen der Klassen:

▶ `CriteriaQuery` (für Abfragen)

▶ `CriteriaUpdate` (für Änderungen)

▶ `CriteriaDelete` (für Löschungen)

Für eine Abfrage müssen wir also ein Objekt der Klasse `CriteriaQuery` erzeugen und es als Parameter der Methode `EntityManager.createQuery()` mitgeben.

Die einfache Abfrage in vier Einzelschritte zerlegen

Wir werden nun die gleiche Abfrage in mehrere kleine Einzelschritte zerlegen, denn durch die isolierten Anweisungen lassen sich die einzelnen Schritte, die im obigen Beispiel zusammengestaucht wurden, besser erklären.

Damit Sie das Beispiel auf Ihrem Rechner genau mitprogrammieren können, werden wir es in eine Java SE-Anwendung schreiben, so wie ich es im letzten Abschnitt über JPQL gezeigt habe.

```
...
EntityManagerFactory emf =
    Persistence.
        createEntityManagerFactory(
            "onlineshop-jpa");

EntityManager em = emf.createEntityManager();

// Schritt 1:
    CriteriaBuilder cb = em.getCriteriaBuilder();

// Schritt 2:
    CriteriaQuery<Customer> cq =
        cb.createQuery(Customer.class);

// Schritt 3:
    TypedQuery<Customer> typedQuery = em.createQuery(cq);

// Schritt 4:
    List<Customer> customers = typedQuery.getResultList();

    final Logger logger = Logger.getLogger("Beispiel");
    for(Customer customer : customers) {
        logger.log(Level.INFO, customer.toString());
    }
    ...
```

Listing 8.184 Die einfache Abfrage in vier Einzelschritten

Zunächst besorgen wir uns wieder eine Instanz der `EntityManagerFactory` und eine Instanz des EntityManagers, denn er ist nach wie vor Dreh- und Angelpunkt jeglicher Arbeit mit der JPA:

▶ **Schritt 1:**

Die Arbeit mit der Criteria-API beginnt, indem wir ein Objekt der Klasse `CriteriaBuilder` beschaffen. Wir erhalten eine Instanz der Klasse `CriteriaBuilder` durch die Methode `getCriteriaBuilder()`, die sowohl von der Klasse `EntityManager` als auch von der Klasse `EntityManagerFactory` angeboten wird. Die Wahl steht uns frei.

▶ **Schritt 2:**

Im nächsten Schritt können wir uns ein Objekt der Klasse `CriteriaQuery` besorgen. Wir erhalten die Instanz der Klasse `CriteriaQuery` über die Methode `createQuery()` der Klasse `CriteriaBuilder`. Um eine typsichere Variante der `CriteriaQuery` zu erhalten, geben wir der Methode `createQuery()` die Klasse der JPA-Entity mit.

▶ **Schritt 3:**

Im dritten Schritt rufen wir die Methode `createQuery()` der Klasse `EntityManager` auf und übergeben ihr das Objekt der `CriteriaQuery` als Parameter. Hierdurch erhalten wir ein Objekt der Klasse `TypedQuery`.

▶ **Schritt 4:**

Im vierten Schritt rufen wir die Methode `getResultList()` der Klasse `TypedQuery` auf. Die Methode gibt uns eine Liste von `Customer`-Objekten zurück.

Im Beispiel haben Sie gesehen, dass die Programmierung mit der Criteria-API mehrere Zwischenschritte birgt. Wir werden die obigen Anweisungen von nun an weiterhin verwenden, denn sie bilden auch für differenziertere Abfragen das Grundgerüst.

8.13.2 Eine Criteria-Query mit einer WHERE-Bedingung

Wenn Sie mit der Criteria-API programmieren, müssen Sie sich mit dem besonders gut durchdachten Schnittstellenkonzept der Criteria-API auseinandersetzen. In Abbildung 8.43 sehen Sie die Hierarchie der Schnittstellen in diesem Konzept, dessen oberste Schnittstelle `javax.persistence.TupleElement` heißt.

Sie erinnern sich vielleicht daran, dass in Kapitel 6, »Die relationale Datenbank«, bereits von einem sogenannten Tupel die Rede war. Dort habe ich in der Einleitung erwähnt, dass ein Tupel einem Datensatz einer Datenbanktabelle entspricht und seine Attribute ein Spaltenfeld darstellen.

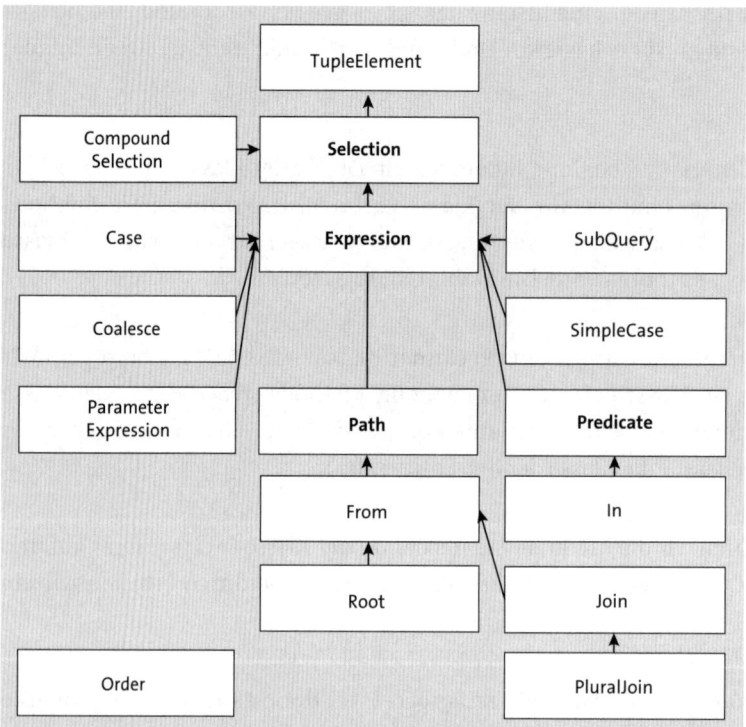

Abbildung 8.43 Die Vererbungshierarchie der Tupel-Schnittstellen

Das Schnittstellenkonzept der Criteria-API geht aber über diese Definition weit hinaus, denn es umfasst eine Objekthierarchie, dessen Knoten fast beliebiger Natur sein können. Um das besonders generische Tupel-Konzept der Criteria-API zu verwirklichen, stellt ein TupleElement also weitaus mehr dar, als es das in der relationalen Datenbank tut.

Ein TupleElement repräsentiert die Urvater-Schnittstelle des generischen Konzepts. Es ist also ein generisches Objekt, das für jegliche Zwecke in einer Criteria-Abfrage verwendet und sowohl als Parameter als auch als Rückgabewert eingesetzt wird. Im Programm werden wir mit diesen zwei Vaterschnittstellen aber kaum in Berührung kommen. Ich habe sie an dieser Stelle nur gezeigt, um das Grundprinzip des Konzepts anzureißen. Für die Programmierung einer Abfrage sind hingegen die Schnittstellen Selection, Root, Path, Expression (zu Deutsch »Ausdruck«) und Predicate (zu Deutsch »Aussage«) viel wichtiger. Warum diese Schnittstellen von Bedeutung sind, wird deutlich, wenn wir den Aufbau einer gängigen Abfrage betrachten. Deshalb werden wir uns nun anschauen, wie wir von der Datenbanktabelle CUSTOMER einen Kunden besorgen, der eine bestimmte E-Mail-Adresse aufweist, denn hierfür benötigen wir die grundlegenden Elemente einer Abfrage. Das sind nämlich SELECT, FROM und WHERE. Für diese Elemente bietet die Klasse CriteriaQuery entsprechende Methoden an, und zwar:

- ▶ select()
- ▶ from()
- ▶ where()

Neben diesen grundlegenden Methoden der Klasse CriteriaQuery benötigen wir weitere Methoden, über die wir Aussagen (oder besser gesagt Vergleiche und Einschränkungen) formulieren können. Diese Methoden liefert die Klasse CriteriaBuilder, und zwar sind das folgende:

- ▶ between()
- ▶ equal()
- ▶ exists()
- ▶ ge()
- ▶ greaterThan()
- ▶ greaterThanOrEqualTo()
- ▶ greatest(Expression<X>)
- ▶ gt()
- ▶ isEmpty()
- ▶ isFalse()
- ▶ isMember()
- ▶ isNotEmpty()

Listing 8.185 zeigt, wie wir die erwünschte Abfrage über die Methoden select(), from() und where() programmieren:

```
EntityManagerFactory emf =
        Persistence.
            createEntityManagerFactory(
                "onlineshop-jpa");

EntityManager em = emf.createEntityManager();

CriteriaBuilder cb = em.getCriteriaBuilder();
CriteriaQuery<Customer> cq =
        cb.createQuery(Customer.class);

Root<Customer> c = cq.from(Customer.class);

Path<Object> email = c.get("email");
```

```
Predicate p = cb.equal(email, "j@java2enterprise.de");

cq.select(c).where(p);

TypedQuery<Customer> typedQuery = em.createQuery(cq);

List<Customer> customers = typedQuery.getResultList();
final Logger logger = Logger.getLogger("Main");
for(Customer customer : customers) {
    logger.log(Level.INFO, customer.toString());
}
```

Listing 8.185 Eine Criteria-Query mit einer WHERE-Bedingung

In dem Listing erhalten wir durch die Methode from() eine Instanz eines Root-Objekts. Das Root-Objekt entspricht in etwa dem Alias einer JPQL-Abfrage. Wir brauchen dieses Objekt, denn es liefert uns über die Methode get() eine Referenz zu dem Attribut email.

Weil wir später noch mit der Methode where() einen Vergleich zwischen dem Attribut und einer Zeichenkette ziehen wollen, setzen wir nun die Methode equal() der Klasse Criteria-Builder ein. Diese Methode liefert ein Objekt der Klasse Predicate. Hierbei handelt es sich also um unser Einschränkungskriterium.

Der Methode select() übergeben wir den Alias als Parameter. Hinter der Methode select() fügen wir die Methode where() an und übergeben ihr das Objekt der Klasse Predicate.

8.13.3   Mit dem Canonical Metamodel arbeiten

Das letzte Beispiel mit der Criteria-API hat gezeigt, dass es gegenüber einer JPQL-Abfrage im Vorteil ist, da es eine gewisse Typsicherheit mitbringt. Dennoch hätten wir uns vertippen können, als wir den Bezeichner des Attributs email schrieben.

Aus diesem Grund hat die JPA die Generierung eines statischen Metamodells eingeführt. Dieses Metamodell wird im Fachjargon auch als sogenanntes *Canonical Metamodel* bezeichnet. Über dieses Metamodell können Sie auf die Bezeichner der Entity-Klassen typsicher zugreifen.

Das Metamodell enthält zu jeder JPA-Entity ein Gegenstück. Es besteht also aus der gleichen Menge an Klassen, wie sie für die JPA-Entities definiert worden sind. Im Metamodell ist jede Klasse nach ihrem JPA-Entity-Gegenstück benannt, wobei hinter jedem Bezeichner ein Unterstrich angefügt wird. Zum Beispiel nennt sich die Metamodellklasse für die JPA-Entity Customer.java Customer_.java.

Jede Klasse des Metamodells wird mit der Annotation @StaticMetaModel versehen.

Jedes Attribut der JPA-Entity wird in der Klasse des Metamodells als statisches Attribut zur Verfügung gestellt. Die statischen Attribute der Metamodellklasse erhalten dabei Datentypen, die vom Interface `Attribute` abgeleitet sind. Zur Auswahl stehen:

- `SingularAttribute`
- `CollectionAttribute`
- `ListAttribute`
- `MapAttribute`
- `SetAttribute`

Weil die Generierung des statischen Metamodells automatisiert werden kann, bieten die Persistence-Provider entsprechende Mechanismen an. In Eclipse ist es sogar noch einfacher, denn dort kann das statische Metamodell mit wenigen Mausklicks erzeugt werden. Hierfür öffnen Sie das Fenster PROPERTIES ihres JPA-fähigen Projekts und klicken auf der linken Seite auf JPA. Rechts unten sollte der Kasten CANONICAL METAMODEL (JPA 2.0) zu sehen sein. Klicken Sie auf das Auswahlfenster für den SOURCE FOLDER, und selektieren Sie SRC.

Kurz darauf sollte Eclipse für jede JPA-Entity auch eine Klasse des Metamodells erstellt haben. Die Klasse `Customer_.java` könnte beispielsweise wie in Listing 8.186 aussehen:

```
package de.java2enterprise.onlineshop.model;

import javax.annotation.Generated;
import javax.persistence.metamodel.SingularAttribute;
import javax.persistence.metamodel.StaticMetamodel;

@Generated(value="Dali", date="2013-09-30T09:59:23.338+0200")
@StaticMetamodel(Customer.class)
public class Customer_ {
    public static volatile
SingularAttribute<Customer, Long> id;
    public static volatile
SingularAttribute<Customer, Long> version;
    public static volatile
SingularAttribute<Customer, String> email;
    public static volatile
SingularAttribute<Customer, String> password;
}
```

Listing 8.186 Die generierte Metamodellklasse »Customer_.java«

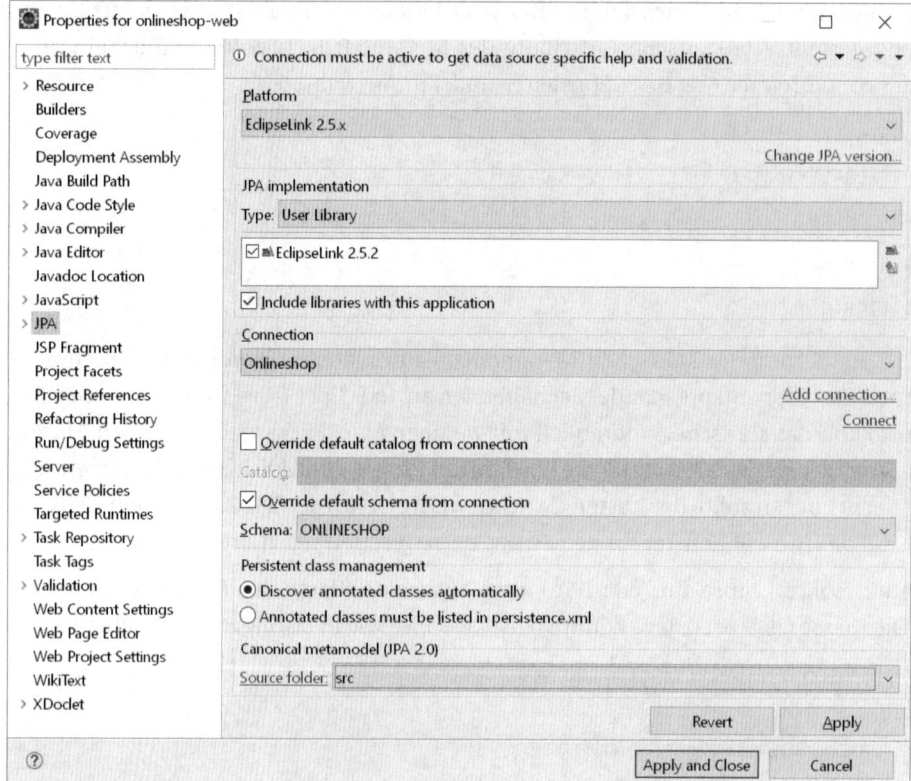

Abbildung 8.44 Die Erstellung des Canonical Metamodels in Eclipse

Statt auf die Zeichenkette email können Sie im Programm anschließend auf die statischen Attribute des Metamodells zugreifen:

```
...
CriteriaBuilder cb = em.getCriteriaBuilder();
CriteriaQuery<Customer> cq =
        cb.createQuery(Customer.class);

Root<Customer> c = cq.from(Customer.class);

Path<Object> email = c.get(Customer_.email);

Predicate p = cb.equal(email, "j@java2enterprise.de");

cq.select(c).where(p);

TypedQuery<Customer> typedQuery = em.createQuery(cq);
```

```
List<Customer> customers = typedQuery.getResultList();
...
```

Listing 8.187 Die Nutzung des statischen Metamodells

8.14   Fortgeschrittene Themen

Im letzten Abschnitt der JPA-Technologie werden wir einen Blick auf fortgeschrittene JPA-Themen werfen. Dabei schauen wir uns beispielsweise an, wie Sie Attribute auf mehrere Entities bzw. mehrere Tabellen verteilen, Vererbung und Polymorphie verwirklichen oder native SQL-Abfragen in die JPA einbauen.

8.14.1   Spaltenfelder auf mehrere Klassen verteilen

In manchen Altsystemen werden Datenbanktabellen im Laufe der Jahre sehr umfangreich. In solchen Fällen ist es hilfreich, dass man die Attribute Java-seitig auf mehrere JPA-Entities verteilen kann. In diesem Abschnitt werden wir beispielhaft die Spaltenfelder einer Datenbanktabelle auf zwei Klassen verteilen. Zugegeben, unsere Datenbanktabelle CUSTOMER ist mit ihren drei Spalten nicht sehr umfangreich. Wir können sie dennoch als Beispiel nutzen, denn die Technik, die wir verwenden werden, ist die gleiche wie bei einer Datenbanktabelle mit sehr vielen Spaltenfeldern.

Das Beispiel mit zwei Klassen

Im Beispiel ist es unser Ziel, die Zugangsdaten als eigene Klasse zu kapseln. Wir werden die Zugangsdaten, das heißt die Spaltenfelder EMAIL und PASSWORD, deshalb in eine gesonderte Klasse mit dem Namen AccessData auslagern. Die Klasse AccessData werden wir als Attribut in die Klasse Customer einbetten. AccessData verwandeln wir in eine einbettbare Klasse, indem wir vor die Klassendefinition die Annotation @Embeddable setzen:

```
package de.java2enterprise.onlineshop;

import javax.persistence.Embeddable;

@Embeddable
public class AccessData {
    private String email;

    private String password;

    public String getEmail() {
        return email;
    }
}
```

```
    public void setEmail(String email) {
        this.email = email;
    }

    public String getPassword() {
        return password;
    }

    public void setPassword(String password) {
        this.password = password;
    }
}
```

Listing 8.188 AccessData.java

Die Klasse Customer.java kann die Klasse AccessData nun einbetten. Hierfür benötigt sie die Annotation @Embedded:

```
package de.java2enterprise.onlineshop;

import java.io.Serializable;

import javax.persistence.Embedded;
import javax.persistence.Entity;
import javax.persistence.Id;
import javax.persistence.Table;

@Entity
@Table(schema="ONLINESHOP", name="CUSTOMER")
public class Customer implements Serializable {
    private static final long serialVersionUID = 1L;

    @Id
    private Long id;

    @Embedded
    private AccessData accessData;

    public Long getId() {
        return id;
    }
```

```
    public void setId(Long id) {
        this.id = id;
    }

    public AccessData getAccessData() {
        return accessData;
    }

    public void setAccessData(AccessData accessData) {
        this.accessData = accessData;
    }
}
```

Listing 8.189 Customer.java

Die Benutzung der beiden Klassen sehen Sie in Listing 8.190:

```
Customer c = new Customer();
c.setId(1L);
AccessData accessData = new AccessData();
accessData.setEmail("j@java2enterprise.de");
accessData.setPassword("Taxi_123");
c.setAccessData(accessData);

em.getTransaction().begin();
em.persist(c);
em.getTransaction().commit();

final Logger logger = Logger.getLogger("Main");
logger.log(Level.INFO,
    em.find(Customer.class, 1L).toString());
```

Listing 8.190 Main.java

Attribute überschreiben

Im nächsten Beispiel gehen wir noch einen Schritt weiter, denn dort möchten wir die Access-Data.java etwas allgemeiner modellieren. Die Klasse soll die Zugangsdaten ganz allgemein als Schlüssel-Wert-Paare verwalten. Deshalb nennen wir die Attribute der Klasse key und value:

```
package de.java2enterprise.onlineshop;

import javax.persistence.Embeddable;
```

```java
@Embeddable
public class AccessData {
    private String key;

    private String value;

    public String getKey() {
        return key;
    }

    public void setKey(String key) {
        this.key = key;
    }

    public String getValue() {
        return value;
    }

    public void setValue(String value) {
        this.value = value;
    }

}
```

Listing 8.191 AccessData.java

In der JPA-Entity Customer können wir die Klasse AccessData jetzt nicht mehr ohne weiteres nutzen, denn die Spaltenfelder der Datenbanktabelle CUSTOMER nennen sich ja EMAIL und PASSWORD. Deshalb überschreiben wir die Attribute mit der Annotation @AttributeOverrides:

```java
package de.java2enterprise.onlineshop;

import java.io.Serializable;
import javax.persistence.AttributeOverride;
import javax.persistence.AttributeOverrides;
import javax.persistence.Column;
import javax.persistence.Embedded;
import javax.persistence.Entity;
import javax.persistence.Id;
import javax.persistence.Table;

@Entity
@Table(schema="ONLINESHOP", name="CUSTOMER")
public class Customer implements Serializable {
```

```
private static final long serialVersionUID = 1L;

@Id
private Long id;

@Embedded
@AttributeOverrides({
    @AttributeOverride(
        name="key",
        column=@Column(name="EMAIL")),
    @AttributeOverride(
        name="value",
        column=@Column(name="PASSWORD")
    )
})
private AccessData accessData;

public Long getId() {
    return id;
}

public void setId(Long id) {
    this.id = id;
}

public AccessData getAccessData() {
    return accessData;
}

public void setAccessData(AccessData accessData) {
    this.accessData = accessData;
}
}
```

Listing 8.192 Customer.java

Für die Speicherung eines neuen Kunden müssen wir nun die Methoden setKey() und set-Value() verwenden:

```
Customer c = new Customer();
c.setId(1L);
AccessData accessData = new AccessData();
accessData.setKey("j@java2enterprise.de");
accessData.setValue("Taxi_123");
```

```
c.setAccessData(accessData);

em.getTransaction().begin();
em.persist(c);
em.getTransaction().commit();

final Logger logger = Logger.getLogger("Main");
logger.log(Level.INFO,
    em.find(Customer.class, 1L).toString());
```

Listing 8.193 Main.java

8.14.2   Attribute auf mehrere Tabellen verteilen

Genauso wie Sie die Spaltenfelder einer Datenbanktabelle in mehreren Java-Klassen unterbringen können, lassen sich die Attribute einer Entity auch auf mehrere Datenbanktabellen
verteilen. Technisch gesehen fällt hierbei einer der Datenbanktabellen die Hauptverantwor-
tung zu. Diese Tabelle bezeichnet man als *Primary Table*, wohingegen die anderen Tabellen
Secondary Tables genannt werden.

Im folgenden Beispiel werden wir dem Kunden des Onlineshops ein Monats-Abonnement
anbieten. Wenn ein Kunde ein Monats-Abonnement beantragt hat, wird sein Konto monatlich mit einem Beitrag belastet. In der Klasse Customer benötigen wir nun zwei weitere
Attribute. Dabei handelt es sich um die Bankleitzahl und die Kontonummer seiner Bank-
verbindung. Diese Geschäftsdaten gehören Java-seitig zur Domäne des Kunden. Weil das
Monats-Abonnement aber einen Sonderfall darstellt, werden wir die Bankverbindungsdaten
in einer separaten Datenbanktabelle eintragen. Wir nennen die zusätzliche Datenbanktabelle BANKACCOUNT. Für die Bankleitzahl und die Kontonummer sehen wir die Spaltenfelder
BANKCODE und ACCOUNTNUMBER vor. Das folgende Skript erstellt die beiden Datenbanktabellen
CUSTOMER und BANKACCOUNT:

```
DROP TABLE bankaccount;
DROP TABLE customer;

CREATE TABLE customer (
    id         NUMBER(19) PRIMARY KEY,
    email      VARCHAR2(40),
    password   VARCHAR2(10)
);
GRANT SELECT, INSERT, UPDATE, DELETE
ON customer TO onlineshop_user;

CREATE TABLE bankaccount (
    customer_id   NUMBER(19) PRIMARY KEY,
```

```
bankcode       varchar2(8),
accountnumber      varchar2(10),
CONSTRAINT fk_bankaccount
FOREIGN KEY (customer_id) REFERENCES customer(id)
);
GRANT SELECT, INSERT, UPDATE, DELETE
ON bankaccount TO onlineshop_user;

COMMIT;
```

Listing 8.194 primary_secondary.sql

Vielleicht ist Ihnen aufgefallen, dass es sich vom Prinzip her um eine 1:1-Beziehung zwischen dem Kunden und den Bankdaten handelt. Der Unterschied zwischen der echten One-to-one-Assoziation und der Verwendung von Primary- und Secondary-Tabellen liegt lediglich in der Java-seitigen Modellierung. Die One-to-one-Assoziation ist die komplexere Variante, die auch flexiblere Abfragen ermöglicht. Dagegen verschmilzt die hier gezeigte Technik der in Primary- und Secondary-Tabellen aufgeteilten Geschäftsdaten zu einer einzigen JPA-Entity. Wir schauen uns nun an, wie Sie diese JPA-Entity konfigurieren müssen, damit die Fusion der beiden Datenbanktabellen gelingt.

In der Klasse Customer.java benötigen wir die Annotation @SecondaryTable, um die untergeordnete Datenbanktabelle zu definieren. Hätten wir den Primärschlüssel ID in beiden Tabellen gleich benannt, kämen wir mit folgender Annotation aus:

```
@SecondaryTable(
schema="ONLINESHOP",
name="BANKACCOUNT")
```

Listing 8.195 Die Annotation »@SecondaryTable« in der Klasse »Customer«

Weil wir aber für die Sekundärtabelle und für die Primärtabelle unterschiedliche Primärschlüsselbezeichner festlegen werden, benötigen wir auch noch das Annotationsattribut pkJoinColumns. Den Bezeichner des Primärschlüssels der SecondaryTable definieren Sie mit der Annotation @PrimaryKeyJoinColumn:

```
@SecondaryTable(
    schema="ONLINESHOP",
    name="BANKACCOUNT",
    pkJoinColumns=
        @PrimaryKeyJoinColumn(name="CUSTOMER_ID"))
```

Listing 8.196 Die Annotation »@SecondaryTable« mit einem abweichenden Primärschlüssel

Nur der Vollständigkeit halber werde ich noch die Annotation @SecondaryTables zeigen, denn wenn die Attribute auf mehr als eine Datenbanktabelle verteilt werden sollen, nutzt man die Annotation @SecondaryTables, um hierin für jede Sekundärtabelle eine Annotation @SecondaryTable einzufügen.

Die folgende Annotation setzt die zwei Sekundärtabellen BANKACCOUNT und ADDRESS in die Primärtabelle CUSTOMER ein:

```
@SecondaryTables({
    @SecondaryTable(
        schema="ONLINESHOP",
        name="BANKACCOUNT"),
    @SecondaryTable(
        schema="ONLINESHOP",
        name="ADDRESS")
})
public class Customer implements Serializable {
    ...
```

Listing 8.197 Zwei »@SecondaryTable«-Annotationen innerhalb einer »@SecondaryTables«-Annotation in der Klasse »Customer.java«

Gehen wir nun zurück zu unserem Beispiel mit einer SecondaryTable. Listing 8.198 zeigt den kompletten Code der Klasse Customer.java.

Beachten Sie, dass wir bei den Attributen bankcode und accountNumber die Annotation @Column einsetzen, um bei den Attributen der Sekundärtabelle die Spaltendefinitionen anzugeben.

```
package de.java2enterprise.onlineshop;

import java.io.Serializable;

import javax.persistence.Column;
import javax.persistence.Entity;
import javax.persistence.Id;
import javax.persistence.PrimaryKeyJoinColumn;
import javax.persistence.SecondaryTable;
import javax.persistence.Table;

@Entity
@Table(schema="ONLINESHOP", name="CUSTOMER")
@SecondaryTable(
    schema="ONLINESHOP",
    name="BANKACCOUNT",
    pkJoinColumns=@PrimaryKeyJoinColumn(name="CUSTOMER_ID"))
```

```java
public class Customer implements Serializable {
    private static final long serialVersionUID = 1L;

    @Id
    private Long id;

    private String email;

    private String password;

    @Column(
        table="BANKACCOUNT",
        columnDefinition="BANKCODE")
    private String bankcode;

    @Column(
        table="BANKACCOUNT",
        columnDefinition="ACCOUNTNUMBER")
    private String accountNumber;

    public Long getId() {
        return id;
    }

    public void setId(Long id) {
        this.id = id;
    }

    public String getEmail() {
        return this.email;
    }

    public void setEmail(String email) {
        this.email = email;
    }

    public String getPassword() {
        return this.password;
    }

    public void setPassword(String password) {
        this.password = password;
    }
```

```java
    public String getBankcode() {
        return bankcode;
    }

    public void setBankcode(String bankcode) {
        this.bankcode = bankcode;
    }

    public String getAccountNumber() {
        return accountNumber;
    }

    public void setAccountNumber(String accountNumber) {
        this.accountNumber = accountNumber;
    }
}
```

Listing 8.198 Customer.java

Wenn wir jetzt einen Kunden mit Monats-Abonnement abspeichern möchten, verwenden wir die ausgelagerten Attribute so, als ob sie in einer einzigen Datenbanktabelle enthalten seien:

```java
Customer customer = new Customer();
customer.setId(1L);
customer.setEmail("k@marktware.de");
customer.setPassword("Maria_456");
customer.setBankcode("47110815");
customer.setAccountNumber("1234567890");

em.getTransaction().begin();
em.persist(customer);
em.getTransaction().commit();

final Logger logger = Logger.getLogger("Main");
logger.log(
    Level.INFO,
    em.find(Customer.class, 1L).toString());
```

Listing 8.199 Main.java

8.14.3   Die Spaltenfelder einer separaten Tabelle als Collection beifügen

Eine weitere Möglichkeit, die Spaltenfelder einer separaten Tabelle einer Entity hinzuzufügen, ist, sie als Collection anzulegen. Hierfür benötigen wir die Annotation @ElementCollection.

Diese Variante erinnert an eine klassische 1:n-Beziehung zwischen einer Parent- und einer Child-Tabelle. Erinnern Sie sich an das vorherige Beispiel mit den Sekundärtabellen, die einer 1:1-Beziehung glichen? Hier ist es ähnlich, denn der Unterschied zwischen der echten One-to-many-Assoziation und der Verwendung einer ElementCollection liegt auch hier nur in der Gestaltung der Java-Seite. Die One-to-many-Assoziation ist wieder die komplexere Variante, die auch flexiblere Abfragen erlaubt. Dagegen ermöglicht es die ElementCollection, die separate Tabelle als Teil der JPA-Entity zu modellieren.

Listing 8.200 zeigt den kompletten Quelltext der Klasse Customer:

```java
package de.java2enterprise.onlineshop;

import java.io.Serializable;
import java.util.Collection;

import javax.persistence.CollectionTable;
import javax.persistence.ElementCollection;
import javax.persistence.Entity;
import javax.persistence.Id;
import javax.persistence.Table;

@Entity
@Table(schema="ONLINESHOP", name="CUSTOMER")
public class Customer implements Serializable {
    private static final long serialVersionUID = 1L;

    @Id
    private Long id;

    private String email;

    private String password;

    @ElementCollection
    @CollectionTable(schema="ONLINESHOP", name="BANKACCOUNT")
    private Collection<BankAccount> accessData;

    public Long getId() {
        return id;
```

733

```
        }

        public void setId(Long id) {
            this.id = id;
        }

        public String getEmail() {
            return this.email;
        }

        public void setEmail(String email) {
            this.email = email;
        }

        public String getPassword() {
            return this.password;
        }

        public void setPassword(String password) {
            this.password = password;
        }

        public Collection<BankAccount> getAccessData() {
            return accessData;
        }

        public void setAccessData(Collection<BankAccount> accessData) {
            this.accessData = accessData;
        }
    }
}
```

Listing 8.200 Customer.java

8.14.4   Vererbung und Polymorphie

Zur Jahrtausendwende klang es noch als baldige Wirklichkeit: »objektorientierte Datenbanken«. Aber schon bald stellte sich heraus, dass sich relationale Datenbanken denkbar wenig für die Realisierung von Vererbungshierarchien eignen, denn das Besondere am Konzept der relationalen Datenbanken ist seine schmucklose Einfachheit, und die wollte man in der Informationstechnologie nicht verkomplizieren. Auch der Erfolg der rein objektorientierten Objektdatenbanken steht noch aus. Dennoch gibt es Situationen, in denen man die Vererbung und die Polymorphie eines Domänenmodells in der Persistenz-Schicht modellieren möchte. Aus diesem Grund stellt die JPA verschiedene Strategien zur Verfügung, mit denen sich Vererbungshierarchien auf relationale Datenbanktabellen abbilden lassen.

Die Vererbungsstrategien der JPA nennen sich:

▶ `SINGLE_TABLE`

Alle Klassen einer Hierarchie sind in einer einzelnen Tabelle.

▶ `JOINED`

– Jede Klasse ist einer eigenen Tabelle zugeordnet.

– Jede Tabelle enthält nur die zusätzlichen Attribute der eigenen Klasse.

– Attribute der Vaterklassen werden nicht abgebildet.

▶ `TABLE_PER_CLASS`

– Jede Klasse ist einer eigenen Tabelle zugeordnet.

– Jede Tabelle enthält auch die Attribute der Vaterklassen.

Als Beispiel werden wir nun im Onlineshop zwischen gewöhnlichen registrierten Kunden und Premiumkunden unterscheiden. Premiumkunden sind Kunden, die ein Monats-Abonnement gebucht haben. Deshalb werden wir in ihrem Fall zusätzlich die Bankleitzahl und die Kontonummer persistieren (Abbildung 8.45).

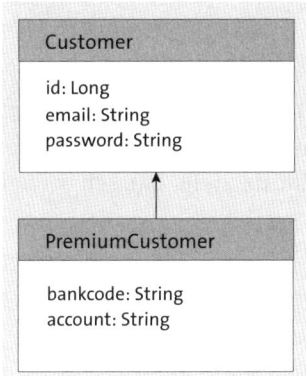

Abbildung 8.45 Die Abbildung der Vererbungshierarchie des Kunden

Vererbungsstrategie »SINGLE_TABLE«

`SINGLE_TABLE` ist die Default-Vererbungsstrategie. Dabei werden alle Attribute der gesamten Klassenhierarchie in einer einzigen denormalisierten Datenbanktabelle durchgepaust. Dies ist die einfachste Variante. Sie kann aber auch zu einer recht großen Datenbanktabelle führen.

Neben den Attributen der gesamten Klassenhierarchie enthält die Datenbanktabelle eine sogenannte *Discriminator*-Spalte, die sich per Default `DTYPE` nennt. Mithilfe dieser Spalte ist das Objekt in der Klassenhierarchie eindeutig identifizierbar. Die Anzahl der Zeichen, die eine Zeichenkette in diesem Spaltenfeld haben darf, werden wir auf 40 setzen, damit wir die Bezeichner der Java-Klassen als Discriminator-Typ verwenden können.

Mit folgendem SQL-Skript werden wir die allumfassende Datenbanktabelle für die Klassenhierarchie des Kunden erzeugen. Denken Sie daran, dass das Skript mit dem Benutzer ONLINESHOP ausgeführt werden muss.

```
DROP TABLE customer;

CREATE TABLE customer (
    dtype       varchar2(40) NOT NULL,
    id          NUMBER(19) PRIMARY KEY,
    email       VARCHAR2(40),
    password    VARCHAR2(10),
    bankcode    varchar2(8),
    account     varchar2(10)
);
GRANT SELECT, INSERT, UPDATE, DELETE
ON customer TO onlineshop_user;

COMMIT;
```

Listing 8.201 single_table.sql

In der Objekthierarchie werden wir lediglich zwei JPA-Entities realisieren. Die erste nennt sich Customer.java. Der zweiten geben wir den Bezeichner PremiumCustomer.java. Weil Customer.java die oberste Klasse unserer fachlichen Klassenhierarchie darstellt, müssen wir bei ihr die folgenden Annotationen beifügen:

▶ @Inheritance

▶ @DiscriminatorColumn

▶ @DiscriminatorValue

```
@Inheritance(strategy=InheritanceType.SINGLE_TABLE)
@DiscriminatorColumn(
    name="DTYPE",
    discriminatorType=DiscriminatorType.STRING
)
```

Listing 8.202 Die Annotation »@Inheritance« und die Annotation »@DiscriminatorColumn« bei der Vererbungshierarchie »SINGLE_TABLE«

Bei der Annotation @Inheritance wird über das Annotationsattribut strategy die Vererbungshierarchie festgelegt. Die Klasse InheritanceType bietet SINGLE_TABLE, TABLE_PER_CLASS und JOINED zur Auswahl an.

Weil SINGLE_TABLE aber auch der Defaultwert ist, brauchen wir bei der Annotation @Inheritance eigentlich überhaupt keine Annotationsattribute zu setzen.

Mit der Annotation @DiscriminatorColumn zeigen wir die Spalte an, die den Standort in der Klassenhierarchie repräsentiert.

Beachten Sie, dass es sich bei dem Bezeichner "DTYPE" um den Defaultwert handelt. Wir können auf diese Angabe also verzichten.

Das zweite Annotationsattribut discriminatorType zeigt den Datentyp an, den die Discriminator-Spalte enthalten darf. Zur Auswahl stehen CHAR, INTEGER und STRING. STRING ist der Defaultwert. Im Beispiel können wir deshalb auch dieses Annotationsattribut weglassen.

Weil wir uns auf die Defaulteinstellungen der Annotation @DiscriminatorColumn einlassen, brauchen wir auch diese Annotation überhaupt nicht zu setzen.

Die Annotation @DiscriminatorValue gibt den Wert der Spalte @DiscriminatorColumn an. Im Onlineshop können wir mit dem Wert "Customer" bzw. "PremiumCustomer" anzeigen, was jeweils zur Unterscheidung in der Spalte DTYPE eingetragen werden soll. Aber auch bei diesen Werten handelt es sich im Onlineshop-Beispiel um die Defaultwerte, denn standardmäßig trägt der Persistenz-Provider den Namen der JPA-Entity als Wert ein. Wieder können wir also aufgrund der Einhaltung der Konvention auf die Annotation verzichten.

Listing 8.203 zeigt schließlich, dass wir lediglich die Annotation @Inheritance benötigen, weil wir uns so gut wie nur möglich an die Defaulteinstellungen halten:

```
package de.java2enterprise.onlineshop;

import java.io.Serializable;
import javax.persistence.DiscriminatorColumn;
import javax.persistence.DiscriminatorType;
import javax.persistence.DiscriminatorValue;
import javax.persistence.Entity;
import javax.persistence.Id;
import javax.persistence.Inheritance;
import javax.persistence.InheritanceType;
import javax.persistence.Table;

@Entity
@Table(
    schema="ONLINESHOP",
    name="CUSTOMER")
@Inheritance
public class Customer implements Serializable {
    private static final long serialVersionUID = 1L;
```

```java
    @Id
    private Long id;

    private String email;

    private String password;

    public Long getId() {
        return id;
    }

    public void setId(Long id) {
        this.id = id;
    }

    public String getEmail() {
        return this.email;
    }

    public void setEmail(String email) {
        this.email = email;
    }

    public String getPassword() {
        return this.password;
    }

    public void setPassword(String password) {
        this.password = password;
    }
}
```

Listing 8.203 Customer.java

Die Kindesklasse `PremiumCustomer.java` ist von der Klasse `Customer.java` abgeleitet. Zusätzlich zu den bisherigen Attributen muss sie die Attribute `bankcode` (Bankleitzahl) und `account` (Konto) implementieren.

Normalerweise wird in den Kindesklassen die Annotation `@DiscriminatorValue` beigefügt, um den Wert für die Discriminator-Spalte festzulegen.

```java
@DiscriminatorValue(value = "PremiumCustomer")
```

Aber auch auf diese Annotation können wir verzichten, wenn wir den Bezeichner der JPA-Entity als Wert für das Spaltenfeld DTYPE verwenden.

Deshalb benötigen wir in dieser Klasse überhaupt keine zusätzliche Annotation:

```java
package de.java2enterprise.onlineshop;

import javax.persistence.DiscriminatorValue;
import javax.persistence.Entity;

@Entity
public class PremiumCustomer extends Customer {
    private static final long serialVersionUID = 1L;

    private String bankcode;

    private String account;

    public String getBankcode() {
        return bankcode;
    }

    public void setBankcode(String bankcode) {
        this.bankcode = bankcode;
    }

    public String getAccount() {
        return account;
    }

    public void setAccount(String account) {
        this.account = account;
    }
}
```

Listing 8.204 PremiumCustomer.java

Um das Beispiel zu testen, werden wir in einer Java-Klasse einen »regulären« Kunden und einen Premiumkunden erzeugen und beide anschließend ausgeben:

```java
package de.java2enterprise.onlineshop;

import java.util.logging.Level;
import java.util.logging.Logger;
```

```java
import javax.persistence.EntityManager;
import javax.persistence.Persistence;

public class Main {
    public static void main(String[] args)
        throws Exception {

        EntityManager em =
            Persistence.
            createEntityManagerFactory(
            "onlineshop-jpa").createEntityManager();

        Customer c = new Customer();
        c.setId(1L);
        c.setEmail("j@java2enterprise.de");
        c.setPassword("Taxi_123");

        PremiumCustomer pc = new PremiumCustomer();
        pc.setId(2L);
        pc.setEmail("k@marktware.de");
        pc.setPassword("Maria_456");
        pc.setBankcode("47110815");
        pc.setAccount("1234567890");

        em.getTransaction().begin();
        em.persist(c);
        em.persist(pc);
        em.getTransaction().commit();

        final Logger logger = Logger.getLogger("Main");
        logger.log(
            Level.INFO,
            em.find(Customer.class, 1L).toString());
        logger.log(
            Level.INFO,
            em.find(Customer.class, 2L).toString());

    }
}
```

Listing 8.205 Main.java

Vererbungsstrategie »JOINED«

Bei der Vererbungsstrategie JOINED werden die Attribute einer Klasse jeweils in einer eigenen gesonderten Tabelle untergebracht. Dabei enthalten die jeweiligen Datenbanktabellen aber auch die Attribute der Vaterklassen.

Mit folgendem Skript werden wir nun zwei Datenbanktabellen erstellen. Wir nennen die Datenbanktabellen CUSTOMER und PREMIUMCUSTOMER. Beide Tabellen benötigen das Spaltenfeld ID, denn hierüber werden wir die Datensätze der beiden Tabellen einander zuordnen. Die Root-Tabelle CUSTOMER stellt das Spaltenfeld DTYPE zur Verfügung, das die eindeutige Zuordnung zu einer bestimmten Klasse innerhalb der Vererbungshierarchie spezifiziert.

Während die Datenbanktabelle CUSTOMER zusätzlich die Attribute EMAIL und PASSWORD enthält, beinhaltet die Datenbanktabelle PREMIUMCUSTOMER nun nur noch die Attribute BANKCODE und ACCOUNT:

```
DROP TABLE customer;
DROP TABLE premiumcustomer;

CREATE TABLE customer (
    dtype       VARCHAR2(40) NOT NULL,
    id          NUMBER(19) PRIMARY KEY,
    email       VARCHAR2(40),
    password    VARCHAR2(10)
);
GRANT SELECT, INSERT, UPDATE, DELETE
ON customer TO onlineshop_user;

CREATE TABLE premiumcustomer (
    id          NUMBER(19) PRIMARY KEY,
    bankcode    VARCHAR2(8),
    account     VARCHAR2(10)
);
GRANT SELECT, INSERT, UPDATE, DELETE
ON premiumcustomer TO onlineshop_user;

COMMIT;
```

Listing 8.206 joined.sql

In der Klasse Customer müssen wir nun den InheritanceType.JOINED einsetzen:

```
...
@Entity
@Table(
        schema="ONLINESHOP",
```

```
        name="CUSTOMER")
@Inheritance(strategy=InheritanceType.JOINED)
public class Customer implements Serializable {
    private static final long serialVersionUID = 1L;
...
```

Listing 8.207 Customer.java

Vererbungsstrategie »TABLE_PER_CLASS«

Auch bei der Vererbungsstrategie TABLE_PER_CLASS werden die Attribute einer Klasse jeweils in einer gesonderten Tabelle untergebracht. Dabei enthalten die jeweiligen Datenbanktabellen aber auch alle Attribute der Vaterklassen. Ein DTYPE-Spaltenfeld brauchen wir nun nicht mehr.

Mit folgendem Skript werden wir die beiden Datenbanktabellen CUSTOMER und PREMIUMCUSTOMER erstellen:

```
DROP TABLE customer;
DROP TABLE premiumcustomer;

CREATE TABLE customer (
    id          NUMBER(19) PRIMARY KEY,
    email       VARCHAR2(40),
    password    VARCHAR2(10)
);
GRANT SELECT, INSERT, UPDATE, DELETE
ON customer TO onlineshop_user;

CREATE TABLE premiumcustomer (
    id          NUMBER(19) PRIMARY KEY,
    email       VARCHAR2(40),
    password    VARCHAR2(10),
    bankcode    VARCHAR2(8),
    account     VARCHAR2(10)
);
GRANT SELECT, INSERT, UPDATE, DELETE
ON premiumcustomer TO onlineshop_user;

COMMIT;
```

Listing 8.208 table_per_class.sql

In der Klasse Customer.java müssen wir den InheritanceType nun auf TABLE_PER_CLASS umstellen:

```
...
@Entity
@Table(schema="ONLINESHOP", name="CUSTOMER")
@Inheritance(strategy=InheritanceType.TABLE_PER_CLASS)
public class Customer implements Serializable {
...
```

Listing 8.209 Die Annotation für die Vererbungsstrategie »TABLE_PER_CLASS«

Das Besondere an der Vererbungshierarchie TABLE_PER_CLASS ist, dass jede Entity nun in einer eigenen Datenbanktabelle abgelegt wird. Wenn Sie das Programm Main.java ausführen, wird ein Datensatz in die Tabelle CUSTOMER und ein Datensatz in die Tabelle PREMIUMCUSTO-MER eingetragen.

Entity-Attribute aus »gewöhnlichen« Vaterklassen erben

Die Vererbungshierarchie der JPA-Entities braucht nicht durchweg aus JPA-Entities zu bestehen, denn eine JPA-Entity kann von einer beliebigen Java-Klasse abgeleitet sein. Allerdings werden die Attribute der nicht persistenten Vaterklassen beim Persistieren ignoriert.

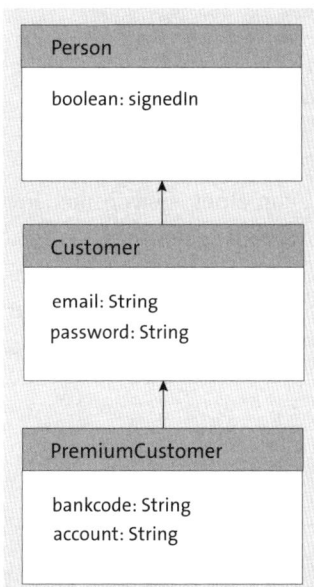

Abbildung 8.46 Die JPA-Entity »Customer« ist von einer »gewöhnlichen« Java-Klasse abgeleitet.

Beispielsweise zeigt Abbildung 8.46 eine gewöhnliche Java-Klasse, die den Namen Person trägt. Person besitzt das Attribut signedIn. Die ableitende Klasse der JPA-Entity Customer umgeht das Attribut signedIn, wenn es um das Persistieren geht.

743

In besonders seltenen Fällen wäre es aber nützlich, wenn eine JPA-Entity zwar von einer »gewöhnlichen« Java-Klasse abgeleitet ist, die Vaterattribute aber als Gegenstücke zu ihrer Datenbanktabelle verwerten kann. Das folgende Beispiel verdeutlicht diesen Sonderfall.

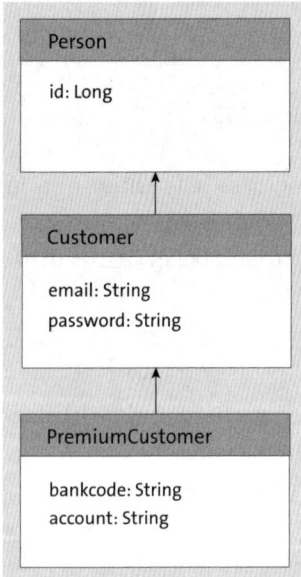

Abbildung 8.47 Die JPA-Entity »Customer« ist von einer »gewöhnlichen« Java-Klasse abgeleitet, die mit der Annotation »@MappedSuperClass« versehen ist.

In Abbildung 8.47 sehen Sie die JPA-Entity Customer. Customer ist von einer »gewöhnlichen« Java-Klasse abgeleitet, die sich Person nennt. Allerdings soll das Attribut id der Klasse Person als Gegenstück zu einem Spaltenfeld gemappt werden, ohne dass Person zu einer Datenbanktabelle gemappt wird. Für diesen Zweck wird die JPA-Annotation @MappedSuperClass zur Verfügung gestellt:

```
package de.java2enterprise.onlineshop;

import java.io.Serializable;
import javax.persistence.Id;
import javax.persistence.MappedSuperclass;

@MappedSuperclass
public class Person implements Serializable {
    private static final long serialVersionUID = 1L;

    @Id
    private Long id;
```

```
public Long getId() {
    return id;
}

public void setId(Long id) {
    this.id = id;
}
}
```

Listing 8.210 Person.java

8.14.5   Konkurrierende Zugriffe steuern

Wenn zwei Prozesse gleichzeitig auf einen Datensatz zugreifen, stellt sich immer die Frage, ob sie parallel oder sequenziell ablaufen sollen. Bei einer relationalen Datenbank kann man zu diesem Zweck spezielle Isolation-Levels bestimmen. Die Bedeutung von Isolation-Levels habe ich in Kapitel 6, »Die relationale Datenbank«, beschrieben und dort die Isolation-Levels READ UNCOMMITTED, READ COMMITTED, REPEATABLE-READ und SERIALIZABLE gezeigt. Hierbei spricht man auch von *optimistischem* bzw. *pessimistischem Locking*.

Der optimistischste Isolation-Level ist READ UNCOMMITTED. Er hat den Vorteil, dass unterschiedliche Transaktionen zeitgleich ausgeführt werden können. Dies ist zur Laufzeit die schnellste Variante. Man geht ganz einfach davon aus, dass sich zwei Lese- oder Speichervorgänge nicht in die Quere kommen werden. Dieser Optimismus birgt aber das Risiko, dass ein irritierendes Phänomen, wie beispielsweise der DIRTY READ, auftritt. Mit DIRTY READ ist gemeint, dass Daten gesehen werden, die noch nicht COMMITTED sind. Bei unwichtigen Geschäftsdaten mag das kein großes Problem darstellen. Bei Geldangelegenheiten sollten Sie hingegen ein pessimistisches Vorgehen bevorzugen, um die Anwendung und die Datenbank konsistent zu halten.

Etwas restriktiver ist der Isolation-Level READ COMMITTED. In Kapitel 6 habe ich gesagt, dass bei der Oracle Database der Isolation-Level READ COMMITTED per Default eingestellt ist. Aber nicht nur bei der Oracle Database ist READ COMMITTED der Default-Isolation-Level, sondern auch bei vielen anderen relationalen Datenbanken, wie zum Beispiel MySQL, MS SQL Server und PostgreSQL. Bei READ COMMITTED kann ein Datensatz von zwei unterschiedlichen Transaktionen gelesen werden. Die Änderung eines Datensatzes erfolgt aber nur sequenziell. Das bedeutet, dass die erste Transaktion erst abgeschlossen werden muss, bevor die zweite Transaktion ihren Schreibvorgang ausführen darf. Dies führt dazu, dass eine Transaktion, die hinten ansteht, eventuell eine Weile warten muss. Aber trotz dieser Restriktion birgt dieser Isolation-Level dennoch eine große Gefahr, denn theoretisch ist es möglich, dass die Geschäftsdaten, die einem Benutzer angezeigt werden, gar nicht aktuell sind. Das bedeutet, dass die Voraussetzung, auf die sich die zweite Änderung stützt, eventuell überhaupt nicht gegeben ist.

Auch eine Anhebung auf einen pessimistischeren Isolation-Level wäre keine Lösung, denn selbst wenn wir ihn auf REPEATABLE READ oder auf SERIALIZABLE setzen würden, kann nicht gewährleistet werden, dass die Kopie der Geschäftsdaten, die der Benutzer sieht, noch aktuell ist.

Versionierung

Eine besondere Technik löst dieses Problem, indem jeder Datenbanktabelle ein zusätzliches Spaltenfeld hinzugefügt wird. Dieses Spaltenfeld merkt sich den Zustand eines Datensatzes, indem es ihn als Versionsnummer registriert. Der Datentyp des Spaltenfeldes kann numerischer Natur oder auch ein Zeitpunkt sein, aber meistens verwendet man eine Zahl.

Die JPA ist in der Lage, dieses Konstrukt automatisch zu unterstützen. Im Onlineshop-Beispiel werden wir nun der Datenbanktabelle CUSTOMER ein solches Spaltenfeld hinzufügen. Wir nennen das neue Spaltenfeld VERSION. Den Datentyp legen wir als NUMBER(19) fest:

```sql
DROP TABLE customer;

CREATE TABLE customer (
    id          NUMBER(19) PRIMARY KEY,
    version     NUMBER(19) NOT NULL,
    email       VARCHAR2(40) NOT NULL UNIQUE,
    password    VARCHAR2(10) NOT NULL
        CHECK(LENGTH(password)>=6)
);
GRANT SELECT, INSERT, UPDATE, DELETE
ON customer TO onlineshop_user;
```

Listing 8.211 CUSTOMER.sql

In der JPA-Entity Customer.java legen wir ein neues Attribut an, das wir mit der Annotation @Version versehen. Der Datentyp dieses Attributs dürfte theoretisch ein int, Integer, short, Short, long, Long oder Timestamp sein. Für das Beispiel setzen wir es auf Long. Getter- oder Setter-Methoden benötigen wir keine, denn es ist nicht die Aufgabe der Anwendung, den Versionswert abzuändern – dies ist eine Obliegenheit des Frameworks.

```java
package de.java2enterprise.onlineshop.model;

import java.io.Serializable;
import javax.persistence.Entity;
import javax.persistence.Id;
import javax.persistence.Table;
import javax.persistence.Version;

@Entity
```

```
@Table(schema="ONLINESHOP", name="CUSTOMER")
public class Customer implements Serializable {
    private static final long serialVersionUID = 1L;

    @Id
    private Long id;

    @Version
    private Long version;

    private String email;

    private String password;

    // Getter- und Setter-Methoden

    // hashCode()-, equals()- und toString()-Methoden
}
```

Listing 8.212 Customer.java

Beim erstmaligen Persistieren eines Kunden erhält der Kunde automatisch die Version 1. Das Besondere an dem Attribut version ist aber, dass von nun an jegliche Änderung des Datensatzes ohne unser Zutun mit einer neuen Version gekennzeichnet wird. Ändern wir beispielsweise das Passwort des Kunden, so vergibt das Framework gleichzeitig eine neue Version, nämlich die Zahl 2. Bei der folgenden Transaktion werden die Spaltenfelder password und version zum Transaktionsende abgeändert:

```
EntityManager em =
    Persistence.createEntityManagerFactory(
        "onlineshop-jpa").createEntityManager();

em.getTransaction().begin();
Customer c = em.find(Customer.class, 1L);
c.setPassword("Taxi_456");
em.merge(c);
em.getTransaction().commit();
```

Listing 8.213 Main.java

Eine zweite Transaktion könnte den gleichen Datensatz nun ebenfalls ausgelesen haben, als dieser noch das alte Passwort "Taxi_123" und die Version 1 enthielt. Würde diese zweite Transaktion aber das Passwort auf "Taxi_789" abändern wollen, nachdem die erste Transaktion mit ihrer Änderung fertig ist, würde ihr das nicht gelingen, denn die JPA würde vorab überprüfen, ob sich die Versionsnummer zwischenzeitlich geändert hat. Weicht die Versionsnummer ab, wird eine `javax.persistence.OptimisticLockException` geworfen.

Die Locking-Modi der JPA

Neben den Isolation-Levels, die Sie bei einer relationalen Datenbank einstellen können, und neben der Technik mit der Versionsspalte bietet die JPA eigene Locking-Modi, mit denen die Lese- und Schreibvorgänge auf JPA-Entities voneinander isoliert werden können. Grundsätzlich unterscheidet die JPA zwischen:

▸ OPTIMISTIC

▸ PESSIMISTIC

Mit OPTIMISTIC ist gemeint, dass in zwei Transaktionen parallel mit der gleichen Entität gearbeitet werden darf. Beim PESSIMISTIC Locking-Modus hingegen ist eine JPA-Entity während einer Transaktion blockiert. Neben diesem Kriterium wird auch noch unterschieden, ob und wann die Versionsnummer hochgezählt werden soll. Hieraus resultieren folgende fünf Locking-Modi:

▸ OPTIMISTIC

▸ OPTIMISTIC_FORCE_INCREMENT

▸ PESSIMISTIC_READ und PESSIMISTIC_WRITE

▸ PESSIMISTIC_FORCE_INCREMENT

In einer früheren Version gab es keine PESSIMISTIC-Locking-Modi, denn damals wurde lediglich zwischen zwei Konstanten unterschieden, nämlich READ und WRITE. Diese beiden Locking-Modi sind veraltet, wurden aber aus Kompatibilitätsgründen in der API belassen. Dabei entspricht READ dem derzeitigen Locking-Modus OPTIMISTIC. **WRITE** ist hingegen ein Synonym für OPTIMISTIC_FORCE_INCREMENT.

Neben den fünf Locking-Modi existiert der Modus NONE, der auch der Defaultmodus ist. Dies ist eigentlich kein eigener Locking-Modus, sondern besagt lediglich, dass bei JPA-Entities ohne Versionierung wie beim Locking-Modus OPTIMISTIC vorgegangen wird und bei JPA-Entities mit Versionierung wie beim Locking-Modus OPTIMISTIC_FORCE_INCREMENT.

Als wir im letzten Beispiel Versionen von JPA-Entities erstellten, haben wir deshalb bereits einen der Modi verwendet, denn wenn wir ein Versionsattribut in einer JPA-Entity angelegt haben, geht die JPA automatisch davon aus, dass wir dieses auch zur Isolierung von Schreibzugriffen einsetzen wollen.

Um den Locking-Modus zu setzen, gibt es folgende Alternativen:

▸ `EntityManager.lock()`:

```
em.lock(customer,
LockModeType.OPTIMISTIC);
```

▶ `EntityManager.find()`:

```
Customer c =
em.find(Customer.class, 1L,
LockModeType.OPTIMISTIC);
```

▶ `EntityManager.refresh()`:

```
em.refresh(customer, LockModeType.OPTIMISTIC);
```

▶ `Query.setLockMode()`:

```
Query q = em.createQuery("FROM Customer c");
q.setLockMode(LockModeType.OPTIMISTIC);
```

▶ `@NamedQuery`:

```
@NamedQuery(
name="findAll",
query="FROM Customer c",
lockMode=OPTIMISTIC)
```

Wir schauen uns nun die fünf verschiedenen Locking-Modi der JPA im Einzelnen an. Dabei betrachten wir den Fall, dass in zwei Transaktionen auf eine JPA-Entity zugegriffen wird. In der Datenbanktabelle steht folgender Datensatz:

ID	VERSION	EMAIL	PASSWORD
1	1	j@java2enterprise.de	Taxi_123

OPTIMISTIC

Wir beginnen mit dem Locking-Modus `OPTIMISTIC`. In der ersten Transaktion versuchen wir, das Passwort auf `Taxi_456` zu setzen:

```
em.getTransaction().begin();
Customer c = em.find(Customer.class, 1L);
    em.lock(customer, LockModeType.OPTIMISTIC);
c.setPassword("Taxi_456");
em.merge(c);
em.getTransaction().commit();
```

Listing 8.214 Main.java

Auch in der zweiten Transaktion ändern wir das Passwort, nur setzen wir es diesmal auf `Taxi_789`:

```
em.getTransaction().begin();
Customer c = em.find(Customer.class, 1L);
```

```
    em.lock(customer, LockModeType.OPTIMISTIC);
    c.setPassword("Taxi_789");
em.merge(c);
em.getTransaction().commit();
```

Listing 8.215 Main.java

Die beiden Transaktionen lassen wir fast zeitgleich ablaufen, jedoch starten wir die erste Transaktion kurz vor der zweiten. Während des Programms laufen hierbei beide Transaktionen ganz ungestört parallel ab. Zunächst schreibt die erste Transaktion das Passwort Taxi_456, und danach schreibt die zweite Transaktion das Passwort Taxi_789 in die Tabelle. Nachdem die beiden Transaktionen durchgelaufen sind, wird immer noch der Wert 1 im Spaltenfeld VERSION stehen, denn der Locking-Modus OPTIMISTIC verwendet das Versionsattribut überhaupt nicht.

OPTIMISTIC_FORCE_INCREMENT

Im nächsten Beispiel werden wir den Locking-Modus OPTIMISTIC_FORCE_INCREMENT einsetzen:

```
...
em.lock(customer,
LockModeType.OPTIMISTIC_FORCE_INCREMENT);
...
```

Listing 8.216 Main.java

Auch bei diesem Locking-Modus werden beide Transaktionen parallel nebeneinander ablaufen. Wenn die erste Transaktion die Entity abändert, erhöht sich die Version. In der zweiten Transaktion wird die Speicherung hingegen verweigert, weil der Vorgang nur durchgeführt werden kann, wenn sich zwischenzeitlich die Versionsnummer nicht geändert hat.

PESSIMISTIC_READ« und »PESSIMISTIC WRITE

Bei diesen Locking-Modi wird die JPA-Entity von der ersten Transaktion blockiert. Wenn kein Schreibvorgang erfolgt, wird auch die Versionsnummer nicht inkrementiert.

Der Locking-Modus PESSIMISTIC_READ sollte eigentlich erlauben, dass die zweite Transaktion lesend auf die Entity zugreift, jedoch ist dies aktuell von den Persistence-Providern noch nicht implementiert.

```
...
em.lock(customer,
    LockModeType.PESSIMISTIC_WRITE);
...
```

Listing 8.217 Main.java

PESSIMISTIC_FORCE_INCREMENT

Auch hier werden bei der ersten Transaktion alle Zugriffe auf die Entity blockiert. Der Unterschied zu `PESSIMISTIC_WRITE` ist lediglich, dass die Versionsnummer inkrementiert wird, auch wenn kein Schreibvorgang stattgefunden hat:

```
...
em.lock(customer,
    LockModeType. PESSIMISTIC_FORCE_INCREMENT);
...
```

Listing 8.218 Main.java

8.14.6 Native SQL-Abfragen

Die Möglichkeiten, die JPQL und die Criteria-API bieten, sind schon sehr mächtig. In manchen Fällen bieten diese beiden APIs aber nicht den gleichen Leistungsumfang wie natives SQL. Stellen Sie sich beispielsweise ein Konsolidierungsprogramm einer Großbank vor. Stetig laufen dort Geschäftsdaten zusammen, die die Kreditvergabe an Kunden und deren Rückzahlung an die einzelnen Niederlassungen widerspiegeln. Um zu jedem Zeitpunkt zu wissen, ob die Großbank selbst noch liquide ist, erstellen Experten komplexe SQL-Abfragen, die sich über mehrere DIN-A4-Seiten hinweg ziehen. Gleichzeitig bieten professionelle Datenbanken wie die Oracle Database oder IBM DB2 spezielle Programme an, die die komplexe SQL-Anweisung so weiterverarbeiten, dass sie in einem Bruchteil der üblichen Laufzeit ausgeführt werden kann. Die auf diese Weise entstandenen Abfragen können nicht in eine JPQL- oder Criteria-Query umgewandelt werden.

Die Einbindung einer einfachen SQL-Abfrage

Um bei der oben beschriebenen Problematik kein JDBC verwenden zu müssen, bietet die JPA die Möglichkeit an, die nativen ANSI-SQL-Anweisungen in das JPA-Programm zu integrieren.

In Listing 8.219 wird die Methode `createNativeQuery()` eingesetzt, die eine native SQL-Abfrage als Parameter entgegennimmt:

```
Query query =
    em.createNativeQuery(
    "SELECT id, email, password FROM onlineshop.customer");
...
```

Listing 8.219 Die Einbindung einer einfachen SQL-Abfrage

Die oben gezeigte Anweisung hat den Nachteil, dass die Ergebnismenge der JPA-Entity Customer nicht automatisch zugewiesen werden kann, obwohl die Ergebnismenge doch nur Attribute der Klasse Customer liefert. Die Methode kann aber auch mit der Klasse einer JPA-Entity als zusätzlichem Parameter aufgerufen werden, der die Typisierung der Ergebnismenge spezifiziert und die automatisierte Erzeugung von JPA-Entities hierdurch ermöglicht:

```
Query query =
    em.createNativeQuery(
    "SELECT id, email, password FROM onlineshop.customer"
    , Customer.class);

List<Customer> customers = query.getResultList();
...
```

Listing 8.220 Die Einbindung einer einfachen SQL-Abfrage mit typisierter Ergebnismenge

Vordeklarierte SQL-Abfragen

Genauso wie JPQL-Queries können auch Native Queries unter einem festzulegenden Bezeichner vordeklariert werden. Mithilfe der Annotation @NamedNativeQuery setzen Sie die native SQL-Abfrage vor eine Klassendefinition. Listing 8.221 zeigt, wie Sie die SQL-Abfrage der Onlineshop-Kunden vordeklarieren:

```
...
@Entity
@Table(schema="ONLINESHOP", name="CUSTOMER")
@NamedNativeQuery(
    name="Customer.findAll",
    query=
    "SELECT id, email, password FROM onlineshop.customer"
, resultClass=Customer.class)
public class Customer implements Serializable {
...
```

Listing 8.221 NamedNativeQuery

Während die Attribut-Annotationen name und query die gleiche Bedeutung wie bei der Annotation @NamedQuery für JPQL-Abfragen haben, wird mit der Attribut-Annotation resultClass=Customer.class die Typisierung erlangt.

Wenn bei einer JPA-Entity mehr als eine NamedNativeQuery vordeklariert sind, werden die gesamten NamedNativeQueries mithilfe der Annotation @NamedNativeQueries umfasst:

```
...
@Entity
@Table(schema="ONLINESHOP", name="CUSTOMER")
@NamedNativeQueries({
    @NamedNativeQuery(
        name="Customer.findAll",
```

```
        query=
        "SELECT id, email, password "
        + "FROM onlineshop.customer"
        , resultClass=Customer.class),
    @NamedNativeQuery(
        name="Customer.find",
        query=
        "SELECT id, email, password "
        + "FROM onlineshop.customer "
        + "WHERE email=:email "
        + "AND password=:password"
        , resultClass=Customer.class)
})
public class Customer implements Serializable {
...
```

Listing 8.222 NamedNativeQueries

Im Programm wird die `NamedNativeQuery` genauso wie eine Named Query aufgerufen, nämlich mit der Methode `EntityManager.createNamedQuery()`:

```
...
EntityManager em = emf.createEntityManager();
Query query = em.createNamedQuery("Customer.findAll");
List<Customer> customers = query.getResultList();
...
```

Listing 8.223 Main.java

Das Mapping auf eine individuelle Ergebnismenge

Im obigen Beispiel konnten wir eine Typisierung erzielen, weil es sich bei der Ergebnismenge stets um eine einzige JPA-Entity handelte. Anders sieht es in dem Fall aus, dass die Ergebnismenge nicht auf eine einzelne JPA-Entity gemappt werden kann. Für diesen Zweck bietet die JPA die Annotation `@SqlResultSetMapping` an.

Der Annotation `@SqlResultSetMapping` müssen wir einen Namen zuweisen, genauso wie wir es bei der Named Query getan haben. Innerhalb der Annotation `@SqlResultMapping` können Sie sehr flexibel arbeiten, denn über die Attribut-Annotationen `entities`, `columns` und `classes` können Sie nun unterschiedliche Ergebnismengen miteinander kombinieren.

Im folgenden Beispiel nutzen wir die Annotation, um einfach wieder die Ergebnismenge auf die JPA-Entity `Customer.java` zu mappen. Dabei erstellen wir zunächst ein `SqlResultSetMapping`, das wir `CustomerMapping` nennen. Die zurückgegebene Ergebnismenge zeigen wir mithilfe der Attribut-Annotation entities an. Wir übergeben ihr den Ausdruck @Entity-Result(entityClass=Customer.class).

Auf das SqlResultSetMapping können wir dann in der Annotation @NamedNativeQuery über die Attribut-Annotation resultSetMapping referenzieren:

```
...
@Entity
@Table(schema="ONLINESHOP", name="CUSTOMER")
@SqlResultSetMapping(
    name = "CustomerMapping",
    entities={@EntityResult(entityClass=Customer.class)}
)
@NamedNativeQuery(
    name="Customer.findAll",
    query="SELECT id, email, password "
+ "FROM onlineshop.customer", resultSetMapping="CustomerMapping")
public class Customer implements Serializable {
...
```

Listing 8.224 Customer.java

Die Abfrage kann genauso genutzt werden, wie wir es im vorherigen Beispiel programmiert haben. Über die Methode createNamedQuery() besorgen wir wieder ein Objekt der Klasse Query; über dieses Objekt erhalten wir nun wieder eine typisierte Ergebnismenge:

```
...
EntityManager em = emf.createEntityManager();
Query query = em.createNamedQuery("Customer.findAll");
List<Customer> customers = query.getResultList();
final Logger logger = Logger.getLogger("Main");
for(Customer customer : customers) {
    logger.log(Level.INFO, customer.toString());
}
...
```

Listing 8.225 Main.java

In dem letzten Beispiel mussten die Spaltennamen der SQL-Abfrage genauso benannt sein wie die Attribute der JPA-Entity, damit eine Zuordnung stattfinden konnte. In manchen Fällen ist diese Voraussetzung aber nicht gegeben. Aus diesem Grund kann bei der Annotation @EntityResult das Annotationsattribut fields gesetzt werden. In der Klammer des Annotationsattributs kann jede Spalte zu einem Attribut gemappt werden. Das Mapping erfolgt mithilfe der Annotation @FieldResult, das die Angaben über seine Elemente column und name zuordnet:

```
...
@Entity
@Table(schema="ONLINESHOP", name="CUSTOMER")
@SqlResultSetMapping(
        name = "CustomerMapping",
        entities={
            @EntityResult(
                entityClass=Customer.class,
                fields={
                    @FieldResult(
                        column = "email",
                        name = "email"),
                    @FieldResult(
                        column = "password",
                        name = "password")
                }
            )}
        )
@NamedNativeQuery(
    name="Customer.findAll",
    query="SELECT id, email, password "
    + "FROM onlineshop.customer", resultSetMapping="CustomerMapping")
public class Customer implements Serializable {
...
```

Listing 8.226 Customer.java

Bei der Verwendung ändert sich nichts, denn wir erhalten wieder eine Liste von JPA-Entities als Ergebnismenge zurück:

```
Query query = em.createNamedQuery("Customer.findAll");
List<Customer> customers = query.getResultList();
```

Listing 8.227 Main.java

Unverwaltete Ergebnismengen

Im nächsten Beispiel werden wir uns nun einzelne Felder der JPA-Entity besorgen. Statt der Attribut-Annotation entities verwenden wir jetzt die Attribut-Annotation columns. Innerhalb von columns geben wir die Feldnamen an, die wir in der Ergebnismenge benötigen. Jeder Feldname wird mithilfe der Annotation @ColumnResult angezeigt:

```
...
@Entity
@Table(schema="ONLINESHOP", name="CUSTOMER")
```

```
@SqlResultSetMapping(
    name = "CustomerMapping",
    columns={
        @ColumnResult(name="email"),
        @ColumnResult(name="password")}
    )
@NamedNativeQuery(
    name="Customer.findAll",
    query="SELECT id, email, password "
    + "FROM onlineshop.customer", resultSetMapping="CustomerMapping")
public class Customer implements Serializable {
...
```

Listing 8.228 Customer.java

Dieses Konstrukt verwenden wir nun im Programm genauso, wie ich es bei der unverwalteten Ergebnismenge mit JPQL gezeigt habe, denn wenn die Ergebnismenge keiner JPA-Entity eindeutig zugeordnet werden kann, liefert die JPA als Rückgabewert eine Liste von Objekt-Arrays:

```
...
Query query = em.createNamedQuery("Customer.findAll");
List<Object[]> accessdatas = query.getResultList();
final Logger logger = Logger.getLogger("Main");
for(Object[] accessdata : accessdatas) {
    logger.log(
        Level.INFO,
        "Email: " + accessdata[0] +
        "Password: " + accessdata[1]);
}
...
```

Listing 8.229 Main.java

Kapitel 9
Java Server Faces

»Der Neurotiker zieht sein bekanntes Unglück dem unbekannten Glück vor.«
(Sprichwort)

JavaServer Faces (JSF) ist ein High-Level-Framework für Java-basierte Webanwendungen. Wie bei der Low-Level-Technologie Servlets handelt es sich also wieder um die Entwicklung des Frontends einer Java EE-Anwendung. Allerdings bezeichnet die Java EE-Spezifikation die Technologie JSF als High-Level-Framework, denn mithilfe einer weiteren Abstraktionsschicht wird die Entwicklung des Frontends weiter vereinfacht. JSF bietet jedoch ein anderes Paradigma als Servlets an, denn während man bei Servlets von einem anfragebasierten Framework spricht, betrachtet man JSF als ein komponentenbasiertes Framework.

Beim anfragebasierten Framework liegt der Fokus auf dem HTTP-Request des Webbrowsers. Jeder HTTP-Request wird als eigene Aktion betrachtet. Deshalb spricht man bei einem anfragebasierten Framework auch von einem *Action-based Web-Framework*. Beim *Action-based Web-Framework* stellt die Anwendung zunächst die Intention der Anfrage fest, indem sie die mitgelieferten Parameter auswertet, um hierauf die passende HTTP-Response zu liefern. Beispielsweise wird im Servlet die Generierung der clientseitigen Präsentationsschicht mithilfe der manuellen Entwicklung von HTML, JavaScript und CSS-Bestandteilen programmiert.

Das Ziel eines komponentenbasierten Frameworks ist hingegen, den Entwickler von dieser Tätigkeit zu entlassen. Während der HTTP-Request im Verborgenen verarbeitet wird, stehen die JSF-Komponenten als High-Level-Abstraktionsschicht im Fokus.

Die Entwicklung von JSF begann im Jahr 2001. Das Final Release der Version 1.0 erschien im Jahr 2004. Anfangs gehörte JSF noch nicht zum Java EE-Standard. Nachdem jedoch wichtige Erkenntnisse und neue Erfindungen aus der Open-Source-Gemeinde in die JSF-Version 1.2 eingeflossen waren, wurde es schließlich im Jahr 2006 als fester Bestandteil in Java EE 5 integriert. Der eigentliche Durchbruch kam aber erst mit der Spezifikation Java EE 6, als die *Java Server Faces* in Version 2.0 aufgenommen wurden. JSF 2.0 brachte so viele Vereinfachungen mit sich, dass es seither als Standard-Komponenten-Framework für das Frontend einer Java EE-Anwendung nicht mehr wegzudenken ist. Über die Jahre wurde JSF immer weiter optimiert und mit neueren Webtechnologien angereichert. Beispielsweise wurde Ajax eingebaut, und Webflows wurden eingeführt, mit denen der Sitzungszustand (Session-State) über mehrere Anfragen hinweg beibehalten wird.

Bei der Java EE-Version 8 wurde die aktuelle JSF-Version 2.3 eingearbeitet. JSF 2.3 bringt zahl-reiche Verbesserungen. Insbesondere lag der Fokus in der Unterstützung der Features von Java SE 8 und CDI. Die Spezifikation können Sie von folgender URL herunterladen: *https:// jcp.org/en/jsr/detail?id=372*.

Wenn Sie an dieser Stelle des Buches angelangt sind, brauche ich es nicht mehr zu erwähnen, dass auch diese Spezifikation von Softwareherstellern als Implementierung realisiert wer-den muss, damit sie als Technologie verwendet werden kann. Die Firma Oracle bietet eine eigene Referenzimplementierung an, die sich *Mojarra* nennt. Dieser Implementierung wer-den wir im Buch den Vorzug geben. Als wichtigstes Konkurrenzprodukt gilt *MyFaces*. My-Faces stammt aus der Schmiede der *Apache Software Foundation*.

Ein markantes Merkmal von JSF gegenüber der Servlet-Variante ist, dass für die clientseitige Präsentationsschicht statt JSPs *Facelets* eingesetzt werden. Grundsätzlich können auch JSPs verwendet werden. Dies war sogar einmal standardmäßig vorgesehen, denn JSPs stellten anfangs die Default-*View-Definition-Language* (*VDL*) von Java Server Faces dar. Mit der JSF-Version 2.0 (Java EE 6) legte man jedoch fest, dass die JSPs durch Facelets ersetzt werden sollen.

Facelets basieren auf der XML-Technologie und wurden im Jahre 2005 im Rahmen des JSR 252 von Jacob Hookom entwickelt. Genauso wie bei einer JSP können auch bei einem Facelet die Geschäftsdaten mithilfe der *Expression Language* verarbeitet werden. Die Expression Language für Facelets wird *JSF-EL* genannt. Im Unterschied zur JSP-EL verwendet man bei der JSF-EL zur Einleitung kein Dollarzeichen, sondern eine Raute. JSF-EL gehört genauso wie JSP-EL zur *Unified EL 3.0*.

Facelets bieten einige Vorteile gegenüber den Java Server Pages. Die wichtigsten Argumente für Facelets sind:

▶ **Facelets sind performanter.**
Weil JSPs erst zur Laufzeit erzeugte Servlets sind, ist die automatische Zwischenspei-cherung der Ansicht sehr umständlich. Hiervon bekommt der Entwickler der View-Komponenten zwar zunächst nichts mit, aber diese Altlast führt zu einem trägen Laufzeit-verhalten.

▶ **Facelets sind komfortabler.**
Attribute von benutzerdefinierten JSP-Tags müssen explizit in einer TLD definiert sein. Dies ist umständlich. Bei Facelets resultieren Attribute hingegen ganz einfach daraus, dass man eine entsprechende Property in der UI-Komponente deklariert.

▶ **Facelets bieten das Templating.**
Um die Ansicht kachelartig aufzubauen, können Sie bei Facelets eine spezielle Template-Technik verwenden (ich werde sie in Abschnitt 9.8 zeigen.) Dieses sogenannte *Templating* gehört bei Facelets zu den Kernaufgaben eines Entwicklers. Bei JSPs ist hierfür ein zusätz-liches Framework wie *Tiles* erforderlich.

Innerhalb der Facelets können Sie verschiedene UI-Komponenten der JSF-Standardbibliothek einsetzen. Sie wurden in folgende zwei Pakete unterteilt (Tabelle 9.1).

Bezeichnung/URI	Präfix	Beschreibung
JSF-HTML-UI-Komponenten *http://xmlns.jcp.org/jsf/html*	h	Tags zur grafischen Darstellung der Benutzeroberfläche
JSF-Core-UI-Komponenten *http://xmlns.jcp.org/jsf/core*	f	Tags, die unabhängig von der Darstellung sind. Beispielsweise gehören hierzu die Konvertierung und die Validierung der Geschäftsdaten oder auch die ActionListener.

Tabelle 9.1 Die Pakete für die UI-Komponenten

Zusätzlich zu den oben aufgelisteten UI-Komponenten können sogenannte *HTML5-friendly Pass-through-UI-Komponenten* und HTML5-freundliche Pass-through-Attribute verwendet werden.

Bezeichnung/URI	Präfix	Beschreibung
JSF-Pass-through-UI-Komponenten *http://xmlns.jcp.org/jsf*	p	Tags für die HTML5-freundliche Markup-Technik
JSF-Pass-through-Attribute *http://xmlns.jcp.org/jsf/passthrough*	jsf	Tags für die HTML5-freundliche Markup-Technik

Tabelle 9.2 Die Pakete für die HTML5-friendly Pass-through-UI-Komponenten und HTML5-friendly Pass-through-Attribute

Außerdem besitzen Facelets eigene UI-Komponenten, die beispielsweise das Templating ermöglichen.

Bezeichnung/URI	Präfix	Beschreibung
JSF-Templating *http://xmlns.jcp.org/jsf/facelets*	ui	Tags für das Templating

Tabelle 9.3 Die Pakete für das UI-Templating

Genauso wie bei JSPs wird hin und wieder auch die *Java Standard Tag Library* (*JSTL 1.2*) verwendet. In vielen Fällen können Sie auf den Gebrauch von JSTL-Tags aber verzichten, denn in der Regel bieten die JSF-UI-Komponenten die gleiche Funktionalität bei einer komfortableren Kodiermöglichkeit an.

Bezeichnung/URI	Präfix	Beschreibung
JSTL-Core *http://xmlns.jcp.org/jsp/jstl/core*	c	JSTL 1.2-Core-Tags
JSTL-Functions *http://xmlns.jcp.org/jsp/jstl/functions*	fn	JSTL 1.2-Function-Tags
JSTL SQL *http://xmlns.jcp.org/jsp/jstl/sql*	sql	JSTL 1.2-SQL-Tags
JSTL XML *http://xmlns.jcp.org/jsp/jstl/xml*	xml	JSTL 1.2-XML-Tags

Tabelle 9.4 Die JSTL-Pakete

9.1 Ein erstes Beispiel

In diesem Abschnitt werden wir uns nicht weiter mit trockener Theorie auseinandersetzen, sondern stattdessen direkt mit der Praxis beginnen, denn indem Sie aktiv und mit Spaß an einer JSF-Anwendung arbeiten, wird der Lernerfolg erhöht. In dem Programmierbeispiel werden Sie die Willkommensseite des durchgehenden Programmierbeispiels Onlineshop entwickeln. Es handelt sich also um User-Story 0 der durchgehenden Onlineshop-Anwendung (»Als Kunde möchte ich willkommen geheißen werden.«). Hierbei werden wir uns von Eclipse und seinen Wizards helfen lassen. Für das Beispiel werden wir nicht das dynamische Webprojekt aus den vergangenen Kapiteln verwenden. Stattdessen werde ich zeigen, wie Sie ein dynamisches Webprojekt mit JSF »auf der grünen Wiese« erzeugen.

Falls Sie noch die Projekte aus den vorherigen Kapiteln in Ihrem Eclipse vorliegen haben, müssen Sie das alte Projekt *onlineshop-web* nun umbenennen oder entfernen.

Hinweis

Wenn Sie die vorherigen Kapitel übersprungen haben, sind einige Vorbereitungen zu treffen, denn Sie brauchen einen Java EE 8-konformen Server wie *GlassFish 5.0*. Die Installation von GlassFish habe ich in Kapitel 2, »Die Entwicklungsumgebung«, gezeigt. GlassFish 5.0 enthält von Haus aus die JSF-Implementierung namens *Mojarra*.

Neben der Installation von GlassFish müssen Sie den Java EE Server als Server-Runtime und auch die sogenannten *GlassFish Tools* in Eclipse einbinden. Auch diese Schritte habe ich in Kapitel 2 beschrieben.

9.1.1 Die Erstellung eines JSF-Projekts

In Eclipse erzeugen Sie nun ein neues dynamisches Webprojekt mit dem Namen *onlineshop-web*.

In Abbildung 9.1 sehen Sie, dass beim Wizard für das dynamische Webprojekt bei CONFIGURATION der Eintrag DEFAULT CONFIGURATION FOR GLASSFISH 5.0 ausgewählt ist. Diese Einstellung ist für unseren GlassFish Server richtig.

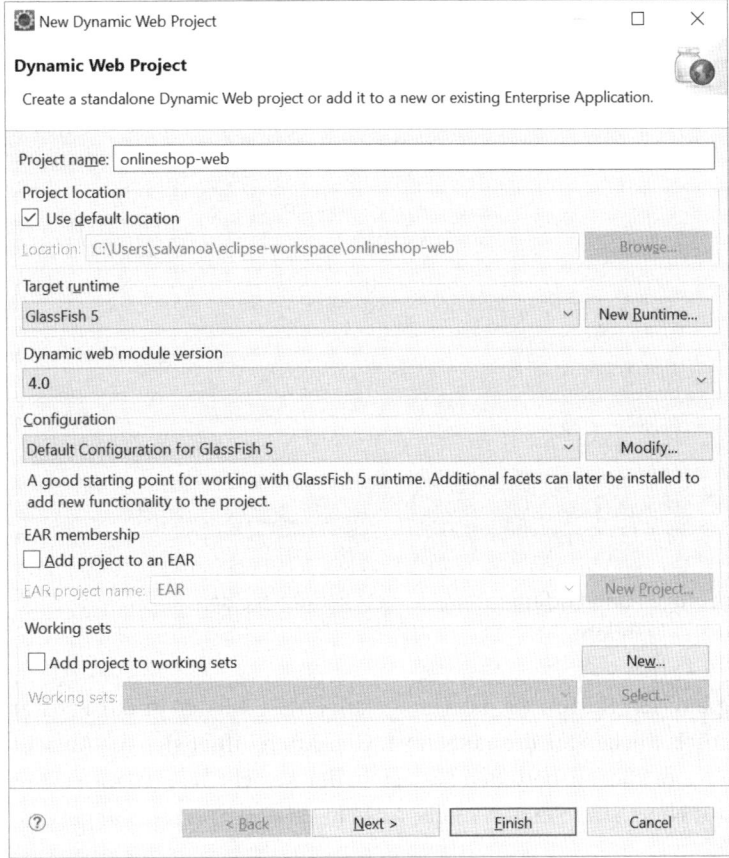

Abbildung 9.1 Das dynamische Webprojekt

Jetzt müssen wir das dynamische Webprojekt noch mit JSF ausstatten. Das bedeutet, dass wir dem Eclipse-Projekt ein entsprechendes *Facet* hinzufügen müssen. Um die Facets anzupassen, klicken Sie im Bereich CONFIGURATION auf den Button MODIFY.

In der Ansicht PROJECT FACETS werden auf der linken Seite die Facets angezeigt, die in Ihrer Eclipse-Version zur Auswahl stehen. Klicken Sie auf die Checkbox JAVASERVER FACES, um das JSF-Facet zu aktivieren. Die Version sollte hierbei auf 2.3 gesetzt werden können.

Hinweis

Bei meiner Eclipse-Oxygen-Version 2 wurde der Wizard noch nicht auf die aktuelle Java EE 8-Version angehoben. Weil die Eclipse Foundation aber derzeitig an der Behebung dieses Problems arbeitet, zeige ich Ihnen in den Screenshots die Java EE 8-Versionen, die Sie zum Zeitpunkt des Buchkaufs bei Ihrer Eclipse-Version vorfinden sollten.

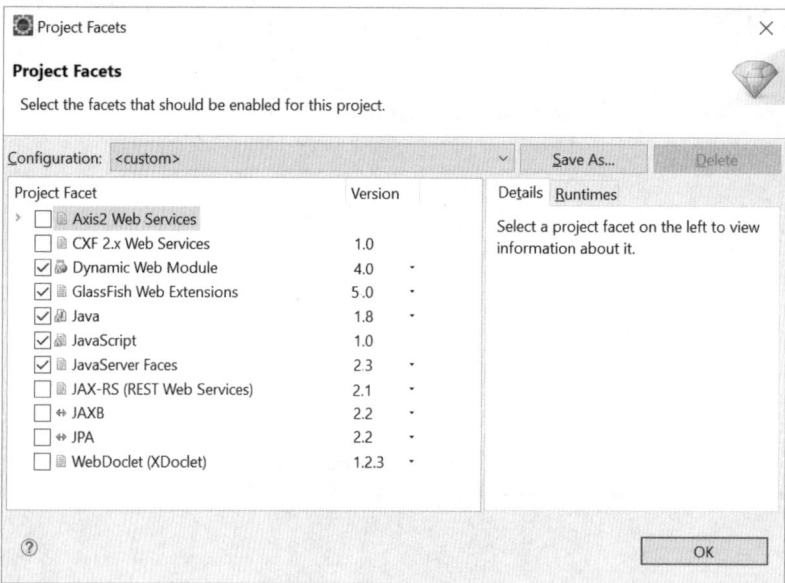

Abbildung 9.2 Über das Hinzufügen und Entfernen von Facelets können Sie den Charakter eines Eclipse-Projekts verändern.

Wenn Sie zur Bestätigung auf den Button OK klicken, gelangen Sie wieder in das Fenster DYNAMIC WEBPROJECT zurück. Klicken Sie dort auf NEXT. Hierdurch öffnet sich die Ansicht JAVA. Wenn Sie erneut auf NEXT klicken, befinden Sie sich in der Ansicht WEB MODULE. Mit nochmaligem Mausklick auf NEXT sind Sie nun in der Ansicht JSF CAPABILITIES angekommen.

Mit der ersten Auswahlbox wird auf die *JSF Implementation Library* hingewiesen. In der Einführung habe ich bereits angemerkt, dass die Java-Server-Faces-Spezifikation ja erst von einem Hersteller implementiert werden muss, damit sie als Library verwendet werden kann. Da wir in einer vorherigen Auswahl den GlassFish Server als Server-Runtime gesetzt haben, lässt sich an dieser Stelle die GLASSFISH SYSTEM LIBRARY auswählen (siehe Abbildung 9.3). Hierdurch wird die JSF 2.3-Referenzimplementierung *Mojarra* genutzt.

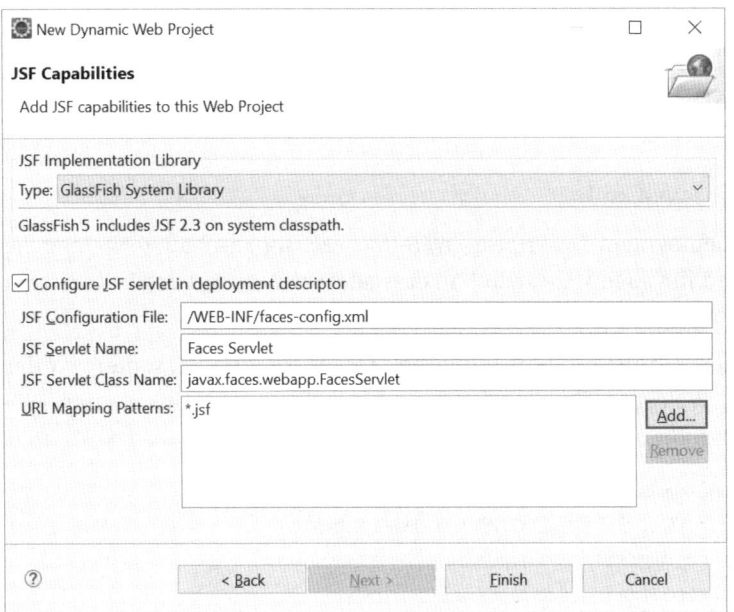

Abbildung 9.3 Die Ansicht »JSF Capabilities«

Hinweis

Wenn Sie in Ihrer Entwicklungsumgebung nicht mit GlassFish arbeiten, wird Ihnen dieser Eintrag nicht angeboten. Stattdessen erhalten Sie dann im Fenster eine Warnmeldung. Zum Beispiel könnte es sein, dass Sie in Ihrem Arbeitsumfeld den Apache Tomcat einsetzen. Für diesen Fall bietet Ihnen Eclipse eigene Wizards an, über die Sie die JSF-Bibliotheken aus dem Internet herunterladen können. Allerdings ist dieser Weg nicht zu empfehlen. Stattdessen nutzen Sie in diesem Fall das Build-Automatisierungs-Tool Maven. Lesen Sie hierzu Abschnitt 2.8, »Maven«.

Im unteren Teil des Fensters können Sie über eine Checkbox den Bereich CONFIGURE JSF SERVLET IN DEPLOYMENT DESCRIPTOR anschalten. Setzen Sie ein Häkchen in diese Checkbox, da wir hierüber die Java Server Faces konfigurieren werden.

Im Eingabefeld URL-MAPPING PATTERNS wird der Eintrag *"/faces/*"* angezeigt. Hiermit weist der Wizard darauf hin, dass alle Anfragen, die den Pfad */faces* enthalten, über das Faces-Servlet erfolgen sollen. Für unsere Anwendung werden wir aber einen gängigeren Weg beschreiten. Selektieren Sie diesen Eintrag, und klicken Sie auf REMOVE. Über ADD erstellen Sie einen neuen Eintrag mit dem URL-Mapping-Pattern *"*.jsf"*. Hiermit sorgen wir dafür, dass alle Anfragen, die die Endung .jsf aufweisen, über das JSF-Framework laufen.

Auf einen weiteren wichtigen Bestandteil einer JSF-Anwendung wird im mittleren Bereich des Fensters hingewiesen. Es handelt sich hierbei um die neu zu erstellende JSF-Konfigurationsdatei *faces-config.xml*. Obwohl diese Konfigurationsdatei optional ist, werden wir sie dennoch erzeugen. Weiter unten werde ich auf diese Datei zurückkommen.

Mit einem Klick auf Finish wird das JSF-Projekt abschließend angelegt.

9.1.2   Die Anpassung der »web.xml«

Wenn Sie sich jetzt den Deployment-Deskriptor */WEB-INF/web.xml* anschauen, werden Sie feststellen, dass der Wizard ihn so fertiggestellt hat, dass alle Anfragen auf das URL-Pattern "*.jsf" zunächst über die Klasse *javax.faces.webapp.FacesServlet* laufen.

Damit die URL des initialen Aufrufs für den Onlineshop möglichst kurz ist, sollten wir der *web.xml* auch noch ein Welcome-File-Element hinzufügen, das automatisch den JSF-Request-Response-Prozess *index.jsf* auslöst:

```xml
<?xml version="1.0" encoding="UTF-8"?>
<web-app xmlns:xsi="http://www.w3.org/2001/XMLSchema-instance"
    xmlns="http://xmlns.jcp.org/xml/ns/javaee"
    xsi:schemaLocation="http://xmlns.jcp.org/xml/ns/javaee
    http://xmlns.jcp.org/xml/ns/javaee/web-app_4_0.xsd" version="4.0">
  <display-name>onlineshop-web</display-name>
  <servlet>
    <servlet-name>Faces Servlet</servlet-name>
    <servlet-class>javax.faces.webapp.FacesServlet</servlet-class>
    <load-on-startup>1</load-on-startup>
  </servlet>
  <servlet-mapping>
    <servlet-name>Faces Servlet</servlet-name>
    <url-pattern>*.jsf</url-pattern>
  </servlet-mapping>

    <welcome-file-list>
        <welcome-file>
            index.jsf
        </welcome-file>
    </welcome-file-list>
</web-app>
```

Listing 9.1 »web.xml« mit »index.jsf« als Willkommensdatei

9.1.3   Die Erzeugung des Facelets mithilfe von Eclipse

Im nächsten Schritt legen wir die View-Komponente an. Die View-Komponente wird standardmäßig als Facelet bereitgestellt. Eclipse unterstützt die Verwendung von Facelets und der darin verwendbaren UI-Komponenten durch eigene Designer und Wizards. Um sich bei der Erzeugung eines Facelets helfen zu lassen, klicken Sie im Hauptmenü auf FILE • NEW • OTHER. Im Wizard-Fenster öffnen Sie den Ordner WEB und selektieren dort den Eintrag HTML-FILE. Nach einem Klick auf NEXT erscheint das Fenster NEW HTML FILE (siehe Abbildung 9.4). Tragen Sie dort unter FILE NAME den Dateinamen »index.xhtml« ein.

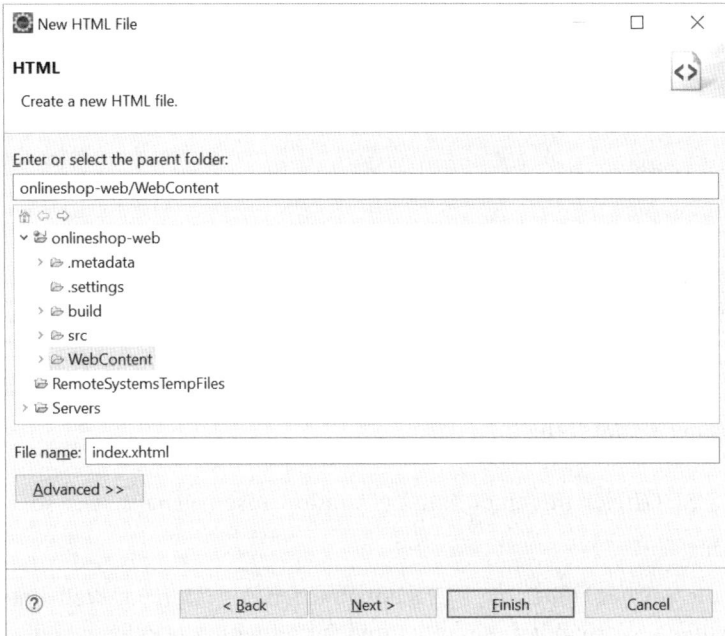

Abbildung 9.4 Die Datei »index.xhtml«

Mit einem Mausklick auf NEXT gelangen Sie zur Ansicht SELECT HTML TEMPLATE (siehe Abbildung 9.5), wo Sie sich zwischen verschiedenen HTML- und XHTML-Templates entscheiden müssen. Da einerseits Facelets XHTML-Dokumente sind und wir andererseits HTML5-Markup-Elemente einsetzen möchten, stellt sich die Frage, welches Template wir für unsere Zwecke nutzen sollten. Die Antwort: Beide Templates sind geeignet. Per Konvention werden jedoch XHTML-Dokumente verwendet.

Weil XHTML-Dateien zu den XML-Dokumenten gehören, ist es wichtig, dass ihr Inhalt im Sinne der XML-Technologie *wohlgeformt* ist.

Das bedeutet:

▶ Genau ein Root-Element muss vorhanden sein, von dem aus die DOM-Hierarchie des Dokuments streng eingehalten ist.

▶ Zu jedem öffnenden Tag muss ein schließendes Tag formuliert sein.

▶ Allen Element-Attributen muss ein in Anführungsstrichen gesetzter Wert zugewiesen werden.

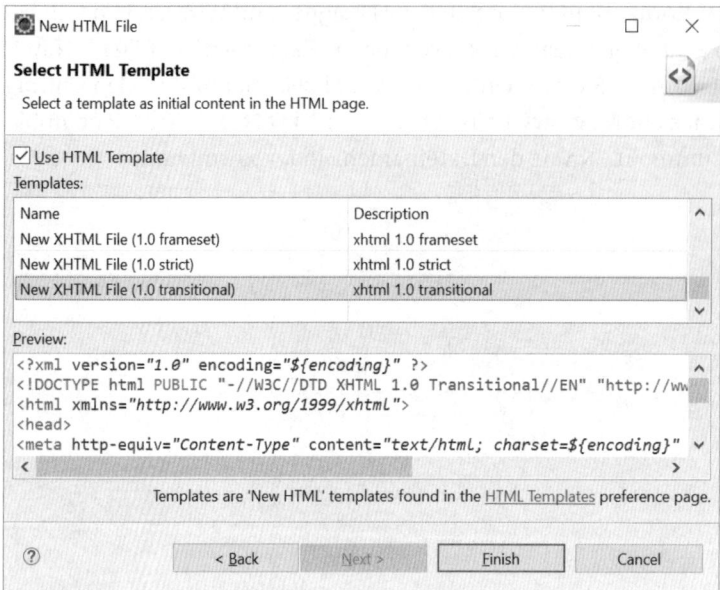

Abbildung 9.5 Die Erstellung der XHTML-Datei

Normalerweise beginnen XML-Dateien mit einer XML-Deklaration. Also beispielsweise so:

```
<?xml version="1.0" encoding="UTF-8" ?>
```

Die XML-Version 1.0 und die Zeichenkodierung UTF-8 entsprechen dem Default. Weil eine XML-Deklaration nicht zwingend vorhanden sein muss und wir ohnehin die Zeichenkodierung auf UTF-8 belassen möchten, könnte sie theoretisch auch weggelassen werden. Aus diesem Grund verzichtet der Eclipse-Wizard manchmal auf eine explizite XML-Deklaration. In diesem Buch werden wir so vorgehen, dass wir die XML-Deklaration stets setzen werden, obwohl das W3C an dieser Stelle flexibel ist. Aber auch sonst hat das W3C bereits alles Erdenkliche getan, damit wir in Bezug auf die Kombination aus XHTML 1.0 und dem HTML5-Standard nicht auf Probleme stoßen. Beispielsweise sind HTML5-Markup-Elemente per Default im XHTML-1.0-Namensraum enthalten. In unserem konkreten Fall werden wir dennoch den Eintrag NEW XHTML FILE (1.0 TRANSITIONAL) selektieren, denn dies entspricht nach wie vor der üblichen Vorgehensweise.

Mit einem Mausklick auf FINISH erzeugt Eclipse eine XHTML-Datei und zeigt diese in einem *Defaulteditor* an. Allerdings ist dieser Editor für unsere Zwecke nicht zweckmäßig. Stattdessen benötigen wir den *Webpage-Editor*. Deshalb schließen Sie den Defaulteditor mit der Datei *index.xhtml* und klicken im Projekt-Explorer mit der rechten Maustaste auf die Datei *index.xhtml*. Im Kontextmenü klicken Sie auf OPEN WITH und im Untermenü auf WEBPAGE-EDITOR.

Der WEBPAGE-EDITOR bietet zwei verschiedene Ansichten zur Auswahl an, nämlich DESIGN und PREVIEW. Die Ansicht DESIGN ist zweigeteilt. Im unteren Bereich der DESIGN-Ansicht können Sie den Quelltext editieren. Auf der oberen Seite können Sie die Webpage mit der Maus gestalten. Die Preview zeigt das Endergebnis an. Gemeinsam mit der View PALETTE (mit den Tag-Librarys) erhalten wir einen vollständigen GUI-Designer, mit dem wir die Ansicht der View-Komponente grafisch modellieren können.

Bevor es gleich mit der eigentlichen Modellierung losgeht, entfernen Sie das <head>- und das <body>-Element aus der Datei, denn diese statischen HTML-Markup-Elemente werden wir nun durch dynamische JSF-UI-Komponenten ersetzen.

```
<?xml version="1.0" encoding="UTF-8" ?>
<!DOCTYPE html PUBLIC
    "-//W3C//DTD XHTML 1.0 Transitional//EN"
    "http://www.w3.org/TR/xhtml1/DTD/xhtml1-transitional.dtd">
<html xmlns="http://www.w3.org/1999/xhtml">

</html>
```

Listing 9.2 index.xhtml

Öffnen Sie nun zusätzlich über WINDOW • SHOW VIEW • OTHER im Ordner GENERAL die View PALETTE (siehe Abbildung 9.6). Diese View bietet eine Menge an UI-Komponenten an, auf die ich im Folgenden eingehen werde.

Als Nächstes entfernen Sie im Quelltext das <head>-Element und das <body>-Element, denn JSF bietet hierfür eigene UI-Komponenten an, die wir aus der View PALETTE in die Datei *index.xhtml* hineinziehen werden.

In der Palette sehen Sie mehrere Reiter. Sie tragen beispielsweise die Aufschrift FACELET CORE, HTML 4.0, JSF CORE oder JSF HTML. Für diesen Abschnitt sind zunächst nur die Reiter JSF HTML und JSF CORE von Bedeutung. Öffnen Sie den Reiter mit der Aufschrift JSF HTML.

Als Erstes werden wir die HEAD-Komponente in die Datei ziehen. Diese UI-Komponente ist vor allem für die Nutzung von JSF-Komponenten für Ajax von Bedeutung, denn ohne eine Head-Komponente verweigert der Ajax-Mechanismus von JSF ganz einfach seinen Dienst.

Ziehen Sie also die UI-Komponente HEAD in den Editor-Bereich hinein. Beobachten Sie hierbei, wie Eclipse den Quelltext für die UI-Komponenten automatisch erstellt, denn es sollten anschließend ein öffnendes und ein schließendes h:head-Tag in die Datei eingefügt worden sein. Auch die Namensraumdeklarationen für die JSF-UI-Komponenten werden im HTML-Element hinzugefügt. Innerhalb der Tags schreiben Sie manuell die Tags <title> und </title> hinein. Danach ziehen Sie hinter das öffnende Tag eine JSF-Output-Text-Komponente hinein. Als value tragen Sie "Onlineshop" ein. Außerdem schreiben Sie manuell das <meta>-Tag für das UTF-8-Encoding hinzu.

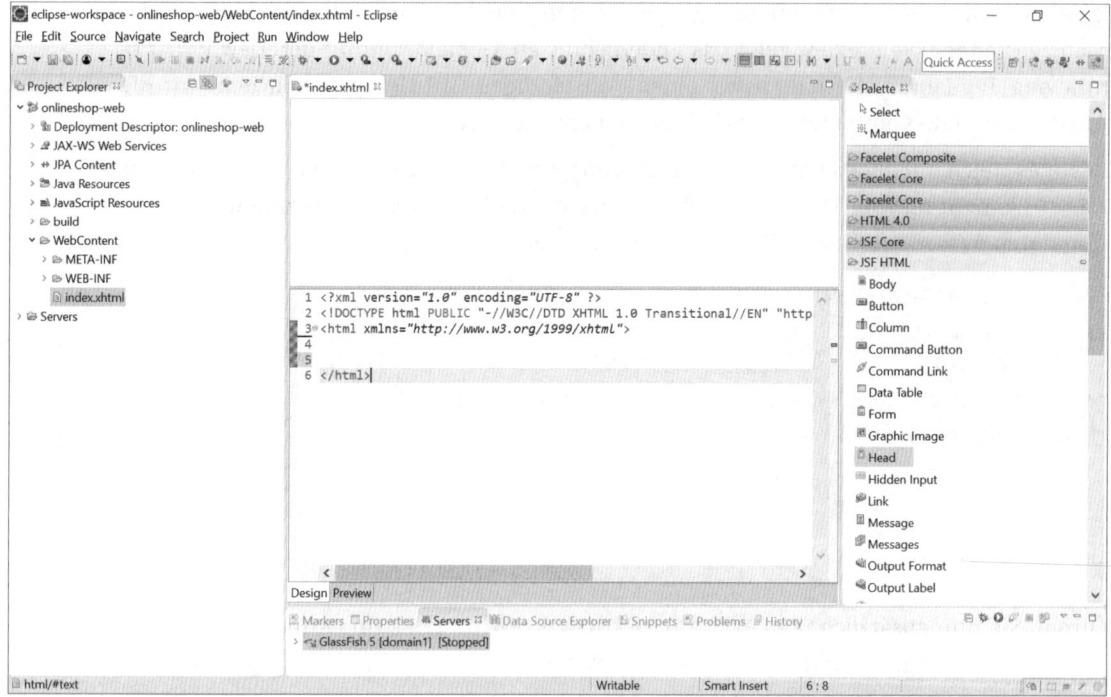

Abbildung 9.6 Die View »Palette« für das Setzen von UI-Komponenten

Dann ziehen Sie eine BODY-Komponente von der Palette in die Preview und setzen dort manuell ein ‹h1›-Element hinein. Innerhalb des ‹h1›-Elements fügen Sie wieder eine JSF-Output-Komponente mit dem Value Onlineshop hinzu. Unterhalb des ‹h1›-Elements schreiben Sie Willkommen im Onlineshop. Der Quelltext der Datei *index.xhtml* sollte anschließend wie folgt aussehen:

```
<?xml version="1.0" encoding="UTF-8" ?>
<!DOCTYPE html PUBLIC "-//W3C//DTD XHTML 1.0 Transitional//EN"
 "http://www.w3.org/TR/xhtml1/DTD/xhtml1-transitional.dtd">
<html
    xmlns="http://www.w3.org/1999/xhtml"
    xmlns:h="http://xmlns.jcp.org/jsf/html">
    <h:head>
        <title><h:outputText value="Onlineshop" /></title>
        <meta
            http-equiv="Content-Type"
            content="text/html; charset=UTF-8" />
    </h:head>
    <h:body>
        <h1>
```

```
        <h:outputText value="Onlineshop" />
    </h1>
    Willkommen im Onlineshop!
  </h:body>
</html>
```

Listing 9.3 index.xhtml

9.1.4   Das Facelet einbauen

In Listing 9.4 sehen Sie ein einfaches Facelet, das den Besucher im Onlineshop willkommen heißt.

```
<?xml version="1.0" encoding="UTF-8" ?>
<!DOCTYPE html PUBLIC "-//W3C//DTD XHTML 1.0 Transitional//EN"
 "http://www.w3.org/TR/xhtml1/DTD/xhtml1-transitional.dtd">
<html
    xmlns="http://www.w3.org/1999/xhtml"
    xmlns:h="http://xmlns.jcp.org/jsf/html">
    <h:head>
        <title><h:outputText value="Onlineshop" /></title>
    </h:head>
    <h:body>
        <h1 class="title">
            <h:outputText value="Onlineshop" />
        </h1>
        Willkommen im Onlineshop!
    </h:body>
</html>
```

Listing 9.4 index.xhtml

9.1.5   Die Anwendung deployen

Um die Webanwendung auf den GlassFish Server zu deployen, sollte eine GlassFish-Server-Instanz installiert und das Projekt dieser Instanz als Anwendung hinzugefügt worden sein. All das wurde bereits in vorangegangenen Kapiteln gezeigt. Nach dem Deployment rufen Sie im Browser die URL *http://localhost:8080/onlineshop-web/index.jsf* auf.

9.2   Ein Durchstich mit JSF und JPA

In diesem Abschnitt programmieren Sie User-Story 2 der durchgehenden Onlineshop-Anwendung (»Als Kunde möchte ich mich registrieren«). Der Abschnitt beginnt mit einem

Vergleich der Servlet-Technologie und der JSP-Technologie mit der Technologie JSF, denn durch die Gegenüberstellung von Low Level und High Level wird deutlich, welcher Quelltext mit JSF automatisch erzeugt wird, sodass wir auf eine manuelle Programmierung verzichten können.

Java Server Faces erleichtern die Programmierung der Benutzerschnittstelle einer Java EE-Anwendung, weil sich mit ihnen vieles erübrigt, was mit Servlets und JSPs manuell programmiert werden müsste. Diese Vereinfachung wird bei der Registrierung des Onlineshops besonders deutlich. In Abbildung 9.7 sehen Sie, wie das Frontend einer Kundenregistrierung mit einem Servlet und einer JSP programmiert würde.

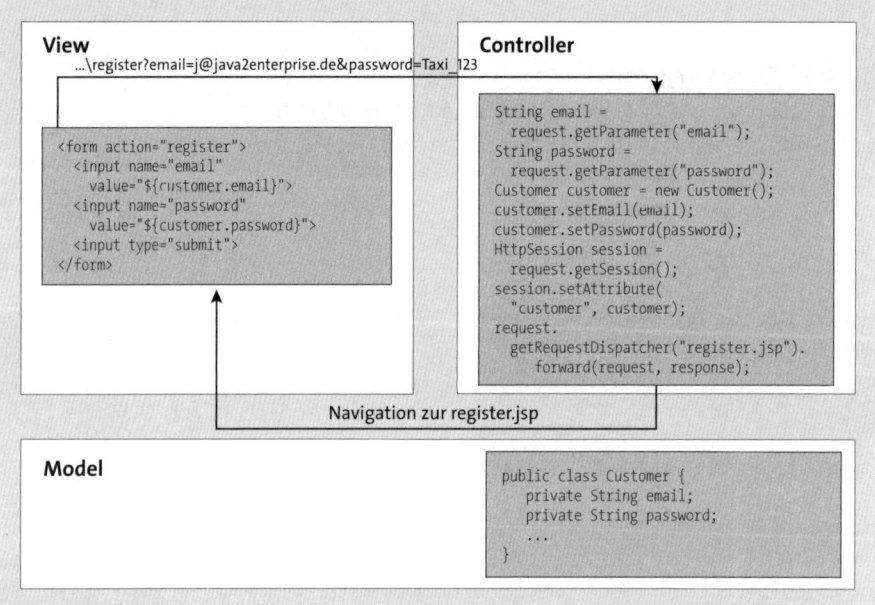

Abbildung 9.7 Das MVC-Pattern mit Servlets und JSPs

Die Komponenten weisen das klassische Entwurfsmuster *Model-View-Controller* (*MVC*) auf. Dabei wird das Servlet als *Controller* eingesetzt. Das Controller-Servlet nimmt die Parameter der Anfrage entgegen und erstellt hiermit eine *JavaBean*. Die JavaBean wird als *Model* in einen Gültigkeitsbereich (beispielsweise in die Session) gesetzt. Dies ist aber nicht die einzige Aufgabe des Controller-Servlets, denn zusätzlich ist es für die Navigation zuständig. In Abbildung 9.7 sehen Sie, wie es den Prozess über einen RequestDispatcher an eine JSP weiterleitet. Die JSP ist als *View* für die Präsentation der Daten verantwortlich. Zu diesem Zweck können Sie innerhalb einer JSP die JSP-EL verwenden. In der View zeigen wir aber nicht nur die Geschäftsdaten an, sondern ermöglichen auch die Interaktion mit dem Benutzer. Hierfür werden üblicherweise HTML-Formulare verwendet.

In Abbildung 9.8 sehen Sie die Kundenregistrierung in der JSF-Variante.

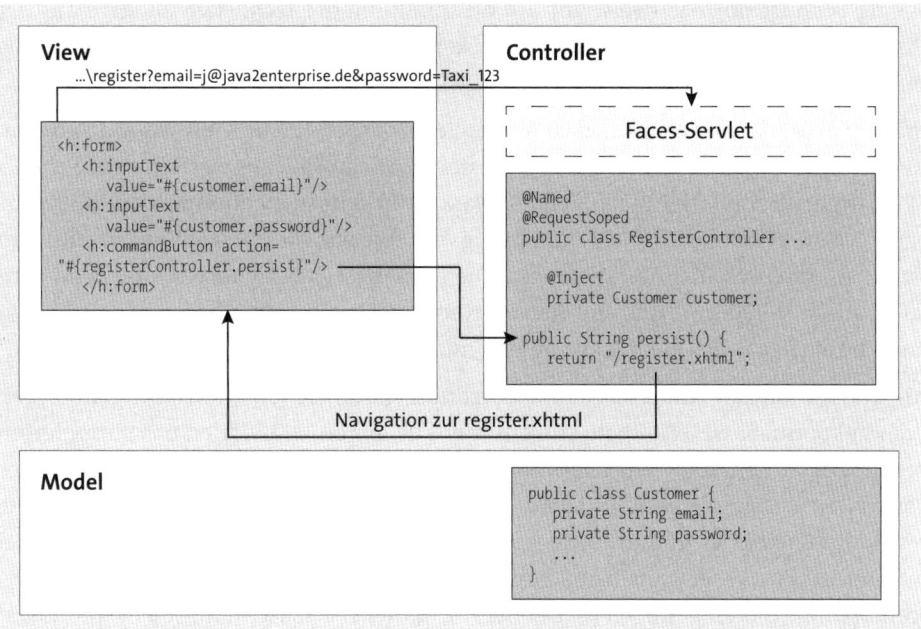

Abbildung 9.8 Das MVC-Pattern mit Java Server Faces

Mit JSF ist der Programmablauf zwischen Model, View und Controller ähnlich, wie ich es in Abbildung 9.7 mit Servlets und JSPs gezeigt habe.

In Abbildung 9.8 sehen Sie auf der linken Seite ein öffnendes und ein schließendes `<h:form>`-Element. Mit diesem Element wird im Facelet ein HTML-Formular gerendert. Das HTML enthält zwei Eingabefelder und einen Command-Button. Dies wurde mit den Elementen `<h:inputText>` und `<h:commandButton>` festgelegt.

In den `<h:inputText>`-Elementen wird über einen EL-Ausdruck auf die Property `customer` der Klasse `RegisterController` referenziert.

Im Command-Button wurde das Attribut `action` mit dem EL-Ausdruck `"#{registerController.persist()}"` programmiert. Hiermit teilt der Command-Button mit, dass die Methode `persist()` der Klasse `RegisterController` ausgeführt werden soll, wenn der Benutzer den Button betätigt.

9.2.1   Die Backing Bean erstellen

Kommen wir nun zur rechten Seite von Abbildung 9.8, wo sich die *Controller*-Komponente befindet. MVC-Puristen bezeichnen diese Komponente auch als *Handler* oder *Vermittler*. In der Literatur des Herstellers Oracle wird meistens der Begriff *Backing Bean* gebraucht. Und auch in diesem Buch verwende ich den Begriff *Backing Bean*.

Die Backing Bean ist normalerweise für die Weiterleitung der fachlichen Belange aus der *View* und für die Kommunikation mit dem Backend verantwortlich. Deshalb muss sie alle Properties und alle Methoden für die View-Komponente definieren.

Ein auffallendes Merkmal hierbei ist, dass im Vergleich zur Servlet- und JSP-Variante im Controller die Aufgabe der manuellen Erzeugung der JavaBean-Objekte wegfällt. Mit Servlets und JSPs hatten wir an dieser Stelle Request-Parameter entgegengenommen und hieraus JavaBean-Objekte erzeugt. Auf diese Kodierung können wir nun verzichten, da sie vom Framework automatisch übernommen wird. Die Property customer der Backing Bean wird also automatisch initialisiert und mit den Werten der View gefüllt, ohne dass wir hierfür auch nur eine einzige Zeile Quelltext schreiben müssen.

Selbst die Navigation läuft anders ab, denn sie ist nun viel einfacher. Im Grunde genommen landet der ankommende HTTP-Request nicht mehr bei einem individuell programmierten Servlet, sondern bei dem sogenannten *Faces-Servlet*. Dieses Servlet wird vom JSF-Framework automatisch zur Verfügung gestellt. Allerdings geschieht dies unbemerkt im Hintergrund, sodass sich der Entwickler hierum nicht kümmern braucht. Für den Entwickler ist es viel interessanter, dass im Programmablauf die Methode aufgerufen wird, die im Attribut action des Command-Buttons eingetragen ist. Der Begriff aus dem Fachjargon für solche Methoden lautet *Aktionsmethode*. Der englische Fachbegriff heißt *Action Method*. In unserem Beispiel nennt sich die Aktionsmethode persist(). In der Aktionsmethode legt der Entwickler das weitere Vorgehen fest. Zuletzt kann er über einen Rückgabewert darüber verfügen, wohin im Fortlauf navigiert werden soll. In Abbildung 9.8 navigiert JSF zur View */register.xhtml*, weil dies als Zeichenkette so eingetragen ist.

9.2.2 Ein POJO als JPA-Entity anlegen

Genauso wie in den Programmierbeispielen vergangener Kapitel werden wir auch hier wieder die Geschäftsdaten durch POJOs modellieren. Dabei werden wir die POJOs als JPA-Entities anlegen, so wie ich es in Kapitel 8, »Die Java Persistence API«, gezeigt habe. Dieser Abschnitt ist für das Studium von JSF nicht zwingend erforderlich. Sie können die hier gezeigten Schritte also auch überspringen. Für manche Entwickler ist die Programmierung eines »echten« Beispiels jedoch von Bedeutung, bei dem man auch wirklich Daten in einer relationalen Datenbank abspeichert. Deshalb zeige ich Ihnen in diesem Abschnitt die hierfür erforderlichen Schritte. Das Beispiel setzt voraus, dass Sie die Datenbanktabelle CUSTOMER in Ihrer relationalen Datenbank gespeichert haben (die Erstellung der Onlineshop-Datenbank habe ich in Kapitel 6, »Die relationale Datenbank«, gezeigt), sodass wir nun über die Java Persistence API (JPA) auf sie zugreifen können.

Die JPA habe ich in Kapitel 8, »Die Java Persistence API«, beschrieben. Um die Geschäftsdaten dieses Kapitels mithilfe der JPA in der relationalen Datenbank abzuspeichern, ist dieses Wissen erforderlich. Für den Fall, dass Sie Kapitel 8 übersprungen haben, werde ich Ihnen dennoch zeigen, wie Sie die JPA ohne den großen Umweg über Kapitel 8 einbeziehen können.

Als wichtigste Voraussetzung erfordert die JPA, dass die *.jar*-Bibliothek einer JPA-Implementierung im Klassenpfad eingebunden ist. Wenn Sie GlassFish verwenden, ist dies implizit gegeben, denn GlassFish enthält die JPA-Referenzimplementierung *EclipseLink*.

Unser Ziel, die JPA einzubeziehen, ist schnell erreicht. Als ersten Schritt klicken Sie mit der rechten Maustaste auf das dynamische Webprojekt und wählen im Kontextmenü CON-FIGURE • CONVERT TO JPA PROJECT... aus. Dabei öffnet sich das PROJECT FACET-Fenster.

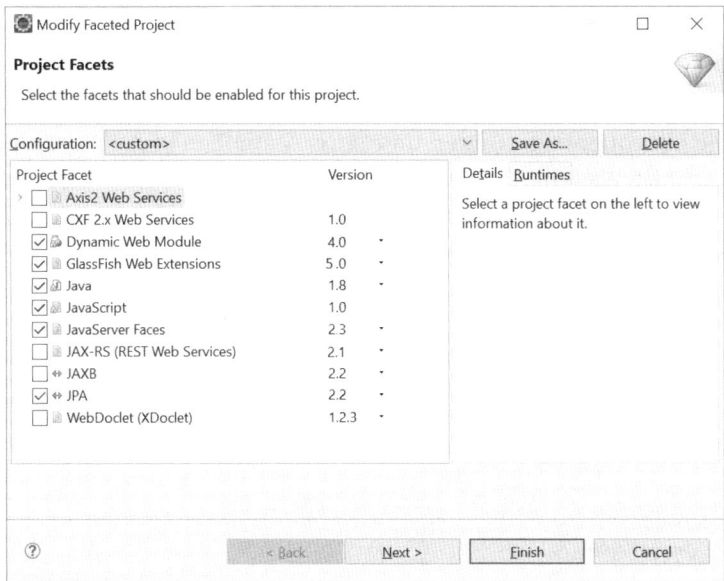

Abbildung 9.9 Das JPA-Facet setzen

Mit einem Klick auf FINISH schließen Sie das Fenster. Eclipse hat hierbei die JPA-Konfigurationsdatei *persistence.xml* in das Unterverzeichnis */META-INF* des Quellordners gespeichert und darin eine Persistenz-Einheit angelegt, die als Namen den Bezeichner des Projekts trägt. Die Persistenz-Einheit trägt deshalb den Namen *onlineshop-web*. Wir werden uns später auf den Namen der Persistenz-Einheit beziehen, wenn wir in der Backing Bean über die JPA auf die Datenbank zugreifen. Beachten Sie, dass wir die Persistenz-Einheit im letzten Kapitel *onlineshop-jpa* genannt hatten. Diesen Bezeichner werde ich auch in diesem Programmierbeispiel der Einheitlichkeit halber beibehalten und ihn in der Datei *persistence.xml* abändern. Allerdings wird dies in den Backing Beans ohnehin keine Rolle spielen, denn da wir nur eine einzige Persistenz-Einheit vorsehen, brauchen wir ihren Namen in der CDI-Annotation überhaupt nicht zu erwähnen. CDI wird ganz einfach davon ausgehen, dass es sich um die eine Persistenz-Einheit handelt, die ihr vorliegt.

```xml
<?xml version="1.0" encoding="UTF-8"?>
<persistence version="2.2" xmlns="http://xmlns.jcp.org/xml/ns/persistence"
    xmlns:xsi="http://www.w3.org/2001/XMLSchema-instance"
```

```
     xsi:schemaLocation="http://xmlns.jcp.org/xml/ns/persistence
     http://xmlns.jcp.org/xml/ns/persistence/persistence_2_2.xsd">
     <persistence-unit name="onlineshop-jpa">
     </persistence-unit>
</persistence>
```

Listing 9.5 persistence.xml

Als Nächstes werden wir die Geschäftsdaten für die Registrierung modellieren. Das bedeutet, dass wir pro Domäne ein POJO erzeugen. Das POJO wird nach den gängigen Regeln einer JPA-Entity erstellt. Damit ist beispielsweise gemeint, dass es für jedes Spaltenfeld über eine Property verfügen wird, die über öffentliche Getter- und Setter-Methoden und über einen Defaultkonstruktor erreichbar ist. Was ein POJO tatsächlich erst in eine JPA-Entity verwandelt, ist die entsprechende JPA-Konfiguration. In Listing 9.6 ist die JPA-Entity Customer.java abgebildet. Weitere Erläuterungen zu JPA-Entities erhalten Sie in Kapitel 8, »Die Java Persistence API«. Kopieren Sie die folgende Datei in den Quellordner Ihres dynamischen Webprojekts:

```java
package de.java2enterprise.onlineshop.model;

import java.io.Serializable;

import javax.persistence.Entity;
import javax.persistence.GeneratedValue;
import javax.persistence.GenerationType;
import javax.persistence.Id;
import javax.persistence.NamedQuery;
import javax.persistence.SequenceGenerator;
import javax.persistence.Table;

@Entity
@Table(
        schema = "ONLINESHOP",
        name = "CUSTOMER"
)
@NamedQuery(
        name = "Customer.findAll",
        query = "SELECT c FROM Customer c"
)
public class Customer implements Serializable {
    private static final long serialVersionUID = 1L;

    @Id
```

```
@SequenceGenerator(
        name = "CUSTOMER_ID_GENERATOR",
        sequenceName = "SEQ_CUSTOMER",
        schema = "ONLINESHOP",
        allocationSize = 1,
        initialValue = 1
)
@GeneratedValue(
        strategy = GenerationType.SEQUENCE,
        generator = "CUSTOMER_ID_GENERATOR"
)
private Long id;

private String email;

private String password;

public Customer() {
}

public Long getId() {
    return this.id;
}

public void setId(Long id) {
    this.id = id;
}

public String getEmail() {
    return this.email;
}

public void setEmail(String email) {
    this.email = email;
}

public String getPassword() {
    return this.password;
}

public void setPassword(String password) {
    this.password = password;
}
```

9

```java
@Override
public int hashCode() {
    final int prime = 31;
    int result = 1;
    result = prime * result
            + ((id == null) ? 0 : id.hashCode());
    return result;
}

@Override
public boolean equals(Object obj) {
    if (this == obj) {
        return true;
    }
    if (obj == null) {
        return false;
    }
    if (!(obj instanceof Customer)) {
        return false;
    }
    Customer other = (Customer) obj;
    if (id == null) {
        if (other.id != null) {
            return false;
        }
    } else if (!id.equals(other.id)) {
        return false;
    }
    return true;
}

public String toString() {
    return id + "-" + email + "-" + password;
}
}
```

Listing 9.6 Customer.java

9.2.3   Eine Backing Bean als Controller programmieren

Eingangs habe ich bereits angemerkt, dass bei einer JSF-Anwendung zu jeder View-Komponente auch eine entsprechende Controller-Komponente bzw. eine Backing Bean erstellt wird. Eine Backing Bean ist vom Prinzip her ein POJO, also eine ganz einfache Java-Klasse.

Obwohl es grundsätzlich möglich ist, auch eine Entity-Klasse des Datenmodells in eine Backing Bean umzuwandeln, setzt man (in der »sauberen« JSF-Softwarearchitektur) eine Backing Bean nicht als Modell der Geschäftsdaten, sondern lediglich zur Steuerung und zur Vermittlung ein.

Auch in den Kapiteln über die Low-Level-Technologien Servlets und JSPs haben wir Controller-Komponenten erstellt. Dort haben wir Servlets programmiert, die sich um alle Belange des HTTP-Requests und der HTTP-Response gekümmert haben. Um die Instanziierung eines Servlets haben wir uns nicht gesorgt. Weil Servlets ohnehin vom Webcontainer verwaltet werden, brauchten wir uns um ihre Erzeugung nicht zu kümmern. Bei Backing Beans sieht das anders aus. Weil Backing Beans keine Servlets, sondern ganz einfache Java-Klassen sind, müssen wir explizit die Anweisung geben, dass der Webcontainer die Verwaltung der Instanzen übernehmen soll.

Zu diesem Zweck boten frühere Java EE-Versionen das Package `javax.faces.bean` der JSF-API an. Diese Variante gilt aber seit Java EE 8 nunmehr als *deprecated*. Stattdessen wird die einheitlich geltende *Context-and-Dependency-Injection-(CDI-)*Technologie eingesetzt.

Die Nutzung von CDI

In diesem Abschnitt werde ich zeigen, wie Sie CDI einsetzen, um die Klasse `RegisterController` als verwaltete Bean bereitzustellen. Die generelle Bedeutung von CDI habe ich in Kapitel 1, »Überblick«, angesprochen.

Um CDI für ein Webmodul zu aktivieren, musste in früheren Java EE-Versionen eine bestimmte XML-Datei mit dem Namen *beans.xml* geschrieben werden. Die Datei *beans.xml* wurde in einem Webmodul unterhalb des Ordners */WEB-INF* und in einem EJB-Modul unterhalb des Ordners */META-INF* abgelegt. Auf diese Datei kann aber bereits seit Java EE-Version 7 verzichtet werden.

Dennoch ist die Erstellung der Konfigurationsdatei *beans.xml* auch heute noch manchmal nützlich.

Die XML-Datei *beans.xml* muss das Root-Element `beans` enthalten, das den Namensraum des XML-Schemas *beans_1.1.xsd* avisiert. Listing 9.7 zeigt den Inhalt einer *beans.xml*:

```
<?xml version="1.0" encoding="UTF-8"?>
<beans xmlns="http://xmlns.jcp.org/xml/ns/javaee"
       xmlns:xsi="http://www.w3.org/2001/XMLSchema-instance"
       xsi:schemaLocation="http://xmlns.jcp.org/xml/ns/javaee
       http://xmlns.jcp.org/xml/ns/javaee/beans_2_0.xsd"
       bean-discovery-mode="annotated">
</beans>
```

Listing 9.7 beans.xml

Beachten Sie bei dem obigen Listing das Attribut `bean-discovery-mode="annotated"`. Hierdurch weisen wir an, dass alle verwalteten Komponenten und die Komponenten, die wir injizieren werden, annotiert sein müssen. Dies entspricht der Defaulteinstellung. Aus diesem Grund könnte die oben gezeigte *beans.xml* auch weggelassen werden – das Ergebnis wäre dasselbe.

In manchen Fällen ist es aber sinnvoll, CDI zu deaktivieren. Hierfür setzen Sie das Attribut `bean-discovery-mode="none"`.

> **Hinweis**
>
> Beim Java EE Server GlassFish können Sie CDI auch während des Deployments deaktivieren. Zu diesem Zweck setzen Sie den Optionsparameter `implicitCdiEnabled` **auf** `false`.
>
> `asadmin deploy --property implicitCdiEnabled=false ...`

Ein anderer Grund, der das Anlegen der *beans.xml* rechtfertigt, ist, dass es beim Programmieren zu lästig sein könnte, jede einzelne Komponente, die man injizieren möchte, mit einer CDI-Annotation zu versehen. Denken Sie beispielsweise an die vielen JPA-Entities, die per Reverse Engineering immer wieder automatisiert erzeugt werden. Wenn Sie den Wunsch hegen, alle JPA-Entities grundsätzlich als Beans injizieren zu können, setzen Sie das Attribut `bean-discovery-mode="all"`.

```xml
<?xml version="1.0" encoding="UTF-8"?>
<beans xmlns="http://xmlns.jcp.org/xml/ns/javaee"
       xmlns:xsi="http://www.w3.org/2001/XMLSchema-instance"
       xsi:schemaLocation="http://xmlns.jcp.org/xml/ns/javaee
       http://xmlns.jcp.org/xml/ns/javaee/beans_2_0.xsd"
       bean-discovery-mode="all">

</beans>
```

Listing 9.8 beans.xml

Dies werden wir auch in unserem Onlineshop so vornehmen, da unsere JPA-Entities hierdurch keine CDI-Annotationen benötigen.

Um die Klasse `RegisterController` zur Managed Bean zu erklären, setzt man eine Annotation ein, die gleichzeitig den Gültigkeitsbereich der Backing Bean anzeigt. Die Annotationen für den Gültigkeitsbereich befinden sich im Package `javax.enterprise.context`.

Die CDI-Annotationen hierfür lauten:

▶ `@ApplicationScoped`

Eine einzige Instanz der Backing Bean ist in der gesamten Applikation global gültig. Damit ist gemeint, dass sie beispielsweise in allen HTTP-Sitzungen verschiedener Benutzer sichtbar und gleichermaßen veränderbar ist.

▶ `@SessionScoped`

Die Backing Bean bleibt während der gesamten HTTP-Sitzung durchgängig bestehen.

▶ `@RequestScoped`

Die Backing Bean ist ab dem Eintreffen eines HTTP-Requests bis zum finalen Absenden der HTTP-Response gültig.

▶ `@ConversationScoped`

In manchen Situationen ist der Gültigkeitsbereich `@RequestScoped` zu klein und der Gültigkeitsbereich `@SessionScoped` zu groß. Stellen Sie sich beispielsweise einen Einkaufswagen vor. Wenn der Kunde die Waren bezahlt, die er im Einkaufswagen gesammelt hat, ist der Vorgang beendet. Damit Sie auch für solch eine Situation eine Dauer festlegen können, wurde der Gültigkeitsbereich `@ConversationScoped` zur Verfügung gestellt.

▶ `@FlowScoped`

`@FlowScoped` bietet die Möglichkeit einer Konversation zwischen Client und Server an. Allerdings gehen die Möglichkeiten von Faces Flows über die bisher realisierbaren Navigationsregeln mit der Annotation `@ConversationScoped` hinaus, sodass auch komplexe Konversationen modelliert und diese sogar auf unterschiedliche Webmodule übertragen werden können.

▶ `@Dependent`

Beim Modus `bean-discovery-mode="annotated"`, der ja per Default gesetzt ist, wenn die *beans.xml* fehlt, muss der Gültigkeitsbereich auch bei den injizierten Beans gesetzt werden. Allerdings müssen Sie hierbei vorsichtig sein, denn wenn Sie eine der oben gezeigten Annotationen einsetzen, darf ihr Gültigkeitsbereich nicht über dem Gültigkeitsbereich der sie beherbergenden Komponente herausragen. Beispielsweise darf eine Backing Bean des Gültigkeitsbereichs `@SessionScoped` nicht in eine Bean injiziert werden, deren Gültigkeitsbereich lediglich `@RequestScoped` ist. Um sicherzugehen, dass dies immer gewährleistet ist, können Sie die CDI-Annotation `@Dependent` einsetzen. `@Dependent` stellt also einen Pseudo-Gültigkeitsbereich dar. Er wird gesetzt, wenn der Gültigkeitsbereich mit dem Gültigkeitsbereich der aufrufenden Komponente gleichgesetzt werden soll. Mit anderen Worten: Wurde eine Komponente in einer verwalteten Komponente injiziert, endet ihre Gültigkeit mit dem Lebensende der verwalteten Komponente.

▶ `@Default`

Nur für den Fall, dass Sie diese Annotation mal bei einer Fehlermeldung sehen: In der *beans.xml* des Onlineshops hatten wir über `bean-discovery-mode="all"` dafür gesorgt, dass injizierte Komponenten automatisch mitverwaltet werden. Um auch für die injizierten Komponenten einen Gültigkeitsbereich anzubieten, setzt Ihnen das CDI-Framework automatisch die Annotation @Default vor. @Default unterscheidet sich kaum von der Annotation @Dependent, denn auch hierbei ist die Gültigkeit von der injizierenden Komponente abhängig.

Kommen wir zurück zu unserer Backing Bean RegisterController. Für sie werden wir die Annotation @RequestScoped einsetzen, denn im Normalfall sollte der Gültigkeitsbereich einer Backing Bean so straff wie nur möglich gehalten werden.

```
package de.java2enterprise.onlineshop;

import java.io.Serializable;
import javax.enterprise.context.RequestScoped;

@RequestScoped
public class RegisterController implements Serializable {
    private static final long serialVersionUID = 1L;
}
```

Listing 9.9 RegisterController.java

Zusätzlich werden wir der Backing Bean die Annotation javax.inject.Named beifügen. Hierdurch weisen wir an, dass die Backing Bean mit einem EL-Ausdruck angesprochen werden kann. Der Bezeichner der Backing Bean gleicht dem Namen der Backing-Bean-Klasse, außer dass der erste Buchstabe kleingeschrieben wird. Die Backing Bean wird in einem Facelet also über #{registerController} referenziert werden können:

```
package de.java2enterprise.onlineshop;

import java.io.Serializable;
import javax.enterprise.context.RequestScoped;
import javax.inject.Named;
import de.java2enterprise.onlineshop.RegisterController;

@Named
@RequestScoped
public class RegisterController implements Serializable {
    private static final long serialVersionUID = 1L;
}
```

Listing 9.10 RegisterController.java

Als Nächstes werden wir eine Property des Typs Customer in die Backing Bean RegisterController setzen. Der Webcontainer muss zusätzlich über eine spezielle CDI-Annotation darüber in Kenntnis gesetzt werden, dass er die Customer-Bean als Property vom

RegisterController mitverwalten soll. Diese CDI-Annotation nennt sich @Inject (javax. inject.Inject). Hierdurch kann beispielsweise in der View-Komponente von JSF auch auf die Customer-Bean zugegriffen werden:

```
package de.java2enterprise.onlineshop;

import java.io.Serializable;
import javax.enterprise.context.RequestScoped;
import javax.inject.Inject;
import javax.inject.Named;
import de.java2enterprise.onlineshop.model.Customer;

@Named
@RequestScoped
public class RegisterController implements Serializable {
    private static final long serialVersionUID = 1L;

    @Inject
    private Customer customer;

    public Customer getCustomer() {
        return customer;
    }

    public void setCustomer(Customer customer) {
        this.customer = customer;
    }
}
```

Listing 9.11 RegisterController.java

Ich habe bereits erwähnt, dass wir den Gültigkeitsbereich der zu injizierenden Klasse definieren könnten. Beispielsweise wäre die Annotation @Dependent ganz passend. Dadurch wäre sie von der Lebensdauer der aufrufenden RegisterController-Bean abhängig. Weil wir bei der *beans.xml* aber das Attribut bean-discovery-mode="all" gesetzt haben, kann diese Annotation auch entfallen.

Die Speicherung in der Datenbank programmieren

Im letzten Listing haben wir die Klasse RegisterController fast komplett fertig programmiert. Was aber noch fehlt, ist eine Anweisung, die die Daten der Klasse Customer in der Datenbank speichert. Diese Aufgabe werden wir mit den JPA-Kenntnissen erledigen, die wir in Kapitel 8, »Die Java Persistence API«, gewonnen haben. Dort habe ich gezeigt, wie Sie eine

JPA-Entity persistieren. Ohne hier in die Details von Kapitel 8 zu gehen, fassen wir die Anforderung für die JPA in zwei Schritten zusammen. Das Eclipse-Projekt sollte über eine *persistence.xml* im */META-INF*-Verzeichnis des Klassenpfades verfügen. Der Quelltext der *persistence.xml* muss eine `persistence-unit` definieren, damit der EntityManager auf die Datenquelle zugreifen kann. In vorangegangenen Kapiteln habe ich gezeigt, wie Sie hierdurch den Zugriff über den JNDI-Namen `"jdbc/__default"` erzielen. Die Erweiterung der Klasse `RegisterController` ist in Listing 9.12 durch fette Schrift hervorgehoben. Die Klasse `RegisterController` sieht nach der JPA-Erweiterung nun wie folgt aus:

```java
package de.java2enterprise.onlineshop;

import java.io.Serializable;

import javax.annotation.Resource;
import javax.enterprise.context.RequestScoped;
import javax.faces.application.FacesMessage;
import javax.faces.context.FacesContext;
import javax.inject.Inject;
import javax.inject.Named;
import javax.persistence.EntityManager;
import javax.persistence.PersistenceContext;
import javax.transaction.UserTransaction;

import de.java2enterprise.onlineshop.model.Customer;

@Named
@RequestScoped
public class RegisterController implements Serializable {
    private static final long serialVersionUID = 1L;

    @PersistenceContext
    private EntityManager em;

    @Resource
    private UserTransaction ut;
package de.java2enterprise.onlineshop;

import java.io.Serializable;

import javax.annotation.Resource;
import javax.enterprise.context.RequestScoped;
import javax.inject.Inject;
```

```java
import javax.inject.Named;
import javax.persistence.EntityManager;
import javax.persistence.PersistenceContext;
import javax.transaction.UserTransaction;

import de.java2enterprise.onlineshop.model.Customer;

@Named
@RequestScoped
public class RegisterController implements Serializable {
    private static final long serialVersionUID = 1L;

    @PersistenceContext
    private EntityManager em;

    @Resource
    private UserTransaction ut;

    @Inject
    private Customer customer;

    public Customer getCustomer() {
        return customer;
    }

    public void setCustomer(Customer customer) {
        this.customer = customer;
    }

    public String persist() {
        try {
            ut.begin();
            em.persist(customer);
            ut.commit();
        } catch (Exception e) {
            e.printStackTrace();
        }
        return "/register.jsf";
    }
}
```

Listing 9.12 RegisterController.java

9.2.4 Die Webkomponente »register.xhtml« erstellen

In diesem Abschnitt erstellen Sie die Webkomponente *register.xhtml* für die Registrierung des Benutzers. Die Datei *register.xhtml* legen Sie analog zur Datei *index.xhtml* im vorangegangenen Programmierbeispiel an, denn lediglich der Inhalt des <body>-Elements wird sich von dem Inhalt in der *index.xhtml* unterscheiden.

```
<?xml version="1.0" encoding="UTF-8" ?>
<!DOCTYPE html PUBLIC "-//W3C//DTD XHTML 1.0 Transitional//EN"
 "http://www.w3.org/TR/xhtml1/DTD/xhtml1-transitional.dtd">
<html
    xmlns="http://www.w3.org/1999/xhtml"
    xmlns:h="http://xmlns.jcp.org/jsf/html">
    <h:head>
        <title><h:outputText value="Onlineshop" /></title>
    </h:head>
    <h:body>

    </h:body>
</html>
```

Listing 9.13 register.xhtml

Das HTML-Formular erzeugen

Fügen Sie nun die UI-Komponente FORM in das Body-Rechteck ein. Die JSF-UI-Komponente FORM benötigt kein action-Attribut, da die angepeilte URL erst beim SUBMIT-Button festgelegt wird. Auch die Angabe des Request-Typs entfällt bei der FORM-UI-Komponente. Im Standardfall wird das HTML-Formular mithilfe eines JSF-Command-Buttons über einen POST-Request abgeschickt.

Die Tabelle anlegen

Innerhalb der JSF-UI-Komponente FORM werden wir gleich noch die speziellen Form-UI-Komponenten des JSF-Frameworks hinzufügen. Aber ehe wir damit loslegen, benötigen wir noch eine UI-Komponente, die sich um eine ordentliche Gliederung per HTML-Tabelle kümmert. Deshalb fügen Sie innerhalb der FORM-UI-Komponente zunächst eine PANEL GRID-UI-Komponente hinzu. Die PANEL GRID-UI-Komponente wird das JSF-Framework später als HTML-Tabelle rendern.

In der Preview aus Abbildung 9.10 sehen Sie anschließend, dass der Wizard von sich aus das Panel Grid gefüllt hat, denn es wurden automatisch vier OUTPUT TEXT-UI-Komponenten mit den Texten *item1* bis *item4* in das Panel Grid eingefügt. Der Wizard hat außerdem dafür gesorgt, dass die Tabelle über zwei Spalten verfügt. Dies erkennen Sie an dem Attribut columns="2". Das JSF-Framework setzt deshalb automatisch jeweils zwei UI-Komponenten in eine Reihe. Die darauffolgenden UI-Komponenten werden in der nächsten Zeile hinzugefügt. Hieraus resultiert eine Tabelle, die über zwei Spalten und zwei Zeilen verfügt. Dies wird so auch im oberen Bereich der DESIGN-Ansicht angezeigt.

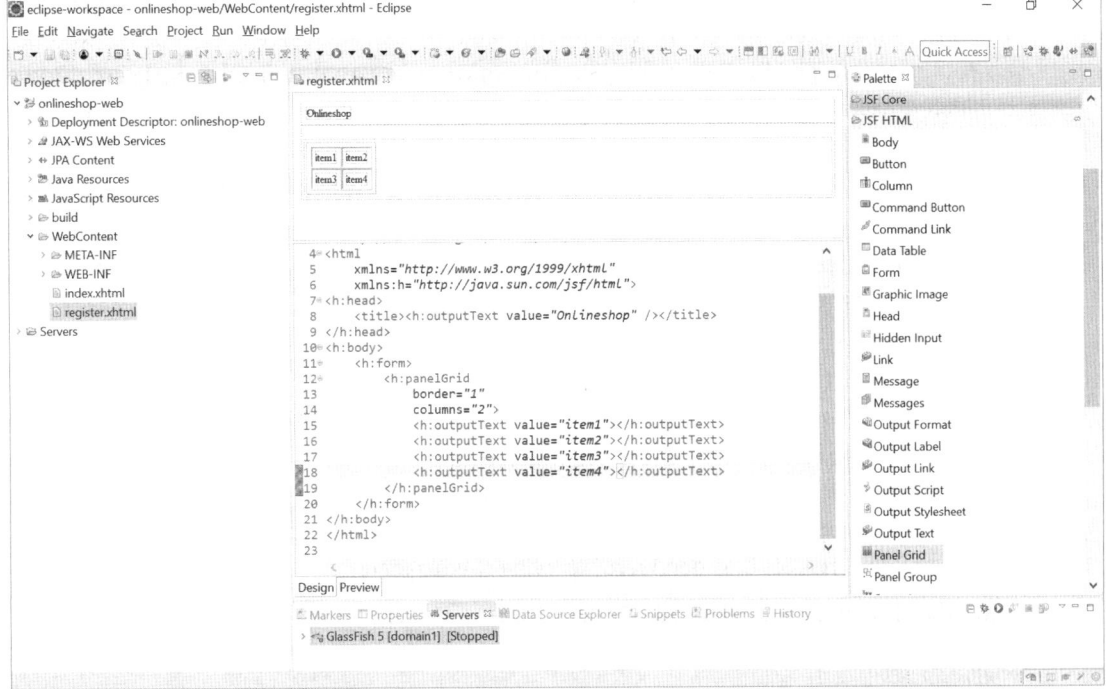

Abbildung 9.10 Die Preview zeigt eine zweispaltige Tabelle an.

Die Bemühungen des Wizards geschehen in bester Absicht, sind jedoch für unsere Zwecke unbrauchbar, denn schließlich möchten wir keine Texte, sondern Formularelemente erzeugen. Darum entfernen Sie die OUTPUT TEXT-UI-Komponente nun aus der Ansicht.

Öffnen Sie danach in der View PALETTE den Reiter JSF CORE. In diesem Reiter befindet sich die JSF-UI-Komponente FACET, mit der wir dem Panel Grid zunächst eine Überschrift geben werden. Mit *Facet* (zu Deutsch *Facette*) ist gemeint, dass es sich um eine Child-Komponente handelt, die einen bestimmten Aspekt einer Parent-Komponente abhandelt. Der Aspekt wird über das Attribut name gekennzeichnet. Beispielsweise können wir der UI-Komponente PANEL GRID die Facets mit den Namen "header" und "footer" beifügen. Aus dem Facet mit dem Namen "header" wird das JSF-Framework ein HTML-<th>-Element erzeugen.

Ziehen Sie nun die FACET-UI-Komponente in das Panel Grid. Beim öffnenden Tag setzen Sie das Attribut name="header". Zwischen das öffnende und das schließende Facet-Tag ziehen Sie eine Output-Text-Komponente aus dem Reiter JSF HTML. Beim value-Attribut tragen Sie "Registrieren" ein.

Eingabefelder hinzufügen

Für die Registrierung des Benutzers benötigen wir zwei Eingabefelder, nämlich für seine E-Mail-Adresse und für sein Kennwort. Das zweite Eingabefeld für das Kennwort sollte die eingegebenen Zeichen als Wildcards darstellen, deshalb werden wir hierfür ein spezielles Security-Eingabefeld einsetzen. Außerdem sollen die Eingabefelder über Label-UI-Komponenten betitelt sein. Deshalb ziehen Sie nun ein OUTPUT LABEL und ein TEXT INPUT für die E-Mail-Adresse sowie ein OUTPUT LABEL und ein SECRET INPUT für das Kennwort in das PANEL GRID hinein.

Beachten Sie, dass der Wizard stets ein öffnendes und ein schließendes Tag erstellt. Weil der innere Bereich der Elemente leer ist, können wir die öffnenden und schließenden Tags auch zu einem einzigen Tag zusammenfassen. Dies erledigt der Wizard automatisch, wenn Sie im öffnenden Tag vor die schließende Eckklammer einen Querstrich setzen. Der Wizard erkennt anschließend, dass wir kein schließendes Tag mehr brauchen, und entfernt es automatisch.

In den `value`-Attributen der Output Label ändern wir nun den auszugebenden Text. Klicken Sie hierfür in der Vorschau doppelt auf `outputLabel`. Hierdurch sollte sich im unteren Bereich die View PROPERTIES öffnen. Diese View bietet für die Bearbeitung der Attribute zwei verschiedene Editiermodi an, und zwar QUICK EDIT und ATTRIBUTES. Klicken Sie auf QUICK EDIT. Setzen Sie hinter `value:` den Wert `"E-Mail:"`. Genauso gehen Sie beim zweiten Output Label vor, nur dass Sie dort den Wert `"Kennwort:"` eintragen.

Klicken Sie danach doppelt auf das Innere des TEXT INPUT-Elements, und öffnen Sie im unteren Bereich die View PROPERTIES. Dort tragen Sie im Feld `value` den Wert `#{registerController.customer.email}` ein.

Durch den Ausdruck `#{registerController.customer.email}` verwenden wir die JSF-EL. In der Syntax und in den grundlegenden Bestandteilen sind JSF-EL und JSP-EL (aus Kapitel 5, »Java Server Pages«) gleich. Zum Beispiel greift der Ausdruck `#{registerController.customer.email}` auf das Objekt `registerController` der Java-Klasse `RegisterController` zu. In der Klasse `RegisterController` ist eine Property namens `customer` enthalten, deren Wert über eine öffentliche Getter-Methode `getCustomer()` beschafft werden kann. Genauso wie mit JSP-EL lässt sich die Methode `getCustomer()` auch bei JSF-EL aufrufen, indem Sie hinter den Punktoperator den Bezeichner `customer` setzen. Darüber hinaus können Sie wie im Beispiel über weitere Punktoperatoren von Property zu Property wandern. Diese Syntax habe ich bereits in Abschnitt 5.6, »JSP-EL«, beschrieben.

Aber kehren wir nun zu unserem Beispiel zurück. Der Ausdruck `#{registerController.customer.email}` veranlasst, dass eine `RegisterController`-Bean und eine `Customer`-Bean erzeugt werden. Wenn der Benutzer eine Zeichenkette in das E-Mail-Textfeld schreibt und das Formular absendet, wird die Zeichenkette als Parameter über einen POST-Request an den Server versandt. Den Wert, den der Benutzer in das Textfeld einträgt, wird das Faces-

Servlet intern automatisch als Attributwert für die neue Customer-Bean verwenden. Weil wir den Gültigkeitsbereich von RegisterController und damit auch die Customer-Bean auf RequestScoped gesetzt haben, sind beide Beans während des HTTP-Requests gültig.

Als Nächstes gehen Sie gleichermaßen für das Passwort-Eingabefeld vor. Ersetzen Sie den vorhandenen Text durch den Text "Kennwort:". Klicken Sie anschließend auch in SECRET INPUT. Danach können Sie in der PROPERTIES-View auch hierfür einen value-Wert setzen. Tragen Sie dort #{registerController.customer.password} ein.

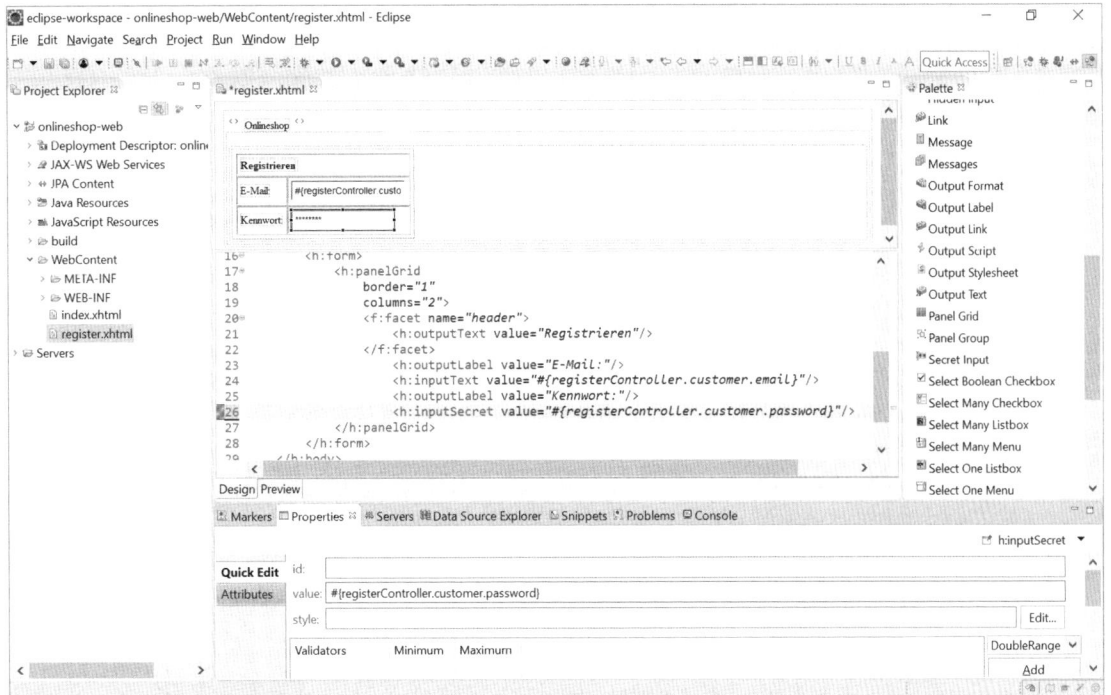

Abbildung 9.11 Die Properties der UI-Komponente »Secret Input«

Die Geschäftsdaten an den Server senden

Damit die Geschäftsdaten des HTML-Formulars an den Server versendet werden, setzen wir im Beispiel einen JSF-Command-Button ein.

```
<h:commandButton
    value="Registrieren"/>
```

Die Aktion, die durch den Mausklick auf die Schaltfläche ausgeführt werden soll, definieren wir mithilfe des Attributs action. Der zugewiesene Wert ist der Bezeichner der Aktionsmethode in der Backing Bean ohne die runden Klammern.

Um der Schaltfläche auch noch einen Anzeigetext mitzugeben, fügen Sie das Attribut value hinzu.

> **Hinweis**
>
> Weil es schöner aussieht, habe ich im Quelltext das Attribut des Panel Grids border="1" ent-
> fernt. Beachten Sie im Quelltext auch noch, dass der Wizard den Namespace von sich aus
> automatisch eingefügt hat.

Der komplette Quelltext der View-Komponente *register.xhtml* sollte nun wie folgt aussehen:

```
<?xml version="1.0" encoding="UTF-8" ?>
<!DOCTYPE html PUBLIC "-//W3C//DTD XHTML 1.0 Transitional//EN"
          "http://www.w3.org/TR/xhtml1/DTD/xhtml1-transitional.dtd">
<html xmlns="http://www.w3.org/1999/xhtml"
    xmlns:h="http://xmlns.jcp.org/jsf/html"
    xmlns:f="http://xmlns.jcp.org/jsf/core">
<h:head>
    <title>
        <h:outputText value="Onlineshop"/>
    </title>
    <meta
        http-equiv="Content-Type"
        content="text/html; charset=UTF-8" />
</h:head>
<h:body>
    <h:form>
        <h:panelGrid columns="2">
            <f:facet name="header">
            <h:outputText value="Registrieren"/>
            </f:facet>
            <h:outputLabel value="E-Mail:" />
            <h:inputText
                value=
                "#{registerController.customer.email}"
            >
            </h:inputText>
            <h:outputLabel value="Kennwort:" />
            <h:inputSecret
                 value=
                "#{registerController.customer.password}"
            >
            </h:inputSecret>
            <h:commandButton
            action="#{registerController.persist}"
            value="Registrieren"/>
```

```
        </h:panelGrid>
      </h:form>
  </h:body>
</html>
```

Listing 9.14 register.xhtml

Im Programmierbeispiel haben wir den Command-Button eingesetzt, um die Aktionsmethode in der Backing Bean zu aktivieren. Hierbei war es wichtig, dass der Command-Button von einer `form`-Komponente umgeben ist.

Bei der Ausführung des Programms wird der Command-Button als Schaltfläche `<input type="submit>` gerendert.

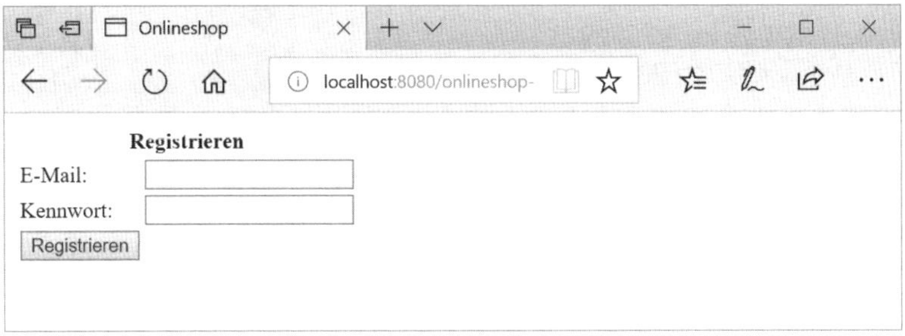

Abbildung 9.12 Der Aufruf der URL »http://localhost:8080/onlineshop-web/register.jsf«

Klickt der Benutzer auf die Schaltfläche, so wird die Anfrage des HTML-Formulars als HTTP-POST-Request an den Server gesendet, was schließlich dazu führt, dass die Methode `persist()` der Klasse `RegisterController` aufgerufen wird.

9.3   Die implizite Navigation

Im Web löst der Benutzer üblicherweise eine Navigation aus, indem er mit der Maus entweder auf einen HTML-Link oder auf einen SUBMIT-Button eines HTML-Formulars klickt. JSF bietet unterschiedliche UI-Komponenten an, über die die Navigation des Webs genutzt wird, um die Abfolge der aufgerufenen Komponenten festzulegen. Hierbei wird der Navigationsmechanismus des JSF-Frameworks verwendet.

9.3.1   Der Command-Button

Im vorangegangenen Programmierbeispiel haben wir bereits den Command-Button eingesetzt. Über den Command-Button hatten wir dafür gesorgt, dass eine Aktionsmethode aufgerufen wird und dadurch den Kursverlauf bestimmt. Somit haben wir auch mit der bereits implementierten Funktionalität eine Navigation eingebaut. Die UI-Komponente Command-

Button lässt sich aber nicht nur für das Aktivieren einer Aktionsmethode verwenden, sondern auch für die Navigation zu einer anderen View-Komponente, denn bei den JSF-Schaltflächen kann ebenfalls der Pfad der anvisierten View-Komponente als Ziel der Aktion gesetzt werden. Der folgende Command-Button steuert beispielsweise die View */index.xhtml* an, wobei auch hier der Navigationsmechanismus von JSF genutzt wird:

```
<?xml version="1.0" encoding="UTF-8" ?>
<!DOCTYPE html PUBLIC "-//W3C//DTD XHTML 1.0 Transitional//EN"
        "http://www.w3.org/TR/xhtml1/DTD/xhtml1-transitional.dtd">
<html xmlns="http://www.w3.org/1999/xhtml"
    xmlns:h="http://xmlns.jcp.org/jsf/html"
    xmlns:f="http://xmlns.jcp.org/jsf/core">
<h:head>
    <title>
        <h:outputText value="Onlineshop"/>
    </title>
    <meta
        http-equiv="Content-Type"
        content="text/html; charset=UTF-8" />
</h:head>
<h:body>
    <h:form>
        <h:panelGrid columns="2">
            <f:facet name="header">
            <h:outputText value="Registrieren"/>
            </f:facet>          <h:outputLabel value="E-Mail:" />
            <h:inputText
                value=
                "#{registerController.customer.email}"
            >
            </h:inputText>
            <h:outputLabel value="Kennwort:" />
            <h:inputSecret
                value=
                "#{registerController.customer.password}"
            >
            </h:inputSecret>
            <h:commandButton
                action="#{registerController.persist}"
                value="Registrieren"/>
            <h:commandButton
                action="/index.xhtml"
                value="Abbrechen"/>
```

```
        </h:panelGrid>
    </h:form>
</h:body>
</html>
```

Listing 9.15 register.xhtml

Eine festgelegte Logik im JSF-Navigationsmechanismus ermöglicht, dass das Framework die anvisierte View-Komponente von selbst ermittelt. Beispielsweise würde der Command-Button mit **action="index"** ebenso die View */index.xhtml* ansteuern. Dies gelingt, weil JSF den eingetragenen Bezeichner "index" automatisch als View-ID des VDL-Dokuments (*View Declaration Language*) betrachtet. Der Fachbegriff hierfür lautet *implizite Navigation*.

```
<h:commandButton
    action="index"
    value="Abbrechen"/>
```

Listing 9.16 register.xhtml

9.3.2   Der Command-Link

Command-Links ähneln den Command-Buttons. Sie werden beispielsweise genauso wie Command-Buttons innerhalb einer Form-UI-Komponente platziert und erhalten zur Navigation auch die gleichen Attribute. Beim Command-Button der Programmierübung habe ich bereits gezeigt, wie Sie das Attribut action einsetzen. Auch beim Command-Link tragen Sie entweder eine Aktionsmethode oder auch direkt die anzusteuernde View ein:

```
<?xml version="1.0" encoding="UTF-8" ?>
<!DOCTYPE html PUBLIC "-//W3C//DTD XHTML 1.0 Transitional//EN"
          "http://www.w3.org/TR/xhtml1/DTD/xhtml1-transitional.dtd">
<html xmlns="http://www.w3.org/1999/xhtml"
    xmlns:h="http://xmlns.jcp.org/jsf/html"
    xmlns:f="http://xmlns.jcp.org/jsf/core">
<h:head>
    <title>
        <h:outputText value="Onlineshop"/>
    </title>
    <meta
        http-equiv="Content-Type"
        content="text/html; charset=UTF-8" />
</h:head>
<h:body>
    <h:form>
        <h:panelGrid columns="2">
```

9

```
            <f:facet name="header">
            <h:outputText value="Registrieren"/>
            </f:facet>              <h:outputLabel value="E-Mail:" />
            <h:inputText
                value=
                "#{registerController.customer.email}"
            >
            </h:inputText>
            <h:outputLabel value="Kennwort:" />
            <h:inputSecret
                 value=
                "#{registerController.customer.password}"
            >
            </h:inputSecret>
            <h:commandButton
                action="#{registerController.persist}"
                value="Registrieren"/>
            <h:commandLink
                action="index"
                value="Abbrechen"/>
        </h:panelGrid>
    </h:form>
</h:body>
</html>
```

Listing 9.17 register.xhtml

Wenn Sie in Ihrem Programm den Command-Button durch einen Command-Link ersetzen, werden statt der Schaltflächen nun Hyperlinks gerendert, sodass dem Anschein nach kein Unterschied zu einem normalen Link besteht. Bei dem gerenderten Hyperlink zeigt sich aber, dass es sich keinesfalls um ein gewöhnliches HTML-Anker-Element handelt, denn der Link verweist auf sich selbst:

```
<a href="#">
```

Außerdem wird die Anfrage genauso wie bei einem Command-Button über einen HTTP-POST-Request vom Client zum Server versendet. Dies ermöglicht ein onclick-Attribut, das ein JavaScript-Programm aufruft. Dem Benutzer des Webbrowsers bleiben diese internen Vorgänge weitestgehend verborgen. Dies kann in gewissen Fällen auch nützlich sein. Der Vorteil des Command-Links ist aber gleichzeitig sein Nachteil: Wenn der Benutzer beispielsweise ein Lesezeichen setzen möchte, würde ihm das nicht gelingen, da die URL ja lediglich einen Verweis auf die eigene URL enthält. Auf diesen Makel werden wir später zurückkommen, denn das JSF-Framework bietet aus diesem Grunde weitere UI-Komponenten an, die dieses Problem lösen.

9.3.3   Die implizite Navigation von Facelet zu Facelet

Bei der Navigation über JSF spielt der Rückgabewert der Aktionsmethode eine zentrale Rolle, denn er kann entweder über die View-ID oder aber auch über eine zu konfigurierende Zeichenkette gesteuert werden. Im Fachjargon spricht man vom *Outcome*.

Die Willkommensseite werden wir abändern, sodass sie einen Link zur Registrierung anbietet.

```
<?xml version="1.0" encoding="UTF-8" ?>
<!DOCTYPE html PUBLIC "-//W3C//DTD XHTML 1.0 Transitional//EN"
 "http://www.w3.org/TR/xhtml1/DTD/xhtml1-transitional.dtd">
<html
    xmlns="http://www.w3.org/1999/xhtml"
    xmlns:h="http://xmlns.jcp.org/jsf/html">
    <h:head>
        <title><h:outputText value="Onlineshop" /></title>
        <meta
            http-equiv="Content-Type"
            content="text/html; charset=UTF-8" />
    </h:head>
    <h:body>
        <h1 class="title">
            <h:outputText value="Onlineshop" />
        </h1>
        <h:link
            outcome="register"
            value="Registrieren" />
    </h:body>
</html>
```

Listing 9.18 index.xhtml

In der Willkommensseite wird nun ein Link zur Registrierung angeboten (Abbildung 9.13).

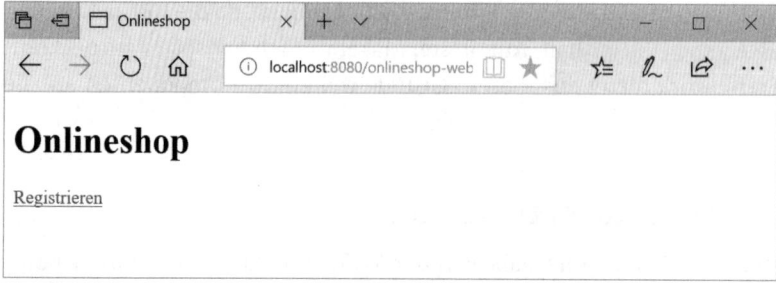

Abbildung 9.13 Die Willkommensseite mit dem Link zur Registrierung

Über den Link gelangen Sie zur Registrierung, wo wir ebenso einen Link einbauen könnten, um die Navigation zwischen Facelet zu Facelet zu ermöglichen.

```
        <h:link
            outcome="index"
            value="Zur Willkommensseite" />
    </h:body>
</html>
```

Listing 9.19 Der Link zur Willkommensseite

Abbildung 9.14 Die Registrierung mit JSF

9.3.4   In der Aktionsmethode eine View-ID als Ziel ansteuern

In unserem Programmierbeispiel navigieren wir über die Aktionsmethode persist() in der Backing Bean zurück in die View-Komponente */register.xhtml* (siehe Abbildung 9.15). Aber bestimmt haben Sie es bereits erahnt: Genau wie bei einem Facelet ist es auch in der Aktionsmethode möglich, ein Facelet über seine View-ID anzusteuern.

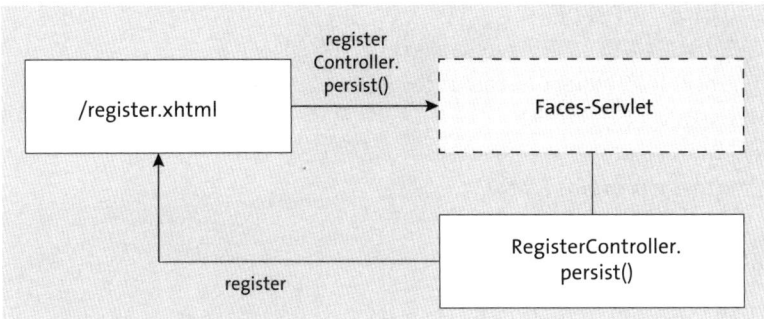

Abbildung 9.15 Die Navigation über die View-ID

Im nächsten Programmierbeispiel werden wir einen Schritt weitergehen und eine `if-else`-Anweisung einbauen, die die Navigation über eine Logik steuert. Als Beispiel hierzu werden wir den folgenden Programmablauf implementieren.

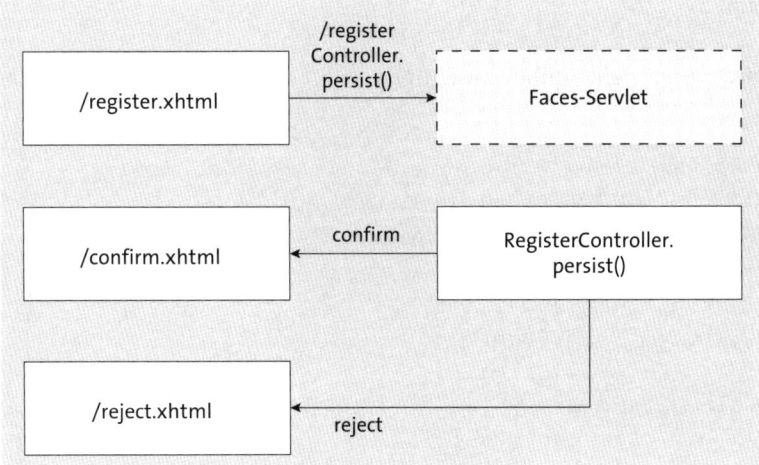

Abbildung 9.16 Die implizite Navigation zu den Views »confirm.xhtm« und »reject.xhtml«

In Abbildung 9.16 navigieren wir nicht mehr zurück zum Facelet */register.xhtml*. Stattdessen steuern wir über eine interne Logik entweder das Facelet */confirm.xhtml* oder das Facelet */reject.xhtml* an.

Legen Sie für das Beispiel zwei weitere XHTML-Dateien an, die Sie *confirm.xhtml* und *reject.xhtml* nennen.

In der Datei *confirm.xhtml* wird die erfolgreiche Registrierung bestätigt. Darunter setzen wir eine Schaltfläche, über die der Benutzer auf die Homepage wechseln kann.

```
<?xml version="1.0" encoding="UTF-8" ?>
<!DOCTYPE html PUBLIC "-//W3C//DTD XHTML 1.0 Transitional//EN"
 "http://www.w3.org/TR/xhtml1/DTD/xhtml1-transitional.dtd">
<html xmlns="http://www.w3.org/1999/xhtml"
     xmlns:ui="http://xmlns.jcp.org/jsf/facelets"
     xmlns:h="http://xmlns.jcp.org/jsf/html">
<h:body>
    Sie wurden erfolgreich registriert!
    <h:form>
        <h:commandButton
            action="index"
            value="Zur Willkommensseite"/>
    </h:form>
</h:body>
</html>
```

Listing 9.20 confirm.xhtml

Der Inhalt der Datei *reject.xhtml* sieht ähnlich aus, nur dass dort das Scheitern der Registrierung gemeldet wird:

```
<?xml version="1.0" encoding="UTF-8" ?>
<!DOCTYPE html PUBLIC "-//W3C//DTD XHTML 1.0 Transitional//EN"
 "http://www.w3.org/TR/xhtml1/DTD/xhtml1-transitional.dtd">
<html xmlns="http://www.w3.org/1999/xhtml"
     xmlns:ui="http://xmlns.jcp.org/jsf/facelets"
     xmlns:h="http://xmlns.jcp.org/jsf/html">
<h:body>
    Die Registrierung ist misslungen!
    <h:form>
        <h:commandButton
            action="index"
            value="Zur Willkommensseite"/>
    </h:form></h:body>
</html>
```

Listing 9.21 reject.xhtml

In der Backing Bean `RegisterController.java` werden wir dafür sorgen, dass die folgende View je nach Situation zunächst dynamisch in der Backing Bean ermittelt wird. Nur wenn die Speicherung gelingt, soll die View */confirm.xhtml* aufgerufen werden. Ansonsten soll die View */reject.xhtml* erscheinen:

```
package de.java2enterprise.onlineshop;

import java.io.Serializable;

import javax.annotation.Resource;
import javax.enterprise.context.RequestScoped;
import javax.inject.Inject;
import javax.inject.Named;
import javax.persistence.EntityManager;
import javax.persistence.PersistenceContext;
import javax.transaction.UserTransaction;

import de.java2enterprise.onlineshop.model.Customer;

@Named
@RequestScoped
public class RegisterController implements Serializable {
    private static final long serialVersionUID = 1L;

    @PersistenceContext
    private EntityManager em;

    @Resource
    private UserTransaction ut;

    @Inject
    private Customer customer;

    public Customer getCustomer() {
        return customer;
    }

    public void setCustomer(Customer customer) {
        this.customer = customer;
    }

    public String persist() {
        try {
            ut.begin();
            em.persist(customer);
            ut.commit();
        } catch (Exception e) {
            e.printStackTrace();
```

9

```
            return "reject";
        }
        return "confirm";
    }
}
```

Listing 9.22 RegisterController.java

9.4 Die explizite Navigation

Ein wesentlicher Bestandteil der JSF-Navigation ist, dass sie sich nicht nur implizit, sondern auch explizit per Konfiguration einstellen lässt. Hierfür wird die JSF-Konfigurationsdatei *faces-config.xml* verwendet.

> **Hinweis**
>
> Ursprünglich war es die wichtigste Aufgabe der *faces-config.xml*, die sogenannten Managed Beans zu konfigurieren. Da die Verwendung von Managed Beans ab der Java EE-Version 8 *deprecated* ist, definieren wir in der *faces-config.xml* vorwiegend Navigationsregeln.

Die *faces-config.xml* wurde von Eclipse bereits beim ersten Programmierbeispiel automatisch im Verzeichnis */WEB-INF* angelegt. Der Wizard von Eclipse sollte sie bei Ihren Programmierbeispielen (in Ihrer aktuellen Eclipse IDE) wie folgt angelegt haben.

```
<?xml version="1.0" encoding="UTF-8"?>
<faces-config
    xmlns="http://xmlns.jcp.org/xml/ns/javaee"
    xmlns:xsi="http://www.w3.org/2001/XMLSchema-instance"
    xsi:schemaLocation="http://xmlns.jcp.org/xml/ns/javaee
    http://xmlns.jcp.org/xml/ns/javaee/web-facesconfig_2_3.xsd"
    version="2.3">
</faces-config>
```

Listing 9.23 faces-config.xml

9.4.1 Navigation-Rules

Bei der expliziten Navigation wird in der JSF-Konfigurationsdatei für jede Navigationsregel ein navigation-rule-Element gesetzt. Innerhalb der navigation-rule-Elemente werden beliebig viele Navigationsfälle mit dem XML-Element navigation-case festgelegt.

Für jeden Navigationsfall wird ein Outcome einer View-ID zugeordnet. Der Outcome wird über das XML-Element from-outcome und die View-ID über das XML-Element to-view-id spezifiziert.

Mit der folgenden Navigationsregel legen Sie fest, dass bei dem Rückgabewert success zur View *confirm.xhtml* navigiert wird:

```
<?xml version="1.0" encoding="UTF-8"?>
<faces-config
 xmlns="http://xmlns.jcp.org/xml/ns/javaee"
 xmlns:xsi="http://www.w3.org/2001/XMLSchema-instance"
 xsi:schemaLocation="http://xmlns.jcp.org/xml/ns/javaee
 http://xmlns.jcp.org/xml/ns/javaee/web-facesconfig_2_3.xsd"
 version="2.3">
    <navigation-rule>
        <from-view-id>*</from-view-id>
        <navigation-case>
            <from-outcome>success</from-outcome>
            <to-view-id>/confirm.xhtml</to-view-id>
        </navigation-case>
        <navigation-case>
            <from-outcome>failure</from-outcome>
            <to-view-id>/reject.xhtml</to-view-id>
        </navigation-case>
    </navigation-rule>
</faces-config>
```

Listing 9.24 faces-config.xml

Die obige Navigationsregel gilt für alle Ausgangs-Views. Innerhalb des XML-Elements navigation-rule kann auch das XML-Element from-view-id genutzt werden, um die Navigationsregel auf eine Ausgangs-View einzuschränken:

```
...
<navigation-rule>
    <from-view-id>/register.xhtml</from-view-id>
    <navigation-case>
        <from-outcome>success</from-outcome>
        <to-view-id>/confirm.xhtml</to-view-id>
    </navigation-case>
</navigation-rule>
...
```

Listing 9.25 faces-config.xml

Beim XML-Element from-view-id können Sie auch Wildcards nutzen. Beispielsweise gilt die folgende Regel für alle Ausgangs-View-Komponenten, die sich im Pfad *register* befinden:

```
...
<navigation-rule>
    <from-view-id>/register/*</from-view-id>
    <navigation-case>
        <from-outcome>success</from-outcome>
        <to-view-id>/confirm.xhtml</to-view-id>
    </navigation-case>
...
```

Listing 9.26 faces-config.xml

9.4.2   Forward und Redirect

Normalerweise wird die Navigation serverseitig umgeleitet. Die Servlet-Technologie gebraucht hierfür den Fachbegriff *Forward*. Dass es sich um eine serverseitige Weiterleitung handelt, erkennen Sie im Programmierbeispiel an der URL in der Adressleiste Ihres Webbrowsers, denn nach dem Mausklick auf der Schaltfläche bleibt diese unverändert.

Statt der serverseitigen Umleitung mit einem Forward können Sie aber auch eine clientseitige Umleitung erwirken. Der Fachbegriff für eine clientseitige Umleitung ist *Redirect*.

In der `faces-config` steht hierfür das Element `<redirect/>` zur Verfügung:

```
...
<navigation-rule>
    <from-view-id>/register.xhtml</from-view-id>
    <navigation-case>
        <from-outcome>success</from-outcome>
        <to-view-id>/confirm.xhtml</to-view-id>
        <redirect/>
    </navigation-case>
</navigation-rule>
...
```

Listing 9.27 faces-config.xml

Hinweis

Weitere Informationen über die Umleitung mit einem Forward oder einem Redirect finden Sie in Kapitel 4, »Servlet 4.0«.

9.4.3   Das Programmierbeispiel

Wir werden das komplette Beispiel der expliziten Navigation für die Registrierung nun programmieren. Statt der Rückgabewerte `confirm` und `reject`, die ja als View-IDs eine implizite Navigation ermöglichen, soll die Methode `persist()` nun die Zeichenketten `success` und `failure` liefern. Weil die Rückgabewerte jetzt anders lauten als die Facelet-Dateien, ist eine explizite Navigationsregel über die JSF-Konfigurationsdatei erforderlich (siehe Abbildung 9.17).

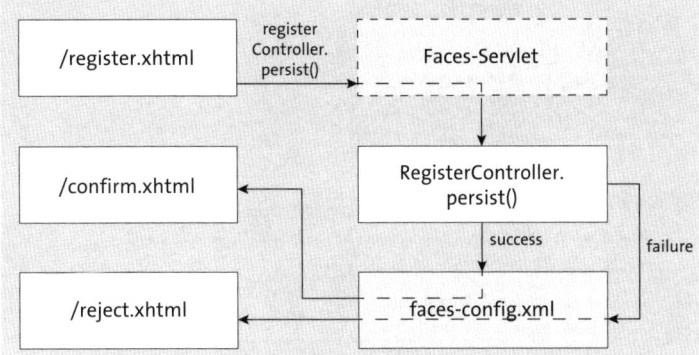

Abbildung 9.17 Die explizite Navigation

Um die explizite Navigation in der JSF-Konfigurationsdatei fertigzustellen, lassen Sie sich von Eclipse helfen. Öffnen Sie hierfür im Webprojekt den Ordner */WebContent/WEB-INF*, und klicken Sie dort doppelt auf die Datei *faces-config.xml*. Selektieren Sie dann den Reiter NAVIGATION-RULE. Beachten Sie, dass Sie die Perspektive JAVA EE benötigen.

Ziehen Sie die Dateien *register.xhtml*, *confirm.xhtml* und *reject.xhtml* aus dem Projekt-Explorer in die Arbeitsfläche der NAVIGATION RULE. Selektieren Sie anschließend in der View PALETTE die Auswahl LINK, denn hiermit können Sie die Navigation Rule grafisch gestalten. Zeichnen Sie jetzt einen Pfeil, indem Sie eine Linie von der *register.xhtml* zur *confirm.xhtml* ziehen. Genauso ziehen Sie danach auch noch einen Pfeil von der *register.xhtml* zur *reject.xhtml*.

Im Anschluss markieren Sie den Pfeil, der von der *register.xhtml* zur *confirm.xhtml* zeigt, indem Sie rechts die Option SELECT auswählen und hiernach auf den oberen Pfeil klicken. Im unteren Bereich von Eclipse öffnen Sie die View PROPERTIES und geben in das Eingabefeld FROM ACTION die Zeichenkette `#{registerController.persist}` ein. Im nächsten Eingabefeld FROM OUTCOME geben Sie den Wert `success` ein. Genauso markieren Sie den zweiten Pfeil, um dort im ersten Eingabefeld ebenfalls `#{registerController.persist}` und im zweiten Eingabefeld die Zeichenkette `failure` einzutragen. Die Ansicht von Eclipse sollte nun so wie in Abbildung 9.18 aussehen.

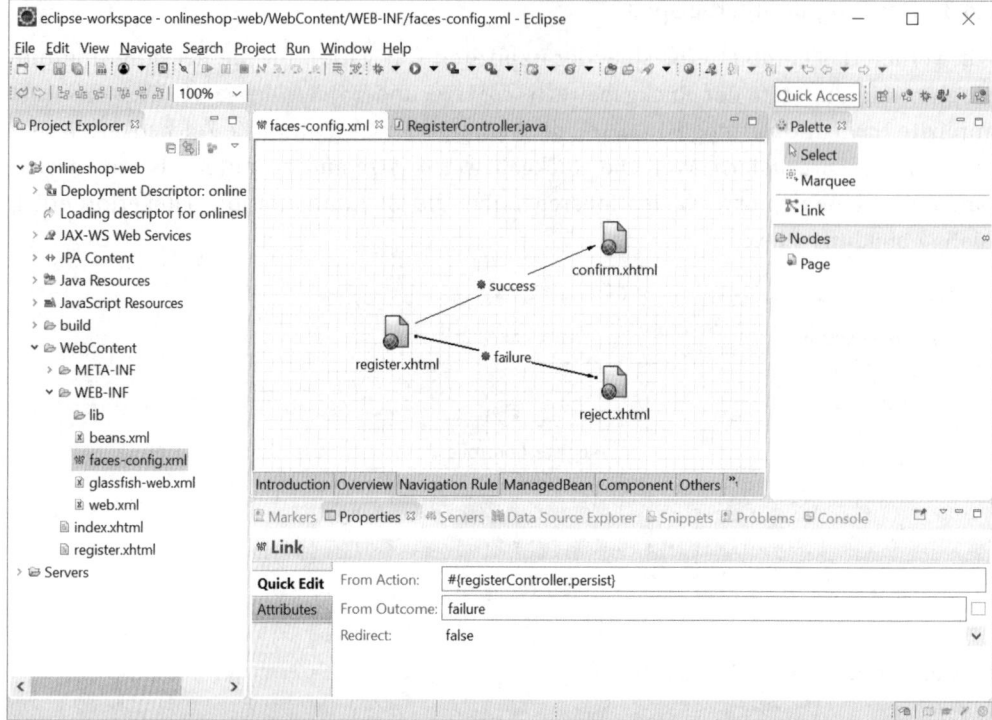

Abbildung 9.18 Der Reiter »Navigation Rule« im »Faces Configuration Editor«

Wenn Sie auf den Reiter Source klicken, sollten Sie sehen, dass der Wizard Folgendes in die Datei *faces-config.xml* hineingeschrieben hat:

```
<?xml version="1.0" encoding="UTF-8"?>
<faces-config
    xmlns="http://xmlns.jcp.org/xml/ns/javaee"
    xmlns:xsi="http://www.w3.org/2001/XMLSchema-instance"
    xsi:schemaLocation="http://xmlns.jcp.org/xml/ns/javaee
    http://xmlns.jcp.org/xml/ns/javaee/web-facesconfig_2_3.xsd"
    version="2.3">
    <navigation-rule>
        <display-name>register.xhtml</display-name>
        <from-view-id>/register.xhtml</from-view-id>
        <navigation-case>
            <from-outcome>success</from-outcome>
            <to-view-id>/confirm.xhtml</to-view-id>
        </navigation-case>
    </navigation-rule>
    <navigation-rule>
        <display-name>register.xhtml</display-name>
```

```
        <from-view-id>/register.xhtml</from-view-id>
        <navigation-case>
            <from-outcome>failure</from-outcome>
            <to-view-id>/reject.xhtml</to-view-id>
        </navigation-case>
    </navigation-rule>

</faces-config>
```

Listing 9.28 faces-config.xml

In der Backing Bean müssen Sie die Rückgabewerte nun ebenfalls anpassen:

```
...
public String persist() {
    try {
        ut.begin();
        emf.createEntityManager().persist(customer);
        ut.commit();
        return "success";
    } catch (Exception e) {
        e.printStackTrace();
    }
    return "failure";
}
...
```

Listing 9.29 RegisterController.java

9.5   JSF-Grundkenntnisse

Jetzt, nachdem Sie bereits vier eigene Beispielanwendungen programmiert haben, schauen wir uns die vorgefertigten Werkzeuge von JSF genauer an. Wir beginnen mit den Arbeitsphasen, die die HTTP-Anfrage im JSF-Framework durchläuft. Anschließend betrachten wir JSF-Klassen, die bei der Programmierung von Backing Beans nützlich sind. Danach lernen Sie weitere UI-Komponenten kennen. Abschließend werde ich Ihnen noch zeigen, wie Sie die JSF-Konfigurationsdatei verschieben und unterteilen können.

9.5.1   Die Arbeitsphasen

Zu Beginn des Kapitels habe ich das Zusammenspiel der einzelnen Komponenten im Model-View-Controller-Pattern von JSF erläutert. Wir werden uns diesen Ablauf jetzt noch etwas detaillierter anschauen, denn wenn Sie die Arbeitsphasen von JSF bei einem HTTP-Request genauer kennen, lassen sich manche Funktionen besser zuordnen.

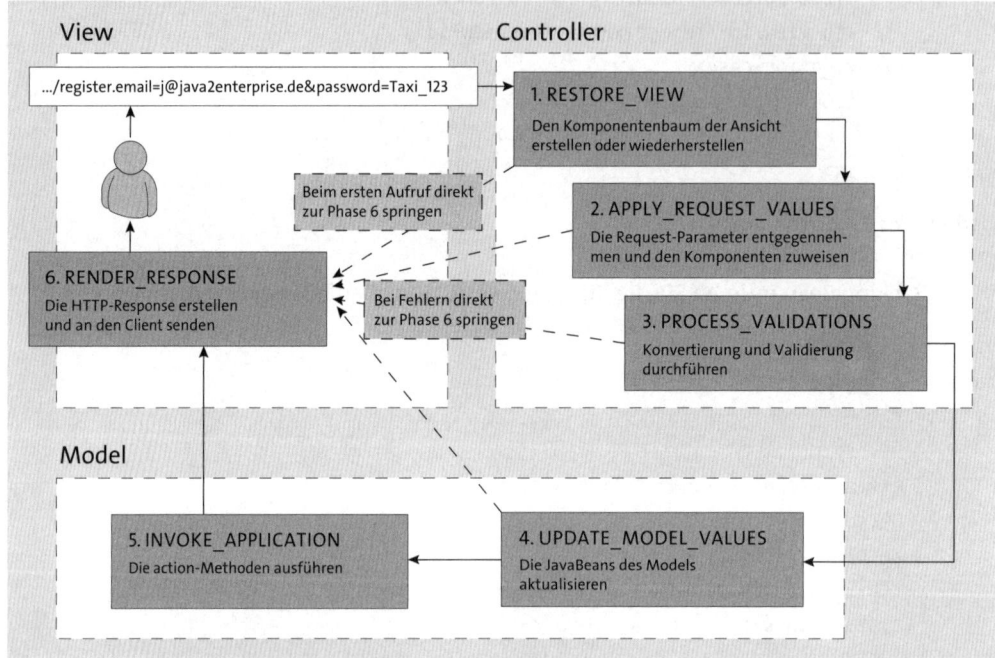

Abbildung 9.19 Die Arbeitsphasen bei einem HTTP-Request

Bei einem HTTP-Request können folgende Arbeitsphasen auftreten:

1. **RESTORE_VIEW**

   Die erste Phase beginnt, wenn ein HTTP-Request beim Server eintrifft. Sie nennt sich RE-STORE_VIEW. Bei dieser Phase wird die Ansicht erstellt bzw. wiederhergestellt. Hierbei wird eine Instanz der Klasse UIViewRoot erzeugt. Sie ist der Wurzelknoten der hierarchischen Baumstruktur der UI-Komponenten. Der Wurzelknoten wird im sogenannten *FacesContext* abgespeichert, sodass von hier aus auf alle UI-Komponenten des Facelets zugegriffen werden kann. Bei den Verarbeitungsschritten einer HTTP-Anfrage spielt die Klasse Faces-Context eine bedeutende Rolle, da sie die zentrale Stelle darstellt, von der aus Sie auch auf weitere Bestandteile und Funktionalitäten des Frameworks zugreifen können.

   In Abbildung 9.19 sehen Sie, dass von der ersten Phase aus zwei Pfeile abgehen. Der gestrichelte Pfeil, der direkt zur sechsten Phase zeigt, wird durchlaufen, wenn ein Benutzer eine JSF-Seite zum ersten Mal betritt. In diesem Fall spricht man von einem *Initial Request*. Bei einem Initial Request werden nur der erste und der letzte Arbeitsschritt durchlaufen; dies spart Zeit.

   Löst der Benutzer hingegen eine Anfrage durch einen SUBMIT-Button aus, so lautet der Fachausdruck *Postback-Request*. Bei einem Postback-Request verbleibt die Navigation im aktuellen Lebenszyklus. Dabei wird in der ersten Phase der gespeicherte Zustand der UI-Komponenten wiederhergestellt und weiter zur zweiten Phase gegangen.

2. **APPLY_REQUEST_VALUES**
In der zweiten Phase des Lebenszyklus werden zunächst die HTTP-Parameter entgegengenommen. Anschließend wird vom Wurzelknoten aus jeder Kindknoten rekursiv durchlaufen. Dabei sucht sich jede UI-Komponente die für sie übermittelten Werte heraus.

3. **PROCESS_VALIDATIONS**
In der dritten Phase werden alle Werte von UI-Komponenten konvertiert und validiert. Dieser Vorgang ist von Bedeutung, da man in der clientseitigen Präsentationsschicht (also im HTML-Formular) lediglich Zeichenketten eingibt. Aus diesen Zeichenketten werden später beispielsweise Geldbeträge oder Datumswerte erstellt. Tritt hierbei ein Fehler auf, springt der Lebenszyklus von hier aus direkt in die 6. Phase.

4. **UPDATE_MODEL_VALUES**
In Phase 4 werden die bereits konvertierten und validierten Werte in das Datenmodell übertragen. Beispielsweise werden in der Bean `Customer.java` die Properties `email` und `password` gesetzt, indem die Setter-Methoden der Bean aufgerufen werden. Auch bei dieser Phase können aufkommende Fehler dazu führen, dass der Prozess in Phase 6 springt.

5. **INVOKE_APPLICATION**
In Phase 5 werden die ActionListener aktiviert und die Aktionsmethoden der Backing Beans aufgerufen. Beispielhaft wurde bei der Klasse `Customer.java` die Aktionsmethode `persist()` vorgesehen, die für die Speicherung der `Customer`-Objekte in die relationale Datenbank zuständig ist. Aktionsmethoden werden nach den ActionListenern aufgerufen.

6. **RENDER_RESPONSE**
In der sechsten und letzten Phase wird die HTTP-Response erstellt und für spätere Anfragen gesichert. Zuletzt wird die HTTP-Response an den Client versendet.

Über »immediate="true"« den Lebenszyklus abändern

Enthält eine UI-Komponente das Attribut `immediate="true"`, so wird der Ablauf im Lebenszyklus der Anfrage etwas abgeändert.

Bei Eingabefeldern hat das Attribut zur Folge, dass die Konvertierung und die Validierung der Eingabefelder nicht erst in der 3. Phase, sondern bereits in der 2. Phase stattfinden. Treten hierbei Fehler auf, wird anschließend unmittelbar die 6. Phase eingeleitet.

Bei Befehlskomponenten werden ActionListener und Aktionsmethoden in der 2. Phase statt in der 5. Phase aktiv.

Das Attribut kann nützlich sein, wenn ein Teilaspekt der Webseite ganz unabhängig von anderen Komponenten aktiviert werden soll. Das folgende Beispiel zeigt einen CANCEL-(ABBRECHEN-)Command-Button in der *register.xhtml*:

```
            ...
        <h:commandButton
            immediate="true"
            action="/index.xhtml"
            value="Abbrechen"/>
        <h:commandButton
            action="#{registerController.persist}"
            value="Registrieren"/>
    </h:panelGrid>
    </h:form>
</h:body>
</html>
```

Listing 9.30 register.xhtml

9.5.2   Bedeutende JSF-Klassen für die Backing Bean

Auf die besondere Bedeutung der Backing Beans für die Nutzung der JSF-API habe ich bereits hingewiesen. Dabei wurde deutlich, dass Backing Beans ganz einfache POJO-Klassen sind, in die die Geschäftsdaten und die Aktionsmethoden der jeweiligen User-Story eingebaut werden. Hierbei möchte man häufig auch auf weitere Komponenten oder sogar auf die Low-Level-Elemente der darunterliegenden Servlets zugreifen. Für all das hat das JSF-Framework vorgesorgt, indem es entsprechende Java-Klassen zur Verfügung stellt. Im Folgenden werde ich die wichtigsten Klassen beschreiben.

FacesContext

Eine der wichtigsten Klassen ist die Klasse FacesContext, denn sie ermöglicht den Zugriff auf zahlreiche interne Informationen des JSF-Frameworks. Für die Arbeit mit der zentralen FacesContext-Instanz bietet die abstrakte Klasse javax.faces.context.FacesContext die Methode getCurrentInstance() an:

```
FacesContext facesContext = FacesContext.getCurrentInstance();
```

Beispielsweise können Sie hierüber nachfragen, in welcher Phase sich der Anfrageprozess momentan befindet. Zu diesem Zweck wird die Methode FacesContext.getCurrentPhaseId() ausgeführt. Der Rückgabewert ist vom Typ PhaseId, der mit einer dieser sechs Konstanten verglichen wird:

▶ PhaseId.RESTORE_VIEW

▶ PhaseId.APPLY_REQUEST_VALUES

▶ PhaseId.PROCESS_VALIDATIONS

- ▶ PhaseId.UPDATE_MODEL_VALUES
- ▶ PhaseId.INVOKE_APPLICATION
- ▶ PhaseId.RENDER_RESPONSE

Im folgenden Listing 9.31 sehen Sie, wie in einer Backing Bean geprüft wird, ob sich der aktuelle Prozess in der Phase PROCESS_VALIDATION befindet:

```
PhaseId phaseId = facesContext.getCurrentPhaseId();
if(PhaseId.PROCESS_VALIDATIONS.equals(phaseId)) {
    // do this and that
}
```

Listing 9.31 PhaseId-Überprüfung

Eine weitere wichtige Aufgabe der Klasse FacesContext ist die Speicherung des UI-Komponenten-Baums als Instanz des Typs javax.faces.component.UIViewRoot. Über die Methode getViewRoot() lässt sich diese Instanz als Wurzel des gesamten UI-Komponenten-Baums beschaffen:

```
UIViewRoot viewRoot = facesContext.getViewRoot();
```

Von hier aus lassen sich also ganz komfortabel einzelne UI-Komponenten des UI-Komponenten-Baums bearbeiten.

Mit der Methode findComponent() holen Sie eine Referenz auf eine UI-Komponente:

```
UIComponent component = viewRoot.findComponent("registerForm");
```

Eine weitere Aufgabe der Klasse FacesContext ist die Nachrichtenübermittlung an die View-Komponente.

ExternalContext

Die zentrale Instanz der Klasse javax.faces.context.ExternalContext ermöglicht es Ihnen, sich unmittelbar auf die Low-Level-Ebene der Servlets zu begeben. Den ExternalContext holen Sie mit der Methode getExternalContext() der Klasse FacesContext:

```
ExternalContext externalContext =
    facesContext.getExternalContext();
```

Um die unterschiedlichsten Funktionalitäten der Servlet-API zu besorgen, bedienen wir uns der zahlreichen Methoden der Klasse ExternalContext. Beispielsweise beschafft die folgende Anweisung die Information, ob der aktuelle HTTP-Request über SSL gesichert ist:

```
boolean isSecure = externalContext.isSecure();
```

Application

Die zentrale Instanz der Klasse `javax.faces.application.Application` ist für die gesamte Anwendung als Singleton vorhanden. Die Singleton-Instanz besorgen Sie über die Methode `ApplicationFactory.getApplication()`:

```
Application application = ApplicationFactory.getApplication();
```

Durch den Zugriff auf diese Instanz können Sie die für die Webanwendung globalen Einstellungen steuern. Beispielsweise ändert die folgende Anweisung die Spracheinstellung, die per Default für die Webanwendung gesetzt ist:

```
application.setDefaultLocale(Locale.ENGLISH);
```

9.5.3   Weitere UI-Komponenten

In diesem Abschnitt werden wir uns weitere UI-Komponenten der JSF-HTML-Bibliothek anschauen, die clientseitig als Schaltflächen oder Hyperlinks eingebaut werden können.

Der Output-Link

Genauso wie ein Command-Link wird auch ein Output-Link als HTML-Hyperlink gerendert. Anders als bei einem Command-Link setzen Sie die URL, auf die der Hyperlink verweist, aber hier mit dem Attribut `value`, und den Namen des Links setzen Sie zwischen dem öffnenden und dem schließenden Tag.

Die folgende UI-Komponente setzt einen Link auf eine externe URL:

```
<h:outputLink value="http://www.java2enterprise.de">
    Java2Enterprise
</h:outputLink>
```

Das gerenderte HTML-Element sieht wie folgt aus:

```
<a href="http://www.java2enterprise.de">
    Java2Enterprise
</a>
```

Dem Output-Link können Sie auch Parameter mitgeben. Hierfür stecken Sie die UI-Komponente `param` ins Innere des Output-Links:

```
<h:outputLink value="http://www.java2enterprise.de">
    Java2Enterprise
    <f:param name="coming_from" value="marktplatz_de"/>
</h:outputLink>
```

Das gerenderte HTML-Element sieht wie folgt aus:

```
<a href=
"http://www.java2enterprise.de?coming_from=marktplatz_de">
    Java2Enterprise
</a>
```

Obwohl der Output-Link genauso wie ein Command-Link als HTML-Anker-Element gerendert wird, unterscheiden sich die beiden UI-Komponenten gravierend, denn statt eines POST-Requests handelt es sich bei einem Output-Link um einen GET-Request. Deshalb braucht ein Command-Link auch nicht in eine Form-Komponente platziert zu werden. Es wird auch nicht das JSF-Navigationssystem oder eine JSF-Aktion ausgelöst. Diese UI-Komponente eignet sich deshalb lediglich für den Aufruf einer externen URL. Um dennoch eine JSF-Aktion auszuführen, könnten Sie auch Folgendes programmieren:

```
<h:outputLink value="#{facesContext.externalContext.applicationContextPath}/
signin.xhtml">
```

Link

Mit den beiden UI-Komponenten Command-Link und Output-Link können wir bereits die meisten Anwendungsfälle abdecken, bei denen auf der Benutzeroberfläche ein Hyperlink gerendert werden soll. Während der Command-Link Formularelemente über einen POST-Request an eine JSF-Aktion abschickt, rendert der Output-Link ein ganz einfaches HTML-Anker-Element für eine externe URL. Was jetzt noch fehlt, ist ein Link, der einerseits genauso wie ein Command-Link den Navigationsmechanismus von JSF auslöst, der aber andererseits hierbei als HTTP-GET-Request versendet wird, denn auf diese Weise kann die URL beispielsweise als Lesezeichen gesetzt werden. Und genau für diesen Zweck dient die UI-Komponente link. Die URL wird hierbei bereits in der ersten Phase des INITIAL_REQUEST ermittelt, sodass sie gleich beim ersten Aufruf angezeigt wird.

Über das Attribut value tragen Sie den anzuzeigenden Text für den Link ein. Den Outcome, der für die Navigation verwendet werden soll, setzen Sie über das Attribut outcome. Genauso wie bei einem Command-Link können Sie hier eine Aktionsmethode, einen vorkonfigurierten Outcome oder auch eine View-ID eintragen. Das ist praktisch, weil der Anwender hier quasi ein Lesezeichen auf eine Funktion setzt, deren Implementierung der Entwickler im Hintergrund ändern kann.

```
<h:link
    value="Suchen"
    outcome="#{searchController.start()}"/>
```

Listing 9.32 index.xhtml

Button

Die Entwickler des JSF-Frameworks haben noch eine weitere UI-Komponente namens button verwirklicht, die vom Prinzip her der UI-Komponente Link gleicht. Auch hierbei wird eine Schaltfläche bereits im INITIAL_REQUEST so aufbereitet, dass sie genauso wie die UI-Komponente link einerseits den Navigationsmechanismus von JSF nutzt, aber andererseits einen GET-Request auslöst. Auch bei dieser UI-Komponente gelingt dies, indem der Mausklick auf die Schaltfläche per oncick-Attribut aufgefangen und ein spezielles JavaScript-Programm des JSF-Frameworks aufgerufen wird. Ein form-Element ist deshalb nicht erforderlich.

```
<h:button
    value="Suchen"
    outcome="#{searchController.start()}"/>
```

Listing 9.33 index.xhtml

SelectBooleanCheckbox

Mithilfe der selectBooleanCheckBox wird eine Checkbox gerendert, die zwischen zwei Werten wechseln kann (siehe Abbildung 9.20). In Listing 9.34 wird eine selectBooleanCheckbox gesetzt. Der Wert wird über das Attribut value eingetragen.

```
<h:form>
    <h:selectBooleanCheckbox
        value="#{testController.a}"/>
    <h:commandButton value="Submit"/>
</h:form>
<h:outputText value="#{testController.a}"/>
```

Listing 9.34 index.xhtml

Wenn Sie das obige Beispiel ausprobieren möchten, werden Sie auch folgende Backing Bean benötigen. In der Backing Bean wird eine Property des Typs Boolean gesetzt:

```
package de.java2enterprise.onlineshop;

import java.io.Serializable;

import javax.enterprise.context.RequestScoped;
import javax.inject.Named;

@Named
@RequestScoped
public class TestController implements Serializable {
    private static final long serialVersionUID = 1L;
```

```
    private Boolean a;

    public Boolean getA() {
        return a;
    }

    public void setA(Boolean a) {
        this.a = a;
    }
}
```

Listing 9.35 TestController.java

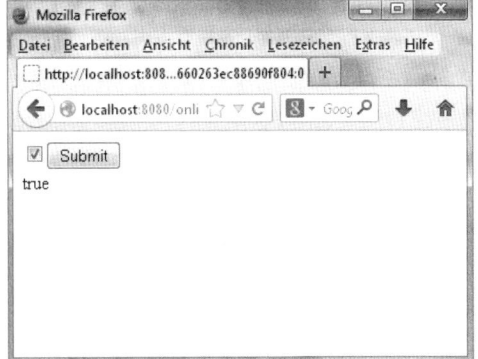

Abbildung 9.20 Die »SelectBooleanCheckbox«

SelectOneRadio, SelectOneListbox und SelectOneMenu

selectOneRadio rendert eine Liste von Radio-Buttons, von denen ein einziger selektiert sein kann (siehe Abbildung 9.21). Es gibt verschiedene Möglichkeiten, die Elemente dieser Komponente zur Verfügung zu stellen. Die handlichste Alternative zeige ich in Listing 9.36. Hierbei wird ein Child-Element des Typs SelectItems eingesetzt, das die Elemente der Radio-Buttons zur Verfügung stellt.

```
...
<h:form>
    <h:selectOneRadio
        value="#{testController.day}">
        <f:selectItems
            value="#{testController.days}"/>
    </h:selectOneRadio>
    <h:commandButton value="Submit"/>
```

```
</h:form>
<h:outputText value="#{testController.day}"/>
...
```

Listing 9.36 test.xhtml

In der Backing Bean werden zwei Properties programmiert. Eine Property hält den aktuellen Wert des Typs String. Die andere Property hat den Typ java.util.List<String>. Sie bietet die Liste aller zur Verfügung stehenden String-Werte an:

```
package de.java2enterprise.onlineshop;

import java.io.Serializable;
import java.util.ArrayList;
import java.util.List;

import javax.annotation.PostConstruct;
import javax.enterprise.context.RequestScoped;
import javax.inject.Named;

@Named
@RequestScoped
public class TestController implements Serializable {
    private static final long serialVersionUID = 1L;

    private List<String> days;

    private String day;

    public List<String> getDays() {
        return days;
    }

    public void setDays(List<String> days) {
        this.days = days;
    }

    public String getDay() {
        return day;
    }

    public void setDay(String day) {
        this.day = day;
    }
```

```
@PostConstruct
public void init() {
    days = new ArrayList<String>();
    days.add("Montag");
    days.add("Dienstag");
    days.add("Mittwoch");
    days.add("Donnerstag");
    days.add("Freitag");
    days.add("Samstag");
    days.add("Sonntag");
}
}
```

Listing 9.37 test.xhtml

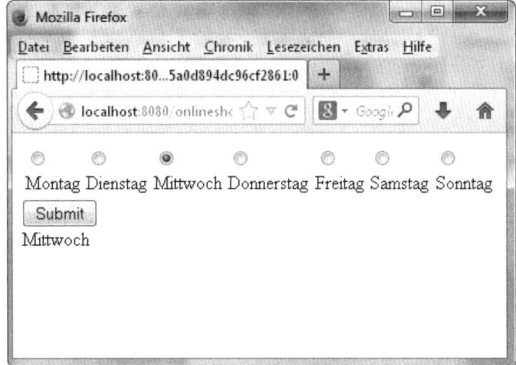

Abbildung 9.21 Die UI-Komponente »SelectOneRadio«

Die UI-Komponenten selectOneListBox und selectMenu werden gleichermaßen programmiert. In Listing 9.38 sehen Sie die erforderliche Änderung in hervorgehobener Schrift:

```
<h:form>
    <h:selectOneListbox
        value="#{testController.day}">
        <f:selectItems
            value="#{testController.days}"/>
    </h:selectOneListbox>
    <h:commandButton value="Submit"/>
</h:form>
```

Listing 9.38 test.xhtml

Wie Sie in Abbildung 9.22 erkennen, hat die kleine Änderung eine große Wirkung.

Abbildung 9.22 »SelectOneListbox«

SelectManyCheckbox, SelectManyListbox und SelectManyMenu

Die UI-Komponenten selectManyCheckbox, selectManyListbox und selectManyMenu gleichen den soeben gezeigten selectOne-Gegenstücken. Der einzige Unterschied besteht darin, dass die selectMany-Komponenten eine Mehrfachauswahl ermöglichen.

```
<h:form>
    <h:selectManyListbox
        value="#{testController.selected}">
        <f:selectItems
            value="#{testController.days}"/>
    </h:selectManyListbox>
    <h:commandButton value="Submit"/>
    <h:outputText value="#{testController.selected}"/>
</h:form>
```

Listing 9.39 text.xhtml

Bei der Backing Bean wird die auswählbare Property nun ebenfalls als java.util. List<String> programmiert (siehe Abbildung 9.23).

Abbildung 9.23 Die UI-Komponente »SelectManyListbox«

9.5.4   Die »faces-config.xml« verschieben und aufteilen

Wie bereits angemerkt, liegt die Datei üblicherweise gemeinsam mit dem Deployment-Deskriptor im Verzeichnis */WEB-INF*. Es obliegt der Entscheidung des Entwicklerteams, sie an einem anderen Platz abzulegen. Beispielsweise könnten wir die Datei *faces-config.xml* verlagern, und zwar in ein Unterverzeichnis mit dem Namen /faces unterhalb des Web-Wurzelverzeichnisses (*/WebContent*). Um dies zu verwirklichen, müssten wir das JSF-Framework über den Deployment-Deskriptor *web.xml* hierüber in Kenntnis setzen. Der folgende Ausschnitt aus einem Deployment-Deskriptor zeigt an, wie Sie dies in der JSF-Konfigurationsdatei definieren würden.

```
<context-param>
    <param-name>
        javax.faces.application.CONFIG_FILES
    </param-name>
    <param-value>
        /faces/faces-config.xml
    </param-value>
</context-param>
...
```

Listing 9.40 »web.xml« mit dem Eintrag des Standortes für die »faces-config.xml«

Für unser einfaches Onlineshop-Beispiel reicht es aber vollkommen aus, wenn Sie die JSF-Konfigurationsdatei im Verzeichnis */WEB-INF* belassen.

Neben der soeben gezeigten Abwandlung besteht die Möglichkeit, die JSF-Konfigurationen auf mehrere JSF-Konfigurationsdateien zu verteilen. Das ist vor allem dann sinnvoll, wenn verschiedene *jar*-Bibliotheken mit benutzerdefinierten, d. h. selbst programmierten Komponenten eingebunden werden sollen. Solche *.jar*-Bibliotheken werden in der klassischen Java EE-Anwendung im Verzeichnis */WEB-INF/lib* abgelegt. Deshalb sucht das JSF-Framework beim Start der Anwendung automatisch auch in den */META-INF*-Verzeichnissen der *.jar*-Bibliotheken nach einer JSF-Konfigurationsdatei. In diesem Fall muss eine explizite Standortangabe über den Deployment-Deskriptor nicht mehr angezeigt werden.

9.6   Meldungen

In der Ansicht des letzten Beispiels konnte der Benutzer lediglich erahnen, was sich in der Anwendung hinter den Kulissen abspielt, denn obwohl die Anwendung zwischen `success` und `failure` unterschied, wusste er beispielsweise bei einer Ablehnung nicht, warum die Registrierung misslang. Normalerweise würde man dem Benutzer an dieser Stelle eine aussagekräftige Meldung übermitteln, die ihm eindeutig den Grund des Fehlschlagens mitteilt.

In diesem Abschnitt schauen wir uns sowohl die Meldungserstellung in der Backing Bean als auch das Anzeigen der Meldung im Facelet an.

In Ihrer Beispielanwendung in Eclipse können Sie die Dateien *confirm.xhtml* und *reject.xhtml* und auch die entsprechenden Einträge in der *faces-config.xml* entfernen, da wir für die Anzeige des Erfolgs oder des Misserfolgs der Registrierung nur noch die Backing Bean `RegisterController.java` und das Facelet *register.xhtml* benötigen.

9.6.1   Meldungen für eine UI-Komponente

Um eine Meldung für den Client zu erstellen, wird in der Backing Bean ein Objekt der Klasse `FacesMessage` erzeugt:

```
FacesMessage m =
    new FacesMessage(
        "Successfully registered " +
        customer.getEmail());
```

Listing 9.41 RegisterController.java

Damit die Meldung im Facelet aufgefangen und angezeigt werden kann, wird sie der aktuellen `FacesContext`-Instanz über die Methode `addMessage()` hinzugefügt. Die Methode `addMessage()` wird mit zwei Parametern aufgerufen. Der erste Parameter gibt die ID der UI-Komponente an, für die die Meldung bestimmt ist.

Dass man die Meldung an eine bestimmte UI-Komponente binden kann, ist sehr praktisch, da man hierdurch dem Benutzer mitteilen kann, welche konkrete UI-Komponente für die Meldung verantwortlich ist. In Listing 9.42 wird die Meldung an eine UI-Komponente gebunden, bei der die ID den Wert `registerForm` trägt:

```
FacesContext
    .getCurrentInstance()
        .addMessage("registerForm", m)
```

Listing 9.42 RegisterController.java

Listing 9.43 zeigt den kompletten Quelltext der Backing Bean `RegisterController` an. Darin werden zwei Meldungen gesetzt, denn auch dann, wenn die Registrierung missglückt, soll der Benutzer eine Meldung erhalten. Zur Zeit der Entwicklung ist der technische Grund des Misserfolgs am wichtigsten, weshalb wir diesen auch ausgeben werden.

```
package de.java2enterprise.onlineshop;

import java.io.Serializable;
```

```
import javax.annotation.Resource;
import javax.enterprise.context.RequestScoped;
import javax.faces.application.FacesMessage;
import javax.faces.context.FacesContext;
import javax.inject.Inject;
import javax.inject.Named;
import javax.persistence.EntityManagerFactory;
import javax.persistence.PersistenceUnit;
import javax.transaction.UserTransaction;

import de.java2enterprise.onlineshop.model.Customer;

@Named
@RequestScoped
public class RegisterController implements Serializable {
    private static final long serialVersionUID = 1L;

    @PersistenceUnit
    private EntityManagerFactory emf;

    @Resource
    private UserTransaction ut;

    @Inject
    private Customer customer;

    public Customer getCustomer() {
        return customer;
    }

    public void setCustomer(Customer customer) {
        this.customer = customer;
    }

    public String persist() {
        try {
            ut.begin();
            emf.createEntityManager().persist(customer);
            ut.commit();
            FacesMessage m =
                new FacesMessage(
                    "Successfully registered!");
```

```
              FacesContext
                  .getCurrentInstance()
                  .addMessage("registerForm", m);
          } catch (Exception e) {
              e.printStackTrace();
              FacesContext
                  .getCurrentInstance()
                  .addMessage(
                      "registerForm",
                      new FacesMessage(
                          e.getMessage()));
          }
          return "/register.xhtml";
      }
}
```

Listing 9.43 RegisterController.java

Wie Sie vielleicht aus dem Gesagten geschlossen haben, muss die UI-Komponente im Facelet eine eindeutige ID aufweisen, damit eine Benachrichtigung an sie angehängt werden kann. Das JSF-Framework benötigt diese IDs auch in eigener Sache, daher erzeugt es automatisch berechnete ID-Bezeichner. Sie können sich diese ID-Bezeichner im Webbrowser anschauen, indem Sie sich den Quelltext der HTML-Seite ausgeben lassen. Listing 9.44 zeigt einen Ausschnitt des HTML-Quelltextes, der auf Basis der *register.xhtml* erstellt worden ist:

```
...
<form id="j_idt7" name="j_idt7" method="post" action="/onlineshop-war/faces/
register.xhtml" enctype="application/x-www-form-urlencoded">
<input type="hidden" name="j_idt7" value="j_idt7" />
<table>
<thead>
<tr><th colspan="2" scope="colgroup">Registrieren</th></tr>
</thead>
<tbody>
<tr>
<td><label>E-Mail:</label></td>
<td><input type="text" name="j_idt7:j_idt11" /></td>
</tr>
<tr>
<td><label>Kennwort:</label></td>
<td><input type="password" name="j_idt7:j_idt13" value="" /></td>
</tr>
<tr>
```

```
<td><input type="submit" name="j_idt7:j_idt14" value="Registrieren" /></td>
</tr>
</tbody>
</table>
...
```

Listing 9.44 Der vom JSF-Framework automatisch erzeugte HTML-Quelltext

Im Listing wird deutlich, dass die maschinell erzeugten IDs auch für den Namen der HTML-Elemente genutzt werden. Außerdem setzen sich die IDs der inneren HTML-Elemente aus der ID des HTML-Tags, einem Doppelpunkt und der ID der JSF-UI-Komponente zusammen. Dies ist praktisch, da die ID auf diese Weise nur innerhalb des umfassenden HTML-Formulars eindeutig sein muss. JSF betrachtet das umgebende HTML-Formular hierbei als Namensbehälter (*Naming-Container*).

Kommen wir aber wieder zurück zu den Meldungen. Weil uns die ID, die das JSF-Framework zur Laufzeit erstellt, nicht (ohne weiteres) bekannt ist, werden wir der UI-Komponente eine eigene ID geben. Die manuell festgelegten IDs sind ohnehin für den Entwickler besser lesbar als die maschinell erzeugten IDs.

Ferner ist die Tatsache, dass die ID des Namensbehälters automatisch vor die ID der UI-Komponente gesetzt wird, in einfachen Facelets überflüssig. Dies können Sie aber auch abschalten, indem Sie das Attribut prependId="false" setzen. Das Attribut prependId ist bei allen UI-Komponenten enthalten, die vom JSF-Framework als Namensbehälter betrachtet werden.

```
<h:form
    id="registerForm"
    prependId="false">
```

Listing 9.45 register.xhtml

Um im Facelet die Meldung anzuzeigen, die an eine UI-Komponente angebunden wurde, setzen Sie das Element <h:message for=""> ein. Der Wert des Attributs for="" muss die ID der UI-Komponente enthalten, für die die Meldungen angezeigt werden sollen. Wenn Sie bei message das Attribut for vergessen, wird überhaupt keine Meldung angezeigt.

Der Code in Listing 9.46 zeigt die Meldung für das Registrierformular an:

```
...
<h:form
    id="registerForm"
    prependId="false">
    <h:message for="registerForm"/>
...
```

Listing 9.46 Das »message«-Element benötigt ein »for«-Attribut.

Wenn mehrere Benachrichtigungen an die gleiche UI-Komponente gebunden wurden, wird hiervon lediglich die erste berücksichtigt; die anderen Meldungen gehen dann unter. Sollen bei einer UI-Komponente mehrere Meldungen angezeigt werden, so hilft das Element <h:messages for=""> weiter.

In Listing 9.47 setzen wir die ID des HTML-Formulars auf registerForm. Die Eingabefelder erhalten die IDs email und password, und der Command-Button wird über die ID register referenziert werden können.

Beachten Sie auch, dass die Tabelle auf drei Spalten ausgeweitet wurde.

```xml
<?xml version="1.0" encoding="UTF-8" ?>
<!DOCTYPE html PUBLIC "-//W3C//DTD XHTML 1.0 Transitional//EN"
 "http://www.w3.org/TR/xhtml1/DTD/xhtml1-transitional.dtd">
<html
 xmlns="http://www.w3.org/1999/xhtml"
 xmlns:h="http://xmlns.jcp.org/jsf/html"
 xmlns:f="http://xmlns.jcp.org/jsf/core"
 >
<h:head>
    <title>
        <h:outputText value="Onlineshop"/>
    </title>
</h:head>
<h:body>
    <h:form
        id="registerForm"
        prependId="false">
        <h:message for="registerForm"/>
        <h:panelGrid columns="3">
            <f:facet name="header">
                <h:outputText value="Registrieren"/>
            </f:facet>
            <h:outputLabel
                value="E-Mail:"/>
            <h:inputText
                id="email"
                value="#{registerController.customer.email}">
            </h:inputText>
            <h:message for="email"/>
            <h:outputLabel
                value="Kennwort:"/>
            <h:inputSecret
                id="password"
```

```
                    value="#{registerController.customer.password}">
                </h:inputSecret>
                <h:message for="password"/>
                <h:commandButton
                    id="register"
                    action="#{registerController.persist}"
                    value="Registrieren" />
                <h:message for="register"/>
            </h:panelGrid>
        </h:form>
</h:body>
</html>
```

Listing 9.47 register.xhtml

Eine nachträgliche Anmerkung zum Attribut prependId sollte an dieser Stelle noch angefügt werden: Bei dem obigen Beispiel haben wir das Registrierformular mit dem Attribut prependId="false" versehen. Durch dieses Attribut würden wir die Meldung für das Kindelement email von "registerForm" wie folgt anhängen:

```
FacesContext
    .getCurrentInstance()
    .addMessage("email", m);
```

Listing 9.48 RegisterController.java

Wenn wir dieses Attribut hingegen nicht setzen, wird die UI-Komponente "email" wie folgt referenziert:

```
FacesContext
    .getCurrentInstance()
    .addMessage("registerForm:email", m);
```

Listing 9.49 RegisterController.java

9.6.2   Globale Meldungen

Eine Meldung muss nicht zwingend an eine konkrete UI-Komponente angehängt werden, sondern kann auch als globale Meldung in den FacesContext gesetzt werden. In Listing 9.50 sehen Sie, wie die Meldung der Registrierung nun global gesetzt wird, indem anstelle einer konkreten ID ein null gesetzt wird:

```
FacesMessage m =
    new FacesMessage(
        "Successfully registered!");
```

```
FacesContext
    .getCurrentInstance()
    .addMessage(null, m);
```

Listing 9.50 RegisterController.java

Um globale Meldungen anzuzeigen, setzen wir die UI-Komponente messages ein. Das Attribut for muss in diesem Fall weggelassen werden. Das Element messages dient in diesem Fall als Auffangbehälter für sämtliche Meldungen. Dabei werden also nicht nur die Meldungen angezeigt, die global sind, sondern auch die, die an UI-Komponenten gebunden sind.

```
<h:messages/>
```

Listing 9.51 register.xhtml

Um nur die globalen Nachrichten aufzufangen, nutzen Sie das spezielle Attribut globalOnly= "true". Das globale messages-Element sollte an einer zentralen Stelle platziert werden. Sie sollten den Standort also so wählen, dass er von jeder User-Story aus zu sehen ist.

```
<h:messages globalOnly="true"/>
```

Listing 9.52 register.xhtml

In der Entwicklungsphase kann ein messages-Element ohne for="" und auch ohne global-Only="true" nützlich sein, denn hierdurch gehen während der Entwicklungsarbeit keine Meldungen verloren.

In der Produktion wird man hingegen ganz anders vorgehen. Hier ist es grundsätzlich so, dass man zwischen einer gebundenen und einer globalen Meldung streng unterscheiden wird.

In Listing 9.53 werden wir genauso vorgehen und ein zusätzliches messages-Element setzen, das nur globale Meldungen anzeigt:

```
<?xml version="1.0" encoding="UTF-8" ?>
<!DOCTYPE html PUBLIC "-//W3C//DTD XHTML 1.0 Transitional//EN"
          "http://www.w3.org/TR/xhtml1/DTD/xhtml1-transitional.dtd">
<html xmlns="http://www.w3.org/1999/xhtml"
    xmlns:h="http://xmlns.jcp.org/jsf/html"
xmlns:f="http://xmlns.jcp.org/jsf/core">
<h:head>
    <title>
        <h:outputText value="Onlineshop"/>
    </title>
</h:head>
<h:body>
```

```
<h:messages globalOnly="true"/>
<h:form>
    <h:panelGrid columns="2">
        <f:facet name="header">
        <h:outputText value="Registrieren"/>
        </f:facet>
        <h:outputLabel value="E-Mail:" />
        <h:inputText
            value=
            "#{registerController.customer.email}">
        </h:inputText>
        <h:outputLabel value="Kennwort:" />
        <h:inputSecret
             value=
            "#{registerController.customer.password}"
        >
        </h:inputSecret>
        <h:commandButton
        action="#{registerController.persist}"
        value="Registrieren"/>
    </h:panelGrid>
</h:form>
</h:body>
</html>
```

Listing 9.53 register.xhtml

9.6.3   Weitere Informationen anhängen

Die Klasse FacesMessage bietet noch weitere Feinheiten, auf die ich jetzt eingehen werde. Beispielsweise unterscheidet sie zwischen der Zusammenfassung (*Summary*) und den Details der Meldung.

Im letzten Beispiel haben wir die Zusammenfassung gesetzt. Wenn Sie die Details der Meldung hinzufügen wollen, rufen Sie den Konstruktor mit einem zweiten Parameter auf.

```
public String persist() {
    try {
        ut.begin();
        emf.createEntityManager().persist(customer);
        ut.commit();
        FacesMessage m =
            new FacesMessage(
                "Successfully registered!");
```

```
        FacesContext
            .getCurrentInstance()
            .addMessage("registerForm", m);
    } catch (Exception e) {
        e.printStackTrace();
        FacesMessage m =
            new FacesMessage(
                e.getMessage(),
                e.getCause().getMessage());
        FacesContext
            .getCurrentInstance()
            .addMessage(
                "registerForm",
                m);
    }
    return "/register.xhtml";
}
...
```

Listing 9.54 RegisterController.java

In den Elementen message und messages entscheiden Sie darüber, ob die Zusammenfassung und die Details angezeigt werden sollen oder nicht. Hierfür haben die Komponenten zwei Attribute vorgesehen, und zwar showSummary und showDetails. Per Default ist showSummary auf false und showDetails auf true gesetzt. Damit sowohl die Summary als auch Details angezeigt werden, müssen wir deshalb das Attribut showSummary auch auf true setzen.

```
<h:message for="registerForm"
    showSummary="true"/>
```

Listing 9.55 register.xhtml

Mit Recht werden Sie den Kopf schütteln und sich fragen, warum wir dann in den letzten Beispielen eine Anzeige erhalten haben. Nun ja, der Erfinder von JSF ist wohl ein umständlich denkender Mensch, denn die Details zeigen die Summary an, wenn sie keinen Wert d. h. null haben. Dieser unglückliche Umstand bringt so manchen JSF-Anfänger zur Verzweiflung. Aber wenn Sie die Logik des Urhebers einmal in Ruhe durchdacht haben, werden Sie sie verstehen.

Prüffrage: Wie erreichen Sie nun, dass nur die Summary angezeigt wird, obwohl die Details in der Backing Bean gesetzt sind? Richtig: Sie müssen dazu das Attribut showSummary auf true und das Attribut showDetails auf false setzen.

```
<h:message for="registerForm"
    showSummary="true"
    showDetails="false"/>
```

Listing 9.56 register.xhtml

Die Wichtigkeit der Meldung

Die Klasse FacesMessage bietet noch einen weiteren Konstruktor mit drei Parametern an. Über diesen Konstruktor können Sie auch den Level der Meldung eintragen (er muss als erster Parameter gesetzt werden):

```
public String persist() {
    try {
        ut.begin();
        emf.createEntityManager().persist(customer);
        ut.commit();
        FacesMessage m =
            new FacesMessage(
                "Successfully registered!");
        FacesContext
            .getCurrentInstance()
            .addMessage("registerForm", m);
    } catch (Exception e) {
        e.printStackTrace();
        FacesMessage m =
            new FacesMessage(
            FacesMessage.SEVERITY_WARN,
            e.getMessage(),
            e.getCause().getMessage());
        FacesContext
            .getCurrentInstance()
            .addMessage(
                "registerForm",
                m);
    }
    return "/register.xhtml";
}
...
```

Listing 9.57 RegisterController.java

Per Default wird jede Wichtigkeit auf SEVERITY_INFO gesetzt. Über die obige Anweisung wurde die Meldung auf SEVERITY_WARN hochgestuft.

Grundsätzlich stehen für den Level folgende Abstufungen zur Verfügung:

- FacesMessage.SEVERITY_FATAL
- FacesMessage.SEVERITY_ERROR
- FacesMessage.SEVERITY_WARN
- FacesMessage.SEVERITY_INFO (der Default)

Für die Anzeige der unterschiedlichen Schwierigkeiten hat man sich sowohl bei dem Element message als auch bei dem Element messages etwas Besonderes einfallen lassen, denn die weiter oben beschriebene unterschiedliche Level-Abstufung kann durch unterschiedliche Farben und Formen hervorgehoben werden. Die unterschiedlichen CSS-Angaben können Sie hierbei entweder unmittelbar in das Element schreiben oder auch als CSS-Klasse auslagern.

Listing 9.58 zeigt, wie die globalen Meldungen je nach Schweregrad in Grün, Rot, Orange oder Violett angezeigt werden. Dabei werden die unterschiedlichen CSS-Angaben in eine CSS-Datei ausgelagert. Auf diese Styles wird beim messages-Element mithilfe der Attribute infoClass, warnClass, errorClass und fatalClass verwiesen.

```
<h:message for="registerForm"
    showSummary="true"
    infoClass="info"
    warnClass="warn"
    errorClass="error"
    fatalClass="fatal"/>
```

Listing 9.58 register.xhtml

Die Meldung, die wir in der Backing Bean bei einer Exception als Warnung ausgeben, sollte in roter Farbe angezeigt werden. Dies setzt natürlich voraus, dass die folgenden CSS-Deklarationen eingebunden sind:

```
.info {
  color: green;
}
.warn {
  color: red;
}
.error {
  color: orange;
}
.fatal {
  color: purple;
}
```

Listing 9.59 styles.css

Wenn Sie die Styles unmittelbar im messages-Element eintragen wollen, müssen Sie die Attribute infoStyle, warnStyle, errorStyle und fatalStyle verwenden:

```
<h:message for="registerForm"
    showSummary="true
    infoStyle="color: green"
    warnStyle="color: red"
    errorStyle="color: orange"
    fatalStyle="color: purple"/>
```

Listing 9.60 register.xhtml

9.6.4 Project Stages

Als wir in den letzten Listings die message- und messages-Elemente hinzugefügt haben, haben wir einen sehr wichtigen Schritt unternommen, denn es ist für den Entwickler sehr hilfreich, wenn er bereits im Webbrowser über die Vorgänge des Servers informiert wird. Ich habe ja auch bereits angemerkt, dass Sie in der Entwicklungsphase ein messages-Element einsetzen sollten, das nicht nur globale Meldungen anzeigt, sondern schlichtweg alles. Auch beim Logging sollte möglichst detailliert ausgegeben werden, was sich im Hintergrund abspielt. Schließlich möchte der Entwickler alle Fehlermeldungen möglichst zeitnah erfahren. Andererseits haben viele dieser Benachrichtigungen in der Produktionsphase nichts zu suchen, denn sie verlangsamen das System und vermitteln dem Besucher eines Portals den Eindruck, dass die Anwendung noch nicht ausgereift ist.

Um für diese Unterscheidung grundsätzlich gewappnet zu sein, bietet JSF eine weitere Möglichkeit an, die sich *Project Stage* nennt. Grundsätzlich unterscheidet JSF folgende Project Stages:

- ▶ Development
- ▶ UnitTest
- ▶ SystemTest
- ▶ Production (der Defaultwert)

Der Project Stage kann sowohl in der *web.xml* wie auch beim Java EE Server über JNDI definiert werden.

Die Einstellung des Project Stage in der »web.xml«

Die seltenere Variante ist, den Project Stage in der *web.xml* einzustellen. Listing 9.61 zeigt den Eintrag, der in der *web.xml* den Project Stage auf Development setzt:

```
<context-param>
    <param-name>
        javax.faces.PROJECT_STAGE
```

```
    </param-name>
    <param-value>Development</param-value>
</context-param>
```

Listing 9.61 web.xml

Um den eingestellten Project Stage abzufragen und im Frontend an eine Komponente namens "stage" zu binden, können Sie in der Backing Bean Folgendes programmieren:

```
FacesContext cxt = FacesContext.getCurrentInstance();
Application app = cxt.getApplication();
    FacesContext.getCurrentInstance()
    .addMessage(
        "stage",
        new FacesMessage(
            app.getProjectStage().name()));
```

Listing 9.62 Die Abfrage des Project Stage

Die Einstellung des Project Stage über JNDI

Die Einstellung des Project Stage in der *web.xml* ist ziemlich riskant, denn wenn die Anwendung an den Java EE-Deployer übergeben wird, muss er theoretisch in jeder *web.xml* nachschauen, ob der Context-Parameter richtig gesetzt worden ist. Und dies kann sehr zeitaufwendig sein.

Viel sicherer ist es hingegen, die Einstellung des Project Stage im Java EE Server über JNDI zu setzen.

Hierfür klicken Sie in der Webkonsole von GlassFish auf RESSOURCEN • JNDI • BENUTZERDEFINIERTE RESSOURCEN (siehe Abbildung 9.24). Dann klicken Sie auf der linken Seite auf den Button NEU. Tragen Sie in das Feld JNDI-NAME den Wert javax.faces.PROJECT_STAGE ein. Als RESSOURCENTYP wählen Sie java.lang.String aus. Die Factory-Klasse sollte den Bezeichner com.sun.faces.application.ProjectStageJndiFactory enthalten.

Danach scrollen Sie ganz nach unten und klicken auf EIGENSCHAFT HINZUFÜGEN. Geben Sie als Name »stage« und als Wert »Development« ein.

In der Backing Bean können Sie anschließend auf die unterschiedlichen PROJECT_STAGEs reagieren.

Im folgenden Quelltext holen wir den aktuellen PROJECT_STAGE über die Annotation @Resource:

```
@Resource(lookup="javax.faces.PROJECT_STAGE")
private String stage;
```

Listing 9.63 Die Injizierung des »PROJECT_STAGE«

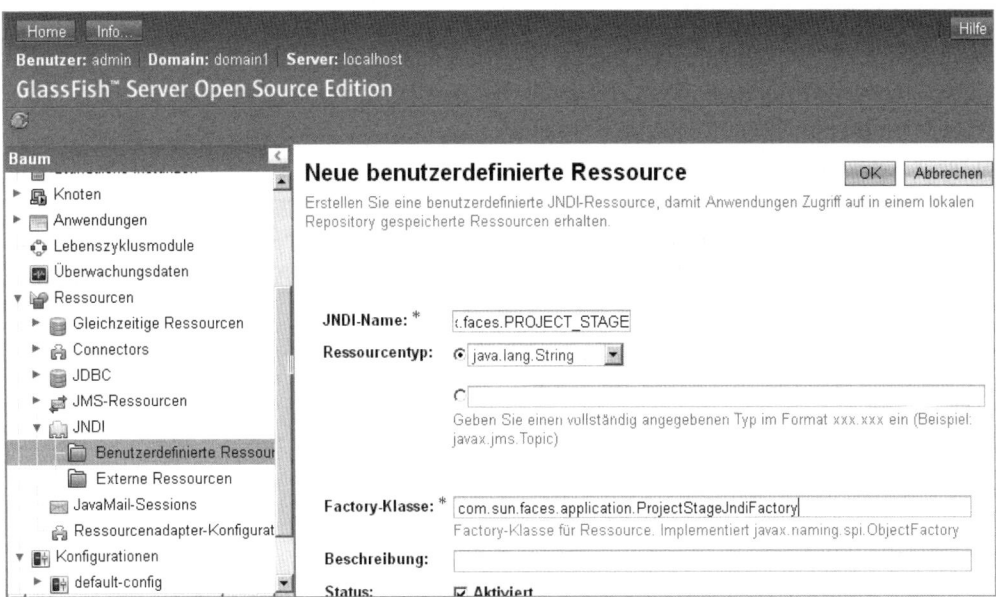

Abbildung 9.24 Die Einstellung des Project Stage in GlassFish

9.7 Internationalisierung

In diesem Abschnitt werden wir den Onlineshop internationalisieren. Die Internationalisierung habe ich bereits in Abschnitt 5.7, »Die Java Standard Tag Library«, beschrieben. Dort hatten wir nicht nur deutsche oder englische Texte übersetzt, sondern uns auch die Besonderheiten der chinesischen Sprache bezüglich des Internationalisierungsmechanismus angeschaut. Zuletzt habe ich gezeigt, wie der Anwender mit einem Mausklick auf eine deutsche oder eine amerikanische Flagge automatisch zwischen Texten in den verschiedenen Sprachen wechseln kann.

Die Internationalisierung ist bei Java ein Mechanismus, der bereits in der Standard-Edition vorgesehen ist. Wenn man von Internationalisierung spricht, so meint man bei Java nicht nur die Landessprache, sondern vieles mehr. Beispielsweise ändern sich von Region zu Region auch der Dialekt, die Uhrzeit und die Darstellung der Zahlen, des Datums usw. Aus diesem Grund nannte man die Klasse, die die verschiedenen Kriterien unterscheidet, `Locale`. In unserem Beispiel werden wir aber lediglich die Umstellung der Sprache betrachten.

9.7.1 Die Message Bundles

Als ich die Internationalisierung in Abschnitt 5.7 gezeigt habe, hatten wir alle Texte in speziellen Properties-Dateien abgelegt, die wir *Message Bundles* nannten. Diese Handhabung gleicht der Internationalisierung von JSF.

Auch bei JSF müssen die Message-Bundle-Dateien in das Verzeichnis /src der Webanwendung *onlineshop-war* kopiert werden, um die Texte in mehreren Sprachen zur Verfügung zu stellen. Für den Onlineshop werden wir hierfür drei Dateien erstellen: eine deutsche, eine englische und eine Defaultdatei. Die Dateien enthalten die Schlüssel, die wir in englischer Sprache ablegen. Hinter das Gleichheitszeichen setzen wir in der deutschen Datei die deutsche Übersetzung und in der englischen Datei die englische Übersetzung. Bei der Defaultdatei handelt es sich um eine Kopie der englischen Datei, sodass alle ausländischen Besucher aus fernen Ländern, deren Sprache nicht vorgesehen worden ist, die englische Sprache gebrauchen.

Dies ist der Inhalt der Datei mit den deutschen Übersetzungen:

```
title=Onlineshop
home=Home
register=Registrieren
signin=Einloggen
signout=Ausloggen
sell=Verkaufen
search=Suchen
buy=Kaufen
reset=Zurücksetzen
welcome=Willkommen im Onlineshop
copyright=Copyright
signedin=Eingeloggt
email=E-Mail
password=Kennwort
item=Artikel
id=Id
item.title=Titel
item.description=Beschreibung
item.price=Preis
item.foto=Foto
item.sold=Verkauft
cancel=Abbrechen
step=Schritt
```

Listing 9.64 messages_de.properties

Dies ist der Inhalt der englischen Übersetzung:

```
title=Onlineshop
home=Home
register=Register
signin=Sign in
```

```
signout=Sign out
sell=Sell
search=Search
buy=Buy
reset=Reset
welcome=Welcome to the Onlineshop
copyright=Copyright
signedin=Signed in
email=E-Mail
password=Password
item=Item
id=Id
item.title=Title
item.description=Description
item.price=Price
item.foto=Photo
item.sold=Sold
cancel=Cancel
step=Step
```

Listing 9.65 »messages_en.properties« und »messages.properties«

9.7.2   Die Anzeige der übersetzten Texte

Um die Message Bundles für den Mechanismus von JSF zu laden, setzen wir die UI-Komponente loadBundle ein:

```
...
<f:loadBundle var="msg" basename="messages"/>
...
```

Listing 9.66 template.xhtml

Über das Attribut basename="messages" geben wir den ersten Teil des Bezeichners der Property-Dateien an. Die übersetzten Texte der Message Bundles werden über das Attribut var="msg" an eine Variable gebunden, die wir im Inneren der XHTML-Datei über einen EL-Ausdruck auslesen können.

Auf die Schlüssel der Message Bundles greifen Sie ganz einfach über den Punktoperator zu. Beispielsweise holt der folgende Ausdruck die Zeichenkette »Onlineshop« aus der Message-Bundle-Datei.

```
<h:outputText value="#{msg.title}"/>
```

Listing 9.67 header.xhtml

Allerdings ist es nicht möglich, auf diese Weise die mit einem Punkt verbundenen Schlüssel zu holen. Beispielsweise kann das folgende Element *nicht* ausgewertet werden:

```
<h:outputText value="#{msg.item.title}"/>
```

Listing 9.68 header.xhtml

Deshalb werden wir im Onlineshop-Beispiel stets folgende Variante nutzen:

```
<h:outputText value="#{msg['item.title']}"/>
```

Listing 9.69 header.xhtml

Diese Syntax ist auch deshalb vorteilhaft, weil wir auf diese Weise eine optische Unterscheidung von der Syntax mit dem Punktoperator erreichen. In Listing 9.70 sehen Sie, wie in der Datei *register.xhtml* die internationalisierten Texte ausgelesen werden:

```
<?xml version="1.0" encoding="UTF-8" ?>
<!DOCTYPE html PUBLIC "-//W3C//DTD XHTML 1.0 Transitional//EN"
 "http://www.w3.org/TR/xhtml1/DTD/xhtml1-transitional.dtd">
<html
 xmlns="http://www.w3.org/1999/xhtml"
 xmlns:h="http://xmlns.jcp.org/jsf/html"
 xmlns:f="http://xmlns.jcp.org/jsf/core"
 >
<f:loadBundle var="msg" basename="messages"/>
<h:head>
    <title>
        <h:outputText value="#{msg['title']}"/>
    </title>
    <meta
        http-equiv="Content-Type"
        content="text/html; charset=UTF-8" />
</h:head>
<h:body>
    <h:form
        id="registerForm"
        prependId="false">
        <h:message for="registerForm"
            showSummary="true"/>
        <h:panelGrid columns="3">
            <f:facet name="header">
                <h:outputText
                    value="#{msg['register']}"/>
            </f:facet>
```

```
            <h:outputLabel
                value="#{msg['email']}:"/>
            <h:inputText
                id="email"
                value="#{registerController.customer.email}">
            </h:inputText>
            <h:message for="email"/>
            <h:outputLabel
                value="#{msg['password']}:"/>
            <h:inputSecret
                id="password"
                value="#{registerController.customer.password}">
            </h:inputSecret>
            <h:message for="password"/>
            <h:commandButton
                id="register"
                action="#{registerController.persist()}"
                value="#{msg['register']}" />
            <h:message for="register"/>
        </h:panelGrid>
    </h:form>
</h:body>
</html>
```

Listing 9.70 register.xhtml

9.7.3   Internationalisierte Messages in der Backing Bean

In den bisherigen Beispielen haben wir die übersetzten Texte in einem Facelet angezeigt, indem wir das Message Bundle dort vorab geladen hatten. Neben dieser Variante ist es auch möglich, das Message Bundle innerhalb einer Backing Bean zu beschaffen.

Listing 9.71 holt zunächst das Locale-Objekt, das in der ViewRoot gültig ist. Dann beschafft es das zugeordnete ResourceBundle. Zuletzt wird die Benachrichtigung in der Landessprache des Locale-Objekts als globale Meldung gesetzt:

```
Locale locale =
    FacesContext.
        getCurrentInstance().
        getViewRoot().
        getLocale();
String msg =
    ResourceBundle.
    getBundle("messages", locale).
```

833

```
    getString("welcome");
FacesContext.
    getCurrentInstance().
        addMessage(
            null,
            new FacesMessage(msg));
```

Listing 9.71 RegisterController.java

9.8 Die Validierung

Wenn ein Benutzer im Frontend Zeichenketten eingibt, kann eine ganze Menge schiefgehen. Die Verantwortung für solche Fehler trägt aber meistens der Entwickler, der für die gängigsten Tippfehler eine angemessene Behandlung anbieten muss.

Nach dem SUBMIT werden die Zeichenketten über das HTTP-Protokoll an den Server übermittelt, wo das JSF-Framework sie bereitwillig in die speziellen Java-Typen umwandelt.

Das JSF-Framework bietet eine eigene Validierung, über die die Überprüfung automatisiert stattfindet. Bei vielen Datentypen muss der Entwickler hierzu kaum Hand anlegen. Allerdings gibt es auch zahlreiche Fälle, in denen spezifiziert werden muss, welche Eingaben nicht akzeptiert werden können.

9.8.1 Das Attribut »required«

Eine der gängigsten Überprüfungen ist die Abfrage, ob ein Benutzer überhaupt etwas in ein Eingabefeld eingegeben hat. Zu diesem Zweck können wir das Attribut required="true" verwenden. Wenn wir dieses Attribut einem Eingabefeld beifügen, sollten wir der UI-Komponente des Eingabetextfelds auch noch ein id-Attribut hinzufügen.

Zur Ausgabe der Fehlermeldung fügen wir an einer geeigneten Stelle ein message-Element hinzu. Beim message-Element müssen wir dann über das Attribut for="" die ID der UI-Komponente spezifizieren, denn hierdurch erfährt das JSF-Framework, für welche UI-Komponente die Fehlermeldung erscheinen soll. Im folgenden Beispiel setzen wir das message-Element für die Fehlermeldung hinter die Input-Text-UI-Komponente.

Beim Input-Text ist das zusätzliche Setzen des Attributs label="#{msg['email']}" von Vorteil, weil es bei der Fehlerbenachrichtigung als zusätzliche Information verwendet wird.

```
<h:inputText
    id="email"
    label=" #{msg['email']}"
    value="#{registerController.customer.email}"
```

```
    required="true"/>
<h:message for="email"/>
```

Listing 9.72 register.xhtml

9.8.2 Standard-Validation-Tags

Um den eingegebenen Inhalt eines Eingabefeldes zu validieren, können Sie bei einem Eingabefeld verschiedene Standard-Validierungs-Tags setzen.

validateRequired

Das Standard-Validierungs-Tag validateRequired hat die gleiche Aufgabe wie das Attribut required, denn es überprüft lediglich, ob eine Eingabe getätigt wurde.

```
<h:inputText
    id="email"
    label=" #{msg['email']}"
    value="#{registerController.customer.email}">
    <f:validateRequired="true"/>
</h:inputText>
<h:message for="email"/>
```

Listing 9.73 register.xhtml

Im obigen Beispiel haben wir das Validierungs-Tag zwischen das öffnende und das schließende inputText-Tag gesetzt. Standard-Validierungs-Tags bieten ein Attribut, das sich for="..." nennt. Über dieses Attribut legen Sie die ID der zu überprüfenden UI-Komponente fest:

```
<h:inputText
    id="email"
    label=" #{msg['email']}"
    value="#{registerController.customer.email}">
<f:validateRequired for="email"/>
</h:inputText>
<h:message for="email"/>
```

Listing 9.74 register.xhtml

validateLength

validateLength überprüft, ob der Benutzer weniger als eine über minimum oder mehr als eine über maximum gesetzte Zeichenanzahl eingegeben hat.

```
<h:inputText
    id="email"
    label=" #{msg['email']}"
    value="#{registerController.customer.email}">
<f:validateRequired for="email"/>
<f:validateLength
    minimum="6"
    maximum="40"
    for="email"/>
</h:inputText>
<h:message for="email"/>
```

Listing 9.75 register.xhtml

Beachten Sie, dass Sie die maximale Anzahl der Zeichen auch mithilfe der Attribute des HTML-Standards, size und maxlength, eingrenzen können. Mit dem Attribut size begrenzen Sie die Größe des Eingabefelds durch die festgesetzte Zeichenanzahl auf ein Maximum. maxlength verhindert, dass der Benutzer mehr als die festgesetzte Zeichenanzahl eingibt. Hierdurch erübrigt sich eine Validierung für die maximale Länge über validateLength. Für die minimale Anzahl der eingegebenen Zeichen müssen Sie aber nach wie vor validate-Length setzen:

```
<h:inputText
    id="email"
    label=" #{msg['email']}"
    value="#{registerController.customer.email}"
    size="40"
    maxlength="40">
<f:validateRequired for="email"/>
<f:validateLength
    minimum="6"
    for="email"/>
</h:inputText>
<h:message for="email"/>
```

Listing 9.76 register.xhtml

validateDoubleRange

validateDoubleRange überprüft, ob der eingegebene Wert ein Minimum nicht unter- und ein Maximum nicht überschreitet. In Listing 9.77 wird ermittelt, ob der Kunde im Onlineshop mindestens einen Cent für seinen Artikel haben möchte. Außerdem wird überprüft, ob der Geldbetrag höchstens 999.999.999.999,99 EUR beträgt, denn für einen höheren Wert haben wir das Spaltenfeld nicht ausgelegt.

```
<h:inputText
    id="price"
    value="#{sellController.item.price}"
    label="#{msg['item.price']}">
    <f:validateDoubleRange
        minimum="0.01"
        maximum="999999999999.99"/>
</h:inputText>
<h:messages for="price"/>
```

Listing 9.77 sell.xhtml

validateLongRange

validateLongRange überprüft ebenfalls, ob der eingegebene Wert innerhalb einer Spanne von minimum bis maximum liegt. Vorab wird aber auch geprüft, ob es sich bei der Eingabe um eine Ganzzahl handelt.

```
<h:inputText
    id="price"
    value="#{sellController.item.price}"
    label="#{msg['item.price']}"/>
<f:validateLongRange
    minimum="0"
    maximum="999999999999"/>
<h:messages for="price"/>
```

Listing 9.78 sell.xhtml

validateRegex

validateRegex überprüft, ob die eingegebene Zeichenkette zu einem bestimmten Muster eines regulären Ausdrucks (*Regular Expression*) passt. Das Muster der Regular Expression wird über das Attribut pattern angezeigt. Beispielsweise ist in Listing 9.79 keine Eingabe zulässig, die nicht dem typischen Muster einer E-Mail-Adresse gleicht:

```
<h:inputText
    id="email"
    value="#{signinController.email}">
    <f:validateRegex
        pattern=
        "^[a-zA-Z0-9_.+-]+@[a-zA-Z0-9-]+\.[a-zA-Z0-9-.]+$"
        for="email"/>
</h:inputText>
<h:message for="email"/>
```

Listing 9.79 register.xhtml

9.8.3   Benutzerdefinierte Validierungen

JSF erlaubt auch, eine Validierung ganz individuell zu programmieren. Für diesen Zweck werden zwei Alternativen angeboten. Bei der ersten Variante wird eine Java-Klasse programmiert, die von dem Interface `javax.faces.validator.Validator` abgeleitet ist. Bei der zweiten Möglichkeit wird die Validierung in einer Methode der Backing Bean durchgeführt.

Die Validator-Klasse

Um eine Validator-Klasse zu erstellen, programmieren Sie eine Klasse, die als FacesValidator konfiguriert und vom Interface `javax.faces.validator.Validator` abgeleitet ist. Das Interface enthält die abstrakte Methode `validate(FacesContext fc, UIComponent uic, Object obj)`, die in der implementierenden Klasse zu realisieren ist.

```
package de.java2enterprise.onlineshop;

import java.util.Locale;
import java.util.ResourceBundle;
import java.util.regex.Pattern;

import javax.faces.application.FacesMessage;
import javax.faces.component.UIComponent;
import javax.faces.component.html.HtmlInputText;
import javax.faces.context.FacesContext;
import javax.faces.validator.FacesValidator;
import javax.faces.validator.Validator;
import javax.faces.validator.ValidatorException;

public class EmailValidator implements Validator {

    @Override
    public void validate(
        FacesContext fc,
        UIComponent uic,
        Object obj)
            throws ValidatorException {
        String value = (String) obj;

        if(!Pattern.matches(
            "^[a-zA-Z0-9_.+-]+@[a-zA-Z0-9-]+\.[a-zA-Z0-9-.]+$",
            value)) {
            String label =
                ((HtmlInputText)uic).getLabel();
            Locale locale =
```

```
        FacesContext.
            getCurrentInstance().
            getViewRoot().
            getLocale();
      String msg =
          ResourceBundle.
            getBundle("messages", locale).
            getString("email");
      FacesMessage fm =
          new FacesMessage(
            label + ": " + msg + "!");
      throw new ValidatorException(fm);
    }
  }
}
```

Listing 9.80 »EmailValidator«

Der erste Parameter ist vom Typ `javax.faces.context.FacesContext`. Das bedeutet, dass die aktuelle Instanz des `FacesContext`-Elements nicht gesondert programmiert werden muss. Der zweite Parameter ist vom Typ `UIComponent`. Dieser Parameter stellt die UI-Komponente dar, für die die Validierung bestimmt ist. Weil `UIComponent` die Vaterklasse der JSF-HTML-Komponenten ist, kann der Parameter in die spezielle UI-Komponenten-Klasse gecastet werden. Der dritte Parameter enthält den zu überprüfenden Wert. Der Datentyp dieses Parameters ist vom Typ `Object`.

Die Konfiguration der `FacesValidator`-Klasse kann entweder in der Konfigurationsdatei *faces-config.xml* oder als Annotation erfolgen. Für die Konfiguration in der *faces-config.xml* können Sie den Faces Configuration Editor von Eclipse verwenden (siehe Abbildung 9.25). Dort klicken Sie auf den Reiter COMPONENT. Im COMPONENT-Reiter wechseln Sie auf der linken Seite zum VALIDATORS-Dialog. Über einen Mausklick auf ADD definieren Sie einen neuen Validator. Danach müssen Sie die VALIDATOR ID und die VALIDATOR CLASS bestimmen. Auf die Validator-ID referenzieren Sie später in der View-Komponente.

Eclipse wird die Konfiguration wie folgt erstellen:

```
...
<validator>
    <description>
    Überprüft, ob es sich um das richtige E-Mail-Format handelt
    </description>
    <display-name>
    Email Validator
    </display-name>
    <validator-id>
```

```
        emailValidator
        </validator-id>
        <validator-class>
        de.java2enterprise.onlineshop.EmailValidator
        </validator-class>
    </validator>
</faces-config>
```

Listing 9.81 faces-config.xml

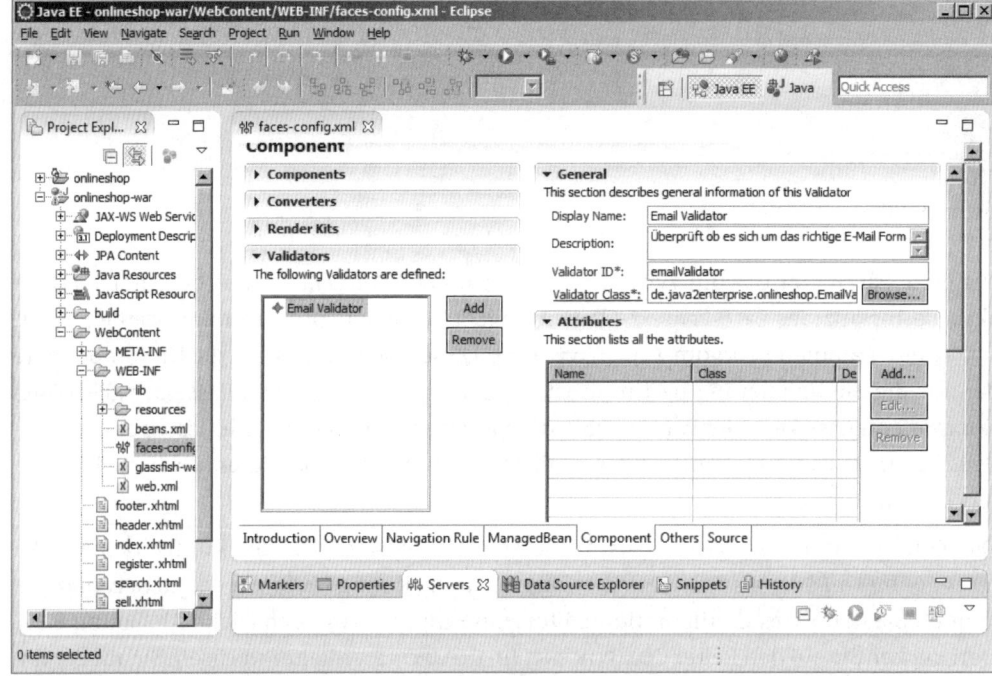

Abbildung 9.25 Die Konfiguration eines Validators in Eclipse

Gängiger ist es, die Konfiguration mit der Annotation @FacesValidator vorzunehmen.

Per Konvention entspricht die Validator-ID wieder dem Klassenbezeichner mit kleingeschriebenem Anfangsbuchstaben. Alternativ vergeben Sie die Validator-ID mit dem Annotationsattribut value.

Im folgenden Beispiel überprüfen wir, ob es sich bei dem eingegebenen Benutzernamen um eine E-Mail-Adresse handelt.

```
package de.java2enterprise.onlineshop;

import java.util.Locale;
import java.util.ResourceBundle;
```

```java
import java.util.regex.Pattern;

import javax.faces.application.FacesMessage;
import javax.faces.component.UIComponent;
import javax.faces.component.html.HtmlInputText;
import javax.faces.context.FacesContext;
import javax.faces.validator.FacesValidator;
import javax.faces.validator.Validator;
import javax.faces.validator.ValidatorException;

@FacesValidator(value="emailValidator")
public class EmailValidator implements Validator {

    @Override
    public void validate(
        FacesContext fc,
        UIComponent uic,
        Object obj)
            throws ValidatorException {
        String value = (String) obj;

        if(!Pattern.matches(
            "^[a-zA-Z0-9_.+-]+@[a-zA-Z0-9-]+\.[a-zA-Z0-9-.]+$",
            value)) {
            String label =
                ((HtmlInputText)uic).getLabel();
            Locale locale =
                FacesContext.
                    getCurrentInstance().
                    getViewRoot().
                    getLocale();
            String msg =
                ResourceBundle.
                    getBundle("messages", locale).
                    getString("email");
            FacesMessage fm =
                new FacesMessage(
                    label + ": " + msg + "!");
            throw new ValidatorException(fm);
        }
    }
}
```

Listing 9.82 »EmailValidator«

Beachten Sie bei dem Beispiel, dass wir das `FacesMessage`-Objekt nicht mit der Methode `FacesMessage.addMessage()` an die UI-Komponente gebunden haben. Dies wäre zwar möglich, aber gängiger ist es, stattdessen eine `ValidatorException` auszulösen und ihr das `FacesMessage`-Objekt als Parameter zu übergeben. Es gehört anschließend zu den Aufgaben des JSF-Frameworks, die Fehlermeldung an die UI-Komponente zu binden.

In der Datei *register.xhtml* setzen wir den neuen Validator an die Input-Text-UI-Komponente, indem wir zwischen dem öffnenden und dem schließenden Tag ein `validator`-Element hinzufügen. In unserem Beispiel muss das Attribut `validatorId` den Wert `"emailValidator"` bekommen:

```
<h:inputText
    id="email"
    value="#{signinController.email}"
    label="#{msg['email']}">
    <f:validator validatorId="emailValidator"/>
</h:inputText>
<h:message for="email"/>
```

Listing 9.83 register.xml

Die Validator-Methode

Eine benutzerdefinierte Validierung können Sie noch einfacher programmieren, indem Sie sie als Validator-Methode in einer Backing Bean realisieren. Die Methode erstellen Sie mit den gleichen drei Aufrufparametern, wie ich sie im letzten Beispiel bei der Methode `validate()` der Validator-Klasse gezeigt habe.

```
...
    public void isEmail(
        FacesContext fc,
        UIComponent uic,
        Object obj)
            throws ValidatorException {
        String value = (String) obj;

        if(!Pattern.matches(
            "^[a-zA-Z0-9_.+-]+@[a-zA-Z0-9-]+\.[a-zA-Z0-9-.]+$",
            value)) {

            String label =
                ((HtmlInputText)uic).getLabel();
            Locale locale =
                fc.getViewRoot().getLocale();
```

```
            String msg =
                ResourceBundle.
                    getBundle("messages", locale).
                    getString("email");

            FacesMessage fm =
                new FacesMessage(
                    label + ": " + msg + "!");
            throw new ValidatorException(fm);
        }
    }
    ...
```

Listing 9.84 RegisterController.java

Im Facelet *register.xhtml* verwenden Sie die Validator-Methode, indem Sie sie als Wert eines EL-Ausdrucks in einem Attribut namens validator referenzieren:

```
<h:inputText
    id="email"
    label="#{msg['email']}"
    value="#{registerController.customer.email}"
    maxlength="40"
    size="40"
    validator="#{registerController.isEmail}"/>
<h:message for="email"/>
```

Listing 9.85 register.xhtml

Die UI-Komponente inputText bietet ein Attribut an, das sich validatorMessage nennt. Die Meldung dieses Attributs überschreibt die Fehlermeldung des FacesMessage-Objekts:

```
...
<h:inputText
    id="email"
    label="#{msg['email']}"
    value="#{registerController.customer.email}"
    maxlength="40"
    size="40"
    validator="#{registerController.isEmail}"
    validatorMessage="#{msg['email']}!"/>
    <h:message for="email"/>
```

Listing 9.86 register.xhtml

Die Validator-Methode kann somit noch kürzer ausfallen:

```java
public void isEmail(
    FacesContext fc,
    UIComponent uic,
    Object obj)
        throws ValidatorException {

    String value = (String) obj;
    if(!Pattern.matches(
        "^[a-zA-ZO-9_.+-]+@[a-zA-ZO-9-]+\.[a-zA-ZO-9-.]+$",
        value)) {
        throw new ValidatorException(
            new FacesMessage());
    }
}
}
...
```

Listing 9.87 RegisterController.java

9.8.4   Bean-Validation-Annotationen gemäß der JSR 303

In den bisherigen Validierungsbeispielen haben wir stets im Facelet gekennzeichnet, bei welcher UI-Komponente die Validierung durchgeführt werden soll. Einen ganz anderen Ansatz verfolgt die Nutzung des *Bean-Validation-Frameworks*, das mit dem JSR 303 ins Leben gerufen wurde, denn dort wurde festgelegt, dass eine Validierung einer JavaBean-Property über spezielle Annotationen erfolgen kann. Die Validierung wird also ausgelöst, wenn eine entsprechende Annotation an die Property der JavaBeans gesetzt wird. Diese Möglichkeit ist besonders nützlich, weil hierdurch die Überprüfung bei den Geschäftsdaten (d. h. schichtenübergreifend) stattfindet.

Listing 9.88 zeigt, wie Sie in der Klasse Customer.java überprüfen könnten, ob die Felder für die E-Mail-Adresse und das Passwort befüllt wurden und ob die Werte innerhalb der erlaubten Bereiche liegen:

```java
...

@NotNull
@Min(value=6)
@Max(value=40)
private String email;

@NotNull
```

```
@Min(value=6)
@Max(value=10)
private String password;
```

...

Listing 9.88 Customer.java

Es gibt folgende Bean-Validation-Annotationen:

▶ `@AssertFalse`
  Der Wert der Property muss `false` ergeben.

▶ `@AssertTrue`
  Der Wert der Property muss `true` ergeben.

▶ `@DecimalMax(value="40.0")`
  Der Wert der Property darf nicht größer als 40 sein.

▶ `@DecimalMin(value="6.0")`
  Der Wert der Property darf nicht kleiner als 6 sein.

▶ `@Digits(integer="8", fraction="2")`
  Der Wert der Property darf nicht mehr als 8 Vorkommastellen und nicht mehr als 2 Nachkommastellen haben.

▶ `@Future`
  Das Datum muss in der Zukunft liegen.

▶ `@Max(value="40")`
  Der Wert der Property darf nicht größer als 40 sein.

▶ `@Min(value="6")`
  Der Wert der Property darf nicht kleiner als 6 sein.

▶ `@NotNull`
  Der Wert der Property darf nicht null sein.

▶ `@Null`
  Der Wert der Property muss null sein.

▶ `@Past`
  Das Datum muss in der Vergangenheit liegen.

▶ `@Pattern(regexp="a*")`
  Der Wert der Property muss mit dem Zeichen a beginnen.

▶ `@Size(min="6", max="40")`
  Die Zeichenkette muss zwischen 6 und 40 Zeichen lang sein.

9.9   Die Konvertierung

Jedes Mal, wenn ein Benutzer Daten in ein HTML-Formular eingibt, handelt es sich zunächst nur um Zeichenketten, die später in der Java EE-Anwendung noch in spezielle Java-Typen konvertiert werden müssen. Aber auch, wenn in der Gegenrichtung die Java-Werte auf der View-Komponente angezeigt werden sollen, muss eine ausgeklügelte Konvertierung stattfinden. Der größte Teil der Konvertierung läuft hierbei automatisch im Hintergrund ab, sodass sich der Entwickler hierüber kaum Gedanken machen muss. Andererseits wird man bei einem Datum oder einem Geldbetrag üblicherweise eine spezielle Formatierung wählen, da hierfür nicht nur das regionale Format, sondern auch die für den jeweiligen Kunden ansprechendere Darstellung gefordert ist. JSF bietet hierfür zwei Standard-UI-Komponenten an, die in den gängigsten Anwendungsfällen herangezogen werden. Diese nennen sich `convertDateTime` und `convertNumber`. Darüber hinaus ermöglicht das JSF-Framework, eigene Konvertierklassen zu programmieren.

9.9.1   convertDateTime

In Kapitel 3, »Planung und Entwurf«, habe ich bereits erwähnt, dass mit Java Zeitpunkte als Millisekunden festgehalten werden, die seit dem 1. Januar 1970 um 00:00:00.000 Uhr verstrichen sind. Im Inneren der Programmiersprache ist es nach wie vor das veraltete Relikt `java.util.Date`, das für Zeitpunkte seine Gültigkeit hat. Wenn das JSF-Framework eine Property dieses Typs in einer Output-Text-UI-Komponente anzeigt, wird der Zeitpunkt standardmäßig im amerikanischen Format nach Datum und Uhrzeit getrennt angezeigt. Wenn Sie der UI-Komponente hingegen die Komponente `convertDateTime` hinzufügen, wird die Uhrzeit weggelassen und das Datum im regionalen Format dargestellt.

```
<h:outputText
    id="sold"
    value="#{item.sold}">
    <f:convertDateTime for="sold"/>
</h:outputText>
```

Listing 9.89 search.xhtml

type

Um das Datum gemeinsam mit der Uhrzeit oder nur die Uhrzeit anzuzeigen, nutzen Sie das Attribut `type` der UI-Komponente `convertDateTime`. Hierfür weisen Sie dem Attribut `type` die Werte `both` oder `time` zu. (Der dritte optionale Wert `date` ist der Defaultwert.) Der Code aus Listing 9.90 zeigt im Onlineshop sowohl das Datum als auch die Uhrzeit des Verkaufs an:

```
<h:outputText
    id="sold"
    value="#{item.sold}">
    <f:convertDateTime
        for="sold"
        type="both"/>
</h:outputText>
```

Listing 9.90 search.xhtml

»dateStyle« und »timeStyle«

Die Ausführlichkeit, in der das Datum und auch die Uhrzeit angezeigt werden, können Sie mithilfe der Attribute dateStyle und timeStyle festlegen. Zur Auswahl stehen die Werte short, medium, long und full. Zusätzlich können Sie den Wert default setzen, der allerdings standardmäßig dem Wert medium entspricht. Tabelle 9.5 können Sie die Anzeige der verschiedenen Styles entnehmen.

Wert	dateStyle	timeStyle
short	31.12.14	19:07
medium/default	31.12.2014	19:07:29
long	11. Dezember 2013	19:07:29 GMT
full	Mittwoch, 11. Dezember 2013	19:07 Uhr GMT

Tabelle 9.5 »dateStyle« und »timeStyle«

locale

Die in der obigen Tabelle gezeigte Präsentationsform entspricht der deutschen Landeseinstellung. Um eine vom Default abweichende Region einzustellen, bietet die UI-Komponente convertDateTime das Attribut locale an:

```
<h:outputText
    id="sold"
    value="#{item.sold}">
    <f:convertDateTime
        for="sold"
        type="both"
        locale="en_US"/>
</h:outputText>
```

Listing 9.91 search.xhtml

Im Onlineshop brauchen wir das Attribut `locale` eigentlich nicht mehr zu setzen, da die UI-Komponente `convertDateTime` die `locale`-Einstellung der `UIViewRoot` übernimmt. Jedes Mal, wenn die Region über die Länderflagge abgeändert wird, ändert sich automatisch auch die Anzeige der UI-Komponente `convertDateTime`.

pattern

Wem die bisher gezeigten Möglichkeiten nicht ausreichen, der erhält darüber hinaus die Möglichkeit, individuell festzulegen, wie das Muster für das Datum und die Uhrzeit ausschauen soll. Tabelle 9.6 führt die Kürzel auf, die Sie zur Definition des Musters verwenden können.

Kürzel	Beschreibung	Beispiel
E	Wochentag in Kurzschreibweise	Mi
EEEE	Wochentag als Wort	Mittwoch
d	Tag des Monats als Zahl	5
dd	Tag des Monats als Zahl, mit vorangestellter 0, falls erforderlich für Zweistelligkeit	05
D	Tag des Jahres als Zahl	365
M	Monat des Jahres als Zahl	4
MM	Monat des Jahres als Zahl, mit vorangestellter 0, falls erforderlich für Zweistelligkeit	04
MMM	Monat des Jahres als Kurzwort	Apr
MMMM	Monat des Jahres als Wort	April
y	Das Jahr	2014
yy	Die letzten zwei Ziffern des Jahres	14
G	Epoche	n. Chr.
h	Stunde (12-Stunden-Format)	3
hh	Stunde (12-Stunden-Format), mit vorangestellter 0, falls erforderlich für Zweistelligkeit	03
H	Stunde (24-Stunden-Format)	5

Tabelle 9.6 Die Kürzel für »pattern«

Kürzel	Beschreibung	Beispiel
HH	Stunde (24-Stunden-Format), mit vorangestellter 0, falls erforderlich für Zweistelligkeit	05
m	Minute	5
mm	Minute, mit vorangestellter 0, falls erforderlich für Zweistelligkeit	05
s	Sekunden	2
ss	Sekunden, mit vorangestellter 0, falls erforderlich für Zweistelligkeit	02
S	Millisekunden	123

Tabelle 9.6 Die Kürzel für »pattern« (Forts.)

Leerzeichen und Sonderzeichen wie beispielsweise Punkte oder Doppelpunkte sind zur Abgrenzung erlaubt. Andere Zeichenketten werden hingegen mit Hochkommata escapt. Beispielsweise ergibt das Muster

```
pattern="EEEE', den ' d.MMMM y"
```

diese Ausgabe:

```
Mittwoch, den 11.Dezember 2013
```

9.9.2 convertNumber

Die Anzeige von Zahlen lässt sich mit der UI-Komponente convertNumber formatieren.

type

Das Attribut type unterscheidet zwischen number (reinen Zahlen), currency (einer Währungsangabe) und percent (einem Prozentwert). number ist als Wert voreingestellt.

minFractionDigits, maxFractionDigits, minIntegerDigits, maxIntegerDigits

Die Anzahl der Vorkommastellen und Nachkommastellen lässt sich auf ein Minimum oder ein Maximum begrenzen. Beispielsweise sorgt Listing 9.92 dafür, dass stets mindestens eine Vorkommastelle und zwei Nachkommastellen angezeigt werden:

```
<h:outputText
    id="price"
    value="#{item.price}">
    <f:convertNumber
        minIntegerDigits="1"
        minFractionDigits="2"/>
</h:outputText>
```

Listing 9.92 search.xhtml

groupingUsed

Für hohe Beträge ist es vorteilhaft, dass die Vorkommastellen in Tausendern gruppiert werden. Wenn Sie diese Formatierung nicht wünschen, setzen Sie den Schalter `groupingUsed="false"`.

locale

Zahlen werden in den USA anders dargestellt als in Deutschland. Beispielsweise dient in den USA der Punkt als Dezimaltrennzeichen und das Komma zur Trennung von Tausendern. Dass Sie die Landeseinstellung über ein Attribut namens `locale` ändern können, habe ich bereits bei der UI-Komponente `convertDateTime` gezeigt. In gleicher Weise wird auch hier die Landeseinstellung der ViewRoot per Default übernommen und kann über das Attribut `locale` überschrieben werden.

»currencyCode« und »currencySymbol«

Wenn das Attribut `type` auf `"currency"` gesetzt wurde, rendert das JSF-Framework bei der deutschen Landeseinstellung die UI-Komponente so, dass automatisch ein €-Symbol hinter die Zahl geschrieben wird. Zum Ändern des Währungssymbols stehen die beiden Attribute `currencySymbol` und `currencyCode` zur Verfügung. Über `currencySymbol="$"` könnten wir das Symbol auf das der Währung der Vereinigten Staaten setzen. Weil jedoch nicht nur die Vereinigten Staaten über eine Dollar-Währung verfügen, ist das Währungssymbol $ beispielsweise für den Bankensektor nicht eindeutig. Zu diesem Zweck wird die Währungseinheit gemäß ISO 4217 mit drei Buchstaben spezifiziert. Beispielsweise lautet der für Europa gültige Währungscode EUR und der für die Vereinigten Staaten USD.

pattern

Genauso wie `convertDateTime` bietet die UI-Komponente `convertNumber` ein Attribut namens `pattern` an. Hiermit lassen sich ganz individuelle Zahlenmuster einstellen. Folgende Symbole stehen zur Verfügung:

Symbol	Steht für
0	Ziffern
#	Ziffern, mit vorangestellten Nullen
.	Trenner zwischen Vor- und Nachkommastellen
,	Tausendertrenner

Tabelle 9.7 Die Symbole für »pattern«

9.10   Templating

Zwei besonders nützliche Features der Facelet-Technologie sind die UI-Komponente `<ui:include>` und das *Templating*. In diesem Abschnitt schauen wir uns zunächst an, wie die UI-Komponente `<ui:include>` und das *Templating* grundsätzlich funktionieren. Anschließend werden wir hiermit ein umfangreiches Beispiel für den Onlineshop dieses Buches programmieren.

9.10.1   Die Include-Komponente

In einer Standalone-Anwendung und auch in einer Single-Page-Webanwendung ist es ganz normal, dass sich bei der Interaktion mit dem Benutzer lediglich ein Teil der Ansicht dynamisch verändert. Anders sieht es in klassischen Webportalen aus. Denn wenn ein Benutzer von Webseite zu Webseite navigiert, baut der Webbrowser die gesamte Ansicht immer wieder aufs Neue auf. Um den gleichen Quelltext hierbei nicht zu wiederholen, bietet uns die Facelet-Technologie die UI-Komponente `<ui:include>` an. Ganz nach dem DRY-Entwurfsprinzip (Don't Repeat Yourself = wiederhole dich nicht) können wir mithilfe von `<ui:include>` bestimmte Bereiche unseres Onlineshops wiederholt nutzen.

Vielleicht erinnern Sie sich an das Programmierbeispiel mit der JSP-Technologie aus Kapitel 5. Auch dort haben wir den Header und den Footer in allen User-Stories per `include`-Direktive eingefügt. Auf die gleiche Weise können wir auch bei Facelets Header und Footer wieder inkludieren. Gegenüber der `include`-Direktive, haben wir jetzt allerdings einen wesentlichen Vorteil. Denn die JSP-Engine kopiert einfach nur den Quelltext der Fragment-Datei (*.jspf*) an die Stelle der `include`-Direktive, bevor das automatisierte Servlet erzeugt worden ist. Für die Laufzeit bedeutet das, dass Änderungen, die erst beim Aufruf bekannt sind, sich nicht mehr auswirken können. Diesen Nachteil haben wir bei der Facelets-Komponente `<ui:include>` nicht, denn die Einfügung geschieht erst in der Renderingphase.

In Abbildung 9.26 wird schematisch dargestellt, wie der Onlineshop hierbei entworfen wird.

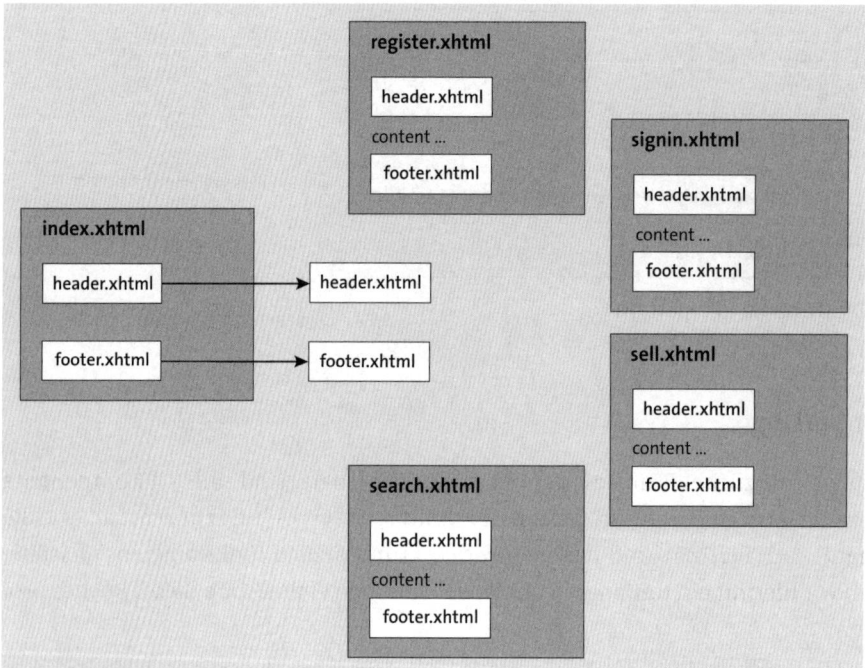

Abbildung 9.26 Genauso wie mit der JSP-Direktive können wir den Header und den Footer auch mit ui:include einfügen. Allerdings ohne die Nachteile, die sich bei der include-Direktive ergeben.

9.10.2   Templating-Grundlagen

Im letzten Abschnitt habe ich Ihnen die UI-Komponente <ui:include> vorgestellt. Über <ui:include> lassen sich bereits sehr umfangreiche Webportale ohne Verletzung des DRY-Prinzips erstellen. Und auch unseren Onlineshop könnten wir über diese Technik ohne Einschränkung implementieren. Allerdings bietet die Facelet-Technologie noch einen weiteren Mechanismus an, der in aktuellen JSF-Projekten noch gängiger ist. Dieser Mechanismus nennt sich *Templating*. Jetzt stellt sich natürlich die Frage, wofür sich das *Templating* besser als die Komponente <ui:include> eignet bzw. welches Problem hiermit gelöst wird.

Um den Zweck des *Templatings* zu verstehen, muss man sich vor Augen halten, dass es sich bei einer Java EE-Anwendung häufig um eine komplexe Fachanwendung eines großen Unternehmens handelt. In der Regel besteht das Frontend einer solchen Fachanwendung nicht wie unser Onlineshop aus fünf, sondern womöglich aus mehreren hundert Ansichten. Dabei setzen Unternehmen einen sogenannten Styleguide fest, der ein unternehmensweites Corporate Design abbildet. Denn die einheitliche Gestaltung bezeugt solide Stabilität und Qualitätssicherheit. Was aber häufig auch passiert, ist, dass große Unternehmen immer mal wieder aufgrund einer Modernisierung oder eines Firmenverkaufs ihren Styleguide ändern. Der Umbau solch einer Maßnahme könnte immens sein, wenn hierfür nicht ein Mechanismus bereitgestellt wird, der genau diese Kosten reduziert. Und genau für diesen Fall wurde das *Templating* erfunden. Denn mithilfe des *Templatings* lässt sich der Styleguide in einer eigenen *jar*-Bibliothek kapseln und an jedes Java EE-Projekt des Unternehmens verteilen. Sollte sich das Corporate Design dann mal ändern, wird das Entwurfsmuster ganz einfach umgestaltet und erneut an die einzelnen Java EE-Projekte verteilt.

Beim Templating unterscheidet man zwischen dem *Template* und der *Facelet Composition Page*. Bei dem Template handelt es sich um das Entwurfsmuster, das ein bestimmtes Aussehen des Corporate Designs sicherstellt. Das Template legt also den Styleguide fest und zeigt hierbei die Stellen an, die mit Inhalten der Fachanwendung ersetzt werden können.

Die UI-Komponente, die den Standort der einzufügenden Datei festlegt, nennt sich `<ui:insert>`.

```
<!DOCTYPE html PUBLIC "-//W3C//DTD XHTML 1.0 Transitional//EN"
 "http://www.w3.org/TR/xhtml1/DTD/xhtml1-transitional.dtd">
<html xmlns="http://www.w3.org/1999/xhtml"
 xmlns:ui="http://xmlns.jcp.org/jsf/facelets"
 xmlns:h="http://xmlns.jcp.org/jsf/html">
<h:body>

    <ui:insert>
    </ui:insert>

</h:body>
</html>
```

Listing 9.93 Das Template

Die *Facelet Composition Page* legt den Inhalt fest, der an der angezeigten Stelle im *Template* ersetzt werden soll. Bei der *Facelet Composition Page* wird entweder die UI-Komponente `<ui:composition>` oder die UI-Komponente `<ui:decorate>` eingesetzt. Der Unterschied besteht darin, dass `<ui:composition>` lediglich die Bestandteile überträgt, die sich im Inneren des `<ui:composition>`-Elements befinden, wohin gegen `<ui:decorate>` auch die Tags außerhalb mitliefert. Die UI-Komponenten `<ui:composition>` und `<ui:decorate>` bieten das Attribut `template` an, über das angezeigt wird, welches Template als Entwurfsmuster verwendet werden soll.

```
<ui:composition template="template.xhtml"
 xmlns="http://www.w3.org/1999/xhtml"
 xmlns:ui="http://xmlns.jcp.org/jsf/facelets"
 xmlns:h="http://xmlns.jcp.org/jsf/html">
 ...
</ui:composition>
```

Listing 9.94 index.xhtml

Mehrere Ersetzungen

Ein Template kann aber auch mehrere UI-Komponenten <ui:insert> enthalten. In diesem Fall, wird jeder UI-Komponente <ui:insert> das Attribut name mitgegeben, sodass sie eindeutig referenziert werden kann.

In Listing 9.95 sehen Sie ein Template, das wir willkürlich *template.xhtml* nennen und das drei Standorte spezifiziert. Die Standorte erhalten die Bezeichner header, content und footer. Diese drei Bezeichner werden beim Templating recht häufig verwendet. Normalerweise würde man das Template von einem Webdesigner programmieren lassen, sodass es modern und stylish wird. Unser einfaches Beispiel soll aber simpel bleiben, weil wir uns ja auf die Nutzung des Templatings konzentrieren wollen. Wir werden lediglich das HTML-Element <hr/> einsetzen, damit die eingefügten Inhalte im Webbrowser mit einem horizontalen Strich voneinander getrennt untereinander erscheinen.

```
<!DOCTYPE html PUBLIC "-//W3C//DTD XHTML 1.0 Transitional//EN"
 "http://www.w3.org/TR/xhtml1/DTD/xhtml1-transitional.dtd">
<html xmlns="http://www.w3.org/1999/xhtml"
 xmlns:ui="http://xmlns.jcp.org/jsf/facelets"
 xmlns:h="http://xmlns.jcp.org/jsf/html">
<h:body>

    <ui:insert name="header">
    </ui:insert>

    <hr/>

    <ui:insert name="content">
    </ui:insert>

    <hr/>

    <ui:insert name="footer">
    </ui:insert>

</h:body>
</html>
```

Listing 9.95 template.xhtml

Das fertige Template kann nun von einer *Facelet Composition Page* benutzt werden. In unserem Beispiel nennen wir die Facelet Composition Page *index.xhtml*.

Innerhalb der Facelet Composition Page können wir über die UI-Komponente <ui:define> die indizierten Standorte des Facelet-Templates namentlich referenzieren:

```
<ui:composition template="template.xhtml"
 xmlns="http://www.w3.org/1999/xhtml"
 xmlns:ui="http://xmlns.jcp.org/jsf/facelets"
 xmlns:h="http://xmlns.jcp.org/jsf/html">

    <ui:define name="header">
        Header
    </ui:define>

    <ui:define name="content">
        Content
    </ui:define>

    <ui:define name="footer">
        Footer
    </ui:define>

</ui:composition>
```

Listing 9.96 index.xhtml

Im obigen Beispiel macht unsere einfache Facelet Composition Page nichts anderes, als bei
dem jeweiligen Standort die Zeichenketten "Header", "Content" oder "Footer" auszugeben.
Etwas spannender wird es in Listing 9.97, da wir dort statt Zeichenketten externe XHTML-Sei-
ten einfügen. Dies erreichen wir wieder mithilfe der UI-Komponente <ui:include> aus dem
vorigen Abschnitt.

```
<ui:composition template="template.xhtml"
 xmlns="http://www.w3.org/1999/xhtml"
 xmlns:ui="http://xmlns.jcp.org/jsf/facelets"
 xmlns:h="http://xmlns.jcp.org/jsf/html">

    <ui:define name="header">
        <ui:include src="/header.xhtml"/>
    </ui:define>

    <ui:define name="content">
        <ui:include src="/content.xhtml"/>
    </ui:define>

    <ui:define name="footer">
        <ui:include src="/footer.xhtml"/>
```

```
    </ui:define>

</ui:composition>
```

Listing 9.97 index.xhtml

Die XHTML-Dateien, die wir an den jeweiligen Stellen einfügen, können wir als ganz normales Facelet programmieren. Listing 9.98 zeigt das Facelet *header.xhtml*. Die Dateien *content.xhtml* und *footer.xhtml* sind hier nicht abgedruckt, denn wie Sie am Beispiel der *header.xhtml* sehen, handelt es sich ja um ganz normalen Facelet-Quelltext.

```
<!DOCTYPE html PUBLIC "-//W3C//DTD XHTML 1.0 Transitional//EN"
  "http://www.w3.org/TR/xhtml1/DTD/xhtml1-transitional.dtd">
<html xmlns="http://www.w3.org/1999/xhtml" xmlns:h="http://xmlns.jcp.org/jsf/html">
<h:body>
    Header
</h:body>
</html>
```

Listing 9.98 header.xhtml

9.10.3 Ein umfangreiches Beispiel mithilfe von Eclipse

Im folgenden Beispiel werden wir ein umfangreiches Templating für den Onlineshop aus diesem Buch erstellen. Dabei werden wir zunächst ein Facelet-Template anlegen, das wir wieder *template.xhtml* nennen werden. Das Facelet-Template wird drei Bereiche enthalten, die wieder header, content und footer heißen werden. Den Kopf und den Fuß der Dateien lagern wir in zwei gesonderte XHTML-Dateien aus, die die Namen *header.xhtml* und *footer.xhtml* tragen.

Im Bereich content werden wir die Inhalte der jeweiligen fachlichen Anforderung des Onlineshops einfügen. Der Onlineshop, den wir in Kapitel 3, »Planung und Entwurf«, entworfen haben, ist recht einfach. Wenn Sie Kapitel 3 übersprungen haben sollten, werfen Sie am besten einen kurzen Blick auf die User-Storys aus Abschnitt 3.3, »Das User-Story-Diagramm«. Sie werden sehen, dass die geringen Anforderungen und die hierzu erstellten UI-Prototypen rasch überflogen werden können. Wir werden diese User-Storys nun mithilfe von JSF und der Templating-Technik verwirklichen.

Hierbei ist es lediglich der content-Bereich des Facelet-Templates, der sich für die jeweilige User-Story ändert. Alles andere bleibt gleich. Deshalb können wir in dem Beispiel das Facelet-Template für alle User-Storys gleichermaßen nutzen.

Wir werden die Dateien *index.xhtml*, *register.xhtml*, *signin.xhtml*, *sell.xhtml* und *search.xhtml* für die User-Storys 0 bis 4 als Facelet Composition Pages anlegen und mit der Templating-Technik verknüpfen (User-Story 5 benötigt keine eigene Facelet Composition Page).

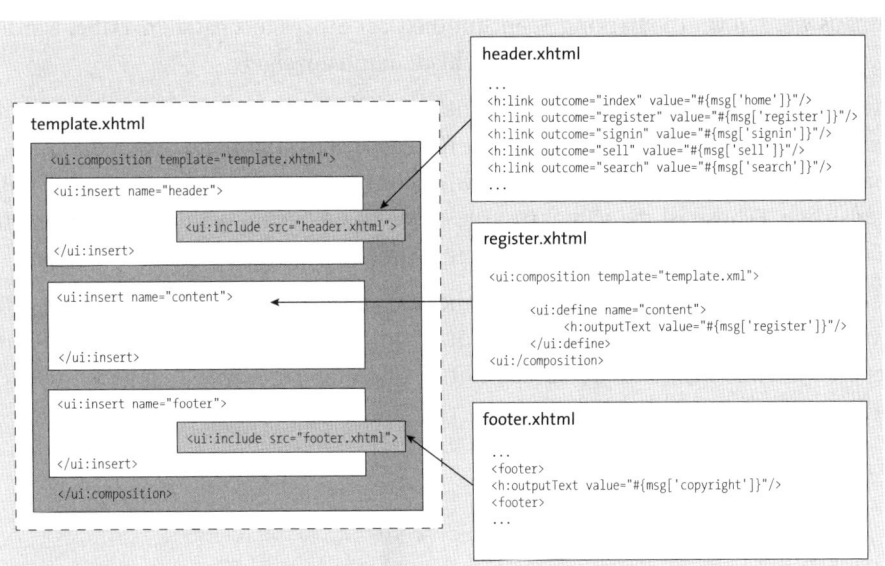

Abbildung 9.27 Die »template.xhtml« wird beispielsweise von der Composition Page »register.xhtml« als Facelet-Template genutzt.

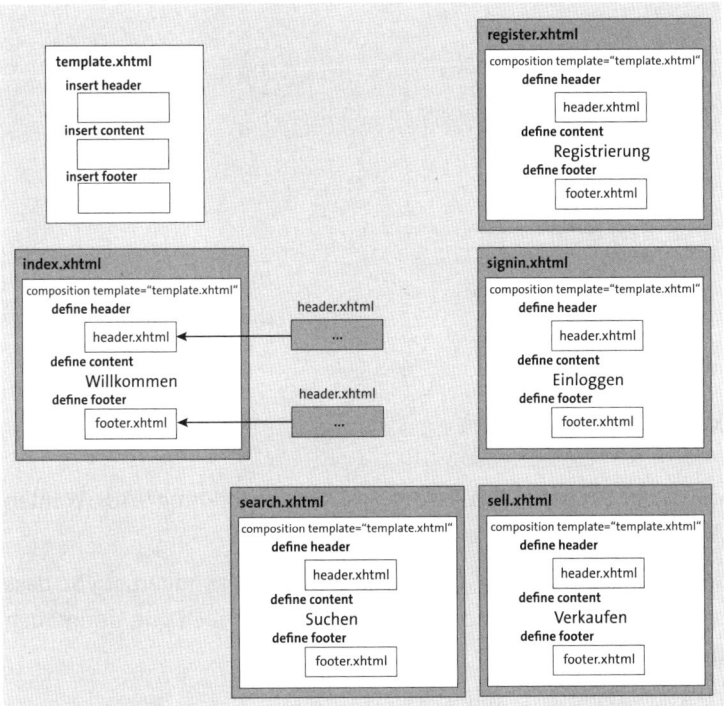

Abbildung 9.28 Die Dateien »index.xhtml«, »register.xhtml«, »signin.xhtml«, »sell.xhtml« und »search.xhtml« setzen das Facelet-Template »template.xhtml« ein.

Darüber hinaus werden wir die Backing Beans für die User-Storys fertigstellen. Dabei werde ich auch zeigen, wie Sie die Bilder der Artikel hochladen und anzeigen.

Für die Erzeugung der Datei *template.xhtml* werden wir uns von Eclipse helfen lassen, denn über dessen Wizard sollte sich ein Grundgerüst für das Facelet-Template erzeugen lassen. Dass hierbei nicht alles ganz so gut abläuft, wie wir es uns als Entwickler vorstellen, soll uns nicht weiter stören. Eclipse ist die gängigste IDE, so bleibt uns keine Wahl, als die gleichen Probleme, mit denen alle Entwickler an dieser Stelle kämpfen, einmal durchzuexerzieren.

Um das Facelet-Template erzeugen zu lassen, klicken Sie im Hauptmenü von Eclipse auf FILE • NEW • OTHER und selektieren im Wizard den Eintrag HTML FILE. Hiernach erscheint das Fenster NEW HTML FILE, in dem Sie den Dateinamen *template.xhtml* vergeben (siehe Abbildung 9.29).

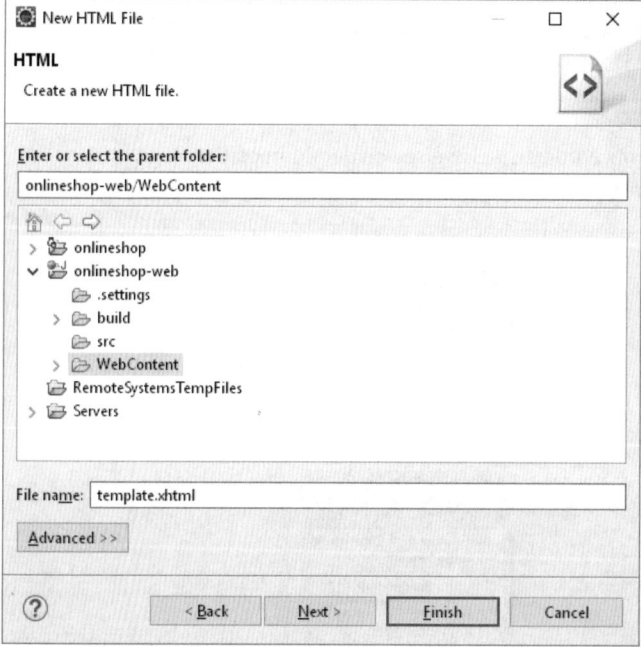

Abbildung 9.29 Eine neue XHTML-Datei erzeugen

Mit NEXT gelangen Sie zur Ansicht SELECT HTML TEMPLATE (siehe Abbildung 9.30). Wählen Sie dort den Eintrag NEW FACELET TEMPLATE aus.

Eclipse wird nun ein Facelet-Template erzeugen. Eclipse sieht für das Grundgerüst vor, dass dort ein header, ein content und ein footer gesetzt werden. Das trifft sich gut, denn auch unser Onlineshop hat ja die gleichen Bereiche.

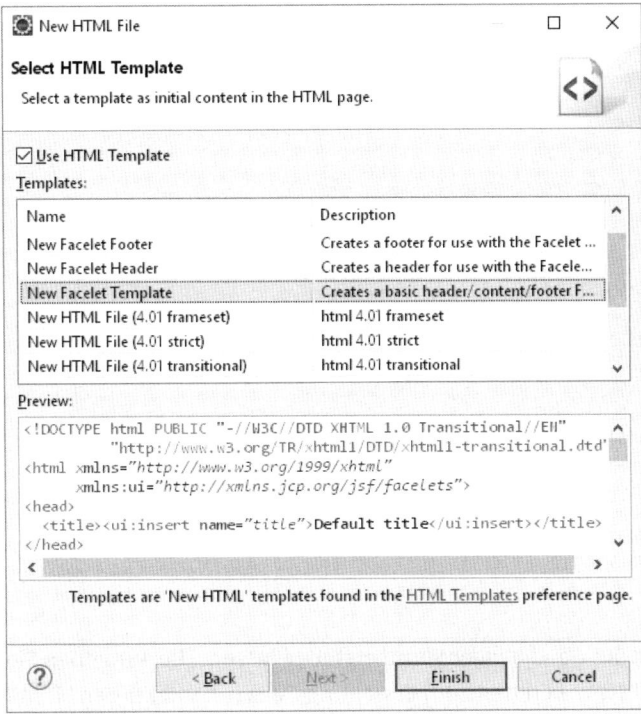

Abbildung 9.30 Das »New Facelet Template« selektieren

In Listing 9.99 habe ich einige Elemente des vorgefertigten Facelet-Templates herausgenommen oder abgeändert, sodass das Ergebnis nach allen Anpassungen nun wie folgt aussieht:

```
<?xml version="1.0" encoding="UTF-8" ?>
<!DOCTYPE html PUBLIC "-//W3C//DTD XHTML 1.0 Transitional//EN"
 "http://www.w3.org/TR/xhtml1/DTD/xhtml1-transitional.dtd">
<html xmlns="http://www.w3.org/1999/xhtml"
 xmlns:ui="http://xmlns.jcp.org/jsf/facelets"
 xmlns:h="http://xmlns.jcp.org/jsf/html"
 xmlns:f="http://xmlns.jcp.org/jsf/core">
<f:loadBundle var="msg" basename="messages"/>
<h:head>
    <title>
        <h:outputText value="#{msg['title']}"/>
    </title>
    <meta
        http-equiv="Content-Type"
        content="text/html; charset=UTF-8" />
</h:head>
<h:body>
```

```
<h:messages
    globalOnly="true"/>

<ui:insert name="header">
    <ui:include src="header.xhtml"/>
</ui:insert>

<ui:insert name="content">

</ui:insert>

<ui:insert name="footer">
    <ui:include src="footer.xhtml"/>
</ui:insert>
</h:body>
</html>
```

Listing 9.99 template.xhtml

Nun können wir das Template für die Datei *header.xhtml* erstellen lassen. Hierfür gehen Sie wieder im Hauptmenü über FILE • NEW • OTHER zum Erstellungs-Wizard, selektieren HTML FILE und geben im erscheinenden Fenster den Namen *header.xhtml* ein.

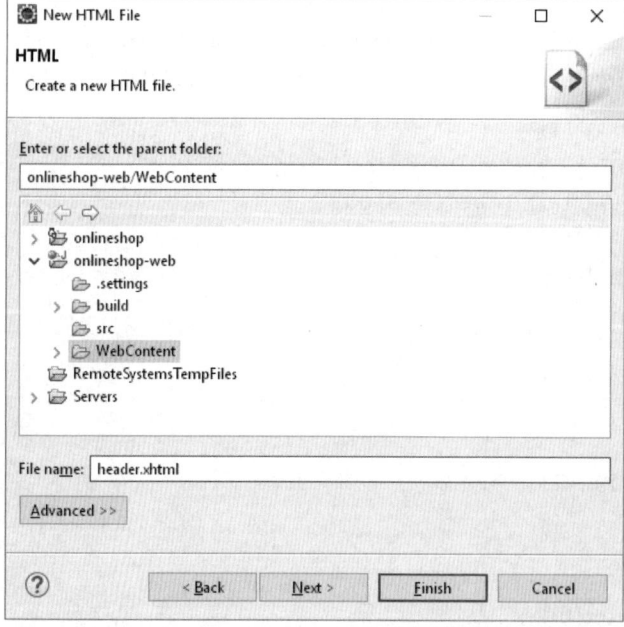

Abbildung 9.31 Das Erstellen der Datei »header.xhtml«

Bei der Auswahl der HTML-Templates angekommen, wählen Sie diesmal den Eintrag NEW FACELET HEADER aus (siehe Abbildung 9.32).

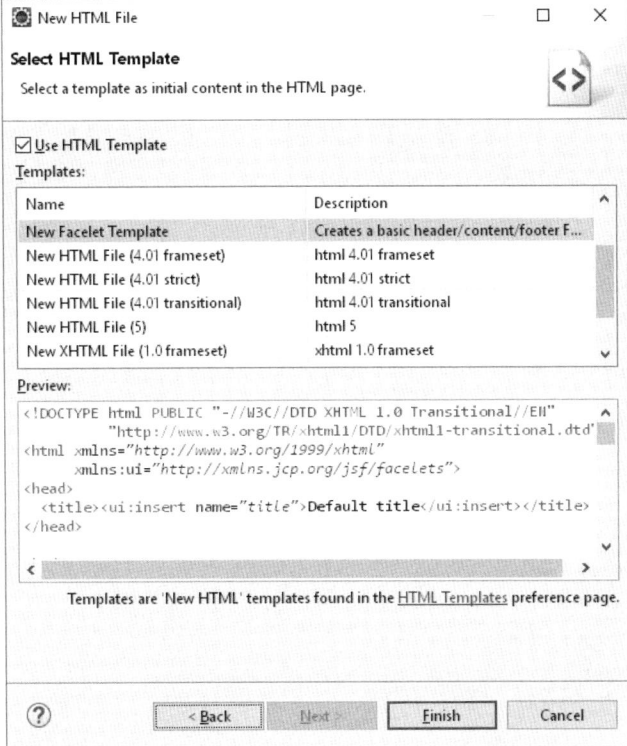

Abbildung 9.32 Die Auswahl von »New Facelet Header«

Das Ergebnis entspricht nicht ganz unserer Vorstellung von einem HTML5-Dokument. Dies ist aber nicht weiter schlimm, denn unser Onlineshop erfordert ohnehin einen ganz anderen Inhalt, als Eclipse per Default anbietet. Wir hätten auf diesen Schritt komplett verzichten können? Richtig. Aber es ist dennoch gut, dass Sie die automatische Erstellung der Templates einmal komplett kennengelernt haben, denn dadurch haben Sie die Hilfestellung von Eclipse für die Zukunft bereits einmal praktisch ausprobiert.

In Listing 9.100 werden wir in der Datei *header.xhtml* das Hauptmenü des Onlineshops programmieren, indem wir für jeden Link jeweils die UI-Komponente Link gebrauchen werden.

Die Ziel-Adresse des Links wird über das Attribut value gesetzt. Innerhalb der öffnenden und der schließenden Output-Link-Tags notieren wir den anzuzeigenden Text.

```
<?xml version="1.0" encoding="UTF-8" ?>
<!DOCTYPE html>
<html xmlns="http://www.w3.org/1999/xhtml"
      xmlns:h="http://xmlns.jcp.org/jsf/html">
```

```
    <header>
    <hgroup>
        <h1 class="title">
        <h:outputText
            value="#{msg['title']}"/>
        </h1>
    </hgroup>
    <nav>
        <h:link
            outcome="index"
            value="#{msg['home']}"/>
        <h:link
            outcome="register"
            value="#{msg['register']}"/>
        <h:link
            outcome="signin"
            value="#{msg['signin']}"/>
        <h:link
            outcome="sell"
            value="#{msg['sell']}"/>
        <h:link
            outcome="search"
            value="#{msg['search']}"/>
                <br/>
    </nav>
    </header>
</html>
```

Listing 9.100 header.xhtml

Damit die Verlinkung zu den jeweiligen Composition Pages gelingt, müssen wir entsprechende Navigationsregeln in die *faces-config.xml* eintragen:

```
<?xml version="1.0" encoding="UTF-8"?>
<faces-config
 xmlns="http://xmlns.jcp.org/xml/ns/javaee"
 xmlns:xsi="http://www.w3.org/2001/XMLSchema-instance"
 xsi:schemaLocation="http://xmlns.jcp.org/xml/ns/javaee
 http://xmlns.jcp.org/xml/ns/javaee/web-facesconfig_2_3.xsd"
 version="2.3">
<navigation-rule>
```

```
    <from-view-id>*</from-view-id>
    <navigation-case>
        <from-outcome>index</from-outcome>
        <to-view-id>
            /index.xhtml
        </to-view-id>
        <redirect/>
    </navigation-case>
    <navigation-case>
        <from-outcome>register</from-outcome>
        <to-view-id>
            /register.xhtml
        </to-view-id>
        <redirect/>
    </navigation-case>
    <navigation-case>
        <from-outcome>signin</from-outcome>
        <to-view-id>
            /signin.xhtml
        </to-view-id>
        <redirect/>
    </navigation-case>
    <navigation-case>
        <from-outcome>sell</from-outcome>
        <to-view-id>
            /sell.xhtml
        </to-view-id>
        <redirect/>
    </navigation-case>
    <navigation-case>
        <from-outcome>search</from-outcome>
        <to-view-id>
            /search.xhtml
        </to-view-id>
        <redirect/>
    </navigation-case>
</navigation-rule>
</faces-config>
```

Listing 9.101 faces-config.xml

Nun programmieren Sie auch noch die Datei *footer.xhtml*. Listing 9.102 zeigt ihren Quelltext:

```
<?xml version="1.0" encoding="UTF-8" ?>
<!DOCTYPE html>
<html xmlns="http://www.w3.org/1999/xhtml"
 xmlns:h="http://xmlns.jcp.org/jsf/html">
    <footer id="footer">
        <h:outputText value="#{msg['copyright']}"/>
    </footer>
</html>
```

Listing 9.102 footer.xhtml

Die bisherige Ausgliederung der Dateien *header.xhtml* und *footer.xhtml* zeigt noch nicht, wie praktisch das Templating für das Webdesign der Facelets ist. Erst wenn wir im nächsten Schritt mehrere Facelet Composition Pages erstellen, die alle das gleiche Facelet-Template als Grundlage verwenden, wird der praktische Nutzen dieser Technik deutlich.

User-Story 0, »As a customer I want to be welcomed«

Der Inhalt der Datei *index.xhtml* reduziert sich auf die eigentliche Aufgabe der *index.xhtml*, nämlich, den Kunden willkommen zu heißen.

In Listing 9.103 sehen Sie die zusätzlichen JSF-UI-Komponenten, die für die Einbindung in die Facelet Composition Page erforderlich sind:

```
<ui:composition template="/template.xhtml"
 xmlns="http://www.w3.org/1999/xhtml"
 xmlns:ui="http://xmlns.jcp.org/jsf/facelets"
 xmlns:h="http://xmlns.jcp.org/jsf/html">
<ui:define name="content">
    <h:outputText value="#{msg['welcome']}"/>
</ui:define>
</ui:composition>
```

Listing 9.103 index.xhtml

Auch für die Erstellung von Facelet Composition Pages bietet Eclipse einen Wizard an. In der HTML-Template-Auswahl selektieren Sie hierfür den Eintrag NEW FACELET COMPOSITION PAGE (siehe Abbildung 9.33).

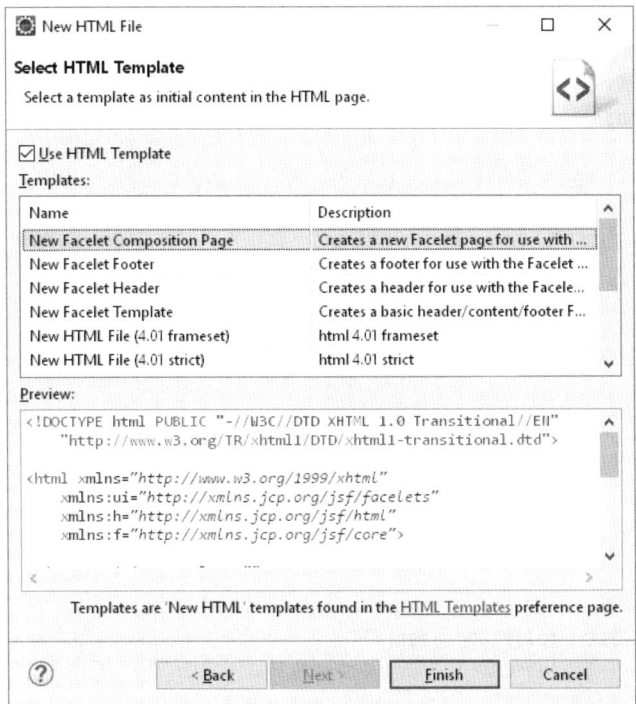

Abbildung 9.33 Die Erstellung einer »New Facelet Composition Page«

User-Story 1, »As a customer I want to register«

Die Composition Page *register.xhtml* birgt kaum noch Überraschungen, da wir uns das Facelet in vorangegangenen Abschnitten ja bereits ausgiebig angeschaut haben.

Entnehmen Sie den Quelltext Listing 9.104:

```
<ui:composition template="/template.xhtml"
 xmlns="http://www.w3.org/1999/xhtml"
 xmlns:ui="http://xmlns.jcp.org/jsf/facelets"
 xmlns:h="http://xmlns.jcp.org/jsf/html"
 xmlns:f="http://xmlns.jcp.org/jsf/core">
<ui:define name="content">
    <h:form
        id="registerForm"
        prependId="false">
        <h:message
            for="registerForm"
            showSummary="true"/>
        <h:panelGrid columns="3">
            <f:facet name="header">
```

```
                    <h:outputText value="#{msg['register']}"/>
                </f:facet>
                <h:outputLabel
                    value="#{msg['email']}:"/>
                <h:inputText
                    id="email"
                    value="#{registerController.customer.email}">
                </h:inputText>
                <h:message for="email"/>
                <h:outputLabel
                    value="#{msg['password']}:"/>
                <h:inputSecret
                    id="password"
                    value="#{registerController.customer.password}">
                </h:inputSecret>
                <h:message for="password"/>
                <h:commandButton
                    id="register"
                    action="#{registerController.persist()}"
                    value="#{msg['register']}" />
                <h:message for="register"/>
            </h:panelGrid>
        </h:form>
    </ui:define>
</ui:composition>
```

Listing 9.104 register.xhtml

Auch die Backing Bean RegisterController kennen Sie bereits aus den vorherigen Abschnitten. Sie meldet dem Benutzer nun auch die ID, unter der seine E-Mail-Adresse abgespeichert wurde.

```
package de.java2enterprise.onlineshop;

import java.io.Serializable;

import javax.annotation.Resource;
import javax.enterprise.context.RequestScoped;
import javax.faces.application.FacesMessage;
import javax.faces.context.FacesContext;
import javax.inject.Inject;
import javax.inject.Named;
import javax.persistence.EntityManager;
```

```
import javax.persistence.PersistenceContext;
import javax.transaction.UserTransaction;

import de.java2enterprise.onlineshop.model.Customer;

@Named
@RequestScoped
public class RegisterController implements Serializable {
    private static final long serialVersionUID = 1L;

    @PersistenceContext
    private EntityManager em;

    @Resource
    private UserTransaction ut;

    @Inject
    private Customer customer;

    public Customer getCustomer() {
        return customer;
    }

    public void setCustomer(Customer customer) {
        this.customer = customer;
    }

    public String persist() {
        try {
            ut.begin();
            em.persist(customer);
            ut.commit();
            FacesMessage m = new FacesMessage(
                    "Successfully registered!",
                    "You are a new user!");
            FacesContext
                    .getCurrentInstance()
                    .addMessage("registerForm", m);
        } catch (Exception e) {
            FacesMessage fm = new FacesMessage(
                    FacesMessage.SEVERITY_WARN,
                    e.getMessage(),
                    e.getCause().getMessage());
```

```
            FacesContext
                    .getCurrentInstance()
                    .addMessage(
                            "registerForm",
                            fm);
        }
        return "/register.jsf";
    }
}
```

Listing 9.105 RegisterController.java

User-Story 2, »As a customer I want to sign in«

Die Composition Page *signin.xhtml* für User-Story 2 ist im Prinzip eine Kopie der Datei *register.xhtml*. Listing 9.106 zeigt den Aufbau:

```
<ui:composition
    template="/template.xhtml"
    xmlns="http://www.w3.org/1999/xhtml"
    xmlns:ui="http://xmlns.jcp.org/jsf/facelets"
    xmlns:h="http://xmlns.jcp.org/jsf/html"
    xmlns:f="http://xmlns.jcp.org/jsf/core">
    <ui:define name="content">
        <h:form
            id="signinForm"
            prependId="false">
            <h:message
                for="signinForm"
                showSummary="true" />
            <h:panelGrid columns="3">
                <f:facet name="header">
                    <h:outputText value="#{msg['signin']}" />
                </f:facet>
                <h:outputLabel value="#{msg['email']}:" />
                <h:inputText
                    id="email"
                    value="#{signinController.email}">
                </h:inputText>
                <h:message for="email" />
                <h:outputLabel value="#{msg['password']}:" />
                <h:inputSecret
                    id="password"
                    value="#{signinController.password}">
```

```
            </h:inputSecret>
            <h:message for="password" />
            <h:commandButton
                id="register"
                action="#{signinController.find()}"
                value="#{msg['signin']}" />
            <h:message for="signin" />
        </h:panelGrid>
    </h:form>
  </ui:define>
</ui:composition>
```

Listing 9.106 signin.xhtml

Für User-Story 2 benötigen wir eine Backing Bean, die wir SigninController nennen werden.

Vom Aufbau her ähnelt der SigninController der Klasse RegisterController.java. Allerdings werden wir den Gültigkeitsbereich der Klasse SigninController auf SessionScoped setzen. Auf dieser Weise erreichen wir, dass der Benutzer in dieser Backing Bean während der gesamten HTTP-Sitzung eingeloggt bleibt.

Außerdem erhält der SigninController zwei weitere Properties mit den Namen email und password, damit wir zwischen den Eingabedaten und den persistierten Daten unterscheiden können:

```
package de.java2enterprise.onlineshop;

import java.io.Serializable;
import java.util.List;

import javax.enterprise.context.SessionScoped;
import javax.faces.application.FacesMessage;
import javax.faces.context.FacesContext;
import javax.inject.Inject;
import javax.inject.Named;
import javax.persistence.EntityManager;
import javax.persistence.PersistenceContext;
import javax.persistence.TypedQuery;

import de.java2enterprise.onlineshop.model.Customer;

@Named
@SessionScoped
public class SigninController implements Serializable {
    private static final long serialVersionUID = 1L;
```

```java
@PersistenceContext
private EntityManager em;

private String email;

private String password;

@Inject
private Customer customer;

public Customer getCustomer() {
    return customer;
}

public void setCustomer(Customer customer) {
    this.customer = customer;
}

public String getEmail() {
    return email;
}

public void setEmail(String email) {
    this.email = email;
}

public String getPassword() {
    return password;
}

public void setPassword(String password) {
    this.password = password;
}

public String find() {
    try {
        TypedQuery<Customer> query = em.createQuery(
                "SELECT c FROM Customer c "
                        + "WHERE c.email= :email "
                        + "AND c.password= :password",
                Customer.class);
        query.setParameter("email", email);
```

```
        query.setParameter("password", password);
        List<Customer> customers = query.getResultList();
        if(customers.isEmpty()) {
            FacesMessage m = new FacesMessage(
                    "Signing in was not successful!",
                    "Sorry, try again!");
            FacesContext
                    .getCurrentInstance()
                    .addMessage("signinForm", m);
        } else {
            customer = customers.get(0);
            FacesMessage m = new FacesMessage(
                    "Successfully signed in!",
                    "You signed in under id " +
                            customer.getId());
            FacesContext
                    .getCurrentInstance()
                    .addMessage("signinForm", m);
        }
    } catch (Exception e) {
        FacesMessage fm = new FacesMessage(
                FacesMessage.SEVERITY_WARN,
                e.getMessage(),
                e.getCause().getMessage());
        FacesContext
                .getCurrentInstance()
                .addMessage(
                        "signinForm",
                        fm);
    }
    return "/signin.jsf";
    }
}
```

Listing 9.107 SigninController.java

User-Story 3, »As a customer I want to sell items«

In User-Story 3 möchte der Benutzer Artikel anbieten. Das bedeutet, dass wir ein Formular erstellen, in dem der Benutzer den Titel, die Beschreibung, den Preis und das Foto seines Artikels setzen kann. Das Besondere an User-Story 3 ist, dass im Gegensatz zu den bisherigen User-Storys nun auch noch ein Bild hochgeladen werden muss. Darüber hinaus werden wir die Bilder verkleinern. Wie das Verkleinern eines Bildes funktioniert, habe ich in Abschnitt 7.8.1, »Bilder speichern«, gezeigt. Dort haben wir eine Methode programmiert, die sich scale() nennt und die Kommandos für die Verkleinerung enthält. In diesem Kapitel werden wir die Methode scale() kommentarlos verwenden. Blättern Sie einfach zurück, falls Sie Kapitel 7 übersprungen haben und sich für einzelne Anweisungen interessieren, die in der Methode scale() eingesetzt werden.

Bevor es aber gleich mit der Programmierung des speziellen Hochlademechanismus losgeht, wird zunächst noch die Klasse Item.java für den Artikel abgebildet. Die Klasse Item.java habe ich in Kapitel 8, »Die Java Persistence API«, ausführlich beschrieben. Deshalb verzichte ich an dieser Stelle auf eine weitere Erläuterung.

```
package de.java2enterprise.onlineshop.model;

import java.io.Serializable;
import java.time.LocalDateTime;

import javax.persistence.Basic;
import javax.persistence.Entity;
import javax.persistence.FetchType;
import javax.persistence.GeneratedValue;
import javax.persistence.GenerationType;
import javax.persistence.Id;
import javax.persistence.Lob;
import javax.persistence.ManyToOne;
import javax.persistence.NamedQuery;
import javax.persistence.SequenceGenerator;
import javax.persistence.Table;

@Entity
@Table(schema = "ONLINESHOP", name = "ITEM")
@NamedQuery(name = "Item.findAll", query = "SELECT i FROM Item i")
public class Item implements Serializable {
    private static final long serialVersionUID = 1L;

    @Id
    @SequenceGenerator(name = "ITEM_ID_GENERATOR", sequenceName = "SEQ_
ITEM", schema = "ONLINESHOP", allocationSize = 1, initialValue = 1)
    @GeneratedValue(strategy = GenerationType.SEQUENCE, generator = "ITEM_ID_
GENERATOR")
    private Long id;

    private String description;
```

```
@Basic(fetch = FetchType.LAZY)
@Lob
private byte[] foto;

private Double price;

private String title;

private LocalDateTime sold;

// bi-directional many-to-one association to Customer
@ManyToOne
private Customer seller;

// bi-directional many-to-one association to Customer
@ManyToOne
private Customer buyer;

public Item() {
}

public Long getId() {
    return this.id;
}

public void setId(Long id) {
    this.id = id;
}

public String getDescription() {
    return this.description;
}

public void setDescription(String description) {
    this.description = description;
}

public byte[] getFoto() {
    return this.foto;
}

public void setFoto(byte[] foto) {
    this.foto = foto;
```

```java
    }
    public Double getPrice() {
        return this.price;
    }

    public void setPrice(Double price) {
        this.price = price;
    }

    public String getTitle() {
        return this.title;
    }

    public void setTitle(String title) {
        this.title = title;
    }

    public LocalDateTime getSold() {
        return this.sold;
    }

    public void setSold(LocalDateTime sold) {
        this.sold = sold;
    }

    public Customer getSeller() {
        return this.seller;
    }

    public void setSeller(Customer seller) {
        this.seller = seller;
    }

    public Customer getBuyer() {
        return this.buyer;
    }

    public void setBuyer(Customer buyer) {
        this.buyer = buyer;
    }

    @Override
    public int hashCode() {
```

```
        final int prime = 31;
        int result = 1;
        result = prime * result
                + ((id == null) ? 0 : id.hashCode());
        return result;
    }

    @Override
    public boolean equals(Object obj) {
        if (this == obj) {
            return true;
        }
        if (obj == null) {
            return false;
        }
        if (!(obj instanceof Item)) {
            return false;
        }
        Item other = (Item) obj;
        if (id == null) {
            if (other.id != null) {
                return false;
            }
        } else if (!id.equals(other.id)) {
            return false;
        }
        return true;
    }

    public String toString() {
        return id + "-" + title + "-" + seller;
    }
}
```

Listing 9.108 Item.java

Als Nächstes sehen Sie die Backing Bean SellController. In ihrer Methode persist() werden die Daten des Artikels gespeichert.

```
package de.java2enterprise.onlineshop;

import java.awt.Graphics2D;
import java.awt.RenderingHints;
import java.awt.geom.AffineTransform;
```

```java
import java.awt.image.BufferedImage;
import java.io.ByteArrayInputStream;
import java.io.ByteArrayOutputStream;
import java.io.IOException;
import java.io.InputStream;
import java.io.Serializable;
import java.util.logging.Logger;

import javax.annotation.Resource;
import javax.enterprise.context.RequestScoped;
import javax.faces.application.FacesMessage;
import javax.faces.context.FacesContext;
import javax.imageio.ImageIO;
import javax.inject.Inject;
import javax.inject.Named;
import javax.persistence.EntityManager;
import javax.persistence.PersistenceContext;
import javax.servlet.http.Part;
import javax.transaction.UserTransaction;

import de.java2enterprise.onlineshop.model.Customer;
import de.java2enterprise.onlineshop.model.Item;

@Named
@RequestScoped
public class SellController implements Serializable {
    private static final long serialVersionUID = 1L;

    public final static int MAX_IMAGE_LENGTH = 400;

    private final static Logger log = Logger
            .getLogger(SellController.class.toString());

    @PersistenceContext
    private EntityManager em;

    @Resource
    private UserTransaction ut;

    private Part part;

    public Part getPart() {
        return part;
```

```
    }

    public void setPart(Part part) {
        this.part = part;
    }

    @Inject
    private Item item;

    public Item getItem() {
        return item;
    }

    public void setItem(Item item) {
        this.item = item;
    }

    public String persist(
            SigninController signinController) {
        try {
            ut.begin();
            InputStream input = part.getInputStream();
            ByteArrayOutputStream output = new ByteArrayOutputStream();
            byte[] buffer = new byte[10240];
            for (int length = 0; (length = input
                    .read(buffer)) > 0;) {
                output.write(buffer, 0, length);
            }
            item.setFoto(scale(output.toByteArray()));

            Customer customer = signinController
                    .getCustomer();

            customer = em.find(
                    Customer.class,
                    customer.getId());

            item.setSeller(customer);
            em.persist(item);

            ut.commit();

            log.info("Offered item: " + item);
```

```java
            FacesMessage m = new FacesMessage(
                    "Successfully saved item!",
                    "You offered the item " +
                            item);
            FacesContext
                    .getCurrentInstance()
                    .addMessage("sellForm", m);
        } catch (Exception e) {
            log.severe(e.getMessage());
        }
        return "/sell.jsf";
    }


    public byte[] scale(byte[] foto) throws IOException {
        ByteArrayInputStream byteArrayInputStream = new ByteArrayInputStream(
                foto);
        BufferedImage originalBufferedImage = ImageIO
                .read(byteArrayInputStream);

        double originalWidth = (double) originalBufferedImage
                .getWidth();
        double originalHeight = (double) originalBufferedImage
                .getHeight();
        double relevantLength = originalWidth > originalHeight
                ? originalWidth
                : originalHeight;

        double transformationScale = MAX_IMAGE_LENGTH
                / relevantLength;
        int width = (int) Math
                .round(transformationScale * originalWidth);
        int height = (int) Math.round(
                transformationScale * originalHeight);

        BufferedImage resizedBufferedImage = new BufferedImage(
                width,
                height,
                BufferedImage.TYPE_INT_RGB);
        Graphics2D g2d = resizedBufferedImage
                .createGraphics();
        g2d.setRenderingHint(
                RenderingHints.KEY_INTERPOLATION,
                RenderingHints.VALUE_INTERPOLATION_BICUBIC);
```

```
AffineTransform affineTransform = AffineTransform
        .getScaleInstance(transformationScale,
                transformationScale);
g2d.drawRenderedImage(originalBufferedImage,
        affineTransform);

ByteArrayOutputStream baos = new ByteArrayOutputStream();
ImageIO.write(resizedBufferedImage, "PNG", baos);
return baos.toByteArray();
    }
}
```

Listing 9.109 SellController.java

Im Vergleich zu den bisherigen Backing Beans fällt bei dieser Bean der Hochlademechanismus für das Foto auf, denn in der Backing Bean wird ein Objekt der Klasse javax.servlet.http.Part als Property gesetzt. In der action-Methode persist() benötigen wir diese Property, da sie die Fotodaten als Eingabestrom liefert. Diese Daten werden Byte für Byte eingelesen, bevor sie dem Artikel als Byte-Array zugeordnet werden.

Damit das Hochladen gelingt, muss das öffnende form-Tag im Facelet mit dem Encryption-Typ für Multiparts gesetzt werden:

```
<h:form enctype="multipart/form-data">
```

Außerdem muss eine inputFile-UI-Komponente abgelegt werden, die als value die Part-Property setzt:

```
<h:inputFile value="#{sellController.part}"/>
```

Das Zweite, was Ihnen in der Backing Bean vielleicht bereits aufgefallen ist, betrifft den Aufruf der action-Methode persist(), denn sie verlangt nun, dass ein Parameter übergeben wird.

Im Facelet werden wir die Methode persist() aufrufen, indem wir im Attribut den session-weit gültigen signinController mitgeben. Dass über den Punktoperator auch auf beliebige Methoden einer Klasse zugegriffen werden kann, habe ich bereits in Abschnitt 5.6, »JSP-EL«, gezeigt. Beispielsweise ruft der folgende Ausdruck die Methode size() der Klasse String auf:

```
#{customer.email.size()}
```

Darüber hinaus bietet die JSF-EL aber auch die Möglichkeit an, den aufgerufenen Methoden Parameter mitzugeben:

```
#{sellController.persist(signinController)}
```

Diese Möglichkeit machen wir uns in dieser User-Story zunutze:

```
<ui:composition
    template="/template.xhtml"
    xmlns="http://www.w3.org/1999/xhtml"
    xmlns:ui="http://xmlns.jcp.org/jsf/facelets"
    xmlns:h="http://xmlns.jcp.org/jsf/html"
    xmlns:f="http://xmlns.jcp.org/jsf/core">
    <ui:define name="content">
        <h:form
            id="sellForm"
            prependId="false"
            enctype="multipart/form-data">
            <h:message
                for="sellForm"
                showSummary="true" />
            <h:panelGrid columns="2">
                <f:facet name="header">
                    <h:outputText value="#{msg['sell']}" />
                </f:facet>
                <h:outputLabel value="#{msg['item.title']}:" />
                <h:inputText
                    id="title"
                    value="#{sellController.item.title}" />
                <h:outputLabel value="#{msg['item.description']}:" />
                <h:inputTextarea
                    value="#{sellController.item.description}" />
                <h:outputLabel value="#{msg['item.price']}:" />
                <h:inputText value="#{sellController.item.price}" />
                <h:outputLabel value="#{msg['item.foto']}:" />
                <h:inputFile value="#{sellController.part}" />
                <h:commandButton
                    value="#{msg['sell']}"
                    action="#{sellController.persist(signinController)}" />
            </h:panelGrid>
        </h:form>
    </ui:define>
</ui:composition>
```

Listing 9.110 sell.xhtml

User-Story 4 »As a customer I want to search items«

User-Story 4 soll dem Kunden die Suche nach Artikeln ermöglichen und hierbei eine Ansicht anbieten, die die gefundenen Artikel anzeigt. Die Backing Bean, die wir für diese User-Story benötigen, ist relativ trivial, denn sie muss lediglich die Liste der Artikel besorgen und dem Facelet zur Verfügung stellen. Der einzige Kniff an dieser User-Story ist die Darstellung der Bilder. Aber hierauf kommen wir später zurück. Zunächst zeigt Listing 9.111, wie Sie die Liste der Artikel in der Backing Bean SearchController von der Datenbank holen und als Objekt des Typs java.util.List zur Verfügung stellen:

```
package de.java2enterprise.onlineshop;

import java.io.Serializable;
import java.util.ArrayList;
import java.util.List;
import java.util.logging.Logger;

import javax.enterprise.context.RequestScoped;
import javax.inject.Named;
import javax.persistence.EntityManager;
import javax.persistence.PersistenceContext;
import javax.persistence.TypedQuery;

import de.java2enterprise.onlineshop.model.Item;

@Named
@RequestScoped
public class SearchController implements Serializable {
    private static final long serialVersionUID = 1L;

    private final static Logger log = Logger
            .getLogger(SearchController.class.toString());

    @PersistenceContext
    private EntityManager em;

    private List<Item> items;

    public List<Item> getItems() {
        items = findAll();
        return items;
    }

    public void setItems(List<Item> items) {
        this.items = items;
    }
```

```
    public List<Item> findAll() {
        try {
            TypedQuery<Item> query = em.createNamedQuery(
                            "Item.findAll",
                            Item.class);
            return query.getResultList();
        } catch (Exception e) {
            log.severe(e.getMessage());
        }
        return new ArrayList<Item>();
    }
}
```

Listing 9.111 SearchController.java

Als Nächstes werden wir im neu zu erstellenden Facelet *search.xhtml* die Liste der Artikel anzeigen. Hierfür nutzen wir die UI-Komponente DataTable. Die Liste der Artikel müssen wir über das Attribut value="#{searchController.items}" bereitstellen. Mit dem Attribut var= "item" wird im JSTL-Stil angezeigt, über welchen Variablenbezeichner auf die einzelnen Artikel innerhalb der DataTable zugegriffen werden kann. Die UI-Komponente DataTable erzwingt, dass pro Artikel eine neue Tabellenzeile erstellt wird. Die Variable item enthält hierbei jeweils den Wert des aktuellen Schleifendurchlaufs.

```
<ui:composition
    template="/template.xhtml"
    xmlns="http://www.w3.org/1999/xhtml"
    xmlns:ui="http://xmlns.jcp.org/jsf/facelets"
    xmlns:h="http://xmlns.jcp.org/jsf/html"
    xmlns:f="http://xmlns.jcp.org/jsf/core">
<ui:define name="content">
    <h:form>
        <h:dataTable
            value="#{searchController.items}"
            var="item">
            <h:column>
                <h:panelGrid columns="2">
                    <h:outputText value="#{msg['id']}:" />
                    <h:outputText value="#{item.id}" />
                    <h:outputText value="#{msg['item.title']}:" />
                    <h:outputText value="#{item.title}" />
                    <h:outputText
                        value="#{msg['item.description']}:" />
                    <h:outputText value="#{item.description}" />
```

```
                    <h:outputText value="#{msg['item.price']}:" />
                    <h:outputText value="#{item.price}" />
                    <h:outputText value="#{msg['item.sold']}:" />
                    <h:outputText value="#{item.sold}" />
                    <h:commandButton
                        value="#{msg['buy']}"
                        action="#{buyController.update(item.id)}" />
                </h:panelGrid>
            </h:column>
            <h:column>
                <h:graphicImage url="image?id=#{item.id}" />
            </h:column>
        </h:dataTable>
    </h:form>
  </ui:define>
</ui:composition>
```

Listing 9.112 search.xhtml

Um innerhalb der *search.xhtml* jetzt auch noch die Bilder der Artikel anzuzeigen, werden wir ein Servlet programmieren, das die Bilder aus der Datenbank ausliest und als Datenstrom liefert:

```
package de.java2enterprise.onlineshop;

import java.io.IOException;

import javax.persistence.EntityManager;
import javax.persistence.PersistenceContext;
import javax.persistence.Query;
import javax.servlet.ServletException;
import javax.servlet.annotation.WebServlet;
import javax.servlet.http.HttpServlet;
import javax.servlet.http.HttpServletRequest;
import javax.servlet.http.HttpServletResponse;

@WebServlet("/image")
public class ImageServlet extends HttpServlet {
    private static final long serialVersionUID = 1L;

    @PersistenceContext
    private EntityManager em;

    protected void doGet(
```

```
            HttpServletRequest request,
            HttpServletResponse response)
            throws ServletException, IOException {

    try {
        String id = request.getParameter("id");
        Query query = em.createQuery(
                    "select i.foto "
                            + "from Item i "
                            + "where i.id = :id");
        query.setParameter(
                "id",
                Long.parseLong(id));
        byte[] foto = (byte[]) query.getSingleResult();
        response.reset();
        response.getOutputStream().write(foto);
    } catch (Exception ex) {
        throw new ServletException(ex.getMessage());
    }
    }
}
```

Listing 9.113 ImageServlet.java

User-Story 5 »As a customer I want to buy items«

In der letzten User-Story geht es um den Kauf eines Artikels. Wir setzen die User-Story um, indem wir eine neue Methode namens update() programmieren. Der Methode übergeben wir die ID des betroffenen Artikels. Um den aktuellen Benutzer aus der HTTP-Sitzung zu ermitteln, gehen wir nun einen alternativen Weg, indem wir uns zunächst ein Objekt der Klasse ELResolver besorgen. Mithilfe der ELResolver-Klasse können wir nämlich die Attribute beschaffen, die in den jeweiligen Gültigkeitsbereichen zur Verfügung stehen. Unser Ziel ist es, das Objekt SigninController zu holen, das das Objekt des eingeloggten Benutzers enthält. Anschließend besorgen wir den Kaufartikel aus der Datenbank und aktualisieren die Tabellenzeile, indem wir dort die Benutzer-ID als Käufer und den aktuellen Zeitpunkt eintragen.

```
package de.java2enterprise.onlineshop;

import java.io.Serializable;
import java.time.LocalDateTime;
import java.util.logging.Logger;

import javax.annotation.Resource;
import javax.el.ELContext;
```

```
import javax.el.ELResolver;
import javax.enterprise.context.RequestScoped;
import javax.faces.context.FacesContext;
import javax.inject.Named;
import javax.persistence.EntityManager;
import javax.persistence.PersistenceContext;
import javax.transaction.UserTransaction;

import de.java2enterprise.onlineshop.model.Customer;
import de.java2enterprise.onlineshop.model.Item;

@Named
@RequestScoped
public class BuyController implements Serializable {
    private static final long serialVersionUID = 1L;

    private final static Logger log = Logger
            .getLogger(BuyController.class.toString());

    @PersistenceContext
    private EntityManager em;

    @Resource
    private UserTransaction ut;

    public String update(Long id) {
        FacesContext ctx = FacesContext
                .getCurrentInstance();
        ELContext elc = ctx.getELContext();
        ELResolver elr = ctx.getApplication()
                .getELResolver();
        SigninController signinController = (SigninController) elr
                .getValue(
                        elc,
                        null,
                        "signinController");

        Customer customer = signinController.getCustomer();
        try {
            ut.begin();
            Item item = em.find(Item.class, id);
            item.setBuyer(customer);
            item.setSold(LocalDateTime.now());
```

9

```
                ut.commit();
                log.info(item + " bought by " + customer);
            } catch (Exception e) {
                log.severe(e.getMessage());
            }
            return "/search.jsf";
        }
    }
```

Listing 9.114 BuyController.java

Im Facelet *search.xhtml* müssen wir nun einen Command-Button hinzufügen, der den Kauf-prozess in Gang setzt:

```
<ui:composition
    template="/template.xhtml"
    xmlns="http://www.w3.org/1999/xhtml"
    xmlns:ui="http://xmlns.jcp.org/jsf/facelets"
    xmlns:h="http://xmlns.jcp.org/jsf/html"
    xmlns:f="http://xmlns.jcp.org/jsf/core">
    <ui:define name="content">
        <h:form>
            <h:dataTable
                value="#{searchController.items}"
                var="item">
                <h:column>
                    <h:panelGrid columns="2">
                        <h:outputText value="#{msg['id']}:" />
                        <h:outputText value="#{item.id}" />
                        <h:outputText value="#{msg['item.title']}:" />
                        <h:outputText value="#{item.title}" />
                        <h:outputText
                            value="#{msg['item.description']}:" />
                        <h:outputText value="#{item.description}" />
                        <h:outputText value="#{msg['item.price']}:" />
                        <h:outputText value="#{item.price}" />
                        <h:outputText value="#{msg['item.sold']}:" />
                        <h:outputText value="#{item.sold}" />
                        <h:commandButton
                            value="#{msg['buy']}"
                            action="#{buyController.update(item.id)}" />
                    </h:panelGrid>
                </h:column>
                <h:column>
```

```
                  <h:graphicImage url="image?id=#{item.id}" />
               </h:column>
            </h:dataTable>
         </h:form>
      </ui:define>
</ui:composition>
```

Listing 9.115 search.xhtml

9.10.4 Die Facelet Tag Library

Die *Facelet Tag Library* bietet weitere UI-Komponenten an, die in dem Abschnitt bislang noch nicht erläutert worden sind. In der folgenden Tabelle erhalten Sie eine vollständige Übersicht über alle UI-Komponenten der Facelet Tag Library *in alphabetischer Reihenfolge*. Manche dieser UI-Komponenten wurden bereits vorgestellt. Dieser Abschnitt wird sie dennoch der Vollständigkeit halber mitbeschreiben.

UI-Komponente	Beschreibung
`<ui:component>`	`<ui:component>` fügt dem JSF-Komponentenbaum eine neue Instanz einer UI-Komponente hinzu. Diese neue UI-Komponente dient als Wurzelknoten für alle UI-Komponenten, die die neue UI-Komponente mitliefert. Alles was sich außerhalb dieser Komponente befindet, wird ignoriert. Attribute: ▶ `id` Wie bei allen Komponenten kann über das Attribut `id` eine individuelle ID gesetzt werden. Wenn das Attribut weggelassen wird, setzt JSF von sich aus einen Wert ein. ▶ `binding` Über das Attribut `binding` kann eine UI-Komponente referenziert werden.
`<ui:composition>`	Die UI-Komponente `<ui:composition>` kapselt den Inhalt der Komposition, die bei der UI-Komponente `<ui:insert>` des Templates eingefügt wird. Alles, was sich außerhalb der UI-Komponente `<ui:composition>` befindet, wird ignoriert. Attribute: ▶ `template` Über das Attribut `template` wird das Entwurfsmuster referenziert, das die Komposition aufnehmen wird.

Tabelle 9.8 Die UI-Komponenten der Facelet Tag Library

UI-Komponente	Beschreibung
`<ui:debug>`	Wird die UI-Komponente `<ui:debug>` an einer beliebigen Stelle eines Facelets platziert, öffnet sich beim Tastenkürzel `Strg`+`⇧`+`D` automatisch ein Debug- Fenster, das den Komponentenbaum des Facelets und weitere Informationen anzeigt. Attribute: ▸ hotkey Dem Attribut hotkey können Sie einen Buchstaben (beispielsweise x) mitgeben. Das Resultat ist, dass das Debug-Fenster dann über die abweichende Tastenkombination, beispielsweise `Strg`+`⇧`+`X`, aufgerufen wird. ▸ rendered Über das Attribut rendered="false" lässt sich die Debug-Funktionalität abschalten.
`<ui:define>`	Die UI-Komponente `<ui:define>` wird innerhalb der UI-Komponenten `<ui:composition>` und `<ui:decorate>` eingesetzt, um ein Fragment zu definieren, das im Ziel-Template in einer UI-Komponente `<ui:insert>` eingefügt wird. Attribute: ▸ name Wenn mehrere Bereiche ersetzt werden sollen, muss das Attribut name eingesetzt werden, um den Namen der jeweiligen `<ui:insert>`-Komponente zu referenzieren.
`<ui:fragment>`	Die UI-Komponente `<ui:fragment>` hat die gleiche Funktionalität wie die UI-Komponente `<ui:component>`. Der Unterschied ist, dass bei der UI-Komponente `<ui:fragment>` die außerhalb liegenden Tags mitgeliefert werden. Attribute: ▸ id Wie bei allen Komponenten kann über das Attribut id eine individuelle ID gesetzt werden. Wenn das Attribut weggelassen wird, setzt JSF von sich aus einen Wert ein. ▸ binding Über das Attribut binding kann eine UI-Komponente referenziert werden.

Tabelle 9.8 Die UI-Komponenten der Facelet Tag Library (Forts.)

UI-Komponente	Beschreibung
`<ui:include>`	Die UI-Komponente `<ui:include>` fügt eine beliebige Quelldatei ein. Attribute: ▶ `src` Die Angabe der einzufügenden Quelldatei erfolgt über das Attribut `src`. Dieses Attribut muss stets vorhanden sein.
`<ui:insert>`	Die UI-Komponente `<ui:insert>` spezifiziert innerhalb eines Templates einen Bereich, der von einer UI-Komponente `<ui:define>` ersetzt werden kann. Attribut: ▶ `name` der Name des zu ersetzenden Bereichs
`<ui:param>`	Mit den oben gezeigten UI-Komponenten haben wir bislang lediglich dafür gesorgt, dass Teilbereiche eines Quelltextes in ein Facelet eingebaut werden. Über die UI-Komponente `<ui:param>` lassen sich hierbei aber auch Parameter übergeben. Attribute: ▶ `name` der Name der Variable, die dem Facelet übergeben werden soll ▶ `value` das Literal oder der EL-Ausdruck, der der benannten Variablen zugewiesen werden soll
`<ui:remove/>`	Über die UI-Komponente `<ui:remove>` können Bereiche im Facelet entfernt werden. Die UI-Komponente `<ui:remove>` wird beispielsweise dann eingesetzt, wenn die Anwendung von der Entwicklungsphase zur Produktion übergeben soll, jedoch bestimmte Anweisungen für spätere Entwicklungstätigkeiten erhalten werden sollen.
`<ui:repeat/>`	Über die UI-Komponente `<ui:repeat>` kann über ein Array oder eine Collection iteriert werden. Attribute: ▶ `value` ein EL-Ausdruck, der ein Array oder eine Collection referenziert ▶ `var` der Variablenname für das jeweilige Objekt des Arrays oder der Collection

Tabelle 9.8 Die UI-Komponenten der Facelet Tag Library (Forts.)

9.11   CSS und Ressourcen

Bevor wir in den nächsten Abschnitten auf weitere JSF-Funktionen eingehen, werden wir zunächst dafür sorgen, dass das Webportal ansprechend aussieht, denn kaum eine Webanwendung wird heutzutage mehr ohne CSS und Bilder erstellt. In Kapitel 3, »Planung und Entwurf«, habe ich bereits gezeigt, wie Sie eine CSS-Datei und ein Bild in die Webanwendung einbinden können. Beim JSF-Framework ist die Handhabung ähnlich. Allerdings verfügt JSF über einige Automatismen, auf die ich in diesem Abschnitt ebenso eingehen werde.

9.11.1   Die Bilder des Onlineshops einbinden

Für die kommenden Beispiele benötigen wir wieder den Ordner */resources* aus Kapitel 3. Dieser Ordner enthielt die CSS-Datei und die Bilder zum Onlineshop. Das Verzeichnis */resources* hat folgenden Aufbau:

```
/resources
  /css
    styles.css
  /img
    blatt.jpg
    de.gif
    tau.jpg
    us.gif
```

Auch diese Dateien können Sie von unserem zentralen Server vom Rheinwerk Verlag herunterladen.

Für die Ablage der Ressourcen hat JSF zwei unterschiedliche Verzeichnisse als Standardorte vorgesehen. Der eine Ort ist im Webverzeichnis und der andere im Klassenpfad, wo sich auch die Java-Klassen befinden. Auf diese beiden Standorte werde ich jetzt gesondert eingehen.

Das Webverzeichnis für die Ressourcen

Den Ordner */resources* hatten wir in den vergangenen Kapiteln im Wurzelverzeichnis der Webanwendung angelegt. In Eclipse nennt sich der Wurzelordner */WebContent*. Innerhalb des Facelets können wir nun beispielsweise mithilfe des Elements `graphicImage` auf das Bild `resources/img/blatt.jpg` zugreifen:

```
<h:graphicImage url="resources/img/blatt.jpg"/>
```

Wie eingangs erwähnt, sieht das JSF-Framework den Ordner */resources* unterhalb des Wurzelverzeichnisses der Webanwendung als einen von zwei Standardorten an, in denen während des JSF-Betriebs automatisch nach Ressourcen gesucht wird. Aus diesem Grund ließe sich das Bild auch über das Attribut `name` laden. Weil sich bei uns das Bild *blatt.jpg* im Unterordner */resources/img* befindet, müssen wir zusätzlich den Unterordner angeben. Hierfür benutzen wir das Attribut `library`:

```
<h:graphicImage library="img" name="blatt.jpg"/>
```

Über `name` definieren wir einen Bezeichner, den das JSF-Framework bei seiner automatisierten Bildsuche verwenden wird. Und da es sich bei dem Verzeichnis */resources* unterhalb des Wurzelverzeichnisses um einen der beiden Standard-Orte handelt, wird das Bild gefunden.

Eine weitere Schreibweise, mit der wir bei den Standardordnern von Ressourcen arbeiten können, ist folgende:

```
<h:graphicImage value="#{resource['img:blatt.jpg']}"/>
```

Auch bei diesem Ausdruck wird das Bild gefunden und angezeigt.

Den erfahrenen Webentwicklern ist bekannt, dass ein Ordner riskant ist, der im Wurzelverzeichnis lokalisiert ist – wie in unserem Beispiel */resources*. Das Problem hierbei ist, dass jedermann aus dem Netz heraus auf das Verzeichnis zugreifen kann. Aus diesem Grund kann dieser Ort auch per Context-Parameter im Deployment-Deskriptor *web.xml* abgeändert werden. Gängig ist es beispielsweise, das Default-Verzeichnis */resources* unterhalb des Verzeichnisses */WEB-INF* zu setzen. Für diesen Zweck fügen Sie der *web.xml* folgenden Eintrag hinzu:

```
<?xml version="1.0" encoding="UTF-8"?>
<web-app
xmlns:xsi="http://www.w3.org/2001/XMLSchema-instance"
xmlns="http://xmlns.jcp.org/xml/ns/javaee"
xsi:schemaLocation="http://xmlns.jcp.org/xml/ns/javaee
http://xmlns.jcp.org/xml/ns/javaee/web-app_3_1.xsd"
version="3.1">

    <display-name>onlineshop-war</display-name>
    <servlet>
        <servlet-name>Faces Servlet</servlet-name>
        <servlet-class>
            javax.faces.webapp.FacesServlet
        </servlet-class>
        <load-on-startup>1</load-on-startup>
    </servlet>
    <servlet-mapping>
        <servlet-name>Faces Servlet</servlet-name>
        <url-pattern>*.jsf</url-pattern>
    </servlet-mapping>
```

```
<context-param>
    <param-name>
        javax.faces.WEBAPP_RESOURCES_DIRECTORY
    </param-name>
    <param-value>
        /WEB-INF/resources
    </param-value>
</context-param>

<welcome-file-list>
    <welcome-file>
        index.jsf
    </welcome-file>
</welcome-file-list>
```

```
</web-app>
```

Listing 9.116 web.xml

Durch den obigen Eintrag in der *web.xml* verlegen wir den Standort des ersten Standardverzeichnisses an eine sichere Stelle.

Das Verzeichnis für Ressourcen im Klassenpfad

Der zweite Standort, an dem JSF automatisch nach Ressourcen suchen wird, ist stets vor dem Zugriff aus dem Internet geschützt, denn er liegt im Klassenpfad unterhalb von */META-INF*. Für den Onlineshop können Sie die Bilder deshalb innerhalb von Eclipse auch unterhalb des Java-Quelltext-Verzeichnisses */META-INF/resources/img* ablegen. Auch bei diesem Ort wird das Bild *blatt.jpg* über die obige Graphic-Image-UI-Komponente automatisch gefunden.

9.11.2   Die CSS-Datei aus dem Buch

Auf dem Rheinwerk-Server liegen die hier genannten Ressourcen zum Download bereit. Für die Beispielanwendung könnten Sie auch eine eigene CSS-Datei erstellen. Andererseits ist es vorteilhaft, wenn Sie die herunterladbaren Ressourcen nutzen, da Sie auf diese Weise die Beispiele und die Screenshots bestmöglich mit Ihrem eigenen Programm vergleichen können.

Die CSS-Datei *styles.css* aus dem Buch besteht bislang lediglich aus folgendem Inhalt:

```
* {
  font-family: sans-serif;
  padding: 9px;
  color: gray;
}
```

```css
body > header {
  background: url("../img/tau.jpg");
  border-radius: 10px;
  box-shadow: 5px 5px 9px gray;
}
a {
  color: white;
  text-decoration: none;
}
a:hover, .title {
  color: white;
  text-shadow: 0 0 10px white, 0 0 20px white;
}
input:not([type='image']), textarea {
  width: 200px;
}
```

Listing 9.117 styles.css

Im Vergleich zu der CSS-Datei aus Kapitel 4 und Kapitel 5 mit den Low-Level-Technologien Servlets und JSPs müssen wir das obige Listing nun an einer bestimmten Stelle anpassen. Im Listing sehen Sie, dass die Zeile, in der der Hintergrund des Headers gesetzt wird, hervorgehoben wurde. Vom Verzeichnis */resources/css* aus gesehen liegt die Bilddatei im parallelen Verzeichnis, also hier */resources/img*. Wenn hingegen JSF im Einsatz ist, wird die Cascading-Style-Sheet-Datei vom JSF-Framework automatisch gemeinsam mit den Bildern an einen anderen Standort verlegt. Deshalb werden wir an dieser Stelle einfach wieder die obige Syntax des letzten Abschnitts verwenden:

```css
* {
  font-family: sans-serif;
  padding: 9px;
  color: gray;
}
body > header {
  background: url("#{resource['img:tau.jpg']}");
  border-radius: 10px;
  box-shadow: 5px 5px 9px gray;
}
a {
  color: white;
  text-decoration: none;
}
```

```
a:hover, .title {
  color: white;
  text-shadow: 0 0 10px white, 0 0 20px white;
}
input:not([type='image']), textarea {
  width: 200px;
}
```

Listing 9.118 styles.css

Wir binden die CSS-Datei in die Benutzerschnittstelle ein, indem wir die JSF-UI-Komponente outputStylesheet einsetzen. Über das Attribut library="css" zeigen wir an, dass sich die Datei *styles.css* im Unterordner */css* unterhalb von */resources* befindet. Mit dem Attribut "name" legen wir fest, auf welche CSS-Datei wir zugreifen wollen:

```
<h:head>
    <title>
        <h:outputText value="#{msg['title']}"/>
    </title>
    <meta
        http-equiv="Content-Type"
        content="text/html; charset=UTF-8" />
    <h:outputStylesheet library="css" name="styles.css"/>
</h:head>
```

Listing 9.119 template.xhtml

9.11.3   Die Sprache über Länderflaggen ändern

In Kapitel 5, »Java Server Pages«, habe ich bereits gezeigt, wie Sie die Spracheinstellung über Länderflaggen mit Java Server Pages und JSTL steuern. Die gleiche Funktionalität werden wir jetzt mit der High-Level-Technologie JSF umsetzen. Um zwischen der englischen und der deutschen Sprache umzuschalten, benötigen wir vier Dinge:

▶ eine SessionScoped Backing Bean (nennen wir sie LocaleController), die sich mit einer Property die Spracheinstellung merkt

▶ das Attribut locale bei der UI-Komponente view (die UI-Komponente view ist eigentlich nur in einer JSP erforderlich. In einem Facelet kann sie weggelassen werden, aber in diesem Fall werden wie sie dennoch gebrauchen)

▶ ein Formular mit zwei Command-Buttons, die die jeweilige Landesflagge anzeigen und deren action-Attribut auf die Property der Backing Bean zielt

▶ zwei Flaggen als Bilddateien

Der »LocaleController«

Die Klasse LocaleController ist recht unspektakulär, denn es handelt sich um ein POJO, das lediglich eine einzige Property besitzt. Über die Aktionsmethode change() ändern wir die Sprache:

```
package de.java2enterprise.onlineshop;

import java.io.Serializable;

import javax.enterprise.context.SessionScoped;
import javax.inject.Named;

@Named
@SessionScoped
public class LocaleController implements Serializable {
    private static final long serialVersionUID = 1L;

    private String lang;

    public String getLang() {
        return lang;
    }

    public void setLang(String lang) {
        this.lang = lang;
    }

    public String change(String lang) {
        this.lang = lang;
        return "/index.xhtml";
    }
}
```

Listing 9.120 LocaleController.java

Das Attribut »locale«

Das Attribut locale="#{localeController.lang}" müssen Sie der UI-Komponente view im Facelet *index.xhtml* hinzufügen:

```
<?xml version="1.0" encoding="UTF-8" ?>
<!DOCTYPE html PUBLIC "-//W3C//DTD XHTML 1.0 Transitional//EN"
  "http://www.w3.org/TR/xhtml1/DTD/xhtml1-transitional.dtd">
```

```
<html xmlns="http://www.w3.org/1999/xhtml"
 xmlns:ui="http://xmlns.jcp.org/jsf/facelets"
 xmlns:h="http://xmlns.jcp.org/jsf/html"
 xmlns:f="http://xmlns.jcp.org/jsf/core">
<f:view locale="#{localeController.lang}">
<f:loadBundle var="msg" basename="messages"/>
<h:head>
    <title>
        <h:outputText value="#{msg['title']}"/>
    </title>
    <meta
        http-equiv="Content-Type"
        content="text/html; charset=UTF-8" />
    <h:outputStylesheet library="css" name="styles.css"/>
</h:head>
<h:body>
    <h:messages
        globalOnly="true"/>

    <ui:insert name="header">
        <ui:include src="header.xhtml"/>
    </ui:insert>

    <ui:insert name="content">

    </ui:insert>

    <ui:insert name="footer">
        <ui:include src="footer.xhtml"/>
    </ui:insert>
</h:body>
</f:view>
</html>
```

Listing 9.121 template.xhtml

Das Formular mit den zwei Command-Buttons

Um die Umstellung der Spracheinstellung zu testen, setzen wir zwei Command-Buttons in einem HTML-Formular in der Datei *header.xhtml*:

```
<?xml version="1.0" encoding="UTF-8" ?>
<!DOCTYPE html>
<html xmlns="http://www.w3.org/1999/xhtml"
      xmlns:h="http://xmlns.jcp.org/jsf/html">
    <header>
    <hgroup>
        <h1 class="title">
        <h:outputText
            value="#{msg['title']}"/>
        </h1>
    </hgroup>
    <nav>
        <h:link
            outcome="index"
            value="#{msg['home']}"/>
        <h:link
            outcome="register"
            value="#{msg['register']}"/>
        <h:link
            outcome="signin"
            value="#{msg['signin']}"/>
        <h:link
            outcome="sell"
            value="#{msg['sell']}"/>
        <h:link
            outcome="search"
            value="#{msg['search']}"/>
                <br/>
    </nav>
    <h:form>
        <h:commandButton
            action="#{localeController.change('en')}"
            image="#{resource['img:us.gif']}"/>
        <h:commandButton
            action="#{localeController.change('de')}"
            image="#{resource['img:de.gif']}"/>
    </h:form>
    </header>
</html>
```

Listing 9.122 header.xhtml

9

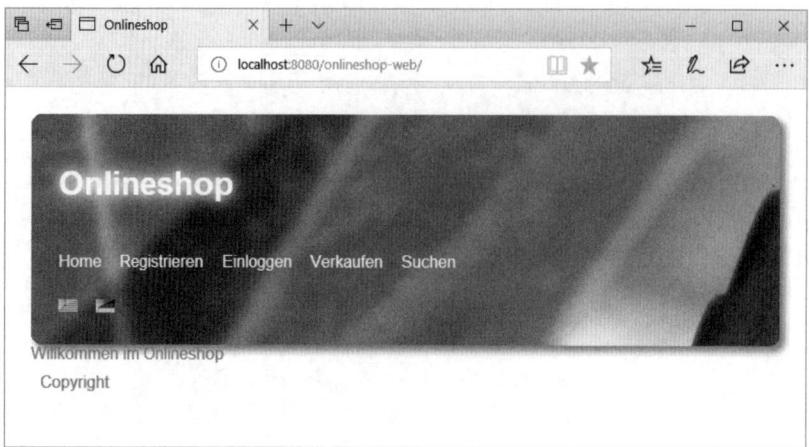

Abbildung 9.34 Der Wechsel der Spracheinstellung über Länderflaggen

9.12   Konversationen

Als wir in den vergangenen Listings User-Story 1, »Als Kunde möchte ich mich registrieren«, programmiert haben, haben wir für die Backing Bean den Gültigkeitsbereich RequestScoped vorgesehen. Dieser Gültigkeitsbereich ist in diesem Fall ausreichend gewesen, denn nachdem die HTTP-Response als Antwort an den Client versendet wurde, ist auch das Dasein der Backing Bean nicht mehr erforderlich.

In User-Story 2, »Als Kunde möchte ich mich einloggen«, haben wir hingegen einen Gültigkeitsbereich benötigt, der sich über die ganze HTTP-Sitzung hinweg erstreckt. Deshalb haben wir dort den Gültigkeitsbereich auf SessionScoped hochgestuft.

Doch wie sieht es bei der Umsetzung einer User-Story aus, bei der die Geschäftsdaten in mehreren View-Komponenten zunächst gesammelt werden? Ein typisches Beispiel für solch eine User-Story stellt ein Einkaufswagen dar. Grundsätzlich könnten wir die Backing Bean auch hier wieder in den Gültigkeitsbereich SessionScoped setzen. Dadurch wäre sie jedoch während der gesamten HTTP-Sitzung vorhanden, und dies ist für einen Einkaufswagen zu lange. Um für solche Anwendungsfälle einen angemessenen Gültigkeitsbereich anzubieten, wurde dem CDI-Standard die sogenannte *Conversation* beigefügt.

Als Beispiel werden wir die Registrierung des Onlineshops so erweitern, dass sie in drei Schritten abgearbeitet wird, da wir keine neue User-Story zum Onlineshop hinzufügen sollten. Die grundsätzliche Vorgehensweise ist die gleiche.

9.12.1   Die Backing Bean programmieren

Bei einer Conversation werden die Backing Beans mit dem Gültigkeitsbereich Conversation-Scoped versehen. Dadurch bleiben sie über die Dauer der Conversation hinweg erhalten.

```
...
@Named
@ConversationScoped
public class RegisterController implements Serializable {
    private static final long serialVersionUID = 1L;
    ...
}
```

Listing 9.123 RegisterController.java

Darüber hinaus werden wir der Backing Bean drei Methoden hinzufügen. Wir nennen die Methoden step1(), step2() und persist(). Der Einfachheit halber wird die Methode step1() immer die Zeichenkette "register1" und die Methode step2() immer die Zeichenkette "register2" liefern.

> **Hinweis**
>
> In einem Programm aus der realen Welt könnten Sie an dieser Stelle eine Programmierlogik einbauen. Darauf werden wir aber in diesem einfachen Beispiel verzichten.

An die Methode persist() erinnern Sie sich womöglich noch? Wir werden diese Methode ganz einfach aus vorherigen Beispielen übernehmen und so abändern, dass sie abhängig vom Ergebnis entweder die Zeichenkette "success" oder "failure" als Outcome zurückgibt.

Als Nächstes muss die Backing Bean eine Instanz der Klasse javax.enterprise.context.Conversation als Property enthalten, denn über dieses Objekt wird die Konversation begonnen und wieder beendet (siehe Abbildung 9.35). Die Klasse Conversation bietet die zwei Methoden Conversation.begin() und Conversation.end() an. Um den Beginn und das Ende der Konversation anzukündigen, muss jeweils die eine oder die andere Methode ausgeführt werden. Bevor diese Methoden aufgerufen werden, steht die Konversation noch im flüchtigen (transienten) Modus. Nach dem Aufruf von Conversation.begin() befindet sich die Konversation im dauerhaften (*long-running*) Modus. Wann und wie Sie die Methoden Conversation.begin() und Conversation.end() abrufen, hängt vom Anwendungsfall ab und kann eigentlich ganz individuell programmiert werden. Allerdings müssen Sie beachten, dass die Methode Conversation.begin() eine IllegalStateException wirft, wenn sich die Konversation nicht im transienten Modus befindet. Analog dazu wirft die Methode Conversation.end() eine IllegalStateException, wenn sie nicht im dauerhaften Modus ausgeführt wird. In der Klasse RegisterController werden wir dies beachten, indem wir vorab jeweils den Status über die Methode Conversation.isTransient() abfragen.

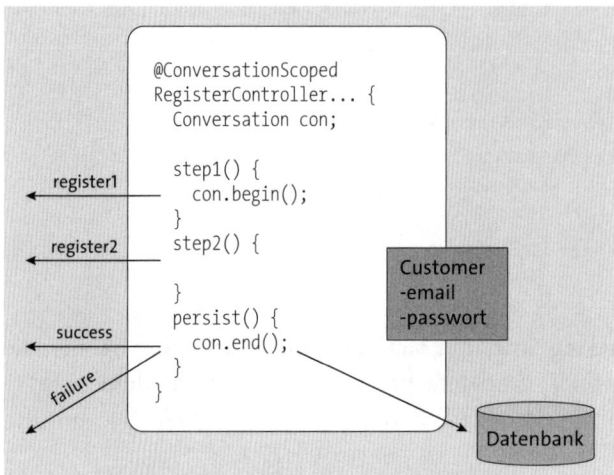

Abbildung 9.35 Die Backing Bean für die Conversation

Hier ist der komplette Quelltext der Backing Bean RegisterController.java:

```java
package de.java2enterprise.onlineshop;

import java.io.Serializable;

import javax.annotation.Resource;
import javax.enterprise.context.Conversation;
import javax.enterprise.context.ConversationScoped;
import javax.faces.application.FacesMessage;
import javax.faces.context.FacesContext;
import javax.inject.Inject;
import javax.inject.Named;
import javax.persistence.EntityManagerFactory;
import javax.persistence.PersistenceUnit;
import javax.transaction.UserTransaction;

import de.java2enterprise.onlineshop.model.Customer;

@Named
@ConversationScoped
public class RegisterController implements Serializable {
    private static final long serialVersionUID = 1L;

    @Inject
    private Customer customer;
```

```java
public Customer getCustomer() {
    return customer;
}

public void setCustomer(Customer customer) {
    this.customer = customer;
}

@PersistenceUnit
private EntityManagerFactory emf;

@Resource
private UserTransaction ut;

@Inject
private Conversation conversation;

public String step1(){
    if(conversation.isTransient()) {
        conversation.begin();
    }
    return "register1";
}

public String step2(){
    return "register2";
}

public String persist() {
    try {
        ut.begin();
        emf.createEntityManager().persist(customer);
        ut.commit();
        FacesMessage m =
        new FacesMessage("Successfully registered!");
        FacesContext
            .getCurrentInstance()
            .addMessage(null, m);
        if(!conversation.isTransient()) {
            conversation.end();
        }
        return "success";
```

```
        } catch (Exception e) {
            e.printStackTrace();
            FacesContext
                .getCurrentInstance()
                .addMessage(
                    null,
                    new FacesMessage(
                    FacesMessage.SEVERITY_WARN,
                    e.getMessage(),
                    null));
        }
        return "failure";
    }
}
```

Listing 9.124 RegisterController.java

9.12.2   Die View-Komponenten erstellen

Jetzt fehlen nur noch die View-Komponenten. Wir werden alle View-Komponenten in einem eigenen Ordner unterbringen, den wir willkürlich /register nennen. Die Unterbringung in einem separaten Verzeichnis ist für die Conversation eigentlich nicht erforderlich. Sie verdeutlicht jedoch, dass die fünf View-Komponenten für die eine User-Story zusammengehören.

> **Hinweis**
>
> In Eclipse wird sich der Ordner /register also unterhalb des Verzeichnisses /WebContent befinden. Bedenken Sie auch, dass Sie die Links in der header.xhtml entsprechend anpassen müssen.

Innerhalb der Facelets werden wir den jeweils nächsten Arbeitsschritt einleiten, indem wir in den Schaltflächen Aktionsmethoden der Backing Bean aufrufen (siehe Abbildung 9.36).

Die Facelets confirm.xhtml und reject.xhtml habe ich bereits in Abschnitt 9.3.3, »Die implizite Navigation von Facelet zu Facelet«, beschrieben. Deshalb werden jetzt nur noch die Facelets register.xhtml, register1.xhtml und register2.xhtml abgedruckt.

Im Facelet register.xhtml wird dem Benutzer angezeigt, dass er sich im Registrierdialog befindet. Gleichzeitig wird ihm eine Schaltfläche angeboten, über die er den ersten Schritt (Eingabe der E-Mail-Adresse) für die Registrierung einleiten kann. Deshalb erstellen wir dort einen Command-Button mit dem Attribut `action="#{registerController.step1}"`. Mithilfe einer zweiten Schaltfläche erhält der Benutzer außerdem die Möglichkeit, den Dialog zu abzubrechen.

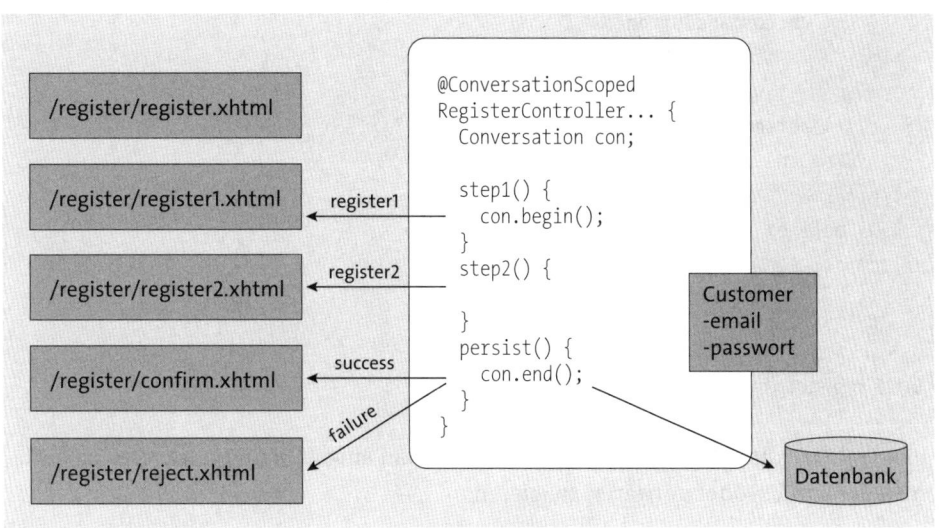

Abbildung 9.36 Die Facelets für die Conversation

```xml
<?xml version="1.0" encoding="UTF-8" ?>
<!DOCTYPE html PUBLIC "-//W3C//DTD XHTML 1.0 Transitional//EN"
         "http://www.w3.org/TR/xhtml1/DTD/xhtml1-transitional.dtd">
<html xmlns="http://www.w3.org/1999/xhtml"
     xmlns:ui="http://xmlns.jcp.org/jsf/facelets"
     xmlns:h="http://xmlns.jcp.org/jsf/html"
     xmlns:f="http://xmlns.jcp.org/jsf/core">
<h:body>
    <ui:composition template="/index.xhtml" >
        <ui:define name="content">
        <h:form
            id="registerForm"
            prependId="false">
            <h:messages for="registerForm"
                infoStyle="color: green"
                warnStyle="color: red" />
            <h:panelGrid columns="2">
                <f:facet name="header">
                <h:outputText
                    value="#{msg['register']}"/>
                </f:facet>
                <h:commandButton
                    id="cancel"
                    value="#{msg['cancel']}"
                    action="index"/>
```

```
                <h:commandButton
                    id="step1"
                    value="#{msg['step']} 1"
                action="#{registerController.step1}"/>
            </h:panelGrid>
        </h:form>
        </ui:define>
    </ui:composition>
</h:body>
</html>
```

Listing 9.125 register.xhtml

Im Facelet *register1.xhtml* kann der Benutzer seine E-Mail eingeben und über zwei Schaltflächen entweder zurück- oder vorwärts navigieren:

```
<?xml version="1.0" encoding="UTF-8" ?>
<!DOCTYPE html PUBLIC "-//W3C//DTD XHTML 1.0 Transitional//EN"
        "http://www.w3.org/TR/xhtml1/DTD/xhtml1-transitional.dtd">
<html xmlns="http://www.w3.org/1999/xhtml"
    xmlns:ui="http://xmlns.jcp.org/jsf/facelets"
    xmlns:h="http://xmlns.jcp.org/jsf/html"
    xmlns:f="http://xmlns.jcp.org/jsf/core">
<h:body>
    <ui:composition template="/index.xhtml" >
        <ui:define name="content">
        <h:form
            id="registerForm"
            prependId="false">
        <h:messages for="registerForm"
            infoStyle="color: green"
            warnStyle="color: red" />
        <h:panelGrid columns="2">
            <f:facet name="header">
            <h:outputText
            value=
            "#{msg['register']} #{msg['step']} 1:"/>
            </f:facet>
            <h:outputLabel
                for="email"
                value="#{msg['email']}:"/>
            <h:panelGroup>
                <h:inputText
                id="email"
```

```
                      label="#{msg['email']}"
                      value=
                 "#{registerController.customer.email}"
                      maxlength="40"
                      size="40"/>
                      <h:message for="email"/>
                  </h:panelGroup>
                  <h:commandButton
                  id="start"
                  value="Start"
                  action="#{registerController.start}"/>
                  <h:commandButton
                  id="step2"
                  value="#{msg['step']} 2"
                  action="#{registerController.step2}"/>
              </h:panelGrid>
          </h:form>
          </ui:define>
      </ui:composition>
</h:body>
</html>
```

Listing 9.126 register1.xhtml

Das Facelet *register2.xhtml* bietet eine Eingabemöglichkeit für das Kennwort des Benutzers. Über eine Schaltfläche, die mit der Aktion action="#{registerController.persist}" verbunden ist, wird die Registrierung abgeschlossen. Über eine zweite Schaltfläche kann der Benutzer auch wieder zurück zu Schritt 1 navigieren.

```
<?xml version="1.0" encoding="UTF-8" ?>
<!DOCTYPE html PUBLIC "-//W3C//DTD XHTML 1.0 Transitional//EN"
          "http://www.w3.org/TR/xhtml1/DTD/xhtml1-transitional.dtd">
<html xmlns="http://www.w3.org/1999/xhtml"
      xmlns:ui="http://xmlns.jcp.org/jsf/facelets"
      xmlns:h="http://xmlns.jcp.org/jsf/html"
      xmlns:f="http://xmlns.jcp.org/jsf/core">
<h:body>
    <ui:composition template="/index.xhtml" >
        <ui:define name="content">
        <h:form
            id="registerForm"
            prependId="false">
            <h:messages for="registerForm"
                infoStyle="color: green"
```

```
                    warnStyle="color: red" />
            <h:panelGrid columns="2">
                <f:facet name="header">
                <h:outputText
        value="#{msg['register']} #{msg['step']} 2:"/>
                </f:facet>
                <h:outputLabel
                    for="password"
                    value="#{msg['password']}:"/>
                <h:panelGroup>
                    <h:inputSecret
                    id="password"
                    label="#{msg['password']}"
        value="#{registerController.customer.password}"
                        required="true">
                        <f:validateLength
                            minimum="6"
                            maximum="10"/>
                    </h:inputSecret>
                    <h:message for="password"/>
                </h:panelGroup>
                <h:commandButton
                    id="step1"
                    value="#{msg['step']} 1"
                action="#{registerController.step1}"/>
                <h:commandButton
                    id="persist"
                    value="#{msg['register']}"
                    action="#{registerController.persist}"/>
            </h:panelGrid>
        </h:form>
        </ui:define>
    </ui:composition>
</h:body>
</html>
```

Listing 9.127 register2.xhtml

Für die explizite Navigation brauchen wir jetzt noch entsprechende Navigationsregeln in der JSF-Konfigurationsdatei. Folgende Regeln werden wir definieren:

▶ Wenn die Aktionsmethode step1() den Outcome "register1" zurückgibt, soll die View-Komponente "/register/register1.xhtml" ausgeführt werden.

- Wenn die Aktionsmethode step2() den Outcome "register2" zurückgibt, soll die View-Komponente "/register/register2.xhtml" ausgeführt werden.

- Wenn die Aktionsmethode persist() den Outcome "success" zurückgibt, soll die View-Komponente "/register/confirm.xhtml" ausgeführt werden.

- Wenn die Aktionsmethode persist() den Outcome "failure" zurückgibt, soll die View-Komponente "/register/reject.xhtml" ausgeführt werden.

```xml
<?xml version="1.0" encoding="UTF-8"?>
<faces-config
 xmlns="http://xmlns.jcp.org/xml/ns/javaee"
 xmlns:xsi="http://www.w3.org/2001/XMLSchema-instance"
 xsi:schemaLocation="http://xmlns.jcp.org/xml/ns/javaee
 http://xmlns.jcp.org/xml/ns/javaee/web-facesconfig_2_3.xsd"
 version="2.3">
    <navigation-rule>
        <from-view-id>*</from-view-id>
        <navigation-case>
            <from-outcome>index</from-outcome>
            <to-view-id>
                index.jsf
            </to-view-id>
            <redirect/>
        </navigation-case>
        <navigation-case>
            <from-outcome>register</from-outcome>
            <to-view-id>
                /register/register.jsf
            </to-view-id>
            <redirect/>
        </navigation-case>
        <navigation-case>
            <from-outcome>signin</from-outcome>
            <to-view-id>
                signin.jsf
            </to-view-id>
            <redirect/>
        </navigation-case>
        <navigation-case>
            <from-outcome>sell</from-outcome>
            <to-view-id>
                sell.jsf
            </to-view-id>
```

```
            <redirect/>
        </navigation-case>
        <navigation-case>
            <from-outcome>search</from-outcome>
            <to-view-id>
                search.jsf
            </to-view-id>
            <redirect/>
        </navigation-case>
        <navigation-case>
            <from-action>
            #{registerController.step1}
            </from-action>
            <from-outcome>register1</from-outcome>
            <to-view-id>
            /register/register1.xhtml
            </to-view-id>
        </navigation-case>
        <navigation-case>
            <from-action>
            #{registerController.step2}
            </from-action>
            <from-outcome>register2</from-outcome>
            <to-view-id>
            /register/register2.xhtml
            </to-view-id>
        </navigation-case>
        <navigation-case>
            <from-action>
            #{registerController.persist}
            </from-action>
            <from-outcome>success</from-outcome>
            <to-view-id>/register/confirm.xhtml
            </to-view-id>
        </navigation-case>
        <navigation-case>
            <from-action>
                #{registerController.persist}
            </from-action>
            <from-outcome>failure</from-outcome>
            <to-view-id>
                /register/reject.xhtml
            </to-view-id>
```

```
        </navigation-case>
    </navigation-rule>
</faces-config>
```

Listing 9.128 faces-config.xml

9.13   Faces Flows

In Abschnitt 9.10, »Templating«, habe ich gezeigt, wie die View-Komponenten von User-Story 1 (Registrieren) mithilfe einer Conversation gekapselt werden und dabei die Geschäfts-daten über mehrere Schritte hinweg gültig bleiben. Bei den gängigsten User-Storys mit meh-reren Schritten reicht der Gültigkeitsbereich ConversationScoped aus, sodass beispielsweise ein Einkaufswagen typischerweise hiermit programmiert würde.

Für die Realisierung von komplexeren Konversationen hat die JSF sogenannte *Faces Flows* eingeführt. Auch bei Faces Flows sind die Backing Beans über einen verlängerten Zeitraum gültig. Genauso wie bei einer Conversation wird jeder einzelne Arbeitsschritt mithilfe einer View-Komponente abgebildet. Bis auf die abweichende Benennung scheinen sich also Flows und Conversations zu ähneln. Faces Flows bieten jedoch weitaus mehr Möglichkeiten als Conversations, denn ein Flow kann beispielsweise einen zweiten Flow aufrufen und ihm auch Werte übermitteln. Wurde der zweite Flow abgehandelt, so wird die Steuerung wieder an den ersten Flow zurückgereicht. Dieser setzt danach an der gleichen Stelle fort, an der er unterbrochen wurde. Dies werde ich später anhand eines praktischen Beispiels zeigen. Aber bevor wir in ein kompliziertes Beispiel einsteigen, schauen wir uns zunächst ein einfaches Faces-Flows-Beispiel an.

9.13.1   Ein Faces-Flows-Beispiel

Für dieses Beispiel werden wir zunächst wieder User-Story 1 des Onlineshops heranziehen.

Bevor wir die Dateien für einen Flow festlegen, brauchen wir zuallererst einen Hauptbezeich-ner für den gesamten Flow. Dieser wird als sogenannte Flow-ID verwendet. Für die Registrie-rung wäre das beispielsweise register.

Die Backing Bean programmieren

Als Nächstes werden wir die Backing Bean erstellen. Bei Faces Flows werden die Backing Beans mit dem Gültigkeitsbereich javax.faces.flows.FlowScoped versehen. Hierdurch blei-ben die Werte in den Backing Beans für die Dauer des Flows gültig. Bei der Annotation @FlowScoped muss die Flow-ID hinterlegt werden.

```
@Named
@FlowScoped("register")
public class RegisterController implements Serializable {
    private static final long serialVersionUID = 1L;
    ...
}
```

Listing 9.129 RegisterController.java

Innerhalb der Backing Bean werden wir die Steuerung mithilfe von Aktionsmethoden realisieren. Wir definieren drei Methoden, die wir step1(), step2() und persist() nennen. Dies erfolgt analog zum Beispiel des letzten Abschnitts mit den Conversations. Eine Property des Typs Conversation brauchen wir bei Faces Flows allerdings nicht mehr, denn der Dialog beginnt und endet automatisch durch das Betreten der Views. Ansonsten sieht die Backing Bean genauso wie in Abschnitt 9.12, »Konversationen«, aus.

```
package de.java2enterprise.onlineshop;

import java.io.Serializable;

import javax.annotation.Resource;
import javax.faces.application.FacesMessage;
import javax.faces.context.FacesContext;
import javax.faces.flow.FlowScoped;
import javax.inject.Inject;
import javax.inject.Named;
import javax.persistence.EntityManagerFactory;
import javax.persistence.PersistenceUnit;
import javax.transaction.UserTransaction;

import de.java2enterprise.onlineshop.model.Customer;

@Named
@FlowScoped(value = "register")
public class RegisterController implements Serializable {
    private static final long serialVersionUID = 1L;

    @Inject
    private Customer customer;

    public Customer getCustomer() {
        return customer;
    }
```

```
public void setCustomer(Customer customer) {
    this.customer = customer;
}

@PersistenceUnit
private EntityManagerFactory emf;

@Resource
private UserTransaction ut;

public String start() {
    return "register";
}

public String step1(){
    return "register1";
}

public String step2(){
    return "register2";
}

public String persist() {
    try {
        ut.begin();
        emf.createEntityManager().persist(customer);
        ut.commit();
        FacesMessage m = new FacesMessage(
            "Successfully registered!");
        FacesContext
            .getCurrentInstance()
            .addMessage(null, m);
        return "success";
    } catch (Exception e) {
        e.printStackTrace();
        FacesContext
            .getCurrentInstance()
            .addMessage(
                null,
                new FacesMessage(
                FacesMessage.SEVERITY_WARN,
                    e.getLocalizedMessage(),
                    null));
```

```
        }
        return "failure";
    }
}
```

Listing 9.130 RegisterController.java

Die View-Komponenten erstellen

Als Nächstes müssen wir die Facelets erstellen. Die Konvention verlangt, dass der Flow in Form eines Dateiverzeichnisses angelegt wird, das den Namen der Flow-ID trägt. In diesem Verzeichnis werden alle flow-node-Elemente als Dateien angelegt. Die Konvention besagt ferner, dass der start-node genauso wie das Verzeichnis den Namen der View-ID tragen soll, damit hierfür auf eine Konfiguration verzichtet werden kann.

Der Flow wird also aus folgenden fünf flow-nodes bestehen:

▶ "/register/register.xhtml"

▶ "/register/register1.xhtml"

▶ "/register/register2.xhtml"

▶ "/register/confirm.xhtml"

▶ "/register/reject.xhtml"

Ist Ihnen etwas aufgefallen? Wenn Sie das Registrierbeispiel im letzten Abschnitt auf Ihrem Rechner programmiert haben, brauchen Sie jetzt nichts mehr zu ändern, denn dort hatten wir bereits das Verzeichnis */register* mit diesen Dateien angelegt. Diese Facelets können wir also auch bei Faces Flows weiternutzen.

Konfiguration

Im nächsten Schritt müssen wir den Flow noch konfigurieren. Die Navigation durch die hintereinander ablaufenden Arbeitsschritte kann entweder wieder in der JSF-Konfigurationsdatei oder auch im Programm festgelegt werden. In diesem Buch zeige ich lediglich die Konfiguration über die JSF-Konfigurationsdatei, da sie mit einem geringeren Aufwand erstellt werden kann.

Ich habe bereits erwähnt, dass manche Konfigurationen jetzt eventuell wegfallen können, weil die Dateien der Konvention von Faces Flows entsprechen. Damit Sie ein Konfigurationsbeispiel aber einmal vollständig kennenlernen, werden wir dennoch die ausführliche Variante wählen. Hierbei werden einige neue Begriffe auftreten, die ich zunächst erklären muss.

Die Konfiguration erfolgt üblicherweise nicht in der zentralen, sondern in einer individuellen Konfigurationsdatei. Diese individuelle Konfigurationsdatei befindet sich per Konvention im gleichen Unterverzeichnis wie die übrigen View-Komponenten des Flows. Auch der

Name der Konfigurationsdatei ist durch die Konvention festgelegt, denn er beginnt mit dem Bezeichner der View-ID und endet auf *-flow.xml*. Die Konfigurationsdatei für User-Story 1 nennt sich also *register-flow.xml*.

Das verwendete XML-Schema entspricht dem der Datei *faces-config.xml*. Die Definition des Flows erfolgt in einem Element, das sich `flow-definition` nennt:

```
<faces-config
  version="2.3"
  xmlns="http://xmlns.jcp.org/xml/ns/javaee"
  xmlns:xsi="http://www.w3.org/2001/XMLSchema-instance"
  xsi:schemaLocation="http://xmlns.jcp.org/xml/ns/javaee
  http://xmlns.jcp.org/xml/ns/javaee/web-facesconfig_2_3.xsd">

    <flow-definition id="register">
    </flow-definition>
</faces-config>
```

Listing 9.131 register-flow.xml

Den einzelnen Arbeitsschritt nennt man Flow-*node*. Jeder Flow-*node* entspricht gleichzeitig auch View-Komponente, die über das Element `view` definiert werden kann. Innerhalb des Elements `view` wird der Pfad zur VDL-Datei bestimmt. Einer der Flow-nodes ist der Startpunkt. Man nennt diesen Knoten `start-node`. Der Flow beginnt automatisch, wenn der `start-node` betreten wird. In Listing 9.132 wird der Flow-node `register_start` definiert und über das XML-Element `start-node` als Startpunkt festgelegt:

```
    ...
    <flow-definition id="register">
        <start-node>register_start</start-node>
        <view id="register_start">
            <vdl-document>
            /register/register.xhtml
            </vdl-document>
        </view>
    </flow-definition>
</faces-config>
```

Listing 9.132 register-flow.xml

Mithilfe des Elements `flow-return` wird festgelegt, wann der Flow wieder verlassen wird. In Listing 9.133 legen wir fest, dass der Gültigkeitsbereich der Backing Bean beim Outcome `/index` endet:

```
...
    <flow-definition id="register">
        <start-node>register_start</start-node>
        <view id="register_start">
            <vdl-document>
            /register/register.xhtml
            </vdl-document>
        </view>
        <flow-return id="register_return">
            <from-outcome>/index</from-outcome>
        </flow-return>
    </flow-definition>
</faces-config>
```

Listing 9.133 register-flow.xml

Der Rest der Konfiguration ist aus den vorherigen Beispielen der Registrierung kopiert. In Listing 9.134 Listing sehen Sie die komplette Konfigurationsdatei für den Flow der Registrierung:

```
<faces-config
  version="2.3"
  xmlns="http://xmlns.jcp.org/xml/ns/javaee"
  xmlns:xsi="http://www.w3.org/2001/XMLSchema-instance"
  xsi:schemaLocation="http://xmlns.jcp.org/xml/ns/javaee
  http://xmlns.jcp.org/xml/ns/javaee/web-facesconfig_2_2.xsd">

    <flow-definition id="register">
        <start-node>register_start</start-node>
        <view id="register_start">
            <vdl-document>
            /register/register.xhtml
            </vdl-document>
        </view>
        <flow-return id="register_return">
            <from-outcome>/index</from-outcome>
        </flow-return>
        <navigation-rule>
            <from-view-id>
            /register/register2.xhtml
            </from-view-id>
            <navigation-case>
                <from-outcome>
                    success
```

```
            </from-outcome>
            <to-view-id>
                /register/confirm.xhtml
            </to-view-id>
        </navigation-case>
        <navigation-case>
            <from-outcome>
                failure
            </from-outcome>
            <to-view-id>
                /register/reject.xhtml
            </to-view-id>
        </navigation-case>
        </navigation-rule>
    </flow-definition>
</faces-config>
```

Listing 9.134 register-flow.xml

9.13.2   Der Aufruf eines zweiten Flows

Ein Flow kann einen zweiten Flow aufrufen und ihm hierbei auch seine Geschäftsdaten über-geben. In diesem Abschnitt werde ich dies anhand eines Beispiels aus dem Onlineshop zei-gen. In dem Beispiel wird der Flow für die Registrierung einen zweiten Flow aufrufen. Die Kunden sollen nach der Registrierung (User-Story 1) direkt in die View gelangen, in der sie ihre Artikel anbieten können (User-Story 3). Das Einloggen soll also umgangen werden.

In der Registrierung benötigen wir zwei Dinge:

► eine Schaltfläche für den Aufruf
► eine zusätzliche Konfiguration für die Übergabe der Geschäftsdaten

Bei User-Story 3 »Verkaufen« wird es etwas aufwendiger, denn da wir (in den vergangenen Abschnitten) dort noch keinen Flow programmiert haben, werden wir dies jetzt nachholen müssen.

Der Aufruf aus der Registrierung

Für den Aufruf aus der Registrierung werden wir in der Datei *confirm.xml* eine Schaltfläche einbauen, die mit dem Text »Ich möchte sofort einen Artikel anbieten« beschriftet ist. Wich-tig ist hierbei, dass die Schaltfläche die ID des zweiten Flows anzeigt.

```
<?xml version="1.0" encoding="UTF-8" ?>
<!DOCTYPE html PUBLIC "-//W3C//DTD XHTML 1.0 Transitional//EN"
        "http://www.w3.org/TR/xhtml1/DTD/xhtml1-transitional.dtd">
```

```
<html xmlns="http://www.w3.org/1999/xhtml"
      xmlns:ui="http://xmlns.jcp.org/jsf/facelets"
      xmlns:h="http://xmlns.jcp.org/jsf/html">
<h:body>
    <ui:composition template="/index.xhtml" >
        <ui:define name="content">
            Sie wurden erfolgreich registriert!
            <h:form>
            <h:commandButton
                action="/index"
                value="Home"/>
            <h:commandButton
                id="sell"
                value=
            "Ich möchte sofort einen Artikel anbieten"
                action="sell" />
            </h:form>
        </ui:define>
    </ui:composition>
</h:body>
</html>
```

Listing 9.135 confirm.xhtml

In der Konfigurationsdatei *register-flow.xml* legen wir den Aufruf des zweiten Flows mithilfe des Elements flow-call fest. Innerhalb dessen setzen wir das Element flow-reference und darin wiederum das Element flow-id ein:

```
<flow-definition id="register">
    ...

    <flow-call id="sell">
        <flow-reference>
            <flow-id>
                sell
            </flow-id>
        </flow-reference>
    </flow-call>
</flow-definition>
    ...
```

Listing 9.136 register-flow.xml

Die Konfiguration der Übergabeparameter

Der Flow register wird die ID des Kunden als Parameter übergeben. Mithilfe dieser ID kann der Flow sell den Verkäufer ermitteln. Diese Information ist in User-Story 3 sehr wichtig, da ein Artikel ohne Verkäufer-ID nicht persistiert werden kann.

Die Übergabe des Parameters definieren Sie innerhalb des flow-call-Elements mit dem Element outbound-parameter. Innerhalb des Elements outbound-parameter setzen Sie mit dem Element name den Bezeichner des Parameters. Dieser Bezeichner ist für die Übergabe sehr wichtig, da er vom empfangenden Flow mit einem gleich benannten Bezeichner referenziert wird.

```
<flow-definition id="register">
    ...

    <flow-call id="sell">
        <flow-reference>
            <flow-id>
                sell
            </flow-id>
        </flow-reference>
        <outbound-parameter>
            <name>customerid</name>
            <value>
            #{registerController.customer.id}
            </value>
        </outbound-parameter>
    </flow-call>
</flow-definition>
...
```

Listing 9.137 register-flow.xml

9.13.3   User-Story 3 als Flow

Damit Artikel in mehreren Stufen angeboten werden können, werden wir User-Story 3 nun als Flow realisieren. Hierfür erstellen wir ein Verzeichnis mit dem Namen */sell*. Diesem Verzeichnis werden wir die Facelets */sell/sell.xhtml*, */sell/sell1.xhtml*, */sell/sell2.xhtml* und die Konfigurationsdatei *sell-flow.xml* beifügen. In diesem Abschnitt werde ich die jeweiligen Quelltexte nun vollständig abdrucken, damit Sie den erforderlichen Code komplett nachprogrammieren können.

sell.xhtml

Im Facelet *sell.xhtml* startet der Flow. Dort werden zwei Buttons angeboten. Der erste ruft die Aktion "return" und der zweite die Aktion "sell1" auf:

```
<?xml version="1.0" encoding="UTF-8" ?>
<!DOCTYPE html>
<html xmlns="http://www.w3.org/1999/xhtml"
      xmlns:ui="http://xmlns.jcp.org/jsf/facelets"
      xmlns:h="http://xmlns.jcp.org/jsf/html"
      xmlns:f="http://xmlns.jcp.org/jsf/core">
<h:body>
<ui:composition template="/index.xhtml">
<ui:define name="content">
<h:form
    id="sellForm"
    prependId="false">
    <h:messages for="sellForm"
        infoStyle="color: green"
        warnStyle="color: red"/>
    <h:panelGrid columns="2">
        <f:facet name="header">
            <h:outputText
                value="#{msg['sell']}"/>
        </f:facet>
        <h:commandButton
            id="return"
            value="#{msg['cancel']}"
            action="return"/>
        <h:commandButton
            id="sell1"
            value="#{msg['step']} 1"
            action="sell1"/>
    </h:panelGrid>
    </h:form>
</ui:define>
</ui:composition>
</h:body>
</html>
```

Listing 9.138 sell.xhtml

sell1.xhtml

Das zweite Facelet bietet Eingabefelder an, damit der Benutzer dem Artikel einen Titel, eine Beschreibung und einen Preis geben kann. Über einen Button kann er die Aktion "sell2" starten.

```
<?xml version="1.0" encoding="UTF-8" ?>
<!DOCTYPE html>
<html xmlns="http://www.w3.org/1999/xhtml"
      xmlns:ui="http://xmlns.jcp.org/jsf/facelets"
      xmlns:h="http://xmlns.jcp.org/jsf/html"
      xmlns:f="http://xmlns.jcp.org/jsf/core">
<h:body>
<ui:composition template="/index.xhtml">
<ui:define name="content">
<h:form
    id="sellForm"
    prependId="false">
    <h:messages for="sellForm"
        infoStyle="color: green"
        warnStyle="color: red"/>
    <h:panelGrid columns="2">
        <f:facet name="header">
            <h:outputText value="#{msg['sell']}  #{msg['step']} 1:"/>
        </f:facet>

        <h:outputLabel
            value="#{msg['item.title']}"
            for="title"/>
        <h:panelGroup>
            <h:inputText
                id="title"
                value="#{sellController.item.title}"
                label="#{msg['item.title']}"
                required="true"/>
            <h:messages for="title"/>
        </h:panelGroup>
        <h:outputLabel
            value="#{msg['item.description']}:"
            for="desription"/>
        <h:panelGroup>
            <h:inputTextarea
                id="description"
                value="#{sellController.item.description}"
```

919

```
                    label="#{msg['item.description']}"
                    required="true"/>
                <h:messages for="description"/>
            </h:panelGroup>
            <h:outputLabel
                value="#{msg['item.price']}:"
                for="price"/>
            <h:panelGroup>
                <h:inputText
                    id="price"
                    value="#{sellController.item.price}"
                    label="#{msg['item.price']}"
                    required="true"/>
                <h:messages for="price"/>
            </h:panelGroup>

            <h:commandButton
                id="sell2"
                value="#{msg['step']} 2"
                action="step2"/>

        </h:panelGrid>
        </h:form>
    </ui:define>
    </ui:composition>
    </h:body>
</html>
```

Listing 9.139 sell1.xhtml

sell2.xhtml

Das dritte Facelet zeigt die bislang erfassten Geschäftsdaten an. Darüber hinaus kann ein Foto hochgeladen werden. Über einen Button wird die Aktionsmethode persist() aufgerufen.

```
<?xml version="1.0" encoding="UTF-8" ?>
<!DOCTYPE html>
<html xmlns="http://www.w3.org/1999/xhtml"
    xmlns:ui="http://xmlns.jcp.org/jsf/facelets"
    xmlns:h="http://xmlns.jcp.org/jsf/html"
    xmlns:f="http://xmlns.jcp.org/jsf/core">
<h:body>
<ui:composition template="/index.xhtml" >
```

```
<ui:define name="content">
<h:form
    id="sellForm"
    prependId="false"
    enctype="multipart/form-data">
    <h:messages for="sellForm"
        infoStyle="color: green"
        warnStyle="color: red"/>
    <h:panelGrid columns="2">
        <f:facet name="header">
            <h:outputText value="#{msg['sell']} #{msg['step']} 2:"/>
        </f:facet>

        <h:outputLabel
            value="#{msg['item.title']}:"
            for="title"/>
        <h:outputText
            value="#{sellController.item.title}"/>

        <h:outputLabel
            value="#{msg['item.description']}:"/>
        <h:outputText
        value="#{sellController.item.description}"/>

        <h:outputLabel value="#{msg['item.price']}:"/>
        <h:outputText
        value="#{sellController.item.price}"/>

        <h:outputLabel
            value="#{msg['item.foto']}:"
            for="foto"/>
        <h:inputFile
            id="foto"
            value="#{sellController.part}"
            label="#{msg['item.foto']}"/>

        <h:commandButton
            id="sell1"
            value="#{msg['step']} 1"
            action="sell1"/>
        <h:commandButton
            value="#{msg['sell']}"
            action="#{sellController.persist(signinController)}"/>
```

9

```
        </h:panelGrid>
    </h:form>
    </ui:define>
    </ui:composition>
    </h:body>
    </html>
```

Listing 9.140 sell2.xhtml

sell-flow.xml

In Listing 9.141 sehen Sie die Konfigurationsdatei für den Flow:

```
<faces-config
  version="2.3"
  xmlns="http://xmlns.jcp.org/xml/ns/javaee"
  xmlns:xsi="http://www.w3.org/2001/XMLSchema-instance"
  xsi:schemaLocation="http://xmlns.jcp.org/xml/ns/javaee
  http://xmlns.jcp.org/xml/ns/javaee/web-facesconfig_2_3.xsd">
<flow-definition id="sell">
    <start-node>start</start-node>
    <view id="start">
        <vdl-document>
        /sell/sell.xhtml
        </vdl-document>
    </view>
    <view id="step1">
        <vdl-document>
        /sell/sell1.xhtml
        </vdl-document>
    </view>
    <view id="step2">
        <vdl-document>
        /sell/sell2.xhtml
        </vdl-document>
    </view>
    <flow-return id="sell_return">
        <from-outcome>
        #{sellController.return}
        </from-outcome>
    </flow-return>
    <inbound-parameter>
        <name>
        customerid
```

```
        </name>
        <value>
        #{flowScope.customerid}
        </value>
    </inbound-parameter>
</flow-definition>
</faces-config>
```

Listing 9.141 sell-flow.xml

SellController.java

In der Datei `SellController.java` werden wir den übergebenen Parameter mit der ID des Kunden nutzen, um den Verkäufer zu ermitteln.

```
...
public String persist(SigninController signinController) {
    Customer customer = signinController.getCustomer();
    try {
        ut.begin();
        FacesContext fc =
            FacesContext.getCurrentInstance();
        Application app = fc.getApplication();
        FlowHandler fh = app.getFlowHandler();
        Map<Object, Object> cfs =
            fh.getCurrentFlowScope();
        Object customerid = cfs.get("customerid");
        EntityManager em = emf.createEntityManager();
        if(customerid != null) {
            customer =
                em.find(
                Customer.class, customerid);
        }
        item.setSeller(customer);
        InputStream input = part.getInputStream();
        ByteArrayOutputStream output =
            new ByteArrayOutputStream();
        byte[] buffer = new byte[10240];
        for (
            int length = 0;
            (length = input.read(buffer)) > 0;) {
            output.write(buffer, 0, length);
        }
        item.setFoto(scale(output.toByteArray()));
```

923

```
            emf.createEntityManager().merge(item);
            ut.commit();
        } catch (Exception e) {
            e.printStackTrace();
                FacesContext.
                    getCurrentInstance().
                    addMessage(
                        null,
                new FacesMessage(e.getLocalizedMessage())));
            return null;
        }
        return "/index";
    }
    ...
```

Listing 9.142 SellController.java

9.14   Events und Listener

In den bisherigen Programmierbeispielen haben wir den Onlineshop nach dem klassischen Programmierkonzept einer Webanwendung entwickelt. Clientseitig lag hierbei der Fokus auf der Bereitstellung von Schaltflächen und Links, deren Aktivierung eine Aktionsmethode in einer Backing Bean auslöste.

JSF ermöglicht ein zusätzliches Programmiermodell, das den Entwickler befähigt, auch auf weitere Ereignisse Einfluss zu nehmen. Die Rede ist vom sogenannten *Event-Listener-Programmiermodell*, das Ihnen womöglich bereits aus der AWT- oder Swing-Welt bekannt ist. Mithilfe dieses Programmiermodells ist die Auslösung einer Aktion nicht mehr nur auf die Mausklickereignisse der Benutzer reduziert.

Im JSF-Framework wurden die verschiedenen Ereignisse in Gruppen aufgeteilt und objekthierarchisch als Java-Klassen abstrahiert. Alle Event-Klassen des JSF-Frameworks haben java.util.EventObject als Urvaterklasse, genauso wie es bei den AWT- und Swing-Klassen üblich ist.

Die unterschiedlichen JSF-Event-Klassen können Sie Abbildung 9.37 entnehmen.

In der Abbildung sehen Sie, dass sich die Event-Klassen in bestimmte Ereignistypen gruppieren lassen. Auf der linken Seite wurden alle Events gruppiert, die sich bei UI-Komponenten ereignen. Links oben befinden sich hierbei die Events, die in der Programmierung besonders häufig verwendet werden. Hierzu gehören beispielsweise Events vom Typ ActionEvent, die durch das Betätigen einer Schaltfläche oder eines Links ausgelöst werden. Daneben sind auch Events vom Typ ValueChangeEvent bedeutend, denn sie erleichtern die Verarbeitung von Werten, die sich in Eingabefeldern geändert haben. Beide Event-Typen sind von der

Klasse `FacesEvent` abgeleitet. Ganz oben in der Mitte ist die Klasse `DataModelEvent` abgebildet, mit der die Ereignisse bei der Klasse `DataModel` belauscht werden können.

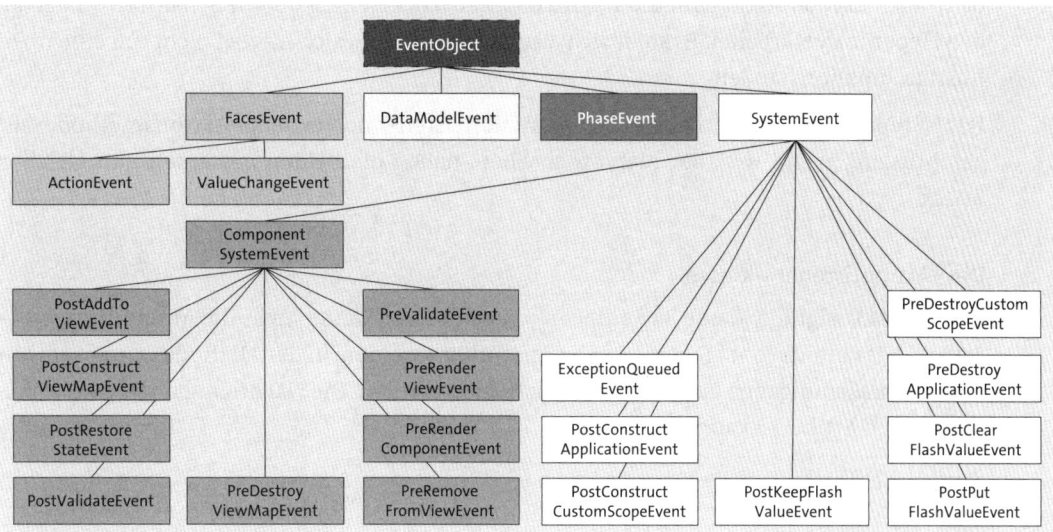

Abbildung 9.37 Die JSF-Event-Klassen

Events vom Typ `PhaseEvent` ereignen sich bei jedem Eintritt in eine bzw. bei jedem Austritt aus einer Phase im Lebenszyklus einer Anfrage. Wir werden sie nutzen, um einen Logger zu realisieren, der uns über die Vorgänge im JSF-Framework zur Laufzeit berichtet.

Ansonsten wurden alle weiteren Events, die sich im Verlauf des Lebenszyklus einer Anfrage oder im Betrieb der Anwendung sonst noch ereignen, mithilfe der Unterklassen von System-Event abstrahiert. Dazu zählen beispielsweise die Validier- oder Konvertier-Ereignisse während des Lebenszyklus, Ausnahmefehler-Ereignisse oder auch der Start der Anwendung. Wie Sie an den abgehenden Linien von `SystemEvent` links in der Abbildung sehen, zählen auch zahlreiche komponentenbasierte Ereignisse zu den Unterklassen von `SystemEvent`.

Wenn zur Laufzeit ein Ereignis aufgefangen werden soll, muss ein Event-Listener bereitgestellt werden. Wie das im Einzelnen funktioniert, werde ich nun für die einzelnen Typen ausführlich beschreiben.

9.14.1   ActionEvent

Um einen `ActionEvent` mit einem Listener abzufangen, können wir entweder eine Klasse programmieren, die vom Interface `javax.faces.event.ActionListener` abgeleitet ist, oder eine `ActionListener`-Methode in einer Backing Bean programmieren. Die `Action`-Klasse hat den Vorteil, dass beliebig viele ActionListener eingebaut werden können. Der Vorteil der `Action`-Klasse ist, dass innerhalb der Backing-Bean-Klasse unmittelbar auf die Properties der Backing Bean zugegriffen werden kann.

Vielleicht ist Ihnen aufgefallen, dass wir durch die Programmierung eines ActionListeners nichts anderes tun als das, was ich schon mehrfach mit der Aktionsmethode gezeigt habe, denn auch in einer Aktionsmethode wird das Mausklickereignis auf die Schaltfläche oder auf den Hyperlink verarbeitet. Es stellt sich also die Frage, ob es sich hierbei nicht um eine überflüssige Funktion handelt.

Das ist teilweise auch richtig, nur dass der ActionListener noch vor der Aktionsmethode ausgeführt wird. Wenn wir aber hiervon absehen, haben die beiden Varianten den gleichen Zweck.

Die »ActionListener«-Klasse

Listing 9.143 zeigt die Klasse BuyListener.java. In dieser Klasse muss die Methode processAction() des Interface ActionListener programmiert werden. In der Methode werden wir zur Veranschaulichung eine ganz einfache Nachricht erstellen. Die Nachricht lautet: »Sie versuchen, einen Artikel zu kaufen!«

```java
package de.java2enterprise.onlineshop;

import javax.faces.application.FacesMessage;
import javax.faces.context.FacesContext;
import javax.faces.event.AbortProcessingException;
import javax.faces.event.ActionEvent;
import javax.faces.event.ActionListener;

public class BuyListener implements ActionListener {

    @Override
    public void processAction(ActionEvent event)
            throws AbortProcessingException {

        FacesMessage fm =
            new FacesMessage(
            "Sie versuchen, einen Artikel zu kaufen!");
        FacesContext
            .getCurrentInstance()
            .addMessage(
                "buyForm",
                fm);
    }
}
```

Listing 9.143 BuyListener.java

Nun muss der ActionListener noch in der Schaltfläche registriert werden. Dies gelingt mit der Komponente actionListener:

```
<h:commandButton
    value="#{msg['buy']}"
    action="#{buyController.update(item.id)}"
    disabled="#{not empty item.sold}"
    immediate="true">
    <f:actionListener
        type="de.java2enterprise.onlineshop.BuyListener"
    />
</h:commandButton>
```

Listing 9.144 search.xhtml

Die »ActionListener«-Methode

Die ActionListener-Methode bringen wir in einer Backing Bean unter. Beispielsweise ist in Listing 9.145 die Methode createMessage() in der Backing Bean BuyController eingebaut:

```
public void createMessage(ActionEvent event)
        throws AbortProcessingException {
    FacesMessage fm =
        new FacesMessage(
        "Sie versuchen, einen Artikel zu kaufen!");
    FacesContext
        .getCurrentInstance()
        .addMessage(
            "buyForm",
            fm);
    FacesContext.getCurrentInstance().renderResponse();
}
```

Listing 9.145 BuyController.java

Die ActionListener-Methode registrieren wir in der UI-Komponente über das Attribut actionListener:

```
<h:commandButton
    value="#{msg['buy']}"
    actionListener="#{buyController.createMessage}"
    action="#{buyController.update(item.id)}"
    disabled="#{not empty item.sold}"
    immediate="true"/>
```

Listing 9.146 search.xhtml

9.14.2 ValueChanged-Event

Mit einem ValueChanged-Event werden Änderungen an HTML-Eingabeelementen (wie beispielsweise Eingabefelder, Textareas, Checkboxes oder Radiobuttons) erfasst. Der Zeitpunkt, an dem der Listener aufgerufen wird, ist aber nicht mit dem Zeitpunkt der clientseitigen Änderung gleichzusetzen, denn die Änderung des Wertes ist erst amtlich, wenn der Server das gesamte HTML-Formular empfangen hat und JSF hierbei eine Veränderung verzeichnet. Statt eines ValueChanged-Listeners könnten wir also auch einen eigenen Algorithmus programmieren, der die ursprünglichen Daten mit den vom Client empfangenen Daten vergleicht. Die Aufgabe des ValueChanged-Listeners ist es, genau diesen Aufwand zu vermeiden.

In Listing 9.147 bieten wir als Beispiel eine Editierseite für die E-Mail des Benutzers an. Sobald sich der Benutzer einloggt, zeigen wir im Hauptmenü einen neuen Link an, den wir Edit Email nennen.

```
...
<h:commandLink
    value="Edit Email"
    action="/editEmail.xhtml"
    rendered="#{not empty signinController.customer.email}"/>
...
```

Listing 9.147 header.xhtml

Über diesen Link gelangt der Benutzer zur Seite */editEmail.xhtml*. In *editEmail.xhtml* werden wir dem Benutzer seine bisherige E-Mail-Adresse anzeigen. Über eine Schaltfläche kann der Benutzer zurück zur Homepage wechseln.

```
<?xml version="1.0" encoding="UTF-8" ?>
<!DOCTYPE html PUBLIC "-//W3C//DTD XHTML 1.0 Transitional//EN"
        "http://www.w3.org/TR/xhtml1/DTD/xhtml1-transitional.dtd">
<html xmlns="http://www.w3.org/1999/xhtml"
    xmlns:ui="http://xmlns.jcp.org/jsf/facelets"
      xmlns:h="http://xmlns.jcp.org/jsf/html"
      xmlns:f="http://xmlns.jcp.org/jsf/core">
<h:body>
    <ui:composition template="/index.xhtml" >
        <ui:define name="content">
        <h:form id="editEmailForm">
            <h:messages for="editEmailForm"
                infoStyle="color: green"
                warnStyle="color: red" />
            <h:panelGrid columns="2">
                <f:facet name="header">
```

```
                        <h:outputText value="E-Mail ändern"/>
                    </f:facet>
                    <h:outputLabel
                        for="email"
                        value="#{msg['email']}:"/>
                    <h:panelGroup>
                        <h:inputText
                            id="email"
                            label="#{msg['email']}"
                            value="#{signinController.customer.email}"
                            valueChangeListener="#{signinController.emailChanged}"
                            required="true">
                            <f:validateLength
                                minimum="6"
                                maximum="40"/>
                        </h:inputText>
                        <h:message for="email"/>
                    </h:panelGroup>
                    <h:commandButton
                        value="Ändern"
                        action="index"
                        />

                </h:panelGrid>
            </h:form>
        </ui:define>
    </ui:composition>
</h:body>
</html>
```

Listing 9.148 editEmail.xhtml

Wenn der Benutzer seine E-Mail-Adresse vorab abgewandelt hatte, wird die geänderte E-Mail-Adresse abgespeichert, ansonsten werden wir keine Änderung in der Datenbank vornehmen. Im SigninController werden wir folgende ValueChangedListener-Methode implementieren:

```
public void emailChanged(ValueChangeEvent event) {
    String email = (String) event.getNewValue();
    customer.setEmail(email);
    try {
        ut.begin();
        emf.createEntityManager().merge(customer);
```

```
            ut.commit();
            FacesMessage m =
            new FacesMessage("Successfully changed!");
            FacesContext
                .getCurrentInstance()
                .addMessage(null, m);
        } catch (Exception e) {
            e.printStackTrace();
            FacesContext
                .getCurrentInstance()
                .addMessage(
                    null,
                    new FacesMessage(
                    FacesMessage.SEVERITY_WARN,
                        e.getLocalizedMessage(),
                        null));
        }
    }
```

Listing 9.149 SigninController.java

9.14.3   DataModel-Event

Im bisherigen Listing des Facelets */search.xhtml* wurde der UI-Komponente ein Objekt des Typs java.util.List<Item> übergeben. Obwohl diese einfache Variante funktioniert, wird das Datenmodell häufig eher als Typ der Klasse javax.faces.model.DataModel realisiert, das mithilfe eines DataModel-Listeners abgehört werden kann. Die Funktionsweise des Data-Model-Event-Listeners wird anhand eines Beispiels deutlich. Wir werden den SearchController aus dem bisherigen Onlineshop-Beispiel so erweitern, dass er die Artikel des Onlineshops nun als Objekt der Klasse DataModel liefert.

```
...
public DataModel<Item> getItems() {
    List<Item> list = findAll();
    Item[] items = list.Array(new Item[list.size()]);
    DataModel<Item> dataModel =
        new ArrayDataModel<Item>(items);
    return dataModel;
}
...
```

Listing 9.150 SearchController.java

Als Listener werden wir eine neue Klasse namens ItemListener programmieren, die das Interface DataModelListener implementiert. Die Klasse muss die abstrakte Methode row-Select() des Interface überschreiben.

```java
package de.java2enterprise.onlineshop;

import java.util.logging.Level;
import java.util.logging.Logger;

import javax.faces.model.DataModelEvent;
import javax.faces.model.DataModelListener;

public class ItemListener implements DataModelListener {
    private final Logger log =
            Logger.getLogger(getClass().getName());

    @Override
    public void rowSelected(DataModelEvent event) {
        log.log(
                Level.INFO,
                event.getRowIndex() +
                ": " +
                event.getRowData());
    }
}
```

Listing 9.151 ItemListener.java

Den Listener registrieren wir mithilfe der Methode DataModel.addDataModelListener(). In Listing 9.152 ist der komplette Quelltext der Klasse SearchController.java abgebildet:

```java
package de.java2enterprise.onlineshop;

import java.io.Serializable;
import java.text.MessageFormat;
import java.util.ArrayList;
import java.util.Date;
import java.util.List;

import javax.annotation.Resource;
import javax.el.ELContext;
import javax.el.ELResolver;
import javax.enterprise.context.RequestScoped;
import javax.faces.application.FacesMessage;
```

```java
import javax.faces.context.FacesContext;
import javax.faces.model.ArrayDataModel;
import javax.faces.model.DataModel;
import javax.inject.Named;
import javax.persistence.EntityManager;
import javax.persistence.EntityManagerFactory;
import javax.persistence.PersistenceUnit;
import javax.persistence.TypedQuery;
import javax.transaction.UserTransaction;

import de.java2enterprise.onlineshop.model.Customer;
import de.java2enterprise.onlineshop.model.Item;

@Named
@RequestScoped
public class SearchController implements Serializable {
    private static final long serialVersionUID = 1L;

    @PersistenceUnit
    private EntityManagerFactory emf;

    @Resource
    private UserTransaction ut;

    public DataModel<Item> getItems() {
        List<Item> list = findAll();
        Item[] items = list.Array(new Item[list.size()]);
        DataModel<Item> dataModel =
            new ArrayDataModel<Item>(items);
        dataModel.addDataModelListener(new ItemListener());
        return dataModel;
    }

    public List<Item> findAll() {
        try {
            TypedQuery<Item> query =
                emf.createEntityManager().
                createNamedQuery(
                    "Item.findAll", Item.class);
            List<Item> list = query.getResultList();
            return list;
        } catch (Exception e) {
            e.printStackTrace();
```

```
        FacesContext
            .getCurrentInstance()
            .addMessage(
                "searchForm",
                new FacesMessage(e.getMessage())
            );
    }
    return new ArrayList<Item>();
}

public void update(Long id) {
    FacesContext ctx =
        FacesContext.getCurrentInstance();
    ELContext elc = ctx.getELContext();
    ELResolver elr =
        ctx.getApplication().getELResolver();
    SigninController signinController =
        (SigninController) elr.getValue(
            elc, null, "signinController");

    Customer customer = signinController.getCustomer();
    try {
        ut.begin();
        EntityManager em = emf.createEntityManager();
        Item item = em.find(Item.class, id);
        item.setBuyer(customer);
        item.setSold(new Date());
        ut.commit();
        FacesContext
        .getCurrentInstance()
        .addMessage(
            "buyForm",
            new FacesMessage(
            FacesMessage.SEVERITY_INFO,
            customer.getEmail() +
            " bought item " + item.getId(),
            null
            )
        );
    } catch (Exception e) {
        e.printStackTrace();
        String msg =
                MessageFormat.format(
```

```
            "Cannot update item with ID={0}", id);
        FacesMessage fm = new FacesMessage(
                FacesMessage.SEVERITY_WARN,
                msg,
                e.getMessage());
        FacesContext
            .getCurrentInstance()
            .addMessage(
                "buyForm",
                fm);
      }
    }
}
```

Listing 9.152 SearchController.java

9.14.4   Phase-Event

Phase-Ereignisse treten immer vor dem Eintritt in und nach dem Austritt aus einer Phase auf.

Um einen Phase-Listener zu programmieren, erstellen Sie eine Klasse, die vom Interface PhaseListener ableitet. Die implementierende Klasse muss außerdem die drei abstrakten Methoden

- beforePhase(),
- afterPhase() und
- getPhaseId()

des Interfaces überschreiben.

Mit der Methode getPhaseId() wird die Phase angezeigt, für die der Phase-Listener aufgerufen werden soll. Wenn bei einer einzigen Phase reagiert werden soll, wird die Rückgabe durch einen der folgenden Werte realisiert:

- PhaseId.RESTORE_VIEW
- PhaseId.APPLY_REQUEST_VALUES
- PhaseId.PROCESS_VALIDATIONS
- PhaseId.UPDATE_MODEL_VALUES
- PhaseId.INVOKE_APPLICATION
- PhaseId.RENDER_RESPONSE

Wenn der Phase-Listener in allen Phasen aktiviert werden soll, verwenden Sie die Konstante PhaseId.ANY_PHASE.

Im folgenden Beispiel werden wir eine Phase-Listener-Klasse erstellen, die jedes Phase-Event in das Logging des Java EE Servers schreibt. Im Logging werden der aufrufende ServletPath und die aktuelle Phase eingetragen.

```java
package de.java2enterprise.onlineshop;

import java.util.logging.Level;
import java.util.logging.Logger;

import javax.faces.event.PhaseEvent;
import javax.faces.event.PhaseId;
import javax.faces.event.PhaseListener;

public class LogPhaseListener implements PhaseListener {
    private static final long serialVersionUID = 1L;
    private final Logger log =
        Logger.getLogger(getClass().getName());

    @Override
    public PhaseId getPhaseId() {
        return PhaseId.ANY_PHASE;
    }

    @Override
    public void beforePhase(PhaseEvent event) {
        log.log(
            Level.INFO,
            event.getFacesContext().
                getExternalContext().
                getRequestServletPath() +
            " before Phase " +
            event.getPhaseId() +
            " is postback " +
            event.getFacesContext().isPostback());
    }

    @Override
    public void afterPhase(PhaseEvent event) {
        log.log(
                Level.INFO,
                    event.getFacesContext().
                    getExternalContext().
                    getRequestServletPath() +
```

```
                " after Phase " +
                event.getPhaseId() +
                " is postback " +
                event.getFacesContext().isPostback());
    }
}
```

Listing 9.153 LogPhaseListener.java

Die Registrierung der Phase-Listener kann über ein Element in der JSF-Konfigurationsdatei *faces-config.xml* deklariert werden:

```
...
<lifecycle>
    <phase-listener>
        de.java2enterprise.onlineshop.LogPhaseListener
    </phase-listener>
</lifecycle>
...
```

Listing 9.154 faces-config.xml

Eine weitere Möglichkeit besteht darin, die Komponente phaseListener innerhalb des Facelets zu setzen:

```
<h:form id="signinForm">
    <f:phaseListener type="de.java2enterprise.onlineshop.LogPhaseListener"/>
...
```

Listing 9.155 signin.xhtml

Diese Variante hat den Vorteil, dass der Phase-Listener auf bestimmte Unterzweige des UI-Komponentenbaums eingeschränkt werden kann. So würde etwa die obige phaseListener-Komponente dazu führen, dass lediglich diejenigen Phase-Events gemeldet werden, die vom signin-Formular betroffen sind.

9.14.5 System-Event

Viele weitere Ereignisse sind als Unterklassen der Klasse javax.faces.event.SystemEvent realisiert. Die Möglichkeiten sind hierbei gewaltig, denn mithilfe der Ereignisse kann fast jeder Handgriff des Frameworks belauscht werden.

Um die System-Events abzufangen, wird eine Klasse programmiert, die das Interface SystemEventListener implementiert. Dabei müssen die Methoden isListenerForSource(Object source) und processEvent(SystemEvent event) überschrieben werden. Mit isListenerFor-

Source(Object source) können Sie die Gültigkeit des Listeners einschränken. Über die Methode processEvent(SystemEvent event) wird die Aktion programmiert, die bei Auslösung des Ereignisses erfolgen soll.

Im folgenden Beispiel werden wir die Arbeit des JSF-Frameworks belauschen. Unser Interesse gilt der Arbeit des Renderers. Hierfür hören wir bei den Ereignissen des Typs PreRenderComponentEvent zu, denn sie werden vor dem Rendern jeder einzelnen UI-Komponente des Komponentenbaums ausgelöst.

```java
package de.java2enterprise.onlineshop;

import java.util.logging.Level;
import java.util.logging.Logger;

import javax.faces.component.UIComponent;
import javax.faces.event.AbortProcessingException;
import javax.faces.event.PreRenderComponentEvent;
import javax.faces.event.SystemEvent;
import javax.faces.event.SystemEventListener;

public class RenderComponentListener
        implements SystemEventListener {
    private final Logger log =
        Logger.getLogger(getClass().getName());

    @Override
    public boolean isListenerForSource(Object source) {
        return (source instanceof UIComponent);
    }

    @Override
    public void processEvent(SystemEvent event)
            throws AbortProcessingException {
        PreRenderComponentEvent ev =
            (PreRenderComponentEvent) event;
        UIComponent comp =
            (UIComponent) ev.getSource();
        log.log(
            Level.INFO,
            "Rendering " + comp.toString());
    }
}
```

Listing 9.156 RenderComponentListener.java

Den Listener werden wir in der JSF-Konfigurationsdatei registrieren, denn dort kann hierfür das Element system-event-listener genutzt werden. Den system-event-listener legen wir innerhalb des Elements application ab.

```
...
<application>
    <system-event-listener>
        <system-event-listener-class>
de.java2enterprise.onlineshop.RenderComponentListener
        </system-event-listener-class>
        <system-event-class>
        javax.faces.event.PreRenderComponentEvent
        </system-event-class>
    </system-event-listener>
</application>
...
```

Listing 9.157 faces-config.xml

In Abbildung 9.37, in der die gesamten JSF-Events dargestellt sind, wurde deutlich, dass System-Ereignisse, die bei UI-Komponenten ausgelöst werden, von der Klasse ComponentSystem-Event abgeleitet sind. Für solche Events gibt es noch eine zweite Möglichkeit, die System-Listener zu registrieren, denn neben der Deklaration in der JSF-Konfiguration können Sie auch das Element event innerhalb der UI-Komponente selbst einsetzen. Der Vorteil dieser Deklaration ist, dass Sie hiermit die Ereignisse noch weiter ganz konkret auf einzelne UI-Komponenten einschränken können.

```
...
<h:form id="buyForm">
    <f:event
        listener="de.java2enterprise.onlineshop"
        type="PreRenderComponentEvent"
        />
...
```

Listing 9.158 search.xhtml

9.15   Ajax einsetzen

Keine moderne Webanwendung kommt heutzutage ohne Ajax aus. Ajax und Web 2.0, die einst herausragenden Schlagwörter des Internets, spielen auch im Frontend einer modernen Java EE-Anwendung eine bedeutende Rolle.

In diesem Abschnitt werde ich die Ajax-Komponente aus dem JSF-Framework beschreiben. Das Besondere an dieser Komponente ist, dass Sie die asynchronen Anfragen von Ajax nicht mehr mühsam programmieren, sondern lediglich konfigurieren müssen.

Doch bevor wir damit beginnen, gehe ich noch kurz auf die Grundlagen von Ajax ein.

9.15.1   Ajax-Grundlagen

Ajax steht für *Asynchronous JavaScript and XML*. Der Begriff wurde von Jesse J. Garrett im Jahre 2005 geprägt und war plötzlich populär, obwohl es sich um Technologien handelt, die weit älter sind. Das eigentlich Neue an Ajax war die Tatsache, dass es auf eine JavaScript-Klasse hinweist, die Microsoft bereits im Jahr 1998 entwickelt hatte. Microsofts Neuentwicklung war ein ActiveX-Objekt mit dem Namen XMLHttpRequest. Durch einen XMLHttpRequest wird das Frage-Antwort-Spiel zwischen dem Webbrowser und dem Webserver verändert. Wenn der Webbrowser einen HTTP-Request an einen Webserver versendet, löscht er normalerweise den Inhalt der aktuellen Webseite. Erst nach der Ankunft der HTTP-Response wird der Bildschirm wieder aufgebaut. Der Unterschied zwischen Ajax-Anfragen und herkömmlichen Anfragen ist somit, ob die aktuelle Webseite während des Aufrufs bestehen bleibt. Die Antwort des Servers braucht deshalb nicht den gesamten Inhalt der aktuellen Webseite zu ersetzen.

Der Server versendet also keine komplette HTML-Seite, sondern nur eine kurze Information oder einen kurzen HTML-Schnipsel. Die Webseite ist selbst dafür verantwortlich, wie sie mit der Antwort des Servers umgehen wird. Meistens werden Ajax-Ergebnisse mittels JavaScript in die aktuelle Webseite eingefügt. In Listing 9.159 wird die HTTP-Response auf den XMLHttp-Request in einer JavaScript-Funktion entgegengenommen. Bei der Funktion handleResponse handelt es sich um einen Event-Handler, der durch den Webbrowser automatisch aufgerufen wird. Innerhalb der Methode greifen wir auf die Variable ajax zu, um den Wert von readyState abzufragen. Innerhalb der Webseite können wir die Ajax-Anfrage anschließend nutzen, um die HTML-Elemente über die Funktionen des Objekts document zu manipulieren.

Im folgenden Beispiel wird die E-Mail des Benutzers über Ajax an den Server verschickt. Die Antwort des Servers wird als Inhalt eines <div>-Elements angezeigt.

```
<html>
<head>
<script type="text/javascript">

var ajax;

function signin() {
    var email = document.getElementById("email").value;
    try {
        ajax = new XMLHttpRequest();
```

```
            ajax.open('get', 'signin?email=' + email, true);
            ajax.onreadystatechange = handleResponse;
            ajax.send(null);
        } catch(exception) {
            alert(exception);
        }
    }

    function handleResponse() {
        try {
            if(ajax.readyState == 4) {
                var div = document.getElementById("message");
                div.innerHTML = ajax.responseText;
            }
        } catch(exception) {
            alert(exception);
        }
    }

</script>
</head>
<body>
    E-Mail:<input id="email"/>
    <button onclick="signin()">SignIn</button>
    <div id="message"></div>
</body>
</html>
```

Listing 9.159 signin.html

Im folgenden Servlet wird die Ajax-Anfrage der HTML-Seite entgegengenommen und in einer HTTP-Response beantwortet.

```
package de.java2enterprise.onlineshop;

import java.io.IOException;

import javax.servlet.ServletException;
import javax.servlet.annotation.WebServlet;
import javax.servlet.http.HttpServlet;
import javax.servlet.http.HttpServletRequest;
import javax.servlet.http.HttpServletResponse;
```

```
@WebServlet("/signin")
public class SigninServlet extends HttpServlet {
    private static final long serialVersionUID = 1L;

    protected void doGet(
        HttpServletRequest request,
        HttpServletResponse response)
        throws ServletException, IOException {

        response.getWriter().write(
            request.getParameter("email"));

    }
}
```

Listing 9.160 SigninServlet.java

9.15.2   Die »ajax«-Komponente von JSF

Mit JSF konzentriert sich die Programmierung von Ajax-Anfragen im Wesentlichen auf eine einzige Komponente. Diese Komponente nennt sich ajax und befindet sich in der Kernbibliothek von JSF.

Die Attribute »event«, »execute« und »render«

Für die gängigsten Aufgaben nutzt man die Attribute event, execute und render.

Das Attribut event definiert das Ereignis, bei dem die Ajax-Anfrage ausgelöst werden soll. Bei einem Command-Button ist zu diesem Zweck der Defaultwert "action" vorgesehen. Damit ist gemeint, dass die Ajax-Anfrage durch einen Mausklick auf die Schaltfläche ausgelöst wird. Bei Eingabe- und Auswahlfeldern ist der Defaultwert "valueChanged". Dies hat zur Folge, dass bei jeder Wertänderung der Ajax-Mechanismus in Gang kommt.

Weiteres Fein-Tuning bietet die Möglichkeit, einen der vielen Event-Handler einzutragen, wobei der Vorspann "on" weggelassen wird. Es können also ferner folgende Werte eingetragen werden: "blur", "change", "click", "dblclick", "focus", "keydown", "keypress", "keyup", "mousedown", "mousemove", "mouseout", "mouseover", "mouseup" oder "select". In den meisten Fällen wird man aber den Defaultwert nutzen, sodass auf das Attribut event sogar gänzlich verzichtet werden kann.

Über das Attribut execute bestimmen Sie die UI-Komponenten, die bei der serverseitigen Ausführung berücksichtigt werden.

Das Attribut render legt fest, welche UI-Komponenten mit der Antwort des Servers neu gezeichnet werden.

Sowohl bei execute als auch bei render tragen Sie die IDs der betroffenen UI-Komponenten hintereinander ein. Als Trenner setzen Sie ein Leerzeichen.

```
...
<f:ajax
    event="action"
    execute="email password"
    render="welcome"/>
    ...
```

Listing 9.161 signin.xhtml

Die Liste der UI-Komponenten kann auch von einer Backing Bean bereitgestellt werden. In diesem Fall muss die Backing Bean ein Objekt der Klasse java.util.List<String> bereitstellen.

```
 ...
<f:ajax
    event="action"
    execute="#{signinController.executeList}"
    render="#{signinController.rendereList}"/>
    ...
```

Listing 9.162 signin.xhtml

Darüber hinaus können Sie sowohl bei dem Attribut execute als auch bei dem Attribut render folgende Aliasse einsetzen:

▶ **@this**
das Element, bei dem die Ajax-Komponente gesetzt wurde (dies ist der Defaultwert bei dem Attribute execute)

▶ **@form**
alle Elemente des Formulars

▶ **@all**
alle Elemente

▶ **@none**
Keine Elemente. Dies ist der Defaultwert bei dem Attribut render.

Die ajax-Komponente kann entweder als Child- oder als Parent-Element definiert werden.

»ajax« als Child-Element

Wenn Sie die ajax-Komponente als Child-Element einsetzen, wird die Ajax-Anfrage lediglich beim Ereignis der umschließenden Parent-Komponente ausgelöst.

Im nächsten Beispiel werden wir die ajax-Komponente als Child-Element verwenden. Listing 9.163 zeigt, wie die ajax-Komponente als Child des Submit-Buttons für das Einloggen dient. Die Eingabefelder mit den IDs email und password sollen serverseitig verarbeitet werden. Wenn der Server festgestellt hat, dass die E-Mail-Kennwort-Kombination in der Datenbank vorhanden ist, soll die Komponente mit der ID welcome neu gezeichnet werden.

```xml
<?xml version="1.0" encoding="UTF-8" ?>
<!DOCTYPE html PUBLIC "-//W3C//DTD XHTML 1.0 Transitional//EN"
          "http://www.w3.org/TR/xhtml1/DTD/xhtml1-transitional.dtd">
<html
  xmlns="http://www.w3.org/1999/xhtml"
  xmlns:c="http://xmlns.jcp.org/jsp/jstl/core"
  xmlns:h="http://xmlns.jcp.org/jsf/html"
  xmlns:f="http://xmlns.jcp.org/jsf/core">
<h:head>
</h:head>
<h:body>
<h:messages/>
<h:form
    id="signinForm"
    prependId="false">
    <h:panelGrid columns="2">
        <h:outputLabel
            for="email"
            value="E-Mail:"/>
        <h:inputText
            id="email"
            value="#{signinController.email}"/>
        <h:outputLabel
            for="password"
            value="Kennwort:"/>
        <h:inputSecret
            id="password"
            label="Kennwort"
            value="#{signinController.password}"/>
        <h:commandButton
            id="signin"
            value="Einloggen"
            action="#{signinController.find()}">
            <f:ajax
                execute="email password"
                render="welcome"/>
        </h:commandButton>
```

```
        <h:outputText
            id="welcome"
            value="#{signinController.customer.email}"/>
    </h:panelGrid>
</h:form>
</h:body>
</html>
```

Listing 9.163 signin.xhtml

»ajax« als Parent-Element

Wenn die ajax-Komponente einen ganzen Bereich umspannt, werden Ajax-Anfragen durch jede Komponente ausgelöst, die in diesem Bereich ein Default-Event aufweist.

Das Defaultereignis von Eingabe- und Auswahlfeldern ist valueChanged. Ein ValueChanged-Ereignis tritt ein, wenn der Benutzer den Wert eines Eingabe- oder eines Auswahlfeldes verändert und den Fokus auf ein anderes Element setzt, weil er beispielsweise das nächste Eingabefeld selektiert.

Das Defaultereignis von Schaltflächen und Links ist action, das gleichbedeutend mit einem Mausklick ist.

Im nächsten Beispiel werden wir den ganzen Bereich des Einloggen-Formulars mit einem öffnenden und einem schließenden ajax-Tag umspannen.

```
<?xml version="1.0" encoding="UTF-8" ?>
<!DOCTYPE html PUBLIC "-//W3C//DTD XHTML 1.0 Transitional//EN"
         "http://www.w3.org/TR/xhtml1/DTD/xhtml1-transitional.dtd">
<html
  xmlns="http://www.w3.org/1999/xhtml"
  xmlns:c="http://xmlns.jcp.org/jsp/jstl/core"
  xmlns:h="http://xmlns.jcp.org/jsf/html"
  xmlns:f="http://xmlns.jcp.org/jsf/core">
<h:head>
</h:head>
<h:body>
<f:ajax
    execute="email password"
    render="welcome">
<h:messages/>
<h:form
    id="signinForm"
    prependId="false">
    <h:panelGrid columns="2">
        <h:outputLabel
```

```
                for="email"
                value="E-Mail:"/>
        <h:inputText
                id="email"
                value="#{signinController.email}"/>
        <h:outputLabel
                for="password"
                value="Kennwort:"/>
        <h:inputSecret
                id="password"
                label="Kennwort"
                value="#{signinController.password}"/>
        <h:commandButton
                id="signin"
                value="Einloggen"
                action="#{signinController.find()}"/>
        <h:outputText
                id="welcome"
                value="#{signinController.customer.email}"/>
    </h:panelGrid>
</h:form>
</f:ajax>
</h:body>
</html>
```

Listing 9.164 signin.xhtml

Ich habe bereits angemerkt, dass der ajax-Rahmen zur Folge hat, dass nicht nur der Mausklick auf die Schaltfläche eine Ajax-Anfrage verursacht, sondern auch die Änderungen in den Eingabe- und Auswahlfeldern. Wenn Sie das obige Programm auf Ihrem Rechner ausführen, werden Sie clientseitig keine Änderung feststellen – es sei denn, Sie nutzen einen Debugger, wie beispielsweise das Netzwerkanalysewerkzeug von Mozilla Firefox, denn jedes Mal, wenn der Benutzer von einem Feld ins nächste wechselt, versendet der Webbrowser eine Ajax-Anfrage und aktualisiert hierbei den jeweiligen Wert auf dem Server. Hiervon bekommt der Benutzer aber nichts mit. Es ist jedoch von Bedeutung, dass Ihnen die HTTP-Anfragen, die hierbei ausgelöst werden, bewusst sind, denn in der Praxis können zu viele unnötige HTTP-Requests auch zu einer schlechteren Performance führen.

Noch ereignisreicher wird es, wenn Sie das Attribut event auf einen der zahlreichen Event-Handler-Typen umstellen, denn wenn Sie dort beispielsweise den Event-Typ "click" spezifizieren, löst jeder Mausklick auf fast beliebiger Fläche gleich mehrere Ajax-Anfragen aus. Dieser Seiteneffekt ist in der Regel nicht gewollt.

```
...
<f:ajax
    event="click"
    execute="email password"
    render="welcome">
<h:messages/>
<h:form
    id="signinForm"
    prependId="false">
    ...
```

Listing 9.165 signin.xhtml

listener

Events und Listener habe ich bereits im vorangegangenen Abschnitt beschrieben.

Auch mit der ajax-Komponente können Sie einen Listener aktivieren, wenn ein Ereignis eintritt. Im folgenden Beispiel werden wir zwei SelectOneListbox-Komponenten erstellen. Beide Komponenten werden von der ajax-Komponente umrahmt. Sobald der Benutzer ein Element in einer der beiden Komponenten selektiert, wird automatisch eine Ajax-Anfrage an den Server versendet.

```
<?xml version="1.0" encoding="UTF-8" ?>
<!DOCTYPE html PUBLIC "-//W3C//DTD XHTML 1.0 Transitional//EN"
        "http://www.w3.org/TR/xhtml1/DTD/xhtml1-transitional.dtd">
<html xmlns="http://www.w3.org/1999/xhtml"
      xmlns:h="http://xmlns.jcp.org/jsf/html"
      xmlns:f="http://xmlns.jcp.org/jsf/core">
<h:head>
</h:head>
<h:body>
    <h:form>
    <f:ajax
        render="left right"
        listener="#{testController.change}">
        <h:selectOneListbox
            id="left"
            size="7"
            style="width: 200px"
            value="#{testController.selectedLeft}">
            <f:selectItems
                value="#{testController.left}"/>
        </h:selectOneListbox>
```

```
    <h:selectOneListbox
        id="right"
        size="7"
        style="width: 200px"
        value="#{testController.selectedRight}">
        <f:selectItems
            value="#{testController.right}"/>
    </h:selectOneListbox>
</f:ajax>
    </h:form>
</h:body>
</html>
```

Listing 9.166 test.xhtml

Weil in der Ajax-Komponente das Attribut `listener="#{testController.change}"` eingetragen ist, wird die Methode `change()` der Backing Bean `TestController` aufgerufen, sobald sich bei den UI-Komponenten etwas ereignet.

In der Backing Bean werden wir vier Properties vorsehen. Die zwei Properties `left` und `right` werden jeweils die linke und die rechte Liste zur Verfügung stellen. Dir dritte und vierte Property nennen wir `selectedLeft` und `selectedRight`. Sie stellen das selektierte Element dar, das von der linken Liste oder von der rechten Liste zur Gegenseite transferiert werden soll.

Die Listener-Methode `change` erhält einen Optionsparameter des Typs `javax.faces.event.AjaxBehaviorEvent`. Über dieses Objekt erfahren wir, welches der beiden Auswahlfelder das Ereignis auslöst. Innerhalb der Methode entfernen wir das selektierte Objekt aus der aktivierten Komponente. Gleichzeitig setzen wir das Objekt in die Liste der Gegenseite (siehe Abbildung 9.38).

```
package de.java2enterprise.onlineshop;

import java.io.Serializable;
import java.util.ArrayList;
import java.util.List;

import javax.annotation.PostConstruct;
import javax.enterprise.context.SessionScoped;
import javax.faces.component.UIComponent;
import javax.faces.event.AjaxBehaviorEvent;
import javax.inject.Named;

@Named
@SessionScoped
```

```
public class TestController implements Serializable {
    private static final long serialVersionUID = 1L;

    private List<String> left = new ArrayList<String>();

    private List<String> right = new ArrayList<String>();

    private String selectedLeft;

    private String selectedRight;

    public List<String> getLeft() {
        return left;
    }

    public void setLeft(List<String> left) {
        this.left = left;
    }

    public List<String> getRight() {
        return right;
    }

    public void setRight(List<String> right) {
        this.right = right;
    }

    public String getSelectedLeft() {
        return selectedLeft;
    }

    public void setSelectedLeft(String selectedLeft) {
        this.selectedLeft = selectedLeft;
    }

    public String getSelectedRight() {
        return selectedRight;
    }

    public void setSelectedRight(String selectedRight) {
        this.selectedRight = selectedRight;
    }
```

```java
public void change(AjaxBehaviorEvent event) {
    UIComponent component = event.getComponent();
    String id = component.getId();
    if("left".equals(id)) {
        left.remove(selectedLeft);
        right.add(selectedLeft);
    } else if("right".equals(id)) {
        right.remove(selectedRight);
        left.add(selectedRight);
    }
}

@PostConstruct
public void init() {
    left = new ArrayList<String>();
    left.add("Montag");
    left.add("Dienstag");
    left.add("Mittwoch");
    left.add("Donnerstag");
    left.add("Freitag");
    left.add("Samstag");
    left.add("Sonntag");
}
}
```

Listing 9.167 TestController.java

Abbildung 9.38 »test.xhtml«

resetValues

Vielleicht ist Ihnen bei den bisherigen Programmierübungen bereits aufgefallen, dass sich die Komponente Command-Button auch als Reset-Button rendern lässt. Hierfür müssen wir lediglich das Attribut type auf "reset" setzen.

```
<h:commandButton
    type="reset"
    value="#{msg['reset']}"/>
```

Listing 9.168 signin.xhtml

Allerdings funktioniert die obige Befehlskomponente nicht wie erwartet.

Mit der Java-Server-Faces-Version 2.2 wurde der Komponente ajax deshalb das Attribut resetValues hinzugefügt, das genau die Funktionalität mitbringt, die der obige Reset-Button vermissen ließ. Der folgende Quelltext zeigt, wie Sie das neue Attribut verwenden:

```
<h:commandButton value="#{msg['reset']}">
    <f:ajax
        render="email password"
        resetValues="true"/>
</h:commandButton>
```

Listing 9.169 signin.xhtml

9.16   HTML5-friendly Markup

JSF bietet zahlreiche Features für die Unterstützung der HTML5-Technologie an. Da die HTML5-Spezifikation aber stetig weiterentwickelt wird, musste man sich ein besonderes Konzept ausdenken, um auch neuere HTML5-Tags einbinden zu können. Die Lösung war, unbekannte HTML5-Elemente einfach durchzureichen. Die durchgereichten Elemente und Attribute nennt man *Pass-through-Attribute* bzw. *Pass-through-Elemente*.

Die Umstellung auf HTML5 zeigt sich aber auch schon an dem gerenderten HTML-Dokument, denn wenn Sie sich den clientseitigen Quelltext im Webbrowser anschauen, werden Sie feststellen, dass standardmäßig der Doctype für HTML5 erzeugt wird:

```
<!DOCTYPE html>
```

In Kapitel 3, »Planung und Entwurf«, habe ich bereits erklärt, dass ein Webbrowser über den Doctype erfährt, wie er den Quelltext zu interpretieren hat. Das voreingestellte HTML5 lässt sich in der JSF-Konfigurationsdatei auf die Modi XHTML, XML oder JSPX umstellen. In der Regel ist die Einstellung auf HTML5 aber goldrichtig, denn hierdurch eröffnet sich die neue Welt mit den modernen Features von HTML5, die aber auch mit HTML 4 abwärtskompatibel ist.

9.16.1   Pass-through-Attribute

Die HTML5-Pass-through-Attribute-Technik verfolgt das Ziel, dass unbekannte Attribute von JSF nicht verarbeitet, sondern einfach an den Webbrowser weitergereicht werden. Das Durchreichen können Sie auf drei verschiedene Weisen programmieren:

▶ über das Element passThroughAttribute

▶ über das Element passThroughAttributes

▶ über den passThrough-Namensraum

Das Element »passThroughAttribute«

Mit dem Element passThroughAttribute werden einzelne HTML5-Attribute als Schlüsselwert-paare durchgereicht. Listing 9.170 zeigt, wie Sie das neue HTML5-Attribut mit dem Namen pattern (für die Validierung mit regulären Ausdrücken) setzen könnten:

```
...
<h:inputText
    value="#{registerController.customer.email}">
    <f:passThroughAttribute
        name="pattern" value=".{6,40}"/>
</h:inputText>
...
```

Listing 9.170 register.xhtml

Das Muster für den regulären Ausdruck könnte auch aus einer Backing Bean kommen:

```
...
<h:inputText
    value="#{registerController.customer.email}">
    <f:passThroughAttribute
        name="pattern"
        value="#{registerController.pattern}"/>
</h:inputText>
...
```

Listing 9.171 register.xhtml

Das Element »passThroughAttributes«

Mithilfe des Elements passThroughAttributes werden mehrere Schlüssel-Wert-Paare durch-gereicht. Das Ergebnis der Backing Bean muss vom Typ Map<String, Object> sein.

```
...
<h:inputText
    value="#{registerController.customer.email}">
```

```
    <f:passThroughAttributes
        value="#{registerController.keyValueMap}"/>
</h:inputText>
...
```

Listing 9.172 register.xhtml

Der »passThrough«-Namensraum

Eine weitere Möglichkeit, unbekannte (weil noch neue) HTML5-Attribute zu nutzen, besteht in der Nutzung des speziellen Namensraums http://xmlns.jcp.org /jsf/passthrough:

```
<html
  xmlns="http://www.w3.org/1999/xhtml"
  xmlns:h="http://xmlns.jcp.org/jsf/html"
  xmlns:p="http://xmlns.jcp.org/jsf/passthrough">

  ...
  <h:inputText
      value="#{registerController.customer.email}">
      p:pattern="#{registerController.pattern}"/>
  ...
```

Listing 9.173 register.xhtml

9.16.2   Pass-through-Elemente

Um ein neues HTML5-Element zum Webbrowser durchzureichen, nutzt JSF einen kleinen Kniff: JSF betrachtet ein Element ganz einfach dann als Pass-through-Element, wenn mindestens eines seiner Attribute im Namensraum von http://xmlns.jcp.org/jsf definiert ist.

```
<html
  xmlns="http://www.w3.org/1999/xhtml"
  xmlns:h="http://xmlns.jcp.org/jsf/html"
  xmlns:jsf="http://xmlns.jcp.org/jsf">

  ...
  <input
      jsf:type="text"
      jsf:value="#{registerController.customer.email}">
      jsf:pattern="#{registerController.pattern}"/>
  ...
```

Listing 9.174 register.xhtml

Kapitel 10
Enterprise JavaBeans

»Binde deinen Karren an einen Stern.«
Leonardo Da Vinci

In diesem Kapitel werde ich die Enterprise JavaBeans behandeln. Der Einsatz von Enterprise JavaBeans erleichtert das Persistieren der Geschäftsdaten, weil sich der umgebende EJB-Container um die Transaktionsverwaltung kümmert. Hierdurch können zahlreiche Anweisungen im Quelltext entfallen, die in verflochtenen Systemen komplex und fehleranfällig sind. Diese können besonders dann vielschichtig und unübersichtlich werden, wenn eine Transaktionsverwaltung auf verteilten Systemen erforderlich ist oder wenn die Anwendungskomponenten, aufgrund einer hohen Nutzeranzahl, auf eine Server-Farm verteilt werden müssen. Mit Enterprise JavaBeans wird diese Verantwortlichkeit ganz einfach dem umgebenden EJB-Container überlassen, der sich automatisch um die Konsistenz und Integrität der Geschäftsdaten kümmert.

Gleichzeitig bieten Enterprise JavaBeans einen speziellen Sicherheitsdienst, sowohl über deklarative als auch über programmierbare Autorisierung, an. Enterprise JavaBeans gewährleisten also eine hohe Skalierbarkeit, eine hohe Verfügbarkeit und bieten spezielle Dienste für Transaktionen und Sicherheit an.

Bei den Enterprise JavaBeans unterscheidet man zwischen zwei Typen:

► **Session Beans**
Session Beans ermöglichen, die Geschäftskomponenten einer Java EE-Anwendung auf Rechnerfarmen zu verteilen und hierbei die atomare Transaktion und die Security dem umgebenden Container übertragen.

► **Message-driven Beans**
Message-driven Beans sind für den asynchronen Empfang von Nachrichten zuständig. Auf die Message-driven Beans werde ich später zurückkommen, nachdem ich auch die Grundlagen des Java Message Service erläutert habe.

10.1 Session-Bean-Grundlagen

Session Beans sind die Hauptakteure bei einer Softwarearchitektur mit Enterprise JavaBeans, denn sie enthalten die Business-Methoden, in denen die eigentliche Geschäftslogik der Java EE-Anwendung programmiert wird. In der Praxis ist es sogar so, dass man, wenn man umgangssprachlich von Enterprise JavaBeans (EJBs) spricht, hiermit lediglich die Session Beans meint.

Eine Session Bean ist zunächst einmal nichts anderes als eine ganz einfache Java-Klasse im Backend einer Unternehmensanwendung. In der mehrschichtigen Softwarearchitektur der Java EE-Anwendung stellt sie das Bindeglied zwischen dem Frontend und der Zugriffsschicht zur relationalen Datenbank dar. Fachlich gesehen hat sie die Aufgabe, die Geschäftslogik der Unternehmensanwendung zu implementieren.

Bei Session Beans unterscheidet man zwischen *Stateless Session Beans*, *Stateful Session Beans* und *Singleton Session Beans*. Kurz gesagt besteht der wesentliche Unterschied zwischen einer Stateless Session Bean und einer Stateful Session Bean darin, dass die Geschäftsdaten in einer Stateful Session Bean über mehrere Aufrufe hinweg verwendet werden können. Eine Stateless Session Bean bietet diesen Vorzug nicht, dafür ist sie vom Laufzeitverhalten und in der Speichernutzung effizienter.

Und wofür ist die dritte Session-Bean-Art gedacht? Singleton Session Beans sind in der gesamten JVM nur ein einziges Mal vorhanden. Auf die genauen Unterschiede und Verwendungsmöglichkeiten gehe ich in Abschnitt 10.5, »Unterschiedliche Session-Bean-Typen«, ausführlich ein.

Um eine Session Bean als Stateless, Stateful oder Singleton Session Bean zu kennzeichnen, setzen Sie jeweils die Annotationen `@Stateless`, `@Stateful` oder `@Singleton` vor den Klassenbezeichner. Beispielsweise handelt es sich bei der Klasse in Listing 10.1 um eine Stateless Session Bean:

```
package de.java2enterprise.onlineshop.ejb;

import javax.ejb.Stateless;

@Stateless
public class RegisterBean {
    ...
}
```

Listing 10.1 RegisterBean.java

In diesem Abschnitt werde ich die allgemeinen Grundlagen der Session Beans anhand einer Stateless Session Bean zeigen, da sie gängig ist und sich die nun folgenden Ausführungen auch auf die anderen beiden Session-Bean-Typen übertragen lassen.

10.1.1   Die Namenskonventionen bei Session Beans

Bei der Benennung der Session Bean sollten Sie darauf achten, die gängigen Namenskonventionen von EJBs zu verwenden. Halten Sie solche Konventionen in einer Java EE-Anwendung durchgehend ein. Manchmal ist es so, dass die Konventionen vom Hersteller nicht vorgegeben sind und sie deswegen von Anwendung zu Anwendung leicht abweichen. Das ist aber nicht weiter schlimm, solange eine Java EE-Anwendung sich konsistent an ihre eigenen Konventionen hält.

Aber nun zu den konkreten Konventionen für EJBs: Weil eine EJB häufig nicht nur aus einer einzigen Datei für die Klasse besteht, sondern auch über sogenannte Business-Interfaces (siehe Abschnitt 10.1.5, »Business-Interfaces«) definiert werden kann, legt man zunächst einen allgemeinen Basisnamen fest, der die Aufgabe der EJB treffend umschreibt. Im letzten Beispiel haben wir den Bezeichner `Register` gewählt, denn das ist die englische Übersetzung für die »registrieren«. Die Stateless Session Bean haben wir `RegisterBean` genannt, denn das Anhängen des Zusatzes `Bean` entspricht im Allgemeinen der gängigen Konvention für die Namensgebung der EJB-Komponentenklasse. In manchen Projekten endet der Name einer Session Bean nicht auf `Bean`, sondern auf `EJB`. Dann hieße die Session Bean also `RegisterEJB`. Wie gesagt, wichtig ist in erster Linie, dass die Namenskonventionen innerhalb der Java EE-Anwendung konsistent bleiben.

10.1.2 Die Business-Methoden von Session Beans

Der Zweck einer Session Bean besteht darin, die Geschäftslogik eines Anwendungsfalls in Methoden anzubieten. Der englische Fachbegriff für diese Methoden lautet *Business Methods*. Im Prinzip handelt es sich bei *Business-Methoden* um ganz gewöhnliche Methoden. Allerdings müssen bei Business-Methoden einige Regeln eingehalten werden, damit sie verwendet werden können:

▶ Eine Business-Methode muss öffentlich (`public`) sein.

▶ Sie darf nicht mit dem Modifier `final` oder `static` versehen sein.

▶ Sie darf nicht mit dem Wort `ejb` beginnen, da dies speziellen Methoden des EJB-Frameworks vorbehalten ist.

▶ Wenn Aufrufe von »entfernten« Clients vorgesehen sind, müssen sowohl die Datentypen der Parameter als auch die des Rückgabewertes gültige Typen für die Nutzung von RMI sein.

In Listing 10.2 sehen Sie, wie die Business-Methode `persist()` die Parameter `email` und `password` entgegennimmt und sie dem Client als Rückgabewert zurückliefert:

```
package de.java2enterprise.onlineshop.ejb;

import javax.ejb.Stateless;

@Stateless
public class RegisterBean {
    public String persist(String email, String password) {
```

```
        //TODO: Persist Customer
    return "Registriert: " +
        email + "/" +
        password;
    }
}
```

Listing 10.2 RegisterBean.java

Business-Methoden sollen die Geschäftslogik der Anwendung enthalten. Aber schon der Name der Business-Methode unseres Beispiels macht deutlich, dass der Zugriff auf ein Speichermedium beabsichtigt wird. Und dies ist häufig auch der Zweck einer Business-Methode. Business-Methoden speichern also oft die Geschäftsdaten ab oder rufen bereits abgespeicherte Daten auf. Da es sich dabei meistens um relationale Datenbanken handelt, wird der Zugriff in der Regel über den EntityManager von JPA programmiert. In Kapitel 8, »Die Java Persistence API«, bin ich bereits kurz auf die Unterschiede der JPA-Programmierung bei einer Web- und einer EJB-Komponente eingegangen. Kurz gefasst lässt sich sagen, dass sich eine Reihe von Anweisungen erübrigen, da sich der EntityManager und sogar die Transaktionen vom umgebenden EJB-Container automatisch verwalten lassen. Auf die Vereinfachung, die sich hieraus ergibt, werde ich in Abschnitt 10.4, »Transaktionen«, eingehen.

10.1.3   Der entfernte Aufruf über RMI-IIOP

Session Beans sind die Grundbausteine von verteilten Java EE-Anwendungen. Sie waren bereits zur Geburtsstunde des Java EE-Standards in der Spezifikation definiert. Schon zu Beginn sollten Session Beans all das verwirklichen, was man sich unter einer global vernetzten Welt von verteilten Komponenten vorstellte. Die »entfernten« Zugriffe sollten über CORBA realisiert werden, das den Standard unter den plattformunabhängigen Middleware-Technologien darstellte. Die CORBA-basierte Kommunikation wird bei Session Beans traditionell mithilfe des Protokolls RMI-IIOP ermöglicht. Für den Fall, dass Ihnen RMI aus dem Java SE-Standard noch nicht bekannt ist und Sie auch mit dem Begriff *IIOP* noch nicht viel anfangen können, folgt hier eine Kurzbeschreibung.

> **RMI over IIOP**
>
> RMI ist eine Middleware-Technologie aus der *Java Standard Edition*, mit der ein entfernter Client die Methoden einer serverseitigen Komponente aufrufen kann. In der Mitte der Kommunikation wird ein *Object Request Broker* (ORB) benötigt, bei dem die serverseitigen Komponenten unter einem bestimmten Bezeichner registriert werden. Dem Client wird zunächst ein Interface bereitgestellt, das alle Methodenrümpfe enthält, die er bei der serverseitigen Komponente aufrufen darf. Dies erfordert, dass die serverseitige Komponente das gleiche Interface implementiert.

Die Kommunikation beginnt, indem sich der Client über einen JNDI-Lookup eine Instanz der serverseitigen Komponente besorgt und diese mit dem Datentyp des Interfaces castet. Das Interface dient dem Client schließlich wie eine Fernsteuerung, über die er die Methoden der serverseitigen Komponente aktivieren kann. Das Transportprotokoll, das hierbei verwendet wird, nennt sich *Java Remote Method Protocol* (JRMP).

Der einzige Wermutstropfen dieses Transportprotokolls ist, dass es sich sowohl beim Client als auch beim Server um eine Java-Anwendung handeln muss. Weil sich Session Beans aber auch mit Clients austauschen sollen, die nicht in Java programmiert sind, wurde das eingesetzte RMI um die Fähigkeit der Sprachunabhängigkeit erweitert. Die einzige Anforderung, die hierfür an den Client gestellt wird, ist, dass er sich über CORBA verständigen kann, denn CORBA war zu dem Zeitpunkt, als man dies damals beschloss, der Standard für sprachunabhängige Kommunikation. Das Transportprotokoll von CORBA nennt sich IIOP. Beim Java EE-Standard spricht man deshalb von *RMI over IIOP* (RMI-IIOP).

In Abbildung 10.1 wird eine Besonderheit von Session Beans deutlich. Wir gehen die Schritte des Anfrageprozesses einzeln durch, um diese Eigentümlichkeit aufzuzeigen.

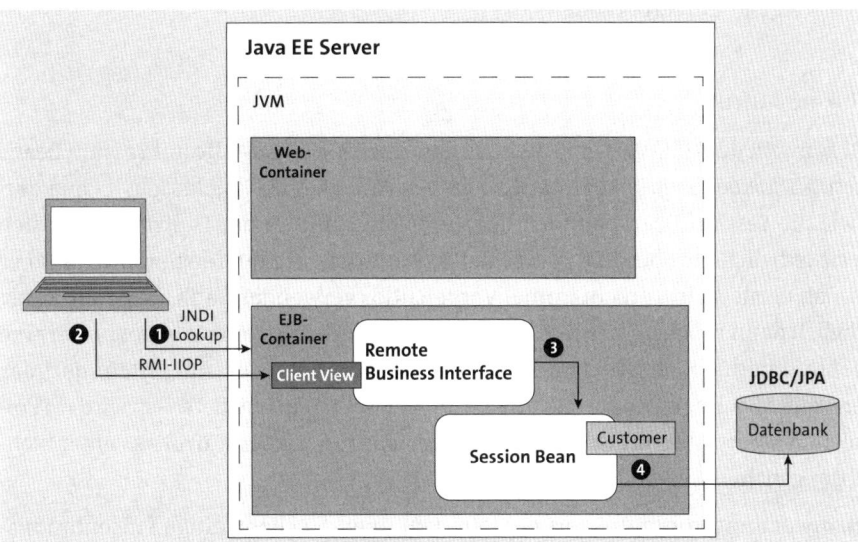

Abbildung 10.1 Der entfernte Aufruf über RMI-IIOP

In der Abbildung sehen Sie auf der linken Seite eine entfernte Client-Anwendung. Im ersten Schritt der Anfrage setzt der Client einen JNDI-Lookup beim Java EE Server ab, denn der Java EE Server stellt bei RMI-IIOP die Middleware dar, die den entfernten Aufruf entgegennimmt und die Anfrage weiterreicht. Wenn die Verbindung gelungen ist, versucht der Client, die Business-Methode `persist()` der Session Bean auszuführen. Der Client merkt aber nicht, dass er hierbei nicht direkt mit einer wirklichen Session-Bean-Komponente kommuniziert, denn seine Aufrufe landen erst einmal beim Java EE Server, der als ORB für die weitere Vermittlung zuständig ist. Aber auch der Java EE Server löst den Aufruf nicht direkt bei der Session Bean aus, sondern übermittelt die Anfrage lediglich an eine automatisch erzeugte interne Vertreterklasse. Diese Vertreterklasse wird vom EJB-Container ganz unbemerkt im Verdeckten erzeugt. Damit ist gemeint, dass Sie als Java EE-Entwickler eigentlich hiervon kaum etwas mitbekommen. Sie müssen dennoch wissen, dass sie existiert, damit Sie die EJB-API richtig benutzen können. Der Fachbegriff für die automatisch erzeugte Stellvertreter-Klasse lautet *Client View* oder einfach nur *View*.

Die Client View ist ein Objekt, das wie ein Abbild der Session Bean ausschaut. Dabei enthält es genau die Business-Methoden, die dem Frontend zur Ansicht bereitgestellt werden. Die Aufgabe der Methoden bei der Client View besteht lediglich darin, die Anfrage an die gleich benannten Business-Methoden der wirklichen Session Bean weiterzuleiten. Aufgrund dieses Konzepts kann der EJB-Container den Client dem Server flexibel zuordnen. Beispielsweise kann er hierdurch ein Instanz-Pooling auf eine besondere Art verwirklichen. Da die Komponenten der Session Beans vom Zugriff des Clients losgekoppelt sind, spielt es keine Rolle, wo sie sich tatsächlich befinden. Hierdurch kann der Java EE-Standard beispielsweise das Load-Balancing und die Failover-Mechanismen bei Cluster-Instanzen realisieren. Wie gesagt: All das passiert vorwiegend im Verborgenen.

10.1.4   Der lokale Aufruf

Im Jahre 2001 kam mit der J2EE-Version 1.3 hinzu, dass auch lokale Zugriffe auf Session Beans möglich waren. Als *lokalen Zugriff* bezeichnet man den Aufruf eines Objekts, das sich in derselben JVM wie die Session Bean befindet. Lokale Aufrufe sind in der Laufzeit wesentlich schneller, da sie lediglich die Speicheradresse der Zielkomponente referenzieren. Es ist aber auch so, dass man lokale Aufrufe nicht immer vorbehaltlos verwenden kann, denn der lokale Aufruf ist lediglich dann möglich, wenn es sich bei dem Aufrufer um eine Web- oder um eine EJB-Komponente innerhalb der gleichen Java EE-Anwendung handelt. Außerdem darf das Gesamtsystem keine Rechnerfarm mit Cluster-Instanzen sein. Warum das so ist, wird im Folgenden deutlich. Wir betrachten zunächst den Fall, bei dem ein lokaler Aufruf aus einer Webkomponente der gleichen Anwendung stammt.

Bei einer Webanwendung kommuniziert der Benutzer über die clientseitige Präsentationsschicht (beispielsweise ein HTML-Formular) mit der serverseitigen Webkomponente.

In Abbildung 10.2 wird ein Facelet eingesetzt, um den clientseitigen HTML-Code in einem Webbrowser erstellen zu lassen. Das Facelet ruft die Aktionsmethode einer JSF-Backing-Bean auf. Die Kommunikation erfolgt hierbei über HTTP.

Die Backing Bean wiederum leitet die Anfrage an eine Session Bean weiter, indem die Session Bean über die Annotation @EJB referenziert wird. Die serverseitige Webkomponente ruft hierbei die Session Bean lokal auf, weil der Webcontainer und der EJB-Container in der gleichen JVM ausgeführt werden. Zumindest trifft dies zu, wenn es sich um dieselbe Java EE-Anwendung innerhalb der gleichen Standalone-Instanz des Java EE Servers handelt.

In Abbildung 10.2 wird auch deutlich, dass das Prinzip der Client View auch für den lokalen Aufruf vorgesehen ist, denn auch dieser Aufruf landet genauso wie beim entfernten Client nicht direkt bei der Session Bean. Stattdessen wird auch hier die Session Bean von einer automatisch erzeugten internen Client View vertreten.

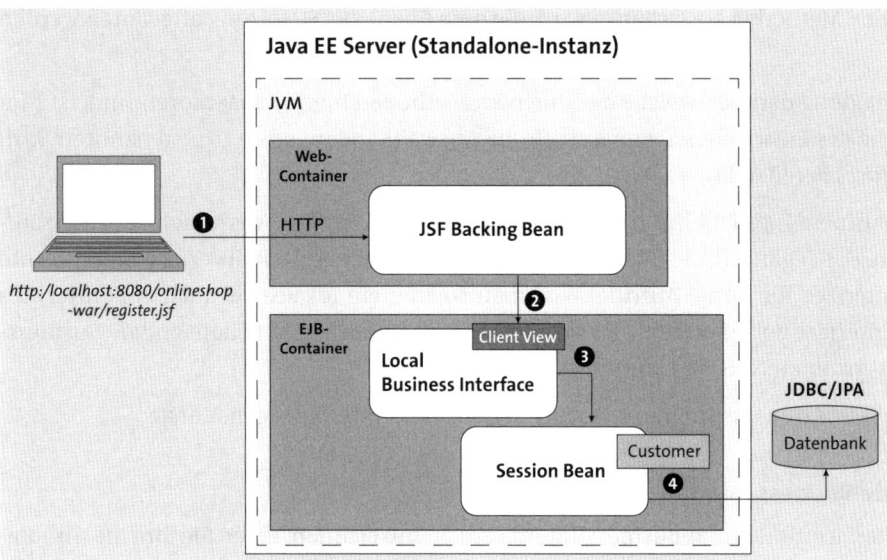

Abbildung 10.2 Der lokale Aufruf der Webkomponente auf die Session Bean

Entfernt oder lokal?

Kommen wir nun wieder zu der Frage zurück, wann eine Session Bean lokal angesprochen werden kann.

Besteht der Client aus einer Standalone-Client-Anwendung, also beispielsweise einer Java Swing GUI, erfolgt der Zugriff stets remote. Wenn es sich beim Client aber um eine Webkomponente handelt, die sich innerhalb der gleichen Standalone-Instanz wie die Session Bean befindet, dann läuft sie auch in der gleichen JVM. Deshalb werden Business-Interfaces in diesem Fall häufig als lokal deklariert. Problematisch wird es aber, wenn die Java EE-Anwendung auf einer Rechnerfarm läuft, bei der Cluster-Instanzen miteinander verbunden sind. Bei Cluster-Instanzen gelingt der lokale Zugriff nämlich (meistens) nicht; schließlich befinden sich die Cluster-Instanzen des Java EE Server-Verbunds ja auf unterschiedlichen Rechnern.

In der Praxis kann es passieren, dass anfänglich eine Session Bean auf einer Standalone-Instanz ausgeführt wird und die Java EE-Anwendung irgendwann so sehr an Popularität gewinnt, dass man sich für eine Ausweitung zu einer Rechnerfarm entscheidet. Diese Änderung kann nur durchgeführt werden, wenn die Session Beans über entfernte Zugriffe erreichbar sind. Wenn also eine architektonische Unabhängigkeit für die Zukunft angestrebt wird, ist auch bei einem Web-Frontend das Remote-Interface die richtige Wahl.

10.1.5   Business-Interfaces

Im letzten Abschnitt habe ich die Client View beschrieben. Dabei habe ich dargelegt, wie die Aufrufe ihrer Methoden an die Session Bean weitergeleitet werden. Für die Erzeugung der Client View ist der EJB-Container verantwortlich. Er kümmert sich darum, dass die Client View mit den Methoden ausgestattet wird, die dem Client zur Steuerung angeboten werden sollen.

Die Entscheidung darüber, welche der Business-Methoden hierfür auserkoren sind, ist hingegen Sache des Entwicklers. Denn er trifft die Auswahl, indem er sie in sogenannten *Business-Interfaces* bereitstellt.

Über das Business-Interface legen Sie also fest, welche der Business-Methoden der Client aufrufen kann. Dabei gibt es zwei Business-Interface-Typen, nämlich ein Interface für entfernte und ein Interface für lokale Aufrufe. Weil man sowohl ein lokales als auch ein entferntes Business-Interface vorsehen kann, ist es möglich, dass einem lokalen Client andere Business-Methoden anzubieten als dem entfernten Client.

Schauen wir uns nun die Programmierung der Business-Interfaces genauer an.

Das Remote-Business-Interface

Um ein Interface als Remote-Business-Interface zu kennzeichnen, fügen Sie ihm die Annotation @Remote bei.

Üblicherweise wird auch hier wieder eine gewisse Namenskonvention eingehalten. Beispielsweise wird für das Remote-Business-Interface manchmal einfach nur der Basisname der Session Bean verwendet. Dann hieße das Remote-Business-Interface schlicht Register. In den Beispielen dieses Buches verwenden wir jedoch eine andere Variante, bei der der Bezeichner mit dem Namen der Session Bean beginnt und auf Remote endet:

```
package de.java2enterprise.onlineshop.ejb;

import java.io.Serializable;

import javax.ejb.Remote;

@Remote
public interface RegisterBeanRemote extends Serializable {

    String persist(
            String email,
            String password);

}
```

Listing 10.3 RegisterBeanRemote.java

Damit die Session Bean aus der Ferne aufrufbar ist, muss sie vom Business-Interface ableiten und ihre abstrakten Methoden überschreiben.

Im Onlineshop wird die Business-Methode `persist()` die Zeichenketten entgegennehmen, um hiermit ein Objekt der Klasse `Customer` zu erzeugen und dieses Objekt in der Datenbanktabelle `CUSTOMER` abzuspeichern. Um die Speicherung werden wir uns aber erst später kümmern. Die Business-Methode `persist()`aus Listing 10.4 wird die übergebenen Zeichenketten ganz einfach als Rückgabewerte zurückliefern:

```
package de.java2enterprise.onlineshop.ejb;
import javax.ejb.Stateless;
@Stateless
public class RegisterBean implements RegisterBeanRemote {
    @Override
    public String persist(String email, String password) {
        //TODO: Persist Customer
        return "Registriert: " +
            email + "/" +
            password;
    }
}
```

Listing 10.4 RegisterBean.java

Die Annotation für das Business-Interface muss nicht zwingend beim Business-Interface, sondern darf auch bei der Session Bean vorgesehen werden. Allerdings sollte die Session Bean dann auch anzeigen, für welches Interface die Annotation gedacht ist. Dies geschieht, indem das Interface als Annotationsattribut hinzugefügt wird:

```
package de.java2enterprise.onlineshop.ejb;

import javax.ejb.Remote;
import javax.ejb.Stateless;

@Stateless
@Remote(RegisterBeanRemote.class)
public class RegisterBean implements RegisterBeanRemote {

    @Override
    public String persist(String email, String password) {
        //TODO: Persist Customer
        return "Registriert: " +
            email + "/" +
```

```
                        password;
        }
}
```

Listing 10.5 RegisterBean.java

Das lokale Business-Interface

Ein lokales Business-Interface wird durch die Annotation @Local gekennzeichnet. Auch beim lokalen Business-Interface wird eine Namenskonvention eingesetzt, damit es sofort als solches erkannt wird – und zwar endet es in der Regel mit dem Wort Local. Im Onlineshop nennt sich das lokale Business-Interface für die Registrierung folglich RegisterBeanLocal:

```
package de.java2enterprise.onlineshop.ejb;

import java.io.Serializable;

import javax.ejb.Local;

@Local
public interface RegisterBeanLocal extends Serializable {
    String persist(
        String email,
        String password);
}
```

Listing 10.6 RegisterBeanLocal.java

Genauso wie die Annotation @Remote können Sie auch die Annotation @Local bei der Session Bean notieren.

Im folgenden Beispiel sehen Sie eine Session Bean, die sowohl vom Remote-Business-Interface als auch vom lokalen Business-Interface abgeleitet wurde.

```
package de.java2enterprise.onlineshop.ejb;

import javax.ejb.Stateless;
import javax.ejb.Remote;
import javax.ejb.Local;

@Stateless
@Remote(RegisterBeanRemote.class)
@Local(RegisterBeanLocal.class)
public class RegisterBean
        implements RegisterBeanRemote, RegisterBeanLocal {
```

```
    @Override
    public String persist(String email, String password) {
        //TODO: Persist Customer
        return "Registriert: " +
            email + "/" +
            password;
    }
}
```

Listing 10.7 RegisterBean.java

Eine No-Interface View einsetzen

Eine dritte Variante sollte nicht unerwähnt bleiben: Es steht Ihnen auch frei, überhaupt kein Business-Interface für eine Session Bean bereitzustellen. In diesem Fall gelten alle ihre öffentlichen Methoden als lokal aufrufbar. Diese Variante wird als *No-Interface View* bezeichnet.

Der EJB-Container wird keine No-Interface View erstellen, falls ein Business-Interface vorhanden ist. Es gibt aber auch die Möglichkeit, eine No-Interface View explizit anzufordern, auch wenn ein Business-Interface programmiert wurde. Für diesen Zweck wird die Session Bean mit der Annotation @LocalBean gekennzeichnet.

Listing 10.8 zeigt eine Session Bean, bei der gleich drei unterschiedliche Annotationen vorgemerkt wurden. Aufgrund dieser drei Annotationen wird der Webcontainer drei Client Views zur Verfügung stellen, auf die vom Frontend aus auf unterschiedliche Art und Weise zugegriffen wird. Die Programmierung des EJB-Clients werde ich im nächsten Abschnitt behandeln.

```
package de.java2enterprise.onlineshop.ejb;

import javax.ejb.Stateless;
import javax.ejb.Remote;
import javax.ejb.Local;
import javax.ejb.LocalBean;

@Stateless
@Remote(RegisterBeanRemote.class)
@Local(RegisterBeanLocal.class)
@LocalBean
public class RegisterBean
        implements RegisterBeanRemote, RegisterBeanLocal {

    @Override
    public String persist(String email, String password) {
        //TODO: Persist Customer
```

```
        return "Registriert: " +
            email + "/" +
            password;
    }
}
```

Listing 10.8 RegisterBean.java

10.1.6   Die optionalen Deployment-Deskriptoren

Für die Konfiguration einer Enterprise JavaBean können Sie neben den oben gezeigten Annotationen auch Konfigurationen in speziellen XML-Dateien vornehmen, die sich *EJB-Deployment-Deskriptoren* nennen.

Der Standard-EJB-Deployment-Deskriptor

Beispielsweise existiert eine ältere Möglichkeit, Enterprise JavaBeans zu deklarieren und zu konfigurieren. Die hierfür verwendete XML-Datei war in der Zeit vor EJB 3.0 sogar die Regel; heutzutage ist sie aber nur noch optional. Dabei handelt es sich um den sogenannten Standard-EJB-Deployment-Deskriptor *ejb-jar.xml*. Diesen ursprünglichen Deskriptor können Sie immer noch einsetzen. Wenn er parallel zu EJB-Annotationen im Gebrauch ist, überschreibt er die Konfigurationen, die Sie per Annotation festgelegt haben.

In Listing 10.9 sehen Sie, wie Sie die `RegisterBean` in einem EJB-Deployment-Deskriptor konfigurieren könnten:

```
<?xml version="1.0" encoding="UTF-8"?>
<ejb-jar version="3.2" xmlns="http://xmlns.jcp.org/xml/ns/javaee"
 xmlns:xsi="http://www.w3.org/2001/XMLSchema-instance"
 xsi:schemaLocation="http://xmlns.jcp.org/xml/ns/javaee
 http://xmlns.jcp.org/xml/ns/javaee/ejb-jar_3_2.xsd">

    <description>
        Onlineshop Enterprise Beans
    </description>

    <display-name>
        Onlineshop Enterprise Beans
    </display-name>

    <enterprise-beans>
        <session>
            <ejb-name>
                RegisterBean
```

```
        </ejb-name>
        <business-local>
            de.java2enterprise.onlineshop.ejb.RegisterBeanLocal
        </business-local>
        <business-remote>
            de.java2enterprise.onlineshop.ejb.RegisterBeanRemote
        </business-remote>
        <ejb-class>
            de.java2enterprise.onlineshop.ejb.RegisterBean
        </ejb-class>
        <session-type>
            Stateless
        </session-type>
    </session>
  </enterprise-beans>
</ejb-jar>
```

Listing 10.9 ejb-jar.xml

Die Datei *ejb.jar.xml* wird im EJB-Modul unterhalb des *META-INF*-Verzeichnisses abgelegt.

Individuelle Deployment-Deskriptoren

Neben dem Standard-EJB-Deployment-Deskriptor besteht die Möglichkeit, dass die Hersteller von Java EE Servern individuelle XML-Konfigurationsdateien anbieten, die für spezielle Funktionalitäten und Parameter des jeweiligen Produkts benutzt werden. Beim GlassFish Server können Sie beispielsweise die Datei *glassfish-ejb-jar.xml* anlegen. Sie legen Sie in das gleiche Verzeichnis, in das auch der Standard-EJB-Deployment-Deskriptor wandert (also in den Ordner */META-INF)*.

Sie kann verwendet werden, um für eine Session Bean eine individuelle Anzahl der Instanzen festzulegen, die per Default im Pool gehalten werden sollen.

In Listing 10.10 werden einige Parameter für die `RegisterBean` gesetzt. Beispielsweise wird festgelegt, dass die minimale Poolgröße für die `RegisterBean` bei 10 liegt. Wenn die 10 vorgehaltenen Instanzen nicht ausreichen, werden immer jeweils 10 weitere Instanzen erzeugt, bis maximal 100 Instanzen angelegt worden sind. Wenn eine Instanz im Pool 600 Sekunden lang nicht gebraucht wird, wird sie wieder aus dem Pool entfernt.

```
<!DOCTYPE glassfish-ejb-jar PUBLIC "-//GlassFish.org//
DTD GlassFish Application Server 5.0 EJB 3.1//EN"
"http://glassfish.org/dtds/glassfish-ejb-jar_3_1-1.dtd">
<glassfish-ejb-jar>
<display-name>Onlineshop</display-name>
<enterprise-beans>
```

```
<ejb>
    <ejb-name>
        RegisterBean
    </ejb-name>
    <bean-pool>
        <steady-pool-size>
            10
        </steady-pool-size>
        <resize-quantity>
            10
        </resize-quantity>
        <max-pool-size>
            100
        </max-pool-size>
        <pool-idle-timeout-in-seconds>
            600
        </pool-idle-timeout-in-seconds>
    </bean-pool>
    </ejb>
</enterprise-beans>
</glassfish-ejb-jar>
```

Listing 10.10 glassfish-ejb-jar.xml

10.2   Programmierbeispiel: EJB und Standalone-Client

In diesem Abschnitt werden wir ein Übungsbeispiel programmieren, bei dem die Stateless Session Bean der letzten Abschnitte innerhalb der IDE *Eclipse* zum Einsatz kommt. Im darauffolgenden Übungsbeispiel werden wir über eine Standalone-Anwendung auf diese Session Bean zugreifen.

10.2.1   Die Erzeugung des EJB-Projekts

Für die Erstellung des EJB-Projekts öffnen Sie den Eclipse-Wizard, indem Sie auf FILE • NEW • OTHER klicken. Im Wizard-Fenster öffnen Sie den Ordner EJB und selektieren dort den Eintrag EJB PROJECT (siehe Abbildung 10.3).

Mit einem Mausklick auf NEXT gelangen Sie ins nächste Fenster (siehe Abbildung 10.4), wo Sie dem EJB-Projekt unter anderem einen Namen geben. Wir nennen das Projekt *online-shop-ejb*.

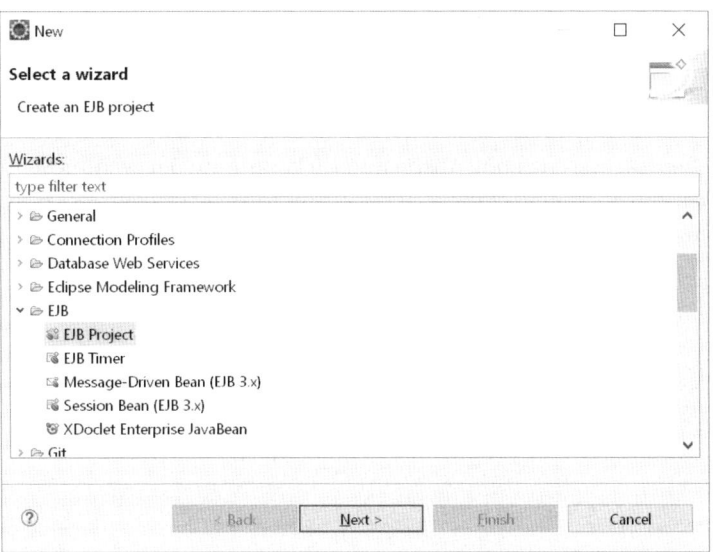

Abbildung 10.3 Die Erstellung eines EJB-Projekts

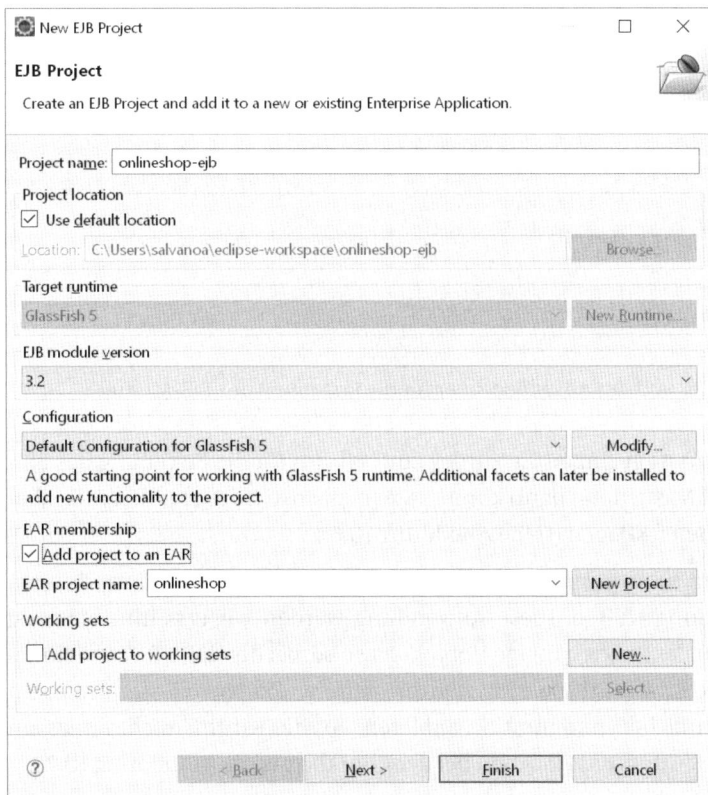

Abbildung 10.4 Die Spezifikation des EJB-Projekts

Im unteren Teil des Fensters können Sie das EJB-Projekt als Mitglied eines EAR-Projekts deklarieren. Durch diese Abhängigkeit wird angewiesen, dass das EJB-Modul *onlineshop-ejb* später als Bestandteil der übergeordneten EAR-Schale *onlineshop* verwendet wird. Wenn Ihre Eclipse-Umgebung noch das EAR-Projekt *onlineshop* aus den letzten Kapiteln enthält, können Sie es unter EAR MEMBERSHIP referenzieren. Ansonsten klicken Sie auf der rechten Seite auf den Button NEW PROJECT, um ein neues EAR-Projekt mit dem Namen *onlineshop* erzeugen zu lassen, wie in Abbildung 10.5 zu sehen.

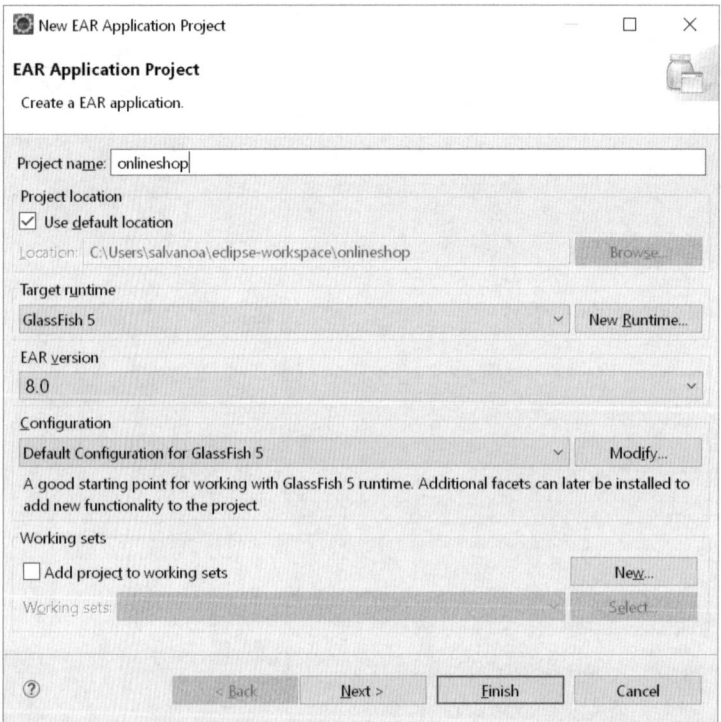

Abbildung 10.5 Die Quellordner und der Ausgabeordner für die Erstellung des EJB-Moduls

Mit einem Mausklick auf FINISH gelangen Sie zurück zum Wizard für die Erstellung des EJB-Moduls. Klicken Sie dort auf NEXT, denn dann können Sie im nächsten Fenster den Ausgabepfad für die Programmdateien festlegen (siehe Abbildung 10.6).

Mit einem weiteren Klick auf NEXT gelangen Sie zu einem Fenster, in dem Sie Einstellungen für eine EJB-Client-Anwendung treffen. Diese Anwendung werden wir erst im Nachgang erstellen, denn dies ist die in der Praxis gängige Vorgehensweise, bei der der EJB-Standalone-Client die Business-Interfaces als externe Bibliotheken ansieht. Eclipse würde in diesem Schritt leider eine ungewöhnliche Konfiguration anbieten, auf die wir uns nicht einlassen werden. Deshalb entfernen Sie dort das Häkchen bei der Checkbox (siehe Abbildung 10.7).

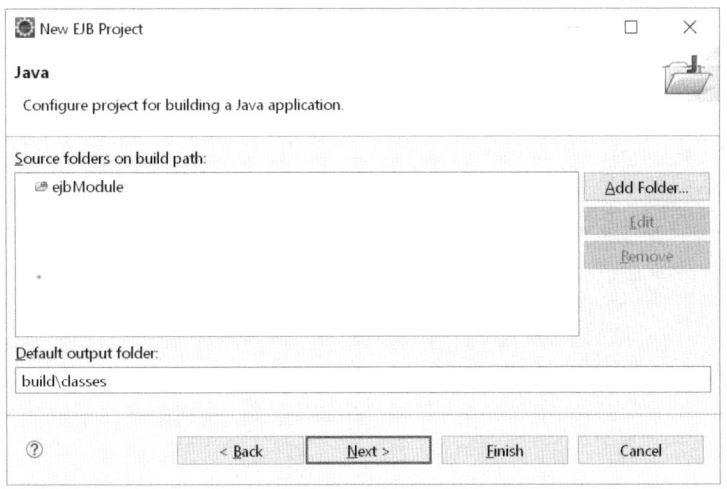

Abbildung 10.6 Das Verzeichnis für die Quellen und der Ausgabepfad

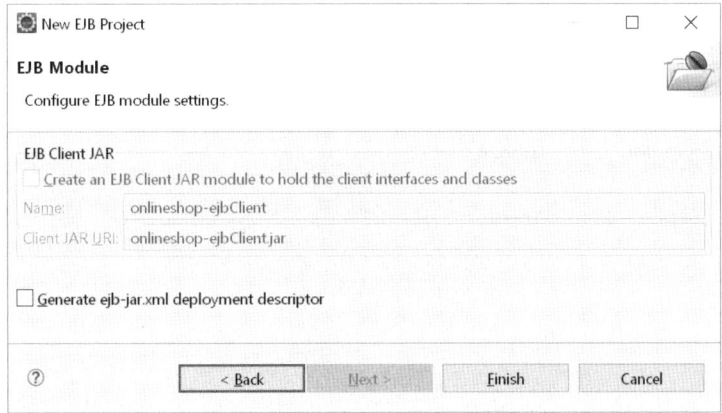

Abbildung 10.7 Entfernen Sie das Häkchen für die Erstellung des EJB-Clients.

10.2.2   Die Stateless Session Bean erzeugen

Für die Erzeugung der Stateless Session Bean klicken Sie im Hauptmenü wieder auf FILE ·
NEW · OTHER und selektieren wie in Abbildung 10.8 im Verzeichnis EJB den Eintrag SESSION
BEAN (EJB 3.X).

Mit einem Klick auf NEXT kommen Sie zu einem Fenster, bei dem Sie das Projekt, den Quellordner, das Java-Package, den Namen der Klasse und eventuelle Vaterklassen festlegen. Wir
werden die Klasse `RegisterBean` nennen und sie im Unterordner *de.java2enterprise.online-
shop.ejb* ablegen (siehe Abbildung 10.9).

Im unteren Bereich wählen Sie den Zustandstyp (STATE TYPE) der Session Bean aus. Dort
sollte STATELESS selektiert sein.

Zusätzlich sehen Sie ganz unten, dass Sie sich auch die Business-Interfaces oder auch eine No-Interface View erstellen lassen können.

Für dieses Beispiel benötigen wir lediglich ein Remote-Business-Interface. Setzen Sie deshalb ein Häkchen bei REMOTE. Wenn Häkchen bei den anderen zwei Checkboxen vorhanden sein sollten, entfernen Sie sie.

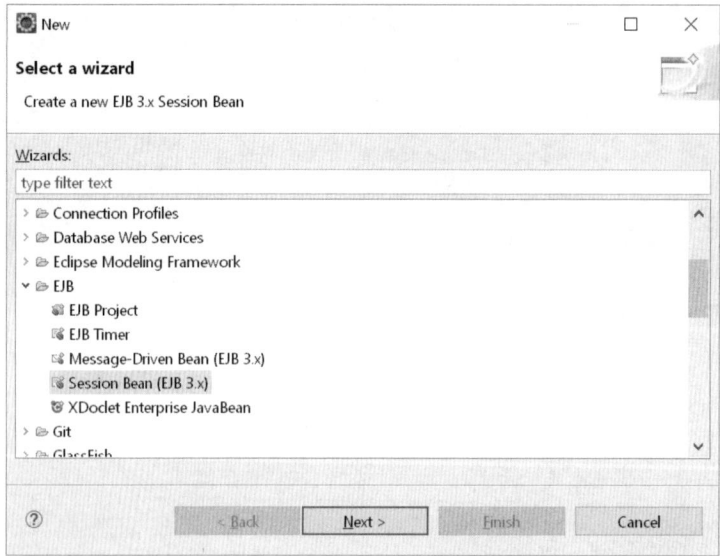

Abbildung 10.8 Der Start des Session-Bean-Wizards

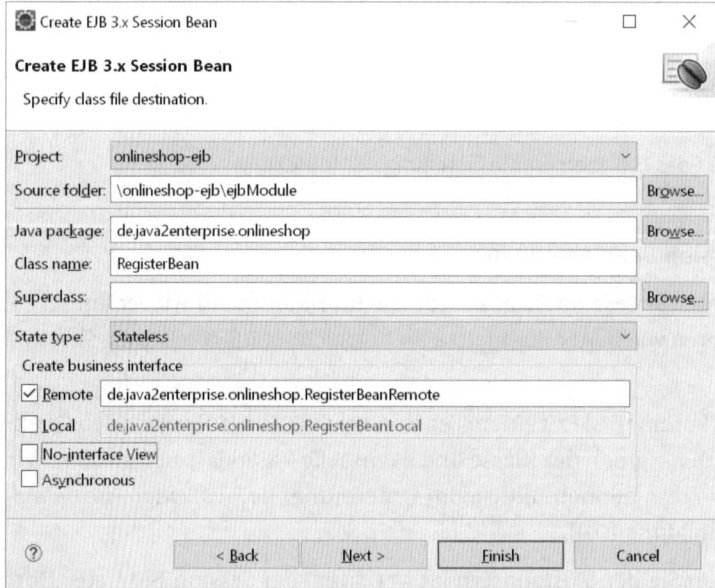

Abbildung 10.9 Einstellungen für die Session Bean

In dem Fenster aus Abbildung 10.10 können Sie weitere Einstellungen, wie beispielsweise den Namen und den »gemappten« Bezeichner der Session Bean, festlegen. Diese beiden Werte stehen in Zusammenhang mit den JNDI-Lookups. Wenn Sie den voreingestellten Wert unverändert lassen, entspricht der JNDI-Lookup-Bezeichner dem Namen der Bean. Diese Einstellung ist empfehlenswert, da sie die einfachste Variante darstellt.

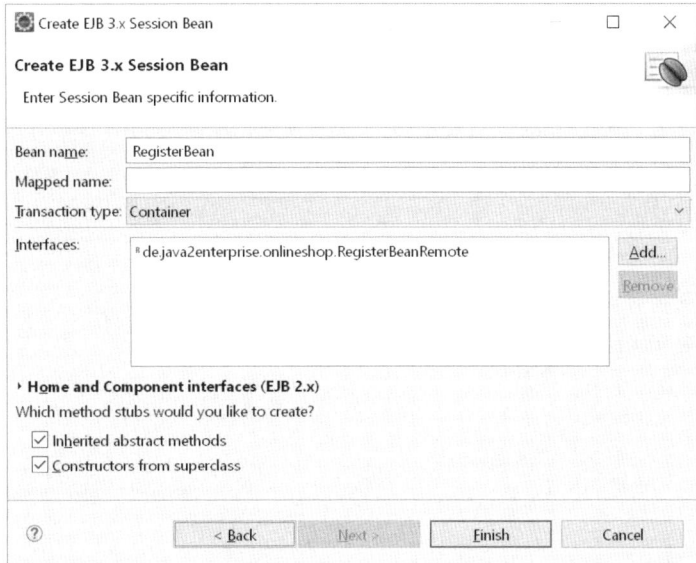

Abbildung 10.10 Session-Bean-Name, gemappter Session-Bean-Bezeichner und weitere Festlegungen bezüglich der Transaktionsverwaltung und der veralteten EJB-2-API

Über den Transaction Type legen Sie fest, wer sich um die Transaktionsverwaltung für das Persistieren kümmern soll. Zur Option stehen Container oder Bean. Belassen Sie den Wert auf Container.

Im unteren Bereich können Sie weitere Schnittstellen und sogar Bestandteile der API von EJB 2 erzeugen lassen. Die EJB 2 gilt heutzutage als veraltet. Deshalb gehe ich in diesem Buch überhaupt nicht auf diese Version ein. Klicken Sie abschließend auf Finish.

10.2.3   Die Business-Methode programmieren

In diesem Schritt werden wir dem Business-Interface und der Stateless Session Bean eine Business-Methode hinzufügen.

Im Business-Interface handelt es sich lediglich um den abstrakten Methodenrumpf:

```
package de.java2enterprise.onlineshop.ejb;

import javax.ejb.Remote;
```

```
@Remote
public interface RegisterBeanRemote {
    String persist(
        String email,
        String password);
}
```

Listing 10.11 RegisterBeanRemote.java

In der Stateless Session Bean muss die abstrakte Methode ausprogrammiert werden:

```
package de.java2enterprise.onlineshop.ejb;

import javax.ejb.Stateless;

/**
 * Session Bean implementation class RegisterBean
 */
@Stateless
public class RegisterBean
        implements RegisterBeanRemote {

    /**
     * Default constructor.
     */
    public RegisterBean() {
        // TODO Auto-generated constructor stub
    }

    @Override
    public String persist(
        String email,
        String password) {

        return email + ":" +password;
    }
}
```

Listing 10.12 RegisterBean.java

10.2.4   Das Deployment

Um die Session Bean auf dem GlassFish Server zu installieren, müssen Sie entweder das Enterprise-Projekt *onlineshop* oder das EJB-Projekt *onlineshop-ejb* deployen. Um die Screenshots in diesem Buch bestmöglich nachvollziehen zu können, deployen Sie die Anwendung als *.ear*-Datei.

Wenn Sie das GlassFish-Tools-Plugin verwenden und eine Server-Instanz in der View Server angelegt haben, so wie ich es in Kapitel 2, »Die Entwicklungsumgebung«, beschrieben habe, dann können Sie die Java EE-Anwendung mit einem Rechtsklick auf die Server-Instanz und dann per ADD/REMOVE hinzuzufügen.

Hinweis

Beachten Sie auch, dass das Deployment über das GlassFish-Plugin manchmal nicht richtig funktioniert und Sie das Ganze über einen Rechtsklick auf der Server-Instanz und dann über CLEAN erst aufräumen müssen.

Ansonsten ist es auch möglich, das EAR-Projekt als *.ear*-Datei in das Verzeichnis *[GLASS-FISH]/glassfish/domains/domain1/autodeploy* zu kopieren. Hierfür klicken Sie mit rechten Maustaste auf das EAR-Projekt und dann auf EXPORT · EAR FILE. Eclipse und GlassFish kümmern sich auch in diesem Fall automatisch um den Rest. Bedenken Sie nur, dass das EJB-Projekt als Modul im EAR-Projekt angehängt sein muss. Ob das so ist, können Sie in den Properties des EAR-Projekts unter DEPLOYMENT ASSEMBLY kontrollieren.

Nach dem Deployment können Sie prüfen, ob die Session Bean ordnungsgemäß in GlassFish installiert worden ist, indem Sie in der Admin-Konsole von GlassFish links auf ANWENDUN-GEN und dann auf ONLINESHOP klicken (siehe Abbildung 10.11). Auf der rechten Seite sollte ganz unten Folgendes zu sehen sein:

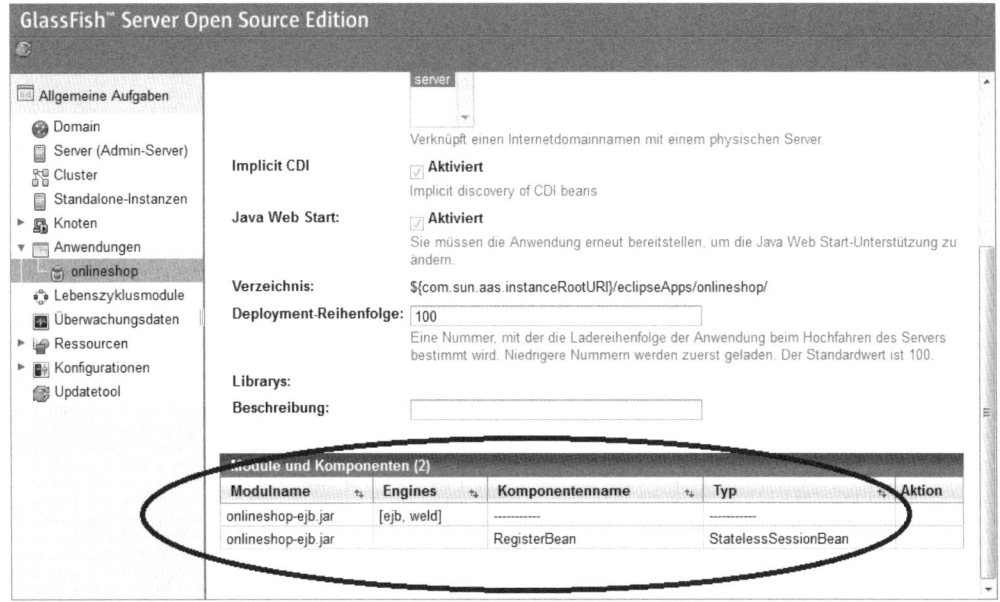

Abbildung 10.11 Die »RegisterBean« in der Java EE-Anwendung »onlineshop«

10.2.5 Die Erzeugung des Application-Client-Projekts

Wir beginnen nun mit der Programmierung der Java EE-Standalone-Anwendung, indem wir in Eclipse ein *Java EE Application Client Project* erzeugen. Hierfür starten Sie über File • New • Other den Erzeugungs-Wizard und klicken unter Java EE auf den Eintrag Application Client Project (siehe Abbildung 10.12).

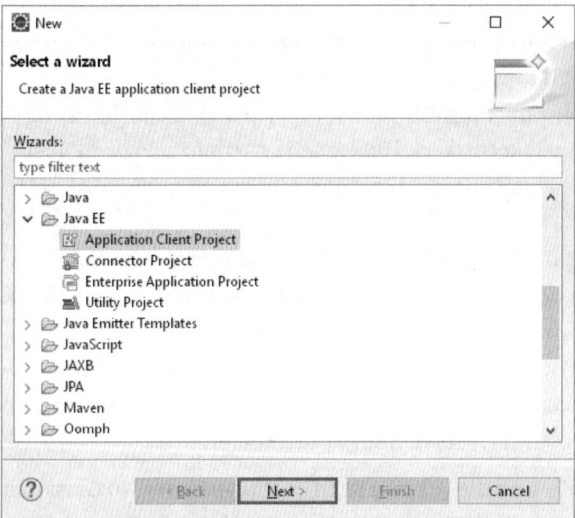

Abbildung 10.12 Die Erzeugung des Application-Client-Projekts

Im nächsten Fenster vergeben Sie einen Projektnamen. Nennen Sie das Projekt *onlineshop-client* (siehe Abbildung 10.13).

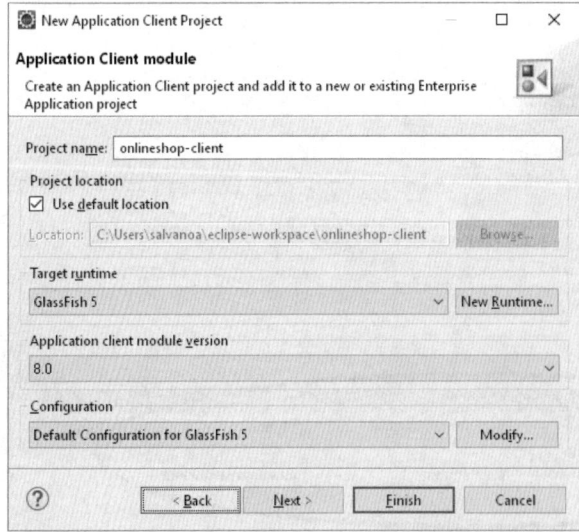

Abbildung 10.13 Die Erstellung des Onlineshop-Clients

Im nächsten Fenster können Sie den Quell- und den Ausgabeordner für das Projekt anpassen (siehe Abbildung 10.14).

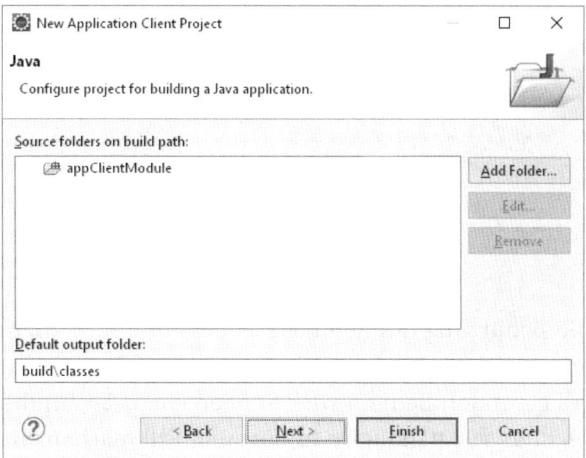

Abbildung 10.14 Der »Source«- und der »Output-Folder«

Belassen Sie alles bei den Defaulteinstellungen, und klicken Sie auf NEXT.

Eclipse bietet nun die Generierung einer Main-Klasse an, über die wir die Session Bean aufrufen können (siehe Abbildung 10.15).

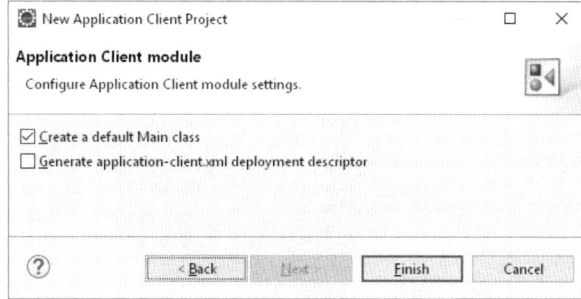

Abbildung 10.15 Die Erzeugung einer »Main«-Klasse

Klicken Sie auf FINISH, um das Projekt erzeugen zu lassen.

Eclipse erstellt anschließend ein Projekt, bei dem eine Main-Klasse vorbereitet wurde, die wie folgt aussieht:

```
public class Main {
    public static void main(String[] args) {
        // TODO Auto-generated method stub
    }
```

```
    /* (non-Java-doc)
     * @see java.lang.Object#Object()
     */
    public Main() {
        super();
    }
}
```

Listing 10.13 Main.java

10.2.6   Das EJB-Modul einbinden

Die Standalone-Anwendung ist auf die Benutzung des Remote-Business-Interface angewiesen. Ohne Eclipse würden wir üblicherweise das Business-Interface `RegisterBeanRemote`
in eine *.jar*-Bibliothek auslagern und es gesondert dem Entwickler übergeben, der für die
Programmierung der Standalone-Anwendung zuständig ist. In unserem Fall machen wir
es uns etwas leichter, indem wir das EJB-Projekt mit dem Business-Interface ganz einfach
in den Java Build Path der Standalone-Anwendung setzen. Hierzu öffnen Sie die Properties
des Standalone-Projekts und klicken dort auf der linken Seite auf JAVA BUILD PATH. Dann
klicken Sie rechts auf den Reiter PROJECTS und dort auf den Button ADD. Selektieren Sie
das Projekt *onlineshop-ejb*, klicken Sie auf OK und dann auf APPLY AND CLOSE (siehe Abbildung 10.16).

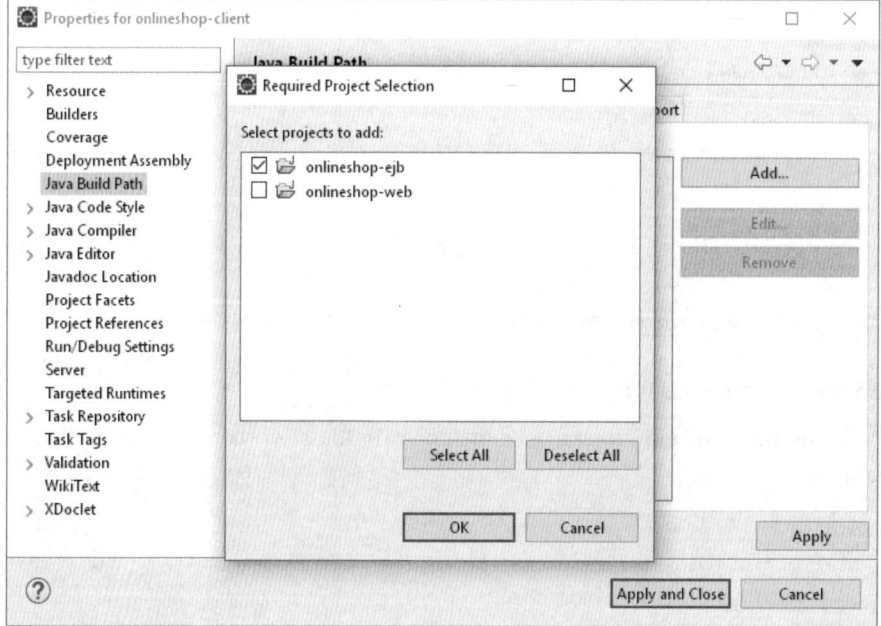

Abbildung 10.16 Das EJB-Projekt einbinden

10.2.7 Die Bibliothek »gf-client.jar« hinzufügen

Als Nächstes müssen wir noch eine besondere Bibliothek in den Klassenpfad legen. Diese Bibliothek nennt sich *gf-client.jar* und befindet sich im */lib*-Verzeichnis des GlassFish Servers.

Auf Ihrem Entwicklungsrechner gelingt Ihnen das am einfachsten, indem Sie in Eclipse mit der rechten Maustaste auf die Datei Main.java und dort auf RUN AS und dann auf RUN CONFIGURATIONS klicken. Im RUN CONFIGURATIONS-Fenster wählen Sie den Tab CLASSPATH aus und selektieren dort USER ENTRIES. Auf der rechten Seite sollte anschließend der Button ADD EXTERNAL JARs... auswählbar sein, über den Sie die *.jar*-Bibliothek *gf-client.jar* hinzufügen (siehe Abbildung 10.17).

Von nun an sollte die GlassFish-Client-Bibliothek stets eingebunden sein, wenn Sie von hier aus auf den Button RUN klicken.

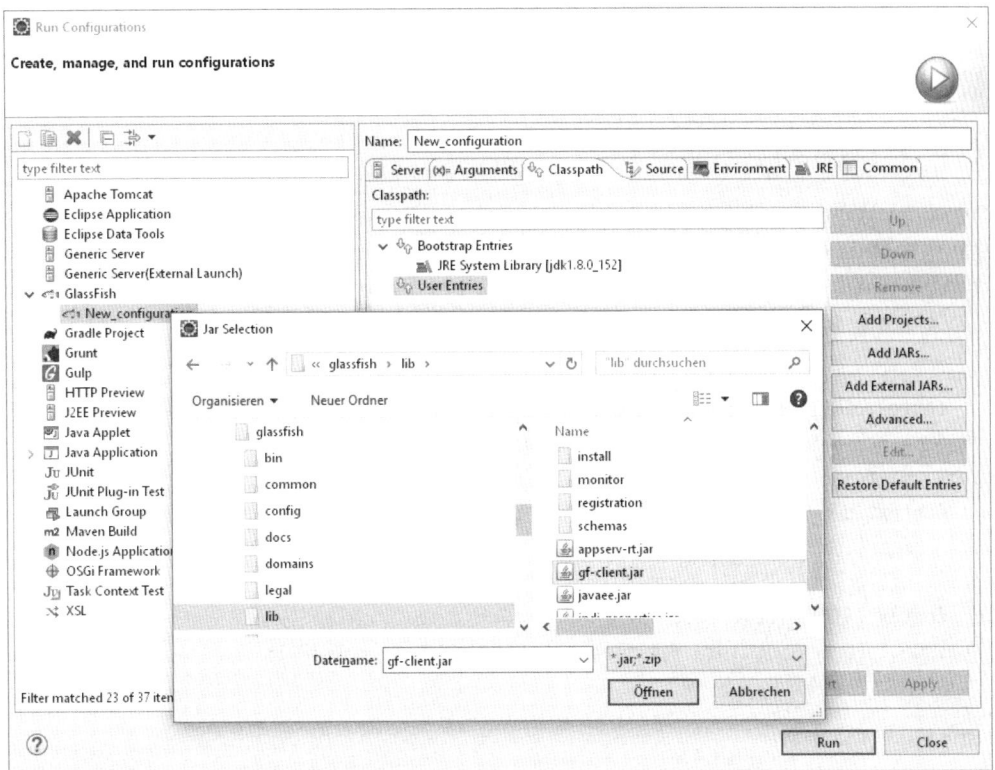

Abbildung 10.17 »Run Configurations« für die Einbindung der »gf-client.jar«

Über den Button ÖFFNEN fügen Sie dem Standalone-Client die Bibliothek *gf-client.jar* hinzu. Schließen Sie anschließend das Konfigurationsfenster über CLOSE.

10.2.8 Die Verknüpfung über JNDI

Damit ein entfernter Standalone-Client auf eine Session Bean zugreifen kann, muss er sich zunächst mit dem Namensdienst des anbietenden Servers verbinden. Für diesen Zweck wird die API *Java Naming and Directory Interface* (JNDI) eingesetzt. Die wichtigste Schnittstelle der JNDI-API nennt sich `javax.naming.Context`. Die konkrete Implementierung der Schnittstelle ist die Klasse `javax.naming.InitialContext`.

Die Klasse `InitialContext` verfügt über zwei Konstruktoren. Der erste Konstruktor ist der Defaultkonstruktor, auf den ich später noch einmal zurückkommen werde.

Der zweite Konstruktor wird mit einem Übergabeparameter des Typs `java.util.Hashtable` aufgerufen. Bei dem Übergabeparameter, den der Konstruktor entgegennimmt, handelt es sich um Verbindungsinformationen, die in Form von Schlüssel-Wert-Paaren (in einem Objekt der Klasse `java.util.Properties`) mitgegeben werden.

```
Properties props = new Properties();
...
Context c = new InitialContext(props);
```

Listing 10.14 Main.java

Für einige wichtige Schlüssel bietet die Schnittstelle Konstanten an, sodass wir uns hierbei (kaum mehr) vertippen können. Bei den Werten wird es hingegen etwas kniffliger, da sich manche von ihnen von Hersteller zu Hersteller unterscheiden.

```
...
props.setProperty(
    Context.INITIAL_CONTEXT_FACTORY,
    "com.sun.enterprise.naming.SerialInitContextFactory");
props.setProperty(
    Context.URL_PKG_PREFIXES,
    "com.sun.enterprise.naming");
props.setProperty(
    Context.STATE_FACTORIES,
"com.sun.corba.ee.impl.presentation.rmi.JNDIStateFactoryImpl");
...
```

Listing 10.15 Main.java

Die obigen drei Properties verwendet die JNDI-API in eigener Sache, wenn sie die Verbindung mit dem GlassFish Server aufbauen soll.

Für den Entwickler besteht die hauptsächliche Verbindungsinformation jedoch eher aus den Daten für den Host und den Port. Wenn sich der GlassFish Server beispielsweise auf dem lokalen Rechner befindet und der RMI-IIOP-Dienst über Port 3700 (dies ist der Defaultwert) erreichbar ist, werden folgende Properties benötigt:

```
...
props.setProperty(
    "org.omg.CORBA.ORBInitialHost",
    "localhost");
props.setProperty(
    "org.omg.CORBA.ORBInitialPort",
    "3700");
...
```

Listing 10.16 Main.java

Für einen Aufruf zu einem entfernten Server ersetzen Sie localhost durch die IP Ihres entfernten Servers.

10.2.9   Der JNDI-Lookup für den entfernten Aufruf

Der JNDI-Lookup für den entfernten Aufruf wird mit der Zeichenkette java:global angekündigt. Dahinter folgen vier Bezeichner.

Der erste Bezeichner besteht aus dem Namen der *.ear*-Datei ohne die Endung *.ear*. Er wird mit einem Querstrich eingeleitet. Dieser Bezeichner entfällt, wenn das Modul nicht in eine *.ear*-Schale gepackt worden ist.

Der zweite Bezeichner besteht aus dem Namen des Moduls ohne die Endung *.jar*. Auch er wird mit einem angeführten Querstrich begonnen.

Der dritte Bezeichner ist der gemappte Name der Session. Per Default handelt es sich hierbei um den Namen der Session-Bean-Klasse. Genauso wie die vorherigen beiden Bezeichner wird auch er mit einem Querstrich eingeleitet.

Der vierte Bezeichner ist nur dann erforderlich, wenn die Session Bean über mehrere Business-Interfaces aufrufbar ist, denn in diesem Fall wird ein Ausrufezeichen hinter den Namen der Session Bean gesetzt und der vollständige Pfad zu diesem Interface hinterlegt.

In Abbildung 10.18 sehen Sie, wie sich die Zeichenkette für den Lookup der RegisterBean aufbaut.

In Listing 10.17 ist der komplette Quelltext des Programms Main.java abgedruckt, damit Sie ihn für eigene Übungsbeispiele ausprobieren können.

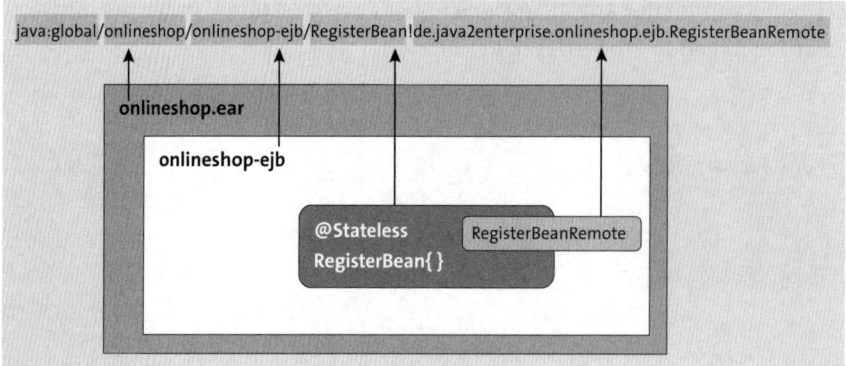

Abbildung 10.18 Der entfernte JNDI-Lookup

```java
import java.util.Properties;

import javax.naming.Context;
import javax.naming.InitialContext;
import javax.naming.NamingException;

import de.java2enterprise.onlineshop.ejb.RegisterBeanRemote;


public class Main {
    public static void main(String[] args) throws NamingException {
        new Main();
    }

    /* (non-Java-doc)
     * @see java.lang.Object#Object()
     */
    public Main() throws NamingException {
        Properties props = new Properties();

        props.setProperty(
            Context.INITIAL_CONTEXT_FACTORY,
            "com.sun.enterprise.naming."
            + "SerialInitContextFactory");

        props.setProperty(
            Context.URL_PKG_PREFIXES,
            "com.sun.enterprise.naming");
```

```
props.setProperty(
    Context.STATE_FACTORIES,
    "com.sun.corba.ee.impl.presentation."
    + "rmi.JNDIStateFactoryImpl");

props.setProperty(
    "org.omg.CORBA.ORBInitialHost",
    "localhost");
props.setProperty(
    "org.omg.CORBA.ORBInitialPort",
    "3700");

Context c = new InitialContext(props);
RegisterBeanRemote register =
(RegisterBeanRemote)
c.lookup(
"java:global"
+ "/"
+ "onlineshop"          // EAR-Datei
+ "/"
+ "onlineshop-ejb"          // EJB-Modul
+ "/"
+ "RegisterBean"          // SessionBean
+ "!"
+ "de.java2enterprise.onlineshop.ejb."
+ "RegisterBeanRemote");     // Business-Interface
System.out.println(register.persist(
    "j@java2enterprise.de", "Taxi_123"));
    }
}
```

Listing 10.17 Main.java

10.2.10   Die »jndi.properties«

Das obige Beispiel mit den programmierten Properties weist einen wesentlichen Nachteil auf: Sollte sich beispielsweise der Domänenname des Servers oder der Port ändern, müssen die Quellen des Programms abgeändert und erneut kompiliert werden. Aus diesem Grund rät die Java EE-Spezifikation, den Defaultkonstruktor der Klasse InitialContext einzusetzen und statt der programmierten Properties die Schlüssel-Wert-Paare in eine Datei namens *jndi.properties* zu setzen. Die *jndi.properties* muss sich im Klassenpfad befinden, damit sie vom Initialisierungsprozess der JNDI-Technologie automatisch eingelesen wird.

Wenn die Session Bean auf einem GlassFish Server deployt ist, muss auf dem Client die Datei *jndi.properties* den Code aus Listing 10.18 enthalten:

```
java.naming.factory.initial=com.sun.enterprise.naming.SerialInitContextFactory
java.naming.factory.url.pkgs=com.sun.enterprise.naming
java.naming.factory.state=com.sun.corba.ee.impl.presentation.rmi.JNDIStateFactoryImpl
org.omg.CORBA.ORBInitialHost=localhost
org.omg.CORBA.ORBInitialPort=3700
```

Listing 10.18 »jndi.properties« (GlassFish)

10.2.11   Die JNDI-Properties für weitere gängige Java EE Server

Der Java EE-Standard verspricht, dass es keine Rolle spielt, ob Sie Ihre Java EE-Anwendung in einem GlassFish-, einem IBM-WebSphere-, einem Oracle-WebLogic- oder einem JBoss-Server installieren. Leider weichen die Verbindungseinstellungen von Server zu Server jedoch stark voneinander ab. Deshalb werden im Folgenden die jeweiligen *jndi.properties* für weitere gängige Java EE Server abgedruckt:

```
java.naming.factory.initial=org.jnp.interfaces.NamingContextFactory
java.naming.factory.url.pkgs=org.jboss.naming:org.jnp.interfaces
jnp.socket.Factory=org.jnp.interfaces.TimedSocketFactory
java.naming.provider.url=jnp://localhost:1099
```

Listing 10.19 »jndi.properties« (JBoss/Wildfly)

```
java.naming.factory.initial=weblogic.jndi.WLInitialContextFactory
java.naming.provider.url=t3://localhost:7001
```

Listing 10.20 »jndi.properties« (Oracle WebLogic)

```
java.naming.provider.url=corbaloc:iiop:localhost:2809
java.naming.factory.initial=com.ibm.websphere.naming.WsnInitialContextFactory
```

Listing 10.21 »jndi.properties« (IBM WebSphere)

10.2.12   Falls Sie über zwei Übungsrechner in einem Netzwerk verfügen

In Kapitel 2, »Die Entwicklungsumgebung«, habe ich gesagt, dass der GlassFish Server u. a. die CORBA-Aufrufe automatisch entgegennimmt, weil bei seinem ORB-Listener per Default die Pseudo-IP-Adresse 0.0.0.0 eingestellt ist. Die Pseudo-Adresse 0.0.0.0 reagiert sozusagen auf alle Zurufe.

In Kapitel 2 habe ich ebenfalls gezeigt, wie Sie die IP-Adresse und den Port des ORB-Listeners im GlassFish Server abändern. Wir hatten den ORB-Listener auf der Loopback-Adresse 127.0.0.1 lauschen lassen. Gleichzeitig mussten wir die Datei für die Namensauflösung des *localhost* anpassen. Wir stellten den Wert auf 127.0.0.1 ein, indem wir die Datei */etc/hosts* (auf einem UNIX-basierten Rechner) bzw. *C:\Windows\System32\drivers\etc\hosts* (auf einem Windows-Rechner) setzten.

Obwohl das obige Programm auf den *localhost* zugreift, können Sie mit diesen Kenntnissen das Programm und einen zweiten Rechner nun so anpassen, dass der entfernte Client-Rechner mit dem zweiten Rechner kommuniziert.

Hierfür müssen Sie Folgendes tun:

▶ Ersetzen Sie auf dem Client-Rechner in der Datei *jndi.properties* den Bezeichner `localhost` durch die IP-Adresse oder den Hostnamen des Servers.

▶ Ändern Sie auf dem Server-Rechner die IP-Adresse des ORB-Listeners auf die IP-Adresse des Servers im Netzwerk ab.

10.2.13   Das Beispiel ausprobieren

In Listing 10.22 wurden die programmierten Properties entfernt. Stattdessen greift die Standalone-Anwendung auf den *localhost* zu, indem der JNDI-Mechanismus die Datei *jndi.properties* automatisch einliest.

```
import javax.naming.Context;
import javax.naming.InitialContext;
import javax.naming.NamingException;

import de.java2enterprise.onlineshop.ejb.RegisterBeanRemote;

public class Main {
    public static void main(String[] args) throws NamingException {
        new Main();
    }

    /* (non-Java-doc)
     * @see java.lang.Object#Object()
     */
    public Main() throws NamingException {
        Context c = new InitialContext();
        RegisterBeanRemote register =
        (RegisterBeanRemote)
        c.lookup(
        "java:global"
        + "/"
        + "onlineshop"        // EAR-Datei
        + "/"
```

983

```
            + "onlineshop-ejb"         // EJB-Modul
            + "/"
            + "RegisterBean"           // SessionBean
            + "!"
            + "de.java2enterprise.onlineshop.ejb."
            + "RegisterBeanRemote");    // Business-Interface
        System.out.println(register.persist(
            "j@java2enterprise.de", "Taxi_123"));
    }
}
```

Listing 10.22 Main.java

Das Arbeitsmaterial auf unserem File-Server

In den Programmierbeispielen, die Sie von unserem File-Server herunterladen können, habe ich das Projekt *onlineshop-ejb* in *Kapitel_10_02* umbenannt. Dort befinden sich sowohl die Quelltexte der Session Bean als auch der Standalone-Client *Main*. Sie könnten das Projekt als *onlineshop-ejb*, ganz ohne .*ear*-Schale, in den *autodeploy*-Ordner des GlassFish Servers exportieren. Für diesen Fall habe ich beim mitgelieferten Arbeitsmaterial die zwei Zeilen des .*ear*-Schalen-Bezeichners auskommentiert.

```
import javax.naming.Context;
import javax.naming.InitialContext;
import javax.naming.NamingException;

import de.java2enterprise.onlineshop.ejb.RegisterBeanRemote;

public class Main {
    public static void main(String[] args) throws NamingException {
        new Main();
    }

    /* (non-Java-doc)
     * @see java.lang.Object#Object()
     */
    public Main() throws NamingException {
        Context c = new InitialContext();
        RegisterBeanRemote register =
        (RegisterBeanRemote)
        c.lookup(
        "java:global"
        + "/"
//        + "onlineshop"        // EAR-Datei
```

```
//           + "/"
          + "onlineshop-ejb"       // EJB-Modul
          + "/"
          + "RegisterBean"         // SessionBean
          + "!"
          + "de.java2enterprise.onlineshop.ejb."
          + "RegisterBeanRemote");   // Business-Interface
        System.out.println(register.persist(
            "j@java2enterprise.de", "Taxi_123"));
    }
}
```

Listing 10.23 Main.java

Wenn Sie die Datei unter Einbindung der Library *gf-client.jar* ausführen, sollte auf der Konsole anschließend der Text `j@java2enterprise.de:Taxi_12` erscheinen.

10.3   Programmierbeispiel: EJB, JSF und JPA

Ich habe bereits erwähnt, dass der lokale Aufruf nur dann erfolgreich sein kann, wenn es sich bei dem Aufrufer um eine Web- oder um eine EJB-Komponente innerhalb der gleichen Java EE-Anwendung handelt und der Java EE Server nicht über Cluster-Instanzen in einer Rechnerfarm betrieben wird. Trotz dieser Einschränkungen ist die Verwendung des lokalen Aufrufs sehr weit verbreitet, denn meistens wird das EJB-Backend lokal entweder von einem JSF-Frontend oder von einem serverseitigen Webservice-Producer angesprochen. Der Grund hierfür liegt in der Vereinfachung, die sich durch die Verwendung von Session Beans für den Zugriff auf die relationale Datenbank ergibt. Deshalb werde ich in diesem Abschnitt auch zeigen, wie der lokale EJB-Client die Geschäftsdaten mithilfe von JPA persistiert.

10.3.1   Die Erstellung eines lokalen Business-Interface

Bevor wir mit der Erstellung des lokalen Clients loslegen, werden wir zunächst dafür sorgen, dass die Methode `persist()` der Stateless Session Bean `RegisterBean` aus dem letzten Abschnitt nicht nur über eine *Remote Client View*, sondern auch über eine *Local Client View* aufrufbar ist. Hierfür erstellen Sie folgendes Business-Interface im Projekt *onlineshop-ejb*:

```
package de.java2enterprise.onlineshop.ejb;

import javax.ejb.Local;

@Local
public interface RegisterBeanLocal {
```

```
    String persist(
        String email,
        String password);
}
```

Listing 10.24 RegisterBeanLocal.java

Als Nächstes lassen Sie die Stateless Session Bean `RegisterBean` von dem Local-Business-Interface ableiten:

```
package de.java2enterprise.onlineshop.ejb;

import javax.ejb.Stateless;

@Stateless
public class RegisterBean
    implements RegisterBeanRemote,
    RegisterBeanLocal {

    @Override
    public String persist(
        String email,
        String password) {

        return email + ":" +password;
    }
}
```

Listing 10.25 RegisterBean.java

10.3.2   Ein Java-Server-Faces-Projekt erstellen

Wenn wir im Frontend die Webtechnologie des Java EE-Standards einsetzen, spielt es für Enterprise JavaBeans keine Rolle, ob wir die Low-Level-Programmierung mit Servlets und JSPs oder die High-Level-Programmierung mit JSF verwenden.

Für das Beispiel in diesem Abschnitt werden wir uns für JSF entscheiden, weil sich die High-Level-Programmierung in der Praxis immer weiter durchsetzt. Erzeugen Sie hierfür in Eclipse ein dynamisches Webprojekt, indem Sie mit FILE • NEW • OTHER den Wizard öffnen und unter WEB auf DYNAMIC WEB PROJECT klicken. Anschließend erscheint das Fenster aus Abbildung 10.19. Dort setzen Sie das Häkchen neben JAVA SERVER FACES.

Danach fügen Sie das dynamische Webprojekt auch noch als Mitglied dem EAR-Projekt hinzu (siehe Abbildung 10.20).

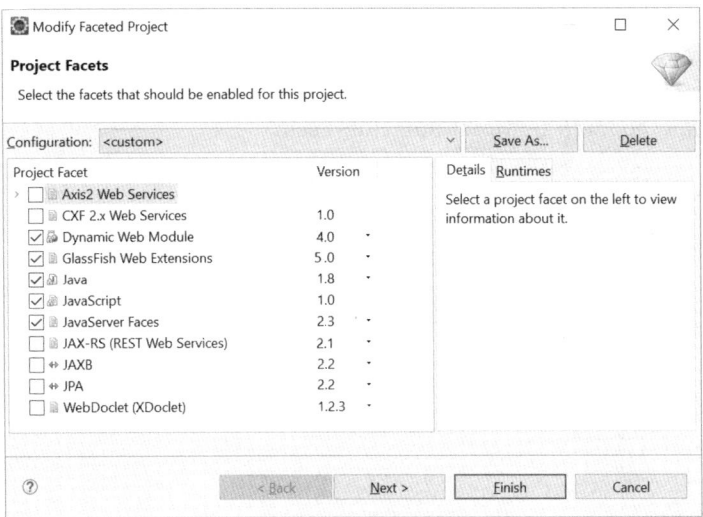

Abbildung 10.19 Das »Java Server Faces v2.3«-Projekt-Facet

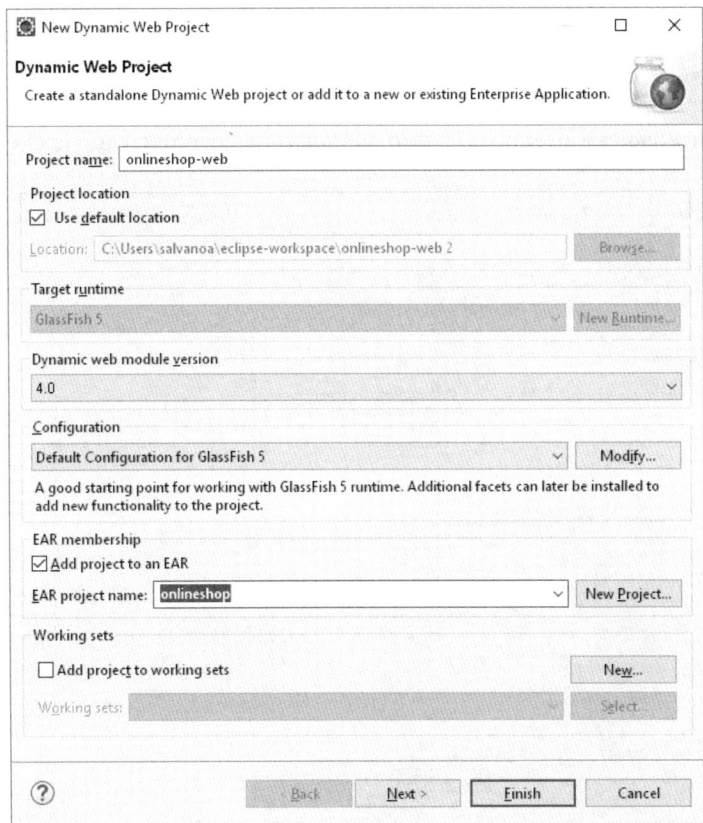

Abbildung 10.20 Das Projekt zu dem EAR-Projekt hinzufügen

Hierdurch wird es zur Paketstruktur der *.ear*-Datei hinzugefügt, sodass es beim Deployment automatisch mitinstalliert wird. In den Properties des Enterprise-Projekts können Sie unter DEPLOYMENT ASSEMBLY die Mitglieder der *.ear*-Datei nachschauen (siehe Abbildung 10.21). Dort sollte anschließend *onlineshop-web* als Modul aufgeführt sein.

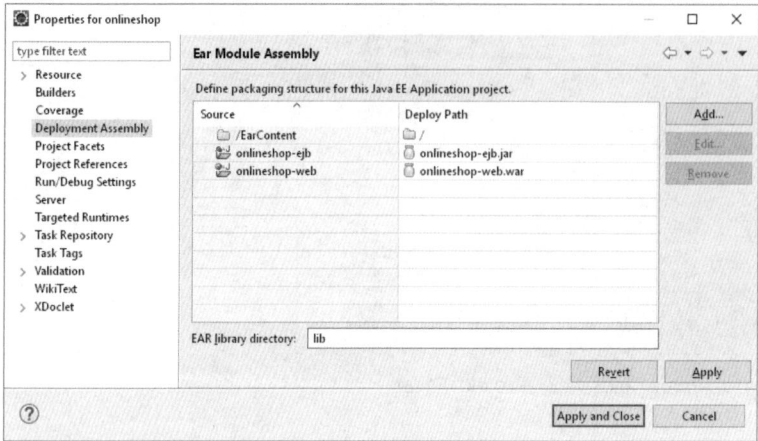

Abbildung 10.21 Die Auflistung der Mitglieder der ».ear«-Datei

Nun muss das Projekt *onlineshop-ejb* dem Build-Path des Projektes *onlineshop-web* hinzugefügt werden, damit das lokale Business-Interface von dort aus verwendet werden kann (siehe Abbildung 10.22).

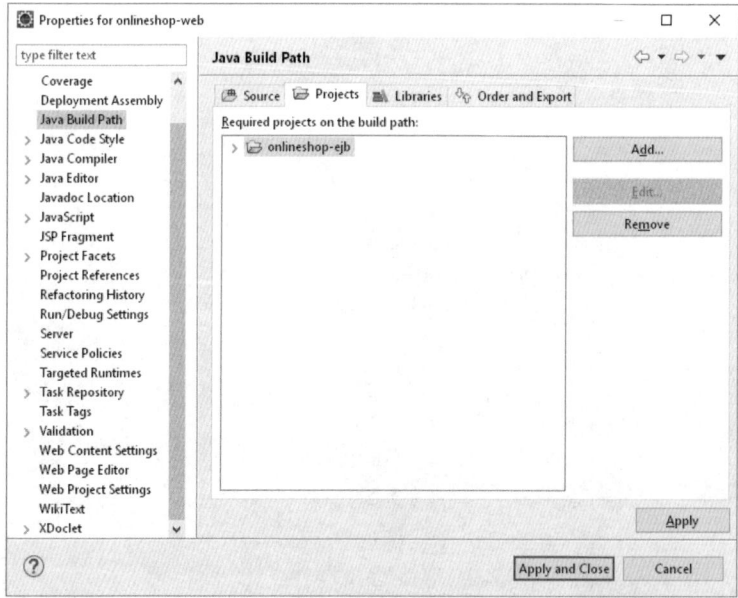

Abbildung 10.22 Das Projekt »onlineshop-ejb« wird dem Build-Path von »onlineshop-web« hinzugefügt.

10.3.3   Eine JSF-Backing-Bean

Wir beginnen mit der Webprogrammierung, indem wir eine neue Klasse im Ordner *online-shop-web* anlegen, denn wir brauchen eine Backing Bean mit dem Namen `RegisterController`.

Die JSF-Backing-Bean wird die EJB-Komponente über die Annotation `@EJB` injizieren. Die Instanziierung über den `new`-Operator hätte auch nicht funktioniert, da der EJB-Container uns ja keine Instanz der `RegisterBean`, sondern die stellvertretende Client View anbietet.

Für den Datenaustausch mit dem Facelet werden wir bei der Backing Bean zwei Properties mit den Bezeichnern `email` und `password` anlegen. In einer Aktionsmethode wird die Methode `persist()` der Stateless Session Bean aufgerufen.

```java
package de.java2enterprise.onlineshop.web;

import java.io.Serializable;

import javax.ejb.EJB;
import javax.enterprise.context.RequestScoped;
import javax.faces.application.FacesMessage;
import javax.faces.context.FacesContext;
import javax.inject.Named;

import de.java2enterprise.onlineshop.ejb.RegisterBeanLocal;

@Named
@RequestScoped
public class RegisterController implements Serializable {
    private static final long serialVersionUID = 1L;

    private String email;

    private String password;

    @EJB
    private RegisterBeanLocal registerBeanLocal;

    public String persist() {
        String msg =
            registerBeanLocal.persist(email, password);
        FacesContext.getCurrentInstance().
            addMessage(null, new FacesMessage(msg));
        return "register";
    }
```

```
    public String getEmail() {
        return email;
    }

    public void setEmail(String email) {
        this.email = email;
    }

    public String getPassword() {
        return password;
    }

    public void setPassword(String password) {
        this.password = password;
    }
}
```

Listing 10.26 RegisterController.java

10.3.4   Ein Facelet hinzufügen

Jetzt brauchen wir nur noch ein Facelet, über das der Benutzer Geschäftsdaten eintragen und an den Java EE Server versenden kann. In einem JSF-Formular setzen wir zwei Eingabefelder für die Properties email und password. Außerdem werden wir eine JSF-Befehlskomponente verwenden, in der wir dem action-Attribut die Aktionsmethode der Backing Bean zuweisen.

```
<?xml version="1.0" encoding="UTF-8" ?>
<!DOCTYPE html PUBLIC "-//W3C//DTD XHTML 1.0 Transitional//EN"
          "http://www.w3.org/TR/xhtml1/DTD/xhtml1-transitional.dtd">
<html xmlns="http://www.w3.org/1999/xhtml"
      xmlns:h="http://xmlns.jcp.org/jsf/html">
<h:body>
    <h:messages/>
        <h:form>
        <h:inputText
            value="#{registerController.email}"/>
        <h:inputText
            value="#{registerController.password}"/>
        <h:commandButton
            value="Register"
            action="#{registerController.persist}"/>
        </h:form>
```

```
</h:body>
</html>
```

Listing 10.27 register.xhtml

Sie können die obigen Komponenten mit der Enterprise-Anwendung *onlineshop* deployen und die Anwendung testen, indem Sie in der Adressleiste eines Webbrowsers die URL

http://localhost:8080/onlineshop-war/register.jsf

eingeben. Das Beispiel sollte bereits voll funktionstüchtig sein. Das Einzige, was dem bisherigen Programm noch fehlt, ist, dass die Geschäftsdaten in der relationalen Datenbank abgespeichert werden. Auf die hierfür noch fehlenden Bestandteile geht der nächste Abschnitt ein.

10.3.5 JPA einsetzen

Um JPA im EJB-Modul nutzen zu können, benötigen wir im EJB-Projekt *onlineshop-ejb* zunächst einmal die Datei *persistence.xml*. Die manuelle Kodierung der *persistence.xml* wäre mühsam, weswegen wir stattdessen das JPA-Facet anschalten, denn hierdurch geschieht dies automatisch.

Öffnen Sie das PROPERTIES-Fenster des Projekts, wählen Sie dort FACETS aus, und setzen Sie beim Eintrag JPA ein Häkchen in die Checkbox (siehe Abbildung 10.23).

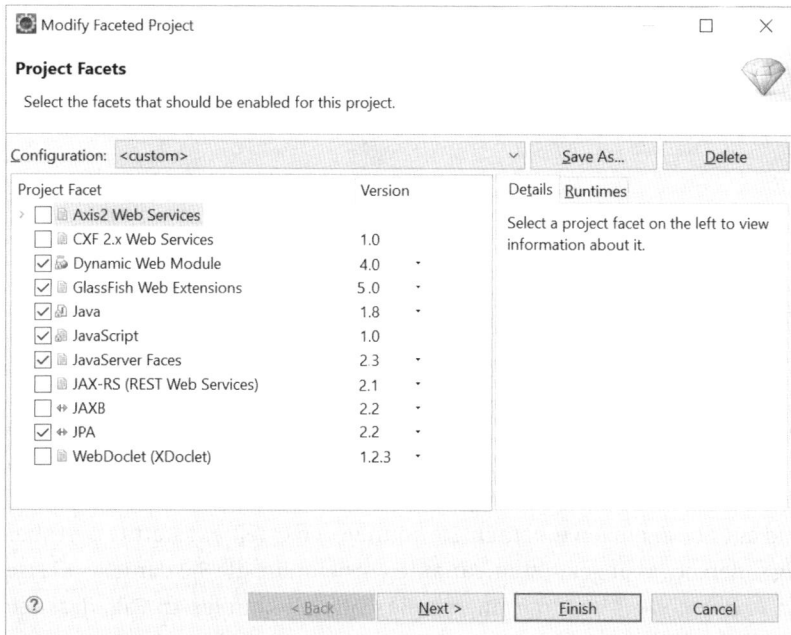

Abbildung 10.23 Das JPA-Facet wird dem EJB-Projekt hinzugefügt.

Mit dem Mausklick auf OK sollte Eclipse die Datei *persistence.xml* in den Klassenpfad des EJB-Projektes gesetzt haben, wodurch JPA später unweigerlich aktiviert wird. Außerdem sollte hierdurch im PROPERTIES-Fenster des EJB-Projekts auf der linken Seite der Eintrag JPA erscheinen (siehe Abbildung 10.24). Über diesen Eintrag können Sie auf der rechten Seite die JPA-Konfiguration für das Projekt durchführen.

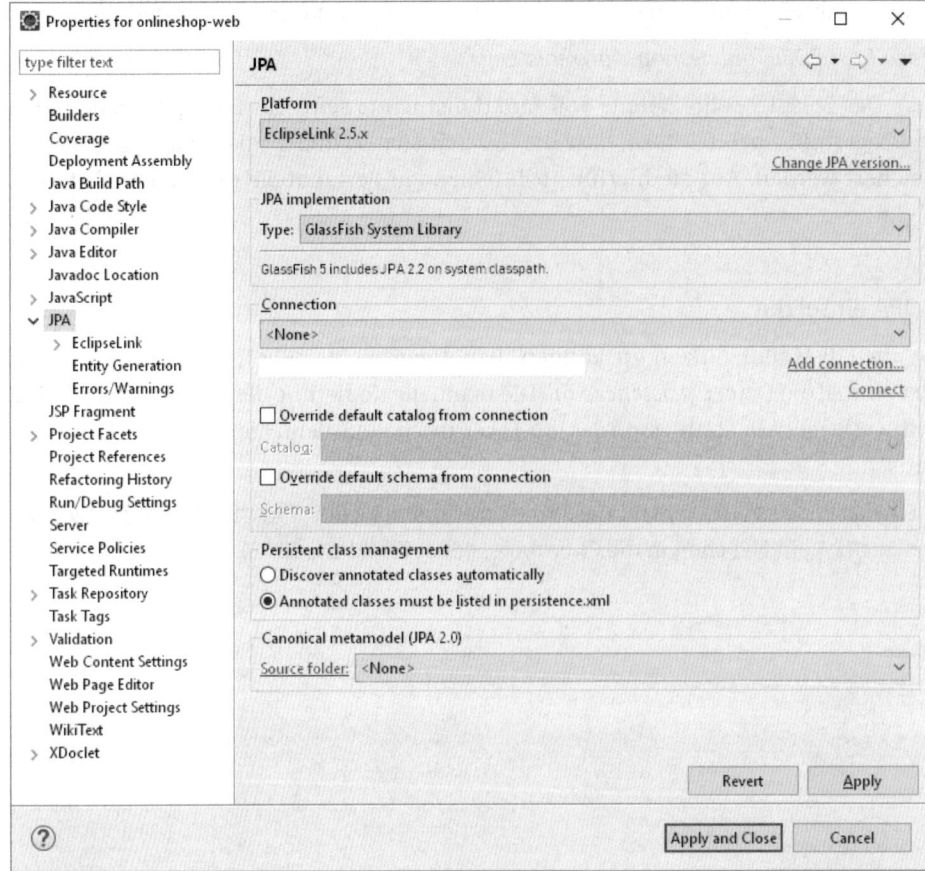

Abbildung 10.24 Die JPA-Konfiguration habe ich in Kapitel 8, »Die Java Persistence API«, beschrieben.

Die JPA-Konfigurationsschritte werde ich an dieser Stelle aber nicht weiter ausführen, denn sie wurden in Kapitel 8, »Die Java Persistence API«, bereits behandelt. Außerdem benötigen Sie die Konfiguration für dieses Beispiel lediglich dann, wenn Sie die JPA-Entity Customer.java von Grund auf neu erzeugen möchten. Sie können den Quelltext stattdessen aber auch einfach der folgenden etwas abgekürzten Variante entnehmen, die Sie dann als Klasse in Ihrem EJB-Projekt *onlineshop-ejb* programmieren. Beachten Sie in diesem Fall, dass die Klasse Customer.java in der *persistence.xml* als verwaltete Klasse aufgeführt sein muss. Alternativ können Sie in der *persistence.xml* über das Element

```
<exclude-unlisted-classes>
    false
</exclude-unlisted-classes>
```

festlegen, dass die verwalteten Klassen in der *persistence.xml* nicht aufgeführt sein müssen.

```java
package de.java2enterprise.onlineshop.model;

import java.io.Serializable;
import javax.persistence.*;

@Entity
@Table(schema="ONLINESHOP", name="CUSTOMER")
public class Customer implements Serializable {
    private static final long serialVersionUID = 1L;

    @Id
    @SequenceGenerator(
            name="CUSTOMER_ID_GENERATOR",
            sequenceName="SEQ_CUSTOMER",
            schema="ONLINESHOP",
            allocationSize=1,
            initialValue=1)
    @GeneratedValue(
            strategy=GenerationType.SEQUENCE,
            generator="CUSTOMER_ID_GENERATOR")
    private Long id;

    private String email;

    private String password;

    public Long getId() {
        return this.id;
    }

    public void setId(Long id) {
        this.id = id;
    }

    public String getEmail() {
        return this.email;
    }
```

```
    public void setEmail(String email) {
        this.email = email;
    }

    public String getPassword() {
        return this.password;
    }

    public void setPassword(String password) {
        this.password = password;
    }
}
```

Listing 10.28 Customer.java

Die Klasse »RegisterBean«

Nachdem Sie die JPA-Entity `Customer.java` im EJB-Projekt erstellt haben, kann die Session Bean Objekte dieser Klasse in der Onlineshop-Datenbank persistieren. Hierfür benötigt sie ein Objekt der Klasse `EntityManager`, dem das neu erzeugte Objekt über Methode `persist()` übergeben wird.

Vielleicht erinnern Sie sich daran, wie wir in vorangegangenen Kapiteln Webkomponenten eingesetzt und von dort aus den EntityManager verwendet haben und hierbei die Transaktion manuell programmieren mussten. Das Besondere an der Programmierung von JPA innerhalb einer EJB-Komponente ist, dass wir uns per Default nicht um die Abwicklung der Transaktionen kümmern müssen. Solange wir nichts anderes explizit anweisen, beginnt die Transaktion bei der Ausführung der Business-Methode. Zum Ende der Business-Methode committet der EJB-Container automatisch auch die Transaktion.

Der Quelltext in Listing 10.29 zeigt die Vereinfachungen, die sich hierdurch ergeben:

```
package de.java2enterprise.onlineshop.ejb;

import javax.ejb.Stateless;
import javax.persistence.EntityManager;
import javax.persistence.PersistenceContext;

import de.java2enterprise.onlineshop.model.Customer;

@Stateless
public class RegisterBean
        implements
        RegisterBeanRemote,
```

```
    RegisterBeanLocal {

@PersistenceContext
private EntityManager em;

@Override
public String persist(String email, String password) {
    Customer customer = new Customer();
    customer.setEmail(email);
    customer.setPassword(password);
    em.persist(customer);
    return email + " persisted";
    }
}
```

Listing 10.29 RegisterBean.java

10.4   Transaktionen

Im letzten Beispiel war der JTA-Dienst des EJB-Containers für die Verwaltung der Transaktionen ganz allein zuständig. Der Fachausdruck hierfür lautet *Container-managed Transactions*.

Der JTA-Dienst des EJB-Containers erlaubt dem Entwickler aber nicht nur, die Verwaltung der Transaktionen deklarativ anzuweisen, sondern auch, manuell innerhalb der EJB einzugreifen. Bei programmatisch angewiesenen Transaktionen spricht man von *Bean-managed Transactions*. Sowohl bei Container-managed Transactions als auch bei Bean-managed Transactions spielt der JTA-Dienst des EJB-Containers eine wichtige Rolle, denn letztlich ist es dann doch seine Aufgabe, die Transaktionen konsistent zu halten.

JTA führt hierbei automatisch ein COMMIT aus, wenn die Speicherung gelingt. Genauso wird JTA ein ROLLBACK ausführen, wenn zwischendurch etwas schiefläuft.

10.4.1   Container-managed Transactions

Enterprise JavaBeans laufen per Default innerhalb eines Container-Managed-Transaction-Betriebs. Das bedeutet, dass beim Aufruf einer Business-Methode überprüft wird, ob sich der laufende Prozess innerhalb einer Transaktionsklammer befindet. Wenn ja, werden auch die Anweisungen innerhalb der Methode als Teil der bereits vorhandenen Transaktion abgehandelt. Wenn jedoch keine Transaktion vorhanden ist, erstellt der EJB-Container von sich aus eine neue Transaktion und führt die Anweisungen der Methode innerhalb dieser Transaktion aus. Dieser Transaktionstyp wird als REQUIRED bezeichnet (siehe Abbildung 10.25).

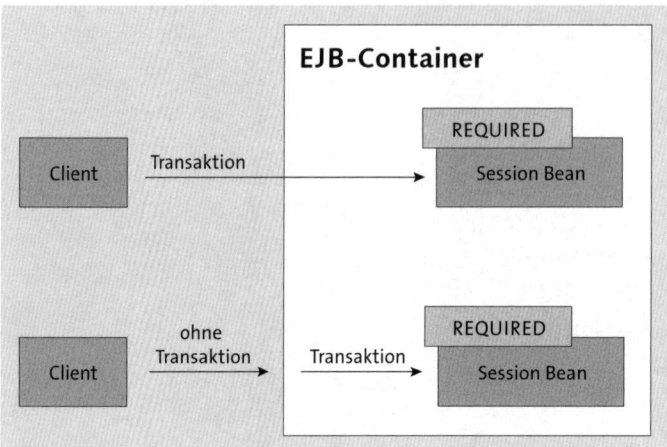

Abbildung 10.25 Der Default-Transaktionstyp nennt sich »REQUIRED«.

Neben REQUIRED bietet die JTA-Spezifikation fünf weitere Transaktionstypen an, auf die Sie im Bedarfsfall umschalten können. Jeder der Transaktionstypen ist in einer eigenen Konstanten des Enums `javax.ejb.TransactionAttributeType` gekapselt.

Die fünf Konstanten, in die man dabei wechseln kann, sind:

▶ REQUIRES_NEW

▶ MANDATORY

▶ SUPPORTS

▶ NOT_SUPPORTED

▶ NEVER

Ich werde sie im Folgenden kurz beschreiben.

REQUIRES_NEW

Wenn sich der aufrufende Prozess bereits innerhalb einer Transaktion befindet, wird seine Transaktion unterbrochen. Die Business-Methode wird innerhalb einer neuen Transaktion abgearbeitet – so, als ob keine vorhanden wäre. Wenn die Anweisungen der Business-Methode abgeschlossen wurden, wird die pausierte Transaktion reaktiviert (siehe Abbildung 10.26).

Wenn sich der laufende Prozess noch nicht innerhalb einer Transaktion befindet, läuft alles wie bei REQUIRED ab. Damit ist gemeint, dass eine neue Transaktion gestartet wird, innerhalb derer die Anweisungen der Methode ausgeführt werden.

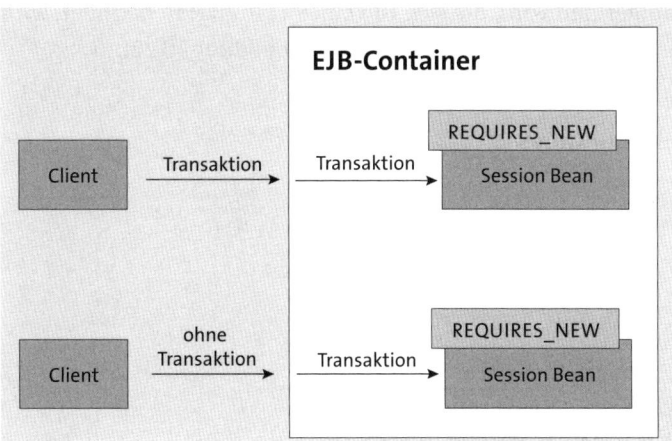

Abbildung 10.26 Der Transaktionstyp REQUIRES_NEW

MANDATORY

Wenn die Business-Methode von einem Prozess aufgerufen wird, der sich in einer Transaktion befindet, werden die Anweisungen der Business-Methode mit dieser Transaktion umklammert.

Wenn die Business-Methode von einem Prozess aufgerufen wird, der sich in keiner Transaktion befindet, wird eine `TransactionalException` ausgelöst (siehe Abbildung 10.27).

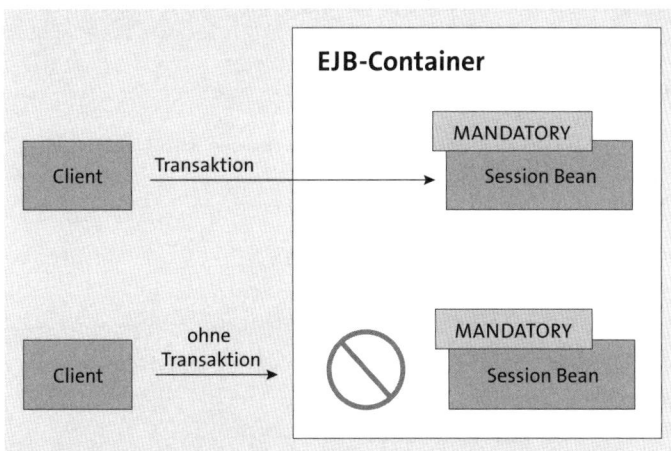

Abbildung 10.27 Der Transaktionstyp MANDATORY

SUPPORTS

Wenn sich der aufrufende Prozess innerhalb einer Transaktion befindet, so werden die Anweisungen der Business-Methode mit dieser Transaktion umklammert. Wenn die Business-

Methode von einem Prozess aufgerufen wird, die sich in keiner Transaktion befindet, wird die Business-Methode ohne eine Transaktion ausgeführt (siehe Abbildung 10.28).

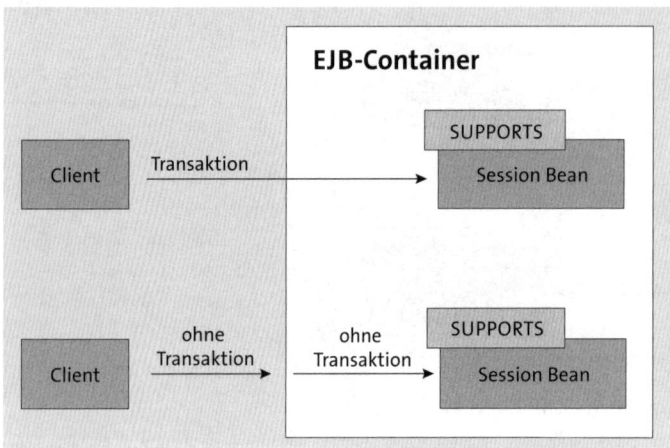

Abbildung 10.28 Der Transaktionstyp SUPPORTS

NOT_SUPPORTED

Wenn sich der aufrufende Prozess innerhalb einer Transaktion befindet, wird seine Transaktion unterbrochen. Es wird aber keine neue Transaktion erzeugt, sondern die Anweisungen der Business-Methode werden ohne Transaktion ausgeführt. Wenn die Anweisungen der Business-Methode abgeschlossen wurden, wird die pausierte Transaktion reaktiviert.

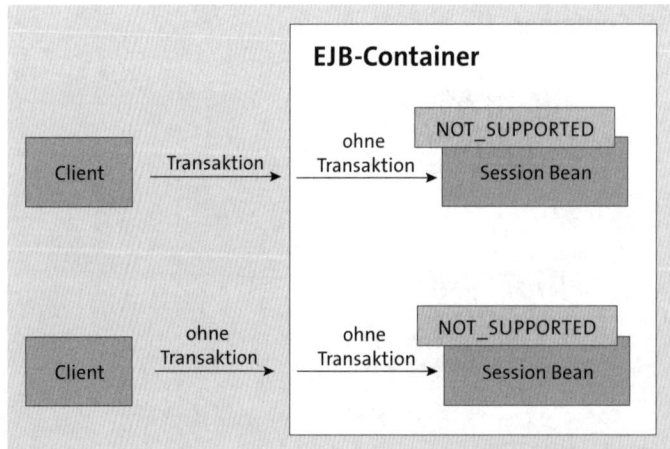

Abbildung 10.29 Der Transaktionstyp NOT_SUPPORTED

Wenn die Business-Methode von einem Prozess aufgerufen wird, der sich in keiner Transaktion befindet, wird die Business-Methode ohne eine Transaktion ausgeführt (siehe Abbildung 10.29).

NEVER

Wenn sich der aufrufende Prozess in einer Transaktion befindet, wird eine `Transactional-Exception` ausgelöst.

Die Business-Methode wird also nur dann ausgeführt, wenn sich der aufrufende Prozess in keiner Transaktion befindet (siehe Abbildung 10.30).

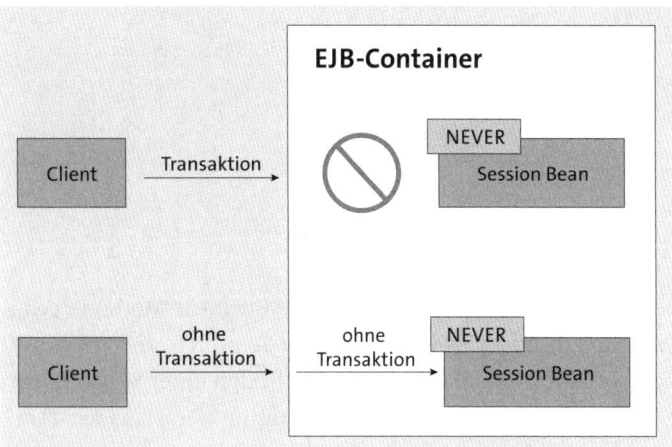

Abbildung 10.30 Der Transaktionstyp NEVER

Um den Transaktionstyp einer Business-Methode nun beispielsweise auf REQUIRES_NEW abzuändern, wird sie mit der Annotation `@TransactionAttribute` versehen. Die Konstante für den Transaktionstyp wird dabei dem Annotationsattribut `value` zugewiesen.

```
package de.java2enterprise.onlineshop;

import javax.ejb.Stateless;
import javax.ejb.TransactionAttribute;
import javax.ejb.TransactionAttributeType;
import javax.persistence.EntityManager;
import javax.persistence.PersistenceContext;

import de.java2enterprise.onlineshop.model.Customer;

@Stateless
public class RegisterBean
        implements
        RegisterBeanRemote,
        RegisterBeanLocal {

    @PersistenceContext
```

```
        private EntityManager em;

        @Override
        @TransactionAttribute(TransactionAttributeType.REQUIRES_NEW)
        public String persist(String email, String password) {
            Customer customer = new Customer();
            customer.setEmail(email);
            customer.setPassword(password);
            em.persist(customer);
            return email + " persisted";
        }
}
```

Listing 10.30 RegisterBean.java

Im obigen Listing haben wir den Transaktionstyp für eine einzige Business-Methode geändert. Auf diese Weise könnten wir für jede Business-Methode einer Session Bean ganz unterschiedliche Transaktionstypen vorsehen. Wenn alle Business-Methoden einer Session Bean den gleichen Transaktionstyp haben sollen, setzen Sie die Annotation @TransactionAttribute vor die Klasse:

```
...
@Stateless
@TransactionAttribute(
    value=TransactionAttributeType.REQUIRES_NEW)
public class RegisterBean
        implements
        RegisterBeanRemote,
        RegisterBeanLocal {
    ...
```

Listing 10.31 RegisterBean.java

10.4.2   Bean-managed Transactions

In den meisten Fällen findet man in der Praxis Container-managed Transactions vor. Dies ist auch die empfohlene Vorgehensweise, da sie weniger fehleranfällig ist. In manchen Fällen ist es aber erwünscht, manuell in den Transaktionsmechanismus des JTA-Dienstes einzugreifen.

Um zwischen Container-managed Transactions und Bean-managed Transactions zu wechseln, setzen Sie die Annotation javax.ejb.TransactionManagement vor die Session Bean. Die zwei unterschiedlichen Transaktionsmanagementtypen CONTAINER und BEAN sind im Enum TransactionManagementType gekapselt.

In Listing 10.32 übernimmt die Session Bean die Verantwortung für den Transaktionsmechanismus:

```
package de.java2enterprise.onlineshop.ejb;

import javax.annotation.Resource;
import javax.ejb.LocalBean;
import javax.ejb.Stateless;
import javax.ejb.TransactionManagement;
import javax.ejb.TransactionManagementType;
import javax.persistence.EntityManager;
import javax.persistence.PersistenceContext;
import javax.transaction.SystemException;
import javax.transaction.UserTransaction;

import de.java2enterprise.onlineshop.model.Customer;

@Stateless
@LocalBean
@TransactionManagement(TransactionManagementType.BEAN)
public class RegisterBean {

    @Resource
    private UserTransaction ut;

    @PersistenceContext
    private EntityManager em;

    public Customer persist(
        String email,
        String password) {

        Customer customer = null;

        try {
            ut.begin();

            customer = new Customer();
            customer.setEmail(email);
            customer.setPassword(password);
            em.persist(customer);

            ut.commit();
```

```
        } catch(Exception ex) {

            try {
                ut.rollback();
            } catch (
                IllegalStateException |
                SecurityException |
                SystemException e) {

                e.printStackTrace();
            }
        }

        return customer;
    }
}
```

Listing 10.32 RegisterBean.java

10.5   Unterschiedliche Session-Bean-Typen

In den vergangenen Abschnitten haben wir die Stateless Session Bean stellvertretend für alle Session-Bean-Typen eingesetzt, um die Grundlagen und die grundlegenden Programmiertechniken von Session Beans zu behandeln. Nun schauen wir uns die jeweiligen Unterschiede zwischen den drei Session-Bean-Typen *Stateless*, *Stateful* und *Singleton Session Bean* an.

10.5.1   Stateless Session Bean

Eine Stateless Session Bean ist eine EJB-Komponente, bei der die Geschäftsdaten nur flüchtig verarbeitet werden, da der Client lediglich während des Methodenaufrufs mit der EJB-Komponente verbunden ist. Man spricht hierbei auch von einem *zustandslosen Service*. Mit dem Begriff »Zustand« sind die Werte der Geschäftsdaten gemeint.

> **Stateless Session Beans und Properties**
>
> Stateless Session Beans können sehr trügerisch sein, denn grundsätzlich ist es erlaubt, Properties in eine Stateless Session Bean zu setzen. Werden die Properties beim Durchlaufen einer Methode mit Werten gefüllt, so gehen die Werte der Properties nicht verloren, sondern sind auch beim nächsten Aufruf eines ganz anderen Clients immer noch vorhanden.

Dieser Umstand ist äußerst gefährlich, da sich die Stateless Session Bean in der Entwicklungsphase korrekt verhalten kann. Selbst in einem wenig umsichtigen Test könnte die Tatsache, dass eine Stateless Session Bean somit falsch programmiert wurde, noch gar nicht auffallen.

Im Livebetrieb des produktiven Systems wird die fehlerhafte Stateless Session Bean jedoch gravierende Defekte verursachen, die schlimmstenfalls nicht einmal direkt auffallen. Beispielsweise könnte die Überweisung eines Kunden an eine falsche Kontonummer übertragen werden oder mit einem anderen Betrag.

Der Lebenszyklus einer Stateless Session Bean

Während der EJB-Container die Instanz einer Stateless Session Bean in seinem Pool hält, durchläuft sie in ihrem Lebenszyklus bestimmte Phasen. Bei diesem Lebenszyklus wird zwischen zwei Zuständen unterschieden, nämlich DOES NOT EXIST und READY. Bevor sich der Zustand einer Session Bean ändert, ruft der EJB-Container die Methoden auf, die der Entwickler über eine spezielle Annotation gekennzeichnet hat. Diese Methoden werden *Callback-Methoden* genannt, weil sie nicht von anderen Methoden, sondern vom EJB-Container aufgerufen werden. Die Stateless Session Bean muss keine Callback-Methode vorsehen; die Erstellung ist also lediglich optional.

In Abbildung 10.31 sehen Sie, welche Callback-Methoden bei einer Session Bean aufgerufen werden können, wenn sich deren Zustand ändert.

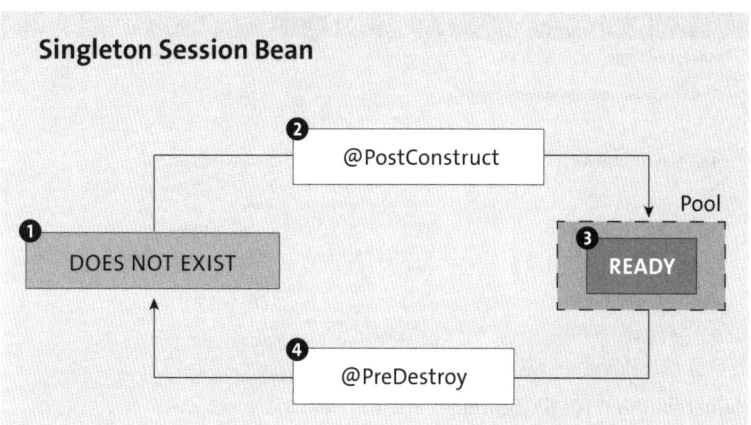

Abbildung 10.31 Die zwei Zustände der Stateless Session Bean

❶ Bevor die Instanz einer Stateless Session Bean erzeugt wurde, spricht man vom Zustand DOES NOT EXIST.

❷ Wenn der EJB-Container die neue Instanz der Stateless Session Bean erzeugt hat, injiziert er zuallererst alle spezifizierten Ressourcen. Dann ruft er die PostConstruct-Callback-Methode, d. h. die mit der Annotation @PostConstruct gekennzeichnete Methode, auf.

❸ Eine Stateless Session Bean muss sich im Zustand READY befinden, damit ihre Business-Methoden aufgerufen werden können. Wenn sie in diesem Zustand ist, wird sie in einem speziellen Instanzenpool verwaltet. Der Instanzenpool verbessert die Performance von Stateless Beans, denn sobald eine Instanz von einem Client nicht mehr benötigt wird, kann sie von einem anderen Client gleich weiterverwendet werden. Insgesamt braucht der EJB-Container hierfür nicht mehr so viele Instanzen zu erzeugen.

❹ Wenn der EJB-Container der Meinung ist, dass eine Instanz des Stateless-Session-Bean-Pools nicht mehr gebraucht wird, kann er sie entfernen. Allerdings wird vor der Übergabe an den Garbage Collector (falls vom Entwickler vorgesehen) noch die Callback-Methode aufgerufen, die mit der Annotation `@PreDestroy` gekennzeichnet wurde.

Die Pooleinstellungen konfigurieren

Sie können die Anzahl der Stateless-Session-Bean-Instanzen, die im Instanzenpool existieren dürfen, konfigurieren, indem Sie in der Admin-Konsole von GlassFish links auf KONFIGURATIONEN • SERVER-CONFIG • EJB-CONTAINER klicken. Auf der rechten Seite erscheint dann mittig der Block POOLEINSTELLUNGEN (siehe Abbildung 10.32). Die Konfigurationen, die Sie unter POOLEINSTELLUNGEN vornehmen können, betreffen lediglich die Stateless Session Beans.

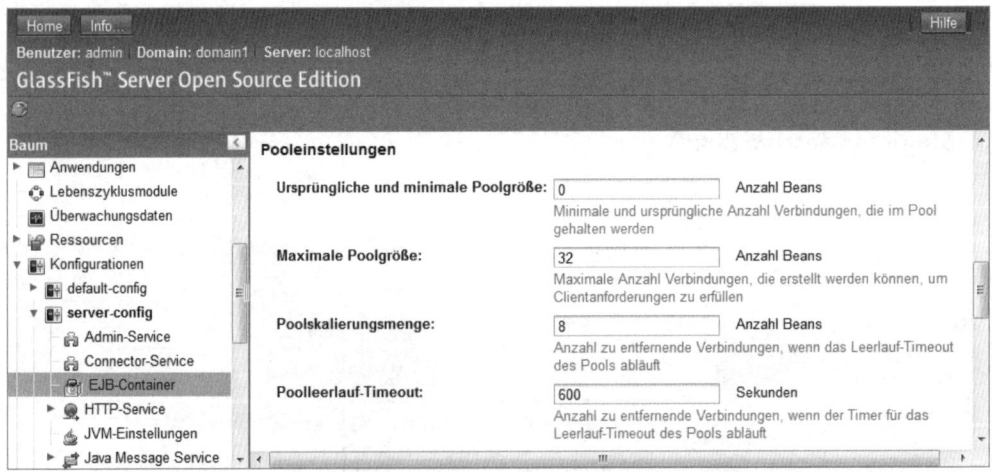

Abbildung 10.32 Die Pooleinstellungen für die Stateless Session Beans

Normalerweise werden beim Start der Anwendung noch gar keine Instanzen einer Stateless Session Bean erzeugt. Erst wenn eine Stateless Session Bean aufgerufen wird, erstellt der EJB-Container Instanzen in dem Pool. Die minimale Poolgröße beträgt anfangs 0. Wenn der EJB-Container statt einer einzigen eine Mindestanzahl an Instanzen jeder Stateless Session im Pool erzeugen soll, tragen Sie im ersten Feld einen entsprechenden Wert ein. Beispielsweise könnte eine stark frequentierte Java EE-Anwendung 8 parallele Instanzen von jeder Stateless Session Bean erfordern.

Im zweiten Eingabefeld bestimmen Sie die maximale Poolgröße. Die Grundeinstellung lautet 32. Würden Sie die minimale Anzahl jeder Session Bean wie soeben gesagt auf 8 setzen, so könnte dieser Wert schnell erreicht sein, denn der EJB-Container erzeugt die 8 Instanzen für jede der Stateless Session Beans. Bei beispielsweise 100 unterschiedlichen Stateless Session Beans ergibt sich eine maximale Mindestanzahl von 800 Instanzen.

Wenn die erzeugten Instanzen nicht gebraucht und überflüssig werden, wird der EJB-Container sie entfernen. Für diesen Zweck sind die letzten beiden Eingabefelder gedacht. Das unterste Eingabefeld zeigt an, wie lange sich eine Instanz untätig im Pool aufhalten darf. Der Standardwert beträgt 600 Sekunden. Das bedeutet, dass nach 10 Minuten die Instanzen von untätigen Stateless Session Beans entfernt werden. Das Feld darüber bestimmt, wie viele untätige Instanzen zur gleichen Zeit gelöscht werden dürfen.

Mit der Admin-Konsole von GlassFish werden die Grenzwerte vom Instanzenpool für alle Stateless Session Beans gesetzt. Die Grenzwerte für einzelne Stateless Session Beans konfigurieren Sie in der *glassfish-ejb-jar.xml* innerhalb des EJB-Moduls.

In Listing 10.33 wird beispielsweise die maximale Anzahl der Instanzen in einem Pool auf 64 gesetzt:

```
<?xml version="1.0" encoding="UTF-8"?>
<!DOCTYPE glassfish-ejb-jar PUBLIC
"-//GlassFish.org//DTD GlassFish Application Server 3.1 EJB 3.1//EN"
"http://glassfish.org/dtds/glassfish-ejb-jar_3_1-1.dtd">
<glassfish-ejb-jar>
    <enterprise-beans>
        <ejb>
            <ejb-name>
                RegisterBean
            </ejb-name>
            <bean-pool>
                <max-pool-size>
                    64
                </max-pool-size>
            </bean-pool>
        </ejb>
    </enterprise-beans>
</glassfish-ejb-jar>
```

Listing 10.33 glassfish-ejb-jar.xml

10.5.2   Stateful Session Beans

Stateful Session Beans werden dann eingesetzt, wenn die Geschäftsdaten der Session Bean über mehrere Anfragen des Clients hinweg bestehen bleiben sollen. Ein typisches Beispiel hierfür ist der Einkaufswagen in einem Onlineshop.

Die Kennzeichnung einer Session Bean erfolgt mithilfe der Annotation @Stateful:

```
@Stateful
public class RegisterBean {
    ...
}
```

Listing 10.34 RegisterBean.java

Weil die Werte der Geschäftsdaten während der Interaktion zwischen Client und Server von Dauer sind, werden Stateful Session Beans manchmal auch als zentrale Komponenten in einer User-Story eingesetzt, von der aus auf weitere Komponententypen zugegriffen werden kann.

> **Stateful Session Beans bei Systemabstürzen**
>
> Vorsicht ist geboten, wenn es sich bei den Geschäftsdaten um besonders geschäftskritische Informationen handelt, denn bei einer Stateful Session Bean ist nicht garantiert, dass die Daten beim Ausfall des Systems erhalten bleiben.

Ein Beispiel mit Stateful Session Beans

Als Beispiel werden wir die Registrierung eines Onlineshop-Kunden nun so programmieren, dass die E-Mail-Adresse und das Kennwort in Einzelschritten erst aufgenommen und dann gemeinsam persistiert werden.

RegisterBeanLocal.java

Das folgende Business-Interface zeigt, welche Business-Methoden das Vorhaben verwirklichen sollen. Die Methode saveEmail() hält die E-Mail-Adresse und die Methode savePassword() das Kennwort temporär fest. Die Methode persist() wird mit diesen beiden Werten ein Objekt des Typs Customer abspeichern.

```
package de.java2enterprise.onlineshop.ejb;

import javax.ejb.Local;

@Local
public interface RegisterBeanLocal {
```

```
public abstract void saveEmail(String email);

public abstract void savePassword(String password);

public abstract void persist();
}
```

Listing 10.35 RegisterBeanLocal.java

RegisterBean.java

Die folgende Stateful Session Bean nutzt die temporär festgehaltenen Geschäftsdaten, um im zweiten Schritt JPA-Entities abzuspeichern:

```
package de.java2enterprise.onlineshop.ejb;

import javax.ejb.Stateful;
import javax.persistence.EntityManager;
import javax.persistence.PersistenceContext;

import de.java2enterprise.onlineshop.model.Customer;

@Stateful
public class RegisterBean
        implements
        RegisterBeanLocal {

    @PersistenceContext
    private EntityManager em;

    private String email;

    private String password;

    @Override
    public void saveEmail(String email) {
        this.email = email;
    }

    @Override
    public void savePassword(String password) {
        this.password = password;
    }
```

```
    @Override
    public void persist() {
        Customer customer = new Customer();
        customer.setEmail(email);
        customer.setPassword(password);
        em.persist(customer);
    }
}
```

Listing 10.36 RegisterBean.java

RegisterController.java

Listing 10.37 zeigt, wie die RegisterBean von der Backing Bean aus aufgerufen wird:

```
package de.java2enterprise.onlineshop.web;

import java.io.Serializable;

import javax.ejb.EJB;
import javax.enterprise.context.SessionScoped;
import javax.inject.Named;

import de.java2enterprise.onlineshop.ejb.RegisterBeanLocal;

@Named
@SessionScoped
public class RegisterController implements Serializable {
    private static final long serialVersionUID = 1L;

    private String email;

    private String password;

    @EJB
    private RegisterBeanLocal registerBeanLocal;

    public String saveEmail() {
        registerBeanLocal.saveEmail(email);
        return "step2";
    }

    public String savePassword() {
        registerBeanLocal.savePassword(password);
```

```
        registerBeanLocal.persist();
        return "step1";
    }

    public String getEmail() {
        return email;
    }

    public void setEmail(String email) {
        this.email = email;
    }

    public String getPassword() {
        return password;
    }

    public void setPassword(String password) {
        this.password = password;
    }
}
```

Listing 10.37 RegisterController.java

step1.xhtml

Die beiden Facelets *step1.xhtml* und *step2.xhtml* möchte ich Ihnen nicht vorenthalten. *step1.xhtml* enthält lediglich ein einziges Eingabefeld und einen Button, der die Aktionsmethode save Email() aufruft.

```
<?xml version="1.0" encoding="UTF-8" ?>
<!DOCTYPE html PUBLIC "-//W3C//DTD XHTML 1.0 Transitional//EN"
        "http://www.w3.org/TR/xhtml1/DTD/xhtml1-transitional.dtd">
<html xmlns="http://www.w3.org/1999/xhtml"
    xmlns:h="http://xmlns.jcp.org/jsf/html">
<h:body>
    <h1>Register Step 1</h1>
    <h:messages/>
    <h:form>
    <h:inputText
        value="#{registerController.email}"/>
    <h:commandButton
        value="Save E-Mail"
        action="#{registerController.saveEmail()}"/>
    </h:form>
```

```
</h:body>
</html>
```

Listing 10.38 step1.xhtml

step2.xhtml

step2.xhtml gleicht dem Facelet *step1.xhtml*, nur dass jetzt das Eingabefeld für das Kennwort und der Button für den Aufruf der Aktionsmethode savePassword() enthalten sind.

```
<?xml version="1.0" encoding="UTF-8" ?>
<!DOCTYPE html PUBLIC "-//W3C//DTD XHTML 1.0 Transitional//EN"
          "http://www.w3.org/TR/xhtml1/DTD/xhtml1-transitional.dtd">
<html xmlns="http://www.w3.org/1999/xhtml"
      xmlns:h="http://xmlns.jcp.org/jsf/html">
<h:body>
    <h1>Register Step 2</h1>
    <h:messages/>
    <h:form>
    <h:inputText
        value="#{registerController.password}"/>
    <h:commandButton
        value="Save Password"
        action="#{registerController.savePassword()}"/>
    </h:form>
</h:body>
</html>
```

Listing 10.39 step2.xhtml

Der Lebenszyklus der Stateful Session Bean

Der Lebenszyklus einer Stateful Session Bean ist komplexer als der einer Stateless Session Bean. Damit ist gemeint, dass Stateful Session Beans nicht nur die Zustände DOES NOT EXIST und READY kennen, denn weil die Stateful Session Bean für eine längere Zeit erhalten bleiben muss, kann sie vom Container auch passiviert werden. Das bedeutet, dass sie als serialisiertes Objekt auf der Festplatte abgelegt wird. Der englische Fachbegriff für diesen Zustand lautet PASSIVE (siehe Abbildung 10.33).

❶ Zunächst befindet sich eine Stateful Session Bean im Zustand DOES NOT EXIST. Der EJB-Container erzeugt eine Instanz einer Stateful Session Bean, sobald eine entsprechende Anfrage von einem Client eingetroffen ist. Die erzeugte Instanz ist dem aufrufenden Client anschließend exklusiv vorbehalten. Danach erzeugt der EJB-Container auch alle ihre Ressourcen. Beispielsweise erstellt er auch die Objekte der Properties, die per CDI definiert wurden. Außerdem ruft er die Callback-Methode @PostConstruct auf.

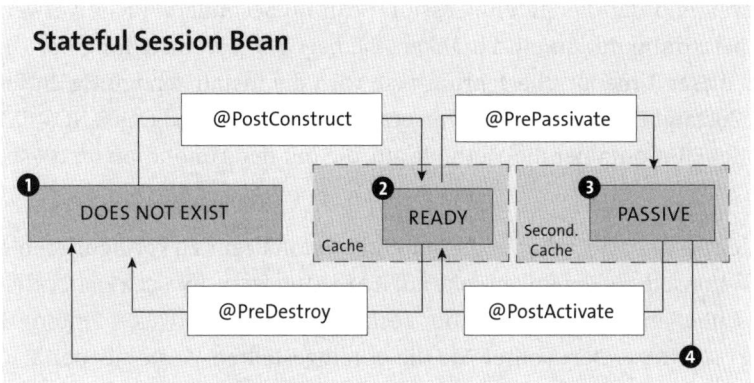

Abbildung 10.33 Die drei Zustände der Stateful Session Bean

❷ Der Zustand, in dem sich die aktivierte Instanz anschließend befindet, wird genauso wie bei einer Stateless Session Bean als READY bezeichnet, da die Instanz für den Aufruf ihrer Business-Methoden bereit ist. Allerdings werden die Instanzen einer Stateful Session Bean in keinem Instanzenpool gehalten, sondern in einem speziellen Cache. Genauso wie der Instanzenpool von Stateless Session Beans hat auch der spezielle Cache die Aufgabe, die Laufzeitleistung des Betriebs zu verbessern, nur dass er hierfür kein Instanz-Pooling betreibt.

Die Anzahl der Instanzen, die im Cache verweilen dürfen, ist per Default auf 512 beschränkt. Diese Cachegröße können Sie aber auch anpassen. Wurde die maximale Cachegröße überschritten, wird eine spezifizierte Cacheskalierungsmenge aus dem Cache passiviert.

Außerdem misst der EJB-Container die Dauer, die sich die einzelnen Instanzen im Cache im Leerlauf befinden. Die voreingestellte maximale Leerlauf-Dauer beträgt 600 Sekunden. Wird dieser Cacheleerlauf-Timeout überschritten, wird die betroffene Instanz ebenfalls aus dem Cache passiviert.

Bevor eine Instanz in den Zustand PASSIVE eintritt, ruft der EJB-Container die mit @Pre-Passivate gekennzeichnete Methode auf, falls der Entwickler eine solche Callback-Methode vorgesehen hat.

❸ Wenn eine Instanz passiviert worden ist, befindet sie sich im Zustand PASSIVE. Das Medium, auf dem der EJB-Container die Stateful Session Bean speichert, wird auch als sogenannter *Secondary Cache* bezeichnet. Wenn der Client, dem die Stateful Session Bean zugesprochen wurde, sie wieder benötigt, wird sie vom EJB-Container wieder aktiviert, indem er das serialisierte Objekt aus dem Secondary Cache wieder einliest und erneut in den *Primary Cache* holt.

Bevor die Instanz wieder in den Zustand READY versetzt wird, ruft der EJB-Container die Callback-Methode auf, die mit der Annotation @PostActivate gekennzeichnet ist. Wieder hängt es davon ab, ob der Entwickler eine solche Callback-Methode vorgesehen hat.

❹ Auch die Dauer, während der die Stateful Session Bean im Secondary Cache verweilen darf, können Sie per Konfiguration einschränken. Sie liegt per Voreinstellung bei 5.400 Sekunden. Sobald dieser Timeout überschritten ist, wird die Instanz endgültig entfernt und somit in den Zustand DOES NOT EXIST versetzt. Bevor der Zustand DOES NOT EXIST gesetzt wird, ruft der EJB-Container die Methode auf, die mit der Annotation @PreDestroy versehen wurde.

Um den Cache und den Secondary Cache für die Stateful Session Beans zu konfigurieren, klicken Sie in der Admin-Konsole auf der linken Seite auf KONFIGURATIONEN • SERVER-CONFIG • EJB-CONTAINER. Anschließend sehen Sie auf der rechten Seite (etwas weiter unten) den Bereich CACHEEINSTELLUNGEN. Dort sollten Sie die voreingestellten Werte für den Cache und den Secondary Cache finden (siehe Abbildung 10.34).

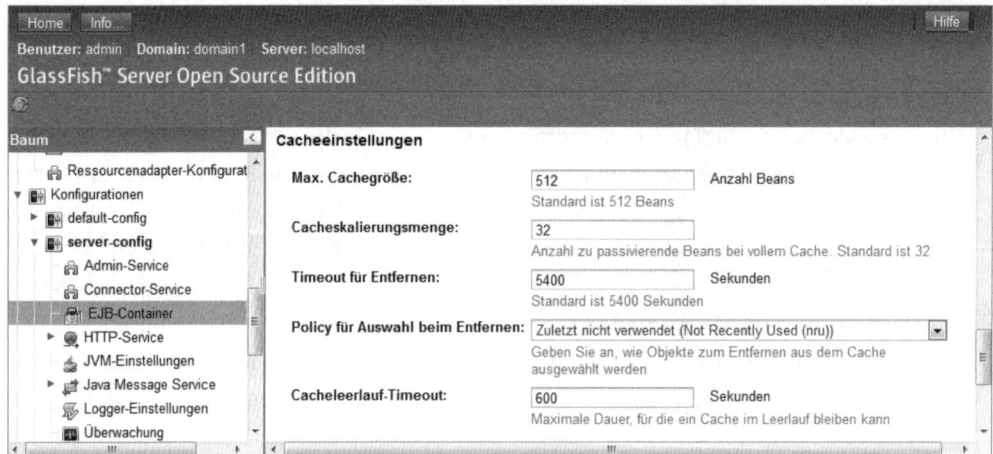

Abbildung 10.34 Die Einstellungen für den Cache und den Secondary Cache der Stateful Session Beans

Genauso wie bei den Stateless Session Beans können Sie auch für einzelne Stateful Session Beans die Grenzwerte in der *glassfish-ejb-jar.xml* innerhalb des EJB-Moduls setzen. Listing 10.40 hebt die maximale Cachegröße auf 1.024 an:

```
<?xml version="1.0" encoding="UTF-8"?>
<!DOCTYPE glassfish-ejb-jar PUBLIC
"-//GlassFish.org//DTD GlassFish Application Server 5.0 EJB 3.1//EN"
"http://glassfish.org/dtds/glassfish-ejb-jar_3_1-1.dtd">
<glassfish-ejb-jar>
    <enterprise-beans>
        <ejb>
            <ejb-name>
                RegisterBean
            </ejb-name>
```

```
        <bean-cache>
            <max-cache-size>
                1024
            </max-cache-size>
        </bean-cache>
      </ejb>
    </enterprise-beans>
</glassfish-ejb-jar>
```

Listing 10.40 glassfish-ejb-jar.xml

10.5.3 Singleton Session Beans

Die Instanz einer Singleton Session Bean ist in der gesamten JVM nur ein einziges Mal vorhanden. Hierdurch wird zur Laufzeit Speicherplatz gespart. Eine Singleton Session Bean wird dann eingesetzt, wenn Geschäftsdaten anwendungsweit gültig sind. Ein weiterer Anwendungsfall für Singleton Session Beans liegt in Aufgaben, die die gesamte Anwendung betreffen. So könnte eine Singleton Session Bean beispielsweise Arbeiten verrichten, die bei der Initialisierung der Anwendung anfallen.

> **Singleton Session Beans bei Cluster-Instanzen**
>
> Normalerweise wird eine einzige Instanz einer Singleton Session Bean geschaffen. Dies gilt allerdings nur dann, wenn es sich um eine Standalone-Instanz eines Java EE Servers handelt – die Singleton Session Bean also auf einer einzigen JVM läuft. Cluster-Instanzen werden jedoch auf Rechnerfarmen mit mehreren JVMs betrieben. Deshalb ist beim Cluster-Betrieb in jeder JVM eine andere Instanz der Singleton Session Bean enthalten.

Auch bei Singleton Session Beans können Sie Methoden mit @PostConstruct bzw. @PreDestroy versehen. Allerdings werden Singleton Session Beans weder in einem Pool gehalten noch werden sie passiviert (siehe Abbildung 10.35).

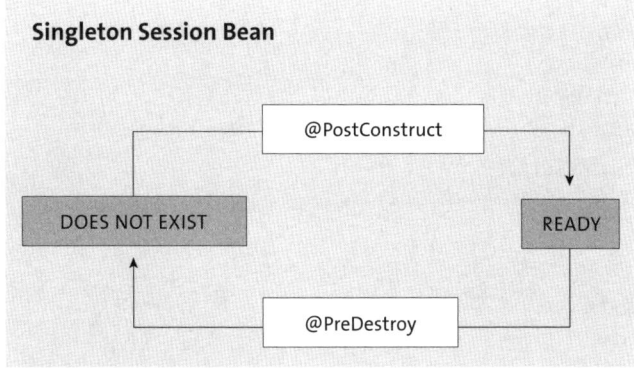

Abbildung 10.35 Der Lebenszyklus einer Singleton Session Bean

Die Annotation für Singleton Session Beans nennt sich @Singleton. Die folgende Singleton Session Bean liest zu Beginn der Onlineshop-Anwendung die Kategorien für Artikel ein:

```
package de.java2enterprise.onlineshop.ejb;

import java.util.List;
import java.util.logging.Logger;

import javax.annotation.PostConstruct;
import javax.ejb.Singleton;
import javax.persistence.EntityManager;
import javax.persistence.PersistenceContext;
import javax.persistence.TypedQuery;

import de.java2enterprise.onlineshop.model.Category;

@Singleton
public class CategoriesBean
        implements
        CategoriesBeanLocal {

    final Logger logger =
        Logger.getLogger(
            CategoriesBean.class.getName());

    @PersistenceContext
    private EntityManager em;

    private List<Category> categories;

    @PostConstruct
    public void postConstructTest() {
        TypedQuery<Category> query =
            em.createQuery(
                "SELECT c FROM Category c",
                Category.class);
        categories = query.getResultList();
    }

    @Override
    public List<Category> getCategories() {
```

```
        return this.categories;
    }
}
```

Listing 10.41 CategoriesBean.java

10.6   Asynchrone Business-Methoden

Wenn in einer konventionellen Java SE-Anwendung eine Methode blockiert, verzweigt man ihren Thread, damit sie den sonstigen Betrieb der Anwendung nicht aufhält. Bei Stateless Session Beans ist dieses Problem leider nicht mit den gleichen Hausmitteln zu lösen, denn der Connection-Pool, mit dem der Betrieb der Stateless Session Bean optimiert wird, käme trotzdem ins Stocken. Seit der EJB-Version 3.1 besteht die Möglichkeit, die Business-Methode einer Session Bean asynchron auszuführen, indem man die Annotation @Asynchronous voranstellt.

In Listing 10.42 sehen Sie, wie die Business-Methode persist() der Klasse RegisterBean als asynchrone Methode aussieht:

```
package de.java2enterprise.onlineshop.ejb;

import javax.ejb.Asynchronous;
import javax.ejb.LocalBean;
import javax.ejb.Stateless;

@Stateless
@LocalBean
public class RegisterBean {

    @Asynchronous
    public void persist(
        String email,
        String password) {

        // Persist the Customer
    }
}
```

Listing 10.42 RegisterBean.java

Wenn ein Client die mit @Asynchronous ausgestattete Business-Methode ausführt, wartet er nicht auf das Ergebnis, sondern arbeitet im Programmablauf die folgenden Anweisungen ab:

```
registerBean.persist(email, password);
... // Und weiter geht's
```

Listing 10.43 RegisterController.java

Im Folgenden steht dem Client die Session-Bean-Instanz aus dem Connection-Pool nicht mehr zur Verfügung.

Im einfachsten Fall gibt eine asynchrone Business-Methode keinen Rückgabewert zurück. Für den Fall, dass die asynchrone Business-Methode dennoch ein Ergebnis liefern soll, packen Sie sie in eine Klasse des Typs Future. Die Future-Klasse wird als Rückgabewert der Business-Methode zurückgeliefert. Auf diese Weise kann das Ergebnis zu einem späteren Zeitpunkt abgeholt werden.

Weil die Programmierung einer eigenen Future-Klasse aufwendig ist, stellt die Enterprise-JavaBean-API eine Convenience-Klasse zur Verfügung, die sich javax.ejb.AsyncResult nennt. Listing 10.44 nutzt diese Klasse als Rückgabewert der Business-Methode:

```java
import java.util.concurrent.Future;

import javax.ejb.AsyncResult;
import javax.ejb.Asynchronous;
import javax.ejb.LocalBean;
import javax.ejb.Stateful;
import javax.persistence.EntityManager;
import javax.persistence.PersistenceContext;

import de.java2enterprise.onlineshop.model.Customer;

@Stateful
@LocalBean
public class RegisterBean {

    @PersistenceContext
    private EntityManager em;

    @Asynchronous
    public Future<Long> persist(
        String email,
        String password) {

        Customer customer =
            new Customer();
```

```
        customer.setEmail(email);
        customer.setPassword(password);
        em.persist(customer);
        Long id = customer.getId();

        AsyncResult<Long> asyncResult =
            new AsyncResult<Long>(id);
        return asyncResult;
    }
}
```

Listing 10.44 RegisterBean.java

Im Client erhalten Sie den Rückgabewert, indem Sie die Methode Future.get() aufrufen:

```
package de.java2enterprise.onlineshop.web;

import java.io.Serializable;
import java.util.concurrent.ExecutionException;
import java.util.concurrent.Future;

import javax.ejb.EJB;
import javax.enterprise.context.RequestScoped;
import javax.faces.application.FacesMessage;
import javax.faces.context.FacesContext;
import javax.inject.Named;

import de.java2enterprise.onlineshop.ejb.RegisterBean;

@Named
@RequestScoped
public class RegisterController implements Serializable {
    private static final long serialVersionUID = 1L;

    private String email;

    private String password;

    @EJB
    private RegisterBean registerBean;

    public String persist() {
```

```
        Future<Long> future =
            registerBean.persist(
                    email, password);

        Long id = Long.valueOf(0);
        try {
            id =
                future.get();
        } catch (
            InterruptedException |
            ExecutionException e) {
            e.printStackTrace();
        }

        FacesContext.getCurrentInstance().
            addMessage(
                null,
                new FacesMessage(
                    id + ":" +
                    email + ":" +
                    password));
        return "register";
    }

    // Setter und Getter
}
```

Listing 10.45 RegisterController.java

Bei der Methode get() müssen Sie beachten, dass sie den aktuellen Thread blockieren könnte, und zwar so lange, bis das Ergebnis geliefert werden kann.

Statt der Methode get() können Sie deshalb auch die überlagerte Methode get(long, TimeUnit) verwenden. Hierdurch wird nur für eine begrenzte Zeit auf das Ergebnis gewartet. Der zweite Parameter besteht aus einer der Konstanten der Klasse TimeUnit. Hiermit wird also die Zeiteinheit des ersten Parameters angegeben:

```
id = future.get(10, SECONDS);
```

Wenn der asynchrone Prozess abgebrochen werden soll, können Sie die Methode cancel(true) aufrufen. Über die Methode isCancelled() fragen Sie ab, ob der Prozess abgebrochen worden ist. Die Methode isDone() gibt wieder, ob der Vorgang abgeschlossen ist.

10.7   JMS und Message-driven Beans

In diesem Abschnitt stelle ich zunächst die Technologie *Java Message Service* (JMS) vor. Anschließend gehe ich auf ihre Nutzung durch die Message-driven Beans ein.

Als Java EE 7 im Jahre 2013 die JMS-Version 2.0 einführte, wurde eine neue, vereinfachte JMS API beigefügt. Man unterscheidet nun zwischen der althergebrachten *Classic JMS API* und der *Simplified JMS API*, die Sie für zukünftige Entwicklungen verwenden.

In diesem Buch werden wir uns sowohl der Classic JMS API als auch der Simplified JMS API widmen, denn als Java EE-Entwickler sollten Sie derzeit noch beide beherrschen. Ich behaupte sogar, dass man es einem Java EE-Entwickler nachsehen wird, wenn er die neuen Interfaces der Simplified JMS API noch nicht kennt. Die althergebrachte Classic JMS API ist hingegen so weit verbreitet, dass Kenntnisse über sie noch unverzichtbar sind.

10.7.1   JMS-Grundlagen

Schon vor der Entstehung der Java Enterprise Edition ging man dem Ziel eines globalen Netzwerks von losgekoppelten Systemen nach. Dieser Absicht kam auch die asynchrone Nachrichtenübermittlung entgegen. Der englische Fachbegriff hierfür lautet *Messaging*. Das Messaging kommt dem Wunsch nach einem globalen Netzwerk von losgekoppelten und plattformunabhängigen Systemen näher als die in diesem Kapitel bislang gezeigte auf CORBA basierte Kommunikation mit den Session Beans. Für die Entgegennahme, das Zwischenspeichern und die Zustellung der Nachrichten wird eine sogenannte *Message-oriented Middleware* (MOM) eingesetzt. Ein anderer Fachbegriff für den Übermittler lautet *Message Broker*.

Als Sun Microsystems JMS im Jahre 1998 veröffentlichte, war beabsichtigt, dass sich Java-Anwendungen an vorhandene Message Broker über eine standardisierte API anbinden können. Hierdurch sollte die Verknüpfung der unterschiedlichen Messaging-Konzepte vereinheitlicht werden.

Während die JMS API (also die heutige Classic JMS API) für den Java EE-Anwendungsentwickler von Bedeutung war, legte die JMS-Spezifikation auch noch gesondert fest, mit welchen Funktionen ein JMS-Treiber ausgestattet sein muss. Der Fachbegriff für diese Vorgabe lautet *JMS Service Provider Interface* (JMS SPI). Dieses gut abgewogene Konzept setzte sich so sehr durch, dass zahlreiche Implementierungen hergestellt wurden, die genau dieser JMS-Spezifikation entsprachen. Der Fachbegriff für eine Implementierung, die gemäß dem JMS-Standard produziert wurde, lautet *JMS-Provider*. Und noch einen Fachbegriff werde ich an dieser Stelle einführen, nämlich den *JMS Client*. Ein JMS Client kann sowohl ein Sender oder ein Empfänger als auch beides sein.

Da sich JMS immer mehr als Messaging-Standard etablierte, reduzierte sich der Lernaufwand für die Entwickler, die sich zuvor mit unterschiedlichen Standards hatten auseinandersetzen müssen. Demzufolge war es nicht überraschend, dass das JMS-Messaging im Jahre 2003 einen festen Platz im Java EE-Standard (J2EE 1.3) einnahm. Seither muss ein vollkonformer Java EE Server auch einen JMS-Provider enthalten. GlassFish 4 verwendet das hauseigene *Open Message Queue* (Open MQ 5.0), das auch die Referenzimplementierung der aktuellen JMS-Spezifikation darstellt (Oracle hat Open MQ bei der Übernahme von Sun Microsystems mitgeerbt). Andere Java EE-Produkt-Hersteller setzen beispielsweise auf *ActiveMQ*, *HornetQ*, *Red Hat JBoss A-MQ* oder *IBM WebSphere MQ*.

Die in diesem Buch gezeigten Programmieranweisungen der JMS API sollten sich von Hersteller zu Hersteller kaum unterscheiden, da sich alle Produkte auf den JMS-Standard beziehen. Unterschiede treten aber vor allem dann auf, wenn es sich um die Verbindungsinformationen zum JMS-Provider handelt.

Die synchrone Kommunikation mit Session Beans

Die Kommunikation mit einer Session Bean ist mit einem Telefongespräch vergleichbar, denn auch bei einem Telefonat muss das Gesagte des Sprechenden (fast) zeitgleich an der Ohrmuschel des Zuhörers ankommen. In Abbildung 10.36 sehen Sie, wie der EJB-Client und eine Session Bean gleich einem Telefonat miteinander kommunizieren. Der JMS-Provider des Java EE Servers tritt hierbei in der Rolle der Telefongesellschaft auf.

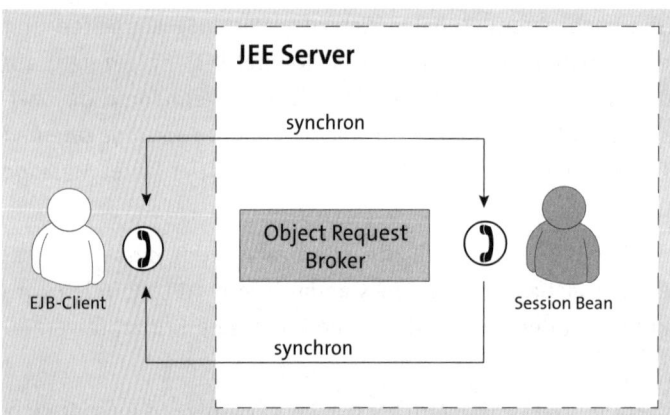

Abbildung 10.36 Die synchrone Kommunikation über die Telefongesellschaft

Weil die Gesprächspartner zur selben Zeit aktiv am gleichen Prozess beteiligt sein müssen, spricht man von einer *synchronen Kommunikation*.

> **»Asynchron verzweigt« bedeutet nicht »asynchron kommuniziert«!**
>
> Im letzten Abschnitt haben Sie den asynchronen Aufruf einer Business-Methode kennengelernt. Aber auch dieser Methodenaufruf ist im Sinne der Kommunikation nicht asynchron, denn mit »asynchron« war dort lediglich gemeint, dass der Thread des Aufrufers verzweigt, damit die Business-Methode den Programmablauf nicht blockiert.

Die asynchrone Kommunikation beim Messaging

Beim Messaging werden die Nachrichten wie bei einer Briefzustellung durch eine Post-dienststelle übermittelt. Weil die Nachrichten zwischengespeichert werden, ist es grundsätzlich möglich, dass Sender und Empfänger noch nicht einmal etwas voneinander wissen. Der Vorteil hierbei ist, dass der Versender und der Empfänger der Nachricht auf ganz unterschiedlichen Technologien basieren können. Beispielsweise kann eine Java-Anwendung eine Nachricht an eine C#-Anwendung senden.

In Abbildung 10.37 sehen Sie, wie sich Nachrichtenersteller und Nachrichtenkonsument mit dem JMS-Provider verbinden, um somit asynchron miteinander zu kommunizieren.

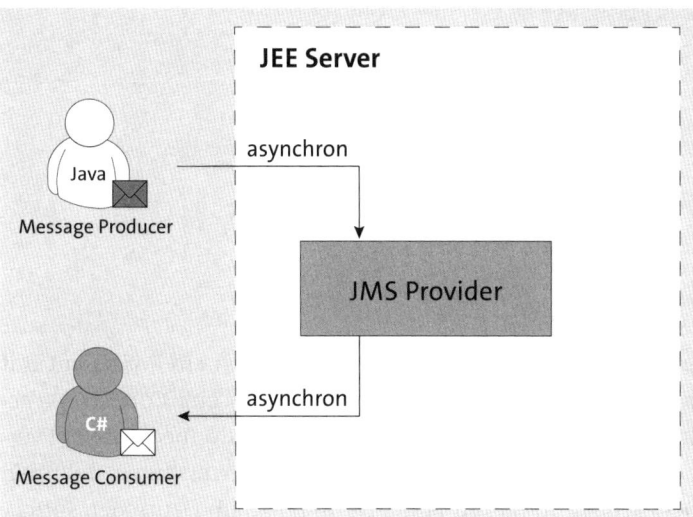

Abbildung 10.37 Der JMS-Provider als Nachrichtenzusteller

Session Beans und Message-driven Beans

Wenn bei der Programmierung einer JMS-Anwendung die Enterprise JavaBeans ins Spiel kommen, stoßen zwei gegensätzliche Middleware-Technologien aufeinander, denn während eine JMS-Nachricht asynchron übermittelt wird, kommuniziert eine Session Bean synchron.

Dennoch kann der Versand von einer Session Bean aus erfolgen. Anders sieht es aber beim Empfang von Nachrichten aus, denn der sollte zeitlich nicht mit einem entfernten Methodenaufruf synchronisiert werden müssen. Weil sich Session Beans somit hierfür nicht eignen, entwickelte man einen speziellen EJB-Typ mit dem Namen *Message-driven Beans* (siehe Abbildung 10.38).

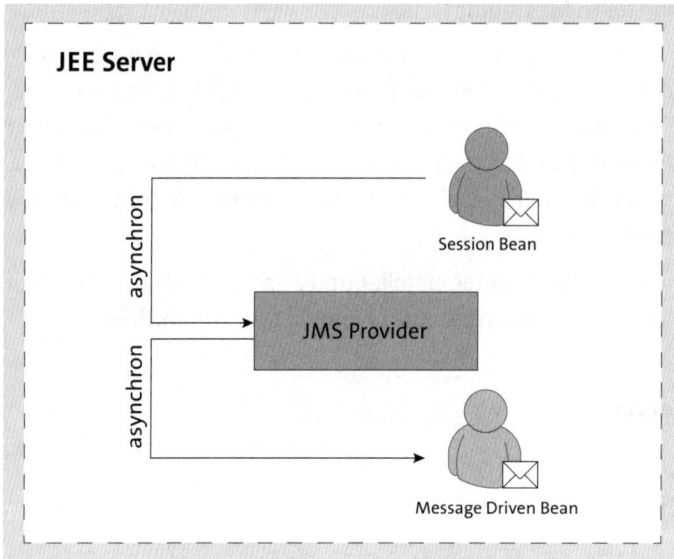

Abbildung 10.38 Der Versand und der Empfang von Messages

Die Verbindungsressourcen des JMS-Providers

Der JMS-Provider bietet zwei Verbindungsressourcen an, über die sich ein JMS Client mit ihm verbindet. Bei der ersten Verbindungsressource handelt es sich um eine *ConnectionFactory*, d. h. um einen Automatismus, der die Verbindungen über einen Connection-Pool verwaltet und nach außen zur Verfügung stellt. Die zweite Verbindungsressource stellt den eigentlichen Postkorb dar. Der Fachbegriff hierfür lautet *Destination*. Im Deutschen spricht man auch von einer *Zielressource*.

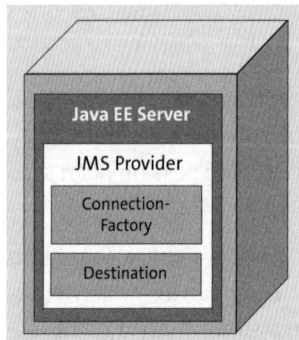

Abbildung 10.39 Die ConnectionFactory und die Destination beim JMS-Provider

Die Kommunikationsmodelle von JMS

JMS unterscheidet zwischen zwei Kommunikationsmodellen, nämlich dem *Point-to-Point Messaging* und dem *Publish-and-Subscribe Messaging*.

Beim *Point-to-Point Messaging* wird die Nachricht von einem Versender in eine Warteschlange gesetzt. Ein Empfänger kann die Nachricht aus der Warteschlange abholen. Wer die Nachricht versendet hat, ist dem Empfänger nicht bekannt. Wurde der Empfang der Nachricht vom Empfänger bestätigt, wird die Nachricht beim JMS-Provider aus der Warteschlange entfernt. Wenn der JMS-Provider das Kommunikationsmodell Point-to-Point zur Verfügung stellen soll, setzt man eine spezielle *Destination* ein, nämlich eine *Queue*, was die englische Übersetzung für *Warteschlange* ist. Eine Queue erfordert darüber hinaus eine spezielle ConnectionFactory, nämlich eine *QueueConnectionFactory* (siehe Abbildung 10.40).

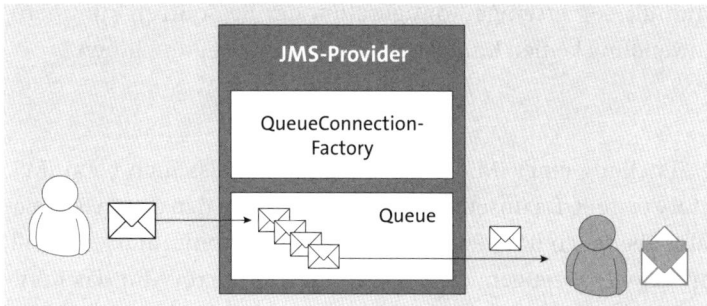

Abbildung 10.40 Das Kommunikationsmodell »Point-to-Point«

Beim Kommunikationsmodell *Publish-and-Subscribe Messaging* wird die Nachricht veröffentlicht und von Abonnenten bezogen. Auch dieses Kommunikationsmodell nutzt eine spezielle Zielressource, nämlich das *Topic*. Mit *Topic*, der englischen Übersetzung des Wortes »Thema«, ist gemeint, dass alle Abonnenten Nachrichten zu einem bestimmten Thema empfangen. Genauso wie bei dem Kommunikationsmodell Point-to-Point wird auch hier wieder eine spezielle ConnectionFactory gebraucht, nämlich die *TopicConnectionFactory* (siehe Abbildung 10.41).

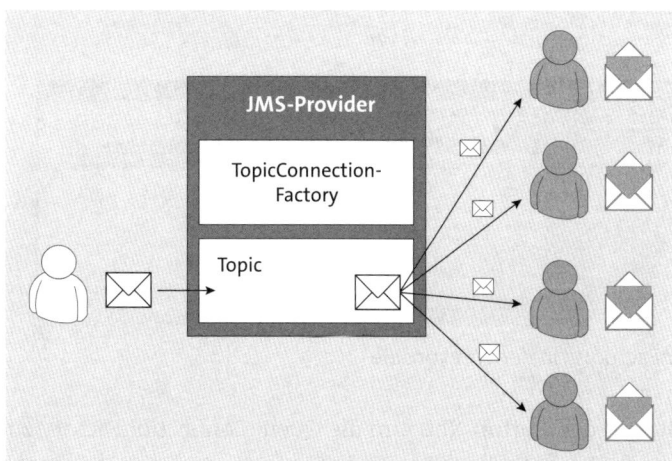

Abbildung 10.41 Das Kommunikationsmodell »Publish-and-Subscribe«

10.7.2   Die serverseitige Konfiguration

In diesem Abschnitt werden wir eine Chat-Anwendung entwickeln, wobei wir die Anwendung von Abschnitt zu Abschnitt stetig verändern werden. Anfangs wird es lediglich darum gehen, Ihnen einen Zugang zur Programmierung einer JMS-Anwendung zu geben. Deshalb teilen wir die Anwendung zu Beginn in einen Versender und in einen Empfänger auf. Später werden wir die beiden Komponenten zu einer einzigen Komponente zusammenführen und darüber hinaus weitere Funktionen der JMS-Technologie nutzen, um die Anwendung immer weiter zu optimieren. Bevor wir mit der Erstellung der Chat-Anwendung loslegen können, müssen wir uns zunächst um die serverseitige Konfiguration der Ressourcen kümmern, denn ansonsten kann die Anwendung keinen Kontakt zum JMS-Provider aufnehmen.

Die ConnectionFactory

Normalerweise beginnt die Erstellung einer JMS-Anwendung damit, dass man beim JMS-Provider die ConnectionFactory erstellt. Da unsere kleine Anwendung in den ersten Beispielen über Point-to-Point, später aber auch über Publish-and-Subscribe kommunizieren soll, werden wir zwei ConnectionFactorys erzeugen: die erste ConnectionFactory für das Kommunikationsmodell Point-to-Point und die zweite für das Kommunikationsmodell Publish-and-Subscribe.

Um die QueueConnectionFactory zu erstellen, klicken Sie auf der linken Seite der Admin-Konsole von GlassFish auf RESSOURCEN • JMS-RESSOURCEN • CONNECTIONFACTORYS (siehe Abbildung 10.42).

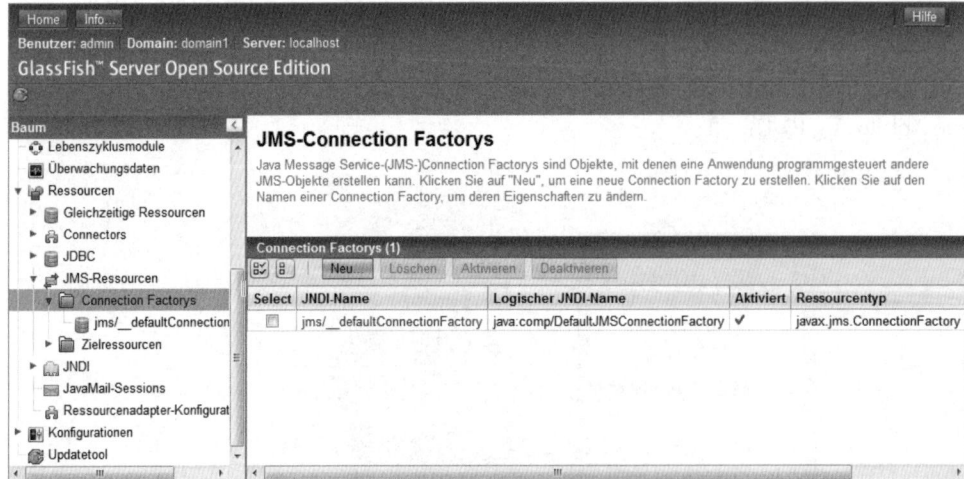

Abbildung 10.42 Die »ConnectionFactorys« in der Webkonsole

Klicken Sie auf der rechten Seite auf den Button NEU, um die QueueConnectionFactory zu erstellen. Den JNDI-Namen setzen Sie auf »jms/ChatQueueConnectionFactory«. Es entspricht der Konvention, die Bezeichner der ConnectionFactory und der Destination mit der

Zeichenkette jms/ beginnen zu lassen. Unter der Auswahlliste der Ressourcentypen selektieren Sie »javax.jms.QueueConnectionFactory« (siehe Abbildung 10.43).

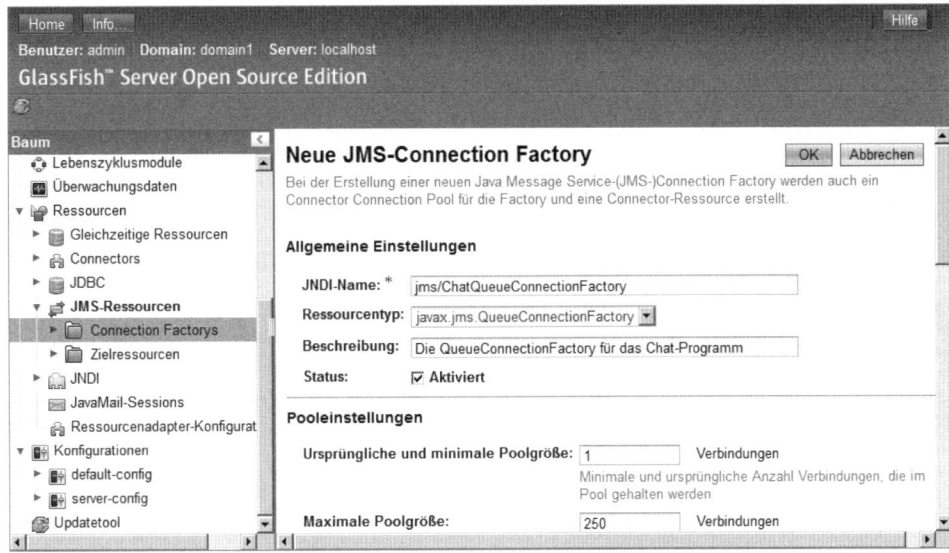

Abbildung 10.43 Die Erstellung der »ChatQueueConnectionFactory«

Bestätigen Sie die Einträge mit OK. Danach erzeugen Sie auch noch die TopicConnectionFactory, indem Sie in der ConnectionFactory-Übersicht wieder auf den Button NEW klicken. Als JNDI-Namen geben Sie »jms/ChatTopicConnectionFactory« ein. Den Ressourcentyp setzen Sie auf »javax.jms.TopicConnectionFactory« (siehe Abbildung 10.44).

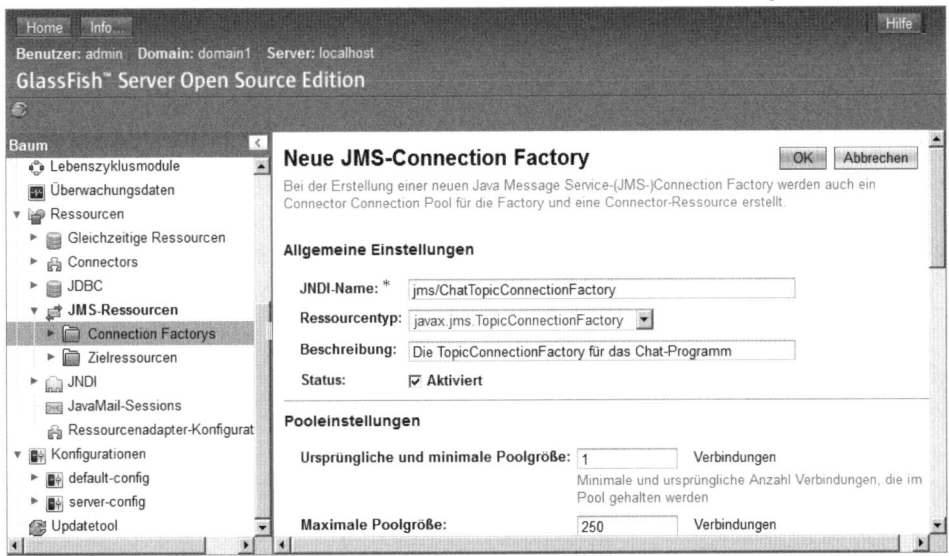

Abbildung 10.44 Die Erstellung der »TopicConnectionFactory«

Die Zielressource (Destination)

Um die Zielressourcen zu konfigurieren, klicken Sie auf der linken Seite auf ZIELRESSOURCEN und dann in der rechts erscheinenden Ansicht auf den Button NEU.

Für die Queue ZIELRESSOURCE geben Sie als JNDI-Namen »jms/ChatQueue« ein. Das Voranstellen der Zeichenkette jms/ entspricht der von Oracle empfohlenen Konvention. Beim Namen des physischen Ziels setzen Sie hingegen »ChatQueue«.

Als RESSOURCENTYP stehen die beiden Interfaces »javax.jms.Topic« und »javax.jms.Queue« zur Auswahl. Wählen Sie den Eintrag »javax.jms.Queue« aus (siehe Abbildung 10.45).

Bestätigen Sie die Erstellung der Queue-Zielressource durch einen Klick auf OK.

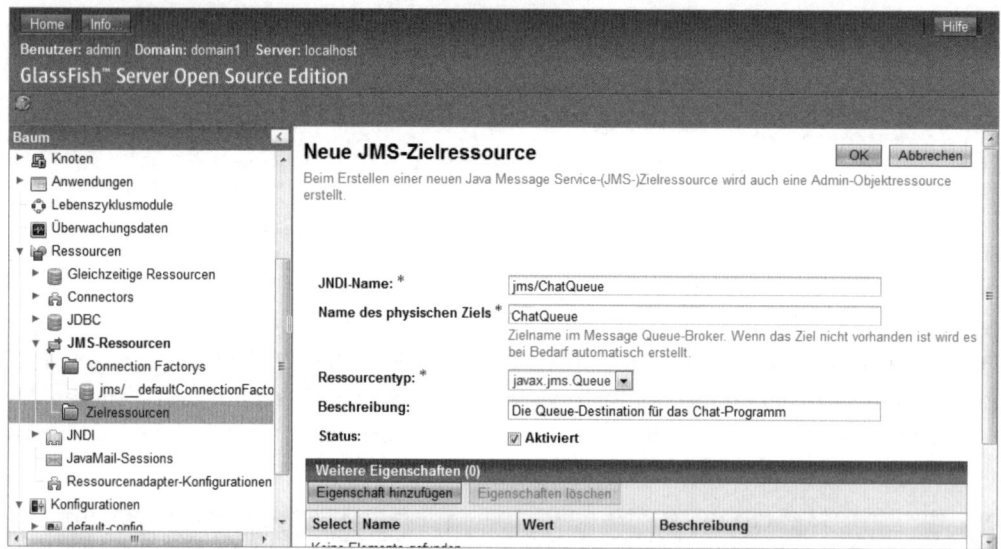

Abbildung 10.45 Die Erstellung der Queue-Zielressource

Danach erstellen Sie das Topic ZIELRESSOURCE, indem Sie in der Übersicht wieder auf den Button mit der Aufschrift NEU klicken. Im Konfigurationsfenster geben Sie als JNDI-Namen »jms/ChatTopic« ein. Den Namen des physischen Ziels setzen Sie auf »ChatTopic«. Der RESSOURCENTYP ist diesmal ein »javax.jms.Topic« (siehe Abbildung 10.46).

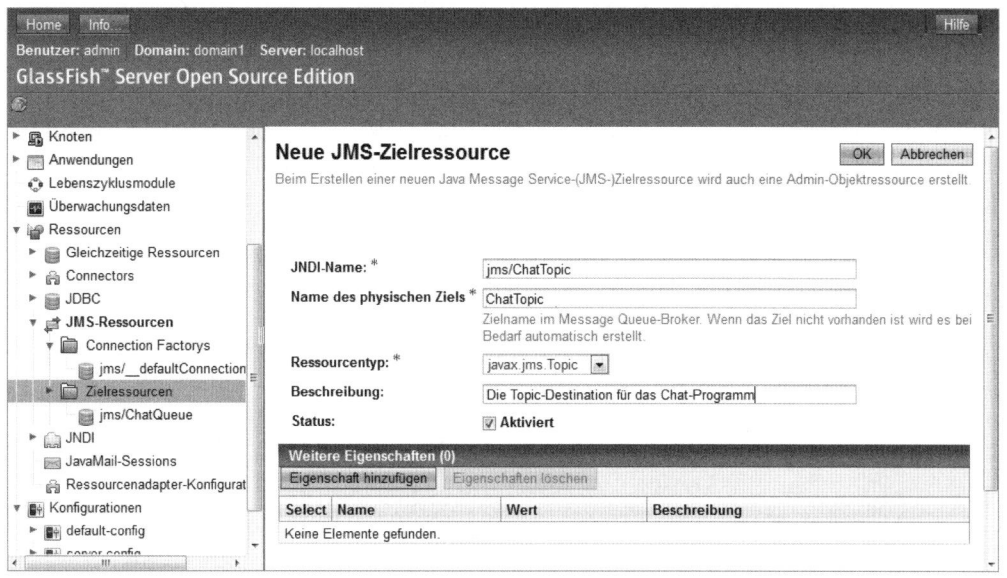

Abbildung 10.46 Die Erstellung der Topic-Destination

10.7.3   Die clientseitige Konfiguration

Jetzt, da die ConnectionFactorys und die Destinations bei dem Java EE Server über den JNDI-Namensdienst zur Verfügung stehen, müssen wir für die Standalone-Anwendung dafür sorgen, dass sie einen »entfernten« Zugriff über JNDI vollziehen kann. Der Hersteller Oracle favorisiert hierfür, dass die Verbindungsinformationen in einem sogenannten *Objektspeicher* gesetzt werden. Deshalb werden wir uns in diesem Abschnitt zunächst hierum kümmern.

Die Erstellung des JNDI-Verzeichnisses

Der Objektspeicher besteht aus einer Datei, die sich *.bindings* nennt und die sich später in einem Verzeichnis Ihres Rechners befinden wird. Wie Sie gleich sehen werden, wird die Datei *.bindings* mithilfe einer speziellen Administrationskonsole erzeugt. Wo die Datei für den Objektspeicher generiert wird, spielt eigentlich keine Rolle. Für das Beispiel aus diesem Buch werde ich ein Verzeichnis mit dem Namen */imq_admin_objects* im Root-Ordner meines Linux-Rechners erstellen. Auf einem Windows-Betriebssystem ist das der Ordner *C:\imq_admin_objects*. Sie können auf Ihrem Rechner aber auch ein ganz anderes Verzeichnis anlegen. Beachten Sie hierbei, dass Sie dieses Verzeichnis anlegen müssen, bevor Sie die Administrationskonsole starten.

Die Administrationskonsole starten

Als Administrationskonsole enthält die Open MQ-Implementierung das Programm `imqadmin`. Damit Sie die Anwendung von allen Verzeichnissen Ihres Rechners aus aufrufen können, fügen Sie vorzugsweise an die Umgebungsvariable PATH den Eintrag `[GLASSFISH_HOME]\mq\bin` an. Beachten Sie, dass Sie *[GLASSFISH_HOME]* durch den individuellen Pfad auf Ihrem Rechner ersetzen müssen.

Führen Sie anschließend auf der Kommandozeile das Kommando `imqadmin` aus. Nach wenigen Sekunden sollte die Anwendung aus Abbildung 10.47 starten.

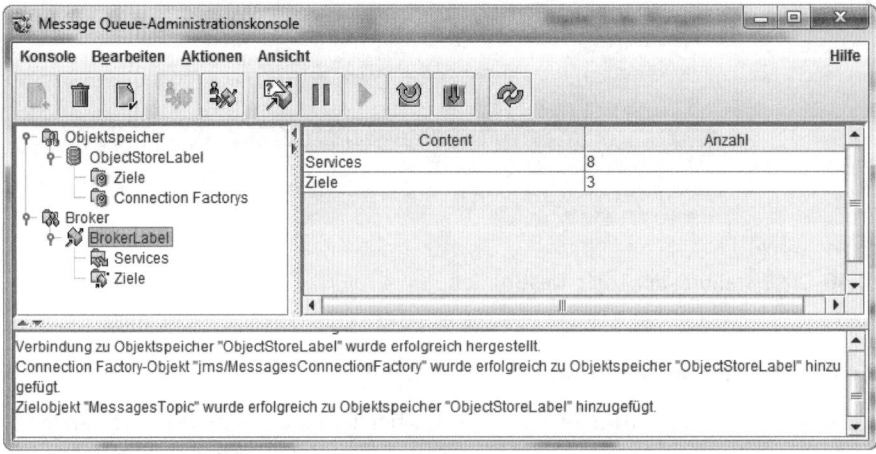

Abbildung 10.47 Die »imq«-Administrationssoftware von Open MQ

Broker hinzufügen

Links in Abbildung 10.47 sehen Sie zwei Menüpunkte. Der erste nennt sich OBJEKTSPEICHER und der zweite BROKER. Klicken Sie auf BROKER und dann im Hauptmenü auf AKTIONEN · BROKER HINZUFÜGEN. Danach sollte das Fenster aus Abbildung 10.48 angezeigt werden.

Abbildung 10.48 Die Authentifizierung zum Broker

Für das lokale Beispiel aus diesem Buch verwenden Sie den Host »localhost«, den Port »7676«, den Benutzernamen »admin« und das Kennwort »admin«. Wenn Sie hingegen mit einem Java EE Server arbeiten, der auf einem externen Rechner betrieben wird, werden Sie an dieser Stelle andere Werte für Ihren Open MQ-Broker benötigen. Bestätigen Sie anschließend mit einem Klick auf OK.

Mit dem JMS-Provider verbinden

Um sich mit dem Broker zu verbinden, klicken Sie im Hauptfenster auf den Namen des soeben erstellten Brokers und dann im Hauptmenü auf AKTIONEN · MIT BROKER VERBINDEN.

Einen Objektspeicher hinzufügen

Klicken Sie anschließend auf der linken Seite auf OBJEKTSPEICHER und dann im Hauptmenü auf AKTIONEN · OBJEKTSPEICHER HINZUFÜGEN. Im Fenster aus Abbildung 10.49 fügen Sie dann zwei Eigenschaften für den JNDI-Namensdienst hinzu. Für den Namen *java.naming.factory.initial* setzen Sie den Wert »com.sun.jndi.fscontext.RefFSContextFactory«. Bei der zweiten Eigenschaft setzen Sie für den Namen *java.naming.provider.url* den Wert, der bei Ihrem Rechner zur Objektspeicherdatei führt. Wenn Sie den gleichen Bezeichner wie ich gewählt haben, handelt es sich auf einem UNIX-basierten Rechner um *file:/// imq_admin_objects*. Auf einem Windows-Rechner tragen Sie an dieser Stelle »*file:///C:/imq_ admin_objects*« ein.

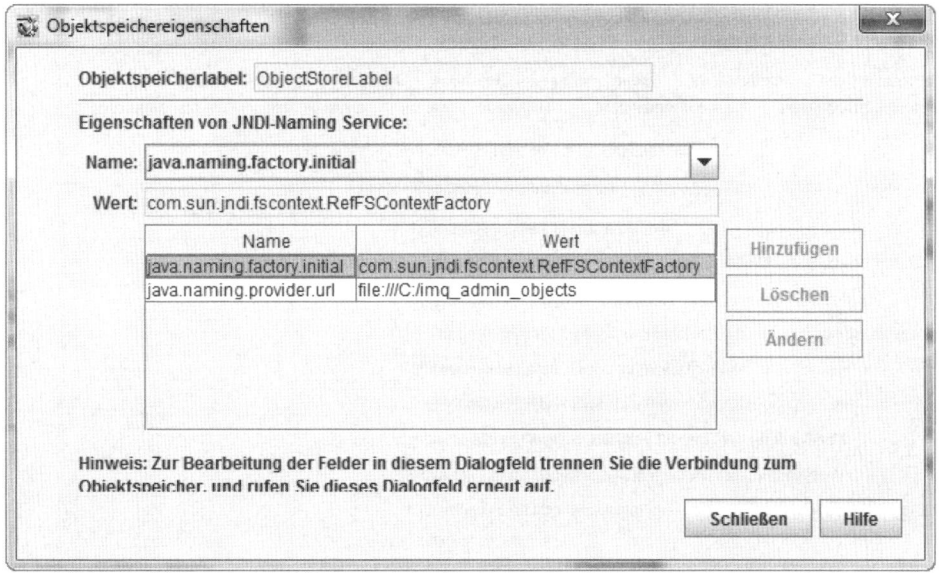

Abbildung 10.49 Das Fenster für die Objektspeichereigenschaften

Den Objektspeicher verbinden

Schließen Sie das Objektspeichereigenschaften-Fenster, und klicken Sie danach im Hauptfenster auf der linken Seite auf den Namen, den Sie für den Objektspeicher vergeben haben. Dann klicken Sie auf Aktionen • Objektspeicher verbinden.

Das ConnectionFactory-Objekt hinzufügen

Um eine ConnectionFactory einzurichten, klicken Sie auf der linken Seite auf Connection Factory und dann im Hauptmenü auf Aktionen • Connection Factory-Objekt hinzufügen.

Im daraufhin erscheinenden Fenster sehen Sie mehrere Reiter, unter denen der Reiter Verbindungsverarbeitung selektiert sein sollte (siehe Abbildung 10.50). Geben Sie zunächst ganz oben den Lookup-Namen »jms/ChatQueueConnectionFactory« ein. Als Factory-Typ wählen Sie »javax.jms.QueueConnectionFactory« aus. Dann geben Sie im Reiter Verbindungsverarbeitung im Eingabefeld neben dem Label Adressliste des Messageservers den Wert »mq://localhost:7676« ein. Wenn sich der Java EE Server auf einem separaten Rechner befindet oder wenn es sich gar um mehrere Server-Instanzen handelt, tragen Sie diese hier ein.

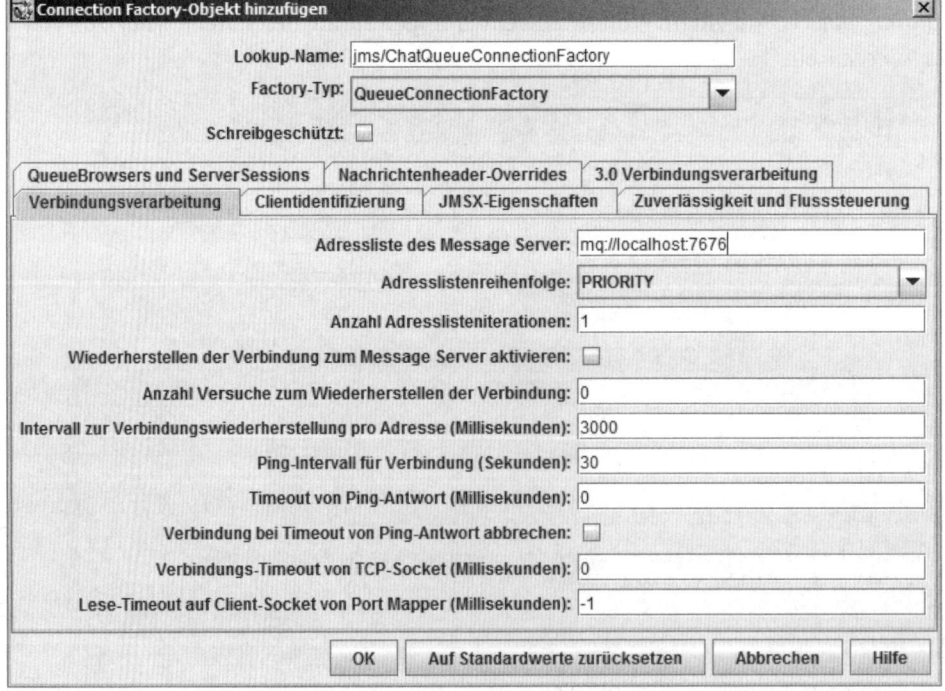

Abbildung 10.50 Das »ConnectionFactory«-Objekt hinzufügen

Danach klicken Sie auf den Reiter Clientidentifizierung (siehe Abbildung 10.51) und geben sowohl unter Standardbenutzername als auch unter Standardkennwort das Wort »admin« ein. Zumindest sollte das die Name-Kennwort-Kombination sein, wenn Sie dies beim MQ Broker nicht abgeändert haben.

Abbildung 10.51 Die Angaben für die Clientauthentifizierung

Bestätigen Sie die Einstellungen anschließend mit einem Klick auf OK.

Hinweis

Nur für den Fall, dass Sie mit einem macOS-Betriebssystem arbeiten oder aus sonstigen Gründen an dieser Stelle mit einer PermissionException kämpfen: Unser macOS-Experte konnte das Problem lösen, indem er den Vorspann jms/ bei dem Lookup-Namen entfernte.

Danach erstellen Sie auch eine ConnectionFactory für die Topic-Zielressource (siehe Abbildung 10.52).

Geben Sie auch für die *TopicConnectionFactory* im Reiter Clientidentifizierung den Standardbenutzernamen und das Standardkennwort ein (siehe Abbildung 10.53).

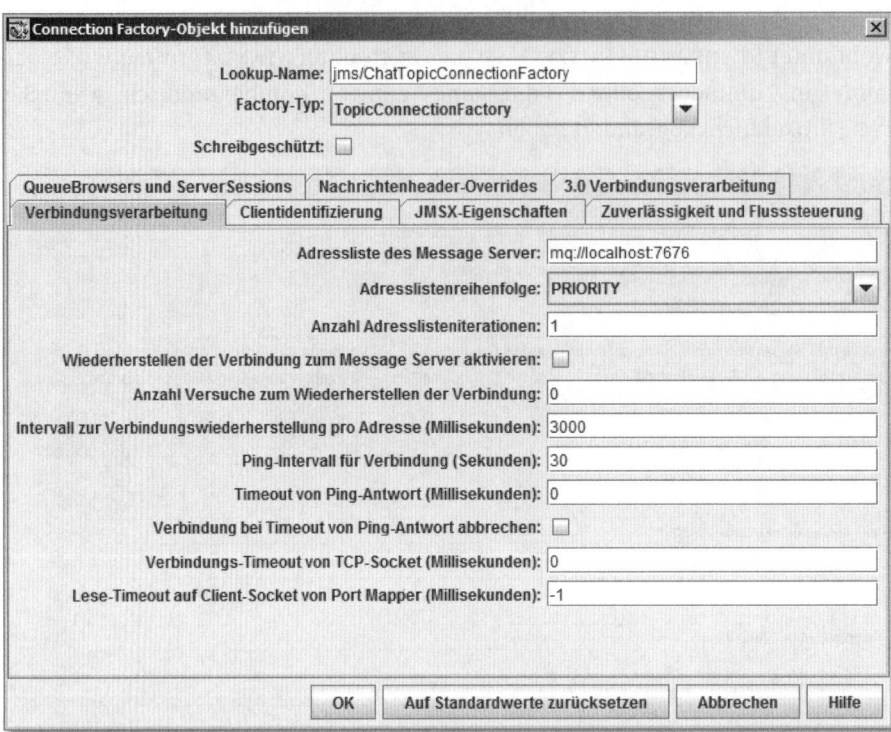

Abbildung 10.52 Die Verbindungsverarbeitung der TopicConnectionFactory

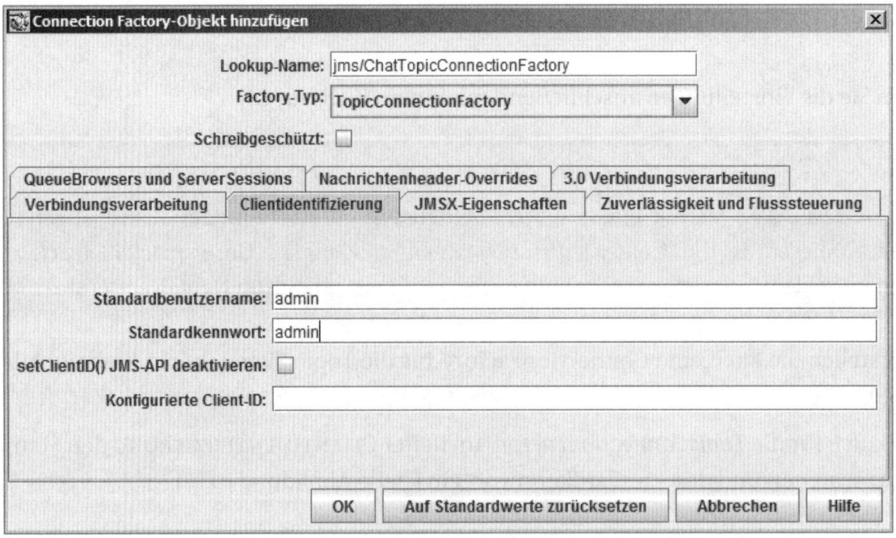

Abbildung 10.53 Die Clientidentifizierung für die »TopicConnectionFactory«

Zielobjekt hinzufügen

Im Hauptfenster klicken Sie auf der linken Seite auf ZIELE und dann im Hauptmenü auf AKTIONEN · ZIELOBJEKT HINZUFÜGEN. Geben Sie in dem Fenster den Lookup-Namen der Zielressource und den Zielnamen so ein, wie Sie es in Abbildung 10.54 sehen.

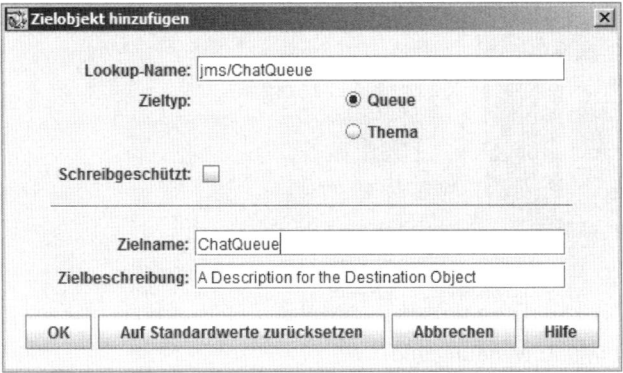

Abbildung 10.54 Das Zielobjekt für die Queue hinzufügen

Als Nächstes fügen Sie auch das Zielobjekt für das Kommunikationsmodell *Topic* hinzu (siehe Abbildung 10.55).

Der Objektspeicher (d. h. die Datei *.bindings*) sollte nun erstellt worden sein.

Abbildung 10.55 Das Zielobjekt für das Topic (Thema) hinzufügen

10.7.4 Die Interfaces der Classic JMS API

Die Classic JMS API basiert auf einem Konzept, bei dem jeder einzelne Programmierschritt über ein gesondertes Interface abstrahiert ist. Die grundlegenden Interfaces, die hierfür zur Verfügung stehen, nennen sich `ConnectionFactory`, `Destination`, `Connection`, `Session`, `MessageProducer`, `MessageConsumer` und `Message`.

In Abbildung 10.56 ist die Architektur von JMS dargestellt. Dabei sehen Sie, wie die Classic JMS API die mitwirkenden Bestandteile über die entsprechenden Interfaces abstrahiert.

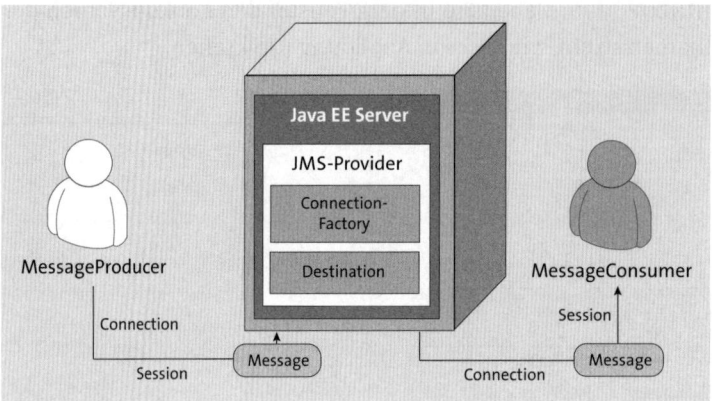

Abbildung 10.56 Die Architektur einer JMS-Anwendung und die grundlegenden Parent-Interfaces der »Classic JMS API«

Die Abbildung soll veranschaulichen, dass sich der Nachrichtenersteller (MessageProducer) über die Verbindungsressourcen (ConnectionFactory und Destination) mit dem JMS-Provider verbindet, um eine Nachricht (*Message*) zu versenden.

Genauso geht der Nachrichtenkonsument (MessageConsumer) vor, denn auch er verbindet sich über die ConnectionFactory und die Destination, um eine Message zu empfangen.

Bei den oben gezeigten Interfaces handelt es sich um übergeordnete Parent-Interfaces, die nur eingesetzt werden, wenn man sich bei dem Kommunikationsmodell nicht festlegen möchte. Für die konkreten Kommunikationsmodelle wurden weitere Interfaces spezifiziert, die jeweils von den oben genannten Interfaces abgeleitet sind.

Tabelle 10.1 können Sie entnehmen, wie die JMS API für jedes Parent-Interface entsprechende Child-Interfaces vorgesehen hat, um Gegenstücke für die jeweiligen Kommunikationsmodelle anzubieten.

	Queue	**Topic**
ConnectionFactory	QueueConnectionFactory	TopicConnectionFactory
Destination	Queue	Topic
Connection	QueueConnection	TopicConnection
Session	QueueSession	TopicSession

Tabelle 10.1 Die Interfaces der Classic JMS API

	Queue	Topic
MessageProducer	QueueSender	TopicPublisher
MessageConsumer	QueueReceiver	TopicSubscriber

Tabelle 10.1 Die Interfaces der Classic JMS API (Forts.)

In Abbildung 10.57 sehen Sie, wie die speziellen Interfaces in der Architektur des Kommunikationsmodells Point-to-Point angeordnet sind. Das Interface *Message* bleibt unverändert.

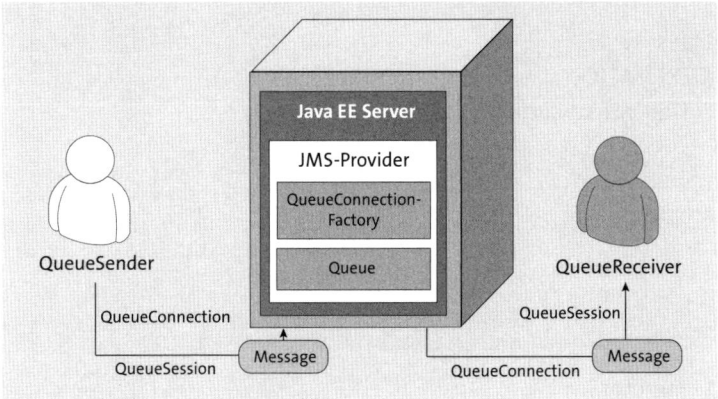

Abbildung 10.57 Die Interfaces für eine Queue

Demgemäß sind auch die speziellen Interfaces in der Architektur des Kommunikationsmodells Publish-and-Subscribe angeordnet (siehe Abbildung 10.58).

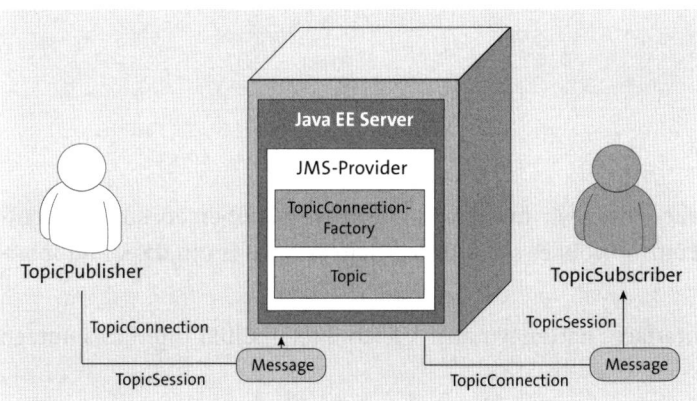

Abbildung 10.58 Das Kommunikationsmodell »Publish-and-Subscribe«

10.7.5   Ein einfaches Beispiel mit der Classic JMS API

Mit den Grundkenntnissen der letzten Abschnitte werden wir in diesem Abschnitt eine einfache JMS-Queue-Anwendung mit der Classic JMS API programmieren. Dabei wird die Anwendung aus zwei Komponenten bestehen, nämlich aus einem Sender und aus einem Empfänger.

Die Beschaffung der Ressourcen

Listing 10.46 zeigt, wie sich der »entfernte« Client die Ressourcen über JNDI besorgt:

```
...
Properties p = new Properties();
p.put(Context.INITIAL_CONTEXT_FACTORY,
"com.sun.jndi.fscontext.RefFSContextFactory");
p.put(
    Context.PROVIDER_URL,
    "file:///C:/imq_admin_objects");

Context context =
    new InitialContext(p);

ConnectionFactory connectionFactory =
    (ConnectionFactory)
    context.lookup(
    "jms/ChatQueueConnectionFactory");

Destination destination =
    (Destination)
        context.lookup(
            "jms/ChatQueue");
```

Listing 10.46 ChatSender.java

Vielleicht ist Ihnen aufgefallen, dass wir im obigen Quelltext das übergeordnete Parent-Interface *Destination* einsetzen, obwohl es sich bei der Zielressource ja um das Child-Interface *Queue* handelt.

Statt der übergeordneten Interfaces hätten wir auch die konkreten Child-Interfaces nutzen können:

```
...
QueueConnectionFactory connectionFactory =
    (QueueConnectionFactory)
    context.lookup(
    "jms/ChatQueueConnectionFactory");
```

```
Queue destination =
    (Queue)
        context.lookup(
            "jms/ChatQueue");
```

Listing 10.47 ChatSender.java

Die generische Programmierung mit den Parent-Interfaces wird von Oracle aber empfohlen, da sie komfortabler ist. Und auch für die Beispielanwendung ist sie hilfreich, weil wir hierdurch eine leichte Loskopplung erzielen und somit später einfacher das Kommunikationsmodell abändern können.

Die Verbindung zum JMS-Provider

In Listing 10.48 sehen Sie, dass der Client eine Verbindung bezieht, indem er die Methode createConnection() einer ConnectionFactory aufruft. Als Ergebnis erhält er eine Instanz des Typs javax.jms.Connection.

Das Interface Connection ist vom Interface java.lang.AutoCloseable abgeleitet. Daher können wir es als *try-with-resources*-Ausdruck programmieren. Die Connection wird im Fehlerfall hierdurch automatisch geschlossen.

```
try (Connection connection =
    factory.createConnection()) {
    ...
}
```

Listing 10.48 ChatSender.java

Vor dem Empfang müssen Sie die Methode Connection.start() aufrufen, denn erst hierdurch wird der Nachrichtenempfang über den JMS Broker aktiviert. Die Methode start() ist aber nicht für den Versand von Nachrichten erforderlich.

```
connection.start();
...
```

Listing 10.49 ChatSender.java

Führen Sie die Methode start() erst aus, nachdem Sie den MessageConsumer erstellt haben. Ansonsten könnte es passieren, dass manche der eintreffenden Nachrichten verpasst werden.

Den Empfang der Nachrichten können Sie mit der Methode stop() anhalten. Wenn Sie nach einer Pause erneut die start()-Methode ausführen, wird der Nachrichtenempfang fortgesetzt.

```
connection.stop();
```

Listing 10.50 ChatSender.java

Beim Empfang der Nachrichten ist es außerdem wichtig, dass Sie die Verbindung zum JMS-Provider schließen, wenn sie nicht mehr gebraucht wird. Weiter oben haben wir einen *try-with-resources*-Ausdruck eingesetzt, damit die Verbindung im Fehlerfall automatisch geschlossen wird. Alternativ schließen Sie die Verbindung manuell, indem Sie die Methode close() aufrufen.

```
...
connection.close();
```

Listing 10.51 ChatSender.java

Hierdurch werden automatisch auch alle Sessions, MessageProducers und MessageConsumers mitgeschlossen.

Das Sitzungsobjekt

Das Interface *Connection* bietet eine Methode mit dem Namen createSession() an, die unter Angabe der Destination ein Sitzungsobjekt liefert. Die Methode createSession() wird hierbei mit zwei Parametern aufgerufen:

```
session = connection.createSession(
    false,
    Session.CLIENT_ACKNOWLEDGE);
```

Listing 10.52 ChatSender.java

Der erste Parameter ist ein Boolean-Wert, der aussagt, ob die Sitzung innerhalb einer Transaktion abläuft. Der zweite Wert gibt an, wie der Erhalt der Nachricht bestätigt werden soll. Dabei können Sie folgende vier Konstanten setzen:

- **Session.CLIENT_ACKNOWLEDGE**
  Hiermit ist der Client für die Bestätigung verantwortlich. Der Client muss den Erhalt der Nachricht bescheinigen, indem er die Methode acknowledge() der Klasse Message aufruft. Wird die Nachricht nicht anerkannt, kann sie über die Methode Session.recover() wieder in die Warteschlange zurückgestellt werden.

- **Session.AUTO_ACKNOWLEDGE**
  Der Client, der die Nachricht erhält, wird sich nicht um eine Bestätigung kümmern. Stattdessen wird der Erhalt der Nachricht automatisch bestätigt. Aufrufe der Methoden acknowledge() oder recover() werden ignoriert.

- **Session.DUPS_OK_ACKNOWLEDGE**
  Diese Konstante wirkt sich ähnlich aus wie die Konstante Session.AUTO_ACKNOWLEDGE, denn

auch hierbei werden die Aufrufe der Methoden `acknowledge()` und `recover()` übergangen. Allerdings bietet diese Alternative eine bessere Performance. Der Grund für die höhere Geschwindigkeit liegt in der Art, wie eine Session intern arbeitet. Denn normalerweise nutzt eine Session mehrere Threads, um eine schnellere Bearbeitung zu gewährleisten. Um die Konsistenz der Nachrichtenbestätigung zu erhalten, schaltet sie jedoch ihren Parallelbetrieb bei der Konstanten `Session.AUTO_ACKNOWLEDGE` ab.

Weil die Bestätigung hierbei möglicherweise zeitverzögert an den JMS-Provider kommuniziert wird, kann es vorkommen, dass Nachrichten auch mehrfach empfangen werden. Dieses Manko müssen Sie programmatisch berücksichtigen.

▶ **Session.SESSION_TRANSACTED**
Bei einer Session, die sich innerhalb einer containerverwalteten Transaktion befindet, übernimmt der Container die Verantwortung über die Bestätigungen. Dies muss so sein, da er ansonsten die Kontrolle über die Transaktionen verlieren würde. Beispielsweise muss er beim Misserfolg einer einzelnen Transaktion alle anderen involvierten Transaktionen gleichermaßen widerrufen. Listing 10.53 zeigt, wie Sie in diesem Fall die Methode `createSession()` aufrufen:

```
session = connection.createSession(
    true,
    Session.SESSION_TRANSACTED);
```

Listing 10.53 ChatSender.java

Weil der erste Parameter den Wert `true` hat, wird der zweite Parameter von der API ignoriert. Aus diesem Grund spielt es eigentlich keine Rolle, welcher Wert als zweiter Parameter gesetzt wird. Zur besseren Lesbarkeit setzt der Entwickler dennoch die Konstante `SESSION_TRANSACTED` als zweiten Parameter ein.

Die Erstellung der Nachricht

Nach dem Erhalt des Sitzungsobjekts sind alle Voraussetzungen für die Nachrichtenerstellung gegeben. Um eine Message zu erstellen, wird das Sitzungsobjekt verwendet. Beispielsweise bietet das Sitzungsobjekt die Methode `createTextMessage()` an, über die ein Objekt des Typs `TextMessage` für den Versand beschafft werden kann:

```
TextMessage message =
        session.createTextMessage();
message.setText(text);
```

Listing 10.54 ChatSender.java

In dem Listing wird eine Nachricht des Typs `TextMessage` verwendet, der sich für die Übermittlung von Zeichenketten eignet. Neben `TextMessage` bietet die JMS API folgende Message-Typen an:

- ▶ **ObjectMessage**

  Der Datentyp `ObjectMessage` wird genutzt, um ein einzelnes Java-Objekt zu versenden. Die Klasse des zu versendenden Objekts muss das Interface `java.io.Serializable` implementieren.

- ▶ **StreamMessage**

  Mit diesem Datentyp werden mehrere elementare Java-Typen und Objekttypen, die das Interface `java.io.Serializable` implementieren, hintereinander versendet.

- ▶ **ByteMessage**

  Auch mit diesem Datentyp lassen sich Daten versenden. Die Daten werden hierbei jedoch in elementaren Bytes verschickt und weder interpretiert noch verändert. Dadurch kann der Bytestrom unabhängig von der eingesetzten Technologie übermittelt werden.

- ▶ **MapMessage**

  Mit dem Datentyp `MapMessage` können Schlüssel-Wert-Paare versendet werden, bei denen es sich beim Schlüssel um eine Zeichenkette und beim Wert ganz allgemein um einen elementaren Datentyp handelt.

Die Erstellung eines Senders

Das Sitzungsobjekt ist auch für die Erstellung des Versenders von Bedeutung, da es die Methode `createProducer()` anbietet, über die ein Objekt des Typs `MessageProducer` erzeugt wird.

```
MessageProducer producer =
    session.createProducer(destination);
```

Listing 10.55 ChatSender.java

Die Methode `createProducer()` nimmt eine Zielressource als Parameter entgegen. Wenn die Zielressource eine Queue ist, wird ein Sender für die Queue erzeugt. Handelt es sich bei der Zielressource um ein Topic, so wird ein Publisher für das Topic erstellt.

Der Versand

Um eine Nachricht zu versenden, wird die Methode `send()` des `MessageProducer` ausgeführt. Die Methode ist in verschiedenen überlagerten Versionen verfügbar. Die einfachste unter ihnen nimmt lediglich einen Parameter entgegen, nämlich die Nachricht.

```
producer.send(message);
```

Listing 10.56 ChatSender.java

Wenn mehrere Destinations vorhanden sind, können Sie mit folgender `send()`-Methode festlegen, zu welcher Destination die Nachricht verschickt werden soll:

```
producer.send(destination, message);
```

Listing 10.57 ChatSender.java

Bei dem Producer sind einige Eigenschaften im sogenannten Header der Nachricht per Default gesetzt. Beispielsweise ist standardmäßig festgelegt, dass

▸ die Nachrichten, die er versendet, bei dem JMS-Provider auf ein Medium gesichert werden sollen, damit sie bei einem Absturz nicht verloren gehen;

▸ die Priorität bei einer Skala von 0 bis 9 bei einer 4 liegt;

▸ die Lebensdauer der Nachricht endlos ist.

Wie Sie die Werte des Headers abändern, werde ich im nächsten Abschnitt zeigen.

Die Erstellung eines Empfängers

Auch für den Empfang der Nachrichten wird wieder das Sitzungsobjekt benötigt, da es die `createConsumer()`-Methoden zur Erstellung eines Empfängers bereithält. Die API bietet mehrere überlagerte Varianten an. Die einfachste hiervon ist folgende:

```
MessageConsumer consumer =
    session.createConsumer(destination);
```

Listing 10.58 ChatReceiver.java

Auf die anderen Varianten geht der folgende Abschnitt ein.

Der Empfang

Der Empfänger bietet mehrere überlagerte `receive()`-Methoden an, über die Nachrichten empfangen werden können. Die einfachste Variante ist diese:

```
Message message = consumer.receive();
```

Listing 10.59 ChatReceiver.java

Das Beispiel programmieren

Die bislang gezeigten Erläuterungen werden wir nun in einem einfachen Übungsbeispiel einsetzen. Es soll eine Standalone-Anwendung programmiert werden, die Nachrichten über eine Zielressource des Typs `Queue` übermittelt.

Die Umsetzung erfolgt über zwei Komponenten. Der Anwender, der Nachrichten versenden möchte, ruft die Komponente `ChatSender` auf, während der Benutzer, der die Nachrichten empfangen möchte, den `ChatReceiver` nutzt. Zugegeben, die Anwendung ist recht banal und problematisch. Aber durch die Konfrontation mit diesen Problemen werden die folgenden Optimierungen verständlicher.

Starten Sie die Programmierung der Komponenten, indem Sie ein Java-Projekt in Eclipse einrichten. Um die JMS-Anwendung später auszuführen zu können, sollten Sie gleich bei der Erstellung des Projekts folgende Bibliotheken mit in den Klassenpfad einbinden:

▶ *[GLASSFISH_HOME]/mq/lib/imq.jar*

▶ *[GLASSFISH_HOME]/mq/lib/jms.jar*

Abbildung 10.59 zeigt, wie Sie bei der Erzeugung des Eclipse-Projekts die Bibliotheken integrieren.

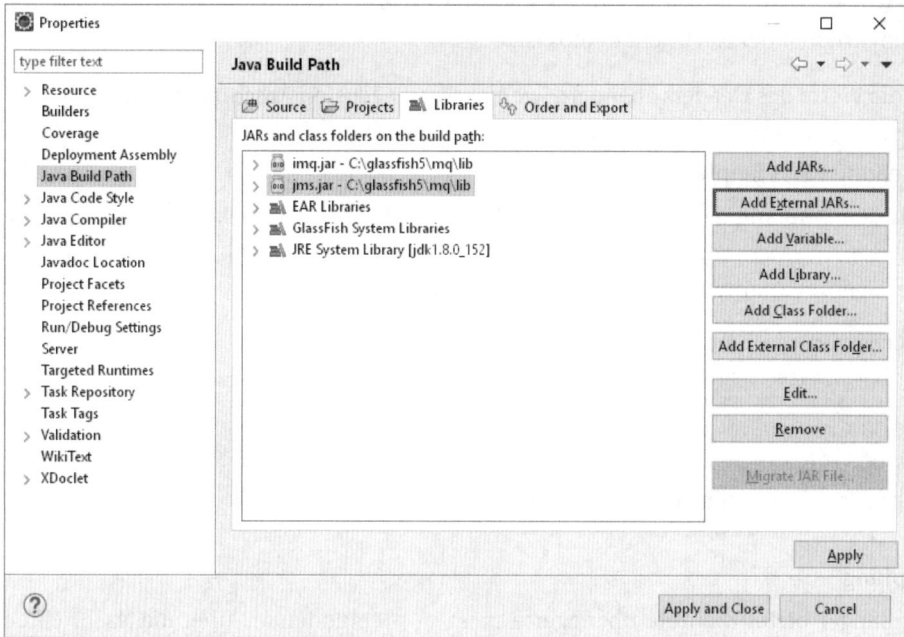

Abbildung 10.59 Die Bibliotheken, die für die Nutzung des JMS-Nachrichtendienstes benötigt werden

Normalerweise wird auch die Bibliothek *[GLASSFISH_HOME]/mq/lib/fscontext.jar* benötigt, die aber in diesem Fall automatisch mitgezogen wird.

In Listing 10.60 sehen Sie den kompletten Quelltext der Klasse ChatSender, die den JMS-Versand über eine Queue realisiert:

```
package de.java2enterprise.chat;

import java.util.Properties;
import java.util.Scanner;

import javax.jms.Connection;
import javax.jms.ConnectionFactory;
```

```java
import javax.jms.Destination;
import javax.jms.JMSException;
import javax.jms.MessageProducer;
import javax.jms.Session;
import javax.jms.TextMessage;
import javax.naming.Context;
import javax.naming.InitialContext;
import javax.naming.NamingException;

public class ChatSender {
    private ConnectionFactory connectionFactory;
    private Session session;
    private Destination destination;

    public static void main(String[] args)
        throws JMSException, NamingException {
        new ChatSender();
    }

    public ChatSender()
            throws JMSException, NamingException {
        Properties p = new Properties();
        p.put(Context.INITIAL_CONTEXT_FACTORY,
        "com.sun.jndi.fscontext.RefFSContextFactory");
        p.put(
            Context.PROVIDER_URL,
            "file:///C:/imq_admin_objects");
        Context context =
                new InitialContext(p);
            connectionFactory =
                (ConnectionFactory)
                context.lookup(
                "jms/ChatQueueConnectionFactory");
            destination =
                (Destination)
                context.lookup(
                    "jms/ChatQueue");

        try (Connection connection =
                connectionFactory.
                    createConnection();
                ) {
            session =
```

10

```
                    connection.createSession(
                        false,
                        Session.CLIENT_ACKNOWLEDGE);

                @SuppressWarnings("resource")
                Scanner scanner = new Scanner(System.in);

                MessageProducer producer =
                    session.createProducer(destination);

                while(true) {
                    String in = scanner.nextLine();
                    TextMessage message =
                        session.createTextMessage(in);
                    producer.send(message);
                }
            }
        }
    }
```

Listing 10.60 ChatSender.java

Die Klasse ChatSender verwendet die Klasse Scanner, um Eingaben aus der Tastatur einzulesen. Jedes Mal, wenn der Benutzer die ⏎-Taste drückt, wird der eingegebene Text an den JMS-Provider übermittelt, wo er bei der Zielressource *jms/ChatQueue* in eine Warteschlange gesetzt wird.

Der komplette Quelltext der Klasse ChatReceiver ist in Listing 10.61 abgedruckt:

```
package de.java2enterprise.chat;

import java.util.Properties;

import javax.jms.Connection;
import javax.jms.ConnectionFactory;
import javax.jms.Destination;
import javax.jms.JMSException;
import javax.jms.Message;
import javax.jms.MessageConsumer;
import javax.jms.Session;
import javax.jms.TextMessage;
import javax.naming.Context;
import javax.naming.InitialContext;
import javax.naming.NamingException;
```

```java
public class ChatReceiver {
    private ConnectionFactory connectionFactory;
    private Session session;
    private Destination destination;

    public static void main(String[] args)
            throws NamingException, JMSException {
        new ChatReceiver();
    }

    public ChatReceiver()
            throws NamingException, JMSException {
        Properties p = new Properties();
        p.put(Context.INITIAL_CONTEXT_FACTORY,
        "com.sun.jndi.fscontext.RefFSContextFactory");
        p.put(
            Context.PROVIDER_URL,
            "file:///C:/imq_admin_objects");
        Context context =
            new InitialContext(p);
        connectionFactory =
            (ConnectionFactory)
            context.lookup(
            "jms/ChatQueueConnectionFactory");
        destination =
            (Destination)
            context.lookup(
                "jms/ChatQueue");

        try (Connection connection =
            connectionFactory.
                createConnection()) {
            session =
                connection.createSession(
                    false,
                    Session.CLIENT_ACKNOWLEDGE);

            MessageConsumer consumer =
                session.
                    createConsumer(destination);

            connection.start();
```

```
        while(true) {
            Message message =
                consumer.receive();
            System.out.println(
            ((TextMessage) message).getText());
            message.acknowledge();
        }
    }
}
}
```

Listing 10.61 ChatReceiver.java

10.7.6   Das Classic-JMS-Queue-Beispiel optimieren

In der JMS-Anwendung des letzten Abschnitts habe ich anhand zweier einfacher Komponenten gezeigt, wie Sie den Versand und der Empfang über eine Zielressource des Typs Queue programmieren könnten. Wie Sie bestimmt schon bemerkt haben, ist diese einfache Anwendung aber mit einigen Problemen behaftet. Beispielsweise müssen sich Versender und Empfänger abstimmen, damit eine reibungslose Konversation tatsächlich zustande kommen kann. Weitere Schwierigkeiten tauchen auf, wenn der Empfänger seine eigenen Nachrichten abruft, weil er sie somit der Warteschlange entnimmt. Der Empfänger wird manche Nachricht daher niemals zu Gesicht bekommen. In den folgenden Abschnitten tauchen wir etwas weiter in die JMS API ein, denn sie bietet ausgetüftelte Möglichkeiten an, die soeben erwähnten Probleme zu lösen.

Den Nachrichtenempfang optimieren

In dem bisherigen Programmierbeispiel haben wir die Methode receive() eingesetzt, um die nächste Nachricht aus der Queue zu empfangen. Die Methode receive() blockiert hierbei so lange den Fortlauf des Programms, bis eine Nachricht eingetroffen ist. Um gar nicht erst lange auf den Empfang einer Nachricht warten zu müssen, können Sie die Methode receiveNoWait() verwenden.

Weil die Methode receiveNoWait() nicht gewährleistet, dass überhaupt eine Nachricht empfangen wird, müssen Sie die Nachricht in einer if-Abfrage verarbeiten:

```
Message message = consumer.receiveNoWait();
if(message != null) {
    TextMessage textMessage =
        (TextMessage) message;
    System.out.println(
        textMessage.getText());
    message.acknowledge();
```

```
} else {
    System.out.println("Keine Nachricht für Dich da!");
}
```

Listing 10.62 ChatReceiver.java

Die Wartedauer begrenzen

Dem Empfang der Nachrichten kaum Zeit einzuräumen, ist recht restriktiv. Wenn die Dauer des Wartens lediglich auf eine bestimmte Dauer begrenzt werden soll, verwenden Sie eine überlagerte `receive()`-Methode, die die Wartezeit in Millisekunden über einen Parameter entgegennimmt. Beispielsweise wartet die Methode `receive()` in Listing 10.63 immer wiederkehrend eine Sekunde lang auf eine neue Nachricht:

```
connection.start();

Message message = null;
while((message = consumer.receive(1000)) != null) {
    TextMessage textMessage =
        (TextMessage) message;
    System.out.println(
        textMessage.getText());
    message.acknowledge();
}
connection.stop();
```

Listing 10.63 ChatReceiver.java

Beachten Sie, dass der Aufruf `receive(0)` unglücklicherweise eine andere Bedeutung als die Methode `receiveNoWait()` hat, denn die Übergabe des Wertes 0 ist bei der Methode `receive()` gleichbedeutend mit einem parameterlosen Aufruf.

Durch die Nachrichten browsen

Wenn in der Nachrichtenliste lediglich gestöbert werden soll, ohne dass sich in der Warteschlange etwas ändert, verwenden Sie die Methode `createBrowser()`, die ein Objekt des Typs `QueueBrowser` erzeugt. Apropos: Der `QueueBrowser` steht ausschließlich bei der Nutzung einer Queue zur Verfügung.

```
...
QueueBrowser browser =
    session.createBrowser(
        (Queue) destination);

@SuppressWarnings("unchecked")
```

```
Enumeration<TextMessage> enums =
    browser.getEnumeration();
while(enums.hasMoreElements()) {
    TextMessage message =
        enums.nextElement();

    // Nachricht verarbeiten
    ...
}
...
```

Listing 10.64 ChatReceiver.java

Der MessageListener

Das Abhören der Nachrichten haben wir bislang in Programmschleifen realisiert. Dies war erforderlich, da die Methode für das Entgegennehmen nach jedem Erhalt einer Nachricht erneut ausgeführt werden muss. In der Praxis sind die immer wiederkehrenden Nachrichtenabfragen aber problematisch, da sie beispielsweise mit dem Nachrichtenversand schwer vereinbar sind. Außerdem verursachen sie nebenbei gesagt ausgiebigen Netzwerk-Traffic. Abhilfe verschafft der MessageListener, der über eine Callback-Methode mit dem Namen onMessage() verfügt. Die Callback-Methode wird automatisch aktiv, und zwar genau dann, wenn eine Nachricht eintrifft.

Um eine Java-Klasse in einen Nachrichtenempfänger zu verwandeln, leitet man sie von dem Interface javax.jms.MessageListener ab. Das Interface MessageListener erfordert, dass ihre Methode onMessage() überschrieben wird:

```
package de.java2enterprise.onlineshop;

import javax.jms.JMSException;
import javax.jms.MessageListener;
import javax.jms.TextMessage;

public class ChatMessageListener implements MessageListener {

    @Override
    public void onMessage(javax.jms.Message message) {
        try {
            String name =
                message.getStringProperty("NAME");
            System.out.println(
                name + ": " +
```

```
            ((TextMessage) message).getText());
        message.acknowledge();
    } catch( JMSException ex ) {
        ex.printStackTrace();
    }
  }
}
```

Listing 10.65 ChatMessageListener.java

Der `MessageListener` wird dem `MessageConsumer` über seine Methode `setMessageListener()` hinzugefügt:

```
MessageConsumer consumer =
    session.createConsumer(destination);
consumer.setMessageListener(new ChatMessageListener());
```

Listing 10.66 ChatReceiver.java

Der Header einer Nachricht

Im letzten Abschnitt habe ich bereits angedeutet, dass eine JMS-Message nicht nur aus der übermittelten Nachricht besteht, sondern auch aus einem Header und den sogenannten *Properties* (siehe Abbildung 10.60).

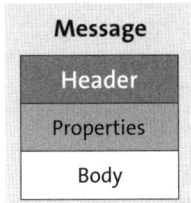

Abbildung 10.60 Eine Message besteht aus einem Header, Properties und einem Body.

Die Bedeutung des Headers erinnert ein wenig an eine E-Mail. Denn auch dort ist es so, dass neben der eigentlichen Nachricht zusätzliche Informationen mitgeliefert werden müssen. Genau genommen kann eine Message auch ohne Body versendet werden, aber ohne Header ist eine Übermittlung gar nicht erst möglich, denn der JMS-Provider braucht den Header, um die Nachrichten verwalten zu können.

Der Header besteht aus einer Reihe von Schlüssel-Wert-Paaren. Tabelle 10.2 listet alle Header-Felder auf.

Name	Beschreibung
JMSMessageID	eine Zeichenkette, die der JMS-Provider als eindeutige ID für die Nachricht generiert
JMSDestination	die Zielressource
JMSReplyTo	die Zielressource, zu der die Antwort des Empfängers erfolgen soll
JMSCorrelationID	eine Referenz zu der Nachricht, auf die sich diese Nachricht bezieht
JMSDeliveryMode	Sagt aus, ob die Nachricht nur flüchtig oder persistent ist. Zur Auswahl stehen DeliveryMode.PERSISTENT und DeliveryMode.NON_PERSISTENT. Per Default ist der Wert auf PERSISTENT gesetzt, denn dies ist hinter der Konstante Message.DEFAULT_DELIVERY_MODE hinterlegt. Dies ist die sichere Variante, denn sie gewährleistet, dass die Nachricht übermittelt wird. Der JMSDeliveryMode NON_PERSISTENT ist performanter, da die Nachricht nicht zwischengespeichert wird. Allerdings können Nachrichten hierbei auch verloren gehen.
JMSDeliveryTime	der früheste Zeitpunkt, ab dem die Nachricht an den Empfänger übermittelt werden soll
JMSPriority	Die Priorität ist eine Ganzzahl, die eine Aussage über die Priorität der Nachricht trifft. Der niedrigste Wert ist eine 0, der höchste eine 9. Per Default ist dieser Wert auf eine 4 gesetzt. Alle Werte zwischen 0 und 4 werden als »normal priorisiert« betrachtet. Werte zwischen 5 und 9 weisen eine besondere Priorität aus.
JMSTimestamp	der Zeitpunkt, an dem die Nachricht zum JMS-Provider versendet wurde
JMSExpiration	Der Zeitpunkt, an dem die Nachricht verfällt. Per Default ist der Wert auf 0 voreingestellt, da dies die Vorgabe in der Konstanten Message.DEFAULT_TIME_TO_LIVE ist. Die 0 bedeutet, dass die Nachricht nie verfällt. Der Zeitpunkt des Verfalls wird im JMS-Provider durch die Addition von JMSTimestamp und TIME_TO_LIVE-Angabe ermittelt.
JMSType	Der Message-Typ. Dieses Feld wird von Open MQ ignoriert.
JMSRedelivered	Wenn die Nachricht bereits zu einem früheren Zeitpunkt übermittelt wurde, enthält dieses Feldes den Wert true. Dies kann beispielsweise dann vorkommen, wenn die Nachricht aufgrund einer abgebrochenen Transaktion nicht bestätigt werden konnte.

Tabelle 10.2 Die JMS-Header

Der JMS Client kann Einsicht in die Header-Informationen nehmen, indem er entsprechende Methoden nutzt, die mit getJMS... beginnen. Beispielsweise gibt getJMSDeliveryMode() die Konstante aus, die durch den JMS-Provider im Feld JMSDeliveryMode gesetzt wurde.

Manche Felder des Headers werden durch den JMS-Provider automatisch beim Empfang oder beim Versand gesetzt, andere wiederum nicht. Weil sich der Gebrauch der Header-Felder von Produkt zu Produkt unterscheidet und der Willkür des Herstellers unterliegt, überlassen wir dem JMS-Provider ihre Festlegung. Als Entwickler können wir dennoch auf die Inhalte Einfluss nehmen, denn die API bietet hierfür spezielle Methoden an.

Im letzten Abschnitt habe ich bereits vorausgeschickt, dass das Interface MessageProducer noch weitere überlagerte send()-Methoden anbietet. Listing 10.67 zeigt eine send()-Methode, über die der DeliveryMode, die Priorität und der Zeitpunkt, zu dem die Gültigkeit der Nachricht abläuft, durch den JMS Client festgehalten wird:

```
TextMessage message =
    session.createTextMessage(in);
producer.send(
    message,
    DeliveryMode.NON_PERSISTENT,
    9,
    60 * 1000);
```

Listing 10.67 ChatQueueClient.java

Im Listing werden der Methode send() hinter dem Parameter für die Nachricht drei weitere Parameter angefügt.

Durch den DeliveryMode.NON_PERSISTENT weisen wir an, dass wir wenig Wert auf die Sicherung der Nachricht legen und dass uns die Optimierung der Laufzeit wichtiger ist.

Die Priorität setzen wir auf den Wert 9, denn dies ist der höchste Wert, den der JMS-Provider zwischen 0 und 9 als Prioritätswert anerkennt.

Der vierte Parameter setzt die Dauer der Gültigkeit (TIME_TO_LIVE) in Millisekunden. Wir legen fest, dass die Nachricht nach einer Minute aus der Warteschlange entfernt werden soll.

Beim Empfang der Nachricht können Sie die Werte über die Anweisung in Listing 10.68 überprüfen:

```
Message message =
    consumer.receive();
String name =
    message.getStringProperty("NAME");
System.out.println(
    ((TextMessage) message).getText());
    message.acknowledge();
```

```
System.out.println(
    message.getJMSDeliveryMode() +
    " - " +
    message.getJMSPriority() +
    " - " +
    new Date(message.getJMSExpiration())
    );
message.acknowledge();
```

Listing 10.68 ChatQueueClient.java

Wenn Sie auf der Kommandozeile »Hallo Welt« eingeben, liefert die zweite System.out-Anweisung eine Ausgabe, die dieser ähnelt:

```
Hallo Welt
1 - 9 - Wed Feb 19 17:12:54 CET 2014
```

Die Properties einer Nachricht

Neben den standardisierten Informationen des Headers bietet die JMS API die Möglichkeit, beliebig viele eigene Properties zu setzen. Der besondere Vorteil dieser Properties ist, dass man die Nachrichten hierdurch filtern kann, und zwar noch bevor sie vom JMS-Provider übermittelt werden. Zum Setzen einer Property bietet das Interface Message Methoden an, die den jeweiligen Datentyp der Property unterstützen.

In Listing 10.69 werden einer Nachricht mehrere Properties hinzugefügt:

```
TextMessage message =
    session.createTextMessage();
message.setStringProperty(
    "NAME", "Susanne");
message.setStringProperty(
    "GENDER", "Female");
message.setStringProperty(
    "CITY", "Köln");
message.setIntProperty(
    "AGE", "33");
producer.send(msg);
```

Listing 10.69 ChatQueueClient.java

Bei der Filterung der Nachrichten wird eine Syntax eingesetzt, die als Untermenge des ANSI-SQL-Standards betrachtet werden kann. Dabei verhält sich jede Property wie ein Spaltenfeld einer Datenbanktabelle.

In Listing 10.70 sehen Sie, wie Sie beim Empfang der Nachricht nach Properties filtern können:

```
MessageConsumer consumer =
    session.createConsumer(
    destination,
    "NAME LIKE 'S%' "
    + "AND GENDER = 'Female' "
    + "AND CITY NOT IN ('München', 'Berlin') "
    + "AND AGE BETWEEN 30 AND 50");
String text =
    ((TextMessage)message).getText();
System.out.println(
    "Nachricht: " + text);
message.acknowledge();
```

Listing 10.70 ChatQueueClient.java

Die eigenen Nachrichten in der Queue ignorieren

Im Programmierbeispiel des letzten Abschnitts konnte der Sender seine eigenen Nachrichten empfangen und sie somit aus der Warteschlange nehmen. Diesem Missstand werden wir nun Einhalt gebieten.

Die Änderung ist sehr einfach, da wir über eine weitere überlagerte `createConsumer()`-Methode einen Consumer erhalten, der genau dieses Manko eliminiert. Listing 10.71 zeigt die überlagerte Methode `createConsumer()`, die drei Parameter entgegennimmt. Der erste Parameter steht für die Zielressource. Er ist vom Typ *Destination*. Der zweite Parameter ist vom Typ `java.lang.String` und setzt den Selektor. Der dritte Parameter ist ein boolescher Wert. Bei `true` werden die eintreffenden Nachrichten, die aus der eigenen Verbindung versandt wurden, ignoriert.

```
MessageConsumer consumer =
    session.createConsumer(
        destination,
        "NAME = '" + partner + "'",
        true);
```

Listing 10.71 ChatQueueClient.java

Das Beispiel programmieren

In diesem Abschnitt werden wir die beiden Queue-Anwendungen `ChatSender` und `ChatReceiver` aus dem vorher gezeigten einfachen Programmierbeispiel zu einer einzigen Anwendung mit dem Namen `ChatQueueClient` zusammenführen. Darüber hinaus werden wir die in diesem Abschnitt behandelten Funktionalitäten nutzen, um in der neuen Anwendung für mehr

Komfort zu sorgen. Beispielsweise werden wir uns bei dem Nutzer zunächst nach seinem Namen und nach dem gewünschten Gesprächspartner erkundigen, damit das Zwiegespräch von Fremdstörungen möglichst verschont bleibt. Außerdem werden wir dafür sorgen, dass der Benutzer seine eigenen Nachrichten nicht abfängt, denn sonst werden sie ja aus der Warteschlange genommen.

```java
package de.java2enterprise.chat;

import java.util.Properties;
import java.util.Scanner;

import javax.jms.Connection;
import javax.jms.ConnectionFactory;
import javax.jms.Destination;
import javax.jms.JMSException;
import javax.jms.Message;
import javax.jms.MessageConsumer;
import javax.jms.MessageListener;
import javax.jms.MessageProducer;
import javax.jms.Session;
import javax.jms.TextMessage;
import javax.naming.Context;
import javax.naming.InitialContext;
import javax.naming.NamingException;

public class ChatQueueClient
        implements MessageListener{
    private static final long ONE_MINUTE = 60000;
    private ConnectionFactory connectionFactory;
    private Destination destination;

    public static void main(String[] args)
            throws NamingException, JMSException {
        new ChatQueueClient();
    }

    public ChatQueueClient()
            throws NamingException, JMSException {
        Properties p = new Properties();
        p.put(Context.INITIAL_CONTEXT_FACTORY,
        "com.sun.jndi.fscontext.RefFSContextFactory");
        p.put(
```

```
      Context.PROVIDER_URL,
      "file:///C:/imq_admin_objects");

Context context;
context = new InitialContext(p);
connectionFactory =
    (ConnectionFactory)
    context.lookup(
    "jms/ChatQueueConnectionFactory");
destination =
        (Destination)
        context.lookup("jms/ChatQueue");
try (Connection connection =
    connectionFactory.
        createConnection()) {
    System.out.print("Dein Name: ");
    @SuppressWarnings("resource")
    Scanner scanner = new Scanner(System.in);
    String name = scanner.nextLine();

    System.out.print("Gesprächspartner: ");
    String partner = scanner.nextLine();

    Session session =
        connection.createSession(
            false,
            Session.AUTO_ACKNOWLEDGE);

    MessageProducer producer =
        session.createProducer(destination);

    MessageConsumer consumer =
        session.createConsumer(
            destination,
            "NAME = '" + partner + "'",
            true);
    consumer.setMessageListener(this);

    connection.start();
    while(true) {
        String in = scanner.nextLine();
        TextMessage message =
            session.createTextMessage(in);
```

```
                        message.setStringProperty(
                            "NAME", name);
                        producer.send(
                            message,
                            Message.DEFAULT_DELIVERY_MODE,
                            Message.DEFAULT_PRIORITY,
                            ONE_MINUTE);
                    }
                }
            }


            @Override
            public void onMessage(javax.jms.Message message) {
                try {
                    String name =
                        message.getStringProperty("NAME");
                    System.out.println(
                        name + ": " +
                        ((TextMessage) message).getText());
                } catch( JMSException ex ) {
                    ex.printStackTrace();
                }
            }
        }
    }
```

Listing 10.72 ChatQueueClient.java

10.7.7   Einen JMS-Classic-Topic-Client erstellen

In diesem Abschnitt werden wir die Beispielanwendung aus den letzten Abschnitten, die ja bisher unter dem Einsatz der Classic JMS API eine Queue als Zielressource verwendete, so abändern, dass sie von nun an das Kommunikationsmodell *Publish-and-Subscribe* verwendet. Das bedeutet, dass wir ein Topic als Zielressource nutzen werden.

Beim Kommunikationsmodell Publish-and-Subscribe werden alle JMS Clients, die sich an eine Zielressource des Typs Topic anbinden, als Abonnenten registriert. Dadurch bekommen sie die Nachrichten aller anderen Abonnenten für die Dauer einer gültigen Sitzung mit.

Für den Chat-Raum liegt der Vorteil auf der Hand: Da eine Nachricht beim Kommunikationsmodell *Point-to-Point* nur von einem einzigen Client empfangen wird (danach wird die Nachricht beim JSM Provider ja entfernt), konnte eine Konversation bislang nur bilateral – d. h. von zwei Teilnehmern im Zwiegespräch – geführt werden. Durch die Umwandlung in das Kommunikationsmodell Publish-and-Subscribe wird jede Nachricht von allen Abonnenten empfangen. Dadurch befinden sich alle Diskutanten automatisch gemeinsam in einer großen Runde.

Die Umgestaltung von einer Queue zu einem Topic erfordert zunächst nicht viel Aufwand. Weil wir bislang vorsorglich die übergeordneten Parent-Interfaces verwendet haben, brauchen wir nun fast nur noch die Bezeichner bei den JNDI-Lookups umzubenennen, und schon ist die Transformation gelungen:

```
context = new InitialContext(p);
connectionFactory =
    (ConnectionFactory)
    context.lookup(
    "jms/ChatTopicConnectionFactory");
destination =
    (Destination)
    context.lookup(
    "jms/ChatTopic");
```

Listing 10.73 ChatTopicClient.java

Die unterschiedlichen Konsumententypen

Unter dem Kommunikationsmodell Publish-and-Subscribe können unterschiedliche Konsumententypen erstellt werden. Das sind:

▶ der *Consumer*,

▶ der *DurableConsumer*,

▶ der *SharedConsumer* und

▶ der *SharedDurableConsumer*.

Diese Konsumententypen werde ich im Folgenden beschreiben.

Der »normale« Topic Consumer

Die einfachste Variante eines Abonnements wird mit der Methode createConsumer() erstellt:

```
MessageConsumer consumer =
    session.createConsumer();
```

Listing 10.74 ChatTopicClient.java

Das Sitzungsobjekt bietet drei weitere überlagerte Varianten der Methode an. Mit der ersten wird lediglich die Zielressource angezeigt:

1057

```
MessageConsumer consumer =
    session.createConsumer(
    (Topic) destination);
```

Listing 10.75 ChatTopicClient.java

Die zweite Variante nimmt zusätzlich einen Selektor entgegen:

```
MessageConsumer consumer =
    session.createConsumer(
    (Topic) destination,
    "NAME LIKE 'A%'");
```

Listing 10.76 ChatTopicClient.java

Die dritte Variante fügt darüber hinaus einen booleschen Wert hinzu, der etwas darüber aussagt, ob eigene Nachrichten ignoriert werden sollen:

```
MessageConsumer consumer =
    session.createConsumer(
    (Topic) destination,
    "NAME LIKE 'A%'",
    true);
```

Listing 10.77 ChatTopicClient.java

Listing 10.78 zeigt den kompletten Quelltext des ChatTopicClients an. Bei dem Beispiel nutzen wir den Selector, um nur die Teilnehmer eines bestimmten Chat-Raums einzubeziehen:

```
package de.java2enterprise.chat;

import java.util.Properties;
import java.util.Scanner;

import javax.jms.Connection;
import javax.jms.ConnectionFactory;
import javax.jms.Destination;
import javax.jms.JMSException;
import javax.jms.MessageConsumer;
import javax.jms.MessageListener;
import javax.jms.MessageProducer;
import javax.jms.Session;
import javax.jms.TextMessage;
import javax.jms.Topic;
import javax.naming.Context;
```

```java
import javax.naming.InitialContext;
import javax.naming.NamingException;

public class ChatTopicClient
        implements MessageListener{
    private ConnectionFactory connectionFactory;
    private Destination destination;

    public static void main(String[] args)
            throws JMSException, NamingException {
        new ChatTopicClient();
    }

    public ChatTopicClient()
            throws JMSException, NamingException {
        Properties p = new Properties();
        p.put(Context.INITIAL_CONTEXT_FACTORY,
        "com.sun.jndi.fscontext.RefFSContextFactory");
        p.put(
            Context.PROVIDER_URL,
            "file:///C:/imq_admin_objects");

        Context context = new InitialContext(p);
        connectionFactory =
            (ConnectionFactory)
            context.lookup(
            "jms/ChatTopicConnectionFactory");
        destination =
            (Destination)
            context.lookup(
            "jms/ChatTopic");

        try (Connection connection =
            connectionFactory.
            createConnection()) {

            @SuppressWarnings("resource")
            Scanner scanner = new Scanner(System.in);

            System.out.print("Dein Name: ");
            String name = scanner.nextLine();

            System.out.print("Dein Chatraum: ");
```

```java
        String room = scanner.nextLine();

        Session session =
            connection.createSession(
                false,
                Session.CLIENT_ACKNOWLEDGE);

        MessageProducer producer =
            session.createProducer(destination);

        MessageConsumer consumer =
            session.createConsumer(
            (Topic) destination,
            "ROOM = '" + room + "'",
            true);
        consumer.setMessageListener(this);

        connection.start();
        while(true) {
            String in = scanner.nextLine();
            TextMessage message =
                session.createTextMessage(in);
            message.setStringProperty(
                    "ROOM", room);
            message.setStringProperty(
                    "NAME", name);
            producer.send(message);
        }
    }
}

@Override
public void onMessage(javax.jms.Message message) {
    try {
        String room =
            message.getStringProperty("ROOM");
        String name =
            message.getStringProperty("NAME");
        System.out.println(
            room + ": " +
            name + ": " +
            ((TextMessage) message).getText());
        message.acknowledge();
```

```
        } catch( JMSException ex ) {
            ex.printStackTrace();
        }
    }
}
```

Listing 10.78 ChatTopicClient.java

Wenn das Programm von drei Chat-Besuchern (sagen wir: Almut, Reinhard und Nico) aufgerufen wird, könnte die Unterhaltung aus der Sicht von Almut so aussehen:

```
Dein Name: Almut
Chatraum: Chatraum01
Ich bin's, Almut! Wie gehts?
Chatraum01: Reinhard: Hallo Almut, auch mal wieder da!
Chatraum01: Nico: Hallo ihr beiden, ich bin auch dabei!
```

Der DurableConsumer

Wie Sie im letzten Beispiel gesehen haben, hat eine Topic-Zielressource den Vorteil, dass ein
JMS Client, der sich als Abonnent registriert, die gleichen Nachrichten erhält wie andere
Abonnenten, die sich unter derselben Zielressource registriert haben. Diesem Vorteil fällt
aber leider der Umstand zum Opfer, dass ein Abonnent auch mal eine Nachricht verpassen
kann. Denn während bei einer *Queue* sichergestellt ist, dass eine Nachricht von einem der
Empfänger abgeholt wird, bleibt diese Gewährleistung bei der Zielressource *Topic* aus. Dies
liegt daran, dass sich der JMS-Provider standardmäßig die Teilnehmer nicht merkt, die eine
bestimmte Nachricht bereits empfangen haben.

> **Hinweis**
>
> Das obige Beispiel macht es deutlich: Würde die Nachricht von Almut beispielsweise dann
> publiziert, während der JMS Client von Nico ausgeschaltet war, wird Nico ihre Nachricht nie-
> mals erhalten.

Der JMS-Standard hat aber einen Weg geschaffen, abonnierte Nachrichten auch nachträglich
zu erhalten. Die Lösung war, dass sich die Abonnenten unter einem bestimmten Thema bei
dem Topic dauerhaft registrieren können. Wenn der dauerhafte Abonnent seinen Rechner
ausschaltet, werden die zwischenzeitlich neu hinzugekommenen Nachrichten für ihn
gesammelt und ihm zugestellt, sobald er sich wieder zurückmeldet.

Das dauerhafte Abonnement sieht darüber hinaus ein besonderes Konzept vor, bei dem ein
Konsument ein Abonnement über zwei spezielle Bezeichner reserviert. Der erste Bezeichner
repräsentiert die sogenannte *ClientID*, und der zweite Bezeichner ist ein Name für das Abon-

nement. Nachdem sich der Konsument mit diesen beiden Bezeichnern registriert hat, merkt sich der JMS-Provider, ob der Konsument eine Nachricht bereits empfangen hat oder nicht.

Die ClientID setzen Sie über die Methode `setClientID()`:

```
connection.setClientID("ChatClient123");
```

Die ClientID ist standardmäßig leer, deshalb wird die Erzeugung eines *DurableConsumers* ohne das explizite Setzen der ClientID eine Exception auslösen.

Neben dem programmatischen Weg über die Methode `setClientID()` gibt es die Möglichkeit, die ClientID konfigurativ einzutragen. Beispielsweise können Sie hierfür den `imqadmin` verwenden (siehe Abbildung 10.61).

Für unser Chat-Programm ist der programmatische Weg vorteilhafter, da wir die ClientID lieber mit dem Namen des Chat-Teilnehmers gleichsetzen.

Der DurableConsumer wird mit der Methode `createDurableConsumer()` erzeugt. Dabei wird auch der Name des Abonnements als Parameter gesetzt.

Abbildung 10.61 Das Setzen der Client-ID über das Programm »imqadmin«

Von der Methode `createDurableConsumer()` gibt es zwei Ausprägungen. Die einfachere Variante nimmt zwei Parameter entgegen:

```
MessageConsumer consumer =
    session.createDurableConsumer(
    (Topic) destination,
    "Chatraum01");
```

Listing 10.79 ChatTopicDurableClient.java

Bei dem ersten Parameter handelt es sich um die Zielressource. Der zweite Parameter steht für den besagten Abonnementnamen. Für den Chat-Raum geben wir den Namen »Chat-Raum01« an.

Eine überlagerte Variante bietet zwei weitere Parameter an. Der dritte Parameter setzt einen Selektor über die Properties. Der vierte Parameter verhindert, dass die eigenen Nachrichten empfangen werden.

```
MessageConsumer consumer =
    session.createDurableConsumer(
    (Topic) destination,
    "ChatRaum01",
    "NAME LIKE 'A%'",,
    true);
```

Listing 10.80 ChatTopicDurableClient.java

Die oben gezeigte Anweisung zwingt den JMS-Provider, die Nachrichten des dauerhaften Abonnements ChatRaum01 aufzubewahren. Um sich vom dauerhaften Abonnement wieder zu lösen (und einen Speicherüberlauf somit zu vermeiden), sollten Sie zu einem angemessenen Zeitpunkt die Methode unsubscribe() verwenden:

```
session.unsubscribe(name);
```

Listing 10.81 ChatTopicDurableClient.java

Listing 10.82 zeigt den kompletten Quelltext des DurableConsumer-Beispiels:

```
package de.java2enterprise.chat;

import java.util.Properties;
import java.util.Scanner;

import javax.jms.Connection;
import javax.jms.ConnectionFactory;
import javax.jms.Destination;
import javax.jms.JMSException;
import javax.jms.MessageConsumer;
import javax.jms.MessageListener;
import javax.jms.MessageProducer;
import javax.jms.Session;
import javax.jms.TextMessage;
import javax.jms.Topic;
import javax.naming.Context;
import javax.naming.InitialContext;
```

```java
import javax.naming.NamingException;

public class ChatTopicDurableClient
        implements MessageListener{
    private ConnectionFactory connectionFactory;
    private Destination destination;

    public static void main(String[] args)
            throws JMSException, NamingException {
        new ChatTopicDurableClient();
    }

    public ChatTopicDurableClient()
            throws JMSException, NamingException {
        Properties p = new Properties();
        p.put(Context.INITIAL_CONTEXT_FACTORY,
        "com.sun.jndi.fscontext.RefFSContextFactory");
        p.put(
            Context.PROVIDER_URL,
            "file:///C:/imq_admin_objects");

        Context context = new InitialContext(p);
        connectionFactory =
            (ConnectionFactory)
            context.lookup(
            "jms/ChatTopicConnectionFactory");
        destination =
            (Destination)
            context.lookup(
            "jms/ChatTopic");

        try (Connection connection =
            connectionFactory.
            createConnection()) {

            @SuppressWarnings("resource")
            Scanner scanner = new Scanner(System.in);

            System.out.print("Chatraum: ");
            String room = scanner.nextLine();

            System.out.print("Dein Name: ");
            String name = scanner.nextLine();
```

```
            connection.setClientID(name);

            Session session =
                connection.createSession(
                    false,
                    Session.CLIENT_ACKNOWLEDGE);

            MessageProducer producer =
                session.createProducer(destination);

            MessageConsumer consumer =
                session.createDurableConsumer(
                    (Topic) destination,
                    room,
                    null,
                    true);
            consumer.setMessageListener(this);

            connection.start();
            while(true) {
                String in = scanner.nextLine();
                TextMessage message =
                    session.createTextMessage(in);
                message.setStringProperty(
                    "ROOM", room);
                message.setStringProperty(
                    "NAME", name);
                producer.send(message);
            }
        }
    }

    @Override
    public void onMessage(javax.jms.Message message) {
        try {
            String room =
                message.getStringProperty("ROOM");
            String name =
                message.getStringProperty("NAME");
            System.out.println(
                room + ": " +
                name + ": " +
```

```
            ((TextMessage) message).getText());
        message.acknowledge();
    } catch( JMSException ex ) {
        ex.printStackTrace();
    }
  }
}
```

Listing 10.82 ChatTopicDurableClient.java

Bei diesem Beispiel werden sich die drei Chat-Teilnehmer (Almut, Reinhard und Nico) wieder in einem Chat-Raum treffen. Allerdings wird Nico zwischenzeitlich den Chat-Raum verlassen. Wenn er wieder zurückkommt, erhält er den Gesprächsverlauf von Almut und Reinhard nachträglich zugesandt:

```
Dein Name: Almut
Dein Chatraum: Chatraum01
Deine ClientID: ClientID_Almut
Dein Abonnement: Abo_Almut
Chatraum01: Nico: Ich bins Nico
Chatraum01: Reinhard: Ich bins Reinhard
Chatraum01: Nico: Ich bin kurz weg und komme gleich wieder
Chatraum01: Reinhard: Ist Nico noch da?
Ich glaube er ist weg!
Chatraum01: Nico: Ich habe nachträglich eure Nachrichten gelesen.
```

Der SharedConsumer

Das Konzept des Publish-and-Subscribe bietet einen weiteren Consumer-Typ an, der sich *SharedConsumer* nennt. Das folgende Beispiel veranschaulicht den Alltag eines Shared-Consumers am besten.

Stellen Sie sich eine Dienststelle vor, wo der Chef Aufgaben an zahlreiche Mitarbeiter verteilt. Die Aufgaben werden mithilfe eines JMS-Providers als JMS-Nachrichten versendet. Dabei soll die Aufgabe immer nur von einem einzigen Mitarbeiter bearbeitet werden. Solch ein Mitarbeiter ist ein *SharedConsumer*.

Es können sich mehrere SharedConsumer als Abonnenten des gleichen Themas registrieren, jedoch wird eine bestimmte Nachricht immer nur von einem einzigen empfangen. Sobald der entgegennehmende SharedConsumer den Erhalt der Nachricht bestätigt, steht sie den anderen SharedConsumern nicht mehr zur Verfügung. Welche der Abonnenten an die Reihe kommt, ist der Willkür des JMS-Providers überlassen.

Die *Classic JMS API* bietet zwei unterschiedliche Methoden an, einen SharedConsumer zu erzeugen: eine mit zwei Parametern und eine mit dreien. Die erste Variante nimmt die Zielressource und den Namen des Abonnements entgegen:

```
MessageConsumer consumer =
    session.createSharedConsumer(
    (Topic) destination,
    aboName);
```

Listing 10.83 Der SharedConsumer mit zwei Konstruktoren

Bei der zweiten Variante können Sie einen Selektor hinzufügen:

```
MessageConsumer consumer =
    session.createSharedConsumer(
    (Topic) destination,
    aboName,
    "ROOM = '" + room + "'");
```

Listing 10.84 Der SharedConsumer mit drei Konstruktoren

Der SharedDurableConsumer

Der *SharedDurableConsumer* ist eine Mischung aus einem *SharedConsumer* und einem *DurableConsumer*. Das Beispiel mit der Dienststelle passt wieder vortrefflich. Stellen Sie sich vor, es ist Freitagnachmittag und alle Mitarbeiter (bis auf den Chef) verlassen ihr Büro und treten hinaus in ihren verdienten Feierabend. Da fällt dem Chef noch eine Aufgabe ein, die er einem beliebigen Mitarbeiter zukommen lassen möchte. Wenn es sich bei den Abonnements um SharedConsumer handeln würde, bliebe die Arbeit bis zum Sankt-Nimmerleins-Tag liegen.

```
MessageConsumer consumer =
    session.createSharedDurableConsumer(
        (Topic) destination,
        aboName,
        "ROOM = '" + room + "'");
```

Listing 10.85 Der SharedDurableConsumer

10.7.8   Eine Session Bean für den JMS-Versand

In den bisherigen Beispielen haben wir stets eine Standalone-Anwendung verwendet, um auf den JMS-Provider zuzugreifen. Dabei handelte es sich um eine »entfernte« Verbindung, denn die Standalone-Anwendung wird in einer anderen JVM ausgeführt als der JMS-Provider.

Zu Beginn dieses Abschnitts habe ich aber bereits vorweggenommen, dass auch Java EE-Komponenten auf den JMS-Provider zugreifen. Session Beans können dann *lokal* mit dem JMS-Provider verknüpft werden. Zumindest gelingt das auf einer Standalone-Instanz, denn dort werden Session Bean und JMS-Provider innerhalb der gleichen JVM ausgeführt.

Beim lokalen Zugriff werden die ConnectionFactory und die Zielressource über den Container injiziert. Hierfür versehen Sie die Objektvariablen mit der Annotation @Resource. Den Annotationsattributen lookup müssen Sie den JNDI-Namen der ConnectionFactory und der Zielressource mitgeben:

```
@Resource(lookup="jms/ChatTopicConnectionFactory")
TopicConnectionFactory connectionFactory;

@Resource(lookup="jms/ChatTopic")
Topic destination;
```

Listing 10.86 ChatBean.java

Das folgende Beispiel zeigt eine Stateless Session Bean mit dem Namen ChatBean. Sie enthält eine Business-Methode mit dem Namen send(). Die Business-Methode versendet Nachrichten über den JMS-Provider, wobei die ConnectionFactory und die Destination nun nicht mehr per JNDI, sondern über CDI besorgt werden.

```
package de.java2enterprise.onlineshop.ejb;

import javax.annotation.Resource;
import javax.ejb.LocalBean;
import javax.ejb.Stateless;
import javax.jms.Connection;
import javax.jms.JMSException;
import javax.jms.MessageProducer;
import javax.jms.Session;
import javax.jms.TextMessage;
import javax.jms.Topic;
import javax.jms.TopicConnectionFactory;

@Stateless
@LocalBean
public class ChatBean {
    @Resource(lookup="jms/ChatTopicConnectionFactory")
    TopicConnectionFactory connectionFactory;

    @Resource(lookup="jms/ChatTopic")
    Topic destination;
```

```
public void send(
        String name,
        String text) {
    try {
        Connection connection =
            connectionFactory.createConnection();

        Session session =
            connection.createSession(
            false,
            Session.CLIENT_ACKNOWLEDGE);

        MessageProducer messageProducer =
            session.createProducer(destination);
        TextMessage textMessage =
            session.createTextMessage();
        textMessage.setText(text);
        textMessage.setStringProperty(
            "NAME",
            name);
        messageProducer.send(textMessage);

    } catch (JMSException e) {
        e.printStackTrace();
    }
    }
}
```

Listing 10.87 ChatBean.java

10.7.9   Die Simplified JMS API

Wenn Sie die Beispiele der letzten Abschnitte nachvollzogen haben, ist Ihnen womöglich aufgefallen, dass die Programmierung mit der Classic JMS API ein wenig umständlich ist, denn die zahlreichen Varianten der Interfaces sind offensichtlich redundant. Die Entscheidung über den Zielressourcentyp muss doch auch an einer einzigen Stelle getroffen werden können. Genau das haben sich auch die Mitglieder des JCP gedacht und folgerichtig die *Simplified JMS API* erstellt.

Die Interfaces der Simplified JMS API

Die Simplified JMS API kommt mit einer geringeren Anzahl an Interfaces aus, bietet aber hierbei die gleiche Funktionalität wie die Classic JMS API (siehe Abbildung 10.62).

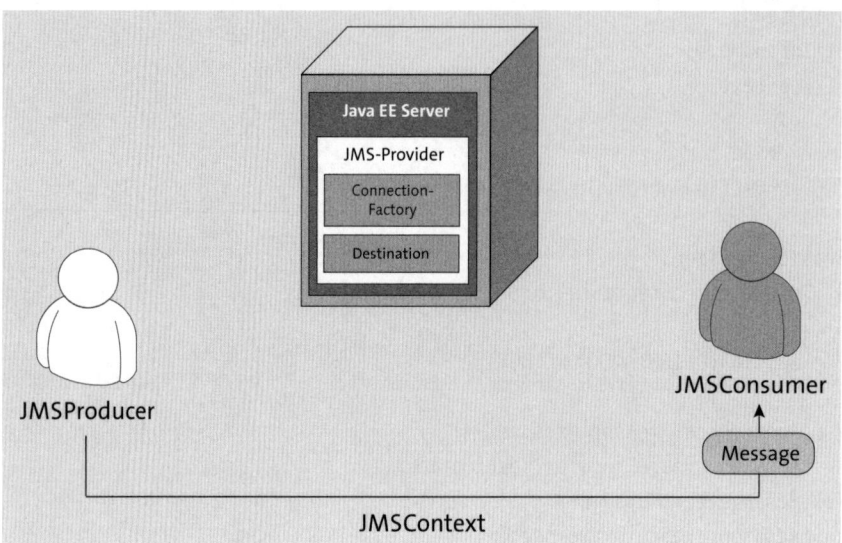

Abbildung 10.62 Die Interfaces »JMSProducer«, »JMSConsumer« und »JMSContext« der Simplified JMS API

An zentraler Stelle steht das Interface javax.jms.JMSContext, das die Funktion der beiden althergebrachten Interfaces javax.jms.Connection und javax.jms.Session in einem einzigen Interface vereint.

Die Erzeugung wird über die *try-with-resources*-Technik programmiert, da JMSContext das Interface Autocloseable implementiert und somit die explizite Ausführung der close()-Methode entfallen kann.

```
try (JMSContext jmsContext=
    connectionFactory.createContext()) {
    ...
}
```

Listing 10.88 SimplifiedChatTopicDurableClient.java

Weil JMSContext die Funktionalität von Session und Connection bündelt, können wir die Erzeugung des Nachrichtenerstellers wesentlich vereinfachen.

Der JMSContext bietet die Methode createProducer() an, mit der wir ein Objekt der Klasse JMSProducer erhalten:

```
JMSProducer producer =
    jmsContext.createProducer();
```

Listing 10.89 SimplifiedChatTopicDurableClient.java

Auch die JMS-Nachricht wird über das `JMSContext`-Objekt erzeugt. Beispielsweise bietet `JMS-Context` die Methode `createTextMessage()` an:

```
TextMessage message =
    jmsContext.createTextMessage("Hallo Welt");
```

Listing 10.90 SimplifiedChatTopicDurableClient.java

Bei der Classic JMS API verwendet der Producer die Methode `send()`, um die JMS-Nachricht zu versenden. Dies ist auch bei der Simplified JMS API nicht anders. Allerdings benötigt die Methode `send()` des `JMSProducer` zusätzlich die Angabe der Zielressource:

```
producer.send(destination, message);
```

Listing 10.91 SimplifiedChatTopicDurableClient.java

Die Anweisung in Listing 10.92 erzeugt einen `DurableConsumer` mit der Simplified JMS API:

```
JMSConsumer consumer =
    jmsContext.createDurableConsumer(
        (Topic) destination,
        aboName,
        "ROOM = '" + room + "'",
        true);
```

Listing 10.92 SimplifiedChatTopicDurableClient.java

In den vorangegangenen Abschnitten über die Classic JMS API haben Sie gelernt, dass JMS-Nachrichten nur empfangen werden können, wenn Sie vorab `Connection.start()` ausführen. Außerdem habe ich die Methode `Connection.stop()` vorgestellt, mit der Sie den Nachrichtenempfang pausieren.

Bei der neuen Simplified JMS API ist das explizite Ausführen der Methode `start()` nicht mehr erforderlich, da die Verbindung automatisch startet, sobald Sie `createConsumer()` oder `createDurableConsumer()` ausführen. Dessen ungeachtet verfügt `JMSContext` auch über `start()`- und `stop()`-Methoden, die die Steuerung manuell übernehmen.

Für den Fall, dass die automatische Steuerung der Connection schon von Anfang an nicht gewollt ist, können Sie vor der Erzeugung des Consumers die Methode `JMSContext.set-AutoStart(false)` ausführen.

Eine »entfernte« Standalone-Anwendung mit der Simplified JMS API

In Listing 10.93 sehen Sie den vollständigen Quelltext einer Standalone-Anwendung, die mit der Simplified JMS API programmiert wurde. Dabei wurde die Klasse `ChatTopicDurable-Client.java` an die neue Simplified JMS API angepasst.

```java
package de.java2enterprise.chat;

import java.util.Properties;
import java.util.Scanner;

import javax.jms.ConnectionFactory;
import javax.jms.Destination;
import javax.jms.JMSConsumer;
import javax.jms.JMSContext;
import javax.jms.JMSException;
import javax.jms.JMSProducer;
import javax.jms.MessageListener;
import javax.jms.TextMessage;
import javax.jms.Topic;
import javax.naming.Context;
import javax.naming.InitialContext;
import javax.naming.NamingException;

public class SimplifiedChatTopicDurableClient
        implements MessageListener{
    private ConnectionFactory connectionFactory;
    private Destination destination;

    public static void main(String[] args)
            throws JMSException, NamingException {
        new SimplifiedChatTopicDurableClient();
    }

    public SimplifiedChatTopicDurableClient()
            throws JMSException, NamingException {
        Properties p = new Properties();
        p.put(Context.INITIAL_CONTEXT_FACTORY,
        "com.sun.jndi.fscontext.RefFSContextFactory");
        p.put(
            Context.PROVIDER_URL,
            "file:///C:/imq_admin_objects");

        Context context = new InitialContext(p);
        connectionFactory =
            (ConnectionFactory)
            context.lookup(
            "jms/ChatTopicConnectionFactory");
        destination =
```

```
    (Destination)
    context.lookup(
    "jms/ChatTopic");

try (JMSContext jmsContext=
    connectionFactory.createContext()) {

    @SuppressWarnings("resource")
    Scanner scanner = new Scanner(System.in);

    System.out.print("Dein Name: ");
    String name = scanner.nextLine();

    System.out.print("Dein Chatraum: ");
    String room = scanner.nextLine();

    System.out.print("Deine ClientID: ");
    String clientID = scanner.nextLine();

    jmsContext.setClientID(clientID);

    System.out.print("Dein Abonnement: ");
    String aboName = scanner.nextLine();

    JMSProducer producer =
        jmsContext.createProducer();

    JMSConsumer consumer =
        jmsContext.createDurableConsumer(
            (Topic) destination,
            aboName,
            "ROOM = '" + room + "'",
            true);
    consumer.setMessageListener(this);

    while(true) {
        String in = scanner.nextLine();
        TextMessage message =
        jmsContext.createTextMessage(in);
        message.setStringProperty(
            "ROOM", room);
        message.setStringProperty(
            "NAME", name);
```

```
                    producer.send(destination, message);
                }
            }
        }


        @Override
        public void onMessage(javax.jms.Message message) {
            try {
                String room =
                    message.getStringProperty("ROOM");
                String name =
                    message.getStringProperty("NAME");
                System.out.println(
                    room + ": " +
                    name + ": " +
                    ((TextMessage) message).getText());
            } catch( JMSException ex ) {
                ex.printStackTrace();
            }
        }
    }
}
```

Listing 10.93 SimplifiedChatTopicDurableClient.java

Eine »lokale« Java EE-Anwendung mit der Simplified JMS API

Dass Sie bei einer »lokalen« Anwendung die JNDI.lookup()-Aufrufe entfernen und stattdessen mit CDI-Annotationen arbeiten können, wurde bereits bei den Beispielen mit der Classic JMS API deutlich. Das ist selbstverständlich mit der Simplified JMS API nicht anders.

Listing 10.94 zeigt die Klasse ChatBean.java, die wir weiter oben mit der Classic JMS API programmiert hatten, nun in der »Simplified«-Variante:

```
package de.java2enterprise.onlineshop.ejb;

import javax.annotation.Resource;
import javax.ejb.LocalBean;
import javax.ejb.Stateless;
import javax.inject.Inject;
import javax.jms.JMSConnectionFactory;
import javax.jms.JMSContext;
import javax.jms.JMSException;
import javax.jms.JMSProducer;
import javax.jms.TextMessage;
import javax.jms.Topic;
```

```java
import javax.persistence.EntityManager;
import javax.persistence.PersistenceContext;

@Stateless
@LocalBean
public class ChatBean {

    @Inject
    @JMSConnectionFactory("jms/ChatTopicConnectionFactory")
    private JMSContext context;

    @Resource(lookup="jms/ChatTopic")
    Topic destination;

    public void send(
            String room,
            String name,
            String text) {
        try {
            JMSProducer producer =
                context.createProducer();
            TextMessage textMessage =
                context.createTextMessage();
            textMessage.setText(text);
            textMessage.setStringProperty(
                    "ROOM",
                    room);
            textMessage.setStringProperty(
                    "NAME",
                    name);
            producer.send(destination, textMessage);
        } catch (JMSException e) {
            e.printStackTrace();
        }
    }
}
```

Listing 10.94 ChatBean.java

10.7.10   Message-driven Beans

Message-driven Beans ähneln den Stateless Session Beans, mit dem Unterschied, dass sie lediglich für den Empfang von JMS-Messages entwickelt wurden. Genauso wie Stateless Session Beans bieten sie aber den Vorteil, dass ihnen der umgebende EJB-Container viele lästige Aufgaben abnimmt, Sie man ansonsten von Hand programmieren müssten. Hierzu gehört beispielsweise die Behandlung von Transaktionen und der Security.

Message-driven Beans ähneln den Stateless Session Beans insofern, als der EJB-Container sie in einem Instanzenpool verwaltet. Außerdem ermöglicht die Enterprise-JavaBean-Technologie, auch sie auf einer Rechnerfarm mit Cluster-Instanzen automatisch mitzuverteilen. Darüber hinaus gewährleisten Message-driven Beans genauso wenig wie Stateless Session Beans, dass der Zustand ihrer Geschäftsdaten über mehrere Aufrufe hinweg bestehen bleibt. Sie sind also ebenfalls *stateless*.

Die Ähnlichkeit mit den Session Beans könnte die Frage aufwerfen, ob Message-driven Beans neben den Session Beans wirklich erfunden werden mussten. Obwohl ich zu Beginn dieses Unterkapitels hierauf bereits kurz eingegangen bin, werden wir uns dennoch erneut kurz damit auseinandersetzen, denn hierbei werden die folgenden Beschreibungen verständlicher.

Wofür braucht man Message-driven Beans?

Wie Sie in den vorangegangenen Programmierbeispielen erkennen konnten, sollte eine JMS-Nachricht vorzugsweise mithilfe der Callback-Methode eines Listeners empfangen werden, damit der Anwendung die besonderen Vorzüge des Messagings zugutekommen. Denn erst durch diese Maßnahme sind die Prozesse vollkommen asynchron und voneinander losgekoppelt. Diese Loskopplung passt aber nicht zur Philosophie der Session Beans, denn diese werden genau zu dem Zeitpunkt aktiviert, wenn ein Client ihre Business-Methoden aufruft. Um die besonderen Vorteile der asynchronen Nebenläufigkeit auch mit Enterprise Java-Beans nutzen zu können, musste man zusätzlich die nachrichtengetriebenen, die Message-driven Beans einführen.

Aus dem Gesagten wird deutlich, dass sich die Methodenaufrufe bei einer Message-driven Bean von denen bei einer Session Bean unterscheiden müssen. Zum Beispiel sieht man bei der Message-driven Bean keine Business-Methoden vor, und der EJB-Container braucht deshalb auch keine Client View zu erzeugen, wie er es bei Session Beans üblicherweise tut.

Message-driven Beans können jeglichen Nachrichtendienst abhören

Im ersten Kapitel dieses Buches habe ich bereits erläutert, dass die Idee der Java EE-Connector-Architektur besagt, dass eine zentrale Datenbasis ganz allgemein als *Enterprise Information System* (EIS) bezeichnet wird. Durch die Nutzung eines Standard-*Service-Provider-Interface* (SPI) soll sich eine Anwendung mit einem EIS verbinden können. Als anschauliches Beispiel wird immer wieder gern die JDBC-API genommen, über die Sie mithilfe eines dedizierten JDBC-Treibers auf jede Datenbank zugreifen können. Die Interaktion basiert hierbei auf einer Anfrage (Request) und einer Antwort (Reply). Das Request-Reply-Prinzip wurde seit der Java EE-Version 6 aber ausgeweitet, denn nun wollte man die beiden Grundgedanken des

Messagings und der Connector-Architektur miteinander verheiraten, um auch das Messaging an den Vorzügen der allgemeinen Verknüpfungsart teilhaben zu lassen. Die Bemühungen resultierten in einem JCA-Standard, der mit jeglichem asynchronen Messaging-System verknüpft werden kann. Auch die Konfiguration der Message-driven Beans wurde nun so abgeändert, dass die Möglichkeit besteht, sämtliche Verbindungsparameter über das Annotationsattribut `activationConfig` und die allgemeinen Konfigurationsattribute unter dem Namen `ActivationConfigProperty` festzulegen (siehe Abbildung 10.63).

Der Fachbegriff für diese »neuen« Message-driven Beans lautet *Connector-based Message-driven Beans*. Die Vorgaben der Spezifikation ließen leider so viel Spielraum offen, dass sich die von den Herstellern entwickelten Implementierungen häufig ganz unterschiedlich gestalten. Beim Java EE Server *JBoss* sieht die Bestimmung der Zielressource zum Beispiel anders aus als bei GlassFish. Über Annotationen besteht keine Möglichkeit, für beide Java EE Server gleichermaßen gültige Konfigurationen vorzunehmen. Es gibt dennoch eine Möglichkeit, die Konfiguration für mehrere Java EE Server vorzusehen, und zwar über den XML-Deployment-Deskriptor. Weil die XML-Dateien für den jeweiligen Java EE Server unterschiedlich benannt sind, versorgt sich jeder Java EE Server mit dem Deployment-Deskriptor, der für ihn vorgesehen ist. In der Regel wird man sich aber für eine einzige Java EE-Implementierung entscheiden und genau für diese auch die Konfiguration vornehmen.

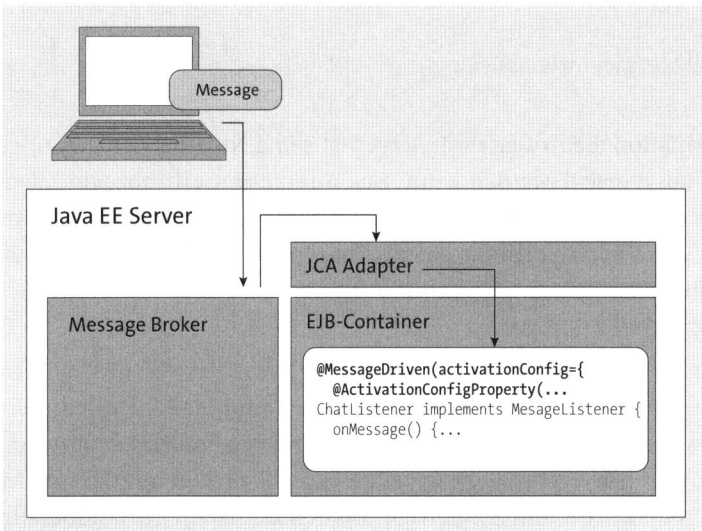

Abbildung 10.63 Die Connector-based Message-driven Bean kann von jedem asynchronen Messaging-System Nachrichten beziehen.

Die Annotation »@MessageDriven«

Um eine Java-Klasse als Message-driven Bean kenntlich zu machen, stellen Sie ihr die Annotation `@MessageDriven` voran.

Damit die Message-driven Bean Nachrichten eines JMS-Providers entgegennimmt, muss sie auch über die Callback-Methode onMessage() verfügen. Die Methode nimmt einen Parameter des Typs javax.jmx.Message entgegen:

```
@MessageDriven(mappedName="jms/ChatTopic")
public class ChatListener implements MessageListener {

    @Override
    public void onMessage(Message message) {
        ...
    }
}
```

Listing 10.95 ChatTopicClient.java

Im obigen Listing implementiert die Klasse ChatListener auch das Interface javax.jmx.MessageListener. Dies ist zwar keine Voraussetzung, damit die Message-driven Bean ihre Tätigkeit verrichtet, Oracle empfiehlt aber, dies so zu programmieren.

Bei der Annotation @MessageDriven können Sie die folgenden fünf Annotationsattribute setzen:

▶ description
eine Beschreibung für die Message-driven Bean

▶ mappedName
Der JNDI-Name der Destination. Beim GlassFish Server ist seine Nutzung sehr wichtig, damit die Zielressource ausgemacht werden kann. Das Annotationsattribut wird aber nicht von allen Java EE Servern unterstützt. Stattdessen wird häufig das bereits erwähnte Annotationsattribut activationConfig benutzt, das ganz allgemeine Konfigurationen mit dem Konfigurationsattribut ActivationConfigProperty ermöglicht.

▶ messageListenerInterface
Über dieses Annotationsattribut wird der (vollqualifizierte) Name des MessageListener bekannt gegeben. Die Angabe ist aber nur dann erforderlich, wenn die Message-driven Bean mehrere Interfaces implementiert. Ausgenommen sind die Interfaces java.io.Externalizable und java.io.Serializable. Bei allen anderen zusätzlichen Interfaces wird das Annotationsattribut gebraucht, damit ausgemacht werden kann, welcher Listener für den Empfang verantwortlich ist.

▶ name
Der Name der Message-driven Bean. Die Definition ist optional. Per Default wird der vollklassifizierte Klassenname verwendet.

▶ activationConfig
Das Annotationsattribut activationConfig habe ich weiter oben bereits angekündigt. Es

ermöglicht, beliebige Verbindungsinformationen zu setzen, um unterschiedliche Messaging-Systeme zu unterstützen.

Das Annotationsattribut setzt ein Array von @ActivationConfigProperty-Werten. Dabei handelt es sich im Prinzip um Schlüssel-Wert-Paare. Welche Schlüssel für die Aktivierung eines Message Brokers verwendet werden sollen, ist nicht festgelegt. Der jeweilige Message Broker ist also frei, dies zu bestimmen. Für die JMS-Technologie wurden dennoch vier Schlüssel festgeschrieben. Diese nennen sich destinationType, messageSelector, subscriptionDurability und acknowledgeMode:

- **destinationType**: Der destinationType kann entweder auf javax.jms.Queue oder auf javax.jms.Topic gesetzt werden.

- **messageSelector**: Mit dem messageSelector setzen Sie einen Filter über die Properties der JMS-Message.

- **subscriptionDurability**: Bei der Message-driven Bean ist die Durability per Default auf NonDurable gesetzt. Mithilfe dieser ActivationConfigProperty können Sie sie aber in Durable ändern. Die subscriptionDurability hat lediglich bei Topic-Zielressourcen eine Bedeutung. Auf die Bedeutung des DurableConsumer bin ich weiter oben bereits eingegangen.

- **acknowledgeMode**: Normalerweise wird diese Einstellung des acknowledgeMode in einer Message-driven Bean ignoriert, da die Transaktionen einer EJB in der Regel vom Container verwaltet werden. Auch in einer Bean-Managed Transaction steht der acknowledgeMode per Default auf Auto-acknowledge, da der EJB-Container nach wie vor für die Bestätigung des Nachrichtenerhalts zuständig ist. Den Wert können Sie aber in diesem Fall in Dups-ok-acknowledge abändern, um einen Performance-Gewinn zu erzielen. Hierdurch könnte es passieren, dass ein JMS Client eine Nachricht mehrfach empfängt, was programmatisch zu berücksichtigen ist.

```
@MessageDriven(
    mappedName="jms/ChatTopic",
activationConfig={
    @ActivationConfigProperty(
        propertyName="destinationType",
        propertyValue="javax.jms.Topic"),
    @ActivationConfigProperty(
        propertyName="subscriptionDurability",
        propertyValue="Durable"),
    @ActivationConfigProperty(
        propertyName="acknowledgeMode",
        propertyValue="Auto-acknowledge")
})
```

```
public class ChatListener
    implements MessageListener {
...
```

Listing 10.96 ChatTopicClient.java

Ein komplettes JMS-Beispiel mit EJB-Komponenten

In diesem Abschnitt setzen wir die Chat-Anwendung der vorherigen JMS-Beispiele mit einer Session Bean und einer Message-driven Bean um. Im Frontend setzen wir JSF ein. Genau genommen entwickeln wir die Chat-Komponenten so, dass wir sie mit leichten Anpassungen auch im Onlineshop verwenden könnten. Jedoch führen wir die Integration nicht wirklich durch, um uns nicht in der Fachlichkeit zu verlieren.

Außerdem lassen wir weiterhin zu, dass die Chat-Anwendung ohne Benutzerverwaltung auskommt und sich die Teilnehmer des Chat-Raums anonym, d. h. unter einem Alias, unterhalten können. Abbildung 10.64 zeigt, wie die Komponenten miteinander kommunizieren.

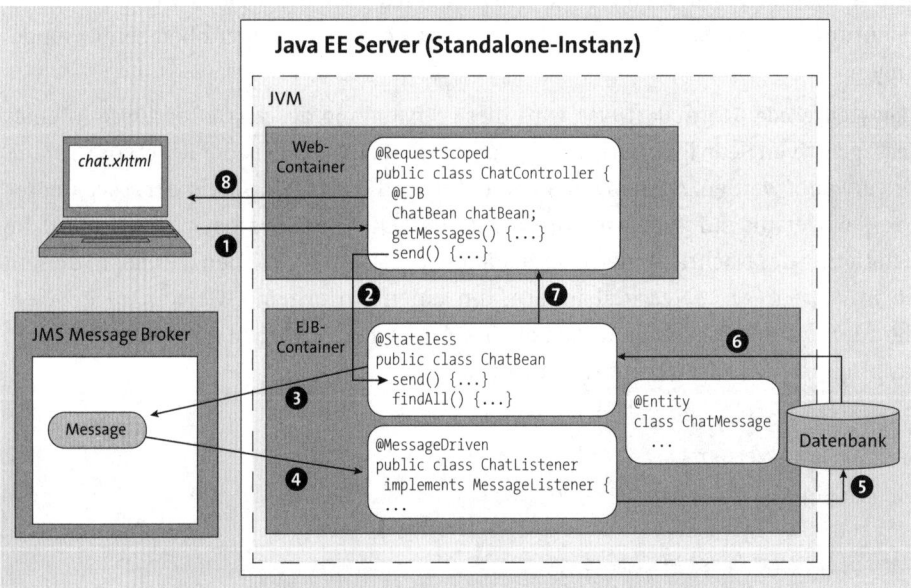

Abbildung 10.64 Das Programmierbeispiel als Java EE-Anwendung

❶ Das Facelet *chat.xhtml*: Im Frontend erstellen wir ein Facelet (*chat.xhtml*), um dem Benutzer Eingabefelder für sein Alias und eine Nachricht anzubieten. Über einen Command-Button übergeben wir die beiden Zeichenketten an die Methode send() der JSF-Backing-Bean ChatController.java.

❷ Im ChatController schickt die Methode send() den Namen und die Textnachricht an die Business-Methode einer Stateless Session Bean. Die Stateless Session Bean nennt sich ChatBean.java.

❸ Die ChatBean sendet die Message an den JMS-Provider. Weil die Java EE-Komponente »lokal«, d. h. auf den JMS-Provider der eigenen Java EE Server-Instanz, zugreift, erfolgt die Anbindung über CDI.

❹ Für den Empfang der Nachricht werden wir eine Message-driven Bean mit dem Namen ChatListener einsetzen.

❺ In der Message-driven Bean werden wir die Technologie JPA verwenden, um die Nachrichten auf einer relationalen Datenbank abzuspeichern. Das bedeutet, dass wir eine JPA-Entity-Bean nutzen werden, um die Speicherung über den JPA-EntityManager zu erzielen.

❻ Die Stateless Session Bean (ChatBean) holt alle Nachrichten aus der Datenbank und bietet sie ihrem Aufrufer als Liste an.

❼ Die von der Stateless Session Bean zur Verfügung gestellten Nachrichten werden wir in die Backing Bean hineinziehen.

❽ Die Backing Bean stellt dem Facelet die Liste der Nachrichten zur Verfügung. Das Facelet wird die vorhandenen Nachrichten hintereinander auflisten.

Das Facelet

Im Facelet sehen Sie die zwei InputText-Elemente, deren Werte über einen Command-Button an die Methode send() der Klasse ChatController verschickt werden:

```
<?xml version="1.0" encoding="UTF-8" ?>
<!DOCTYPE html PUBLIC "-//W3C//DTD XHTML 1.0 Transitional//EN"
    "http://www.w3.org/TR/xhtml1/DTD/xhtml1-transitional.dtd">
<html xmlns="http://www.w3.org/1999/xhtml"
    xmlns:h="http://xmlns.jcp.org/jsf/html">
<h:body>
    <h:messages/>
    <h:form>
        Chatroom:
        <h:inputText value="#{chatController.room}"/>
        <br/>
        Name:
        <h:inputText value="#{chatController.name}"/>
        <br/>
        Text:
        <h:inputText value="#{chatController.text}"/>
        <br/>
        <h:commandButton
            value="send"
            action="#{chatController.send()}"/>
    </h:form>
    <h:dataTable
```

```
                value="#{chatController.messages}"
                var="message">
                <h:column>
                    <h:outputText value="#{message.room}"/>
                </h:column>
                <h:column>
                    <h:outputText value="#{message.name}"/>
                </h:column>
                <h:column>
                    <h:outputText value="#{message.text}"/>
                </h:column>
        </h:dataTable>
</h:body>
</html>
```

Listing 10.97 chat.xhtml

Im unteren Teil des Facelets werden vorhandene Messages über ein dataTable-Element ausgegeben.

Die Backing Bean

In der Backing Bean setzen wir die Stateless Session Bean ChatBean als Objektvariable an. Der
ChatController nutzt die Stateless Session Bean in seinen Methoden send() und getMessa-
ges(). In der Methode send() werden die eingegebenen Zeichenketten an die ChatBean weitergeleitet. In der Methode getMessages() werden die vorhandenen Nachrichten von der
ChatBean beschafft.

```
package de.java2enterprise.onlineshop.web;

import java.io.Serializable;
import java.util.List;

import javax.ejb.EJB;
import javax.enterprise.context.RequestScoped;
import javax.inject.Named;
import javax.jms.JMSException;

import de.java2enterprise.onlineshop.ejb.ChatBean;
import de.java2enterprise.onlineshop.model.ChatMessage;

@Named
@RequestScoped
public class ChatController implements Serializable {
```

```java
    private static final long serialVersionUID = 1L;
    private String room;
    private String name;
    private String text;

    @EJB
    private ChatBean chatBean;

    public String getRoom() {
        return room;
    }

    public void setRoom(String room) {
        this.room = room;
    }

    public String getName() {
        return name;
    }

    public void setName(String name) {
        this.name = name;
    }

    public String getText() {
        return text;
    }

    public void setText(String text) {
        this.text = text;
    }

    public void send() throws JMSException {
        chatBean.send(room, name, text);
    }

    public List<ChatMessage> getMessages() {
        return chatBean.findAll();
    }
}
```

Listing 10.98 ChatController.java

Die Stateless Session Bean »ChatBean.java«

Die Klasse ChatBean kennen Sie noch aus einem vergangenen Abschnitt. In der Stateless Session Bean fügen wir eine Methode mit dem Namen send() und eine Methode mit dem Namen findAll() hinzu.

In der Methode send() programmieren wir einen Nachrichten-Produzenten, der die Texte aus dem ChatController entgegennimmt, um sie dem JMS-Provider seines Java EE Servers zu übergeben.

Die Methode findAll() besorgt die vorhandenen Nachrichten, indem sie auf die Datenbanktabelle CHATMESSAGE zugreift.

```java
package de.java2enterprise.onlineshop.ejb;

import java.util.List;

import javax.annotation.Resource;
import javax.ejb.LocalBean;
import javax.ejb.Stateless;
import javax.inject.Inject;
import javax.jms.JMSConnectionFactory;
import javax.jms.JMSContext;
import javax.jms.JMSException;
import javax.jms.JMSProducer;
import javax.jms.TextMessage;
import javax.jms.Topic;
import javax.persistence.EntityManager;
import javax.persistence.PersistenceContext;
import javax.persistence.TypedQuery;

import de.java2enterprise.onlineshop.model.ChatMessage;

@Stateless
@LocalBean
public class ChatBean {

    @Inject
    @JMSConnectionFactory("jms/ChatTopicConnectionFactory")
    private JMSContext context;

    @Resource(lookup="jms/ChatTopic")
    Topic destination;
```

```
@PersistenceContext
EntityManager em;

 public void send(
         String room,
         String name,
         String text) {
    try {
        JMSProducer producer =
            context.createProducer();
        TextMessage textMessage =
            context.createTextMessage();
        textMessage.setStringProperty(
            "ROOM",
            room);
        textMessage.setStringProperty(
            "NAME",
            name);
        textMessage.setText(text);
        producer.send(destination, textMessage);
    } catch (JMSException e) {
        e.printStackTrace();
    }
}


    public List<ChatMessage> findAll() {
        TypedQuery<ChatMessage> query =
            em.createQuery(
            "select m from ChatMessage m",
            ChatMessage.class);
        return query.getResultList();
    }
}
```

Listing 10.99 ChatBean.java

Die Klasse »ChatListener.java«

Für die Chat-Anwendung werden wir eine Message-driven Bean erstellen, die die Nachrichten der Zielressource *Topic* entgegennimmt. Wir nennen die Klasse ChatListener. In der Callback-Methode onMessage() werden wir ein Objekt der JPA-Entity ChatMessage erstellen. Dieses Objekt werden wir über den EntityManager von JPA in der Datenbanktabelle CHATMESSAGE abspeichern. Auf diese Datenbanktabelle kommen wir gleich noch zurück.

```java
package de.java2enterprise.onlineshop.ejb;

import javax.ejb.MessageDriven;
import javax.jms.JMSException;
import javax.jms.Message;
import javax.jms.MessageListener;
import javax.jms.TextMessage;
import javax.persistence.EntityManager;
import javax.persistence.PersistenceContext;
import javax.websocket.server.ServerEndpoint;

import de.java2enterprise.onlineshop.model.ChatMessage;

@ServerEndpoint("/chat")
@MessageDriven(mappedName="jms/ChatTopic")
public class ChatListener
        implements MessageListener {

    @PersistenceContext
    EntityManager em;

    @Override
    public void onMessage(Message message) {
    try {
        ChatMessage m =
            new ChatMessage();
        m.setRoom(
            message.getStringProperty("ROOM"));
        m.setName(
            message.getStringProperty("NAME"));
        m.setText(
            ((TextMessage)message).getText());
            em.persist(m);
        } catch (JMSException e) {
            e.printStackTrace();
        }
    }
}
```

Listing 10.100 ChatListener.java

Die Datenbanktabelle »CHATMESSAGE«

Die Nachrichten speichern wir in einer Datenbanktabelle mit dem Namen CHATMESSAGE ab. Sie erstellen die Datenbanktabelle, indem Sie sich als Benutzer *onlineshop* bei Oracle anmelden und dort das Skript aus Listing 10.101 ausführen:

```
DROP table chatmessage;
CREATE TABLE chatmessage (
    id     NUMBER(19) PRIMARY KEY,
    room    VARCHAR2(40) NOT NULL,
    name    VARCHAR2(40) NOT NULL,
    text    VARCHAR2(100)
);

GRANT SELECT, INSERT, UPDATE, DELETE
ON chatmessage TO onlineshop_user;

DROP SEQUENCE seq_chatmessage;
CREATE SEQUENCE seq_chatmessage;
GRANT ALL ON seq_chatmessage TO onlineshop_user;

commit;
```

Listing 10.101 chatmessage.sql

Die JPA-Entity »ChatMessage«

Die JPA-Entity für die ChatMessage-Objekte können Sie entweder über den Eclipse-Wizard erstellen oder Listing 10.102 entnehmen:

```
package de.java2enterprise.onlineshop.model;

import java.io.Serializable;

import javax.persistence.Entity;
import javax.persistence.GeneratedValue;
import javax.persistence.GenerationType;
import javax.persistence.Id;
import javax.persistence.SequenceGenerator;
import javax.persistence.Table;

@Entity
@Table(schema="ONLINESHOP", name="CHATMESSAGE")
public class ChatMessage implements Serializable {
    private static final long serialVersionUID = 1L;
```

```java
@Id
@SequenceGenerator(
        name="CHATMESSAGE_ID_GENERATOR",
        sequenceName="SEQ_CHATMESSAGE",
        schema="ONLINESHOP",
        allocationSize=1,
        initialValue=1)
@GeneratedValue(
        strategy=GenerationType.SEQUENCE,
        generator="CHATMESSAGE_ID_GENERATOR")
private Long id;

private String room;

private String name;

private String text;

public Long getId() {
    return id;
}

public void setId(Long id) {
    this.id = id;
}

public String getRoom() {
    return room;
}

public void setRoom(String room) {
    this.room = room;
}

public String getName() {
    return name;
}

public void setName(String name) {
    this.name = name;
}
```

```
    public String getText() {
        return text;
    }

    public void setText(String text) {
        this.text = text;
    }
}
```

Listing 10.102 ChatMessage.java

10.8   Der Timer-Service

In geschäftskritischen Unternehmensanwendungen gehört es zur alltäglichen Praxis, zeitlich gesteuert Programme ablaufen zu lassen. In Großbanken werden auf diese Weise zum Monatsultimo die weltweiten Aktiva und Passiva der Kunden zentralisiert und konsolidiert. Diese statistischen Informationen sind für das Finanzunternehmen und für den Staat von großer Bedeutung. Deshalb werden sie monatlich an die Bundesbank und den Vorstand der Bank gemeldet. Aber auch in anderen Branchen ist die Ausführung von Programmen nach einem Zeitplan eine dringliche Notwendigkeit, denn ansonsten wäre die Handhabung von Massendaten schier unmöglich. Nach wie vor spielt das Programm *cron* auf Unix-Rechnern hierbei eine bedeutende Rolle. Wenn die zeitlichen Abläufe aber mit reinen Java-Mitteln gesteuert werden sollen, kommen Timer und Scheduler der Java-API zum Tragen.

Der Java EE-Standard bietet einen Timer-Service an, der über eine Timer-Service-API programmiert werden kann. Vielleicht ist Ihnen als Java-Programmierer der Scheduler der Java Standard Edition schon einmal begegnet. Der Scheduler kann definierte Java-Methoden entweder in wiederkehrenden Intervallen oder zu festgelegten Zeitpunkten ausführen. Genauso ist es auch mit dem Timer-Service des Servers.

Die Timer-Programmierung mit dem EJB-Timer-Service kann in Singleton Session Beans, Stateless Session Beans und einer Message-driven Bean erfolgen. Stateful Session Beans können Sie hierfür nicht verwenden.

10.8.1   Einen Timer programmieren

In diesem Abschnitt werden wir einen Timer in einer Stateless Session Bean programmieren, der im zeitlichen Intervall von einer Sekunde die aktuelle Uhrzeit über den JMS-Message-Provider des Java EE Servers versendet.

Beachten Sie, dass für das folgende Beispiel die JMS-Zielressource und die JMS-Connection-Factory im GlassFish Server konfiguriert werden müssen. Wie das genau funktioniert, habe ich im letzten Abschnitt erklärt.

Im Onlineshop könnten wir diesen Timer nutzen, um die Kunden in einem zeitlichen Intervall über aktuelle Angebote oder den Verlauf ihrer angebotenen Artikel zu informieren.

Den Timer-Service initialisieren

Den Timer-Service werden wir mithilfe des EJB-Containers über CDI injizieren lassen:

```
@Resource
TimerService timerService;
...
```

Listing 10.103 TimerBean.java

Die zeitlich gesteuerte Methode erstellen

In der Stateless Session Bean werden wir eine Methode vorsehen, die für den Versand der Nachrichten verantwortlich ist. Wir nennen die Methode sendTimeMessage(). Die Methode sendTimeMessage() werden wir mit der Annotation @Timeout versehen. Deshalb wird sie der Timer-Service nach jedem Intervall aktivieren.

```
@Timeout
public void sendTimeMessage(Timer timer) {
    ...
}
```

Listing 10.104 TimerBean.java

Den Timer starten

Der Timer-Service bietet eine Methode an, die sich createTimer() nennt. Mit dieser Methode wird der Timer erzeugt. Die Methode createTimer() gibt es in vier überlagerten Varianten.

In der ersten Variante können Sie der Methode zwei Parameter übergeben. Der erste Parameter gibt über einen Wert des Typs java.util.Date den Zeitpunkt an, an dem das betroffene Ereignis erfolgen soll. Es handelt sich hierbei also um ein einmaliges Ereignis. Über den zweiten Parameter geben Sie dem Timer ein serialisierbares Objekt mit, das für das Ereignis von Bedeutung ist. Häufig wird hierbei einfach nur eine Information übergeben, die zu dem gegebenen Zeitpunkt erscheint.

```
createTimer(
    java.util.Date ereignis_zeitpunkt,
    Serializable information)
```

In der zweiten Variante werden der Methode wieder nur zwei Parameter übergeben. Der erste gibt dieses Mal die Dauer des Timers in Millisekunden an, weshalb er vom Typ long ist. Sie können sich diesen Timer wie eine Sanduhr vorstellen. Wenn die vorgegebenen Millisekunden abgelaufen sind, wird das Ereignis ausgelöst.

```
createTimer(
    long dauer_bis_zum_ereignis,
    Serializable information)
```

Die dritte und vierte Variante ähneln den erstgenannten. Allerdings handelt es sich bei ihnen nicht um einzelne Ereignisse, sondern um eine Reihe von Ereignissen, die immer wiederkehrend nach einer festgelegten Zeitdauer auftreten. Die folgende Methode beginnt zu einem determinierten Zeitpunkt des Typs java.util.Date und tritt wiederholt nach der zweitgenannten Dauer auf:

```
createTimer(
    java.util.Date ereignis_zeitpunkt,
    long zeitlicher_intervall,
    Serializable information)
```

```
createTimer(
    long dauer_bis_zum_ereignis,
    long zeitlicher_intervall,
    Serializable information)
```

Um den Timer von außerhalb aus starten zu können, programmieren wir eine Methode mit dem Namen start(). Die Methode start() wird einen Timer erzeugen, indem sie die Methode createTimer() mit drei Parametern aufruft. Der Zeitgeber soll nach 5 Sekunden beginnen und nachfolgend nach jeder Sekunde aktiv werden.

```
public void start(String info) {
    timerService.createTimer(
        5000, 1000, info);
}
```

Listing 10.105 TimerBean.java

Den Timer stoppen

Um den Timer abzuschalten, wird die Methode cancel() des Interfaces Timer ausgeführt. Diese Methode werden wir in unserem Programm nutzen, um den Timer zu stoppen.

```
public void stop(String info) {
    Collection<Timer> timers =
        timerService.getTimers().stream().filter(
            t->t.getInfo()equals(info)).forEach(Timer::cancel);
}
```

Listing 10.106 TimerBean.java

Der komplette Quelltext des Beispiels

Listing 10.107 enthält den kompletten Quelltext der TimerBean:

```
package de.java2enterprise.onlineshop.ejb;

import java.util.Collection;
import java.util.Date;

import javax.annotation.Resource;
import javax.ejb.LocalBean;
import javax.ejb.Stateless;
import javax.ejb.Timeout;
import javax.ejb.Timer;
import javax.ejb.TimerService;
import javax.jms.Connection;
import javax.jms.JMSException;
import javax.jms.MessageProducer;
import javax.jms.Session;
import javax.jms.TextMessage;
import javax.jms.Topic;
import javax.jms.TopicConnectionFactory;

@Stateless
@LocalBean
public class TimerBean {

    @Resource(lookup="jms/TimerTopicConnectionFactory")
    TopicConnectionFactory connectionFactory;

    @Resource(lookup="jms/TimerTopic")
    Topic destination;

    @Resource
    TimerService timerService;

     @Timeout
     public void sendTimeMessage(Timer timer) {
        try {
            Connection connection =
                connectionFactory.createConnection();

            Session session =
                connection.createSession(
```

```
                false,
                Session.AUTO_ACKNOWLEDGE);

            MessageProducer messageProducer =
                session.createProducer(destination);
            TextMessage textMessage =
                session.createTextMessage();
            textMessage.setText(
                timer.getInfo().toString() +
                ": " +
                new Date());
            messageProducer.send(textMessage);

        } catch (JMSException e) {
            e.printStackTrace();
        }
    }

    public void start(String info) {
        timerService.createTimer(
            5000, 1000, info);
    }

    public void stop(String info) {
        Collection<Timer> timers =
            timerService.getTimers().stream().filter(
                t->t.getInfo()equals(info)).forEach(Timer::cancel);
    }
}
```

Listing 10.107 TimerBean.java

Die JSF-Backing-Bean aus Listing 10.108 setzt die TimerBean in Gang:

```
package de.java2enterprise.onlineshop.web;

import java.io.Serializable;

import javax.ejb.EJB;
import javax.enterprise.context.RequestScoped;
import javax.inject.Named;
import javax.jms.JMSException;

import de.java2enterprise.onlineshop.ejb.TimerBean;
```

1093

```java
@Named
@RequestScoped
public class TimerController implements Serializable {
    private static final long serialVersionUID = 1L;
    private String info;

    @EJB
    private TimerBean timerBean;

    public String getInfo() {
        return info;
    }

    public void setInfo(String info) {
        this.info = info;
    }

    public void start() throws JMSException {
        timerBean.start(info);
    }

    public void stop() throws JMSException {
        timerBean.stop(info);
    }
}
```

Listing 10.108 TimerController.java

Der Vollständigkeit halber wird auch noch das Facelet des Beispiels abgedruckt:

```xml
<?xml version="1.0" encoding="UTF-8" ?>
<!DOCTYPE html PUBLIC "-//W3C//DTD XHTML 1.0 Transitional//EN"
    "http://www.w3.org/TR/xhtml1/DTD/xhtml1-transitional.dtd">
<html xmlns="http://www.w3.org/1999/xhtml"
      xmlns:h="http://xmlns.jcp.org/jsf/html">
<h:body>
    <h:messages/>
    <h:form>
        Info:
        <h:inputText value="#{timerController.info}"/>
        <br/>
        <h:commandButton
            value="Start"
            action="#{timerController.start()}"/>
```

```
    <h:commandButton
        value="Stop"
        action="#{timerController.stop()}"/>
    </h:form>
</h:body>
</html>
```

Listing 10.109 timer.xml

10.8.2   Der zeitplangesteuerte Timer

In dem letzten Beispiel haben wir einen Timer programmiert, der nach jeder Sekunde eine Nachricht verschickt und über ein Frontend gestartet und wieder beendet wird.

Der Timer-Service bietet noch eine andere Variante an, bei der Sie den Zeitpunkt der zeitlichen Ereignisse anhand eines Zeitplans steuern. Hierfür setzen Sie die Annotation @Schedule vor die Methode, die ausgeführt werden soll.

Die Methode @Schedule verfügt über eine Reihe von Annotationsattributen, mit denen der Zeitplan flexibel eingestellt werden kann.

Attribut	Beschreibung
second	Die Sekunde (0 bis 59). Default ist 0.
minute	Die Minute (0 bis 59). Default ist 0.
hour	Die Stunde (0 bis 23). Default ist 0.
dayOfWeek	Wochentag (1 bis 7). Die 1 steht für den Montag. (Apropos: Eine 0 ist auch ein Sonntag). Alternativ können Sie auch Sun, Mon, Tue, Wed, Thu, Fri und Sat verwenden. Default ist *.
dayOfMonth	Der Tag des Monats (1 bis 31 je nach Kalendermonat). Alternativ: 1st, 2nd, 3rd, 4th, 5th, Last, Sun, Mon, Tue, Wed, Thu, Fri und Sat. Default ist *.
month	Der Monat (1 bis 12) oder auch Jan, Feb, Mar, Apr, May, Jun, Jul, Aug, Sep, Oct, Nov, Dec. Default ist *.
year	Das Jahr (beispielsweise 2014). Default ist *.
timezone	die Zeitzone (beispielsweise Europe/Berlin)

Tabelle 10.3 Die Annotationsattribute der Annotation »@Schedule«

Mit einem Stern legen Sie fest, dass der Zeitgeber zu jedem Zeitpunkt der angegebenen Zeiteinheit aktiviert wird.

Mehrere Zeitpunkte der gleichen Zeiteinheit trennen Sie mit einem Komma voneinander. Beispielsweise sagt folgende Annotation aus, dass der Zeitgeber an jedem 1. und an jedem 15. eines Monats aktiviert werden soll: @Schedule(dayOfMonth="1, 15").

Der Bindestrich füllt einen Bereich zwischen zwei Werten auf. Der Zeitgeber wird also mit der Annotation @Schedule(dayOfMonth="1-15") auch am 2., am 3., am 4. usw. aktiviert.

Mit einem Querstrich legen Sie ein Intervall fest. Beispielsweise bestimmt folgende Annotation, dass der Zeitgeber ab der ersten Sekunde alle 10 Sekunden aktiviert wird: @Schedule(second="0/10"). Der folgende Wert legt den dritten Samstag des Monats um 17:00 Uhr fest: @Schedule(dayOfMonth="3rd Sat", hour="17").

Das Programmbeispiel anpassen

Der Code in Listing 10.110 versendet die Nachricht erstmalig morgens um 7:00 Uhr und dann nachfolgend nach jeder Minute.

Eine start()- oder eine stop()-Methode brauchen wir nun nicht mehr, da das Ereignis von selbst aktiv wird.

```
package de.java2enterprise.onlineshop.ejb;

import java.util.Date;

import javax.annotation.Resource;
import javax.ejb.LocalBean;
import javax.ejb.Schedule;
import javax.ejb.Stateless;
import javax.ejb.Timer;
import javax.ejb.TimerService;
import javax.jms.Connection;
import javax.jms.JMSException;
import javax.jms.MessageProducer;
import javax.jms.Session;
import javax.jms.TextMessage;
import javax.jms.Topic;
import javax.jms.TopicConnectionFactory;

@Stateless
@LocalBean
public class ScheduleTimerBean {

    @Resource(lookup="jms/ChatTopicConnectionFactory")
    TopicConnectionFactory connectionFactory;
```

```java
    @Resource(lookup="jms/ChatTopic")
    Topic destination;

    @Resource
    TimerService timerService;

     @Schedule(hour="7", minute="*")
     public void sendTimeMessage(Timer timer) {
        try {
            Connection connection =
                connectionFactory.createConnection();

            Session session =
                connection.createSession(
                false,
                Session.AUTO_ACKNOWLEDGE);

            MessageProducer messageProducer =
                session.createProducer(destination);
            TextMessage textMessage =
                session.createTextMessage();
            textMessage.setText(
                timer.getInfo().toString() +
                ": " +
                new Date());

            messageProducer.send(textMessage);

        } catch (JMSException e) {
            e.printStackTrace();
        }
    }
}
```

Listing 10.110 ScheduleTimerBean.java

Kapitel 11
Webservices und JSON

*»Ich behaupte nicht, JSON erfunden zu haben. Es existierte bereits in
der Natur.«*
Douglas Crockford

In diesem Kapitel werde ich sowohl die JSON-Technologien als auch die Webservice-Technologien des Java EE 8-Standards behandeln.

JSON entwickelt sich immer mehr zum De-facto-Standard-Datenaustauschformat für das Web. Dies gilt insbesondere für REST-basierte Webservices. Java EE 8 bringt gleich zwei Technologien für die Verarbeitung von JSON mit. Die ältere hiervon nennt sich *JSON-Processing* (*JSON-P*). Über JSON-P wird JSON-Quelltext transformiert. JSON-P war schon im Java EE 7-Standard enthalten. Die JSON-P API war aber etwas umständlich, wenn es um die Umwandlung in POJOs ging. Deshalb wurde mit Java EE 8 das *JSON-Binding* (*JSON-B*) hinzugefügt. Wenn ich diese beiden Technologien gezeigt habe, werde ich auf Webservices eingehen.

Webservices sind ein wichtiger Bestandteil aktueller Java EE-Architekturen. Die Grundidee reicht weit in die 90er-Jahre zurück, denn schon damals hatte man die Vision, zukünftig Dienste in einem weltumspannenden Computernetzwerk anzubieten, die systemunabhängig miteinander im Austausch stehen würden. Die Architektur nannte man *Service-Oriented Architecture* (*SOA*). Aus der Vision von SOA wurde Wirklichkeit, als (angetrieben durch die Microsoft Corporation) im Jahr 2000 erstmals konsumierbare Operationen als Webservices entwickelt wurden. Wie ich später noch erläutern werde, unterscheidet man heutzutage bei Webservices, ob sie über SOAP oder REST realisiert werden. Der Java EE 8-Standard unterstützt sowohl SOAP-basierte als auch REST-basierte Webservices. Die *Java API for XML* (*JAX-WS*) wird für SOAP und die *Java API for RESTful Webservices* (*JAX-RS*) wird für REST oder – wie man auch sagt – *RESTful Webservices* eingesetzt. Sie mögen sich die Frage stellen, welche der beiden Alternativen die bessere ist, aber eine direkte Gegenüberstellung von SOAP und REST ist gewissermaßen ein Vergleich zwischen Äpfeln und Birnen, denn während es sich bei SOAP um ein XML-basiertes Nachrichtenprotokoll mit festgelegtem Übertragungsformat handelt, so versucht REST lediglich, eine einheitliche Schnittstelle für Client-Server-Anwendungen zu schaffen. REST ist also kein Protokoll, sondern ein Paradigma bzw. ein Architekturstil für die Interaktion mit Ressourcen eines Servers. Vergleichbar aber ist, wie Daten ausgetauscht werden bzw. Anfrage und Antwort formuliert werden, denn bei SOAP wird ausschließlich über XML mit vorvereinbarten Verträgen kommuniziert, wohingegen bei REST eine URI-Anfrage in einem beliebigen Datenaustauschformat beantwortet werden kann.

An dieser Stelle kommt bei REST das Austauschdatenformat JSON ins Spiel, denn die Antwort muss eben nicht in der komplexen XML-Syntax, sondern kann in der wesentlich einfacheren JSON-Syntax erfolgen. JSON wurde ursprünglich nur für JavaScript-basierte Webanwendungen konzipiert. Aber JavaScript gewann über die Jahre immer mehr an Bedeutung und somit auch JSON. Immer deutlicher wurden die Vorteile dieser vereinfachten Alternative zu XML. Es war gerade diese Vereinfachung, die es zum perfekten Mitspieler als Datenaustauschformat für eine REST API machte. Denn auch REST vereinfacht, weil die Anfragen an einen Server über eine übliche URI und die bereits standardisierten HTTP-Methoden – wie GET, PUT, POST oder DELETE – erfolgen.

11.1   JSON-P

Um JSON-Daten automatisiert generieren und einlesen zu können, wurde bereits mit Java EE 7 die Technologie JSON-P 1.0 (JSR 353) hinzugefügt. Die JSON-P Version 1.0 enthielt die JSON-P-Model-API und die JSON-P-Streaming-API.

Mit Java EE 8 wurde die JSON-P-Technologie auf die Version 1.1 (JSR 374) angehoben. JSON-P 1.1 bietet insgesamt folgende APIs an:

▶ **JSON-P-Model-API**
Bei der JSON-P-Model-API werden die JSON-Daten im Arbeitsspeicher als Baumstruktur aufgebaut. Dies hat den Vorteil, dass Sie über die Daten zur Laufzeit komfortabel navigieren und hierbei Daten wahlfrei verändern können. Der Nachteil ist jedoch, dass das Einlesen eines großen Datenbaumes zeitaufwendig ist und viel Speicherplatz in Anspruch nimmt. Die JSON-P-Model-API ist dennoch die wichtigere API, denn sie enthält die grundlegenden Datentypen, mit denen sich JSON-Objekte über JSON-P aufbauen lassen. Die API enthält auch einen *ModelBuilder*, mit dem die JSON-Objekte konstruiert werden. Ferner sind ein Writer und ein Reader für das Schreiben in und das Einlesen aus einem Datenstrom enthalten.

▶ **JSON-P-Streaming-API**
Bei der JSON-P-Streaming-API wird ein Datenstrom durchlaufen. Soll ein Schlüssel-Wert-Paar ganz unabhängig vom restlichen Datenbestand verarbeitet werden, ist dies die schnellere Variante, die kaum Speicherplatz benötigt. Die JSON-P-Streaming-API enthält hierfür einen Parser und einen Generator.

▶ **JSON Pointer API**
Mit JSON-P 1.1 wurde in Java EE 8 die JSON Pointer API eingeführt. JSON-Pointer ist ein IETF-Standard, der es ermöglicht, dass über eine Zeichenketten-Syntax ein bestimmter Wert im JSON-Dokument identifiziert wird.

▶ JSON Patch API

  Mit Java EE 8 wurde auch die JSON Patch API eingeführt, die die Möglichkeiten des neuen
  IETF Standards JSON-Patch nutzt, um Teile des JSON-Dokuments zu verarbeiten.

Bevor es in den folgenden Abschnitten mit den unterschiedlichen JSON-P APIs weitergeht,
erhalten Sie mit dem nächsten Abschnitt zunächst eine kleine Einführung in das Datenaustauschformat JSON.

Exkurs: das Datenaustauschformat JSON

JSON (JavaScript Object Notation) ist ein textbasiertes Datenformat, mit dem sich struktu-
rierte Objekt-Daten anzeigen und transportieren lassen. Ganz allgemein betrachtet, handelt
es sich also um eine Auszeichnungssprache wie XML. Allerdings ging JSONs Erfinder Douglas
Crockford einen ganz anderen Weg als die Urheber von XML, denn während die Syntax von
XML sehr mächtig, komplex und fehlerträchtig ist, handelt es sich bei JSON um das denkbar
einfachste Datenformat.

> **Hinweis**
>
> Douglas Crockford veröffentlichte JSON im Jahre 2006 im RFC 4627. 2009 wurde JSON
> schließlich von der ECMA offiziell als Standard (ECMA-404) und als Teil der Programmier-
> sprache JavaScript (ECMA 262 mit dem Inhalt »ECMAScript 2017 Language Specification«)
> erklärt. Im Dezember 2017 veröffentlichte die IETF den Internetstandard RFC 8259 (»The Java-
> Script Object Notation Data Interchange Format«).

Der Name *JavaScript Object Notation* weist bereits darauf hin, dass es sich um ein Datenformat handelt, das für JavaScript-Programme konzipiert ist. Aber obwohl JSON zu einem
Bestandteil von JavaScript zählt, wird es dennoch in praktisch allen Programmiersprachen
und insbesondere im Webumfeld zum Austausch von Daten eingesetzt.

JSON bildet die Daten in Form von Schlüssel-Wert-Paaren ab, wobei die Schlüssel-Wert-Paare
in geschweifte Klammern abgelegt werden. Innerhalb des Klammerpaares können Sie auch
mehrere Schlüssel-Wert-Paare kommasepariert hinterlegen.

```
{
    "id":  1,
    "price":  12.99,
    "title":  "Bambus"
}
```

Listing 11.1 »item.json« – JSON-Objekt mit drei einfachen JSON-Elementen

Das Trennsymbol zwischen einem Schlüssel und einem Wert ist ein Doppelpunkt. Der
Schlüssel besteht stets aus einer Zeichenkette.

Bei den Werten unterscheidet man hingegen zwischen einfachen und komplexen Datentypen. Einfache Datentypen sind Zahlen und Zeichenketten. Bei einer Zahl kann es sich
sowohl um eine Ganzzahl als auch um eine Kommazahl handeln.

```
{
    "id":  1,
    "price":  12.99,
    "title":  "Bambus",
    "buyer_id":  null,
    "sold":  false
}
```

Listing 11.2 »item.json« – JSON-Objekt mit fünf einfachen JSON-Elementen

Wie Sie sehen, unterscheiden sich Zahlen- und Zeichenkettenliterale lediglich darin, dass Zeichenkettenliterale in doppelte Hochkommata gefasst werden. Eine Ausnahme bilden die
Werte true, false und null, die die gleiche Bedeutung wir ihre Java-Gegenstücken true, false
und null auf. Neben diesen einfachen Datentypen kann ein Wert aus einem komplexen
Datentyp bestehen. Bei den komplexen Datentypen unterscheidet man zwischen einem
JSON-Array und einem JSON-Objekt. Ein JSON-Array kann mehrere Werte enthalten; dabei
werden die Werte mit einem Komma voneinander getrennt und in eckige Klammern
gefasst.

```
{
    "id":  1,
    "price":  12.99,
    "title":  "Bambus",
    "buyer_id":  null,
    "sold":     false,
    "biddings":  [12.30, 45.60, 78.90]
}
```

Listing 11.3 »item.json« – JSON-Objekt mit fünf einfachen JSON-Elementen und einem JSON-Array

Die in geschweifte Klammern gefassten Schlüssel-Wert-Paare werden gleichzeitig als JSON-
Objekte betrachtet, die wiederum selbst als Wert eingesetzt werden können.

In Listing 11.4 sehen Sie ein JSON-Objekt, das als Wurzelknoten der Baumstruktur zwei einfache JSON-Elemente und ein JSON-Objekt enthält. Das JSON-Objekt item enthält wiederum
fünf einfache JSON-Elemente und ein JSON-Array.

```
{
    "id":       123,
    "name":     "Peter Schmidt",
```

```
    "strasse":      "Goebenstr.5",
    "item":         {
                        "id":           1,
                        "price":        12.99,
                        "title":        "Bambus",
                        "buyer_id":  null,
                        "sold":         false,
                        "biddings": [12.30, 45.60, 78.90]
                    }
}
```

Listing 11.4 JSON-Objekt mit zwei einfachen JSON-Elementen und einem JSON-Objekt

Wenn wir JSON-Daten erzeugen, einlesen oder verarbeiten, handelt es sich in der Regel um einen Wurzelknoten, der die Daten in einer Baumhierarchie vorhält.

Eine Ausnahme bilden Wurzelknoten, die selbst ein Objekt-Array darstellen. Solche Wurzelknoten beginnen und enden mit eckigen Klammern. Listing 11.5 zeigt hierzu ein Beispiel.

```
[
    {
    "id":           123,
    "name":         "Peter Schmidt",
    "strasse":      "Goebenstr.5",
    "item":         {
                        "id":           1,
                        "price":        12.99,
                        "title":        "Bambus",
                        "buyer_id":  null,
                        "sold":         false,
                        "bid":   [12.30, 45.60, 78.90]
                    }
    },
    {
    "id":           456,
    "name":         "Anne Schmidt",
    "item":         {
                        "id":           2,
                        "price":        39.99,
                        "title":        "Lorbeer",
                        "buyer_id":  null,
                        "sold":         false,
```

```
                        "bid":  [22.00, 44.00, 55.00]
                }
        }
]
```

Listing 11.5 »customers.json« – JSON-Array mit zwei JSON-Objekten

In diesem Abschnitt habe ich Ihnen die Syntax und die Struktur von JSON-Objekten vorgestellt. Dabei haben Sie gelernt, dass JSON-Objekte Schlüssel-Wert-Paare enthalten. Grundsätzlich können JSON-Objekte in einer hierarchischen Struktur aufgebaut sein, wobei der oberste Knoten des Baumes stets ein JSON-Objekt oder ein JSON-Array ist.

11.1.1   Die JSON-P Model-API

Nun, da wir die JSON-Syntax besprochen haben, steigen wir in die JSON-P-Model-API ein. Zunächst werde ich Ihnen zeigen, wie Sie ein JSON-Objekt mit Java-Anweisungen programmatisch erzeugen. Anschließend werden wir das JSON-Objekt auf der Festplatte abspeichern und von dort auch wieder einlesen.

Ein einfaches Beispiel mit der JSON-P Model API

Im folgenden Beispielprogramm werden wir mit der JSON-P Model API ein JSON-Objekt erzeugen, das drei Schlüssel-Wert-Paare enthält.

```
{
    "id":        1,
    "name":      "Peter Schmidt",
    "strasse":   "Goebenstr.5"
}
```

Listing 11.6 »customer.json« – JSON-Objekt mit drei JSON-Elementen

Das Programmierbeispiel setzen Sie wieder in der Eclipse IDE um, indem Sie zunächst ein Eclipse-Projekt dafür anlegen. Bei dem Eclipse-Projekt müssen Sie die .*jar*-Bibliotheken von JSON-P im Klassenpfad einbinden. Hierfür könnten Sie die Datei innerhalb eines dynamischen Webprojekts einbauen und die Bibliotheken aus dem vollkonformen Java EE 8-Server GlassFish 5 nutzen.

In den Arbeitsmaterialien, die Sie von unserem File-Server herunterladen können, bin ich einen anderen Weg gegangenen: Darin habe ich die Abhängigkeiten für JSON-P in einem Maven-Projekt definiert. Wenn Sie es mir also nachmachen, dann erstellen Sie ein einfaches Maven-Projekt und fügen den Inhalt aus Listing 11.7 in Ihre *pom.xml* ein:

```
<project xmlns="http://maven.apache.org/POM/4.0.0" xmlns:xsi="http://www.w3.org/2001/
XMLSchema-instance"
```

```
xsi:schemaLocation="http://maven.apache.org/POM/4.0.0 http://maven.apache.org/
xsd/maven-4.0.0.xsd">
<modelVersion>4.0.0</modelVersion>

<groupId>de.java2enterprise</groupId>
<artifactId>onlineshop-jsonp</artifactId>
<version>0.0.1-SNAPSHOT</version>
<packaging>jar</packaging>

<name>onlineshop-jsonp</name>
<url>http://maven.apache.org</url>

<properties>
    <project.build.sourceEncoding>UTF-8</project.build.sourceEncoding>
    <maven.compiler.source>1.8</maven.compiler.source>
    <maven.compiler.target>1.8</maven.compiler.target>
</properties>

<dependencies>
    <dependency>
        <groupId>org.glassfish</groupId>
        <artifactId>javax.json</artifactId>
        <version>1.1.2</version>
    </dependency>
</dependencies>
</project>
```

Listing 11.7 Die Abhängigkeiten für JSON-P in der »pom.xml«

Nachdem das Maven-Projekt (beispielsweise über das Kommando mvn compile) alle erforderlichen Bibliotheken in das lokale Repository heruntergeladen hat, erzeugen Sie eine neue Klasse mit dem Namen de.java2enterprise.onlineshop.jsonp.CustomerService. Innerhalb der Klasse CustomerService erstellen wir eine Methode mit dem Namen getCustomer(). Die Methode nimmt den Parameter id des Typs long und zwei String-Parameter name und strasse entgegen und liefert ein Objekt des Typs javax.json.JsonObject zurück.

Innerhalb der Methode getCustomer() steht die Klasse javax.json.Json an ganz zentraler Stelle, denn sie hält eine Reihe von Fabrikmethoden bereithält, mit denen wir unterschiedliche Werkzeuge wie Parser oder Generatoren erhalten.

Um beispielsweise ein JSON-Objekt aufzubauen, rufen wir die Factory-Methode createObject-Builder() auf, die uns als Rückgabewert eine Instanz der Klasse javax.json.JsonObjectBuilder liefert. Der JsonObjectBuilder stellt für die JSON-P-Model-API die wichtigste Klasse dar, denn er erbaut in seinem Inneren das JSON-Modell und stellt es als Java-Objekt zur Verfügung. Er verfügt über die Methode add(), mit der wir dem JSON-Modell JSON-Elemente hinzufügen. Dabei ist die Methode add() für die jeweiligen JSON-Datentypen überladen. Beispielsweise fügen wir in Listing 11.8 dem JSON-Objekt mit dem Aufruf der Methode add() erst eine Zahl und dann eine Zeichenkette hinzu. Dann bauen wir das JSON-Objekt mit der Methode build() zusammen und geben es in der letzten Anweisung auf der Konsole aus. Weil die Methoden createObjectBuilder(), add() und build() das behandelte JSON-Modell auch als Rückgabewert liefern, können wir hierbei die sogenannte Method-Chaining-Technik einsetzen.

```java
package de.java2enterprise.onlineshop.jsonp;

import javax.json.Json;
import javax.json.JsonObject;

public class CustomerService {

    public JsonObject getCustomer(long id, String name, String strasse) {
        return Json.createObjectBuilder()
            .add("id", id).add("name", name).add("strasse", strasse).build();
    }
}
```

Listing 11.8 Die Erzeugung eines JSON-Objekts mit der Method-Chaining-Technik

Um die Klasse CustomerService zu testen, werden wir JUnit 5 einsetzen. Hierfür fügen Sie in Ihre POM die in Listing 11.9 hervorgehobenen Dependencies und Plugins hinzu.

```xml
<project xmlns="http://maven.apache.org/POM/4.0.0" xmlns:xsi="http://www.w3.org/2001/
XMLSchema-instance"
    xsi:schemaLocation="http://maven.apache.org/POM/4.0.0 http://maven.apache.org/
    xsd/maven-4.0.0.xsd">
    <modelVersion>4.0.0</modelVersion>

    <groupId>de.java2enterprise</groupId>
    <artifactId>onlineshop-jsonp</artifactId>
    <version>0.0.1-SNAPSHOT</version>
    <packaging>jar</packaging>

    <name>onlineshop-jsonp</name>
    <url>http://maven.apache.org</url>

    <properties>
        <project.build.sourceEncoding>UTF-8</project.build.sourceEncoding>
        <maven.compiler.source>1.8</maven.compiler.source>
```

```
        <maven.compiler.target>1.8</maven.compiler.target>
</properties>

<dependencies>
    <dependency>
        <groupId>org.glassfish</groupId>
        <artifactId>javax.json</artifactId>
        <version>1.1.2</version>
    </dependency>

    <dependency>
        <groupId>org.junit.jupiter</groupId>
        <artifactId>junit-jupiter-api</artifactId>
        <version>5.0.1</version>
        <scope>test</scope>
    </dependency>
    <dependency>
        <groupId>org.junit.jupiter</groupId>
        <artifactId>junit-jupiter-engine</artifactId>
        <version>5.0.1</version>
        <scope>test</scope>
    </dependency>
    <dependency>
        <groupId>org.junit.vintage</groupId>
        <artifactId>junit-vintage-engine</artifactId>
        <version>4.12.1</version>
        <scope>test</scope>
    </dependency>
    <dependency>
        <groupId>org.junit.platform</groupId>
        <artifactId>junit-platform-launcher</artifactId>
        <version>1.0.1</version>
        <scope>test</scope>
    </dependency>
    <dependency>
        <groupId>org.junit.platform</groupId>
        <artifactId>junit-platform-runner</artifactId>
        <version>1.0.1</version>
        <scope>test</scope>
    </dependency>
</dependencies>
<build>
    <plugins>
```

11

```
            <plugin>
                <artifactId>maven-surefire-plugin</artifactId>
                <version>2.19</version>
                <configuration>
                    <argLine>-Dfile.encoding=UTF-8</argLine>
                </configuration>
                <dependencies>
                    <dependency>
                        <groupId>org.junit.platform</groupId>
                        <artifactId>junit-platform-surefire-provider</artifactId>
                        <version>1.0.0</version>
                    </dependency>
                </dependencies>
            </plugin>
        </plugins>
    </build>
</project>
```

Listing 11.9 Die Abhängigkeiten für JUnit 5 in der »pom.xml«

In einer JUnit-Klasse mit dem Namen CustomerServiceTest können wir den CustomerService nun testen. Zur Vereinfachung habe ich die Zeichenkette am Ende des Tests ausgegeben.

```
package de.java2enterprise.onlineshop.jsonp;

import static org.junit.Assert.assertNotNull;

import java.util.logging.Logger;

import javax.json.JsonObject;

import org.junit.jupiter.api.Test;

public class CustomerServiceSimpleTest {
    private final static Logger LOGGER = Logger.getLogger(
            CustomerServiceSimpleTest.class.getName());

    @Test
    public void testGetCustomerSimple() {
        CustomerService customerService = new CustomerService();
        JsonObject jsonObject = customerService.getCustomer(
                1L,
                "Peter Schmidt",
                "Goebenstr.5");
```

```
        assertNotNull(jsonObject);
        LOGGER.info("jsonObject: " + jsonObject);
    }
}
```

Listing 11.10 CustomerServiceSimpleTest.java

Nach Ausführung des obigen Tests wird auf der Konsole folgende Zeichenkette ausgegeben:

```
Apr 02, 2018 11:41:36 AM de.java2enterprise.onlineshop.jsonp.CustomerServiceSimpleTest
testGetCustomerSimple
INFORMATION: jsonObject: {"id":1,"name":"Peter Schmidt","strasse":"Goebenstr.5"}
```

Die Datentypen der Interfaces

Das Besondere an der Methode `build()` ist, dass sie aus dem JSON-Modell ein JSON-Objekt erzeugt, bei dem die Schlüssel-Wert-Paare als innere Elemente enthalten sind. Die gesamte Baumstruktur liegt hierbei im Arbeitsspeicher vor, sodass wir auf die inneren Elemente, genauso wie wir es bei einer Java Bean gewohnt sind, bequem zugreifen können. Um die inneren Elemente als Java-Gegenstücke zu JSON anzubieten, sind sie mithilfe spezieller Interfaces typisiert.

Einfache JSON-Elemente werden durch die Interfaces `javax.json.JsonNumber` und `javax.json.JsonString` repräsentiert, wohingegen komplexe Datentypen wie ein JSON-Array und ein JSON-Objekt mithilfe der Interfaces `javax.json.JsonArray` und `javax.json.JsonObject` abgebildet werden.

Im obigen Programmierbeispiel ist beispielsweise das Element `id` als `javax.json.JsonNumber` und das Element `name` als `javax.json.JsonString` typisiert, und das übergeordnete Objekt ist vom Datentyp `javax.json.JsonObject`.

```
   : JsonObject
 id : JsonNumber
 name : JsonString
 strasse : JsonString
```

Abbildung 11.1 Das JSON-Objekt des Beispielprogramms im Klassendiagramm

In Abbildung 11.2 ist die vollständige Baumhierarchie der JSON-P Interfaces dargestellt. Darin sehen Sie, dass alle JSON-P-Model-Datentypen von dem Interface `JsonValue` abstammen. Doch während `JsonNumber` und `JsonString` unmittelbare Nachkommen von `JsonValue` sind, handelt es sich bei `JsonObject` und `JsonArray` um Erben des Interface `JsonStructure`. Zusätzlich ist ein `JsonArray` von `java.util.List` abgeleitet, da es ja eine Liste von Elementen aufnehmen muss. Das Interface `JsonObject` wurde folgerichtig von `java.util.Map` abgeleitet, um die Schlüssel-Wert-Paare von JSON-Objekten unterzubringen.

1109

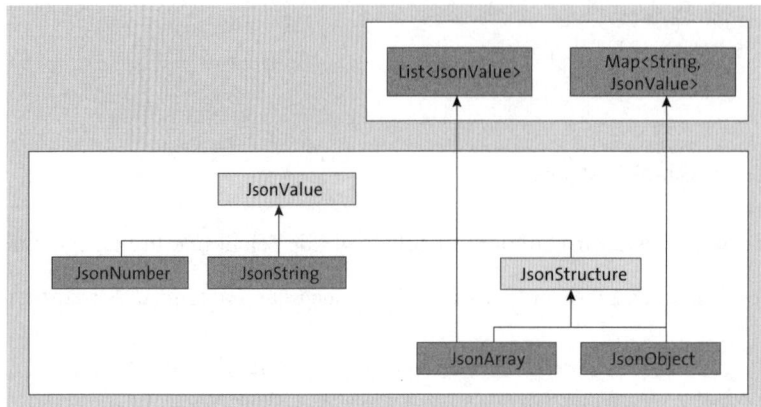

Abbildung 11.2 Die Baumhierarchie der JSON-P-Datentypen

JSON-Objekte speichern

Die JSON-P-Model-API bietet eine Klasse `javax.json.JsonWriter` an, mit der Sie ein JSON-Objekt ganz allgemein in einen Datenstrom schreiben können. Auch für den `JsonWriter` ist es die Klasse `Json`, die uns mit einer Factory-Methode das entsprechende `JsonWriter` Objekt beschafft. `Json` verfügt über die Factory-Methode `createWriter()`, die Sie entweder mit einem Parameter des Typs `java.io.OutputStream` oder mit einem Parameter des Typs `java.io.Writer` aufrufen. Weil es sich bei den JSON-Daten um Texte handelt, werden Sie in der Regel den `Writer` als Parameter einsetzen.

Über die Methode `write()` schreiben wir das JSON-Objekt in den Datenstrom. In Listing 11.11 erzeugen wir zunächst ein JSON-Objekt. Anschließend schreiben wir das JSON-Objekt in die Datei *customer.json*.

```
private void writeCustomerToDisk(
        JsonObject jsonObject) {
    try (JsonWriter jsonWriter = Json.createWriter(
            new FileWriter(customerFilePath))) {
        jsonWriter.write(jsonObject);
    } catch (IOException e) {
        e.printStackTrace();
    }
}
```

Listing 11.11 Das JSON-Objekt wird in die Datei »customer.json« geschrieben.

JSON-Objekte einlesen

Im nächsten Beispielprogramm werden wir die Datei *customer.json* mit dem darin enthaltenen JSON-Objekt einlesen. Hierfür beschaffen wir uns eine Instanz der Klasse `javax.json.JsonReader`.

Weil es sich bei dem eingelesenen JSON-Objekt grundsätzlich entweder um ein JSON-Objekt oder um ein JSON-Array handelt, liefert die Methode read() ein Objekt des übergeordneten Vatertyps javax.json.JsonStructure zurück. Das Objekt jsonStructure casten wir in unserem Beispielprogramm zu einem Objekt des Typs JsonObject, da wir ja wissen, dass es sich in unserem Fall um ein solches handelt.

```
JsonReader jsonReader = Json.createReader(new FileReader(file));
JsonObject jsonObject = (JsonObject) jsonReader.read();
```

Listing 11.12 Die Methode »read()« liefert ein Objekt des übergeordneten Vatertyps.

Allerdings bietet die Klasse JsonReader eine weitere Methode an, die sich readObject() nennt und die uns das Objekt bereits als JsonObject zurückliefert.

Um den Wert eines Unterknotens zu beschaffen, stehen uns unterschiedliche Methoden der Klasse JsonObject zur Verfügung. Wenn der Datentyp des Wertes nicht bekannt ist, können wir beispielsweise die Methode get() verwenden, die den Wert mit dem allgemein gehaltenen Datentyp JsonValue liefert.

Wir erfahren, um welchen Datentypen es sich handelt, wenn wir die Methode getValueType() aufrufen.

Je nach Datentyp und Inhalt liefert die Methode getValueType() eine der folgenden Enums: ARRAY, OBJECT, STRING, NUMBER, TRUE, FALSE oder NULL. In unserem Beispiel würde folgende Anweisung also die Zeichenkette NUMBER ausgeben.

```
JsonObject jsonObject = jsonReader.readObject();
JsonValue id = jsonObject.get("id");
ValueType valueType = id.getValueType();
LOGGER.info("Value Type: " + valueType);
```

Listing 11.13 Im Beispiel wird die Zeichenkette »NUMBER« ausgegeben.

In unserem Beispielprogramm ist uns bekannt, dass der Wert, der mit dem Schlüssel id verbunden ist, vom Datentyp JsonNumber und der Wert, der mit den Schlüsseln name und strasse verbunden ist, vom Datentyp JsonString ist. Daher können wir mit getJsonNumber() und get-JsonString() arbeiten.

```
JsonNumber id = jsonObject.getJsonNumber("id");
JsonString name = jsonObject.getJsonString("name");
JsonString strasse = jsonObject.getJsonString("strassed");
```

Listing 11.14 »getJsonNumber()« und »getJsonString()«

JsonValue-Klassen wie JsonNumber und JsonString bieten spezielle Methoden an, die uns die Werte direkt mit Java-Standard-Datentypen liefern. In unserem Beispielprogramm können wir uns somit den Werte der id über longValue() und den Wert des Strings über getString() direkt als Long und String beschaffen.

```
long id = jsonObject.getJsonNumber("id").longValue();
String name = jsonObject.getJsonString("name").getString();
String strasse = jsonObject.getJsonString("strasse").getString();
```

Listing 11.15 »JsonNumber.longValue()« und »JsonString.getString()«

Eine weitere Variante bieten Convenience-Methoden, die uns den Umweg über die Json-Value-Klasse ersparen. In unserem Beispielprogramm beschaffen wir uns beispielsweise die String-Werte mit getString() direkt als String.

```
long id = jsonObject.getJsonNumber("id").longValue();
String name = jsonObject.getString("name");
String strasse = jsonObject.getString("strasse");
```

Listing 11.16 JsonObject.getString()

Tabelle 11.1 listet sämtliche Get-Methoden von JsonObject auf.

Methode	Rückgabewert
get(Object key)	JSONVALUE
getJsonObject(String name)	JSONOBJECT
getJsonNumber(String name)	JSONNUMBER
getJsonString(String name)	JSONSTRING
getString(String name)	den JSON-Wert als String
getInt(String name)	den JSON-Wert als int
getBoolean(String name)	true oder false
isNull(String name)	true oder false

Tabelle 11.1 Get-Methoden des Interfaces »JsonObject«

Im folgenden JUnit-Test speichern wir zunächst ein JSON-Objekt auf die Festplatte. Beachten Sie, dass der Pfad */tmp* bzw. unter Windows *C:\tmp* existieren muss. Anschließend lesen wir das Objekt aus. Zuletzt überprüfen wir, ob die eingelesenen Werte dem Ursprungswert entsprechen.

```
package de.java2enterprise.onlineshop.jsonp;

import static org.junit.Assert.assertEquals;
import static org.junit.Assert.assertNotNull;

import java.io.FileNotFoundException;
import java.io.FileReader;
import java.io.FileWriter;
import java.io.IOException;

import javax.json.Json;
import javax.json.JsonObject;
import javax.json.JsonReader;
import javax.json.JsonWriter;

import org.junit.jupiter.api.Test;

public class CustomerServiceWriteReadTest {
    final String customerFilePath = "/tmp/customer.json";

    @Test
    public void getCustomer() {
        CustomerService customerService = new CustomerService();
        JsonObject jsonObject = customerService
                .getCustomer(1L, "Peter Schmidt", "Goebenstr.5");
        assertNotNull(jsonObject);

        writeCustomerToDisk(jsonObject);
        jsonObject = readCustomerFromDisk();

        assertNotNull(jsonObject);

        int id = jsonObject.getInt("id");
        assertEquals(1, id);

        String name = jsonObject.getString("name");
        assertEquals("Peter Schmidt", name);

        String strasse = jsonObject.getString("strasse");
        assertEquals("Goebenstr.5", strasse);
    }
```

11

```
        private void writeCustomerToDisk(
                JsonObject jsonObject) {
            try (JsonWriter jsonWriter = Json.createWriter(
                    new FileWriter(customerFilePath))) {
                jsonWriter.write(jsonObject);
            } catch (IOException e) {
                e.printStackTrace();
            }
        }


        private JsonObject readCustomerFromDisk() {
            JsonObject jsonObject = null;
            try (JsonReader jsonReader = Json.createReader(
                    new FileReader(customerFilePath))) {
                jsonObject = jsonReader.readObject();
            } catch (FileNotFoundException e) {
                e.printStackTrace();
            }
            return jsonObject;
        }
    }
```

Listing 11.17 Das JSON-Objekt in »customer.json« schreiben und einlesen

JSON-Dokumente generisch einlesen

Im vorangegangenen Beispiel haben wir mit der JSON-P-Model-API ein JSON-Objekt gespeichert und eingelesen. Weil uns das JSON-Objekt im Programm bekannt war, konnten wir uns die Werte treffsicher mit den speziellen Methoden getInt() und getString() besorgen. Im Programm aus Listing 11.18 werden wir JSON-Objekte ganz generisch einlesen. Diese Technik ist dann hilfreicher, wenn Sie beim Einlesen noch nicht wissen, um was für eine JSON-Struktur es sich handelt.

```
package de.java2enterprise.onlineshop.jsonp;

import java.io.File;
import java.io.FileNotFoundException;
import java.io.FileReader;
import java.util.Map.Entry;
import java.util.logging.Logger;

import javax.json.Json;
import javax.json.JsonArray;
import javax.json.JsonObject;
```

```
import javax.json.JsonReader;
import javax.json.JsonStructure;
import javax.json.JsonValue;

import org.junit.jupiter.api.Test;

public class ReadJsonGenericallyTest {
    private final static Logger LOGGER = Logger.getLogger(
            ReadJsonGenericallyTest.class.getName());
    private String json = "";

    @Test
    public void test() {
        try (JsonReader jsonReader = Json
                .createReader(new FileReader(
                        new File("/tmp/customer.json")))) {
            JsonStructure jsonStructure = jsonReader.read();
            navigate(null, jsonStructure);
        } catch (FileNotFoundException e) {
            e.printStackTrace();
        }
        LOGGER.info("json: " + json);
    }

    private void navigate(String key, JsonValue value) {
        if (key != null) {
            json += ("\"" + key + "\"" + ":");
        }
        switch (value.getValueType()) {
        case OBJECT:
            JsonObject object = (JsonObject) value;
            json += "{";
            boolean firstObjectElement = true;
            for (Entry<String, JsonValue> entry : object
                    .entrySet()) {
                if (!firstObjectElement) {
                    json += ",";
                }
                firstObjectElement = false;
                navigate(entry.getKey(), entry.getValue());
            }
            json += "}";
            break;
```

```
            case ARRAY:
                JsonArray jsonArray = (JsonArray) value;
                json += "[";
                boolean firstArrayElement = true;
                for (JsonValue jsonValue : jsonArray) {
                    if (!firstArrayElement) {
                        json += ",";
                    }
                    firstArrayElement = false;
                    navigate(null, jsonValue);
                }
                json += "]";
                break;
            case STRING:
                json += value;
                break;
            default:
                json += value;
                break;
        }
    }
}
```

Listing 11.18 JSON-Objekte generisch einlesen

JSON-P und UTF-8

JSON-Dokumente dürfen mit den Zeichenkodierungen UTF-8, UTF-16 und UTF-32 erstellt sein. Ihre Standard-Zeichenkodierung ist aber UTF-8. Genau dies ist auch bei JSON-P der Default. Im Beispielprogramm aus Listing 11.19 speichern wir beispielsweise den Gruß »Hallo Welt« auf Chinesisch ab.

```
package de.java2enterprise.onlineshop.jsonp;

import java.io.FileWriter;
import java.io.IOException;

import javax.json.Json;
import javax.json.JsonObject;
import javax.json.JsonWriter;

import org.junit.jupiter.api.Test;

public class WriteJsonUTF8Test {
```

```
    @Test
    public void testWrite() {
        JsonObject jsonObject = Json.createObjectBuilder()
                .add("gruss", "嗨世界").build();

        try (JsonWriter jsonWriter = Json.createWriter(
                new FileWriter("/tmp/gruss.json"))) {
            jsonWriter.write(jsonObject);
        } catch (IOException e) {
            e.printStackTrace();
        }
    }
}
```

Listing 11.19 Chinesische Zeichen schreiben

Das Ergebnis können wir in einem zweiten Test überprüfen, indem wir den eingelesenen String mit der gleichen chinesischen Zeichenkette vergleichen.

```
package de.java2enterprise.onlineshop.jsonp;

import static org.junit.Assert.assertEquals;
import static org.junit.Assert.assertNotNull;

import java.io.FileNotFoundException;
import java.io.FileReader;

import javax.json.Json;
import javax.json.JsonObject;
import javax.json.JsonReader;

import org.junit.jupiter.api.Test;

public class ReadJsonUTF8Test {

    @Test
    public void testRead() {
        try (JsonReader jsonReader = Json.createReader(
                new FileReader("/tmp/gruss.json"))) {
            assertNotNull(jsonReader);
            JsonObject jsonObject = jsonReader.readObject();
            String gruss = jsonObject.getString("gruss");
            assertEquals("嗨世界", gruss);
        } catch (FileNotFoundException e) {
```

```
        e.printStackTrace();
      }
    }
}
```

Listing 11.20 Chinesische Zeichen lesen

Im Beispielprogramm lesen wir eine UTF-8-Datei ein, die wir vorab per JSON-P erzeugt hatten. Nun könnte es aber passieren, dass Sie ein UTF-8-Dokument mit dem Microsoft Notepad erstellen und sich wundern, dass der `JsonReader` hierbei eine `JsonParsingException` mit der Nachricht `Unexpected char` auswirft. Der Grund für solch eine Meldung ist, dass der Standard von UTF-8 (RFC 3629) festlegt, dass zur Erkennung ein Byte-Order-Mark (BOM) am Anfang des Dokuments stehen darf. Dieser BOM gleicht dem BOM eines UTF-16-Dokuments. Genau wie bei UTF-16-Dokumenten soll hiermit gleich zu Beginn des Dokuments die Zeichenkodierung erkannt werden. Allerdings schreibt der Standard auch vor, dass man dies vermeiden soll, wenn es keinen guten Grund hierfür gibt. Während Microsoft aufgrund unterschiedlicher Zwecke für sein Notepad eine Notwendigkeit für einen BOM sieht, geht JSON-P grundsätzlich von UTF-8 aus. Das Problem ist, dass JSON-P den BOM als fehlerhafte Bytefolge interpretiert.

Die Lösung ist, die eventuell auftretende BOM programmatisch wegzuschaffen, bevor die JSON-Daten geparst werden. Der BOM eines UTF-8-Dokuments besteht aus der Bytefolge EF BB BF. Das entspricht dem Unicode U+FEFF, den wir in unserem nächsten Listing vorab entfernen werden.

```
package de.java2enterprise.onlineshop.jsonp;

import static org.junit.Assert.assertEquals;
import static org.junit.Assert.assertNotNull;

import java.io.IOException;
import java.io.StringReader;
import java.nio.file.Files;
import java.nio.file.Paths;

import javax.json.Json;
import javax.json.JsonObject;
import javax.json.JsonReader;

import org.junit.jupiter.api.Test;

public class ReadJsonUTF8WithBOMTest {
```

```
@Test
public void testRead() {
    String content = null;
    try {
        content = new String(Files.readAllBytes(
                Paths.get("/tmp/gruss.json")));
        content = content.replaceFirst("\uFEFF", "");
    } catch (IOException e) {
        e.printStackTrace();
    }

    try (JsonReader jsonReader = Json
            .createReader(new StringReader(content))) {
        assertNotNull(jsonReader);
        JsonObject jsonObject = jsonReader.readObject();
        String gruss = jsonObject.getString("gruss");
        assertEquals("嗨世界", gruss);
    }
}
}
```

Listing 11.21 Den BOM bei Microsoft Windows entfernen

In diesem Listing lesen wir den Inhalt der Datei *gruss.json* zunächst in einen String ein. Danach wird der Unicode \uFEFF durch einen leeren String ersetzt. Und erst wenn hierdurch der BOM entfernt worden ist, erzeugen wir einen JsonReader. Der Factory-Methode create-Reader() übergeben wir einen StringReader, der den BOM-gesäuberten JSON-String in einen Datenstrom wandelt.

Geodaten von Google einlesen

JSON ist zum Standard-Datenaustauschformat des Internets emporgestiegen. Der Nutzen, den wir hierdurch erlangen, zeigt sich, wenn wir uns beispielsweise die Geodaten von Google holen. Im Programm aus Listing 11.22 greifen wir auf die Webadresse von Google Maps zu, um den Breiten- und Längengrad einer Adresse zu beschaffen.

```
package de.java2enterprise.onlineshop.jsonp;

import java.io.InputStream;
import java.net.URL;
import java.util.logging.Logger;

import javax.json.Json;
import javax.json.JsonArray;
```

```java
import javax.json.JsonNumber;
import javax.json.JsonObject;
import javax.json.JsonReader;
import javax.json.JsonValue;

import org.junit.jupiter.api.Test;

public class ReadJsonFromGoogleTest {
    private final static Logger LOGGER = Logger.getLogger(
            ReadJsonFromGoogleTest.class.getName());
    String address = "bonn+goebenstr.5";
    String googleapi = "http://maps.googleapis.com/maps/api/geocode/json?address=";

    @Test
    public void test() {
        URL url;
        InputStream in = null;
        try {
            url = new URL(googleapi + address);
            in = url.openStream();
        } catch (Exception e) {
            e.printStackTrace();
        }
        try (JsonReader jsonReader =
                Json.createReader(in)) {
            JsonObject jsonObject = jsonReader.readObject();
            JsonArray results = jsonObject.getJsonArray("results");
            for (JsonValue result : results) {
                if(result.getValueType() == JsonValue.ValueType.OBJECT) {
                    JsonObject rJsonObject = (JsonObject)result;
                    JsonObject geometry = rJsonObject.getJsonObject("geometry");
                    JsonObject location = geometry.getJsonObject("location");
                    JsonNumber lat = location.getJsonNumber("lat");
                    LOGGER.info("Breitengrad: " + lat.doubleValue());
                    JsonNumber lng = location.getJsonNumber("lng");
                    LOGGER.info("Längengrad: " + lng.doubleValue());
                }
            }
        }
    }
}
```

Listing 11.22 Die Geodaten einer Adresse von Google einlesen

11.1.2   Die JSON-P Streaming API

Die JSON-P-Streaming-API liest die JSON-Daten von einem Datenstrom Element für Element ein bzw. schreibt sie in einen Datenstrom. Sie hat den Vorteil, dass sie den Arbeitsspeicher schont und zeitsparend ist. Ihr Nachteil ist, dass sie in der Entwicklung umständlich ist, da wir auf die einzelnen Properties nicht auf die gleiche Weise komfortabel zugreifen können, wie es die JSON-P-Model-API ermöglicht.

Die JSON-P-Streaming-API ist im Programmpaket `javax.streaming` untergebracht. Die wichtigste Klasse der JSON-P-Streaming-API nennt sich `JsonGenerator`. Mit folgender Anweisung erzeugen wir ein Objekt des Typs `JsonGenerator`.

```
JsonGenerator jsonGenerator =
                    Json.createGenerator(new FileWriter(file));
```

Der Wurzelknoten eines JSON-Dokuments besteht aus einem JSON-Objekt oder einem JSON-Array. Deshalb beginnen alle JSON-Dokumente entweder mit einer geschweiften oder einer eckigen Klammer.

Zu Beginn rufen wir entweder die Methode `writeStartObject()` oder `writeStartArray()` auf. In unserem Beispielprogramm besteht unser Wurzelknoten aus einem JSON-Objekt. Also führen wir die Anweisung `writeStartObject()` aus.

Um die JSON-Elemente hinzuzufügen, rufen wir die überladene Methode `write()` auf. Zum Abschluss wird die Methode `writeEnd()` ausgeführt.

```
package de.java2enterprise.onlineshop.jsonp;

import java.io.File;
import java.io.FileWriter;
import java.io.IOException;
import javax.json.Json;
import javax.json.stream.JsonGenerator;

import org.junit.jupiter.api.Test;

public class JsonStreamingTest {

    @Test
    public void test() {
        File file = new File("/tmp/customer.json");
        try (JsonGenerator jsonGenerator =
                Json.createGenerator(new FileWriter(file))) {
            jsonGenerator.writeStartObject();
```

```
                    jsonGenerator.write("id", 1);
                    jsonGenerator.write("name", "Peter Schmidt");
                    jsonGenerator.write("strasse", "Goebenstr.5");
                    jsonGenerator.writeEnd();
            } catch (IOException e) {
                    e.printStackTrace();
            }
        }
    }
}
```

Listing 11.23 JsonStreamingTest.java

11.1.3 Die JSON-P Pointer API

Im Jahre 2013 veröffentlichte die Internet Engineering Task Force (IETF) den JSON-Pointer-Standard. Vereinfacht gesagt, ist ein JSON-Pointer nichts anderes als ein Zeiger auf einen bestimmten Wert innerhalb des JSON-Dokuments. Die Referenzierung erfolgt über eine stringbasierte Syntax. Die Syntax ist denkbar einfach, denn ein JSON-Dokument besteht ja aus Schlüssel-Wert-Paaren, die in einer Baumstruktur hängen. Im einfachsten Fall entspricht der Zeiger dem Pfad zum Schlüssel des gefragten Wertes. Handelt es sich um eine Stelle in einem Array, so wird beginnend mit einer 0 der Index der Stelle angegeben.

Wir gehen im Folgenden von dem JSON-Dokument aus Listing 11.24 aus.

```
[
    {
    "id":           123,
    "name":         "Peter Schmidt",
    "strasse":      "Goebenstr.5",
    "item":           {
                        "id":           1,
                        "price":        12.99,
                        "title":        "Bambus",
                        "buyer_id":     null,
                        "sold":         false,
                        "bid":      [12.30, 45.60, 78.90]
                    }
    },
    {
    "id":           456,
    "name":         "Anne Schmidt",
    "strasse":      "Arnoldstr.2",
```

```
   "item":        {
                    "id":        2,
                    "price":     39.99,
                    "title":     "Lorbeer",
                    "buyer_id":  null,
                    "sold":      false,
                    "bid":  [22.00, 44.00, 55.00]
                  }
   }
]
```

Listing 11.24 customers.json

Es handelt sich also um eine Liste mit zwei Customer-Elementen. Um beispielsweise den Wert der Straße des ersten Customers zu erhalten, verwenden wir folgende Syntax: /0/strasse. JSON-P enthält eine Klasse mit dem Namen JsonPointer mit Methoden, mit denen sich ein JSON-Wert beispielsweise herauslesen lässt.

JsonPointer-Methoden:

► getValue()

► add()

► remove()

► replace()

► containsValue()

Darüber hinaus gibt es Methoden, mit denen Sie das JSON-Dokument abändern, indem Sie Werte hinzufügen, entfernen oder ersetzen.

Im nächsten Programmierbeispiel werden wir aus dem obigen Dokument nicht nur den Namen der Straße des ersten Customers holen, sondern danach auch den Wert der Straße abändern. Hierfür erzeugen wir zunächst ein JsonArray. Dann benötigen wir einen JsonPointer, der zuerst noch nicht auf das Dokument referenziert. Erst über die Methode getValue() wird tatsächlich auf das JSON-Element zugegriffen. Über die Methode replace() ersetzen wir den Namen des ersten Elements des JSON-Dokuments durch eine neue Adresse.

```
package de.java2enterprise.onlineshop.jsonp;

import java.util.logging.Logger;

import javax.json.Json;
import javax.json.JsonPointer;
```

```
import javax.json.JsonString;
import javax.json.JsonStructure;
import javax.json.JsonValue;

public class CustomersService {
    private final static Logger LOGGER = Logger.getLogger(
            CustomersService.class.getName());

    public JsonStructure replaceValue(
            JsonStructure jsonStructure,
            String point,
            String newValue) {

        JsonPointer jsonPointer = Json.createPointer(point);
        JsonValue jsonValue = jsonPointer
                .getValue(jsonStructure);
        LOGGER.info("JsonValue: " + jsonValue);

        JsonString newJsonString = Json
                .createValue(newValue);
        return jsonPointer.replace(jsonStructure,
                newJsonString);
    }
}
```

Listing 11.25 CustomersService.java

Beim JUnit-Test ersetzen wir die Straße des Customers und geben die neue Struktur auf der Konsole aus.

```
package de.java2enterprise.onlineshop.jsonp;

import static org.junit.Assert.assertNotNull;

import java.io.FileNotFoundException;
import java.io.FileReader;
import java.util.logging.Logger;

import javax.json.Json;
import javax.json.JsonReader;
import javax.json.JsonStructure;
```

```
import org.junit.jupiter.api.Test;

public class CustomersServiceTest {
    private final static Logger LOGGER = Logger.getLogger(
            CustomersServiceTest.class.getName());

    @Test
    public void testReplaceValue()
            throws FileNotFoundException {
        JsonReader jsonReader = Json.createReader(
                new FileReader("/tmp/customers.json"));
        JsonStructure jsonStructure = jsonReader.read();

        CustomersService customersService = new CustomersService();
        JsonStructure newJsonStructure = customersService
                .replaceValue(jsonStructure,
                        "/0/strasse",
                        "Weberstr.22");
        assertNotNull(newJsonStructure);
        LOGGER.info("Neues Json-Dokument: " + newJsonStructure);
    }
}
```

Listing 11.26 CustomersServiceTest.java

11.1.4   Die JSON-P Patch API

Auch JSON-Patch ist ein IETF-Standard aus dem Jahr 2013. Der neue IETF-Standard legt eine Reihe von Ausdrücken fest, die Sie auf ein Zieldokument anwenden können. Sie nennen sich add, remove, replace, move, copy und test. Java EE 8 unterstützt den neuen IETF-Standard mit der JSON-P 1.1 API. Die API besitzt jetzt eine neue Klasse mit dem Namen PatchBuilder. Einen PatchBuilder erhalten wir über die Methode Json.createPatchBuilder. Der PatchBuilder bietet für jeden der vom IETF vorgesehenen JSON-Patch-Ausdrücke eine entsprechend benannte Methode. Nach unseren Änderungen rufen wir die Methode apply() auf, die die Änderungen auf das JSON-Dokument anwendet. Über die Methode toJsonArray() erhalten wir schließlich das abgewandelte JSON-Dokument.

In Listing 11.27 wird die gleiche Änderung wie im letzten Programmierbeispiel mit dem JSON-Pointer erzielt, denn die Methode replace() ersetzt die Adresse des ersten Customers.

```
package de.java2enterprise.onlineshop.jsonp;

import java.io.FileNotFoundException;
import java.io.FileReader;
import java.util.logging.Logger;

import javax.json.Json;
import javax.json.JsonArray;
import javax.json.JsonPatch;
import javax.json.JsonReader;

import org.junit.jupiter.api.Test;

public class CustomersServicePatchTest {
    private final static Logger LOGGER = Logger.getLogger(
            CustomersServicePatchTest.class.getName());



    @Test
    public void testReplaceValueWithPatch()
            throws FileNotFoundException {
        JsonReader jsonReader = Json.createReader(
                new FileReader("/tmp/customers.json"));
        JsonArray jsonArray = jsonReader.readArray();

        JsonPatch jsonPatch = Json.createPatchBuilder()
                .replace("/0/strasse", "Weberstr.22")
                .build();

        JsonArray newJsonArray = jsonPatch.apply(jsonArray);
        LOGGER.info("Neues Json-Dokument: " + newJsonArray);
    }

}
```

Listing 11.27 CustomerServicePatchTest.java

11.2   JSON-B

Die Konvertierung zwischen einem POJO und einem JSON-Dokument ist über die Benutzer-schnittstelle von JSON-P zu aufwendig. Aus diesem Grund wurde dem Java EE-Standard die

Technologie *JSON-Binding* (*JSON-B*) hinzugefügt. JSON-B lässt sich also quasi als High-Level-API zur Low-Level-API JSON-P betrachten.

11.2.1   Serialisierung und Deserialisierung

In diesem Abschnitt wird in Beispielen die Serialisierung (die Konvertierung von einem POJO zu JSON) und die Deserialisierung (die Konvertierung von JSON zu einem POJO) gezeigt.

Für das Programmierbeispiel setzen wir erneut ein Maven-Projekt ein. Die POM soll den Code aus Listing 11.28 enthalten. Die hervorgehobenen Zeilen enthalten die Dependencies für JSON-B:

```
<project xmlns="http://maven.apache.org/POM/4.0.0" xmlns:xsi="http://www.w3.org/2001/
XMLSchema-instance"
    xsi:schemaLocation="http://maven.apache.org/POM/4.0.0 http://maven.apache.org/
    xsd/maven-4.0.0.xsd">
    <modelVersion>4.0.0</modelVersion>

    <groupId>de.java2enterprise</groupId>
    <artifactId>onlineshop-jsonb</artifactId>
    <version>0.0.1-SNAPSHOT</version>
    <packaging>jar</packaging>

    <name>onlineshop-jsonb</name>
    <url>http://maven.apache.org</url>

    <properties>
        <project.build.sourceEncoding>UTF-8</project.build.sourceEncoding>
        <maven.compiler.source>1.8</maven.compiler.source>
        <maven.compiler.target>1.8</maven.compiler.target>
    </properties>

    <dependencies>
        <dependency>
            <groupId>org.glassfish</groupId>
            <artifactId>javax.json</artifactId>
            <version>1.1.2</version>
        </dependency>
        <dependency>
            <groupId>org.eclipse</groupId>
            <artifactId>yasson</artifactId>
            <version>1.0</version>
```

```
        </dependency>

        <dependency>
            <groupId>org.junit.jupiter</groupId>
            <artifactId>junit-jupiter-api</artifactId>
            <version>5.0.1</version>
            <scope>test</scope>
        </dependency>
        <dependency>
            <groupId>org.junit.jupiter</groupId>
            <artifactId>junit-jupiter-engine</artifactId>
            <version>5.0.1</version>
            <scope>test</scope>
        </dependency>
        <dependency>
            <groupId>org.junit.vintage</groupId>
            <artifactId>junit-vintage-engine</artifactId>
            <version>4.12.1</version>
            <scope>test</scope>
        </dependency>
        <dependency>
            <groupId>org.junit.platform</groupId>
            <artifactId>junit-platform-launcher</artifactId>
            <version>1.0.1</version>
            <scope>test</scope>
        </dependency>
        <dependency>
            <groupId>org.junit.platform</groupId>
            <artifactId>junit-platform-runner</artifactId>
            <version>1.0.1</version>
            <scope>test</scope>
        </dependency>
    </dependencies>
    <build>
        <plugins>
            <plugin>
                <artifactId>maven-surefire-plugin</artifactId>
                <version>2.19</version>
                <configuration>
                    <argLine>-Dfile.encoding=UTF-8</argLine>
                </configuration>
                <dependencies>
                    <dependency>
```

```
                        <groupId>org.junit.platform</groupId>
                        <artifactId>junit-platform-surefire-provider</artifactId>
                        <version>1.0.0</version>
                    </dependency>
                </dependencies>
            </plugin>
        </plugins>
    </build>
</project>
```

Listing 11.28 pom.xml

Im Beispiel gehen wir von einem POJO mit dem Namen *Customer* aus.

```
package de.java2enterprise.onlineshop.model;

public class Customer {

    private Long id;

    private String email;

    private String password;

    public Long getId() {
        return this.id;
    }

    public void setId(Long id) {
        this.id = id;
    }

    public String getEmail() {
        return this.email;
    }

    public void setEmail(String email) {
        this.email = email;
    }

    public String getPassword() {
        return this.password;
    }
```

```java
    public void setPassword(String password) {
        this.password = password;
    }

    @Override
    public String toString() {
        return "Customer [id=" + id + ", email=" + email
                + ", password=" + password + "]";
    }
}
```

Listing 11.29 Customer.java

In einem JUnit-Test nutzen wir die Einstiegsklassen Jsonb und JsonbBuilder, um eine Instanz der Klasse Customer in ein JSON-Dokument zu wandeln.

```java
package de.java2enterprise.onlineshop.jsonb;

import static org.junit.Assert.assertNotNull;

import java.util.logging.Logger;

import javax.json.bind.Jsonb;
import javax.json.bind.JsonbBuilder;

import org.junit.jupiter.api.Test;

import de.java2enterprise.onlineshop.model.Customer;

public class CustomerSerializeTest {
    private final static Logger LOGGER = Logger.getLogger(
            CustomerSerializeTest.class.getName());


    @Test
    public void testSerialize() {
        Customer customer = new Customer();
        customer.setId(123L);
        customer.setEmail("j@java2enterprise.de");
        customer.setPassword("Taxi_123");

        Jsonb jsonb = JsonbBuilder.create();
        String json = jsonb.toJson(customer);
```

```
            assertNotNull(json);
            LOGGER.info("Json-Dokument: " + json);
    }
}
```

Listing 11.30 CustomerSerializeTest.java

Bei Ausführung des Tests erscheint auf der Konsole folgender JSON-Text:

```
Apr 02, 2018 12:32:22 PM de.java2enterprise.onlineshop.jsonb.CustomerSerializeTest
testSerialize
INFORMATION:
Json-Dokument: {"email":"j@java2enterprise.de","id":123,"password":"Taxi_123"}
```

Die Deserialisierung weisen Sie über die Methode fromJson() der Klasse jsonb an:

```
package de.java2enterprise.onlineshop.jsonb;

import java.util.logging.Logger;

import javax.json.bind.Jsonb;
import javax.json.bind.JsonbBuilder;

import org.junit.jupiter.api.Test;

import de.java2enterprise.onlineshop.model.Customer;

public class CustomerDeserializeTest {
    private final static Logger LOGGER = Logger.getLogger(
            CustomerDeserializeTest.class.getName());

    @Test
    public void testSetCustomerSimple() {
        String json = "{\"email\":\"j@java2enterprise.de\","
                + "\"id\":123,"
                + "\"password\":\"Taxi_123\"}";
        Jsonb jsonb = JsonbBuilder.create();
        Customer customer = jsonb.fromJson(json,
                Customer.class);
        LOGGER.info("Customer: " + customer);
    }
}
```

Listing 11.31 CustomerDeserializeTest.java

Bei Ausführung des Tests erscheint auf der Konsole folgender Text.

```
Apr 02, 2018 12:33:28 PM de.java2enterprise.onlineshop.jsonb.CustomerDeserializeTest
testSetCustomerSimple
INFORMATION:
Customer: Customer [id=123, email=j@java2enterprise.de, password=Taxi_123]
```

11.2.2   Collection serialisieren und deserialisieren

Auch eine Collection kann serialisiert und deserialisiert werden. Hierfür übergeben wir statt des *POJOs* die Collection von *POJOs*. In Listing 11.32 wird gezeigt, wie eine Collection von Customer-Objekten zunächst serialisiert und dann deserialisiert wird.

```
package de.java2enterprise.onlineshop.jsonb;

import static org.junit.Assert.assertNotNull;

import java.util.ArrayList;
import java.util.List;
import java.util.logging.Logger;

import javax.json.bind.Jsonb;
import javax.json.bind.JsonbBuilder;

import org.junit.jupiter.api.Test;

import de.java2enterprise.onlineshop.model.Customer;

public class CustomersSerializeTest {
    private final static Logger LOGGER = Logger.getLogger(
            CustomersSerializeTest.class.getName());

    @SuppressWarnings("unchecked")
    @Test
    public void testSerialize() {
        List<Customer> customers = new ArrayList<>();

        Customer customer1 = new Customer();
        customer1.setId(123L);
        customer1.setEmail("j@java2enterprise.de");
        customer1.setPassword("Taxi_123");
        customers.add(customer1);
```

```
        Customer customer2 = new Customer();
        customer2.setId(456L);
        customer2.setEmail("k@java2enterprise.de");
        customer2.setPassword("Taxi_456");
        customers.add(customer2);

        Jsonb jsonb = JsonbBuilder.create();
        String json = jsonb.toJson(customers);
        assertNotNull(json);
        LOGGER.info("Json-Dokument: " + json);

        jsonb.fromJson(json, ArrayList.class).stream().forEach(System.out::println);

    }
}
```

Listing 11.32 Collection serialisieren und deserialisieren

Wenn Sie den Test durchführen, wird Folgendes ausgegeben:

```
Apr 06, 2018 7:44:15 PM de.java2enterprise.onlineshop.jsonb.CustomersSerializeTest
  testSerialize
INFORMATION:
Json-Dokument: [{"id":123,"password":"Taxi_123", "user":"j@java2enterprise.de"},
{"id":456,"password":"Taxi_456", "user":"k@java2enterprise.de"}]
{password=Taxi_123, id=123, user=j@java2enterprise.de}
{password=Taxi_456, id=456, user=k@java2enterprise.de}
```

In Listing 11.33 wandeln wir einen JSON-String, der eine Reihe von Customer-Elementen enthält, zurück in eine Collection von Customer-Instanzen.

```
customers = jsonb.fromJson(
    json,
    new ArrayList<Customer>(){}.getClass().getGenericSuperclass());

LOGGER.info("Customers: " + customers);
```

Listing 11.33 Die Wandlung vom JSON-String zur Collection

11.2.3   Die Konvertierung konfigurieren

JSON-B bietet viele nützliche Annotationen, durch die sich die Konvertierung beeinflussen lässt. In diesem Abschnitt werde ich einige zeigen.

Formatierte Ausgabe

Um die Ausgabe des JSON-Dokuments formatiert auszugeben, wird der Methode create() ein Objekt des Typs JsonbConfig mitgegeben. Bei diesem Objekt können wir die Methode withFormatting(true) mitgeben.

```java
package de.java2enterprise.onlineshop.jsonb;

import static org.junit.Assert.assertNotNull;

import java.util.logging.Logger;

import javax.json.bind.Jsonb;
import javax.json.bind.JsonbBuilder;
import javax.json.bind.JsonbConfig;

import org.junit.jupiter.api.Test;

import de.java2enterprise.onlineshop.model.Customer;

public class CustomerSerializeTest {
    private final static Logger LOGGER = Logger.getLogger(
            CustomerSerializeTest.class.getName());

    @Test
    public void testSerialize() {
        Customer customer = new Customer();
        customer.setId(123L);
        customer.setEmail("j@java2enterprise.de");
        customer.setPassword("Taxi_123");

        JsonbConfig jsonbConfig = new JsonbConfig();
        jsonbConfig.withFormatting(true);

        Jsonb jsonb = JsonbBuilder.create(jsonbConfig);
        String json = jsonb.toJson(customer);
        assertNotNull(json);
        LOGGER.info("Json-Dokument: " + json);
    }
}
```

Listing 11.34 CustomerSerializeTest.java mit Formatierung

Hierdurch erhalten wir folgende Ausgabe:

```
Apr 06, 2018 5:20:57 PM de.java2enterprise.onlineshop.jsonb.CustomerSerializeTest
  testSerialize
INFORMATION: Json-Dokument:
{
    "id": 123,
    "password": "Taxi_123",
    "email": "j@java2enterprise.de"
}
```

Die Properties umbenennen

Standardmäßig entspricht der Property-Name im Json-Dokument dem Property-Namen im POJO. Dies kann aber über die Annotation @JsonbProperty verändert werden.

▶ Wird die Annotation @JsonbProperty vor die Objektvariable gesetzt, wird sich dies sowohl bei der Serialisierung als auch bei der Deserialisierung auswirken.

▶ Wird die Annotation @JsonbProperty vor die Getter-Methode gesetzt, wirkt sich die Umbenennung lediglich auf die Serialisierung aus.

▶ Wird die Annotation @JsonbProperty vor die Setter-Methode gesetzt, wirkt sich die Umbenennung lediglich auf die Deserialisierung aus.

In Listing 11.35 setzen wir die Annotation @JsonbConfig beispielhaft vor die Objektvariable.

```
package de.java2enterprise.onlineshop.model;

import javax.json.bind.annotation.JsonbProperty;

public class Customer {

    private Long id;

    @JsonbProperty("user")
    private String email;

    private String password;
```

Listing 11.35 Customer.java mit Umbenennung der Property email

Hierdurch wird bei Ausführung des Tests Folgendes ausgegeben:

```
Apr 06, 2018 5:20:57 PM de.java2enterprise.onlineshop.jsonb.CustomerSerializeTest
  testSerialize
INFORMATION: Json-Dokument:
```

```
{
    "id": 123,
    "password": "Taxi_123",
    "user": "j@java2enterprise.de"
}
```

Die Ausgabe der Property-Namen ändern

Standardmäßig sollten die Properties eines POJOs in der Camel-Case-Syntax kodiert werden. Es gibt aber auch Projekte, die mit Leerzeichen, Bindestrichen oder Unterstrichen arbeiten. Um bei dieser Verschiedenheit zu helfen, bietet JSON-B unterschiedliche Benennungsstrategien an, sodass sich die Bezeichner der Property-Namen ganz automatisch umwandeln. Hierfür wird die Methode withPropertyNamingStrategy() aufgerufen, der folgende Konstanten mitgegeben werden können:

▸ PropertyNamingStrategy.IDENTITY
Das ist die Default-Einstellung, bei der der Original-Bezeichner beibehalten wird.

▸ PropertyNamingStrategy.LOWER_CASE_WITH_DASHES
Alle Buchstaben werden in Kleinbuchstaben umgewandelt, und zwischen den einzelnen Wörtern werden Bindestriche eingefügt.

▸ PropertyNamingStrategy.LOWER_CASE_WITH_UNDERSCORES
Alle Buchstaben werden in Kleinbuchstaben umgewandelt und zwischen den einzelnen Wörtern werden Unterstriche eingefügt.

▸ PropertyNamingStrategy.UPPER_CAMEL_CASE
Es wird die Camel-Case-Syntax verwendet.

▸ PropertyNamingStrategy.UPPER_CAMEL_CASE_WITH_SPACES
Es wird die Camel-Case-Syntax verwendet, und zwischen den einzelnen Wörtern wird jeweils ein Leerzeichen eingebaut.

Im folgenden Beispiel werden ganz automatisch Leerzeichen zwischen den einzelnen Begriffen eingefügt.

```
JsonbConfig jsonbConfig = new JsonbConfig();
jsonbConfig
    .withFormatting(true)
    .withPropertyNamingStrategy(PropertyNamingStrategy.UPPER_CAMEL_CASE_WITH_SPACES);
Jsonb jsonb = JsonbBuilder.create(jsonbConfig);
```

Listing 11.36 CustomerSerializeTest.java mit PropertyNamingStrategy

Um das Programmierbeispiel zu testen, brauchen wir eine neue Property, die mehrere Wörter in Camel-Case-Syntax enthält. Deshalb fügen wir der Klasse Customer die Property numberOfPurchasedItems hinzu.

```
package de.java2enterprise.onlineshop.model;

import javax.json.bind.annotation.JsonbProperty;

public class Customer {

    private Long id;

    @JsonbProperty("user")
    private String email;

    private String password;

    private int numberOfPurchasedItems;

    public Long getId() {
        return this.id;
    }

    public void setId(Long id) {
        this.id = id;
    }

    public String getEmail() {
        return this.email;
    }

    public void setEmail(String email) {
        this.email = email;
    }

    public String getPassword() {
        return this.password;
    }

    public void setPassword(String password) {
        this.password = password;
    }

    public int getNumberOfPurchasedItems() {
        return numberOfPurchasedItems;
    }
```

11

```
        public void setNumberOfPurchasedItems(
                int numberOfPurchasedItems) {
            this.numberOfPurchasedItems = numberOfPurchasedItems;
        }


        @Override
        public String toString() {
            return "Customer [id=" + id + ", email=" + email
                    + ", password=" + password
                    + ", numberOfPurchasedItems="
                    + numberOfPurchasedItems + "]";
        }
    }
}
```

Listing 11.37 Customer.java

Bei Ausführung des Tests wird Folgendes ausgegeben:

```
Apr 07, 2018 9:29:05 AM de.java2enterprise.onlineshop.jsonb.CustomerSerializeTest
  testSerialize
INFORMATION: Json-Dokument:
{
    "Id": 123,
    "Number Of Purchased Items": 0,
    "Password": "Taxi_123",
    "user": "j@java2enterprise.de"
}
```

Transiente Properties

Soll eine Property bei der Konvertierung unbeachtet bleiben, muss ihr die Annotation @Transient vorgesetzt werden.

```
private Long id;

private String email;

private String password;
```

@JsonbTransient
```
private int numberOfPurchasedItems;
```

Listing 11.38 Die Property numberOfPurchasedItems wird bei der Konvertierung ignoriert.

Datum- und Formatangaben

Datum und Zahlenformate lassen sich über die Annotationen `@JsonbDateFormat` und `@Jsonb-NumberFormat` setzen. Im folgenden Listing wird das Datum in ein in Deutschland übliches Format konvertiert. Beim Preis des Artikels wurde die Ausgabe auf zwei Nachkommastellen gesetzt.

```
@JsonbDateFormat(value = "dd.mm.yyyy", locale = "Locale.GERMAN")
private Date sold;

@JsonbNumberFormat("#0.00")
public BigDecimal price;
```

Listing 11.39 Datum- und Formatangaben

Das Datumsformat lässt sich auch global über die Methode `JsonbConfig.withDateFormat()` setzen.

```
JsonbConfig jsonbConfig = new JsonbConfig();
jsonbConfig.withDateFormat("dd.mm.yyyy", Locale.GERMAN);
```

Listing 11.40 Die globale Einstellung für das Datumsformat

11.3   JAX-WS

Die *Java API for XML* (*JAX-WS*) wird für SOAP-basierte Webservices eingesetzt. JAX-WS ist im Vergleich zu JAX-RS die ältere Webservices-Variante, die sich aufgrund ihres längeren Bestehens in der Vergangenheit bereits massenhaft verbreitet hat. Sie hat eine starke Evolutionsgeschichte hinter sich, denn die Entwicklung von XML-RPC über JAX-RPC zu JAX-WS brachte radikale Änderungen mit sich. Heute ist JAX-WS sowohl ein Bestandteil von Java SE als auch von Java EE.

11.3.1   Einführung

Die bekanntesten Implementierungen (Webservice-Engines) nennen sich *JAX-WS RI*, *Apache Axis2* (der Nachfolger von Axis) und *Apache CXF*:

▶ **JAX-WS RI**: JAX-WS RI ist die Referenzimplementierung und wird im Rahmen des Metro-Projekts von der GlassFish-Community entwickelt. JAX-WS RI ist im GlassFish Server per Default enthalten. Das bedeutet, dass unser Webservice automatisch mit dieser Implementierung veröffentlicht wird.

▶ **Axis2**: Axis2 und sein Vorläufer *Axis* waren über viele Jahre die gebräuchlichsten Webservice-Implementierungen. Auf die veraltete Variante Axis werde ich später noch einmal zu sprechen kommen, denn innerhalb von Eclipse ist das immer noch die Variante, die ohne Installation weiterer Bibliotheken von Haus aus enthalten ist. Dass Axis veraltet ist, stört aber nicht. Ganz im Gegenteil, denn es wird somit verdeutlicht, dass Webservices nicht von einer bestimmten Technologie abhängen. Unser Axis-Webservice-Client wird also auf einen JAX-WS-RI-Webservice zugreifen.

► **Apache CXF**: Apache CXF ist aus dem Zusammenschluss von *Celtix* und *XFire* entstanden, von denen es die Anfangsbuchstaben geerbt hat. Celtix war ein Java-basiertes Enterprise-Service-Bus-(ESB-)Projekt und XFire ein Java-basiertes SOAP-Framework.

Der Fachbegriff für den Webservice-Anbieter lautet *Service Provider*. Der Fachbegriff für die konkrete URL, über die der Webservice später erreichbar sein wird, lautet *Endpoint*. Die Implementation der Klasse nennt sich *Service Endpoint Implementation (SEI)*. Der Client wird häufig auch *Service Consumer* genannt. Wenn sich Service Consumer und Service Provider über den SEI miteinander unterhalten, versendet der Client einen *SOAP-Request* und erhält in der Regel (aber nicht zwingend) hierauf eine *SOAP-Response*.

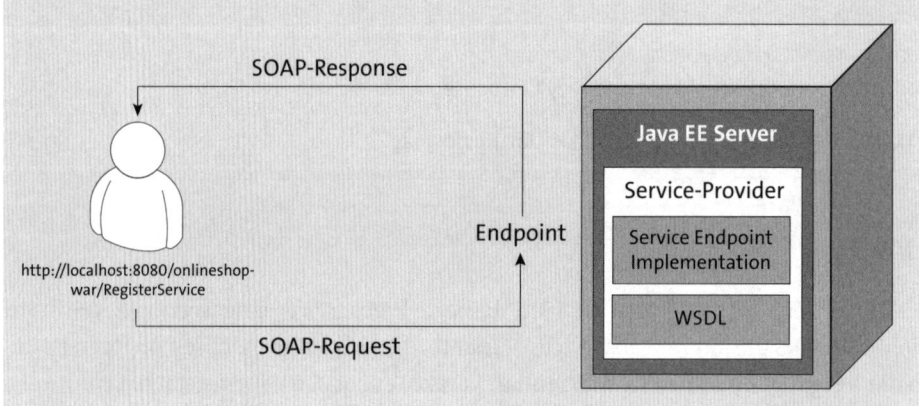

Abbildung 11.3 Der Service Consumer kommuniziert mit dem Service Provider, indem er einen SOAP-Request versendet. Die hier dargestellte SOAP-Response muss nicht zwangsläufig erfolgen.

Es folgt nun zunächst eine kurze Einführung in die JAX-WS-Technologie. Dabei werde ich die wichtigsten Elemente anhand eines denkbar einfachen Beispiels veranschaulichen.

SOAP

SOAP sollte ganz ursprünglich als Abkürzung für *Simple Object Access Protocol* stehen. Schnell wurde aber klar, dass dieser »Langname« irreführend und falsch ist. Daher wurde er fallengelassen, und nun heißt SOAP einfach nur SOAP, ohne dass es irgendetwas Weiteres bedeutet. Einfach ausgedrückt hat SOAP den Zweck, die Geschäftsdaten mithilfe von XML für den Transport zu verpacken. Im XML-Schema von SOAP wurden hierfür spezielle Elemente festgelegt, auf die ich später noch eingehen werde. Die SOAP-Pakete können zwischen Client und Server über unterschiedliche Protokolle (wie beispielsweise reinem TCP/IP, FTP, SMTP oder HTTP) transportiert werden. Die Nutzung des HTTP-Protokolls ist aber der Standard. Dabei wird die SOAP-Nachricht bei der Anfrage innerhalb des HTTP-POST-Körpers mitgeliefert. HTTP bietet den Vorteil, dass sich die SOAP-Nachrichten durch Firewalls durchschleusen lassen.

WSDL

In der *Web Services Description Language* (*WSDL*) wird die Schnittstelle zwischen dem Webservice-Endpoint und dem Webservice-Client beschrieben. Dabei werden beispielsweise die Datentypen und die Bezeichner der Operationen festgelegt. Mithilfe eines WSDL-Dokuments können Sie den Quelltext für den Webservice-Client oder den Webservice-Endpoint generieren.

UDDI

Ein weiterer Standard, der im Rahmen der Zukunftsvision einer globalisierten Welt von Webservices hinzugefügt wurde, nennt sich *Universal Description Discovery and Integration* (*UDDI*). Die Erfinder hatten das Ziel, dass die Webservices an zentralen Stellen registriert werden und somit von jedermann über Suchanfragen nach Kategorien oder nach Schlüsselbegriffen gefunden werden können. Einer der Knackpunkte von UDDI bestand darin, dass populäre Webservices eine entsprechende Bandbreite in ihrem Netzwerk anbieten müssten, damit ihr Dienst durch ein Übermaß an Anfragen nicht blockiert wird. Der eigentliche Grund dafür, dass sich UDDIs eigentlich nie durchsetzten, ist aber, dass nur die allerwenigsten Services für die Öffentlichkeit bestimmt sind. In der Regel sind die Webservices für Lösungen innerhalb eines Unternehmens oder für spezielle B2B-Schnittstellen mit bestehenden Geschäftspartnern bestimmt. Somit gab es keinen Bedarf für UDDIs, deren Aufgabe ja gerade in der Veröffentlichung der Webservices liegt. Deshalb werden wir uns mit UDDI in diesem Buch nicht weiter befassen.

ContractFirst oder Code First

Ich habe bereits erwähnt, dass der Provider die Schnittstelle, die er nach außen bereitstellt, in WSDL beschreibt. Weil sich die serverseitige Service-Komponente automatisch aus dem WSDL-Dokument ergibt, werden Werkzeuge angeboten, die in der Lage sind, die Komponenten automatisch zu generieren. Umgekehrt geht es aber auch, denn es existieren auch Werkzeuge, die aus der Webservice-Klasse das WSDL-Dokument erzeugen. Deshalb stellt sich vor der Entwicklung häufig die Frage, ob der WSDL-Vertrag oder die Java-Kodierung als Erstes programmiert werden soll.

In Situationen, bei denen sich mehrere Vertragspartner auf eine Schnittstelle einigen müssen, kann die Formulierung über WSDL die bessere Wahl sein. Denn hiermit können mehr Informationen definiert werden, als es in der Java-Klasse möglich ist. Man spricht dann vom sogenannten *Contract First* oder auch von einem *Top-down JavaBean Webservice*.

In einer anderen Situation kann es aber auch umständlich sein, wenn erst das komplexe und mehrfach verschachtelte XML-Dokument geschrieben werden muss. Für den Java EE-Entwickler fühlt sich die Programmierung eines Java-Programms besser an, weil Tippfehler schneller auffallen. In einem Projekt, bei dem das gleiche Team sowohl die Service-Endpoint-Implementation als auch den Service Consumer erstellt, wird man sich deshalb meistens für diese Variante entscheiden. Der Fachbegriff hierfür lautet *Code First* oder auch *Bottom-up JavaBean Webservice*.

11.3.2 Programmierbeispiel: JAX-WS in drei Schritten

In einem ersten Beispiel werde ich nun in drei Schritten zeigen, wie Sie einen einfachen Webservice mit JAX-WS

▶ im ersten Schritt programmieren,

▶ im zweiten Schritt im GlassFish Server registrieren und schließlich

▶ im dritten Schritt testen.

Schritt 1: die Programmierung eines Webservice

Um eine Java-Klasse als Webservice zu kennzeichnen, stellen Sie ihr die Annotation @WebService voran.

Der Webservice des Beispiels soll den Benutzer im Onlineshop registrieren. Um es einfach zu halten, verwenden wir den Code-First-Ansatz, denn wir müssen dann lediglich eine Webservice-Klasse schreiben, die in einer Methode die Registrierung vornimmt.

Der Name der Klasse wird automatisch auch als Titel für den Endpoint betrachtet. Wir nennen die Klasse Register.

```
package de.java2enterprise.onlineshop;

import javax.jws.WebService;

@WebService
public class Register {

    public String persist(
        String email,
        String password) {

        //TODO: Persist Customer
        return "Registrierung von " +
```

```
            email + "/" + password;
    }
}
```

Listing 11.41 Register.java

Schritt 2: den Webservice registrieren

Um den Webservice bei einem Java EE Server zu registrieren, genügt es, wenn der Webservice innerhalb eines Java EE-Moduls deployt wird. Die Registrierung erfolgt dann beim Deployment automatisch.

Für die Programmierung mit Eclipse bedeutet das, dass wir den Webservice innerhalb eines dynamischen Webprojekts oder eines EJB-Projekts einbauen. Für das nun folgende Beispiel werden wir das dynamische Webprojekt der vorangegangenen Programmierbeispiele nutzen. Falls dies bei Ihnen nicht vorhanden ist, müssten Sie es zunächst noch erstellen. In dem dynamischen Webprojekt benötigen Sie lediglich eine einzige Komponente, nämlich die soeben gezeigte Klasse Register.

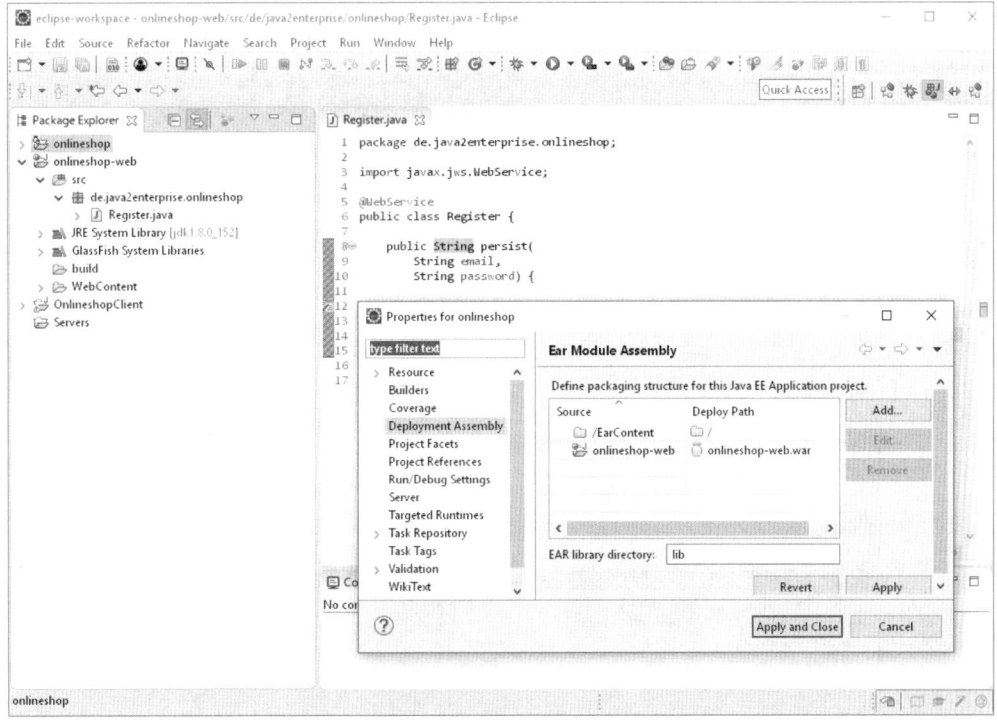

Abbildung 11.4 Sie können das dynamische Webprojekt mit der Klasse »Register.java« als Modul an das Enterprise-Application-Projekt anhängen.

Ob Sie das dynamische Webprojekt in eine *.ear*-Schale packen oder nicht, spielt an dieser Stelle eigentlich keine Rolle. In diesem Buch haben wir in der Regel ein Enterprise-Application-Projekt in Eclipse erzeugt und ihm die benötigten Module hinzugefügt, denn dies ist die Regel, wenn man mehrere Module unter eine Haube bekommen möchte. Um die folgenden Screenshots mit Ihren eigenen bestmöglich vergleichen zu können, erstellen Sie deshalb am besten ebenfalls ein *.ear*-Projekt und hängen ihm das Webprojekt an, indem Sie auf das *.ear*-Projekt rechtsklicken und dann PROPERTIES • DEPLOYMENT ASSEMBLY wählen.

Schritt 3: den Webservice testen

Nach dem Deployment können Sie den Webservice in der Admin-Konsole des GlassFish Servers inspizieren. Hierfür öffnen Sie die URL *http://localhost:4848*. Wenn sich die Ansicht der Admin-Konsole aufgebaut hat, klicken Sie auf den Knoten ANWENDUNGEN. Auf der rechen Seite sollte anschließend der Eintrag für die Anwendung ONLINESHOP zu sehen sein.

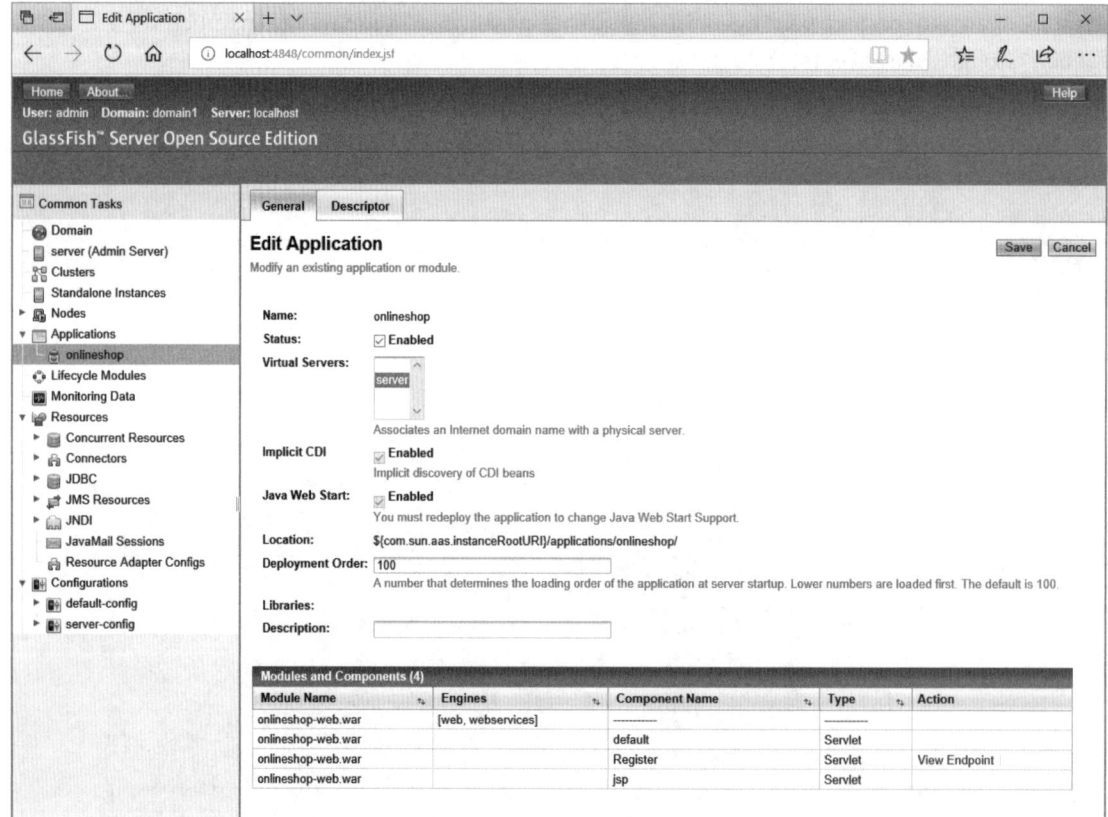

Abbildung 11.5 Die Anwendung in der Admin-Konsole des GlassFish Servers

Klicken Sie auf den Namen ONLINESHOP, um auf die Editierseite der Anwendung zu gelangen. Dort können Sie wiederum auf der rechten Seite ganz unten den Endpoint der Webservice-Komponente REGISTER auswählen.

Unter den Informationen des Webservices sehen Sie, wie sich der Servicename für den Endpoint aufbaut: Er setzt sich aus dem Endpoint-Bezeichner und der Endung *Service* zusammen. Das bedeutet, dass der Servicename des Beispiels nun *RegisterService* lautet.

Wir können den Webservice nun bereits testen, denn der GlassFish Server verfügt über einen speziellen Tester-Dienst. Klicken Sie dazu in der Informationsseite auf den Link hinter TESTER.

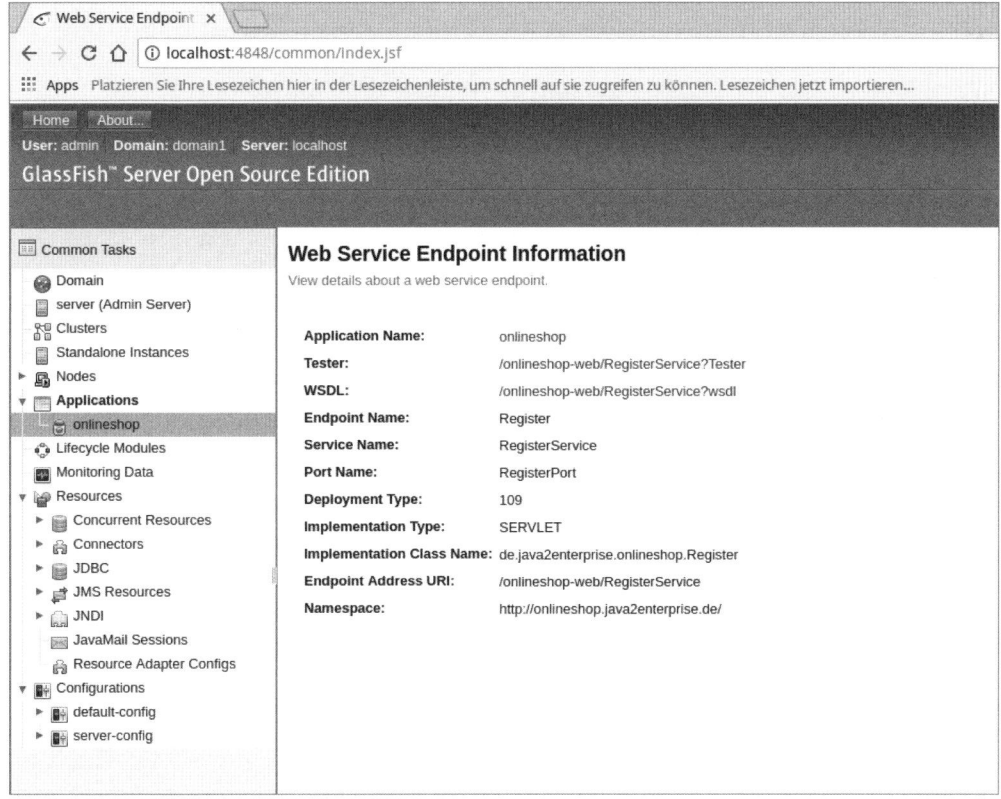

Abbildung 11.6 Die Informationen zum Webservice-Endpoint

Je nachdem, wie die Operationen Ihres Webservices aufgebaut sind, werden Sie an dieser Stelle ein ganz unterschiedliches Ergebnis erhalten. In unserem kleinen Beispiel sollten Sie aber einen Button mit dem Bezeichner PERSIST und zwei Eingabefelder sehen. Wenn Sie in die Eingabefelder Zeichenketten eingeben und danach auf den Button PERSIST klicken, wird eine SOAP-Nachricht an den Webservice geschickt, die Ihre Eingaben enthält. Beim Empfang der Nachricht durch den Webservice werden ihre Inhalte in Methodenparameter umgesetzt.

RegisterService Web Se
localhost:8080/onlineshop-web/RegisterService?Tester
RegisterService Web Service Tester
This form will allow you to test your web service implementation (WSDL File)
To invoke an operation, fill the method parameter(s) input boxes and click on the button labeled with the method name.
Methods :
public abstract java.lang.String de.java2enterprise.onlineshop.Register.persist(java.lang.String,java.lang.String)
persist
j@java2enterprise.de
Taxi_123

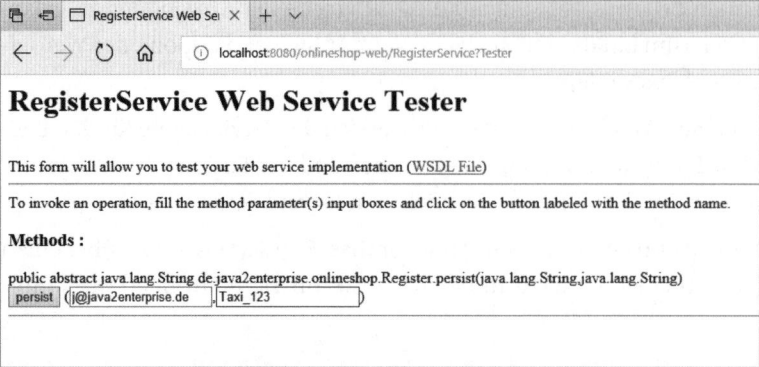

Abbildung 11.7 Der Webservice-Tester

Das Fenster aus Abbildung 11.8 präsentiert das Ergebnis des Service-Aufrufs. In unserem Beispiel wird die Zeichenkette "`Registrierung von j@java2enterprise.de/Taxi_123`" ausgegeben.

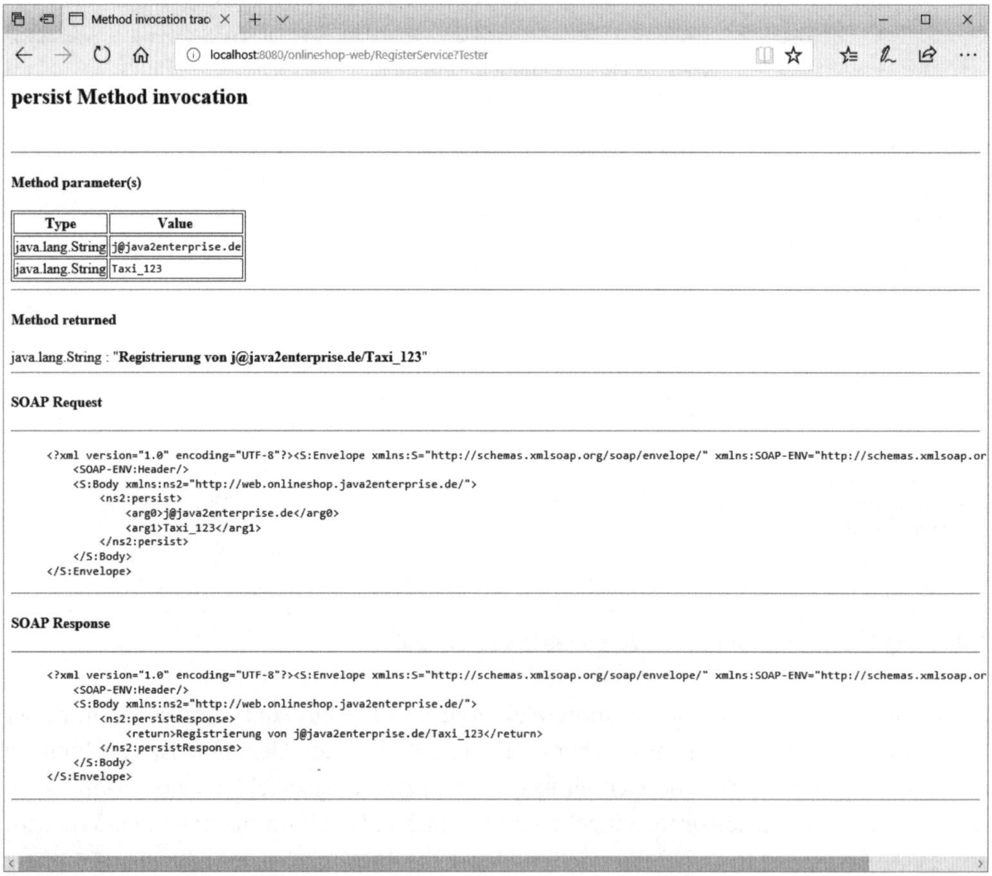
Method invocation trac
localhost:8080/onlineshop-web/RegisterService?Tester
persist Method invocation
Method parameter(s)
Type
Value
java.lang.String
j@java2enterprise.de
java.lang.String
Taxi_123
Method returned
java.lang.String : "Registrierung von j@java2enterprise.de/Taxi_123"
SOAP Request
<?xml version="1.0" encoding="UTF-8"?><S:Envelope xmlns:S="http://schemas.xmlsoap.org/soap/envelope/" xmlns:SOAP-ENV="http://schemas.xmlsoap.or
<SOAP-ENV:Header/>
<S:Body xmlns:ns2="http://web.onlineshop.java2enterprise.de/">
<ns2:persist>
<arg0>j@java2enterprise.de</arg0>
<arg1>Taxi_123</arg1>
</ns2:persist>
</S:Body>
</S:Envelope>
SOAP Response
<?xml version="1.0" encoding="UTF-8"?><S:Envelope xmlns:S="http://schemas.xmlsoap.org/soap/envelope/" xmlns:SOAP-ENV="http://schemas.xmlsoap.or
<SOAP-ENV:Header/>
<S:Body xmlns:ns2="http://web.onlineshop.java2enterprise.de/">
<ns2:persistResponse>
<return>Registrierung von j@java2enterprise.de/Taxi_123</return>
</ns2:persistResponse>
</S:Body>
</S:Envelope>

Abbildung 11.8 Das Ergebnis des Webservice-Tests

Darunter werden die SOAP-Anforderung und die SOAP-Antwort aufgelistet. Dabei wird der Aufbau der Informationen im SOAP-Protokoll deutlich.

Die eigentliche Nachricht ist innerhalb eines Umschlags (S:Envelope) untergebracht. Innerhalb des Umschlags befinden sich ein SOAP-Header und ein SOAP-Body. Während der SOAP-Header nicht zwingend erforderlich ist, muss ein SOAP-Body in jedem Fall existieren, um die Anfrage des Clients und die Antwort des Servers als sogenannte *Payload* zu liefern.

11.3.3   Das WSDL-Dokument

Weiter oben habe ich bereits erwähnt, dass die *Web Services Description Language* (*WSDL*) die Schnittstelle zwischen Webservice-Endpoint und Webservice-Client beschreibt. Beim Deployment des Endpoints wurde ein automatisch generiertes WSDL-Dokument bereitgestellt, das wir uns nun anschauen. Sie gelangen zu dem WSDL-Dokument, indem Sie wieder zurück zur Informationsseite wechseln und dort auf den Link WSDL klicken.

Abbildung 11.9 können Sie entnehmen, dass sich das Root-Element des WSDL-Codes <definitions> nennt. Über das Attribut targetNamespace wird der Namensraum des XML-Schemas gesetzt. Innerhalb des Elements <definitions> sind die inneren Elemente in sogenannte *abstrakte* und *konkrete Definitionen* aufgeteilt. Oben befinden sich die abstrakten und unten die konkreten Definitionen.

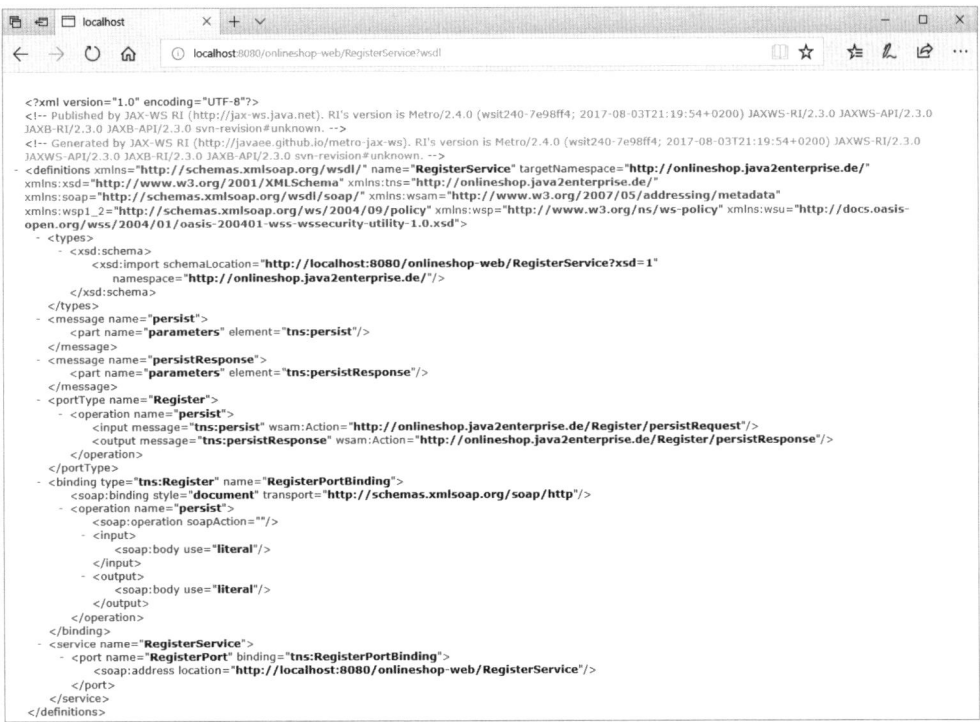

Abbildung 11.9 Das WSDL-Dokument zum »RegisterService«

Wir schauen uns nun die einzelnen Elemente des WSDL-Dokuments an. Dabei beginnen wir beim obersten Element und hangeln uns von dort aus immer weiter nach unten. Begleitend zu dieser Beschreibung werden wir auf dem Whiteboard die erwähnten Elemente schematisch aufzeichnen, sodass nach und nach der Aufbau des WSDL-Dokuments entsteht.

types

Wir beginnen ganz oben mit den abstrakten Definitionen. Das oberste Element des WSDL-Dokuments nennt sich `<types>`. Hiermit werden die Datentypen beschrieben, die im Webservice verwendet werden. In unserem obigen Beispiel sehen Sie, dass über das Element `<wsd:import>` ein XML-Schema verlinkt ist:

```
http://localhost:8080/onlineshop-web/RegisterService?xsd=1
```

Wenn Sie diese URL in Ihrem Webbrowser aufrufen, werden Sie folgende XML-Beschreibung zu den Datentypen sehen:

```
<xs:schema version="1.0"
 targetNamespace="http://onlineshop.java2enterprise.de/">
    <xs:element name="persist" type="tns:persist"/>
    <xs:element
        name="persistResponse"
        type="tns:persistResponse"/>
    <xs:complexType name="persist">
        <xs:sequence>
            <xs:element
                name="arg0"
                type="xs:string"
                minOccurs="0"/>
            <xs:element
                name="arg1"
                type="xs:string"
                minOccurs="0"/>
        </xs:sequence>
    </xs:complexType>
    <xs:complexType name="persistResponse">
        <xs:sequence>
            <xs:element
                name="return"
                type="xs:string"
                minOccurs="0"/>
        </xs:sequence>
```

```
        </xs:complexType>
</xs:schema>
```

Listing 11.42 Die Datentypen des Webservices

Das Attribut `name` macht deutlich, wofür die Datentypen definiert werden. Mit `arg0` und `arg1` werden die Parameter der Operation `persist` gesetzt. Bei `return` handelt es sich um den Rückgabewert der Operation. In Listing 11.42 sehen Sie, wie die Datentypen über das Element `complexType` im Einzelnen beschrieben werden. Es enthält ein `sequence`-Element, das wiederum mehrere Elemente mit dem Bezeichner `element` enthalten kann.

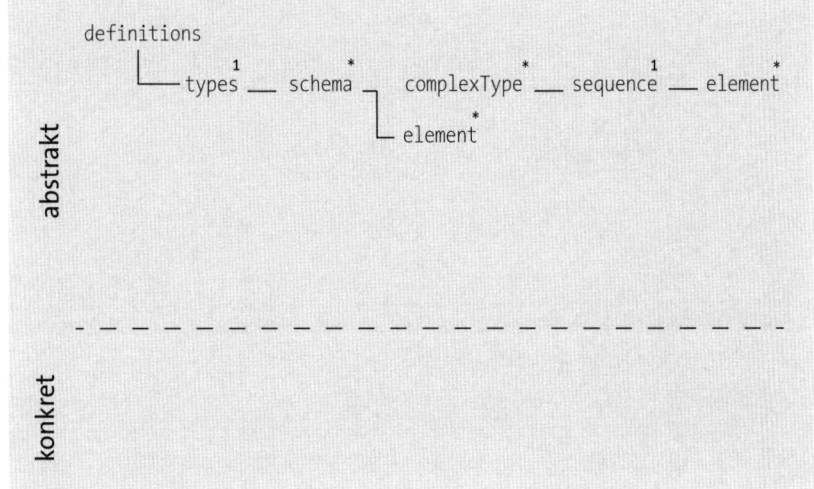

Abbildung 11.10 Der Darstellung wurden das Element »types« und seine Kindelemente hinzugefügt.

messages

Als Nächstes folgen die `<messages>`-Elemente. Das sind die Nachrichten, die sich Client und Server zuschicken. Über die Kindelemente `<part>` werden die Inhalte der Nachrichten definiert. Das Attribut `element` des `part`-Elements dient dazu, die Datentypdefinition zu referenzieren, die wir weiter oben innerhalb des `typ`-Elements spezifiziert haben.

In unserem Beispiel nennt sich die anfragende Nachricht `persist` und die beantwortende Nachricht `persistResponse`:

```
<message name="persist">
    <part
        name="parameters"
        element="tns:persist"/>
</message>
```

```
<message name="persistResponse">
    <part
        name="parameters"
        element="tns:persistResponse"/>
</message>
```

Listing 11.43 Das WSDL-Dokument

Im WSDL-Dokument können Sie mehrere Nachrichten definieren, und jede Nachricht kann mehrere <part>-Elemente enthalten.

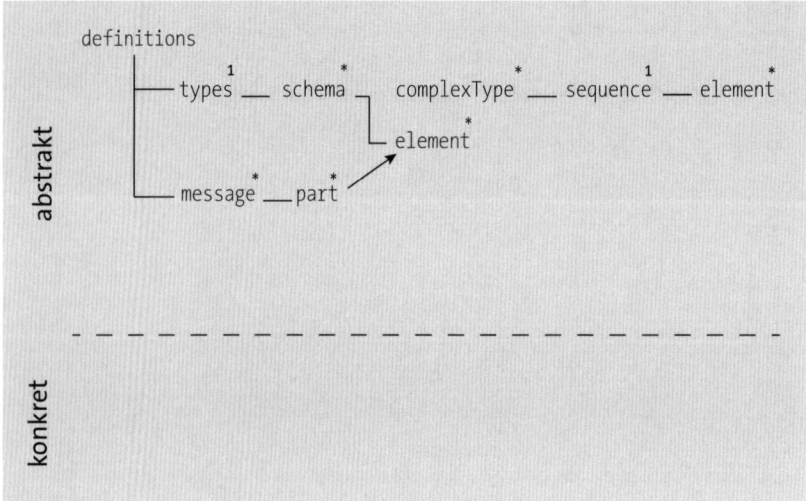

Abbildung 11.11 Der Darstellung wurden die Service-Elemente hinzugefügt.

porttype

Über das Element <portType> definieren Sie die Operationen des Webservices. Jede Webservice-Operation wird über das Element <operation> deklariert.

```
<portType name="Register">
    <operation name="persist">
    <input wsam:Action=
"http://onlineshop.java2enterprise.de/Register/persistRequest"
    message="tns:persist"/>
    <output wsam:Action=
"http://onlineshop.java2enterprise.de/Register/persistResponse"
    message="tns:persistResponse"/>
    </operation>
</portType>
```

Listing 11.44 Das Element »portType«

Das Element `<operation>` verfügt über ein `<input>`-Element und optional über ein `<output>`-Element. Über diese Elemente spezifizieren Sie die Nachrichten, die bei Verwendung der Webservice-Operation verschickt werden.

Über das Attribut `message` wird im `input`-Element das `<message>`-Element referenziert, das wir weiter oben definiert hatten.

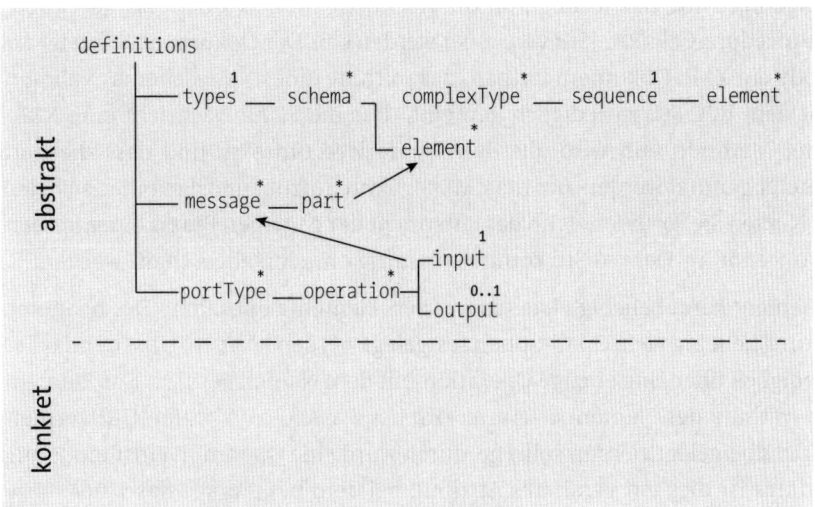

Abbildung 11.12 Der Darstellung wurden das Element »portType« und seine Kindelemente hinzugefügt.

binding

Als Nächstes folgt mit dem Element `<binding>` eine konkrete Definition. Es können mehrere `<binding>`-Elemente gesetzt sein. Jedes `<binding>`-Element legt fest, über welche Protokolle die Nachrichten verschickt werden sollen. In der Regel wird es wie in unserem Beispiel sein, bei dem als Kommunikationsprotokoll SOAP und als Transportprotokoll HTTP verwendet wird.

```
<binding name="RegisterPortBinding" type="tns:Register">
    <soap:binding
        transport="http://schemas.xmlsoap.org/soap/http"
        style="document"/>
    <operation name="persist">
        <soap:operation soapAction=""/>
        <input>
            <soap:body use="literal"/>
        </input>
        <output>
            <soap:body use="literal"/>
        </output>
```

```
    </operation>
  </binding>
```

Listing 11.45 Das Element »binding«

Das <binding>-Element enthält ein Kindelement, das sich auch binding nennt und dem das Attribut style beigefügt wird, das festlegt, ob die Nachricht im Dokument-Stil (document) oder im Remote-Procedure-Call-(RPC-)Stil versendet werden soll. Der Dokument-Stil zeigt an, dass der SOAP-Body ein XML-Dokument enthält, das mithilfe eines XML-Schemas validiert werden kann. Mit dem RPC-Stil ist lediglich gemeint, dass die SOAP-Nachricht eine XML-Repräsentation der Methode sein wird, die den Webservice umsetzt, und dass die dort definierten Parameter genutzt werden, um die XML-Struktur aufzubauen. Bevor Sie sich den Kopf zerbrechen: Nutzen Sie document, denn das entspricht der gängigen Praxis einer modernen Webservice-Anwendung. Der RPC-Stil könnte zukünftig ohnehin abgeschafft werden.

Jedes <binding>-Element kann beliebig viele <operation>-Elemente enthalten. Das bedeutet, dass für jedes Binding beliebig viele Operationen festgelegt werden können. Unser einfaches Beispiel verfügt lediglich über eine einzige Operation mit dem Namen persist. Das Element <operation> kann mithilfe des Elements <soap:operation soapAction=""> eine URI vermerken, die der Nachricht beigelegt werden soll. Hierdurch wurde die Operation einst eindeutig spezifiziert. Allerdings ist dies ein veraltetes Attribut, bei dem heutzutage das soapAction-Attribut leer gelassen wird.

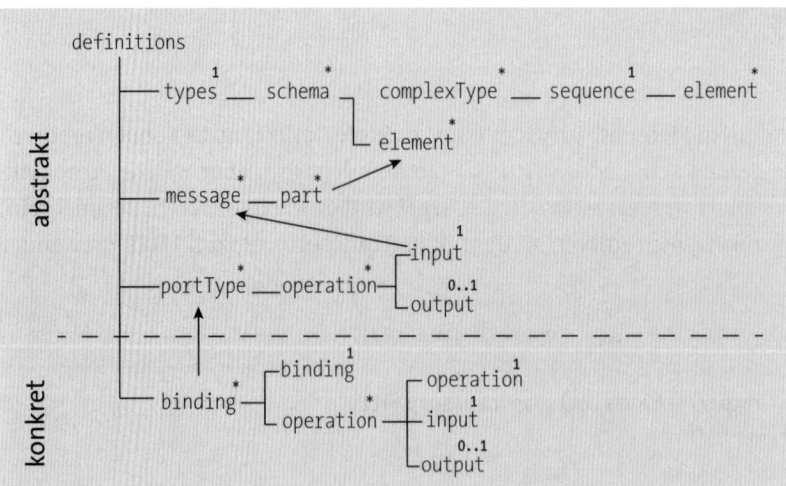

Abbildung 11.13 Der Darstellung wurden das Element »binding« und seine Kindelemente hinzugefügt.

Im Element <operation> wird außerdem ein <input>-Element definiert, das darüber etwas aussagt, ob die Nachricht im SOAP-Body oder im SOAP-Header eingetragen werden soll. Über das Attribut use können Sie dort zwischen "encoded" und "literal" wählen. Um es auch hier kurz zu machen: Verwenden Sie literal, denn das sagt aus, dass die SOAP-Nachricht auf einem XML-Schema basiert, das genau beschreibt, wie die SOAP-Nachricht aussehen soll.

Zuletzt können Sie noch ein optionales <output>-Element eintragen.

Über das Element <binding> wird mithilfe des Attributs type der portType referenziert, den wir weiter oben definiert haben.

service

Als Letztes folgt die konkrete Definition <service>. Das <service>-Element kommt nur ein einziges Mal innerhalb des WSDL-Dokuments vor. Über sein Attribut name wird der Name des Webservice angezeigt. In unserer Übung nennt sich der Service beispielsweise RegisterService:

```
<service name="RegisterService">
    <port
        name="RegisterPort"
        binding="tns:RegisterPortBinding">
        <soap:address
        location="http://admin-hp:8080/onlineshop-web/RegisterService"/>
    </port>
</service>
```

Listing 11.46 Das Element »service«

Innerhalb von <service> können beliebig viele <port>-Elemente vorkommen. Jedes <port>-Element verfügt über ein einziges inneres <address>-Element. Das <address>-Element gibt über sein Attribut location den Service-Endpunkt des Webservices an.

Die URL des WSDL-Dokuments *http://localhost:8080/onlineshop-web/RegisterService?WSDL* werden wir später brauchen, wenn wir einen Client für den Webservice programmieren.

Abbildung 11.14 zeigt, dass das <port>-Element (über sein Attribut binding) das <binding>-Element referenziert.

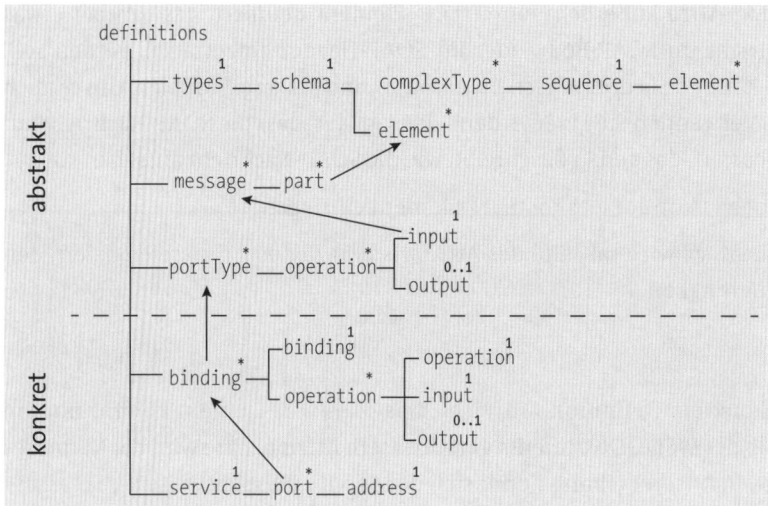

Abbildung 11.14 Die schematische Darstellung des WSDL-Aufbaus mit dem Element »service« und seinen Kindelementen

11.3.4   Programmierbeispiel: der JAX-WS-Webservice-Client

Nachdem der Tester belegt hat, dass der Webservice funktioniert, und wir uns auch davon überzeugt haben, dass ein WSDL-Dokument erzeugt worden ist, können wir auch einen Webservice-Client schreiben, der ihn benutzt. Einige der Klassen, die für den Webservice-Client benötigt werden, können automatisch generiert werden, denn zum Erstellen der Hilfsklasse, bietet die JDK (Java Development Kit) ein Programm an, das sich `wsimport` nennt. `wsimport` wird mit der URL des WSDL-Doluments (*http://localhost:8080/onlineshop-web/RegisterSer-vice?WSDL*) aufgerufen. Hierbei erzeugt `wsimport` eine Reihe von Java-Dateien, die es zu Hilfs-klassen kompiliert. Die Hilfsklassen werden dann in der Client-Anwendung eingebunden. Standardmäßig löscht `wsimport` die zuvor generierten Java-Quelldateien, es sei denn, Sie fügen beim Aufruf den Optionsparameter `-keep` an.

```
c:\tmp>wsimport http://localhost:8080/RegisterBeanService/RegisterBean?WSDL -keep
WSDL wird geparst ...


Code wird generiert ...


Code wird kompiliert ...


c:\tmp>
```

Abbildung 11.15 Die Erzeugung der Hilfsklasse mit »wsimport«

Nun könnten wir die erzeugten Hilfsklassen manuell in den Klassenpfad setzen und mit der Programmierung des Webservice-Clients fortfahren. Aber hierauf verzichten wir, denn neben diesem etwas steinigen Weg, existieren in der Eclipse IDE andere Möglichkeiten.

In diesem Buch werden wir also Eclipse einsetzen, um uns diese Hilfsklassen erzeugen zu lassen. Beachten Sie, dass wir hierbei nicht die Referenzimplementierung JAX-WS RI verwenden werden. Stattdessen werden wir das nutzen, was uns Eclipse von Haus aus anbietet, und das ist das veraltete *Axis*, das nach wie vor über JAX-RPC realisiert ist. Sie haben richtig gehört. Obwohl Eclipse die weltweit verbreitetste IDE darstellt, müssten wir Eclipse erst erweitern, damit aktuellere Implementierungen verwendet werden können. Das soll uns aber nicht weiter beschäftigen, denn hiermit wird deutlich, dass Webservices ganz unabhängig von der darunterliegenden Technologie veröffentlicht und konsumiert werden können.

In Eclipse erzeugen wir zunächst ein neues Projekt für den Webservice-Client. Da wir eine Standalone-Anwendung programmieren werden, sollte es sich um ein ganz gewöhnliches Java-Projekt handeln. Nennen Sie das Projekt *OnlineshopClient*.

Danach klicken Sie in Eclipse noch einmal auf FILE • NEW • OTHER. Im Wizard öffnen Sie in der Baumstruktur den Zweig WEB SERVICES und wählen dort den Eintrag WEB SERVICE CLIENT aus.

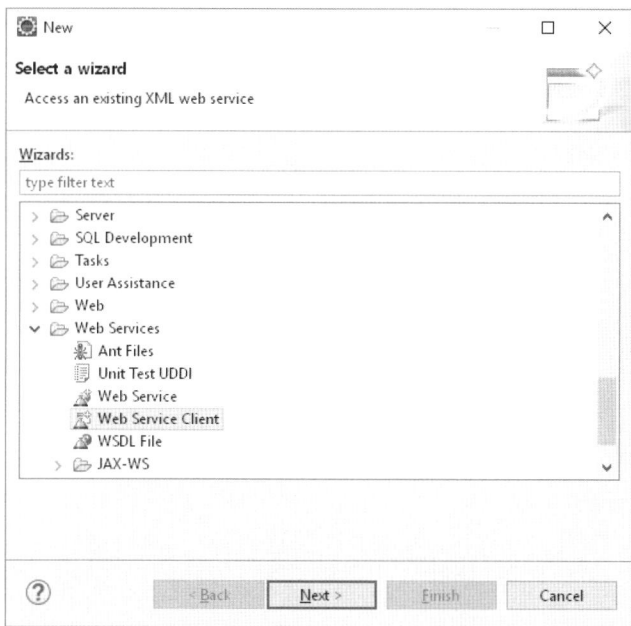

Abbildung 11.16 Die Auswahl des Eintrags »Web Service Client«

Mit einem Mausklick auf WEITER gelangen Sie zu einem Fenster, in dem Sie für die Erstellung der Hilfsklassen weitere Details angeben. Die wichtigste Angabe betrifft das WSDL-Dokument. Wenn das WSDL-Dokument auf der Festplatte vorläge, könnten wir auf seinen Standort über den Button BROWSE hinweisen. In unserem Fall hingegen müssen wir die URL eintippen, die weiter oben zur Ausgabe des WSDL-Dokuments führte.

Auf der linken Seite des Fensters können Sie außerdem den Level der Client-Generierung auswählen. Zur Auswahl stehen:

6: TEST CLIENT

5: START CLIENT

4: INSTALL CLIENT

3: DEPLOY CLIENT

2: ASSEMBLE CLIENT

1: DEVELOP CLIENT

Eclipse bietet an dieser Stelle eine umfassende Hilfestellung an, die aber den Nachteil hat, dass bei voller Nutzung sehr viele Automatismen im Hintergrund ablaufen und beim Selbststudium die Übersicht verloren geht. Deshalb ist die erste Stufe, DEVELOP CLIENT, für unsere Zwecke optimal.

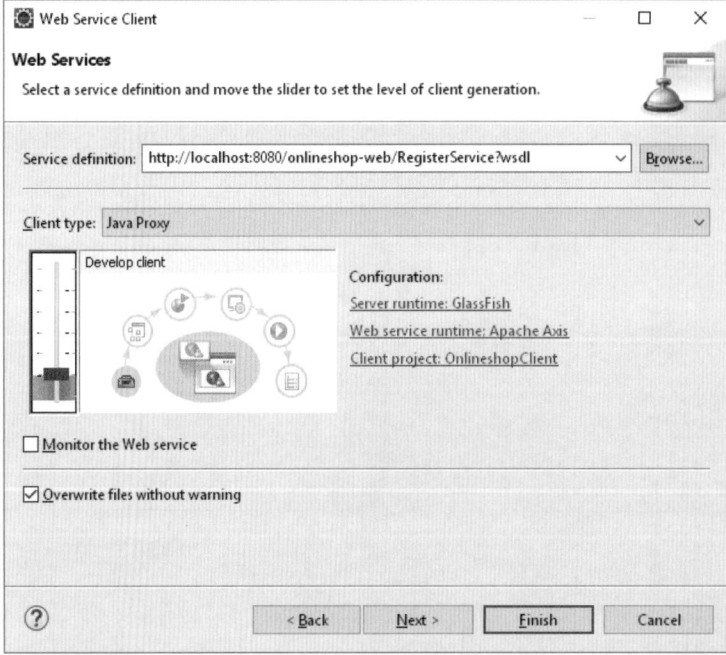

Abbildung 11.17 Die Angabe der Service-Definition und die Einstellung der Client-Generierung

In Abbildung 11.17 sehen Sie auf der rechten Seite, wie die Konfiguration für die Erstellung des Webservice-Clients gesetzt ist. Als Server-Runtime steht uns GLASSFISH zur Verfügung. Bei der Webservice-Runtime sollte APACHE AXIS eingetragen sein.

> **Hinweis**
>
> Wenn Sie auf den Text WEB SERVICE RUNTIME klicken, können Sie die Webservice-Runtime in APACHE AXIS2 oder in APACHE CXF ändern, sofern Sie die jeweiligen Implementierungen vorab heruntergeladen und in Ihre Eclipse IDE integriert haben.

Klicken Sie abschließend auf den Button FINISH, um die Hilfskomponenten erzeugen zu lassen. Folgende fünf Klassen werden hierbei produziert:

- *Register.java*
- *RegisterPortBindingStub.java*
- *RegisterProxy.java*
- *RegisterService.java*
- *RegisterServiceLocator.java*

Außerdem fügt der Wizard dem Projekt folgende *.jar*-Dateien hinzu:

- *axis.jar*
- *commons-discovery-0.2.jar*
- *commons-logging.jar*
- *jaxrpc.jar*
- *saaj.jar*
- *wsdl4j.jar*

Jetzt, da der Wizard die Axis-Hilfsklassen erzeugt und gemeinsam mit den erforderlichen Bibliotheken in den Klassenpfad gesetzt hat, ist es an der Zeit, den individuellen Teil des Webservice-Clients zu programmieren.

Hierfür erstellen wir eine Klasse, die wir RegisterClient nennen. In einer main()-Methode werden wir über die Klasse RegisterProxy eine Instanz des Typs Register beschaffen. Über die Methode persist() dieser Instanz lassen sich die Parameter an den Webservice übergeben.

```
package de.java2enterprise.onlineshop;

public class RegisterClient {

    public static void main(String[] args) throws Exception {
        Register register =
            new RegisterProxy().getRegister();
        String s = register.persist(
            "j@java2enterprise.de",
            "Taxi_123");
```

```
        System.out.println(s);
    }
}
```

Listing 11.47 OnlineshopClient.java

Führen Sie die Klasse *OnlineshopClient.java* als Applikation aus. Auf der Konsole sollte Folgendes erscheinen:

```
Registrierung von j@java2enterprise.de/Taxi_123
```

11.3.5   Weitere wichtige JAX-WS-Bestandteile

Nachdem Sie in den letzten Abschnitten gesehen haben, wie einfach Sie einen JAX-WS-Webservice und einen JAX-WS-Webservice-Client programmieren können, zeigt dieser Abschnitt noch ein paar Bestandteile der JX-WS-API. Zum Schluss dieses Abschnitts werden wir die zusätzlichen Kenntnisse nutzen, um einen File-Uploader zu programmieren.

Operations mit »@WebMethod«

Um eine Methode in einer Java-Klasse ausdrücklich als Webservice-Operation zu kennzeichnen, stellen Sie ihr die Annotation @WebMethod voran:

```
package de.java2enterprise.onlineshop;

import javax.jws.WebMethod;
import javax.jws.WebService;

@WebService
public class Register {

    @WebMethod
    public String persist(
        String email,
        String password) {

        //TODO: Persist Customer
        return "Registrierung von " +
                email + "/" + password;
    }
}
```

Listing 11.48 Register.java

Obwohl wir im vorletzten Listing auf das Setzen der Annotation @WebMethod verzichtet haben, wurde die Methode persist() als *Operation* akzeptiert, denn wenn überhaupt keine Methode mit der Annotation @WebMethod markiert worden ist, gelten alle öffentlichen Methoden als Operation.

Die Annotation @WebMethod bietet verschiedene Attribute an, über die die Defaultwerte der Annotation verändert werden können. Wenn beispielsweise eine Methode mit dem Attribut exclude=true versehen ist, wird sie als Operation übergangen.

```
@WebMethod(exclude=true)
public String persist(
    String email,
    String password) {
    ...
```

Listing 11.49 Register.java

Über das Attribut operationName lässt sich der Bezeichner der Operation abändern, d. h., hier können Sie darauf Einfluss nehmen, wie der WSDL-Code aussieht, der vom Framework für den Service generiert wird.

```
@WebMethod(operationName="register")
public String persist(
    String email,
    String password) {
    ...
```

Listing 11.50 Register.java

Parameter über »@WebParam« genauer spezifizieren

Über die Annotation @WebParam überschreiben Sie den Bezeichner der Parameter, um ebenfalls auf das generierte WSDL-Dokument Einfluss zu nehmen:

```
@WebMethod
public String persist(
    @WebParam(name="benutzer") String email,
    @WebParam(name="kennwort") String password) {
    ...
```

Listing 11.51 Register.java

Nicht alle Datentypen können als Parameter oder als Rückgabewerte verwendet werden. Neben den elementaren Datentypen von Java sind diese Klassen als Datentypen erlaubt:

▶ java.awt.Image
▶ java.lang.Object

- java.lang.String

- java.math.BigDecimal

- java.math.BigInteger

- java.net.URI

- java.util.Calendar

- java.util.Date

- java.util.UUID

- javax.activation.DataHandler

- javax.xml.datatype.Duration

- javax.xml.datatype.XMLGregorianCalendar

- javax.xml.namespace.QName

- javax.xml.transform.Source

Wenn es sich bei den Parametern um Java-Klassen handelt, die sich nicht als Basistypen auflösen lassen, müssen Sie die Elemente mit der Annotation @XmlRootElement aus der *Java Architecture for XML Binding API* (*JAXB*) versehen, denn dadurch können sie zwischen Java und XML gemappt werden.

```
@XmlRootElement
class Item {
    private String title;
    private String description;
    ...
```

Listing 11.52 Item.java

In der folgenden Klasse *Buy.java* kann nun die Methode persist() den konvertierbaren Datentyp Item.java nutzen:

```
@WebService
public class Buy {

    @WebMethod
    public void persist(List<Item> items) {
        for(Item item : items) {
            //TODO: Persist items
        }
    }
}
```

Listing 11.53 Buy.java

Nicht nur JAX-WS, sondern auch JAX-RS nutzt XML, um Geschäftsdaten zu übermitteln. Beispielsweise könnte unsere Onlineshop-Anwendung Kunden- oder Artikeldaten in Form von XML versenden und auch empfangen. Im Gegensatz zu JAX-WS kann JAX-RS jedoch auch beliebige andere Repräsentationsformen verwenden, beispielsweise JSON.

Noch praktikabler wird es, wenn eine XML-Datenbindung mithilfe der Java Architecture for XML Binding (JAXB) zum Einsatz kommt, denn hiermit ist ein Arbeiten mit XML-Dokumenten möglich, ohne dass der Programmierer direkt Schnittstellen zur Verarbeitung von XML (wie SAX oder DOM) verwenden muss. JAXB erleichtert also die Umwandlung zwischen Java und XML. In Abschnitt 11.4, »JAX-RS«, werde ich auf die Annotation `@XmlRootElement` noch einmal zurückkommen und ein umfassenderes Beispiel zeigen, bei dem wir die Objekte der Klasse `Customer` aus der Datenbank holen und als XML-Struktur an den Webbrowser versenden. Wir können JAXB ohne weiteres nutzen, da die Referenzimplementierung von JAXB als Teil des Metro-Projekts bereits in GlassFish enthalten ist.

Fire And Forget mit »@OneWay«

Wenn eine Anfrage bei einem Webservice eintrifft, wird sie normalerweise nach dem Request-Response-Prinzip des HTTP-Protokolls beantwortet. In gewissen Situationen wird eine Antwort aber gar nicht erwartet bzw. in manchen Fällen möchte man die Ausführung einer Methode anstoßen und dann mit der Ausführung der nächsten Anweisung gleich weitermachen, um den Ablauf eines Programms nicht zu blockieren. Für diesen Zweck wird die Annotation `@OneWay` angeboten, die nach dem Motto »Fire And Forget« arbeitet.

```
@OneWay
public String persist(
    String email,
    String password) {
    ...
```

Listing 11.54 Buy.java

11.3.6   Programmierbeispiel: File-Uploader

Im folgenden Beispiel wird ein File-Uploader programmiert. Die Aufgabe dieses Webservice wird es sein, eine Datei entgegenzunehmen und sie im *Temp*-Ordner zu speichern.

Eine neue Klasse mit dem Namen `Uploader` wird mit der Annotation `@WebService` gekennzeichnet. Innerhalb der Klasse wird eine Methode mit dem Namen `upload()` mit den Annotationen `@Oneway` und `@WebMethod` versehen. Die Methode `upload()` nimmt zwei Parameter entgegen. Über den ersten Parameter soll der Dateinamen der Zieldatei festgelegt werden können. Der zweite Parameter ist vom Java Activation Framework vom Typ `javax.activation.DataHandler`.

```
package de.java2enterprise.onlineshop;

import java.io.FileOutputStream;

import javax.activation.DataHandler;
import javax.jws.Oneway;
import javax.jws.WebMethod;
import javax.jws.WebService;

@WebService
public class Uploader {

    @Oneway
    @WebMethod
    public void upload(
            String fileName,
            DataHandler dataHandler) {
        try {
            FileOutputStream fos =
                new FileOutputStream(
                "/tmp/" + fileName);
            dataHandler.writeTo(fos);
            fos.close();
        } catch (Exception e) {
            e.printStackTrace();
        }
    }
}
```

Listing 11.55 Uploader.java

Speichern Sie die Klasse Uploader im Webmodul. Nach dem Deployment sollte das WSDL-Dokument unter der URL *http://localhost:8080/onlineshop-web/UploaderService?wsdl* zur Verfügung stehen. Dann erzeugen Sie mithilfe des Eclipse-Wizards die Hilfsklassen für den Webservice-Client.

Die erzeugten Hilfsklassen sind:

▶ *Uploader.java*

▶ *UploaderPortBindingStub.java*

▶ *UploaderProxy.java*

▶ *UploaderService.java*

▶ *UploaderServiceLocator.java*

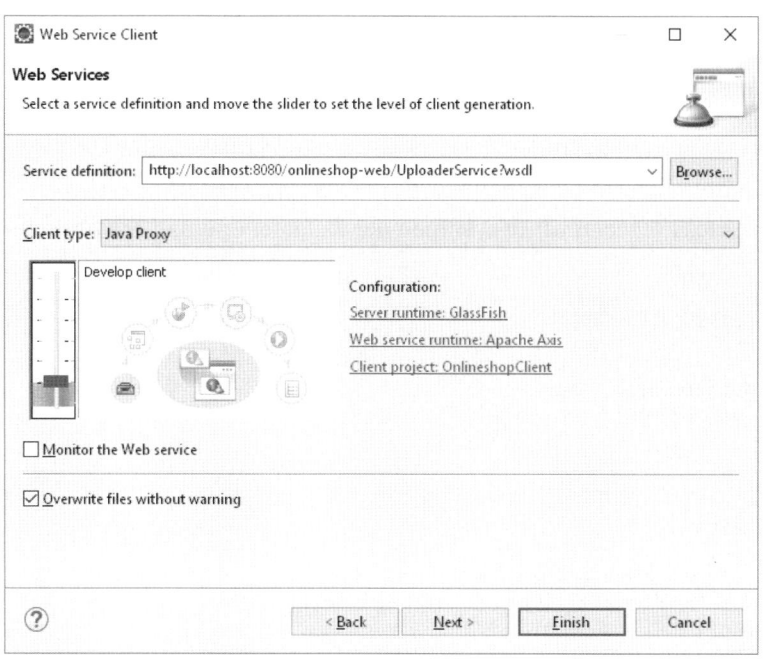

Abbildung 11.18 Die Erzeugung der Hilfsklassen für den Uploader

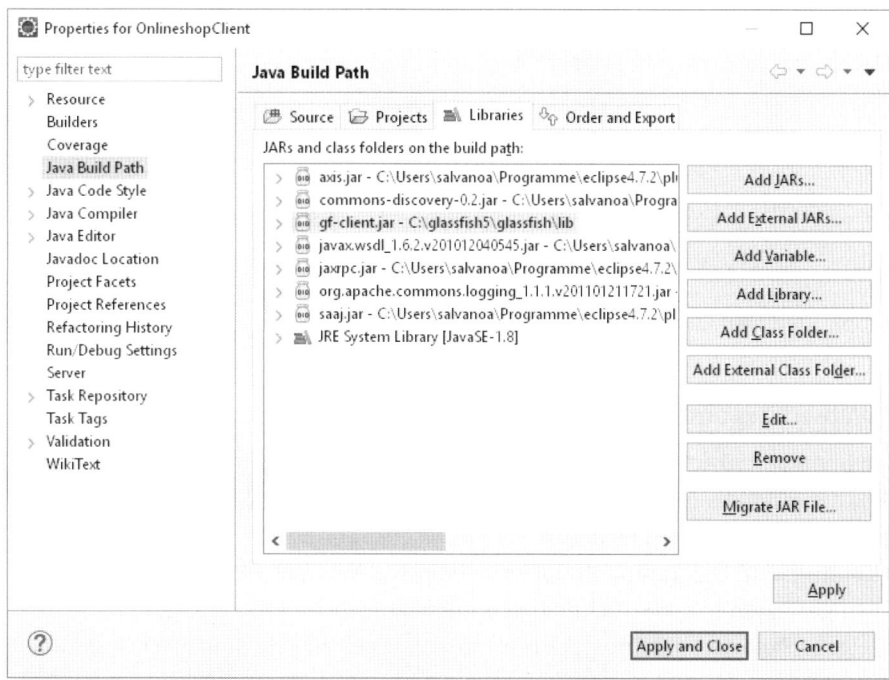

Abbildung 11.19 Das Beifügen der Bibliothek »gf-client.jar«

Um den Webservice zu nutzen, braucht das Projekt *OnlineshopClient* das Activation-Framework. Am einfachsten ist es, wenn Sie dem Projekt *OnlineshopClient* die GlassFish-Library *C:\glassfish5\glassfish\lib\gf-client.jar* beifügen.

Danach schreiben Sie eine Klasse mit dem Namen UploaderClient. Darin wird eine Datei eingelesen (ich habe hierzu willkürlich ein Bild in mit dem Namen *tmp/bild.jpg* erstellt).

Der Methode Uploader.upload() geben wir den Namen der Zieldatei und das Bild als Byte-Array mit.

```java
package de.java2enterprise.onlineshop;

import java.io.FileInputStream;
import java.nio.ByteBuffer;
import java.nio.channels.FileChannel;

public class UploaderClient {

    public static void main(String[] args)
            throws Exception {

        @SuppressWarnings("resource")
        FileInputStream in =
            new FileInputStream("/tmp/bild.jpg");
        FileChannel ch = in.getChannel();
        byte[] b = new byte[(int) ch.size()];
        ch.read(ByteBuffer.wrap(b));

        new UploaderProxy().getUploader().upload("/kopie.jpg", b);
    }
}
```

Listing 11.56 UploaderClient.java

11.3.7   Big Webservices und die Business Process Execution Language

Die Beispiele in diesem Abschnitt waren recht trivial, daher haben wir uns weder mit SOAP noch mit WSDL besonders eingehend beschäftigen müssen. Wenn die Anforderungen an den Webservice aber etwas vielschichtiger werden, wächst der Bedarf an fundierten WSDL- und SOAP-Kenntnissen. Die komplette Referenz von JAX-WS füllt Bücher. Hinzu kommt, dass es zu den gezeigten JAX-WS-Technologien unterschiedliche Produkte gibt, die jeweils wieder eine eigene Expertise des Entwicklers erfordern. Diese Vielfalt ist in ihrer Gesamtheit sehr mächtig. Dabei bin ich noch nicht einmal auf manche (wenn auch selten genutzte) Stärken von JAX-WS eingegangen, denn die liegen beispielsweise in der Möglichkeit, einen Webservice als Teil eines komplexen Geschäftsprozesses zu definieren und ihn innerhalb der Gesamtorganisation der Aktivitäten anderer Webservices als logische Einheit einzuordnen. Die derzeit verbreitetste Technologie hierfür nennt sich *Business Process Execution Language* (*BPEL*). Es handelt sich hierbei also um eine Sprache, mit der die Geschäftsprozesse definiert und orchestriert werden können. Allerdings ist BPEL im Gegensatz zu JAX-WS nicht so weit verbreitet und wird auch nur von sehr wenigen Organisationen verwendet. BPEL erwähne ich an dieser Stelle nur, um zu begründen, warum die JAX-WS-API manchmal auch als *Big Webservices* bezeichnet wird. Dies liegt ganz einfach an den vielen Optionen und der damit verbundenen Fülle an Möglichkeiten.

11.3.8   Programmierbeispiel: EJB und JAX-WS

Um einen Webservice als Stateless Session Bean zu erstellen, brauchen wir den bisherigen Webservice-Klassen lediglich die Annotation @Stateless mitzugeben. Listing 11.57 zeigt die Stateless Session Bean Uploader:

```
package de.java2enterprise.onlineshop.ejb;

import java.io.FileOutputStream;

import javax.activation.DataHandler;
import javax.ejb.Stateless;
import javax.jws.Oneway;
import javax.jws.WebMethod;
import javax.jws.WebService;

@WebService
@Stateless
public class UploaderBean {

    @Oneway
    @WebMethod
    public void upload(
            String fileName,
            DataHandler dataHandler) {
        try {
            FileOutputStream fos =
                new FileOutputStream(
                "/tmp/" + fileName);
            dataHandler.writeTo(fos);
            fos.flush();
            fos.close();
```

```
        } catch (Exception e) {
            e.printStackTrace();
        }
    }
}
```

Listing 11.57 UploaderBean.java

Die obige EJB-Komponente wird in ein EJB-Modul gesetzt, und das wiederum wird innerhalb der *.ear*-Datei *onlineshop.ear* deployt. Die übrigen Schritte unterscheiden sich nicht von denen, die Sie im vorherigen Beispiel gesehen haben. Es gibt dennoch einen Unterschied, und zwar in der URL unterhalb des Endpoints und des WSDL-Dokuments, denn der Context-Root enthält jetzt nicht mehr den Namen des Moduls, sondern den Bezeichner der EJB. Dem folgenden Beispiel entnehmen Sie die Syntax der einzelnen Fragmente der URL, wenn der Webservice in einer Stateless Session Bean deployt worden wäre.

http://localhost:8080/UploaderBeanService/UploaderBean?wsdl

Vielleicht fragen Sie sich nun, wann man einen Webservice in einer EJB realisiert und wann nicht: Grundsätzlich spielt es für den Zugriff auf den Dienst zunächst keine Rolle. Es sind einzig wieder die gleichen Kriterien, die ich bereits in Kapitel 10, »Enterprise JavaBeans«, aufgeführt habe, die die Nutzung der EJB-Komponentenarchitektur rechtfertigen.

11.4   JAX-RS

Die *Java API für RESTful Webservices* (*JAX-RS*) wird für REST-basierte Webservices eingesetzt. REST steht für *Representational State Transfer* und wurde erstmalig im Jahre 2000 im Rahmen einer Dissertation von Roy Thomas Fielding bekannt, der bereits einer der Hauptautoren der HTTP-Spezifikation war. Das Besondere an REST ist seine Schlichtheit, auf die der Erfinder besonderen Wert legte. REST wird im Vergleich zu SOAP als leichtgewichtiger Standard betrachtet, bei dem man sich weitestgehend von komplexen Regeln für eine Schnittstelle zwischen Client und Server befreit hat. Beispielsweise benötigt REST für das Verschicken von Geschäftsdaten keinen SOAP-Umschlag. Der Client und der Server müssen sich auch nicht auf ein WSDL-Dokument einigen. Stattdessen werden die Anfragen ganz einfach über die URI und den Typ der HTTP-Methode festgelegt.

JAX-RS wurde mit Java EE Version 6 in den Standard aufgenommen, obwohl es bereits vorher zur Verfügung stand. Mit dem Java EE 8-Standard wurde JAX-RS in der Version 2.1 veröffentlicht (JSR 370). Sie können die Spezifikation unter *http://jcp.org/en/jsr/detail?id=370* herunterladen.

JAX-RS 2.1 bringt folgende Neuerungen:

- Server-sent Events, mit denen Daten vom Server zum Client geschickt werden können
- eine neue Reactive API, die mit ReactiveX Frameworks wie RxJava asynchron und ereignisbasiert interagieren kann
- Java SE-Funktionalität wie Lambda Expressions, Streams und die neue Date-Time-API

Um JAX-RS in einer Java-Anwendung einzusetzen, brauchen wir eine Implementierung, die die Benutzerschnittstellen von JAX-RS verwirklicht. Die Referenzimplementierung von JAX-RS 2.1 nennt sich *Jersey*.

11.4.1   Ein einfaches JAX-RS Beispiel

In diesem Abschnitt programmieren Sie einen einfachen Webservice mit JAX-RS.

Schritt 1: ein dynamisches Webprojekt erzeugen

Zunächst brauchen wir ein dynamisches Webprojekt mit dem Namen *onlineshop-web*. Das Projekt *onlineshop-web* werden wir später in GlassFish deployen. Hierdurch soll unser Webservice durch den GlassFish Server automatisch installiert werden.

Schritt 2: den REST-Webservice initialisieren

Damit eine Webanwendung mit JAX-RS arbeitet, muss sie hierfür vorab initialisiert werden. Die Initialisierung kann entweder über eine Annotation oder im Deployment-Deskriptor *web.xml* erfolgen. Die Konfiguration über die Annotation ist die empfohlene Variante. Sie ist dazu noch recht einfach, denn hierfür versehen Sie einfach eine Klasse mit der Annotation `@ApplicationPath` und leiten sie von der Klasse `javax.ws.rs.core.Application` ab.

```
package de.java2enterprise.onlineshop;

import javax.ws.rs.ApplicationPath;
import javax.ws.rs.core.Application;

@ApplicationPath("resources")
public class RESTApplication extends Application {

}
```

Listing 11.58 RESTApplication.java

Der Wert, der der Annotation `@ApplicationPath` übergeben wird, entspricht anschließend dem Pfad zur Ressource. Wenn wir also davon ausgehen, dass wir auf unsere Anwendung über folgende URL zugreifen können:

http://localhost:8080/onlineshop-web

dann teilen wir mit @ApplicationPath("resources") mit, dass die REST-Ressourcen über folgende URI erreichbar sein sollen:

http://localhost:8080/onlineshop-web/resources

Schritt 3: eine Modell-Klasse erstellen

In dem Programmierbeispiel soll eine Customer-Instanz bzw. seine textuelle Repräsentation durch die toString()-Methode eines Customers zurückliefert werden. Im einfachsten Fall können Sie Listing 11.59 nutzen.

```
package de.java2enterprise.onlineshop.model;

public class Customer {
    private String email;

    private String password;

    public String getEmail() {
        return this.email;
    }

    public void setEmail(String email) {
        this.email = email;
    }

    public String getPassword() {
        return this.password;
    }

    public void setPassword(String password) {
        this.password = password;
    }

    public String toString() {
        return email + "-" + password;
    }
}
```

Listing 11.59 Customer.java

Schritt 4: die Webservice-Klasse »CustomerService« programmieren

Wenn wir einen RESTful Webservice entwickeln, programmieren wir Methoden, die beim Aufruf eines bestimmten HTTP-Requests ausgeführt werden. Diese Methoden werden wir in einer Klasse mit dem Namen CustomerService implementieren. Die Klasse CustomerService soll später unsere Webservice-Klasse darstellen. In unserem einfachen Programmierbeispiel enthält die Klasse CustomerService eine einzige Methode, nämlich find(). Diese Methode erstellt eine Customer-Instanz und liefert das Ergebnis der Methode toString() der Klasse Customer als Rückgabewert zurück. Bevor es gleich mit den JAX-RS-Annotationen losgeht, programmieren wir zunächst eine Java-Klasse, die die Programmierlogik unseres Webservices bereits enthält.

```java
package de.java2enterprise.onlineshop;

import de.java2enterprise.onlineshop.model.Customer;

public class CustomerService {

    public String find() {
        Customer customer = new Customer();
        customer.setEmail("j@java2enterprise.de");
        customer.setPassword("Taxi_123");
        return customer.toString();
    }
}
```

Listing 11.60 Die Klasse »CustomerService.java«

REST basiert auf dem Gedankenmodell, dass eine Anwendung aus einer Menge von Ressourcen besteht. Ein RESTful Service bietet Zugang zu diesen Ressourcen. Die Kennzeichnung, dass eine Klasse den Zugang zu Ressourcen im Sinne von REST anbietet, erfolgt über die Annotation @Path.

Der Webservice soll die Ressource customer liefern. Deshalb fügen wir der Klasse CustomerService die Annotation @Path("customer") hinzu.

```java
package de.java2enterprise.onlineshop;

import javax.ws.rs.Path;

@Path("customer")
public class CustomerService {

    public String find() {
        Customer customer = new Customer();
        customer.setEmail("j@java2enterprise.de");
        customer.setPassword("Taxi_123");
```

11

```
        return customer.toString();
    }
}
```

Listing 11.61 »CustomerService.java« mit der Annotation »@Path«

Die Annotation @Path liefert eine relative URI zur Ressource. Die komplette URI zur Ressource "customer" würde sich mit dem obigen Ausdruck in unserem Onlineshop-Beispiel wie folgt zusammensetzen:

http://localhost:8080/onlineshop-web/resources/customer

Hinter dem Begriff *Ressource* steckt auch der Gedanke, dass der Webservice zur Beschaffung, Erstellung, Änderung oder Löschung eines Mediums gedacht ist. Diese vier Funktionstypen werden durch die HTTP-Methoden GET, POST, PUT oder DELETE repräsentiert. Zur jeweiligen Kennzeichnung bietet JAX-RS die vier HTTP-Annotationen @GET, @POST, @PUT und @DELETE an. Um Webservices über REST zu programmieren, muss die Ressourcenklasse mindestens eine Methode mit einer dieser Annotationen anbieten.

> **Hinweis**
>
> Beim aufmerksamen Durchlesen wird Ihnen eventuell aufgefallen sein, dass ich an dieser Stelle bewusst die HTTP-Methoden HEAD, OPTIONS, TRACE und CONNECT unerwähnt ließ. Auch HEAD und OPTIONS werden für RESTful Webservices eingesetzt. Der Einfachheit halber lassen wir diese beiden selteneren Methoden aber außen vor. TRACE und CONNECT spielen eine noch unwesentlichere Rolle.

Durch das Setzen der entsprechenden Annotation wird festgelegt, wofür die Methode dient. Dies unterscheidet REST von SOAP in charakteristischer Weise, denn während über SOAP die Operationsvielfalt ganz beliebig festgelegt werden kann, bestimmt REST, dass eben nur die Methodentypen des HTTP-Protokolls möglich sind. In der Regel ist die Aufgabe der jeweiligen Methode wie folgt definiert:

▶ **@GET**: Über eine GET-Methode wird eine Ressource erfragt, ohne Änderungen herbeizuführen. Wenn die Methode öfter ausgeführt wird, soll sie immer das gleiche Ergebnis liefern.

▶ **@PUT**: Eine PUT-Methode erstellt oder ändert eine Ressource. Auch diese Methode führt bei mehrmaliger Anwendung immer zum gleichen Ergebnis. Die Speicherung mit den gleichen Parametern soll also immer zur Erstellung derselben Ressource führen.

▶ **@DELETE**: Eine DELETE-Methode entfernt eine Ressource. Auch die DELETE-Methode liefert immer das gleiche Ergebnis, denn sie löscht immer die gleiche Ressource.

▶ **@POST**: POST-Methoden dürfen sich bei jedem Zugriff unterschiedlich verhalten. Hierdurch unterscheiden sie sich von den zuvor erwähnten Methodentypen.

In unserem Programmierbeispiel braucht die Methode find() die Annotation @GET, denn sie soll die Ressource ja lediglich liefern.

```
package de.java2enterprise.onlineshop;

import javax.ws.rs.GET;
import javax.ws.rs.Path;
import javax.ws.rs.Produces;

import de.java2enterprise.onlineshop.model.Customer;

@Path("customer")
public class CustomerService {

    @GET
    public String find() {
        Customer customer = new Customer();
        customer.setEmail("j@java2enterprise.de");
        customer.setPassword("Taxi_123");
        return customer.toString();
    }
}
```

Listing 11.62 »CustomerService.java« mit der Annotation »@GET«

Schritt 5: den Typ des Mediums anzeigen

Eine Ressourcenmethode kann unterschiedliche Medientypen zurückgeben. Die Festsetzung erfolgt über die Annotation @Produces, der Sie als Attributwert einen MIME-Type mitgeben.

In unserem Programmierbeispiel soll der Webservice eine Customer-Instanz als Text also im MIME-Type "text/plain" zurückliefern. JAX-RS bietet hierfür die Konstante MediaType.TEXT_PLAIN an. Deshalb fügen wir der Methode find() die Annotation @Produces(MediaType.TEXT_PLAIN)hinzu.

```
package de.java2enterprise.onlineshop;

import javax.ws.rs.GET;
import javax.ws.rs.Path;
import javax.ws.rs.Produces;
import javax.ws.rs.core.MediaType;

import de.java2enterprise.onlineshop.model.Customer;
```

```
@Path("customer")
public class CustomerService {

    @GET
    @Produces(MediaType.TEXT_PLAIN)
    public String find() {
        Customer customer = new Customer();
        customer.setEmail("j@java2enterprise.de");
        customer.setPassword("Taxi_123");
        return customer.toString();
    }
}
```

Listing 11.63 CustomerService.java

Schritt 6: den REST-Webservice deployen und testen

Wenn Sie die Klassen RESTApplication, CustomerService und Customer innerhalb eines Webmoduls deployen, sollte die Ressource Customer über die Eingabe folgender URL in der Adressleiste eines Webbrowsers erreichbar sein:

http://localhost:8080/onlineshop-web/resources/customer

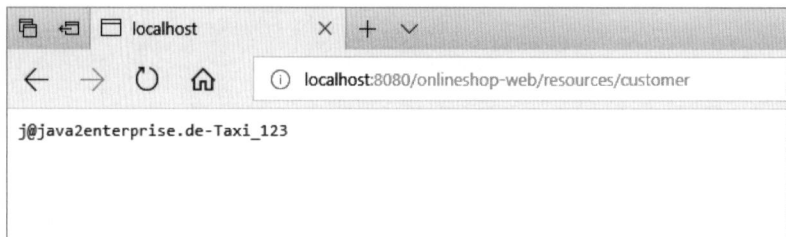

Abbildung 11.20 Die Ressource »Customer« im Webbrowser

11.4.2 Einen Kunden anzeigen

In diesem Programmierbeispiel soll der Benutzer in der Adressleiste eines Webbrowsers die ID eines Onlineshop-Kunden eingeben und als Resultat eine Customer-Instanz im JSON-Format erhalten. Die Customer-Instanz soll hierbei aus einer relationalen Datenbank ausgelesen werden. In unserem Programmierbeispiel setzen wir also wieder die Datenbank *onlineshop* in der Oracle DB ein, die wir auch in den vorangegangenen Kapiteln verwendet haben. Selbstverständlich muss die ID in der Datenbank auch existieren, denn ansonsten liefert der Webservice gar kein Ergebnis.

In Abbildung 11.21 sehen Sie die Abfolge des Frage-Antwort-Prozesses.

Der Webbrowser wird die Anfrage als HTTP-GET-Request an eine JAX-RS-Komponente ver-schicken. Die JAX-RS-Komponente wiederum reicht die Anfrage weiter an das Backend. Im Backend werden wir mit EJB und JPA arbeiten, um die Geschäftsdaten aus der relationalen Datenbank zu beschaffen. Die JAX-RS-Komponente wird also eine Stateless Session Bean nach Auskunft fragen. Die Stateless Session Bean besorgt sich die Geschäftsdaten mithilfe des JPA-EntityManagers und liefert sie an den Webservice. Der Webservice liefert die Geschäftsdaten im JSON-Format zurück an den Webbrowser.

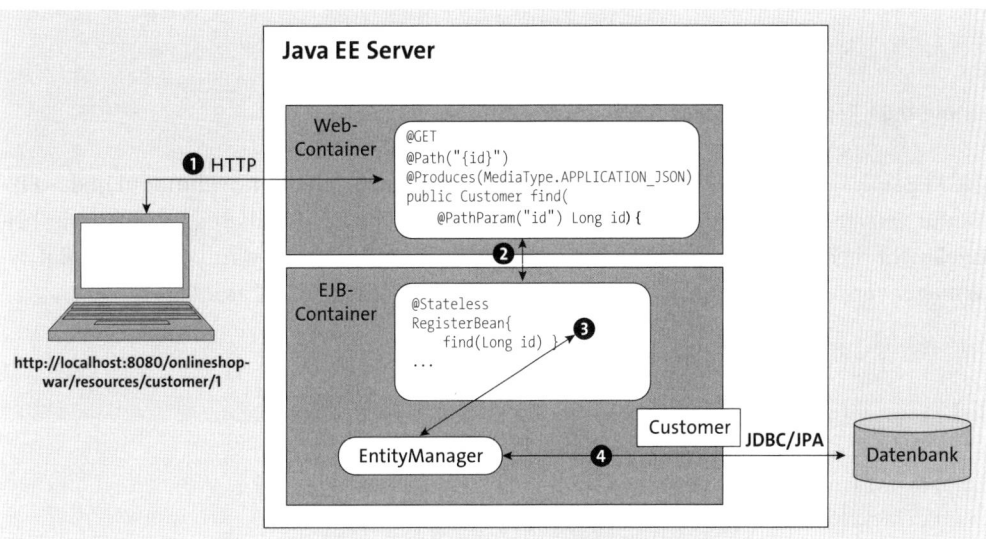

Abbildung 11.21 Der Zugriff auf die Geschäftsdaten über JAX-RS, EJB und JPA

Schritt 1: die Java-Klassen vorbereiten

Der Webservice wird im Backend eine Stateless Session Bean und einen JPA-EntityManager einsetzen. Das bedeutet, dass wir in Eclipse ein neues EJB-Projekt mit dem Namen *online-shop-ejb* erstellen werden. Das EJB-Projekt werden wir dann als eigenes Modul (*onlineshop-ejb.jar*) deployen. Innerhalb des Projekts *onlineshop-ejb* benötigen wir eine Klasse mit dem Namen RegisterBean. In einer Methode mit dem Namen find() suchen wir in der Datenbank nach einem Customer. Die Methode find() besorgt die Geschäftsdaten mithilfe des JPA-EntityManagers.

```
package de.java2enterprise.onlineshop.ejb;

import javax.ejb.Stateless;
import javax.persistence.EntityManager;
import javax.persistence.PersistenceContext;

import de.java2enterprise.onlineshop.model.Customer;
```

```
@Stateless
public class RegisterBean {

    @PersistenceContext
    private EntityManager em;

    public Customer find(Long id) {
        return em.find(Customer.class, id);
    }
}
```

Listing 11.64 RegisterBean.java

Die Klasse Customer des letzten Programmierbeispiels muss nun vom Webmodul in das EJB-Modul verschoben werden. Außerdem ist die Klasse Customer für dieses Programmierbeispiel nicht mehr ausreichend, denn Sie soll als vollwertige JPA-Entity von einem JPA-Entity-Manager verwendet werden. Listing 11.65 zeigt Beispielcode für die Klasse Customer:

```
package de.java2enterprise.onlineshop.model;

import java.io.Serializable;

import javax.persistence.Entity;
import javax.persistence.GeneratedValue;
import javax.persistence.GenerationType;
import javax.persistence.Id;
import javax.persistence.SequenceGenerator;
import javax.persistence.Table;

@Entity
@Table(schema="ONLINESHOP", name="CUSTOMER")
public class Customer implements Serializable {
    private static final long serialVersionUID = 1L;

    @Id
    @SequenceGenerator(
            name="CUSTOMER_ID_GENERATOR",
            sequenceName="SEQ_CUSTOMER",
            schema="ONLINESHOP",
            allocationSize=1,
            initialValue=1)
    @GeneratedValue(
            strategy=GenerationType.SEQUENCE,
            generator="CUSTOMER_ID_GENERATOR")
```

```
private Long id;

private String email;

private String password;

public Long getId() {
    return this.id;
}

public void setId(Long id) {
    this.id = id;
}

public String getEmail() {
    return this.email;
}

public void setEmail(String email) {
    this.email = email;
}

public String getPassword() {
    return this.password;
}

public void setPassword(String password) {
    this.password = password;
}
}
```

Listing 11.65 Customer.java

Sobald wir das EJB-Projekt mit den beiden Klassen Customer und RegisterBean fertiggestellt haben, muss es im Webprojekt in den Klassenpfad gesetzt werden. Hierfür rufen wir die Properties des Projekts *onlineshop-web* auf und selektieren den Eintrag DEPLOYMENT ASSEMBLY, um dort die Abhängigkeit zum EJB-Projekt über den ADD-Button hinzuzufügen.

Schritt 2: die EJB im Webservice verwenden

Im Webprojekt *onlineshop-web* geht es danach weiter. In der Methode find() der Klasse CustomerService legen wir nun fest, dass die Instanz der Klasse Customer von der Klasse RegisterBean des EJB-Moduls besorgt wird. Hierfür injizieren wir eine RegisterBean-Instanz über @EJB und ersetzen den Inhalt der Methode CustomerService.find() durch den Aufruf der Methode RegisterBean.find().

```
package de.java2enterprise.onlineshop;

import javax.ejb.EJB;
import javax.ws.rs.GET;
import javax.ws.rs.Path;
import javax.ws.rs.PathParam;
import javax.ws.rs.Produces;
import javax.ws.rs.core.MediaType;

import de.java2enterprise.onlineshop.ejb.RegisterBean;
import de.java2enterprise.onlineshop.model.Customer;

@Path("customer")
public class CustomerService {

    @EJB
    RegisterBean registerBean;

    @GET
    @Produces(MediaType.TEXT_PLAIN)
    public Customer find() {
        // TODO 123L durch Query-Parameter ersetzen
        return registerBean.find(123L);
    }
}
```

Listing 11.66 Die Klasse »CustomerService.java«

Schritt 3: JSON als Ausgabeformat festlegen

Wenn ein JAX-RS-Webservice Geschäftsdaten an den Client liefert, drückt er sich in der Regel im Datenaustauschformat JSON oder in der Auszeichnungssprache XML aus, sodass er sowohl von Mensch als auch von Maschine verstanden werden kann. Um den Kunden also beispielsweise in JSON auszugeben, setzen wir in der Annotation @Produces den MIME-Type auf "application/json". JAX-RS bietet hierfür die Konstante MediaType.APPLICATION_JSON an.

```
@GET
@Produces(MediaType.APPLICATION_JSON)
public Customer find() {
```

```
        // TODO 123L durch Query-Parameter ersetzen
        return registerBean.find(123L);
    }
```

Listing 11.67 Die Annotation »@Produces« mit dem MIME-Type »application/json«
bzw. »MediaType.APPLICATION_JSON«

Schritt 4: mit einer ID generisch nach einem Customer fragen

Die Methode find() der RegisterBean benötigt die ID, die sie suchen soll. Deshalb werden wir
der Methode find() eine ID als Request-Parameter mitgeben.

Einen Request-Parameter definieren Sie entweder über die Annotation @QueryParam oder
mithilfe der Annotation @PathParam. Listing 11.68 zeigt den Weg über @QueryParam:

```
@GET
@Produces(MediaType.APPLICATION_JSON)
public Customer find(@QueryParam("id") Long id) {
    return registerBean.find(id);
}
```

Listing 11.68 CustomerService.java

Der Aufruf könnte dann beispielsweise wie folgt aussehen:

*http://localhost:8080/onlineshop-web/resources/customer?*id=1

Wenn Sie die Annotation @PathParam verwenden, wird der Wert in den Pfad eingefügt:

*http://localhost:8080/onlineshop-web/resources/customer/*1

Damit dies gelingt, brauchen wir eine weitere @Path-Annotation, bei der wir eine Variable
über geschweifte Klammern mitführen.

Listing 11.69 zeigt die Variante mit @PathParam:

```
package de.java2enterprise.onlineshop;

import javax.ejb.EJB;
import javax.ws.rs.GET;
import javax.ws.rs.Path;
import javax.ws.rs.PathParam;
import javax.ws.rs.Produces;
import javax.ws.rs.core.MediaType;

import de.java2enterprise.onlineshop.ejb.RegisterBean;
import de.java2enterprise.onlineshop.model.Customer;
```

11

```
@Path("customer")
public class CustomerService {

    @EJB
    RegisterBean registerBean;

    @GET
    @Path("{id}")
    @Produces(MediaType.APPLICATION_JSON)
    public Customer find(@PathParam("id") Long id) {
        return registerBean.find(id);
    }
}
```

Listing 11.69 CustomerService.java

Schritt 5: die Module deployen und testen

Wenn Sie die beiden Module fertiggestellt haben, installieren Sie sie auf dem GlassFish Server. Hierfür können Sie die beiden Projekte *onlineshop-web* und *onlineshop-ejb* auch ohne *.ear*-Schale deployen.

Im einem Webbrowser geben Sie dann die URL *http://localhost:8080/onlineshop-web/ resources/customer/[WERT]* ein, wobei Sie *[WERT]* durch eine ID eines Customers ersetzen.

Abbildung 11.22 Die Anzeige einer Ressource im JSON-Format

Extra-Schritt: den Customer im XML-Format ausgeben

Im Beispiel haben Sie gesehen, wie der Webservice den Customer im JSON-Format ausliefert. In diesem Extra-Abschnitt werde ich Ihnen zeigen, dass Sie bei der Auslieferung im XML-Format noch eine weitere Besonderheit beachten müssen, denn hierbei würde es nicht ausreichen, wenn die Annotation @Produces den MIME-Type "text/xml" bzw. die Konstante MediaType.APPLICATION_XML enthalten würde.

```
@GET
@Path("{id}")
@Produces(MediaType.APPLICATION_XML)
```

```
public Customer find(@PathParam("id") Long id) {
    return registerBean.find(id);
}
```

Listing 11.70 Die Annotation »@Produces« mit dem MIME-Type »text/xml«

Damit der Webservice einen Customer im XML-Format ausliefern kann, müssen Sie zusätzlich der Klasse Customer die Annotation @XmlRootElement anfügen.

```
@Entity
@Table(schema="ONLINESHOP", name="CUSTOMER")
@XmlRootElement
public class Customer implements Serializable {
    private static final long serialVersionUID = 1L;
```

Listing 11.71 Die Annotation »XmlRootElement« vor der Klasse »Customer«

11.4.3   Registrierung im Onlineshop

In diesem Abschnitt erweitern wir die Listings des letzten Beispiels. In einem HTML-Formular sollen die Anwender eine E-Mail-Adresse und ein Kennwort eintragen können und es über einen SUBMIT-Button an die JAX-RS-Komponente versenden. Die JAX-RS-Komponente wird die Aufgabe des Speicherns wieder an eine EJB delegieren. Diese wiederum nutzt den JPA-EntityManager, um einen neuen Datensatz in der Datenbanktabelle CUSTOMER zu erzeugen. Das Ergebnis wird dann postwendend mit JSON zurückgeliefert.

Schritt 1: die HTML-Seite erstellen

Mit folgender HTML-Seite werden wir die Geschäftsdaten des Kunden aufnehmen und an den Server versenden. Die Formulardaten werden dann über einen HTTP-POST-Request übermittelt.

```
<!DOCTYPE html>
<html>
<body>
    <form action="resources/customer/persist" method="post">

        E-Mail: <input name="email" />
        Kennwort: <input name="password" />
        <input type="submit"/>
    </form>
</body>
</html>
```

Listing 11.72 register.html

Schritt 2: die Speicherung der »Customer«-Instanz in der Klasse »RegisterBean«

Die Klasse RegisterBean speichert die Geschäftsdaten über den JPA-EntityManager:

```
package de.java2enterprise.onlineshop.ejb;

import javax.ejb.Stateful;
import javax.persistence.EntityManager;
import javax.persistence.PersistenceContext;

import de.java2enterprise.onlineshop.model.Customer;

@Stateful
public class RegisterBean {

    @PersistenceContext
    private EntityManager em;

    public Customer persist(String email, String password) {
        Customer customer = new Customer();
        customer.setEmail(email);
        customer.setPassword(password);
        em.persist(customer);
        return customer;
    }

    public Customer find(Long id) {
        return em.find(Customer.class, id);
    }
}
```

Listing 11.73 RegisterBean.java

Schritt 3: die Formulardaten entgegennehmen und die »RegisterBean« aufrufen

In der Klasse CustomerService brauchen wir eine neue Methode, die die Geschäftsdaten speichert. Wir nennen die Methode persist(). Die Methode persist() nimmt den POST-Request entgegen, indem wir sie mit der Annotation @POST versehen.

Die Formulardaten erhalten wir, indem wir Übergabeparameter mit der Annotation @FormParam versehen. Nachdem die RegisterBean die Daten gespeichert hat, wird das gespeicherte Objekt der Klasse Customer im JSON-Format zurückgeliefert.

```
package de.java2enterprise.onlineshop;

import javax.ejb.EJB;
```

```java
import javax.ws.rs.Consumes;
import javax.ws.rs.FormParam;
import javax.ws.rs.GET;
import javax.ws.rs.POST;
import javax.ws.rs.Path;
import javax.ws.rs.PathParam;
import javax.ws.rs.Produces;
import javax.ws.rs.core.MediaType;

import de.java2enterprise.onlineshop.ejb.RegisterBean;
import de.java2enterprise.onlineshop.model.Customer;

@Path("customer")
public class CustomerService {

    @EJB
    RegisterBean registerBean;

    @POST
    @Path("persist")
    @Consumes("application/x-www-form-urlencoded")
    @Produces(MediaType.APPLICATION_JSON)
    public Customer persist(
        @FormParam("email") String email,
        @FormParam("password") String password) {

        return registerBean.persist(email, password);
    }

    @GET
    @Path("{id}")
    @Produces(MediaType.APPLICATION_JSON)
    public Customer find(@PathParam("id") Long id) {
        return registerBean.find(id);
    }
}
```

Listing 11.74 CustomerService.java

11.4.4   Konsumierender Webservice-Client

Als sich die Erfinder der Webservices Dienste in einem weltumspannenden Computernetzwerk ausdachten, hatten Sie die Vorstellung, dass nicht nur Menschen auf die Ressourcen zugreifen, sondern dass auch Maschinen untereinander kommunizieren. Der Aufruf eines Webservices in einem Webservice-Client ist über ganz normale Mittel der Java SE API programmierbar. Beispielsweise erhalten wir mit folgenden Anweisungen einen InputStream, den wir als Eingangskanal für das Einlesen der Ressource verwenden könnten.

```
HttpURLConnection connection =
    (HttpURLConnection)
        new URL(
            "http://localhost:8080/onlineshop-web/resources/customer/1")
                .openConnection();
connection.setRequestMethod("GET");
connection.setRequestProperty("Accept", "application/json");
InputStream inputStream = connection.getInputStream();
InputStreamReader inputStreamReader =
    new InputStreamReader(connection.getInputStream());
BufferedReader bufferedReader = new BufferedReader(inputStreamReader);
String s = null;
while ((s = bufferedReader.readLine()) != null) {
    LOGGER.info(s);
}
connection.disconnect();
```

Listing 11.75 Die Low-Level-API zum Einlesen einer REST-Ressource

Neben dieser Low-Level-Möglichkeit der Java SE bietet JAX-RS aber auch eine wesentlich komfortablere High-Level-API an. Bei dieser Benutzerschnittstelle erstellen wir zunächst ein Objekt der Klasse javax.ws.rs.client.Client. Dieser Klasse übergeben wir über ihre Methode target() die URL zu der gewünschten Ressource. Die Methode target() liefert ein Objekt des Typs javax.ws.rs.client.WebTarget, bei dem wir unsere Anfrage über ihre Methode request() absetzen.

```
Client client = ClientBuilder.newClient();
WebTarget webTarget = client.target(
        "http://localhost:8080/onlineshop-web/resources/customer/1");
String jsonString = webTarget
        .request(MediaType.APPLICATION_JSON)
        .get(String.class);
client.close();
```

Listing 11.76 Der High-Level-API zum Einlesen einer REST-Ressource

Schritt 1: Installation des Apache Tomcat 9

Den systemunabhängigen Austausch über JSON und RESTful Webservices simulieren wir im folgenden Programmierbeispiel, bei dem wir eine weitere Anwendung mit dem Namen *othershop* auf einem anderen Java EE Server einrichten. Auf Ihrem Rechner installieren Sie hierfür den Apache Tomcat 9. Die Installationsdatei zum Apache Tomcat können Sie von der Webseite *https://tomcat.apache.org/download-90* herunterladen.

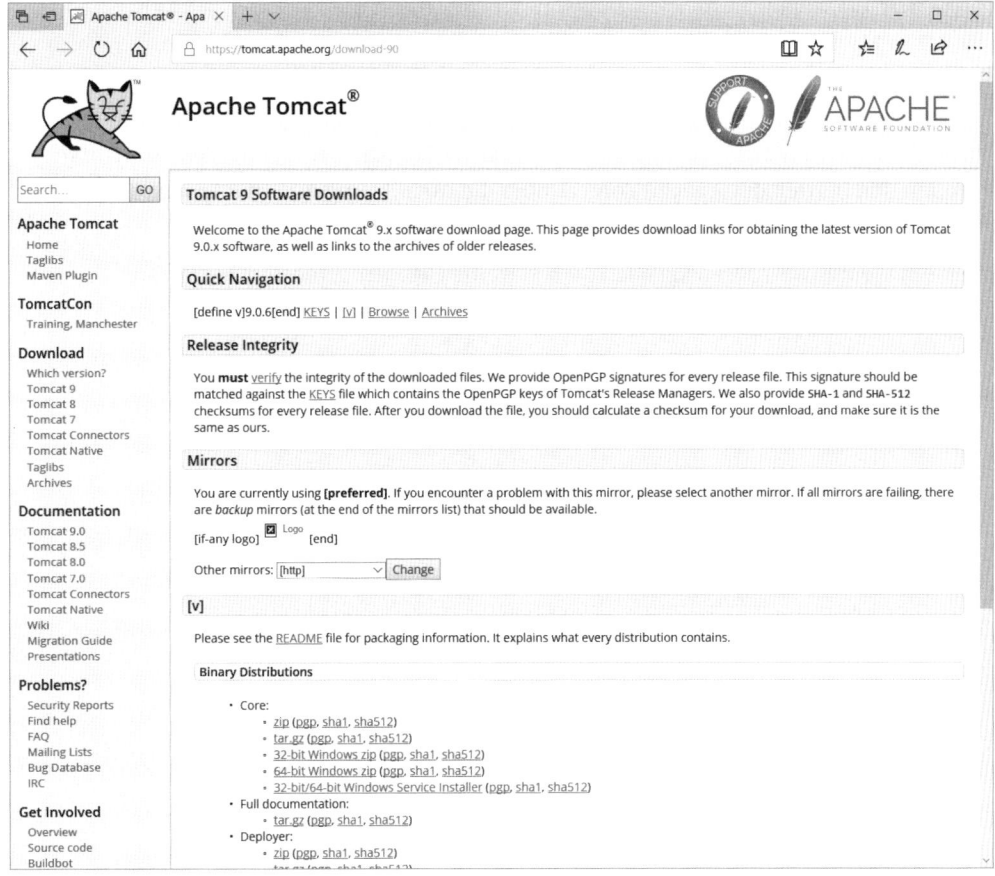

Abbildung 11.23 Die Installationsdatei des Apache Tomcat 9

Für das Programmbeispiel laden Sie eine gezippte Installationsdatei herunter, die Sie an einem geeigneten Ort auf Ihrer Festplatte extrahieren. Nun könnte Apache Tomcat mit dem GlassFish Server kollidieren, da beide Port 8080 für Webaufrufe in Anspruch nehmen. Deshalb werden wir als Erstes dafür sorgen, dass der Apache Tomcat auf diesen Port nicht angewiesen ist, sondern stattdessen Port 9090 verwendet. Hierfür öffnen Sie im Verzeichnis des Apache Tomcat die Datei *[Ihr Apache Tomcat Verzeichnis]\conf\server.xml* bzw. auf einem Unix-basierten Betriebssystem *[Ihr Apache Tomcat Verzeichnis]/conf/server.xml*. In Zeile 69 ersetzen Sie den Wert des HTTP-Connector-Ports "8080" durch "9090".

```
<Connector port="9090" protocol="HTTP/1.1"
          connectionTimeout="20000"
          redirectPort="8443" />
```

Listing 11.77 server.xml

Nachdem Sie den Port des HTTP-Connectors in 9090 geändert haben, starten Sie Apache Tomcat über den Aufruf der Datei *[Ihr Apache Tomcat Verzeichnis]\bin\startup.bat* bzw. auf einem UNIX-basierten Betriebssystem *[Ihr Apache Tomcat Verzeichnis]/bin/startup.sh*. Sie beenden den Betrieb des Apache Tomcat über die Ausführung von *[Ihr Apache Tomcat Verzeichnis]\bin\shutdown.bat*.

In einem Webbrowser rufen Sie nach dem Start die URL *http://localhost:9090* auf.

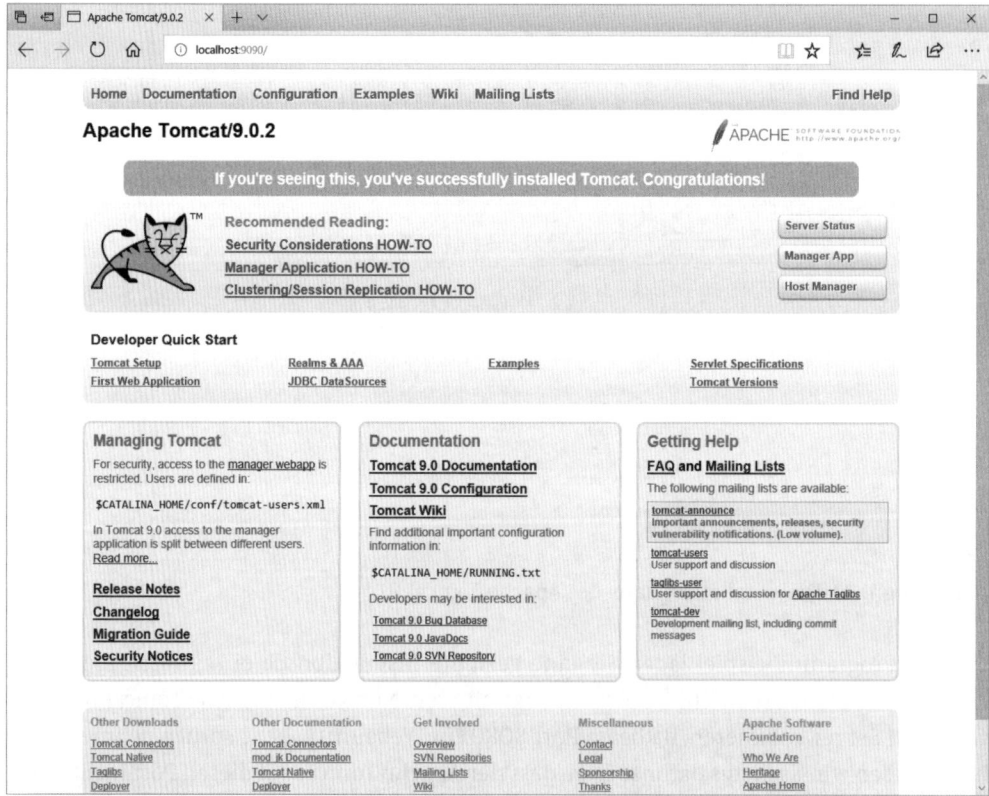

Abbildung 11.24 Die Willkommensseite Ihres Apache-Tomcat-Servers

Schritt 2: Erzeugung eines Maven-Projekts für die Client-Anwendung

Nun kann es wieder in Eclipse weitergehen. Der Apache Tomcat 9 ist kein vollkonformer Java EE 8-Server. Daher werden wir mit Maven arbeiten, um die *.jar*-Bibliotheken von Jersey einzubinden.

Hierfür erstellen Sie ein Maven-Projekt auf Basis der Artifact-ID *jersey-quickstart-webapp* des Archetypes *org.glassfish.archetypes:jersey-quickstart-webapp* (siehe Abbildung 11.25).

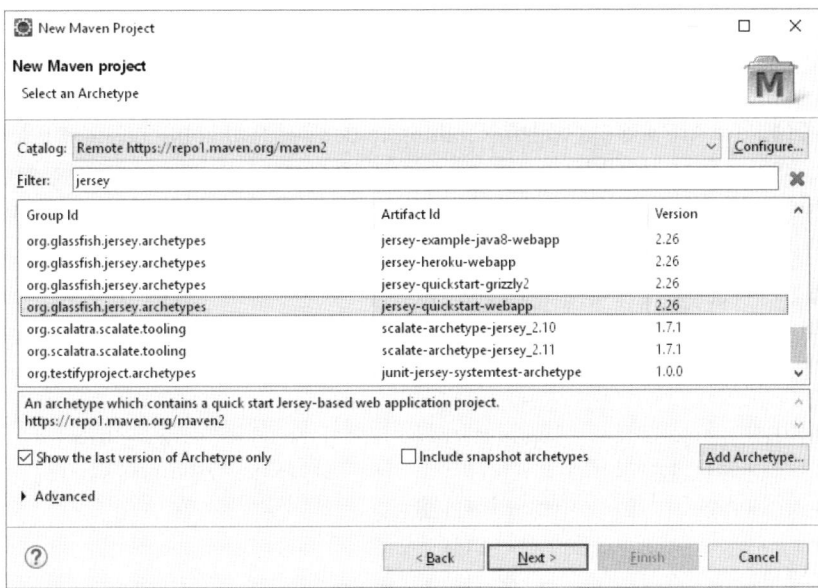

Abbildung 11.25 Die Artifact-ID »jersey-quickstart-webapp«

Beim Maven-Projekt nennen wir die Group-ID *de.marktware* und die Artifact-ID *othershop-web* (siehe Abbildung 11.26).

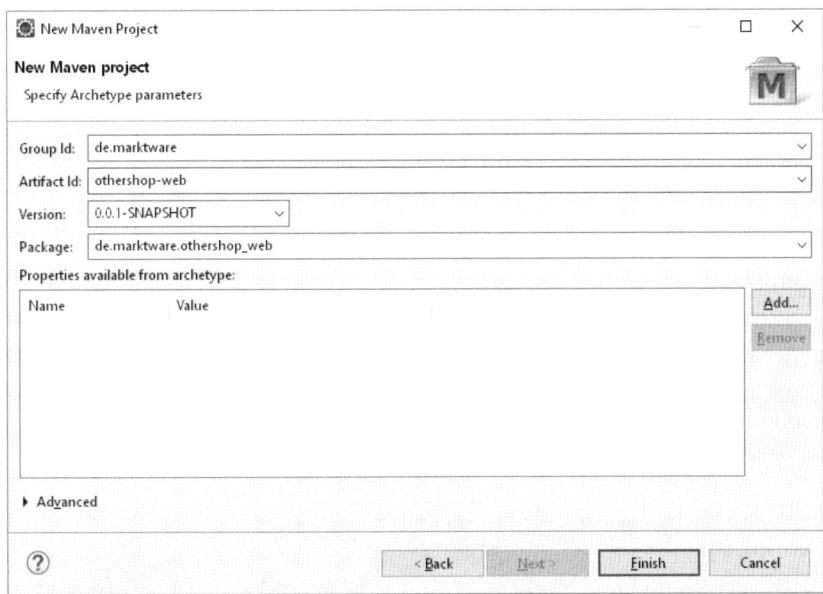

Abbildung 11.26 Group-ID »de.marktware« und Artifact-ID »othershop-web«

Schritt 3: Programmierung des Webservice-Clients

Mit einem Mausklick auf FINISH wird eine kleine Webanwendung erstellt, die einen Webservice bereithält, der über das URL-Pattern *webapi/** erreichbar ist.

Etwas Auffallendes werden Sie entdecken, wenn Sie sich die Komponenten der Webanwendung anschauen: Darin ist keine Klasse mit der Annotation @ApplicationPath enthalten. Der Grund hierfür liegt in der Art, wie die Webanwendung in der *web.xml* konfiguriert wurde, denn unter der Verwendung der Klasse org.glassfish.jersey.servlet.ServletContainer kann auf die explizite Erstellung einer Klasse mit der Annotation @ApplicationPath verzichtet werden. In Listing 11.78 sehen Sie, wie der Webservice konfiguriert worden ist.

```xml
<?xml version="1.0" encoding="UTF-8"?>
<!-- This web.xml file is not required when using Servlet 3.0 container,
    see implementation details http://jersey.java.net/nonav/documentation/latest/
    jax-rs.html -->
<web-app version="2.5" xmlns="http://java.sun.com/xml/ns/javaee" xmlns:xsi="http://
www.w3.org/2001/XMLSchema-instance" xsi:schemaLocation="http://java.sun.com/xml/ns/
javaee http://java.sun.com/xml/ns/javaee/web-app_2_5.xsd">
    <servlet>
        <servlet-name>Jersey Web Application</servlet-name>
        <servlet-class>org.glassfish.jersey.servlet.ServletContainer</servlet-class>
        <init-param>
            <param-name>jersey.config.server.provider.packages</param-name>
            <param-value>de.marktware.othershop_web</param-value>
        </init-param>
        <load-on-startup>1</load-on-startup>
    </servlet>
    <servlet-mapping>
        <servlet-name>Jersey Web Application</servlet-name>
        <url-pattern>/webapi/*</url-pattern>
    </servlet-mapping>
</web-app>
```

Listing 11.78 web.xml

Die Anwendung enthält zwei Komponenten. Die erste Komponente, *index.jsp*, bietet dem Anwender einen Link zu der enthaltenen Ressource über *webapi/myresource* an.

```html
<html>
<body>
    <h2>Jersey RESTful Web Application!</h2>
    <p><a href="webapi/myresource">Jersey resource</a>
    <p>Visit <a href="http://jersey.java.net">Project Jersey website</a>
```

```
      for more information on Jersey!
</body>
</html>
```

Listing 11.79 index.jsp

Die Klasse `MyResource` beantwortet jeden GET-Request auf die URI *http://localhost:9090/othershop/webapi/myresource* mit dem Text »Got it!«.

```java
package de.marktware.othershop_web;

import javax.ws.rs.GET;
import javax.ws.rs.Path;
import javax.ws.rs.Produces;
import javax.ws.rs.core.MediaType;

/**
 * Root resource (exposed at "myresource" path)
 */
@Path("myresource")
public class MyResource {

    /**
     * Method handling HTTP GET requests. The returned object will be sent
     * to the client as "text/plain" media type.
     *
     * @return String that will be returned as a text/plain response.
     */
    @GET
    @Produces(MediaType.TEXT_PLAIN)
    public String getIt() {
        return "Got it!";
    }
}
```

Listing 11.80 MyResource.java

Wir sorgen nun dafür, dass der Webservice von *othershop* seine Kunden im *onlineshop* registriert. Hierfür ersetzen wir den Inhalt der Methode `getIt()` durch den Aufruf des Onlineshop-Webservices. Hierbei verwenden wir die Client-API von JAX-RS 2.1, indem wir ein Objekt des Typs `javax.ws.rs.client.Client` erzeugen, seiner Methode `target()` die URL des Webservices zum Onlineshop übergeben und beim erhaltenen `WebTarget`-Objekt die Methode `request()` ausführen.

```
package de.marktware.othershop;

import javax.ws.rs.GET;
import javax.ws.rs.Path;
import javax.ws.rs.Produces;
import javax.ws.rs.client.Client;
import javax.ws.rs.client.ClientBuilder;
import javax.ws.rs.client.WebTarget;
import javax.ws.rs.core.MediaType;

/**
 * Root resource (exposed at "myresource" path)
 */
@Path("myresource")
public class MyResource {

    /**
     * Method handling HTTP GET requests. The returned object will be sent to the
     * client as "text/plain" media type.
     *
     * @return String that will be returned as a text/plain response.
     */
    @GET
    @Produces(MediaType.TEXT_PLAIN)
    public String getIt() {
        Client client = ClientBuilder.newClient();
        WebTarget webTarget = client.target(
                "http://localhost:8080/onlineshop-web/resources/customer/1");

        String jsonString = webTarget
                .request(MediaType.APPLICATION_JSON)
                .get(String.class);
        client.close();
        return jsonString;
    }
}
```

Listing 11.81 MyResource.java

Schritt 4: den Webservice-Client deployen

Bei unserem Webmodul handelt es sich um ein Maven-Projekt. Deshalb führen wir über das Kontextmenü des Projekts RUN AS · MAVEN INSTALL aus, um alle erforderlichen Bibliotheken herunterzuladen. Gleichzeitig wird die Anwendung kompiliert.

Anschließend können Sie das Projekt als Webmodul installieren. Sie können hierbei unterschiedliche Wege gehen. Eine Möglichkeit ist, den Apache Tomcat als Server Runtime in der Eclipse IDE einzurichten und dann das Kontextmenü RUN AS • RUN ON SERVER aufzurufen und die Anwendung per Wizard auf dem Apache Tomcat zu deployen. Sie können das Maven-Projekt aber auch als Webmodul *othershop-web* exportieren, indem Sie das Kontextmenü EXPORT • WEB • WAR FILE ausführen. Wenn Sie diesen Weg gehen, müssen Sie wissen, dass die Webmodule im Verzeichnis *[Ihr Apache Tomcat Verzeichnis]\webapps* zu speichern sind, denn das ist das Autodeploy-Verzeichnis des Apache-Tomcat-Servers.

Nach dem Deployment rufen Sie die URL *http://localhost:9090/othershop-web* in der Adressleiste eines Webbrowsers auf.

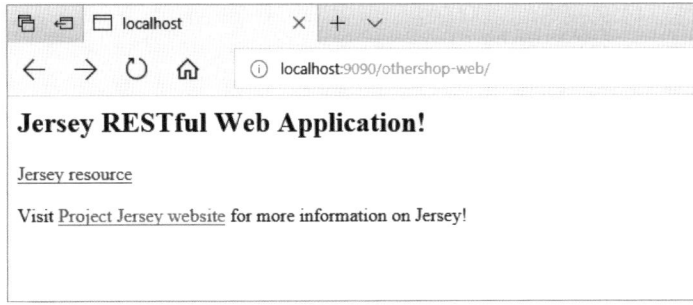

Abbildung 11.27 Die Willkommensseite der Anwendung »othershop«

Wenn Sie nun auf den Link mit der Aufschrift JERSEY RESOURCE klicken, wird der Webservice-Client von *othershop* den Webservice *onlineshop* aufrufen und das Ergebnis des Onlineshops anzeigen.

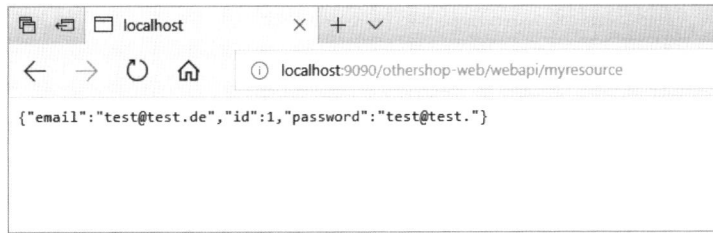

Abbildung 11.28 Die Ausgabe des »Customer«-Objekts im »othershop«

Schritt 5: Webservice-Client registriert sich im Onlineshop

Genauso wie der Webservice-Client lediglich ein Ergebnis eines fremden Webservices konsumieren kann, so ist er auch in der Lage, dem Webservice Parameter zuzusenden. Hierfür rufen wir auf dem WebTarget-Objekt die Methoden path() und resolveTemplate() auf. Der Methode path werden wir die ID des Customers übergeben. Die Methode resolveTemplate() gibt den erhaltenen Wert an den Webservice weiter.

```
package de.marktware.othershop_web;

import javax.ws.rs.GET;
import javax.ws.rs.Path;
import javax.ws.rs.PathParam;
import javax.ws.rs.Produces;
import javax.ws.rs.client.Client;
import javax.ws.rs.client.ClientBuilder;
import javax.ws.rs.client.WebTarget;
import javax.ws.rs.core.MediaType;

/**
 * Root resource (exposed at "myresource" path)
 */
@Path("myresource")
public class MyResource {

    /**
     * Method handling HTTP GET requests. The returned object will be sent to the
     * client as "text/plain" media type.
     *
     * @return String that will be returned as a text/plain response.
     */
    @GET
    @Path("{id}")
    @Produces(MediaType.TEXT_PLAIN)
    public String getIt(@PathParam("id") Long id) {
        Client client = ClientBuilder.newClient();
        WebTarget webTarget = client.target(
                "http://localhost:8080/onlineshop-web/resources/customer")
                .path("{id}").resolveTemplate("id", id);

        String jsonString = webTarget
                .request(MediaType.APPLICATION_JSON)
                .get(String.class);
        client.close();
        return jsonString;
    }
}
```

Listing 11.82 »MyResource« mit Parameterübergabe

Index